De Gruyter Studium

Christian Grethlein

Praktische Theologie

Zweite Auflage

De Gruyter

ISBN 978-3-11-044720-0
e-ISBN (PDF) 978-3-11-044731-6
e-ISBN (EPUB) 978-3-11-044741-5

Library of Congress Cataloging-in-Publication Data
A CIP catalog record for this book has been applied for at the Library of Congress.

Bibliografische Information der Deutschen Nationalbibliothek
Die Deutsche Nationalbibliothek verzeichnet diese Publikation in der Deutschen Nationalbibliografie; detaillierte bibliografische Daten sind im Internet über http://dnb.dnb.de abrufbar.

© 2016 Walter de Gruyter GmbH, Berlin/Boston
Satz: Claudia Wild, Konstanz
Druck: Hubert & Co. GmbH und Co. KG, Göttingen
♾ Gedruckt auf säurefreiem Papier
Printed in Germany
www.degruyter.com

Vorwort zur zweiten Auflage

Das Erscheinen der ersten Auflage meiner „Praktischen Theologie", die sich dem Opus-Magnum-Stipendium der Volkswagen Stiftung verdankte, führte zu zahlreichen Einladungen und Diskussionen auf Tagungen, Synoden, Pastoralkollegs u. ä. Zwei besondere Höhepunkte, die auch zu Veränderungen im Text führten, seien eigens genannt:
Im Mai 2014 veranstalteten Michael Domsgen und Bernd Schröder in Göttingen ein Symposion, auf dem die Öffnungen, aber auch Grenzen und Probleme meines Konzepts diskutiert wurden. Ein inzwischen dazu erschienener Band[1] dokumentiert die Breite und Grundsätzlichkeit dieses gemeinsamen, im Einzelnen durchaus kontroversen Nachdenkens. Dabei kam es nicht nur zu wichtigen Ergänzungen und Korrekturen durch Fachkollegen, mit denen ich bereits seit etlichen Jahren zusammenarbeite. Vielmehr beteiligten sich auch eine Medienwissenschaftlerin, der Nestor der katholischen Liturgiewissenschaft, ein international renommierter anglikanischer Religionswissenschaftler sowie mein mittlerweile zum profilierten Literaturwissenschaftler avancierter Sohn an dem Gespräch. Darin kam die von mir für Praktische Theologie erstrebte ökumenische und interdisziplinäre Weite zum Ausdruck, die ich nur in geringem Maß selbst leisten kann.
Zum anderen reiste ich auf Einladung meines Kollegen Sang-Koo Kim von der Baekseok University in Seoul im November 2014 nach Korea, um dort mit Kolleginnen und Kollegen an verschiedenen Hochschulen meine Überlegungen zur „Kommunikation des Evangeliums in der Postmoderne" zu diskutieren. Dass meine Arbeit auch in einem deutlich von Deutschland unterschiedenen Kontext Interesse findet, hat mich beglückt. Zugleich wurde mir noch einmal in verschiedenen Gottesdiensten und Gesprächen die Kontextualität jeder Kommunikation des Evangeliums vor Augen geführt. Sie steht doktrinären, aber auch institutionellen Festschreibungen entgegen.
Ich selbst reagierte in den drei Jahren seit Erscheinen der „Praktischen Theologie" auf Anfragen und Kritik zum einen in Aufsatzform.[2] Zum anderen konkretisierte ich meinen Ansatz für mehrere Praxisfelder in Einzelstu-

---

[1] Michael Domsgen/Bernd Schröder (Hg.), Kommunikation des Evangeliums. Leitbegriff der Praktischen Theologie (APrTh 57), Leipzig 2014.
[2] Christian Grethlein, Praktische Theologie als Theorie der Kommunikation des Evangeliums in der Gegenwart – Grundlagen und Konsequenzen: in: IJPT 18 (2014), 287-304; Ders., Kommunikation des Evangeliums in der digitalisierten Gesellschaft, in: ThLZ 140 (2015), 598-611; Ders., „Religion" oder „Kommunikation des Evangeliums" als Leitbegriff der Praktischen Theologie?, in: ZThK 112 (2015), 468–489.

dien vor allem auf liturgischem,[3] aber auch kirchenrechtlichem[4] Gebiet. Schließlich verlief die Arbeit an der Überarbeitung für die zweite Auflage parallel zur Vorbereitung einer stark gekürzten und auf die US-amerikanische Diskussion zugeschnittenen englischsprachigen Ausgabe, die 2016 bei Baylor Press (USA) erscheinen wird. Auch im Zuge dieser von Uwe Rasch durchgeführten, durch die Volkswagen Stiftung freundlicher Weise finanzierten Übersetzung erhielt ich neue Einsichten zur Thematik. Sie sind ebenso wie bis einschließlich November 2015 erschienene Literatur in die neue Auflage eingegangen.

Schließlich danke ich meiner Fakultät und Universität in Münster. Ein Forschungsfreijahr ermöglichte mir die genannten Gespräche und intensive Lektüre sowie die daraus resultierende gründliche Überarbeitung des Textes.

Münster, im Dezember 2015

---

3 CHRISTIAN GRETHLEIN, Was gilt in der Kirche? Perikopenrevision als Beitrag zur Kirchenreform (ThLZ.F 27), Leipzig, 2013; DERS., Taufpraxis in Geschichte, Gegenwart und Zukunft, Leipzig 2014; DERS., Abendmahl feiern in Geschichte, Gegenwart und Zukunft, Leipzig 2015.
4 CHRISTIAN GRETHLEIN, Evangelisches Kirchenrecht. Eine Einführung, Leipzig 2015.

Gliederung

Einleitung	1
1. Teil Problemgeschichtliche Einführung: **der Gegenstand der Praktischen Theologie**	13
1. Kapitel Praktische Theologie – eine moderne Krisenwissenschaft	20
2. Kapitel Praktische Theologie – Impulse aus der Katholischen Theologie und den USA	99
2. Teil Kommunikation des Evangeliums in der Gegenwart: **empirische und theologische Grundperspektiven**	139
3. Kapitel Kommunikation des Evangeliums – begriffliche und hermeneutische Klärungen	145
4. Kapitel Kommunikation des Evangeliums – empirische Grundbedingungen	196
5. Kapitel Kommunikation des Evangeliums – theologische Grundbestimmungen	256
3. Teil Kommunikation des Evangeliums in der Gegenwart: **praktische Perspektiven**	331
6. Kapitel Kommunikation des Evangeliums – in verschiedenen Sozialformen	338
7. Kapitel Kommunikation des Evangeliums – durch verschiedene Tätigkeiten	460
8. Kapitel Kommunikation des Evangeliums – mit verschiedenen Methoden	508

Inhaltsverzeichnis

Einleitung 1

§ 1 Praktische Theologie als Theorie der Kommunikation
   des Evangeliums in der Gegenwart 1

1. Einsichten der Vorgänger 1
2. Probleme und Differenzierungen 4
3. Eigener Ansatz: Theorie der Kommunikation des Evangeliums
   in der Gegenwart 8

1. Teil Problemgeschichtliche Einführung: der Gegenstand der Praktischen Theologie 13

1. Kapitel: Praktische Theologie – eine moderne Krisenwissenschaft 20

§ 2 Herausforderungen in der ersten Hälfte des 19. Jahrhunderts:
   enzyklopädische und praktische Impulse 22

1. Kontext 23
2. Profilierungen Praktischer Theologie 27
3. Vorzeichen: Historismus 33
4. Zusammenfassung 34

§ 3 Herausforderungen zu Beginn des 20. Jahrhunderts:
   empirische Impulse 34

1. Kontext 35
2. Profilierungen Praktischer Theologie 40
3. Vorzeichen: Wort-Gottes-Theologie 47
4. Jenseits dogmatischer Überformung und ideologischer
   Verfälschung 50
5. Zusammenfassung 51

§ 4 Herausforderungen bis zur politischen Vereinigung:
   außertheologische Impulse 52

1. Kontext 53
2. Profilierungen Praktischer Theologie 59
3. Vorzeichen: spezialisierte Forschung 66
4. Zusammenfassung 69

§ 5 Gegenwärtiger Stand: Ringen um den Gegenstand   71

1. Kontext   71
2. Profilierungen Praktischer Theologie   80
3. Vorzeichen: Wahrnehmung   92
4. Zusammenfassung   97

2. Kapitel Praktische Theologie –
Impulse aus der Katholischen Theologie und den USA   99

§ 6 Katholische Pastoraltheologie und Praktische Theologie   101

1. Kontext   102
2. Grundlegungen   106
3. Profilierungen   110
4. Anregungen für die evangelische Praktische Theologie   115

§ 7 Impulse aus den USA   116

1. Kontext   117
2. Grundlegungen   121
3. Profilierungen   125
4. Anregungen für die deutsche Praktische Theologie   134

Zusammenfassung des 1. Teils   136

2. Teil Kommunikation des Evangeliums in der Gegenwart: empirische und theologische Grundperspektiven   139

3. Kapitel Kommunikation des Evangeliums –
begriffliche und hermeneutische Klärungen   145

§ 8 Begriffliche Klärungen   146

1. Kommunikation   146
2. Evangelium   159
3. Religion   172
4. Spiritualität   178
5. Zusammenfassung   181

§ 9 Hermeneutische Klärungen 183
1. Pluralismus des Evangeliums 183
2. Differenzierung der Religionserfahrung 185
3. Kulturhermeneutische Unterscheidungen 190
4. Zusammenfassung 194

**4. Kapitel: Kommunikation des Evangeliums –
empirische Grundbedingungen** 196

§ 10 Kommunikation: unter den Bedingungen reflexiv moderner
     Plausibilitäten 197
1. Anthropologische Grundlagen 198
2. Historische Entwicklung 198
3. Gegenwart 204
4. Konsequenzen für die Kommunikation des Evangeliums 209

§ 11 Kommunikation: unter den Bedingungen sozialer
     Veränderungen 213
1. Anthropologische Grundlagen 214
2. Historische Entwicklung 215
3. Gegenwart 220
4. Konsequenzen für die Kommunikation des Evangeliums 232

§ 12 Kommunikation: unter den Bedingungen medientechnischer
     Innovationen 234
1. Anthropologische Grundlagen 237
2. Historische Entwicklung 238
3. Gegenwart 244
4. Konsequenzen für die Kommunikation des Evangeliums 252

**5. Kapitel Kommunikation des Evangeliums –
theologische Grundbestimmungen** 256

§ 13 Evangelium: im Modus des Lehrens und Lernens 257
1. Anthropologischer Hintergrund 258
2. Biblische Grundlagen 259
3. Historische Formen 262
4. Zusammenhang mit anderen Modi der Kommunikation
des Evangeliums 274
5. Grundfragen 278

§ 14 Evangelium: im Modus des gemeinschaftlichen Feierns 281
1. Anthropologischer Hintergrund 283
2. Biblische Grundlagen 285
3. Historische Formen 288
4. Zusammenhang mit anderen Modi der Kommunikation des Evangeliums 298
5. Grundfragen 301

§ 15 Evangelium: im Modus des Helfens zum Leben 303
1. Anthropologischer Hintergrund 304
2. Biblische Grundlagen 307
3. Historische Formen 310
4. Zusammenhang mit anderen Modi der Kommunikation des Evangeliums 323
5. Grundfragen 325

Zusammenfassung des 2. Teils 328

3. Teil Kommunikation des Evangeliums in der Gegenwart: praktische Perspektiven 331

6. Kapitel Kommunikation des Evangeliums – in verschiedenen Sozialformen 338

§ 16 Familie als grundlegender Kommunikationsraum 340
1. Begriffsklärung 342
2. Historische Entwicklungen 343
3. Rechtlicher Rahmen 348
4. Gegenwärtige Situation 349
5. Weiterführende Impulse 357

§ 17 Schule als Lebensraum für Heranwachsende 363
1. Begriffsklärung 365
2. Historische Entwicklungen 366
3. Rechtlicher Rahmen 372
4. Gegenwärtige Situation 374
5. Weiterführende Impulse 380

Inhaltsverzeichnis   XIII

§ 18 Kirche zwischen Institution und Organisation   385

1. Begriffsklärung   386
2. Historische Entwicklungen   387
3. Rechtlicher Rahmen   394
4. Gegenwärtige Situation   396
5. Weiterführende Impulse   414

§ 19 Diakonie als Organisation am Markt   422

1. Begriffsklärung   424
2. Historische Entwicklungen   425
3. Rechtlicher Rahmen   428
4. Gegenwärtige Situation   430
5. Weiterführende Impulse   434

§ 20 Medien als offener Kommunikationsraum   439

1. Begriffsklärung   440
2. Historische Entwicklungen   440
3. Rechtlicher Rahmen   447
4. Gegenwärtige Situation   448
5. Weiterführende Impulse   457

**7. Kapitel Kommunikation des Evangeliums –
durch verschiedene Tätigkeiten**   460

§ 21 Ehrenamtliche/freiwillige Tätigkeiten   462

1. Historische Entwicklungen   463
2. Rechtlicher Rahmen   467
3. Gegenwärtige Situation   468
4. Reformvorschläge   471
5. Ausblick   472

§ 22 Pfarrberuf   473

1. Historische Entwicklungen   474
2. Rechtlicher Rahmen   481
3. Gegenwärtige Situation   484
4. Reformvorschläge   488
5. Ausblick   490

§ 23 Weitere Berufe 492
1. Historische Entwicklung 493
2. Rechtlicher Rahmen 498
3. Gegenwärtige Situation 499
4. Reformvorschläge 503
5. Ausblick 505

**8. Kapitel Kommunikation des Evangeliums –
mit verschiedenen Methoden** 508

§ 24 Grundbedingungen: Zeiten und Orte 509
1. Zeiten 511
2. Orte 517
3. Zusammenfassung 527

§ 25 Lehren und Lernen: Kommunikation über Gott 528
1. Erzählen 529
2. Miteinander Sprechen 534
3. Predigen 538
4. Zusammenfassung 543

§ 26 Gemeinschaftliches Feiern: Kommunikation mit Gott 544
1. Beten 545
2. Singen 552
3. Abendmahl feiern 559
4. Zusammenfassung 567

§ 27 Helfen zum Leben: Kommunikation von Gott her 567
1. Segnen 568
2. Heilen 573
3. Taufen 580
4. Zusammenfassung 585

Zusammenfassung des 3. Teils 587

Personenregister 591
Sachregister 602

Einleitung

§ 1 Praktische Theologie[1] als Theorie der Kommunikation des Evangeliums in der Gegenwart

Literatur: CHRISTIAN GRETHLEIN, Praktische Theologie als Theorie der Kommunikation des Evangeliums in der Gegenwart – Grundlagen und Konsequenzen, in: IJPT 18 (2014), 287-304 – OTTO HAENDLER, Grundriss der Praktischen Theologie (STö.T 6), Berlin 1957 – DIETRICH RÖSSLER, Grundriß der Praktischen Theologie, Berlin 1986 (²1994) – MARTIN SCHIAN, Grundriß der Praktischen Theologie (STö.T 6), Gießen 1922 (³1934)

Dieses Lehrbuch hat prominente Vorgänger. Bisher liegen in der Reihe „Sammlung Töpelmann" bzw. deren Nachfolgereihe „de Gruyter Lehrbücher" drei „Praktische Theologien" vor, die jeweils im Abstand von etwa dreißig Jahren erschienen: 1922 von Martin Schian, 1957 von Otto Haendler und 1986 von Dietrich Rössler verfasst. Ein solches kontinuierliches, fast über ein Jahrhundert reichendes verlegerisches Engagement gibt die Möglichkeit, sich vor Eintritt in die Darstellung an die Vorgänger zu erinnern und dabei die eigene Position innerhalb der Gesamtentwicklung des Fachs im Vorgriff zu skizzieren.

1. Einsichten der Vorgänger

Insgesamt ist erstaunlich, wie groß die konzeptionellen Gemeinsamkeiten der drei „Praktischen Theologien" sind. Sie wurden doch in sehr verschiedenen Situationen – Beginn der Weimarer Republik, Konsolidierung der DDR, Spätzeit der Bonner Bundesrepublik – verfasst. Die differenten Kontexte schlugen sich vor allem in den konkreten Ausarbeitungen nieder.

1.1 *Keine Anwendungswissenschaft:* Dietrich Rössler, Verfasser des letzten „Grundrisses", hebt die Gemeinsamkeit mit seinen Vorgängern durch das folgende Zitat von Martin Schian hervor (RÖSSLER VII):

> „Nach meiner Meinung soll die Praktische Theologie die wissenschaftlichen Fundamente für die gesamte Ausrichtung des Pfarramts legen. Der Pfarrer gleicht eben nicht dem Maurer, den man anlernt, wie er Stein zu Stein fügen soll, vielmehr dem Baumeister, der sein Werk von grundsätzlichen Erwägungen aus zu einem geschlossenen Ganzen gestalten will." (SCHIAN V)

---

[1] In diesem Buch wird – entsprechend der Einsicht von Martin Schian, der den „praktischen" Charakter der ganzen Theologie betont und davon die „Praktische" Theologie als Terminus für eine theologische Disziplin abhebt – „Praktische Theologie" groß geschrieben (s. MARTIN SCHIAN, Drei neue Arbeiten zur Praktischen Theologie [1916/17], in: GERHARD KRAUSE [Hg.], Praktische Theologie. Texte zum Werden und Selbstverständnis der praktischen Disziplin in der evangelischen Theologie [WdF CCLXIV], Darmstadt 1972, 281–287, 285 Anm. 2). Die bis heute daneben begegnende Kleinschreibung findet sich nur in Zitaten.

Damit wird zweierlei festgestellt:

Zum Ersten weist Schian bereits 1922 die Auffassung zurück, die Praktische Theologie sei eine Anwendungswissenschaft. Denn schon damals warf die Praxis Fragen auf, deren Bearbeitung nicht mehr aus vorab feststehenden Lehren bzw. Theoriekonzepten abgeleitet werden konnte. Vielmehr bedarf die Spannung zwischen normativen Ansprüchen und der vorfindlichen (empirisch erhebbaren) Wirklichkeit eines eigenen Zugangs.

Zum Zweiten hebt Schian – und später ebenso Haendler und Rössler – die *Bedeutung des Pfarrberufs* für die Praktische Theologie hervor. Es geht ihnen darum, wichtige Grundlagen für seine Ausübung und damit für die Vorbereitung auf ihn zur Verfügung zu stellen. Auch hier ist Bleibendes formuliert. So sind bis heute – neben den an Theologischen Fakultäten beschäftigten Praktischen Theolog/innen – vornehmlich Theologiestudierende, Vikar/innen und Pfarrer/innen die Leser/innen praktisch-theologischer Literatur.[2]

1.2 *Kirchenbezug:* Ein Blick in die Inhaltsverzeichnisse der Bücher von Schian, Haendler und Rössler zeigt, dass „Kirche" der zentrale Gegenstand der Praktischen Theologie ist. „Kirche" wird allerdings unterschiedlich gefasst. Dabei ist die Weitung des Blicks über die jeweilige gegenwärtige Praxis hinaus gemeinsames Anliegen. Es wird in verschiedener Weise verfolgt:

Bei *Schian* geht es um *„das gesamte kirchliche Handeln"* (SCHIAN 1).

> Die Aufgabe der Praktischen Theologie ist es, „den Kirchen für ihr Handeln die mit dem Wesen des Christentums vereinbaren und für die Erfüllung ihrer Aufgaben geeigneten Wege zu weisen." Sie „sucht auf dem Weg über das geschichtliche Verständnis der kirchlichen Praxis und über eine möglichst genaue Kenntnis des kirchlichen Lebens der Gegenwart mit allen seinen Voraussetzungen die grundsätzlich richtigen und praktisch zu empfehlenden Wege des kirchlichen Handelns klarzustellen." (a. a. O. 2).

Vermittelt durch das geschichtliche Verständnis des kirchlichen Handelns kommt große Vielfalt in den Blick und gelingt Praxisnähe. Demgegenüber tritt das Anliegen systematischer Durchdringung zurück.[3] Inhaltlich steht – umfassend ausgearbeitet (SCHIAN 92–255) – der „Gottesdienst" im Mittelpunkt der Darstellung.

Für *Haendler* bildet dagegen die Seelsorge den inhaltlichen Fluchtpunkt seiner „praktischen Ekklesiologie"[4]. In der Spannung zwischen ekklesialem

---

[2] Eine gewisse Ausnahme gibt es im Bereich der Religionspädagogik. Hier richten sich fachdidaktische Publikationen vor allem an Religionslehrer/innen bzw. die auf ein Lehramt Studierenden und Referendar/innen.

[3] S. JAN HERMELINK, Organisation der volkskirchlichen Gemeinde: Martin Schian, in: CHRISTIAN GRETHLEIN/MICHAEL MEYER-BLANCK (Hg.), Geschichte der Praktischen Theologie. Dargestellt anhand ihrer Klassiker (APrTh 12), Leipzig 1999, 279–330, 322 f.

[4] S. MICHAEL MEYER-BLANCK, Tiefenpsychologie und Strukturtheologie: Otto Haendler (1890–1981), in: CHRISTIAN GRETHLEIN/MICHAEL MEYER-BLANCK (Hg.), Geschichte der

und subjektivem Prinzip konzentrieren sich seine Überlegungen auf „das Wesen und die Lebensgesetze der Kirche" (HAENDLER 13), auf die „*Struktur" von Kirche* (a. a. O. 10 f.). Sie verfolgen also ein systematisches Interesse. Kirche erscheint Haendler von einem pneumatologischen Ansatz her nur im Verhältnis zu Gott, zu ihren Gliedern und zur Welt bestimmbar. Das führt – wenigstens grundsätzlich – zu einer erheblichen Weitung des Horizontes und damit des Gegenstandbereichs Praktischer Theologie.

> „Kirche ist wirkende Gestalt des Geistes Gottes auf Erden, und alles was Wirken des Geistes Gottes auf Erden ist, ist Kirche. Daher ist die Strukturtheologie der Kirche gewiesen, sowohl über die Grenzen der sichtbaren Kirche ständig hinauszuschauen, wie auch innerhalb dieser ständig wachsam zu sein, damit alle echte kirchliche Kraft erfaßt und alle Verfälschung entlarvt werde." (a. a. O. 24)

Gegenüber Schian inhaltlich neu und weiterführend ist die Heranziehung der Tiefenpsychologie als einer selbstständigen und gleichberechtigten Wissenschaft. Sie erweitert das – traditionell aus der Dogmatik entlehnte – kritische Potenzial gegenüber kirchlicher Praxis (s. a. a. O. 234–242; 323–334).

Rössler akzentuiert das Verständnis von Kirche noch einmal anders. Er ordnet die Kirche in das „*Christentum"* ein, welches er unter Rückgriff auf die systematisch-theologische Christentumstheorie Trutz Rendtorffs (s. RÖSSLER 79–83) differenziert:

> „Die Kirche und mit ihr die Praktische Theologie haben den drei großen Aspekten des Christentums drei entsprechende Aufgaben gegenübergestellt: die durch das kirchliche Christentum gestellte Aufgabe mit ihrer Mitte in Gottesdienst und Predigt, die öffentliche Aufgabe, die vor allem durch den Unterricht gegeben ist und die durch das private Christentum gestellte Aufgabe, die in der Seelsorge für den einzelnen Menschen ausgearbeitet wird." (a. a. O. 82)

Hier ist das „neuzeitliche Christentum" der Gegenstand praktisch-theologischer Reflexion, das sich in privates, kirchliches und gesellschaftliches oder öffentliches Christentum unterscheiden lässt. Damit nimmt Rössler eine empirisch fundierte systematisch-theologische Theorie auf und erweitert – jedenfalls prinzipiell – den Gegenstandsbereich der Praktischen Theologie.

1.3 *Impulse:* Insgesamt zeigen die drei genannten Lehrbücher bei der gemeinsamen Ausrichtung auf Kirche und das Handeln der Pfarrer *differente Akzentuierungen*, die jeweils wichtige Horizonte eröffnen:

Bei Schian dominiert das Interesse an einem geschichtlichen Verständnis der kirchlichen Praxis und an deren konkreter Gestaltung;

Haendler setzt in seinem Kirchenverständnis pneumatologisch an und führt mit der Tiefenpsychologie eine gleichberechtigte außertheologische Perspektive auf kirchliches Handeln ein;

Praktischen Theologie. Dargestellt anhand ihrer Klassiker (APrTh 12), Leipzig 1999, 389–431, 413.

Rössler argumentiert christentumstheoretisch und trägt so dem soziologisch erfassten neuzeitlichen Differenzierungsprozess Rechnung.

Diese Impulse nehme ich in jeweils modifizierter Form auf:

Die Retrospektive[5] lässt zum einen die heutige Situation mit Tiefenschärfe verstehen und eröffnet zum anderen den Zugang zu Alternativen, die in der Gegenwart vielleicht aus dem Blick geraten sind. Ein komparativer Blick auf Entwicklungen außerhalb der deutschen evangelischen Praktischen Theologie weitet diesen Horizont.

Der Rückgriff auf erfahrungswissenschaftliche Fragestellungen und Einsichten ist in einer Situation schnellen kulturellen und gesellschaftlichen Wandels für die auf die Gegenwart bezogene Praktische Theologie unverzichtbar.

Schließlich macht das unterschiedliche Kirchenverständnis der referierten Autoren die Aufgabe dringlich, den Gegenstandsbereich Praktischer Theologie theologisch und empirisch zu klären.

2. Probleme und Differenzierungen

Die traditionelle Ausrichtung der Praktischen Theologie auf den Pfarrberuf (und die Ausbildung auf ihn hin) und die Kirche ist zunehmend problematisch:

2.1 *Pastoraltheologische Engführung:* Die Zentrierung der Praktischen Theologie auf die Tätigkeit der Pfarrer/innen ist in den letzten Jahrzehnten kritisch diskutiert worden. Ein pastoraltheologischer Ansatz findet sich in systematisch brillanter Weise noch in Rösslers „Grundriß". Person, Amt und Beruf des Pfarrers bilden zentrale Themen seines Lehrbuchs (s. § 4 2.2). Doch wirft die weitgehende Gleichsetzung von Praktischer Theologie und Pastoraltheologie erhebliche Probleme auf.

Eine Durchsicht durch die Lehrbücher der Praktischen Theologie zeigt: Die Zentrierung auf die pastorale Tätigkeit führt zur Vernachlässigung wichtiger kirchlicher Handlungsfelder. Vor allem der sowohl in seiner personalen und finanziellen Ausdehnung große als auch für das Ansehen von Kirche bedeutsame Bereich der *Diakonie* fristet dann nur ein Schattendasein. Denn die meisten hier Handelnden sind keine Pfarrer/innen. Ähnliches gilt für die *Christliche Publizistik.* Fernseh- und Hörfunksendungen, Internet-Kommunikation und Druckschriften, die sich auf christliche Inhalte beziehen, erreichen Millionen von Menschen. Auch in der *Schule* sind viele theologisch ausgebildete Lehrer/innen tätig, die keine Pfarrer/innen sind.

---

5 S. zu diesem Begriff THOMAS SCHLAG, Horizonte demokratischer Bildung. Evangelische Religionspädagogik in politischer Perspektive (RPG 14), Gütersloh 2010, 81 f. (unter Bezug auf Jörg Rüsen).

Dazu kommt, dass mit der Konzentration auf den Pfarrberuf (meist) eine Fokussierung auf die Kirchengemeinde einhergeht. Die für (evangelisches) Christsein in sozialisationstheoretischer Perspektive grundlegende *Familie* als der Sozialraum langjähriger intimer Kommunikation wird bisher in der Praktischen Theologie kaum beachtet.

Zugleich ist nicht zu leugnen, dass die *Tätigkeit der Pfarrer/innen* ein wesentlicher Ausdruck kirchlichen Handelns ist. Dies gilt zum einen auf Grund der reformatorischen Grundbestimmung von Kirche in CA 7. Sie hebt mit (öffentlicher) „Lehre des Evangeliums" und „Verwaltung der Sakramente" zwei wichtige herkömmlich von Pfarrer/innen wahrgenommene Tätigkeiten als konstitutiv für Kirche hervor (s. CA 14). Zum anderen sehen viele Menschen in den Pfarrer/innen die hervorragenden Repräsentanten von Kirche. Von daher verdient der Pfarrberuf in der Praktischen Theologie nach wie vor Aufmerksamkeit.

Doch ist heute die pastorale Perspektive praktisch-theologischer Arbeit neu auszurichten. Offenkundig verlieren die Funktionen des Belehrens und – lange Zeit selbstverständlichen – (autoritären) Zurechtweisens durch das „kirchliche Amt" an Bedeutung. Sie werden in kommunikativ moderierende Aufgaben transformiert, in denen es um die Vermittlung von konkreten Lebenssituationen und christlichen Impulsen geht. Das – in theologischer Diktion – allgemeine Priestertum aller Getauften (WA 6,564) bzw. – religionssoziologisch formuliert – die Religionsproduktivität heutiger Menschen verändern die Bedeutung und die Aufgaben pastoralen Handelns. Knapp und holzschnittartig: An die Stelle des Glaubenslehrers und -wächters tritt der Kommunikator bzw. die Kommunikatorin des Evangeliums, der/die zuerst die Situation seiner Gesprächspartner sorgfältig wahrnehmen und verstehen muss. Praktische Theologie wird so zur *Theorie der Kommunikation des Evangeliums in der Gegenwart*, in der die Pfarrer/innen eine wichtige, aber nur mit Anderen gemeinsam zu erfüllende Aufgabe haben. Vermutlich fördert – jenseits des Rollenbildes vom Pfarr-Herrn – der steigende Anteil von Frauen am Gesamt der Pfarrerschaft diese Transformation.

2.2 Kirchliche bzw. christentumstheoretische Engführung: Zur Erfassung des Gegenstandsbereichs der Praktischen Theologie gab Rössler durch seine Differenzierung neuzeitlichen Christentums in kirchliche, öffentliche und private Religion einen wichtigen Impuls. Er ist seitdem breit in der Praktischen Theologie aufgenommen worden und ermöglicht die Integration inhaltlich und methodisch weit auseinanderliegender Einzelforschungen.[6] Doch haben

---

6   S. CHRISTIAN ALBRECHT, Enzyklopädische Probleme der Praktischen Theologie (PThGG10), Tübingen 2011, 77–87.

sich seit den sechziger und siebziger Jahren des 20. Jahrhunderts, als Trutz Rendtorff die von Rössler rezipierte Christentumstheorie ausarbeitete,[7] die Verhältnisse (in Deutschland) in mehrfacher Hinsicht verändert:

Zum Ersten schreitet der *Marginalisierungsprozess von Kirche als Institution* voran. Der Wegfall des Buß- und Bettags als gesetzlicher Feiertag und die Niederlagen der Kirchen im sog. Kruzifixurteil des Bundesverfassungsgerichts sowie in den Auseinandersetzungen um den Religionsunterricht in Brandenburg und Berlin sind markante Ereignisse in diesem sonst eher untergründig verlaufenden Prozess.

Den Hintergrund hierzu bildet die seit Jahrzehnten abnehmende Zahl von Kirchenmitgliedern. Bis zum Anfang der dreißiger Jahre des 20. Jahrhunderts waren mehr als 95 % der Deutschen (evangelische und katholische) Kirchenmitglieder.[8] Noch bei Erscheinen von Rösslers „Grundriß" (1986) betrug ihr Anteil in der Bundesrepublik etwa 85 %. Mittlerweile (2014) sank er in Deutschland – nach der politischen Vereinigung, anhaltenden Kirchenaustritten und dem Zuzug von Menschen aus anderen Kulturkreisen – auf unter 60 %. Nicht nur in Ostdeutschland, sondern auch in den meisten westdeutschen Großstädten befinden sich die Kirchenmitglieder mittlerweile in der Minderheit. So waren z. B. 2014 noch 46,2 % der Münchener Mitglieder in einer der beiden großen Kirchen. Damit nähert sich die über Jahrhunderte in unserem Kulturraum bestehende Selbstverständlichkeit kirchlicher Zugehörigkeit ihrem Ende.

Eine besondere Herausforderung stellt dabei die Tatsache dar, dass etwa sieben Millionen Menschen in Deutschland leben, die getauft wurden, aber keiner Kirche mehr angehören.[9] Theologisch gehören sie damit zum Leib Christi, ohne aber Kirchenmitglieder zu sein. Zudem partizipieren sie teilweise an diakonischen Einrichtungen und medialen Foren, die sich auf den christlichen Grundimpuls beziehen. Ihre Kinder besuchen den schulischen Religionsunterricht und meist auch die Konfirmandenarbeit bzw. den Kommunionunterricht. Ihre Familien feiern Weihnachten usw.

---

7 Dies hat vorzüglich theoriegeschichtlich und systematisch rekonstruiert MARTIN LAUBE, Theologie und neuzeitliches Christentum. Studien zu Genese und Profil der Christentumstheorie Trutz Rendtorffs (BHTh 139), Tübingen 2006.
8 KURT NOWAK, Geschichte des Christentums in Deutschland. Religion, Politik und Gesellschaft vom Ende der Aufklärung bis zur Mitte des 20. Jahrhunderts, München 1995, 230. 1905 wurden im Deutschen Reich 205.900 Konfessionslose gezählt (ANDREAS FEIGE, Kirchenmitgliedschaft in der Bundesrepublik Deutschland. Zentrale Perspektiven empirischer Forschungsarbeiten im problemgeschichtlichen Kontext der deutschen Religions- und Kirchensoziologie nach 1945, Gütersloh 1990, 130).
9 Zwischen 1990 und 2013 traten 4,5 Millionen Menschen aus der evangelischen und 3,2 Millionen aus der römisch-katholischen Kirche aus. Angesichts der Tatsache, dass mehrheitlich jüngere Erwachsene die Kirche verlassen, dürfte die Schätzung von sieben Millionen getauften Nichtkirchenmitgliedern zumindest die zutreffende Größenordnung angeben.

Zum Zweiten nimmt die Pluralisierung der Daseins- und Wertorientierung im Zusammenhang mit den großen Migrationsbewegungen sowie dem Globalisierungsprozess zu. Dies tritt z. B. in Problemen bei der Verwendung des Begriffs „*Religion*" zu Tage.[10] Im Kontext der konfessionellen Spaltung(en) markierte er den Zusammenhang des Christentums über die Partikularkirchen hinaus. Dann wurde er im Zuge der pietistischen Bewegung zum Ausdruck einer Laienfrömmigkeit gegenüber den dogmatisch erstarrten Kirchen(lehren). Er verhinderte also eine Engführung des Christentums auf die Kirchenorganisation, setzte aber diese als selbstverständlichen Bezugsrahmen voraus.[11] Heute muss kritisch nachgefragt werden: Trägt ein solches christentumstheoretisch ausgerichtetes Verständnis von Religion der Tatsache hinreichend Rechnung, dass in der Lebenswelt vieler Menschen nichtchristliche Formen des Transzendenzbezugs begegnen? Am augenfälligsten ist dies bei Muslimen. Dazu interessieren sich Menschen für Praktiken und Einsichten fernöstlicher Religiosität, vor allem buddhistischer Provenienz.[12] Die Theorie der multiplen religiösen Identität nimmt diese Veränderungen auf.[13]

Drittens herrscht bei der Mehrheit der in der DDR Sozialisierten und ihren Kindern ein Desinteresse an Kirche und Christentum. Durch die politische Vereinigung kam es zu keiner grundlegenden Veränderung der diesbezüglichen Einstellung. Es dominiert eine materialistische Grundhaltung, die Transzendenzvorstellungen nicht mehr kennt bzw. negiert.

Damit stellen sich für die praktisch-theologische Arbeit Herausforderungen, die mit der Christentumstheorie nur noch teilweise erfassbar bzw. bearbeitbar sind. Die ihr zu Grunde liegende soziologische Analyse bezieht sich auf die Bundesrepublik der sechziger Jahre des 20. Jahrhunderts. Um an die heutige Lebenswelt anzuschließen, empfiehlt es sich, von konkreten Sozialformen auszugehen, innerhalb derer – potenziell und tatsächlich – das Evangelium kommuniziert wird (s. Kapitel 6).

---

10 S. die Skizze des Problemgehalts dieses Begriffs bei WOLFGANG STECK, Praktische Theologie Bd. 1. Horizonte der Religion – Konturen des neuzeitlichen Christentums – Strukturen der religiösen Lebenswelt (ThW 15,1), Stuttgart 2000, 109–112.
11 Die römisch-katholische Kirche pflegt bis heute einen anderen Sprachgebrauch. Hier bezeichnet Religion vor allem die kirchlich gesicherten Lehrinhalte – gegenüber dem individuellen Glauben (MICHAEL MEYER-BLANCK, Praktische Theologie und Religion, in: CHRISTIAN GRETHLEIN/HELMUT SCHWIER [Hg.], Praktische Theologie. Eine Theorie- und Problemgeschichte [APrTh 33], Leipzig 2007, 353–397, 355).
12 Auf die Bedeutung des Buddhismus für Europa wies bereits vor über 100 Jahren hin: PAUL WERNLE, Einführung in das theologische Studium, Tübingen 1908, 38 und 60, allerdings ohne Beachtung zu finden.
13 Zum ersten Überblick s. CATHERINE CORNILLE, Mehrere Meister? Multiple Religionszugehörigkeit in Praxis und Theorie, in: REINHARD BERNHARDT/PERRY SCHMIDT-LEUKEL (Hg.), Multiple religiöse Identität. Aus verschiedenen Traditionen schöpfen (Beiträge zu einer Theologie der Religionen 5), Zürich 2008, 15–32; PERRY SCHMIDT-LEUKEL, Transformation by Integration. How Inter-faith Encounter Changes Christianity, Norwich 2009.

3. Eigener Ansatz:
Theorie der Kommunikation des Evangeliums in der Gegenwart

So stellen sich heutiger praktisch-theologischer Arbeit Herausforderungen, die in früheren Büchern noch nicht im Blick sein konnten:

- Der Rückgang der Kirchenmitgliedschaft, das Auseinandertreten von Kirchenmitgliedschaft und Getauftsein sowie die zunehmende Zahl von Menschen mit anderer Daseins- und Wertorientierung, teils Kirchenmitglieder teils Angehörige anderer Glaubensgemeinschaften, erfordern einen neuen konzeptionellen Ansatz. Das bisher in der Praktischen Theologie übliche In-Eins-Setzen von Kirche, Christentum und Religion verstellt den Zugang zu einer differenzierten Wahrnehmung der Gegenwart.
- Der Siegeszug der neuen elektronischen Medien und die dadurch entstehenden neuen Kommunikationsformen verändern Wirklichkeitssicht, Lebensgewohnheiten und Sozialformen. Bisher selbstverständlich in der Praktischen Theologie Vorausgesetztes wie die Präferenz für die face-to-face-Kommunikation bedarf der Überprüfung.

In dieser Situation führt die aus der Ökumenischen Bewegung stammende Wendung *„Kommunikation des Evangeliums"* weiter (s. Einleitung zum 2. Teil). Entsprechend ihrem ökumenischen Entstehungskontext setzt dieser Begriff keine selbstverständlichen volkskirchlichen Verhältnisse voraus und öffnet den Blick über die traditionelle Parochie hinaus. Ernst Lange brachte ihn im Zuge seines Kirchenreformprogramms in Deutschland ein.[14] Er machte so u.a. auf das grundsätzlich Dialogische des Vorgangs aufmerksam, der im Zuge der Wort-Gottes-Theologie als „Verkündigung" bezeichnet wurde.

Zugleich nimmt dieser Begriff die Hinweise verschiedener soziologischer Theoriebildungen auf, die auf Grund der zunehmenden Fragilität von Institutionen und der mit den Individualisierungsprozessen verbundenen neuen Anforderungen den Begriff der „Kommunikation" prominent platzieren.[15]

Mittlerweile ermöglichen die Fortschritte in der genaueren Bestimmung von Kommunikation eine differenziertere Sichtweise als sie Lange möglich war (s. § 8 1.). Zudem hat die mit dem Kommunikationsbegriff verbundene Frage nach den Sozialformen, innerhalb deren kommuniziert wird, in den letzten Jahrzehnten durch die mediale Entwicklung an Brisanz gewonnen.

---

14 Ernst Lange, Versuch einer Bilanz, in: Ders., Kirche für die Welt. Aufsätze zur Theorie kirchlichen Handelns, hg. v. Rüdiger Schloz, München 1981, 101–129.

15 S. Horst Firsching, Warum ‚Kommunikation'? Auf welche Problemstellungen reagieren kommunikationstheoretische Ansätze in der Soziologie – insbesondere in der Religionssoziologie? in: Hartmann Tyrell/Volkhard Krech/Hubert Knoblauch (Hg.), Religion als Kommunikation (Religion in der Gesellschaft 4), Würzburg 1998, 187–240.

§ 1 Praktische Theologie als Theorie der Kommunikation des Evangeliums 9

Dies alles verdient in der Praktischen Theologie Interesse, und zwar in dreifacher Weise:

3.1 *Praktisch-theologisch:* „Kommunikation des Evangeliums" bietet Vorteile in Umfang und Präzision gegenüber den bisher den Gegenstandsbereich der Praktischen Theologie bezeichnenden Begriffen „Kirche" bzw. „Religion":

Theologisch benennt „Kommunikation des Evangeliums" präziser als „Religion" den Gegenstand praktisch-theologischer Reflexion. Denn „Evangelium" führt inhaltlich in die Mitte des christlichen Glaubensverständnisses. Außerchristliche Religionspraxis wird insoweit beachtet, als sie von Bedeutung für das Verständnis gegenwärtiger Kommunikation des Evangeliums ist, nicht aber als eigener, religionswissenschaftlich zu bearbeitender Gegenstand.

Empirisch greift „Kommunikation des Evangeliums" weiter aus als „Kirche", die durch die Marginalisierung der Institution bzw. Organisation an Bedeutung verliert. Insofern nimmt dieser Begriff das Anliegen Rösslers nach Berücksichtigung der neuzeitlichen Gestalten des Christentums auf. Es wird aber im veränderten Kontext durch den Bezug auf konkrete Sozialformen, Tätigkeiten und Methoden (3. Teil) neu, nämlich kommunikationstheoretisch formatiert.

Praktisch-theologisch ermöglicht der Rückgriff auf „Kommunikation" die Integration der traditionellen pastoraltheologischen Perspektive, jetzt aber unter den skizzierten veränderten Bedingungen dieses Berufs. Zum einen wird deutlich, dass pastorales Handeln sich wesentlich als Interaktion (und nicht als einseitige Belehrung) vollzieht. Zum anderen bleibt im Blick, dass die Kommunikation des Evangeliums keineswegs an pastorales Handeln gebunden ist.

3.2 *Interdisziplinär:* Der Kommunikationsbegriff eröffnet vielfältige Möglichkeiten, die Themen und Aufgaben Praktischer Theologie mehrperspektivisch zu erfassen. Denn er verbindet die Theologie mit der Kommunikationswissenschaft. Diese hat sich mittlerweile als „eine Reihe von Theorien mittlerer Reichweite mit begrenztem Aussagewert" etabliert.[16] Sie bietet gute Anschlussmöglichkeiten für eine auch handlungsorientierte Wissenschaft wie die Praktische Theologie.

Dadurch wird das Anliegen Haendlers weitergeführt, in der Praktischen Theologie die „Verwirklichung im konkreten Leben" (HAENDLER VIII) zu beachten. Die Kommunikationstheorien eröffnen einen auf das Beobachtbare fokussierten Horizont, der die Interaktionen ins Zentrum stellt – gegen-

---

16 KLAUS BECK, Kommunikationswissenschaft, Konstanz 2007, 151. Die folgenden in Klammern gesetzten Seitenzahlen beziehen sich auf dieses Buch.

über der primär an der Einzelpersönlichkeit interessierten, empirisch nicht validierbaren Introspektion der Psychoanalyse. Inhaltlich geht es in der *Kommunikationswissenschaft* konkret um die Frage: „Wie ist Kommunikation möglich?" (150) In der Arbeit hieran produziert die Kommunikationswissenschaft „Wissen (Erkenntnis) über Kommunikation sowie die Formulierung und Lösung von Kommunikationsproblemen" (152).

Eine Praktische Theologie, die mit Kommunikation des Evangeliums ihren Gegenstand beschreibt, ist somit in mehrfacher Perspektive anschlussfähig an erfahrungswissenschaftliche Einsichten. Denn die Kommunikationswissenschaft bedient sich ihrerseits selbst verschiedener Methoden und Einsichten aus unterschiedlichen Wissenschaften.

3.3 Theologisch: „Kommunikation des Evangeliums" ermöglicht gute *Anschlüsse an heutige Theologie*. In einer fortgeschrittenen enzyklopädischen Reflexion bestimmt Ingolf Dalferth Evangelische Theologie als eine „Interpretationspraxis der Kommunikation des Evangeliums".[17] Evangelium als Zentrum christlichen Glaubens erschließt sich Menschen in Form von Kommunikation.

Auch die traditionellen dogmatischen Begriffe wie „Lehre" oder „Wort Gottes" sowie „Verkündigung" bezeichnen Kommunikationsformen. Doch sind sie – abgesehen von ihrer statisch substantivischen Formulierung – an einem kommunikationswissenschaftlich überholten, einlinigen Sender-Empfänger-Modell orientiert. Ihre inhaltlichen Anliegen – und Defizite – sind gut kommunikationstheoretisch erschließbar. Exemplarisch zeigt sich dies in dem Gewinn der Homiletik durch die rezeptionsästhetische Perspektive. Die Einsicht in die konstruktive Leistung der Rezipienten einer Predigt ergibt neue Gesichtspunkte für deren Konzeption, Formulierung und Gestaltung.

Zugleich eröffnet das Konzept „Kommunikation des Evangeliums" den notwendigen Zusammenhang der Praktischen Theologie mit den anderen theologischen Disziplinen:

Die Bestimmung von „Evangelium" bedarf der Arbeit an der Bibel. Denn dieser biblisch geprägte Begriff ist in vielfältiger Weise mit anderen biblischen Themen und Konzepten verbunden. Weiter sind die in der Christentumsgeschichte begegnenden (Fehl-)Deutungen des Evangeliums zu erinnern, um dabei gewonnene Einsichten für heutiges Verständnis fruchtbar zu machen. Auch müssen die lehrmäßigen und lebenspraktischen Erschließungen von Evangelium in Dogmatik und Ethik beachtet werden, insofern sie den bis heute reichenden Interpretationsprozess kritisch reflektieren und fördern.

---

[17] INGOLF DALFERTH, Evangelische Theologie als Interpretationspraxis. Eine systematische Orientierung (ThLZ.F 11/12), Leipzig 2004, 53–128.

Praktische Theologie in diesem Verständnis ist grundlegend („fundamental")[18] für die Evangelische Theologie, wenn diese sich der reformatorischen Vermittlungsaufgabe stellt.[19]

3.4 Theoriecharakter: Bei allem ist festzuhalten: Die Praktische Theologie erarbeitet *Theorien zum Verständnis der gegenwärtigen Kommunikation des Evangeliums*. Sie ist nicht die Praxis selbst, sondern die Reflexion hierauf.[20]

Diesen Charakter der Praktischen Theologie bringt der Theoriebegriff Kommunikation gut zum Ausdruck. Damit ist aber Praktische Theologie – wie schon die etymologische Herleitung von Theorie (griech.: Betrachtung) zeigt – konstitutiv auf die konkrete Praxis bezogen. Von daher bedarf Praktische Theologie der Vermittlung in die konkrete Situation, eben der Arbeit der praktisch-theologisch Gebildeten.

Insofern ist die Praktische Theologie auch, aber nicht nur eine Berufstheorie. Sie wendet sich mit ihren Publikationen unmittelbar an die theologisch Interessierten in Studium und Praxis. Doch reicht sie thematisch entsprechend dem kommunikativen Grundcharakter theologischer Berufe über die entsprechenden Professionen hinaus. Die große Zahl ehrenamtlich Tätiger kommt ebenso in den Blick wie die vielfältigen Berufe in Schule, Diakonie und Medien, die an der Kommunikation des Evangeliums beteiligt bzw. interessiert sind. Schließlich weitet der Gegenstand Praktischer Theologie, die Kommunikation des Evangeliums, den Blick: auf alle Getauften und – entsprechend dem prozessualen Charakter von Taufe (s. § 27 3.2 und 3.3) – die zur Taufe Hinzutretenden sowie die zu ihr Eingeladenen.[21] So fungiert Praktische Theologie als *„Theorie der Wahrnehmung des Priestertums aller Getauften"*.[22]

---

18   Diese Einsicht entnehme ich dem praktisch-theologischen Konzept von Don Browning (s. hierzu § 7 3.1).
19   S. CHRISTIAN GRETHLEIN, Theologie und Didaktik. Einige grundsätzliche Verhältnisbestimmungen, in: ZThK 104 (2007), 503–525.
20   FRIEDRICH SCHLEIERMACHER, Die praktische Theologie nach den Grundsäzen der evangelischen Kirche im Zusammenhange dargestellt, hg. v. JACOB FRERICHS, Berlin 1850, 12.
21   Damit verlässt eine auf die Taufe in ihrem prozessualen Charakter bezogene Praktische Theologie die binäre Logik gegenwärtiger landeskirchlicher Mitgliedschaftsregel (s. CHRISTIAN GRETHLEIN, Taufpraxis in Geschichte, Gegenwart und Zukunft, Leipzig 2014, 159-165).
22   BERND SCHRÖDER, Das Priestertum aller Getauften und die Assistenz der Kirche, in: MICHAEL DOMSGEN/BERND SCHRÖDER (Hg.), Kommunikation des Evangeliums. Leitbegriff der Praktischen Theologie (APrTh 57), Leipzig 2014, 141-160, 157; vgl. auf katholischer Seite ein ganz ähnliches, unter Rückgriff auf „Berufung" gewonnenes Verständnis von Pastoraltheologie bei REINHARD FEITER, Einführung in die Pastoraltheologie, in: CLAUSS PETER SAJAK (Hg.), Praktische Theologie, Paderborn 2012, 15-63, 47-52 (s. auch § 6 3.2).

1. Teil

Problemgeschichtliche Einführung: der Gegenstand der Praktischen Theologie

Literatur: PETER BLOTH, Praktische Theologie, Stuttgart 1994 – VOLKER DREHSEN, Neuzeitliche Konstitutionsbedingungen der Praktischen Theologie. Aspekte der theologischen Wende zur sozialkulturellen Lebenswelt christlicher Religion (2 Bde.), Gütersloh 1988 – CHRISTIAN GRETHLEIN/MICHAEL MEYER-BLANCK (Hg.), Geschichte der Praktischen Theologie. Dargestellt anhand ihrer Klassiker (APrTh 12), Leipzig 1999 – CHRISTIAN GRETHLEIN/HELMUT SCHWIER (Hg.), Praktische Theologie. Eine Theorie- und Problemgeschichte (APrTh 33), Leipzig 2007 – BONNIE MILLER-MCLEMORE, THE CONTRIBUTIONS OF PRACTICAL THEOLOGY, IN: DIES. (Hg.), THE WILEY-BLACKWELL COMPANION TO PRACTICAL THEOLOGY, Malden 2012, 1-20 – HENNING SCHRÖER, Praktische Theologie, in: TRE 27 (1997), 190–220 – JAMES WOODWARD/STEPHEN PATTISON (Hg.), The Blackwell Reader in Pastoral and Practical Theology, Oxford 2000

Praktische Theologie ist auf die Gegenwart gerichtet. Trotzdem empfiehlt es sich in einem Lehrbuch zur Praktischen Theologie, mit einem problemgeschichtlichen Zugang zu beginnen. Denn praktisch-theologische Forschung ist – wie jede Wissenschaft – grundlegend durch die vorhergehende Arbeit bestimmt. Heutige Fragestellungen, Methoden und inhaltliche Bestimmungen, aber auch Probleme verdanken sich zurückliegenden Diskursen und Bemühungen. Bei solcher Retrospektive ist der konkrete lebensweltliche Kontext zu berücksichtigen.

Doch ist Praktische Theologie keine historische Disziplin. Sie beschäftigt sich mit ihrer Disziplingeschichte nicht um deren selbst willen. Vielmehr ist für die historische Arbeit in der Praktischen Theologie ein *problemgeschichtliches Vorgehen*[1] charakteristisch. Das Interesse ist perspektivisch ausgerichtet und zielt auf – historisch gewonnene – Einsichten zum Umgang mit Problemen. Dadurch wird zum einen die eigene praktisch-theologische Reflexion in ihrem historischen Kontext durchsichtig – und zwar sowohl im Modus der Übernahme von Einsichten als auch der Alternative. Zum anderen eröffnen sich Horizonte, die bei einer eindimensionalen Konzentration auf die Gegenwart übersehen würden. Inhaltlich bildet die *Frage nach dem Gegenstand* den Fokus der Retrospektive.

Im Folgenden werden in den §§ 2–5 wesentliche Impulse aus der deutschsprachigen Disziplingeschichte für die praktisch-theologische Arbeit vorgestellt. Für diese Überblicksskizze ziehe ich vor allem Lehrbücher bzw. Abrisse heran, die das ganze Gebiet der Praktischen Theologie im Blick haben.

Praktische Theologen waren lange Zeit wenig an der historischen Dimension ihres Fachs interessiert. Zwar dominierten im Zuge des Historismus noch Ende des 19. und zu Beginn des 20. Jahrhunderts auch in dieser Disziplin gelehrte historische Arbeiten. Sie präsentieren breit die kirchlichen Handlungsfelder in ihrer geschicht-

---

1 Vgl. zu den damit gegebenen geschichtstheoretischen Implikationen die instruktiven Einzelstudien in: OTTO OEXLE (Hg.), Das Problem der Problemgeschichte 1880–1932 (Göttinger Gespräche zur Geschichtswissenschaft 12), Göttingen 2001.

lichen Entstehung und Entwicklung. Einen gewissen Höhepunkt dieser Entwicklung stellt das schließlich auf drei Bände angewachsene Lehrbuch von Ernst Christian Achelis (1838–1912) dar.[2] Doch drohte dabei der Gegenwartsbezug und damit der Nutzen für die in der kirchlichen Praxis Tätigen verloren zu gehen. Deshalb trat im Weiteren – abgesehen von einzelnen Ausnahmen[3] – die historische Dimension in der Praktischen Theologie zurück. Erst ab dem Ende der achtziger Jahren des 20. Jahrhunderts begegnen an der Disziplingeschichte interessierte praktisch-theologische Studien, jetzt aber problemgeschichtlich ausgerichtet. Hier sind vor allem folgende Arbeiten zu nennen:

Das praktisch-theologische Dissertation und Habilitationsschrift umfassende zweibändige Opus magnum von Volker DREHSEN rekonstruiert im Rückgang auf Richard Rothe, Paul Drews und Ernst Troeltsch drei Grundmodelle der Praktischen Theologie, wobei das soziologische Interesse dominiert.

Didaktisch geschickt, wenn auch in der Ausführung äußerst komprimiert arbeitet Peter Bloth wichtige Entwicklungslinien Praktischer Theologie heraus, wobei er – an der Barmer Theologischen Erklärung orientiert – eine Transformation vom „pastoralen zum ekklesialen Paradigma" (Überschrift des II. Teils) aufzeigt (BLOTH).

Einen weiteren wichtigen Schritt problemgeschichtlicher Arbeit in der Praktischen Theologie stellt der materialreiche TRE-Lexikonartikel von Henning Schröer dar. Er führt eine Strukturierung Praktischer Theologie in Epochen ein, die sich u. a. durch ihre enzyklopädische Bestimmung, den Theorie- und Praxisbegriff sowie die Methodik unterscheiden (SCHRÖER).

Schließlich liegen zwei umfangreiche Sammelbände zur Geschichte der Praktischen Theologie vor (GRETHLEIN/MEYER-BLANCK bzw. GRETHLEIN/SCHWIER). Die insgesamt etwa 1.450 Seiten umfassenden Bücher rekonstruieren anhand der zahlreichen Lehrbücher die Entwicklung des Fachs in seinem zeit- und kulturgeschichtlichen Kontext. Die hier – in weitgehender (aber unabhängig erarbeiteter) Übereinstimmung mit Schröers Arbeit – vorgeschlagene und am Material erprobte Periodisierung wird im Folgenden aufgenommen. Allerdings reduziere ich die historisch detailliert in sechs Epochen vorgenommene Periodisierung auf vier Etappen: Die Phase der Historisierung der Praktischen Theologie in der zweiten Hälfte des 19. Jahrhunderts und die Phase einer Orientierung an einer dogmatischen Wort-Gottes-Theologie brachten die praktisch-theologische Theoriebildung nicht wesentlich voran.

---

2 ERNST CHRISTIAN ACHELIS, Lehrbuch der Praktischen Theologie, 2 Bde., Leipzig 1890/91; 3 Bde. ³1911.
3 Hier sind zu nennen das dreibändige Opus von LEONHARD FENDT, Grundriß der Praktischen Theologie für Studenten und Kandidaten, Tübingen 1938/1938/1939 sowie die vor allem Rezensionen praktisch-theologischer Bücher enthaltende Textsammlung von GERHARD KRAUSE (Hg.), Praktische Theologie. Texte zum Werden und Selbstverständnis der praktischen Disziplin der Evangelischen Theologie (WdF 264), Darmstadt 1972. Problematische Tendenzen schmälern den Wert von WALTER BIRNBAUM, Theologische Wandlungen von Schleiermacher bis Karl Barth. Eine enzyklopädische Studie zur praktischen Theologie, Tübingen 1963.

Zum einen begegnet in den vier Paragraphen des problemgeschichtlichen Teils *„eine regionale Wissenschaft"*.[4] Deren Entwicklung blieb nämlich lange Zeit (weithin) auf den deutschen Sprachraum beschränkt. Zwar stellten sich auch anderswo ähnliche Probleme, doch zur Ausarbeitung eines eigenen, um die konzeptionelle Integration der verschiedenen kirchlichen Handlungsfelder bemühten wissenschaftlichen Zugriffs kam es nur im deutschen Sprachraum. Dafür dürfte es verschiedene Gründe geben: Die integrierte Stellung der Theologie in die deutsche Universität, deren Fächer sich an der Wende vom 19. zum 20. Jahrhundert ausdifferenzierten; der besondere Zusammenhang von Kirchen und Staat in Deutschland, der in der Weimarer Republik in die sprichwörtliche „hinkende Trennung von Staat und Kirche"[5] überführt wurde; das deutsche Zwei-Kirchensystem, das beiden Kirchen den Ausbau einer staatsanalogen Verwaltungs- und Behördenstruktur erlaubte.

Zum anderen war Praktische Theologie lange Zeit eine weithin innerhalb der *Evangelischen Theologie* angesiedelte Wissenschaft. Es gab in der ersten Hälfte des 19. Jahrhunderts unter dem Vorzeichen der Aufklärung nur einzelne Vorstöße zu einer ähnlichen Disziplin in der Katholischen Theologie (s. § 6 2.). Doch wurden sie durch die Absage des Katholizismus an die allgemeine Kulturentwicklung, wie sie im Syllabus (1864), im Unfehlbarkeitsdogma (1870) und in der Vorherrschaft der neuscholastischen Theologie zum Ausdruck kamen, pragmatisch auf Kanonistik und Liturgik reduziert. Erst die Öffnung in den sechziger Jahren des 20. Jahrhunderts, die im II. Vaticanum ihren Ausdruck fand, gab der Herausbildung einer Praktischen Theologie als einer eigenständigen Disziplin innerhalb der Katholischen Theologie einen wichtigen Impuls.

In den USA bildete sich ebenfalls erst in der zweiten Hälfte des 20. Jahrhunderts eine eigene Praktische Theologie heraus.[6] Entsprechend der angelsächsischen pragmatischen Ausrichtung entwickelten sich einzelne pastorale bzw. kirchliche Handlungsfelder teilweise stürmisch, vor allem der Bereich der Klinikseelsorge. Doch zog die praktisch-theologische Gesamtperspektive keine große Aufmerksamkeit auf sich. Allerdings führte das Praxisinteresse dazu, dass für eine praxisbezogene Theologie ein größerer Bereich reklamiert wird (s. § 7 2.3) als dies in Deutschland üblich ist. Entsprechend dieser

---

4   FRIEDRICH SCHWEITZER, Praktische Theologie in Nordamerika, in: GRETHLEIN/MEYER-BLANCK 565–596, 565.
5   So erstmalig und oft zitiert ULRICH STUTZ, Die päpstliche Diplomatie unter Leo XIII und die Denkwürdigkeiten des Kardinals Domenico Ferrata, Berlin 1926, 54.
6   Einen wichtigen Impuls stellt hier dar: DON BROWNING (Hg.), Practical Theology. The Emerging Field in Theology, Church, and World, San Francisco 1983.

anderen Genese von Praktischer Theologie in den USA und der verhalteneren Ausbildung in der Katholischen Theologie stelle ich deren jeweilige Entwicklungen problemorientiert in einem eigenen Kapitel (2.) dar. Dabei ist der Fokus die *komparative Frage* nach Impulsen, die die deutsche evangelische Praktische Theologie bereichern können.

Dass sich mittlerweile eine konfessionsübergreifende Internationalisierung der Praktischen Theologie anbahnt, zeigen neue Projekte wie die International Academy of Practical Theology[7] und das Journal of Practical Theology[8]. Sie entstehen in den neunziger Jahre des 20. Jahrhunderts, gehören also zur jüngsten Entwicklung des Fachs.

Es zeigt sich bei solchen Unternehmungen, dass es (noch?) nicht möglich ist, zu einer gemeinsamen praktisch-theologischen Arbeit in verschiedenen Ländern und verschiedenen Konfessionen bzw. Denominationen integrierenden Theoriebildung vorzustoßen. Exemplarisch lässt sich das anhand der „International Reports" des International Journal of Practical Theology studieren. Hier werden interessante Einblicke in die praktisch-theologische Arbeit in unterschiedlichen Ländern und Gebieten gegeben. Dabei treten primär erhebliche Differenzen zu Tage. Länder- oder gar kulturübergreifende Projekte fehlen dagegen weithin. Wissenschaftstheoretisch ist das in der unstrittigen Kontextualität praktisch-theologischer Reflexion begründet.

Die Globalisierungstendenzen fordern die Praktischen Theolog/innen in unterschiedlichen Ländern und Kirchen bzw. Gemeinden gemeinsam heraus. Dem trage ich in diesem Buch durch den exemplarischen Blick auf die Diskussionen in der Katholischen Theologie und in den USA Rechnung. Hier erscheint Praktische Theologie aus dem Fokus der deutschsprachigen (evangelischen) Diskussion am weitesten entwickelt und von daher am interessantesten. Auf andere Konfessionen und Länder wird in den weiteren Paragraphen des Buchs lediglich bei Einzelfragen Bezug genommen.[9]

So spiegelt die Problemgeschichte der Praktischen Theologie eine wesentliche Einsicht der im systematischen zweiten Teil ausgearbeiteten Theorie der Kommunikation des Evangeliums wider: *Evangelium wird in konkreten Kontexten kommuniziert.* Deshalb sind darauf bezogene Theorien not-

---

7 Zur Programmatik s. DON BROWNING, The Idea of the International Academy of Practical Theology, in: FRIEDRICH SCHWEITZER/JOHANNES VAN DER VEEN (Hg.), Practical Theology – International Perspectives (Erfahrung und Theologie. Schriften zur Praktischen Theologie 34), Frankfurt 1999, 157–164.
8 Zur Programmatik s. das Editorial in: IJPT 1 (1997), 1–5.
9 Zur praktisch-theologischen Arbeit im französischsprachigen Raum s. BERNARD REYMOND, Die Praktische Theologie im französischsprachigen Raum, in: GRETHLEIN/MEYER-BLANCK 597–624; MARCEL VIAU, Practical Theology in the Northern Hemisphere French-speaking Countries, in: IJPT 8 (2004), 122–137; JÉRÔME COTTIN, The Evolution of Practical Theology in French speaking Europe. France, Switzerland, Belgium, and the Italian Waldensian Church, in: IJPT 17 (2013), 131–147.

wendigerweise kontextuell und damit regional bestimmt. Allgemeinbegriffe wie Religion oder Gesellschaft implizieren zwar einen umfassenderen theoretischen Anspruch, blenden aber diesen Grundcharakter von Kommunikation aus.[10] Zugleich sind globalisierende Tendenzen unübersehbar. Sie erfordern eine Erweiterung der bisherigen, auf Kirche in ihrer besonderen deutschen Form beschränkten praktisch-theologischen Arbeit.[11]

---

10 Exemplarisch lassen sich die dadurch entstehenden Probleme an den Schwierigkeiten studieren, die der Gesellschaftsbegriff in der Systemtheorie aufwirft, insofern diese auch als eine Religionstheorie ausgearbeitet wurde; s. hierzu HORST FIRSCHING, Warum ‚Kommunikation'? Auf welche Problemstellungen reagieren kommunikationstheoretische Ansätze in der Soziologie – insbesondere in der Religionssoziologie?, in: HARTMANN TYRELL/VOLKHARD KRECH/ HUBERT KNOBLAUCH (Hg.), Religion als Kommunikation (Religion in der Gesellschaft 4), Würzburg 1998, 187–240, 221 Anm. 118.
11 Schon seit längerem wird verschiedentlich mit dem Kunstwort „Glocalization" auf diese Spannung aufmerksam gemacht (s. EBERHARD HAUSCHILDT, Die Globalisierung und Regionalisierung der Praktischen Theologie. Beschreibung und Plädoyer, in: PrTh 29/1994, 175–193; ROLAND ROBERTSON, Glocalization, Time-Space and Homogenity – Heterogenity, in: MIKE FEATHERSTONE/SCOTT LASH/ROLAND ROBERTSON [Hg.], Global Modernities, London 1995, 25–44).

1. Kapitel: Praktische Theologie – eine moderne Krisenwissenschaft

Die Entwicklung der Praktischen Theologie als einer eigenständigen theologischen Disziplin im 19. Jahrhundert geht verschlungene Wege. Es ist nicht möglich, einen genauen Beginn dieser jüngsten theologischen Disziplin anzugeben. Ihre Themen reichen bis in die frühchristliche Zeit zurück und werden seitdem in einem breiten Strom pastoraltheologischer Schriften traktiert.[1] Erst seit Beginn des 19. Jahrhunderts führen verschiedene Impulse dazu, dass sich im Laufe von Jahrzehnten ein organisatorisch und forschungspraktisch eigenständiges theologisches Fach herausbildete. Dabei waren zwei Kontexte wichtig, innerhalb deren sich Praktische Theologie zu etablieren begann:
- die wegen des Abstands zwischen Alltag und pastoraler Praxis notwendig erscheinende *Reform des Theologie-Studiums bzw. der Pfarrer-Ausbildung;*
- die durch die Ausdifferenzierung von Wissenschaft sich ergebende Aufgabe einer *enzyklopädischen Bestimmung von Theologie.*

Ende des 18. Jahrhunderts führten von Maria Theresia angeregte (und ihrem Sohn Joseph II. fortgeführte) Reformbestrebungen für das Theologiestudium zur Herausbildung der „Pastoraltheologie" als eigenständigem Fach. Dieses war nach der bis dahin üblichen vierjährigen Priester-Ausbildung in einem neu hinzutretenden fünften Studienjahr von den (Katholische) Theologie-Studierenden zu belegen. Franz Stephan Rautenstrauch (1734–1785) richtete es als Direktor der Theologischen Fakultät in Wien 1774 ein. In seinem Entwurf dazu trat deutlich die aufklärerisch pädagogische Grundtendenz zu Tage. Die Charakterbildung der zukünftigen Seelsorger war das Ziel (s. § 6 2.1).

Offenkundig konnte dieses Bildungsziel nicht (allein) durch die traditionellen theologischen Fächer erreicht werden. Es bedurfte eines neuen, „Pastoraltheologie" (bzw. später „Pastoral") genannten Fachs. In der Katholischen Theologie ist bis heute dieser Name gebräuchlich.[2] Rautenstrauch bediente sich im Lehrbetrieb älterer Bücher, so dass die organisatorische Reform nur teilweise inhaltlich innovativ war.

Ebenfalls in einem gewissen Zusammenhang mit Studienreform begegnet bei Friedrich Schleiermacher (1768–1834) die konzeptionelle Begründung von Praktischer Theologie, nämlich in seiner „Kurze(n) Darstellung des theologischen Studiums zum Behuf einleitender Vorlesungen". Hier wurde im Rahmen eines neuen Gesamtverständnisses von Theologie die Praktische Theologie in den §§ 24–31 wissenschaftstheoretisch eingeführt (s. § 2 2.1).

---

[1] S. die Zusammenstellung der wirkungsgeschichtlich wichtigen Werke bei UTA POHL-PATALONG, Pastoraltheologie, in: CHRISTIAN GRETHLEIN/HELMUT SCHWIER (Hg.), Praktische Theologie. Eine Theorie- und Problemgeschichte (APrTh 33), Leipzig 2007, 515–574, 519–524.

[2] S. REINHARD FEITER, Einführung in die Pastoraltheologie, in: CLAUSS PETER SAJAK (Hg.), Praktische Theologie, Paderborn 2012, 15-63.

1. Kapitel: Praktische Theologie – eine moderne Krisenwissenschaft

Tatsächlich dauerte es Jahrzehnte, bis praktisch-theologische Lehrstühle zur Grundausstattung einer Evangelisch-Theologischen Fakultät gehörten. Die beiden ersten Professuren für dieses Fach wurden wohl 1813 in Tübingen, dann (in Verbindung mit der Hof- und Dompredigerstelle) 1821 in Berlin eingerichtet. Lange Zeit erfüllten Professoren anderer Fächer, vor allem der Systematischen Theologie, die praktisch-theologischen Lehraufgaben, teilweise hatten ihre Lehrstühle mehrere Disziplinen umfassende Denominationen.

Die Entwicklung der Praktischen Theologie ist eng mit Umbrüchen verbunden. Neue politische Ordnungen und gesellschaftliche Verhältnisse sowie kulturelle Veränderungen stellten die Kirche (und Theologie) vor neue Herausforderungen. Sie wurden – entsprechend einem seit dem 18. Jahrhundert beanspruchten Konzept[3] – als krisenhaft empfunden. Die bisherigen Traditionen, Institutionen und Handlungsweisen genügten den neuen Ansprüchen nicht mehr.

So beginnt Kurt Nowak seine beeindruckende, die Zeit zwischen Aufklärung und Mitte des 20. Jahrhunderts umfassende „Geschichte des Christentums in Deutschland" mit folgendem Zitat von August Friedrich Cranz: „Es ist eine Periode, wie der berühmte Kant sagt, wo die Kritik sich alles unterwirft – wo alles gesichtet wird wie der Weizen, so man nicht mehr auf Glauben annimmt, sondern dem Grunde oder Urgrunde aller subsistierenden Dinge nachforscht; wo Meinungen, die Jahrhunderte lang als unbezweifelbare Grundsätze galten, nicht länger ungeprüft bleiben; wo die grauesten Possessionen und uralte Observanzen angefochten und umgeworfen werden."[4]

Die Praktische Theologie kann als der theologische Versuch verstanden werden, konstruktiv mit dieser Situation umzugehen. Ein ähnlicher Prozess erfolgte fast zeitgleich hinsichtlich der Formation von Gesellschaft als neuer Größe. Hier bildete sich als Reflexionswissenschaft die Soziologie heraus.[5]

Bis heute prägt das *Krisen-Konzept* die Praktische Theologie, und zwar in doppelter Hinsicht: Einerseits thematisiert sie ihre Gegenstände unter dem Gesichtspunkt von Krisen, also von problematischen Verhältnissen, die innovatives Handeln erfordern. Konkret sind drei solche „Krisen" zu nennen:
- Die politischen, sozialen und kulturellen Veränderungen führten seit Beginn des 19. Jahrhunderts zur Bildung des Fachs,
- die Herausforderungen durch die „Moderne" um die Wende vom 19. zum 20. Jahrhundert zu einer methodischen Neubesinnung,

---

3 S. Reinhard Koselleck, Einige Fragen an die Begriffsgeschichte von ‚Krise', in: Ders., Begriffsgeschichten. Studien zur Semantik und Pragmatik der politischen und sozialen Sprache, Frankfurt 2006, 203–217.
4 Nach Kurt Nowak, Geschichte des Christentums in Deutschland. Religion, Politik und Gesellschaft vom Ende der Aufklärung bis zur Mitte des 20. Jahrhunderts, München 1995, 15.
5 Vgl. den Überblick bei Bernhard Schäfers, Soziologie II. Geschichte, in: ⁴RGG Bd. 7 (2004), 1522–1524.

– schließlich die Reformbemühungen seit Ende der sechziger Jahre des 20. Jahrhunderts zu bis heute andauernden Versuchen, Selbstverständnis und Arbeitsweise neu zu bestimmen.

So prägt der Bezug auf die jeweils gegenwärtige Situation die praktisch-theologische Arbeit, wobei Schwierigkeiten und Missständen das besondere Augenmerk gilt. Diese Fokussierung auf Problematisches ist bei der Lektüre praktisch-theologischer Literatur zu beachten, soll es nicht zu einer verzerrten, einseitig negativen Wahrnehmung der Verhältnisse kommen.

Andererseits erscheinen die praktisch-theologischen Bemühungen selbst krisenhaft. Schon am Ende des 19. Jahrhunderts beklagten Praktische Theologen die „schwere Krise" ihres Faches.[6] Dabei steht jeweils die Frage nach dem Gegenstand der Praktischen Theologie im Hintergrund.

§ 2 Herausforderungen in der ersten Hälfte des 19. Jahrhunderts: enzyklopädische und praktische Impulse

Literatur: WILHELM GRÄB, Praktische Theologie als Theorie der Kirchenleitung: Friedrich Schleiermacher, in: CHRISTIAN GRETHLEIN/MICHAEL MEYER-BLANCK (Hg.), Geschichte der Praktischen Theologie. Dargestellt anhand ihrer Klassiker (APrTh 12), Leipzig 1999, 67–110 – EBERHARD HAUSCHILDT, Das kirchliche Handeln des Christentums: Carl Immanuel Nitzsch, in: CHRISTIAN GRETHLEIN/ MICHAEL MEYER-BLANCK (Hg.), Geschichte der Praktischen Theologie. Dargestellt anhand ihrer Klassiker (APrTh 12), Leipzig 1999, 111–150 – THOMAS NIPPERDEY, Deutsche Geschichte 1800–1866. Bürgerwelt und starker Staat, München ⁵1991 (1983) – CARL IMMANUEL NITZSCH, Praktische Theologie Bd. 1, Bonn 1847 – CHRISTIAN PALMER, Zur praktischen Theologie, in: JDTh 1 (1856), 317–361 – DIETRICH RÖSSLER, Prolegomena zur Praktischen Theologie. Das Vermächtnis Christian Palmers (1967), in: DERS., Überlieferung und Erfahrung (PThGG 1), hg. von CHRISTIAN ALBRECHT/MARTIN WEEBER, Tübingen 2006, 80–93 – FRIEDRICH SCHLEIERMACHER, Kurze Darstellung des theologischen Studiums zum Behuf einleitender Vorlesungen, hg. v. HANS SCHOLZ, Darmstadt 1973 (KD) – HANS-ULRICH WEHLER, Deutsche Gesellschaftsgeschichte Bd. 1. Vom Feudalismus des Alten Reiches bis zur Defensiven Modernisierung der Reformära 1700–1815, München ³1996 (1987) – FRIEDRICH WINTZER, C. I. Nitzschs Konzeption der Praktischen Theologie in ihren geschichtlichen Zusammenhängen, in: EvTh 29 (1969), 93–109

In einem ersten Abschnitt werden grundlegende Veränderungen zu Beginn des 19. Jahrhunderts skizziert. Sie bestimmen teilweise das ganze Jahrhundert (und werden dann zu Beginn von § 3 wieder aufgenommen). Inhaltlich

---

6 S. GERHARD KRAUSE (Hg.), Praktische Theologie. Texte zum Werden und Selbstverständnis der praktischen Disziplin in der evangelischen Theologie (WdF 264), Darmstadt 1972, XX; vgl. MARTIN LAUBE, Zur Stellung der Praktischen Theologie innerhalb der Theologie – aus systematisch-theologischer Perspektive, in: CHRISTIAN GRETHLEIN/HELMUT SCHWIER (Hg.), Praktische Theologie. Eine Theorie- und Problemgeschichte (APrTh 33), Leipzig 2007, 61–136.

fordern sie Kirche heraus bzw. verändern sie. Darauf reagierte Theologie u. a. durch die Herausbildung der neuen Disziplin Praktische Theologie. Vor diesem zeitgeschichtlichen Hintergrund sind die Versuche zu verstehen, Praktische Theologie zu profilieren.

Es folgen Hinweise auf weitere Ausarbeitungen unter dem Vorzeichen des Historismus. Sie vermehrten lediglich das bearbeitete Material und historisierten die Praktische Theologie, ohne deren Konzeption weiterzuentwickeln.

Insgesamt gehen die im Folgenden genannten Vorschläge zur Begründung der Praktischen Theologie von einer *krisenhaften Distanz zwischen Theologie und kirchlicher Praxis* aus. Sie zu überwinden, ohne aber Praktische Theologie auf eine Anwendungswissenschaft zu reduzieren, ist das zentrale Anliegen der neuen theologischen Disziplin.

1. Kontext

Die im Folgenden skizzierten Veränderungen stehen nur aus Gründen der Darstellung nacheinander. Sachlich sind sie in mannigfaltiger Weise miteinander verflochten (s. NIPPERDEY).

1.1 *Politisch und gesellschaftlich:* Programmatisch formuliert Thomas Nipperdey am Beginn seiner dreibändigen „Deutschen Geschichte": „Am Anfang war Napoleon."

> Denn: „Die Geschichte der Deutschen, ihr Leben und ihre Erfahrungen in den ersten eineinhalb Jahrzehnten des 19. Jahrhunderts, in denen die ersten Grundlagen eines modernen Deutschlands gelegt worden sind, steht unter seinem überwältigenden Einfluß." (a. a. O. 11). Napoleon setzte nämlich grundlegende Reformen von Verwaltung, Recht und Gesellschaft durch.

Das fast tausend Jahre bestehende Römische Reich deutscher Nation endete und es kam zu einer territorialen Neuordnung: Das Reich umfasste im 18. Jahrhundert 157 weltliche und 80 geistliche Territorien sowie 51 Reichsstädte und fast 1.500 Mitglieder der Reichsritterschaft. Die deutsche Bundesakte von 1815 dagegen konstituierte einen Bund von 39 (dann 41) Staaten und Städten.

Die für die Kirchen wichtige Konsequenz daraus war: Ab jetzt wurde die konfessionelle Pluralität – Lutheraner, Reformierte und Katholiken (sowie traditionell in besonderem Status die Juden) – für die Menschen unmittelbar erfahrbar. Die bis dahin dominierende (nur in einzelnen Staaten aufgegebene) Trennung der Konfessionen durch das Prinzip des „cuius regio eius religio" hatte lebensweltlich weithin eine monokonfessionelle Situation bewahrt. Das war jetzt endgültig überwunden. Die „Kirche" (Singular) wurde zu nebeneinander stehenden *„Konfessionskirchen"* (Plural) transformiert.

Demographisch bahnte sich seit 1750 ein explosionsartiges *Bevölkerungswachstum* an (WEHLER 84 f.). Das alte Reich umfasste gegen Ende des

18. Jahrhunderts etwa 30 Millionen Menschen. Nach den napoleonischen Kriegen zählte man 1816 32,7 Millionen, 1865 bereits 52 Millionen (NIPPERDEY 102). Dies machte neue soziale Ordnungen erforderlich und zwang zu ökonomischen Innovationen. So verlor das Zunftwesen an Bedeutung, die Bauern wurden aus traditionellen Bindungen befreit (sog. Bauernbefreiung). Die nicht mehr an unmittelbarer Befriedigung elementarer Bedürfnisse, sondern an grundsätzlicher Gewinnmaximierung interessierte kapitalistische Wirtschaftsform griff um sich.

Mit den skizzierten politischen Verhältnissen steht in engstem Zusammenhang die Transformation der traditionellen Ständeordnung zu einer *Bürgergesellschaft*.

„Das bedeutete ein Dreifaches: 1. Die vom Staat durch das Recht fixierte Ungleichheit der ständischen Gesellschaft geht – langsam und mit Überhängen ständischer Relikte – in die rechtliche Gleichheit der staatsbürgerlichen Gesellschaft über. 2. Das den sozialen Status bestimmende ständische Merkmal der Geburt wird durch das moderne Prinzip der Leistung und des Berufes abgelöst: die Berufs- und Leistungsgesellschaft entsteht. 3. Diese wird in der spezifischen Weise des 19. Jahrhunderts eine Klassengesellschaft, d. h. der Besitz, die ökonomische Lage und die Stellung in der Produktion bestimmen zusammen mit dem meist anders begründeten sozialen Prestige die Schichtung der Gesellschaft." (a. a. O. 255).

Bedeutungsvoll für das religiöse Leben und die Kirchen war der damit verbundene Prozess der *Individualisierung*. Die von Wilhelm von Humboldt ausgegebene bildungstheoretische Maxime der zur Totalität herausgebildeten Individualität brachte dies zugespitzt auf eine griffige Formel. Solche Individualisierung begann in den oberen Schichten, wanderte aber im Lauf der Jahrzehnte in weitere Bevölkerungsgruppen ein. Diese Entwicklung brachte Veränderungen in den Gesellungsformen mit sich:

Im Bereich der Familie kam es zu einer zunehmenden Emotionalisierung.

An die Stelle der Standesehe, also eines Zusammenschlusses von zwei Menschen (etwa) gleicher Herkunft, trat die „Gefährtenehe", wobei die ähnlichen Interessen der Heiratenden grundlegend waren. Dies äußerte sich in neuen Umgangsformen, vor allem bei der Anrede: An die Stelle des förmlichen „Sie" und der Nennung des Nachnamens traten bei Ehegatten im Laufe des 19. Jahrhunderts das intime „Du" und der Vorname. Auch die emotionale Zuwendung zu den Kindern nahm zu; diese sprachen ihre Eltern ebenfalls zunehmend informeller an (a. a. O. 117).

Die traditionellen Korporationen, wie vor allem die (zwangsmäßigen) Zünfte, wurden von neuen sozialen Gebilden, den *Vereinen*, abgelöst (s. a. a. O. 267; WEHLER 317–325) und damit privatisiert. Deren wichtigstes Kennzeichen war – und ist bis heute – die Freiwilligkeit der Mitgliedschaft, und zwar sowohl hinsichtlich des Eintritts als auch des Austritts. Inhaltlich sind die Vereinsmitglieder durch ihre gemeinsam im Verein verfolgten partikularen Interessen verbunden. Auch die Feste verloren ihre öffentliche Prägung. Taufe, Trauung und Bestattung wurden – jedenfalls tendenziell und vor allem in den Städten – zu Familienfesten (NIPPERDEY 118). Eine für Deutschland typische Festform bildete sich heraus: das familiäre Weihnachtsfest (s. § 14 3.6).

Solche Entwicklungen hatten für die Kirchen weitreichende Konsequenzen: Es begegnen nicht nur am Rand der Kirchen neue Formen der Kommunikation des Evangeliums wie der Kindergottesdienst (s. § 16 5.2) oder die Innere Mission (s. § 19 2.1). Vielmehr bemühten sich pastorale Praktiker, allen voran Emil Sulze (1832–1914), in der zweiten Hälfte des 19. Jahrhunderts darum, Kirchengemeinden als Vereine zu organisieren. Die im Zuge dessen erbauten Gemeindehäuser, sozial gesehen Vereinshäuser, dokumentieren bis heute den Erfolg dieser Reformanstrengungen. *Damals entstand das sog. „Gemeindeleben", eine vereinsförmig strukturierte Form des Christseins.*

1.2 *Kulturell:* Seit dem Ende des 18. Jahrhunderts vollzogen sich ebenfalls erhebliche Veränderungen im Bereich der Öffentlichkeit. Im Zuge der *Einrichtung von Schulen* wuchs die Zahl der Menschen, die lesen und zumindest grundsätzlich schriftlich geführten Diskussionen folgen konnten. Dementsprechend entwickelte sich die massenmediale Kommunikationskultur, die Buch-, Zeitungs- und Zeitschriftenproduktion schwoll an (s. WEHLER 304–313). Einen Aufschwung erlebten die Universitäten. Sie hatten sich Ende des 18. Jahrhunderts in Deutschland großenteils in einem desolaten Zustand befunden.

> „Der bekannte Pädagoge Salzmann klagte in den 1780er Jahren, die Universität sei ‚für die Tugend und Zufriedenheit der Menschen so gefährlich' wie ‚der Sitz der Pest … für ihr Leben'. Die Teilnahme an einem Feldzug gebe, hieß es, weniger Anlaß zur Unruhe als das Universitätsstudium mit seinem Lotterleben." (a. a. O. 293)

Jetzt gründete sich die Universität auf ein neues Verständnis von Wissenschaft. Die kompetitive Forschung gewann an Bedeutung; praktische Abzweckungen des Lehrbetriebs traten dagegen zurück. Zahlenmäßig dominierten zwar noch die Theologie-Studenten. Doch rückte bei der Berliner Universitätsgründung die Philosophische Fakultät mit ihrer zweckfreien Forschung ins Zentrum. Um sie gruppierten sich die alten Fakultäten, Theologie, Jurisprudenz und Medizin, mit ihren professionsspezifischen Ausrichtungen.

Die Beschäftigung mit dem Historischen gewann grundlegende Bedeutung. Es entwickelte sich im Laufe des 19. Jahrhunderts mit dem *Historismus* ein viele Fächer, darunter die (Evangelische) Theologie, dominierender Forschungsansatz. Er basierte auf der Entdeckung des Individuellen und war durch philologische Quellenkritik methodisch abgestützt. Im Zuge der Ablösung heilsgeschichtlicher Konzeptionen gewann er angesichts der deutlich wahrgenommenen, vielfältigen Veränderungen in der Gegenwart an Plausibilität. Dadurch kam es zu einem Wandel in der Wirklichkeitssicht: „Tradition als Überlieferung hört auf, selbstverständlich zu sein." (NIPPERDEY 504)

Mit diesem Bewusstsein ging eine grundsätzliche, auch die Bereiche Religion und Kirche betreffende Relativierung einher.

Gesellschaftliche und kulturelle Veränderungen waren schließlich mit dem Prozess der *Industrialisierung* verbunden, der in Deutschland erst nach 1850 einen ersten Höhepunkt erreichte. Die rational und zielstrebig durch ökonomisches Kalkül vorangetriebene Konstruktion von Neuem löste das bisherige intuitive Bemühen um Perfektionierung der Natur ab. Natur wurde zu einem Instrument, dessen Gesetze man erforschte, um es effektiver einzusetzen. Die damit verbundene Steigerung der Mobilität – angefangen vom Ausbau der Transportwege bis hin zur Trennung von Wohn- und Arbeitsplatz – veränderte die Lebenswelt.

Insgesamt entstand eine eigenständige Kultur, getrennt und im Gegenüber zu Kirchen und Christentum. In ihr dominierten historische Relativierung und zweckrationaler Umgang mit der Natur, Abbau von Traditionen und Hinwendung zum materiellen Genuss.

1.3 *Kirchlich:* „Das deutsche 19. Jahrhundert ist noch immer ein christlich, ein kirchlich geprägtes Zeitalter." (NIPPERDEY 403) Doch bei genauerem Blick zeigt sich – wie eben skizziert – ein Wandel, für dessen Bewältigung die bisherige Form der Theologie nicht mehr ausreichte. Die Entwicklungen verliefen dabei gegenläufig:

Auf der einen Seite ging in der Oberschicht seit der zweiten Hälfte des 18. Jahrhunderts die Selbstverständlichkeit des Christseins zurück. Es kam zur – erstmals von Johann Salomo Semler (1725–1791) 1767 konzeptionell durchgeführten – *Unterscheidung von privater und öffentlicher Religion*.[7] Johann Wolfgang v. Goethe (1749–1832) wirkte als „der erste dezidierte Nicht-Christ in Deutschland" (NIPPERDEY 441) vorbildhaft.[8] An die Stelle der Offenbarung trat bei ihm eine Hinwendung zum Natürlichen und Humanen. Aufklärerische Impulse und historische Relativierung gingen eine fruchtbare Verbindung ein. Es entwickelte sich eine „deutsche Bildungsreligion, die Religion der Klassik, jenseits der Kirchen, am Rande des Christentums" (NIPPERDEY 440).

Eine erste organisatorische Konsequenz fand eine solche freiere religiöse Einstellung in der Bewegung der „Lichtfreunde", die 1847 in die Gründung „freier evangelischer Gemeinden" mündete.[9] Rechtlich eröffnete der preußische König die *Option des Kirchenaustritts*. Dies machte eine grundsätzliche

---

7   S. MARTIN LAUBE, Die Unterscheidung von öffentlicher und privater Religion bei Johann Salomo Semler. Zur neuzeittheoretischen Relevanz einer christentumstheoretischen Reflexionsfigur, in: ZNThG/JHMTh 11 (2004), 1–23.
8   S. ausführlicher EMANUEL HIRSCH, Geschichte der neuern evangelischen Theologie im Zusammenhang mit den allgemeinen Bewegungen des europäischen Denkens Bd. 4, Münster 1984 (Gütersloh ³1964), 247–252.
9   S. FRIEDRICH WILHELM GRAF, Lichtfreunde, in: ⁴RGG Bd. 5 (2002), 333f., 333.

§ 2 Herausforderungen in der ersten Hälfte des 19. Jahrhunderts   27

Infragestellung kirchlicher Autorität möglich, die allerdings erst Jahrzehnte
später zahlenmäßig größere Bedeutung gewann.

> Noch radikaler, da grundsätzlich religionskritisch, waren philosophische Vorstöße
> wie der von Ludwig Feuerbach (1804–1872). Mit seiner These von der Entstehung
> des Gottesglaubens durch die Projektion menschlicher Bedürfnisse entwickelte er
> ein grundlegendes Argument des modernen Atheismus.

Schließlich erwuchs den Kirchen im Laufe des Siegeszuges der Naturwissenschaften eine materialistisch fundierte Konkurrenz.

> So finden sich ab der Jahrhundertmitte Äußerungen wie die des berühmten Berliner Pathologen Rudolf Virchow (1821–1902), jetzt träten die Wissenschaften „in die Stellung der Kirche" ein (so 1860; s. a. a. O. 496).

Auf der anderen Seite führten im Übergang vom 18. zum 19. Jahrhundert
die 25 Revolutions- und Kriegsjahre bei vielen Menschen zu einer religiösen
Rückbesinnung. Dabei kam es – im Kontext der allgemeinen restaurativen
Tendenzen – zum Rückzug auf überkommene Religionsformen. Zugleich
griff der Staat verstärkt auf die Kirchen als Ordnungsmächte zu.

1.4 *Theologisch:* Die mit den skizzierten Entwicklungen einhergehende Differenzierung und Funktionalisierung von Lebensbereichen machte vor Kirchen und Religion nicht Halt und forderte die theologische Reflexion heraus. Die erwähnte Unterscheidung Semlers (s. 1.3) war der Versuch, die so entstehenden Probleme theologisch zu kanalisieren. Das von ihm zustimmend zur Kenntnis genommene, zwei Jahre später erlassene Wöllnersche Religionsedikt setzte diese Unterscheidung in die politische Praxis um und zeigte zugleich deren Problematik.

Auf jeden Fall traten seit dem Beginn des 19. Jahrhunderts Kirche und
Christentum auseinander. Dadurch, aber auch durch die neuen gesellschaftlichen und wissenschaftlichen Entwicklungen geriet die Theologie unter
Druck. Die philosophische Destruktion der Metaphysik erforderte neue
Begründungen für Christentum und religiöse Praxis. Diese Aufgabe konnte
nicht mehr (exklusiv) deduktiv von der Dogmatik her gelöst werden; vielmehr verlangte die vorfindliche Praxis nach theologischer Beachtung. Die
Praktische Theologie kann als ein theologischer Versuch verstanden werden,
diese Herausforderungen konstruktiv aufzunehmen.

2. Profilierungen Praktischer Theologie

Zwar erscheint im Nachhinein die Erweiterung der Theologie um eine praktische Disziplin folgerichtig. Sie hatte die Aufgabe, die lebensweltlichen Veränderungen in den theologischen Diskurs einzuspeisen. Auch war der Anschluss der sich verändernden kirchlichen Praxis an die theologischen Wissensbestände zu gewährleisten und so deren christliche Identität zu wahren. Doch dauerte es fast einhundert Jahre, bis die Eigenständigkeit und

Besonderheit dieser Aufgabenstellung theoretisch hinreichend ausgearbeitet war. Wichtige Impulse gaben dafür:
– Friedrich Schleiermachers enzyklopädische Arbeit, die die Theologie als eine positive Wissenschaft mit konstitutivem Bezug auf die Kirchenleitung bestimmte;
– die die Kirche als Ausgangspunkt und Gegenstand entfaltende Praktische Theologie von Carl Immanuel Nitzsch;
– die ethisch ansetzende Pastoraltheologie Christian David Palmers.

Sie beschreiben mögliche Begründungsformen sowie Profile der Praktischen Theologie und markieren damit bis heute offene Fragen bzw. Probleme.

Es unterstreicht den Aufbruchcharakter der damaligen Praktischen Theologie, dass alle drei Gelehrten die Praktische Theologie eher nebenbei betrieben. Schleiermacher hatte in der Theologie seinen Schwerpunkt im Bereich dessen, was er philosophische Theologie nannte. Nitzsch versah, als er sich nach langen Jahren als Pfarrer und Superintendent für die akademische Laufbahn entschied, in Bonn und Berlin Professuren für Systematische und Praktische Theologie. Ähnliches gilt für Palmer, der in Tübingen einen Lehrstuhl für Praktische Theologie und Ethik innehatte. Allerdings lag publizistisch bei dem Letztgenannten der Schwerpunkt bereits eindeutig auf der Praktischen Theologie, für deren einzelne Handlungsfelder er wichtige Lehrbücher verfasste.

Schließlich kommt in der Biographie der drei Theologen die damals noch selbstverständliche öffentliche Bedeutung universitärer Theologie zum Ausdruck. Schleiermacher bekleidete wichtige Ämter in der preußischen Kultusverwaltung, Nitzsch war ab 1849 Mitglied des preußischen Landtages, Palmer 1870 Abgeordneter Tübingens im württembergischen Landtag.[10] Schleiermacher und Palmer waren jeweils auch Rektoren ihrer Universitäten (Berlin bzw. Tübingen).

2.1 *Friedrich Schleiermacher (1768–1834):* Zwar hielt Schleiermacher Vorlesungen zur Praktischen Theologie. Sie wurden jedoch erst 1850 – in quellenkritisch wenig befriedigender Weise – ediert. Wirkmächtiger für das Verständnis Praktischer Theologie waren die enzyklopädischen Vorschläge, die er während seiner ganzen akademischen Tätigkeit er- und überarbeitete. Nach einem Vorlauf in privatem Rahmen (1808) hielt Schleiermacher im Eröffnungssemester der neu gegründeten Berliner Universität 1810/11 eine Enzyklopädie-Vorlesung, die er 1811 als „Kurze Darstellung des theologischen Studiums" (KD) publizierte. Nach weiteren Durchgängen in der Lehre wurde sie 1830 erheblich verändert und erweitert neu aufgelegt. Diese zweite Auflage beein-

---

10 Zu den damals auch in anderen Fächern anzutreffenden „Abgeordneten-Professoren" s. THOMAS NIPPERDEY, Deutsche Geschichte 1866–1918 Bd. 1. Arbeitswelt und Bürgergeist, München ²1991 (1990), 595f.

§ 2 Herausforderungen in der ersten Hälfte des 19. Jahrhunderts

flusst bis heute grundlegend das wissenschaftstheoretische Selbstverständnis (Evangelischer) Theologie, ohne dass sich die einzelnen Entscheidungen materialiter durchsetzen konnten. Schleiermachers Ausgangspunkt ist 1811:

> „Die Theologie ist eine positive Wissenschaft, deren verschiedene Teile zu einem Ganzen nur verbunden sind durch die gemeinsame Beziehung auf eine bestimmte Religion: die der christlichen also auf das Christentum." (KD 1 Anm. 1)

Der Kommentar dazu in der zweiten Auflage 1830 weist darauf hin, dass allein die „Lösung einer praktischen Aufgabe" (KD 1) den Zusammenhang der Theologie gewährleistet. Damit ist angesichts der sich damals wissenschaftlich anbahnenden Differenzierungen eine wichtige Grundlage für die *„positive" Wissenschaft Theologie* gelegt. Sie bezieht sich inhaltlich auf Vorgegebenes, nämlich die christliche Religion (bzw. in der 2. Auflage: das Christentum), und zwar nicht in einem neutral distanzierten Sinn. Vielmehr geht es – so § 5 – um die „Leitung der christlichen Kirche" (KD 2). Und hier liegt der Ansatz für eine eigenständige „praktische Theologie".

> Sie setzt die beiden anderen Formen der Theologie, die philosophische und die historische, voraus. In der philosophischen Theologie wird – nach § 32 – das „eigentümliche Wesen des Christentums" erarbeitet, was die Kenntnis der historischen Theologie voraussetzt, welche umgekehrt auf den in der philosophischen Theologie bestimmten Begriff des Christentums angewiesen ist. Durch den grundlegend praktischen Charakter der Theologie sind wiederum beide Formen von Theologie auf die „praktische" angewiesen.

Die „praktische Theologie" hat es – und hiermit konnte sich Schleiermacher nicht durchsetzen – „nur zu tun mit der richtigen Verfahrensweise bei der Erledigung aller unter den Begriff der Kirchenleitung zu bringenden Aufgaben." (§ 260; KD 100) Die „Fassung der Aufgaben" selbst – so die Kommentierung in der zweiten Auflage – ist Sache der philosophischen und der historischen Theologie. Zwar führte Schleiermacher weiter aus, dass es hier nicht um mechanisches Handeln, sondern um die Anwendung von „Kunstregeln im engeren Sinne des Wortes" (§ 265; KD 102) geht. Allgemeine Grundsätze sind also auf jeweils individuelle Sachverhalte anzuwenden. Doch blieb bei ihm die „praktische Theologie" auf die – wenngleich kunstfertige – Anwendung begrenzt.

> Dass damit eine wissenschaftliche Randstellung dieser Disziplin verbunden war, geht aus Schleiermachers Schrift „Über die Einrichtung der Theologischen Fakultät" vom 25. Mai 1810 hervor. Hier entwarf er das Konzept für die neue Theologische Fakultät in Berlin. Er schlug – entsprechend dem damaligen Usus, mehrere theologische Disziplinen durch einen Professor vertreten zu lassen – die Einrichtung von drei Professuren vor. Genauer regte er an, „daß der eine ein Exeget und zugleich ein Dogmatiker, der andere ein Exeget und zugleich ein Historiker und der dritte ein Historiker und zugleich ein Dogmatiker wäre".[11] Die „praktische

---

11   Zitiert nach GERHARD KRAUSE (Hg.), Praktische Theologie. Texte zum Werden und Selbstverständnis der praktischen Disziplin der evangelischen Theologie (WdF CCLXIV), Darmstadt

Theologie" sollte dagegen von einem „Kanzelredner" „nebenbei" vorgetragen werden: „Je weniger die meisten, die zu dieser (sc. praktischen, Ch.G.) Professur Lust hätten, in anderen Fächern etwas zu leisten vermögen werden, um desto eher würden sie in diesem zuviel tun, und für die Masse würde die Versuchung zu groß sein, einen unverhältnismäßigen Teil ihrer Zeit den Vorbereitungen auf die eigentliche Amtsführung zu widmen."[12]

Von daher trifft die – oft zitierte – Charakteristik Schleiermachers als „Urheber der praktischen Theologie als Wissenschaft"[13] nur teilweise zu. In der Tat stieß Schleiermacher von seinem Anliegen einer durch die praktische Aufgabe (der Kirchenleitung) integrierten Theologie zur Notwendigkeit einer praktischen Disziplin vor. Doch er bestimmte sie inhaltlich dadurch unter, dass er sie nur auf die Anwendung beschränken wollte. Die Aufgabenstellung wies er den anderen Teilen der Theologie zu.

Besonders problematisch wäre dieses Konzept für die künftig die Entwicklung der Praktischen Theologie bestimmende empirische Arbeit gewesen. Sie wies Schleiermacher unter der Rubrik „Statistik" der historischen Theologie zu (§ 195 und dann §§ 232–250). Damit wurden zwar die historische Dimension jeder Gegenwartsanalyse und deren begrifflich dogmatischer Bezug zutreffend markiert. Die Eigenständigkeit des Empirischen kam aber nicht hinreichend in den Blick, wie auch die Wirkungsgeschichte des Schleiermacherschen Ansatzes zeigt.[14] Allerdings muss bei dieser Kritik beachtet werden, dass Schleiermacher seine Enzyklopädie und damit sein Verständnis von Praktischer Theologie zu einer Zeit entwarf, als die meisten in § 2 1. skizzierten Entwicklungen in ihrer lebensweltlichen Bedeutung keineswegs schon offenkundig waren. Insofern steht sein Entwurf einer Praktischen Theologie erst an der Schwelle der „Krisen", die dieses Fach allgemein notwendig erscheinen ließen. Auch der Siegeszug der empirischen Wissenschaften begann erst Jahrzehnte nach seinem Tod.

2.2 Carl Immanuel Nitzsch (1787–1868): Nitzsch knüpfte an Schleiermachers Enzyklopädie an. Nach einer ersten, noch lateinisch abgefassten Skizze zum Aufbau der Praktischen Theologie[15], die sich wesentlich an die eben erschienene zweite Auflage von Schleiermachers „Kurzer Einleitung" anschloss, legte er 1847/48 als erster eine dreibändige, materialiter für die

---

1972, 3–7, 4. Dabei geht Schleiermacher noch – anders als ein Jahr später in der Enzyklopädie – von vier Fächern der Theologie aus: exegetische, historische, dogmatische und praktische.
12 Ebd.
13 ERNST CHRISTIAN ACHELIS, Lehrbuch der Praktischen Theologie Bd. 1, Leipzig ³1911, 14.
14 S. hierzu die Hinweise bei CHRISTIAN GRETHLEIN, Praktische Theologie und Empirie, in: DERS./HELMUT SCHWIER (Hg.), Praktische Theologie. Eine Theorie- und Problemgeschichte (APrTh 33), Leipzig 2007, 289–352, 295.
15 CARL IMMANUEL NITZSCH, Ad theologiam practicam felicius excolendam observationes (1831), übs. und hg. v. RENATE und REINER PREUL (ThST 18), Waltrop 2006.

§ 2 Herausforderungen in der ersten Hälfte des 19. Jahrhunderts

jeweiligen Handlungsfelder ausgeführte „Praktische Theologie" vor. Sie war lange Zeit Grundlage und Maßstab für die weitere Fachentwicklung (s. HAUSCHILDT 141).

Vor allem erkannte Nitzsch die Bedeutung eines geklärten Kirchenbegriffs für die Praktische Theologie:

> „Da eine Thätigkeit nur durch ihren Grund in Geist und Natur, ein Amt nur aus dem Grund des Gemeinwesens, dem es eigen ist, als Erscheinung verstanden oder gewürdigt, und nach den daraus sich ergebenden Zweckbegriffen geleitet werden kann: so kommt es für eine Methodik der praktischen Theologie auf den theologischen Begriff von der Kirche zuerst und am meisten an, und von der vollständigsten Entfaltung ihrer Substanz in das besondere und concreteste ihrer Wirklichkeit kann erwartet werden, daß darin die vollständigste Vorbildung ihrer Selbstbethätigung enthalten sei." (NITZSCH 126)

Gegenüber der bis dahin üblichen pastoraltheologischen Verengung begründete Nitzsch die Praktische Theologie im *Kirchenbegriff*. Dabei galt ihm Kirche nicht bloß als ein Objekt der wissenschaftlichen Arbeit; vielmehr stellte er Kirche theologisch als „aktuoses Subjekt" in den Mittelpunkt seiner Überlegungen. Sie, „die ja schon selbst und aus einem ganz anderen Ursprung lebt und handelt, sich fortpflanzt und erhält",[16] ist zuerst das Subjekt, dem dann die Pfarrer usw. einzuordnen sind. Zudem differenzierte Nitzsch zwischen Christentum und dessen „kirchlicher Ausübung" (NITZSCH 128) und benannte so die Spannung zwischen dem Begriff und der praktischen Realität.

In seinem Lehrbuch bemühte er sich unentwegt um eine Vermittlung zwischen dem „urbildlichen Begriff vom kirchlichen Leben" und dem gegenwärtigen Zustand. Allerdings gewann – und dies wurde in der Folgezeit immer wieder kritisiert – der dogmatisch-begriffliche Part die Oberhand. Die in der Grundlegung seines Lehrbuchs skizzierte dreifache Methodik Praktischer Theologie, nämlich als empirische, logische und technische (a. a. O. 123–128), wurde nur einseitig ausgeführt. Doch war auf jeden Fall Schleiermachers anwendungsorientiertes Verständnis der Praktischen Theologie theoretisch überwunden. Für Nitzsch gehörte die Bestimmung des Begriffs, eben der Kirche, zu den originären Aufgaben der Praktischen Theologie.[17]

Wissenschaftstheoretisch steht die von Nitzsch vorgeschlagene praktische Disziplin in engstem Zusammenhang mit der Dogmatik. Denn diese leistet in der Ekklesiologie eine entscheidende Vorarbeit zur Klärung des Kirchenbegriffs. Allerdings weisen die unterschiedliche Beurteilung und Rezeption des Nitz'schen Konzepts bei späteren Praktischen Theologen auf

---

16 A. a. O. 29 (ohne Kursivsetzung im Original).
17 So umfasst der Teil „Die Idee des kirchlichen Lebens oder der urbildliche Begriff" allein über 200 Seiten des ersten Bandes seiner Praktischen Theologie (NITZSCH 136–351).

ein Problem hin: Bei ihm blieb offen, ob „Kirche" in einem dogmatisch engen oder in einem religionssoziologisch aufgeklärten Sinn verstanden wird (s. HAUSCHILDT 143).

2.3 Christian David Palmer (1811–1875): Weniger eindrücklich, nämlich nur in einem Aufsatz und so zuerst nur wenig beachtet, schlug Christian David Palmer eine konzeptionelle Alternative zum Nitz'schen Verständnis der Praktischen Theologie vor. Erst Dietrich Rössler erinnerte 1966 anlässlich seiner Antrittsvorlesung an seinen Vorgänger (von 1852–1875) auf dem Tübinger Lehrstuhl (RÖSSLER). Systematisch entwickelte Palmer einen Ansatz für die Begründung Praktischer Theologie, der der bei Nitzsch bestehenden Gefahr einer zu engen Anlehnung an die Dogmatik und ihr Kirchenverständnis entgegenstand.

Ebenso wie Nitzsch wollte Palmer die Praktische Theologie als eine theologische Wissenschaft etablieren. Doch dazu bestimmte er den Ort der Praktischen Theologie innerhalb der Theologie anders: Während die Dogmatik die „denkende Durchdringung", das „Durchsichtigmachen der göttlichen Thatsachen" (PALMER 330) zur Aufgabe hat, richtet sich das Interesse der Praktischen Theologie – wie auch der *Ethik* (bzw. Moral) – auf die Zukunft.

> „Dem allem gegenüber steht nun aber Dasjenige, was noch nicht Thatsache ist, es aber werden soll, und zwar nicht im Sinne einer göttlichen Nothwendigkeit, sondern durch menschliche Freiheit. Daß jene in der Wirklichkeit von dieser nicht abgelöst werden kann, daß vielmehr das göttlich Nothwendige mittelst der menschlichen Freiheit, das ewig Beschlossene in der Form des menschlich frei Gewollten sich realisirt, darf uns nicht hindern, beides in der wissenschaftlichen Betrachtung auseinander zu halten." (PALMER 331).

Die Theologie hat also zwischen „göttlicher Nothwendigkeit" und „menschlicher Freiheit" zu vermitteln. Dabei gilt das Interesse der Praktischen Theologie (und Ethik) der Ausarbeitung des zweiten Begriffs.

Eine Konsequenz dieses auf das menschliche Handeln, und zwar im Bereich Kirche, konzentrierten Verständnisses Praktischer Theologie begegnet im Werk Palmers selbst. Er verfasste nämlich wichtige praktisch-theologische Lehrbücher zu einzelnen Bereichen, nämlich Evangelischer Homiletik (1842; ^{6}1887), Evangelischer Katechetik (1844; ^{6}1875), Evangelischer Pädagogik (1852; ^{5}1882), Evangelischer Pastoraltheologie (1860; ^{2}1863) und Evangelischer Hymnologie (1865), aber keine „Praktische Theologie". Offenkundig widerstrebte die von ihm intendierte „Unmittelbarkeit der Praktischen Theologie zum Leben" (RÖSSLER 91) einer Systembildung des Gesamtfachs. Sie führte vielmehr zu „praktischen Theorieen" (PALMER 338) einzelner Aufgaben des pastoralen Berufs. Auf jeden Fall gewann die Praktische Theologie durch diesen Ansatz eine Praxisnähe, die bei einer Orientierung an der Dogmatik leicht verloren ging.

3. Vorzeichen: Historismus

Anfangs wurden einige praktisch-theologische „Systeme" entworfen, die spekulativ ihren Gegenstand aus einem allgemeinen Wissenschafts- oder Theologiebegriff deduzierten.

So zeichnete z. B. Gottlieb Philipp Christian Kaiser 1816 in seinem „Entwurf eines Systems der Pastoraltheologie"[18] die praktische Theologie in ein aus der Idee des Wissens gewonnenes System ein. Dabei galt sie ihm als Wissenschaft vom „Heiligen Werden", die historische Theologie als Wissenschaft vom „Heiligen Gewordenseyn" und die systematische Theologie als Wissenschaft des „Heiligen Sollen". Die dann im Folgenden streng dialektisch entwickelten Deduktionen hatten für die Praxis einen geringen Ertrag.

Philosophisch hoch gerüstet versuchte 1837 der Hegel nahestehende Philipp Konrad Marheineke die Praktische Theologie aus einem allgemeinen Theologieverständnis zu deduzieren. So begründete er z. B. ihre Notwendigkeit aus dem Gegensatz von Theorie und Praxis, insoweit die sonstige Theologie eine „theoretische" ist.[19] Diese logischen Ableitungen erwiesen sich als wirkungslos.

Doch bewegten sich seit dem Erscheinen von Nitzschs dreibändigem Opus die Bemühungen der praktisch-theologischen Arbeit in anderen Bahnen. Die Konzentration auf die Kirche wurde allgemein aufgenommen und vor allem in historischer Weise weiter ausgearbeitet. Es entstanden in kurzen Abständen einige mehrbändige Lehrbücher der Praktischen Theologie:

Wilhelm Otto, Praktische Theologie (2 Bde.), Gotha 1869 f.;

Theodosius Harnack, Praktische Theologie (2 Bde.), Erlangen 1877 f.;

Johannes Jacobus Oosterzee, Praktische Theologie. Ein Handbuch für junge Theologen (2 Bde.), Heilbronn 1878 f. (niederländisch Utrecht 1877 f.).

Sie markieren eine *Professionalisierung* dieser jungen Disziplin.

1890 brachte die Akademische Verlagsbuchhandlung von J. C. B. Mohr (Paul Siebeck) an einem Tag jeweils die ersten Bände der beiden umfangreichen praktisch-theologischen Lehrbücher von Alfred Krauss und Ernst Christian Achelis (1838–1912) heraus. Letzteres wuchs sich dann bis zur 3., 1911 erscheinenden Auflage zu einem dreibändigen Opus magnum aus, das in seinen historischen Ausführungen bis heute unübertroffen ist.[20]

Inhaltlich knüpfte Achelis explizit an das Verständnis Praktischer Theologie bei Nitzsch an. Er nahm aber viele Ergebnisse aus der historischen Forschung auf, was der von ihm gewünschten Förderung der kirchlichen Praxis eher im Wege stand. Zwar markierte Achelis deutlich die Herausforderungen durch die gesellschaftli-

---

18 Erlangen 1816.
19 S. Philipp Marheineke, Entwurf einer praktischen Theologie, Berlin 1837, 6 (§ 6); an ihn versuchte unter dem Vorzeichen Kritischer Theorie wieder anzuknüpfen: Godwin Lämmermann, Praktische Theologie als kritische oder als empirisch-funktionale Handlungstheorie? Zur theologiegeschichtlichen Ortung und Weiterführung einer aktuellen Kontroverse (TEH 211), München 1981.
20 Ernst Christian Achelis, Lehrbuch der Praktischen Theologie (3 Bde.), Leipzig ³1911.

chen und politischen Veränderungen, doch gerannen auch diese letztlich zur Historie. Sie gingen aber teilweise – vor allem in dem der Poimenik gewidmeten dritten Band – in empirische Deskriptionen über und weisen so voraus auf die weitere Entwicklung des Fachs. Auch zeigte Achelis vereinzelt die innovative Potenz historischer Arbeit – etwa wenn er in der 3. Auflage seinen bis dahin ablehnenden Standpunkt zur Kremation revidierte.

Insgesamt steht das Werk von Achelis am Ende der ersten Phase der Praktischen Theologie. Die ursprünglich hinsichtlich der Studien- und Kirchenreform innovativen Impulse Praktischer Theologie weichen bei ihm einer breiten, historisch interessierten Bestandsaufnahme.

4. Zusammenfassung

Praktische Theologie entstand im Laufe des 19. Jahrhunderts. Sie sollte wissenschaftlich-theologisch die Herausforderungen für Kirche und Theologie bearbeiten, die die erheblichen politischen, gesellschaftlichen, kulturellen und religiösen Veränderungen aufwarfen. Schon bei Nitzsch trat deutlich zu Tage, dass dies keineswegs nur eine methodische Aufgabe ist, sondern eine eigene theologische, eben eine praktisch-theologische Anstrengung erfordert.

Thematisch standen in der Praktischen Theologie von Anfang an die Kirche und ihr Handeln im Vordergrund. Damit knüpfte sie an die traditionellen Pastoraltheologien an, insofern das pastorale Handeln ein wichtiger Ausdruck kirchlicher Praxis ist. Zugleich reichte sie aber über die Pastoraltheologie hinaus, weil kirchliche Praxis eben nicht im Pfarrberuf aufgeht. In der konkreten Ausarbeitung des Kirchenbezugs begegneten zwei Alternativen: eine Orientierung an der Dogmatik – bei Nitzsch – bzw. an der Ethik – bei Palmer. Die sich erst einmal durchsetzende Lösung von Nitzsch ließ den Lebens- und Praxisbezug praktisch-theologischer Arbeit hinter dogmatischen Bestimmungen und dann historischen Ausarbeitungen zurücktreten. Die historische Orientierung half im Zuge des Historismus der Praktischen Theologie, ihre Wissenschaftlichkeit zu erweisen. Der Preis dafür war eine Entfernung von der tatsächlichen Praxis.

§ 3 Herausforderungen zu Beginn des 20. Jahrhunderts: empirische Impulse

Literatur: WILHELM BORNEMANN, Die Unzulänglichkeit des theologischen Studiums. Ein Wort an Dozenten, Pfarrer und Studenten, Leipzig ²1886 (1885 anonym veröffentlicht) – VOLKER DREHSEN, Neuzeitliche Konstitutionsbedingungen der Praktischen Theologie. Aspekte der theologischen Wende zur sozialkulturellen Lebenswelt christlicher Religion (2 Bde.), Gütersloh 1988 – PAUL DREWS, Das Problem der Praktischen Theologie. Zugleich ein Beitrag zur Reform des theologischen Studiums, Tübingen 1910 – JAN HERMELINK, Organisation der volkskirchlichen Gemeinde: Martin Schian, in: CHRISTIAN GRETHLEIN/MICHAEL MEYER-BLANCK (Hg.), Geschichte der Praktischen Theologie. Dargestellt anhand ihrer Klassiker (APrTh 12), Leipzig 1999, 279–330 – Friedrich Niebergall, Praktische Theologie. Lehre von der kirchlichen Gemeindeerziehung auf religionswissenschaftlicher Grundlage (2 Bde.), Tübingen 1918f. – Thomas Nipperdey, Deutsche Geschichte 1866–1918 Bd. 1. Arbeitswelt und Bürgergeist, München ²1991 (1990) – Kurt Nowak, Geschichte des Christentums in Deutschland. Religion, Politik und Gesellschaft vom Ende der Aufklärung bis zur Mitte des 20. Jahrhunderts, München 1995 – Achim Plagentz/Ulrich Schwab, Religionswissenschaftlich-empirische Theologie: Friedrich Niebergall, in: Christian Grethlein/ Michael Meyer-Blanck (Hg.), Geschichte der Praktischen Theologie. Dargestellt anhand ihrer Klassiker (APrTh 12), Leipzig 1999, 237–278 – Martin Schian, Grundriß der Praktischen Theologie (STö.T 6), Gießen 1922 (³1934) – Hans-Ulrich Wehler, Deutsche Gesellschaftsgeschichte Bd. 3. Von der „Deutschen Doppelrevolution" bis zum Beginn des Ersten Weltkrieges 1849–1914, München 1995

In einem ersten Abschnitt skizziere ich knapp den Übergang vom 19. zum 20. Jahrhundert, den die Zeitgenossen als Eintritt in die „Moderne" empfanden. Die daraus resultierenden Herausforderungen für Kirche und Theologie führen zu der von Praktischen Theologen eingebrachten Forderung nach Reform des Theologie-Studiums (und damit der Evangelischen Theologie).

Bei den Vorschlägen zur Neuprofilierung Praktischer Theologie dominierte das empirische Interesse.

Sodann folgt ein kurzer Ausblick auf den durch die Wort-Gottes-Theologen initiierten Abbruch dieser Neuausrichtung. Die neuerliche Hinwendung zur Dogmatik erbrachte keine weiterführenden Impulse.

Dagegen waren die Arbeiten einzelner Praktischer Theologen im Umkreis der jüngeren Liturgischen Bewegung sachlich interessant, fanden aber in der Gesamtdiskussion nur wenig Beachtung. Sie gingen jenseits dogmatischer Engführung bzw. ideologischer Überformung der Frage nach den Formen bzw. der Gestalt christlichen Glaubens nach. Dadurch profilierten sie den Gegenstandsbereich der Praktischen Theologie praxisnah.

Insgesamt stehen die im Folgenden skizzierten Reformversuche der Praktischen Theologie unter dem Eindruck einer Krise dieses Fachs.

So konstatierte 1910 Paul Drews: „Aber trotz Schleiermachers und trotz jenes stolzen Wortes (sc. von der Praktischen Theologie als der Krone der Theologie, C. G.) und trotzdem seit Schleiermacher auch auf dem Gebiete der Praktischen Theologie mit vielem Ernst, mit großem Eifer und Scharfsinn gearbeitet worden ist, ist unsere Disziplin zu keiner wirklichen Höhe emporgestiegen." (Drews 18).

1. Kontext

Viele der in § 2 1. genannten Herausforderungen an Theologie und Kirche bestanden noch an der Wende vom 19. zum 20. Jahrhundert. Doch war das Bewusstsein verbreitet, in einer neuen Zeit zu leben. Dafür bürgerte sich in den neunziger Jahren des 19. Jahrhunderts das Substantiv „*Moderne*" ein (Nowak 183). Vor allem die kulturelle Situation wurde als krisenhaft erlebt:

„Mit der Spezialisierung und dem Zerfall von Ganzheit und Wertkosmos, mit der Verselbständigung der sekundären Systeme, mit der Entfremdung, der Fragmentierung, Pluralisierung, dem Relativismus, dem Auseinandertreten von Fachmenschen ohne Seele, Genussmenschen ohne Geist, dem Substanzverlust wächst die Sorge um die ‚eigentliche' Kultur, ja Identität." (NIPPERDEY 591).

Zugleich waren aber Tendenzen zu einer optimistischen Weltsicht unübersehbar. Die Fortschritte in Technik und Naturwissenschaften gaben dazu Anlass, vor allem in ihrer popularisierten Form. Neue Vereinigungen wie der „Freidenkerverband" (gegründet 1881) oder der „Deutsche Monistenbund" (gegründet 1906) verhießen eine wissenschaftlich begründete synthetische Wirklichkeitssicht und ethische Orientierung (NOWAK 184) – jenseits und gegen Christentum und Kirchen. Darauf hatten Kirche und Theologie zu reagieren. Ganz praktisch kam es zu Forderungen nach einer Reform des Theologiestudiums und der Pfarrerausbildung. Sie wurden besonders von Praktischen Theologen vorgetragen. Im Zuge der Studienreform sollten vor allem empirische Analyse-Methoden eingeführt werden.

1.1 *Politisch und gesellschaftlich:* Grundlegend waren die eng zusammenhängenden demographischen und industriell-technischen Entwicklungen. Die Bevölkerung im Reichsgebiet von 1871 stieg zwischen 1866 und 1914 von 39,8 Millionen auf 67,8 Millionen, also um knapp 70 % (NIPPERDEY 9; ausführlich zu den verschiedenen Gründen a. a. O. 9–42). Begleitet wurde dies von einem beispiellosen wirtschaftlichen und technischen Aufschwung. *Deutschland wandelte sich von einem Agrarland in einen Industriestaat;* die deutsche Gesellschaft wurde zur Industriegesellschaft (s. WEHLER 618–620). Diese Entwicklung war ambivalent. Die Versorgung der Bevölkerung verbesserte sich aufs Ganze gesehen. Technisierung und neue Produktionsbedingungen führten aber auch zu sozialen Verwerfungen, gegen die die sozialistische und kommunistische Arbeiterbewegung kämpfte. Auf jeden Fall war ab 1870 die Ernährung für jeden Menschen im Reich grundsätzlich gesichert. Die unter Bismarck initiierten Sozialsicherungssysteme (1883 Krankenversicherung; 1884 Unfallversicherung; 1889 Alters- und Invalidenversicherung) waren erste Schritte auf dem Weg zu einer vermögens- und familienunabhängigen Absicherung der Existenz in Notsituationen.

Politisch schaffte die sog. kleindeutsche Lösung Klarheit. Die Staatsbildung wirkte zwar durch die monarchisch-obrigkeitliche Prägung eher rückwärts gewandt, wie es symbolisch am 17. Januar 1871 im Akt der Kaiserkrönung zum Ausdruck kam. Doch zugleich entsprach die nationale Vereinigung dem Charakter der Zeit (s. zur Vielschichtigkeit und Transformation des Konzeptes Nationalismus in Deutschland WEHLER 938–961). Auf protestantischer Seite wurde diese Entwicklung teilweise sogar als divinatorisch empfunden. Der Preußen-Historiograph Heinrich v. Treitschke nannte sie emphatisch „Gottesurteil" (s. a. a. O. 1175).

Die eingangs genannte Krise war also weniger politisch-materiell als vielmehr *gesellschaftlich* bedingt. Durch das Zurücktreten ganzheitlicher Lebenskonzepte, wie etwa das der Zünfte, wuchs die „Wahlfreiheit in der Rollenausführung" (NIPPERDEY 188). Die damit einhergehende, sich langsam auf untere Schichten ausbreitende Individualisierung verunsicherte in der Lebensführung.

1.2 *Kulturell:* Auch hier sind die Diversifizierungsprozesse unübersehbar. Im Bereich der Wissenschaften zeichneten sich drei große Tendenzen ab:
– Der Historismus hatte zu einer grundsätzlichen Relativierung der Traditionen geführt, durch die Konzentration auf das Individuelle aber an Integrationskraft eingebüßt.
– Neue, empirisch arbeitende Wissenschaften begannen sich zu etablieren, die Psychologie, die Soziologie und die Volkskunde.
– In den Naturwissenschaften differenzierten sich die Fächer aus. Es entstanden z. B. unterschiedliche medizinische Disziplinen, bald durch Lehrstühle und entsprechende Forschungspraxis etabliert und sich stetig weiter verästelnd.

Die Evangelische Theologie war nach wie vor ein angesehenes Mitglied in der scientific community, und zwar national und international.[21] In der Person Adolf Harnacks (1851–1930; seit 1914: v. Harnack) erreichte sie äußerlich ihren Zenit.

Er bekleidete neben seinem Berliner Ordinariat für Kirchengeschichte u. a. die Ämter des Generaldirektors der Königlichen Bibliothek (im Nebenamt; seit 1918 Preußische Staatsbibliothek) und des Präsidenten der Kaiser-Wilhelm-Gesellschaft (der Vorgängerin der Max-Planck-Gesellschaft). Seine Berufung von Marburg nach Berlin wurde gegen den Willen des preußischen Oberkirchenrats durchgeführt und lässt so eine gefährliche Spannung zwischen Kirche und (liberaler) theologischer Wissenschaft erkennen.[22]

Doch formierten sich in den Naturwissenschaften neue explizit kirchen- und christentumsfeindliche Weltanschauungen. Der von dem Jenenser Zoologen Ernst Haeckel (1834–1919) in seinem Bestseller „Die Welträthsel" (1899) vorgetragene Monismus erfreute sich in naturwissenschaftlich gebildeten Kreisen wie z. B. bei Ärzten großer Beliebtheit. Dabei galt christlicher Glaube als rückständig – so wurde Gott z. B. polemisch als „gasförmiges Wirbeltier" (NIPPERDEY 510) bezeichnet.

---

21 S. FRIEDRICH WILHELM GRAF, Protestantische Theologie in der Gesellschaft des Kaiserreichs, in: DERS. (Hg.), Profile des neuzeitlichen Protestantismus Bd. 2,1, Gütersloh 1992, 12–117, 64–67.
22 S. zu den diesbezüglichen harten Auseinandersetzungen in den preußischen ordentlichen Generalsynoden von 1879, 1885 und 1891 BIRGIT WEYEL, Praktische Bildung zum Pfarrberuf. Das Predigerseminar Wittenberg und die Entstehung einer zweiten Ausbildungsphase evangelischer Pfarrer in Preußen (BHTh 134), Tübingen 2006, 177–184.

Tatsächlich zeigten die Einschreibungen an der Universität deutlich eine *Marginalisierung von Theologie*. Die Zahl der Theologie-Studierenden nahm zwar moderat zu, zwischen 1860 und 1914 um das 1,7fache. Sie konnte aber mit der Steigerung in anderen Fächern – Jura 4,2fach, Philosophie 5,8fach, Medizin 8,6fach (a. a. O. 578) – nicht mithalten und wurde zu einer kleinen Minderheit an der deutschen Universität. 1914 wurde in Frankfurt/M. die erste deutsche Universität ohne Theologische Fakultät gegründet – und zwar u. a. mit dem Argument mangelnder Auslastung.[23] 1919 folgte die Gründung der Universität Hamburg, ebenfalls ohne Theologische Fakultät.[24]

Schließlich formierte sich ein gegenüber dem wilhelminischen Deutschland zivilisationskritischer Impuls mit einer Generationenspezifik. Die sog. *Jugendbewegung* rekrutierte sich vornehmlich aus den Söhnen und Töchtern des protestantisch liberalen Bürgertums. Enttäuscht von der lebensfeindlich erlebten Welt der Erwachsenen schlossen sich junge Menschen bündisch zusammen auf der Suche nach echten Erlebnissen. Dabei waren „das einfache Leben, selbstgewählte Führerschaft und freiwillige Gefolgschaft, Selbständigkeit und Selbstverantwortlichkeit, Gemeinschaft als Ort der Bewährung" Elemente einer neuen Lebensform.[25]

> In Lager, Fahrt und Gruppe erprobten Heranwachsende neue Kommunikationsformen, nicht zuletzt zwischen den Geschlechtern. Zwar übernahm die nationalsozialistische Bewegung diese attraktiven Sozialformen, doch gelang es wenigstens teilweise, den grundsätzlich ideologiekritischen Impetus des jugendbewegten Aufbruchs beizubehalten und später sogar für den Widerstand fruchtbar zu machen (Beispiel: Geschwister Scholl).

In religiöser Hinsicht verbanden sich die Impulse der Jugendbewegung mit der Suche nach tragfähigen Formen religiösen Erlebens. So stellte sich die Aufgabe einer angemessenen Gestaltung von Kirche und dann vor allem der Liturgie. In der zwischen 1923 und 1927 tagenden Berneuchener Konferenz kamen junge Theologen und anderweitig religiös Interessierte zusammen. 1926 legten sie das „Berneuchener Buch" mit dem programmatischen Untertitel: „Vom Anspruch des Evangeliums auf die Kirchen der Reformation" vor. Hier war ein weit reichendes Reformprogramm formuliert, das vor allem die liturgische Arbeit dauerhaft befruchtete.

---

23 S. Uwe Stenglein-Hektor, Religionsforschung als Wirklichkeitsgewinn. Hochschulpolitische Tendenzen, theologische Studienreformbemühungen und Enzyklopädiediskussionen im Kulturprotestantismus, in: Friedrich Wilhelm Graf/Hans Martin Müller (Hg.), Der deutsche Protestantismus um 1900 (VWGTh 9), Gütersloh 1996, 19–41, 27.
24 A. a. O. 29 f.; in Münster stimmte die zuständige Staatsregierung erst nach erheblichen Auseinandersetzungen 1910 der Einrichtung einer Evangelisch-Theologischen Fakultät zu (a. a. O. 26).
25 Ulrich Herrmann, Jugendbewegung I. Geschichte und Bedeutung, in: ⁴RGG Bd. 4 (2001), 658–661, 659 f.

1.3 *Kirchlich:* Lebensweltlich ging der Einfluss der Kirchen spürbar zurück. In den stark wachsenden Städten fehlten Organisationsstrukturen, die eine persönliche Seelsorge ermöglichten. Kirchengemeinden von teilweise weit über 10.000 Mitgliedern – in Dresden-Neustadt sogar 60.000 – standen dem entgegen. Die aktive Partizipation an kirchlichen Handlungen ließ – regional unterschiedlich ausgeprägt – nach (s. genauere Zahlen NIPPERDEY 504f.). Auch machte die *aufblühende Volkskultur* mit Theater, Zirkus und Jahrmarkt dem kirchlichen Angebot Konkurrenz. Der Historiker Thomas Nipperdey resümiert: „Die Deutschen hören auf, in ihrer Mehrheit Christen zu sein, oder wenigstens: sich als Christen zu verstehen." (a.a.O. 507f.) Dabei war der statistisch belegbare Rückgang auf evangelischer Seite stärker als im Katholizismus. Dieser hatte – im sog. Kulturkampf – ein eigenes, sich selbst stabilisierendes Milieu ausgebildet (s. WEHLER 901f.), das in den Entscheidungen des I. Vaticanums seinen lehramtlichen Ausdruck fand. Doch auch hier begann das Christentum zu „einem Stück Tradition" zu werden (NIPPERDEY 541), das für die konkrete Lebensgestaltung an Bedeutung verlor. *Die Kirchen erreichten die Arbeiterschaft und die naturwissenschaftlich-technischen Eliten kaum mehr.* Umgekehrt begegneten außerhalb der Kirchen sakralisierende Tendenzen, z.B. in der Architektur von Bahnhöfen als den neuen Knotenpunkten der Gesellschaft, aber auch in weltanschaulichen Gesellschaften. Dazu trat eine Form des Nationalismus, die Wehler als „politische Religion" charakterisiert (WEHLER 943f.). Nicht wenige liberale protestantische Theologen bemühten sich um deren Integration (mit letztlich fatalen Folgen).

1.4 *Theologisch:* Angesichts dieser vielfältigen Veränderungen und Transformationen erfüllte eine vornehmlich historisch ausgerichtete Theologie die Anforderungen für die pastorale Ausbildung nicht mehr. Auf mehreren Ebenen mahnten Pfarrer und akademische Praktische Theologen *Reformen des Theologiestudiums* (und der pastoralen Ausbildung) an.

Schon 1886 hatte der achtundzwanzigjährige Privatdozent und spätere Baseler Professor für Kirchengeschichte und Praktische Theologie Wilhelm Bornemann (1858–1946) – zuerst anonym – eine viel beachtete Kritik am Theologiestudium vorgelegt.[26] Darin monierte er zum einen den fehlenden „inneren Zusammenhang" der theologischen Disziplinen (BORNEMANN 61). Diese Kritik verband er mit dem Hinweis auf den defizitären Bezug des Studiums zum Pfarrberuf; denn nur die Orientierung hieran könne die fehlende Integration der Theologie leisten. Zum anderen wies Bornemann auf

---

26 S. hierzu BIRGIT WEYEL, Praktische Bildung zum Pfarrberuf. Das Predigerseminar Wittenberg und die Entstehung einer zweiten Ausbildungsphase evangelischer Pfarrer in Preußen (BHTh 134), Tübingen 2006, 192–200.

das gestörte Verhältnis zwischen Gemeinde und Pfarrer hin. Den Pfarrern fehle der Mut, sich auf die moderne Kultur einzulassen.

> „Es ist, als habe sich der Protestantismus an der Zugluft dieser modernen Kultur erkältet und müsste nun auf einige Zeit das Zimmer hüten, weil ein Teil der sorgenden Geistlichkeit davon die Genesung erwartet. Vielleicht wird die kranke Kirche aber doch eher gesund, wenn sie sich hinausbegibt und frisch an ihre Arbeit draußen geht." (a. a. O. 21)

Demgegenüber müsse das Studium einen „offenen Blick für alle Bewegungen des Volkslebens" fördern (a. a. O. 88). Die Praktische Theologie erfülle aber diese Aufgabe nicht, denn (so das in der Folgezeit oft zitierte Diktum): „die praktische Theologie ist zur unpraktischen Theologie geworden" (a. a. O. 85).

Nach der Jahrhundertwende mehrten sich die Forderungen nach einem verstärkten Empiriebezug des Theologiestudiums.[27] Das entsprach einer allgemeinen Entwicklung im Bereich der Wissenschaften. Durch die sich etwa gleichzeitig mit der universitären Praktischen Theologie im Laufe des 19. Jahrhunderts entwickelnde Institution des Predigerseminars verringerte sich der Druck auf das Studium etwas, direkt auf den Pfarrberuf vorzubereiten. Das *Wirklichkeitsdefizit der Theologie* und die daraus resultierenden Ausbildungsdefizite blieben jedoch unübersehbar. Sie waren wesentliche Stimuli für die Arbeit Praktischer Theologen um die Jahrhundertwende und zu Beginn des 20. Jahrhunderts.

2. Profilierungen Praktischer Theologie

Die drei in § 2 2. Vorgestellten waren noch Theologen, die neben der Praktischen Theologie andere Fächer vertraten, wobei zumindest bei Schleiermacher der Schwerpunkt nicht auf der Praktischen Theologie lag. Demgegenüber haben wir es zu Beginn des 20. Jahrhunderts bei den im Folgenden präsentierten Reformern Paul Drews, Friedrich Niebergall und Martin Schian mit eindeutigen Fachvertretern der neuen Disziplin zu tun.[28]

> Die Disziplin selbst charakterisierte der Greifswalder Praktische Theologe Martin v. Nathusius am Ende des 19. Jahrhunderts folgendermaßen: „Die praktische Theologie befindet sich gegenwärtig in einem sonderbaren Zustande. Auf der einen Seite bemerken wir einen fast unheimlichen Eifer in der Arbeit an ihrer wissenschaftlichen Form. ... Auf der anderen Seite aber bemerken wir eine merkwürdige Gering-

---

27 S. Uwe STENGLEIN-HEKTOR, Religionsforschung als Wirklichkeitsgewinn. Hochschulpolitische Tendenzen, theologische Studienreformbemühungen und Enzyklopädiediskussionen im Kulturprotestantismus, in: FRIEDRICH WILHELM GRAF/HANS MARTIN MÜLLER (Hg.), Der deutsche Protestantismus um 1900 (VWGTh 9), Gütersloh 1996, 19–41, 31–36.

28 Paul Drews, Friedrich Niebergall und Otto Baumgarten galten schon ihren Zeitgenossen als „Triumvirat" der sog. modernen Praktischen Theologie (HASKO V. BASSI, Otto Baumgarten. Ein „moderner Theologe" im Kaiserreich und in der Weimarer Republik [EHS.T 345], Frankfurt 1988, 347). Im Folgenden behandle ich aber als Dritten Martin Schian. Er wirkte mit seinem „Grundriß der Praktischen Theologie" weiter und ist durch sein Lehrbuch konzeptionell interessanter als der stärker auf aktuelle Auseinandersetzungen konzentrierte Baumgarten.

schätzung dieses Zweiges der theologischen Wissenschaft. Und zwar gleichmäßig bei Studenten, bei akademischen Vertretern der anderen theologischen Lehrfächer und bei Kirchenregimenten."[29]

Drews, Niebergall und Schian wuchsen (großenteils) im Deutschen Reich von 1871 auf und lernten an der Universität bereits eine disziplinär gegliederte Theologie kennen. Geprägt wurden sie durch die Religionsgeschichtliche Schule und die Systematische Theologie Albrecht Ritschls. Drews und Schian hatten mit historisch orientierten Arbeiten ihre wissenschaftliche Karriere begonnen.[30] Alle drei waren nach dem Studium etliche Jahre als Pfarrer tätig und folgten erst dann dem Ruf auf einen Lehrstuhl für Praktische Theologie; Martin Schian wechselte von dort (1924) als Generalsuperintendent wieder in den kirchlichen Dienst. In ihren Veröffentlichungen begegnet eine Praktische Theologie, die von den konkreten Problemen der pastoralen Praxis ausgeht. Ihnen war das Bemühen gemeinsam, der „unpraktischen Praktischen Theologie" zu entkommen. Sie forderten eine *entschlossene Hinwendung zur modernen Lebenswelt* und empfingen von dort wichtige Impulse für ihre praktisch-theologische Arbeit. Mit diesem empirischen Ansatz legten sie das bis heute tragende Fundament der Disziplin.

2.1 *Paul Drews (1858–1912):* Nach etlichen Vorarbeiten veröffentlichte Drews 1910 die viel beachtete programmatische Abhandlung: „Das Problem der Praktischen Theologie. Zugleich ein Beitrag zur Reform des theologischen Studiums" (Tübingen). Damit stellte er die Bemühung um die Erneuerung der Praktischen Theologie in den *Kontext der Studienreform*.

Konkret kritisierte Drews die vorausgehende Praktische Theologie in mehrfacher Hinsicht:
– Er wies das „bewußte(.) Streben nach Systematisierung der Praktischen Theologie als eines Ganzen" (DREWS 20) zurück, das er bei Nitzsch und dessen Nachfolgern beobachtete. Denn dies führte zu „Theorien, die weit ab vom wirklichen Leben lagen" (a. a. O. 24).
– Aus dem gleichen Grund kritisierte er „eine einseitige Deduktionsmethode" (a. a. O. 20).
– Auch „ein einseitiger Biblizismus" (ebd.) zog eine missliche Abwendung von der Gegenwart nach sich.

---

29 MARTIN V. NATHUSIUS, Der Ausbau der praktischen Theologie zur systematischen Wissenschaft, Leipzig 1899, 3.
30 PAUL DREWS, Petrus Canisius, der erste deutsche Jesuit (SVRG 38), Halle 1892 (1883 in Leipzig angenommene Dissertation); DERS., Studien zur Geschichte des Gottesdienstes und des gottesdienstlichen Lebens. Bd. 1 Zur Entstehungsgeschichte des Kanons in der römischen Messe, Tübingen 1902 (es folgten weitere Bände 1906 und 1910).
MARTIN SCHIAN, Die Homiletik des Andreas Hyperius, in: ZPrTh 18 (1896), 289–324; 19 (1897), 27–66; 120–149; DERS., Die Sokratik im Zeitalter der Aufklärung. Ein Beitrag zur Geschichte des Religionsunterrichts, Breslau 1900; DERS., Orthodoxie und Pietismus im Kampf um die christliche Predigt. Ein Beitrag zur Geschichte des endenden 17. und des beginnenden 18. Jahrhunderts (SGNP 7), Gießen 1912.

– Und schließlich verwahrte sich Drews gegen „ein(en) verkehrte(n) Historizismus", den er z. B. bei Achelis fand.

Drews wollte die *Praktische Theologie als eine empirische Disziplin* profilieren.[31] Damit sollte das Studium praxisnäher – aber nicht praktischer – werden. Dazu schlug er eine Erweiterung des praktisch-theologischen Fächerkanons vor. Kirchenkunde, religiöse Volkskunde und religiöse Psychologie hießen die neuen Fächer. Sie sollten die Wahrnehmungsfähigkeit der Theologen und damit die Praxisnähe ihrer Konzepte steigern. Demgegenüber trat das systematische Interesse zurück. So bestimmte Drews den Zusammenhang der drei neuen Disziplinen nicht eindeutig.

Am deutlichsten arbeitete er die *religiöse Volkskunde* aus:

„Die Voraussetzung einer besonnenen und wirksamen Beeinflussung des kirchlichen Lebens und der kirchlichen und nicht kirchlichen Kreise ist eine wirkliche Kenntnis des gegenwärtigen religiösen Lebens innerhalb und ausserhalb der Landeskirchen. Das erfordert eine beschreibende Darstellung des religiösen Lebens der Gegenwart im Zusammenhang mit seinem geschichtlichen Werden auf Grund einer eindringenden psychologischen Analyse des Volkscharakters wie der Gruppen- und individuellen Typen, mit denen der Geistliche zu rechnen hat."[32]

Der dabei verfolgte interdisziplinäre Ansatz lässt sich durch die Lehrtätigkeit Drews' in Gießen (1901–1908) erklären. Dort befand sich nämlich eine Hochburg der um die Jahrhundertwende aufblühenden Volkskunde (s. DREHSEN Bd. 2 418 f. Anm. 355). Durch den von Drews erstmals 1901 formulierten Ansatz einer religiösen Volkskunde[33] kamen über die Kirche hinaus religiöse Funktionsäquivalente in den Blick der Praktischen Theologie wie das Sektenwesen oder die religiöse Valenz der Sozialdemokratie.[34] Praktische Theologie erweiterte ihren Gegenstandsbereich auf die allgemeine Kultur hin. Dabei ging Drews' Interesse über ein bloßes Sammeln von Beobachtungen hinaus und richtete sich auf dahinterstehende Gesetzmäßigkeiten.

In diese Richtung zielten ebenfalls die beiden anderen vorgeschlagenen Forschungszweige. Für die *Kirchenkunde* initiierte Drews ein groß angelegtes Forschungsprojekt, die „Evangelische Kirchenkunde". Zwischen 1902 und 1919 erschienen sieben Bände,[35] die jeweils eine Landeskirche bis hin zu

---

31 S. monografisch CORNELIA QUEISSER, Paul Drews. Programm einer empirischen Theologie (APrTh 60), Leipzig 2015.
32 PAUL DREWS, „Religiöse Volkskunde", eine Aufgabe der praktischen Theologie, in: MPK 1 (1901), 1–4, 1 (ohne Sperrdruck im Original).
33 Einen guten Einblick in die vielfältige Forschungspraxis gibt der ausführliche Literaturbericht von HERMANN FREYTAG, Moderne Strömungen auf dem Gebiet der Praktischen Theologie, in: Die Studierstube 6 (1908), 207–218; 265–273; 329–339.
34 CHRISTIAN GRETHLEIN, „Die Praktische Theologie lechzt nach Tatsachen …" Eine praktisch-theologische Erinnerung an Paul Drews, in: UDO SCHNELLE (Hg.), Reformation und Neuzeit. 300 Jahre Theologie in Halle, Berlin 1994, 377–397, 384.
35 Als erster Band: PAUL DREWS, Das kirchliche Leben der Evangelisch-Lutherischen Landeskirche des Königreichs Sachsen (EKKd 1), Tübingen 1902.

religionsgeographischen Hinweisen behandelten. Hinsichtlich der *religiösen Psychologie* gab Drews lediglich erste Hinweise, die u. a. die Bedeutung der Altersstufen, der sozialen Verhältnisse, der Sitte usw. für die „Glaubenausgestaltung" betonten.[36] Diesen Forschungszweig verfolgte dann besonders Friedrich Niebergall.

Die entschlossene empirische Neubestimmung der Praktischen Theologie als wissenschaftliches Fach an der Universität war bei Drews durch historische Tiefenschärfe vor Oberflächlichkeit geschützt. Sie hatte aber eine wichtige organisatorische Voraussetzung. Drews überwies die traditionellen, an konkreten Handlungsvollzügen orientierten praktisch-theologischen Disziplinen an das Predigerseminar, nämlich die „spezifisch technischen Fächer: Homiletik, Katechetik, Seelsorge, Liturgik" (DREWS 79). Dahinter stand das studienreformerische Bemühen um die Entlastung des Theologiestudiums. Insgesamt setzte sich davon die Forderung durch, dass der Besuch des Predigerseminars für alle Pastoren verbindlich wurde.[37] Die damit verbundene Anregung Drews', die Praktische Theologie in einen empirisch-analytischen Teil an der Universität und einen direkt berufsvorbereitenden Teil im Predigerseminar aufzuteilen, wurde dagegen nicht umgesetzt. Vielmehr besteht das Problem, das er durch diese Aufteilung zu lösen versuchte, bis heute. Der empirisch-analytische Zugriff erweitert nämlich den Gegenstandsbereich und das Aufgabenfeld der Praktischen Theologie, ohne dass dies bis heute im Curriculum der theologischen Studiengänge hinreichend berücksichtigt wird.

Insgesamt repräsentiert Drews einen Typus Praktischer Theologie, der bis heute begegnet: eine primär perspektivische, am Wirklichkeitsbezug interessierte Form von Theologie.

2.2 Friedrich Niebergall (1866–1932): Schon in der Promotionsarbeit zum Lic. theol. widmete sich Niebergall seinem Lebensthema, dem „modernen Menschen".[38] Ihm ging es darum, die (christliche) Religion seinen Zeitgenossen attraktiv darzubieten. Wissenschaftstheoretisch schloss er sich dazu – wie andere Praktische Theologen – an die Innovationen durch Drews an. Während Drews aber durch seinen frühen Tod nicht mehr zu einer zusammenfassenden Sicht seiner Impulse kam, verfasste Niebergall 1918/19 auf dieser Grundlage ein zweibändiges Lehrbuch. Im Mittelpunkt seiner Überlegungen stand – im Anschluss an die Gemeindereformbewegung um Emil

---

36 PAUL DREWS, Dogmatik oder religiöse Psychologie?, in: ZThK 8 (1898), 134–151, 146.
37 Drews hatte durch seine Lehrtätigkeit in Gießen Kontakt zum bereits seit 1837 bestehenden Predigerseminar Friedberg.
38 FRIEDRICH NIEBERGALL, Wie predigen wir dem modernen Menschen? Bd. 1 Eine Untersuchung über Motive und Quietive, Tübingen 1902 (^{4}1920); Bd. 2 Eine Untersuchung über den Weg zum Willen, Tübingen 1906 (^{3}1907).

Sulze (s. § 11 2.4) – die konkrete, empirisch erfassbare Einzelgemeinde. Erst von daher kamen der Pfarrer und andere kirchliche Amtsträger in den Blick.

Der Gegenstand der Praktischen Theologie „ist die Arbeit des Pfarrers an seiner Gemeinde, seine unmittelbare und persönliche Arbeit samt dem geordneten Dienst von Gemeindegliedern und Gemeindehelfern, die er zu erwecken und zu leiten hat. Das Ziel dieser Arbeit ist die Erziehung der Gemeinde zu einer lebendigen Gemeinde, einerlei wie weit die Wirklichkeit dieses Leitbild erreichen läßt." (NIEBERGALL Bd. 1, 10).

Der Untertitel des genannten Lehrbuchs bezeichnete präzise das Programm der Niebergall'schen Praktischen Theologie: *„Lehre von der kirchlichen Gemeindeerziehung auf religionswissenschaftlicher Grundlage."*

„Religionswissenschaftlich" verstand Niebergall aber nicht im heute üblichen Sinn einer religionsübergreifenden und -neutralen Sichtweise. Vielmehr setzte er – damals selbstverständlich – „religiös" und „christlich" gleich. Inhaltlich bezog sich „religionswissenschaftlich" auf die Profilierung seiner Praktischen Theologie: Sie umfasste die aus den exegetischen und historischen Fächern hervorgegangenen Disziplinen der historischen Kritik und der vergleichenden Religionsgeschichte sowie die Religionspsychologie und die religiöse Volkskunde (s. PLAGENTZ/ SCHWAB 248–250).

Der Intention nach war die Praktische Theologie bei Niebergall eine *Erziehungslehre*. Er machte also die sonst als Unterdisziplin figurierende Katechetik bzw. Religionspädagogik zur entscheidenden Perspektive Praktischer Theologie. Entsprechend dem Stand der damaligen Pädagogik trat damit der Entwicklungsgedanke ins Zentrum. In Aufnahme des Stufenschemas Johann Herbarts (NIEBERGALL Bd. 1, 11) gliederte Niebergall seine Gesamtargumentation in die drei Schritte Ideal, gegebener Zustand und Mittel (PLAGENTZ/SCHWAB 245 f.). Dabei figurierten die Persönlichkeit als das Ideal des Einzellebens und die Gemeinschaft als das Ideal der Gemeinde (NIEBERGALL Bd. 1, 16–28).

Im Weiteren folgte eine *„Praktische Dogmatik"* (a. a. O. 313), die direkt auf die Bibel und wichtig erscheinende Epochen der Kirchengeschichte zurückgriff. Offenkundig reichten für den erstrebten Praxisbezug die gelehrte Exegese und Dogmatik nicht aus. Vielmehr wählte Niebergall als Praktischer Theologe einen eigenen, nämlich auf die Praxis bezogenen Zugang zu Bibel und „christliche(r) Gedankenwelt" (ebd.). Damit markierte er ein in der Folgezeit immer wieder aufbrechendes Problem. Die anderen theologischen Disziplinen erschienen von den praktischen Problemen so weit entfernt, dass ihre Arbeit für die Praktische Theologie nicht hinreichend (oder schlicht uninteressant) war. Dass bei einem Ausgreifen der Praktischen Theologie auf Exegese und Dogmatik eine Überforderung droht, liegt auf der Hand – und ist bei Niebergall zu studieren. Doch mit solcher Kritik ist das Problem nicht gelöst. Vielmehr wird es darauf ankommen, dass die anderen theologischen Disziplinen die von der Praktischen Theologie in Auseinandersetzung mit

§ 3 Herausforderungen zu Beginn des 20. Jahrhunderts: empirische Impulse 45

der Gegenwart aufgeworfenen Fragestellungen bearbeiten und so ihr Themenspektrum neu ausrichten.

Die *Religionspsychologie* diente dann zum einen als Mittel, um die Gegenwart auf das Ideal hin zu verändern. Zum anderen kam ihr eine analytische Funktion zu. In Aufnahme von Überlegungen Wilhelm Wundts, Gottfried Wobbermins und Richard Kabischs ging es Niebergall[39] darum, möglichst umfassend die vielfältigen Formen religiöser Praxis zu erfassen und psychologisch zu verstehen. Der interdisziplinäre Ansatz ist unübersehbar, obgleich aus heutiger Sicht methodische Defizite bestehen, etwa hinsichtlich der kaum zur Kenntnis genommenen zeitgenössischen Tiefenpsychologie.

Niebergall legte also mit seinem Lehrbuch eine psychologisch und pädagogisch akzentuierte Praktische Theologie entsprechend dem Drews'schen Konzept vor. Ihre unmittelbare Wirkung war wegen der Zeitumstände bei ihrem Erscheinen gering. Die Katastrophe des Ersten Weltkriegs führte in der Evangelischen Theologie zu neuen Ansätzen. Vor allem die sog. Dialektische Theologie bzw. Wort-Gottes-Theologie schien bessere Antworten auf die tiefen Erschütterungen zu haben. Sie blendete grundsätzlich den Blick auf den „modernen Menschen" aus, dem Niebergalls ganzes Interesse galt.

Erst in den achtziger Jahren des 20. Jahrhunderts griff Henning Luther (s. § 5 2.4) im Interesse einer emanzipatorischen Erwachsenenbildung wieder auf Niebergall zurück und brachte ihn von neuem ins Gespräch.[40] Ähnliches geschah mit dem Werk von Drews. Es wurde im Zuge der Rekonstruktion der Konstitutionsbedingungen Praktischer Theologie von Volker Drehsen wiederentdeckt (DREHSEN Bd. 1 349–513).

2.3 Martin Schian (1869–1944): Der Erfolg des 1922 erschienenen Grundrisses von Schian lässt sich von daher verstehen, dass hier der Ertrag der Drews'schen Neubestimmung bilanziert und zugleich solide historisch informiert wurde. Vor allem präsentierte Schian eine Praktische Theologie, die den neuen kirchlichen Gegebenheiten nach dem Ende des Kriegs und des Kaiserreichs Rechnung trug.

> „Die Praktische Theologie sucht auf dem Weg über das geschichtliche Verständnis der kirchlichen Praxis und über eine möglichst genaue Kenntnis des kirchlichen Lebens der Gegenwart mit allen seinen Voraussetzungen die grundsätzlich richtigen und praktisch zu empfehlenden Wege des kirchlichen Handelns klarzustellen."
> (SCHIAN 2)

Dabei stand Schian in der Tradition von Drews, dem er auf dessen Initiative hin auf den Lehrstuhl für Praktische Theologie in Gießen 1908 nachgefolgt

---

39 S. auch monographisch FRIEDRICH NIEBERGALL, Die Bedeutung der Religionspsychologie für die Praxis, Tübingen 1909.
40 HENNING LUTHER, Religion, Subjekt, Erziehung. Grundbegriffe der Erwachsenenbildung am Beispiel der Praktischen Theologie Friedrich Niebergalls, München 1984.

war (HERMELINK 297). Zum kirchenkundlichen Projekt steuerte Schian nicht nur den zweiten Band[41] bei, sondern übernahm nach dem Tode des Hallenser Nestors der Praktischen Theologie die Herausgabe der Reihe (bis 1919). Auch zielte Schian mit seiner Praktischen Theologie auf die Bildung der kirchlich Handelnden, worunter er – unter Bezug auf Martin Luther (SCHIAN 39) – keineswegs nur die Pfarrer verstand. Und schließlich war ihm die Tendenz zur Individualisierung, auch der religiösen Vorstellungen, bewusst und ein wichtiger Impuls für die Kirchenreform.

Allerdings modifizierte Schian den skizzierten Ansatz der „modernen" Praktischen Theologen in dreifacher Hinsicht (HERMELINK 289): Bei ihm spielte das Historische von neuem eine größere Rolle; er betonte stärker das systematische Anliegen der Praktischen Theologie; das gegenwärtige Handeln der Kirche trat wieder in den Vordergrund – gegenüber dem „modernen Menschen". Insofern bemühte sich Schian um eine Vermittlung des neuen empirischen Ansatzes mit den vorhergehenden historischen Arbeiten. Dabei trat das interdisziplinäre Anliegen gegenüber den entschiedenen Ausgriffen bei Drews und Niebergall zurück, ohne grundsätzlich in Frage gestellt zu werden.

Besonders zeichnete sich Schians gesamtes Werk als *Beitrag zur „Kirchenfrage"* aus. Sie beschäftigte die Öffentlichkeit der Weimarer Republik in unterschiedlicher Weise. Es ging um:
– ein Austarieren des Verhältnisses zum Staat;
– um die neuen Herausforderungen vor allem durch die sog. soziale Frage für die Kirche;
– um die Aufgaben der angemessenen inneren Organisation von Kirche angesichts gesellschaftlicher Veränderungen;
– um Lehr-Auseinandersetzungen wie die Amtsenthebungen der Pfarrer Christoph Schrempf, Karl Jatho und Gottfried Traub am Ende des Kaiserreichs.

Schian votierte für ein Ernstnehmen der vorfindlichen Verhältnisse und deren behutsame Weiterentwicklung. Dabei wies er den „Hohn und Spott" über die äußere Gestalt der Kirche zurück, wie sie vor allem Karl Barth vortrug.[42] Vielmehr setzte er sich für Sulzes Reform-Impulse (s. § 11 2.4) ein. Sie empfahlen, die Kirchengemeinden von einem starken Gemeinschaftsverständnis her vereinsförmig zu organisieren.

Nicht nur in dieser Hinsicht muss ein Scheitern konstatiert werden. Die Amtsenthebung des 1924 zum Generalsuperintendenten (Regierungsbezirk

---

41 MARTIN SCHIAN, Das kirchliche Leben der Provinz Schlesien (EKKd 2), Tübingen 1903.
42 MARTIN SCHIAN, Ecclesiam habemus. Ein Beitrag zur Auseinandersetzung zwischen Karl Barth und Otto Dibelius, Berlin 1931, 15 f., 19; vgl. dazu die beißende Kritik bei KARL BARTH, Kirchliche Dogmatik Bd. I,1, Zollikon-Zürich 1932, 223.

Liegnitz) ernannten Schians im Jahre 1933 wegen mangelnder politischer Zuverlässigkeit markierte eine neue kirchliche Situation und praktisch-theologische Gesprächslage. Dass seine Stimme und mit ihr die Anliegen der „modernen" Praktischen Theologen aber nicht sofort und völlig verstummten, zeigt die Tatsache, dass sein Lehrbuch 1934 noch einmal neu aufgelegt wurde. Seine praktischen Hinweise fanden nach wie vor Beachtung. Konzeptionell führte Schian durch die entschlossene Erweiterung der Praktischen Theologie über das Berufshandeln des Pfarrers hinaus weiter. Zugleich war Schian aber reserviert gegenüber einer Ausweitung der Praktischen Theologie jenseits des Bereichs des kirchlichen Handelns – wie etwa bei Niebergalls Interesse am „modernen Menschen". Dementsprechend zeigte er sich zurückhaltend gegenüber einer direkten Integration empirischer Wissenschaften in die Praktische Theologie. Sie galten ihm als Voraussetzungen, nicht aber als Teil des Fachs. Schließlich wirft Schians berufliche Biographie die wichtige Frage nach dem Verhältnis einer empirisch orientierten Praktischen Theologie zu den politischen Rahmenbedingungen auf. Hatte er zuerst das Recht des Krieges ausdrücklich vertreten, so leistete er später gegen die religiöse Aufladung des Volkstums Widerstand – und wurde deshalb seines hohen kirchlichen Amtes enthoben.

3. Vorzeichen: Wort-Gottes-Theologie

Der skizzierte empirische Aufbruch der Praktischen Theologie fand nach Schians Lehrbuch nur noch wenige Nachfolger, die sich um zusammenfassende Darstellungen des Fachs bemühten:

Johannes Meyer, Grundriß der Praktischen Theologie, Leipzig 1923;

Emil Pfennigsdorf, Praktische Theologie. Ein Handbuch für die Gegenwart (2 Bde.), Gütersloh 1929f.;

Johannes Steinbeck, System der praktischen Theologie (2 Bde.), Leipzig 1928 und 1932.

Sowohl Niebergall als auch Schian wurden nach dem Kriegsende von Vertretern der neuen Dialektischen Theologie bzw. später: Wort-Gottes-Theologie angegriffen. Sie wiesen aus dogmatischen Gründen das Interesse der „modernen" Praktischen Theologen an der Empirie schroff zurück. Dabei standen bestimmte lebensweltliche Erfahrungen hinter dem schnellen Siegeszug des vor allem von Karl Barth (1886–1968) propagierten theologischen Neuansatzes:

„Die Wirren der Zeit um den Ersten Weltkrieg und das allgemeine Krisenbewußtsein ließen entschiedene Worte, die die Krise alles Weltlichen und Menschlichen zum Ausgangspunkt ihres christlichen Wirklichkeitsverständnisses machten, besonders zur Geltung kommen und verliehen ihnen hohe Plausibilität.

In der Konzentration auf das Wort Gottes und auf die Fremdheit Gottes im Gegenüber zur Welt versicherte Barth die zagenden Zeitgenossen in der Pfarrerschaft, zumal nach dem Ende des landesherrlichen Kirchenregiments in Deutschland, ihrer unerschütterlichen Grundlage in der Offenbarung in Jesus Christus."[43]

Demgegenüber verunsicherte das Drews'sche (und Niebergall'sche) Programm einer empirischen Praktischen Theologie. Die durch volkskundliche und religionspsychologische Analysen angestrebte Praxisnähe schien durch eine theologisch unerlaubte Synthese zwischen Kultur und Wort Gottes (so der jetzt übliche Begriff für das vorher als Religion Bezeichnete) erkauft. Mit der *dogmatischen Kritik an der programmatischen Zuwendung zu den konkreten Menschen* wurde ein konstitutives Merkmal der bisherigen Praktischen Theologie in Frage gestellt. Die bewusste Ausblendung der Praxis und der in ihr begegnenden kommunikativen Probleme führte letztlich zur Transformation der Praktischen Theologie in die Dogmatik. Pointiert formuliert: Die Praktische Theologie wurde – mit wenigen Ausnahmen – bis in die sechziger Jahre des 20. Jahrhunderts hinein dogmatisch anästhesiert.

Dies hatte unmittelbare Konsequenzen: Seit dem Opus magnum von Nitzsch erschienen fast ununterbrochen Lehrbücher der Praktischen Theologie.[44] Sie dokumentierten meist nicht nur den Fortschritt des Fachs, sondern gaben selbst Impulse zu dessen Weiterentwicklung. Die Form des Lehrbuchs brachte offenkundig ein Spezifikum der Praktischen Theologie zum Ausdruck: *das In- und Miteinander von wissenschaftlicher Forschung und (hochschul)didaktischer Ausrichtung.* Unter der Dominanz der Dialektischen Theologie versiegte diese Publikationsform. Kein einziger (Praktischer) Theologe, der dem neuen dogmatischen Wort-Gottes-Paradigma anhing, schrieb ein solches Werk. Zugleich breitete sich in den konkreten Einzeldisziplinen der Praktischen Theologie eine problematische Vorherrschaft der Homiletik aus. Die Predigt schien – im Modell einer schlichten einlinigen Sender-Empfänger-Kommunikation – der einseitigen Ausrichtung auf das Wort Gottes am besten zu entsprechen. Sogar die traditionell an der konkreten Person des Einzelnen orientierte Seelsorge wurde homiletisiert.

So schrieb der treue Barth-Gefährte und spätere Inhaber eines praktisch-theologischen Lehrstuhls Eduard Thurneysen 1928: „Es kann sich auch in der speziellen Seelsorge um nichts anderes handeln als um die Ausrichtung des Gnadenwortes an den sündigen Menschen. Seelsorge ist so verstanden ein Spezialfall der Predigt."[45]

---

43 REINHARD SCHMIDT-ROST, Zwischen den Zeiten. Praktische Theologie im Umfeld der Dialektischen Theologie, in: CHRISTIAN GRETHLEIN/MICHAEL MEYER-BLANCK (Hg.), Geschichte der Praktischen Theologie. Dargestellt anhand ihrer Klassiker (APrTh 12), Leipzig 1999, 501–530, 511 f.
44 Sie werden kurz vorgestellt in CHRISTIAN GRETHLEIN/MICHAEL MEYER-BLANCK, Geschichte der Praktischen Theologie im Überblick – eine Einführung, in: DIES. (Hg.), Geschichte der Praktischen Theologie. Dargestellt anhand ihrer Klassiker (APrTh 12), Leipzig 2009, 1–65, 40–46.
45 EDUARD THURNEYSEN, Rechtfertigung und Seelsorge, in: ZZ 6 (1928), 197–218, 210.

Und für die Predigt reklamierte er: „Es handelt sich in der Kirche gerade nicht darum, daß ein Mensch auf andere Menschen eingehe, sondern darum, daß alle Menschen allem Menschlichen den Rücken kehren und auf Gott eingehen. Also keine Bemühungen um die Psychologie des Predigthörers und um sogenannte Menschenkenntnis mehr."[46]

Für die Theologie insgesamt problematisch war die Behauptung ihrer Sonderstellung durch Barth[47] und seine Anhänger. Die im Zuge der empirischen Arbeit begonnene Interdisziplinarität wurde beendet. Einseitig sollte das theologische Wissen aus der Selbstoffenbarung Gottes hergeleitet werden, ohne jede Berücksichtigung der damit verbundenen kommunikativen Prozesse. De facto handelte es sich um einen primär dogmen- und theologiegeschichtlichen Zugang zur theologischen Aufgabe. Psychologie, Pädagogik und Soziologie wurde nur noch auf der methodischen Ebene pastoralen Handelns eine instrumentelle Funktion zugestanden. Sie galten aber nicht mehr als selbstständige Gesprächspartner aus anderer Perspektive.

Diese Distanzierung schützte Kirche und Theologie vor der ideologischen Bedrohung durch die Nationalsozialisten und der Integration in den ideologisch bestimmten „deutschen" Wissenschafts- und Kulturbetrieb.

Ein Blick auf die sonstige Praktische Theologie zeigt die zeitgeschichtliche Bedeutung der dogmatischen Konzentration in der Wort-Gottes-Theologie. Die Mehrheit der Praktischen Theologen, die sich der Wort-Gottes-Theologie nicht einfügten, geriet unter den Einfluss der nationalsozialistischen Ideologie. Die Zuwendung zur Lebenswelt und die Öffnung zur Interdisziplinarität wurden zum Einfallstor für die rassistisch-völkische Ideologie und die sog. neuen Wissenschaften, vor allem Eugenik und Rassenkunde.[48]

Doch hatte die Separation auf die Dauer fatale Folgen. Das von den „modernen" Theologen um die Jahrhundertwende diagnostizierte Defizit im Umgang mit der gegenwärtigen Kultur wurde dogmatisch aufgeladen und zu einem Identitätsmerkmal stilisiert. Vor dogmatisch steil formulierten Ansprüchen erschien die „Welt" abständig. Pointiert formuliert der Religionssoziologe Joachim Matthes: Die Kirche emigrierte aus der Gesellschaft.[49]

---

46 EDUARD THURNEYSEN, Die Aufgabe der Predigt (1921), in: GERT HUMMEL (Hg.), Die Aufgabe der Predigt, Darmstadt 1971, 105–118, 112.
47 Instruktiv ist hierzu der Briefwechsel zwischen Karl Barth und Adolf v. Harnack 1923 (abgedruckt in: JÜRGEN MOLTMANN [Hg.], Anfänge der dialektischen Theologie Bd. 1 [ThB 17], München 1974, 323–345).
48 S. KLAUS RASCHZOK, Praktische Theologie im Dritten Reich. Eine Einführung, in: DERS. (Hg.), Zwischen Volk und Bekenntnis. Praktische Theologie im Dritten Reich, Leipzig 2000, 9–49, 10.
49 JOACHIM MATTHES, Die Emigration der Kirche aus der Gesellschaft, Hamburg 1964; s. auch die theologische Kritik von HANS DIETER BASTIAN, Vom Wort zu den Wörtern. Karl Barth und die Aufgabe der Praktischen Theologie, in: EvTh 28 (1968), 25–55.

4. Jenseits dogmatischer Überformung und ideologischer Verfälschung

Lediglich wenige Einzelgänger auf praktisch-theologischen Lehrstühlen versuchten jenseits von Wort-Gottes-Theologie bzw. nationalsozialistischer Ideologie ihre eigenen Wege zu gehen. Ihre unmittelbare Wirkung war gering. Doch stößt man bei ihnen auf interessante Einsichten und Ansätze.

Die auf die Jugendbewegung zurückgehende jüngere Liturgische Bewegung gab wichtige Impulse. Einer der wenigen, die sich damals grundsätzlich zur Frage des wissenschaftlichen Status der Praktischen Theologie äußerten, war der durch die Berneuchener Bewegung geprägte *Adolf Allwohn* (1893–1975). Er forderte eine „kirchliche oder theologische Formenlehre", in der das Verhältnis von Gottes Wort zu kulturell bedingten kirchlichen Formen wie der Liturgie zu klären sei.[50] Damit avisierte er grundsätzlich einen Zusammenhang, der später als Verhältnisbestimmung von Theologie auf der einen und Ästhetik (s. § 5 2.5) sowie Semiotik (s. § 5 2.6) auf der anderen Seite bearbeitet wurde.[51]

Ähnliches gilt für *Wilhelm Stählin* (1883–1975), der nach dem Verfolgen religionspsychologischer Interessen die Berneuchener Kirchenreformbewegung mitbegründete. Michael Meyer-Blanck rekonstruiert seine Praktische Theologie einleuchtend unter den Stichworten: „Leben, Leib und Liturgie".[52] Dabei kommt der Kategorie des Leibes grundlegende Bedeutung zu, insofern sie Anthropologie (der Mensch ist Leib), Christologie und Ekklesiologie (Leib Christi) verbindet. Konkret wurde dies in der Liturgie anschaulich und erlebbar.

Weiter ist *Otto Haendler* (1890–1981) zu nennen.[53] Er war 1929 zum Berneuchener Kreis gestoßen und 1932 in die Evangelische Michaelsbruderschaft eingetreten. Wissenschaftlich versuchte er, die Tiefenpsychologie, vor allem Carl Gustav Jungs, für die Praktische Theologie fruchtbar zu machen. Er hatte sich selbst von 1935 bis 1937 einer Lehranalyse unterzogen und die Genehmigung erhalten, als sog. Laien-Psychotherapeut zu arbeiten und dann sogar Lehrbehandlungen durchzuführen. 1951 veröffentlichte er mit dem Buch „Die Predigt. Tiefenpsychologische Grundlagen und Grundfragen" (Berlin) zugleich eine Verhältnisbestimmung zwischen Theologie und Tiefenpsychologie, und zwar anhand der Person des Pfarrers.

---

50 ADOLF ALLWOHN, Die Stellung der praktischen Theologie im System der Wissenschaften, Gießen 1931.
51 Den weiteren besonderen Weg der Arbeit Allwohns dokumentiert sein letztes Buch: ADOLF ALLWOHN, Evangelische Pastoralmedizin. Grundlegung der heilenden Seelsorge, Stuttgart 1970.
52 MICHAEL MEYER-BLANCK, Leben, Leib und Liturgie. Die Praktische Theologie Wilhelm Stählins (APrTh 6), Berlin 1994.
53 S. auch zum Folgenden KERSTIN VOIGT, Otto Haendler – Die Innenwendung. Tiefenpsychologie in der Praktischen Theologie, in: KLAUS RASCHZOK (Hg.), Zwischen Volk und Bekenntnis. Praktische Theologie im Dritten Reich, Leipzig 2000, 97–110.

Damit setzte er der Wort-Gottes-Theologie einen vom handelnden Subjekt her gedachten Entwurf entgegen.

Die von allen Genannten verfolgte Bearbeitung der Praktischen Theologie hatte eine Gemeinsamkeit durch die im weiten Sinne *ästhetische Perspektive* und damit die Zuwendung zum konkreten Menschen. Damit konnten sie sich aber gegenüber der Wort-Gottes-Theologie nicht durchsetzen. Jahrzehnte später fanden diese Ansätze unter veränderten kulturellen und theologischen Vorzeichen neue Beachtung in der Praktischen Theologie und werden teilweise erst heute entdeckt.[54]

Abschließend ist noch auf einen Solitär der Praktischen Theologie hinzuweisen, den (als Dogmatikprofessor) vom Katholizismus konvertierten *Leonhard Fendt* (1881–1957). Er bearbeitete die verschiedenen Disziplinen der Praktischen Theologie und legte einen Grundriss des Fachs vor. Dabei ging es ihm vor allem um die Integration der Praktischen Theologie in die gesamte Theologie. Inhaltlich überwogen historische Analysen, die vor allem im liturgischen Bereich[55] die Lektüre seiner Werke immer noch lohnend machen.[56]

5. Zusammenfassung

Im Zuge der Reformbemühungen um Kirche und Theologie(studium) am Übergang vom 19. zum 20. Jahrhundert entwickelte die Praktische Theologie ein eigenständiges Profil. Der *empirische Zugang* erwies sich angesichts der allgemeinen Herausforderungen in Gesellschaft und Kultur sowie der pastoralen Aufgaben unter veränderten kirchlichen Bedingungen als weiterführend. Die neuen praktisch-theologischen Disziplinen der religiösen Volkskunde, der Kirchenkunde und der religiösen Psychologie erweiterten Horizont und Aufgabengebiet. Ihre Bearbeitung erforderte die Kooperation mit anderen Wissenschaften: Volkskunde, Psychologie und Soziologie. Allerdings wurde noch kein methodisches Instrumentarium für eine so interdisziplinär orientierte Praktische Theologie erarbeitet.

In der Einzelforschung gab es jedoch auch hier Fortschritte. Vor allem Oskar Pfister integrierte in hermeneutisch reflektierter Weise die Psychoanalyse Sigmund Freuds in sein Konzept einer analytischen Seelsorge.[57] Allerdings blieb er damit ein

---

54 S. z. B. CHRISTIAN PLATE, Predigen in Person. Theorie und Praxis der Predigt im Gesamtwerk Otto Haendlers (APrTh 53), Leipzig 2014, und das von Wilfried Engemann verfolgte Projekt einer fünfbändigen Gesamtausgabe der Werke Haendlers (Erscheinen zwischen 2015 und 2017 angekündigt).
55 LEONHARD FENDT, Einführung in die Liturgiewissenschaft (STö II,5), Berlin 1958.
56 S. RUDOLF ROOSEN, Reformatorische und historische Praktische Theologie: Leonhard Fendt, in: CHRISTIAN GRETHLEIN/MICHAEL MEYER-BLANCK (Hg.), Geschichte der Praktischen Theologie (APrTh 12), Leipzig 1999, 331–387.
57 OSKAR PFISTER, Analytische Seelsorge, Göttingen 1927; s. hierzu ECKHARD NASE, Oskar Pfisters analytische Seelsorge. Theorie und Praxis des ersten Pastoralpsychologen, dargestellt an zwei Fallstudien (APrTh 3), Berlin 1993.

Außenseiter, dessen große Lebensleistung für die Seelsorge erst seit dem Ende der sechziger Jahre allmählich erkannt wurde.

Die Katastrophe des Ersten Weltkriegs führte innerhalb der Theologie zu einer Neubesinnung, die dem empirischen Aufbruch der Praktischen Theologie entgegentrat. Die (erstrebte) exklusive Orientierung am Wort Gottes ließ keinen Raum für eine eigenständige, an der Kultur und dem Gelingen konkreter Kommunikationsprozesse interessierte Praktische Theologie. In einer Seitenlinie der Praktischen Theologie entwickelten sich im Kontext der jüngeren Liturgischen Bewegung zwar Versuche zu einem im weitesten Sinne ästhetischen Zugang. Doch konnten sie sich gegenüber der dogmatisch bestimmten Wort-Gottes-Theologie nicht durchsetzen. Andere Praktische Theologen ließen sich durch die nationalsozialistische Ideologie betören.

Insgesamt zeigt die weitere Entwicklung mit der zunehmenden Emigration der Kirche aus der Gesellschaft, welchen Preis eine Theologie zahlt, die den empirischen Zugang durch die Praktische Theologie ausblendet: Alltagsferne und damit Bedeutungslosigkeit.

§ 4 Herausforderungen bis zur politischen Vereinigung: außertheologische Impulse

Literatur: KARL-FRITZ DAIBER, Grundriß der Praktischen Theologie als Handlungswissenschaft (GT.P 23), München 1977 – WILFRIED ENGEMANN, Kommunikation des Evangeliums – ein interdisziplinäres Projekt, in: CHRISTIAN GRETHLEIN/HELMUT SCHWIER (Hg.), Praktische Theologie. Eine Theorie- und Problemgeschichte (APrTh 33), Leipzig 2007, 137–232 – HERMANN GLASER, Kleine Kulturgeschichte der Bundesrepublik Deutschland 1945–1989, Bonn ²1991 – CHRISTIAN GRETHLEIN, Kritische Theorie religiöser Praxis: Gert Otto, in: DERS./MICHAEL MEYER-BLANCK (Hg.), Geschichte der Praktischen Theologie. Dargestellt anhand ihrer Klassiker (APrTh 12), Leipzig 1999, 433–469 – ALBRECHT GRÖZINGER, Die dreifache Gestalt des Christentums, in: CHRISTIAN GRETHLEIN/MICHAEL MEYER-BLANCK (Hg.), Geschichte der Praktischen Theologie. Dargestellt anhand ihrer Klassiker (APrTh 12), Leipzig 1999, 471–500 – GEORG LÄMMLIN/STEFAN SCHOLPP, Die „sanften Auen der Praktischen Theologie". Ein Landschaftsporträt, in: DIES. (Hg.), Praktische Theologie der Gegenwart in Selbstdarstellungen, Tübingen 2001, 1–18 – GERT OTTO, Praktische Theologie (2 Bde.), München 1986 und 1988 – DIETRICH RÖSSLER, Grundriß der Praktischen Theologie, Berlin 1986 (²1994) – HANS ULRICH WEHLER, Deutsche Gesellschaftsgeschichte Bd. 5. Bundesrepublik und DDR 1949–1990, München 2008

In einem ersten Abschnitt werden knapp wichtige politische, gesellschaftliche, kulturelle und religiöse Veränderungen in der Bundesrepublik zwischen 1949 und 1989 skizziert, die Kirche und Theologie herausforderten.

Die Konzentration auf die Entwicklung in der Bundesrepublik ist der Tatsache geschuldet, dass die politischen Verhältnisse in der DDR die Praktischen Theologen in ihren Arbeitsmöglichkeiten behinderten.[58] Auch beschränkten die staatliche Zensur und knappe Druckkapazitäten die Publikationsmöglichkeiten.

Nach allmählicher Stabilisierung der politischen und gesellschaftlichen Verhältnisse begann spätestens seit den sechziger Jahren des 20. Jahrhunderts ein Marginalisierungsprozess der Kirchen auf unterschiedlichen Ebenen. Er führte zu umfangreichen Bemühungen um eine Kirchenreform und betraf auch die Stellung der Theologie an den Universitäten. Praktische Theologen versuchten in diesem Kontext Anschluss an die breiten sozialwissenschaftlichen Diskurse zu finden. Dabei wurde von neuem die Selbstständigkeit der Disziplin ausgearbeitet. Die Beiträge dazu knüpften – zuerst implizit, später explizit – an die Fragestellungen und Einsichten der „modernen" Praktischen Theologie vom Anfang des 20. Jahrhunderts an (s. § 2.2).

Die Spezialisierung der einzelnen Disziplinen, vor allem von Religionspädagogik und Poimenik (Seelsorge) bzw. Pastoralpsychologie, stellte die Einheit des Fachs grundsätzlich in Frage. So wurde diese Zeit sowohl hinsichtlich der Kirche als auch der Praktischen Theologie – wieder einmal – als krisenhaft erlebt.

Manfred Seitz klagte – unter direktem Bezug auf Paul Drews (s. § 3 2.1) – 1968 in der die ganze Geschichte der Praktischen Theologie durchziehenden Krisenrhetorik: „Das Dilemma der Praktischen Theologie wurde durch den wissenschaftlichen Vorrang der exegetischen Fächer einerseits und durch eine gleichzeitige, noch nie dagewesene Verunsicherung des pfarramtlichen Dienstes andererseits in unerhörter Weise verschärft. Hoher methodischer Differenzierung und Spezialisierung vorwiegend im Zeichen der historischen Kritik steht eine nach wie vor vom Pfarrer verlangte Universalität auf allen Gebieten gegenüber. Dadurch wuchs die Spannung zwischen Theologie und Pfarramt ins Unangemessene."[59]

1. Kontext

Die im Folgenden skizzierten politischen, gesellschaftlichen, kulturellen und religiösen Entwicklungen setzen zumindest teilweise das in § 2 1. und § 3 1. Ausgeführte voraus. Viele sich seit langem anbahnende und vollziehende Prozesse erfuhren eine quantitative Steigerung. Nach dem Zusammenbruch des Nazi-Regimes und einer konzentrierten Aufbau-Phase erlebten Menschen in vielfacher Hinsicht eine beschleunigte Entwicklung, die Freiheitsgewinne und Verunsicherungen mit sich brachte. Die Kluft zwischen Kirche und Alltag verbreiterte sich. Darauf reagierten die evangelischen Kirchen mit empirischen Untersuchungen und einer Ausdifferenzierung ihrer Angebote.

---

58 Einen Einblick in die Forschungssituation der Praktischen Theologie der DDR gibt das dreibändige, zwischen 1975 und 1978 erschienene „Handbuch der Praktischen Theologie" (Berlin).
59 MANFRED SEITZ, Die Aufgabe der Praktischen Theologie, in: EBERHARD JÜNGEL/KARL RAHNER/MANFRED SEITZ, Die Praktische Theologie zwischen Wissenschaft und Praxis, Mainz 1968, 65–80, 66.

1.1 *Politisch und gesellschaftlich:* Seit den sechziger Jahren des 20. Jahrhunderts ist weltweit ein Auseinandertreten von reichen und armen Ländern zu beobachten.[60] Die Kluft etwa zwischen den durchschnittlichen Einkommen oder die Höhe der Arbeitslosigkeit wird ebenso größer wie die zwischen den in den einzelnen Ländern allgemein zur Verfügung stehenden medizinischen Behandlungsmöglichkeiten oder den schulischen Bedingungen. Eine Reaktion hierauf stellen die seitdem anschwellenden Migrationsbewegungen dar, die in Deutschland mit den sog. Gastarbeitern begannen.

Hier war für die Zeit bis 1989 die Trennung der beiden deutschen Staaten eine Besonderheit. Diese betraf auch den Status der Kirchen. In der Bundesrepublik wurden sie verfassungsmäßig und gesetzlich privilegiert (s. § 18 3.1). In der DDR setzte dagegen das SED-Regime den Kampf gegen Kirche, Christentum und Religion fort, den die Nationalsozialisten begonnen hatten – teilweise mit denselben Mitteln.

Im Westen stellte sich nach den Wirren durch Zerstörung, Wiederaufbau und weltanschauliche Neuausrichtung politische Stabilität ein. Bis in die sechziger Jahre garantierten die konservativen Regierungsparteien eine Politik „ohne Experimente" – so der Slogan der CDU in der Bundestagswahl von 1957 (GLASER 150). Die Bundesrepublik wurde politisch, wirtschaftlich und schließlich militärisch fest im Westen verankert. 1963 lockerte sich in der sog. Großen Koalition aus Christdemokraten (und Christsozialen) und Sozialdemokraten die konservative Ausrichtung. 1969 übernahm erstmals mit Willy Brandt ein Sozialdemokrat das Amt des Bundeskanzlers. Sein Slogan im Wahlkampf zum 6. Bundestag annoncierte den Wunsch nach *Reformen* und lautete „Mehr Demokratie wagen" (a. a. O. 335).

Im Hintergrund zeichneten sich gesellschaftliche Veränderungen ab. Sie begannen bereits Ende der fünfziger Jahre. Etliche massenmedial kommunizierte Skandale, unter denen die sog. Spiegel-Affäre 1962 einen Höhepunkt bildete (s. WEHLER 272–274), hatten die Fassade der biederen Wohlanständigkeit erschüttert. Die im letzten Drittel der sechziger Jahre vor allem von Studierenden vorgetragenen Reformvorschläge bahnten sich an. Sie waren mehrfach motiviert: die Kritik an der mangelhaften Aufarbeitung der nationalsozialistischen Vergangenheit der Vätergeneration spielte ebenso eine Rolle wie der Protest amerikanischer Studierender gegen den Vietnamkrieg. Allgemeines Aufsehen erregten die sog. Regelverstöße durch die Außerparlamentarische Opposition („APO"; s. genauer GLASER 309–317).

Die ökonomische Basis dieser Auseinandersetzungen war eine stetig wachsende Prosperität. Sie hatte inzwischen den Alltag der Menschen erreicht. Messbarer Ausdruck davon war z. B. der Anstieg der Lebenserwartung. Während zu Beginn der Bundesrepublik die Lebenserwartung bei Männern 64,56

---

60 S. PAUL COLLIER, Exodus. Immigration and Multiculturalism in the 21st Century, London 2014, 28.

und bei Frauen 68,46 Jahre betrug, lag sie vierzig Jahre später bei 73,53 bzw. sogar 79,81 Jahren (WEHLER 156f.; s. § 11 3.1). Auch der Besitz der Gebrauchsgüter nahm zu:

> „Zwischen 1960 und 1989 steigerte sich der Anteil der Haushalte, die im Besitz eines PKW waren, von 25 auf 65 %, eines Telefons von 15 auf 93, eines Fernsehgerätes von 38 auf 99, eines Video-Rekorders von 4 auf 99, einer Waschmaschine von 35 auf 85, einer Spülmaschine von 2 auf immerhin 24 %." (a. a. O. 79)

Zugleich markierte der „Ölpreisschock" (a. a. O. 60) von 1973 eine neue Herausforderung: Die Rohstoffe, die die moderne technische Entwicklung voraussetzte, schienen knapp zu werden. 1972 hatte der „Club of Rome", ein Zusammenschluss renommierter Wissenschaftler am Massachusetts Institute of Technology (MIT), nachdrücklich auf die „*Grenzen des Wachstums*" aufmerksam gemacht.[61] Energie, als Treibmittel der modernen Zivilisation, wurde teurer, neue Unsicherheiten im ökonomischen Gesamtsystem zeichneten sich ab.

Daneben war ein wachsendes *Angst-Potenzial* unübersehbar: Der seit 1963 eskalierende Vietnam-Krieg ließ allabendlich Kriegsbilder über die Fernseher flimmern. Dazu drehte sich die Rüstungsspirale des Kalten Krieges immer schneller.

> In den siebziger Jahren wurden die Atomwaffenarsenale der UdSSR und der USA dramatisch vergrößert: von 2.500 1972 im Osten stationierten strategischen Sprengköpfen auf 8.040 im Jahr 1980, in den USA im gleichen Zeitraum von 5.700 auf 9.480 (GLASER 343).

Neben diesem Overkill-Szenario wirkte ebenfalls der Nord-Süd-Konflikt mit der zunehmenden Armut in der sog. Dritten Welt bedrohlich. Diese mit Verunsicherungen verbundenen Entwicklungen mündeten in die sog. „Wende", die 1982 Helmut Kohl als frisch gewählter Bundeskanzler verkündete. An die Stelle von Reform und Fortschritt trat angesichts zunehmender ökonomischer Schwierigkeiten das Bemühen um Bestandssicherung – für die wachsende Zahl der Erwerbslosen ein aussichtsloses Unterfangen. *Die Dimension des Ökonomischen nahm in den Diskussionen an Gewicht zu.*

1.2 *Kulturell:* Ein Indikator für den vielfältigen kulturellen Wandel sind die *Veränderungen in der Schulpartizipation*. Der Besuch weiterführender Schulen, früher nur einem kleinen Teil der Heranwachsenden vorbehalten, wurde zur Regel.

> So sank zwischen 1952 und 1988 die Quote der Schüler/innen mit einem Volks- bzw. Hauptschulabschluss von 78,3 % auf 33,9 %; umgekehrt stieg der Anteil der Realschüler/innen in demselben Zeitraum von 6,1 % auf 26,8 %, der der Gymnasiast/innen von 13,2 % auf 29,7 % (WEHLER 194f.).

---

[61] DENNIS MEADOWS/DONELLA MEADOWS/ERICH ZAHN/PETER MILLING, The Limits to Growth, New York 1972 (dt. Die Grenzen des Wachstums. Bericht des Club of Rome zur Lage der Menschheit, Stuttgart 1972 u. ö.).

Dementsprechend vollzog sich ein schneller Ausbau der Hochschulen. Hier ist bemerkenswert, dass an den neuen Universitäten theologische Fakultäten keineswegs mehr selbstverständlich zum Fächerkanon gehörten. Die als Forschungshochschule 1966 gegründete Universität Konstanz kam sogar ohne jeden theologischen Lehrstuhl aus.[62] Spätestens hier wurde deutlich, dass der zahlenmäßige Rückgang der Theologie eine qualitative Dimension hatte. Zur Forschung, auch mit geistes- und sozialwissenschaftlichem Schwerpunkt wie in Konstanz, erschien Theologie nicht mehr notwendig. Dagegen profitierten die sog. Handlungswissenschaften vom Ausbau der Universitäten. Vor allem die Pädagogik konnte im Zuge der Akademisierung der Lehrerausbildung die Zahl ihrer Professuren vervielfachen. Der erwähnte Studenten-Protest, der auch einen antiautoritären Ursprung hatte, fand einen Ausdruck in Experimenten mit neuen Lebensformen (Stichwort: Kommune). Bisher selbstverständliche Institutionen wie die Ehe bzw. die Monogamie wurden radikal in Frage gestellt.

Die aus ökonomischen Gründen seit 1955 angeworbenen ausländischen Arbeitnehmer/innen, die mehrheitlich nicht mehr in ihre Herkunftsländer zurückkehrten, vergrößerten *die Pluriformität der Lebensstile*. Durch die seit 1961 aus der Türkei stammenden Arbeiter/innen kamen zahlreiche Muslime nach Deutschland. Damit begann sich die bisher (fast) exklusiv durch die beiden großen christlichen Kirchen bestimmte religiöse Situation zu verändern. Der bis dahin übliche, christlich geprägte Religionsbegriff wird problematisch (s. § 8 3.).

1.3 *Kirchlich:* All diese stichpunktartig genannten, vielfach miteinander verschlungenen und komplexen Prozesse hatten Auswirkungen auf die Stellung der Kirchen in Gesellschaft und Kultur. Nach dem Zusammenbruch 1945 waren die Kirchengemeinden vielerorts die einzigen einigermaßen intakten Einrichtungen gewesen, auf die sich die westlichen Alliierten gerne stützten. Dem starken Orientierungsbedürfnis vieler Menschen meinten Wort-Gottes-Theologen am besten durch dogmatisch einwandfreie Predigten zu entsprechen. Liturgisch wurden vergangene Formen repristiniert (s. § 14 3.7). Dazu traten exklusiv am „Leben" der Ortsgemeinde orientierte sog. Kirchliche Lebensordnungen. Sie ließen die gesellschaftlichen und kulturellen Veränderungen durch zunehmende Mobilität außer Acht. Eine entschiedene Kirchlichkeit wurde den Pluralisierungstendenzen entgegengestellt. Demgegenüber richteten theologische Öffnungsversuche, wie das seit 1941 entfaltete Entmythologisierungsprogramm Rudolf Bultmanns,[63] nur wenig aus.

---

62 An der 1965 ebenfalls als Reformprojekt gegründeten Ruhr-Universität in Bochum wurden dagegen eine Evangelisch- und eine Katholisch-Theologische Fakultät eingerichtet.
63 S. Konrad Hammann, Rudolf Bultmann. Eine Biographie, Tübingen 2009, 307–319, 421–432.

Es thematisierte zwar ein grundsätzliches Problem, nämlich die Diastase zwischen antikem mythischem und modernem naturwissenschaftlichem Weltbild. Doch verblieben die Diskussionen dazu auf der reflexiven Ebene und erreichten die Veränderungen in den Lebensstilen nicht. So bestand die bereits seit langem konstatierte Kluft zwischen Kirche und vielen Menschen nicht nur weiter, sondern vergrößerte sich.

> In der römisch-katholischen Kirche stellte das von 1963–67 stattfindende Zweite Vatikanische Konzil mit dem Stichwort des „aggiornamento" den viel beachteten und bis heute kontrovers diskutierten Versuch dar, die Diastase zwischen Moderne und Kirche zu überbrücken. Die sog. Pastoralkonstitution „Gaudium et spes", ein für die katholische Pastoraltheologie bzw. Praktische Theologie bis heute wichtiges Dokument, fand aber in der evangelischen Praktischen Theologie keine Rezeption (s. § 6 2.3).

Im Zuge der allgemeinen Traditionskritik stieg die Zahl der Kirchenaustritte sprunghaft an. Seit 1969 verlassen jährlich mindestens 0,4 % der Evangelischen ihre Kirche (s. § 11 3.4). Bis 2015 summiert sich ihre Zahl auf über sieben Millionen Menschen.

1.4 *Theologisch:* Diese – nicht zuletzt aus finanziellen Gründen – als dramatisch empfundene Situation stärkte die seit langem von Praktischen Theologen erhobene Forderung nach *empirischer Forschung*. Seit 1972 analysiert die Evangelische Kirche in Deutschland (EKD) Einstellungen und Verhalten ihrer Mitglieder durch in Zehn-Jahres-Rhythmen durchgeführte Befragungen (s. § 18 4.). Die erste dieser Untersuchungen trug neben der bangen Titelfrage „Wie stabil ist die Kirche?" den programmatischen Untertitel „Bestand und Erneuerung".[64] Bei der Auswertung der repräsentativen Befragung evangelischer Kirchenmitglieder stellte sich zum einen die Verbundenheit der meisten Evangelischen mit ihrer Kirche heraus; zum anderen traten erhebliche Differenzen in deren Verhalten und Einstellung zu den kirchlichen Normen hervor. Nur eine Minderheit folgte der Regel des sonntäglichen Kirchgangs. Kirche und Religion spielten bei den Meisten eine nebensächliche Rolle im Leben.

Besondere Brisanz erhielten die Mitgliedschaftsuntersuchungen durch die klare Korrelation zwischen Bildungshöhe und Distanz zur Kirche und ihrer Botschaft.[65] Die Tatsache, dass höhere formale Bildung mit größerer Kirchendistanz einhergeht, war nicht nur angesichts des allgemeinen Bildungsaufschwungs alarmierend. Sie traf den Nerv reformatorischer Theolo-

---

64 HELMUT HILD (Hg.), Wie stabil ist die Kirche? Bestand und Erneuerung. Ergebnisse einer Umfrage, Gelnhausen 1974.
65 RÜDIGER SCHLOZ, Das Bildungsdilemma der Kirche, in: JOACHIM MATTHES (Hg.), Kirchenmitgliedschaft im Wandel. Untersuchungen zur Realität der Volkskirche. Beiträge zur zweiten EKD-Umfrage „Was wird aus der Kirche?", Gütersloh 1990, 215–230.

gie. Denn Bildung galt aus historischen (Luther, Melanchthon) und systematischen (allgemeines Priestertum aller Getaufter) Gründen als grundlegendes Prinzip des Protestantismus.[66] Die Kirchen reagierten – durch die ökonomische Prosperität begünstigt – mit Differenzierung ihrer Angebote. Dazu wurden neue Personalstellen geschaffen. Sog. Funktions- bzw. Sonderpfarrstellen sollten jenseits der Parochien den Zusammenhang von Lebenswelt und Kirche herausstellen.

> So erhöhte sich die Zahl der evangelischen Pfarrer/innen von 13.700 im Jahr 1968 auf 18.520 im Jahr 1990. Damit verteilten sich 1968 47 Pfarrer auf 100.000 Kirchenmitglieder, 1990 dagegen 74 Pfarrer/innen (s. § 22 3.1).[67]

Die empirisch interessierte Praktische Theologie bekam durch die von einem Planungsstab der EKD organisierten und durchgeführten Untersuchungen sowie durch die Bemühungen um Kirchenreform auf einer mittleren Ebene erheblichen Aufschwung. Die Wort-Gottes-Theologie, die sich vehement gegen jeden Adressatenbezug der Verkündigung gestellt hatte, verlor an Überzeugungskraft. Auch die historische Exegese erschien von geringer Bedeutung für die jetzt aufgeworfenen Probleme. Kurz: Die alten, bereits von den „modernen" Praktischen Theologen am Anfang des 20. Jahrhunderts gestellten Fragen kehrten mit Wucht zurück. Wie damals beteiligten sich kirchliche Praktiker rege an den Diskussionen zur Kirchenreform. Dementsprechend begann – im Kontext der allgemeinen Hochschulreform – von neuem die Arbeit an der Reform des Theologiestudiums.

> 1965 beschlossen die Ausbildungsreferentenkonferenz der EKD und der Evangelisch-theologische Fakultätentag die Einsetzung einer Gemischten Kommission für die Reform des Theologiestudiums, die bis heute tätig ist.[68] Die bereits in den fünfziger Jahren geäußerte Kritik an der Praxisferne des Theologiestudiums[69] bestimmte die Arbeit der Kommission auf der einen Seite, die Forderungen zur Studienreform durch wissenschaftspolitische Gremien wie den Wissenschaftsrat auf der anderen.[70]

---

66 S. Christian Albrecht, Bildung in der Praktischen Theologie, Tübingen 2003, 22–50.
67 Karl-Wilhelm Dahm, Pfarrer/Pfarrerin VI. Statistisch, in: ⁴RGG Bd. 6 (2003), 1204–1211, 1205 f.; vgl. auch Ders., Herausforderungen für Selbstverständnis und Rolle des protestantischen Pfarrers im Zuge der Modernisierung (2004), in: Ders., Evangelische Kirche im gesellschaftlichen Wandel. Herausforderungen an Kirchenverständnis, Pfarrberuf, Christliche Ethik, Frankfurt 2015, 287-295.
68 S. Thorsten Meireis, Theologiestudium im Kontext (APrTh 11), Berlin 1997, 67-70.
69 Wilhelm Hahn, Zur Frage der Reform des Theologiestudiums, in: ThLZ 77 (1952), 631–634; Ders./Hans-Heinrich Wolf, Reform des Theologiestudiums, in: MPTh 41 (1952), 129–144.
70 S. zur neueren Entwicklung Lisa Krengel, Die Evangelische Theologie und der Bologna-Prozess. Eine Rekonstruktion der ersten Dekade (1999-2009) (APrTh 48), Leipzig 2011.

2. Profilierungen Praktischer Theologie

In den sechziger Jahren des 20. Jahrhunderts formierte sich die Praktische Theologie neu. Alles schien wieder offen.

So begann Gert Otto in der Einführung zu der von ihm 1966 begründeten Zeitschrift Theologia Practica programmatisch: „Es gibt gegenwärtig keine allgemein überzeugende Konzeption von Praktischer Theologie, die wir als Programm voraussetzen könnten. Aufgabenstellung, Problembereich und Methoden sind strittig. … Die Relevanz und die Auswirkungen wissenschaftlicher Praktischer Theologie für die Praxis der Kirche und der Schule ebenso wie für die Stellung des Christentums in unserer Welt müssen sich erst zeigen."[71]

In benachbarten Wissenschaften, wie Pädagogik, Psychologie und Soziologie, breiteten sich empirische Ansätze aus. Dem schlossen sich die Praktischen Theologen an. Die sich in finanziellen Engpässen der Kirchenbehörden abzeichnenden Veränderungen waren durch Repetition überkommener dogmatischer Wendungen weder zu verstehen noch praktisch zu bearbeiten. Im Gegenüber zu den bisher genannten Praktischen Theologen haben die im Folgenden Vorgestellten mehrere Gemeinsamkeiten, die zugleich ein Schlaglicht auf die damalige Lage der Praktischen Theologie werfen:

Zum Ersten promovierten alle drei nicht in der Praktischen Theologie, sondern fanden über das Neue Testament (so Otto[72] und Rössler[73]) bzw. die Soziologie (so Daiber[74]) in die Praktische Theologie. In ihrer Generation (Jahrgänge 1927 bzw. 1931) lag vermutlich Praktische Theologie außerhalb des Blickwinkels von jungen akademisch interessierten Theologen.

Zum Zweiten sammelten die drei Forscher wichtige Erfahrungen außerhalb von Kirche und Theologie. Rössler hatte 1951 zum Dr. med. promoviert und praktizierte einige Jahre als Nervenarzt. Otto war, wenn auch nur kurze Zeit, Lehrer und Erzieher an der Hermann Lietz-Schule auf Spiekeroog, bevor er Mitarbeiter am Katechetischen Amt der Hannoverschen Landeskirche in Loccum wurde. Daiber hatte neben Theologie Soziologie studiert und dort – wie erwähnt – seinen ersten akademischen Grad erworben. Schon daran zeigt sich, dass in dem jetzt zu besprechenden Zeitabschnitt den *außertheologischen Wissenschaften* große Bedeutung für die Praktische Theologie zukam.

Schließlich bemühten sich die Genannten um eine zusammenhängende Praktische Theologie. Doch hier enden die Gemeinsamkeiten. Die Unterschiede im Einzelnen sind beträchtlich. Dies mag damit zusammenhängen,

---

71 Gert Otto, Zur Einführung, in: ThPr 1 (1966), 1.
72 Gert Otto, Die mit syn verbundenen Formulierungen im paulinischen Schrifttum (Diss. theol. Berlin/Ost 1952).
73 Dietrich Rössler, Gesetz und Geschichte. Untersuchungen zur Theologie der jüdischen Apokalyptik und der pharisäischen Orthodoxie, Neukirchen 1960.
74 Karl-Fritz Daiber, Die Kultur als soziales System (Diss. phil. [Soziologie] Erlangen/Nürnberg 1967).

dass die konkreten Arbeitsschwerpunkte differierten: Bei Daiber war es die Pastoralsoziologie, bei Rössler die Seelsorge und bei Otto die Religionspädagogik (und Homiletik). Zugleich begegnen aber in diesen drei Ansätzen alte Differenzen, vor allem die zwischen einer perspektivisch und einer systematisch orientierten Praktischen Theologie.

2.1 *Karl-Fritz Daiber (geb. 1931):* Nach langjähriger Tätigkeit als Leiter der Pastoralsoziologischen Arbeitsstelle der Hannoverschen Kirche und vielfältigen vornehmlich kirchentheoretischen Studien veröffentlichte Daiber 1977 einen Grundriss, der die Praktische Theologie programmatisch als Handlungswissenschaft annoncierte, ohne dies aber im Einzelnen materialiter auszuführen. Dabei war sein Interesse vornehmlich ein „perspektivisches" (DAIBER 7). In verschiedenen Zugängen wollte er die Doppelfrage nach der Praxisfähigkeit von Theologie und nach dem Theologiebedürfnis von Praxis ventilieren. Dazu orientierte er sich an der vor allem in der Pädagogik ausgearbeiteten Einsicht in die Interdependenz von Theorie und Praxis:

> „Weil Theorie einerseits in Praxis umgesetzt wird, andererseits aber Praxis Theorie erst ermöglicht, ist ein Wissenschaftstypus notwendig, der sich gerade der von der Praxis her kommenden Theoriebildung verpflichtet weiß." (a. a. O. 10).

Im wissenschaftstheoretischen Paradigma der *Handlungswissenschaft* sah Daiber den geeigneten Theorierahmen, um diesen Erfordernissen zu entsprechen. Bereits vorliegende Versuche[75] in dieser Richtung ergaben zwei zu bearbeitende Probleme: Zwar war es in der Praktischen Theologie unstrittig, Theoriebildungen der Sozialwissenschaften zu rezipieren, doch war offen, auf welche konkret zurückgegriffen werden sollte. Damit hingen methodologische Unklarheiten zusammen. Hier nahm Daiber eine ungelöste Aufgabe der „modernen" Praktischen Theologen vom Beginn des 20. Jahrhunderts auf.

Weiter wies er auf die unklare Bestimmung des Gegenstandes der Praktischen Theologie hin. Aus Gründen der konkreten Forschungspraxis riet er von einer weiten Bestimmung ab. Denn ein Forschungsgegenstand mache nur dann Sinn, wenn er methodisch kontrolliert bearbeitet werden könne (a. a. O. 23). Konkret schlug Daiber vor, die Praktische Theologie als eine *„Theorie der Praxis theologischer und kirchlicher Berufe"* (a. a. O. 74; Kursivsetzung durch C. G.) zu bestimmen. Für die Erarbeitung der dazu notwendigen handlungsrelevanten Theorien seien die – an den konkreten Forschungsgegenstand adaptierten – Sozialwissenschaften unerlässlich: zuerst

---

75 Hier ist vor allem der eine Vielzahl von Problemperspektiven anreißende Aufsatz zu nennen: HENNING SCHRÖER, Inventur der Praktischen Theologie. Zur heutigen Forschungs- und Studienlage (mit einem Nachtrag vom September 1970 gegenüber der ersten Veröffentlichung in: DtPfrBl 69 [1969], 720–723), in: GERHARD KRAUSE (Hg.), Praktische Theologie. Texte zum Werden und Selbstverständnis der praktischen Disziplin der evangelischen Theologie (WdF 264), Darmstadt 1972, 445–459.

bei der Formulierung der Analyse hinsichtlich der sozialen Angemessenheit der Praxis; und dann bei der Reflexion der Realisierungsbedingungen der vorgeschlagenen Praxis.

Im Einzelnen nannte Daiber folgende sieben Schritte als konstitutiv für praktisch-theologische Theoriebildung:

„1. Bestimmung des Gegenstandes

2. Darstellung vorwissenschaftlicher Kritik an beobachtbaren Praxisvollzügen des angegebenen Feldes

3. Wünsche, Hoffnungen, Träume, Utopien

4. Überprüfung und Erweiterung der gewonnenen Aussagen im Kontext der christlichen Überlieferung

5. Überprüfung unter dem Aspekt sozialer Angemessenheit

6. Definition und Operationalisierung der Handlungsziele

7. Aufweis der Realisierungsbedingungen und begründende Darstellung von Arbeitsmethoden und Strategien." (a. a. O. 169)

Zweifellos gelang mit dieser methodologischen Orientierung ein gewichtiger Schritt voran auf dem Weg zu einer empirisch arbeitenden Praktischen Theologie. Es fällt aber auf, dass Daibers Opus in der praktisch-theologischen Diskussion nur wenig rezipiert wurde. Dies lag wohl auch daran, dass das Paradigma der Handlungswissenschaft im allgemeinen wissenschaftstheoretischen Diskurs bereits an Bedeutung verlor, als Daibers Buch erschien. Das macht zugleich auf das grundsätzliche Problem einer eng an den Sozialwissenschaften orientierten Praktischen Theologie aufmerksam. Sie ist abhängig von deren Entwicklung, die recht unterschiedlichen, nicht unbedingt theologisch plausiblen Einflüssen unterliegt. Schließlich birgt die Betonung der Methodologie und damit konkret operationalisierbarer Forschungsfelder die Gefahr, die Einheit der Praktischen Theologie aus dem Blick zu verlieren. Bei diesem Problem setzte der nächste Ansatz an.

2.2 *Dietrich Rössler (geb. 1927):* Seit Mitte der sechziger Jahre des 20. Jahrhunderts kann man von einer empirischen Wende in der Praktischen Theologie sprechen. Dietrich Rösslers „Grundriß der Praktischen Theologie" fasste Mitte der achtziger Jahre die wichtigsten Erträge dieses Aufbruchs zusammen und war dann das bestimmende Lehrbuch des Fachs. Albrecht Grözinger charakterisierte das Werk als „Summa Theologica des Verständnisses von praktisch-theologischer Theoriebildung im Zusammenhang mit der empirischen Wendung" (GRÖZINGER 485). Allerdings spielten in Rösslers Ausführungen konkrete empirische Befunde nur am Rand eine Rolle. Auch eingehendere methodologische Reflexionen – wie etwa bei Daiber – sucht man vergebens. Vielmehr legte Rössler Wert auf die sorgfältige geschichtliche Grundierung seiner Ausführungen. Doch ist sein Lehrbuch grundsätzlich auf empirische Fragestellungen und Einsichten bezogen. Es stellt den Versuch dar, angesichts von Pluralismus und Individualisierung ein *System der Praktischen Theologie* zu konzipieren. Dieses soll einerseits Raum für die notwendigen Differenzierungen eröffnen; andererseits soll es die Handelnden, vor allem die Pfarrer, in ihrer Praxis orientieren.

Dazu entwarf Rössler ein Verständnis von Praktischer Theologie, das in sich mehrfach Spannungen benannte und ausbalancierte: *„Praktische Theologie ist die Verbindung von Grundsätzen der christlichen Überlieferung mit Einsichten der gegenwärtigen Erfahrung zu der wissenschaftlichen Theorie, die die Grundlage der Verantwortung für die geschichtliche Gestalt der Kirche und für das gemeinsame Leben der Christen in der Kirche bildete."* (RÖSSLER 3, Kursivsetzung des Originals) Mit Schleiermacher bestimmte Rössler also die Praktische Theologie als „Theorie" und ähnlich ihm avisierte er mit „Verantwortung" die kirchenleitende Aufgabe als Ziel. Zwischen den „Grundsätzen der christlichen Überlieferung" und den „Einsichten der gegenwärtigen Erfahrung" ist eine Verbindung herzustellen. Dabei weisen „Grundsätze" und „Einsichten" wiederum auf den theoretischen Charakter dieser Überlegungen hin.

Nur indirekt geht aus dieser Definition die besondere Leistung Rösslers für die Theoriebildung der Praktischen Theologie hinsichtlich ihres Gegenstandsbereichs hervor. Er führte nämlich – zur Vermittlung der normativen und empirischen (sowie historischen) Gehalte – einen *differenzierten Religionsbegriff* in das Fach ein. Damit konnte er unter den Bedingungen der neuzeitlichen Lebenswelt an das ekklesiale Paradigma früherer Entwürfe anknüpfen, ohne aber deren kirchliche und/oder dogmatische Engführung zu übernehmen. Konkret unterschied Rössler – in Aufnahme systematischer Bestimmungen Trutz Rendtorffs – zwischen *einer kirchlichen, einer öffentlichen und einer individuellen Gestalt des (neuzeitlichen) Christentums* (a. a. O. 81 f.).

> Dabei ist das private Christentum keiner allgemeinen Untersuchung zugänglich, sondern tritt nur als individuelles auf. Weil sich Christsein aber wesentlich im Glauben des Einzelnen vollzieht, kommt ihm große Bedeutung zu. Ebenfalls einer Kontrolle entzieht sich das gesellschaftliche Christentum, das sich im Alltag oft nur im Vorübergehen und implizit äußert. Das kirchliche Christentum bestimmt diese beiden genannten Formen inhaltlich. Die Institution Kirche ist – wie andere Institutionen für andere Lebensbereiche – für die Pflege des religiösen Bereichs zuständig, individuell und öffentlich.

Systematisch konnte Rössler mit dieser Unterscheidung die traditionelle Einteilung der Praktischen Theologie in einzelne Disziplinen aufnehmen und deren Zusammenhang bestimmen. So behandelte er beim individuellen Christentum die Seelsorge (und am Rande die Diakonie) und die Amtshandlungen; beim kirchlichen Christentum finden sich die Ausführungen zu Predigt und Gottesdienst; beim öffentlichen Christentum sind der Unterricht und die Gemeinde Thema. Jeweils vor diesen materialen Ausführungen ste-

§ 4 Herausforderungen bis zur politischen Vereinigung: außertheologische Impulse   63

hen zwei grundsätzliche Abschnitte: zu Religion, Kirche und Institution sowie zum Pfarrer, als Person, als Beruf und als Amt. Damit integrierte Rössler die herkömmlichen ekklesialen und pastoraltheologischen Themen.

Daraus ergab sich folgende systematisch stringente Gliederung:
1. Teil – Der Einzelne
  1. Kapitel – Religion
  2. Kapitel – Person
  3. Kapitel – Diakonie
  4. Kapitel – Amtshandlungen
2. Teil – Die Kirche
  5. Kapitel – Kirche
  6. Kapitel – Amt
  7. Kapitel – Predigt
  8. Kapitel – Gottesdienst
3. Teil – Die Gesellschaft
  9. Kapitel – Institution
  10. Kapitel – Beruf
  11. Kapitel – Unterricht
  12. Kapitel – Gemeinde

Erst bei näherem Hinsehen zeigen sich die Schwachstellen dieser Systematik:
- Bei der Zuordnung der einzelnen Themen sind Probleme unübersehbar. So kommt die Diakonie im „individuellen" Teil vor, was zu einer Ausklammerung des Themenbereichs der Anstaltsdiakonie führt. Beim Unterricht ist wiederum die Zuteilung zum „öffentlichen" Teil einseitig. Das verdeckt z. B. die Lernortdifferenzen zwischen schulischem Religions- und gemeindlichem Konfirmandenunterricht. Ähnliches gilt für die Zuordnung von „Gottesdienst" zu „Kirche". Wo hat z. B. der Schulgottesdienst seinen Ort?
- Dazu fehlen wichtige Themen wie die Christliche Publizistik fast ganz.[76] Hier – und in den gerade genannten Reduktionen – zeigt sich das Problem der pastoraltheologischen Konzentration, die den ganzen Entwurf prägt.
- Schwierig ist ebenfalls die grundsätzliche Voraussetzung, die Rösslers System durchzieht: die Selbstverständlichkeit eines volkskirchlichen Christentums. Stichworte wie Atheismus, Islam oder sonstige Formen nichtchristlicher Religionspraxis sucht man im Sachregister vergeblich. Hier melden sich die Defizite in der Rezeption empirischer Einzelbefunde. Denn Anfang der achtziger Jahre zeichneten sich bereits entsprechende Entwicklungen ab.

---

76 S. kritisch HENNING SCHRÖER, Publizistik als Thema der Praktischen Theologie. Annäherung durch Wandel, in: PTh 34 (1999), 44–53, 47.

Schließlich wies Joachim Scharfenberg darauf hin, dass ein Ausblick in die Zukunft fehlt.[77] Diese Problematik machten die tiefgreifenden gesellschaftlichen und kulturellen Veränderungen in Deutschland nach 1989 offenkundig. Denn spätestens seitdem ist ein Rückgang der Selbstverständlichkeit des Christentums in Deutschland unübersehbar. Die zweite Auflage von Rösslers Grundriss, 1994 erschienen, nahm diese Herausforderung nicht auf.

2.3 Gert Otto (1927–2005): Gert Otto legte mit seiner Praktischen Theologie in mehrfacher Weise einen – als Lehrbuch fast zeitgleich erschienenen – Gegenentwurf zu Rössler vor. Dabei ist anzumerken, dass sich Ottos Position selbst grundlegend wandelte (zu seinen Entwicklungen im Einzelnen s. GRETHLEIN). Das tritt exemplarisch in seinen religionspädagogischen Publikationen zu Tage. Im Lauf der Jahre schlug er einen weiten Bogen von der Evangelischen Unterweisung bis zur Propagierung des allgemeinen Sitten- und Werteunterrichts LER (Lebensgestaltung – Ethik – Religionskunde). Im Folgenden beschränke ich mich auf die Analyse seiner im zweibändigen Lehrbuch dargestellten Überlegungen.

Positiv gewendet zeigt sich in Ottos Werk seine wache Zeitgenossenschaft. Er war gerade nicht an einem „System" interessiert, sondern orientierte sich am „Zeitgeist".[78] Durch die Ablehnung der Systemform wollte er eine größere Problemdichte erreichen:

> So resümierte er am Ende des zweiten Bandes seiner Praktischen Theologie als „Tendenz" seines Werks: „Praktische Theologie nicht als geschlossenes System zu begreifen, sondern als offene Problemvielfalt, deren verschiedenartige Aspekte und Facetten, Bündelungen und Überschneidungen zu erörtern sind, um so zu Grundfragen vorzustoßen, die auch für jene Themen und Bereiche maßgeblich sind, welche hier nicht erörtert worden sind – nicht weil der Umfang gesprengt worden wäre, sondern weil die Erörterung und die Darstellung der Problemvielfalt Praktischer Theologie prinzipiell unabschließbar ist." (OTTO Bd. 2, 379, ohne Kursivsetzung des Originals)

Dem entsprach seine Kritik an der herkömmlichen sektoralen Disziplineinteilung in der Praktischen Theologie. Durch sie sah er die entscheidenden Fragestellungen eher verdeckt als offengelegt. Demgegenüber ging er von einem *perspektivischen Zugang* aus (OTTO Bd. 1 69). Der Umfang der verfolgten Perspektiven stand nicht definit fest. Otto nannte und bearbeitete in seinem Lehrbuch: Hermeneutik, Rhetorik, Didaktik, Recht, Ideologiekritik, Kommunikation und Symbolik; aber er ließ Ergänzungen und Veränderungen offen.

---

77 JOACHIM SCHARFENBERG, Bestandsaufnahme des neuzeitlichen Christentums. Gedanken zu Dietrich Rösslers Grundriß der Praktischen Theologie, in: PTh 76 (1987), 265–277.
78 GERT OTTO, Einige höchst subjektive (fast autobiographische) Randbemerkungen zu Rainer Lachmanns Erforschung meines religionspädagogischen Lebenswandels, in: EvErz 33 (1981), 94–96, 96.

Auf diese Perspektiven stieß er durch „die Suche nach Tätigkeiten (oder Verhaltensweisen), denen eine anthropologische Grundbedeutung nicht abzusprechen ist und von denen zugleich evident ist, daß sie im Zusammenhang von Gesellschaft – Religion – Kirche eine Rolle spielen." (Otto Bd. 2 65, ohne Kursivsetzung des Originals)

Theologisch begründete er diesen Ansatz nur nebenbei – in deutlicher Aufnahme seines langjährigen Mainzer neutestamentlichen Kollegen Herbert Braun – „durch das Interesse am Menschen und seiner Lebenspraxis ... Dieses Interesse ist inhaltlich qualifiziert im Menschen- und Lebensverständnis Jesu von Nazareth." (Otto Bd. 1 247, ohne Kursivsetzung im Original).

Durch den perspektivischen Ansatz wollte Otto der Komplexität der Realität entsprechen. Er führte ihn weit über die herkömmliche (Praktische) Theologie hinaus. Sein Fachverständnis definierte er dann folgendermaßen: *„Praktische Theologie ist kritische Theorie religiös vermittelter Praxis in der Gesellschaft"* (a. a. O. 21 f.). Seit 1970 stand nämlich in Ottos Denken die gesellschaftliche Dimension im Vordergrund. Die *Kritische Theorie* der Frankfurter Sozialphilosophie (Max Horkheimer, Jürgen Habermas, Theodor Adorno, s. a. a. O. 75–77) bildete dazu die „Denkmethode" (a. a. O. 21). Von hier aus weitete sich der Gegenstandsbereich Praktischer Theologie:

In ihr geht es „um religiöse Manifestationen, Verhaltensweisen und Handlungen in der Gesellschaft; um ‚Religion' in den Lebensgeschichten der Subjekte ...; um die Praxis der Kirche und ihre Legitimation in unterschiedlichen Bereichen und Konkretionen; um historische Hintergründe ...; um die Bewältigung gegenwärtiger Gestaltungsfragen in Kirche und Gesellschaft und in deren Zwischenfeld" (a. a. O. 78).

Mit diesem Ansatz war zugleich eine kirchenkritische Grundausrichtung verbunden. Scharf grenzte sich Otto gegen die „dogmatisch-ekklesiologische Grundorientierung der Praktischen Theologie" ab. Stattdessen rückte der „komplexe Zusammenhang von Religion und Gesellschaft" (a. a. O. 69, ohne Kursivsetzung im Original) in den Mittelpunkt, wozu Kirchen- und Religionskritik gehörten. Zukünftig erwartete Otto (1988) einen erheblichen Bedeutungsverlust von Kirche (s. Otto Bd. 2 109). In der praktisch-theologischen Tradition sah Otto bei Palmer (s. § 2 2.3) einen möglichen Anknüpfungspunkt. Denn dieser habe durch seine Ausrichtung auf das „was noch nicht ist, ‚es aber werden soll'" (Otto Bd. 1 48) einen kritisch-theoretisch explizierbaren Ansatz verfolgt. Auf jeden Fall machte Otto durch seine Kritik am sektoralen Verständnis von Praktischer Theologie auf ein wichtiges Grundproblem aufmerksam. *Die Veränderungen der Lebenswelt werden nicht mehr hinreichend durch die traditionellen Disziplinen der Praktischen Theologie erfasst.* Die von ihm – teilweise durch Anregungen seiner Schüler (vor allem Henning Luther und Albrecht Grözinger, s. § 5 2.5) – aufgenommenen Hinweise zur ästhetischen Dimension verdienen bis heute Aufmerksamkeit.

Allerdings sind auch Probleme der Otto'schen Praktischen Theologie unübersehbar, die wohl zu deren geringen Rezeption als Gesamtentwurf führten:
- Die Ausweitung des Gegenstandes der Praktischen Theologie sprengt deren Zusammenhang mit der sonstigen Theologie.
- Die geringe theologische Bestimmtheit seiner Überlegungen weist in dieselbe Richtung. Praktische Theologie geht letztlich in eine vorwiegend religionskritische Gesellschaftstheorie über.
- Zugleich ist mit der Ausweitung des Gegenstandsbereichs ein methodisches Problem verbunden. Es bleibt offen, wie konkret die Sozialwissenschaften zu rezipieren sind. Das eher einer Karikatur als der tatsächlichen Realität gleichende Bild von Kirche bei Otto machte diese Schwierigkeit offenkundig. Es fehlt eine empirische Validierung des Behaupteten.

3. Vorzeichen: spezialisierte Forschung

Die genannten Lehrbücher, allen voran das Rösslers, bemühten sich um die Einheit der Praktischen Theologie. Damit spiegelten sie indirekt ein Problem dieses Fachs seit den sechziger Jahren des 20. Jahrhunderts. Besonders in zwei praktisch-theologischen Disziplinen waren *Tendenzen zur Verselbstständigung* unübersehbar: Sie verdankten sich – jedenfalls teilweise – Forschungen in den USA, wo es damals nur ansatzweise eine Praktische Theologie als eigenständige theologische Disziplin gab. Dort dominierten spezielle Ausbildungen für die einzelnen pastoralen Handlungsfelder („clergyman's training").[79]

3.1 *Seelsorge:* Hier führten mehrere Impulse zu einer Neubestimmung. Vor allem gelangten aus den USA Konzepte des Pastoral Counseling und des damit verbundenen Ausbildungsprogramms (Clinical Pastoral Training) nach Deutschland.[80]

> Daneben verlief in Deutschland die Rezeption psychoanalytischen Denkens auf einer Nebenlinie der Praktischen Theologie bzw. Poimenik, und zwar über die Arbeiten von Oskar Pfister, Walter Uhsadel, Otto Haendler (s. § 3.4) und Alfred Dedo Müller. Erst Joachim Scharfenberg brachte diesen Ansatz wirkungsvoll in den allgemeinen pastoralpsychologischen Diskurs ein.[81]

---

79 S. Friedrich Schweitzer, Praktische Theologie in Nordamerika, in: Christian Grethlein/ Michael Meyer-Blanck (Hg.), Geschichte der Praktischen Theologie. Dargestellt anhand ihrer Klassiker (APrTh 12), Leipzig 1999, 565–596, 567. Einen guten Einblick in die nach wie vor pastoraltheologisch und ethisch geprägte sowie eher an der Bewältigung konkreter Situationen als kohärenten Theorien interessierte „Practical Theology" bieten James Woodward/Stephen Pattison (Hg.), Pastoral and Practical Theology (The Blackwell Reader), Oxford 2000 und Kathleen Cahalan/Gordon Mikoski (Hg.), Opening the Field of Practical Theology. An Introduction, Lanham 2014.
80 In Deutschland grundlegend Dietrich Stollberg, Therapeutische Seelsorge. Die amerikanische Seelsorgebewegung. Darstellung und Kritik, München 1969.
81 Jürgen Ziemer, Psychologische Grundlage der Seelsorge, in: Wilfried Engemann (Hg.), Handbuch der Seelsorge. Grundlagen und Profile, Leipzig 2007, 34–62, 37 Anm. 11.

In den USA hatte sich schon seit langem eine religionspsychologische[82] und pastoralpsychologische Forschung etabliert, die unter der Empirie-Abstinenz der Wort-Gottes-Theologie in Deutschland (fast) nicht zur Kenntnis genommen wurde. Erst Ende der sechziger Jahre des 20. Jahrhunderts kam es zur Befreiung der Seelsorge aus „einem theologischen bzw. psychotherapeutischen Ghetto".[83] Es bildete sich die sog. *Seelsorgebewegung*. Psychologisch bzw. psychoanalytisch und theologisch Qualifizierte wie Dietrich Stollberg (1937-2014), Klaus Winkler (1934-2000), Hans-Joachim Thilo (1914-2003) und Joachim Scharfenberg (1927-1996) gaben dabei den Ton an. Institutionell entstanden Beratungsstellen und Standesorganisationen wie die 1972 gegründete Deutsche Gesellschaft für Pastoralpsychologie (DGfP) mit einzelnen, psychologischen Schulen zugeordneten Sektionen. Dabei war die psychologische Identität wichtiger als die Verbindung mit der Theologie. Nur wenige Pastoralpsychologen beteiligten sich noch am allgemein praktisch-theologischen Diskurs.

Sachlich interessant ist, dass hier Kommunikation zu einem zentralen Begriff avancierte. Dies erforderte für die Forschung unbedingte Personenbezogenheit und Sensitivität für die konkrete Situation.[84] Die Einsicht in die Bedeutung der Person für die Kommunikation des Evangeliums bereicherte auch andere praktisch-theologische Disziplinen. Vor allem die Pfarrer als Prediger wurden psychologisch untersucht.[85]

3.2 *Religionspädagogik:* Strukturell Analoges lässt sich für die Religionspädagogik berichten, wenn auch auf Grund einer anderen institutionellen Konstellation. Seit der Wende vom 19. zum 20. Jahrhundert durch Oberlehrer unter Rückgriff auf psychologische Forschung initiiert[86] konnte sich diese Disziplin in der Epoche der Wort-Gottes-Theologie nicht entwickeln. Erst nach dem Zweiten Weltkrieg entstanden an Theologischen Fakultäten eigene religionspädagogische Lehrstühle.[87] Die Akademisierung der Lehrerausbil-

---

82 S. – allerdings durchweg kritisch – Karin Huxel, Die empirische Psychologie des Glaubens. Historische und systematische Studien zu den Pionieren der Religionspsychologie, Stuttgart 2000.
83 So Helmut Harsch in seinem Nachwort zu dem mehrfach aufgelegten Buch von Howard Clinebell, Modelle beratender Seelsorge (GT.P 8), München 1971 (am. 1966), 272–280, 272.
84 S. am Beispiel von Seward Hiltner Richard Riess, Seelsorge, Orientierung, Analysen, Alternativen, Göttingen 1973, 231–237 (s. auch § 7 2.3).
85 S. grundlegend und vielfach rezipiert Fritz Riemann, Die Persönlichkeit des Predigers aus tiefenpsychologischer Sicht, in: Richard Riess (Hg.), Perspektiven der Pastoralpsychologie, Göttingen 1974, 152–166.
86 S. Antje Roggenkamp-Kaufmann, Religionspädagogik als „Praktische Theologie". Zur Entstehung der Religionspädagogik in Kaiserreich und Weimarer Republik (APrTh 20), Leipzig 2001.
87 S. die Fallstudien in Bernd Schröder (Hg.), Institutionalisierung und Profil der Religionspädagogik. Historisch-systematische Studien zu ihrer Genese als Wissenschaft (PThGG 8), Tübingen 2009, 343–406.

dung führte im Zuge der Hochschulreform in den sechziger und siebziger Jahren des 20. Jahrhunderts zu einem institutionellen Aufschwung. Die meisten der Religionspädagogik-Professuren waren an lehrerausbildenden Stätten wie Pädagogischen Hochschulen bzw. eigenen religionspädagogischen Instituten angesiedelt und auf die öffentliche Bildungsinstitution Schule bezogen.[88] So kam es zu einer weitgehend *separaten Entwicklung* des Fachs gegenüber der sonstigen (Praktischen) Theologie.

Vor allem pädagogische bzw. didaktische Entwicklungen beeinflussten die Theorien des schulischen Religionsunterrichts, auf die sich die Religionspädagogik konzentrierte. Und auch hier stammten – vor allem bei der Curriculardidaktik, die seit den siebziger Jahren jahrzehntelang die Rahmenrichtlinien für den Evangelischen Religionsunterricht prägte – wesentliche Impulse aus den USA.[89] Die Forderung nach der Schülerorientierung rückte die kommunikativen Bedingungen von Unterricht ins Zentrum der didaktischen Reflexion. Durch die Ausrichtung auf den Beruf der Lehrer/innen bestand eine Kluft zu der traditionell stark auf den Pfarrberuf fokussierten Praktischen Theologie.

> Dies kam in der Studienreformarbeit zum Ausdruck, als sich die Gemischte Kommission zur Reform des Theologiestudiums 1974 in eine Fachkommission (I) für den Pfarramts- und eine Fachkommission (II) für den Lehramtsstudiengang aufteilte.[90]

3.3 Kybernetik: Für die praktisch-theologische Theorie der Gemeindeleitung und des Gemeindeaufbaus können ähnliche Tendenzen festgestellt werden, wenngleich zahlenmäßig geringer ausgeprägt. Die von Daiber vorangetriebene *Pastoralsoziologie* ist ein Nachfolgeprojekt der Kybernetik, und zwar unter den Bedingungen eines handlungswissenschaftlichen Verständnisses von Praktischer Theologie.

Methodisch dominierten die soziologischen Standards – vielfach im Mutterland der Meinungsumfrage, den USA, entwickelt. Kirchen wurden als Institutionen bzw. Organisationen mit den in der Sozialforschung üblichen Instrumenten analysiert. Ähnlich wie die Kirchenkunde bei Drews konnte sich diese Innovation an den Hochschulen nicht etablieren. Sie fand ihren Ort in kirchlichen Instituten. Doch strahlte die hier erarbeitete soziologische Perspektive auf die anderen praktisch-theologischen Disziplinen aus (s. ENGEMANN 161–170). Vor allem die EKD-Umfragen zur Kirchenmitgliedschaft (s. § 18.4) bieten seit der Mitte der siebziger Jahre eine Datenbasis, auf die vielfach und selbstverständlich zurückgegriffen wird.

---

88 S. WOLFGANG STECK, Praktische Theologie. Horizonte der Religion – Konturen des neuzeitlichen Christentums – Strukturen der religiösen Lebenswelt Bd. 1, Stuttgart 2011, 112–114.
89 Grundlegend SAUL ROBINSOHN, Bildungsreform als Revision des Curriculum, Neuwied 1964.
90 S. TORSTEN MEIREIS, Theologiestudium im Kontext (APrTh 11), Berlin 1997, 105 f.

3.4 Homiletik und *Liturgik:* Diese beiden praktisch-theologischen Disziplinen schienen die Standbeine einer genuin dogmatisch begründeten (deutschen) Praktischen Theologie zu sein. In der Homiletik entstand durch den Rückgriff auf die Rhetorik,[91] aber auch die Persönlichkeitspsychologie[92] zumindest teilweise ein Bewusstsein für empirische Arbeit. Dagegen vegetierte die Liturgik nur am Rand der universitären Praktischen Theologie. Die die Agendenarbeit in Deutschland Jahrzehnte dominierende Lutherische Liturgische Konferenz richtete ihre Arbeit vornehmlich dogmatisch und historisch aus. Der unübersehbaren Veränderungen in der Praxis, vor allem durch das Aufkommen sog. alternativer Gottesdienstformen, versuchte die Konferenz im sog. Strukturpapier mit einem historisch begründeten Schema Herr zu werden.[93] Nur vereinzelt wiesen akademisch tätige Praktische Theologen auf das Potenzial empirischer Forschung für dieses Fach hin.[94]

3.5 Ergebnis: So stellte sich im Zuge der empirischen Wende der Praktischen Theologie die wissenschaftstheoretische, aber auch forschungspragmatische Aufgabe, ihr *Verhältnis zur Theologie* zu klären. Zunehmend gewannen Hochschullehrer – vor allem in der Pastoralpsychologie bzw. Poimenik und in der Religionspädagogik – ihre Identität aus dem Zusammenhang mit wichtigen außertheologischen Fächern. Dadurch weitete sich der Horizont in methodischer und inhaltlicher Hinsicht. Die Anbindung dieser praktisch-theologischen Forschung an die Theologie trat demgegenüber zurück, nicht zuletzt weil dort die empirischen Herausforderungen nicht bzw. nur zögerlich wahrgenommen wurden.

4. Zusammenfassung

Die (zweite) empirische Wende der Praktischen Theologie in den sechziger und siebziger Jahren des 20. Jahrhunderts schloss dieses Fach an Entwicklungen in außertheologischen Wissenschaften an. Je nach konkretem Gegenstand verlief dies unterschiedlich. Auf jeden Fall begegnete hier ein methodologisch ausdifferenziertes Instrumentarium, das von demoskopi-

---

91 GERT OTTO, Predigt als Rede. Über die Wechselwirkungen von Homiletik und Rhetorik, Stuttgart 1976.
92 Sachlich grundlegend, wenn auch bei Erscheinen wenig beachtet ist OTTO HAENDLER, Die Predigt. Tiefenpsychologische Grundlagen und Grundfragen, Berlin 1941; s. jetzt WILFRIED ENGEMANN, Einführung in die Homiletik, Tübingen ²2011, 29–87.
93 Denkschrift „Versammelte Gemeinde"/Strukturpapier Einführung und Übersicht über Struktur und Elemente des Gottesdienstes, in: HERWARTH V. SCHADE/FRIEDER SCHULZ (Hg.), Gottesdienst als Gestaltungsaufgabe. Praktische Anregungen zur Gestaltung des Gottesdienstes aufgrund der Denkschrift „Versammelte Gemeinde" (Strukturpapier) (reihe gottesdienst 10), Hamburg 1979, 9–17.
94 WERNER JETTER, Symbol und Ritual. Anthropologische Elemente im Gottesdienst, Göttingen 1978.

schen Verfahren bis hin zu therapeutischen Gesprächstechniken reichte. Die Rezeption sozialempirischer Methoden förderte die Verselbstständigung der einzelnen Forschungen in der Praktischen Theologie, besonders ausgeprägt im Bereich der pastoralpsychologischen Beratung und im schulischen Religionsunterricht. Die genannten Einflüsse aus den USA verstärkten diese Tendenz. Denn dort dominiert im Sinne des clergyman's training die Fokussierung auf einzelne berufsspefizische Handlungsformen gegenüber allgemein praktisch-theologischer Theoriebildung.

Demgegenüber bemühten sich die drei vorgestellten Lehrbücher um eine Integration der Praktischen Theologie:

- Daiber rekurrierte unter dem Paradigma der Handlungswissenschaften auf die konkreten Anforderungen der theologischen und kirchlichen Berufe. Er empfahl, Praktische Theologie als Theorie für deren Praxis zu entwerfen. Damit verband er die Mahnung, den Gegenstandsbereich der Praktischen Theologie aus methodologischen Gründen zu begrenzen.
- Rösslers Opus kann weithin als eine solche Theorie für den pastoralen Beruf verstanden werden. Allerdings löste er die Aufgabe der Gegenstandsbeschreibung durch den Rückgriff auf die Differenzierungen der Christentumstheorie. Dadurch konnte er zum einen die bestehenden praktisch-theologischen Theoriebildungen mit ihrer Anbindung an Kirche und den Pfarrberuf integrieren. Zum anderen weitete er den Blick darüber hinaus auf die Prozesse von Pluralisierung und Individualisierung. De facto blieb er aber in seinen konkreten Ausführungen dem pastoraltheologischen Ansatz verhaftet.
- Otto ging konzeptionell radikaler vor. Er verließ das bisher Praktische Theologie prägende ekklesiale Paradigma und entwarf eine Kritische Theorie im Spannungsfeld von Gesellschaft und Religion. Dabei wies er den bisher üblichen sektoralen Aufbau der Praktischen Theologie zurück und empfahl ein perspektivisches Vorgehen. Die sich daraus ergebenden methodologischen Fragen bearbeitete er aber – ähnlich wie Rössler – nicht.

Ein Durchgang durch die Konzepte zeigt, dass die Schwächen des einen zugleich die Stärken des anderen markierten: Die Öffnung auf Perspektiven hin (Otto) weitete den Horizont, zugleich drohte der durch ein System integrierte Zusammenhang (Rössler) verloren zu gehen. Der klare Berufsbezug (Daiber) ermöglichte methodologische Präzision, engte dadurch aber den Gegenstand ein. Kirche erschien als Bezugspunkt zu eingeschränkt (Otto), Gesellschaft dagegen zu weit (Rössler).

Dabei standen Daiber, Rössler und Otto vor demselben Problem. Bei Daiber blieb es unter dem strikten Bezug auf die theologischen und kirchlichen Berufe noch eher verborgen, bei Rössler wurde es im Zusammenhang der individuellen und der öffentlichen Form des Christentums verhandelt, bei Otto unter dem Begriff der religiös vermittelten Praxis. Es geht jeweils darum, den *Gegenstand der Praktischen Theologie unter den Bedingungen einer pluralistischen Gesellschaft* zu beschreiben.

§ 5 Gegenwärtiger Stand: Ringen um den Gegenstand

Literatur: WILFRIED ENGEMANN, Personen, Zeichen und das Evangelium. Argumentationsmuster der Praktischen Theologie (APrTh 23), Leipzig 2003 – WOLF-ECKART FAILING/HANS-GÜNTER HEIMBROCK, Von der Handlungstheorie zur Wahrnehmungstheorie und zurück, in: DIES., Gelebte Religion wahrnehmen. Lebenswelt – Alltagskultur – Religionspraxis, Stuttgart 1998, 275–294 – WILHELM GRÄB, Lebensgeschichten – Lebensentwürfe – Sinndeutungen. Eine praktische Theologie gelebter Religion, Gütersloh 1998 – CHRISTIAN GRETHLEIN, Praktische Theologie als Teil des Gesamtprojektes Theologie, in: INGOLF DALFERTH (Hg.), Eine Wissenschaft oder viele? Die Einheit evangelischer Theologie in der Sicht ihrer Disziplinen (ThLZ.F 17), Leipzig 2006, 99–119 – ALBRECHT GRÖZINGER, Praktische Theologie und Ästhetik. Ein Beitrag zur Grundlegung der Praktischen Theologie, München 1987 – MANFRED JOSUTTIS, Religion als Handwerk. Zur Handlungslogik spiritueller Methoden, Gütersloh 2002 – BERND SCHRÖDER, Praktische Theologie evangelischer Prägung in Deutschland. Themen und Tendenzen seit der Wiedervereinigung Deutschlands, in: IJPT 8 (2004), 288–314 – ULRICH SCHWAB, „Religion in der Lebenswelt der Moderne" – eine Innenperspektive des Marburger Graduiertenkollegs, in: KRISTIAN FECHTNER/MICHAEL HASPEL (Hg.), Religion in der Lebenswelt der Moderne, Stuttgart 1998, 16–27

Eingangs werden knapp wichtige politische und gesellschaftliche, kulturelle und religiöse Veränderungen im vereinigten Deutschland in Erinnerung gerufen, auf die Kirche und Theologie reagier(t)en. Dabei stehen Ereignisse und Entwicklungen im Vordergrund, die die breite Öffentlichkeit beschäftigen. Auf Grund des fehlenden Zeitabstandes ist eine abgewogene Reflexion hierauf noch nicht möglich. Doch lassen sich einige Problembereiche benennen, die im 2. Teil hinsichtlich ihrer Bedeutung für die Kommunikation des Evangeliums näher ausgeführt werden.

Tatsächlich beginnen Kirche und Theologie auf die vielfältigen Veränderungen zu reagieren. Die teilweise in der akademischen Theologie und in kirchlichen Behörden und Kirchengemeinden zu beobachtende Mentalität des „Weiter so wie bisher" ist nicht mehr durchzuhalten. Sie geht von unrealistischen Stabilitätsvorstellungen und einem kontextuell unreflektierten Wahrheitsverständnis aus. Langsam bilden sich konstruktive Ansätze für eine zeitgemäße, und d.h. zugleich kontextuelle und kulturkritische Praxis der Kommunikation des Evangeliums heraus (s. § 9 3.3).

1. Kontext

Auch hier wird das in § 2 1., § 3 1. und § 4 1. Ausgeführte vorausgesetzt, insofern die dort skizzierten Entwicklungen weitergehen. Allerdings kommt es durch den Vereinigungsprozess, neue politische Konfrontationen und rasante Veränderungen in den Kommunikationsmöglichkeiten zu neuen Problemstellungen und Herausforderungen.

1.1 *Politisch und gesellschaftlich:* International vergrößerte sich seit den sechziger Jahren des 20. Jahrhunderts die Kluft zwischen reichen und armen Ländern (s. § 4 1.1). Die dem zu Grunde liegenden vielfältigen Faktoren[95] lassen erwarten, dass die daraus entstandenen weltweiten Migrationsbewegungen trotz gewisser ökonomischer Probleme reicher Länder seit den neunziger Jahren das 21. Jahrhundert bestimmen werden. Politisch brisant äußert sich diese Entwicklung schon heute in großen Flüchtlingsströmen. Während Ökonomen hierin Chancen für die reichen Länder sehen, die Folgen der Überalterung in ihnen zu kompensieren, machen sich in Teilen der einheimischen Bevölkerung Ängste breit, die teilweise sogar zu fremdenfeindlichen Gewalttaten führen.

In der deutschen Geschichte ist das Ausgangsdatum für den zu bedenkenden Zeitraum die *Vereinigung von Bundesrepublik und DDR* am 3. Oktober 1990. Innerhalb eines knappen Jahres nach der Öffnung der Mauer vollzog sich ein rasanter politischer Prozess, der über die Währungsunion und einen komplizierten Einigungsvertrag zur staatlichen Einheit führte.

> De facto war sie ein Anschluss der DDR an die Bundesrepublik, deren Grundgesetz zur Verfassung des größeren Deutschlands wurde. Der politische Einigungsprozess[96] vollzog sich unter dem Druck der DDR-Bevölkerung. Der ursprünglich gegen die DDR-Diktatoren gerichtete Demonstrations-Slogan „Wir sind das Volk" wurde rasch zu „Wir sind ein Volk". Standen am Anfang des Umbruchs bürgerrechtliche Forderungen und das Ziel einer demokratischen DDR, so schlug dies schnell zu einem Begehren der gemeinsamen DM-Währung und der damit erhofften Steigerung des Lebensstandards und der Konsummöglichkeiten um. In der ersten freien Volkskammerwahl am 18.3.1990 setzten sich die entsprechenden, als „Allianz für Deutschland" angetretenen Kräfte durch. Rasch zeigte sich jedoch, dass die Vereinigung große Probleme für die ostdeutsche Bevölkerung mit sich brachte. Die dortige Wirtschaft erwies sich als nicht wettbewerbsfähig, hohe Erwerbslosigkeit war die Folge. Dazu traten Unterschiede zwischen Ost und West in Mentalität und Kultur zu Tage, die das Zusammenleben im Alltag erschwerten.

Seit der Vereinigung bestehen in Deutschland zwei unterschiedliche „Religionskulturen".[97] Gehört in Westdeutschland weithin die Kirchenmitgliedschaft zur Normalität, waren die Kirchen in der DDR in den meisten

---

95 S. hierzu aus ökonomischer Perspektive PAUL COLLIER, Exodus. Immigration and Multiculturalism in the 21st Century, London 2014.
96 Zum Einzelnen s. die Artikel in: WERNER WEIDENFELD/KARL-RUDOLF KORTE (Hg.), Handbuch zur deutschen Einheit, Bonn 1993.
97 So JAN HERMELINK, Die Vielfalt der Mitgliedschaftsverhältnisse und die prekären Chancen der kirchlichen Organisation, in: WOLFGANG HUBER/JOHANNES FRIEDRICH/PETER STEINACKER (Hg.), Kirche in der Vielfalt der Lebensbezüge. Die vierte EKD-Erhebung über Kirchenmitgliedschaft, Gütersloh 2006, 417–435, 425.

§ 5 Gegenwärtiger Stand: Ringen um den Gegenstand

Regionen auf einen Restbestand von etwa einem Fünftel der Bevölkerung zusammengeschrumpft. Teilweise leben hier Menschen in der dritten Generation ohne jeden Kontakt zur Kirche und zu christlichen Inhalten.

Die Auflösung des Ostblocks führte nur kurz zur Hoffnung einer friedlichen Weltgesellschaft. Schon 1993 hatte der in Harvard lehrende Politikwissenschaftler Samuel Huntington (1927–2008) in der Zeitschrift „Foreign Affairs" einen Aufsehen erregenden Artikel mit dem Titel *„The Clash of Civilizations"* veröffentlicht, dessen Thesen er 1996 in Buchform ausführte: „In the post-Cold War world, the most important distinctions among people are not ideological, political, or economic. They are cultural."[98] Und: „The rivalry of the superpowers is replaced by the clash of civilizations." (28)

„A civilization is thus the highest cultural grouping of people and the broadest level of cultural identity people have short of that which distinguishes humans from other species. It is defined both by common objective elements, such as language, history, religion, customs, institutions, and by the subjective self-identification of people."(43)

Hierdurch trat das Thema Religion ins Blickfeld der politischen Diskussion. Tatsächlich beherrschte spätestens mit der medial weltweit inszenierten Zerstörung der Twin Towers in New York/Manhattan und dem gleichzeitigen Angriff auf das Pentagon-Gebäude am 11. September 2001 ein neuer Konflikt die Schlagzeilen. In der allgemeinen Diskussion spitzt er sich auf die bis heute kontrovers diskutierte Frage zu, ob der Islam eine Bedrohung für die westliche Zivilisation darstelle. Diese Debatte gewann durch die Waffengänge der USA und ihrer Alliierten in den Irak an Dramatik. Auch das umstrittene militärische Eingreifen der USA in Afghanistan ist eng mit dem Problem des Islamismus verbunden. Seitdem steht das Thema des *Dialogs zwischen den Religionen* ganz oben auf der politischen Tagesordnung, zumal die einheimischen islamischen Bevölkerungen – zum Erstaunen vieler Europäer – die westlichen Truppen als „Christen" identifizieren. Der programmatische Begriff des „Kreuzzugs" („crusade") in Reden des damaligen US-Präsidenten George W. Bush verstärkte diesen Eindruck.

Nur wenige Jahre nach dem Attentat von al-Qaida erschütterte 2008 der finanzielle Zusammenbruch großer Banken – und dann auch Staaten – die ökonomische Welt und führte zu einer globalen *Finanzkrise*. Die teilweise als selbstverständlich vorausgesetzte wirtschaftliche Prosperität in den wohlhabenden Ländern scheint grundsätzlich gefährdet, mit katastrophalen Auswirkungen für die armen Länder. Das Thema Zukunft lässt sich nicht mehr verdrängen. Beschwörend lautete die Schlagzeile auf der Titelseite der New

---

98 SAMUEL HUNTINGTON, The Clash of Civilizations and the Remaking of World Order, New York 1996 (hier und im Folgenden nach der Paperback-Ausgabe von 2003 zitiert), 21 (in diesem und dem folgenden Absatz beziehen sich die in Klammern gesetzten Zahlen auf dieses Buch).

York Times in den Tagen nach dem Kollaps der Bank Lehman Brothers: „Confidence". Nachhaltige Veränderungen zeichnen sich ebenfalls beim Projekt der europäischen Gemeinschaftswährung ab, wie exemplarisch 2015 die Auseinandersetzungen um die Überschuldung Griechenlands zeigen.

Auch in ökologischer Hinsicht gilt dies. Es herrscht unter seriösen Wissenschaftlern Einigkeit darüber, dass die gegenwärtigen *Klima-Veränderungen* wesentlich Resultate menschlichen Verhaltens sind. Deren Konsequenzen beginnen tief in das Leben von Menschen einzugreifen: die Zunahme großer Umweltkatastrophen durch Stürme und Überschwemmungen, aber auch lang anhaltende Dürre und Hitze gehören ebenso dazu wie eine veränderte Vegetation und die Bedrohung von Lebensraum für Menschen und Tiere. Verbunden mit den skizzierten weltwirtschaftlichen Problemen entsteht hier ein unübersehbares Problem-Potenzial für künftige Generationen. Dies gilt insbesondere für die Frage der Energiegewinnung. Die Nuklearkatastrophe in Fukushima (Japan) im März 2011 führte – 25 Jahre nach Tschernobyl – die Fragilität gegenwärtiger Zivilisation nachdrücklich vor Augen.

Kulturell: Die skizzierten politischen und gesellschaftlichen Umbrüche gehen mit kulturellem Wandel einher. Insgesamt löst sich bisher als selbstverständlich Erscheinendes auf bzw. wird brüchig.

Offenkundig sind entsprechende Suchbewegungen in der *Kunst*. Es kommt in ihren verschiedenen Bereichen zu vielfältigen Vermischungen von Stilen, Vergangenes wird zitiert und in einen neuen Kontext gestellt usw. Dabei ermöglicht die elektronische Datenverarbeitung neue Formen und Effekte, angefangen von Installationen über Musikproduktionen bis hin zu Theateraufführungen und Kinofilmen. Insgesamt ist eine dichte Verflechtung von künstlerischem Schaffen und ökonomischer Verwertung zu konstatieren. So strahlt die Werbe-Photographie mit ihrer Ästhetik auf andere Bereiche aus. Auch religiöse Themen werden vielfach aufgegriffen, nicht zuletzt in Werbung und Blockbuster-Filmen.[99] Dazu treten bis in die Gegenwart reichende vielfältige Beziehungen zwischen Kunst und Religion, die sich auch in einem gewissen Konkurrenzverhältnis äußern.

> Christian Albrecht vermutet – unter Bezug auf entsprechende Überlegungen des Künstlers und Theologen Thomas Lehnerer: „Vielleicht liegt das Faszinierende an der in der Kunst sich frei darstellenden Religion darin, dass die Religion in der Kunst in anschaulicher und eindrücklicher, erfrischend unbestimmter Weise Sinnsphären erschließt, ohne auf die Zumutungen zurückgreifen zu müssen, die in der Bestimmtheit der kirchlichen Religion nun einmal enthalten sind und enthalten sein müssen."[100]

---

99 Einen materialreichen Einblick gibt Kristian Fechtner/Gotthard Fermor/Uta Pohl-Patalong/Harald Schroeter-Wittke (Hg.), Handbuch Religion und Populäre Kultur, Stuttgart 2005.
100 Christian Albrecht, Kunst und Religion. Ein Forschungsüberblick, in: IJPT 8 (2004), 251–287, 286.

Im *Bildungsbereich* begegnen ebenfalls Veränderungen und Diversifizierungen:

So vollzieht sich unter dem Begriff *„Bologna-Prozess"* im Bereich der Hochschulen eine tiefgreifende Reform, die auf die Gemeinsame Erklärung der Europäischen Bildungsminister von 1999 in Bologna „Der Europäische Hochschulraum" zurückgeht. Bestimmten bisher Begriffe wie „Wahrheit" und „Gerechtigkeit"[101] oder „Leben"[102] die Konzeptualisierung von Universität, begegnet jetzt ein neuer Ansatz. In dessen Zentrum steht das Ziel, einen europäischen Hochschulraum „als Schlüssel zur Förderung der Mobilität und arbeitsmarktbezogenen Qualifizierung seiner Bürger und der Entwicklung des europäischen Kontinents insgesamt" zu schaffen. So soll eine „Verbesserung der internationalen Wettbewerbsfähigkeit" erzielt werden. In normativer Perspektive tritt damit Kompetivität an die Stelle der Suche nach Wahrheit im humanistischen Universitäts-Konzept. Dies berührt die Stellung der Theologie an den Universitäten.[103] Denn der Gesichtspunkt des ökonomischen Wettbewerbs spielt in dieser Wissenschaft – im Gegensatz zur Wahrheitsfrage – keine hervorragende Rolle.

In den allgemein bildenden Schulen bahnen sich ebenfalls grundlegende Veränderungen an: Die 1997 von der OECD (Organisation for Economic Co-operation and Development) initiierte, 2000 erstmals durchgeführte sog. *PISA-Studie* (Programme for International Student Assessment), „ein Programm für die zyklische Erfassung basaler Kompetenzen der nachwachsenden Generation"[104], führte zu einer breiten Diskussion über das Schulwesen. Methodisch orientiert sich die durch weitere Untersuchungen fortgesetzte Studie an einem funktionalen Grundbildungsverständnis, wie es bisher für den angelsächsischen Bereich charakteristisch war („Literacy"-Konzept).

So definiert die an 15-jährige Schüler/innen adressierte Untersuchung z. B. Lesekompetenz als „die Fähigkeit, geschriebene Texte unterschiedlicher Art in ihren Aussagen, ihren Absichten und ihrer formalen Struktur zu verstehen und sie in einen größeren sinnstiftenden Zusammenhang einzuordnen, sowie in der Lage zu sein, Texte für verschiedene Zwecke sachgerecht zu nutzen."[105] Die bildungstheo-

---

101 S. die berühmte Rede von PHILIPP MELANCHTHON, De laude vitae scholasticae oratio (CR XI,298–306) von 1536 (gut greifbar in lateinisch-deutscher Form in: GÜNTER SCHMIDT, Philipp Melanchthon. Glaube und Bildung. Texte zum christlichen Humanismus, Stuttgart 1989, 204–221).
102 So noch die anlässlich der 900-Jahrfeier der Universität Bologna am 18. September 1988 veröffentlichte Erklärung der Universitätsrektoren und -präsidenten Magna Charta Universitatum.
103 S. CHRISTIAN GRETHLEIN/LISA KRENGEL, Auswirkungen des Bologna-Prozesses auf die Evangelische Theologie, in: US 66 (2011), 103–112.
104 JÜRGEN BAUMERT/PETRA STANAT/ANKE DEMMRICH, PISA 2000: Untersuchungsgegenstand, theoretische Grundlagen und Durchführung der Studie, in: DEUTSCHES PISA-KONSORTIUM (Hg.), PISA 2000. Basiskompetenzen von Schülerinnen und Schülern im internationalen Vergleich, Opladen 2001, 15–68, 15.
105 A. a. O. 22.

retisch wichtigen Fragen nach der persönlichen Aneignung oder der kreativen Weiterentwicklung von Gelesenem, wie sie in der Rezeptionsästhetik thematisiert werden, bleiben methodisch ausgeklammert.

Das bisher in Deutschland am Begriff der Bildung orientierte Erziehungswesen mit seiner Betonung der Unverfügbarkeit von Lernprozessen scheint den Anforderungen des internationalen Wettbewerbs nicht mehr gewachsen zu sein. Vor allem die Tatsache, dass Deutschland im Vergleich mit den Schülerleistungen in anderen Ländern nur mäßig abschnitt, bewirkte ein grundsätzliches Nachdenken über die Aufgabe und Organisation von Schule. Nachhaltig trat die wachsende Gruppe der Kinder mit Migrationshintergrund ins Blickfeld, die unterdurchschnittliche Leistungen aufwies. Dazu ergab die Studie für Deutschland – im Vergleich mit anderen Ländern – einen starken Einfluss der Herkunftsfamilien auf den Schulerfolg von Kindern, was eine Benachteiligung von Kindern aus weniger privilegierten Familien impliziert. Das berührt sich mit einer unübersehbaren sozialen Problematik. Etwa 10 bis 20 % der Bevölkerung erscheinen weitgehend von der gesellschaftlichen Entwicklung, etwa in Form eines Zugangs zum Erwerbsleben, abgekoppelt. Eine „neue Armut" greift um sich.[106] Dazu treten Exklusionen von Menschen mit Behinderungserfahrungen aus dem Schulwesen. Sie sollen durch inklusionspädagogische Bemühungen überwunden werden.[107]

Dabei gewonnene Einsichten verändern auch die Diskussion über den Umgang mit der *Multikulturalität*. Eine Zeit lang versuchte man dieses sich bei der Integration von Immigranten stellende Problem unter Ausklammerung der religiösen Thematik zu bearbeiten, in der Pädagogik etwa durch die sog. Interkulturelle Pädagogik.[108] Angesichts der Tatsache, dass aber die Integration besonders von Menschen aus islamisch geprägten Ländern schwer fällt, erwies sich dieser Ansatz als nicht ausreichend. Von daher nehmen religiöse Themen größeren Raum in der öffentlichen Integrations-Diskussion ein.

Schließlich bringt die tief in das Alltagsleben eindringende *Computerisierung* kulturelle Veränderungen mit sich. 1969 vom US-Verteidigungsministerium als Projekt zur Vernetzung unterschiedlicher Forschungsstätten initiiert, 1993 durch die Inbetriebnahme des ersten allgemein zugänglichen Browsers zum World Wide Web (WWW) erweitert, eröffnet das Internet („interconnected networks") neue Kommunikationsmöglichkeiten. Der erweiterte Zugang zu Informationen, aber auch die neuen Formen menschlicher Interaktion verändern Alltagsleben, Wissenschaft und Politik grund-

---

106 S. die regelmäßig erscheinenden sog. Armutsberichte der Bundesregierung.
107 S. z. B. BERTELSMANN STIFTUNG, BEAUFTRAGTER DER BUNDESREGIERUNG FÜR DIE BELANGE BEHINDERTER MENSCHEN, DEUTSCHE UNESCO-KOMMISSION (Hg.), Gemeinsam lernen – Auf dem Weg zu einer inklusiven Schule, Gütersloh 2011.
108 S. z. B. GEORG AUERNHEIMER, Einführung in die Interkulturelle Pädagogik, Darmstadt ²1995.

legend. Es entstehen neue Sozialformen, auch im religiösen Bereich (s. § 20 4.3 und 4.4).

1.2 *Kirchlich:* Die eben skizzierten Entwicklungen forder(te)n evangelische Kirche in vielfacher Weise heraus:

Da die Bürgerrechtsbewegung der DDR in engem Kontakt zur Evangelischen Kirche stand bzw. mit dieser verflochten war, zeigten sich die angedeuteten Spannungen bei der Vereinigung der beiden deutschen Staaten in der evangelischen Kirche besonders intensiv. Organisatorisch war ein *Zusammenschluss der Landeskirchen im Rahmen der EKD und der verschiedenen konfessionellen Kirchenbünde* (VELKD und EKU) unschwer möglich, weil die im politischen Bereich notwendigen Vereinbarungen mit den vier Mächten entfielen. Doch hatten sich – trotz vielfältiger Begegnungen zwischen Gemeinden und Amtsträgern in der Zeit der Trennung – in Ost und West unterschiedliche kirchliche Kulturen entwickelt. Besonders die Einführung des schulischen Religionsunterrichts, der Kirchensteuer und der Militärseelsorge waren umstritten.

Nur vordergründig ging es um das Weiterbestehen von DDR-spezifischen Institutionen wie der Christenlehre oder das Festhalten an bestimmten Positionen etwa zur Militärseelsorge. Vielmehr stand grundlegend das Verhältnis von Staat und Kirche zur Debatte, das sich in der Bundesrepublik und in der DDR konträr entwickelt hatte. Insgesamt setzte sich das im westlichen Deutschland erprobte enge Kooperationsmodell durch: Bis auf Brandenburg führten alle neuen Länder schulischen Religionsunterricht gemäß Art. 7,3 GG ein; die staatlichen Stellen übernahmen den Einzug der Kirchensteuer; lediglich bei der Militärseelsorge gab es gewisse Modifizierungen. Bei diesen Anpassungsprozessen spielte nicht zuletzt die finanzielle Abhängigkeit der östlichen Kirchen eine Rolle. So hinterließ der Fusionsprozess bei vielen ostdeutschen Kirchenleuten einen bitteren Beigeschmack.

Z.B. konstatierte der Schweriner Landesbischof Christoph Stier im November 1990: „Von uns bleibt nichts, nichts hat Bestand. Wir sind aus der Gefangenschaft befreit, aber wir sind nicht frei, unsere Wege neu zu gestalten. Die Baupläne sind vorgegeben. Es gilt das Normalmaß: Bundesrepublik Deutschland ehemals und auch EKD."[109]

Bald ergaben sich *finanzielle Probleme.* Die üblichen Transferleistungen der westdeutschen Kirchen mussten wegen der Angleichung der Gehälter von kirchlichen Bediensteten erhöht werden. Die weiterhin erheblichen – und bei Einführung der Solidaritätsabgabe noch gestiegenen – Kirchenaustritte, aber auch Veränderungen im staatlichen Steuerrecht kamen hinzu. So überschatteten in den primär auf die hauptamtlich Tätigen ausgerichteten kirch-

---

109 Zitiert in: MATTHIAS HARTMANN, Kirchen, in: WERNER WEIDENFELD/KARL-RUDOLF KORTE (Hg.), Handbuch zur deutschen Einheit, Bonn 1993, 403–412, 407.

lichen Verwaltungen Diskussionen zu den Finanzen die nächsten Jahre. Die anstehenden demographischen Veränderungen verschärfen dieses Problem, weil die Altersstruktur in den Kirchen ungünstiger als in der Gesamtbevölkerung ist. Gegenwärtig reichliche Kirchensteuereinnahmen verdanken sich der guten wirtschaftlichen Konjunktur und gewähren lediglich eine Atempause hinsichtlich der notwendigen Einsparungen.

In dieser Situation versuchte das 2006 publizierte *Impulspapier „Kirche der Freiheit. Perspektiven für die Evangelische Kirche im 21. Jahrhundert"* (s. § 18 5.1) der sich aus Kürzungen und Umstrukturierungen ergebenden Resignation und Verdrossenheit bei den kirchlichen Mitarbeiter/innen gegenzusteuern und positiv zu orientieren. Ziel war es – so im Vorwort des damaligen Vorsitzenden des Rates der EKD Wolfgang Huber intoniert –, „gegen den Trend wachsen zu wollen".[110] Es wurde offenkundig weit verfehlt.

1.3 Theologisch: Das Nebeneinander von Marginalisierung der großen christlichen Kirchen in der Öffentlichkeit und in der Lebenswelt der Menschen sowie die gleichzeitige, medial verstärkte Diskussion zum Thema Religion wirken sich auch auf die universitäre Theologie aus:

Zum einen besteht die Notwendigkeit, dass künftige Pfarrer/innen und Religionslehrer/innen Kenntnisse von nichtchristlichen Daseins- und Wertorientierungen haben. Dementsprechend werden an Theologischen Fakultäten Lehrstühle für *Religionswissenschaft* eingerichtet, teilweise mit der Denomination Interkulturelle Theologie verbunden.

Zum anderen etabliert sich neben den beiden konfessionell bestimmten Theologien eine bewusst nicht bekenntnismäßig gebundene Religionswissenschaft.[111] Sie bekommt durch die neuen Fragestellungen in Folge der Globalisierung erheblichen Aufschwung. Dazu treten Fachbereiche und Professuren für Islamische Theologie, die Lehrkräfte für den einzurichtenden Islamischen Religionsunterricht und Imame für muslimische Gemeinden in Deutschland ausbilden sollen.[112] Interreligiöse Perspektiven werden jetzt also an den Universitäten institutionalisiert und fordern Praktische Theologie heraus.

Einen wichtigen Impuls in diese Richtung geben die „Empfehlungen zur Weiterentwicklung von Theologien und religionsbezogenen Wissenschaften an deutschen Hochschulen" des Wissenschaftsrates.[113] Sie fordern u. a. neben der Stärkung einer

---

110 KIRCHENAMT DER EVANGELISCHEN KIRCHE IN DEUTSCHLAND (Hg.), Kirche der Freiheit. Perspektiven für die Evangelische Kirche im 21. Jahrhundert. Ein Impulspapier des Rates der EKD, Hannover o. J. (2006), 7.
111 S. SIGURD HJELDE, Die Religionswissenschaft und das Christentum. Eine historische Untersuchung über das Verhältnis von Religionswissenschaft und Theologie, Leiden 1994.
112 EDNAN ASLAN, Situation und Strömungen der islamischen Religionspädagogik im deutschsprachigen Raum, in: Theo-Web 11 (2012) H. 2, 10-18.
113 S. zu den hier aber nur am Rande bedachten staatskirchenrechtlichen Problemen – wiederum einseitig juristisch argumentierend – MARTIN HECKEL, 99 Thesen zur „Weiterentwicklung

von den Theologien unabhängigen Religionswissenschaft die Einrichtung von zwei bis drei Fakultäten für Islamische Theologie. Zugleich analysiert dieses Papier die gegenwärtige Situation und macht auf den Rückgang der Zahl der Theologie-Studierenden, aber auch eine Verschiebung im Verhältnis von Erstfach- zu Zweit- und Drittfach-Studierenden aufmerksam.[114]

Bei der Wahl des Studienfachs Theologie tritt der Berufswunsch Pfarrer/in zurück. Dazu kommt der allerdings statistisch nicht belegte Eindruck von Hochschullehrer/innen, dass die Zahl der Theologie-Studierenden zunimmt, die auch nicht den Lehrerberuf anstreben. Dafür spricht die Einrichtung von kultur- und religionswissenschaftlich orientierten Bachelor- und Master-Studiengängen an Theologischen Fakultäten. An die Seite bzw. die Stelle von professionsspezifischen Gründen für die Studienwahl Theologie scheinen – jedenfalls ansatzweise – biographiebezogene zu treten.[115]

Dies entspricht einer auch sonst zu beobachtenden Veränderung in der Einstellung der Menschen zur christlichen Religion. Der zunehmenden Bedeutung des Biographiebezugs trägt konsequent die *4. EKD-Mitgliedschaftsuntersuchung* methodisch und inhaltlich Rechnung. So wurde die bisherige Fragestellung nach der Kirchenbindung in die Trias „Weltsichten", „Soziallagen" und „Lebensstile" eingestellt:

„Weltsichten: Damit sind Muster der Welt- und Lebensdeutung gemeint, die grundlegende Annahmen über Ordnungen, Wirkzusammenhänge, Verantwortungen und Grenzziehungen enthalten, und mit denen Einzelne und Gruppen ihre Wahrnehmung wie ihr soziales Handeln orientieren ...

Soziallagen: Mit den Weltsichten stehen Merkmale wie Bildung, Berufsstatus, Lebensform, Wohnumfeld, Alter und Geschlecht offenbar in einem wechselseitig prägenden Zusammenhang.

Lebensstile: Weltsichten wie Soziallagen äußern sich in bestimmten soziokulturellen Perspektiven, Einstellungen und Handlungsmustern ... Diese lassen sich in bestimmten Lebensstilen zusammenfassen, die etwa nach typischem Freizeitverhalten, nachbarschaftlichen Kontaktformen und vorrangigen Lebenszielen recht präzise zu unterscheiden sind."[116]

---

von Theologien und religionsbezogenen Wissenschaften" im Spiegel der Wissenschaftsratsempfehlungen vom 29. Januar 2010, in: ZThK 107 (2010), 372–414.

114 WISSENSCHAFTSRAT, Empfehlungen zur Weiterentwicklung von Theologien und religionsbezogenen Wissenschaften an deutschen Hochschulen (Drs. 9678–10), Berlin 29. Januar 2010, 26f.

115 S. hierzu auch das interessante Ergebnis einer Befragung der im Wintersemester 2011/12 neu immatrikulierten Theologie-Studierenden in Halle, nach der etwa ein Drittel derer, die sich für das Lehramt Religion an Sekundarschulen einschrieben, konfessionslos war (MICHAEL DOMSGEN, Religiöse Pluralität anders wahrnehmen, in: HENNING SCHLUSS/SUSANNE TSCHIDA/THOMAS KROBATH/MICHAEL DOMSGEN [Hg.], Wir sind alle „andere". Schule und Religion in der Pluralität, Göttingen 2015, 145-164, 155-157).

116 JAN HERMELINK, Einführung, in: WOLFGANG HUBER/JOHANNES FRIEDRICH/PETER STEINACKER (Hg.), Kirche in der Vielfalt der Lebensbezüge. Die vierte EKD-Erhebung über Kirchenmitgliedschaft, Gütersloh 2006, 13–47, 33.

Inhaltlich ergibt sich so ein vertiefter und mitunter irritierender Blick in die Vielfalt der Mitgliedschaftsverhältnisse. Die Grenzen zwischen Kirchenmitgliedern und Ausgetretenen sind selbst in zentralen Fragen der Daseins- und Wertorientierung fließend. Teilweise erscheint Kirche den Menschen als selbstverständliche und stabile Institution, teils als zielbezogene und so erheblich fragilere Organisation (s. § 18 4.1). Dies bestätigt grundsätzlich die akteurstheoretisch ausgerichtete V. EKD-Erhebung zehn Jahre später, wobei säkularisations- und individualitätstheoretische Rahmentheorien zu divergenten Schlussfolgerunge führen.[117]

2. Profilierungen Praktischer Theologie

Die Praktische Theologie verdankte den achtziger Jahren des 20. Jahrhunderts mit den Lehrbüchern von Gert Otto und Dietrich Rössler zwei bis heute schulbildende Entwürfe.

Vor allem Rössler bestimmte mit seiner Differenzierung des neuzeitlichen Christentums (s. § 4 2.2) die weitere Fachentwicklung, bis in die einzelnen Subdisziplinen hinein. Eine konzeptionelle Fortentwicklung versuchte Wolfgang Steck mit einem voluminösen, im Abstand von elf Jahren in zwei Bänden erschienenen Opus.[118] Er betont u. a. die „urbane Religionskultur",[119] die sich im Wesentlichen als „Kasualchristentum"[120] äußert. Methodisch bedient er sich des bei Heimbrock (und Failing) ausgearbeiteten phänomenologischen Ansatzes (s. 2.3).[121] Dazu führt Christian Albrecht in stärker theologiegeschichtlich interessierter Weise Rösslers Konzept weiter.[122]

Otto hatte u. a. mit Henning Luther und Albrecht Grözinger zwei Schüler, die eigenständig sein kritisches Programm verfolgten (s. 2.4 und 2.5).

Doch sind in den letzten zwanzig Jahren neue Akzente bzw. Aufbrüche zu verzeichnen:

Zum einen werden bisherige theologische Linien weitergeführt. Dabei verbindet die hier zu nennenden Praktischen Theologen ein Dreifaches:

---

117 S. exemplarisch DETLEF POLLACK/GERT PICKEL/ANJA CHRISTOF, Kirchenbindung und Religiosität im Zeitverlauf, vs. STEFAN HUBER, Kommentar: Gott ist tot! Tatsächlich? – Transzendenzerfahrungen und Transzendenzglaube im ALLBUS 2012, in: HEINRICH BEDFORD-STROHM/VOLKER JUNG (Hg.), Vernetzte Vielfalt. Kirche angesichts von Individualisierung und Säkularisierung, Gütersloh 2015, 187–207 bzw. 267–276.
118 WOLFGANG STECK, Praktische Theologie. Horizonte der Religion – Konturen des neuzeitlichen Christentums – Strukturen der religiösen Lebenswelt Bd. 1 und 2 (ThW 15,1 und 15,2), Stuttgart 2000 und 2011.
119 A. a. O. Bd. 2, 156–192.
120 A. a. O. 192–500 (!).
121 A. a. O. Bd, 1, 23–25.
122 Vor allem CHRISTIAN ALBRECHT, Historische Kulturwissenschaft neuzeitlicher Christentumspraxis. Klassische Protestantismustheorien in ihrer Bedeutung für das Selbstverständnis der Praktischen Theologie (BHTh 114), Tübingen 2000; DERS., Bildung in der Praktischen Theologie, Tübingen 2003; DERS., Enzyklopädische Probleme der Praktischen Theologie (PThGG 10), Tübingen 2011.

- Erstens betreten sie noch – wie ihre Vorgänger (s. § 4 2.) – die akademische Bühne mit Dissertationen, die außerhalb der Praktischen Theologie angefertigt sind.
- Zweitens bearbeiten ihre ersten wichtigen praktisch-theologischen Schriften Themen der Homiletik und spiegeln so deren aus den Zeiten der Wort-Gottes-Theologie stammende Dominanz in der Praktischen Theologie.
- Inhaltlich prägen drittens die beiden großen systematisch-theologischen Entwürfe der Evangelischen Theologie des 19. und 20. Jahrhunderts die Entwicklung des Fachs.

Manfred Josuttis ging von der Wort-Gottes-Theologie Karl Barths aus, über die er in Systematischer Theologie bei Walter Kreck promovierte.[123] Nach einigen Jahren im Pfarramt und als Assistent bei Rudolf Bohren wurde er – ohne praktisch-theologische Habilitation[124] – auf einen Lehrstuhl in Göttingen berufen.

Wilhelm Gräb setzte dagegen mit Schleiermacher-Studien ein. Er promovierte in der Systematischen Theologie bei Hans-Walter Schütte.[125] Es folgte eine homiletische Habilitationsschrift.[126]

Beide in Konzept und Ausarbeitung diametral auseinanderliegenden Praktischen Theologen nehmen Einsichten aus unterschiedlichen nichttheologischen Wissensgebieten auf und bereichern so ihre *systematisch-theologisch bestimmte praktisch-theologische Theoriebildung* um wichtige Einsichten und Fragestellungen.

In diesem Zusammenhang ist auf das Werk von Christian Möller (geb. 1940) zu verweisen,[127] der sich selbst in der Tradition seines Vorgängers Rudolf Bohren sieht und eine „spirituelle Gestalt der Praktischen Theologie" entwirft. Durch die ablehnende Haltung gegenüber empirischer Forschung sind seine Überlegungen aber nicht kompatibel zur sonstigen Fachentwicklung.[128]

Auch der in der DDR aufgewachsene und wirkende Eberhard Winkler (geb. 1933) ist hier zu nennen. Nach einer kirchenhistorischen Dissertation[129] habilitierte er sich in Rostock zu einem predigtgeschichtlichen Thema.[130] Sein Wirken zeichnet sich dadurch aus, dass er neben seinem Lehrstuhl in Halle – und übers eine Eeme-

---

123 MANFRED JOSUTTIS, Die Gegenständlichkeit der Offenbarung. Karl Barths Anselm-Buch und die Denkform seiner Theologie (AET 3), Bonn 1965.
124 An ihre Stelle trat wohl: MANFRED JOSUTTIS, Gesetzlichkeit in der Predigt der Gegenwart (SPTh 3), München 1966.
125 WILHELM GRÄB, Humanität und Christentumsgeschichte. Eine Untersuchung zum Geschichtsbegriff im Spätwerk Schleiermachers, Göttingen 1980 (GTA 14).
126 WILHELM GRÄB, Predigt als Mitteilung des Glaubens. Studien zu einer prinzipiellen Homiletik in praktischer Absicht, Gütersloh 1988.
127 Promoviert wurde er auf Grund einer homiletischen Dissertation: CHRISTIAN MÖLLER, Von der Predigt zum Text. Hermeneutische Vorgaben der Predigt zur Auslegung biblischer Texte, München 1970.
128 S. CHRISTIAN MÖLLER, Einführung in die Praktische Theologie, Tübingen 2004 (s. hierzu die kritische Besprechung von WILFRIED ENGEMANN in: ThLZ 131 [2006], 223–227).
129 EBERHARD WINKLER, Exegetische Methoden bei Meister Eckhart, Tübingen 1965.
130 EBERHARD WINKLER, Die Leichenpredigt im deutschen Luthertum bis Spener, München 1967.

ritierung hinaus – ehrenamtlich noch eine Landpfarrei versah. Von daher sind seine Veröffentlichungen[131] stark praxisbezogen und weniger an der Theorie-Entwicklung interessiert. So prägte Winkler über Jahrzehnte pastoraltheologisch die Pfarrer/innen in der Kirchenprovinz Sachsen und darüber hinaus.

Zum anderen sind aber inhaltlich und organisatorisch *neue Impulse und Aufbrüche* einer auch wissenschaftsbiographisch neuen Generation zu beobachten:

So unterscheidet sich der 2013 emeritierte Hans-Günter Heimbrock als lange Zeit federführender Forscher am Frankfurter Fachbereich berufsbiographisch in mehrfacher Weise von den bisher vorgestellten Praktischen Theologen. Er studierte mit dem Berufsziel Lehramt und betrat mit einer zum Dr. paed. qualifizierenden Arbeit[132] die akademische Bühne. Seine Assistentenzeit verbrachte er nicht an einer Theologischen Fakultät, sondern an der Pädagogischen Hochschule Neuss. In seiner praktisch-theologischen Habilitationsschrift widmete er sich einem religionspsychologischen Thema.[133] Seine erste Professur versah er von 1986–1990 in den Niederlanden, in Groningen. Sie war mit Religionspsychologie denominiert. Die bis dahin in der Praktischen Theologie vorherrschende pastoraltheologische Ausrichtung fehlt bei Heimbrock. Schließlich ist noch bemerkenswert, dass er mit Wolf-Eckart Failing und jüngeren Kolleg/innen aus Frankfurt eine enge Arbeitsgemeinschaft unterhält, die sich nicht zuletzt in der Erarbeitung eines gemeinsamen „Frankfurter" praktisch-theologischen Konzepts niederschlug.

Die Kooperation zwischen Wissenschaftler/innen ist bereits organisatorisch im Marburger Graduierten-Kolleg „Religion in der Lebenswelt der Moderne" angelegt. Innerhalb eines Förderformats der Deutschen Forschungsgemeinschaft erarbeiteten jüngere Wissenschaftler/innen beeindruckende Forschungsbeiträge zur Praktischen Theologie, mit fließenden Grenzen zu Religionswissenschaft und Ethik. Besonders die Frage der empirischen Methodik wurde vorangetrieben. Hier öffnete sich Praktische Theologie neuen Arbeitsformen und Themen.

Schließlich sind noch zwei wichtige Impulsgeber für die gegenwärtige Praktische Theologie zu nennen. Beide, Albrecht Grözinger und Wilfried Engemann, haben (bisher) keine ausgeführte Praktische Theologie vorgelegt. Vor allem homiletisch geschult – und damit durchaus mit der vorhergehenden Etappe praktisch-theologischer Theoriebildung verbunden – führten sie je eine neue Perspektive in die Praktische Theologie ein. Grözinger,

---

131 S. vor allem EBERHARD WINKLER, Praktische Theologie elementar. Ein Lehr- und Arbeitsbuch, Neukirchen-Vluyn 1997.
132 HANS-GÜNTER HEIMBROCK, Phantasie und christlicher Glaube. Zum Dialog zwischen Theologie und Psychoanalyse, München 1977.
133 HANS-GÜNTER HEIMBROCK, Vom Heil der Seele. Studien zum Verhältnis von Religion und Psychologie bei Baruch Spinoza. Zugleich ein Beitrag zur Vorgeschichte der modernen Religionspsychologie, Frankfurt 1981.

§ 5 Gegenwärtiger Stand: Ringen um den Gegenstand   83

aus der Schule Ottos stammend, erweitert das Spektrum um die ästhetische Perspektive, Wilfried Engemann um die semiotische Sicht, vor allem in der von Umberto Eco vertretenen Richtung. Engemanns Herkunft, Kindheit in einem DDR-Pfarrhaus und Studium am Theologischen Seminar in Leipzig, unterscheidet sich grundlegend von der der anderen Praktischen Theologen. Zwar stammen seine beiden Qualifikationsschriften aus dem Bereich der Homiletik, doch erweitert er deren Reflexionshorizont entscheidend. Zuerst griff er dazu auf die Transaktionsanalyse zurück,[134] dann auf die Semiotik.[135] Mittlerweile schließt er Praktische Theologie an praktisch-philosophische Reflexionen an.[136]

2.1 *Manfred Josuttis (geb. 1936):* Josuttis ist der Praktische Theologe, der sich in den letzten vierzig Jahren am häufigsten mit ausführlich argumentierenden Büchern zu Worte meldete. Neben wichtigen Einzelbeiträgen eröffnete er für das Gesamtgebiet der Praktischen Theologie neue, wenngleich umstrittene Horizonte. Bereits nach fünfjähriger Lehrtätigkeit publizierte er eine viel benutzte „Einführung in Grundfragen gegenwärtiger Praktischer Theologie".[137] Dabei markierte er drei „entscheidende Mängel" in der Praktischen Theologie:
- die pastoraltheologische Perspektivenverkürzung,
- das Defizit an empirischer Forschung,
- das Fehlen eines überzeugenden theoretischen Rahmens für die Praktische Theologie.[138]

Nach wichtigen Studien zum Pfarrberuf,[139] zum Gottesdienst,[140] zur Kirchentheorie[141] und zur Seelsorge[142] zog er am Ende seiner akademischen Lehrtätigkeit „ein überraschendes Fazit":

---

134 WILFRIED ENGEMANN, Persönlichkeitsstruktur und Predigt. Homiletik aus transaktionsanalytischer Sicht (AVTRW 83), Berlin 1989.
135 Wegweisend war seine Habilitationsschrift: WILFRIED ENGEMANN, Semiotische Homiletik. Prämissen – Analysen – Konsequenzen (THLI 5), Tübingen 1993; ausgeführt liegt dieser Ansatz jetzt vor: WILFRIED ENGEMANN, Einführung in die Homiletik, Tübingen ²2011 (2002).
136 S. z. B. WILFRIED ENGEMANN, Lebensgefühl und Glaubenskultur. Menschsein als Vorgabe und Zweck der religiösen Praxis des Christentums, in: WzM 65 (2013), 218-237.
137 So die Selbsteinschätzung in MANFRED JOSUTTIS, Praxis des Evangeliums zwischen Politik und Religion. Grundprobleme der Praktischen Theologie, München 1974, 11.
138 Ebd.
139 MANFRED JOSUTTIS, Der Pfarrer ist anders. Aspekte einer zeitgenössischen Pastoraltheologie, München 1982; DERS., Der Traum des Theologen. Aspekte einer zeitgenössischen Pastoraltheologie 2, München 1988; DERS., Die Einführung in das Leben. Pastoraltheologie zwischen Phänomenologie und Spiritualität, Gütersloh 1996.
140 MANFRED JOSUTTIS, Der Weg in das Leben. Eine Einführung in den Gottesdienst auf verhaltenswissenschaftlicher Grundlage, München 1991.
141 MANFRED JOSUTTIS, „Unsere Volkskirche" und die Gemeinde der Heiligen. Erinnerungen an die Zukunft der Kirche, Gütersloh 1997.
142 MANFRED JOSUTTIS, Segenskräfte. Potentiale einer energetischen Seelsorge, Gütersloh 2000.

„Wer zu Beginn seiner wissenschaftlichen Laufbahn ‚Die Gegenständlichkeit der Offenbarung' und die ‚Gesetzlichkeit in der Predigt der Gegenwart' behandelt hat, konnte nicht damit rechnen, dass er am Schluss die Handlungslogik spiritueller Methoden traktieren würde. Gleichwohl ist der Weg von dort nach hier – im Rückblick erstaunlicherweise – auch stimmig. Nach realitätsbezogenen Denkformen werden wirklichkeitsfundierte Handlungssequenzen analysiert. Die Kritik an der Gesetzlichkeit findet an der Rekonstruktion von Methoden, die die Kraftquellen des Evangeliums erschließen, ihre positive Erfüllung." (JOSUTTIS 18)

Zwar überwand Josuttis letztlich nicht den pastoraltheologischen Ansatz. Doch durch seine religionsphänomenologische Rahmentheorie erscheint dieser jetzt folgerichtig für eine Theorie religiöser Praxis und nicht mehr reduktiv. In Aufnahme des phänomenologischen Konzeptes des Kieler Philosophen Hermann Schmitz[143] kritisiert Josuttis die sonst in der Praktischen Theologie üblichen, auf Deutung bezogenen Ansätze. Er geht von der *„Wirklichkeit des Heiligen"* (a. a. O. 31) in der Gegenwart aus. Dann ist – mit Schmitz – Religion „Verhalten aus Betroffenheit von Göttlichem" (a. a. O. 79).[144] Da diese Wirklichkeit gefährlich ist, bedarf es kundiger Führer in „die verborgene und neuerdings auch verbotene Zone des Heiligen", des Pfarrers bzw. der Pfarrerin.[145] Für diese Expeditionen sind spezielle Methoden notwendig, die das sonstige methodologische Repertoire in der Theologie übersteigen (s. JOSUTTIS 21–31). Für deren Ausarbeitung weitet Josuttis den Horizont religionswissenschaftlich. Konkret äußert sich das Göttliche bzw. Gott in Form von „Energien" – ein bereits in der orthodoxen Theologie verwendetes Konzept.[146] Durch den Bezug auf dieses Göttliche ergibt sich eine besondere Prägung religiöser Methodik:

„Religiöse Methoden sind dadurch charakterisiert, dass sie nicht nur mit psychischen, biologischen und sozialen Realitäten rechnen, sondern sich auf eine Sphäre beziehen, die sich in diesen Realitäten, aber gleichwohl in spürbarer Eigenständigkeit realisieren kann." (a. a. O. 81)

Die dabei eingesetzten Handlungen folgen einer Logik für die leibliche Praxis, die die Darstellung von Josuttis strukturiert:

„Am Anfang steht die Präparation des Leibes durch asketische Übungen. Es folgt die Anrufung der Gottheit in den Einstellungen und Bestimmungen des Betens.

---

143 Eine instruktive knappe Einführung (mit angefügter Auswahlbibliographie) gibt INGO CHRISTIANS, Hermann Schmitz und die Grundlegung einer neuen Phänomenologie, in: Philosophisches Jahrbuch 105 (1998), 162–177.
144 Unter Bezug auf HERMANN SCHMITZ, Das Göttliche und der Raum. System der Philosophie III/4, Bonn 1977, 11.
145 MANFRED JOSUTTIS, Die Einführung in das Leben, Gütersloh 1996, 18 (ähnlich repetiert in: 34, 50, 67, 85, 102, 119, 135, 152).
146 Unter Bezug auf den Athos-Mönch und späteren Patriarch Gregorios Palamas (1296–1359) in: MANFRED JOSUTTIS, Segenskräfte. Potentiale einer energetischen Seelsorge, Gütersloh 2000, 40, 60, 215 f.

§ 5 Gegenwärtiger Stand: Ringen um den Gegenstand   85

> Dadurch können Menschen, Orte und Sachen eine Weihe erhalten, in deren Bereich religiöse Opferhandlungen möglich werden. Die Lebenskraft, die sich einstellt, kann im Segnen so ausgeteilt werden, dass sie durch spezifische Konzentration auch leibliche Heilungsprozesse auslöst." (a. a. O. 17)

Auf jeden Fall stellt Josuttis nachdrücklich die Frage nach dem die Praktische Theologie leitenden Wirklichkeits- und Religionsverständnis. Energisch plädiert er für die Realität der göttlichen Macht, die nicht in der Deutung vorhandener zwischenmenschlicher und innerweltlicher Ereignisse aufgeht, sondern einen Eigencharakter hat, der sich etwa in Visionen erschließt. Sein religionsphänomenologischer Ansatz nimmt vielfältige Traditionen der Christentumsgeschichte sowie die Sehnsucht nach unmittelbarer Erfahrung in der Gegenwart auf. Doch handelt es sich – pointiert formuliert – um eine Eliten-Theorie im pastoraltheologischen Gewand. Erst sorgfältige und entbehrungsreiche spirituelle Arbeit lässt in die Geheimnisse des Göttlichen eindringen. Die kritischen Einsprüche der Aufklärung gegenüber einer Sonderwelt bleiben unbedacht.

2.2 *Wilhelm Gräb (geb. 1948):* Obgleich – wie gezeigt – in der Struktur des Bildungsgangs durchaus ähnlich wie Josuttis, entwickelte Gräb eine diesem entgegengesetzte Theoriebildung. Er geht von den grundlegenden kulturellen Veränderungen und der daraus resultierenden Sinnsuche heutiger Menschen aus:

> „Sinn in meinem Leben erschließt sich über Beziehungen, über Zusammenhänge, dadurch, daß ich eine tiefe Verbundenheit, eine Rückbindung verspüre, die mich hält und trägt auch auf unwegsamem Lebensgelände. Werte, an denen ich mich in meinem praktischen Verhalten orientiere, teilen sich mir ebenfalls mit über die Lebenszusammenhänge, in die ich verwoben bin …" (GRÄB 19)

Radikal weist er von hier aus die Annahme einer jenseitigen Welt zurück:

> „Es ist inzwischen nur so, daß die Sätze des Glaubens über die Welt, über die Geschichte der Menschen und die unseres eigenen Lebens von uns explizit in ihrem symbolischen Sinn verstanden sein wollen. Sie haben für uns nur Sinn und sie geben uns in unserem Leben nur Sinn, wenn wir sie nicht als objektive Wirklichkeitsbehauptungen nehmen, sondern bewußt als Deutungen, vermöge deren wir die Welt, die Natur und die Geschichte, die an sich keinen Sinn haben, in einen solchen für uns überführen können." (a. a. O. 18, ohne Kursivsetzung des Originals).

Der positive Schlüsselbegriff in Gräbs Praktischer Theologie ist „*Deutung*". Religion und Kirche haben Hilfestellungen zur Deutung der Wirklichkeit auf Sinn hin zu geben. In der Reflexion darauf stößt Praktische Theologie auf andere Sinn- und Deutungsangebote, die es zu integrieren gilt. Die Moderne selbst entwickelt „religionsproduktive Tendenzen" (a. a. O. 32), auf die sich auf der Theorieebene Praktische Theologie und in der Praxis Kirche und Pfarrer/innen einzulassen haben. Von daher öffnet Gräb die

Praktische Theologie weit für ästhetische Fragen, nicht zuletzt die Medien-Welt.[147]

Praktische Theologie bestimmt Gräb als „Praxistheorie protestantischer Kultur".[148] Sie fungiert so als die praktische Disziplin innerhalb der „Kulturwissenschaft des Christentums",[149] ohne dass jedoch belastbare Grenzen zur „systematischen Disziplin" erkennbar wären. Mit diesem an Schleiermacher geschulten[150] kulturtheoretischen Ansatz will Gräb Theologie und Kirche an die heutige Lebenswelt anschlussfähig machen. „Gelebte Religion" – ein von Rössler in die aktuelle Diskussion eingeführter Begriff (s. § 8 3.1) – ist das Stichwort, das er erstarrter Orthodoxie entgegensetzt:

> „Die Praktische Theologie wird heute ihrer Aufgabe, Lehre vom Handeln der Kirche zu sein, somit Anleitung zu geben zur Wahrnehmung der Grundfunktionen kirchlicher Praxis, die sie in Gottesdienst und Predigt, Kasualpraxis und Seelsorge, Bildung und Unterricht und das alles schließlich insbesondere durch die Arbeit von Pfarrern und Pfarrerinnen zu erfüllen hat, nur dann gerecht, wenn sie sich als eine Praktische Theologie gelebter Religion entfaltet." (Gräb 23)

Positiv konstatiert Gräb den kommunikativen Grundcharakter von Religion, wie er es zuletzt – wieder – für die Homiletik eindrücklich vorführte.[151] Allerdings ist der Preis für diese Lebensnähe eine radikale „Entsubstantialisierung" der Vorstellungsgehalte christlicher Religion:

> „Entsubstantialisierung meint, daß der Bedeutungsgehalt dieser theologischen Begriffe strikt auf die Funktion hin verstanden wird, den sie im Vollzuge der religiösen Selbstdeutung humaner Subjekte für dieselben zu erfüllen vermögen." (a. a. O. 214)

Dazu ist eine Konzentration auf kulturelle Zusammenhänge zu konstatieren, an denen nicht alle Menschen teilnehmen. Die diakonische Dimension bleibt weithin ausgeblendet, materielle Not wird der Sinnfrage ein- und untergeordnet (a. a. O. 15 f.).

Schließlich sind Probleme mit dem von Gräb verwendeten Religionsbegriff unübersehbar (s § 9 2.1).

2.3 Hans-Günter Heimbrock (geb. 1948) (Frankfurter Ansatz): Das von Hans-Günter Heimbrock und Wolf-Eckart Failing entwickelte Konzept kann als ein Versuch gelesen werden, Praktische Theologie zwischen dem Postulat des

---

147 Ausgeführt in: Wilhelm Gräb, Sinn fürs Unendliche. Religion in der Mediengesellschaft, Gütersloh 2002; s. die auch von Gräb begleitete Dissertation von Jörg Herrmann, Sinnmaschine Kino. Sinndeutung und Religion im populären Film (PThK 4), Gütersloh 2001.
148 Wilhelm Gräb, Sinnfragen. Transformationen des Religiösen in der modernen Welt, Gütersloh 2006, 53.
149 A. a. O. 75.
150 S. Wilhelm Gräb, Praktische Theologie als Theorie der Kirchenleitung: Friedrich Schleiermacher, in: Christian Grethlein/Michael Meyer-Blanck (Hg.), Geschichte der Praktischen Theologie. Dargestellt anhand ihrer Klassiker (APrTh 12), Leipzig 1999, 67–110.
151 Wilhelm Gräb, Predigtlehre: Über religiöse Rede, Göttingen 2013.

§ 5 Gegenwärtiger Stand: Ringen um den Gegenstand

Heiligen als einer Sonderwirklichkeit (Josuttis) und dem Verständnis von Religion als einer Deutung (Gräb) zu konzipieren. Dabei gehen die beiden zwischen 1994 und 2001 gemeinsam in Frankfurt lehrenden Praktischen Theologen von folgender Frage aus:

> „Wie muß eine Praktische Theologie beschaffen sein, die theoretisch wie theologisch im Blick auf Phänomene der Lebenswelt sprachfähig ist und Veränderungen von Religion in der Lebenswelt wahrnehmen und deuten kann?" (FAILING/HEIMBROCK 275)

Im Hintergrund steht die – auch Josuttis und Gräb gemeinsame – Einsicht, dass sich religiöse Praxis in einem Umbruchprozess befindet. Dies betrifft nicht zuletzt die Kirche. Den Kontext bilden Veränderungen bei anderen Institutionen, deren Ordnungsfunktion zurückgeht bzw. nicht mehr benötigt wird (a.a.O. 277). Entgegen einer Fokussierung auf Kirche bzw. den Pfarrberuf setzen Failing/Heimbrock beim Subjekt an. Ausgehend von einem Verständnis der Theologie als Kulturwissenschaft (a.a.O. 283) zentrieren sich ihre Überlegungen auf das *phänomenologische Konzept der „Lebenswelt"*, das sie unter Bezug auf Edmund Husserl und die sich daran anschließende Weiterführung besonders bei Maurice Merleau-Ponty und Bernhard Waldenfels finden.[152] Lebenswelt bezeichnet den allgemeinen Sinnhorizont, innerhalb dessen es noch nicht zur Distinktion von Anschauung und Begriff gekommen ist. Sie bildet den nicht abgeschlossenen Horizont jeder Wahrnehmung. Demgegenüber läuft der Alltag stabil und routiniert ab.

> Hinsichtlich des Phänomenbegriffs grenzen sich Failing/Heimbrock von Josuttis ab (s. a.a.O. 159f.). Dessen Ziel der Begegnung mit dem Heiligen überspringt nach ihrer Meinung die nicht überwindbare Distanz und Fremdheit der Religion und unterläuft die Frage, wie Außeralltägliches und Alltägliches miteinander vermittelt werden können. Demgegenüber geht es Failing/Heimbrock um eine genauere Wahrnehmung der Phänomene.

Inzwischen arbeitete Heimbrock mit anderen vornehmlich in Frankfurt ausgebildeten bzw. arbeitenden Kolleg/innen eine entsprechende Methodologie unter dem Begriff der „Empirischen Theologie" aus. Entgegen anderen Ansätzen geht es hier um keinen funktionalen oder statistischen Zugriff. Vielmehr steht der Habitus des Phänomenologen im Vordergrund, der mit einem „verfremdenden Seitenblick"[153] sonst Verborgenes enthüllt.

> „Der an gelebter Erfahrung interessierte Ansatz der Phänomenologie stellt vielmehr andere Fragen, verfolgt andere Interessen und kann deshalb andere Aspekte der Erfahrungswirklichkeit aufzeigen. Sozialwissenschaftlich-empirische Methoden

---

152 S. THOMAS LOTZ, Phänomenologie als methodologische Grundlage für empirische Praktische Theologie, in: ASTRID DINTER/HANS-GÜNTER HEIMBROCK/KARIN SÖDERBLOM (Hg.), Einführung in die Empirische Theologie, Göttingen 2007, 60–72, 62–66.

153 BERNHARD WALDENFELS, Phänomenologie unter eidetischen, transzendentalen und strukturalen Gesichtspunkten, in: MAX HERZOG/CARL GRAUMANN (Hg.), Sinn und Erfahrung. Phänomenologische Methoden in den Humanwissenschaften, Heidelberg 1991, 65–85, 83.

sind ... – in einer nicht-positivistischen Weise – interessiert an der Ermittlung ‚objektiver' Sachverhalte in der Wirklichkeit ‚dort draußen', und sie richten sich auf Analysen zur Ermittlung kausaler Relationen zwischen isolierten Faktoren.

Phänomenologische Analyse der Wirklichkeit teilt die grundsätzliche Kritik an naiv positivistisch gedachter Empirie, trägt aber ansonsten zu den angeführten Erkenntnisinteressen wenig bei; sie konzentriert sich vielmehr auf den unmittelbaren Vollzug der gelebten Erfahrung von Phänomenen und das heißt dann gleichursprünglich immer auch auf den vielschichtigen Bezug des Subjekts zu diesem Prozess."[154]

So hat die phänomenologische Orientierung eine dreifache Ausrichtung:
– Sie übt eine heuristische Funktion aus, insofern sie eine Alternative zu bisher in der Praktischen Theologie üblichen Verfahren darstellt;
– sie ist kritisch gegenüber funktionalen Verkürzungen;
– sie öffnet für die Wahrnehmung neuer Phänomene (FAILING/HEIMBROCK 294).

Zweifellos ermöglicht dieser Ansatz Praktischer Theologie ein breites Forschungsfeld, wie auch die Arbeiten von Heimbrocks Schüler/innen zeigen.[155] Doch tritt schon in den grundsätzlichen Überlegungen die theologische Verortung zurück. Eher pauschal werden Traditionen wie die der Prophetie (z. B. a. a. O. 283, 285) oder Theologumena wie die Kreuzestheologie (a. a. O. 281) aufgerufen, aber nicht weiter ausgeführt. Programmatisch wird allein das Anliegen des „Pathischen" aufgenommen, also des (christologisch begründeten) Leidens an der Wirklichkeit (a. a. O. 281 f.).[156]

2.4 *Marburger Graduiertenkolleg:* Bereits der Titel des 1992 begonnenen Graduiertenkollegs „Religion in der Lebenswelt der Moderne" weist auf große Breite hin. Angeregt hatte es Henning Luther (1947–1991).[157] Als Otto-Schüler und dann Marburger Professor[158] setzte er sich kritisch von einem

---

154 HANS-GÜNTER HEIMBROCK, Empirische Theologie als Erforschung Gelebter Religion, in: ASTRID DINTER/HANS-GÜNTER HEIMBROCK/KARIN SÖDERBLOM (Hg.), Einführung in die Empirische Theologie, Göttingen 2007, 72–83, 81 (Verschreibung im Original getilgt).
155 S. z. B. INKEN MÄDLER, Transfigurationen. Materielle Kultur in praktisch-theologischer Perspektive (PThK 17), Gütersloh 2006; CHRISTOPHER SCHOLTZ, Alltag mit künstlichen Wesen. Theologische Implikationen mit subjektsimulierenden Maschinen am Beispiel des Unterhaltungsroboters Aibo (Research in Contemporary Religion 3), Göttingen 2008 und – zumindest durch Heimbrock angeregt, wenn auch in Münster bei Engemann habilitiert – ILONA NORD, Realitäten des Glaubens. Zur virtuellen Dimension christlicher Religiosität (PThW 5), Berlin 2008.
156 S. auch HANS-GÜNTER HEIMBROCK, Empirie, Methode und Theologie, in: ASTRID DINTER/ HANS-GÜNTER HEIMBROCK/KARIN SÖDERBLOM (Hg.), Einführung in die Empirische Theologie, Göttingen 2007, 42–59, 58.
157 Wegen des Todes Luthers fungierten von 1992–1995 Karl-Fritz Daiber (s. § 4 2.1), von 1995–1998 Siegfried Keil und ab 1998 Ulrich Schwab als Sprecher.
158 Diese Ortsangabe hat bei Luther eine gewisse Programmatik, wie seine Mainzer Habilitationsschrift zeigt, in der es wesentlich um das Erbe des Marburger Praktischen Theologen Friedrich Niebergall (s. § 3 2.2) ging: HENNING LUTHER, Religion, Subjekt, Erziehung.

pastoraltheologischen oder kirchenbezogenen Verständnis von Praktischer Theologie ab und stellte das einzelne Subjekt in den Mittelpunkt seiner Reflexionen. Wie Gräb gegen die Annahme einer Sonderwelt antretend profilierte Luther diese Position in doppelter Hinsicht:

> „Es geht zum einen um die Individualisierung der Religion, d. h. um die Frage, wie die einzelnen im Kontext ihrer je verschiedenen Lebenswelt und Lebensgeschichte mit religiöser Tradition umgehen, zum anderen um die Individualisierung durch Religion, d. h. um die Frage, was Religion zur Subjektwerdung des einzelnen beitragen kann."[159]

Dementsprechend formulierte Luthers Lehrstuhlnachfolger Ulrich Schwab (geb. 1957) als wesentlichen Impuls der Marburger Forschungen:

> „Die Eigenart des (religiösen) Subjekts durch empirische Forschung zu ihrem Recht kommen zu lassen und dies dann bewußt mit theologischer, religions- und humanwissenschaftlicher Theorie zu konfrontieren, war stets ein wichtiger und gemeinsamer Grundsatz unserer in vielerlei Hinsicht ausdifferenzierten Forschungsprojekte." (SCHWAB 16)

Mit diesem Programm stellte sich das Kolleg in die Nachfolge der liberalen Praktischen Theologen an der Wende vom 19. zum 20. Jahrhundert (s. § 3 2.1–3) (a. a. O. 17 f.), jetzt unter Aufnahme soziologischer Impulse (vor allem von Thomas Luckmann und Joachim Matthes). Dadurch überwanden die Forscher/innen das verbreitete Defizit-Denken und öffneten den Blick für *zeitgemäße Formen von Religiosität*. Zugleich wurde „der engere Rahmen der Praktischen Theologie weit überschritten. Aus der praktisch-theologischen Fragestellung wurde zugleich eine sozialethische, eine religionspsychologische und -soziologische und eine religionswissenschaftliche Fragestellung." (a. a. O. 22)

> Das Spektrum der in Einzelstudien bearbeiteten Themen ist breit:[160] Es reicht von geschlechtsspezifischen Forschungen über religionswissenschaftliche Untersuchungen individuellen Synkretismus am Beispiel der Reinkarnationslehre und Arbeiten zum Bibliodrama bis hin zu Analysen zeitgenössischer Literatur und religionssoziologischen Studien über besondere Organisationsformen.

Im Zuge eines Interdisziplinarität programmatisch fördernden Drittmittel-Programms öffnete sich Praktische Theologie thematisch sehr weit. Inhaltlich rückte das Biographiethema in den Mittelpunkt der Forschungen; methodisch bildeten qualitative Verfahren den Schwerpunkt. Doch konnte dadurch nicht das Fehlen eines die einzelnen Studien integrierenden Kon-

---

Grundbegriffe der Erwachsenenbildung am Beispiel der Praktischen Theologie Friedrich Niebergalls, München 1984.
159 Im Einzelnen ausgeführt in: HENNING LUTHER, Religion und Alltag. Bausteine zu einer Praktischen Theologie des Subjekts, Stuttgart 1992, 12 (ohne Kursivsetzung im Original).
160 S. die Kurzvorstellungen in Aufsatzform in: KRISTIAN FECHTNER/MICHAEL HASPEL (Hg.), Religion in der Lebenswelt der Moderne, Stuttgart 1998; insgesamt startete das Graduiertenkolleg mit 23 Kollegiat/innen und Stipendiat/innen, die jedoch nicht alle ihre Arbeiten abschlossen.

zepts kompensiert werden. Der verwendete Religionsbegriff war schillernd und wurde inhaltlich unterschiedlich gefüllt (s. SCHWAB 23). So weitete dieses Forschungsprojekt heuristisch den Horizont und den Gegenstandsbereich Praktischer Theologie. Zugleich blieb aber die Frage nach der Integration der Einzelforschungen und nach ihrem Zusammenhang mit den anderen theologischen Disziplinen offen. Der unbestimmte Religionsbegriff konnte sie offenkundig nicht beantworten.

2.5 Albrecht Grözinger (geb. 1949): Er stammt aus der Schule Ottos und ist so an einer kritischen Horizonterweiterung interessiert. Doch zugleich beschäftigt ihn die Frage nach der theologischen Verortung der Praktischen Theologie. Hier markiert er als „Grundproblem praktisch-theologischer Theoriebildung":

> „die Spannung zwischen der Freiheit des Wortes Gottes gegenüber jeder menschlich-methodischen Bemühung um dieses Wort und der grundsätzlichen Notwendigkeit methodisch-reflektierten Handelns auszuhalten und zu bewähren" (GRÖZINGER 215) – oder in einer anderen Formulierung: „Wie kann Transzendenz in begrenzter Kommunikation gedacht, gesagt und getan werden, ohne von der Immanenz verschlungen zu werden." (a. a. O. 1).

Angesichts dieser spezifisch theologischen Aufgabe findet die *Ästhetik* Grözingers Interesse.[161] In verschiedenen Durchgängen durch Literatur und philosophische Reflexionen begegnen ihm dort grundlegende Einsichten, die in der Theologie Beachtung verdienen. So sensibilisiert erschließt sich Offenbarung als ein „Kommunikationsgeschehen zwischen sich offenbarendem Gott und vernehmendem und wahrnehmendem Menschen" (GRÖZINGER 92). Dies veranschaulicht Grözinger exemplarisch an der Berufungsgeschichte des Mose (a. a. O. 92–96) sowie an der Emmaus-Perikope (a. a. O. 99–102). Theologisch schließt er an den Grundgedanken der Ästhetik Walter Benjamins zur „Dialektik von Präsentation und Entzug im Verfolg ästhetischer Wahrnehmung" (a. a. O. 150) an. *Grundsätzlich geht es sowohl in der Ästhetik als auch in der Praktischen Theologie um das Aufrechterhalten von Spannung,* und zwar nicht nur in der Theorie, sondern auch im Handeln (a. a. O. 183). Durch den Rückgriff auf die Debatten zur Ästhetik kann Grözinger die Spannungen deutlicher fassen, die die Praktische Theologie bestimmen, insofern das kirchliche Handeln als ihr Gegenstand stets eine ästhetische Dimension hat (a. a. O. 216). Von diesem Verständnis Praktischer Theologie her kommt dem „Modell" als einer Vermittlung von Theorie und Praxis hervorragende Bedeutung für praktisch-theologische Arbeit zu (a. a. O. 221). In ihm besteht Raum für die individuelle Perspektive, ohne dass ein Systemzwang herrscht.

---

161 In etwas modifizierter Form skizzierte er – kurz nach dem Erscheinen seiner Habilitationsschrift – die Erzählung als ein Modell, um den christlichen Gottesbegriff praktisch-theologisch zu erfassen: ALBRECHT GRÖZINGER, Erzählen und Handeln. Studien zu einer Grundlegung der Praktischen Theologie, München 1989.

§ 5 Gegenwärtiger Stand: Ringen um den Gegenstand   91

In seiner weiteren Forschungspraxis wendet sich Grözinger immer wieder konkreten künstlerischen Ausdrucksformen zu,[162] flaniert kenntnisreich und anregend, oft nur mit „leichtem Gepäck"[163], zwischen Kunst und Wissenschaft. Auf jeden Fall bemüht er sich sowohl biblische und/bzw. systematisch-theologische als auch ästhetische Perspektiven einzuspielen und zeigt damit, dass Erweiterung des praktisch-theologischen Horizonts nicht notwendig mit theologischer Reduktion einhergehen muss. Dabei tritt die Ebene wissenschaftstheoretischer Reflexion zurück. Praktische Theologie loziert „exakt an der Schnittstelle zwischen Kunst und Wissenschaft":

> „Dies wird auch die Methode ihrer Sprache und Darstellung bestimmen. Auch hier changiert sie zwischen wissenschaftlicher Objektsprache und künstlerischer Performance. Deshalb hat sie es auch so schwer im Haus der theologischen Wissenschaft. Den einen ist sie zu praxisfern, den anderen zu poetisch."[164]

2.6 *Wilfried Engemann (geb. 1959):* Ähnlich wie Grözinger steuert Engemann eine wichtige Perspektive für praktisch-theologische Arbeit bei (s. § 8 1.3). Durch den Rückgriff auf die *Semiotik* Umberto Ecos macht er nachdrücklich auf den kommunikativen Charakter dessen aufmerksam, womit sich Praktische Theologie beschäftigt. Pointiert formuliert geht es in ihr um die *„Kommunikation des Evangeliums durch Personen auf der Basis von Zeichen in unterschiedlichen Situationen"* (ENGEMANN 15 f.). Ein so umfassender Ansatz überwindet ideologiekritisch bisherige Engführungen Praktischer Theologie. Vielmehr wird deutlich, dass Evangelium ein Kommunikationsprozess ist, an dem mehrere Menschen beteiligt sind. Daraus ergeben sich u. a. gesteigerte pastoraltheologische Anforderungen. Denn es ist die Aufgabe des Pfarrers/der Pfarrerin, die der Kommunikation innewohnende Ambiguität (s. § 25 3.4) zu einem fruchtbaren Kommunikationsprozess zu gestalten. Sog. äußere Umstände bekommen dabei hohes Gewicht, weil sie die gewünschte Decodierung fördern oder behindern können.

> So konstatiert Eco: „Wenn die Kommunikationsumstände dazu beitragen, die Codes zu bestimmen, mittels derer die Codierung der Botschaften durchgeführt wird, dann kann uns die Semiotik lehren, daß man, statt die Botschaften zu verändern oder die Sendequellen zu kontrollieren, einen Kommunikationsprozeß dadurch verändern kann, daß man auf die Umstände einwirkt, in denen die Botschaft empfangen wird." (zitiert a. a. O. 200)

In späteren Veröffentlichungen setzt Engemann seiner genannten Definition von „Kommunikation des Evangeliums durch Personen auf der Basis von Zeichen in unterschiedlichen Situationen" noch als Ziel „zur Gestaltung von

---

162 Sehr anschaulich in den einzelnen Beiträgen von ALBRECHT GRÖZINGER, Praktische Theologie als Kunst der Wahrnehmung, Gütersloh 1995.
163 So a. a. O. 9.
164 A. a. O. 158.

Kirche ... um der Zu- und Aneignung der Freiheit" hinzu.[165] Damit rückt das Ziel der Kommunikation des Evangeliums in den Blick, das „Leben aus Glauben".[166] Hier nimmt Engemann Anregungen aus der Praktischen Philosophie[167] und deren Diskussion um die Lebenskunst auf.[168]

> Dementsprechend ist damit keine Eingrenzung auf den binnenkirchlichen Raum verbunden: „Die Kommunikation des Evangeliums ist eine Lebensäußerung von Kirche und trägt gleichzeitig zur Gestaltung der Gesellschaft bei."[169]

Auf jeden Fall nötigt der Hinweis auf die kommunikative Struktur des Evangeliums (s. § 8 3.1) die Praktische Theologie zu kommunikationstheoretischen Reflexionen. Dass zur Semiotik noch weitere Perspektiven aus anderen Wissenschaften hinzutreten können und sollen, zeigt Engemann in einem umfangreichen Aufsatz zur Theorie- und Problemgeschichte des Fachs.[170]

3. Vorzeichen: Wahrnehmung

Die genannten Beiträge zur praktisch-theologischen Theoriebildung haben in ihrer positionellen Unterschiedlichkeit eines gemeinsam: Sie bemühen sich um bessere und umfassendere Wahrnehmung.

> Dabei verbirgt sich hinter dem vielfach verwendeten Begriff des Phänomenologischen Unterschiedliches: der Versuch, mit der Macht des Heiligen in Kontakt zu treten (Josuttis), oder die Öffnung für Erscheinungen (post)moderner Lebenswelt (Gräb, Frankfurter Ansatz und Marburger Graduiertenkolleg, wiederum auf je unterschiedliche Weise).

Diese Weitung des Horizontes reagiert auf die vielfältigen Veränderungen in Gesellschaft, Kultur und Kirche. Der traditionelle, eng mit der pastoralen Praxis in der Parochie gegebene Gegenstandsbereich verliert an Bedeutung. Auch in praktisch-theologischen Einzelforschungen vollzieht sich eine solche Weitung, die erhebliche Konsequenzen für die gesamte Theologie impliziert.

---

165 WILFRIED ENGEMANN, Kommunikation des Evangeliums als interdisziplinäres Projekt. Praktische Theologie im Dialog mit außertheologischen Wissenschaften, in: CHRISTIAN GRETHLEIN/HELMUT SCHWIER (Hg.), Praktische Theologie. Eine Theorie- und Problemgeschichte (APrTh 33), Leipzig 2007, 137–232, 140, 142.
166 WILFRIED ENGEMANN, Kommunikation des Evangeliums. Anmerkungen zum Stellenwert einer Formel im Diskurs der Praktischen Theologie, in: MICHAEL DOMSGEN/BERND SCHRÖDER (Hg.), Kommunikation des Evangeliums. Leitbegriff der Praktischen Theologie (APrTh 57), Leipzig 2014, 15-32, 26-32.
167 S. PETER BIERI, Das Handwerk der Freiheit. Über die Entdeckung des eigenen Willens, München 2001.
168 WILFRIED ENGEMANN, Die Lebenskunst und das Evangelium, in: ThLZ 129 (2004), 875–896.
169 WILFRIED ENGEMANN, Kommunikation des Evangeliums als interdisziplinäres Projekt. Praktische Theologie im Dialog mit außertheologischen Wissenschaften, in: CHRISTIAN GRETHLEIN/HELMUT SCHWIER (Hg.), Praktische Theologie. Eine Theorie- und Problemgeschichte (APrTh 33), Leipzig 2007, 137–232, 142.
170 A.a.O. 137–232.

§ 5 Gegenwärtiger Stand: Ringen um den Gegenstand   93

Dafür sollen folgende drei Beispiele stehen, von denen die beiden ersten konkrete thematische Erweiterungen und das dritte eine allgemein methodische Veränderung benennt:

3.1 *Generationenperspektive:* In zwei Hinsichten bereichert eine neue Aufmerksamkeit für das Lebensalter praktisch-theologische Forschung:
Zuerst ist die sog. *Kindertheologie* zu nennen.[171] Dieser seit den 1990er Jahren ausgearbeitete religionspädagogische Ansatz nimmt verschiedene Anregungen auf. Grundsätzlich forderte bereits Jean-Jacques Rousseau, das Kind in seinem eigenen Recht ernst zu nehmen, obgleich er bekanntlich die Entwicklung von Religion in der Kindheit nicht in den Blick bekam.[172] Konkret verdankt sich die Kindertheologie einem Aufbruch in der Philosophie. 1970 gründete Matthew Lipman in den USA das „Institute for the Advancement of Philosophy for Children".[173] Stand bei ihm noch das Interesse an einer Philosophie für Kinder im Vordergrund, so entdeckte man bei der Adaption in Deutschland die Philosophie der Kinder. Diesen Impuls nehmen seit den 1990er Jahren Religionspädagog/innen auf.[174]

Methodisch stoßen Forschungen auf den kommunikativen Kontext der kindlichen Äußerungen. Katharina Kammeyer zeigt in ihrer Befragung von Kindergarten-Kindern die daraus resultierenden Anforderungen für empirische Forschung, die weit über die traditionelle Konzentration auf die „Inhalte" hinausgehen.[175] Dabei sind die Kindertheolog/innen vor allem an eigenständigen Deutungen durch Kinder sowie an dem Umgang der Kinder hiermit interessiert. Inhaltlich knüpfen Kinder häufig an Inhalte biblisch-christlicher Tradition an und kommen zu erstaunlichen Ergebnissen.

„Kindertheologie steht dem vielfach beklagten Wirklichkeitsverlust von Theologie entgegen, wenn es gelingt, akademische Theologie und lebensweltlich verankerte Alltagstheologien, theologisch-wissenschaftliche und ‚laien'-theologische Konstruktionen aufeinander zu beziehen. Kindertheologische Studien haben mannigfaltig unter Beweis gestellt, dass die Auseinandersetzung von Kindern mit den ‚großen' Fragen des Lebens zu Ergebnissen führen kann, die Erwachsene nicht nur

---

171 Einen guten Einblick in den gegenwärtigen Stand gibt GERHARD BÜTTNER/PETRA FREUDENBERGER-LÖTZ/CHRISTINA KALLOCH/MARTIN SCHREINER (Hg.), Handbuch Theologisieren mit Kindern. Einführung – Schlüsselthemen – Methoden, Stuttgart 2014.
172 Zum grundsätzlichen Beitrag Rousseaus zur Religionspädagogik s. FRIEDRICH SCHWEITZER, Die Religion des Kindes. Zur Problemgeschichte einer religionspädagogischen Grundfrage, Gütersloh 1992, 117–133.
173 S. auch zum Folgenden KATHARINA KAMMEYER, „Lieber Gott, Amen!" Theologische und empirische Studien zum Gebet im Horizont theologischer Gespräche mit Vorschulkindern, Stuttgart 2009, 26–55.
174 Zu den dabei zu beachtenden systematischen Fragen s. WILFRIED HÄRLE, Was haben Kinder in der Theologie verloren? Systematisch-theologische Überlegungen zum Projekt einer Kindertheologie, in: Jahrbuch für Kindertheologie 3, Stuttgart 2004, 11–27.
175 KATHARINA KAMMEYER, „Lieber Gott, Amen!" Theologische und empirische Studien zum Gebet im Horizont theologischer Gespräche mit Vorschulkindern, Stuttgart 2009, 335–349.

kaum für möglich gehalten haben, sondern die zugleich deren eigene Deutungen und Interpretationen anregen können. Die ‚Theologien der Kinder' haben daher einen unersetzbaren Platz in einer lebensweltlich gewendeten Theologie, die sich als ‚Anwalt des Subjekts' der Alltagswelt von Menschen verpflichtet weiß."[176]
Inzwischen beginnt sich in Fortführung des kindertheologischen Ansatzes eine sog. Jugendtheologie zu etablieren.[177]
Unstrittig ist, dass die kinder- und jugendtheologische Forschung wichtige Einblicke in altersspezifische Rezeptions- und (Ko)Konstruktionsprozesse im Bereich der Daseins- und Wertorientierung gibt. Zweifelhaft erscheint aber – abgesehen von der Plurifomität der einzelnen Beiträge – die Verwendung des Theologiebegriffs in diesem Zusammenhang. Denn er unterläuft die durch die Unterscheidung von Theologie und Religion gewonnene Differenzierung.[178]
Entsprechend den sich anbahnenden demographischen Veränderungen zieht auch das höhere *Alter* zunehmend die Aufmerksamkeit Praktischer Theolog/innen auf sich.[179] Vor allem in der Seelsorge und Diakonie[180] werden Beobachtungen gemacht,[181] die in manchem dem ähneln, was in der Kindertheologie unter primär religionspädagogischer Perspektive bearbeitet wird. Offenkundig verdichten sich in beiden Altersphasen grundlegende Problemstellungen menschlichen Lebens, insofern für mündiges erwachsenes Leben konstitutive Fähigkeiten und Fertigkeiten noch fehlen bzw. fragil werden.[182] In zugespitzter Form begegnen entsprechende Herausforderungen bei alten Menschen mit Demenz, einer Bevölkerungsgruppe, deren Zahl steigt.[183] Traditionelle Theologumena helfen bei den hier zu gestaltenden

---

176 FRIEDHELM KRAFT/MARTIN SCHREINER, Zehn Thesen zum didaktisch-methodischen Ansatz der Kindertheologie, in: TheoWeb 6 (2007) H. 1, 21–24, 21.
177 S. THOMAS SCHLAG/FRIEDRICH SCHWEITZER u. a., Jugendtheologie. Grundlagen Beispiele – kritische Diskussion, Neukirchen-Vluyn 2012; s. dazu die kritischen Anfragen vor allem hinsichtlich zu klärender Begriffe durch MARCELL SASS, Von der Kindertheologie zur Jugendtheologie. Offene Fragen an einen aktuellen religionspädagogischen Diskurs, in: Loccumer Pelikan 2012 H. 4, 161-164.
178 S. sehr kritisch BERNHARD DRESSLER, Zur Kritik der „Kinder- und Jugendtheologie", in: ZThK 111 (2014), 332-356.
179 S. grundlegend LARS CHARBONNIER, Religion im Alter. Eine empirische Studie zur Erforschung religiöser Kommunikation (PTHW 14), Berlin 2013; s. zum Forschungsstand DERS./ LENA-KATHARINA ROY, Religion – Alter – Demenz. Forschungsstand einer wachsenden Herausforderung für Theologie und Kirche, in: IJPT 16 (2012), 349-408.
180 S. aber auch in pädagogischer Perspektive CHRISTIAN MULIA, Kirchliche Altenbildung. Herausforderungen – Perspektiven – Konsequenzen (PTHe 110), Stuttgart 2011.
181 S. RALPH KUNZ (Hg.), Religiöse Begleitung im Alter. Religion als Thema der Gerontologie, Zürich 2007.
182 S. VERENA SCHLARB, Narrative Freiheit. Theologische Perspektiven zur Seelsorge mit alten Menschen in Pflegeheimen (APrTh 59), Leipzig 2015.
183 KLAUS KIESSLING, Schlimmer als das Vergessen: vergessen zu werden. Pastoralpsychologische Orientierungen bei Desorientierung durch Demenz, in: WzM 59 (2007), 461–473; RALPH KUNZ, Demenz als Metapher oder vom Glück und Elend des Vergessens. Eine religionsgerontologische Deutung, in: ZThK 111 (2014), 437-453.

Kommunikationsprozessen kaum bzw. nur eingeschränkt weiter. Vielmehr stellen sich grundlegende Fragen hinsichtlich der traditionell auf Erinnerung bezogenen Profilierung christlichen Glaubensverständnisses. Praktisch eröffnen rituelle Vollzüge die Möglichkeit zu kreativen Prozessen jenseits kognitiver Reflexionen und verbaler Vermittlungen.

So berichtet Andrea Fröchtling: „Ein 92-Jähriger beispielsweise nahm den Kelch immer selbst in die Hand, versuchte, sich auf der Weinoberfläche zu spiegeln und tauchte dann vorsichtig einen Finger in den Wein und zeichnete sich ein Kreuzeszeichen auf die Stirn. Dazu summte er ‚Ich bin getauft auf deinen Namen'."[184]

Diese beiden altersbezogenen Perspektiven sind nicht nur auf den religionspädagogischen bzw. seelsorgerlichen/diakonischen Bereich beschränkt. Vielmehr handelt es sich um notwendige Differenzierungen auf jedem praktisch-theologisch zu reflektierenden Handlungsfeld.[185] Für eine ihrer diakonischen Verantwortung bewusste Kirchengemeinde bietet das Konzept „Generationen" einen guten Schlüssel, um lebensweltliche Herausforderungen wahzunehmen und zu bearbeiten.[186]

3.2 *Performance:* Praktische Theolog/innen wenden sich gegenwärtig von neuem den Gestaltungs- und Formfragen bei der Kommunikation des Evangeliums zu, die in der Wort-Gottes-Theologie als sekundär vernachlässigt wurden. Dabei spielt zum einen gewiss der Rückgang traditioneller Praxis pietatis eine Rolle. Zum anderen geben Entwicklungen in der neueren Kunst, häufig mit dem Begriff der Performance verbunden,[187] wichtige Impulse.

In der *Religionsdidaktik* entsteht ein didaktischer Zugang, der sich – unter Rückgriff auf Gestaltpädagogik und Theaterwissenschaften – als „performativ" profiliert.[188] In sog. Probehandlungen sollen Heranwachsende Erfahrungen im Bereich der Religion machen, die sie dann – entsprechend dem Lernort Schule – kritisch reflektieren.[189]

---

184 Andrea Fröchtling, „Und dann habe ich auch noch den Kopf verloren ..." Menschen mit Demenz in Theologie, Seelsorge und Gottesdienst wahrnehmen (APrTh 38), Leipzig 2008, 350.
185 Im seit 2001 erscheinenden Jahrbuch für Kindertheologie finden sich Beiträge zu den Bereichen Seelsorge, Liturgik und Diakonik; für die Altersthematik nimmt eine erste Bündelung vor: Thomas Klie/Martina Kumlehn/Ralph Kunz (Hg.), Praktische Theologie des Alterns (PThW 4), Berlin 2009.
186 S. unter Hinweis auf zahlreiche diesbezügliche Praxisbeispiele Dieter Beese/Ursula Borchert, Diakonische Gemeinde für alle Generationen, in: Gerhard Schäfer/Joachim Deterding/Barbara Montag/Christian Zwingmann (Hg.), Nah dran. Werkstattbuch für Gemeindediakonie, Neukirchen-Vluyn 2015, 336-356.
187 S. grundlegend Marvin Carlson, Performance. A Critical Introduction, London 1996.
188 Einen guten Überblick gibt Thomas Klie/Silke Leonhard (Hg.), Performative Religionsdidaktik. Religionsästhetik – Lernorte – Unterrichtspraxis (PThe 97), Stuttgart 2008.
189 S. Bernd Dressler, Performative Religionsdidaktik: Theologisch reflektierte Erschließung von Religion, in: Ders./Thomas Klie/Martina Kumlehn, Unterrichtsdramaturgien, Fallstudien zur Performanz religiöser Bildung, Stuttgart 2012, 15-42, 36-42.

In der *Liturgik* werden explizit theaterwissenschaftliche Einsichten[190] aufgenommen, um den besonderen Charakter liturgischer Praxis zu verstehen und die Ausbildung zu verbessern.[191] Dabei erweisen sich Bezüge auf die leibliche Dimension als grundlegend für liturgische Kommunikation, nicht zuletzt unter gender-Perspektive. Im Hintergrund solcher Bemühungen stehen erhöhte ästhetische Erwartungen bei den Mitfeiernden.

Schließlich wird in der *Homiletik* das Performance-Konzept rezipiert. So wirbt Martin Nicol in seiner „Dramaturgischen Homiletik" für das Predigen „als eine Kunst eigener Art", die Gemeinsamkeiten mit anderen Künsten aufweist.[192] Mit dem aus der US-amerikanischen Diskussion übernommenen Programmbegriff des „Preaching within" skizziert er eine Theorie der Predigt als „lebendige Aufführung" (s. § 25 3.4).[193]

3.3 *Multiperspektivität:* Weitere alltagsbezogene Differenzierungen prägen praktisch-theologische Arbeit. Dadurch treten an die Stelle klarer Typologien *Perspektiven mit ihrer Relativität*, also dem notwendigen Bezug auf andere Perspektiven. Multiperspektivität wird so zur methodischen Grundforderung. Für das früher dogmatisch und damit positionell bestimmte Feld der Homiletik zeigt Wilfried Engemann den daraus erwachsenden Gewinn (s. § 24 3.4). An die Stelle der Konkurrenz verschiedener Ansätze tritt jetzt ein Neben- und – im besten Fall – Miteinander unterschiedlicher Reflexionsperspektiven, etwa der rezeptionsästhetischen, der hermeneutischen oder der semiotischen:

> „Es ist aus heutiger Sicht grotesk, in jedem dieser (sich in engster Nachbarschaft befindenden) wissenschaftlichen Zugänge auf das Terrain der Predigtlehre eine eigene ‚homiletische Schule' erkennen zu wollen."[194]

In den anderen praktisch-theologischen Disziplinen lässt sich ebenfalls die Tendenz zur Multiperspektivität erkennen, die frühere Schulbildungen unterläuft bzw. überholt. In der Religionsdidaktik geht es vornehmlich um die Integration und Weiterführung von bereits Erarbeitetem, bisher häufig unter dem schillernden Begriff der Konzeptionen gegeneinander Profiliertem.[195] Sogar in der Seelsorge, in der lange Zeit verschiedene psychologische Schulen einander gegenüberstanden, entstehen multiperspektivische

---

190 Grundlegend URSULA ROTH, Die Theatralität des Gottesdienstes (PThK 18), Gütersloh 2006.
191 S. MICHAEL MEYER-BLANCK, Gottesdienstlehre, Tübingen 2011, 380-383 mit entsprechenden Literaturhinweisen.
192 MARTIN NICOL, Einander ins Bild setzen. Dramaturgische Homiletik, Göttingen 2002, 16.
193 A. a. O. 55-64.
194 WILFRIED ENGEMANN, Homiletische Literatur zu Beginn des 21. Jahrhunderts. Schwerpunkte, Problemanzeigen und Perspektiven (Teil I), in: ThR 75 (2010), 163–200, 166.
195 S. MARTIN ROTHGANGEL, Religionspädagogische Konzeptionen und didaktische Strukturen, in: DERS./GOTTFRIED ADAM/RAINER LACHMANN (Hg.), Religionspädagogisches Kompendium, Göttingen [7]2012, 73-91.

Rahmenmodelle.[196] In der empirischen Methodologie schlägt sich dies in einer Verschränkung quantitativer und qualitativer Verfahren nieder,[197] die mittlerweile durch Ansätze der Netzwerkforschung erweitert werden.[198] Multiperspektivität ist aber nicht mit Beliebigkeit zu verwechseln. Sie erweitert die Wahrnehmung und erfordert dadurch eine genaue Bestimmung des Gegenstandes.

4. Zusammenfassung

Seit dem Erscheinen der in § 4 vorgestellten Lehrbücher der Praktischen Theologie, vor allem von Dietrich Rössler und Gert Otto, steht die Aufgabe vertiefter Wahrnehmung im Zentrum des Fachs. Die skizzierten Veränderungen in Politik, Gesellschaft und Kultur sowie nicht zuletzt in Kirche nötigen dazu, die Ausgangssituation genauer zu bestimmen. Dem dient ein reichhaltiges Methoden-Repertoire, das differenzierte Einblicke in die gegenwärtige Lebenswelt gewährt.

Dagegen finden die *theologischen Rahmentheorien* weniger Aufmerksamkeit. Offenkundig sind die theologischen Großentwürfe weder von Schleiermacher noch von Barth in der Lage, die differenzierte Gegenwartsanalyse adäquat und d.h. nicht zuletzt handlungsbezogen zu orientieren. Die mit ihnen gegebene Positionalität, wie sie in den Entwürfen von Josuttis und von Gräb am deutlichsten hervortritt, steht der gebotenen Differenzierung entgegen. Die in Marburg und Frankfurt vorgelegten Forschungen zeigen dagegen bei allem Ertrag im Einzelnen eine gewisse inhaltliche Unterbestimmtheit. Sie ist im jeweils in Anspruch genommenen Religionsbegriff begründet.

Die Einführung und Ausarbeitung eines kommunikationswissenschaftlich orientierten Zugangs, wie ihn Engemann vorlegt, führt hier weiter. Wissenschaftstheoretisch eröffnet er einen breiten Zugang zu anderen Wissenschaften. Durch die Verbindung mit „Evangelium" bleibt ein präziser theologischer Anschluss gewahrt. Inhaltlich bestimmt Engemann das zu Kommunizierende zunehmend differenzierter:

> „Ich sehe den Fluchtpunkt der ‚Kommunikation des Evangeliums' in einem ‚Leben aus Glauben'. Darunter verstehe ich insbesondere, dass Menschen als Menschen zum Vorschein kommen, das heißt, dass sie ihrer Würde gewahr werden, dass sie

---

196 S. z.B. Christoph Morgenthaler, Seelsorge (Lehrbuch Praktische Theologie Bd. 3), Gütersloh 2009.
197 S. z.B. die methodologischen Veränderungen in den EKD-Mitgliedschaftsumfragen (s. Rüdiger Schloz, Kontinuität und Krise – stabile Strukturen und gravierende Einschnitte nach 30 Jahren, in: Wolfgang Huber/Johannes Friedrich/Peter Steinacker [Hg.], Kirche in der Vielfalt der Lebensbezüge. Die vierte EKD-Erhebung über Kirchenmitgliedschaft, Gütersloh 2006, 51–88).
198 S. die Beiträge zu den Netzwerkstrukturen in einer Kirchengemeinde in: Heinrich Bedford-Strohm/Volker Jung (Hg.), Vernetzte Vielfalt. Kirche angesichts von Individualisierung und Säkularisierung. Gütersloh 2015, 337-446.

einen Schritt in die Freiheit tun können, dass sie Zuwendung erfahren und gewähren, dass sie sich auch durch ihren Glauben ein positives Lebensgefühl aneignen, dem Hingabe und Gelassenheit zugänglich sind."[199]

Dieser Ansatz nimmt die „in der Theologie erörterten Grunderfahrungen, die erfülltes Leben konstituieren"[200], auf.

Insgesamt fällt auf, dass die am Eingang dieses Kapitels genannten allgemeinen Veränderungen nur teilweise im Blick sind. Folgende inhaltliche *Desiderate* sind zu beobachten, die deutlich in Spannung zur teilweise umfassenden praktisch-theologischen Programmatik stehen:

– Die besondere Situation in den Gebieten der früheren DDR, in denen nur noch ein kleiner Teil der Bevölkerung zur Kirche gehört, wird kaum beachtet. Vielfach setzen praktisch-theologische Entwürfe die alten bundesrepublikanischen Verhältnisse, ja teilweise die besonderen Verhältnisse in Süddeutschland mit hoher Kirchenmitgliedschaft und ökonomisch gut ausgestatteten Kirchen voraus.

– Die Herausforderungen durch Pluralität in der Daseins- und Wertorientierung, nicht zuletzt bei den Kirchenmitgliedern, bleiben weitgehend ausgespart. Ein allgemeiner Religionsbegriff verdeckt die gegenwärtigen Pluralisierungs- und Differenzierungsprozesse.

– Schließlich werden lebensweltlich wichtige Themenbereiche vernachlässigt. Disziplinär liegt die Diakonik immer noch am Rande (und fehlt nach wie vor fast vollständig bei der Denomination praktisch-theologischer Lehrstühle). Auch die großen ökologischen Fragen spielen in der akademischen Praktischen Theologie keine Rolle. Die praktisch-theologische Theoriebildung konzentriert sich – im Bereich deutscher Evangelischer Theologie – auf Menschen mit einem Lebensstil, der sich durch das Fehlen materieller Sorgen und durch höhere Bildung auszeichnet.

Die zuletzt genannten Probleme treten noch schärfer hervor, wenn komparativ der Bereich der evangelischen Praktischen Theologie in Deutschland überschritten wird.

---

199 Wilfried Engemann, Kommunikation des Evangeliums. Anmerkungen zum Stellenwert einer Formel im Diskurs der Praktischen Theologie, in: Michael Domsgen/Bernd Schröder (Hg.), Kommunikation des Evangeliums. Leitbegriff der Praktischen Theologie (APrTh 57), Leipzig 2014, 15-32, 28.
200 A.a.O. 28 Anm. 42.

2. Kapitel Praktische Theologie –
Impulse aus der Katholischen Theologie und den USA

Praktische Theologie war lange Zeit ein primär in der deutschsprachigen Evangelischen Theologie angesiedeltes Fach. Doch sind seit einigen Jahrzehnten Erweiterungen sowohl hinsichtlich der Internationalität als auch der Konfessionalität festzustellen.

Das hängt zum einen mit der Globalisierung zusammen, die in spannungsreicher Weise zugleich Regionalisierungstendenzen verstärkt.[1] So nehmen internationale Kontakte im Bereich der Praktischen Theologie zu. Dabei treten sowohl gemeinsame Herausforderungen als auch die Besonderheiten der verschiedenen Länder und Regionen stärker ins Bewusstsein.

Zum anderen löst sich auch in Deutschland die konfessionelle Homogenität in Regionen, Verwandtschaften und Familien auf. Von daher muss eine im Bereich der Evangelischen Theologie angesiedelte Praktische Theologie zumindest die römisch-katholische Kirche und ihre pastorale Praxis sowie die darauf bezogene Theoriebildung berücksichtigen. Pointiert formuliert: Zur Praxis evangelischer Kirchen (und der darauf bezogenen Theologie) gehört es in Deutschland, dass darin regelmäßig römisch-katholische Christen involviert sind usw.

Der Vergleich verschiedener Praxisformen bzw. der darauf bezogenen Theorien bedarf der methodischen Klarheit. In Anlehnung und konzentrierter Auseinandersetzung mit der Vergleichenden Erziehungswissenschaft (und Vergleichenden Religionswissenschaft) legte Bernd Schröder 2000 einen überzeugenden, allerdings bisher nur wenig aufgenommenen Vorschlag für eine Vergleichende Religionspädagogik vor, der direkt auf den Bereich der Praktischen Theologie übertragbar ist.[2] Er empfiehlt vier methodische Schritte des Vergleichs:
- Das *„ideographische"* Vorgehen will im Vergleich das je Besondere und Einmalige erkennen, wobei die Kontextanalyse wichtig ist;
- der *„generalisierende"* Schritt fragt nach Gemeinsamkeiten, die in den zu vergleichenden Theorien bzw. Handlungsfeldern zu beobachten sind;
- das *„elenchthische"* Vorgehen ist daran interessiert, von dem Vergleichspartner Anregungen für die eigene Praxis zu gewinnen;[3]
- schließlich zielt der Vergleich auf einen *Dialog*.

---
1 S. grundlegend die Problemanzeige von EBERHARD HAUSCHILDT, Die Globalisierung und Regionalisierung der Praktischen Theologie. Beschreibung und Plädoyer, in: PrTh 29 (1994), 175–193, 177–184.
2 BERND SCHRÖDER, Jüdische Erziehung im modernen Israel. Eine Studie zur Grundlegung vergleichender Religionspädagogik (APrTh 18), Leipzig 2000, 22–43, 379.
3 In anderen Theorien der Komparistik wird dieser Schritt „melioristisch" genannt; Schröder formuliert hier – überzeugend – etwas vorsichtiger.

Bei der konkreten Ausarbeitung dieses Programms für die jüdische Erziehung in Israel (im Vergleich zur christlichen schulischen Erziehung in Deutschland) stellte sich der generalisierende Schritt als problematisch heraus, weil hier der jeweilige Kontext zu kurz zu kommen drohte.

Im Gegensatz zur Studie Schröders geht es im vorliegenden Zusammenhang nicht um den Vergleich konkreter Handlungsfelder, sondern von Theorien, die allerdings als praktisch-theologische auf konkrete Praxis bezogen sind. Die von ihm vorgeschlagenen (und erprobten) methodischen Schritte können für eine *Vergleichende Praktische Theologie* angewendet werden. Konkret steht zuerst die ideographische Perspektive im Vordergrund. Es gilt, die Verschiedenheit – in ihrer differenten Kontextualität – wahrzunehmen. Das dabei verfolgte Interesse ist wesentlich elenchthisch. Der Vergleich dient einer kritischen Reflexion der eigenen Theorie, also der im deutschsprachigen Raum angesiedelten evangelischen Praktischen Theologie. Ob sich daraus dialogische Konsequenzen ergeben, ist zu prüfen. Für den konkreten Vergleich empfiehlt sich zuerst die Praktische Theologie (bzw. Pastoraltheologie bzw. Pastoral) im Bereich der *Katholischen Theologie*.[4] In Deutschland ist die Zahl der Mitglieder der in der EKD zusammengeschlossenen Kirchen und die der katholischen Diözesen etwa gleich groß. Kommunikation des Evangeliums vollzieht sich heute – wie erwähnt – in vielen Fällen unter Teilnahme von evangelischen und katholischen Christen.

Im internationalen Bereich rekonstruiere ich wichtige Stränge der Entwicklung und Diskussion in den *USA*. Hier arbeitet die größte Zahl von Forscher/innen, die auf dem Gebiet der Praktischen Theologie tätig sind.

Am Princeton Theological Seminary bestehen (2015) z. B. dreizehn Professuren (einschließlich assistant professors) in diesem Bereich (ohne dass es jedoch einen konkret mit „practical theology" denomierten Lehrstuhl gibt).

Sachlich verdient – vor dem Hintergrund weltweiter Flüchtlingsströme – die durch Einwanderungsbewegungen entstandene kulturelle Vielfalt der US-Gesellschaft Interesse. Hier spiegelt sich exemplarisch der Prozess der Globalisierung.[5] Deutschland ist zudem politisch und kulturell vielfältig verflochten mit diesem ökonomisch, militärisch und kulturell führenden Land, was in sich vielfältig differenziert ist und nicht selten zerrissen wirkt. Auch spielen die protestantischen Kirchen in der Öffentlichkeit der USA traditionell eine wichtige, wenn auch marginaler werdende Rolle. Selbstverständlich wäre ebenfalls ein Blick auf den spanisch oder französisch sprechenden Bereich interessant. Doch steht die hermeneutische Notwendigkeit einer

---

4 In diesem Buch bezeichnet „katholisch" jeweils den Zusammenhang mit der römisch-katholischen Theologie. Die Altkatholiken haben bisher keine eigenständige Praktische Theologie hervorgebracht.
5 S. DAVID WILLS, Vereinigte Staaten von Amerika, in: TRE 34 (2002), 593–639, 593.

wenigstens rudimentären Rekonstruktion des konkreten Kontextes der Theoriebildung einer bloßen Aneinanderreihung von sog. Fakten entgegen.[6]

Schließlich ist noch darauf hinzuweisen, dass Praktische Theologie auf den Bereich der westlichen Kirchen beschränkt ist. In der Orthodoxie fehlt sie (weitgehend) ebenso wie in neueren Strömungen von pfingstlerischen Gemeinschaften oder Heiligungskirchen.

§ 6 Katholische Pastoraltheologie und Praktische Theologie

Literatur: DANIEL BOURGEOIS, Die Pastoral der Kirche (AMATECA 11), Paderborn 2004 – RAINER BUCHER, Theologie im Risiko der Gegenwart. Studien zur kenotischen Existenz der Pastoraltheologie zwischen Universität, Kirche und Gesellschaft (PTHe 105), Stuttgart 2010 – REINHARD FEITER, Einführung in die Pastoraltheologie, in: CLAUSS PETER SAJAK (Hg.), Praktische Theologie, Paderborn 2012, 15-63 – WALTER FÜRST, Die Geschichte der „Praktischen Theologie" und der kulturelle Wandlungsprozeß in Deutschland vor dem II. Vatikanum, in: HUBERT WOLF (Hg.), Die katholisch-theologischen Disziplinen in Deutschland 1870–1962. Ihre Geschichte, ihr Zeitbezug, Paderborn 1999, 263–289 – ANTON GRAF, Kritische Darstellung des gegenwärtigen Zustandes der Praktischen Theologie, Tübingen 1841 – CHRISTIAN GRETHLEIN, Die Rezeption der Pastoralkonstitution aus Perspektive evangelischer Praktischer Theologie, in: PThI 25/2 (2005), 75–86 – NORBERT METTE, Einführung in die katholische Praktische Theologie, Darmstadt 2005 – THOMAS NIPPERDEY, Deutsche Geschichte 1866–1918 Bd. 1. Arbeitswelt und Bürgergeist, München ²1991, 428–468 – WOLFGANG STECK, Friedrich Schleiermacher und Anton Graf – eine ökumenische Konstellation Praktischer Theologie?, in: FERDINAND KLOSTERMANN/ROLF ZERFASS (Hg.), Praktische Theologie heute, München 1974, 27–41

Am Anfang stehen kontextuelle Besonderheiten, die für das Verständnis der Entwicklung von Praktischer Theologie im Raum der Katholischen Theologie von Bedeutung sind. Konkret werden die spezifischen kirchlichen Rahmenbedingungen in Erinnerung gerufen.

Im zweiten Schritt folgen drei wichtige Beiträge zur Grundlegung des heutigen Fachs. Hier begegnet eine Grundspannung, die sich bis heute durchhält. Dem entsprechen die beiden positionell entgegengesetzten Lehrbücher von Daniel Bourgeois und Norbert Mette. Dabei ist zu berücksichtigen, dass beide Autoren mittlerweile emeritiert wurden. Ihre Beiträge

---

6 S. die knappen Skizzen von BERNARD REYMOND, Die Praktische Theologie im französischsprachigen Raum, in: CHRISTIAN GRETHLEIN/MICHAEL MEYER-BLANCK (Hg.), Geschichte der Praktischen Theologie. Dargestellt anhand ihrer Klassiker (APrTh 12), Leipzig 1999, 597–624, MARCEL VIAU, Practical Theology in the Northern Hemispere Frenchspeaking Countries, in: IJPT 8 (2004), 122–137 und JÉRÔME COTTIN, The Evolution of Practical Theology in French speaking Europe. France, Switzerland, Belgium, and the Italian Waldensian Church, in: IJPT 17 (2013), 131–147; zum anderen Kontext s. BERND SCHRÖDER/WOLFGANG KRAUS (Hg.), Religion im öffentlichen Raum. La Religion dans l'espace public. Deutsche und französische Perspektiven. Perspectives allemandes et françaises (Jahrbuch des Frankreichzentrums der Universität des Saarlandes 8), Bielefeld 2009.

werden durch den noch nicht in Form eines Lehrbuchs, sondern einer Aufsatzsammlung vorliegenden Entwurf des zehn Jahre jüngeren Rainer Bucher ergänzt.

Das komparative Anliegen rechtfertigt die Selektivität des Vorgehens. Allerdings steht sie einer Zusammenfassung wie im 1. Kapitel entgegen. Das würde den nicht zutreffenden Eindruck von Vollständigkeit erwecken. Stattdessen münden dieser und der nächste Paragraph in „Anregungen", die das vorher Ausgeführte systematisch bündeln.

Kritisch könnte gefragt werden, ob es überhaupt notwendig sei, einen eigenen Blick auf die katholische Praktische Theologie zu werfen. Ist es nicht theologisch sinnvoller, eine ökumenische Praktische Theologie zu entwerfen? Dem ist grundsätzlich zuzustimmen. Und tatsächlich werden im zweiten und dritten Teil des vorliegenden Buchs Beiträge katholischer Autor/innen selbstverständlich integriert. Doch zeigen jüngste Versuche, dass der Hinweis auf eine separate katholische Praktische Theologie noch nicht überflüssig ist.

> So schreibt der katholische Religionspädagoge und Praktische Theologe Norbert Mette, der ursprünglich seine Einführung in die Praktische Theologie ökumenisch anlegen wollte: „Ein solches Konzept erwies sich jedoch bei der konkreten Umsetzung als (noch) undurchführbar, sollten sich die Ausführungen nicht nur auf abstrakte Theorieerörterungen beschränken, sondern auch jeweils soweit wie möglich an das Handeln von Kirche zurück gebunden werden. Diesbezüglich gibt es bei aller ökumenischen Annäherung weiterhin Differenzen zwischen den real existierenden Kirchen und ihrer Praxis; teilweise sind sie grundsätzlicher Art (wie insbesondere in der Amtsfrage), teilweise sind sie durch Gewohnheiten bedingt, die infolge der Trennungen zwischen den Kirchen entstanden sind." (METTE 9)

1. Kontext

Selbstverständlich haben die in der Einleitung zum 1. Kapitel und in den §§ 2–5 gegebenen Hinweise zum politischen, gesellschaftlichen und kulturellen Kontext auch hier Bedeutung und müssen nicht eigens wiederholt werden. Im Folgenden soll nur auf einige Besonderheiten hingewiesen werden, die speziell die Entwicklung einer Praktischen Theologie im Raum der Katholischen Theologie präg(t)en. Dabei ist vorab und grundsätzlich zu betonen, dass es – entgegen den lehramtlichen Ansprüchen – „die" katholische Kirche nie gab und auch heute nicht gibt. Angefangen von dem differenzierten Ordenswesen über unterschiedliche nationale Ausprägungen bis hin zur vielfältigen Volksfrömmigkeit und differenten theologischen Konzepten ist der Katholizismus pluriform. Daran änderten bisher die vatikanischen Ordnungsbemühungen der letzten 150 Jahre nichts Grundsätzliches. So gibt es zu fast allem im Folgenden Ausgeführten auch Gegenstimmen. Trotzdem beeinflusst die römische Zentralisierungspolitik die Entwicklung der Praktischen Theologie. Vor allem die Beschlüsse des letzten Konzils stellen eine gemeinsame Argumentationsbasis für die gegenwärtige katholische Praktische

Theologie dar. Differenzen finden sich allerdings sowohl hinsichtlich der Auswahl der herangezogenen Konzilstexte als auch deren Interpretation.

1.1 *Staat-Kirche:* Die Geschichte der evangelischen Kirchen Deutschlands ist fast durchgängig von einem engen Verhältnis zwischen Kirche und Staat geprägt. Als sich in der Reformationszeit letztlich kein Bischof dauerhaft zur neuen Lehre bekannte, wurde die Kirchenleitung an die jeweilige Obrigkeit (als primum membrum ecclesiae) delegiert. Teilweise bis zum Beginn des 20. Jahrhunderts waren die Kirchenverwaltungen in den staatlichen Behördenapparat integriert. So erschütterte der Zusammenbruch der Monarchie in Deutschland die evangelischen Kirchen nachhaltig. Das äußerte sich nicht zuletzt in erheblichen Reserven mancher kirchlicher Kreise gegenüber der neuen Demokratie. Trotz der seit Weimar geltenden verfassungsmäßigen Trennung von Staat und Kirche bestehen nach wie vor enge Verbindungen: Verwaltungsstruktur und Pfarrdienstrecht folgen z. B. weithin den staatlichen Regelungen (s. § 22 2.).

Die römisch-katholische Kirche steht hier in einer anderen Tradition. Auseinandersetzungen zwischen Imperium und Sacerdotium durchzogen das Mittelalter. Nicht zuletzt durch die Länder und Nationen übergreifende Gemeinschaft der Katholiken bestand jedenfalls bis 1914 eine Reserve der Kirche gegenüber dem Nationalismus.

> Die katholische Kirche „feierte nicht den Sedantag und andere nationale Feste; die Katholiken bauten keine nationalen Denkmäler. Reich und Nation sind anerkannt, aber sie haben gerade in den ersten Jahrzehnten des Reiches gegenüber Papst und Kirche wie gegenüber Region und Partikularstaat, zumal sofern er katholisch ist wie Bayern, keinen Vorrang." (NIPPERDEY 456)

Zu einem offenen *Konflikt mit dem Staat* kam es im sog. Kulturkampf,[7] in dem der Bismarck'sche Staat sich durch massive Eingriffe wie Verhaftung von Bischöfen durchzusetzen versuchte – letztlich ohne Erfolg. Die sich in diesen Auseinandersetzungen äußernde grundsätzliche Distanz zum Staat und seinen Entscheidungen ist bis heute in der deutschen katholischen Kirche zu beobachten. Folgende an ganz unterschiedlichen Stellen aufbrechende Konflikte illustrieren dies exemplarisch: der Protest der deutschen Bischöfe gegen die Abschaffung der (staatlichen) Konfessionsschulen; der von Rom erzwungene Rückzug der katholischen Beratungsstellen aus dem allgemeinen Beratungswesen von Schwangeren in Konfliktsituationen; die Schwierigkeiten der Bischöfe, bei sexuellen Verfehlungen von Priestern den Vorrang der Verfolgung durch staatliche Stellen vor innerkirchlichen Maßnahmen zu akzeptieren.

---

[7] S. knapp zum Ablauf und den konkreten Problemen HANS-ULRICH WEHLER, Deutsche Gesellschaftsgeschichte Bd. 3. Von der „Deutschen Doppelrevolution" bis zum Beginn des Ersten Weltkrieges 1849–1914, München 1995, 892–902.

Auch bei der theologischen Ausbildung ist eine Distanz zu staatlichen Einrichtungen zu beobachten.

Während im Bereich der Evangelischen Theologie 19 Fakultäten an staatlichen Universitäten zwei Kirchlichen Hochschulen gegenüberstehen, sind dies auf katholischer Seite 11 Fakultäten an staatlichen Universitäten gegenüber neun (bzw. seit 2013 acht) kirchlich getragenen Ausbildungsstätten, von denen wiederum drei von Orden geführt werden. Sogar bei der Akkreditierung theologischer Studiengänge geht die römisch-katholische Kirche einen Sonderweg. Die evangelisch-theologischen Studiengänge werden – unter Beteiligung kirchlicher Vertreter/innen – von allgemeinen Akkreditierungsagenturen zertifiziert. Dagegen geschieht dies für die Katholische Theologie exklusiv durch die kirchliche „Agentur für Qualitätssicherung und Akkreditierung kanonischer Studiengänge in Deutschland e. V." (AKAST), die wiederum eine Regionalagentur der vatikanischen Evaluierungseinrichtung „Agenzia della Santa Sede per la Valuzione e la Promozione della Qualità della Facoltà Ecclesiastiche" (AVEPRO) ist.

1.2 *Gesellschaft – Kirche:* In der Aufklärung verstanden sich evangelische und katholische Geistliche gemeinsam als Volkslehrer. Die damaligen Pastoraltheologien, wie die dreibändige von Johann Michael Seiler (1751–1832),[8] markierten jedenfalls teilweise einen überkonfessionellen Konsens. Dies änderte sich spätestens seit dem *I. Vaticanum* (1869/70). Schon in den beiden vorhergehenden Jahrzehnten dehnte das Papsttum unter dem Vorzeichen des Ultramontanismus seine Vorherrschaft aus. So bereitete es die auf dem I. Vaticanum vollzogene Dogmatisierung der Infallibilität des Papstes bei Kathedralentscheidungen vor. In Deutschland war dieses Dogma – im Episkopat und noch mehr in der theologischen Wissenschaft – umstritten (s. NIPPERDEY 429–431).

Die sich an das Konzil anschließenden und teilweise darauf aufbauenden Neuerungen vergrößerten die Kluft zwischen der gesellschaftlich dominanten, protestantischen Bevölkerungsmehrheit und den Katholiken.

Exemplarisch seien hier genannt:

Der von Papst Pius X. 1910 eingeführte sog. Antimodernisteneid (DH 3537–3550), den (bis 1967) katholische Theologen ablegen mussten. Er verpflichtete sie in engem Sinn auf die kirchliche Lehre und somit u. a. zur Kritik an der „modernen" wissenschaftlichen Theologie (wie historisch-kritische Exegese).

Die Verrechtlichung der Kirche und Religion. Sie fand in dem 1917 promulgierten Codex Iuris Canonici als erstmaliger Kodifizierung des lateinischen Kirchenrechts einen vorläufigen Abschluss und wurde im Codex Iuris Canonici von 1983 weitergeführt.[9]

---

8 S. NORBERT METTE, Praktische Theologie in der katholischen Theologie, in: CHRISTIAN GRETHLEIN/MICHAEL MEYER-BLANCK (Hg.), Geschichte der Praktischen Theologie. Dargestellt anhand ihrer Klassiker (APrTh 12), Leipzig 1999, 531–563, 535–537.

9 S. den Überblick über das kanonische Recht bei URS BROSI, Recht, Strukturen, Freiräume. Kirchenrecht (Studiengang Theologie IX), Zürich 2013, 27–46.

§ 6 Katholische Pastoraltheologie und Praktische Theologie

Organisatorisch kam es seit der zweiten Hälfte des 19. Jahrhunderts zur Gründung vieler katholischer Vereine. Es bildete sich in Deutschland eine eigene „Subkultur" in Form eines „*Vereins- und Verbandskatholizismus*" heraus (a. a. O. 439):

> „Weil die katholische Kirche politisch entmachtet war, wurde der Katholizismus in der modernen Form der Vereine zu einer Macht. Das sicherte und integrierte die soziale Basis des Katholizismus zusätzlich. Und es grenzte ab. Das Leben in einer konfessions-pluralistischen Gesellschaft wurde konfessionell eingehegt, das war neu, darum sprechen wir von einer Subkultur." (a. a. O. 440 f.)

Soziologisch ist zu beobachten: „Die Katholiken gehören zunächst überproportional zur traditionellen agrarisch-mittelständischen, vormodernen, vorkapitalistischen, vorindustriellen Sozialwelt" (a. a. O. 449).

Nach vielfältigen vorhergehenden Reformbemühungen – in Liturgie, Katechese und Seelsorge – versuchte erst das von Papst Johannes XXIII. einberufene *II. Vatikanische Konzil* (1963–1965) das Verhältnis zur Moderne neu und positiv zu gestalten. Es begann mit dem Ziel der „instauratio" (Erneuerung), so der einladende Papst, und verabschiedete etliche die katholische Kirche tiefgreifend verändernde Dokumente.[10] Allerdings bestehen hier erhebliche Interpretationsspielräume, um die seitdem theologisch gerungen wird.

Schon aus dieser kurzen Skizze wird eine die katholische Praktische Theologie prägende Besonderheit deutlich: die große *Bedeutung von Konzilsentscheidungen*. Vor allem die noch näher zu betrachtende Pastoralkonstitution „Gaudium et spes" stellt einen Text dar, an dem sich bis heute katholische Praktische Theologen abarbeiten. Umgekehrt fand sie in der evangelischen Praktischen Theologie keine Beachtung (s. GRETHLEIN).

1.3 Theologie: Entsprechend der genannten Zentralisierungstendenz in der römisch-katholischen Kirche sind heute die Rahmenbedingungen und Inhalte des theologischen Studiums weltweit normiert. 1979 veröffentlichte hierzu Papst Johannes Paul II. die Apostolische Konstitution „*Sapientia Christiana*". Sie wurde durch die rechtsgültigen „Verordnungen der Kongregation für das katholische Bildungswesen zur richtigen Anwendung" konkretisiert.

> Diese legen in Art. 51 die Pflichtfächer des katholischen Theologiestudiums fest: philosophische Fächer (vor allem systematische Philosophie, auch in ihrer historischen Entwicklung); Heilige Schrift: Einführung und Exegese; Fundamentaltheologie, unter Bezugnahme auf die Problematik des Ökumenismus, der nichtchristlichen Religionen und des Atheismus; dogmatische Theologie; Moraltheologie und Spiritualität; Pastoraltheologie; Liturgie; Kirchengeschichte, Patristik und Archäologie; Kirchenrecht.

---

10 Die Texte sind gut greifbar in: KARL RAHNER/HERBERT VORGRIMLER (Hg.), Kleines Konzilskompendium. Alle Konstitutionen, Dekrete und Erklärungen des Zweiten Vaticanums in der bischöflich beauftragten Übersetzung, Freiburg 1966.

In Deutschland stellen die staatskirchenrechtlich und damit auch hochschulrechtlich verbindlichen Konkordate auf diesem Hintergrund folgende 13 Fächer der Katholischen Theologie fest:

> Philosophie; Alte Kirchengeschichte; Mittlere und Neue Kirchengeschichte; Altes Testament, Neues Testament; Fundamentaltheologie/Religionsphilosophie; Dogmatik; Moraltheologie; Ethik/Sozialethik; Kirchenrecht; Liturgiewissenschaft; Religionspädagogik; Pastoraltheologie.

Demnach kommt Praktische Theologie lehramtlich und staatskirchenrechtlich im Bereich der Katholischen Theologie nicht vor. Pastoraltheologie, Religionspädagogik, Kirchenrecht, Liturgiewissenschaft und Missionswissenschaft treten als eigenständige Fächer auf.[11] Wahrscheinlich erübrigt die straffe Anbindung der gesamten Theologie an das römische Lehramt die Integration dieser Fächer.

2. Grundlegungen

Drei Impulse erscheinen mir wichtig, um die gegenwärtigen Bemühungen um Praktische Theologie im Bereich der Katholischen Theologie zu verstehen. Die ersten beiden intonieren grundlegend zwei Themen, die ich im Folgenden aufgreifen werde: die pastorale Person und die Kirche. Allerdings geschieht dies nicht ohne Bruch. Denn das Erstarken der sog. Neuscholastik[12] ab der Mitte des 19. Jahrhunderts verhinderte ein Voranschreiten erfahrungsbezogener Theoriebildung. Erst im Zuge der Reformbewegungen zu Beginn des 20. Jahrhunderts bahnte sich – zuerst im Hinblick auf konkrete Handlungsfelder, vor allem die Katechetik – ein neues Interesse an tatsächlicher Glaubenspraxis an. Als drittes ist die Pastoralkonstitution des II. Vaticanums zu analysieren. Sie ist der gegenwärtig gültige Grundlagentext für die katholische Pastoral.

2.1 *Pastoraltheologie:* Im Zug aufklärerischer Studienreform hatte in Wien – auf Geheiß von Maria Theresia sowie ihres Sohnes und Nachfolgers, Joseph II.[13] – Franz Stephan Rautenstrauch (1734–1785) ein der Pastoraltheologie

---

11 So auch die Untergliederung des für die neue Modulstruktur des katholischen Theologiestudiums konzipierten Studienbuchs von CLAUSS PETER SAJAK (Hg.), Praktische Theologie, Paderborn 2012.

12 Als deren Charakteristika können gelten: „eine dezidierte Kirchlichkeit im Sinne der Identifikation mit der überkommenen kirchlichen Struktur; die Verpflichtung gegenüber einem bestimmten, als unveränderlich geltenden Lehrsystem; ein absoluter Gehorsam kirchenamtlichen Entscheidungen gegenüber; der Gegensatz zu den ‚modernen Irrtümern'; Vorrang des Formalen vor dem inhaltlich Weiterführenden." (NORBERT METTE, Praktische Theologie in der katholischen Theologie, in: CHRISTIAN GRETHLEIN/MICHAEL MEYER-BLANCK [Hg.], Geschichte der Praktischen Theologie. Dargestellt anhand ihrer Klassiker [APrTh 12], Leipzig 1999, 531–563, 541).

13 Am Beginn der katholischen Pastoraltheologie steht also – im Gegensatz zum in 1.1 und 1.2 Skizzierten – große Staatsnähe.

gewidmetes letztes Jahr im Theologiestudium neu eingerichtet (s. 1. Kap. Einführung). Dabei verfolgte er zuerst ein persönlichkeitsbildendes Anliegen:

> „Der so große Umfang und die noch größere Wichtigkeit des Amtes eines würdigen Dieners des Evangeliums und eines Seelsorgers erheischen schlechterdings, daß man durch eine besondere Pastoraltheologie den wahren Charakter eines Seelsorgers in den Candidatis Theologiae zu bilden trachte und ihnen beizeiten eine wahre Liebe gegen seine Untergebenen, die nicht auf Eigennutz und derlei unlautere Absichten, sondern auf das Heil der Seelen abzielt, eine vernünftige Hochschätzung ihres Berufes und Standes, die, ohne in Hochmut auszuarten, selbst lehrt, das Niederträchtige oder Ärgerliche in Sitten zu meiden, eine dem Seelsorger nötige Gelassenheit in Erduldung böser Sitten, sanfte Ernsthaftigkeit im Ermahnen und Bestrafen, Bescheidenheit und Beobachtung des Wohlstandes im Umgang mit allerlei Menschen einflöße." (zitiert nach METTE 1999, 531).

In der Pastoraltheologie, im letzten Studienjahr angesiedelt, ging es also – zumindest auch – um die Bildung der pastoralen Persönlichkeit.

Bei der inhaltlichen Ausarbeitung des Lehrprogramms orientierte sich Rautenstrauch an der Calvin'schen *Drei-Ämter-Lehre Christi* (als Lehrer, Priester und Hirte). Konkret unterteilte er die Aufgaben der Priester in „Unterweisungs-, Ausspendungs- und Erbauungspflicht". Er hatte diese Einteilung bereits vorgefunden. Sie dominiert bis zum II. Vaticanum das katholische pastoraltheologische Schrifttum.[14] Die hierdurch gegebene Verbindung von Christologie und konkreter pastoraler Praxis integrierte die Pastoraltheologie in die Theologie als Ganze.

2.2 *Kirche:* In der sog. Tübinger Schule, in der katholische Theologen mit dem dortigen Wirkungsort im 19. Jahrhundert (und dann auch darüber hinaus) zusammengefasst werden,[15] erfolgte eine kritische Abwendung von der aufklärerischen Betonung der Vernunft und der natürlichen Religion. Demgegenüber wurden das Positive und Geschichtliche der Offenbarung betont. Damit kam die Dimension der Praxis in den Blick. Konkret wurde die Kirche in ihrer inneren Bestimmung und äußeren Gestalt zum dominanten Thema. *Anton Graf (1811–1867)*[16] erarbeitete von daher die Pastoraltheologie als „die Wissenschaft der kirchlichen, göttlich-menschlichen Thätigkeiten vermittelst kirchlich beamteter Personen, vorzugsweise des geistlichen Standes, zur Erbauung der Kirche" (GRAF 149; ohne Sperrdruck im Original).[17] Dabei

---

14 Auch im Protestantismus ist diese Konzeption bis heute aktuell, s. z. B. die im nächsten Paragraphen vorgestellte Praktische Theologie des Presbyterianers Richard Osmer (§ 7 3.2).

15 Grundlegend hierfür war JOHANN SEBASTIAN DREY, Kurze Einleitung in das Studium der Theologie mit Rücksicht auf den wissenschaftlichen Standpunkt und das katholische System, Tübingen 1819.

16 S. FRANZ XAVER ARNOLD, Seelsorge aus der Mitte der Heilsgeschichte. Pastoraltheologische Durchblicke, Freiburg 1956, 178–194.

17 STECK 29 vergleicht die Bedeutung von Grafs 1841 vorgelegter „Kritischer Darstellung des gegenwärtigen Zustandes der praktischen Theologie" für die katholische Praktische Theologie

betonte er deren theologisch wissenschaftlichen Charakter. In seinen konkreten Ausführungen nahm er Arbeiten aus der evangelischen Praktischen Theologie auf.

> So stellte er eingangs sogar fest, „daß eben Protestanten für den wissenschaftlicheren Aufbau der praktischen Theologie in der neuesten Zeit mehr gethan haben, als wir Katholiken." (GRAF IX; ohne Sperrdruck des Originals)

Allerdings grenzte er sich deutlich von Schleiermacher ab (GRAF 138 f.; s. STECK). Dessen Ansatz bei der Aufgabe der Kirchenleitung als Begründung für die Theologie als positive Wissenschaft schien ihm verfehlt. Vielmehr wollte Graf aus dem Begriff die Notwendigkeit der Praktischen Theologie begründen:

> „Die praktische Theologie ist nicht da, weil es ein überwiegend praktisches Interesse in der Theologie gibt, sondern jene und dieses sind da, weil die Kirche eine sich selbst erbauende ist." (GRAF 143). Dabei steht im Hintergrund die Auffassung Grafs, „daß die Theologie nur in der Kirche, in der Mitte der Gläubigen, nothwendig, und in der rechten Art und Weise zum Vorschein kommt ... daß die Kirche wesentlich drei Seiten darbietet, daß sie als eine gewordene, als eine mit einem bestimmten stets gleichen göttlichen unabänderlichen Wesen versehene und als eine sich selbst in die Zukunft hinein bildende vor unsern Augen dasteht; daß die Theologie diese drei Seiten ... erschöpfen muß, und die erste durch die biblischen Wissenschaften und die Kirchengeschichte, die zweite durch die Dogmatik und Moral und die dritte durch die praktische Theologie zur Darstellung kommt". (a. a. O. 125 f.; ohne Sperrdruck des Originals)

Unübersehbar ist die Nähe zur Praktischen Theologie Carl Immanuel Nitzschs mit ihrem Gegenstand der Kirche als „aktuosem Subjekt" (s. § 2 2.2). Doch betonte Graf in seinen programmatischen Ausführungen zur Kirche – die geplanten zwei weiteren Bände zur materialen Ausführung erschienen nicht – den Gegensatz zwischen Klerus und Laien. Er markierte mit der Betonung der Wissenschaftlichkeit und der Begründung der Praktischen Theologie in der Kirche zwei bis heute in diesem Fach wichtige Themen. Allerdings zeigen seine Ausführungen zur Kirche bei aller thematischen Ähnlichkeit mit evangelischen Theologen konfessionelle Differenzen.

2.3 Pastoralkonstitution: Die Pastoralkonstitution war wohl nicht der grundlegende Impuls, sondern eher eine Konsequenz aus der damaligen Arbeit (deutschsprachiger) katholischer Theologen, die durch den Konzilstext allgemeine Wirkung erhielt. Die Arbeit an dem fünfbändigen innovativen „Handbuch der Pastoraltheologie" (1964–1972) hatte bereits vor der Abfassung des konziliaren Textes begonnen. Auch waren Anfang der sechziger Jahre des 20. Jahrhunderts etliche neue pastoraltheologische Konzeptionen

---

mir der von Schleiermachers „Kurze(r) Darstellung des theologischen Studiums" (1811) für die evangelische Seite.

erschienen.[18] Doch ist „Gaudium et spes" der Text, auf den sich die weitere Katholische Theologie oft und vielfältig bezieht. Dabei stehen meist die systematischen und grundsätzlich ekklesiologischen Aussagen im Vordergrund.

Die materialen Ausführungen im zweiten Teil des konziliaren Dokuments sind nicht nur hinsichtlich ihrer mangelnden Verbindung zum ersten Teil problematisch, sondern z. B. auch wegen des missglückten Bemühens „in Kombination von Schöpfungstheologie und Christologie eine theologische Anthropologie und Gesellschaftstheorie" zu entwickeln.[19] Dazu treten Äußerungen zu Ehe und Familie, die bereits in die Richtung späterer, lebensfremder lehramtlicher Äußerungen weisen.

Bahnbrechend war die neue begriffliche Bestimmung von *„pastoral"*. Entgegen dem früheren Bezug auf die dogmatisch bestimmte Berufsausübung der Kleriker wird jetzt so der Auftrag der Kirche im umfassenden Sinn bezeichnet.[20] Kirche hat „dort zu sein und zu wirken, wo Gott ist und wirkt, nämlich wo die Menschen sind und für sie da zu sein, und so Gott die Ehre zu geben".[21]

Schon die einleitenden Sätze der Pastoralkonstitution machen diesen Neuansatz anschaulich: „Freude und Hoffnung, Trauer und Angst der Menschen von heute, besonders der Armen und Bedrängten aller Art, sind auch Freude und Hoffnung, Trauer und Angst der Jünger Christi. Und es gibt nichts wahrhaft Menschliches, das nicht in ihren Herzen seinen Widerhall fände." (Gaudium et Spes 1)

Die bisher lehramtliche Äußerungen prägende Kluft zwischen „der Welt" und der Kirche soll überwunden werden. Damit verändert sich das Verständnis von Kirche: weg von einer selbstgenügsamen Heilsinstitution hin zum Engagement angesichts gegenwärtiger Herausforderungen. Das Erkennen der „Zeichen der Zeit" (Gaudium et spes 4) wird zu einer wichtigen theologischen Aufgabe. So hält der Konzilstext die Bedeutung von Kirche[22] für Theologie fest, betont zugleich aber die Wichtigkeit kulturhermeneutischer Analyse für die Pastoral (im weiten Sinn).

---

18 S. die Zusammenstellung bei Norbert Mette, Praktische Theologie in der katholischen Theologie, in: Christian Grethlein/Michael Meyer-Blanck (Hg.), Geschichte der Praktischen Theologie. Dargestellt anhand ihrer Klassiker (APrTh 12), Leipzig 1999, 531–563, 547 f.

19 Norbert Mette, Gaudium et spes – Die Pastoralkonstitution und das Pastoralkonzil, in: MThZ 54 (2003), 114–126, 119.

20 Ausführlich erklärt diese Metapher und ihre Implikationen Reinhard Feiter, Einführung in die Pastoraltheologie, in: Clauss Peter Sajak (Hg.), Praktische Theologie, Paderborn 2012, 15-63, 23-32.

21 Norbert Mette, Gaudium et spes – Die Pastoralkonstitution und das Pastoralkonzil, in: MThZ 54 (2003), 114–126, 115.

22 Ökumenisch begegnen bereits in „Gaudium et spes" gravierende Probleme, die nachfolgende päpstliche Verlautbarungen noch zuspitzten. Vor allem die Unterscheidung zwischen Kirche und sog. „kirchlichen Gemeinschaften" (Art. 40) erschwert eine ökumenische Kooperation auf Augenhöhe zwischen römisch-katholischer Kirche und den protestantischen „kirchlichen Gemeinschaften".

3. Profilierungen

Wie bereits angedeutet, werden im Raum der Katholischen Theologie die Fragen der Praktischen Theologie unterschiedlich bearbeitet:

In dem ersten, aus dem französischen Sprachraum stammenden Beispiel begegnet eine sakramententheologisch begründete Theorie der Kirche, die auf den ersten Blick abseitig an dogmatischer Repristination interessiert erscheint. Doch die Tatsache, dass dieses Werk Aufnahme in die internationale Lehrbuchreihe AMATECA[23] fand, zeigt, dass es sich hier gesamtkirchlich offenkundig um keine Außenseiterposition handelt, obgleich sie in der deutschsprachigen Pastoral kaum rezipiert wird. Zudem erweist sich das Konzept im Sinne der elenchthischen Funktion der Komparatistik (s. Einleitung zum 2. Kap.) als anregend.

Im Gegensatz dazu entwirft Norbert Mette „Praktische Theologie" von einem handlungswissenschaftlichen Paradigma aus. Zwar steht dieser Ansatz erkennbar in engem Kontakt zur praktisch-theologischen Theoriebildung in der Evangelischen Theologie, doch enthalten seine Überlegungen darüber hinausreichende Perspektiven.

Den Abschluss dieses Durchgangs bildet die Präsentation des Anliegens Rainer Buchers, der vor allem die Überlegungen Mettes unter dem Eindruck vielfältiger Veränderungen neu akzentuiert und weiterführt.

3.1 Daniel Bourgeois (geb. 1946): Bereits die dogmatisch-konziliare Verortung des Bandes „Die Pastoral der Kirche", ein Titel in bis heute in der Katholischen Theologie üblicher Terminologie, ist interessant. Nicht die – freilich auch zitierte – Pastoralkonstitution „Gaudium et Spes", sondern die Kirchenkonstitution „Lumen Gentium" des II. Vaticanums ist der zentrale Bezugspunkt für die Argumentationen des französischen Mönchs Bourgeois. Das hier präsentierte sakramentale Verständnis von Kirche ist für seine „Pastoral" grundlegend:

> „Die Kirche ist in Christus gleichsam das Sakrament, das heißt Zeichen und Werkzeug für die innigste Vereinigung mit Gott wie für die Einheit der ganzen Menschheit" (Lumen Gentium 1; zitiert bei BOURGEOIS 194).

Pastoraltheologie hat demnach „das ganze lebendige Gewebe der Heilsökonomie als persönliche Beziehung Gottes zu seinem Volk zum Gegenstand" (a. a. O. 39).

> Dabei gilt: „Die ureigene und unumstößliche Besonderheit des christlichen Heils besteht darin, daß in der jetzigen Situation, der Geschichtszeit der Kirche, das Heil ontologisch nur auf sakramentale Weise übermittelt wird." (a. a. O. 39 f.; ohne Kursivsetzung des Originals)

---

23 Die Lehrbuchreihe „Associazione Manuali di Teologia Cattolica" wird von einem internationalen, aus Bischöfen und Professoren bestehenden Herausgeberkreis verantwortet.

§ 6 Katholische Pastoraltheologie und Praktische Theologie

Ausdrücklich setzt sich Bourgeois von hier aus mit der Bezeichnung „praktische Theologie" auseinander. Er weist sie wegen des möglichen Missverständnisses zurück, es gehe dabei nur um eine Applikation anderweitig Festgestellten (a. a. O. 214). Sachlich tritt er damit einem allgemeinen praktisch-theologischen Konsens bei. Und auch die Betonung der Wissenschaftlichkeit der „Pastoral" kann mit allgemeiner praktisch-theologischer Zustimmung rechnen.[24] Ebenso grenzt sich Bourgeois gegen die Dogmatik und Moraltheologie ab. Im Gegensatz zu diesen Disziplinen geht es in der „Pastoral" nicht primär um begriffliche Bestimmungen, sondern um „das Mysterium in der Vielfalt der Bedeutungsinstanzen" (a. a. O. 75; ohne Kursivsetzung des Originals). Theologisch hält dieser Ansatz strikt fest, dass *„Kirche" in ihrer „Sakramentalität"* ein besonderer Gegenstand der wissenschaftlichen Reflexion ist:

> „Die Sakramentalität der Kirche ist weder eine ‚Kreation' des Volkes noch eine ‚Kreation' der Hierarchie, sondern ein Geschenk, das Gott seiner Kirche macht, um ihn real zu bezeichnen" (a. a. O. 216).

Dementsprechend deduziert Bourgeois die Grundstrukturen der Pastoral aus der kirchlichen Lehre. Empirische Analysen lehnt er als unsachgemäß ab, weil sie sich nur auf die Leistungsfähigkeit von Menschen beziehen.

Sieht man von den im Einzelnen konfessionell engen Ausführungen von Bourgeois ab, die insgesamt kein Interesse an ökumenischem Austausch erkennen lassen,[25] so ist doch eines bemerkenswert: Wenn man seine sakramentstheologische Grundlegung in die Sprache reformatorischer Theologie zu transformieren versucht, so reklamiert er rechtfertigungstheologische Einsichten als grundlegend für die kirchentheoretische und die praktisch-theologische Reflexion. Der Gegenstand praktisch-theologischer Reflexion, die Kirche, ist demnach wesentlich menschlicher Aktivität entzogen, denn er verdankt sich allein Gottes Gnade.

3.2 Norbert Mette (geb. 1946): Einen ganz anderen Vorschlag, jetzt zu einer explizit Praktischen Theologie, legte 2005 Norbert Mette vor. Der 2011 in Dortmund emeritierte sog. Laientheologe nimmt dabei grundlegende Bestimmungen von zwei weiteren für die Entwicklung Praktischer Theologie innerhalb der Katholischen Theologie wichtigen Ansätzen bzw. Ausarbeitungen auf:

Systematisch basieren Mettes Überlegungen auf der durch Karl Rahner (und Edward Schillebeeckx) ausgelösten „anthropologischen Wende" (METTE

---

24 Allerdings begründet er dies in eigenwilliger Weise – letztlich von einem Verständnis der Theologie als „sacra doctrina" aus. Die Pastoral ist eine Wissenschaft, „weil darin alles vom Plan her betrachtet wird, den Gott mit der Welt hat, so wie er ihn in seiner Ewigkeit gefaßt hat und ihn in den geschichtlichen und ereignishaften Lebensumständen seiner Partner verwirklicht." (a. a. O. 69).

25 Vielmehr verzeichnet Bourgeois die reformatorische Ekklesiologie grob (z. B. a. a. O. 184 f.).

63).²⁶ Demnach impliziert jede Aussage über Gott Aussagen über den Menschen. Diese Einsicht war entscheidend für das fünfbändige „Handbuch der Pastoraltheologie", das – wie erwähnt – während des Zweiten Vatikanischen Konzils konzipiert wurde und nach dem Vorschlag des Mitherausgebers Rahner den „Selbstvollzug der Kirche in der Gegenwart" thematisierte (a. a. O. 13).²⁷

Eine Weiterentwicklung dieses noch stark auf Kirche bezogenen Ansatzes stellt das zweibändige 1999/2000 erschienene „Handbuch Praktische Theologie" dar, zu dem Mette einen Artikel beisteuerte. Jetzt spannt sich der Rahmen der Praktischen Theologie noch weiter und umfasst die *„Praxis der Menschen"*.

> Programmatisch wird einleitend erklärt: „Unsere leitende Basisüberzeugung besteht darin, daß radikal jeder Mensch im Raum des Beziehungswillens dessen steht, den wir ‚Gott' nennen. Diese Prämisse ist unhintergehbar und muß so ernstgenommen werden, daß sie nicht nur auf der Ebene wohlfeiler theologischer Behauptungen verbleibt, sondern auch wissenschaftskonzeptionell eingelöst wird. Folglich gehen wir bei der Konzeption dieser Praktischen Theologie davon aus, daß deren Horizont die Praxis der Menschen ist. ... Es gibt keinen Grund, der es rechtfertigen würde, bestimmte Praxisformen bestimmter Menschen von vornherein und grundsätzlich als für praktisch-theologische Reflexion irrelevant auszublenden ... Unter Praxis verstehen wir den umfassenden Geschehenskomplex der Gestaltung von Wirklichkeit, insofern sie von Menschen ausgeht bzw. insofern Menschen in ihr mit einem erlittenen Einwirken anderer Wirklichkeiten umgehen."²⁸

Teilweise führt Mette dieses – von den Herausgeber/innen als „eine Praktische Theologie nach dem II. Vatikanum"²⁹ bestimmte – Programm in engem Bezug auf lehramtliche Äußerungen aus. Er nimmt vor allem die genannten Passagen der Pastoralkonstitution „Gaudium et spes" auf (s. METTE 65).³⁰ Dazu treten Anregungen evangelischer Praktischer Theologen. Besonders Henning Luthers Theorie des fragmentarisierten Subjekts findet Mettes Zustimmung (METTE 63 f.).

Im Zentrum seiner Ausführungen steht der – ebenfalls aus der Evangelischen Theologie stammende – Begriff der „Kommunikation des Evangeli-

---

26 Mette beschließt seine „Praktische Theologie" mit dem „Ausblick: Einforderung von Kirchenreform als ständiger Aufgabe – ein praktisch-theologisches und pastorales Vermächtnis von Karl Rahner" (a. a. O. 207 f.).
27 S. AUGUST LAUMER, Karl Rahner und die Praktische Theologie (STPS 79), Würzburg 2010.
28 HERBERT HASLINGER/CHRISTIANE BUNDSCHUH-SCHRAMM/OTTMAR FUCHS/LEO KARRER/ STEPHANIE KLEIN/STEFAN KNOBLOCH/GUNDELINDE STOLTENBERG, Ouvertüre: Zu Selbstverständnis und Konzept dieser Praktischen Theologie, in: HERBERT HASLINGER (Hg.), Handbuch Praktische Theologie Bd. 1, Mainz 1999, 19–36, 23 f.
29 A. a. O. 20 (ohne die Kursivsetzung im Original); dahinter steht die Ausdehnung des Verständnisses von „Berufung" auf alle Menschen in der Kirchenkonstitution „Lumen Gentium" (13) und der Pastoralkonstitution „Gaudium et Spes" (2 f.).
30 S. ausführlich NORBERT METTE, Gaudium et spes – Die Pastoralkonstitution und das Pastoralkonzil, in: MThZ 54 (2003), 114–126.

ums". Sein Vorzug liegt für Mette darin, dass er verschiedene Ebenen miteinander verbindet, vor allem die empirische und die normative (a. a. O. 15).

Unter Bezug auf Jürgen Habermas verwendet Mette „Kommunikation" als „eine qualifizierte Bestimmung, die sich auf Prozesse der Verständigung von Menschen untereinander – womöglich um in sie angehenden Angelegenheiten zu einem Einverständnis zu gelangen – bezieht und deren Gegenteil in jeglicher Form der einseitigen und letztlich (wie sublim auch immer vonstatten gehenden) gewaltsamen Manipulation und Bemächtigung besteht." (a. a. O. 18)

Von daher arbeitet sich Mette kritisch an dem hierarchischen Gefüge der katholischen Kirche sowie an der Unterordnung der Frauen und der Laien ab. Evangelium versteht er recht allgemein als „das Gesamt der Selbstbekundung Gottes in seiner Liebe und Treue zu den Menschen, wie sie vor allem in der Bibel, aber auch darüber hinaus in anderen Religionen sowie in der Schöpfung insgesamt bezeugt ist" (a. a. O. 20).

In den materialen Ausführungen tritt ein sozialethisch akzentuiertes Glaubensverständnis zu Tage. Glauben kann nur – mit existentialistischem Unterton – als etwas verstanden werden, was den Menschen „mit Haut und Haaren" (a. a. O. 45) in Beschlag nimmt und sich deshalb keinesfalls auf die Privatsphäre beschränken kann (a. a. O. 46). Daraus folgt ein Verständnis von Gemeinde, in der eine „Einheit von Mystik und Politik" praktiziert wird (a. a. O. 108). Konkrete Beispiele stammen vorzüglich aus Frankreich, angefangen von den Arbeiterpriestern bis hin zu heutigen Reformbemühungen mit Basisgemeinden-Charakter (s. z. B. a. a. O. 108). Hier tritt exemplarisch das die ganze Praktische Theologie Mettes durchziehende *kritische Interesse am Bereich des Sozio- bzw. Politökonomischen* hervor, wie es in der Befreiungstheologie handlungsorientierend ausgearbeitet wurde. An dieser Stelle grenzt er sich deutlich gegenüber den (in § 5 genannten) neueren praktisch-theologischen Versuchen im Bereich der deutschen Evangelischen Theologie ab, die sich vor allem dem Kulturthema widmen.

„Damit fallen aufs Ganze gesehen Themenbereiche fast gänzlich aus, die in der Praktischen Theologie außerhalb des deutschsprachigen Raums eine große Rolle spielen: Armut und Reichtum, politische und ökonomische Macht, Globalisierung zwischen Expansion und Exklusion, Gerechtigkeit und Solidarität u. a. m."[31]

Demgegenüber unterstreicht Mette die Bedeutung dieser Themen in der internationalen Diskussion, verweist also indirekt auf den der Katholischen Theologie inhärenten Welthorizont.

3.3 Rainer Bucher (geb. 1956): Der in Deutschland geborene Rainer Bucher hat seit 2000 den Lehrstuhl für Pastoraltheologie und Pastoralpsychologie an der Katholisch-Theologischen Fakultät in Graz inne. Hier setzt er sich inten-

---

31 NORBERT METTE, Aktuelle Herausforderungen und Problemstellungen der Praktischen Theologie im deutschsprachigen Raum, in: IJPT 4 (2000), 132–151, 149 f.

siv mit Fragen der Begründung und des Verständnisses von Pastoraltheologie bzw. Praktischer Theologie auseinander – er gebraucht beide Bezeichnungen „streng koextensiv" (BUCHER 11). Wissenschaftsgeschichtlich ist der Ausgangspunkt seiner Überlegungen die Beobachtung, dass katholische Pastoraltheologie sich seit längerem unter Legitimationsdruck befindet:

> „Die ‚Empirische Theologie' reagiert auf die wissenschaftstheoretische Theologiekritik und übernimmt mit den empirischen Methoden der Sozialwissenschaften … eine wissenschaftsintern weitgehend unumstrittene Methodik … Die ‚Handlungstheorie' aber kann an den ‚Primat der Praxis', wie er im Neomarxismus gilt, ihrerseits kritisch anschließen, überwindet dadurch den innertheologischen Idealismus und Rationalismus in einem und gewinnt zudem ohne Zweifel wirkliche Befreiungsqualität. Und natürlich gibt es auch diejenigen, die Pastoraltheologie vor allem als Hilfswissenschaft der kirchlichen Hierarchie begreifen. Sie antworten auf die Herausforderungen des Wissenschaftsbegriffs mit einem Rückzug auf den binnenkirchlichen Raum und das Angebot dortiger Nützlichkeit." (a. a. O. 215 f.)

Die berechtigten Anliegen dieser drei Ansätze versucht Bucher aufzunehmen, aber zugleich ihre Einseitigkeiten zu korrigieren, indem er Pastoraltheologie als eine „*Kulturwissenschaft des Volkes Gottes*" profiliert. An der „Empirischen Theologie" vor allem niederländischer Prägung[32] kritisiert Bucher die Beschränkung auf religiöse Aspekte, bei der die nichtreligiösen „Zeichen der Zeit" aus dem Blick geraten (a. a. O. 192). Den von Mette, aber auch vom neuen Handbuch Praktische Theologie verfolgten handlungstheoretischen Ansatz kritisiert er als normativ überladen. Er fragt, ob der dabei leitende, von Habermas und dessen Interpretation durch Peukert (s. § 8 3.1) übernommene Praxisbegriff geeignet ist, die Erfahrungen heutiger Menschen mit ihren Brüchen zu erfassen. Demgegenüber rückt Bucher „das Andere, Fremde, Neue" in den Blick (a. a. O. 194). Konstruktiv greift er auf die kirchentheoretischen Einsichten der Pastoralkonstitution „Gaudium et spes" zurück:

> „Wenn Pastoral im Sinn des II. Vatikanums die handlungsbezogene, kreative Konfrontation individueller und kollektiver Existenz mit dem Evangelium in Wort und Tat meint, dann hat die Pastoraltheologie – dann wohl wieder der bessere Name für das Fach – Anwältin dieser Konfrontation auf wissenschaftlicher Ebene zu sein. Sie hat zwischen den Archiven des Glaubens unserer Väter und Mütter und den Räumen des heutigen Lebens das Spiel des kreativen Kontrasts anzustiften, hat die Orte heutiger Entdeckungen des Glaubens im Volk Gottes aufzusuchen, hat ein neues Spiel der Präsenz des Vergangenen anzuzetteln." (a. a. O. 194)

Programmatisch versucht der Pastoraltheologe dieses Anliegen mit dem Begriff des „*Kenotischen*" zu fassen. Entsprechend der Kirche, die ihre Macht-

---

[32] S. programmatisch JOHANNES VAN DER VEN, Practical Theology. From Applied to Empirical Theology, in: JET 1 (1988), 7–27.

ansprüche aufgeben muss, um glaubwürdig zu werden, hat die Pastoraltheologie alle Sicherungen abzustreifen, seien sie wissenschaftlicher, institutioneller oder kirchlicher Art. Damit wird – in Aufnahme von Überlegungen des Philosophen Gianni Vattimo – die Menschwerdung Gottes, seine Kenosis, zum Leitbegriff (a. a. O. 231 Anm. 88).

Es gelingt Bucher, zum einen gegenwartsanalytische Beobachtungen aufzunehmen, zum anderen aber Pastoraltheologie kirchlich zu verankern, allerdings nicht in der traditionellen Hierarchie, sondern im „Volk Gottes". Ähnlich wie im Handbuch Praktische Theologie hat eine so verstandene Pastoraltheologie grundsätzlich „alle Phänomene menschlicher Existenz" zum Gegenstand (a. a. O. 223; ohne Kursivsetzung des Originals). Der Kulturbezug eröffnet ihr einen ungehinderten Zugang zur Pluralität heutiger Lebenswelt. Die Rückbindung an das „Volk Gottes" verhindert die – protestantischen Praktischen Theologen vorgeworfene – Ausblendung des Politischen.

4. Anregungen für die evangelische Praktische Theologie

Folgende Bestimmungen bzw. Einsichten der skizzierten Konzepte sind für die Praktische Theologie im Bereich Evangelischer Theologie von Interesse und regen zu selbstkritischen Reflexionen an:

4.1 *Begründung:* Alle drei Autoren legen eine *genuin theologische Begründung von Pastoral bzw. Praktischer Theologie* vor. Deren fundierende Normen werden zwar aus teilweise unterschiedlichen Bezügen – bzw. einer differenten Lesart der Dokumente des II. Vatikanischen Konzils – gewonnen. Doch dominiert die normative Ebene die der Deskription. Interessant ist, dass sich der offenkundig ökumenisch nicht interessierte Bourgeois bei seiner Darstellung der Aufgaben von Laien auf die – als solche nicht genannte – Calvin'sche Lehre vom dreifachen Amt Christi beruft und von daher sein entsprechendes Strukturmodell gewinnt (BOURGEOIS 194–300). Er steht dabei in der von Rautenstrauch eröffneten katholischen pastoraltheologischen Tradition (s. 2.1).

4.2 *Gnade:* Bei aller Differenz in der grundlegenden Begründung – hier von einem konfessionell dogmatischen Sakramentsverständnis, dort von Überlegungen zur Identität („aus Gratuität", METTE 70–73) geprägt – machen Bourgeois und Mette (sowie in gewissem Sinn auch Bucher) darauf aufmerksam: Die Pastoral bzw. Praktische Theologie behandelt eine *Thematik, die sich menschlicher Verfügung entzieht*. Die jedem menschlichen Handeln zuvorkommende Gnade Gottes ist grundlegend für den Gegenstand der Pastoral bzw. der Praktischen Theologie: die sakramentale Praxis bzw. die Praxis der Menschen bzw. die Pastoral des Volkes Gottes.

4.3 *Kirche:* Zugleich steht bei den katholischen Theologen die Kirche im Mittelpunkt der Reflexion. Dabei gehen die materialen Ausführungen sowohl in Bezug auf die tatsächlich angesprochenen Themen als auch deren Behandlung zwar weit auseinander. Gemeinsam ist aber Bourgeois und Mette ein *hoher Anspruch an die Praxis der Gläubigen.* Die geringe Bedeutung, die Kirche für die meisten Katholiken spielt, gilt beiden als etwas zu Überwindendes. Für Bourgeois ist dabei die aus Art. 10 von Lumen Gentium abgeleitete wesenhafte Differenz zwischen Tauf- und Weihepriestertum grundlegend (s. BOURGEOIS 176–178), Mette orientiert sich an konkreten Gemeinschaftsformen wie Basisgemeinden (s. METTE 108 f.). Demgegenüber öffnet die Orientierung an den Brüchen und Kontrasten der Lebenswelt heutiger Menschen bei Bucher einen neuen Horizont, ohne dass dieser aber schon genauer bestimmt würde.

4.4 *Politik:* Wichtig ist das klare Plädoyer Mettes und Buchers gegen ein Vergessen des Sozio- bzw. Politökonomischen in der Praktischen Theologie. Nachdrücklich weisen sie auf die Bedeutung dieser Dimension im Weltmaßstab hin und monieren bei protestantischen Praktischen Theologen eine Reduktion auf die Thematik Kultur. Hier begegnet der *weite Horizont einer Weltkirche,* in der sich manche Bischöfe und Priester in Asien, Afrika und Südamerika für die Armen und Entrechteten einsetzen.

§ 7 Impulse aus den USA

Literatur: DON BROWNING, A Fundamental Practical Theology. Descriptive and Strategic Proposals, Minneapolis 1991 – KATHLEEN CAHALAN/GORDON MIKOSKI (Hg.), Opening the Field of Practical Theology. An Introduction, Lanham 2014 – SEWARD HILTNER, Preface to Pastoral Theology, New York 1958 – WILLIAM JAMES, Die Vielfalt der religiösen Erfahrung. Eine Studie über die menschliche Natur, übs. v. EILERT HERMS u. CHRISTIAN STAHLHUT, Frankfurt 1997 (The Varieties of Religious Experience. A Study in Human Nature, New York 1902) – TONY JONES, The New Christians. Dispatches from the Emergent Frontier, San Francisco 2008 – BONNIE MILLER-MCLEMORE (Hg.), The Wiley-Blackwell Companion to Practical Theology, Malden 2012 – MARK NOLL, Das Christentum in Nordamerika (Kirchengeschichte in Einzeldarstellungen IV/5), Leipzig 2000 – RICHARD OSMER, Practical Theology. An Introduction, Michigan 2008 – ROBERT PUTNAM/DAVID CAMPBELL, American Grace. How Religion Divides and Unites Us, New York 2010 – FRIEDRICH SCHWEITZER, Praktische Theologie in Nordamerika, in: CHRISTIAN GRETHLEIN/MICHAEL MEYER-BLANCK (Hg.), Geschichte der Praktischen Theologie. Dargestellt anhand ihrer Klassiker (APrTh 12), Leipzig 1999, 565–569 – JAMES WOODWARD/STEPHEN PATTISON (Hg.), The Blackwell Reader in Pastoral Practical Theology, Oxford 2000 – DANA WRIGHT, The Contemporary Renaissance in Practical Theology in the United States. The Past, Present, and Future of a Discipline in Creative Ferment, in: IJPT 6 (2002), 288–319

Eingangs skizziere ich grundlegende Rahmenbedingungen kirchlichen Lebens und theologischer Arbeit in den USA.

Der zweite Abschnitt präsentiert wichtige Impulse für die Entstehung und besondere Ausprägung Praktischer Theologie in den USA.

Es folgen Hinweise auf Profilierungen Praktischer Theologie als akademischer Disziplin in den USA. Sie werden zuerst exemplarisch anhand zweier wichtiger praktisch-theologischer Lehrbücher entwickelt.[33] Durch deren Autoren, Don Browning und Richard Osmer, treten zwei für Praktische Theologie in den USA wichtige Forschungsstätten, die Divinity School der University of Chicago[34], an der Browning bis 2002 lehrte, und das Princeton Theological Seminary, ins Blickfeld. Darüber hinaus sind in den USA für die Praktische Theologie Konzepte charakteristisch, die bestimmte Perspektiven aus dem gesellschaftlichen und kulturellen Kontext aufnehmen. Sie werden in zwei jüngst erschienenen Handbüchern präsentiert (MILLER-MCLEMORE; CAHALAN/MIKOSKI). Schließlich soll noch das Bemühen in den Blick kommen, jenseits kirchlicher Organisationen Christsein anzuregen. Als Beispiel hierfür steht das Konzept der „emergent Christianity".

Abschließend fasse ich in komparativer Perspektive wichtige Impulse für die Theoriebildung deutscher (evangelischer) Praktischer Theologie zusammen.

1. Kontext

1.1 *Staat und Kirchen:* Entsprechend dem anderen Verhältnis von Staat und Religion(en) in den USA unterscheiden sich die Organisationsformen von Kirchen und theologischer Ausbildung grundlegend von dem in Deutschland Vertrauten. Dabei überlagern sich verschiedene Einflüsse, die bis heute wirken (s. genauer NOLL 64–181). Zuerst brachten die Einwanderer jeweils ihre heimische Konfession mit in die „Neue Welt". Von daher waren konfessionelle Differenzen national bestimmt (z.B. schwedische Lutheraner; niederländische Reformierte). Der starke Einfluss der Puritaner führte zu einer tiefen moralischen Prägung des öffentlichen und privaten Lebens (s. a.a.O

---

33 Einen anderen Zugang wählt Kathleen Cahalan. Sie orientiert sich an der Modernitätstheorie Paul Lakelands (PAUL LAKELAND, Postmodernity. Christian Identity in a Fragmented Age, Minneapolis 1997) und präsentiert Don Browning als Vertreter einer spätmodernen sowie Craig Dykstra und Dorothy Bass als Protagonisten einer tugendorientierten, modernitätskritischen Position. Dazu führt sie noch sog. postmoderne Ansätze an, für die der feministische Ansatz von Rebecca Chopp exemplarisch steht, zu denen Cahalan vor allem aber die Befreiungstheologie in ihren unterschiedlichen Spielarten zählt (s. KATHLEEN CAHALAN, Three Approaches to Practical Theology, Theological Education, and the Church's Ministry, in: IJPT 9 [2005], 63–94. Allerdings sind die beiden zuletzt genannten Konzepte nicht systematisch auf das Gesamtfach Praktische Theologie hin ausgearbeitet.

34 Die University of Chicago war im 20. Jahrhundert ein wichtiger Ort für die theoretische Ausarbeitung eines „modernen" liberalen Christentums in den USA; s. z.B. SHAILER MATHEWS, The Faith of Modernism, New York 1924.

72–75). Aus der Vielzahl der verschiedenen Konfessionen resultierte im Gegensatz zu den meist konfessionell einheitlichen europäischen Ländern ein „*Denominationalismus*":

> „Beinahe alle amerikanischen Kirchen zeigen sowohl ‚sektiererische' Charakterzüge, das heißt, sie gründen sich selbst, sie existieren ohne finanzielle Unterstützung des Staates, sie kämpfen um Anhänger, als auch ‚kirchliche' Charakterzüge, da manche einen hohen sozialen Status genießen, viele direkten oder indirekten Einfluß auf öffentliche Sitten oder staatliche Politik ausüben und fast alle die Befreiung von der Steuer akzeptieren." (a. a. O. 60 f.)

Die einzelnen Denominationen sind wiederum unterschiedlich organisiert, wie bereits manche Namen zeigen (z. B. Kongregationalisten; Episkopalisten; Presbyterianer). Auch finden sich beträchtliche Lehrdifferenzen, etwa hinsichtlich der Taufe (z. B. Baptisten vs. Katholiken) oder der Trinitätslehre (z. B. Unitarier vs. Lutheraner). Insofern trifft die verbreitete Vorstellung eines gleichsam vereinten Protestantismus nicht zu (s. NOLL 147).

Rechtlich entscheidend für die konkrete kirchliche Arbeit und die Theologie ist der 1789 in die Verfassung aufgenommene Zusatz („First Amendment"). Er untersagt in seinem ersten Teil ausdrücklich jede Privilegierung einer Religionsform: „Congress shall make no law respecting an establishment of religion, or prohibiting the free exercise thereof" (s. a. a. O. 97). Damit schuf er die Voraussetzung für eine Integration verschiedener Religionsgemeinschaften.

1.2 *Civil Religion:* Die strikte Trennung zwischen organisierten Formen der Religion und dem Staat führte zu keinem laizistischen Ausschluss der religiösen Dimension aus der Politik und der öffentlichen Diskussion. Vielmehr bildete sich überdenominationell und eigenständig, wenngleich protestantisch-christlich profiliert, ein staats- und gesellschaftstragender religiöser Grundkonsens heraus. Der Religionssoziologe Robert Bellah versuchte, ihn anhand der Inauguralreden US-amerikanischer Präsidenten als „Civil Religion" zu rekonstruieren.[35] Ihr kommt – unter Rückgriff auf biblische Motive und Symbole – eine wichtige Funktion in der *Integration* der pluralen US-amerikanischen Gesellschaft zu.

> Civil Religion ist demnach „jenes Ensemble an Glaubenssätzen, Symbolen und Ritualen, das die Bürger an das politische Gemeinwesen bindet und dieses in seinen Institutionen und Repräsentanten in letzter Instanz als transzendent legitimiert erscheinen lässt. Es benennt diejenigen Werte, die prinzipiell menschlicher Dispositionsfreiheit entzogen sein sollen, und stellt gleichzeitig die Geschichte und das Schicksal der Nation in einen öffentlich vermittelten Sinnbezug. ... Sie ist ein

---

[35] ROBERT BELLAH, Civil Religion in America, in: Daedalus 96 (1967), 1–21; s. hierzu und zur Weiterentwicklung des Konzepts ROLF SCHIEDER, Civil Religion. Die religiöse Dimension der politischen Kultur, Gütersloh 1987, 83–215.

„Ordnungsglaube', der zu den unterschiedlichen ‚Heilsglauben' der verschiedenen Denominationen hinzutritt ..."[36]

Die in den meisten US-amerikanischen Kirchen anzutreffenden amerikanischen Flaggen machen den trotz organisatorischer und inhaltlicher Differenz bestehenden nationalen Grundkonsens augenfällig. Er umfasst mittlerweile ebenfalls Synagogen und zum Teil Moscheen.[37]

1.3 Kirchliche Pluriformität: Zugleich unterstützte die Notwendigkeit eigenständiger Organisation die Tendenz zur religiösen Vielfalt. Spätestens seit der Großen Depression in den dreißiger Jahren des 20. Jahrhunderts ist eine Schwächung der alten und wohlhabenden Mainline Churches, also des älteren Protestantismus, zu beobachten.

„Als Kernbestand des ‚mainlines' werden Kirchen angesehen,
– die über eine ausgeprägte Ämterstruktur mit nationalen Dachverbänden und oberster Repräsentation verfügen,
– die hauptamtliche, akademisch ausgebildete Pfarrer beschäftigen,
– die ein angelagertes Organisationsspektrum mit Wohlfahrtsverbänden, Seminaren, Publikationsorganen usw. betreiben,
– die schon eine über Jahrhunderte währende, institutionelle Geschichte in den USA aufweisen,
– die in deren Eliten stets gut repräsentiert waren
– und die immer noch eine überwiegend weiße Mitgliedschaft haben."[38]

Auf jeden Fall werden subsumiert:
– „die Episkopal Church,
– die United Methodist Church,
– die Evangelical Lutheran Church in America,
– die Presbyterian Church,
– die American Baptist Churches in the USA,
– und die United Church of Christ."[39]

In erweiterter Form werden auch die römisch-katholische Kirche und als „mainline religions" das reformierte und konservative Judentum hinzugezählt.

Dagegen steigen seit Längerem die Mitgliederzahlen in Heiligungs-, Pfingst- und afroamerikanischen Kirchen (s. schon NOLL 176–182), teilweise auch

---

36 MANFRED BROCKER, Einleitung, in: DERS. (Hg.), God bless America. Politik und Religion in den USA, Darmstadt 2005, 7–12, 9.
37 Dieser zivilreligiöse Grundkonsens der verschiedenen Religionen in den USA kam in der New Yorker Gedenkfeier für die Opfer des Attentats vom 11. September 2001 zum Ausdruck (s. PETER CORNEHL, „A Prayer for America". Der interreligiöse Trauergottesdienst in New York am 12. September 2001 als Beispiel für Civil Religion nach dem 11. September, in: DERS., „Die Welt ist voll von Liturgie". Studien zu einer integrativen Gottesdienstpraxis [PTHe 71], Stuttgart 2005, 116–131).
38 RAINER PRÄTORIUS, Marginalisiert in der Mitte. Das politische Geschick des „mainline"-Protestantismus, in: MANFRED BROCKER (Hg.), God bless America. Politik und Religion in den USA, Darmstadt 2005, 68–88, 69.
39 Ebd.

wegen der höheren Geburtenrate in diesen Gemeinschaften. Dabei kristallisieren sich die Frage des angemessenen Umgangs mit der Bibel (exemplarisch das Verständnis der Schöpfungserzählungen) und das Verhältnis zur Moderne (exemplarisch Fragen der Sexualethik, zur Zeit vor allem der Bewertung von Homosexualität) als Probleme heraus. Deren Beantwortung unterscheidet liberale und fundamentalistische Denominationen.

> Die sexuelle Liberalisierung seit Ende der sechziger Jahre des 20. Jahrhunderts führte zu einer Gegenbewegung, bei der verschiedene Kirchen und die Republikaner eng zusammenrückten. Dies provozierte in den neunziger Jahren vor allem bei Jüngeren eine wachsende Distanz zu Formen organisierter Religion. Mittlerweile sind die sog. „nones", also Menschen ohne Denominationszugehörigkeit, eine wichtige Gruppe im weltanschaulichen Spektrum der USA (s. PUTNAM/CAMPBELL 120–132). Von ihnen sind aber nur wenige Atheisten.

1.4 *Auflösung der Denominationen:* Langfristig vielleicht die wichtigste Entwicklung in den USA ist der sich abzeichnende Bedeutungsverlust der denominationellen Differenzen. Etwa ein Drittel der US-Amerikaner/innen wechselt im Lauf des Lebens – mindestens – einmal die Konfessions- bzw. Religionszugehörigkeit. Die Buntheit der Entwicklung geht anschaulich aus der Selbstvorstellung der beiden Autoren einer fast 700 Seiten starken Analyse zur religiösen Situation in den USA hervor:

> „One of us (Campbell) is a Mormon. He is the product of what was initially an interfaith marriage – as his Mormon mother married his mainline Protestant father. Eventually, his father converted to Mormonism. His mother too had been a convert years before. As a child she left Catholicism to become a Mormon … The family tree of your other author (Putnam) also encapsulates the religious churn that is so common in America. He and his sister were raised as observant Methodists in the 1950s. He converted to Judaism at marriage; he and his wife raised their two children as Jews. One child married a practicing Catholic, who has since left the church and is now secular. The other child marries someone with no clear religious affiliation but who subsequently converted to Judaism. Meanwhile, Putnam's sister married a Catholic and converted to Catholicism. Her three children became devout, active evangelicals of several varieties." (a.a.O. 36)

Sprichwörtlich ist *„congregation shopping"* (a.a.O. 167–172), bei dem sich Menschen – oft im Zusammenhang mit einem Umzug – eine ihnen genehme Gemeinschaft aussuchen. Dabei spielen traditionell konfessionelle Gesichtspunkte meist keine bzw. eine untergeordnete Rolle. Die Gründung von – in der Regel – nicht denominationell gebundenen Mega-Churches (s. die Beschreibung der von Rick Warren gegründeten Saddleback Church in Orange County [California] a.a.O. 54–69) kann als Reaktion hierauf interpretiert werden; ebenso die Entwicklung der „Emergents" (s. a.a.O. 177–179; 3.3).

1.5 *Theologie und Ausbildung:* Auch die *Theologie* ist in den USA vielfältig organisiert. Auf der einen Seite finden sich viele Seminaries, in denen die einzelnen Denominationen in (hinsichtlich Dauer und Niveau) unterschiedlicher Weise ihren pastoralen Nachwuchs ausbilden. Daneben gibt es Einrichtungen wie die Harvard Divinity School („non-sectarian") oder die bereits erwähnte Divinity School der Chicago University. Sie sind nicht konfessionell gebunden, sondern den Rahmenbedingungen ihrer Universität unterworfen. Dazu treten andere überkonfessionelle Einrichtungen wie das Union Theological Seminary in New York („independent, multi-denominational"). Entsprechend der starken Ausrichtung der meisten theologischen Ausbildungsstätten auf die konkrete Berufsausbildung herrscht bis heute die Form des „clergyman's training" vor (SCHWEITZER 567), also eine Konzentration auf einzelne Handlungsfelder der Pfarrer. So lautete die Denomination des ersten entsprechenden Lehrstuhls in den USA „Pulpit Eloquence and Pastoral Theology" (1819 in Harvard eingerichtet) (WRIGHT 296). Erst ab der Mitte des 20. Jahrhunderts gab es weiterführende Vorstöße zu einer „practical theology", wobei bis heute „pastoral" und „practical" permiscue verwendet werden (s. WOODWARD/PATTISON 1–3). Tatsächlich sind die meisten neueren praktisch-theologischen Arbeiten in den USA pastoraltheologisch ausgerichtet.

2. Grundlegungen

Praktische Theologie in dem im deutschsprachigen Raum entwickelten Sinn kam in den USA erst langsam ab der Mitte des 20. Jahrhunderts in Gang, obgleich die hier verhandelten Fragen bereits länger theologisch bedacht wurden (s. hierzu WRIGHT 295–304). John Patton, Professor of Pastoral Theology am Columbia Theological Seminary, nennt in seinem grundlegenden Überblick zur Entwicklung der Praktischen Theologie in den USA[40] drei wichtige Ursprünge:

2.1 *William James (1842–1910):* Grundlegend ist die Religionstheorie des Philosophen und Psychologen *William James*. Für die Entwicklung der Praktischen Theologie in den USA sind drei Einsichten bzw. Annahmen James' wichtig:
– Zuerst war er an Erfahrungen von Menschen interessiert. Seine Aufmerksamkeit als Psychologe galt der Religion einzelner Personen, dogmatisch theologische Fragen klammerte er bewusst aus (s. z. B. JAMES 59).[41] Besonders tiefen Aufschluss erwartete er sich von der Analyse der

---

[40] JOHN PATTON, Introduction to Modern Pastoral Theology in the United States, in: WOODWARD/PATTISON 49–58, 50–53.
[41] So geht James von einem zweifachen Religionsbegriff aus, der sich in institutionelle und persönliche Religion aufgliedert. Nur der zweiten Form gehört sein Interesse (s. a. a. O. 61).

Äußerungen religiöser „Genies". Von ihnen versprach er sich ein Vorstoßen auf die Ebene der „ursprünglichen Erfahrungen" (a. a. O. 42). Dabei war ihm bewusst, dass diese besondere Intensität des Erlebens oft mit krankhaft bzw. abnorm erscheinenden Verhaltensweisen einherging.
- Methodisch entspricht diesem Ansatz ein Vorgehen, das Clifford Geertz später „dichte Beschreibung" („thick description") nannte,[42] also die möglichst differenzierte Wahrnehmung von Äußerungen und Beobachtungen, wobei deren Systematisierung sekundär ist. Vielfach interpretierte James schriftliche Zeugnisse aus der Literatur.
- Auch philosophisch hat die Konzentration auf die Einzelnen Konsequenzen. So entwarf James eine pragmatische Wahrheitstheorie. Wahrheit definiert sich bei ihm nicht wie herkömmlich durch Übereinstimmung mit der Wirklichkeit, sondern durch ihre Funktion für die Lebensbewältigung (s. am Beispiel Glück a. a. O. 110). Wahr ist demnach etwas, wonach man leben kann. Religion wird also auf der pragmatischen Ebene angesiedelt.

2.2 Anton Boisen (1876–1965): Dieses psychologische und damit primär auf den Einzelfall gerichtete Interesse an Religion nahm der durch die Religionspsychologie von James, Edwin Starbuck u. a. geprägte Theologe Anton Boisen auf. Selbst an einer psychischen Erkrankung mit starken Anfällen leidend erarbeitete er wichtige Impulse für die klinische Seelsorgebewegung; vielfach gilt er als deren „Vater". So bildete er Theologiestudierende am Krankenbett aus und entwickelte das Konzept der *„living human documents"*[43] für theologische Arbeit.

Charles Gerkin (1922–2004) arbeitete diesen am einzelnen Leidenden interessierten Impuls als hermeneutisches Konzept aus. Die Spannung zwischen Psychologie und Theologie in der Seelsorge sowie zwischen Seelsorger und dem Hilfe Suchenden wird als ein hermeneutischer Prozess der gegenseitigen Interpretation gedeutet. Damit will Gerkin u. a. eine Verdrängung der christlich-theologischen Wurzeln von Seelsorge durch die Psychotherapie und ihre Methoden verhindern. Konkret nimmt er – neben Einsichten Schleiermachers und Diltheys – vor allem die hermeneutische Philosophie Hans-Georg Gadamers mit ihren konzeptionellen Begriffen des Verstehenshorizontes und der Horizontverschmelzung auf.[44]

Bei den Krankenbesuchen transformierte Boisen die bis dahin selbstverständlich asymmetrisch verstandene Beziehung zwischen Seelsorger und

---

42 Grundlegend CLIFFORD GEERTZ, Thick Description: Toward an Interpretive Theory of Culture, New York 1973; s. hierzu und zur Weiterführung ACHIM KNECHT, Dichte Beschreibung, in: ASTRID DINTER/HANS-GÜNTER HEIMBROCK/KERSTIN SÖDERBLOM (Hg.), Einführung in die Empirische Theologie, Göttingen 2007, 226-241.
43 Bereits James spricht von den „documents humains" (JAMES 39).
44 S. CHARLES GERKIN, The Living Human Document. Re-Visioning Pastoral Counseling in a Hermeneutical Mode, Nashville 1984, 37–54 (besonders 45–48 zu Gadamer).

Patient zu einer Beziehung gegenseitig Lernender. Gerade die Krise bot ihm Gelegenheit, Genaueres über sich selbst und den Anderen/die Andere zu erfahren. Durch den Ausbau dieser Methode zu einem Trainingsprogramm (Clinical Pastoral Education) für die theologische Ausbildung bereitete Boisen eine pragmatische Ausrichtung der Praktischen (bzw. Pastoralen) Theologie vor. Dabei bildet der Einzelfall den Ausgangspunkt, also die konkrete Kommunikation mit dem/der Kranken. Die hier bestehende enge Verbindung von Reflexion auf Praktische Theologie und theologischer Ausbildung durchzieht die weitere Entwicklung in den USA als roter Faden – und begegnete bereits in der deutschen Praktischen Theologie. Konkret wirkte die Organisationsform des Clinical Pastoral Training in Deutschland (s. § 4 3.1) auf die zweite pastorale Ausbildungsphase in den Predigerseminaren.

2.3 *Seward Hiltner (1909–1984):* Sieht man von übersetzten Werken ab,[45] stellt wohl 1958 *Seward Hiltners* „Preface to Pastoral Theology" den entscheidenden Vorstoß auf dem Weg zu einer US-amerikanischen Praktischen Theologie dar, ohne dass aber diesem „Vorwort" noch ein ausgearbeitetes Werk gefolgt wäre. Dabei geht sein Buch inhaltlich über die pastoral theology hinaus, die bei ihm durch die „shepherding perspective" gekennzeichnet ist.

> „Pastoral theology ... is an operation-focused branch of theology, which begins with theological questions and concludes with theological answers, in the interim examining all acts and operations of pastor and church to the degree that they involve the perspective of Christian shepherding." (HILTNER 24).

Vielmehr stellte Hiltner „logic-centered fields", z. B. Biblische Theologie, Historische Theologie, Dogmatik, Ethik, Psychologische Theologie, Ästhetische Theologie, Religionsvergleichende Theologie, *„operation-centered areas"* entgegen.[46] Diese letzteren gliedern sich wiederum in drei wissenschaftliche Zugänge:
- die „Pastoral Theology", die – wie erwähnt – durch die Perspektive des „shepherding" gekennzeichnet ist und sich in den Kommunikationsformen von „Healing", „Sustaining" und „Guiding" äußert;[47]
- die „Educational and Evangelistic Theology", deren Charakteristikum die Dimension des „Communicating" ist, was seinen Ausdruck in den Vollzügen „Learning", „Realizing" und „Celebrating" findet;[48]
- die „Ecclesiastical Theology", charakterisiert durch die Dimension des „Organizing", das sich in „Nourishing", „Protecting" und „Relating" ausdrückt.

---

45 Zuerst JOHANNES JACOBUS VAN OOSTERZEE, Practische Theologie. Ein Handboek voor Jeugdige Godgeleerten (2 Bde.), Utrecht 1877f. (übs. Practical Theology. A Manual for Theological Students, London 1878; bei dieser Übersetzung wurden wichtige Passagen zur historischen Entwicklung der Praktischen Theologie ausgelassen [s. SCHWEITZER 568]).
46 S. hierzu übersichtlich das Schaubild bei HILTNER 28.
47 Den biblische Bezug dazu stellt die Erzählung vom barmherzigen Samariter dar (s. a. a. O. 147).
48 Diese Dimension arbeitete Hiltner auch hinsichtlich der zu beachtenden (vier) Grundbedingungen präzise aus (s. a. a. O. 192–194).

Hiltner sah die Ähnlichkeit der zuletzt genannten theologischen Arbeitsfelder zu der deutschen „Praktischen Theologie" des 19. Jahrhunderts.[49] Allerdings kritisierte er, dass dort die Praktische Theologie lediglich als eine weitere Disziplin den vier anderen (Altes Testament, Neues Testament, Kirchengeschichte, Systematische Theologie) hinzugefügt wird (s. HILTNER 24). Sein Modell sieht dagegen eine aufeinander bezogene Zweierdifferenzierung vor. Pointiert formuliert: Das in Deutschland mit „Praktischer Theologie" umschriebene Gebiet repräsentiert nur ein Fünftel der Theologie, die bei Hiltner auf die „operation-centered areas" bezogenen Wissenschaften dagegen die Hälfte. Dazu konnte – in weiterer Abgrenzung zur deutschen Diskussion – Hiltner keinen gemeinsamen Oberbegriff für die drei genannten Bereiche erkennen.

> Die Tendenz, den praktisch-theologischen Zugang innerhalb der Theologie stärker zu gewichten als in der in Deutschland üblichen Disziplineinteilung, findet sich auch sonst in den USA und entspricht wohl insgesamt der pragmatischen Ausrichtung angelsächsischer Kultur.

Entgegen der damals in den USA verbreiteten Konzentration auf den methodischen Bereich pastoralen Handelns, die in konkreten Trainingsprogrammen für einzelne Bereiche ihren Niederschlag fand, betonte Hiltner die Bedeutung von Theorie.[50] Trotzdem blieb er stark den einzelnen Vollzügen verhaftet. Dies zeigt seine Kritik an einem die Forschung zu und in den einzelnen pastoralen Tätigkeitsfeldern integrierenden Konzept. Wissenschaftstheoretisch bezog sich Hiltner auf den *korrelationstheoretischen Ansatz*, wie ihn systematisch-theologisch Paul Tillich erarbeitet hatte, radikalisierte ihn aber (s. HILTNER 222f. Anm. 19). Denn bei ihm kann auch die „Kultur" Antwort auf theologische Fragen geben, nicht nur die Theologie auf Fragen der Kultur.

> Als Beispiel diente ihm die Psychiatrie, deren Eingreifen im konkreten Fall Hilfe zum Glauben leisten kann. Dafür schlug Hiltner Begriffe wie „interconnected theological method", „interpenetrating", „interrelated", „intervolve" oder schließlich „amphidectic" (a.a.O. 223) vor, ohne dass diese seinem Anliegen gegenseitiger Durchdringung theologischer und nichttheologischer Forschung in der pastoral theology voll entsprachen. Auch bezog er sich gelegentlich auf die Feldtheorie von Kurt Lewin (a.a.O. 188f., 214f.).

Insgesamt verfolgte Hiltner ein auch konzeptionell ausgeprägtes kommunikatives Anliegen. Bei den ersten beiden seiner Grundperspektiven des Han-

---

49 Im Wesentlichen bezog Hiltner seine Kenntnisse dazu offenkundig aus dem zweibändigen Lehrbuch des niederländischen Praktischen Theologen Johannes Jacobus van Oosterzee (s. a.a.O. 225 Anm. 24).

50 Explizit SEWARD HILTNER, What we get and give in Pastoral Care. What we get: Theological Understanding, in: Pastoral Psychology 5 (1954), 14–25, 15: „The work of the minister must have a theory, a general structure; it is not just doing, nor variation, nor skill, but in some sense the capture of a structure and an order."

delns von Pfarrer und Kirche, dem „Shepherding" und „Communicating", stellte er deren untrennbare Verbundenheit heraus. Die dritte Grundperspektive, das „Organizing", wuchs der Kirche erst durch ihre Ausdehnung später zu. Sie erfordert ebenfalls eine kommunikative Ausgestaltung. Deutlich tritt bei Hiltner das Interesse hervor, Theorie und Praxis miteinander zu korrelieren – ein seitdem die Entwicklung der US-amerikanischen Praktischen Theologie bestimmendes Grundanliegen. Konkret kommt es in der praktisch-theologischen Arbeit zu einer „Bewegung": „Einzelerfahrung – Vergleich von Erfahrungen – Verallgemeinerung – Entwicklung eines Bezugssystems – Bildung einer Theorie – Überprüfung der Theorie an der Praxis – Veränderung auf Grund neuer Erfahrungen."[51] Dabei garantiert die theologische Fragestellung, die der Einzelerfahrung zu Grunde liegt, die Theologizität der pastoral theology.

Direkt nach Deutschland wirkte – mit gewisser Zeitverzögerung – Hiltners Konzept der „Eduktiven Seelsorge".[52] In der Seelsorge erschien die bloße Adaption des dogmatisch festgestellten „Wortes Gottes" schnell dysfunktional. Hier führte Hiltners Ansatz bei der wechselseitigen Kommunikation („principle of two-way communicating", HILTNER 196) weiter, um die Distanz zwischen den theologischen Vorstellungen und den lebensweltlichen Anliegen zu überbrücken.

3. Profilierungen

Entsprechend der pastoraltheologischen Ausrichtung stehen in den USA die Forschungen zu einzelnen Handlungsfeldern und Problemstellungen im Vordergrund. Von daher liegen nur wenige das gesamte Gebiet umfassende Darstellungen der Praktischen Theologie vor (s. zur Literatur bis 1998 SCHWEITZER 594–596). Die beiden im Folgenden vorgestellten Bücher zeigen aber, dass auch in konzeptioneller Hinsicht gegenüber der deutschen Diskussion weiterführende Ansätze erarbeitet werden. Dies gilt ebenso für die zwei jüngst erschienenen praktisch-theologischen Handbücher. Dazu eröffnet der Gesprächsbeitrag von Tony Jones für die Frage nach der angemessenen Organisations- und damit Sozialform der Kommunikation des Evangeliums neue Horizonte, die in Deutschland bisher praktisch-theologisch nicht im Blick sind.

3.1 *Don Browning (1934–2010):* Die bis zum Ende der achtziger Jahre des 20. Jahrhunderts in den USA vorgelegte praktisch-theologische Forschung führte Browning 1991 in seinem viel beachteten Werk „A Fundamental Practical Theology" zusammen und integrierte sie in seinen systematischen

---

51 RICHARD RIESS, Seelsorge. Orientierung, Analysen, Alternativen, Göttingen 1973, 202 f.
52 S. a. a. O. 201–244.

Entwurf. Zwar stellte er diesen in Europa vor,[53] ohne dass er aber hier größeren Einfluss gewonnen hätte. Doch kann die Kenntnisnahme seines Entwurfs die praktisch-theologische Theoriebildung in Deutschland bereichern. Schon der grundsätzliche Ansatz ist interessant. Browning platziert die Praktische Theologie in den Kontext des Aufbruchs praktischer Philosophie:

> „The rebirth of practical philosophy signals a wish to question the dominance of theoretical and technical reason, to secure in our culture and in the university a strong role for practical reason, and to demonstrate that critical reflection about the goals of human action is both possible and necessary. Further, the rise of the practical philosophies, especially as influenced by Gadamer, has brought into closer relation historical thinking, hermeneutics or interpretation theory, and practical reason or ethics. This has brought a recognition that our present concerns shape the way we interpret the past. The reverse is also true. ... These philosophical currents emphasize the importance of situations and how the situations of our inquiries inevitably color not only our practical thinking but all pursuit of knowledge and understanding." (BROWNING 34 f.).

Der hermeneutisch reflektierte Ausgangspunkt der (Praktischen) Theologie ist die Praxis, nicht die Theorie. Dem entspricht – in bewusstem Gegensatz etwa zu Schleiermacher – Brownings Dreischritt (praktisch-)theologischen Arbeitens: *„practice – theory – practice"* (a.a.O. 7). Aus dieser entschlossenen Profilierung im philosophischen Kontext resultiert der über die Theologie hinausreichende Anspruch der von Browning vertretenen Praktischen Theologie. Zumindest in der westlichen Kultur gilt: „There is a quasi-theological component to social science description." (a.a.O. 90). An einigen konkreten Beispielen aus dem Bereich der Psychologie (Sigmund Freud, Carl Rogers, William James) demonstriert er den Einfluss der religiösen Prägung des einzelnen Wissenschaftlers auf dessen Theoriebildung (s. ebd.). Demnach leistet Praktische Theologie einen notwendigen Beitrag zum Verständnis der Gegenwart und ist für selbstreflexive Sozialwissenschaften unverzichtbar.

Dabei wird allerdings ein bestimmtes Verständnis Praktischer Theologie vorausgesetzt. Browning unterscheidet eine „fundamental" und eine „strategic" practical theology. Die *„fundamental practical theology"* steht für die Theologie als Ganze, insofern diese wesentlich auf Praxis gerichtet ist.

> Browning definiert sie „as critical reflection on the church's dialogue with Christian sources and other communities of experience and interpretation with the aim of guiding its action toward social and individual transformation." (a.a.O. 36)
>
> Damit bezieht sich Browning auf die korrelationstheoretischen Reflexionen seines Chicagoer Fakultätskollegen David Tracy. Tracy bestimmt Praktische Theologie als

---

53 So z.B. DON BROWNING, Auf dem Wege zu einer Fundamentalen und Strategischen Praktischen Theologie, in: KARL ERNST NIPKOW/DIETRICH RÖSSLER/FRIEDRICH SCHWEITZER (Hg.), Praktische Theologie und Kultur der Gegenwart. Ein internationaler Dialog, Gütersloh 1991, 21–42.

„the mutually critical correlation of the interpreted theory and praxis of the Christian fact and the interpreted theory and praxis of the contemporary situation".[54]
In diese übergreifende Form Praktischer Theologie sind die anderen theologischen Arbeitsschritte eingeordnet, konkret die „four submovements of descriptive theology, historical theology, systematic theology, and strategic practical theology" (BROWNING 8; ohne Kursivschreibung des Originals). Grundlegende Bedeutung für praktisch-theologische (und damit theologische) Arbeit hat die „descriptive theology". Hier geht es genauer um die hermeneutische Erfassung des Horizontes der Problemstellung („horizon analysis", a.a.O. 47).

> Folgende Fragen leiten dabei die theologische Reflexion: „What, within a particular area of practice, are we actually doing? What reasons, ideals, and symbols do we use to interpret what we are doing? What do we consider to be the sources of authority and legitimation for what we do?" (a.a.O. 48)

Dabei stellt die *Philosophie Hans-Georg Gadamers*[55] die hermeneutische Grundlagentheorie dar (a.a.O. 39f.). Sie ermöglicht es, „heutige Situationen so zu erschließen, daß eine interpretative Verbindung mit der christlichen Theologie möglich wird" (SCHWEITZER 585). Denn in ihr sind Verstehen und Praxis nicht einander nachgeordnet. Vielmehr zeichnet sich unter Rückgriff auf den von Aristoteles eingeführten Begriff der „phronesis" ein neues Verständnis praktischer Vernunft ab.

Solches Verstehen führt unmittelbar zum geschichtlichen Rückblick. Denn nur so kann die Gegenwart angemessen verstanden werden. Dabei stößt Browning auf die normativen Texte der Tradition.

Im dritten Schritt, dem der Systematischen Theologie, wird das, was Gadamer die Horizontverschmelzung nennt, vollzogen. Dabei kommt es zu grundlegenden Fragen:

> „What new horizon of meaning is fused when questions from present practices are brought to the central Christian witness?" und: „What reasons can be advanced to support the validity claims of this new fusion of meaning?" (BROWNING 51 f.)

Erst wenn diese bearbeitet sind, können die kommunikativen Aufgaben in den Disziplinen der herkömmlichen Praktischen Theologie (wie Liturgik, Homiletik usw.) angegangen werden. Konkret sind folgende vier Fragen zu verfolgen:

> „How do we understand this concrete situation in which we must act? ... What should be our praxis in this concrete situation? ... How do we critically defend the norms of our praxis in this concrete situation?" ... „What means, strategies, and rhetorics should we use in this concrete situation?" (a.a.O. 55 f.)

---

54 DAVID TRACY, The Foundations of Practical Theology, in: DON BROWNING (Hg.), Practical Theology. The Emerging Field in Theology, Church, and World, San Francisco 1983, 61–82, 76.
55 S. HANS-GEORG GADAMER, Truth and Method, New York 1982 (ursprünglich deutsch: Wahrheit und Methode. Grundzüge einer philosophischen Hermeneutik, Tübingen 1960 u.ö.).

Das starke Interesse von Browning an philosophischen, vor allem hermeneutischen Fragen – neben Gadamer werden u. a. öfter Aristoteles, Immanuel Kant, William James, Richard Bernstein, Jürgen Habermas, Richard Rorty und Alasdair MacIntyre herangezogen – impliziert keine praxisferne Ausrichtung. Vielmehr durchzieht ein zweifacher Praxisbezug durchgehend das Buch:

Gleich eingangs skizziert Browning in seinem Lehrbuch drei konkrete, recht unterschiedliche Gemeinden. Im Laufe seiner Argumentation demonstriert er exemplarisch die Praxisfähigkeit seiner Überlegungen, indem er die konkreten Auswirkungen der jeweiligen Theorie für die pastorale Arbeit in einer der Gemeinden diskutiert.

Dazu weist er mehrfach auf die Parallelität des Vorgehens der fundamental practical theology mit der konkreten theologischen Ausbildung hin und skizziert knapp einen entsprechenden Eingangskurs ins Theologiestudium (a. a. O. 72–74). Hier zeigt sich anschaulich das didaktische Potenzial einer Theologie, die nicht lebensfern bei Theorien einsetzt, sondern ihren Ausgangspunkt von konkreten Interessen bzw. Fragen der Studierenden nimmt. Diese werden durch genauere Beschreibung des Problems, historische Nachfrage und systematische Klärung so bearbeitet, dass es zu einem tieferen Verständnis kommt.

3.2 Richard Osmer (geb. 1950): Inhaltlich stimmen die Ausführungen Osmers mit dem Ansatz von Browning in Vielem überein. Der in Princeton Lehrende[56] widmet (gemeinsam mit Charles Gerkin und Johannes van der Ven) Browning seine Einführung in die Praktische Theologie. Allerdings ist sie stärker konfessionell, konkret reformiert ausgerichtet. Dazu sind Osmers Ausführungen weniger um eine philosophisch-theoretische Klärung bemüht als die Brownings. Vielmehr steht die pastoraltheologische Perspektive im Vordergrund des didaktisch gelungenen Buchs (s. die Schaubilder in OSMER 37, 82, 136, 193). Parallel zu der inneren Struktur der Praktischen Theologie bei Browning empfiehlt Osmer einen Vierschritt praktisch-theologischer Arbeit:

- „The descriptive empirical task. Gathering information that helps us discern patterns and dynamics in particular episodes, situations, or contexts.
- The interpretive task. Drawing on theories of the arts and sciences to better understand and explain why these patterns and dynamics are occurring.
- The normative task. Using theological concepts to interpret particular episodes, situations, or contexts, constructing ethical norms to guide our responses, and learning from ‚good practice.'
- The pragmatic task. Determining stategies of action that will influence situations in ways that are desirable and entering into a reflective conversation with the ‚talk back' emerging when they are enacted." (a. a. O. 4, ohne Kursivsetzung im Original)

---

56 Osmer hat dort eine Professur für Christian Education inne.

Wissenschaftstheoretisch ist Osmer um ein hermeneutisches Verständnis der Praktischen Theologie bemüht, das sich wesentlich auf Gadamers philosophischen Entwurf bezieht (a. a. O. 22 f.). Von daher folgt er Brownings „practice-theory-practice model" (a. a. O. 148). Zusammenfassend charakterisiert er die praktisch-theologische Arbeit als „bridge concept". Es geht in ihr um den Brückenschlag zwischen den verschiedenen praktisch-theologischen Disziplinen und zwischen akademischer Welt und Kirche. Dadurch will Osmer eine neue Perspektive für die *„congregational leadership"* eröffnen (a. a. O. 17 f.). Er verzichtet dabei auf die Bezeichnung „pastor", weil andere ebenfalls die Rolle des „interpretive guides" (so von Gerkin übernommen, a. a. O. 18) der Gemeinde ausführen können. Die Aufgaben eines solchen „interpretive leader" sind vor allem kommunikative.

In der Ausarbeitung dieser pastoraltheologischen Zielsetzung bekommt Osmers Entwurf ein eigenes Profil, auch gegenüber Browning. Er selbst macht dabei auf seine Prägung durch Charles Gerkin aufmerksam, bei dem er Forschungsassistent war, als dieser „The Living Human Document" schrieb (a. a. O. 18). Osmer steht also in der durch Boisen eröffneten Reihe einer pastoraltheologisch orientierten Praktischen Theologie, die an den „living human documents" interessiert ist. Normative Einsichten werden demnach nicht nur durch den Bezug auf die Bibel und die reformierte Tradition sowie durch ethische Reflexion, sondern auch auf Grund gegenwärtiger Praxis („good practice") und damit konkreter Kommunikationsvollzüge gewonnen (a. a. O. 161):

> „Good practice provides normative guidance in two ways: (1) it offers a model of good practice from the past or present with which to reform a congregation's present actions; (2) it can generate new understandings of God, the Christian life, and social values beyond those provided by the received tradition." (a. a. O. 152)

Thematisch rückt Osmer die „spirituality" der Gemeindeleiter in den Mittelpunkt seiner Überlegungen. Darunter versteht er näher „leader's openness to the guidance of the Holy Spirit as she forms and transforms them toward the image of Christ in his body and his service of the church's mission" (a. a. O. 27). Konkret orientiert sich Osmer bei der Ausarbeitung seines Konzepts von „leadership" an der reformierten Lehre vom dreifachen Amt Christi (als Priester, König und Prophet) und verbindet sie mit der genannten Gliederung Praktischer Theologie:

> „… the descriptive-empirical task is a form of priestly listening, grounded in a spirituality of presence: attending to others in their particularity within the presence of God. The interpretive task is a form of wise judgement, grounded in a spirituality of sagely wisdom: guiding others in how to live within God's royal rule. The normative task is a form of prophetic discernment, grounded in a spirituality of discernment: helping others hear and heed God's Word in the particular circumstances of their lives and world. The pragmatic task is a form of transformation leadership,

grounded in a spirituality of servant leadership: taking risks on behalf of the congregation to help it better embody its mission as a sign and witness of God's self-giving love." (a. a. O. 28 f.)

Diese christologische Verankerung führt dazu, dass u. a. *„humility"* als wichtige pastorale Eigenschaft herausgestellt wird. Sie gilt in der Christusnachfolge als „the virtue of a contrast society" (a. a. O. 193). Bedeutung bekommt dieses Profil angesichts der von Osmer schonungslos konstatierten Marginalisierung der Mainline Churches in den letzten Jahren (genaue Zahlen a. a. O. 175). Es geht jetzt um einen „deep change" (a. a. O. 177), der Identität, Auftrag, Kultur und konkrete Vorgehensweisen der Gemeinden betrifft. Aus der Perspektive der „servanthood" rücken die genannten Probleme in ein neues Licht. Es kann nicht um Bestandserhalt gehen; vielmehr gilt es, dem Bund Gottes die Treue zu bewahren.

Ähnlich wie Browning gibt Osmer Hinweise zur Reform der theologischen Ausbildung. Auch er wendet sich gegen die Versäulung der einzelnen theologischen Disziplinen („‚silo mentality' in schools of theology"; a. a. O. 234). Demgegenüber empfiehlt er ebenfalls Lernprozesse, die von einer konkreten Gegebenheit ausgehen. Sie ermöglichen den Studierenden, die genannten vier Schritte praktisch-theologischer Arbeit exemplarisch einzuüben.

3.3 *Handbücher:* 2012 gab *Bonnie Miller-McLemore,* die 1973 ihre akademische Karriere mit einem Psychologie-Studium begann und gegenwärtig „Professor of Religion, Psychology, and Culture" an der Vanderbilt Divinity School ist, ein über 600 Seiten starkes Handbuch mit 56 Artikeln zur „Practical Theology" heraus. Der erste Teil präsentiert exemplarisch sieben allgemein verbreitete Handlungen bzw. Verhaltensweisen, von „Healing" über „Playing" bis zu „Loving". Dabei gehen die Beiträger/innen jeweils von konkretem Geschehen aus, etwa beim Artikel „Consuming" vom Aufenthalt in „Starbucks coffee shop". Dieses wird erfahrungswissenschaftlich – mit einem psychologischen Schwerpunkt – gedeutet. Dann kommen biblische Perspektiven in den Blick. Die Artikel münden in gegenwartsbezogene Handlungsorientierungen. Der Dreischritt „practice – theory – practice" von Don Browning findet sich also auch hier. Der zweite Teil stellt 16 Methoden vor, wozu auch „Poetics" und „Ritual Theory" gezählt werden. Der dritte Teil wendet sich „Curriculum: Educating for Ministry and Faith in Classroom, Congregation, and Community" zu. Diese Artikel sind meist befreiungstheologisch und/bzw. feministisch akzentuiert und behandeln die praktisch-theologischen Disziplinen. Dazu treten noch Beiträge zu weiteren Bereichen wie „Spirituality", aber auch „Systematic Theology". Den Abschluss bilden Aufsätze zur Disziplinbildung und -entwicklung im engeren Sinn. Gemeinsam ist ihnen (fast) allen der starke Bezug auf Praxis. Die befreiungstheologische Ausrichtung ist unterschiedlich akzentuiert: „which include the work of feminists, womanists, black, mujerista, and Latina thinkers, as well as disability studies and queer theologies".[57]

Solche und andere Perspektiven prägen ebenfalls den Band „Opening the Field of Practical Theology", den die am Colleville Institut der Saint John's University Theologie lehrende *Kathleen Cahalan* und der in Princeton Religious Education unterrichtende *Gordon Mikoski* 2014 herausgaben. Schon der Titel annonciert eine Präferenz für Weite und Offenheit. Ausgangspunkt sind folgende elf „elements und values", die die Herausgeber als typisch für Praktische Theologie herausstellen:

„Attentive to theory-practice complexity

Practice and performance oriented

Oriented to multidimensional dynamics of social context and embodiment

Holistic

Interdisciplinary

Open-ended, flexible, and porous

Theologically normed

Hermeneutical

Interventionist and critically constructive

Teleological and eschatological

Self-reflective and self-identified" (CAHALAN/MIKOSKI 1)

Gemeinsam ist ihnen die Bedeutung des Kontextes. Dabei kommt es – im Zusammenhang mit der Ausarbeitung des befreiungstheologischen Ansatzes – zu vielfältigen Differenzierungen. Neben eine „African American Practical Theology" treten „Asian American Practical Theologies", „U.S. Latinos/a Practical Theology", „White Practical Theology" sowie „Feminist and Womanist Practical Theology". Auch findet sich bei einzelnen Themen die Unterscheidung zwischen „Protestant" und „Catholic", obgleich die Bezugnahmen zunehmend die traditionellen Denominationsgrenzen überschreiten.

Insgesamt präsentieren die beiden Handbücher – bei aller Unterschiedlichkeit im Einzelnen – eindrucksvoll das Forschungspotenzial einer perspektivisch, nicht disziplinär ausgerichteten Praktischen Theologie. Demgegenüber tritt das Anliegen eines kohärenten Gesamtverständnisses des Fachs aber zurück.

3.4 Tony Jones (geb. 1968): Die bisher genannten Praktischen Theolog/innen gehören zu einer der Mainline Churches: Browning war ordinierter Geistlicher der Christian Church (Disciples of Christ), Osmer ist ordinierter Pastor der Presbyterianischen Kirche, Miller-McLemore wurde in der Christian

---

57 MARY MCCLINTOCK FULKERSON, Systematic Theology, in: MILLER-MCLEMORE 356-366, 362.

Church (Disciples of Christ) ordiniert, Mikoski ist presbyterianischer Geistlicher und Cahalan Katholikin. Tony Jones ist ordiniert in der National Association of Congregational Christian Churches, also einem Verbund von über vierhundert Einzelgemeinden. Er hat langjährige, auch leitende Erfahrungen im Bereich Youth Ministry, erwarb einen Master am evangelikalen Fuller Theological Seminary, Pasadena (Kalifornien),[58] und promovierte 2011 am Princeton Theological Seminary mit einer kirchentheoretischen Dissertation.[59]

Sein Buch „Dispatches from the Emergent Frontier" erregte erhebliches Aufsehen. Es ist kein für den akademischen Unterricht geschriebenes Werk, wie die vorher besprochenen Bücher, sondern will einen Beitrag zur konkreten Kirchenreform leisten. Doch es enthält implizit interessante Thesen zur Weiterentwicklung der Praktischen Theologie in den USA. Vor allem markiert es provokanter als die bisher vorgestellten Werke wichtige Problemstellen heutiger Kommunikation des Evangeliums, die außerhalb der Mainline Churches und ihrem Interesse an einer geordneten Verwaltung wohl schärfer gesehen werden.[60]

Provozierend ist bereits der erste Unterabschnitt des 1. Kapitels überschrieben: „Church Is Dead" (JONES 4). Genauer formuliert: „In the twenty-first century, it's not God who's dead. It's the church." (ebd.) Damit sind für Jones die herkömmlichen konfessionellen Differenzen erledigt – sie interessieren schlicht nicht mehr:

> „denominations are an outmoded form of organized Christianity" (a.a.O. 9). Vor allem das bürokratische Organisationsmodell der Mainline Churches ist an sein Ende gekommen: „bureaucracies also do two other things well: grow more bureaucratic tentacles and attract bureaucrats." (a.a.O. 9)

Auch die evangelikale Bewegung scheint nicht zukunftsfähig. Die Ausrichtung auf die Bekehrung Einzelner vernachlässigt Systemprobleme wie Rassismus oder Armut (a.a.O. 13). Beide, Mainline Churches und die evangelikale Bewegung, reduzieren letztlich die Komplexität der Herausforderungen gegenwärtiger Gesellschaft. Demgegenüber präsentiert Jones die „Emergents", also die Vertreter der *„emergent Christianity",* als weiterführendes Modell christlicher Gemeinschaft unter postmodernen Bedingungen. Sie entstand in den späten 1990er Jahren in evangelikalen Kreisen, die enttäuscht von der Kraftlosigkeit der eigenen Bewegung waren. Jüngere wollten sich den Herausforderung der Postmoderne stellen, wie sie etwa Jacques

---

58 Zur schwierigen Situation der Praktischen Theologie an dieser Ausbildungsstätte s. ANDREW ROOT, Evangelical Practical Theology, in: CAHALAN/MIKOSKI 79-96, 83-85.
59 TONY JONES, The Church is Flat. The Relational Ecclesiology of the Emerging Church Movement, Minneapolis 2011.
60 Die im Zuge seiner Scheidung gegenüber Jones erhobenen, im Internet viel diskutierten Vorwürfe bleiben im Folgenden unbeachtet. Ich konzentriere mich nur auf den Sachgehalt des genannten Buchs.

§ 7 Impulse aus den USA

Derrida formuliert hatte (s. a. a. O. 47). Dabei verzichteten sie von vornherein auf Mitgliedschaften oder feste Bekenntnisse:

> „Whereas traditional groupings of Christians are either bounded sets (for example, Roman Catholicism or Presbyterianism – you know whether you're in or out based on membership) or centered sets (for example, evangelicalism, which centers on certain core beliefs), emergent Christians do not have membership or doctrine to hold them together. The glue is relationship." (a. a. O. 56)

So ergibt sich ein neues Verständnis von Christsein. Es definiert sich jetzt, „whether (and how thoroughly) one is woven into the fabric of global Christianity" (a. a. O. 57). Dabei gilt: „Emergents see God's activity in all aspects of culture and reject the sacred-secular divide." (a. a. O. 75) Hieraus resultieren Konsequenzen für die (Praktische) Theologie. Entsprechend der Inkulturation des Evangeliums (a. a. O. 96) sind ihre Aussagen kontextuell und situationsbezogen:

> „Emergents believe that theology is local, conversational, and temporary. To be faithful to the theological giants of the past, emergents endeavour to continue their theological dialogue." (a. a. O. 111)

Damit soll die Begrenztheit menschlicher Bemühungen gegenüber Gottes Handeln sichergestellt werden. Dies schlägt sich in einer spezifischen Hermeneutik („humble hermeneutic", a. a. O. 140) nieder. Diese „hermeneutic of humility" (a. a. O. 141) überführt die Fragen nach „richtig" oder „falsch" in die nach einem „better interpreter" (ebd.). Dabei beziehen sich die Emergents bewusst auf die ganze Bibel, also auch auf schwierige Textstellen, die auf keinen Fall wörtlich zu verstehen sind (s. Ri 11, 30–40; a. a. O. 144–147). Das bedeutet zugleich einen Abschied von dem im evangelikalen Lager verbreiteten Biblizismus. Vor diesem Hintergrund gewinnt der interreligiöse Dialog an Bedeutung (a. a. O. 155), was aber nur für das Gespräch mit Juden konkretisiert wird.

Die skizzierte theologische Position hat Konsequenzen für die Kirchentheorie. Jones regt eine „*Wikichurch*" (a. a. O. 180) an, also eine nicht hierarchisch strukturierte Glaubensgemeinschaft, zu der jede/r etwas beitragen kann. Konkret empfiehlt er die Organisationsstruktur des „open-source network". Dabei tritt die gegenseitige Kommunikation ins Zentrum der Aufmerksamkeit. Der Pastor wird hier zum „broker of conversation" (a. a. O. 184). Freimütig räumt Jones ein, dass es bei einer solchen Organisationsstruktur zu Fehlern kommen kann (wie bei Wikipedia). Doch erscheint ihm die Gefahr der Erstarrung wie in den bisherigen Kirchen bedrohlicher.

Die Betonung der konkreten Erfahrung führt schließlich zur Kritik am herkömmlichen theologischen Ausbildungssystem (s. a. a. O. 209 f.). Hier fehlt Jones die Verbindung von Gelehrsamkeit und Spiritualität.

Insgesamt stellt er in neuer Radikalität die Frage nach dem Verhältnis zwischen Evangelium und Gegenwart, die die ganze US-amerikanische Praktische Theologie durchzieht. Dabei lässt die seinem Ansatz zugrunde liegende postmoderne Dekonstruktion die Fragilität menschlicher religiöser Bemühungen erkennen. Sie öffnet den Horizont für die Suche nach einem neuen Verständnis der Kommunikation des Evangeliums, vor allem nach deren Organisation und den damit verbundenen Gemeinschaftsformen. Auf jeden Fall verdient bei diesem Entwurf Aufmerksamkeit, wie gleichermaßen die *Individualisierung und das Bedürfnis nach Gemeinschaftserfahrungen* ernst genommen werden.

4. Anregungen für die deutsche Praktische Theologie

Der Druck, unter dem die Mainline Churches durch erhebliche Mitgliederverluste stehen, hat in der Praktischen Theologie der USA das Bewusstsein geschaffen, dass ein *„deep change"* ansteht. Vor allem folgende Impulse fordern deutsche Praktische Theologie heraus:

4.1 *Enzyklopädische Stellung:* Praktische Theologie nimmt in den USA einen breiteren Raum in der Theologie ein als es die Disziplinenstruktur deutschsprachiger Theologie vorsieht. Während Hiltner zwei einander komplementär gegenüberstehende Formen von Theologie entwirft – die sich auf die „logic-centered fields" bzw. die „operation-centered areas" beziehen –, integriert Browning die ganze theologische Arbeit. Theologie ist für ihn erst als Praktische Theologie („fundamental practical theology") Theologie. Der Praxisbezug ist damit für Theologie *konstitutiv* und nichts später oder nur aus praktischen Erwägungen Hinzugefügtes. Auch das von Miller-McLemore herausgegebene Handbuch zeigt den im Vergleich zur deutschsprachigen Theologie größeren Umfang von Practical Theology. Es umfasst nämlich Beiträge zu „Systematic Theology", „Historical Theology" und „Biblical Theology".

4.2 *Hermeneutik:* Die Praktische Theologie in den USA hat – über die präsentierten Ansätze hinaus – einen *hermeneutischen Grundcharakter*. Die von tiefem gesellschaftlichem und kulturellem Wandel geprägte Situation soll „verstanden" werden.

Dieses Verstehen geht über einen schnellen Blick in Statistiken oder die bloße Übernahme sozialwissenschaftlicher Analysen hinaus. Das zeigt die gewichtige Rolle, die die Hermeneutik Gadamers in der US-amerikanischen Practical Theology spielt. Sie bietet die Grundlage, um die Korrelation zwischen Evangelium und Gegenwart in ihrer Komplexität zu bearbeiten.

Damit hängt die explizit theologische Prägung handlungsorientierender Überlegungen zusammen. Die christologisch begründete Eigenschaft der „humility" für das pastorale Handeln bei Osmer und für das gesamte kirchliche Handeln bei Jones sind eindrucksvolle Beispiele hierfür.

Schließlich ist das Bemühen anregend, die gesellschaftlichen Entwicklungen theologisch zu verstehen. Die beiden vorgestellten, von Miller-McLemore bzw. Cahalan und Mikoski herausgegebenen Handbücher präsentieren die Vielfalt der dabei bearbeiteten Perspektiven.

4.3 *Praxisbezug:* Gemeinsam ist den praktisch-theologischen Entwürfen der entschiedene Einsatz bei der konkreten Praxis. Bei Browning und Osmer sind das die verschiedenen Situationen in Kirchengemeinden, bei Miller-McLemore allgemeine menschliche Vollzüge und bei Jones stärker individualisierend die Brüche in der Biographie Einzelner. Auf jeden Fall verdient die dahinterstehende These von den *„human living documents"* als der der Tradition gleichzuordnenden Norm theologischer Reflexion Beachtung. Das Handeln Gottes kann nur um den Preis des Wirklichkeitsverlustes auf Schriften aus der Vergangenheit reduziert werden.

4.4 *Ausbildung:* Der konsequente Praxisbezug hat Folgen für das Theologie-Verständnis und die theologische Ausbildung. Browning formuliert dies ausdrücklich in seinem Konzept der „fundamental practical theology". Ausgangspunkt des Studiums sind demnach konkrete Erfahrungen der Studierenden, die in einem *„practice – theory – practice"-Modus* bearbeitet werden. Für die Gestaltung des Theologiestudiums resultieren daraus interessante Vorschläge. Entgegen den sog. Stoffplänen, die lange Zeit die Studienreform-Diskussion in Deutschland bestimmten, rückt das Interesse der (und an den) Studierenden in den Mittelpunkt – und zwar nicht aus (denkbaren) pädagogischen, sondern aus theologischen Gründen („living human documents").

4.5 *Kirchenverständnis:* Vor allem Jones thematisiert die Problematik gegenwärtiger kirchlicher Organisation, sei es bei den Mainline-Churches oder den Evangelikalen. Beide werden den postmodernen Herausforderungen nicht gerecht. Demgegenüber nennt er Kriterien für die Gestaltung zukünftiger Kirche: *Sie muss den komplementären Wünschen nach Individualität und Gemeinschaft sowie den durch die elektronischen Medien veränderten Kommunikationsformen Rechnung tragen.*

Zusammenfassung des 1. Teils

Praktische Theologie ist eine nur aus dem jeweiligen Kontext verständliche Wissenschaft. Ihre Entwicklung im Bereich der deutschen Evangelischen Theologie kann als ein Auf und Ab unterschiedlicher Ansätze und Interessen rekonstruiert werden – im Kontext vielfältiger Veränderungen. Der stark theologisch-dogmatischen Ausrichtung bei Nitzsch steht bei Drews das empirische Anliegen gegenüber usw.

So liegt es nahe, Praktische Theologie als eine *Theorie von Balancen* zu entwerfen. Konkret ist Folgendes zu vermitteln:
- *Die forschungspraktisch notwendige Konzentration auf einen klar abgegrenzten Gegenstand steht in Spannung zur lebensweltlichen Weite christlicher Praxis.* Von Anfang an wird dieses Problem in der Frage nach Kirchenverständnis und -bezug der Praktischen Theologie thematisiert. Der sich hierbei durchsetzende Begriff der Religion ermöglichte zuerst einen über den Raum verfasster Kirche hinausreichenden Forschungshorizont. Er droht in seiner Allgemeinheit aber heute, neue Entwicklungen zu verdecken, und impliziert ein verengtes, vor allem die diakonische sowie die familiär-häusliche Dimension ausblendendes Verständnis von Evangelium.
- *Die thematische Verbundenheit mit der Theologie steht in Spannung zur notwendigen Einbeziehung außertheologischer Einsichten und Forschungsstrategien.* Schon seit Beginn der Praktischen Theologie bestand eine Besonderheit des Fachs im Gegenwartsbezug. Denn die aktuellen kulturellen, gesellschaftlichen und sozialen Verhältnisse stellen Anforderungen, die in der sonstigen Theologie nicht hinreichend berücksichtigt werden. Die Ausrichtung auf außertheologische Wissenschaften ist in Balance zur Verbindung mit anderen theologischen Disziplinen zu halten.
- *Schließlich steht die berufspraktische Bedeutung der praktisch-theologischen Disziplinen in Spannung zu mehrperspektivischen Zugängen, die durch lebensweltliche Zusammenhänge notwendig sind.* Dieses Problem führt zur Frage nach dem spezifischen Wissenschaftscharakter von Praktischer Theologie zwischen Berufstheorie und allgemeiner Kultur- bzw. Handlungs- bzw. Wahrnehmungswissenschaft. Beide Anliegen sind für Praktische Theologie unverzichtbar und bereichern sich in der konkreten Forschung gegenseitig.

Der Vergleich mit der Profilierung Praktischer Theologie in der Katholischen Kirche und in den USA macht auf *Defizite (deutscher evangelischer) Praktischer Theologie* aufmerksam:

– Gegenüber dem weiten Horizont der römischen Weltkirche, aber auch den weniger regulierten sozialen Verhältnisse in den USA erscheinen *die politischen und sozioökonomischen Fragen* unterbelichtet.
– Ein Vergleich mit den praktisch-theologischen Entwürfen in der Katholischen Kirche und in den USA ergibt eine *theologische Unterbestimmung* mancher Entwürfe deutscher evangelischer Praktischer Theologie. Hier zeigt sich eine Schattenseite der Hinwendung zu genauerer Wahrnehmung und allgemeinen kulturellen Diskursen.

Schließlich verdient die *Betonung der Unverfügbarkeit* Beachtung. Die wesentlichen Vollzüge, auf die sich praktisch-theologische Theoriebildung bezieht, verdanken sich – theologisch formuliert – der Gabe des Heiligen Geistes. Sie entziehen sich – kommunikationstheoretisch gesehen – auf Grund ihrer Komplexität funktionalen Zugriffen. So ist die Differenz zwischen Gott und den menschlichen Vorstellungen von ihm bzw. der Kirche sowohl aus theologischen als auch kommunikationstheoretischen Gründen zu beachten.

Auf diesem Hintergrund kristallisiert sich „*Kommunikation des Evangeliums*" in verschiedenen Konzepten als Leitbegriff heraus:[1]

Er gibt zum Ersten den Gegenstand des Fachs theologisch präzise an.

Zum Zweiten benennt er den notwendigen Zusammenhang mit außertheologischen Wissenschaften.

Drittens eröffnet er eine direkte Perspektive auf die lebenspraktischen Vollzüge, die unter den Bedingungen einer demokratischen Gesellschaft und pluralistischen Kultur zu bearbeiten sind.

---

1 CHRISTIAN GRETHLEIN, „Religion" oder „Kommunikation des Evangeliums" als Leitbegriff für die Praktische Theologie?, in: ZThK 112 (2015), 468–489.

2. Teil

**Kommunikation des Evangeliums
in der Gegenwart:
empirische und theologische
Grundperspektiven**

Literatur: INGOLF DALFERTH, Evangelische Theologie als Interpretationspraxis. Eine systematische Orientierung (ThLZ.F 11/12), Leipzig 2004 – MANFRED FASSLER, Was ist Kommunikation?, München ²2003 – HENDRIK KRAEMER, Die Kommunikation des christlichen Glaubens, Zürich 1958 (engl. London 1956) – ERNST LANGE, Aus der „Bilanz 65", in: DERS., Kirche für die Welt. Aufsätze zur Theorie kirchlichen Handelns, hg. v. RÜDIGER SCHLOZ, München 1981, 63–160, 101–129

Praktische Theologen unterschiedlicher Provenienz (Engemann, s. § 5 2.6; Mette, s. § 6 3.2; Osmer, s. § 7 3.2)[1] schlagen vor, den Gegenstand ihres Faches mit „Kommunikation des Evangeliums" (in der Gegenwart) zu bezeichnen. Er stammt aus der ökumenischen Diskussion am Ende der fünfziger Jahre des 20. Jahrhunderts und sollte das theologische Verständnis des christlichen Glaubens dynamisieren. Inhaltlich war er kirchen- und zivilisationskritisch ausgerichtet:

> „Die Kirche von heute lebt in einer säkularisierten und in Desintegration begriffenen Massengesellschaft, welche ungewöhnlich dynamisch ist. Die Kirche führt sich aber in vielen Beziehungen so auf, als lebte sie immer noch in der alten, stabilen, begrenzten Welt." (KRAEMER 91)

Unter Bezug auf seinen Landsmann Johannes Hoeckendijk[2] wies der niederländische Ökumeniker Hendrik Kraemer (1888–1965) auf die Zusammengehörigkeit von Kerygma (Predigt), Diakonia (Dienst) und Koinonia (Gemeinschaft) (a.a.O. 93) für ein angemessenes Verständnis von Kirche hin. So weitete er – selbst einige Jahre als Missionar in Indonesien tätig – den Blick über die selbstverständliche Fortschreibung volkskirchlicher Verhältnisse hinaus.

Theologisch blieb sein Kommunikationsverständnis dem Rahmen einer exklusiv christozentrischen Wort-Gottes-Theologie verhaftet. Denn Kraemer setzte die Kommunikation des Evangeliums ausdrücklich von sonstigen Kommunikationsformen ab. Sie galt ihm als „eine Kategorie sui generis" (a.a.O. 21), weil bei dieser Kommunikation neben den Menschen vor allem der Heilige Geist beteiligt sei. Ihr Ziel sei allein die „Bekehrung" der Menschen.

Ein solch exklusiv theologischer Begriff ist zwar angesichts des damaligen, an einem Sender- und Empfänger-Modell orientierten, technischen Kommunikationsverständnisses nachvollziehbar (s. § 8 1.1). Aus heutiger Sicht verspielt er aber das Potenzial, das der – inzwischen mehrfach elaborierte – Kommunikationsbegriff für den Anschluss theologischer Überlegungen an erfahrungswissenschaftliche Einsichten enthält.

Ernst Lange (1927–1974) übernahm diesen begrifflichen Impuls aus der Ökumene in die deutsche Praktische Theologie und die Kirchenreform-Diskussion der sechziger Jahre des 20. Jahrhunderts. Dabei modifizierte er das Verständnis von „Kommunikation des Evangeliums" signifikant. Er stellte –

---

1   In noch anderer Weise macht FRITZ LIENHARD, Grundlagen der Praktischen Theologie (APrTh 49), Leipzig 2012 unter Bezug auf die französische Diskussion „Kommunikation des Evangeliums" zum Schlüsselbegriff seiner Überlegungen.
2   S. vor allem JOHANNES HOEKENDIJK, Kirche und Volk in der deutschen Missionswissenschaft, München 1967 (niederländisch: Amsterdam 1948).

im Gegensatz zum (von Kraemer noch selbstverständlich gebrauchten) Verkündigungsbegriff – deren dialogischen Charakter heraus. Dieser erschien ihm für kirchliches Handeln unverzichtbar:

„Wir sprechen von Kommunikation des Evangeliums und nicht von ‚Verkündigung' oder gar ‚Predigt', weil der Begriff das prinzipiell Dialogische des gemeinten Vorgangs akzentuiert und außerdem alle Funktionen der Gemeinde, in denen es um die Interpretation des biblischen Zeugnisses geht – von der Predigt bis zur Seelsorge und zum Konfirmandenunterricht – als Phasen und Aspekte ein- und desselben Prozesses sichtbar macht." (Lange 101)

Zwar verwendete Lange noch den dogmatisch aufgeladenen Begriff des „Wortes", doch verstand er ihn so, dass der Situationsbezug konstitutiv ist:

„Das notwendige Wort stellt sich ein, wenn die in der biblischen Tradition bezeugte Christusverheißung in bestimmten Situationen menschlicher Schuld oder menschlicher Not, in Situationen der Anfechtung oder des Zweifels, der Auftrags-Ungewißheit oder der Hoffnungslosigkeit so nachgesprochen werden kann, daß der Hörer versteht, wie sie ihn jetzt und hier angeht und seine Situation trifft, klärt und verändert. Mithin geht die Situation des Hörers als die Situation, die die Predigt herausfordert, in das notwendige Wort ebenso ein wie die biblische Tradition, eins provoziert das andere." (a. a. O. 101 f.)

Geschult an dem systematischen Ansatz Dietrich Bonhoeffers[3] ging es Lange auf Grund seiner Erfahrungen in der Jugendarbeit und von Eindrücken in den USA darum, die theologische und organisatorische Erstarrung der deutschen Kirchen in der Nachkriegszeit aufzulösen und die kirchliche Praxis in Kontakt zur gegenwärtigen Gesellschaft zu bringen. In der modernen Wirklichkeit erkannte er – u. a. Impulse Friedrich Gogartens aufnehmend – die „Wirkungsgeschichte der Verheißung". Damit sollte nicht zuletzt der von Lange diagnostizierten Krise des Pfarrberufs begegnet werden.

Damals stieß Langes Reformansatz auf Widerspruch von Seiten der Wort-Gottes-Theologen.[4] Positiv nahmen ihn kritisch-theoretisch orientierte Theologen als Rahmen für eine befreiungstheologische bzw. emanzipatorisch partizipative Gemeindetheorie auf.[5] Mittlerweile hat sich die Situation verändert. Gesellschaftlicher Wandel, vor allem Differenzierungs- und Pluralisierungsprozesse, und technische Innovationen haben – in gegenseitiger Verschränkung – *Kommunikation zu einem Schlüsselthema in den unterschiedlichsten Wissenschaften* gemacht. Dazu entwickelten Wissenschaft-

---

3   S. Ernst Lange, Kirche für andere. Dietrich Bonhoeffers Beitrag zur Frage einer verantwortbaren Gestalt der Kirche in der Gegenwart, in: Ders., Kirche für die Welt. Aufsätze zur Theorie kirchlichen Handelns, hg. v. Rüdiger Schloz, München 1981, 19–62.
4   S. z. B. Rudolf Bohren, Die Differenz zwischen Meinen und Sagen. Anmerkungen zu Ernst Lange, Predigen als Beruf, in: PTh 70 (1981), 416–430 und die Antwort von Peter Krusche, Die Schwierigkeit, Ernst Lange zu verstehen. Anmerkungen zu dem Versuch von Rudolf Bohren, in: a. a. O. 430–441.
5   S. z. B. Christoph Bäumler, Kommunikative Gemeindepraxis. Eine Untersuchung ihrer Bedingungen und Möglichkeiten, München 1984, v. a. 17–19.

ler verschiedener Fächer weiterführende Modelle von Kommunikation. Sie geben multiperspektivisch Einblicke in deren Komplexität und erweisen die in den sechziger Jahren des 20. Jahrhunderts noch dominierenden Sender-Empfänger-Modelle als verkürzend und verzerrend.

Der dadurch entstehenden Differenziertheit im Kommunikationsverständnis entspricht auf systematisch-theologischer Seite die Einsicht, dass die früheren Verfahren theologischen Denkens weder der Dynamik noch der Pluriformität gegenwärtiger Entwicklungen angemessen sind. *Ingolf Dalferth (geb. 1948)* empfiehlt demgegenüber überzeugend ein „topisches Denken in Perspektiven und Horizonten, das sensibel ist für Vielaspektigkeit und Rekombinierbarkeit der Phänomene" (DALFERTH 12):

> „Das bedeutet keineswegs, im Umgang mit Phänomenen auf kritische Fragen nach Bestimmtheit, Richtigkeit, Wahrheit oder Verbindlichkeit zu verzichten und sich mit der Beliebigkeit von Betrachtungsweisen zufrieden zu geben. Im Gegenteil, damit wird erst die Pointe dieser Fragen deutlich und deren Unverzichtbarkeit und Orientierungsleistung einsichtig. Nur besagt das nicht, dass auch die richtige Antwort auf sie immer schon feststünde oder immer dieselbe Antwort zu geben wäre. Wie etwas zu verstehen ist, was jeweils wahr ist, gewiss sein kann und verbindlich gilt, lässt sich nicht zeitfrei, situationsunabhängig und auf nur eine ‚richtige' Weise inhaltlich fixieren, sondern muss als immer wieder neues, konkretes Zustandekommen von Verständnis, Wahrheit, verlässlicher Gewissheit und gemeinsamer Verbindlichkeit unter Bedingungen pluraler Meinungen, verschiedener Hinsichten und divergierender Ansichten verstanden und beschrieben werden". (a. a. O. 12 f.)

Demnach legt es sich sowohl aus erfahrungswissenschaftlicher als auch theologischer Sicht nahe, diesen auf die konzeptionelle Bestimmung des Gegenstandes der Praktischen Theologie gerichteten 2. Teil in *perspektivischer Weise* abzufassen. Denn „Kommunikation des Evangeliums in der Gegenwart" erfordert sowohl empirische als auch theologische Klärungen. Damit führe ich die im problemgeschichtlichen Zugang des 1. Teils implizierte Perspektivität auf systematischer Ebene weiter. Dieser perspektivische Zugang[6] impliziert die grundsätzliche Offenheit des hier verfolgten Modells Praktischer Theologie für zukünftige Erweiterungen durch neue Perspektiven.

Grundlegend für eine differenzierte – und erweiterbare – Analyse der Gegenwart sind klare Begriffe (§ 8) und ausgewiesene hermeneutische Verfahren (§ 9). Deren Darstellung geht deshalb, obgleich in der Analyse konkreter Praxis ausgearbeitet und bewährt, den inhaltlichen Ausführungen voraus.

---

6 Er ist nicht zu verwechseln mit der perspektivischen Gliederung der Praktischen Theologie bei GERT OTTO, Praktische Theologie Bd. 1. Grundlegung der Praktischen Theologie, München 1986, 69–80. Die von mir vorgeschlagene Perspektivität differenziert die bei Otto noch monolithisch durch Rückgriff auf die Kritische Theorie geleistete Grundlegung der Praktischen Theologie, während die Perspektivität bei Otto sich lediglich auf die Binnendifferenzierung der Praktischen Theologie bezieht.

Diese entfalten zum einen die empirischen Grundbedingungen und zum anderen die theologischen Grundbestimmungen der Kommunikation des Evangeliums. Inhaltlich strukturiert die Klärung des Kommunikationsbegriffes die empirischen Untersuchungen (§§ 10–12). Bei ihnen greife ich – entsprechend dem verfolgten multiperspektivischen Ansatz – auf Arbeiten zurück, die sich unterschiedlicher Methodik verdanken.[7]

Vor diesem Hintergrund werden die Modi der Kommunikation analysiert, die bereits im Neuen Testament als grundlegend für die Kommunikation des Evangeliums begegnen (§§ 13–15).

Materialiter steht die christentumsgeschichtliche Rekonstruktion im Vordergrund. Denn hier begegnen verschiedene kontextgebundene Modelle der Kommunikation des Evangeliums. Sie geben Anregungen für dessen Gestaltung im heutigen Kontext (3. Teil).

---

7   S. zur Fülle der empirischen Methoden in der Geschichte der Praktischen Theologie CHRISTIAN GRETHLEIN, Praktische Theologie und Empirie, in: DERS./HELMUT SCHWIER (Hg.), Praktische Theologie. Eine Theorie- und Problemgeschichte (APrTh 33), Leipzig 2007, 289–352; einzelne Methoden qualitativer Forschung werden vorgestellt in: ASTRID DINTER/ HANS-GÜNTER HEIMBROCK/KERSTIN SÖDERBLOM (Hg.), Empirische Theologie. Gelebte Religion erforschen, Göttingen 2007, 213–303.

3. Kapitel Kommunikation des Evangeliums – begriffliche und hermeneutische Klärungen

Zuerst sind die beiden für Praktische Theologie grundlegenden Begriffe „Kommunikation" und „Evangelium" genauer zu bestimmen. Dabei empfiehlt es sich, mit „Kommunikation" zu beginnen. Denn ein differenziertes Verständnis hiervon eröffnet zugleich eine neue Perspektive für die Rekonstruktion von „Evangelium", insofern sich dieser Begriff auf Kommunikationsprozesse bezieht. Genauer ergeben sich aus dem Auftreten und Wirken Jesu drei miteinander verbundene Modi der Kommunikation, die auf den Anbruch der Gottesherrschaft aufmerksam machen.

Im Anschluss hieran analysiere ich den Religionsbegriff. Er bezeichnet in der gegenwärtigen Praktischen Theologie meist deren Gegenstand. Dagegen steht aber seine Herkunft als innerprotestantischer Unterscheidungsbegriff. Erst wenn dies Berücksichtigung findet, leistet „Religion" einen Beitrag zur Erschließung heutiger Daseins- und Wertorientierung.

Ergänzend dazu ist es notwendig, den Begriff „Spiritualität" zu klären. Er tritt nämlich teilweise in der Religionssoziologie und in der Praktischen Theologie an die Stelle des Religionsbegriffs. Inhaltlich kommt dabei der abnehmende Organisationsgrad von „Religion" in den Blick.

Diesen Begriffsbestimmungen schließen sich hermeneutische Reflexionen an. Dabei steht am Anfang die Erinnerung an den seit Beginn der Christentumsgeschichte bestehenden Pluralismus der Kommunikation des Evangeliums. Dann wird deren innere Struktur untersucht. Hier führt die religionsgeschichtlich begründete, medientheoretisch in ein gegenwartshermeneutisches Konzept überführte Unterscheidung von primärer und sekundärer Religionserfahrung weiter.

Es folgt eine differenzierte Bestimmung des Verhältnisses der Kommunikation des Evangeliums zu ihrem kulturellen Kontext. Dabei nehme ich in liturgiehermeneutischem Zusammenhang erarbeitete Unterscheidungen auf. Sie weisen u. a. darauf hin, dass die Kommunikation des Evangeliums sowohl die Aufgabe der Kontextualisierung als auch der Kulturkritik umfasst.

Insgesamt ergeben diese Klärungen in mehrfacher Hinsicht Präzisierungen und Differenzierungen, auf die bei den materialen Ausführungen zur Kommunikation des Evangeliums zurückgegriffen wird, und zwar durch:
– *Grundeinsichten heutiger Kommunikationstheorie;*
– *Rekonstruktion der drei grundlegenden Kommunikationsmodi des Evangeliums;*
– *Einsicht in die innere Spannung von Religionserfahrungen;*
– *Benennung von inhaltlichen Grundspannungen der Kommunikation des Evangeliums;*

– *differenzierte Sicht des Verhältnisses von Kommunikation des Evangeliums zum kulturellen Kontext.*

§ 8 Begriffliche Klärungen

Literatur: JÜRGEN BECKER, Jesus von Nazaret, Berlin 1996 – CORINNA DAHLGRÜN, Christliche Spiritualität. Formen und Traditionen der Suche nach Gott, Berlin 2009 – MANFRED FASSLER, Was ist Kommunikation?, München ²2003 – GERHARD FRIEDRICH, euangelizomai, euangelion, proeuangelizomai, euangelistes, in: ThWNT Bd. 2 (1935/1967), 705–735 – CHRISTIAN GRETHLEIN, „Religion" oder „Kommunikation des Evangeliums" als Leitbegriff für die Praktische Theologie?, in: ZThK 112 (2015), 468–489 – FERDINAND HAHN, Theologie des Neuen Testaments Bd. 1. Die Vielfalt des Neuen Testaments, Tübingen 2002, 180–322 – HUBERT KNOBLAUCH, Populäre Religion. Auf dem Weg in eine spirituelle Gesellschaft, Frankfurt 2009 – MICHAEL MEYER-BLANCK, Praktische Theologie und Religion, in: CHRISTIAN GRETHLEIN/HELMUT SCHWIER (Hg.), Praktische Theologie. Eine Theorie- und Problemgeschichte (APrTh 33), Leipzig 2007, 353–397 – ASTRID REGLITZ, Erklären und Deuten. Glaubenspraxis in diskurstheoretisch-theologischer Perspektive (Theologie – Kultur – Hermeneutik 12), Leipzig 2011 – JENS SCHRÖTER, Jesus von Nazaret. Jude aus Galiläa – Retter der Welt (Biblische Gestalten 15), Leipzig ²2009

1. Kommunikation

Kommunikation ist ein zentrales Thema gegenwärtiger Sozial- und Kulturwissenschaften. Die in der Religionssoziologie lange übliche konzeptionelle Orientierung am Handlungsbegriff bzw. die religionswissenschaftliche Ausrichtung auf Erfahrung bzw. Erleben treten seit einiger Zeit hinter die Beschäftigung mit Kommunikation zurück.[1] Der Rückgang von allgemein anerkannten Traditionen und normativen Beständen führt zu einem wachsenden Interesse an der Kommunikations-Thematik:

> „Der subjektive und soziale Bedarf, durch ‚Kommunikation' Zusammenhänge herzustellen und einigermaßen stabil zu halten, ist unübersehbar. Dieser Bedarf ist vor dem Hintergrund zu verstehen, daß der vielfältig begründete soziale Unterschiedsreichtum (Ausdifferenzierung), die vielfältigen Positionen (Pluralisierung) und die Ablösung des einzelnen Menschen von dauerhaft festen sozialen Institutionen (Individualisierung) neue Regelungen der Vermittlung und der Integration erfordern." (FASSLER 27)

Auch bilden sich im Zuge der Medienentwicklung neue Sozialformen heraus, die am besten unter einer kommunikationstheoretischen Perspektive zu rekonstruieren sind. Die Rede von Kommunikation des Evangeliums in der Theologie gehört in diesen Kontext. Solange Amts- und/oder Lehrautorität

---

1 S. HARTMANN TYRELL, Handeln, Religion und Kommunikation – Begriffsgeschichtliche und systematische Überlegungen, in: DERS./VOLKHARD KRECH/HUBERT KNOBLAUCH (Hg.), Religion als Kommunikation (Religion in der Gesellschaft 4), Würzburg 1998, 83–134.

genügten, um Menschen kirchlich zu orientieren, und die (meisten) Menschen in (scheinbar) stabilen Sozialformationen lebten, kamen die Störungsanfälligkeit und Kontingenz von Kommunikationsprozessen nicht in den Blick. Das hat sich geändert.

Die Durchsicht wichtiger kommunikationstheoretischer Arbeiten ergibt unterschiedliche Perspektiven für ein differenziertes Kommunikationsverständnis. Das legt schon die etymologische Bedeutung des Begriffs nahe:

„Den Wortstamm bildet der Begriff ‚munus‘, was soviel heißt wie ‚Aufgabe‘, ‚Verrichtung‘, ‚Funktion‘, ‚Dienst‘, ‚übernommene Pflicht‘. Davor gesetzt ist das Präfix ‚con-‘ ..., das soviel heißt wie ‚mit‘, ‚samt‘, ‚zusammen‘, ‚gemeinsam‘ ...

In der Antike kommt das zusammengesetzte Wort ‚communicare‘ ... unter folgenden vier Bedeutungen vor: 1) gemeinsam machen, vereinigen; 2) mitteilen, teilnehmen lassen; 3) gemeinsam haben oder teilen; mit tragen helfen und 4) sich in Verbindung setzen, besprechen, beraten. Letztlich ist ‚etwas Gemeinsames machen/ teilen, mitteilen‘ die alte Kernbedeutung von Kommunikation."[2]

Im Folgenden präsentiere ich nach einem einleitenden Hinweis auf die nachrichtentechnischen Ursprünge moderner Kommunikationsforschung Einsichten aus der Psychologie, der Semiotik, der Soziolinguistik, der Ritual-, der System- und der Handlungstheorie sowie poststrukturalistischer Ansätze. Sie sind in der Diskussion untereinander verknüpft und so auch in theologischen Arbeiten rezipiert. Aus unterschiedlichen Perspektiven geben sie Einblick in die grundsätzliche Vielfalt der Faktoren bei Verständigungsprozessen und die dadurch bedingte *Ergebnisoffenheit von Kommunikation*. Bisher als „Lehre" Tradiertes wird in grundsätzlich unabschließbare kommunikative Aushandlungsprozesse überführt. Dabei löst der Einsatz beim Konzept „Kommunikation" den bisherigen Ausgang beim „Subjekt" bzw. „Individuum" ab. Denn die Beziehung („relationship") ist konstitutiv für Kommunikation,[3] an der freilich Einzelne partizipieren. „Subjekt" bzw. „Individuum" werden also in einen kommunikationstheoretischen Theorierahmen integriert und figurieren nicht mehr als grundlegende Begriffe.

1.1 *Nachrichtentechnischer Impuls:* Einen wichtigen Impuls für die kommunikationstheoretische Forschung gab das *mathematisch-technische Kommunikationsmodell* der beiden US-amerikanischen Mathematiker *Claude Shannon (1916–2001) und Warren Weaver (1894–1978)*. Es erfasst die Grundstruktur der Signalübertragung folgendermaßen:

---

2   Petra Korte, Pädagogische Kommunikation oder Ein Plädoyer für alltägliche pädagogische Differenz- und Dissenskultur, in: Renate Girmes/Petra Korte (Hg.), Bildung und Bedingtheit. Pädagogische Kommunikation im Kontext individueller, institutioneller und gesellschaftlicher Muster, Opladen 2003, 141–152, 142.
3   John Sullivan, Communicating Faith and Relating in Love, in: Ders. (Hg.), Communicating Faith, Washington 2011, 359–368, 359 f.

Infoquelle → Sender/Transmitter → Kanal → Empfänger → (Botschaft) Ziel.[4]

Dieses Modell wurde im Kontext einer Telefongesellschaft entwickelt, bei der Shannon und Weaver beschäftigt waren. Es zielt auf eine möglichst störungsfreie *technische Übermittlung von Daten*. Klar markiert es wichtige Faktoren, die bei einer Signalübertragung zu beachten sind. Nachrichtentechnisch sind eventuelle Störungen im Kanal (etwa durch Geräusche) und deren Reduktion bedeutsam. Ein Wahrscheinlichkeitskalkül dient zu deren Behebung. Angesichts des beschränkten Umfangs der zu ordnenden Elemente, etwa die Buchstaben des Alphabets, werden diese bei Störungen auf Grund der statistischen Wahrscheinlichkeit ihres Vorkommens rekonstruiert. Hinsichtlich der übermittelten Botschaften führen Shannon und Weaver den Selektionsbegriff ein. Demnach liegt der Informationsgehalt im Verhältnis der tatsächlichen zu den möglichen Nachrichten, die wiederum eine gewisse Wahrscheinlichkeit haben. So kommt schon in diesem Modell ein größerer Kontext in den Blick, der das tatsächlich Kommunizierte übersteigt, aber für dessen Dekodierung von Bedeutung ist. Allerdings blendet das Modell die ganze menschenbezogene Seite von Kommunikation und damit die Fragen nach der Bedeutung und dem Sinn von Kommunikation bewusst aus.

1.2 *Psychologische Einsichten:* Eine grundlegend neue Dimension führte die psychoanalytische Theoriebildung in das Verständnis von Kommunikation ein. Die Instanzenlehre Sigmund Freuds machte darauf aufmerksam, dass eine bloße Konzentration auf die den Kommunizierenden bewussten Aktionen und Ziele, also auf die Ich-Ebene, die Faktoren unrealistisch verkürzt, die Kommunikation prägen. Im Spezialfall des therapeutischen Gesprächs treten in Übertragung und Gegenübertragung[5] die in der Biographie der Kommunizierenden wurzelnden Prägungen in methodisch reflektierter Weise zu Tage.

Solche Impulse wurden von speziell für die Verbesserung von Kommunikation ausgearbeiteten psychologischen Theorien handlungsorientierend präzisiert. Erhebliche Verbreitung erfuhren die psychologischen Beiträge von *Friedemann Schulz von Thun (geb. 1944)*. Er nimmt die Unterscheidung Karl Bühlers von der Darstellungs-, Ausdrucks- und Appellfunktion der

---

4   Nach der Graphik in: Klaus Beck, Kommunikationswissenschaft, Konstanz 2007, 18 (unter Bezug auf Claude Shannon/Warren Weaver, The Mathematical Theory of Communication, Urbana 1972). In Anlehnung daran formulierte der Politik- und Sozialwissenschaftler Harold Laswell die Fragen: „Who says what in which channel to whom with what effect?" (zitiert a. a. O. 120), die zur „Faustformel" (ebd.) für die junge Forschung der sog. Massenmedien (mass media) wurde, jedoch noch keine Rückkoppelungen berücksichtigt.

5   S. unter Bezug auf Sigmund Freud Joachim Scharfenberg, Sigmund Freud und seine Religionskritik als Herausforderung für den christlichen Glauben, Göttingen [4]1976 (1968), 115 f.

Sprache⁶ und die von Paul Watzlawick zwischen Inhalts- und Beziehungsebene⁷ auf und entwirft ein sog. *Kommunikationsquadrat*, das mittlerweile Grundlage vieler Trainings und Beratungsprozesse ist.⁸ Demnach enthält jede Nachricht vier – prinzipiell gleichrangige – Botschaften:
– zum Sachinhalt,
– zur Selbstkundgabe (Ich-Botschaft),
– zur Beziehung zwischen den Kommunizierenden
– und einen Appell.
Diese vier Ebenen gelten gleichermaßen für den Sender („Zungen") und den Empfänger („Ohren"). Beide sind in ihrem Inneren wiederum durch vorzüglich emotional geprägte Spannungen geprägt.⁹ Das steigert die Komplexität und damit Störungsanfälligkeit von Kommunikation. Nicht zuletzt die Praxisnähe eröffnete dem Modell einen Zugang auch in die Seelsorge.¹⁰ Mittlerweile wird es für den Bereich interkultureller Kommunikation ausgearbeitet und bewährt sich hier als ein Analyse-Instrument,¹¹ um Störungen in Kommunikationen etwa zwischen Einheimischen und Immigranten zu verstehen und zu bearbeiten.

1.3 *Semiotische Einsichten:* Die Semiotik als Lehre von den Zeichen, also von dem, was zum Bedeutungsträger wird bzw. werden kann, umfasst das ganze Gebiet der Kommunikation. Denn hier geht es stets – auch – um Bedeutungen. Vor allem die Zeichentheorie Umberto Ecos¹² wurde in der Praktischen Theologie rezipiert. *Wilfried Engemann* (s. § 5 2.6) versteht in Aufnahme von Ecos Theorie Kommunikation als „Mitteilungs- und Partizipationsgeschehen" und rekonstruiert die Kommunikation des Evangeliums als einen semiotisch analysierbaren Prozess.¹³ Kommunikation vollzieht sich demnach *durch Personen auf der Basis von Zeichen in bestimmten Situationen mit*

---

6 KARL BÜHLER, Sprachtheorie. Die Darstellungsfunktion der Sprache, Jena 1934.
7 PAUL WATZLAWICK/JANET BEAVIN/DON JACKSON, Menschliche Kommunikation. Formen, Störungen, Paradoxien, Bern 1969.
8 FRIEDEMANN SCHULZ VON THUN, Miteinander reden Bd. 1–3. Bd. 1 Störungen und Klärungen. Allgemeine Psychologie der Kommunikation; Bd. 2 Stile, Werte und Persönlichkeitsentwicklung. Differentielle Psychologie der Kommunikation; Bd. 3 Das „Innere Team" und situationsgerechte Kommunikation, Reinbek, 1981, 1989, 1998.
9 Dies wird im 3. Band von „Miteinander reden" unter dem Begriff „Inneres Team" ausgeführt.
10 S. CHRISTOPH MORGENTHALER, Seelsorge (Lehrbuch Praktische Theologie Bd. 3), Gütersloh 2009, 242 f.
11 DAGMAR KUMBIER/FRIEDEMANN SCHULZ VON THUN (Hg.), Interkulturelle Kommunikation: Methoden, Modelle, Beispiele, Reinbek ⁴2010.
12 Grundlegend UMBERTO ECO, Einführung in die Semiotik, München 1972 (ital. 1968).
13 WILFRIED ENGEMANN, Kommunikation des Evangeliums als interdisziplinäres Projekt. Praktische Theologie im Dialog mit außertheologischen Wissenschaften, in: CHRISTIAN GRETHLEIN/HELMUT SCHWIER (Hg.), Praktische Theologie. Eine Theorie- und Problemgeschichte (APrTh 33), Leipzig 2007, 137–232, 141.

bestimmten Zielen. Die Kommunikationsprozesse beziehen sich auf bestimmte Codes, deren gegenseitige Kenntnis für Verständigung wichtig ist.

Karl-Heinrich Bieritz, der akademische Lehrer Engemanns, wendete dieses Modell für die Liturgik an und unterscheidet fünf „Sprachen", die jeweils in verschiedene Codes differenziert werden können:

Wortsprachen: Sprach-Codes; Sprech-Codes; Schrift-Codes.

Körpersprachen: Kinetische, hodologische, proxemische, taktile, textile und odoratische Codes.

Klangsprachen: Akustische und musikalische Codes.

Objektsprachen: Raum- und ikonische Codes.

Soziale Sprachen: Heortologische, hierarchische und szenische Codes.[14]

In der konkreten Kommunikation überlagern sich die verschiedenen Codes, was die Komplexität der Verständigung steigert.

Klar arbeitet der semiotische Ansatz die Bedeutung der konkreten Kommunikationssituation heraus. Denn diese stellt Zeichen zur Verfügung – etwa das Kircheninterieur bei einem Gottesdienst oder das Behandlungszimmer einer Arztpraxis – und prägt so die Kommunikationserwartung – beim Betreten einer Kirche oder einer Arztpraxis. Durch die genannten Faktoren gewinnt die Kommunikationstheorie Anschluss an verschiedene Wissenschaften, deren Einsichten und Fragestellungen. So führen der Faktor „Personen" zur Einbeziehung der Psychologie und die „Situationen" in den Bereich der Sozialwissenschaften. Bei den Zielsetzungen, die Engemann konkret für die Praktische Theologie durch „Gestaltung von Kirche" und „Zu- und Aneignung der Freiheit" benennt, treten noch die Wirtschafts- und Rechtswissenschaften sowie die Philosophie hinzu.[15] Damit erhalten die Bereiche von Kultur und Gesellschaft ihren Ort in der kommunikationstheoretischen Analyse.

In diesem Ansatz kommen die Herausforderungen durch die elektronischen Medien wenigstens prinzipiell in den Blick. Engemann weist auf das grundlegende Problem binärer Kommunikation hin: Sie ist – nachrichtentechnisch motiviert – an der reibungslosen Vermittlung von Informationen interessiert. Zur Kommunikation des Evangeliums gehören dagegen konstitutiv – kommunikationstheoretisch gesehen – Störungen. Denn hier geht es um menschliche Adaptionsprozesse, in denen Menschen „berührt, ergriffen und verändert werden können".[16]

---

14 KARL-HEINRICH BIERITZ, Liturgik, Berlin 2004, 44–46.
15 Noch umfassender KLAUS BECK, Kommunikationswissenschaft, Konstanz 2007, 157.
16 WILFRIED ENGEMANN, Kommunikation der Teilhabe. Die Herausforderung der Informationsmaschinen, in: DERS., Personen, Zeichen und das Evangelium. Argumentationsmuster der Praktischen Theologie (APrTh 23), Leipzig 2003, 255–269, 266 (ohne Kursivsetzung im Original).

§ 8 Begriffliche Klärungen

1.4 *Soziolinguistische Einsichten:* An einer wichtigen Stelle differenziert soziolinguistische Theoriebildung den eben skizzierten semiotischen Zugang zur Kommunikation. Sie macht darauf aufmerksam, dass die an der Kommunikation Beteiligten einen gemeinsamen Kommunikationscode benötigen, um in einen Verständigungsprozess eintreten zu können. Unter Rückgriff auf soziale Schichttheorien unterschied der britische Soziolinguist Basil Bernstein (1924–2000) zwischen *restringiertem und elaboriertem Code*.[17] Der erste ist durch kurze, oft unvollständige Sätze gekennzeichnet und mit viel direkter Rede durchsetzt. Er ist situationsbezogen und emotional geprägt. Die Überlegungen sind konkret und anschaulich. Der elaborierte Code bedient sich dagegen einer komplexen Syntax. Er formuliert allgemein, oft ohne erkennbaren Situationsbezug. Seine Argumentation ist abstrakt und begrifflich komprimiert.

Diese Theoriebildung kann von dem mittlerweile durch Milieu- und Lebensstiltheorien überholten Schichtenmodell abgelöst und auf solche neuen Differenzierungen sozialer Zugehörigkeit übertragen werden. Sie macht auf die *soziale Kontextualität* von Sprache und die sich daraus ergebenden Verständigungsprobleme aufmerksam.

Praktisch-theologisch fand die Unterscheidung von restringiertem und elaboriertem Code vor allem in der Homiletik Beachtung. Denn so konnten Verständigungsschwierigkeiten zwischen universitär gebildeten Pfarrern und formal wenig gebildeten Gemeindegliedern erklärt werden.[18] Dabei traten die differenten Sprachcodes in ihrer jeweiligen Leistungsfähigkeit und Begrenzung zu Tage und relativierten die Dominanz wissenschaftlicher Sprache.

1.5 *Ritualtheoretische Einsichten:* Die bereits bei Schulz von Thun (s. 1.2) aufgenommene Sprechakttheorie wurde in besonderer Weise für rituelle Formen der Kommunikation ausgearbeitet. Ausgangspunkt ist dabei die von dem englischen Philosophen *John Austin (1911–1960)* formulierte Einsicht, dass Äußerungen auch als *Handlungen* verstanden werden können.[19] Offenkundig tritt dies z. B. bei Rechtsakten wie dem standesamtlichen Eheschluss zu Tage. Das dort geäußerte „Ja" hat weitreichende Folgen. Aber auch in anderen Sprechakten – z. B. „ich eröffne die Sitzung" – wird nicht lediglich etwas beschrieben, sondern zugleich wirkmächtig gehandelt. Theologisch-exegetisch fanden diese Einsichten vor allem in die Gleichnistheorie Ein-

---
17 S. Basil Bernstein, Studien zur sprachlichen Sozialisation, Düsseldorf 1972.
18 S. Ernst Öffner, Pastoralsoziologische Grundlegung: Der Pfarrer und sein Kommunikationsproblem, in: Bernhard Klaus (Hg.), Kommunikation in der Kirche. Predigt – Religionsunterricht – Seelsorge – Publizistik, Gütersloh 1979, 57–110.
19 Grundlegend John Austin, How to Do Things with Words, Oxford 1962 (dt. Zur Theorie der Sprechakte, Stuttgart 1972).

gang, insofern die Gleichnisse ebenfalls neue Wirklichkeit erschließen und dabei u. a. appellativen Charakter haben.[20]

Austins Theorie der Sprechakte ermöglichte Ethnologen wie *Victor Turner (1920–1983)* ein vertieftes Verständnis kommunikativer Vollzüge in den von ihnen untersuchten Stämmen.[21] Sie beobachteten dort Kommunikationen, in denen es keinesfalls nur um Beschreibungen von Sachverhalten bzw. deren Deutung ging. Vielmehr setzte der Vollzug solcher „*Rituale*", die *Performanz*, selbst Wirklichkeit. Demgegenüber trat die Bedeutung des explizit Geäußerten im Sinne diskursiver Sprache – teilweise – vollständig zurück. Dafür ist allerdings Bedingung, dass die am Ritual Partizipierenden der vorausgesetzten Weltsicht zustimmen. In geschlossenen Gesellschaftsformationen wie afrikanischen Stämmen trifft dies in der Regel zu. Eine direkte Übertragung auf pluralistische Gesellschaften der reflexiven Moderne ist aber problematisch und führt zu einer Überdehnung des Begriffs.[22]

Doch weist auf jeden Fall die Ritualtheorie auf *das besondere, Wirklichkeit setzende Potenzial von Kommunikation* hin. Es ist für die Theorie der Kommunikation des Evangeliums vor allem bei der gemeinschaftlichen Kommunikation mit Gott (s. § 26) von Bedeutung.

1.6 *Systemtheoretische Einsichten:* Der Soziologe *Niklas Luhmann (1927–1998)* machte – ebenfalls gegen eine verkürzte technik-orientierte Sicht – auf die „Unwahrscheinlichkeit der Kommunikation"[23] aufmerksam. Damit wollte er die landläufige Meinung abwehren, bei Kommunikation handle es sich um ein identisches Sinnverstehen, das mit etwas gutem Willen herzustellen sei. Ausgehend von der Theorie der Autopoiesis von Systemen vollzieht sich in systemtheoretischer Perspektive Kommunikation zwischen zwei Systemen, wobei sich der Analyse nur die Kommunikation selbst zeigt, nicht aber Absichten, Ziele, Bedeutungen und Sinn, die die einzelnen Systeme leiten:

„Zwei black boxes bekommen es, aufgrund welcher Zufälle auch immer, miteinander zu tun. Jede bestimmt ihr eigenes Verhalten durch komplexe selbstreferentielle Operationen innerhalb ihrer Grenzen. Das, was von ihr sichtbar wird, ist deshalb notwendig Reduktion. Jede unterstellt das gleiche der anderen."[24]

---

20 S. Christoph Kähler, Jesu Gleichnisse als Poesie und Therapie (WUNT 78), Tübingen 1995, 17–41.
21 Victor Turner, The Forest of Symbols. Aspects of Ndembu Ritual, Ithaca 1967. Eine knappe Skizze der recht komplexen Diskussion gibt Catherine Bell, Ritual. Perspectives and Dimensions, Oxford 2009 (1997), 61–92.
22 S. Thomas Klie, Vom Ritual zum Ritus. Ritologische Schneisen im liturgischen Dickicht, in: BThZ 26/1 (2009), 96–107.
23 Niklas Luhmann, Die Unwahrscheinlichkeit der Kommunikation, in: Ders., Soziologische Aufklärung 3. Soziales System, Gesellschaft, Organisation, Opladen 1981, 25–34.
24 Niklas Luhmann, Soziale Systeme. Grundriß einer allgemeinen Theorie, Frankfurt 1984, 156.

§ 8 Begriffliche Klärungen   153

So wird *Kommunikation als eigenes System* rekonstruiert, in dem der Akzent einmal auf „Mitteilung", ein anderes Mal auf „Information" oder schließlich auf „Verstehen" liegt. Sie ist keineswegs auf den Austausch zwischen Personen beschränkt.[25]

Die systemtheoretische Perspektive macht zum einen auf die erheblichen Voraussetzungen und Schwierigkeiten aufmerksam, die mit Kommunikation verbunden sind. Sie haben ihren Grund in der jeweiligen Andersartigkeit der Kommunizierenden. Traditionelle Sender- und Empfänger-Modelle, wie sie lange Zeit auch in der Theologie dominierten, sind demgegenüber unterkomplex.

Zum anderen wird die Eigendynamik von Kommunikation herausgestellt, die nicht durch eine Analyse von Faktoren funktional zu erfassen ist. Luhmann markiert durch die Trennung von – unzugänglichem – Bewusstsein und Kommunikation das Problem, das durch Kommunikation (zwar unwahrscheinliche, aber) mögliche Verstehen überhaupt festzustellen.

In der Praktischen Theologie nahmen z. B. Isolde Karle in ihren pastoraltheologischen Reflexionen[26] und Christoph Dinkel in seinen grundsätzlichen Überlegungen zur Funktion des Gottesdienstes[27] Luhmanns Einsichten zur Kommunikation unter Anwesenden und die dabei markierten Problemstellen auf.[28]

Kritisch wurde Luhmann u. a. die mangelnde Berücksichtigung des interaktiven Charakters von Kommunikation vorgehalten, die aus der Trennung des Systems Kommunikation von den kommunizierenden Systemen folgt. Eine Weiterführung der Luhmannschen Theorie versucht *Dirk Baecker (geb. 1955).*

Gegenüber dem Modell von Shannon und Weaver weist er darauf hin, dass bei menschlicher Kommunikation kein determinierter Auswahlbereich zur Verfügung steht.[29] Insofern kann das von ihnen verwendete statistische Wahrscheinlichkeitskalkül hier nicht eingesetzt werden. Baecker greift stattdessen auf die sog. Zweiseitenform der Unterscheidung zurück, die der Mathematiker George Spencer Brown ausgearbeitet hat. Hier geht es darum, „etwas Bestimmtes im Kontext von etwas Unbestimmtem, aber Bestimmbarem, zu beobachten".[30]

---

25 S. a. a. O. 226 f.
26 Isolde Karle, Der Pfarrberuf als Profession. Eine Berufstheorie im Kontext der modernen Gesellschaft (PThK 3), Gütersloh 2001, 59–72.
27 Christoph Dinkel, Was nützt der Gottesdienst? Eine funktionale Theorie des evangelischen Gottesdienstes (PThK 2), Gütersloh 2000.
28 Katholisch-fundamentaltheologisch ausgeführt ist die – in Abgrenzung zu Habermas, Peukert und Arens gewonnene – Adaption von Luhmann bei Bernhard Fresacher, Kommunikation. Verheißungen und Grenzen eines theologischen Leitbegriffs, Freiburg 2006.
29 Dirk Baecker, Form und Formen der Kommunikation, Frankfurt 2007 (2005), 22.
30 A. a. O. 23 (unter Bezug auf George Spencer Brown, Laws of Form, New York 1972 [dt. 1997]).

> *Redundanz und Selektion* sind demnach die beiden Formen, in denen sich Kommunikation vollzieht. Denn ohne Redundanz kann die Kommunikation nicht an Bestehendes anschließen, ohne Selektion fehlt ihr der Zugang zu Neuem. Baecker interpretiert diese Einsichten soziologisch. Demnach bietet Kausalität kein angemessenes Instrumentarium an, um Kommunikation zu erfassen. Diese ist vielmehr mit einem „Ungewissheitsindex" ausgestattet.[31]

Schließlich erweitert *Manfred Faßler (geb. 1949)* die systemtheoretische Perspektive auf Kommunikation medientheoretisch. Er versteht Kommunikation als Prozess, für dessen Gelingen *Kapazität und Kompetenz* entscheidend sind.

> „Was gehört zu Kapazität? Es sind dies die technischen, medialen, symbolischen Systeme (Sprachsysteme, Bildsysteme, Abstraktionsordnungen), die ohne Zutun des einzelnen Menschen existieren und – im Idealfall – in kontextuellen Bezügen zueinander stehen. … Was gehört zu Kompetenz? Es sind dies die verschiedenen mentalen und sinnlichen Fähigkeiten, die vom einfachen Registrieren eines Gegenstandes (Perzeption), über die benennende / bezeichnende und erinnernde Wahrnehmung zur Kommunikatbildung, zum Verstehen, zur Auswahlentscheidung, Informationsbildung und schließlich zum ‚Export' der Meinung, des Entwurfes etc. führen." (FASSLER 111, ohne Kursivsetzungen des Originals; Verschreibung korrigiert)

Dies ermöglicht Faßler, die elektronischen Medien in sein Modell zu integrieren. Das erscheint ihm heute sogar zur Erfassung der face-to-face-Kommunikation notwendig, weil zu beobachten ist:

> „Die augenscheinlichen und verbalen Bedingungen zwischenmenschlicher Vermittlung werden von anonymen, fernanwesenden Stimmen, Texten, Bildern, Images und Icons überschichtet oder in diese eingewoben." (a. a. O. 112) Und: „Die immer häufiger durch elektronische Medien vermittelten graphischen Informationen und räumlich-sozialen Situationen weisen mit der angesichtigen Interaktion weit mehr Ähnlichkeiten auf als mit Information in Form von Niedergeschriebenem und Gedrucktem." (a. a. O. 86)

1.7 *Handlungstheoretische Einsichten:* Es erscheint fraglich, ob die Ungewissheit auf jede Form der Kommunikation zutrifft.[32] Hier führt die *universalpragmatische Perspektive* bei *Jürgen Habermas (geb. 1929)* weiter, die Kommunikation genauer gegenüber anderen Handlungen bestimmt. Kommunikation kommt bei ihm in handlungstheoretischer Perspektive in den Blick. Genauer unterscheidet Habermas zwischen „instrumentellem", „strategischem" und „kommunikativem" Handeln:

---

31 A. a. O. 48.
32 Dass es hiervon Ausnahmen gibt, etwa den militärischen Befehlsvorgang, muss im vorliegenden Zusammenhang nicht reflektiert werden. Denn das biblische Verständnis von Glauben schließt solche Befehlsstrukturen für die Kommunikation des Evangeliums aus.

§ 8 Begriffliche Klärungen

> „Eine erfolgsorientierte Handlung nennen wir instrumentell, wenn wir sie unter dem Aspekt der Befolgung technischer Handlungsregeln betrachten und den Wirkungsgrad einer Intervention in einem Zusammenhang von Zuständen und Ereignissen bewerten; strategisch nennen wir eine erfolgsorientierte Handlung, wenn wir sie unter dem Aspekt der Befolgung von Regeln rationaler Wahl betrachten und den Wirkungsgrad der Einflußnahme auf die Entscheidungen eines rationalen Gegenspielers bewerten. ... Hingegen spreche ich von kommunikativen Handlungen, wenn die Handlungspläne der beteiligten Aktoren nicht über egozentrische Erfolgskalküle, sondern über Akte der Verständigung koordiniert werden. Im kommunikativen Handeln sind die Beteiligten nicht primär am eigenen Erfolg orientiert; sie verfolgen ihre individuellen Ziele unter der Bedingung, daß sie ihre Handlungspläne auf der Grundlage gemeinsamer Situationsdefinitionen aufeinander abstimmen können."[33]

Es kennzeichnet demnach *kommunikatives Handeln*, dass das Ergebnis nicht von vornherein feststeht, sondern erst im Kommunikationsprozess ermittelt wird. Eine solche Kommunikation setzt voraus,

- „daß die gemachte Aussage wahr ist ...;
- daß die Sprechhandlung mit Bezug auf einen geltenden normativen Kontext richtig ... ist; und
- daß die manifeste Sprecherintention so gemeint ist, wie sie geäußert wird."[34]

Hierarchien oder sonstige Abhängigkeiten stehen ebenso wie klare Zielvorgaben oder Taktiken einer solchen Kommunikation entgegen. Sie setzt einen herrschaftsfreien Raum voraus. Dass sich hieraus Anschlussmöglichkeiten für die Theologie ergeben, zeigt der Hinweis des katholischen Theologen (und Erziehungswissenschaftlers) Helmut Peukert[35] auf die damit verbundenen normativen Voraussetzungen:

> „Wenn ich überhaupt mit einem anderen in eine Kommunikation eintrete, so akzeptiere ich ihn grundsätzlich als jemanden, der sprechen, sich verständlich artikulieren und mir widersprechen kann; ich akzeptiere ihn als gleichberechtigten Partner ..."[36]

Norbert Mette (s. § 6 3.2) hat diesen Ansatz in die Grundlegung seiner Praktischen Theologie übernommen. Denn die von Peukert genannten Voraussetzungen implizieren eine Dimension, die menschlichem Zugriff entzogen ist und so erst Kommunikation im Habermas'schen Sinn ermöglicht: „Durch Gott ist der menschlichen Existenz von ihrem Ursprung her ein kommunikativer Raum eröff-

---

33 JÜRGEN HABERMAS, Theorie des kommunikativen Handelns Bd. 1. Handlungsrationalität und gesellschaftliche Rationalisierung, Frankfurt 1981, 385 (ohne Kursivsetzung im Original).
34 A.a.O. 149.
35 S. programmatisch HELMUT PEUKERT, Was ist eine praktische Wissenschaft? Handlungstheorie als Basistheorie der Humanwissenschaften: Anfragen an die Praktische Theologie, in: OTMAR FUCHS (Hg.), Theologie und Handeln. Beiträge zur Fundierung der Praktischen Theologie als Handlungstheorie, Düsseldorf 1984, 64–79.
36 HELMUT PEUKERT, Kommunikatives Handeln, Systeme der Machtsteigerung und die unvollendeten Projekte Aufklärung und Theologie, in: EDMUND ARENS (Hg.), Habermas und die Theologie, Düsseldorf 1989, 39–64, 52.

net, in dem sie angesprochen und somit unbedingt in die Situation des Antwortenden versetzt ist."³⁷

Zugleich bleibt jedoch aus kommunikationstheoretischer Sicht u. a. die Frage, ob die Konzentration auf Sprache bei gleichzeitiger Ausblendung möglicher Störungen nicht den Kommunikationsbegriff praxisfern engführt.³⁸ Denn dieses Kommunikationsverständnis setzt eine Kommunikationssituation voraus, die die Brüchigkeit menschlicher Identität unter reflexiv modernen Bedingungen ausblendet.³⁹

1.8 Poststrukturalistische Einsichten: Autoren wie *Michel Foucault (1926–1984)* akzentuieren noch einmal in neuer Weise die bereits mehrfach herausgearbeiteten Probleme hinsichtlich der Verständigung in Kommunikationsprozessen. In seiner Diskurstheorie macht er nachdrücklich auf die *Machtförmigkeit von Kommunikation* aufmerksam. Denn Diskurse bilden den Rahmen, innerhalb dessen sich konkrete Kommunikation vollzieht.

„Ich setze voraus, daß in jeder Gesellschaft die Produktion des Diskurses zugleich kontrolliert, selektiert, organisiert und kanalisiert wird – und zwar durch gewisse Prozeduren, deren Aufgabe es ist, die Kräfte und die Gefahren des Diskurses zu bändigen, sein unberechenbar Ereignishaftes zu bannen, seine schwere und bedrohliche Materialität zu umgehen."⁴⁰

In diesem Zugang ziehen die Störungen von Kommunikation besondere Aufmerksamkeit auf sich. Das etwa Habermas leitende Paradigma der symmetrischen Kommunikation wird ideologiekritisch hinterfragt. Symmetrische Kommunikation setzt eine egalitäre Rollenzuweisung voraus und eine mediale Struktur, die gleichberechtigte Gegenseitigkeit erlaubt. In funktionaler Hinsicht ist solche Symmetrie oft nicht möglich. Der Experte hat Fachwissen, das seinen Gesprächspartnern nicht zur Verfügung steht. Um besser von allen verstanden zu werden, spricht er z. B. durch ein Mikrophon, das seinen Zuhörer/innen nicht zur Hand ist usw. Das bedeutet jedoch nicht, dass die gesamte Kommunikation asymmetrisch verlaufen muss. Vielmehr ermöglichen erst Phasen der symmetrischen Kommunikation neue Einsichten auf beiden Seiten.

In der Religionspädagogik nehmen vor allem Dietrich Zilleßen und sein Schüler Bernd Beuscher diesen Ansatz auf, um gegen die Funktionalisierung

---

37   NORBERT METTE, Einführung in die katholische Praktische Theologie, Darmstadt 2005, 19.
38   S. BENJAMIN NELSON, Der Ursprung der Moderne. Vergleichende Studien zum Zivilisationsprozeß, Frankfurt 1977, XVI.
39   S. z. B. die kritischen Anfragen bei RAINER BUCHER, Theologie im Risiko der Gegenwart. Studien zur kenotischen Existenz der Pastoraltheologie zwischen Universität, Kirche und Gesellschaft (PTHe 105), Stuttgart 2010, 28–30.
40   MICHEL FOUCAULT, Die Ordnung des Diskurses, Frankfurt ¹⁰2007 (franz. 1972), 10 f.

von Bildungsprozessen Einspruch zu erheben und deren Offenheit zu betonen.[41] Dazu gewinnt Marcell Saß aus dem Diskurs-Konzept einen neuen methodologischen Zugang für praktisch-theologische und religionspädagogische Forschung.[42]

1.9 *Neue Herausforderungen:* In § 12 werden die medientechnischen Innovationen und ihre Bedeutung für Kommunikation eingehender thematisiert. Hier sei nur auf zwei Herausforderungen hingewiesen, die vor allem die Sozialität betreffen:

Zum einen fördern die neuen medialen Kommunikationsmöglichkeiten gleichermaßen *Standardisierungen und Individualisierungen*:

„Es lassen sich globale Standardisierungen (von Maschinencodes bis zu Datenformaten im Internet) gleichzeitig mit der Individualisierung des medialen Verständigungsrisikos beschreiben, weltweite Kommunalisierungen (in chatrooms, game communities, open source communities) und gleichzeitig massive Kommerzialisierung." (FASSLER 28)

Beim Blick in die USA begegneten erste kirchentheoretisch relevante Konsequenzen bei den Emergents (s. § 7 3.4). Sie organisieren das, was bisher Kirche hieß und ihnen zu wenig flexibel erscheint, im Wiki-Format bzw. als open-source network. Es ist schwer zu entscheiden, ob es sich dabei mehr um eine Individualisierung des Christseins oder eine neue Gemeinschaftsbildung handelt. Auf jeden Fall eröffnet sich so ein neuer Horizont für die Frage nach der Gestaltung christlichen Lebens und seiner Sozialität, in den die lebensweltlichen Veränderungen durch medientechnische Innovationen integriert sind.

Zum anderen deutet die Unterscheidung zwischen den sog. *„digital natives" und den „digital immigrants"*[43] einen neuen Hiatus an, der (weitgehend) generationenspezifisch ist und mit der unterschiedlichen Bedeutung der Nutzung elektronischer Medien zusammenhängt. Besonders fällt bei vielen „natives" der hohe Zeitaufwand auf, um sich in den online-communities attraktiv zu präsentieren bzw. auf dem Laufenden über das hier Kommunizierte zu sein. So nutzen 86 % der (12- bis 19-jährigen) Jugendlichen in Deutschland z. B. täglich die Messenger-App WhatsApp, weitere 6 % mehrmals pro Woche.

---

41 S. BERND BEUSCHER/DIETRICH ZILLESSEN, Religion und Profanität. Entwurf einer profanen Religionspädagogik, Weinheim 1998.
42 MARCELL SASS, Praktische Theologie, Religionspädagogik und Diskurs, in: ZThK 111 (2014), 203-223.
43 S. hierzu grundlegend MARC PRENSKY, Digital Natives, Digital Immigrants Part 1, in: On the Horizon 9/5 (2001), 2-6; DERS., Digital Natives, Digital Immigrants Part 2: Do They Really Think Differently?, in: On the Horizon 9/6 (2001), 1-6.

„Durchschnittlich rufen Jugendliche WhatsApp 26 Mal pro Tag auf. Jeder Fünfte, der diese App täglich nutzt, macht dies sogar häufiger als 50 Mal am Tag, jeder Dritte immerhin noch zwischen 20 und 49 Mal täglich."[44]

Die Online-Präsenz der 14- bis 29-Jährigen betrug 2014 täglich fast vier Stunden (233 Minuten).[45] Solche zeitintensive Partizipation lässt sich durch die Bedeutung der entsprechenden Kommunikation für die eigene Identitäts(bildung) erklären:

> „Die Währung im Bereich Social Media ist Aufmerksamkeit für die eigene Person. Diese muss man sich erarbeiten, indem man Interessantes, Unterhaltsames, Originelles (Texte, Bilder, Videos) posted zu Themen, Hobbys und zur eigenen Person. Mit der Aufmerksamkeit, die darüber generiert wird, wächst die Anzahl der digitalen Freundschaften oder Follower. Viele Freunde zu haben, bedeutet hohes Sozialprestige. Für Popstars, Künstler, Schriftsteller oder andere Prominente ist das Sammeln von Freunden/Followern ein Geschäftsmodell, mit dem sich Aufmerksamkeit kapitalisieren lässt."[46]

Andere Medien, aber auch sonstige Kontakte treten bei den „natives" schon aus Zeitgründen zurück bzw. werden in die internetbasierte Kommunikation integriert.[47] Es macht wenig Sinn, diese Veränderungen in Form von Abfall-Theorien abzuwerten. Vielmehr gilt es, solche Entwicklungen kommunikationstheoretisch zu verstehen. Erst dann kann praktisch-theologisch begründet Stellung genommen werden.[48]

1.10 *Ergebnis:* Multiperspektivische Analyse erschließt *Kommunikation als ein mehrfach komplexes Geschehen der Verständigung von Menschen:*
- Nachrichtentechnisch gesehen konstituieren Redundanz und Selektion Kommunikationsprozesse;
- psychologisch sind mehrere Ebenen in der Kommunikation zu beachten, wobei u. a. die jeweiligen Emotionen eine wichtige Rolle spielen;[49]
- semiotisch ergeben sich unterschiedliche Codes, die situations-, ziel- und personenspezifisch verwendet werden;
- soziolinguistisch kommen die schicht- bzw. milieu- bzw. lebensstilbezogenen Prägungen von Sprache als Hemmnis für Verständigung in den Blick;

---

44 Sabine Feierabend/Theresa Plankenhorn/Thomas Rathgeb, Jugend, Information, Multimedia, in: Media Perspektiven 2014, 596-607, 606.
45 Birgit van Eimeren/Beate Frees, 79 Prozent der Deutschen online – Zuwachs bei mobiler Internetnutzung und Bewegtbild, in: Media Perspektiven 2014, 378-396, 395.
46 Gerhard Franz, Digital Natives und Digital Immigrants: Social Media als Treffpunkt von zwei Generationen, in: Media Perspektiven 2010, 399–409, 407f.
47 S. Walter Klingler/Sabine Feierabend/Irina Turecek, Medien im Alltag junger Menschen, in: Media Perspektiven 2015, 199-209.
48 S. Christian Grethlein, Kommunikation des Evangeliums in der digitalisierten Gesellschaft. Kirchentheoretische Überlegungen, in: ThLZ 140 (2015), 598-611.
49 S. z.B. zum Gefühl der Scham Kristian Fechtner, Diskretes Christentum. Religion und Scham, Gütersloh 2015.

§ 8 Begriffliche Klärungen   159

– ritualtheoretisch wird der Handlungscharakter von Gesprochenem betont, der bis zur Setzung neuer Wirklichkeit reicht;
– systemtheoretisch impliziert – vor dem Hintergrund der Unwahrscheinlichkeit von Verständigung – der Hinweis auf die Ergebnisoffenheit von Kommunikation ihr Innovationspotenzial;
– handlungstheoretisch wird aus wahrheitstheoretischen Gründen die Bedeutung der Ergebnisoffenheit von Kommunikation herausgearbeitet;
– der diskurstheoretische Zugang macht auf die mit Kommunikation verbundene Machtfrage aufmerksam;
– technologische Innovationen eröffnen neue Chancen und Herausforderungen.

Daraus ergeben sich weitreichende Konsequenzen für eine praktisch-theologische Theorie der Kommunikation des Evangeliums. *Denn demnach ist „Evangelium" als Inhalt von Kommunikation keine feststehende Größe unabhängig von der konkreten Kommunikation. Die genaue Bedeutung von „Evangelium" wird erst im Kommunikationsprozess generiert und ist grundsätzlich ergebnisoffen bis hin zur Erschließung neuer Wirklichkeit.* Dies ist aber keineswegs ein Ausdruck von Beliebigkeit. Vielmehr ist diese Offenheit kommunikationstheoretische Voraussetzung für den innovativen und personenbezogenen Charakter des Evangeliums. „Evangelium" ergibt sich kommunikativ immer wieder aufs Neue in konkreten Situationen, im Austausch von Personen und deren Beziehungen und ist offen für Neuentdeckungen. Es folgt der Logik der Ko-Konstruktion.

Dass dies ein durchaus gefährdeter Prozess ist, ergibt der diskurstheoretische Hinweis auf die oft verdeckten Machtstrukturen in kommunikativen Prozessen. Demgegenüber erfordert die Kommunikation des Evangeliums grundsätzlich *symmetrische Konstellationen*. Sie schließen funktional notwendige Asymmetrien ein, etwa bei der Vermittlung theologischer Einsichten. Diese sind jedoch in einem Kontext zu platzieren, der die in der Geschöpflichkeit jedes Menschen begründete Gleichheit der Menschen zum Ausdruck bringt. Nur so kann Evangelium in einem ergebnisoffenen und damit für alle Kommunizierenden bereichernden Sinn kommuniziert werden.

2. Evangelium

Eine Durchsicht einschlägiger neuerer praktisch-theologischer Arbeiten ergibt im zentralen Bereich der Bestimmung des Gegenstands einen überraschenden Befund:

Zum einen begegnen erhebliche Unterschiede: Während bei Manfred Josuttis das „Heilige" und die Begegnung mit ihm im Zentrum der Aufmerksamkeit stehen (s. § 5 2.1), nimmt diese Stelle bei Wilhelm Gräb ein ausdrücklich „entsubstantialisiertes" Glaubensverständnis ein (s. § 5 2.2).

Isolde Karle greift dagegen auf das Luhmann'sche Religionsverständnis zurück usw.[50]

Zum anderen haben diese konträren Ansätze eine Gemeinsamkeit: Die biblische Tradition spielt bei den jeweiligen Reflexionen keine bzw. nur eine marginale Rolle.[51]

Demgegenüber plädiere ich für eine sorgfältige Klärung der leitenden theologischen Begriffe in biblischer Perspektive. Denn in der Evangelischen Theologie hat es sich bewährt, bei begrifflichen Bestimmungen nach biblischen Einsichten zu fragen. Sie erinnern an den Grundimpuls des Christentums. Forschungspraktisch setzt dies eine Kooperation mit den anderen theologischen Disziplinen voraus. Damit stellt sich eine anspruchsvolle hermeneutische Aufgabe, insofern die Bibel antike Texte enthält und sich Praktische Theologie auf gegenwärtige Kommunikation bezieht. Auf jeden Fall ist zu vermeiden, dass die biblischen Bezüge lediglich als legitimierende Formeln für bereits vorher Feststehendes fungieren. Ebensowenig hilft eine nur historisch distanzierte Rekonstruktion weiter. Es geht vielmehr um das Verständnis des grundlegenden Impulses des Christentums (s. § 9 3.). Er lässt sich nur in seinem kulturellen Kontext erschließen und in transformierter Weise für die Gegenwart fruchtbar machen.

In den neutestamentlichen Texten begegnen vielfältige kommunikative Situationen. Menschen suchen nach Orientierung für ihr Leben. Darauf beziehen sich *das Auftreten, Wirken und Geschick Jesu von Nazaret*. Konkret erweist sich dessen Hinweis auf den Anbruch der Gottesherrschaft als eine Perspektive, die die Sicht des Lebens verändert und Menschen in unterschiedlicher Weise neu ausrichtet. Jesu Leiden, sein Tod und die nachfolgenden Ereignisse, die zu seiner neuen Präsenz führten, verliehen diesem Perspektivenwechsel besondere Glaubwürdigkeit. Als grundlegender Begriff für diesen christlichen Grundimpuls bürgerte sich bereits im Neuen Testament der Begriff *„Evangelium"* ein.[52] Ihm ist genauer nachzugehen:

Zuerst skizziere ich seine Konturen im Neuen Testament. Entsprechend meinem praktisch-theologischen Interesse werden diese kommunikationstheoretisch analysiert. Dabei ergeben sich drei Kommunikationsmodi. Sie gewinnen ihr besonderes Profil dadurch, dass sie in der Person Jesu miteinander verbunden sind. So prägen sie bis heute die Struktur der Kommunikation des Evangeliums.

---

50 S. z. B. ISOLDE KARLE, Kirche im Reformstress, Gütersloh 2010, 24–35.
51 Eine Ausnahme dieser allgemeinen Vernachlässigung bibeltheologischer Einsichten und Perspektiven stellt der ausdrücklich nur hierauf bezogene erste Band der Liturgik von Peter Cornehl dar: PETER CORNEHL, Der Evangelische Gottesdienst – Biblische Kontur und neuzeitliche Wirklichkeit Bd. 1. Theologischer Rahmen und biblische Grundlagen, Stuttgart 2006.
52 Nur in den johanneischen Schriften fehlen – abgesehen von dem „ewigen Evangelium" in Apk 14,6 – Substantiv und Verb (s. den Erklärungsversuch bei FRIEDRICH 714 f.).

2.1 Evangelium als neutestamentlicher Begriff: In zweifacher Hinsicht spielt „Evangelium" eine zentrale Rolle im Neuen Testament. Es ist ein theologischer Schlüsselbegriff bei Paulus und begegnet in den Jesus-Geschichten der (synoptischen) Evangelien. Dabei hat Jesus wohl nicht dieses (griechische) Substantiv, aber die hebräische Form des dazugehörigen Verbs (euangelizesthai) verwendet (SCHRÖTER 143).

Kultureller Hintergrund: Beim Verständnis von „Evangelium" sind zur Zeit Jesu *zwei verschiedene Hintergründe* anzunehmen, ohne dass ihre jeweilige Prägekraft genau zu bestimmen ist:

Zum einen findet sich der Begriff in der LXX-Übersetzung des hebräischen „bisar" (Piel: Botschaft überbringen; zum genaueren Befund s. FRIEDRICH 710f.). Hier drückt er – bis auf eine Ausnahme (1 Sam 4,17) – die Botschaft von etwas Freudigem aus (a.a.O. 705). Für die Deutung Jesu spielten im frühen Christentum vor allem partizipiale Verwendungen bei Deuterojesaja eine Rolle, die im Rahmen der Zionstheologie Freudenboten ansagen (Jes 40,9, 41,27, 52,7). Diese Interpretation hat ihren sachlichen Grund darin, dass Jesus selbst die Vorstellung der „Königsherrschaft Gottes" aufgriff und ins Zentrum seines Wirkens stellte. Kommunikationstheoretisch von Bedeutung ist, dass zum „euangelizesthai" ein „euangelistes", ein Bote, notwendig ist, es sich also um eine *personale Interaktion* handelt. Dabei drückt das *Medium* als genus verbi von „euangelizesthai" ein *Oszillieren zwischen Aktiv und Passiv* aus. Es bildet die Spannung jeder Kommunikation als Mitteilung ab, indem dabei wechselseitig gesendet und empfangen, eben „mit-geteilt" wird.

Die damit verbundene Dynamik tritt auch in dem im Neuen Testament synonym verwendeten Begriff „keryssein" (bzw. „keryx") zu Tage: „keryssein heißt nicht: einen lehrhaften oder ermahnenden oder auch erbaulichen Vortrag ... halten, sondern keryssein ist das Ausrufen eines Ereignisses ..., keryssein bedeutet: proklamieren. ... Es wird nicht auf das kerygma der große Wert gelegt, als ob das Christentum inhaltlich etwas entscheidend Neues gebracht hätte: eine neue Lehre, eine neue Gottesanschauung, einen neuen Kultus oder sonst etwas, sondern die Handlung, das Verkündigen selbst ist das Entscheidende; denn es führt das herbei, worauf die Propheten des AT gewartet haben."[53]

Zum anderen bezeichnete im politischen Bereich „Evangelium" Botschaften des Kaisers (s. a.a.O. 721 f.). Dadurch bekam die Aufnahme dieses Begriffs im Neuen Testament jedenfalls in den Ohren politisch Interessierter einen *herrschaftskritischen Akzent*. Der Kreuzes-Titulus zeigt, dass Jesu Wirken auch in diesem Sinn verstanden wurde (s. BECKER 435–437).

---

53 GERHARD FRIEDRICH, keryx (hierokeryx), kerysso, kerygma, prokerysso, in: ThWNT Bd. 3 (1938/1967), 682–717, 702 f.

Paulus: Am häufigsten verwendet im Neuen Testament Paulus den Begriff „Evangelium" (48mal; 19mal das Verb „euangelizesthai").[54] Dabei fällt auf, dass „euangelion" (stets im Singular verwendet) mit recht unterschiedlichen Verben verbunden wird, was leider in den deutschen Übersetzungen meist mit „verkündigen" oder „predigen" nivelliert wird:

- die Kommunikation des Evangeliums wird pleonastisch formuliert (euangelizesthai: 1Kor 15,1; 2Kor 11,7; Gal 1,11);
- das Evangelium wird (von einem Herold) proklamiert (keryssein: Gal 2,2; 1Thess 2,9);
- das Evangelium wird zu erkennen gegeben (gnorizein: 1Kor 15,1);
- es wird gelehrt (didaskein: Gal 1,12);
- es wird zur Besprechung vorgelegt (anatithesthai: Gal 2,2);
- es wird überliefert (paralambanein: 1Kor 15,1; Gal 1,12)
- und aufgenommen (2Kor 11,4).[55]

Eine begriffliche Bündelung hinsichtlich des für die Kommunikation des Evangeliums personalen Mediums Apostel findet sich in 2Tim 1,11. Hier bezeichnet sich der Apostel als „Herold" (keryx), „Gesandter" (apostolos) und „Lehrer" (didaskalos) des Evangeliums. Den Inhalt von „Evangelium" bestimmt er programmatisch im *Präskript des Römerbriefs (Röm 1,1–4):*

„Paulus, Knecht Christi Jesu, (als) berufener Apostel ausgesondert (zum Dienst) am Evangelium Gottes, welches er zuvor verheißen hat durch seine Propheten in heiligen Schriften, (handelnd) von seinem Sohne, geboren aus Davids Samen nach dem Fleische, eingesetzt zum Gottessohne in Macht nach dem Geiste der Heiligkeit seit der Auferstehung von den Toten, Jesus Christus, unserm Herrn."[56]

Der Apostel skizziert präzise die Grundstruktur von „Evangelium" als einen mehrschichtigen kommunikativen Vorgang. Es bezieht sich auf die „Schriften", also das Alte Testament, zurück. Sie gewinnen durch den vorausweisenden Bezug auf „Jesus Christus" bleibende Bedeutung. Dieser wird durch

---

54 S. Hahn, der die ganze paulinische Theologie über die verschiedenen Facetten des Verständnisses von Evangelium rekonstruiert.
55 S. zum Einzelnen unter Einbeziehung der Deuteropaulinen Friedrich 727; vgl. die vor allem Evangelien-Texte auswertende Übersicht „Die neutestamentliche Terminologie für die Kommunikation des Evangeliums" bei Wilfried Engemann, Einführung in die Homiletik, Tübingen ²2011, 435 f..
56 So die sehr textnahe Übersetzung bei Ernst Käsemann, An die Römer (HNT 8a), Tübingen 1973, 2. Hier ist auf ein grundsätzliches Problem gegenwärtiger exegetischer Literatur für die praktisch-theologische Theoriebildung hinzuweisen. Dies wird exemplarisch am Beispiel der Übersetzung dieser Textstelle in einem anderen prominenten Kommentar deutlich. Dort wird der Anfang des Präskripts mit: „Paulus, Sklave Christi Jesu, berufener Apostel, auserwählt zur Verkündigung des Evangeliums Gottes ..." wiedergegeben (Ulrich Wilckens, Der Brief an die Römer [Röm 1–5] [EKK 6,1], Neukirchen-Vluyn 1978, 55). Wilckens trägt den Begriff der „Verkündigung" in den Text ein. Das damit implizierte Sender-Empfänger-Modell (Gott – Mensch) übersieht die kommunikative Dynamik des Evangeliums und hat an diesem biblischen Text keinen Anhalt. Dazu verstellt es mit Begriffen, die durch veraltete kommunikationstheoretische Vorstellungen belastet sind, die Anschlussfähigkeit für Praktische Theologie.

§ 8 Begriffliche Klärungen

den genealogischen Hinweis in doppelter Weise charakterisiert: als (gewöhnlicher) Mensch und als jemand, der durch die Davidsverwandtschaft direkt mit Verheißungen verbunden ist. Zwar ist die Frage der Davidsabstammung historisch strittig (s. problematisierend BECKER 234–249). Sie spielt aber für die inhaltliche Bestimmung von „Evangelium" keine Rolle. Vielmehr ist der zugegebenermaßen indirekte, aber sachlich notwendige Hinweis auf Jesu irdisches Wirken wichtig.

> Die Gottessohnschaft Jesu wird im zitierten Text aus dem Anfang des Römerbriefs – wohl auf Grund der Aufnahme vorliegender Traditionen – unterschiedlich akzentuiert: in V. 3a wird sie vorausgesetzt, in V. 4 ist sie erst Folge der Auferweckung. Offenkundig sah Paulus für seine programmatische Bestimmung von Evangelium keine Notwendigkeit, solche später in der christologischen Reflexion diskutierten Fragen zu klären.

Zentrale Bedeutung hat für Paulus und – wie das Traditionszitat in 1Kor 15,3–5 zeigt – die Christen die Auferweckung Jesu. Erst von daher erhalten Jesu Auftreten und Wirken weiterreichende Bedeutung. Das impliziert – wie der eben genannte Text ausführt – die große Bedeutung von Jesu Tod (1Kor 15,3). Die hier zum Ausdruck kommende *Hingabe* (s. SCHRÖTER 295–300) war dann später Anlass zu satisfaktorischen Spekulationen. Näher liegend ist zunächst die Absage an Gewaltanwendung und sogar Selbstverteidigung, offenkundig ein Grundzug von Jesu Praxis. Zugleich erscheint das Wirken Jesu durch dessen Geschick am Lebensende in neuem Licht. So bestimmt es den Inhalt von „Evangelium".[57]

Evangelien: Von daher kommt der Gattung der – später so genannten – Evangelien grundlegende Bedeutung für das Christentum zu. Hier wird – wie der wohl älteste dieser Texte programmatisch konstatiert – „das Evangelium von Jesus Christus, dem Sohn Gottes" (Mk 1,1) überliefert. Dabei ist nicht genau zwischen einem Genitivus objectivus, nach dem Jesus Christus der Inhalt des Evangeliums ist, und einem Genitivus subjectivus, nach dem Jesus der Bote ist, zu unterscheiden. Beides geht ineinander über. Kommunikationstheoretisch formuliert: Inhalt und Medium koinzidieren.

Weiter ist interessant, dass das „Evangelium" selbst in den Evangelien als *personale Interaktion* begegnet (z.B. Mk 1,14; Mt 4,23). Dementsprechend gewinnt es – wie gleich näher gezeigt wird – in unterschiedlicher Weise Gestalt. In gewissem Sinn gilt das sogar für die Verschriftlichung von „Evangelium". Die vier „Evangelien" weichen bekanntlich voneinander ab. Sie haben aber darin eine Gemeinsamkeit, dass das Auftreten, Wirken und Geschick Jesu ihre Themen sind. Sie bilden den christlichen Grundimpuls. Das unterstützt die liturgiegeschichtliche Beobachtung, dass die Lesung des

---

57 Leider ist nicht mehr genau zu rekonstruieren, welcher Art das „andere Evangelium" der sog. Irrlehrer in Korinth war (2Kor 11,4); auf jeden Fall spielte bei dem hier genannten Dissens aber die – abweichende – Jesus-Interpretation eine hervorragende Rolle.

Evangeliums seit alters einen hervorgehobenen Ort in der Gemeindeversammlung hatte.[58]

2.2 Gottesherrschaft als Thema Jesu: Im inhaltlichen Zentrum des Auftretens und Wirkens Jesu steht nach den Evangelien die „Gottesherrschaft",[59] ein im Frühjudentum vielfältig konnotierter Begriff.

> Er berührt „ein ganzes Sprachfeld (vor allem Gott als König, königlicher Herr und verbale Formulierungen zum Herrschen), Assoziationen verwandter Art (z. B. Gott als Herr und Richter), königliche Attribute und Insignien (z. B. Palast, Thron, Hofstaat, Herrlichkeit), königliche Metaphorik (z. B. der König als Hirte) und typische königliche Aufgaben (den Frieden gewähren, die Feinde richten)" (BECKER 102).

Kultureller Hintergrund: Jürgen Becker stellt in einer traditionsgeschichtlichen Analyse überzeugend die Zionstheologie als den zur Zeit Jesu bei Juden bekannten Hintergrund für das Motiv „Gottesherrschaft" heraus (a. a. O. 103). Diese ursprünglich innergeschichtlich ausgelegte Konzeption baute Deuterojesaja aus. Das trat bereits bei der Analyse zum Wortfeld „euangelizesthai" zu Tage. Demnach ging vom Zion eine Freudenbotschaft an die im Exil Lebenden aus. Sie weckte neue Hoffnung, die bis in die Zeit Jesu ausstrahlte. Gottes Schöpfer- und Herrschersein hatten dafür gleichermaßen Bedeutung, wobei in der Folgezeit die Schöpfungsaussagen zurücktraten.

> Der Motivbestand umfasste dabei – in Aufnahme eines frühjüdischen Gebets (Tob 13) – etwa folgende Aussagen: „Jetzt lebt das Volk im Elend, unterdrückt und in der Zerstreuung. Dies ist göttliches Strafhandeln am sündigen Israel, das jedoch erwartet, daß der jetzt schon als König die Geschichte und Schöpfung lenkende Gott Israel restituieren, nämlich Jerusalem und den Tempel im neuen Glanz aufbauen und die unter den Völkern zerstreuten Juden zurückführen wird." (a. a. O. 109)

Dem fügten sich weitere Hoffnungsvorstellungen an, wie die auf eine endzeitliche Herrschergestalt (Messias, Davidssohn, Menschensohn). Zunächst herrschte die Vorstellung, dass nur die gerade lebende Generation in den Genuss des göttlichen Friedensreiches kommen würde. Doch dehnte sich diese Hoffnung in der Jesaja-Apokalypse auf die Auferstehung der Toten (Jes 26,19) und die Vernichtung des Todes überhaupt (Jes 25,8) aus.

Jesu Botschaft:[60] Der Zentralbegriff „Gottesherrschaft" (wörtlich: „Königsherrschaft Gottes") in Jesu Wirken (a. a. O. 122) nimmt die eben skizzierte Traditionslinie in dreifacher Weise auf und transformiert sie:

---

58 S. BALTHASAR FISCHER, Formen der Verkündigung, in: RUPERT BERGER U. A., Gestalt des Gottesdienstes. Sprachliche und nichtsprachliche Ausdrucksformen (GDK 3), Regensburg 1987, 77–96, 82 f.

59 Eine gewisse Differenz besteht darin, dass das Matthäus-Evangelium den Begriff „Königsherrschaft der Himmel" bevorzugt und so – entsprechend jüdischem Brauch – die explizite Nennung des Gottesnamens vermeidet, während die anderen Synoptiker und an wenigen Stellen das Johannes-Evangelium von „Königsherrschaft Gottes" sprechen.

60 S. zum Folgenden die differenzierten Ausführungen von BECKER 122–176.

§ 8 Begriffliche Klärungen 165

– Jesus sah die Gottesherrschaft nicht nur als ein zukünftiges Ereignis, sondern ihren Anbruch bereits in der Gegenwart. Jürgen Becker formuliert als „Pointe" der Botschaft Jesu, „daß die Gottesherrschaft ab jetzt in dieser Welt Platz greift" (a.a.O. 127). Gegenwart und Zukunft bilden dabei eine integrierte Einheit.
– Weiter aktualisierte Jesus die sowohl in weisheitlicher als auch apokalyptischer Tradition tradierte Schöpfungstheologie für seine Botschaft von der Gottesherrschaft. Angesichts der Verlorenheit Israels, wie sie Johannes der Täufer in seiner Bußpredigt nachdrücklich formuliert hatte, bekam diese Seite für Jesus neues Gewicht. So ist die „Gesamtwelt alltäglicher Geschöpflichkeit" (a.a.O. 162) der Raum, innerhalb dessen die Botschaft von der Gottesherrschaft für die Menschen erfahrbar wird. Demgegenüber treten die traditionellen heilsgeschichtlichen Motive zurück. Hier bahnt sich bereits das Ausgreifen der Botschaft vom Anbruch der Gottesherrschaft über den Bereich Israels hinaus an.
– Schließlich äußerte sich die Gottesherrschaft in der Rettung der Verlorenen, wie besonders die einschlägigen lukanischen Gleichnisse zeigen (Lk 15). Kritisch werden dadurch kultische und ethische Selbstverständlichkeiten hinterfragt.

So bezeichnet der heute – jenseits monarchischer Verhältnisse – abständig wirkende Begriff der „Gottesherrschaft" *die liebende und wirksame Gegenwart Gottes.*[61] Sie trat in besonderer Weise im Wirken Jesu hervor.

2.3 *„Vermittlung der Nähe der Gottesherrschaft":*[62] Bei der Frage, wie Jesus den Menschen die Nähe der Gottesherrschaft „vermittelt", also sie kommuniziert, stellt Jürgen Becker fest:

„Gleichnisrede wird bei ihm zu einer formativen Redeweise, die mit den Mahlgemeinschaften und den Wundern in schöner Gemeinsamkeit und in der Einheit von Handlungen, die durch das Wort erschlossen werden, oder von angebotenem Wort als erzählter und in sich aufnehmender Handlung die nahende Gottesherrschaft als Heilswende vollzieht." (BECKER 178)

Jesus verwendete also drei verschiedene Kommunikationsmodi, um seinen Mitmenschen den Anbruch der Gottesherrschaft zu plausibilisieren:
Lehren und lernen: Zum Ersten bediente sich Jesus verbaler Kommunikation. Dabei stand das *Erzählen von Gleichnissen und Parabeln* im Mittel-

---

61 In Aufnahme der Formulierung von INGOLF DALFERTH, Theologie und Gottes Gegenwart, in: DERS., Gedeutete Gegenwart. Zur Wahrnehmung Gottes in den Erfahrungen der Zeit, Tübingen 1997, 269–285, 273: „Gott ist gegenwärtig und in seiner Liebe hier und jetzt wirksam" (ohne Kursivdruck im Original).
62 So die Überschrift bei BECKER 176; die folgende Skizze verdankt sich seinen a.a.O. 176–233 zu dieser Thematik vorgetragenen Ausführungen. Durch die Konzentration auf den Vermittlungsbegriff entsprechen sie zum einen dem jesuanischen Anliegen und sind zum anderen für eine kommunikationstheoretisch interessierte Praktische Theologie anschlussfähig.

punkt (s. zu dieser Differenzierung a. a. O. 186). Dies war in der damaligen Zeit nicht ungewöhnlich. Doch zeigen sich bei Jesus zwei Besonderheiten: Er griff sehr häufig auf diese Gattungen zurück. Und er ließ diese Erzählungen für sich sprechen, vermied also die sonst üblichen langen, oft allegorisch argumentierenden und belehrenden Erklärungen. Er „will vielmehr gerade die Welt seiner Zeitgenossen mit der Gottesherrschaft ‚kurzschließen' (vgl. Lk 11,20)." (a. a. O. 183) Dies gelang ihm in didaktisch bewundernswerter, bis heute nachvollziehbarer Weise, obwohl sich die sozialen und kulturellen Lebensumstände verändert haben. Betrachtet man die Inhalte der Gleichnisse und Parabeln so tritt dreierlei hervor:
- Sie enthalten durchgehend eindrückliche Bilder. Das Erzählen eröffnet für die Zuhörenden einen weiteren Interpretationsspielraum als dies bei visuellen Eindrücken möglich ist. Durch die Schallwellen dringen die Bilder gleichsam in die Menschen ein (s. § 14 1.) und werden dort verarbeitet.
- Es begegnet häufig das Mahlmotiv. Entsprechend jüdischem Brauch ist dies stets mit Orationen und Benediktionen verbunden
- Konkrete Hilfeleistungen durch Jesus werden berichtet. Auch hierbei ist die Gemeinschaft mit Gott, den er seinen Vater nennt, vorausgesetzt.

Diese drei Motive sind nicht zufällig, sondern verweisen auf das Ineinander der drei Modi der Kommunikation des Evangeliums. Sie profilieren sich gegenseitig. Allerdings berichten die Evangelien nicht nur vom Verstehen der Gleichnisse und Parabeln. Im Markusevangelium findet sich sogar eine eigene Reflexion über deren *Unverständlichkeit* für Außenstehende und die Notwendigkeit einer weiteren Erklärung für die Jünger (sog. markinische Geheimnistheorie; Mk 4,10–12). Literarkritisch kann dies als redaktionelle Zufügung abgetan werden. Kommunikationstheoretisch wird hier aber die mit Kommunikation unweigerlich verbundene Schwierigkeit der Verständigung thematisiert, also der Ergebnisoffenheit bzw. sogar Unwahrscheinlichkeit von Kommunikation (s. 1.).

Schließlich sind noch die sog. Streitgespräche Jesu zu nennen. Hier finden sich knappe, inhaltlich präzise Wortwechsel, die von einer hohen Sensibilität Jesu gegenüber den jeweiligen Gesprächspartnern zeugen.

Bestimmt man die Funktion dieser verbalen Kommunikation, so handelt es sich um *Lehr- und Lernprozesse*. Es werden also Verhaltensdispositionen und Einstellungen durch von außen kommende Impulse verändert, und zwar in einer auf Dauer angelegten Weise.[63] Kommunikationstheoretisch formuliert: Unter Rückgriff auf Bekanntes (Redundanz) wird der Blick auf Neues (Selektion) gelenkt. Das so initiierte Entdecken von Neuem intendiert Veränderung des Lebens. Es geht um tiefgreifende und nachhaltige Lehr-

---

63 S. CHRISTIAN GRETHLEIN, Religionspädagogik, Berlin 1998, 215.

und Lernprozesse. Folgerichtig wurden die engsten Nachfolger Jesu als „Schüler" (mathetes) bezeichnet und er selbst als „Rabbi" (z. B. Mt 26,25.49; Joh 1,38) angesprochen.

Gemeinschaftliches Feiern: Zum Zweiten betont Becker die Bedeutung der *Mahlgemeinschaften* für Jesu Wirken. Zwar werden auch hier Worte gewechselt. Im Vordergrund stehen jedoch das Essen und Trinken und die damit verbundene Sättigung. Traditionsgeschichtlich schwingt die apokalyptische Erwartung eines Festmahls in der Endzeit (z. B. Jes 25,6) mit; daneben dürfte die weisheitliche Einsicht anklingen, dass Gott der Geber aller Nahrung ist, wie in der Brotbitte des Vaterunsers formuliert (Mt 6,11).

Jesus nahm – wie erwähnt – das Mahlmotiv in seinen lehrhaften Erzählungen auf. Darüber hinaus berichten die Evangelien mehrfach von Jesu Teilnahme an Gastmählern (s. die Zusammenstellung der Stellen a. a. O. 201). Die Schmähung Jesu als „Fresser und Weinsäufer" sowie „Freund der Zöllner und Sünder" (Mt 11,19) weist darauf hin, dass Jesus gerne an festlichen Mahlgemeinschaften teilnahm. Offenkundig war er selbst nicht der Gastgeber, sondern wurde mit seinen Anhängern in Häusern zu Tisch gebeten. Dabei ergab sich wohl jeweils eine Öffnung der Runde. Denn für Jesus gehörte zum Anbruch der Gottesherrschaft notwendig die Speisung von Hungrigen (s. z. B. Mt 5,6). Auch plädierte er für eine Gemeinschaft mit sonst aus rituellen bzw. moralischen Gründen Ausgeschlossenen, den sog. Sündern und Zöllnern. Es ist also mit größeren Mahlrunden zu rechnen. Eine Besonderheit erhielten diese Mähler dadurch, dass Jesus in ihnen bereits den Anbruch der Gottesherrschaft sah: der Hunger wird gestillt, es herrscht sogar festlicher Überfluss,[64] die sonst Ausgegrenzten gehören zur Gemeinschaft. Angesichts des engen räumlichen Radius, in dem Jesus in den Dörfern Galiläas wirkte, und der Häufigkeit der Mahlzeiten ist der Eindruck verständlich, den diese Kommunikationsform machte. Benediktionen und Gebete begleiten die gemeinsamen Mahlzeiten. Sie drücken die Gemeinschaft mit Gott im Alltag aus.

Diese trat besonders beim Abschiedsmahl Jesu von seinen Jüngern zu Tage. Offenkundig versammelte sich Jesus am Vorabend seiner Gefangennahme mit seinen Jüngern zu einer letzten Mahlzeit, in der er über sein Wirken und die Zeit nach seinem Tod nachdachte (s. SCHRÖTER 293 f.). Zwar ist es historisch unwahrscheinlich, dass die Wiederholung dabei schon im Blick war. Doch lag sie angesichts der sonstigen Bedeutung nahe, die Jesus Mahlgemeinschaften für die Plausibilisierung des Anbruchs der Gottesherrschaft gab. Durch die Verbindung mit Essen und Trinken, als zwei für jeden Menschen lebensnotwendigen Handlungen, erhielten sie einen Akzent,

---

64 S. PETER-BEN SMIT, Fellowship and Food in the Kingdom. Eschatological Meals and Scenes of Utopian Abundance in the New Testament (WUNT II, 234), Tübingen 2008.

der wohl am besten mit dem Attribut „gemeinschaftlich" zu bezeichnen ist.[65] In kommunikationstheoretischer Perspektive wurde durch die Mahlgemeinschaften die Bedeutung von *gemeinschaftlichem Feiern* für das Verstehen der Botschaft von der Gottesherrschaft betont.

Ähnlich wie bei der verbalen Kommunikation klingt die Schwierigkeit gelingender Kommunikation an. Die, die Jesus – wie erwähnt – beschimpften (Mt 11,19), hatten keinen Zugang zur Gottesherrschaft gefunden, deren Anbruch Jesus im gemeinsamen Essen und Trinken zu kommunizieren versuchte. Kommunikationstheoretisch gesehen dürften sich diese Mahlzeiten in einer Balance zwischen traditionellen Elementen symbolischer Kommunikation, vor allem den Benediktionen, und freier Geselligkeit bewegt haben. Bereits in der komprimierten schriftlichen Überlieferung zum Abschiedsmahl verschob sich diese aber hin zur ritualisierten Seite. Die Benediktionen und die hiermit verbundenen Deuteworte Jesu stehen im Zentrum der Berichte. Dadurch wird die Kommunikation weniger störungsfällig, verliert aber auch an Innovationspotenzial.

Helfen zum Leben: Schließlich macht Becker auf die Bedeutung der *Wunderheilungen* im Wirken Jesu aufmerksam. Sie waren „analog zur Gleichnisrede und zu den Mahlzeiten Jesu der dritte Erfahrungsbereich für die seit der Heilswende sich durchsetzende Gottesherrschaft" (BECKER 220). Neben Worten wird hier vor allem von Berührungen berichtet.

Jesus betätigte sich nach vielfältigen Berichten der Evangelien als Therapeut und Exorzist. Auch von anderen Zeitgenossen wurden solche Aktivitäten berichtet, allerdings nicht in dem Ausmaß wie bei Jesus. Ohne in die schwierige Frage nach der Historizität des Berichteten einzutreten (s. hierzu a. a. O. 217–219), kann festgehalten werden, dass dies eine weitere Zuwendung zur leiblichen Dimension implizierte, die auf die Plausibilisierung der Gottesherrschaft ausgerichtet war. Sonst übliche Straf- oder Selbsthilfewunder fehlen bei Jesus (a. a. O. 215). Vielmehr rückte er seine heilende Tätigkeit – was in der damaligen Zeit etwas Besonderes war – in den Horizont der Gottesherrschaft. Es geht hier grundlegend um das Gottesverhältnis.[66] Die Menschen wurden bei der Heilung von ihrer Sünde, also dem sie von Gott Trennenden, erlöst. Damit erhielt das Hilfehandeln im damaligen, an Heilungswunder gewöhnten Kontext einen besonderen Akzent. Es befreite Menschen von ihrer Verstrickheit in Krankheit und der daraus folgenden gesellschaftlichen und kultischen Exklusion und nahm sie in die Bewegung der Gottesherrschaft hinein. Die Sündenvergebung bezeichnete dabei die

---

65 Ausführlich begründet dies JÜRGEN ROLOFF, Heil als Gemeinschaft. Kommunikative Faktoren im urchristlichen Herrenmahl, in: DERS., Exegetische Verantwortung in der Kirche, hg. v. MARTIN KARRER, Göttingen 1990, 171–200.

66 Dies arbeitet pointiert heraus WALTER MOSTERT, Jesus Christus – Anfänger und Vollender der Kirche. Eine evangelische Lehre von der Kirche, hg. v. JAN BAUKE-RUEGG/PETER KOLLER/CHRISTIAN MÖLLER/HARALD WEIHNACHT, Zürich ²2007, 53.

§ 8 Begriffliche Klärungen   169

Eröffnung eines neuen Zugangs zu Gott. *Das Hilfehandeln war also ein Befreiungsgeschehen auf die Gottesherrschaft hin.* Diese inklusive Perspektive trat in den mit einigen Heilungen verbundenen Auseinandersetzungen Jesu mit den jüdischen Reinheitsgeboten und dem Sabbatverständnis besonders deutlich zu Tage (s. SCHROETER a. a. O. 233–245). Von daher bilden also soziales bzw. heilendes Tun und die Inanspruchnahme Gottes in der Sündenvergebung bei Jesus eine Kommunikationsform. Da sie Menschen zu einem neuen Alltag befreite, aber zugleich eschatologisch ausgerichtet war, nenne ich diese Kommunikationsform *Helfen zum Leben.*[67] Leben ist dabei sowohl auf die irdische Existenz als auch auf die den biologischen Tod überdauernde Treue Gottes bezogen. Auch hier begegnen wiederum, obgleich nur am Rand, Kommunikationsstörungen. Wo Jesus nicht akzeptiert wurde, konnte er nicht heilen (z. B. Mk 6,5 f.).

2.4 Kirchliche Weiterführung: Die Kirche nahm diese Kommunikationsmodi auf und differenzierte sie aus. In den §§ 13–15 wird dies exemplarisch skizziert. Dabei stellen sich zwei Herausforderungen:

Zum einen ist zu beachten, dass kirchliches Handeln gegenüber Jesu Auftreten und Wirken ein vermitteltes ist. Es orientiert sich an dem durch ihn gegebenen Grundimpuls. Von daher kommt der Kommunikation des Evangeliums – nach Jesus – ein *grundsätzlich symmetrisches Profil* zu.[68] Denn das Evangelium von der liebenden und wirksamen Gegenwart Gottes erschließt sich Menschen nur im gegenseitigen Austausch und ist keine feststehende Doktrin, der gegenüber Wissende und Unwissende unterschieden werden könnten:

– In Lehr- und Lernprozessen wechseln die Positionen von Lehrenden und Lernenden, was bis heute zu den beglückenden Erfahrungen z. B. von Religionslehrer/innen gehört.
– Das Feiern vollzieht sich gemeinschaftlich und ist grundsätzlich für alle Menschen offen, also inklusiv.
– Schließlich vertauschen sich beim Helfen zum Leben bisweilen die Rollen. Die Kranke hilft dem Gesunden, der Demente eröffnet seiner Pflegerin einen neuen Horizont usw.

---

67 Durch den Zusatz „zum Leben" nehme ich die psychologisch und soziologisch sowie innertheologisch begründeten Hinweise auf die Ambivalenz von Hilfe bzw. Helfen auf (s. ausführlich ANIKA ALBERT, Helfen als Gabe und Gegenseitigkeit. Perspektiven einer Theologie des Helfens im interdisziplinären Diskurs [VDWI 42], Heidelberg 2010; s. auch § 15 einleitender Absatz).
68 Dies gilt deshalb „grundsätzlich", da Kommunikation sich nur kontextuell vollzieht. So gestaltet sich die Symmetrie der Kommunikation des Evangeliums zwischen gut gebildeten Erwachsenen in einer gegenwärtigen demokratischen Gesellschaft anders als die zwischen einem illiteraten Bauern und einem gelehrten Theologen in einer ständisch organisierten Gesellschaft des Mittelalters oder die zwischen Menschen unterschiedlichen Lebensalters usw.

Doch besteht stets die menschlicher Kommunikation inhärente Gefahr des Missverstehens.

Die ganze Christentumsgeschichte durchzieht eine katastrophale Spur der Fehl- und Missverständnisse von Evangelium, wenn dessen Offenheit für pluriforme Aneignung auf eindimensionale Doktrinen reduziert wurde. Thomas Bauer arbeitet in einem Vergleich zwischen der Geschichte des Christentums und des Islams (in seiner nachformativen bis zur Mitte des 19. Jahrhunderts reichenden Gestalt) als Gründe hierfür „Ambiguitätsfurcht", „Wahrheitsobsession" und „Universalisierungsehrgeiz" heraus.[69] Theologisch gesehen wurde die Differenz zwischen Gott und menschlichem Gottesverständnis eingezogen.

Kommunikation des Evangeliums ist also stets auf Jesu Auftreten, Wirken und Geschick bezogen.

Zum anderen erfordern die gesellschaftlichen und kulturellen Veränderungen Transformationen. Bereits in den neutestamentlichen Berichten zum Abschiedsmahl Jesu ist eine Tendenz festzustellen, die Formen symbolischer Kommunikation besonders herauszustellen. Hier begegnet eine Entwicklung, die kulturwissenschaftlich ausführlich[70] unter dem *Konzept „Ritual"* diskutiert wurde. Gefährdete bzw. gefährliche Kommunikationen werden demnach in geregelte Handlungsvollzüge überführt. Allerdings zeigt eine genauere Analyse, dass dabei eine wichtige Voraussetzung übersprungen wird, die zum ethnologischen Entdeckungszusammenhang von „Ritualen" gehört: die – bei afrikanischen Stämmen – selbstverständliche Anerkennung der dem symbolisch Kommunizierten zu Grunde liegenden Daseins- und Wertorientierung (s. 1.5).

Von daher ist die in der Praktischen Theologie teilweise inflationäre Rede von „Ritualen" wenig hilfreich für genauere Analysen gegenwärtiger Vollzüge.[71] Denn zum einen sind empirisch das Bewusstsein der Optionalität und damit ein Vorbehalt gegenüber Geltungsansprüchen charakteristisch für die Daseins- und Wertorientierung sowie die Lebenspraxis heutiger Menschen; zum anderen unterstreicht reformatorische Theologie die Differenz zwischen menschlichen Hantierungen und dem Willen Gottes, was zu grundsätzlicher Relativität im Bereich symbolischer Kommunikation führte.

Es empfiehlt sich deshalb von „Ritualen" nur bei vorneuzeitlichen Sozialformen zu sprechen, in denen entsprechende Selbstverständlichkeiten bestehen. Für die Benennung christlicher Vollzüge symbolischer Kommunikation schlägt aus geschichtlichen und theologischen Gründen Thomas Klie überzeugend den Begriff „Ritus" vor.[72]

---

69 Thomas Bauer, Die Kultur der Ambiguität. Eine andere Geschichte des Islams, Berlin 2011, 311 (ohne Kursivsetzung im Original).
70 S. zur Vielfalt und Komplexität der Fragestellungen einführend Benedikt Kranemann/Paul Post (Hg.), Die modernen Ritual Studies als Herausforderung für die Liturgiewissenschaft (Liturgia condenda 20), Leuven 2009.
71 S. Thomas Klie, Vom Ritual zum Ritus. Ritologische Schneisen im liturgischen Dickicht, in: BThZ 26/1 (2009), 96–107.
72 A.a.O. 104–107.

Gegenüber einem Festhalten an dem Überkommenen gilt es demnach, das in den kommunizierten Symbolen enthaltene Deutungspotenzial offen zu halten und so zukünftige und neue Aneignungsprozesse zu ermöglichen. Dies geschah christentumsgeschichtlich in verschiedenen Sozialformen (s. Kap. 6), durch die Ausbildung bestimmter Tätigkeiten (s. Kap. 7) sowie mit unterschiedlichen Methoden (s. Kap. 8).

2.5 *Ergebnis:* Wenn dieser Befund zu den Modi, mit denen Jesus die anbrechende Gottesherrschaft kommunizierte, mit dem vorher rekonstruierten neutestamentlichen Verständnis von Evangelium zusammengesehen wird, ergibt sich: *Evangelium ereignet sich in kommunikativen Vollzügen verbaler und nonverbaler Art.* Deren Inhalt erschließt sich durch den Rückbezug auf Jesu Auftreten, Wirken und Geschick. Deshalb ist es wichtig, den doppelten medientheoretischen Sinn von „Evangelium" zu beachten, als Übertragungs- und Speichermedium (s. § 9.1). Beide Male geht es um Interaktionen: das eine Mal in einem aktuellen, ergebnisoffenen, das andere Mal in einem abgeschlossenen und interpretierbaren Modus. Sie müssen aufeinander bezogen bleiben, um spiritualisierende Einseitigkeit oder museale Erstarrung zu verhindern. Dies relativiert die in der Theologie üblichen ontologischen und subjektivitätstheoretischen Ansätze und überführt deren Einsichten in eine kommunikative Form,[73] in deren Zentrum die Interaktion steht.

In der historischen Forschung wird – mit widersprüchlichen Ergebnissen – versucht, in den Evangelien zwischen Teilen zu unterscheiden, die auf den irdischen Jesus zurückzuführen sind, und anderen sog. Gemeindebildungen. Für eine kommunikationstheoretische Bestimmung von „Evangelium" sind diese hypothetischen Operationen nicht von Interesse. Vielmehr fällt auf, dass die drei genannten Kommunikationsmodi offenkundig von den Christen gleichermaßen aufgenommen und weiterentwickelt wurden, um das Evangelium zu plausibilisieren. Dessen Inhalt, die anbrechende Gottesherrschaft, wurde auf Jesu Auftreten, Wirken und Geschick hin präzisiert. *Lehr- und Lernprozesse, gemeinschaftliches Feiern und Helfen zum Leben bilden seitdem die wesentlichen Ausdrucksformen der Kommunikation des Evangeliums und damit der Nachfolge Jesu.* Dabei weisen die Nachrichten von Kommunikationsstörungen darauf hin, dass die Kommunikation des Evangeliums bereits bei Jesus gefährdet war und misslang. Umgekehrt eröffnete die Kommunikation des Evangeliums in ihrer Ergebnisoffenheit Menschen neue Lebensperspektiven, die in unterschiedlicher Weise Gestalt gewannen und bis heute reichen.

Alle drei Kommunikationsmodi sind durch einen inklusiven, grundsätzlich alle Menschen in die Gemeinschaft mit Gott integrierenden Impetus

---

73 S. hierzu grundlegend THOMAS MICKLICH, Kommunikation des Glaubens. Gottesbeziehung als Kategorie praktisch-theologischer Theoriebildung (APTLH 58), Göttingen 2009.

gekennzeichnet. Er zielt grundsätzlich auf symmetrische Kommunikation. Die drei Modi gehören zusammen. Erst gemeinsam machen sie die liebende und wirksame Gegenwart Gottes erfahrbar. Die Begründung dieser besonderen Kommunikationsformen im Wirken und Geschick Jesu wurde in manchen reformatorischen Lehrbildungen in der Christologie aufgenommen: Christus gilt hier – in Kontinuität zu den Gesalbten des alten Bundes – als Prophet, König und Priester.

> Wie im ersten Teil gezeigt findet sich diese Dreigliederung – unterschiedlich ausgestaltet – in neueren praktisch-theologischen Entwürfen (bei Bourgeois, s. § 6 3.1; bei Osmer, s. § 7 3.2).

Allerdings ist deren im Vorhergehenden entwickelte, an Kommunikationsvollzügen orientierte Formulierung in *Verben* für die Analyse von Praxis und ihre Weiterentwicklung anschlussfähiger als ein in Substantiven gefasstes Lehrsystem.[74]

3. Religion

Im Folgenden will ich zeigen, warum „Religion" als Leitbegriff zur Beschreibung des Gegenstandes der Praktischen Theologie heute problematisch ist (s. GRETHLEIN). Positiv tritt dabei sein bleibendes Potenzial als *Unterscheidungskategorie* hervor. Auch deshalb sollte auf ihn – im Bereich Evangelischer Theologie – nicht verzichtet werden. Er eröffnet – wie in § 9.2 gezeigt wird – die Möglichkeit zu einer hermeneutischen Unterscheidung, die Spannungen innerhalb der heutigen Kommunikation des Evangeliums verstehen lässt. Dazu ist „Religion" als Begriff im Rechts- und Bildungssystem präsent und eröffnet der Theologie so lebensweltlich wichtige Anschlüsse.

3.1 *Begriffsgeschichte:* Ein Blick in die Begriffsgeschichte (s. MEYER-BLANCK 354–363) ergibt unterschiedliche Bedeutungen und Funktionen von „Religion":[75]

Im alten Rom[76] bezeichnete „religio" neben „pietas" und „sanctitas" das angemessene Verhalten von Menschen gegenüber den Göttern, war aber kein übergeordneter Begriff.[77] In den unterschiedlichen etymologischen Herlei-

---

74 Vgl. auch BONNIE MILLER-MCLEMORE, The Contributions of Practical Theology, in: DIES. (Hg.), The Wiley-Blackwell Companion of Practical Theology, Malden 2012, 1-20, 8.
75 Detailliert rekonstruiert die Begriffsgeschichte FALK WAGNER, Religion II. Theologiegeschichtlich und systematisch-theologisch, in: TRE 28 (1997), 522–545.
76 Den Hintergrund hierfür bildet die Tatsache, dass der römische Staat wesentlich durch ein Rechtssystem geordnet war und der Kult, also die „religio", einen hiervon unterschiedenen Bereich darstellte (THEO SUNDERMEIER, Religion – was ist das? Religionswissenschaft im theologischen Kontext, Frankfurt ²2007, 11).
77 ERNST FEIL, Religion II. Religion und Geschichte, in: ⁴RGG Bd. 7 (2004), 267–274, 267.

§ 8 Begriffliche Klärungen

tungen von „religio" drückt sich eine Grundspannung im Verständnis des Begriffs aus:

> „Wird es (sc. Religion, C.G.) aus dem lateinischen Verb relegere abgeleitet, wie Cicero vorschlug, oder aus dem gleichfalls lateinischen Verb religare, wie Lactantius vermutete? ... Folgt man Cicero (106–43), so ist Religion in erster Linie eine kultische Angelegenheit, folgt man Lactantius (6. Jh. n. Chr.), so liegt ein fast existentialistisch anmutendes Begegnungs- und Verbindungsmodell zwischen göttlicher Transzendenz und menschlichem Dasein nahe."[78]

Erst die konfessionelle Spaltung im 16. Jahrhundert nötigte zu genauerer Unterscheidung: „cuius regio – eius religio".[79] Noch in altprotestantischer Orthodoxie und Pietismus bestand die Auffassung, dass zwischen kirchlicher Lehre und persönlicher Frömmigkeit eine unmittelbare Verbindung bestehe. Doch lockerte sich dieser Zusammenhang erkennbar Ende des 18., Anfang des 19. Jahrhunderts – zuerst bei den Gebildeten (s. § 2 2.4). *„Religion" wurde zu einem Allgemeinbegriff neuprotestantischer Theologie, um zwischen kirchlicher Lehre und (davon abweichender) konkreter Glaubenspraxis zu unterscheiden, aber zugleich deren Zusammenhang festzuhalten.* Dabei bildete das Christentum den selbstverständlichen Hintergrund und Bezugspunkt. Religionsphilosophisch wurde „Religion" dann ihres Zusammenhangs mit der Kirche entkleidet und anthropologisch eine sog. natürliche Religion postuliert, deren christliche Prägung jedoch unübersehbar ist. Nur das an kirchlicher Lehre, was der Vernunft zu widersprechen schien, wurde eliminiert.

Dieses Verständnis von Religion nahm im Laufe des 19. Jahrhunderts, als andere Glaubensgemeinschaften als „Religionen" ins Blickfeld der Gebildeten traten, den Entwicklungsgedanken auf. Demnach galt das Christentum (protestantischer Provenienz[80]) als höchste Stufe menschlicher Religion. Ihr wurden die anderen „Religionen" zugeordnet, wobei das schon darin zum Ausdruck kam, dass sie eben so bezeichnet wurden. Deskriptive und normative Gesichtspunkte vermischten sich; Religion mutierte zu einer allgemein menschlichen Einstellung bzw. Sozialform, die unterschiedlich hoch entwickelt ist. Noch Dietrich Rössler versteht „Religion" in einem solchen zugleich anthropologischen und allgemein christlichen Sinn (s. § 4 2.2). Er geht davon aus, dass „Religion zur Verfassung menschlicher Wirklichkeit gehört".[81] Gegenwartsbezogen differenziert er zwischen „gelebter

---

78 GÜNTER KEHRER, Religion, Definitionen der, in: HRWG Bd. 4 (1998), 418–425, 418f. (ohne Kursivsetzungen und Kapitälchen im Original).
79 Der Westfälische Friedensvertrag bezeichnet die verschiedenen Konfessionen noch selbstverständlich als „religiones" (a.a.O. 419).
80 Im Bereich der katholischen Kirche bildete sich ein anderes Verständnis von „Religion" aus, insofern diese die kirchlich approbierten Glaubensinhalte und gerade nicht den individuellen Glauben bezeichnet (MEYER-BLANCK 355f.).
81 DIETRICH RÖSSLER, Die Vernunft der Religion, München 1976, 123.

Religion" (s. zu diesem Begriff REGLITZ 159–232) und kirchlich-theologischer Religion:

> „Religion ist vor allem gelebte Religion. Sie ist unsichtbar. Sie tritt nicht in Erscheinung. Sie ist in der Praxis des gelebten Lebens enthalten, und sie kann darin nicht ohne weiteres isoliert oder bloßgelegt werden ... Andererseits ist Religion objektivierte, formulierte oder tradierte Religion."[82]

Dieses Religionsverständnis, wie es Rössler unter Rückgriff auf Rendtorffs dreifach differenzierte Christentumstheorie für die Grundlegung der Praktischen Theologie verwendet, impliziert für die Praktische Theologie eine Weitung des Gegenstandsbereichs. Es knüpft an ein funktionales Religionsverständnis an, wie es grundlegend der Soziologe Thomas Luckmann erarbeitete.[83] Bis heute erfreut es sich großer Beliebtheit in der Praktischen Theologie:

> „Die Attraktivität der Luckmannschen Religionssoziologie für die Praktische Theologie beruht darauf, daß sie ihr einen geeigneten Rahmen bietet, um die kirchlich-dogmatischen Beschränkungen der eigenen Tradition überwinden und sich zu einer umfassenden Kulturhermeneutik christlich geprägter Religionspraxis fortentwickeln zu können."[84]

So werden Fußballspiele ebenso wie Kinofilme o. Ä. zu Themen praktisch-theologischer Arbeit.[85] Zu wenig wurden allerdings die Voraussetzungen dieses Religionsverständnisses beachtet: die anthropologische Annahme allgemeiner Religiosität sowie die selbstverständliche christlich-kirchliche Grundierung der Kultur. Die Herausforderung durch andere, nichtchristliche Daseins- und Wertorientierungen oder durch Menschen, die sich nicht als „religiös" empfinden – in Ostdeutschland die Mehrheit der Bevölkerung –, kam nicht in den Blick. So übergeht Rösslers Praktische Theologie den Islam oder den Buddhismus, obgleich sie zweifellos in Deutschland mittlerweile als Formen der Daseins- und Wertorientierung etabliert sind. Begriffsgeschichtlich ist diese Schwäche darin begründet, dass ein zur Unterscheidung und Integration verschiedener Formen des Protestantismus verwendeter theologischer Begriff zur Bezeichnung eines allgemeinen anthropologischen Phänomens transformiert, also vergegenständlicht wurde. Die begriffsgeschichtlich begründete Implikation von Religion wurde allerdings

---

82 A.a.O. 381.
83 THOMAS LUCKMANN, The Invisible Religion. The Problem of Religion in Modern Society, New York 1967 (s. einführend HUBERT KNOBLAUCH, Thomas Luckmann: Die Privatisierung der modernen Religion, in: VOLKER DREHSEN/WILHELM GRÄB/BIRGIT WEYEL [Hg.], Kompendium Religionstheorie, Göttingen 2005, 239–247).
84 MARTIN LAUBE, Theologie und neuzeitliches Christentum. Studien zu Genese und Profil der Christentumstheorie Trutz Rendtorffs (BHTh 139), Tübingen 2006, 367 Anm. 102.
85 Die Vielzahl der Themen macht eindrücklich KRISTIAN FECHTNER/GOTTHARD FERMOR/UTA POHL-PATALONG/HARALD SCHROETER-WITTKE (Hg.), Handbuch Religion und Populäre Kultur, Stuttgart 2005.

§ 8 Begriffliche Klärungen

vergessen: die Annahme eines Fortschrittskonzepts, das den Protestantismus in seiner individualisierten Form als die am weitesten entwickelte Religion voraussetzt.

3.2 *Religionswissenschaftliche Problematisierung:* Viel kritischer als in der Praktischen Theologie werden der Religionsbegriff und seine Leistungsfähigkeit in der heutigen Religionswissenschaft diskutiert. Hier ist begriffsgeschichtlich der eben skizzierte neuprotestantische Gehalt dieses Begriffs durchaus präsent. Er erweist sich hinsichtlich außereuropäischer Kulturen und nichtchristlicher „Religionen" als problematisch:[86]

Zum einen ergibt die konkrete Beschäftigung mit „Religionen" anderer kultureller Provenienz das Problem, deren Gemeinsamkeit zu finden, die erst einen Allgemeinbegriff wie „Religion" rechtfertigt. Weder „Gott" noch „Heiliges" oder allgemeine Transzendenz konnten hier überzeugen. Entweder wurden – etwa bei „Gott" – allgemein als Religion bezeichnete Erscheinungen wie der Buddhismus ausgeschlossen, das Definitionsmerkmal erwies sich als zu eng; oder es war – etwa bei „Transzendenz" – keine belastbare Abgrenzung zwischen „Religion" und „Kultur" möglich.

> Parallel hierzu verlief in der Religionssoziologie die Diskussion zwischen einem funktionalen und einem substantiellen Religionsverständnis.[87] Brachte ersteres heuristischen Gewinn, so weitete sich damit zugleich der Gegenstandsbereich ins Unendliche. Die Religionssoziologie wurde in die Wissenssoziologie überführt. Umgekehrt erwiesen sich die bei einem substantiellen Religionsverständnis implizierten normativen Annahmen schnell als auf konkrete kulturelle Formationen bezogen und verfehlten damit den Allgemeinheitsanspruch von „Religion". Die Einführung des Begriffs der Christentumssoziologie versucht diesem Dilemma Rechnung zu tragen,[88] setzt aber eine allgemein christliche Prägung der Kultur voraus.

In der konkreten Feldforschung hat sich die Benennung einzelner Dimensionen durchgesetzt, die dann gemeinsam für „Religion" stehen.[89] Dabei tritt

---

86 S. Gregor Ahn, Religion I. Religionsgeschichtlich, in: TRE 28 (1997), 513–522.
87 S. genauer Martin Laube, Theologie und neuzeitliches Christentum. Studien zu Genese und Profil der Christentumstheorie Trutz Rendtorffs (BHTh 139), Tübingen 2006, 352–369.
88 Joachim Matthes, Religion als Thema komparativer Sozialforschung. Erfahrungen aus einem Forschungsprojekt zum religiösen Wandel in einer Entwicklungsgesellschaft (Singapore), in: Soziale Welt 34 (1983), 3–21.
89 Besonders wirksam wurde Charles Glock, On the study of religious commitment, in: Religious Education 57 (1962), 98–110 (dt. abgedruckt in: Joachim Matthes, Kirche und Gesellschaft. Einführung in die Religionssoziologie Bd. 2, Hamburg 1968/69, 150–168); z. B. modifiziert aufgenommen im Religionsmonitor 2008 (s. Stefan Huber, Der Religionsmonitor 2008: Strukturierende Prinzipien, operationale Konstrukte, Auswertungsstrategien, in: Bertelsmann Stiftung [Hg.], Woran glaubt die Welt? Analysen und Kommentare zum Religionsmonitor 2008, Gütersloh 2009, 17–52, 19–36).

der Konstruktcharakter von „Religion" zu Tage – mit erheblichen Schwächen im nichtwestlichen Bereich.⁹⁰

Zum anderen wird bei der Beschäftigung mit außereuropäischen und nichtchristlichen „Religionen" deutlich, wie stark *„Religion" ein durch das europäische Christentum, besonders den Protestantismus geprägtes Konzept* ist.

> So erklärte eine junge Inderin nach einem Interview über ihre „Religion" dem erstaunten deutschen Religionssoziologen: „I have passed through a Western system of education here in Singapore, and I think I know quite well how you Western people are used to think about man and God and about ‚religion'. So I talked to you as if ‚hinduism' were my ‚religion', so that you may be able to understand what I mean. If you were a hindu yourself, I would have talked to you in quite a different fashion, and I am sure both of us would have giggled about the idea that something like ‚hinduism' could be a ‚religion', or that something like ‚hinduism' does even exist."⁹¹

Falk Wagner fasst deshalb die begriffsgeschichtlichen und religionstheoretischen Einsichten zutreffend zusammen:

> „So bleibt der erst in der Moderne vollends verallgemeinerte und vergrundsätzlichte Religionsbegriff an die ihn konstituierende Einsicht gebunden, daß sich die neuprotestantische Religionskultur nicht von der modernen Individualitätskultur trennen lasse. Der so bestimmte moderne Religionsbegriff läßt sich daher nicht direkt auf Religionen außerhalb des Christentums übertragen, die durch andere sozialkulturelle Welten bestimmt sind."⁹²

Merkwürdigerweise werden solche grundsätzlichen Anfragen in der gegenwärtigen praktisch-theologischen Diskussion nicht zur Kenntnis genommen. Sie weisen nämlich darauf hin, dass eine unreflektierte Verwendung des Religionsbegriffs für nichtchristliche bzw. nichtprotestantische Gemeinschaften problematisch ist. Denn mit ihr sind spezifisch europäische und protestantische Auffassungen verbunden. Die Eigenart des Benannten wird verfälscht.

3.3. *Theologische Probleme:* Schließlich wirft „Religion" inhaltlich theologische Probleme auf. Es ist nicht zu erkennen, „wie in ein anthropologisches und als solches durchaus ambivalentes, relatives und partikulares Phänomen wie das von Religion und Religionen der Gottesbezug eingezeichnet werden soll, der für die biblischen Traditionen und das Glaubensverständnis des Christentums entscheidend sein dürfte."⁹³ Das damit angezeigte inhaltliche

---

90 Vgl. MICHAEL V. BRÜCK, Meditation und Toleranz. Anmerkungen zu den ersten Ergebnissen des RELIGIONSMONITORS in Indien und Thailand, in: BERTELSMANN STIFTUNG (Hg.), Religionsmonitor 2008, Gütersloh 2007, 230–236.
91 Zitiert bei JOACHIM MATTHES, Auf der Suche nach dem „Religiösen". Reflexionen zu Theorie und Empirie religionssoziologischer Forschung, in: Sociologica Internationalis 30 (1992), 129–142, 141.
92 FALK WAGNER, Religion II. Theologiegeschichtlich und systematisch-theologisch, in: TRE 28 (1997), 522–545, 542.
93 DIRK EVERS, Neuere Tendenzen in der deutschsprachigen evangelischen Dogmatik, in: ThLZ 140 (2015), 1–22, 10.

Problem zeigt ein Vergleich des Aussagegehalts von „Religion" mit dem Auftreten, Wirken und Geschick Jesu von Nazaret als Grundimpuls des Christentums. Das „gemeinschaftliche Feiern", das sich bei der Sättigung dienenden Mahlzeiten vollzieht, und auch das „Helfen zum Leben", das sich meist im Alltag ereignet (s. § 8 2.3), werden wohl selten unter „Religion" subsumiert. Von daher lässt es sich erklären, dass am Religionsbegriff orientierte Praktische Theologien wie die von Rössler (s. § 4 2.2) oder Gräb (s. § 5 2.2) die diakonische Dimension weitgehend vernachlässigen, obgleich sie für das Wirken Jesu von entscheidender Bedeutung war.

3.4 *Ergebnis:* Die religionswissenschaftlich annoncierten Probleme mit der selbstverständlichen Verwendung von „Religion" als Phänomenbezeichnung – bzw. in der Praktischen Theologie als Gegenstandsbestimmung – sind in Deutschland lebensweltlich relevant. Durch mediale Globalisierung und Migrationsbewegungen begegnen einzelne Menschen, Gruppen und Gemeinschaften, die umgangssprachlich als „religiös" bezeichnet werden, aber vom Christlichen deutlich abweichende Lebens- und Deutungskonzepte vertreten. Nicht zuletzt die erheblichen Probleme, die religionsrechtlichen Bestimmungen des Grundgesetzes, der Verfassungen und Gesetze auf Gemeinschaften außerhalb der christlichen Kirchen anzuwenden, weisen auf grundlegende Unterschiede hin, die ein unkonturierter Religionsbegriff ausblendet.

Ein Beispiel ist die seit dreißig Jahren andauernde Diskussion um den Islamischen Religionsunterricht.[94] Sie kommt in rechtlicher Hinsicht kaum voran, weil das Grundgesetz (Art. 7,3) eine „Religionsgemeinschaft",[95] also eine verwaltungsmäßig organisierte Form der Daseins- und Wertorientierung, voraussetzt. Diese Sozialform kennen aber Muslime herkömmlich nicht.

Doch hat der Religionsbegriff – entsprechend seiner neuzeitlichen Prägung – als protestantische Unterscheidungskategorie nach wie vor Bedeutung. Er eröffnet für den Bereich des (westlichen) Christentums den Blick über kirchliche Lehre und Organisation hinaus auf die individuellen Einstellungen und Vorstellungen der Menschen. Sein Bezugspunkt ist dabei die christliche Lehre, wie sie – im Einzelnen durchaus unterschiedlich – in den großen (westlichen) Kirchen vertreten wird. Demgegenüber hat es sich nicht nur umgangssprachlich eingebürgert, den Religionsbegriff für die Bezeichnung von unterschiedlichen Daseins- und Wertorientierungsformen außerhalb des Christentums zu verwenden. Doch werden damit unreflektiert Vorstellungen, die sich im Bereich des westlichen Christentums und dann besonders im Neuprotestantismus

---

94 S. Christian Grethlein, Islamischer Religionsunterricht in Deutschland. Aktuelle Fragen und Probleme, in: ZThK 108 (2011), 355–380.
95 S. zu diesem Begriff und seinen juristischen Problemen Jost-Benjamin Schrooten, Gleichheitssatz und Religionsgemeinschaften (JusEcc 112), Tübingen 2015, 130-144.

herausgebildet haben, auf Vor- und Einstellungen anderer Glaubensgemeinschaften und/bzw. Daseins- und Wertorientierungen übertragen. Dass dies okkupatorisch wirken kann, zeigt Thomas Bauer am Beispiel der Veränderung des Islams im Zuge des Kolonialismus.[96] Dazu droht der Religionsbegriff in theologischer Perspektive die Weite des im Auftreten, Wirken und Geschick Jesu von Nazaret begründeten Evangeliums zu verkürzen. Vor allem seine diakonische Dimension und Pointe tritt dabei zurück.

4. Spiritualität

In der neueren Religionssoziologie (und Praktischen Theologie) rückt teilweise der Begriff der Spiritualität an die Stelle dessen, was bisher als „Religion" bezeichnet wurde. Seine Begriffsgeschichte enthält unterschiedliche Strömungen, die hier aufgenommen und transformiert werden. Religionssoziologisch dient „Spiritualität" vornehmlich dazu, *moderne, nicht oder kaum organisierte Strömungen* zu erfassen, *innerhalb deren Menschen Transzendenzerfahrungen machen*. Dies beruht auf Beobachtungen zu neueren Entwicklungen der Einstellung und Praxis vieler Menschen. Aus der Perspektive des Evangeliums, wie es in der Reformation kommuniziert wurde, ergeben sich aber Probleme bei einer direkten Übernahme des Begriffs in die praktisch-theologische Argumentation.

4.1 *Begriffsgeschichte:* Wie „Religion" entstammt „Spiritualität" dem christlichen Kulturkreis,[97] machte aber erst im 20. Jahrhundert als Begriff Karriere. Dabei wurde er in unterschiedlicher Weise rezipiert:
– Ursprünglich *im (katholischen) französischen Sprachbereich* angesiedelt[98] fand „Spiritualität" in den fünfziger Jahren des 20. Jahrhunderts Eingang zuerst in die deutsche Katholische Theologie. Sie galt dort als „die subjektive Seite der Dogmatik".[99] Materialiter hatte sie in den Exerzitien, aber auch anderen Formen der praxis pietatis ihr Bezugsfeld.
– *Im englischen Sprachraum* wurde „spiritual" zu einer anthropologischen Kategorie, analog zu „moral", „cultural" oder „mental". Sie findet beispielsweise in pädagogischen Zusammenhängen Verwendung.[100]

---

96 Thomas Bauer, Die Kultur der Ambiguität. Eine andere Geschichte des Islams, Berlin 2011, v. a. 198–223.
97 S. Simon Peng-Keller, Zur Herkunft des Spiritualitätsbegriffs. Begriffs- und spiritualitätstheoretische Erkundungen im Hinblick auf das Selbstverständnis von Spiritual Care, in: Spiritual Care 3 (2014), 36-47. Zu Studienprogrammen in den USA, die auf diese dogmatische Tradition aufbauen, s. Janett Ruffing, Die akademische Spiritualitätsforschung in den USA, in: Ralph Kunz/Claudia Kohli Reichenbach (Hg.), Spiritualität im Diskurs: Spiritualitätsforschung in theologischer Perspektive, Zürich 2012, 55-70.
98 S. Ulrich Köpf, Spiritualität I. Zum Begriff, in: [4]RGG Bd. 7 (2004), 1589–1591, 1590.
99 Hans Urs v. Balthasar, Spiritualität, in: GuL 31 (1958), 340-352, 341.
100 S. Christian Grethlein, Spirituelle Bildung – Gebet – Meditation, in: NRHPG (2002), 252–255, 252 f.

- In den siebziger Jahren des 20. Jahrhunderts griff die *Ökumenische Bewegung* den Begriff auf. Damit sollte die einseitige politische Ausrichtung der sechziger Jahre korrigiert werden. Die Vollversammlung des Ökumenischen Rates in Nairobi „formulierte in einem Gebet: ‚Wir sehnen uns nach einer neuen Spiritualität, die unser Planen, Denken und Handeln durchdringt.'" (REGLITZ 239)
- „Spiritualität" tauchte ebenfalls im *interreligiösen Dialog* auf. So wurden Impulse aus nichtchristlichen Traditionen wie etwa dem Zen-Buddhismus bezeichnet, die die Meditations-Praxis und bestimmte Körperübungen betonten.[101]
- Weiter fand „Spiritualität" Eingang in die *Evangelische Theologie und Kirche*. Dort ersetzte der Begriff zum einen die als antiquiert empfundene „Frömmigkeit" (DAHLGRÜN 109 f.). Zum anderen sollte er – entsprechend seiner umgangssprachlichen Verwendung – einen Anschluss an die „gelebte Religion" sichern.
- Schließlich kam es *im Bereich der Medizin* zu einer Öffnung gegenüber dem Spiritualitätsbegriff. Ausgehend von der Hospizbewegung wurde die auch empirisch messbare Bedeutung spirituellen Potenzials für die Bewältigung für Krisen- und Krankheitssituationen entdeckt.[102]

Insgesamt bezeichnet heute „Spiritualität" neuere kulturelle Strömungen, auf die die Religionssoziologie in ihren Analysen heutiger Lebensstile stößt.

4.2 *Religionssoziologische Rezeption:* Hubert Knoblauch verwendet in seiner Analyse „populärer Religion" (s. § 10 2.2) den Spiritualitätsbegriff in differenzierter Weise, um gegenwärtige Entwicklungen im Bereich der Transzendenzerfahrungen zu erfassen. Im Anschluss an seinen akademischen Lehrer Thomas Luckmann charakterisiert Knoblauch diese folgendermaßen: Sie sind „ein wesentlich soziales Phänomen" und „nicht binär aufgebaut", sondern bezeichnen „die Verbindung und Entgrenzung als Überschreitung und Überwindung dessen, was als Grenze oder Differenz angesehen werden kann" (KNOBLAUCH 55). Konkret können mit „Spiritualität" nach Knoblauch folgende Kennzeichen moderner religiöser Praxis erfasst werden (s. a. a. O. 419):
- Sie ist institutionen- und organisationskritisch,
- ist ganzheitlich ausgerichtet und
- betont die subjektiven Erfahrungen der Transzendenz.

So bürgt sie für die *„Authentizität" der Erfahrung* (a. a. O. 271). Genauer verortet Knoblauch Spiritualität innerhalb des Phänomens der „Subjektivie-

---
101 S. HUGO ENOMIYA-LASSALLE, Zen und christliche Spiritualität, hg. v. ROLAND ROPERS/BOGDAN SNELA, München 1987.
102 S. SIMON PENG-KELLER, Spiritual Care als theologische Herausforderung. Eine Ortsbestimmung, in: ThLZ 140 (2015), 454-466.

rung", und zwar einer „doppelten": Zum einen partizipieren die Menschen durch die Medien und die Angebote des Marktes an der populären Kultur hinsichtlich religiöser Themen. Zum anderen wird aber eine Selbsttätigkeit der Subjekte erwartet, insofern sie eigene Erfahrungen machen sollen, eben auch transzendenter Art. So ist zu erklären, dass religiöse Erfahrungen, die früher wenigen Virtuosen vorbehalten schienen, jetzt auf einmal massenhaft in Blogs und Internet-Foren auftauchen (a.a.O. 270). Das beendet die bisherige Privatisierung des Religiösen, insofern die Internet-Kommunikation die Distinktion privat – öffentlich aufhebt bzw. unterläuft. *Die Transzendenzerfahrung wird popularisiert.*

Aus deren subjektiver Prägung (s. § 10 3.4) ergibt sich eine Dynamisierung, die das Konzept des *Pilgerns* als Ausdruck spiritueller Suche gut veranschaulicht:

„Der Pilger erweist sich in zweifachem Sinne als typische Figur der Religion in Bewegung. Er verweist zunächst metaphorisch auf den verschwimmenden Charakter der individuellen spirituellen Entwicklungsverläufe, die sich unter gewissen Bedingungen als religiöse Identifikationswege ausgestalten. Des Weiteren entspricht die Figur einer Form der religiösen Gemeinschaftsbildung von größter Ausdehnung, die im Zeichen von Mobilität und Bindung auf Zeit entsteht [...]. Diese individuelle ‚Pilger-Religiosität' zeichnet sich also vor allem durch die Verschwommenheit der von ihr erzeugten Inhalte der Glaubensvorstellungen aus, gleichzeitig besteht Ungewissheit über die Gemeinschaftszugehörigkeit, die sich daraus ergeben könnte." (zustimmendes Zitat von Danièle Hervieu-Léger a.a.O. 179)

In ähnliche Richtung weisen Sprache und Themen bei Schriftstellern und Dichtern. Bei der Durchsicht spätmoderner Biographik mit ihrer Gebrochenheit fällt auf,[103] dass sie in den verschiedenen Fragmenten ihrer Darstellung häufig auf religiöse Traditionen sowie Motive und Worte biblischer Sprache zurückgreift.[104] So weist der Schriftsteller Andreas Maier in einem ZEIT-Interview darauf hin:

„Irgendwann habe ich damit angefangen, mir die Verwendung des Wortes Gott zu gönnen. Wenn man sich dieses Wort verbietet, hat man extreme Schwierigkeiten, bestimmte Dinge zu sagen."[105]

---

103 S. LUTZ FRIEDRICHS, Ästhetik existentieller Selbsterkundung, in: DERS., Kasualpraxis in der Spätmoderne. Studien zu einer Praktischen Theologie der Übergänge (APrTh 37), Leipzig 2008, 98–121.

104 S. z.B. CHRISTIAN GRETHLEIN, Das Potenzial von Literatur für die Praktische Theologie – dargestellt am Beispiel aktueller Romane, in: PTh 103 (2014), 405-417; KLAUS EULENBERGER, „... ich werde derweil diese Hand wärmen". Ein literarisch-homiletischer Streifzug durch Erzählungen und Romane des beginnenden 21. Jahrhunderts, in: PTh 103 (2014), 430-444.

105 Zitiert in: GEORG LANGENHORST, ‚Religion' als Thema der deutschen Gegenwartskultur, in: BERND SCHRÖDER/WOLFGANG KRAUS (Hg.), Religion im öffentlichen Raum. La Religion dans l'espace public. Deutsche und französische Perspektiven. Perspectives allemandes et françaises (Jahrbuch des Frankreichzentrums der Universität des Saarlandes 8), Bielefeld 2009, 157–172, 162.

§ 8 Begriffliche Klärungen   181

4.3 *Ergebnis:* Zweifellos erfasst das von Knoblauch skizzierte Konzept der Spiritualität wichtige Züge in der Einstellung und Praxis heutiger Zeitgenossen. Er weist auch mehrfach auf dessen Nähe zum Protestantismus mit seinem Erfahrungsbezug hin, der an die Stelle klerikaler Vermittlung tritt. Doch zeigt sich nicht von ungefähr eine gewisse Zurückhaltung im Bereich Evangelischer Theologie gegenüber einer direkten Adaption des Begriffs „Spiritualität".[106] Denn hier droht die Betonung der menschlichen Aktivität, etwa in Form meditativer Übungen, die Rechtfertigungsbotschaft in den Hintergrund zu drängen. Umgekehrt weist die Attraktivität entsprechender Methoden auf die Bedeutung von konkret Praktizierbarem für die Kommunikation des Evangeliums hin. Die traditionellen Frömmigkeitsformen, die dem Rechnung trugen, hatten kontextuelle Voraussetzungen. Manfred Seitz nennt: „eine ungebrochene Tradition, die patriarchalische Familienordnung und ... ‚eine allgemeine Taktmäßigkeit und Langsamkeit des Lebens'".[107] Sie bestehen nur noch selten. Dagegen ergibt sich aus der Rezeption des Spiritualitätsbegriffs in der Medizin[108] für die Praktische Theologie eine Anschlussmöglichkeit an einen zentralen Lebensbereich, der seit der zweiten Hälfte des 19. Jahrhunderts fast exklusiv einem technisch-naturwissenschaftlichen Paradigma folgte.

Insgesamt können die mit „Spiritualität" erfassten Bemühungen als *Herausforderungen zu christlichen Lebensformen* verstanden werden. Aus lebensweltlichen Gründen stehen sie unter dem Vorzeichen geringer Verbindlichkeit und hoher Anpassungsfähigkeit an individuelle Bedürfnisse. Von daher erscheint es mir fraglich, ob Versuche einer „spirituellen Gestalt von Praktischer Theologie"[109] oder einer „christlichen Spiritualität" (DAHLGRÜN 420–422) begrifflich glücklich sind. Bei näherem Hinsehen setzen sie nämlich „Regelmäßigkeit und Verbindlichkeit" (a. a. O. 421) voraus, eine Kontinuität, die der von Knoblauch beschriebenen „spirituellen" Suche gerade nicht eignet.

5. Zusammenfassung

Die Bestimmung der für Praktische Theologie grundlegenden Begriffe schafft eine Basis für die differenzierte Untersuchung der Kommunikation des Evangeliums in der Gegenwart.

Die Spannung zwischen Redundanz und Selektion macht darauf aufmerksam, dass Kommunikation sich auf Bekanntes beziehen muss, zugleich aber darüber hinausweist. Diese Einsicht ermöglicht ein genaueres Verstehen von „Evangelium": Das Wirken Jesu knüpft in seinen drei Kommunikationsmodi

---

106 S. auch zum Folgenden CHRISTIAN GRETHLEIN, Christliche Lebensformen – Spiritualität, in: GlLern 6 (1991), 111–120.
107 MANFRED SEITZ, Frömmigkeit II. Systematisch-theologisch, in: TRE 9 (1983), 674–683, 679.
108 S. z. B. HAROLD KOENIG, Spiritualität in den Gesundheitsberufen. Ein praxisorientierter Leitfaden, Stuttgart 2012.
109 S. CHRISTIAN MÖLLER, Einführung in die Praktische Theologie, Tübingen 2004, 20–23.

des Lehrens und Lernens, des gemeinschaftlichen Feierns und des Helfens zum Leben an allgemein menschliche Praxis und bestehende Traditionen an, rückt diese jedoch in den neuen Horizont der anbrechenden Gottesherrschaft.

Die Ergebnisoffenheit von Kommunikation erweist sich als irritierende Ungewissheit, aber zugleich als Bedingung für neue Einsichten bei den Kommunizierenden. Im Auftreten, Wirken und Geschick Jesu begegnen beide Seiten: das Nicht-Verstehen und das Eröffnen einer neuen Lebensperspektive. Von daher behindern lehrmäßige Fixierungen von „Evangelium" dessen Kommunikation, wenn sie diese regulieren wollen. Sie haben vielmehr die Aufgabe, für den Kommunikationsprozess Gesichtspunkte zur Verfügung zu stellen. Ein christentumsgeschichtlicher Blick zeigt, dass die Pluriformität der Kommunikation des Evangeliums keineswegs eine neue Erscheinung ist, sondern diese von Anfang an begleitet (s. § 9 1.).

Wird so durch „Kommunikation des Evangeliums" erfahrungswissenschaftlich und theologisch fundiert ein wissenschaftlicher Gegenstandsbereich benannt, der im Weiteren genauer inhaltlich zu profilieren ist, erscheint dies durch *„Religion"* nur teilweise möglich. Denn der Religionsbegriff ist genuin eine protestantische Unterscheidungskategorie. Ihre Anwendung auf andere Formen der Daseins- und Wertorientierung läuft Gefahr, diese christlich bzw. protestantisch zu überformen. Darauf weist die religionswissenschaftliche Problematisierung des Begriffs nachdrücklich hin. Theologisch erscheint fraglich, ob das biblische Gottesverständnis mit einem allgemeinen Religionsbegriff kompatibel ist.

Mit *„Spiritualität"* versuchen Religionssoziologen, neuere, meist antiinstitutionell geprägte und sich bewusst auf die subjektive Erfahrung beziehende Entwicklungen im Bereich von Transzendenzerfahrungen zu erfassen. Dabei unterstreicht dieser Begriff die Bedeutung des Biographiebezugs, wozu die Transzendierung des Alltags gehört. Zudem stellt er die Erfahrung als grundlegenden Bezugspunkt für Interesse und Öffnung vieler Menschen gegenüber Transzendentem heraus.

Eine Theorie der Kommunikation des Evangeliums kann durch die Ergebnisoffenheit der Kommunikation und die Bedeutung des jeweiligen Kontextes für die inhaltliche Bestimmung von „Evangelium" solche Einsichten aufnehmen, ohne sie normativ aufzuladen. Die Impulse, die die Begriffe „Religion" und „Spiritualität" in der skizzierten Form enthalten, stehen nämlich in einem kritischen Verhältnis zum christlichen Grundimpuls. „Religion" weitet den Horizont über die Organisation Kirche hinaus, „Spiritualität" reklamiert die Biographie und die Alltagsnähe als wichtige Bezugspunkte. Umgekehrt stehen die anthropologische Bestimmtheit des Religionsbegriffs sowie die Konzentration von „Spiritualität" auf das eigene Befinden und die eigene Aktivität in Spannung zu bzw. widersprechen dem biblisch begründeten Verständnis von Kommunikation des Evangeliums.

§ 9 Hermeneutische Klärungen

Literatur: Erklärung von Nairobi über Gottesdienst und Kultur: Herausforderungen und Möglichkeiten unserer Zeit, abgedruckt in: ANITA STAUFFER (Hg.), Christlicher Gottesdienst: Einheit in kultureller Vielfalt. Beiträge zur Gestaltung des Gottesdienstes heute (LWB Studien), Genf 1996/Hannover 1997, 29–35 – ANDREAS FELDTKELLER, Theologie und Religion. Eine Wissenschaft in ihrem Sinnzusammenhang (ThLZ.F 6), Leipzig 2002 – CHRISTIAN GRETHLEIN, Praktische Theologie und Mission, in: EvTh 61 (2001), 387–399 – EBERHARD HAUSCHILDT, Praktische Theologie und Mission, in: CHRISTIAN GRETHLEIN/HELMUT SCHWIER (Hg.), Praktische Theologie. Eine Theorie- und Problemgeschichte (APrTh 33), Leipzig 2007, 457–514

In der praktisch-theologischen Arbeit der letzten Jahre erwiesen sich zwei hermeneutische Modelle als besonders geeignet, um die Kommunikation des Evangeliums in der Gegenwart differenziert zu erfassen. Sie transformieren in der Wort-Gottes-Theologie als Gegensatz Benanntes in die *praxisnahe Form von Spannungen*, an deren Balance zu arbeiten ist (s. Zusammenfassung des 1. Teils). Dabei geht es zum einen um den Inhalt des Evangeliums selbst, zum anderen um Fragen, die das Verhältnis der Kommunikation des Evangeliums zum kulturellen Kontext betreffen.

Konkret handelt es sich um die Unterscheidung zwischen primärer und sekundärer Religionserfahrung sowie um eine viergliedrige Differenzierung des Verhältnisses zwischen Evangelium und Kultur.

Sachliche Voraussetzung für die Erschließungskraft dieser Unterscheidungen ist die pluralistische Verfassung des Christentums in Inhalt und Ausdrucksformen.

1. Pluralismus des Evangeliums

Schon Jesu Botschaft wurde von seinen Anhängern in unterschiedlichen Formen der Nachfolge rezipiert. Jens Schröter unterscheidet bei den Weisungen Jesu zwischen „solchen, die sich auf die Gemeinschaft seiner Nachfolger beziehen, und solchen, die für das zu erneuernde Israel insgesamt" gelten: „So kann Jesus etwa einerseits zum Bruch mit der Familie auffordern, andererseits die – nach dem jüdischen Gesetz nicht prinzipiell untersagte – Ehescheidung radikal verbieten."[110] Ähnliches gilt für Fragen des materiellen Besitzes. Tatsächlich vollzog sich der Anschluss der Menschen an Jesus unterschiedlich. Zu dem kleinen Kreis von Anhängern, die Jesus auf seiner Wanderschaft begleiteten, gesellten sich viele Andere. Sie blieben in ihren Familien, Berufen und Orten und gestalteten dort ihr Leben in der Perspektive der anbrechenden Gottesherrschaft:

---

110 JENS SCHRÖTER, Jesus von Nazaret. Jude aus Galiläa – Retter der Welt (Biblische Gestalten 15), Leipzig ²2009, 217.

> „Das Ethos der ‚Familie Jesu' lässt sich also in Analogie zu demjenigen seiner Nachfolgegemeinschaft verstehen: In Analogie zur Feindesliebe steht die unbegrenzte Vergebungsbereitschaft, in Analogie zum radikalen Besitzverzicht der barmherzige und verantwortliche Umgang mit irdischen Gütern, in Analogie zum Verlassen von Haus und Familie die Orientierung an der Gottesherrschaft, in Analogie zur Verkehrung von Herrschen und Dienen die Ausrichtung an der Herrschaft Gottes, die derjenigen irdischer Machthaber Grenzen setzt."[111]

Am Beginn der für die Tradierung notwendigen Transformation des Evangeliums in ein Speichermedium steht ein pluralismustheoretisch interessantes Datum: Das Neue Testament enthält vier Evangelien-Bücher, die vielfach voneinander abweichen und sich unterschiedlichen Interpretationen des Auftretens, Wirkens und Geschicks Jesu verdanken. Diese Schriften – und weitere, später nicht kanonisierte Evangelien – entstanden wohl in verschiedenen Kirchengebieten. So spiegeln sie unterschiedliche Situationen der Kommunikation des Evangeliums wider. Dabei verarbeiten sie – hypothetisch rekonstruierbare schriftliche und mündliche – Quellen unterschiedlicher Art, was innerhalb der einzelnen Evangelien selbst wiederum zu einer gewissen Mehrstimmigkeit der Auffassungen führt. Auch sonst begegnet im Neuen Testament sowohl hinsichtlich der Glaubenslehren als auch der moralischen Regeln eine erstaunliche Vielfalt, die erst ab dem vierten Jahrhundert schrittweise reduziert wurde. Von daher verwundert es nicht, dass sich *von Anfang an bei Christen verschiedene Lebensformen* finden. Es gab – wie Jesus und Paulus – Zölibatäre; die Mehrheit lebte dagegen – wie Petrus – in Familien und pflanzte sich fort.

> Liturgisch kam es für die verschiedenen Lebensformen zu unterschiedlichen rituellen Handlungen, die aber im Zuspruch des Segens Gottes eine Gemeinsamkeit hatten:[112]
>
> Jungfrauen- und Witwenweihe stehen neben Segenshandlungen zur Schließung einer Ehe. Der Eintritt in einen Orden, ins zölibatäre Leben und eine neue Gemeinschaft, wird ebenso benediktionell begleitet. Damit erhalten Menschen in unterschiedlichen sozialen, gesellschaftlichen und kulturellen Kontexten sowie persönlichen Lebenslagen die Begleitung durch Gott zugesprochen.
>
> Dass die Ausdifferenzierung nach Lebensstilen bis heute reicht, zeigt das Beispiel der Segnung homosexueller Partnerschaften. Ob dabei an frühere Segenshandlungen von „Bruderschaften" in Klöstern historisch angeknüpft werden kann, ist umstritten.

Schließlich entwickelten sich *unterschiedliche Formen christlicher Gemeinschaft*, und zwar sowohl in ihrer inhaltlichen Ausrichtung als auch in ihrer Organisation. Stark vergröbernd: In den orthodoxen Kirchen sind liturgische Vollzüge leitend; die katholische Kirche hat eine differenzierte Rechtsgestalt

---

111 A.a.O. 232f.
112 S. zum Folgenden Christian Grethlein, Segnung Eingetragener Partnerschaften – Überlegungen aus liturgischer Perspektive, in: Arbeitsstelle Gottesdienst 17 (2001/1), 28–42, 33f.

ausgebildet; bei evangelischen Kirchen fällt das Gewicht von Theologie als Reflexionsinstanz auf; im Bereich pfingstlerischer Gemeinschaften stehen das geheiligte Leben und seine Praxis im Vordergrund. Sozial finden sich erdteilüberspannende Strukturen wie die auf das Papsttum zentrierte römische Weltkirche neben autonomen Einzelgemeinden, die nur wenige Menschen umfassen; episkopale und presbyterial-synodale sowie konsistoriale Kirchenverfassungen stehen nebeneinander usw.

Die hier skizzierten pluralen Formen der Kommunikation des Evangeliums entwickelten sich freilich nicht konfliktlos. Immer wieder gab es Versuche, „Evangelium" auf eine eindimensionale Doktrin und Organisationsform zu reduzieren. Demgegenüber ist ein Doppeltes zu beachten: die grundsätzlichen Einsichten in die *Ergebnisoffenheit der Kommunikation des Evangeliums* und in ihren steten *Kontextbezug*. Sie werden methodisch durch die beiden folgenden hermeneutischen Unterscheidungen konkretisiert.

2. Differenzierung der Religionserfahrung

Die Unterscheidung verschiedener, aber zugleich aufeinander verwiesener Formen der Religionserfahrung eröffnet ein vertieftes Verständnis der Kommunikation des Evangeliums. Dabei werden zum einen auch religionskritische Einsichten und Hinweise aufgenommen. Zum anderen lassen ursprünglich religionsgeschichtlich begründete, in eine Hermeneutik gegenwärtiger „Religion" überführbare Unterscheidungen Spannungen in der Kommunikation des Evangeliums verstehen. Die dabei zu Tage tretende Pluralität ist nichts Neues, wie der einleitende Blick in die Christentumsgeschichte zeigt (s. 1.).

2.1 *Ambivalenz von Religion:* Die – wie erwähnt – bis heute übliche Verwendung des Religionsbegriffs zur Bezeichnung des Gegenstands Praktischer Theologie nötigt zu dessen Differenzierung. Zugleich zeigt deren Disparatheit in der konkreten Durchführung das bereits durch die religionswissenschaftlichen Anfragen (s. § 8 3.2) annoncierte grundlegende Problem. So nahm Gert Otto in seiner Praktischen Theologie (s. § 4 2.3) die von dem Systematiker Hans-Eckehard Bahr vorgeschlagene[113] *Unterscheidung von „Religion 1" und „Religion 2"* auf:

Bei Bahr bezeichnet „Religion 1" die „Identitätssuche des Menschen durch Ursprungsvergewisserung, durch Rückversicherung im ewig Gleichen, uralt Tradierten".[114] Dagegen bestimmen die „universalen Verheißungen des Christentums" „Religion 2": „Anlehnung nach vorne (Messianismus) ist orientiert an der noch

---

113 HANS-ECKEHARD BAHR, Ohne Gewalt, ohne Tränen? Religion 1, Religion 2, in: DERS. (Hg.), Religionsgespräche. Zur gesellschaftlichen Rolle der Religion, Darmstadt 1975, 31–64.
114 A.a.O. 42.

ausstehenden Aufhebung aller Entfremdungen, an der Erneuerung aller Verhältnisse, in denen der Mensch ein gedrücktes, mißhandeltes, verachtetes, ein verschlossenes Wesen ist."[115]

Während Bahr eine Antithetik zurückwies, vielmehr eine „Spannungseinheit"[116] konstatierte, berücksichtigte Otto die „Religion 1" nur noch in religionskritischer Hinsicht. Sein positiv inhaltliches Interesse galt allein der „Religion 2".[117] So verstand er Religion im positiven Sinn als eine emanzipatorische Praxis. Leitete hier die Kritische Theorie (Max Horkheimers) die praktisch-theologische Reflexion, so begegnet – eine praktisch-theologische Generation später – die Unterscheidung von „Religion 1" und „Religion 2" unter Bezug auf Schleiermacher, und zwar jetzt in inhaltlich umgekehrter Reihenfolge. Grundlegender Bezugspunkt sind Passagen aus den „Reden":

„Religion war der mütterliche Leib, in dessen heiligen Dunkel mein junges Leben genährt und auf die ihm noch verschlossene Welt vorbereitet wurde, in ihr atmete mein Geist, ehe er noch seine äußere Gegenstände, Erfahrung und Wissenschaft, gefunden hatte, sie half mir, als ich anfing, den väterlichen Glauben zu sichten und das Herz zu reinigen von dem Schutte der Vorwelt, sie blieb mir, als Gott und Unsterblichkeit dem zweifelnden Auge verschwanden, sie leitete mich ins tätige Leben, sie hat mich gelehrt, mich selbst mit meinen Tugenden und Fehlern in meinem ungeteilten Dasein heiligzuhalten, und nur durch sie habe ich Freundschaft und Liebe gelernt."[118]

Die hier beschriebene „Religion 1" stellt für Wilhelm Gräb (s. § 5 2.2) die ursprüngliche Form dar. Sie gilt ihm – mit Schleiermacher – als „Quelle allen Lebens".[119] Inhaltlich bezeichnet sie „unser Grundvertrauen ins Dasein".[120] Die „Religion 2" umfasst dagegen „die Vorstellungen von Gott und der Unsterblichkeit und einem tugendhaften, gottwohlgefälligen Leben." Verhalten formuliert Gräb ihr gegenüber: „Auch sie braucht es manchmal, vielleicht."[121] Offenkundig besteht eine Spannung in dem praktisch-theologische Theoriebildung leitenden Religionsverständnis. Bei Otto wird es einseitig auf eine emanzipatorische Praxis hin aufgelöst, bei Gräb dominiert der Rückzug auf eine subjektive Religiosität der Selbstdeutung.

---

115 A.a.O. 34f.
116 A.a.O. 49.
117 S. GERT OTTO, Praktische Theologie Bd. 2. Handlungsfelder der Praktischen Theologie, München 1988, 26-30; ähnlich DIETER STOODT, Religiöse Sozialisation und emanzipiertes Ich, in: KARL WILHELM DAHM/NIKLAS LUHMANN/DIETER STOODT, Religion – System und Sozialisation, Darmstadt 1972, 189–237, 220–232 unter Rückgriff auf den u.a. von Theodor Adorno verwendeten Begriff der „neutralisierten Religion".
118 FRIEDRICH SCHLEIERMACHER, Über die Religion. Reden an die Gebildeten unter ihren Verächtern (1799) (Reclam-Ausgabe), Stuttgart 1969, 11f. (OP 14f.).
119 WILHELM GRÄB, Lebensgeschichten – Lebensentwürfe – Sinndeutungen. Eine praktische Theologie gelebter Religion, Gütersloh 1998, 68.
120 A.a.O. 67.
121 A.a.O. 68.

Der Gegensatz zwischen Ottos und Gräbs Vorschlägen zur inhaltlichen Bestimmung eines differenzierten Religionsverständnisses macht auf ein ungelöstes Problem praktisch-theologischer Hermeneutik aufmerksam. Beide konstatieren eine Spannung im Inhalt dessen, was mit „Religion" bezeichnet wird. Ihre Lösungen sind jedoch jeweils einseitig durch die normativ gesetzten Bezugstheorien bestimmt, die Kritische Theorie Horkheimers bzw. die Religionstheorie Schleiermachers. „Religion" fungiert als ein Containerbegriff, dessen Inhalt unterschiedlich gefüllt wird.

2.2 Primäre und sekundäre Religionserfahrung: Angesichts des skizzierten Dilemmas führt die ursprünglich in Auseinandersetzung mit dem „Dialog"-Verständnis des Ökumenischen Rates der Kirchen entwickelte, religionsgeschichtlich begründete Unterscheidung von primärer und sekundärer Religionserfahrung weiter.

Sie basiert auf einer religionsgeschichtlichen These, die der Missions- und Religionswissenschaftler Theo Sundermeier (geb. 1935) anhand einer Analyse von Stammesreligionen entwarf.[122] Dabei nahm er die von Nathan Söderblom entworfene und von Friedrich Heiler ausgearbeitete Unterscheidung von mystischer und prophetischer Religion auf, kritisierte aber den hiermit verbundenen Entwicklungsgedanken und profilierte die beiden Religionstypen neu. Vielmehr sah Sundermeier die für die Stammesreligionen typische „primäre Religionserfahrung" als eine auch heutige Großreligionen prägende Erfahrung, die sich in vielfältiger Weise mit der „sekundären Religionserfahrung" verbindet. Dieses Modell wurde anderweitig, etwa durch den Ägyptologen Jan Assmann, aufgegriffen und mit weiteren Thesen verbunden.

In praktisch-theologischem Zusammenhang interessiert jedoch nicht ihr von Alttestamentlern, Ägyptologen und Altertumswissenschaftlern kontrovers diskutierter Erklärungswert für frühere Religionsformen.[123] Auch die religionswissenschaftlichen Bedenken können ausgeblendet werden.[124] Vielmehr geht es mir um ein differenziertes, praxisfähiges Verständnis der Kommunikation des Evangeliums. Ich verfolge also in Hinblick auf eine begrenzte Thematik ein heuristisches Anliegen.

Die Brauchbarkeit der Unterscheidung für den Bereich der Kommunikation des Evangeliums wird durch einen Blick in die biblische Tradition bestätigt. Denn hier ist – wie Rainer Albertz in seinen religionsgeschichtlichen Forschungen zur sog. Familienreligion zeigte[125] – das In- und Gegeneinander beider Erfahrungen beobachtbar.

---

122 Grundlegend findet sie sich in: Theo Sundermeier, Interreligiöser Dialog und die „Stammesreligionen", in: NZSTh 23 (1981), 225–237.
123 S. Andreas Wagner (Hg.), Primäre und sekundäre Religion als Kategorien der Religionsgeschichte (BZAW 364), Berlin 2006.
124 S. z.B. Andreas Grünschloss, Jenseits von „primärer" und „sekundärer" Religion, in: Andreas Wagner (Hg.), Primäre und sekundäre Religion als Kategorien der Religionsgeschichte (BZAW 364), Berlin 2006, 251–258.
125 S. Rainer Albertz, Religionsgeschichte Israels in alttestamentlicher Zeit Bd. 1 (ATD Ergänzungsreihe 8/1), Göttingen 1992, 45–68, 143–157, 161, der seine Beobachtungen systema-

Andreas Feldtkeller profiliert diese Unterscheidung medientheoretisch und reformuliert sie in heuristischem Interesse zur Analyse gegenwärtiger Religionsformen. Praktisch-theologisch von besonderem Interesse ist dabei, dass diese Theorie bei einer kommunikationstheoretisch erfassbaren Veränderung ansetzt.

Der Ausgangspunkt der so modifizierten Unterscheidung ist die medientheoretische *Beobachtung, dass sich eine Religion durch die schriftliche Fixierung sprachlicher Äußerungen verändert.* Ursprünglich in konkreten Erlebnissen und Begegnungen begründet, die mündlich kommuniziert werden, ergibt sich die Notwendigkeit, diese für die Nachwelt schriftlich festzuhalten. Es entstehen heilige Schriften. Neben ihnen dauert die mündliche Kommunikation an, ist aber auf die schriftlich fixierte Tradition bezogen. Die Unterscheidungslinie zwischen Religionsformen wird in diesem Modell also durch die jeweilige Medialität religiöser Kommunikation gezogen – oral bzw. skriptural. Die Verschriftlichung geht regelmäßig mit einer Theologisierung einher. Sie ist wiederum mit einer kritischen Sichtung der primären Religionserfahrung verbunden, wie Feldkeller anhand von Beispielen aus dem Judentum, dem Christentum, dem Islam und dem Buddhismus zeigt (FELDTKELLER 53–62). Konkret wird diese Beobachtung dann in der Unterscheidung einer primären, mündlich kommunizierten, und einer sekundären, wesentlich schriftlich fixierten Religionserfahrung ausgearbeitet. Dabei ist festzuhalten, dass diese beiden Formen nicht gegeneinander ausgespielt werden dürfen. Sie überlagern sich vielmehr in der konkreten Kommunikation und bedingen sich gegenseitig.

Die *primäre Religionserfahrung* gilt in diesem Modell als die „grundlegende Schicht menschlicher Religiosität":

> Sie hat „ihren Ort zunächst dort, wo Menschen die Welt ebenso wie ihre eigene Existenz als etwas erfahren, was sie nicht selbst gewährleisten können, sondern was ihnen gegeben ist und was sie einer Instanz verdanken, die außerhalb ihrer selbst liegt. Religion benennt in diesem Zusammenhang konkret, worin der Sinn des Weltganzen besteht und wer oder was die Instanz ist, der die Menschen sich selbst verdanken zusammen mit allem, was sie in der Welt vorfinden." (a.a.O. 48).

Hierfür sind drei Zusammenhänge konstitutiv: die Abstammungsgemeinschaft (also die Beziehungen Mann – Frau und die innerfamiliären Verhältnisse), die Erde (Fruchtbarkeit, Tiere) und der Umgang mit Zeit (Tages-, Mond-, Jahres- und Lebenszyklus).

Die *sekundäre Religionserfahrung* bezieht sich auf die primäre Religionserfahrung, und zwar in kritischer Hinsicht und führt diese weiter. Während

---

tisch bis zur Interpretation heutiger Kasualpraxis weiterführt; s. zur Jesus-Tradition und weiteren Christentumsgeschichte CHRISTIAN GRETHLEIN, Grundinformation Kasualien. Kommunikation des Evangeliums an Übergängen des Lebens, Göttingen 2007, 45–47.

§ 9 Hermeneutische Klärungen 189

die primäre Religionserfahrung im Bereich des Kreatürlichen verbleibt, transzendiert die schriftlich fixierte diese Begrenzung.

Die unterschiedliche Medialität, in der die genannten Religionserfahrungen kommuniziert werden, führt u. a. zu verschiedener sozialer Reichweite. Die primäre Religionserfahrung hat ihren Platz vor allem im familiären Leben bzw. in überschaubaren Gemeinschaften. Die sekundäre Religionserfahrung wird dagegen auf Grund ihrer Skripturalität mühelos raumüberschreitend kommuniziert. Damit kommt der primären Religionserfahrung aber besondere Intensität und Plausibilität zu, während die sekundäre Religionserfahrung stärker reflexiv ausgerichtet ist. Dem entspricht, dass die primäre Religionserfahrung allgemein beschreibbar ist und sich die Formen der sekundären Religionserfahrung ausdifferenzieren, greifbar in den unterschiedlichen heiligen Schriften.

In der Praktischen Theologie fand diese hermeneutische Unterscheidung hinsichtlich der Religionserfahrung bereits für die Kasualien Anwendung.[126] In diesem für die Religionspraxis der meisten Evangelischen in Deutschland zentralen Bereich erweist sich die hermeneutische Leistungsfähigkeit der Unterscheidung. Durch sie werden nämlich in früherer Theoriebildung aufgebaute, die pastorale Praxis erschwerende Gegensätze in Spannungen überführt.

„In den Kasualien begegnen ... gleichermaßen menschheits- und kulturgeschichtlich tief verankerte Bedürfnisse und der eschatologische Horizont des Evangeliums. Für eine lebensweltbezogene und theologisch verantwortete Kommunikation des Evangeliums sind beide Religionserfahrungen unverzichtbar."[127]

So lässt sich die konkrete Kommunikationssituation in der Kasualpraxis besser verstehen und wird deren konstruktive pastorale Gestaltung gefördert.

2.3 *Ergebnis:* Aus sozialphilosophischer, religionsphilosophischer und religionswissenschaftlicher Perspektive erscheint die Religionspraxis ambivalent. Doch sind Entgegensetzungen wie bei Gert Otto problematisch, wenn sie nur die vorfindliche Praxis diskreditieren, nicht aber verbessern helfen. Demgegenüber ermöglichen die kommunikationstheoretischen Beobachtungen zur Medialität der Kommunikation einen konstruktiven Ansatz. Sie führen nämlich zur Unterscheidung zwischen primärer und sekundärer Religionserfahrung. Diese ermöglicht, die Praxis im Bereich des Christentums als spannungsvoll, nicht aber gegensätzlich zu verstehen. *Demnach vollzieht sich die Kommunikation des Evangeliums in der Spannung von unmittelbar die Menschen betreffenden Bezügen (Abstammungsgemeinschaft, Erde, Zeit) und diese kritisch überschreitenden Einsichten (in Form von Schriften).* Eine einsei-

---

126 GRETHLEIN, a. a. O., v. a. 42–52.
127 A. a. O. 52.

tige Orientierung am schriftlich fixierten Offenbarungszeugnis droht den Zusammenhang mit dem tatsächlichen Leben der Menschen zu verlieren. Umgekehrt läuft eine Reduktion des Christlichen auf das Kreatürliche Gefahr, wichtige Impulse des Evangeliums zu verspielen. Hier verhindert das kommunikationstheoretische Wissen um die Bedeutung von Redundanz und Selektion für Kommunikation falsche Alternativen. Die primäre Religionserfahrung kommuniziert weithin Bekanntes (Redundanz), während die sekundäre Religionserfahrung demgegenüber innovative Impulse gibt (Selektion). Beide sind in der Balance zu halten.

3. Kulturhermeneutische Unterscheidungen

Es ist wichtig, das *Verhältnis der Kommunikation des Evangeliums zu ihrem kulturellen Kontext* zu reflektieren und dafür Gesichtspunkte zu erarbeiten.

> Kultur bezeichnet dabei im Allgemeinen einen „symbolisch ausgedeuteten Sinnhorizont, in den alle unsere Wahrnehmungen, Deutungen und Handlungen eingebettet sind".[128] Im Besonderen dient „Kultur" als Begriff, „der dann in Erscheinung tritt, wenn es um Vergleiche und um Identifikation von Fremdem geht".[129]

Zuerst stieß Praktische Theologie durch die Missionsthematik auf kulturelle Alterität (s. GRETHLEIN 389–392), ohne dass dies aber konzeptionelle Folgen gehabt hätte. Denn seit der Wende vom 19. zum 20. Jahrhundert entwickelte sich die Missionswissenschaft zu einer eigenständigen theologischen Disziplin. Sie figuriert mittlerweils meist unter dem Begriff Interkulturelle Theologie und bietet mit dem darin zum Ausdruck gebrachten veränderten Fachverständnis der Praktischen Theologie für ihre Kontextualisierungsaufgabe wichtige Anregungen. Auf dieser Grundlage formuliert ein internationaler Konsultationsprozess des Lutherischen Weltbundes eine praktisch-theologisch weiterführende Kriteriologie, um den Kulturbezug der Kommunikation des Evangeliums differenziert zu bestimmen.

> Während in der an das II. Vaticanum anschließenden Katholischen Theologie die damit verbundene Aufgabe, die „Zeichen des Zeit" (z.B. Gaudium et spes 4) zu verstehen als „Inkulturation" bezeichnet wird,[130] empfiehlt das LWB-Dokument „Kontextualisierung".[131] Dieser Begriff ist weiter und umfasst z.B. auch geographische und klimatische Gegebenheiten. Damit ist er an das Programm der „Kirchenkunde" von Pauls Drews (§ 3 2.1) anschlussfähig.

---

128 HANS-GEORG SOEFFNER, Kulturmythos und kulturelle Realität(en), in: DERS. (Hg.), Kultur und Alltag (Soziale Welt Sonderbd. 6), Göttingen 1988, 3–20, 12 (ohne Kursivsetzung im Original).
129 ARMIN NASSEHI, Soziologie. Zehn einführende Vorlesungen, Wiesbaden 2008, 158.
130 S. HANS BAUERNFEIND, Inkulturation der Liturgie in unserer Gesellschaft. Eine Kriteriensuche – aufgezeigt an den Zeitzeichen Kirche heute, Esoterik/New Age und modernes Menschsein (STPS 34), Würzburg 1998, 24–30.
131 ANITA STAUFFER, Gottesdienst: Ökumenischer Kern und kultureller Kontext, in: DIES. (Hg.), Christlicher Gottesdienst. Einheit in kultureller Vielfalt (LWB Studien), Genf 1996/Hannover 1997, 12–28,20.

3.1 *Mission:* Fast zeitgleich mit der Entstehung der Praktischen Theologie tauchte am Beginn des 19. Jahrhunderts die Mission als eine besondere Form christlicher Praxis auf (s. HAUSCHILDT 460 f., 475). Fand sie zuerst nur am Rande in praktisch-theologischen Arbeiten Beachtung, so änderte sich dies bald – entsprechend den deutschen Kolonial-Bestrebungen und der wachsenden Tätigkeit von Missionsvereinen. In Friedrich Ehrenfeuchters (unvollendetem) praktisch-theologischem Lehrbuch (von 1859) nahm das Thema Mission sogar mehr als die Hälfte des gesamten Raums ein. Und der Verfasser der bisher umfangreichsten „Praktischen Theologie", Ernst Christian Achelis (s. § 2 3.), schrieb:

> „Nirgends öffnet sich so, wie bei der Betrachtung der Mission, der Einblick in die schaffenden und tragenden Kräfte des Evangeliums, aus denen sich die Kirche immer verjüngt; nirgends enthüllen sich so, wie hier, die Elemente der Buße und des Glaubens, die Wunder der Wiedergeburt als die tiefsten Gründe alles Christentums ... Es ist die universale Fülle des Christentums, die sich hier offenbart, seine geschichtliche Kraft in der Bildung der Gemeinde und darin der wahren Menschheit."[132]

Allerdings führte dies nicht zu einer überzeugenden Theorie der Mission (s. HAUSCHILDT 495). *Das Missionsthema ressortierte in der Praktischen Theologie an unterschiedlichen Stellen* und begegnete unter verschiedenen disziplinären Bezeichnungen (z. B. Keryktik oder Halieutik; s. GRETHLEIN 390). Die heute interessierende interkulturelle (und interreligiöse) Fragestellung stellte sich auf Grund der selbstverständlichen Annahme der Überlegenheit des Protestantismus nicht. So trat die Missions-Thematik in der Praktischen Theologie schon zu Beginn des 20. Jahrhunderts wieder zurück. Friedrich Niebergall (s. § 3 2.2) widmete ihr in seinem zweibändigen praktisch-theologischen Lehrbuch nur noch zwei Seiten und beendete sie resignativ:

> „Freilich gilt alles, was hier gesagt ist, im wesentlichen für die Zeit, die nun hinter uns liegt. Was aus unsrer Mission wird, weiß man nicht; dieses Werk Gottes, soweit es von der deutschen Christenheit betrieben wurde, liegt im Dunkeln."[133]

Zugleich bildete sich – wie erwähnt – eine eigene wissenschaftliche Disziplin heraus, die Missionswissenschaft.

3.2 *Missionstheologie:* Anfangs dominierten in der jungen Disziplin[134] eher erweckliche Töne. Gustav Warneck (1834–1910), 1896 in Halle zum ersten

---
132 ERNST CHRISTIAN ACHELIS, Lehrbuch der Praktischen Theologie Bd. 3, Leipzig ³1911, 378 (der zitierte Text ist im Original kursiv gesetzt).
133 FRIEDRICH NIEBERGALL, Praktische Theologie Bd. 2, Tübingen 1919, 483.
134 Zur Entwicklung s. den knappen, aber instruktiven Überblick bei WOLFGANG RATZMANN, Streitfall Mission: Historische Positionen und aktuelle Kontraste. Eine Erinnerung an sieben missionstheologische Positionen, in: MICHAEL BÖHME/BETTINA NAUMANN/WOLFGANG RATZMANN/JÜRGEN ZIEMER (Hg.), Mission als Dialog. Zur Kommunikation des Evangeliums heute, Leipzig 2003, 11–37.

(Honorar-)Professor für Missionswissenschaften ernannt, definierte Mission folgendermaßen:

„Unter christlicher Mission verstehen wir die gesamte auf die Pflanzung und Organisation der christlichen Kirche unter Nichtchristen gerichtete Thätigkeit der Christenheit."[135]

Doch spätestens nach dem Zweiten Weltkrieg trat die historische Problematik der Verbindung von Mission und Kolonialismus bzw. Imperialismus zu Tage. Systematisch wurde damit die Frage nach dem Verhältnis der Kommunikation des Evangeliums zur jeweiligen Kultur unabweisbar. In der Ökumenischen Bewegung bemühte man sich um ein theologisches Verständnis von Mission. Dieses wurde im Konzept der „Missio Dei" weniger als Lehre, denn als ein Lebensstil der Nachfolge formuliert.[136] Die Folge war eine Öffnung der Mission zum „Dialog", also zu einer Kommunikation, die auf gegenseitige Verständigung zielt.

Mittlerweile wurden diese Ansätze weiterentwickelt. So bestimmt Theo Sundermeier Mission von dem Konzept der *Konvivenz* her:

„Die Herkunft, die Geschöpflichkeit, die Exzentrizität des Menschen und der Kirche weist die Kirche an, mit den anderen, den ihr sozial und religiös fremden Menschen zusammenzuleben. Sie sucht die Konvivenz. Unsere gemeinsame Geschöpflichkeit, unser aller Gegründetsein im Schöpferwillen Gottes ist die Basis für die Suche nach der Konvivenz, die sich als Bereitschaft zur wechselseitigen Hilfe konkretisiert."[137]

Erst das Zusammenleben eröffnet die Möglichkeit zum „Dialog" und schließlich zum „Zeugnis". Solch eine Form der Mission, die vom Respekt gegenüber dem Fremden bestimmt ist, führt zur Erfahrung, dass das *Fest* „der eigentliche Ort ist, den Fremden kennenzulernen, wie es umgekehrt für den Fremden die beste Möglichkeit bietet, uns wahrzunehmen und uns in unserer Identität kennenzulernen".[138] Dies ist nicht zuletzt eine kommunikationstheoretisch interessante Einsicht. Dementsprechend wurde die Frage nach einer Kriteriologie für eine Verhältnisbestimmung von Kommunikation des Evangeliums zum kulturellen Kontext in der Liturgik als der Theorie der christlichen Feier am weitesten vorangetrieben.

3.3 Gottesdienst und Kultur: Im Zuge der dritten internationalen Konsultation der Studiengruppe „Gottesdienst und Kultur" des Lutherischen Weltbundes, die im Januar 1996 in Nairobi (Kenia) stattfand, wurde ein Doku-

---

135 Gustav Warneck, Evangelische Missionslehre Bd. 1, Gotha 1892,VIII.
136 S. Ratzmann, Streitfall Mission: Historische Positionen und aktuelle Kontraste. Eine Erinnerung an sieben missionstheologische Positionen, in: Michael Böhme/Bettina Naumann/Wolfgang Ratzmann/Jürgen Ziemer (Hg.), Mission als Dialog. Zur Kommunikation des Evangeliums heute, Leipzig 2003, 20.
137 Theo Sundermeier, Mission und Dialog in der pluralistischen Gesellschaft, in: Andreas Feldtkeller/Theo Sundermeier (Hg.), Mission in pluralistischer Gesellschaft, Frankfurt 1999, 11–25, 22.
138 A.a.O. 24.

§ 9 Hermeneutische Klärungen   193

ment erstellt, das allgemein für eine praktisch-theologische Hermeneutik der Kontextualisierung von Bedeutung ist. Es macht auf eine vierfache dynamische Wechselwirkung zwischen christlichem Gottesdienst und Kultur[139] aufmerksam (s. Erklärung):[140]

- Demnach ist christlicher Gottesdienst *„kulturübergreifend"* (a. a. O. 30 f.; „transcultural"). So finden sich bestimmte Vollzüge wie Taufe und Abendmahl sowie der Sonntagsgottesdienst, aber auch liturgische Elemente wie Schriftlesung, Glaubensbekenntnis und Vaterunser überall in christlichen Kirchen.
- Zugleich ist jeder Gottesdienst *„kontextuell"* (a. a. O. 31–33; „contextual"). Die jeweilige Kultur prägt die Feier, wobei zwei Modi unterschieden werden: Die „dynamische Äquivalenz" macht darauf aufmerksam, dass bestimmte Bestandteile der Liturgie durch Elemente einer lokalen Kultur neu ausgedrückt werden (a. a. O. 31). Die „Methode kreativer Assimilation" fügt dagegen einzelne Elemente der lokalen Kultur additiv hinzu (a. a. O. 32 f.). Dies ermöglicht den Menschen ein leichteres und mit ihrem Alltag verbundenes Verstehen.
- Weiter ist eine *„kontrakulturelle"* bzw. *kulturkritische* („counter-cultural") Dimension zu beachten (a. a. O. 33). Hier steht die christliche Feier im Gegensatz zur Kultur, insofern diese dem Evangelium widerspricht.

    Konkret nennt das Dokument „eine Veränderung kultureller Formen, die das Ich oder die lokale Gruppe auf Kosten einer umfassenden Humanität verherrlichen oder dem Erwerb von Reichtum eine zentrale Stelle einräumen und dabei die Sorge für die Erde und ihre Armen außer acht lassen." (ebd.)

- Schließlich finden sich *„kulturelle Wechselwirkungen"* (a. a. O. 33 f.; „cross-cultural"). Hier geht es um die gegenseitige Beeinflussung von Kulturen. Besonders in multikulturell zusammengesetzten Gemeinden und Kirchen ist das ein wichtiger Vorgang.

Diese vier anhand der Analyse sonntäglicher Gottesdienste erarbeiteten Kriterien lassen sich unschwer auf alle praktisch-theologischen Handlungsfelder übertragen.[141] Sie machen in differenzierter Weise auf die Grundperspektiven aufmerksam, die hinsichtlich des Zusammenhangs von Kommunikation des Evangeliums und der jeweiligen Kultur zu beachten sind. Die kulturü-

---
139 In der Erklärung findet sich keine Bestimmung des Kulturbegriffs. Vielmehr stehen die konkreten Kontexte im Blickpunkt des Interesses.
140 Die englische Fassung des Dokuments, deren vier Zentralbegriffe ich im Folgenden in Klammern nenne, findet sich als: Nairobi Statment on Worship and Culture, in: International Review of Mission Volume 85 Issue 337, April 1996, 184-188.
141 Die hier gewonnenen Kriterien wurden zwei Jahre später in Chicago für das Verständnis der Taufe und der Rituale an Lebensübergängen angewendet: Chicago Statement on Worship and Culture: Baptism and Rites of Life Passage, abgedruckt in: ANITA STAUFFER (Hg.), Baptism, Rites of Passage, and Culture, Geneva 1998, 13–24.

bergreifende Dimension wahrt die Bedeutung der Einheit des Christentums im Sinne der paulinischen Leib-Metapher. Demgegenüber hebt der Hinweis auf die Kontextualität hervor, dass sich die Kommunikation des Evangeliums stets in einem konkreten kulturellen Rahmen vollzieht und ausdifferenziert. Nur bei entsprechenden Adaptionen haben Menschen die Möglichkeit, daran teilzuhaben. Doch darf dies nicht zu einer bloßen Affirmation des Bestehenden führen. Dies verhindert ein Ernstnehmen der kulturkritischen Dimension. Schließlich macht der Hinweis auf kulturelle Wechselwirksamkeit auf Prozesse aufmerksam, die angesichts der Globalisierung heutiger Lebensverhältnisse Aktualität gewinnen.

3.4 *Ergebnis:* Spätestens mit dem Aufkommen des Missions-Themas wird für die Theologie die Frage nach dem Verhältnis zwischen Kommunikation des Evangeliums und der jeweiligen Kultur unabweisbar. Die Praktische Theologie überwies die Thematik nach einer Hinwendung zur missionarischen Praxis zwischen 1850 und 1910 an die junge Disziplin der Missionswissenschaft. Hier wurde mit dem Begriff der Konvivenz ein Konzept erarbeitet, in dem Fremdheit und Notwendigkeit gegenseitigen Beistands gleichermaßen Beachtung finden und auf einen partnerschaftlichen Dialog hin entwickelt werden. Für die Praktische Theologie führte eine Studiengruppe des Lutherischen Weltbundes diese Einsichten in überzeugender Weise zu einer liturgischen Kriteriologie der Inkulturation bzw. Kontextualität weiter. Sie erweist sich ebenfalls als hilfreich für die praktisch-theologische Theoriebildung. *Demnach gilt es Kommunikation des Evangeliums in vierfacher Hinsicht zu bestimmen:*
– *in ihrer kulturübergreifenden,*
– *in ihrer kontextuellen,*
– *in ihrer kulturkritischen und*
– *in ihrer kulturell wechselwirksamen Dimension.*
Fehlt eine dieser Dimensionen, so besteht die Gefahr einer problematischen Einseitigkeit: zu geringe Kontextualität oder zu geringe Transkulturalität, zu große Affirmation oder zu geringe Beachtung der Multikulturalität.

4. Zusammenfassung

Angesichts der kommunikationstheoretischen und theologischen Komplexität der Kommunikation des Evangeliums ist es sinnvoll, sich bei deren Untersuchung von hermeneutischen Kriterien leiten zu lassen:
Medientheoretisch evident und kasualtheoretisch erprobt ist die *Unterscheidung zwischen primärer und sekundärer Religionserfahrung*. Das Wissen um die Bedeutung beider Religionserfahrungen für die Kommunikation des Evangeliums verhindert den Aufbau unfruchtbarer Gegensätze. Es begründet eine Praxis, deren Akteure sich um die *Balance zwischen alltäglichen Erfah-*

rungen und der Ausrichtung durch den – schriftlich fixierten – christlichen Grundimpuls bemühen.

Die von einer internationalen Studiengruppe erarbeitete *Hermeneutik der Kontextualität* differenziert das Verhältnis der Kommunikation des Evangeliums zur Kultur. Vor allem die Dimensionen der Kontextualisierung und der Kulturkritik sind praktisch-theologisch wichtig. Die erste erfordert das Ernstnehmen der konkreten kulturellen Situation, die zweite verhindert die bloße Affirmation des Bestehenden.

4. Kapitel: Kommunikation des Evangeliums – empirische Grundbedingungen

Jede Kommunikation, auch die des Evangeliums, bezieht sich – wissenssoziologisch formuliert – auf ein Wissen von Wirklichkeit, das jeweils kulturell und gesellschaftlich relativ ist.[1]

> Peter Berger und Thomas Luckmann konstatieren in einem für die Wissenssoziologie grundlegenden Werk: „was für einen tibetanischen Mönch ‚wirklich' ist, braucht für einen amerikanischen Geschäftsmann nicht ‚wirklich' zu sein."[2] Die für die Wissenssoziologie fundamentalen Begriffe „Wirklichkeit" und „Wissen" bestimmen sie folgendermaßen: „Für unsere Zwecke genügt es, ‚Wirklichkeit' als Qualität von Phänomenen zu definieren, die ungeachtet unseres Wollens vorhanden sind – wir können sie ver- aber nicht wegwünschen. ‚Wissen' definieren wir als die Gewißheit, daß Phänomene wirklich sind und bestimmbare Eigenschaften haben."[3]

Dieses Wissen, das den kognitiven Bereich übersteigt, ist in der Regel den Kommunizierenden nicht bewusst, sondern wird als unmittelbar plausibel vorausgesetzt. Erst ein historischer und/oder kultureller Vergleich macht auf die dabei implizierten, keineswegs allgemein selbstverständlichen Voraussetzungen aufmerksam. Wie in § 8 2. gezeigt, ist Evangelium als kommunikatives Geschehen ein bestimmter Umgang mit dem „Allerweltswissen"[4] der Menschen. Es knüpft – wie die Gleichnisse, die Mahlzeiten und das Heilen Jesu zeigen – an dieses an und stellt es zugleich grundsätzlich in Frage.

Neben diesem allgemeinen „Wissen" gibt es statistisch feststellbare Formationen und Entwicklungen der konkreten Lebensvollzüge von Menschen. Ihre Kenntnis erweitert den eigenen durch Milieuzugehörigkeit und Lebensstil geprägten Blickwinkel. Im Durchgang durch die Geschichte der deutschen evangelischen Praktischen Theologie zeigte sich – nicht zuletzt im Vergleich mit der katholischen Pastoral, aber auch den US-amerikanischen Entwürfen – eine problematische Reduktion der Überlegungen auf den gebildeten Mittelstand hin. Sie ist auf Grund der diakonischen Dimension des Evangeliums (s. § 8 2.3) zu überwinden.

Schließlich zeichnet sich durch die Entwicklung der elektronischen Datenverarbeitung eine Veränderung der Kommunikationsverhältnisse ab.

---

[1] S. zu den Problemen des Gesellschaftsbegriffs ARMIN NASSEHI, Soziologie. Zehn einführende Vorlesungen, Wiesbaden 2008, 99–121.
[2] PETER BERGER/THOMAS LUCKMANN, Die gesellschaftliche Konstruktion der Wirklichkeit. Eine Theorie der Wissenssoziologie, Frankfurt 1980 (am. 1966), 3.
[3] A. a. O. 1.
[4] A. a. O. 16.

Zwar sind hierzu wegen der Unabgeschlossenheit der Entwicklung nur tastende Überlegungen möglich. Doch sind sie notwendig, soll Praktische Theologie nicht bei einer rückwärts gewandten Affirmation stehen bleiben, sondern handlungsorientierende Impulse geben.

Diese drei empirischen Zugänge, der wissenssoziologische über das allgemein Plausible, der statistische über die gegenwärtigen Lebensverhältnisse und der medienwissenschaftliche über die kommunikativen Veränderungen, beziehen sich auf Grundprobleme menschlicher Existenz. Deshalb stehen jeweils zu Beginn der entsprechenden Ausführungen knappe anthropologische Hinweise.

Es schließen sich einige Erinnerungen an historische Entwicklungen an, von denen aus erst die gegenwärtige Situation zu verstehen ist.

Abschließend werte ich diese Überlegungen für die Theorie der Kommunikation des Evangeliums, also praktisch-theologisch, aus.

§ 10 Kommunikation:
unter den Bedingungen reflexiv moderner Plausibilitäten

Literatur: ULRICH BECK, Risikogesellschaft. Auf dem Weg in eine andere Moderne, Frankfurt 1986 – PETER BERGER/THOMAS LUCKMANN, Die gesellschaftliche Konstruktion der Wirklichkeit. Eine Theorie der Wissenssoziologie, Frankfurt 1980 (am. 1966) – HUBERT KNOBLAUCH, Populäre Religion. Auf dem Weg in eine spirituelle Gesellschaft, Frankfurt 2009 – ARMIN NASSEHI, Religiöse Kommunikation: Religionssoziologische Konsequenzen einer qualitativen Untersuchung, in: BERTELSMANN STIFTUNG (Hg.), Woran glaubt die Welt? Analysen und Kommentare zum Religionsmonitor 2008, Gütersloh 2009, 169–203 – GERHARD SCHULZE, Die Erlebnisgesellschaft. Kultursoziologie der Gegenwart, Frankfurt 1993 (1992) – CHARLES TAYLOR, A Secular Age, Cambridge/Ma. 2007 (dt. 2009)

Knapp skizziere ich eingangs die Notwendigkeit für Menschen zur „Konstruktion von Wirklichkeit" (BERGER/LUCKMANN 3).

Im Anschluss an die breit angelegte kulturgeschichtliche Analyse von Charles Taylor folgen wichtige, in jahrhundertelangen Prozessen entwickelte Einsichten in Wirklichkeit, die das Wissen und damit die Kommunikation heutiger Menschen prägen. Komplementär dazu steht der Hinweis auf die populare bzw. heute: populäre Religion, die die skizzierte Säkularität begleitet.

Dann gilt ein kurzer Blick prominenten soziologischen Gegenwartsanalysen. Dabei leitet die Einsicht in die Reflexivität des Verhältnisses zur industriegesellschaftlich bestimmten Moderne (s. BECK 14–17). Diese eigentümliche Gebrochenheit prägt heutige Plausibilitäten.

Schließlich diskutiere ich die jeweiligen Konsequenzen für die Kommunikation des Evangeliums.

1. Anthropologische Grundlagen

Mitbedingt durch die biologische Besonderheit des sog. extrauterinen Frühjahres[5] prägt *große Weltoffenheit* die Menschen.[6] Zugleich benötigen sie aber in einem gemeinsam besiedelten Raum bestimmte von allen geteilte Vor- und Einstellungen, um handeln und ihr Leben gestalten zu können. In der Kulturgeschichte begegnen unterschiedlichste Strukturierungen sozialen Lebens. Diese Pluriformität in Lebensweise und -sicht wird heute – auch jenseits historischer Forschung – im Zuge der Globalisierung und vor allem der Migrationsströme unmittelbar erlebbar und führt nicht selten zu Konflikten.[7]

Im Folgenden geht es vor allem um den Bereich der Weltorientierung.[8] Offenkundig war es für Menschen von früh an ein Anliegen, Zusammenhänge hinter dem sinnlich Wahrnehmbaren zu erkunden. Die Welt (griech.: kosmos) wurde als Ordnungsgefüge begriffen, innerhalb dessen der Mensch sich zu bewegen hat. Es entstanden sog. Weltbilder. Besondere Herausforderungen stellt die den Menschen bewusste Tatsache ihrer eigenen Endlichkeit.[9] Von daher zog der Umgang mit Zeit schon früh große Aufmerksamkeit auf sich. Seit Tausenden von Jahren entwickeln Menschen in beiden Hinsichten Vorstellungen, die das sinnlich Wahrnehmbare transzendieren. Götter garantierten die Fruchtbarkeit von Menschen, Vieh und Land; Priester waren für die Einteilung der Zeit zuständig, die sie im Kontext des Kosmos, konkret der Gestirne, wahrnahmen. *In allen drei Bereichen, der Sozialität, der Weltordnung und der Zeiteinteilung, sind im Verlauf der Kulturgeschichte tiefgreifende Veränderungen zu beobachten.* Konkret sind die heute allgemein geteilten Konstruktionen unserer technisch-ökonomisch ausgerichteten Zivilisation Ergebnis von Entwicklungen in den letzten tausend Jahren.

2. Historische Entwicklung

Häufig werden innerkirchliche Diskussionen um die Zukunft von Kirche und Christentum durch pessimistische Niedergangs-Szenarien bestimmt, die mitunter in unrealistische Steigerungs-Forderungen münden. Solche Einschät-

---

5   Dieses Konzept wurde ausgearbeitet von ADOLF PORTMANN, Biologie und Geist, Zürich 1956; zur Weiterentwicklung dieser These s. CHRISTOPH WULF, Anthropologie. Geschichte – Kultur – Philosophie, Köln 2009, 65 f.
6   S. die wissenssoziologische Rezeption dieser von Helmut Plessner entwickelten biologischen Beobachtung bei BERGER/LUCKMANN 49–56; s. auch WULF, a. a. O. 69–71.
7   S. DAGMAR KUMBIER/FRIEDEMANN SCHULZ V. THUN, Interkulturelle Kommunikation aus kommunikationspsychologischer Perspektive, in: DIES. (Hg.), Interkulturelle Kommunikation: Methoden, Modelle, Beispiele, Reinbek ⁴2010, 9–27, 9–24.
8   S. hierzu WOLFHARD PANNENBERG, Anthropologie in theologischer Perspektive, Göttingen 1983, 40–76.
9   Schon bei den Neandertalern „bezeugen die Beigaben der Gräber, dass der Tod das Imaginäre der Menschen beschäftigte und sie an ein Leben nach dem Tode glaubten." (CHRISTOPH WULF, Anthropologie. Geschichte – Kultur – Philosophie, Köln 2009, 23).

zungen und Postulate verdanken sich in der Regel eindimensional interpretierten statistischen Befunden. Umgekehrt dehnt sich in manchen soziologischen Theoriebildungen der Horizont durch einen allgemeinen, mehrfach gestuften Transzendenzbegriff so aus, dass von einer Renaissance der Religion gesprochen wird, die allerdings den Kirchen nicht zugute kommt.

Demgegenüber eröffnet die philosophie-, theologie- und kulturgeschichtliche Analyse des kanadischen Philosophen *Charles Taylor (geb. 1931)* einen historisch fundierten und international ausgerichteten Verstehenshorizont. Im Zentrum seiner Analyse steht ein spezifisches Verständnis von „Säkularität" („secularity"), nach dessen Entstehung und Auswirkungen Taylor fragt. Damit macht er auf wichtige Rahmenbedingungen jeder Kommunikation in der gegenwärtigen (westlichen) Kultur aufmerksam, die sich in jahrhundertelangen Prozessen auf Grund unterschiedlicher Entwicklungen herausgebildet haben. Schon auf Grund dessen, aber auch wegen der mit ihnen verbundenen kulturellen und materiellen Gewinne kann die so begründete „Säkularität" nicht durch schnelle Programme überwunden werden.

Komplementär zu diesem ideen- und kulturgeschichtlichen Zugang richtet der bei Thomas Luckmann promovierte Soziologe *Hubert Knoblauch (geb. 1959)* seinen Blick auf die gegenwärtige populäre Kultur. Er entdeckt in der Tradition früherer Volksfrömmigkeit bzw. popularer Religion eine „populäre Religion", deren Kennzeichen eine neue „Spiritualität" ist (s. § 8 4.2). Sie begleitet die „Säkularität", ohne dass eine logisch kohärente Vermittlung zu erkennen ist.

Nach der Darstellung dieser grundlegenden Analysen folgen einige Hinweise zur daraus resultierenden bzw. hiermit verbundenen Entwicklung der Evangelischen Kirchen in Deutschland.

2.1 *Säkularität als Grunddatum:* Ausgangspunkt der Analysen von Taylor ist die Feststellung: Die „Welt" („world") ist offenkundig verlorengegangen, in der der Glaube an Gott unvermeidlich war und deshalb allgemein geteilt wurde. Der Mensch war hier den Einflüssen des Kosmos und der in ihm Handelnden, Gott, Geister usw., ungeschützt ausgesetzt. Glaube an Gott und magische Praktiken, um von ihm Schutz zu erlangen, erschienen überlebensnotwendig. Dies hat sich grundlegend geändert.[10] Um dem auf die Spur zu kommen, verwendet der kanadische Philosoph in seinem knapp 900 (in der deutschen Fassung sogar etwa 1.300) Seiten umfassenden Opus magnum einen dreifach differenzierten Begriff von *„secularity":*

> „One understanding of secularity then is in terms of public spaces. These have been allegedly emptied of God, or of any reference to ultimate reality." (TAYLOR 2)

---

10 Zur Diskussion um die Angemessenheit und genauere inhaltliche Füllung von „Säkularisierung" s. den Überblick bei WALTER JAESCHKE, Säkularisierung, in: HrwG 5 (2001), 9–20.

„In this second meaning, secularity consists in the falling off of religious belief and practice, in people turning away from God, and no longer going to Church." (ebd.) „Now I believe that an examination of this age as secular is worth taking up in a third sense, closely related to the second, and not without connection to the first. This would focus on the conditions of belief. The shift to secularity in this sense consists, among other things, of a move from a society where belief in God is unchallenged and indeed, unproblematic, to one in which it is understood to be one option among others, and frequently not the easiest to embrace." (a. a. O. 2 f.)

Mit dieser dritten Bedeutung, die ich im Folgenden aufnehme, arbeitet Taylor heraus, dass heute der Glaube an Gott in den Bereich von *Optionen* gehört, zu denen sich jede/r nach eigenem Gutdünken verhalten kann. Dass dies früher anders war, zeigt nicht nur ein Blick in biographiebezogene Quellen, sondern auch in entsprechende Rechtstexte.[11] Mittlerweile ist in unserer Gesellschaft die freie Selbstbestimmung in religiöser Hinsicht bereits Heranwachsenden bewusst.[12] Diese Selbstverständlichkeit freier Wahl im Bereich der Daseins- und Wertorientierung gibt heute den Rahmen für jede Kommunikation des Evangeliums ab. Sie hat sich durch Entwicklungen auf verschiedenen Ebenen und zu unterschiedlichen Themen herausgebildet. Die beiden Folgenden sind besonders wichtig:

Zum einen beobachtet Taylor, dass die Säkularität (in ihrer dritten Bedeutung) sich vor allem im Bereich des lateinischen Christentums findet. So weist er auf die verschiedenen seit dem elften Jahrhundert in diesem Bereich zu beobachtenden innerkirchlichen „Reform"-Bestrebungen[13] hin. Grundlegend ist dabei „a profound dissatisfaction with the hierarchical equilibrium between lay life and the renunciative vocations." (TAYLOR 61) Vor allem in der Reformation wurde dieser egalitäre, auf die Einheitlichkeit der Gläubigen zielende Impuls betont (a. a. O. 77). Dazu trat seit etwa 1500 das Ziel, die zivilen Gewohnheiten der Menschen durch Disziplinierung zu verändern (a. a. O. 244). Es kam zu einer Entzauberung der bisherigen „Welt". An die Stelle des Kampfes mit Geistern, Dämonen usw. trat das erzieherische Kalkül. Dies führte im Lauf der Zeit zu einer *anthropozentrischen Verschiebung*; an die Stelle der Bemühung um den Glauben an Gott trat die moralische Absicht. Damit war eine *„excarnation"*, also ein Ausblenden der körperlichen Dimension von Kommunikation, verbunden:

---

11 Zur historischen Entwicklung im Einzelnen s. RENÉ PAHUD DE MORTANGES, Religionsfreiheit, in: TRE 28 (1997), 565–574; s. zur genauen Begriffsgenese zusammenfassend ASTRID REGLITZ, Erklären und Deuten. Glaubenspraxis in diskursanalytischer und systematisch-theologischer Perspektive (Theologie – Kultur – Hermeneutik 12), Leipzig 2011, 293–337.

12 S. die Zusammenfassung entsprechender empirischer Forschungen bei HANS-GEORG ZIEBERTZ/BORIS KALBHEIM/ULRICH RIEGEL, Religiöse Signaturen heute. Ein religionspädagogischer Beitrag zur empirischen Jugendforschung (RPG 3), Gütersloh 2003, 259.

13 Mit der Großschreibung von „Reform" (erstmals a. a. O. 61; in der deutschen Fassung durch „REFORM" hervorgehoben) markiert Taylor, dass es sich um einen jahrhundertelangen Gesamtprozess handelt, der über einzelne Ereignisse wie die Reformation hinausreicht.

„Older pre-Axial practices were swept away in a wide-ranging disenchantment. Among Protestants, the central ritual of the Mass was abolished as itself an example of illicit ‚magic'. Carnival was suppressed. The uses of music, dancing, drama, were curtailed to various degrees of severity in the Church, and often put under heavy pressure in lay society." (a. a. O. 614)

Konkret wurden früher verbreitete, körperlich erlebbare Haftpunkte für die Gotteserfahrung reduziert. Der Glaube an Gott verschob sich in die Innerlichkeit der Menschen und verlor an elementarer Evidenz.

Zum anderen nennt Taylor den *Siegeszug der Naturwissenschaften*. In diesem Prozess entstand das sog. *„abgepufferte" (engl.: buffered) Individuum*. Demnach wurde der Mensch nicht mehr als „open and porous and vulnerable to a world of spirits and powers" (a. a. O. 27) gesehen, sondern als „buffered". Bestimmten lange Zeit Gott und seine Helfer bzw. auch Widersacher das Naturgeschehen und den Menschen, so drängte die Entdeckung der Naturgesetze diese Sicht zurück. *An die Stelle des „Kosmos" als einer von Gott geordneten Größe mit direkten Auswirkungen auf jeden Menschen trat das „Universum" als ein unermesslicher und unauslotbarer Raum* (a. a. O. 325). Das Opfer wurde konsequent durch zweckrationales Handeln ersetzt, um Wohlergehen zu erlangen. Besonders anschaulich begegnet diese Entwicklung auf dem Gebiet von Gesundheit und Krankheit. Die medizinisch-technische Behandlung ersetzt die religiöse, an Gott gerichtete Bußübung.

Beide Entwicklungen ermöglichen heute ein Leben ohne Bezug zu Gott. Die moralische Disziplinierung und die zweckrationale Ausrichtung des Handelns, wie sie seit dem 18. Jahrhundert in der Ökonomie einen Ausdruck findet (s. a. a. O. 181), führten zu großen Erfolgen; noch nie war das Leben – trotz der viel größeren Zahl von Menschen – so ungefährdet durch Gewalttaten wie heute. Das steile Ansteigen der Lebenserwartung – jedenfalls in den reichen Ländern – und des materiellen Wohlstandes vollzog sich unabhängig vom eventuellen Glauben an Gott. Dieser wurde zu einer Sache des innerlichen Bereichs. Die lange Zeit durch die unmittelbare Naturbegegnung gegebene Evidenz Gottes wurde in eine Option für jeden Einzelnen transformiert. Demnach hat sich der Rahmen, innerhalb dessen das Evangelium kommuniziert wird, seit dem Mittelalter grundlegend verändert. *Der unmittelbare und selbstverständliche Kontakt zu Gott und dem von ihm geordneten Kosmos transformierte sich in die mögliche Option für eine innerliche Beziehung zu Gott.*

2.2 *Populäre Religion:* Die bei Taylor in einer ideen- und kulturgeschichtlichen Rekonstruktion festgestellte Entzauberung der Welt stellt Knoblauch in seiner phänomenologischen Analyse in Frage. Dazu rekurriert er historisch auf den Traditionszusammenhang, der früher Aberglaube bzw. Volksfrömmigkeit hieß. Konkret interessieren ihn *Transzendenzerfahrungen,* die „zwar ‚nicht von dieser Welt' sind und den Alltag überschreiten, andererseits aber ohne jeden inhaltlichen Bezug zu religiösen Legitimationen und Diskursen auskommen" (KNOBLAUCH 162). Von da aus kommen Phänomene wie UFOs, Wünschelrutengänger, Aura-Seher, Geistheiler, Schutzengel u. a. in den Blick, die sich großer Beliebtheit erfreuen (s. zu genauen Zahlen und zum Erleben der Menschen a. a. O. 165). Sie nehmen frühere Praktiken in einer „*Transformation der Magie*" auf (a. a. O. 245). Diese bildet die Grundlage der „populären" Religion, die der Annahme einer Entzauberung der Welt entgegensteht. Zu ihr treten Kommunikationsformen der populären Kultur, die auch den Ausdruck christlicher Kirchen verändern:

> „Zum einen umfasst die populäre Religion die erneuerten Formen der ‚popularen Religion', also all dessen, was einst Aberglauben hieß, die nun als Ufo-Glaube, als Praxis des Wünschelrutengehens, als Lehre von Erdstrahlen oder als esoterischer Glaube an die magische Kraft von Steinen oder Pyramiden ein breites Interesse genießen. Zur populären Religion zählen aber auch die Kommunikationsformen der populären Kultur, die bis tief in die Kirchen eindringen: Die Eventisierung der religiösen Zeremonie beim Papstbesuch und bei den Weltjugendtagen, die missionarische Verwendung von Pop-Musik, Videos und Show-Elementen bei charismatischen oder neo-pfingstlerischen Gottesdiensten ... Populäre Religion bedeutet aber auch, dass einst als sakral geltende Formen aus den religiösen Kontexten herausgehoben und in andere Kontexte versetzt werden, wie sich etwa an der Aufnahme protestantischer Bekenntnisformen in den verschiedenen Zweigen der Anonymen-Bewegung, den Ritualen von Sportfans und natürlich den Subkulturen der populären Musik zeigt" (a. a. O. 266).

Bei diesem weiten Verständnis von „populärer Religion" sind die Probleme eines überdehnten Religionsbegriffs unübersehbar (s. § 8 3.1). Doch macht Knoblauch darauf aufmerksam, dass ideengeschichtliche Entwicklungen, wie die Durchsetzung des technisch-naturwissenschaftlichen Weltzugangs, nur teilweise die Lebenspraxis vieler Menschen bestimmen. Offenkundig begegnen im Bereich der primären Religionserfahrung Praktiken und Einstellungen, die sich früheren Formen der Wirklichkeitssicht verdanken. Diese werden durch technische Ansichten und Instrumente transformiert und an das technisch-naturwissenschaftliche Weltbild adaptiert. Wünschelruten werden aus modernem Plastik hergestellt, Aroma-Therapien mit Marketing-Strategien vertrieben usw. So wird die technisch-naturwissenschaftliche Weltsicht von neuem „verzaubert". Säkularisierung und Sakralisierung verlaufen demnach lebensweltlich parallel und ergänzen sich in der alltäglichen Lebensführung.[14]

2.3 Konsequenzen für die Kirche: Die eben in wenigen Strichen skizzierten Prozesse hatten Konsequenzen für die Organisation des Christlichen. Der Rückgang der allgemeinen Plausibilität des Gottesglaubens und seine Trans-

---

[14] S. JOSÉ CASANOVA, Religion in Modernity as Global Challenge, in: MICHAEL REDER/MATTHIAS RUGEL (Hg.), Religion und die umstrittene Moderne, Stuttgart 2010, 1–16, 3.

formation in eine Option neben anderen, seit dem 19. Jahrhundert bei einem wachsenden Teil der Bevölkerung, könnte Grund für eine kirchen- und theologiegeschichtlich auffällige Entwicklung sein. So resümiert Emanuel Hirsch:

> „Der Geschichte der evangelischen Theologie und Kirche im 19. Jahrhundert haftet die Eigentümlichkeit an, daß in einem Maße, welches keinem früheren Zeitalter, auch nicht dem der Reformation, bekannt ist, die Kirche selber, ihr Wesen, ihre Aufgabe, ihre Gestalt und Ordnung, ihr Verhältnis zum Staat und zum allgemeinen Leben überhaupt, der Gegenstand, wo nicht gar Mittelpunkt theologischen und kirchlichen Urteilens und Handelns wird. Langsam läuft die Bewegung in dieser Richtung an, um sich dann mehr und mehr zu steigern und im 20. Jahrhundert vielfach zu der merkwürdigen Erscheinung einer Kirche zu führen, die dadurch Gott und Christus am besten zu dienen meint, daß sie von sich selber, ihrer Hoheit, ihrer Vollmacht lehrt und sich selber – in jedem Sinne des Worts – erbaut und Gott für sich selber dankt und preist."[15]

Organisatorisch entsprach dem – analog zu den staatlichen Verwaltungen und Behörden – der *Ausbau der Kirchen-Hierarchien und -Bürokratien*, womit in den evangelischen Landeskirchen der Summepiskopat der jeweiligen Landesherren abgelöst wurde.[16] Zwar fielen für die Kirchen bis in die zweite Hälfte des 19. Jahrhunderts übliche öffentliche Funktionen wie die Standesbeamten-Tätigkeit oder die Schulaufsicht durch die Pfarrer weg. Die Amtsstruktur blieb jedoch erhalten und prägt bis heute, jedenfalls teilweise, die kirchliche Kommunikation des Evangeliums. Die Vorzimmer der Bischofs-Kanzleien, aber auch die Sprechstundentafel von Pfarrämtern sowie deren Siegel sind Beispiele hierfür. Joachim Matthes machte früh auf die damit verbundene *„Emigration" der Kirche aus der Gesellschaft* aufmerksam. Durch Verengung der Definition von Kirchlichkeit auf die nur für einen kleinen Teil der Menschen attraktive und mögliche Teilnahme am sog. Gemeindeleben wurde die Mauer zwischen Drinnen und Draußen erhöht. „Der als unkirchlich definierte Bereich wird dementsprechend ständig umfangreicher."[17] Dies gilt ebenso für Formen populärer Religion, die sich häufig von den Kirchen wenig bzw. nicht beachtet entwickeln.

2.4 Ergebnis: Höchst unterschiedliche Strömungen bringen das hervor, was Taylor die Säkularität im dritten Sinn nennt, den *Wegfall der Selbstverständlichkeit des Glaubens an Gott:* Innerkirchliche Reformbewegungen begünstigten rational ausgerichtete, pädagogische Bemühungen um die Verbesserung der Lebensführung. Der Siegeszug der Naturwissenschaften veränderte das

---

15 EMANUEL HIRSCH, Geschichte der neuern evangelischen Theologie Bd. 5, Münster 1984 (Gütersloh ³1964), 145.
16 S. knapp zur Entwicklung der Rechts- und Verwaltungsstruktur der evangelischen Kirchen im 19. Jahrhundert HEINRICH DE WALL/STEFAN MUCKEL, Kirchenrecht. Ein Studienbuch, München ⁴2014, 42–44.
17 JOACHIM MATTHES, Die Emigration der Kirche aus der Gesellschaft, Hamburg 1964, 38.

Weltbild; an die Stelle des von Gott wohl geordneten Kosmos, in dem er direkt auf die Menschen einwirkt, trat das unendliche Universum. Zugleich begegnen aber in der „populären Religion" frühere magische Einstellungen und Praktiken in transformierter Form. Themen im Bereich der primären Religionserfahrung werden von neuem in technischem Gewand aufgenommen und verzaubern den naturwissenschaftlichen Weltzugang. Im Bereich der Kirche führte das zu einer nur auf den ersten Blick erstaunlichen Konsequenz: Die eigene Existenz trat zunehmend an die Stelle der Botschaft. Durch Abgrenzung von der „Welt" und Konzentration auf die „Kirche" versuchten Kirchenführer diese vor der Säkularität zu schützen und verstärkten dadurch letztlich deren Voranschreiten.

3. Gegenwart

Im Folgenden werden knapp einige wichtige wissens- und religionssoziologische Deutungsversuche der gegenwärtigen (Kommunikations-)Situation präsentiert. Sie ermöglichen – entsprechend der bisherigen Methodik – einen mehrperspektivischen Zugang, jedoch ohne Anspruch auf Vollständigkeit oder systematische Kohärenz.

3.1 Pluralismus und Individualisierung: Pluralismus bzw. dessen Komplementärkonzept, die Individualisierung, bezeichnen Grundsigna der gegenwärtigen westlichen Gesellschaften. Die Pluralisierung der Lebensformen und Einstellungen beschleunigte sich nicht nur, sondern wurde zunehmend öffentlich bewusst.[18] Dabei griffen und greifen verschiedene Entwicklungen einander verstärkend ineinander:

> „Einerseits als Ausdifferenzierung unterschiedlicher Kommunikationsmedien und strukturierter Handlungsbereiche innerhalb einer Gesellschaftsformation. Sodann als wachsende Interdependenz von Gesellschaftsformationen mit heterogenen kulturellen Traditionen. Endlich als zunehmende Entkoppelung partialisierter Alltagswirklichkeiten ... und den stärker generalisierenden Metawirklichkeiten der spezialisierten Handlungsbereiche von Professionen, Organisationen und institutionalisierten Organisationsgeflechten wie Staat, Wissenschaft oder Wirtschaft."[19]

Peter Berger (geb. 1929) brachte diese Entwicklung auf die griffige und provokante Formel des *„Zwangs zur Häresie":* „modernes Bewusstsein zieht eine Bewegung vom Schicksal zur Wahl nach sich".[20] Demnach gehört im „Relativierungshexenkessel" der Moderne[21] die Wahl (griech.: Hairesis) auch im

---

18 S. RAINER PREUL, Das öffentliche Auftreten der Kirche in der pluralistischen Gesellschaft, in: JOACHIM MEHLHAUSEN (Hg.), Pluralismus und Identität (VWGTh 8), Gütersloh 1995, 505–517, 505.
19 FRANZ-XAVER KAUFMANN, Religion und Modernität, Tübingen 1989, 22.
20 PETER BERGER, Der Zwang zur Häresie. Religion in der pluralistischen Gesellschaft, Frankfurt 1980 (amer. 1979), 24.
21 A.a.O. 23.

Bereich der Daseins- und Wertorientierung zu den unvermeidlichen Anforderungen. Eine anscheinend orthodoxe Glaubenshaltung unterscheidet sich so von der inhaltsgleichen Einstellung in früherer Zeit. Sie ist heute gegenüber der vergangenen Selbstverständlichkeit der Gültigkeit des Überlieferten Ausdruck einer Wahl, eben aus anderen Optionen – und kann jederzeit revidiert werden.

Ulrich Beck arbeitete die bereits die Klassiker der Soziologie beschäftigende These von der Individualisierung weiter aus. Demnach trägt nicht zuletzt die Bildungsaspiration zur Enttraditionalisierung der Lebensformen bei. Bisher grundlegende gesellschaftliche Institutionen, wie politische Parteien, Gewerkschaften u. ä., verlieren an Bedeutung. Zugleich belastet die Individualisierung die Einzelnen, weil sie die weiter bestehenden Ungleichheiten individuell interpretieren müssen:

> „In der Konsequenz schlagen gesellschaftliche Probleme unmittelbar um in psychische Dispositionen: in persönliches Ungenügen, Schuldgefühle, Ängste, Konflikte und Neurosen. Es entsteht – paradox genug – eine neue Unmittelbarkeit von Individuum und Gesellschaft, die Unmittelbarkeit von Krise und Krankheit in dem Sinne, daß gesellschaftliche Krisen als individuelle erscheinen und nicht mehr oder nur noch sehr vermittelt in ihrer Gesellschaftlichkeit wahrgenommen werden." (BECK 158 f., ohne Kursivsetzungen im Original)

Aus der Perspektive der deutschen Kirchensoziologie wurde eingewendet, dass zumindest die Kirchenmitgliedschaft, aber auch konkrete religiöse Einstellungen durchaus Konstanz aufweisen, die Individualisierungs-These also in Deutschland nicht für alle Menschen und Themen zutrifft.[22] Doch zeigen neuere empirische Untersuchungen eine Zunahme der „häretischen" Tendenz auf Grund der Bedeutung persönlichen Erlebens für religiöse Einstellung und Anschauung.[23] Kulturwissenschaftliche Prognostiker wie Friedrich-Wilhelm Graf vermuten „die neue Tendenz einer zunehmenden De-facto-Amerikanisierung der europäischen Religionsmärkte".[24]

3.2 *Risikogesellschaft:* Im Kontext der atomaren Katastrophe bei Tschernobyl erregte 1986 die These *Ulrich Becks (1944-2015)* von der „Risikogesellschaft" großes Aufsehen. Bewusst auf Repräsentativität verzichtend – „ein Stück empirisch orientierter, projektiver Gesellschaftstheorie" (BECK 13) – bemüht er sich darum, den sich anbahnenden strukturellen gesellschaftlichen Wandel herauszuarbeiten. Dabei geht Beck von der Beobachtung aus,

---

22 S. HEINRICH GROSSE, Gibt es einen ‚Zwang zur Häresie'? Überlegungen zu Peter L. Bergers These, in: PTh 89 (2000), 283–296.
23 S. ARMIN NASSEHI, Erstaunliche religiöse Kompetenz. Qualitative Ergebnisse des RELIGIONSMONITORS, in: BERTELSMANN STIFTUNG (Hg.), Religionsmonitor 2008, Gütersloh 2007, 113–132.
24 FRIEDRICH WILHELM GRAF, Die Wiederkehr der Götter. Religion in der modernen Kultur, München 2007 (2004), 282.

dass das Leben der Menschen heute von Risiken bestimmt wird, die sich von denen früherer Generationen in zweifacher Weise unterscheiden: Sie sind global, betreffen also grundsätzlich alle Menschen, ja die ganze Natur, und sie sind Produkte erfolgreicher technischer Entwicklungen, eben der Moderne (a. a. O. 29). So verschmelzen – etwa bei der Festlegung von Grenzwerten – früher getrennte Bereiche wie Technik, Ethik und Politik. Denn bei Aussagen über Risiken sind neben der naturwissenschaftlichen Analyse stets normative Annahmen über das gewünschte Leben und Überlegungen zur tatsächlichen Durchsetzung dieses Lebensentwurfs inkludiert. Der Gefährdung durch moderne Risiken korrespondiert die *Sehnsucht der Menschen nach „Sicherheit"*, was Tore zum Unsichtbaren öffnet:

„Erst beim Schritt zum zivilisatorischen Risikobewußtsein wird das alltägliche Denken und Vorstellen aus den Verankerungen mit der Welt des Sichtbaren herausgelöst. … Vielmehr wird das, was das Alltagsbewußtsein nicht sieht, nicht wahrnehmen kann: die Radioaktivität, die Schadstoffe, die Zukunftsbedrohungen, in seinem Wirklichkeitsgehalt kontrovers. Mit diesem eigenerfahrungslosen Theoriebezug bewegt sich die Auseinandersetzung um Zivilisationsrisiken immer schon auf des Messers Schneide und droht in eine Art ‚moderner Geisterbeschwörung' mit den Mitteln (anti-)wissenschaftlicher Analyse umzuschlagen:

Die Rolle der Geister übernehmen unsichtbare, aber allgegenwärtige Schad- und Giftstoffe. Jeder hat seine privaten Feindschaftsbeziehungen zu speziellen Untergiften, seine Ausweichrituale, Beschwörungsformeln, seine Wetterfühligkeit, Vorahnungen und Gewißheiten." (a. a. O. 98, ohne Kursivsetzungen im Original)

So eröffnet die Risikogesellschaft in ihrem kritischen Reflex auf die Produkte der modernen Technik eine neue Form des (säkularen) Transzendenzbezugs. Sie relativiert das sinnlich Wahrnehmbare und wird wesentlich von eventuell Zukünftigem bestimmt. Die Verheißungen der technischen Moderne erweisen sich als ambivalent und ängstigen (s. a. a. O. 68). Es entsteht ein Raum, in dem frühere, technisch adaptierte Vorstellungen vom Kosmos Platz greifen (s. 2.2).

3.3 *Erlebnisgesellschaft:* Bei der Individualisierungsthese setzt die kultursoziologische, auf der Auswertung empirischer Daten beruhende These von *Gerhard Schulze (geb. 1944)* der „Erlebnisgesellschaft" ein: „Individualisierung bedeutet nicht Auflösung, sondern Veränderung von Formen der Gemeinsamkeit." (SCHULZE, 24) Da für die meisten Menschen die Frage nach dem Überleben gelöst ist, steht jetzt die Frage nach der „Lebensgestaltung jenseits situativ bedingter Probleme, unabhängig vom objektiven Vorhandensein solcher Probleme" (a. a. O. 22) im Zentrum. Die Menschen verfolgen das „Projekt des schönen Lebens" (a. a. O. 35). Dabei treten aber Unsicherheit, wie das am besten zu bewerkstelligen sei, und Angst vor Enttäuschung bei falscher Wahl zu Tage. Schutz hiervor bieten gruppenspezifische Verhaltensmuster, auf die sich der/die Einzelne zurückziehen kann. Detailliert beschreibt

Schulze auf Grund von Beobachtungen fünf Erlebnismilieus (s. a. a. O. 259 f.; tabellarische Übersichten zu den einzelnen Milieus a. a. O. 291, 300, 311, 321, 330). Damit gab der Kultursoziologe dem Forschungszweig der Milieutheorie[25] einen wichtigen Impuls, der praktisch-theologisch aufgenommen[26] und mittlerweile zum Konzept der Lebensstile[27] weiterentwickelt wurde. Demnach hängen kulturelle, ästhetische, lebenspraktische, wertbezogene und religiöse Einstellungen und Verhaltensweisen untrennbar miteinander zusammen und ermöglichen empirisch eine Typenbildung.

Die mit dem Übergang von der Überlebens- zur Erlebnisorientierung gegebene Ästhetisierung, die in unterschiedlicher Weise die verschiedenen Milieus prägt, interpretiert Schulze als „Konstruktionen, die Sicherheit geben sollen" (a. a. O. 72). Denn bei genauerem Hinsehen enthält das Programm der Erlebnisgesellschaft eine Aporie:

„Es ist ein unauflöslicher innerer Widerspruch erlebnisorientierten Handelns, daß der Versuch, Erleben durch Variation der Erlebnisgegenstände sicherzustellen, zur Unklarheit darüber führt, was man will und ob einem das Neue wirklich gefällt. Erlebnisse setzen ästhetische Übung voraus, habitualisierte Routinen der Dekodierung, werden aber paradoxerweise durch Gewöhnung uninteressant." (a. a. O. 234)

Die Endlichkeit des Menschen steht der grundsätzlich unendlichen Zahl der Optionen im Leben entgegen. Zugespitzt begegnet dieses Problem im Umgang mit dem Alter. Sowohl der Rückblick auf gelebtes Leben mit seinen vergebenen Chancen als auch die Einschätzung der in seinen Optionen reduzierten Lebenszeit lassen verzweifeln.[28]

3.4 *Individuelle Religion:* Im Zuge der weltweiten Untersuchung des Religionsmonitors 2008 fand eine Studie anhand von 49 qualitativen Interviews statt, die 2007 in Berlin und Ostwestfalen-Lippe durchgeführt wurden.[29] Bei der Auswertung diente *Armin Nassehi (geb. 1960)* ein *kommunikatives*

---

25 S. aus soziologischer Sicht den hervorragenden Überblick bei STEFAN HRADIL, Soziale Milieus – eine praxisorientierte Forschungsperspektive, in: Aus Politik und Zeitgeschichte 44–45/2006, 3–10.
26 EBERHARD HAUSCHILDT, Milieus in der Kirche. Erste Ansätze zu einer neuen Perspektive und ein Plädoyer für vertiefte Studien, in: PTh 87 (1998), 392–404; WOLFGANG VÖGELE/HELMUT BREMER/MICHAEL VESTER (Hg.), Soziale Milieus und Kirche (Religion in der Gesellschaft 11), Würzburg 2002; EBERHARD HAUSCHILDT/EIKE KOHLER/CLAUDIA SCHULZ, Milieus praktisch. Analyse- und Planungshilfen für Kirche und Gemeinde, Göttingen ³2010.
27 FRIEDERIKE BENTHAUS-APEL, Lebensstilspezifische Zugänge zur Kirchenmitgliedschaft, in: WOLFGANG HUBER/JOHANNES FRIEDRICH/PETER STEINACKER (Hg.), Kirche in der Vielfalt der Lebensbezüge. Die vierte EKD-Erhebung über Kirchenmitgliedschaft, Gütersloh 2006, 205–236.
28 In eindrücklicher Weise begegnet diese Problematik zunehmend in der Literatur, schonungslos formuliert z. B. in PHILIPP ROTH, Everyman, London 2006.
29 Zumindest bei der Auswertung werden nur Aussagen von Personen präsentiert, die im christlich-kirchlichen Raum beheimatet sind (durchaus auch in abgrenzender Weise). Insofern erscheint hier die Verwendung des Religionsbegriffs angemessen (s. § 8 3.).

Religionsverständnis als Rahmen. Unter Bezug auf Luhmann versteht er Religion nicht als Personenmerkmal, sondern als eine Sinnform, in der die Welt beobachtet wird (NASSEHI 173), und zwar so, dass Beobachtbares und Unbeobachtbares verbunden werden.

> Als Beispiel hierfür kann folgende Äußerung aus einem Interview dienen: „Täglich mache ich Erfahrungen und sammle Eindrücke, zum Beispiel, dass man denkt: Warum passiert das jetzt, das kann kein Zufall sein. Es gibt keinen Zufall, es ist alles vorbestimmt. Allerdings nur im privaten Bereich, im gesellschaftlichen Bereich, nicht im politischen. Zum Beispiel ist etwas passiert, was ich in der Vergangenheit für schlecht gehalten hatte, mit dem zweiten Blick stellt es sich als gut heraus, oder umgekehrt. Alles macht Sinn. Das eine ist die eigene Empfindung, das andere ist das Große, der Sinn. Alles, was man tut, hält man in dem Moment für gut. Am Schluss muss man Rechenschaft ablegen und sich verantworten. Ich entscheide, ob ich ja oder nein sage, habe einen Spielraum. Es ist nicht alles Schicksal, es gibt noch andere Kleinigkeiten. Ich kann mich auch für den falschen Weg entscheiden. Ich habe das Gewissen, das ist wie der Kompass, mit dem ich entscheide im Kleinen. Im Großen kann ich nichts verändern." (zitiert a. a. O. 175)

Bei Durchsicht dieses und weiterer Interviews fällt einiges für heutige religiöse Kommunikation Typische auf:
- Im eben genannten Sinn der Verbindung von Beobachtbarem und Unbeobachtbarem sind die Interview-Aussagen an religiöse Kommunikation anschließbar (a. a. O. 180).
- Eine genauere inhaltliche Analyse zeigt, dass die religiösen Chiffren „überwiegend tatsächlich am eigenen Erleben orientiert und nur sehr begrenzt durch bloße Mitgliedschaft bzw. bloße kirchlich-religiöse Praxis bestimmt" (a. a. O. 181) sind.
- Unübersehbar ist die systematische Inkonsistenz vieler Äußerungen. Es werden „christliche und esoterische, buddhistische und animistische Formen miteinander" (a. a. O. 184 f.) kombiniert, ohne sie zu diskreditieren. Nassehi vermutet hier einen Reflex auf die auch sonst gegebene Notwendigkeit, mit Inkonsistenzen zurechtzukommen.[30]
- Entscheidend erscheinen der authentische Kommunikationsstil (s. a. a. O. 177) und die Bedeutung der einzelnen Aussage für die Lösung eigener Probleme.

Als Beleg für die Angemessenheit des kommunikationstheoretischen Ansatzes in der Religionsforschung weist Nassehi auf die große Bedeutung der Sozialisation für die spätere Einstellung hin (a. a. O. 193–195). In der Regel prägt die innerfamiliäre Kommunikation die religiösen Einstellungen am stärksten und nachhaltigsten.

Schließlich verdient noch ein Ergebnis der Studie zum Verhältnis von Religion und Kirche Beachtung: „Je intensiver sich die eigene Religiosität darstellt, desto innerlich unabhängiger scheinen die Menschen von ihrer

---

30 Er verweist hier auf das Fernsehen (s. a. a. O. 187 f.; vgl. § 12 3.2).

Kirchlichkeit zu sein." (a. a. O. 195) Nassehi vermutet, dass sich hier „eine eher postbürgerliche Religiosität" zeigt.

Bei ihr geht es nicht mehr „um die Versöhnung von allgemeinem Anspruch und individuellem Leben, sondern um die authentische Präsentierbarkeit individuellen Glaubenslebens, bisweilen unter Verzicht auf jede Orientierung an verallgemeinerbaren Erwartungen" (a. a. O. 199).

Ähnliches findet sich bei Taylor, jetzt aber kulturgeschichtlich – unter Rückgriff auf nordamerikanische Verhältnisse – begründet: „The same long-term trend which produced the disciplined, conscious, committed individual believer, Calvinist, Jansenist, devout humanist, Methodist; which later gives us the ‚born-again' Christian, now has brought forth today's pilgrim seeker, attempting to discern and follow his/her own path." (TAYLOR 532)

3.5 *Ergebnis:* Die gegenwärtige Gesellschaft ist in wissenssoziologischer Perspektive durch Ambivalenzen gekennzeichnet: Den Freiheitsgewinnen durch Pluralismus und Individualisierung steht das Wissen um Risiken und Ungewissheit gegenüber. *Einstellungen im Bereich der Daseins- und Wertorientierung sind in dieser Situation durch Inkonsistenzen, jedenfalls in der Perspektive kirchlicher Lehre, gekennzeichnet. Der Biographiebezug erweist sich als wesentliches Kriterium für die Wahlen im Bereich der Daseins- und Wertorientierung.*

4. Konsequenzen für die Kommunikation des Evangeliums

Die Durchsicht wissens- und religionssoziologischer Theorien dient dazu, den Rahmen zu erfassen, innerhalb dessen gegenwärtig kommuniziert wird. Sie präsentieren wichtige Einsichten zu Wirklichkeitsverständnis und Allerweltswissen. Kommunikationstheoretisch gesehen geht es auch bei der Kommunikation des Evangeliums um Redundanz und Selektion, also die Verbindung zu Bekanntem, ohne die Kommunikation nicht möglich ist, und die Eröffnung von Neuem, die Kommunikation weiterführt.

Bei der theologischen Analyse des eben mehrperspektivisch skizzierten Rahmens ist der kulturhermeneutische Vorschlag des Nairobi-Statements (s. § 9 3.3) hilfreich. Er unterscheidet u. a. zwischen der Kontextualität und Kulturkritik bzw. -distanz der Kommunikation des Evangeliums.

4.1 *Streben nach Sicherheit:* Grundsätzlich ist, bevor es zu Abgrenzungen kommt, die Bedeutung der von Taylor skizzierten Entwicklungen für die gegenwärtige Kommunikation zu unterstreichen. Neben materiellen Verbesserungen (weitgehende Domestizierung der Gewalttätigkeit durch erzieherische Zivilisierung; bessere materielle Versorgung durch zweckrationales Handeln und technisch-naturwissenschaftlichen Fortschritt) ist theologisch der Gesichtspunkt der Befreiung von ängstigenden Vorstellungen hervorzuheben. Die Entzauberung der Welt von Geistern usw. entspricht der Perspektive der jesuanischen Botschaft von der anbrechenden Gottesherrschaft.

Allerdings zeigt ein Blick in heutige wissenssoziologische Analysen (BECK 98, SCHULZE 71–74), dass Bedrohung und Angst in neuer Gestalt wiederkehren. Die Risiken der modernen Technik und die Herausforderungen durch die Individualisierung in der Erlebnisgesellschaft setzen gleichermaßen Bemühungen um „Sicherheit" in Gang.[31] Diese sind jedoch von vornherein zum Scheitern verurteilt, wenn absolute Sicherheit das Ziel ist. Das gilt ebenfalls für die vielfältigen Praktiken, die die frühere populare Religion in technisch transformierter Weise weiterführen (s. 2.2).

Hier eröffnet die – gegenüber den mittelalterlichen Ängsten – getroffene reformatorische *Unterscheidung von „securitas",* als dem Menschen mögliche Sicherungsbemühungen, *und „certitudo",* als der von Gott geschenkten, das biologische Leben überschreitenden Gewissheit,[32] einen neuen, grundsätzlich kulturkritischen Horizont:

> So schreibt Martin Luther in der Auslegung zum 1. Gebot: „Wer Geld und Gut hat, der weiß sich sicher (lat. securus), ist fröhlich und unerschrocken, als sitze er mitten im Paradies, und wiederümb, wer keins hat, der zweifelt und verzagt, als wisse er von keinem Gott. ... Also auch, wer darauf trauet und trotzet, daß er große Kunst, Klugheit, Gewalt, Gunst, Freundschaft und Ehre hat, der hat auch einen Gott, aber nicht diesen rechten einigen Gott." (BSLK 561)

Die Frage nach der „Sicherheit" hängt also nach reformatorischer Einsicht direkt mit der Frage nach Gott, und zwar dem „rechten" Gott, zusammen. Theologisch können möglichst intensives Erleben im Sinn des neuen „kategorischen Imperativs" der Erlebnisgesellschaft („Erlebe dein Leben!", SCHULZE 59), aber auch der Kampf gegen die (Rest-)Risiken als – vergebliche – Versuche interpretiert werden, „securitas" zu erreichen. Sie changieren nicht selten zwischen Lebensgier und -verweigerung.

Von daher legt sich die *Thematik der „Sicherheit",* sowohl hinsichtlich der persönlichen Lebensführung in der Erlebnisgesellschaft als auch der gesellschaftlich politischen Herausforderungen in der Risikogesellschaft, als grundlegend für die Kommunikation des Evangeliums in der Gegenwart nahe. Sie bietet zum einen Anschluss an ein allgemein bewegendes Problem und eröffnet zum anderen die Möglichkeit, die kulturkritische und zugleich befreiende Perspektive des Evangeliums zu kommunizieren. Denn die modernen Risiken entstehen durch zukunftsvergessene Fixierung auf gegenwärtigen Wohlstand. Dass dieses Problem bereits in biblischer Zeit virulent war, zeigt ein Blick auf ein Gleichnis wie das vom reichen Kornbauern (Lk 12,16–21) bzw. die weisheitlichen Reflexionen zum Sorgen (Mt 6,25–

---

31 S. ausführlicher zur folgenden Argumentation CHRISTIAN GRETHLEIN, „Evangelisches Profil" des Gemeindeaufbaus / der Gemeindeentwicklung in der „modernen" Gesellschaft, in: MARTIN SCHREINER (Hg.), Vielfalt und Profil. Zur evangelischen Identität heute, Neukirchen-Vluyn 1999, 112–123, 116–120.

32 S. genauer WILFRIED HÄRLE, Dogmatik, Berlin 1995, 62f.

33). Konkret gewinnen hier Überlegungen zu Zeit und Ort der Kommunikation des Evangeliums Bedeutung (s. § 24). Denn verlässliche Zeiten und Orte eröffnen einen Kommunikationsraum, um falsche Sicherheiten zu enttarnen und sich vertrauensvoll Gott zu öffnen.

4.2 *Exkarnation und Uniformierung:* Taylor macht in seinen kulturgeschichtlichen Analysen auf die Tendenz aufmerksam, den christlichen Glauben in die Innerlichkeit zu verlegen. Die theologisch begründete Abgrenzung gegenüber magischen, die Menschen letztlich im Bann der Unfreiheit haltenden Praktiken erscheint aus lebenspraktischen wie theologischen Gründen sinnvoll. Das Bemühen darum, Gewaltausbrüche zu kanalisieren und die Umgangsformen zu zivilisieren, ist im Interesse des Schutzes Schwacher ebenfalls positiv zu beurteilen. Schließlich haben der zweckrationale Umgang mit der Natur und der ökonomisch kontrollierte Zugang zur Wirklichkeit in vielen Ländern zu allgemeinem Wohlstand und Ansteigen der Lebenserwartung geführt.

Doch weist Taylor nachdrücklich darauf hin, dass mit den entsprechenden religiösen, erzieherischen und technischen Umstellungen zum einen eine „excarnation" verbunden war, also „the steady disembodying of spiritual life" (a. a. O. 771). Dies steht in deutlicher Spannung zur christlichen Grundauffassung. Sowohl der Glauben an den Schöpfer als auch das Wirken Jesu in Form von Heilungen und gemeinsamen Mahlzeiten stehen einer solchen Vergeistigung entgegen. Es ist in § 12 zu prüfen, inwiefern neue Entwicklungen im Bereich der elektronischen Medien diese theologisch problematische Tendenz zur Entkörperlichung fortsetzen.

Zum anderen beobachtet Taylor in diesen Prozessen eine allgemeine Uniformierung. So verloren z. B. die Reformatoren durch die im historischen Kontext verständliche Aufwertung und Hochschätzung der Ehe die Berechtigung der zölibatären Lebensweise aus dem Blick. Als ein Resultat aus dieser Uniformierungs-Tendenz des Christlichen kann heute die „Milieuverengung"[33] in vielen Kirchengemeinden gelten. Ein bestimmter Lebensstil, im Bedürfnis von vereinsmäßig organisierter Gemeinschaft begründet, droht sich im sog. Gemeindeleben absolut zu setzen.

Für die Kommunikation des Evangeliums legt diese Analyse eine *Öffnung für die Dimension des Leiblichen nahe, und zwar in pluriformer Weise.* Ein Blick auf die „populäre Religion" unterstützt diese Einschätzung. Sie nimmt die Anliegen der primären Religionserfahrung auf. Die lange Zeit evangelische Kirchen bestimmende Verbindung mit einem gegenüber dem Körper distanzierten bürgerlichen Lebensstil steht den leibbezogenen neu-

---

33 So wohl erstmals KLAUS V. BISMARCK, Kirche und Gemeinde in soziologischer Sicht, in: ZEE 1 (1957), 17–30.

testamentlichen Perspektiven der anbrechenden Gottesherrschaft entgegen. Allein durch Gesang und Musik haben sich die evangelischen Kirchen einen Zugang zu dieser Dimension erhalten (s. § 26 2.).

4.3 *Biographiebezug:* Sowohl die soziologischen Einsichten zu Pluralismus und Individualisierung als auch Schulzes Konzept der Erlebnisgesellschaft können als theoretischer Hintergrund für das Ergebnis der qualitativen Studie von Nassehi verstanden werden. *Demnach ist die Biographie das Nadelöhr für die religiöse Thematik.* Traditionelle Konsistenzanforderungen durch die wissenschaftliche Theologie oder die kirchliche Lehre spielen gegenüber der Passförmigkeit für die eigene Biographiearbeit keine Rolle. Nassehi arbeitet pointiert einen wichtigen organisationssoziologischen Kontext dieser Entwicklung heraus:

> „Korporatistische Modelle setzen auf Einschränkung, Zugangskontrolle und Anspruchsberechtigungen, Marktmodelle auf Produktinnovation, flexible Adaption und Zielgruppenorientierung, um es in den entsprechenden Metaphern der Behörde und des Marktes auszudrücken." (NASSEHI 196)

So kontextualisieren die Menschen in ihrer eigenständigen Aufnahme christlicher, aber auch anders begründeter Elemente religiöse Kommunikation. Sie fügen sie in einen marktförmigen Rahmen ein. Kirchliche Kommunikationsformen, die sich demgegenüber an überkommenen, korporatistischen Standards sowohl hinsichtlich Lehre als auch Praxis orientieren, verlieren den Kontakt zur kulturellen Entwicklung. Nassehis Beobachtung, dass besonders religiöse Interessierte sich von Kirche wenig bzw. nichts versprechen und lieber selbst auf die spirituelle Suche gehen, unterstreicht dies.

> Zugleich gilt es, den Befund in kulturkritischer Perspektive gegenzulesen. Es ist – bei der Lektüre der von Nassehi zitierten Interview-Ausschnitte – eine gewisse Hilflosigkeit der Menschen nicht nur bei den Formulierungen unübersehbar. Wiederholt versuchen die Interviewten, ihre eigenen Vorstellungen unter Zuhilfenahme naturwissenschaftlicher und technischer Begriffe auszudrücken:

> „Also, das hat nichts zu tun mit dem klassischen Gottesbegriff, die Vorstellung ist eigentlich die, bei mir und meinen Leuten, dass da schon eine gewisse Form von Energie ist, wie soll ich das erklären, dass sich das Größte im Kleinsten befindet, im kleinsten Teil. Das Kleinste wiederum auch das Größte zugleich ist, also – das Ganze wird zusammengehalten von einer bestimmten Energie, die auch nichts zu tun hat mit einer normalen Gottes- oder Seelenvorstellung. Ob es eine höhere Seele gibt, weiß ich nicht, mag ja sein und das ganze besagte Leben daraus besteht, dass irgendwelche Elektronen oder Neutronen zusammengeschaltet sind und – mag ja sein, nur, wenn ich so etwas konstruiere: Das Ding wird nicht leben, jedenfalls nicht so, wie wir das verstehen, mit Bewusstsein und dergleichen mehr." (zitiert a. a. O. 179 f.)

Demnach kann die Kommunikation des Evangeliums am *naturwissenschaftlichen Weltbild* nicht vorbeigehen. Es bildet – wie seine verzauberte Form in der „populären Religion" – nicht nur den Rahmen jeder Kommunikation, sondern stellt den Menschen Begriffe und Vorstellungen zur Verfügung, um Nichtbeobachtbares zu bestimmen. Doch ist unter der Perspektive der kulturkritischen Dimension des Evangeliums die naturwissenschaftlichem Zugriff inhärente Distanzierung des Menschen von der sonstigen Wirklichkeit zu hinterfragen. Ein genauerer Blick – wie bei Beck – auf die Risikoforschung zeigt, dass es für diese Kritik empirische Anschlussstellen gibt. Denn durch die technisch evozierten Risiken kommt auf einmal der Bereich der Natur neu in den Blick, und zwar in einer durchaus mit dem biblischen Schöpfungsglauben kompatiblen Weise:

> „In der Gefährdung erfährt der Mensch, daß er atmet wie die Pflanze und vom Wasser lebt wie der Fisch im Wasser. Die Vergiftungsbedrohung läßt ihn fühlen, daß er mit seinem Körper teilhat an den Dingen – ein ‚Stoffwechselprozeß mit Bewußtsein und Moral' – und folglich mit den Steinen und Bäumen im sauren Regen erodieren kann. Es wird eine Gemeinsamkeit zwischen Erde, Pflanze, Tier und Mensch spürbar, eine ‚Solidarität der lebenden Dinge', die in der Bedrohung gleichermaßen jeden und alle(s) trifft". (BECK 99 unter Verwendung eines Manuskripts von R. Schütz, ohne Kursivsetzungen im Original)

Die Rezeption (überkommener) populärer durch die „populäre Religion", wie sie Knoblauch beschreibt, knüpft hier an. Entgegen der Perspektive, die die Kommunikation des Evangeliums erschließt, verbleibt sie aber auf der Ebene der Sicherheit („securitas") und verfehlt das evangelische Vertrauen auf Gewissheit („certitudo").

Ein weiteres Problem der skizzierten Biographisierung in kulturkritischer Perspektive ist die Verengung auf die Problemlagen der eigenen Situation, und damit wesentlich des eigenen Milieus bzw. Lebensstils. Der Blick auf den anderen Menschen, biblisch im Gebot der Nächstenliebe formuliert (Lev 19,18; Mt 5,43 usw.), tritt zurück bzw. droht verloren zu gehen. Doch die *Befreiung aus der Selbstzentrierung* ist nur biographisch zu vermitteln. Das lange Zeit vorherrschende Modell allgemein kirchlicher Lehre und deren Übernahme in Predigt und Unterricht kommen an ihr Ende. Unter den Bedingungen einer „häretischen" Gesellschaft stellt vor dem Hintergrund globaler Risiken und des Imperativs der Erlebnisgesellschaft die Biographie des Einzelnen den entscheidenden Bezugspunkt für die Kommunikation des Evangeliums dar. Attraktiv sind praktische Lebensmodelle, nicht allgemeine Lehren.

§ 11 Kommunikation: unter den Bedingungen sozialer Veränderungen

Literatur: ARBEITSGRUPPE BILDUNGSBERICHTERSTATTUNG, Bildung in Deutschland 2010. Ein indikatorengestützter Bericht mit einer Analyse zu Perspektiven des Bildungswesens im demographischen Wandel, Bielefeld 2010 – BUNDESMINISTERIUM FÜR FAMILIE, SENIOREN, FRAUEN UND JUGEND (Hg.), Familienreport 2010. Leistungen – Wirkungen – Trends, Berlin 2010 – KARL GABRIEL, Die Kirchen in Westdeutschland: Ein asymmetrischer religiöser Pluralismus, in: BERTELSMANN

STIFTUNG (Hg.), Woran glaubt die Welt? Analysen und Kommentare zum Religionsmonitor 2008, Gütersloh 2009, 99–124 – MARIANNE GRONEMEYER, Das Leben als letzte Gelegenheit. Sicherheitsbedürfnisse und Zeitknappheit, Darmstadt 1993, 1–25 – CHRISTIAN SCHWÄGERL, Eine Schicksalsfrage, aber kein Schicksal, in: BERTELSMANN STIFTUNG/BUNDESPRÄSIDIALAMT (Hg.), Familie. Bildung, Vielfalt. Den demographischen Wandel gestalten, Gütersloh 2009, 17–47 – FRANÇOISE ZONABEND, Über die Familie. Verwandtschaft und Familie aus anthropologischer Sicht, in: ANDRÉ BURGUIÈRE/CHRISTIANE KLAPISCH-ZUBER/MARTINE SEGALEN/FRANÇOISE ZONABEND (Hg.), Geschichte der Familie Bd. 1, Darmstadt 1996 (franz. 1986), 17–90

Die in § 10 referierten und ausgewerteten kulturgeschichtlichen sowie wissens- und religionssoziologischen Arbeiten eröffnen einen mehrperspektivischen Zugang zu den Rahmenbedingungen gegenwärtiger Kommunikation. Jetzt durchmustere ich als Gegenprobe einige statistische Befunde zu sozialen Veränderungen. Während bei theoretisch ambitionierten Konzepten die Gefahr besteht, dass sie die realen Lebensverhältnisse vernachlässigen, liegt genau hier die Stärke von Statistiken. Umgekehrt haben sie die Schwäche, nur etwas zeitversetzt in numerischer Form enge Fragestellungen zu beantworten und so keinen Gesamtzusammenhang zu erfassen.

Nach einem kurzen allgemein anthropologischen Hinweis nenne ich knapp einige historische Beispiele für soziale Veränderungen und deren Konsequenzen für die Kommunikation, im Besonderen die Kommunikation des Evangeliums. Dabei kann noch auf keine Statistiken zurückgegriffen werden, insofern umfangreichere und methodisch belastbare Daten erst seit dem Ende des 19. Jahrhunderts zur Verfügung stehen.[34]

Der dritte Abschnitt stellt exemplarisch drei demographische Veränderungen dar: den Rückgang der Kinderzahl, das Ansteigen der Lebenserwartung und die Zunahme von Menschen mit Migrationshintergrund. Dann folgen einige Befunde zum Wandel in der allgemeinen Lebensführung, und zwar exemplarisch anhand der Themen Lebensformen und Bildung. Sie münden in Beobachtungen zur Veränderung der Arbeitswelt. Daran schließen sich Daten zur Religionsstatistik an.

Abschließend diskutiere ich Folgen für die Kommunikation des Evangeliums.

1. Anthropologische Grundlagen

Menschen sind Lebewesen, deren Verhalten in hohem Maß disponibel ist. Trotzdem lassen sich einige biologische Gegebenheiten feststellen, die dann jeweils aber in kulturell unterschiedlicher Weise Gestalt gewinnen. Sie sind grundlegend für kommunikative Prozesse. So können Menschen nur in *Gemeinschaften* leben. Das gilt zum einen auf Grund der Tatsache, dass sie –

---

34 S. CHRISTIAN GRETHLEIN, Statistik, kirchliche, in: [4]RGG Bd. 7 (2004), 1690 f.

als Frühgeborene – etliche Jahre intensiver und sorgfältiger Pflege bedürfen. Zum anderen zeigen anthropologische Studien, dass zum Überleben der Gattung Gruppen notwendig sind, um den Fortbestand zu gewährleisten.[35] Nicht zuletzt das Inzestverbot weist darauf hin, dass für Menschen von früh an eine grundlegende Notwendigkeit bestand, die eigene Herkunftsfamilie bzw. -sippe zu überschreiten (ZONABEND 37–42). Nur so konnte der Bestand einer Gruppe bzw. Sippe erhalten oder ausgebaut werden. Schließlich erfordert die Besonderheit, dass Menschenfrauen keine festen Paarungszeiten haben, sexuelle Aktivität also grundsätzlich stets möglich ist, besondere soziale Regelungen.[36]

Kulturgeschichtlich begegnen von Anfang an unterschiedliche Sozialformen. Es bildeten sich z. B. verschiedene Auffassungen von Verwandtschaftsverhältnissen, was nicht zuletzt sprachlich zu besonderen Ausdrücken führte (ZONABEND 25–37). Dabei scheinen vor allem ökonomische und ökologische Umstände eine wichtig Rolle gespielt zu haben (a. a. O. 62). Diese prägten auch die Kommunikation.

2. Historische Entwicklung

Die folgenden Beispiele benennen problemgeschichtlich vier wichtige Faktoren, die die Kommunikation des Evangeliums im Laufe der Jahrhunderte verändert haben:
- ein Wechsel in der Adressatengruppe, verbunden mit einem Medienwechsel;
- eine Veränderung im kulturellen Bezugssystem;
- tiefgreifende Herausforderungen für die Lebensführung durch eine Seuche;
- demographischer Wandel.

Dabei kam es zu Veränderungen in der Kommunikation des Evangeliums. *Der christliche Grundimpuls ist nur durch begriffliche und inhaltliche Transformationen zu bewahren.*

2.1 *Anfänge des Christentums:* Soziale Veränderungen und dadurch notwendige kommunikative Umstellungen prägen bereits den Anfang des Christentums. Jesus wirkte nur in einem kleinen Terrain, vor allem in der Gegend um den See Gennesaret, unter Juden.[37] Schon wenige Jahre nach seinem Tod

---

35 S. CLAUDE MASSET, Die Vorgeschichte der Familie in: ANDRÉ BURGUIÈRE/CHRISTIANE KLAPISCH-ZUBER/MARTINE SEGALEN/FRANÇOISE ZONABEND (Hg.), Geschichte der Familie Bd. 1, Darmstadt 1996 (franz. 1986), 91–115, 96 f.
36 S. a. a. O. 105–107.
37 S. genauer unter Einbeziehung neuerer Ausgrabungen JENS SCHRÖTER, Jesus von Nazaret. Jude aus Galiläa – Retter der Welt (Biblische Gestalten 15), Leipzig ²2009, 90-105; vgl. auch JÜRGEN BECKER, Jesus von Nazaret, Berlin 1996, 21–36.

erweiterte Paulus diesen Radius erheblich. Inhaltlich kommunizierte er das Evangelium vornehmlich mit Nichtjuden; ein wichtiges Medium war dabei der Brief. Die durch den neuen Adressatenkreis entstehenden Herausforderungen und die deshalb von Paulus vorgenommenen Transformationen des jesuanischen Impulses provozierten schon in frühchristlicher Zeit Auseinandersetzungen (s. Apg 15; Gal 2,1–10).

Bis in die Gegenwart ist die Verhältnisbestimmung zwischen *der Botschaft Jesu und der Theologie von Paulus* ein in der neutestamentlichen Bibelwissenschaft[38] und Systematischen Theologie[39] traktiertes Problem. Dabei wird u. a. die veränderte Kommunikationssituation durch den Tod und die Auferstehung Jesu als sachlicher Grund für die begrifflichen und inhaltlichen Transformationen herausgestellt. Dies ist kommunikationstheoretisch durch den Hinweis auf die mediale Veränderung – vom Mündlichen zum schriftlichen Brief – und die Vergrößerung des Kreises der Kommunizierenden, eben auf Nicht-Juden hin, zu ergänzen. *Sowohl der Sozialraum als auch das religiöse Bezugssystem veränderten sich im Übergang von Jesus zu Paulus für die Kommunikation des Evangeliums grundlegend.*

Dieser Transformationsprozess begegnet begrifflich im Neuen Testament. Der jesuanische Zentralbegriff der Gottesherrschaft wird bei Paulus zur Gerechtigkeit Gottes.[40] Diese begriffliche Umstellung ist ein Beispiel für die von Anfang an bestehende Notwendigkeit zu inhaltlichen Transformationen, um in veränderter Kommunikationssituation den christlichen Grundimpuls zur Sprache zu bringen. Damit ging eine anthropologische Präzisierung und zugleich Reduktion einher.

2.2 *Initiation:* Kann der Transformationsprozess der Kommunikation des Evangeliums im Übergang von Jesus zu Paulus als geglückt betrachtet werden, so traten später durch soziale Veränderungen Probleme in der Kommunikation des Evangeliums auf. Exemplarisch kann dies an der *Veränderung des christlichen Initiationsritus, der Taufe, am Übergang in den germanischen Kulturkreis* gezeigt werden:[41]

Gegenüber den ersten Jahrhunderten veränderten sich sowohl die Sozialgestalt der Kirche als auch die allgemeine Mentalität und somit der Rahmen, innerhalb dessen der Ritus verstanden wurde. Die Initiation selbst blieb

---

38 S. z. B. die knappe Zusammenfassung der exegetischen Befunde bei FERDINAND HAHN, Theologie des Neuen Testaments Bd. 1, Tübingen 2002, 323–329.
39 S. immer noch grundlegend EBERHARD JÜNGEL, Paulus und Jesus. Eine Untersuchung zur Präzisierung der Frage nach dem Ursprung der Christologie (HUTH 2), Tübingen ²1964 (1962), v. a. 263–284.
40 S. FERDINAND HAHN, Theologie des Neuen Testaments Bd. 1, Tübingen 2002, 326 f.; JÜNGEL, a. a. O. 266 f.
41 S. auch zum Folgenden REINHARD MESSNER, Einführung in die Liturgiewissenschaft, Paderborn 2001, 112–117.

jedoch im Ablauf weitgehend gleich. Sie hatte sich im Rahmen spätantiker Stadtgemeinden ausgebildet, in denen die Christengemeinde klar abgegrenzt von der sie umgebenden heidnischen Welt lebte. Entscheidend waren die Antworten des Täuflings („Credo") auf die dreifache Frage nach dem Glauben („Credis ...?"), also eine direkte Interaktion zwischen Täufling und Täufer. Die Rezeption dieses Ritus seit dem 8. Jahrhundert im Frankenreich führte in einen völlig anderen Kontext: In einer Kultur, in der es kaum Städte gab, waren nicht mehr die Stadtgemeinden, sondern monastische Zentren bestimmend. Dementsprechend – und gemäß der anderen Mentalität – prägten nicht mehr bischöfliche Gemeindeleiter, sondern „heilige Männer", von denen man die Vermittlung göttlicher Kräfte erhoffte, die Kirche. Dies führte z. B. zu einer veränderten Rezeption der Taufformel: „Ich taufe dich im Namen des Vaters ..." Stand dabei früher die Invocatio Dei im Vordergrund, so trat im Fränkischen die Betonung des „Ich" des Priesters als eines „heiligen Mannes" hervor. Sie führte zu einem Gefälle vom Spender zum Empfänger.[42] Damit – und dies ist inhaltlich eine entscheidende Veränderung – trat der das ganze Leben umspannende Zuspruch der Taufe zurück; sie schrumpfte zu einem schnell vollzogenen punktuellen Akt. Immer wieder – z. B. durch Luthers Einsichten zur Taufe motiviert[43] – bemühte man sich, diesen Prozesscharakter zurückzugewinnen. Doch durch bloße Lehre gelang dies nicht. Es unterblieb eine grundsätzliche Besinnung auf die veränderten Kommunikationsbedingungen.

2.3 *Todesbewältigung:* In ganz anderer Weise veränderte die Herausforderung einer Seuche die Kommunikationsbedingungen. *Marianne Gronemeyer (geb. 1941)* macht eindrücklich auf die Konfusionen aufmerksam, die der Ausbruch der Pest 1348 auslöste. Ihr fielen nach Schätzungen zwischen 30 % und 50 % der Bevölkerung in Europa zum Opfer (GRONEMEYER 10). Die bis dahin weitgehend selbstverständlich funktionierende Kommunikation des Evangeliums in Form kirchlicher Riten verlor an Evidenz.

Der – nach einem konkreten Quellenfund rekonstruierte – Verlauf der römischen Sterbe- und Begräbnisliturgie im 7./8. Jahrhundert hatte das Sterben zu einem in das Leben als Übergang zum Jenseits integrierten Prozess gemacht:[44]

– Bei Herannahen des Todes erfolgte das Viatikum, also die Kommunion des Sterbenden;

---

42 S. CHRISTIAN GRETHLEIN, Taufpraxis in Geschichte, Gegenwart und Zukunft, Leipzig 2014, 44.
43 S. die Zusammenstellung der einschlägigen Texte bei DOROTHEA WENDEBOURG, Taufe und Abendmahl, in: ALBRECHT BEUTEL (Hg.), Luther Handbuch, Tübingen 2005, 414–423, 418–421.
44 S. genauer und im Einzelnen REINER KACZYNSKI, Die Sterbe- und Begräbnisliturgie, in: BRUNO KLEINHEYER/EMMANUEL V. SEVERUS/REINER KACZYNSKI (Hg.), Sakramentliche Feiern II (GDK 8), Regensburg 1984, 191–232, 209–213.

- bis zum endgültigen Tod wurden die Leidensgeschichte Jesu verlesen und Sterbegebete gesprochen;
- nach Eintritt des Todes erfolgten verschiedene Psalmen und andere Gebete;
- der Leichnam wurde gewaschen und aufgebahrt;
- er wurde in einer Prozession zur Kirche gebracht;
- in der Kirche wurden ununterbrochen Psalmen und Responsorien gesungen und es wurde die Messe gefeiert;
- Prozession zum Begräbnisplatz mit Kerzen und Weihrauch;
- Einsargung des Leichnams, Gebet des Priesters;
- Schließen des Grabs.

Zwar war eine solche ausführliche Liturgie wohl auf den klösterlichen Bereich beschränkt, doch enthält sie als normative Grundlage zwei kommunikative Voraussetzungen, die ebenfalls bei schlichteren Bestattungen galten: Zum einen erwartete der Sterbende den Tod – ein plötzlicher Tod galt als Strafe Gottes –, zum anderen vollzog sich das Sterben in der Gemeinschaft mit Anderen. Beide Voraussetzungen veränderte der Pesttod. Die Menschen verdrängten die Krankheit; das Sterben erfolgte wegen der Ansteckungsgefahr häufig in Einsamkeit. Auch die Bestattung wurde nicht mehr individuell vollzogen, sondern durch das Verscharren in Massengräbern. Die theologische Antwort auf die Katastrophe waren Gerichtspredigten – mit wenig Erfolg. Unterschiedlich reagierte die Bevölkerung: Schuldzuweisungen führten zu furchtbaren Judenpogromen (GRONEMEYER 12 f.); Manche, vor allem Reiche, versuchten intensiv das Leben zu genießen (a. a. O. 11); Anfälle von Verzweiflung traten auf, so dass Menschen sich lebendig selbst verscharrten (a. a. O. 10); Ärzte suchten nach Schutzmaßnahmen (a. a. O. 12); es kam zu Ausbrüchen wilder Bußbewegungen mit Selbstgeißelungen u. ä. (13 f.). Offenkundig gelang es nicht, die bis dahin in dem skizzierten Sterbe- und Bestattungsritus vollzogene Kommunikation des Evangeliums für die neuen Herausforderungen zu transformieren. *Die kirchlichen Formen und die tatsächlichen Nöte der Menschen klafften unüberbrückbar auseinander.* Gronemeyer vermutet als Konsequenz daraus eine Verstärkung des sich schon anderweitig anbahnenden „Glaubensverfalls" (a. a. O. 11).

2.4 *Kirchliche Organisation*: Schließlich sei anhand eines Beispiels aus der neueren kirchlichen Organisation auf die *Bedeutung demographischer Veränderungen für die Kommunikation des Evangeliums* hingewiesen. Thomas Nipperdey charakterisiert das 19. Jahrhundert als die „Hoch-Zeit der demographischen Revolution".[45] Die Bevölkerung vermehrte sich über Jahrzehnte hinweg in ungewohnter Weise, weil bisherige Restriktionen zur Eheschließung wegfielen. Dazu kam eine anhaltende Wanderungsbewegung in die

---

45 THOMAS NIPPERDEY, Deutsche Geschichte 1800–1866. Bürgerwelt und starker Staat, München ⁵1991, 102; s. zur zweiten Hälfte des 19. Jahrhunderts DERS., Deutsche Geschichte 1866–1918 Bd. 1, München ²1991, 9.

Städte, die z. B. in Preußen in den ersten sieben Jahrzehnten des 19. Jahrhunderts die Stadtbevölkerung von 3 auf 6,3 Millionen anwachsen ließ.[46] Dies betraf unmittelbar die kirchliche Organisation. Es entstanden in den großen Städten – bei Beibehalten der bisherigen Strukturen – Riesengemeinden von bis zu 50.000 Gemeindegliedern. Pfarrer waren teilweise für über 10.000 „Parochiane" zuständig. In dieser Situation entwickelte der Pfarrer der 47.000 Seelen umfassenden Johannes-Gemeinde in Chemnitz, *Emil Sulze (1832–1914)*, ein ambitioniertes Programm zur Strukturreform,[47] das er mit Erlaubnis der Kirchenbehörde exemplarisch umsetzte. Sulze orientierte sich an der Sozialform des Vereins, die damals in großer Blüte stand.

> „In der alten Gesellschaft war die Organisation der Individuen zunächst die Korporation, der man durch Geburt und Stand zugehörte, die das Ganze des Lebens unspezifisch übergriff, die den Status und die Rechte ihrer Mitglieder bestimmte ... Aber an ihre Stelle tritt ... eine neue Organisation: die Assoziation, der Verein, d. h. der freie Zusammenschluß von Personen, die ein- und austreten, unabhängig vom Rechtsstatus ihrer Mitglieder und ohne diesen zu beeinflussen, die auf selbst gesetzte, nicht auf vorgegebene Zwecke sich richten ... Aus kleinen Anfängen im späten 18. Jahrhundert wird das ‚Vereinswesen' bis zur Jahrhundertmitte zu einer sozial gestaltenden, Leben und Aktivität der Menschen prägenden Macht. Das Jahrhundert wird das Jahrhundert der Vereine, jeder steht – oft mehrfach – in ihrem Netzwerk."[48]

So gliederte Sulze einen etwa 5.000 Menschen umfassenden Seelsorgebezirk, dem ein Pfarrer vorstand, in kleinere Seelsorgegemeinden, die von sog. Presbytern geleitet wurden. Sie hatten jeweils etwa 250 Personen, also ca. 50 Familien, zu betreuen. Ziel war dabei zum einen, dass jedes Gemeindeglied besucht werden konnte. Zum anderen strebte Sulze ein Gemeinschaftsleben an, wobei ihn volkserzieherische Intentionen leiteten. So fanden an sog. Familienabenden musikalische Aufführungen und belehrende Vorträge sowie Gesang statt.[49] Konkret wollte Sulze damit den sozialdemokratischen Arbeitervereinen entgegentreten.

Die Wirkung der Reformideen Sulzes auf das kirchliche Leben ist wohl kaum zu überschätzen. Zwar gab es Kritik,[50] die eine Konzentration auf Wort und Sakrament anmahnte, doch insgesamt setzte sich nicht nur das neue Organisationsmodell kleinerer Gemeinden durch. Auch die vereinsmäßige Prägung von Kirchengemeinde durch Geselligkeit fand vielerorts Anklang und führte zum Bau von sog. Gemeindehäusern. Darin findet bis

---

46 Nipperdey, Geschichte 1800–1866, 112.
47 S. zum Überblick und zur weiterführenden Diskussion Christian Möller, Lehre vom Gemeindeaufbau Bd. 1, Göttingen ²1987, 138–159.
48 Thomas Nipperdey, Deutsche Geschichte 1800–1866. Bürgerwelt und starker Staat, München ⁵1991, 267.
49 Wolfgang Lorenz, Kirchenreform als Gemeindereform dargestellt am Beispiel Emil Sulze, Diss. theol. Berlin 1981, 109.
50 S. Christian Möller, Lehre vom Gemeindeaufbau Bd. 1, Göttingen ²1987, 140–143.

heute das sog. Gemeindeleben statt, eine Erfindung aus dem Ende des 19. Jahrhunderts.

Allerdings beruhte dieses Modell auf einer Selbstverständlichkeit von Kirche, die langsam zurückging. Kommunikation des Evangeliums war stark mit bürgerlichen Lebensformen imprägniert und erreichte Menschen aus anderen Schichten kaum bzw. nicht. Zugleich bestand ein normativer Anspruch auf Alleingültigkeit des Modells, den Christian Möller theologisch als gesetzlich kritisiert:

> „Lastet nicht der Fluch des Leistungsprinzips ständig auf der Bemühung um die richtige Organisation der Gemeinde, die als ‚Seelsorgegemeinde' doch nie weiß, ob sie schon seelsorglich oder sozial genug ist, und ob sie sich vielleicht in noch kleinere Einheiten aufteilen muß, um wahrhaft ‚lebendig' und ‚seelsorglich' zu sein?"[51]

2.5 *Ergebnis: Die Notwendigkeit inhaltlicher, organisatorischer und medialer Transformation der Kommunikation des Evangeliums durchzieht die ganze Christentumsgeschichte.* Beispiele aus der Christentumsgeschichte zeigen: Veränderungen im kulturellen Kontext und in den Lebensumständen erfordern eine Umgestaltung der Kommunikation des Evangeliums, um den christlichen Grundimpuls präsent zu erhalten. Dagegen gefährdet das Verharren bei überkommenen Formen und Formeln diesen Adaptionsprozess, der im kommunikativen Grundcharakter des Evangeliums begründet ist.

3. Gegenwart

Im Folgenden werden einige statistisch belegbare Entwicklungen skizziert, die die gegenwärtige Gesellschaft und Kultur und so den Rahmen für Kommunikation prägen und, soweit prognostizierbar, zukünftig bestimmen werden. Dabei nehme ich die im vorhergehenden historischen Abschnitt betretenen Themenbereiche wieder auf:
- Veränderungen der Kommunikationsbedingungen durch demographischen Wandel;
- Wandel im pragmatischen Kontext allgemeiner Lebensführung;
- Umbrüche in den allgemeinen Lebensbedingungen;
- Veränderungen im religiösen Bezugsrahmen.

3.1 *Demographie:* Christian Schwägerl nennt in einem Überblick zur demographischen Situation in Deutschland drei „demographische Großtrends": *Die Abnahme der Kinderzahl, das Ansteigen der Lebenserwartung und die Zunahme von Menschen aus anderen Ländern und Kulturen* (SCHWÄGERL 21–27).

1964, auf dem Höhepunkt des sog. Babybooms, kamen in Deutschland 1.357.304 Babys zur Welt; 45 Jahre später, 2009, waren es weniger als die

---

[51] A.a.O. 143.

Hälfte, nämlich 665.126.[52] Seit 1972 übertrifft die Zahl der Gestorbenen die der Geburten. Im Übergang von 1971 zu 1972 wurde auch die prozentual stärkste *Reduktion der Geburten* von 11 % gemessen.

Jahr	Zahl der Lebendgeborenen im Fünfjahres-Abstand
1949	1.049.385
1954	1.109.743
1959	1.243.922
1964	1.357.304
1969	1.142.366
1974	805.500
1979	817.217
1984	812.292
1989	880.459
1994	769.603
1999	770.744
2004	705.622
2009	665.126
2014	714.966

Diese Entwicklung hat statistisch erfassbare Ursachen: das Ansteigen des Alters der Frauen bei der ersten Geburt;[53] der Rückgang der Geburten von dritten und weiteren Kindern; die Zunahme der Frauen, die keine Mütter werden.[54]

Unterschiedliches steht im Hintergrund: das Vorhandensein zuverlässiger Formen der Empfängnisverhütung; die Attraktivität eines Lebensstils – Stichwort: Erlebnisgesellschaft –, der erhebliche materielle Ressourcen voraussetzt; die Verminderung des Einkommens durch Kinder auf Grund reduzierter Erwerbsmöglichkeiten und damit erhöhtes Armutsrisiko; die Fragilität der Paarbeziehungen, wie sie in hohen Scheidungsziffern zum Ausdruck kommt; die Verbreitung kinderloser Lebensmodelle in der massenmedialen Kommunikation.[55] Umfragen – in allen europäischen Ländern – ergeben eine „Lücke zwischen der gewünschten und der realisierten Kinderzahl":

---

52 Alle statistischen Angaben in diesem Abschnitt entstammen, wenn nicht ausdrücklich anders genannt, den Tabellen des Statistischen Bundesamtes und sind über dessen Homepage bzw. dessen Statistische Jahrbücher unschwer nachzuvollziehen. Die dort angegebenen absoluten Zahlen habe ich teilweise wegen der besseren Anschaulichkeit auf Prozentwerte (mit der üblichen Rundung) umgerechnet.

53 2013 waren – nach Statistischem Bundesamt – die Mütter bei der Geburt durchschnittlich 30,8 Jahre alt.

54 Gegenwärtig sind 13 % der 50- bis 75-jährigen Frauen kinderlos (BUNDESMINISTERIUM 18). Dabei bestehen positive Korrelationen zwischen Kinderlosigkeit und Höhe des Bildungsgrades der Frauen sowie ihrer Armut (fast die Hälfte der Frauen mit geringem Haushaltsnettoeinkommen hat kein Kind, a. a. O. 19).

55 S. die interessante Beobachtung von FRANK SCHIRRMACHER, Minimum. Vom Vergehen und Neuentstehen unserer Gemeinschaft, München ²2006, 96–98.

„In Deutschland sagt über die Hälfte der jüngeren Kinderlosen (unter 45 Jahren), sie hätten gerne Kinder gehabt; nur jeder fünfte Kinderlose wollte definitiv keine Kinder haben. Auch 21 Prozent der Mütter und 12 Prozent der Väter hätten gerne weitere Kinder bekommen; besonders hoch ist der Anteil bei Eltern, die nur ein Kind haben." (BUNDESMINISTERIUM 35)

Die geringen Geburtenzahlen – 2013 betrug die sog. Geburtenziffer, die die durchschnittliche Kinderzahl pro Frau angibt: 1,41 – bestehen so lange, dass sich der Abwärts-Trend selbst stabilisiert. Die Zahl der gebärfähigen Frauen hat sich inzwischen erheblich reduziert. Mittlerweile macht sich diese Tendenz im schulischen Bereich bemerkbar; Schulen werden geschlossen, mancherorts ist die gewohnte Schultypen-Differenzierung nicht mehr aufrecht zu erhalten. Auch ist in Ansätzen der Arbeitsmarkt erreicht, zur Zeit vor allem in Form der Entlastung der Arbeitslosen-Statistik, zunehmend aber als Mangel an Arbeitskräften.

Entsprechend dieser Tendenz *begegnen im Alltag seltener Kinder*. Die in den letzten Jahren forcierte Unterbringung von Kindern im Vorschulalter in Krippen, Horten o. ä. verstärkt diese Entwicklung. Angesichts der Bedeutung, die Kindern in der Bibel zugemessen wird (s. z. B. Ps 8,3, 127,3; Mt 18,3; Mk 10,14 f.), ist dies für die Kommunikation des Evangeliums ein bedeutsamer Vorgang. Ein von den biblischen Autoren selbstverständlich vorausgesetzter Sachverhalt, die Anwesenheit von Kindern im Alltag, wird seltener.

Zugleich steigt die *Lebenserwartung der Menschen* in Deutschland. Einen Eindruck davon vermitteln die – in einem komplizierten mathematischen Verfahren errechneten und extrapolierten – Angaben zu den Lebenserwartungen der im jeweiligen Jahr Geborenen:[56]

Veränderung der Lebenserwartung zwischen 1875 und 2013

Jahrgang	Jungen	Mädchen
1875	35,6	38,5
1905	44,8	48,3
1933	59,9	62,8
1950	64,6	68,5
1971	67,4	73,8
1992	72,8	79,0
2013	78,0	82,7

Demnach vollzog sich in den letzten einhundert Jahren eine für das Lebensgefühl tiefgreifende Veränderung. Sterben und hohes Alter scheinen selbstverständlich zusammenzugehören. Früher dagegen war im Bewusstsein der Menschen jede Altersstufe dem Tod gleich nah. Die Umkehrforderung Jesu

---

56 STATISTISCHES BUNDESAMT (Hg.), Generationen-Sterbetafeln für Deutschland. Modellrechnungen für die Geburtsjahrgänge 1871–2004, Wiesbaden 2006, 15; in dieser Publikation finden sich auch die dabei vorausgesetzten Kalküle und Methoden. Die Daten wurden durch die Angaben des Statistischen Bundesamtes ergänzt.

klang in einem solchen Kontext ganz anders als heute. Dazu ergibt die höhere Lebenserwartung in Verbindung mit dem gerade genannten Trend der geringen Kinderzahl, dass der Anteil der Älteren an der Bevölkerung spürbar wächst und noch stärker zunehmen wird. Damit sind u. a. erhebliche diakonische Herausforderungen verbunden. Nach Modellrechnungen des Statistischen Bundesamtes wird bis 2030 die Zahl der Pflegebedürftigen um etwa 58 % ansteigen, konkret von heute 2,1 Millionen auf dann 3,4 Millionen (SCHWÄGERL 25). Besondere Probleme sind bei Personen zu erwarten, die keine Kinder haben:

> „In der Regel konzentriert sich die Debatte um die Versorgung der nachrückenden Generationen Älterer auf die pflegerische und hauswirtschaftliche Unterstützung. Weniger diskutiert wird, wer zukünftig die älteren Personen ohne Familie in schwierigen Lebenssituationen auffangen wird. Dabei ist diese Frage sehr wichtig, da hauswirtschaftliche und pflegerische Hilfe eher über Dienstleister zu ersetzen sind als der emotionale Beistand in aktuellen Krisensituationen."[57]

Schließlich nimmt die Zahl der Menschen mit sog. *Migrationshintergrund* zu. Die Zuwanderung von Arbeitsmigrant/innen, Spätaussiedler/innen und Asylbewerber/innen bescherte der Bundesrepublik „zwischen 1950 und 2000 (in relativer Größenordnung) die weltweit höchsten Zuwanderungsraten".[58] Etwa jeder fünfte in Deutschland lebende Mensch ist mittlerweile nicht in diesem Land geboren. Noch stärker ist diese Tendenz bei Kindern ausgeprägt. Jedes dritte Kind unter fünf Jahren stammt heute aus einer Zuwandererfamilie, wobei erhebliche regionale Unterschiede bestehen. Angesichts der eben skizzierten demographischen Situation ist weitere Zuwanderung erforderlich, um ökonomische und soziale Verwerfungen zu vermeiden. Nachdem Deutschland zwischen 1950 und 2003 ein positives Wanderungssaldo von 8,3 Millionen Menschen verzeichnete, scheint dieser Trend gegenwärtig gebremst. Vielmehr überwog in den letzten Jahren vor der Flüchtlingswelle der Weg- den Zuzug.[59] Ein genauerer Blick auf die Herkunft der Zuwanderer zeigt für 2013 eine erhebliche Vielfalt:[60]

> 79,3 % aller Zugewanderten stammen aus Europa (einschließlich Türkei und Russische Föderation). Die bedeutendsten Herkunftsländer der eingebürgerten oder ausländischen Zuwanderer sind:

---

57 BUNDESMINISTERIUM FÜR FAMILIE, SENIOREN, FRAUEN UND JUGEND (Hg.), Altern im Wandel. Zentrale Ergebnisse des Deutschen Alterssurveys (DEAS), Berlin 2010, 38.
58 HANS-ULRICH WEHLER, Deutsche Gesellschaftsgeschichte 5. Bd. Bundesrepublik und DDR 1949–1990, München 2008, 34.
59 MICHAEL BOMMES, Migration und gesellschaftliche Integration, in: BERTELSMANN STIFTUNG/ BUNDESPRÄSIDIALAMT (Hg.), Familie. Bildung, Vielfalt. Den demographischen Wandel gestalten, Gütersloh 2009, 227–249, 227 f.
60 Die Daten entstammen dem Statistischen Jahrbuch 2014 und beziehen sich auf den 31.12.2013. Es wurden alle Länder aufgenommen, aus denen mindestens 2,6 % der ausländischen Bevölkerung stammen. Für Afrika und Asien wurden die kleineren Fallgruppen zusammengefasst.

Land	Anteil	Durchschnitts-alter	Durchschnitts-aufenthaltsdauer
Türkei	20,3 %	41,4	26,5
Polen	8,0 %	37,4	8,9
Italien	7,2 %	43,3	28,1
Griechenland	4,1 %	43,5	25,6
Kroatien	3,2 %	47,2	29,2
Russische Föderation	2,8 %	38,3	9,6
Aus dem außereuropäischen Ausland stammen:			
Asien	12,5 %	34,1	10,2
Afrika	4,2 %	33,9	11,2

Die hohe bisherige Verweildauer macht deutlich, dass es sich mehrheitlich um dauerhafte Umsiedelungen handelt. Etwa die Hälfte der Zugewanderten erwarb mittlerweile die deutsche Staatsangehörigkeit. Mit den Zuwanderern kamen bis dahin unbekannte Frömmigkeitspraxen, etwa der Brüdergemeinden aus dem russischen Gebiet oder des polnischen Katholizismus, und Glaubensformen wie der Islam in verschiedenen Ausprägungen nach Deutschland. Die Kommunikation des Evangeliums vollzieht sich dadurch in einem *Kontext religiöser und weltanschaulicher Pluralität*.

3.2 Lebensführung: In der Lebensführung der Menschen sind spätestens seit Beginn des 19. Jahrhunderts vielfältige Veränderungen zu beobachten. Im Folgenden skizziere ich exemplarisch Wandlungsprozesse hinsichtlich der Sozialformen, der Bildungspartizipation und der Arbeitsformen, die sich in den letzten fünfzig Jahren vollziehen und den Kontext jeder Kommunikation verändern.

Zum einen ist *bei den persönlichen Lebensformen eine Pluralisierung unübersehbar*. Zwar herrscht der Familienstand „verheiratet" vor, doch ist er nicht mehr selbstverständlich. 2012 teilten sich die Privathaushalte in folgende Lebensformen auf:

Ledig	29,3 %
Verheiratet (zusammenlebend)	43,5 %
Verheiratet (getrennt lebend)	3,5 %
Geschieden	11,5 %
verwitwet	12,2 %

Hinter diesen Zahlen verbergen sich – abgesehen von den vielfältigen Spielarten des Living-Apart-Together (s. 3.3) – erhebliche Verschiebungen. Vor allem nahm die Zahl der nichtehelichen Lebensgemeinschaften zu, und zwar sowohl die ohne als auch die mit Kindern. Während auf dem Gebiet der (früheren) Bundesrepublik 1972 erst 137.000 nichteheliche Lebensgemeinschaften gezählt wurden, von denen 18,4 % mit Kindern lebten, stieg deren Zahl bis zum Jahr 2000 auf fast 1,6 Millionen, von denen 23,3 % mit

Kindern lebten.⁶¹ Dementsprechend waren 1991 erst 15% der Geburten unehelich; 2008 war ihr Anteil bereits auf 32% gestiegen (BUNDESMINISTERIUM 17). Es handelt sich also um dynamische Entwicklungen. Insgesamt wachsen (2008) etwa 76% aller ledigen Kinder bei ihren miteinander verheirateten Eltern auf (a. a. O. 22). Dazu tritt das Institut der Eingetragenen Lebenspartnerschaft. Es ist aber auf Grund der geringen Inanspruchnahme – die Gesamtzahl entsprechender Paare liegt weit unter einem Prozent der Ehen – eher eine grundsätzliche Option als ein statistisch relevanter Lebensmodus.

Zum anderen sind deutliche Trends zu erkennen. Vor allem nehmen die Größe der Haushalte ab und die Zahl der Einpersonen-Haushalte zu. Während 1991 deutschlandweit 33,6% der Haushalte Einpersonenhaushalte waren, betrug deren Anteil 2012 bereits 40,5% an der Gesamtheit der Haushalte. Besonders in Großstädten lebt die Mehrheit mittlerweile so, in Berlin z. B. 54,4%. Dieser Trend zur *Verkleinerung der Sozialformen* fällt auch bei einer Analyse der Familien mit Kindern auf. 1996 hatten 40% aller Familien (mit Kindern unter 18 Jahren) lediglich ein Kind, 2012 waren dies 53,5% usw.

Allerdings darf diese Entwicklung nicht absolut gesetzt werden. In der Familienforschung wird seit einiger Zeit das lange vorherrschende Konzept der Beschränkung von Familie auf den Haushalt durch das Konzept der „multilokalen Mehrgenerationenfamilie" (s. § 16 4.1) ersetzt. Das trägt zum einen der demographischen Veränderung Rechnung. Durch die durchschnittlich längere Lebenszeit wird die Großelternschaft und zunehmend die Urgroßelternschaft zur Regel.⁶² Von den unter 30-Jährigen haben nur 5% ihre Großeltern nicht kennen gelernt (BUNDESMINISTERIUM 40); umgekehrt haben etwa 70% der 17- bis 29-Jährigen mindestens noch einen Großelternteil (a. a. O. 27). Zum anderen bestehen in der Regel enge, wenn auch Wandlungen unterliegende Kontakte zwischen Eltern und ihren erwachsenen Kindern. Sie äußern sich in handfesten Dienstleistungen (etwa Betreuung der Enkel vor allem durch Großmütter) und finanziellen Hilfen.⁶³ So resümiert der Familienreport 2010: „Die Bedeutung der Großeltern für die Familie steigt mithin tendenziell an, die Beziehungen und der Austausch über die

---

61 HERIBERT ENGSTLER/SONJA MENNING, Die Familie im Spiegel der Statistik. Lebensformen, Familienstrukturen, wirtschaftliche Situation der Familien und familiendemographische Entwicklung in Deutschland, hg. vom BUNDESMINISTERIUM FÜR FAMILIE, SENIOREN, FRAUEN UND JUGEND, Berlin 2003, 222.
62 Erst seit den sechziger Jahren des 20. Jahrhunderts steigt der Anteil der Großeltern, die über Jahre hinweg ihre Enkel erleben, auf über 50% (WOLFGANG LAUTERBACH, Die multilokale Mehrgenerationenfamilie. Zum Wandel der Familienstruktur in der zweiten Lebenshälfte [Familie und Gesellschaft 13], Würzburg 2004, 226).
63 S. genauer BUNDESMINISTERIUM FÜR FAMILIE, SENIOREN, FRAUEN UND JUGEND (Hg.), Altern im Wandel. Zentrale Ergebnisse des Deutschen Alterssurveys (DEAS), Berlin 2010, 46–49.

Generationen hinweg sind bedeutsam." (a. a. O. 40) Tatsächlich räumen die Älteren ihren Aufgaben als Großeltern erste Priorität ein.[64]

Insgesamt bilden sich in unterschiedlicher Weise neue Sozialformen, während andere transformiert werden. Auf jeden Fall scheint die *Flexibilität* zuzunehmen. Nur noch die Beziehungen von Eltern zu ihren Kindern sind durch lebenslange Intensität geprägt, Paarbeziehungen dagegen eher Veränderungen unterworfen. Zugleich nimmt die Zahl der Menschen zu, die keine Eltern werden, denen also die traditionellen Generationenbeziehungen in die Zukunft hinein fehlen. Für die Kommunikation des Evangeliums spielt dies schon dadurch eine Rolle, dass *in der Bibel die familialen Beziehungen oft zur Erklärung des Verhältnisses von Gott zu den Menschen herangezogen werden.*[65]

Auch im Bereich der *Bildung* sind Veränderungen zu konstatieren (s. § 4 1.2). Grundsätzlich nimmt seit den sechziger Jahren des 20. Jahrhunderts die Höhe der Bildungsabschlüsse zu. 2008 hatten z. B. bei den 60- bis unter 65-Jährigen 19 % die Hochschulreife und 52 % einen Hauptschulabschluss, bei den 30- bis unter 35-Jährigen war dies fast umgekehrt: 39 % hatten die Hochschulreife und lediglich 24 % den Hauptschulabschluss (ARBEITSGRUPPE BILDUNGSBERICHTERSTATTUNG 37). Würde noch die Tatsache berücksichtigt, dass vor allem Jugendliche mit Migrationshintergrund ihre Schullaufbahn früh beenden, ergäbe sich ein noch deutlicherer Befund für die Menschen mit muttersprachlich deutschen Eltern. Entsprechend der bildungstheoretischen Ausrichtung deutscher Schulen auf Mündigkeit und selbstständige Urteilsbildung fördert das Anwachsen formal höherer Bildung die *Tendenz zu kritischer Nachfrage und zur Individualisierung* – zwei für die Kommunikation des Evangeliums wichtige Entwicklungen.

Heute besuchen fast alle Jugendlichen noch mit Beginn der Volljährigkeit eine Schule. Da zudem die Stundentafeln umfangreicher wurden und die Heranwachsenden am Tag länger in der Schule verweilen, was der Trend zu Ganztagsschulen steigert, kann man tatsächlich von einer *Schulkindheit* sprechen. Diese Entwicklung korrespondiert mit der wachsenden doppelten Erwerbsneigung der Eltern sowie der Zunahme Alleinerziehender. Andere Betätigungen der Heranwachsenden, wie z. B. in Kirchengemeinden, geraten dadurch aus terminlichen Gründen unter Druck. Ein besonderes Problem stellen gegenwärtig *Jugendliche mit Migrationshintergrund* dar. 31 % von ihnen verfügen in der Altersgruppe der 20- bis unter 30-Jährigen, in der üblicherweise die Ausbildung abgeschlossen ist bzw. wird, über keinen Ausbildungsabschluss und nehmen an keinen Bildungsmaßnahmen teil. Beson-

---

64 PETRA-ANGELA AHRENS, Uns geht's gut. Generation 60plus: Religiosität und kirchliche Bindung (Protestantische Impulse für Gesellschaft und Kirche 11), Münster 2011, 55.
65 S. MICHAEL DOMSGEN, Familie und Religion. Grundlagen einer religionspädagogischen Theorie der Familie (APrTh 26), Leipzig 2004, 266–269.

ders krass ist dieses Defizit mit 47,5 % bei türkischen Frauen und mit 41,3 % bei türkischen Männern ausgeprägt (a. a. O. 38).

Zwar kann keine direkte Verbindung zu der anderen religiösen Prägung der meisten aus der Türkei Stammenden und jetzt in Deutschland Lebenden hergestellt werden. Dass aber hinsichtlich der Benachteiligung der sonst eher leistungsstärkeren jungen Frauen gewisse Zusammenhänge bestehen, liegt nahe. Damit soll keinesfalls der Islam pauschal, aber doch eine unter türkischen bzw. aus der Türkei stammenden Muslimen verbreitete Abwertung der Frauen kritisch benannt werden.

3.3 *Arbeitsformen:* Auch die Formen der Erwerbsarbeit verändern sich in den letzten Jahrzehnten in Deutschland. Vorweg ist das starke Anwachsen der Zahl der Erwerbstätigen insgesamt hervorzuheben. Während 1950 in Deutschland (Bundesrepublik) erst knapp 20 Millionen Menschen erwerbstätig waren, beträgt deren Zahl (gesamtdeutsch) 2010 gut 40 Millionen. Folgende vier statistische Tendenzen markieren damit verbundene Transformationen, die von Bedeutung für Kommunikation sind: *Veränderung der Berufsfelder; Zunahme der Erwerbsarbeit durch Frauen; Zunahme sog. atypischer Beschäftigungsverhältnisse; wachsende berufliche Mobilität.* Seit der Nachkriegszeit vollzog sich ein grundlegender *Wandel in den Berufsfeldern:*

Erwerbstätige nach Wirtschaftssektoren (% der Gesamtbeschäftigten)

Jahr	Primärer Sektor Land-, Forstwirtschaft, Fischerei	Sekundärer Sektor Produzierendes Gewerbe	Tertiärer Sektor Dienstleistungen
1950	24,6	42,9	32,5
1955	18,5	47,1	34,4
1960	13,7	47,9	38,3
1965	10,7	49,2	40,1
1970	8,4	46,5	45,1
1975	6,6	42,4	51,0
1980	5,1	41,1	53,8
1985	4,4	38,1	57,5
1990	3,5	36,6	59,9
1995	2,9	32,6	64,6
2000	2,4	28,9	68,7
2005	2,2	25,9	71,9
2010	2,1	24,4	73,9

Während 1950 also noch etwa ein Viertel der Beschäftigten im Bereich der Landwirtschaft (im weiteren Sinn) tätig war, ist dieser Anteil mittlerweile auf 2 % geschrumpft. Die Zahl der Produzierenden hat sich fast halbiert. Dagegen stieg der Anteil der im Dienstleistungsbereich Tätigen von einem knappen Drittel auf fast drei Viertel der Erwerbstätigen an. Für die Kommunikation des Evangeliums hat dies direkte Konsequenzen. Denn *die Bibel wurde in einer agrarisch bestimmten Kultur verfasst.* Die meisten ihrer Bilder und Beispiele beziehen sich auf die Bereiche der Landwirtschaft und Fischerei bzw. setzen dadurch geprägte Lebensweisen voraus. Die damit gegebene Evidenz von „Schöpfung" fehlt heute.

Ein kultureller Wandel spiegelt sich ebenfalls in der *Zunahme der weiblichen Erwerbstätigkeit*. Zum 1. Juli 1977 hob die Reform des Ehe- und Familienrechts die bis dahin bestehende primäre Verpflichtung der Frauen zur Haushaltsführung auf, wozu u. a. die Zustimmung des Ehemanns zur Erwerbstätigkeit der Frau gehörte. Bis dahin galt die sog. Hausfrauenehe als Ideal, obgleich es meist nur in ökonomisch besser gestellten Familien verwirklicht wurde. Während 1996 erst 56 % der Frauen (im Alter von 15 bis unter 65 Jahren) erwerbstätig waren, betrug dieser Prozentsatz 2008 bereits 62 %, mit ansteigender Tendenz; bei den Männern verlief die Zunahme von 73 % zu 75 % geringer (AUTORENGRUPPE BILDUNGSBERICHTERSTATTUNG 25). Die alten Verhältnisse spiegeln sich noch immer, obwohl in der Ausprägung schwächer werdend, in der Korrelation zwischen dem Alter des jüngsten Kindes der Frauen und der Erwerbshäufigkeit wider (s. ebd.). Der Ausbau der Kinderbetreuungsmöglichkeiten auch in den alten Bundesländern lässt erwarten, dass verstärkt junge Mütter erwerbstätig sein werden. Weiter ist bei Frauen ein positiver Zusammenhang zwischen Höhe der Bildung und Erwerbsneigung zu beobachten (s. a. a. O.26).[66]

Beide Tendenzen lassen erhebliche Veränderungen im Bereich der frühkindlichen Sozialisation erwarten. Die Bedeutung der außerfamiliären Erziehung schon bei kleinen Kindern nimmt zu. 2009 wurden etwa 20 % der Kinder unter drei Jahren in einer Kindertageseinrichtung bzw. einer öffentlich geförderten Kindertagespflege betreut (in Ostdeutschland 46 %), wobei die durchschnittliche tägliche Verweildauer über sieben Stunden betrug (BUNDESMINISTERIUM 28 bzw. 30). Die traditionelle Zuweisung der religiösen Früherziehung an die Familie muss von daher überdacht werden.

Ein dritter Trend ist die Zunahme von sog. *atypischen Beschäftigungsverhältnissen*. Mittlerweile sind mehr als ein Drittel aller Beschäftigungen in Deutschland entweder befristet, nur auf eine Teilzeitarbeit bezogen, geringfügig im Umfang oder in Form von Leiharbeit gestaltet. Empirisch ergaben Untersuchungen, dass die Bezeichnung solcher Arbeitsformen als prekär jedenfalls teilweise berechtigt ist.[67]

Benachteiligungen herrschen gegenüber Vollbeschäftigungen auf Dauer im Bereich der Entlohnung. Dazu sind Beschäftigungsverhältnisse mit Befristung und als Leiharbeitnehmer weniger stabil. Hinsichtlich betrieblicher Weiterqualifizierung bestehen Nachteile auch bei Teilzeit-Beschäftigungen.

---

66 So erklärt sich ein Teil der gegenüber Männern immer noch geringeren Erwerbstätigkeit von Frauen durch die durchschnittlich formal weniger gebildeten Frauen mit Migrationshintergrund (s. BILDUNGSMINISTERIUM 38).
67 S. zu den zwischen 1989 und 2007 gewonnenen Ergebnissen im Einzelnen: WOLFGANG BREHMER/HARTMUT SEIFERT, Sind atypische Beschäftigungsverhältnisse prekär? Eine empirische Analyse sozialer Risiken, in: Zeitschrift für Arbeitsmarktforschung 41 (2008), 501–531.

Mit dieser Entwicklung ist eine Destabilisierung von Lebensentwürfen verbunden.

Schließlich nimmt der *Abstand zwischen Wohnort und Arbeitsplatz* zu. Nach einer Zusatzumfrage zum Mikrozensus durch das Statistisches Bundesamt ergibt sich folgender Befund: Während 1996 noch 52,3 % der Beschäftigten unter 10 Kilometer zum Arbeitsplatz (einfache Strecke) zurücklegte, reduzierte sich diese Zahl bis 2008 auf 45,8 %. Umgekehrt stieg der Anteil derer, die mehr als 25 Kilometer zu fahren haben, in diesem Zeitraum von 13,1 % auf 26,2 %; der Anteil derer, die zwischen 10 und 25 Kilometer unterwegs sind, blieb bei 28,1 % konstant. Demnach ist die Mehrheit der Beschäftigten mittlerweile in einem Radius unterwegs, der auf jeden Fall jenseits der traditionellen Grenzen von Kirchengemeinden und teilweise sogar von Kirchenkreisen (Dekanaten) liegt. Dazu treten neue Lebensformen, die sich großenteils der statistischen Erfassung entziehen,[68] aber in der meist berufsbedingten Multilokalität von Paaren eine Gemeinsamkeit haben. Die Vielfalt der Begriffe, die sich in der US-amerikanischen Forschung hierfür ausgebildet haben, weist auf die Komplexität dieses Phänomens hin:

> „married commuters, long distance weekly commuters, living apart together, dual-career commuting couples, commuter couples, two-location marriage/family, long-distance marriage, dual-career-shuttles, dual-residence-living, long distance LAT (sc. Living Apart Together, C. G.) relationship, married singles, dual dwelling duos, weekend-couples."[69]

3.4 *Religionsstatistik:* Abgesehen von den in § 8 3. dargestellten konzeptionellen Problemen des Religionsbegriffs wird dieser in den Statistiken für organisierte Gemeinschaften verwendet. Zwei in Spannung zueinander stehende Trends sind zu beobachten:

Auf der einen Seite sind *die beiden großen christlichen Kirchen in Deutschland unangefochten die dominanten Organisationen.* In Westdeutschland ist etwa drei Viertel der Bevölkerung in ihnen Mitglied – in Ostdeutschland etwa ein Fünftel. Auch institutionell haben sie als Körperschaften des öffentlichen Rechts (s. § 18 3.1) großen Einfluss: Sie sind inhaltlich für den schulischen Religionsunterricht verantwortlich, müssen bei Berufungen von Theologieprofessor/innen ihr Einverständnis geben, haben Sitze in den öffentlich-rechtlichen Medienanstalten, verfügen über ein Kirchensteuereinkommen (2013) von 5,5 Milliarden (katholisch) bzw. 4,8 Milliarden (evangelisch) Euro usw. Ein genauerer Blick aber zeigt einen seit etwa vierzig Jahren anhaltenden Rückgang der Kirchenmitglieder an der Gesamtbevölkerung. Er setzt sich aus

---

68 S. anhand von Beispielen DARJA REUSCHKE, Multilokales Wohnen. Raum-zeitliche Muster multilokaler Wohnarrangements von Shuttles und Personen in einer Fernbeziehung, Wiesbaden 2010, 18 f.
69 A. a. O. 23 Anm. 11.

den Kirchenaustritten, der Überalterung der Kirchenmitglieder[70] und dem Zuzug andersreligiöser Menschen sowie der politischen Vereinigung mit der mehrheitlich religionslosen DDR-Bevölkerung zusammen.[71]

Bevölkerung nach Religionszugehörigkeit (in %)

Früheres Bundesgebiet

Jahr	Bevölkerung insgesamt	Evangelische Kirche	Katholische Kirche	Sonstige
1910	33.269.000	51,4	46,9	1,6
1939	40.248.000	48,6	46,4	5,0
1950	50.799.000	51,5	44,3	4,1
1961	56.175.000	51,1	44,1	4,7
1970	60.650.000	49,0	44,6	6,4
1975	61.645.000	44,1	43,8	12,1
1980	61.658.000	42,3	43,3	14,3
1985	61.020.000	41,1	43,1	15,7
1989	62.679.000	40,1	42,7	17,2

Deutschland

1990	79.753.000	36,9	35,4	27,7
1995	81.817.000	34,1	33,9	32,0
2000	82.260.000	32,4	32,6	35,0
2005	82.438.000	30,8	31,4	37,8
2010	81.752.000	29,2	30,2	40,6
2013	80.767.000	28,5	29,9	41,6

Gehörten 1950 noch 96 % aller in Deutschland Lebenden zu einer der beiden großen Kirchen, sank dieser Anteil bis 2013 auf unter 60 %.

Karl Gabriel rekonstruiert für die Entwicklung der Kirchen (in Westdeutschland) vier Phasen (GABRIEL 99–102):

– Von 1949 bis Mitte der sechziger Jahre „eine für die Geschichte in Deutschland einmalige Stellung" und fast vollständige Kirchenmitgliedschaft der Bevölkerung;
– von 1965 bis 1975 einen „tiefgreifenden Umbruch", etwa in Form erhöhter Kirchenaustritte und nachlassender Teilnahme am sonntäglichen Gottesdienst;
– ab den achtziger Jahren eine gewisse Stabilisierung vor allem hinsichtlich volkskirchlicher Strukturen, etwa in Form der Teilnahme an Taufen, Trauungen und Bestattungen;
– in den Jahren nach der Wiedervereinigung eine hohe Austrittswelle, zugleich ein Ansteigen von Wiedereintritten, wobei insgesamt eine Lockerung der Bindung an die Kirchen und ein Rückgang der Zustimmung zu ihren Lehren unübersehbar sind.

---

70 2013 standen in den EKD-Kirchen 183.159 Taufen 287.667 Bestattungen gegenüber, in der römisch-katholischen Kirche 164.664 Taufen 252.344 Bestattungen.
71 Eine genauere Analyse dieser Faktoren findet sich für den Zeitraum zwischen 1991 und 2008 bei JOACHIM EICKEN/ANSGAR SCHMITZ-VELTIN, Die Entwicklung der Kirchenmitglieder in Deutschland. Statistische Anmerkungen zu Umfang und Ursachen des Mitgliederrückgangs in den beiden christlichen Volkskirchen, in: Wirtschaft und Statistik 2010 H. 6, 576–589.

Auf der anderen Seite nimmt die *Zahl religiöser Organisationen* zu. So listet z. B. 2015 der Religionswissenschaftliche Medien- und Informationsdienst, Marburg, unter dem Stichwort „Religionen in Deutschland: Mitgliederzahlen" knapp 140 Gemeinschaften auf.[72] Neben den bekannten Freikirchen und Sondergemeinschaften sowie vielfältigen national gebundenen Glaubensgemeinschaften begegnen unterschiedliche islamische, buddhistische, hinduistische und esoterische Gruppen. Dabei ist zu betonen, dass die teilweise recht geringen Mitgliederzahlen[73] nicht unbedingt deren Einfluss auf die allgemeinen Kommunikationsbedingungen widerspiegeln. Ein Blick auf die Auflagenzahlen einschlägiger Bücher und in die Informationsspalten von Szene-Journalen in Großstädten zeigt die weite Verbreitung entsprechenden Gedankengutes bzw. das allgemeine Interesse hieran. Genauere empirische Untersuchungen zu den Einstellungen der Kirchenmitglieder ergeben u. a.:

„Für Westdeutschland – so lässt sich resümieren – ist ein stark durch die großen Kirchen geprägter, asymmetrischer religiöser Pluralismus charakteristisch. ... Wie die Ergebnisse des Religionsmonitors andeuten, spielt sich ein großer Teil des religiösen Pluralismus unter dem Dach der großen Kirchen ab. So reicht das dem Christentum eher ferne pantheistische Religiositätsmuster offenbar bis weit in die Reihen der Kirchenmitglieder hinein." (GABRIEL 121)

In Ostdeutschland sind nach wie vor die Verhältnisse anders. Die Kirchen sind hier in einer deutlichen Minderheitsposition, nichtchristliche Religionsgemeinschaften fehlen weitgehend, u. a. wegen des geringen Ausländeranteils. Es dominiert eine „religiöse Indifferenz".[74] Allerdings gibt es erste Anzeichen, dass sich jüngere Menschen für religiöse Fragen öffnen.[75]

Auf jeden Fall hat die in Deutschland bis in die siebziger Jahre des 20. Jahrhunderts hinein übliche Gleichsetzung von „Religion" mit Kirche(n) ihre Selbstverständlichkeit verloren. Im Westen der Republik ist die religiöse Pluralisierung innerhalb und außerhalb der Kirchen unübersehbar, im Osten fristet „Religion" eine Nischenexistenz.

3.5 *Ergebnis:* Die ausgewerteten Statistiken weisen auf Veränderungen der Lebensverhältnisse in Deutschland hin. Der *Abschied von einer an vorgegebenen Rollenmustern orientierten Normalbiographie* begegnet in unterschiedlichen Lebensbereichen. Doch ragen Traditionsbestände, auch hinsichtlich der

---

72 Abruf: 21.07.2015 von www.remid.de/remid_info_zahlen.htm.
73 Da statistische Zahlen über einen längeren Zeitraum nur für die christlichen Kirchen und die jüdischen Gemeinden vorliegen und die Differenz zwischen Mitgliedern und Anhängern bei den verschiedenen Gemeinschaften sehr unterschiedlich erfasst wird, sind genauere Zahlenangaben nicht valide.
74 S. MATTHIAS PETZOLDT, Zur religiösen Lage im Osten Deutschlands, in: BERTELSMANN STIFTUNG (Hg.), Woran glaubt die Welt? Analysen und Kommentare zum Religionsmonitor 2008, Gütersloh 2009, 125–150, 135–140.
75 S. genauer MONIKA WOHLRAB-SAHR/UTA KERSTEIN/THOMAS SCHMIDT-LUX, Religiöser Wandel und Generationendynamik im Osten Deutschlands, Frankfurt 2009, 225–261.

Kirchenzugehörigkeit, in die Gegenwart. Insgesamt verlieren sie aber an Bedeutung.

In mehrfacher und durchaus unterschiedlicher Weise betreffen Veränderungen den Zugang zur Kommunikation des Evangeliums: das Fehlen von Kindern im Alltag, die schulische Förderung der Kritikfähigkeit, der zurückgehende Bezug zur Schöpfung in der Arbeitswelt und der Rückgang der Kirchenmitgliedschaft.

4. Konsequenzen für die Kommunikation des Evangeliums

Die skizzierten statistischen Befunde ergeben gegenüber dem in § 10 Präsentierten einige neue Akzentuierungen. Deutlich tritt die Differenz zu Selbstverständlichkeiten in früheren Kulturen zu Tage.

Besonderes Augenmerk für die Organisation der Kommunikation des Evangeliums verdienen Umbrüche bei der Familie und in deren Umfeld.

Schließlich stellt die Vielzahl von Menschen mit Migrationshintergrund vor neue Herausforderungen.

4.1 *Transformationen früherer Selbstverständlichkeiten:* In drei Hinsichten begegnen neue Problemlagen für die Kommunikation des Evangeliums, insofern sich in der Bibel selbstverständlich Vorausgesetztes mittlerweile fundamental verändert hat. Alle drei Veränderungen vollziehen sich erst seit kurzem, höchstens seit der Mitte des 19. Jahrhunderts. Daraus resultiert die Aktualität der Aufgabe, die Kommunikation des Evangeliums inhaltlich zu transformieren:

Die seit dem Ende des 19. Jahrhunderts zu beobachtende *Verlängerung der Lebenserwartung* prägt heute das Bewusstsein der Menschen. Die Rede vom „zu frühen" Tod begegnet inzwischen in Traueranzeigen von Siebzigjährigen. Zweifellos ist der Tod eine Herausforderung, die Menschen zu grundsätzlichem Nachdenken über den Sinn ihres Lebens anregt und einen wichtigen Resonanzboden für die Kommunikation des Evangeliums darstellt. Allerdings zeigt der Seitenblick in die Probleme im Umfeld der Pest (2.3), dass es auch früher hier keine eindimensionalen Lösungen gab. Mittlerweile nähren moderne Medizin und Hinweise zu gesundheitsbewusster Lebensführung bei vielen Menschen die Vorstellung, grundsätzlich einen ins achte Lebensjahrzehnt reichenden Anspruch auf Leben zu haben. Früheres Sterben, etwa sogar von Kindern, wird schlicht als Katastrophe erlebt. Die geringere Lebenserwartung von Menschen in ärmeren Ländern bleibt dabei ausgeblendet. *Ausdrucksformen der Kommunikation des Evangeliums wie der Ruf zur Umkehr, aber auch der Dank an Gott erhalten dadurch einen anderen Kontext und sind inhaltlich neu auszulegen.*

Ähnliches gilt für die zurückgehende *agrarische Prägung* des Lebens. War bis ins 20. Jahrhundert hinein den meisten Menschen der Umgang mit Tieren vertraut und die Abhängigkeit der Nahrung vom Wetter bewusst, hat sich dies geändert. Der größte Teil der deutschen Bevölkerung lebt in Städten. Nur noch wenige Menschen sind beruflich mit Land-, Forstwirtschaft oder Fischerei befasst. Der ursprünglich Europäische Wirtschaftsgemeinschaft (EWG) genannte, in die Europäische Union überführte Zusammenschluss gewährleistet eine Versorgung der Bevölkerung mit Nahrungsmitteln, bei der kein Zusammenhang mehr mit natürlichen Lebensbedingungen erkennbar ist. Bei Ausbleiben von Regen oder bei Überschwemmung – noch in der Mitte des 19. Jahrhunderts Anlass für lebensbedrohende Hungersnöte – wird Nahrung aus anderen Gegenden der Welt importiert, mit kaum spürbaren finanziellen Aufschlägen. Berichte von Hungerwintern noch im 19. Jahrhundert machen deutlich, welche Errungenschaft diese Wirtschaftsformen darstellen – wenngleich mit den Schatten der Ausbeutung armer Länder und ökologischer Probleme. Auf jeden Fall stellt diese Veränderung einen neuen Kontext für das Verständnis biblischer Texte dar. *Das früheren Generationen gemeinsame Staunen über das Wunder der Schöpfung ist heute ebenso wenig selbstverständlich wie die Bitte um das tägliche Brot.* Der weitgehende Wegfall des bis in die Mitte des 20. Jahrhunderts verbreiteten Tischgebets[76] hat auch hierin eine Ursache. So bedarf es in dieser Hinsicht inhaltlicher Neubestimmungen der Kommunikation des Evangeliums.

4.2 *Umbrüche im Bereich Familie:* In mehrfacher Hinsicht sind im Bereich Familie Umbrüche zu beobachten: grundsätzlich die Tatsache des Optionscharakters von Familie; die Brüchigkeit der Paarbeziehungen durch Trennungen und die daraus resultierenden Veränderungen in Familie; die Abgabe von Funktionen an andere Personen bzw. Einrichtungen. Vermutlich fiel das – verspätete – Entdecken des Themas „Familie" in der Kirche, wie es in den Familiengottesdiensten Anfang der siebziger Jahre des 20. Jahrhunderts[77] zum Ausdruck kam, mit deren tiefgreifendem Wandel zusammen. In Großstädten wie Berlin lebt mittlerweile über die Hälfte der Menschen allein in einem Haushalt.

Auf jeden Fall vollzieht sich die Kommunikation des Evangeliums im Kontext pluraler Lebensstile. Die Propagierung der lebenslangen Ehe als des christlichen Lebensmodells stimmt weder historisch noch ist sie heute allgemein plausibel. Sogar die römisch-katholische Kirche scheiterte in dieser Hinsicht mit ihrer Sexualmoral – der Großteil der Katholiken negiert zumindest in Deutschland ihre diesbezügliche Doktrin. Umgekehrt ist der Bereich der persönlichen Lebensführung gerade hinsichtlich des Umgangs mit Sexualität

---

76 Zu genauen Daten s. ELISABETH NOELLE-NEUMANN/EDGAR PIEL (Hg.), Allensbacher Jahrbuch der Demoskopie 1978–1983, München 1983, 121.
77 S. CHRISTIAN GRETHLEIN, Abriß der Liturgik. Ein Studienbuch zur Gottesdienstgestaltung, Gütersloh ²1991, 157–164.

für die Menschen zentral. Kommunikation des Evangeliums kann ihn nicht ausblenden.

Eine besondere Herausforderung stellt die größer werdende Zahl von Menschen dar, die nicht in den Generationenzusammenhang für die Zukunft eintritt. Es ist offen, was diese Entwicklung angesichts der prognostizierten Zunahme von Pflegefällen genau bedeuten wird. Bisherige innerfamiliäre Leistungen werden diesen Menschen nicht zugute kommen. *Welche Bedeutung erhält so das von Luther im Großen Katechismus in doppelter Hinsicht ausgelegte Gebot der Elternliebe?* (s. BSLK 603 f.)

4.3 *Migration:* Schon bei den theoretischen Überlegungen zum Religionsbegriff (s. § 8 3.) wurde deutlich, dass die wachsende Zahl von Menschen mit Migrationshintergrund den Kontext der Kommunikation des Evangeliums grundlegend verändert:[78] In Verbindung mit der allgemeinen, massenmedial kommunizierten Globalisierung und der Mobilität der Menschen wird hier die lange Zeit in unserem Kulturkreis herrschende Gleichsetzung von Religion und Kirche(n) brüchig. Zugleich begegnet auf neue Weise die Universalität des Christentums.

Die Kirchen greifen erst ansatzweise die Frage des Umgangs mit Menschen anderer Daseins- und Wertorientierung auf. Dabei eilt die tatsächliche Entwicklung den kirchlichen Klärungen voraus. Während in ökumenischen Gesprächskreisen noch Fragen der sog. konfessionsverschiedenen Ehen traktiert werden und kirchenamtliche Dokumente sog. interreligiöse Gebete ablehnen, leben Menschen verschiedener Religionszugehörigkeit in Partnerschaften, Ehen und Familien und suchen ihre eigenen pragmatischen Wege. *Kommunikation des Evangeliums muss also mit der Partizipation von Menschen anderer Daseins- und Wertorientierung rechnen und entsprechend neu bestimmt werden.*

§ 12 Kommunikation: unter den Bedingungen medientechnischer Innovationen

Literatur: DIRK BAECKER, Studien zur nächsten Gesellschaft, Frankfurt 2007 – MATTHIAS BERNSTORF, Ernst und Leichtigkeit. Wege zu einer unterhaltsamen Kommunikation des Evangeliums (Studien zur Christlichen Publizistik 13), Erlangen 2007 – BERNHARD ENGEL/LOTHAR MAI, Mediennutzung und Lebenswelten 2010. Ergebnisse der 10. Welle der ARD/ZDF-Langzeitstudie Massenkommunikation, in: Media Perspektiven 2010, 558–571 – WILHELM GRÄB, Sinn fürs Unendliche. Religion in der Mediengesellschaft, Gütersloh 2002 – CHRISTIAN GRETHLEIN, Kommunikation des Evangeliums in der Mediengesellschaft (ThLZ.F

---

78 BENEDIKT KRANEMANN (Hg.), Liturgie und Migration. Die Bedeutung von Liturgie und Frömmigkeit bei der Intergration von Migranten im deutschsprachigen Raum (PTHe 122), Stuttgart 2012 weist auch auf die historische Dimension dieser Herausforderung hin, verbleibt aber weitgehend in einem binnenkatholischen Raum.

10), Leipzig 2003 – GÖTZ GROSSKLAUS, Medien-Zeit Medien-Raum. Zum Wandel der raumzeitlichen Wahrnehmung in der Moderne, Frankfurt 1995 – JOCHEN HÖRISCH, Der Sinn und die Sinne. Eine Geschichte der Medien, Frankfurt 2001

Systematisch hätte das Medien-Thema in den beiden vorhergehenden Paragraphen einen guten und wichtigen Ort gehabt. Die Mediennutzung ist ein wichtiger Faktor vielfältiger Formen von Kommunikation und prägt nachhaltig die Wirklichkeitssicht der Menschen. Dazu verändert sie Sozialität, indem sie bestehende Kommunikationsformen modifiziert bzw. neue initiiert. Aus mehreren Gründen behandle ich diese Thematik in einem eigenen Paragraphen:

Zum Ersten kommt den Medien hervorragende Bedeutung für die Kommunikation zu, und zwar auch für die Kommunikation des Evangeliums. Dass es sich hierbei um eine recht neue Einsicht handelt, zeigt ein Blick in die Begriffsgeschichte. Erst seit den vierziger Jahren des 20. Jahrhunderts wird ein kommunikationstheoretisch bestimmter Medienbegriff gebräuchlich:

„Wer in deutsch-, englisch- oder französischsprachigen Lexika noch der Nachkriegszeit sub voce ‚Medium/Medien' nachschlägt, wird zum Beispiel Hinweise auf die Qualität englischen Garns, auf den Modus des griechischen Verbs zwischen Aktiv und Passiv, auf die vier Elemente und spiritistisch begabte Menschen finden. Nicht aber Hinweise auf Bücher, Zeitungen, Photographie, Film und Fernsehen ..." (HÖRISCH 68, ohne Kursivsetzung im Original)

Es ist ein nicht zu unterschätzendes Problem, dass wichtige, bis in die Gegenwart wirksame Entwürfe Evangelischer Theologie vor dieser Zeit entstanden und von daher ohne kommunikationstheoretische Reflexion ihren kommunikativen Gegenstand bearbeiteten. Hier übliche Begriffe wie „Wort Gottes" oder „Verkündigung" sind kommunikationstheoretisch gesehen unterkomplex und verbergen eher Problemlagen als dass sie sie bearbeitbar machen.

Im Folgenden verwende ich einen Medienbegriff mittlerer Reichweite. Er steht zwischen einem weiten Medienverständnis im Sinne von „die Anschauungsformen von Raum und Zeit"[79] und einem engen Medienbegriff, der sich ausschließlich auf die technische Apparatur konzentriert.[80] Unter „Medien" verstehe ich *die materialen Bedingungen für die Kommunikation von Menschen"* (GRETHLEIN 10). Dies erlaubt, Apparatur und kommunikative Nutzung in ihrem Zusammenhang zu reflektieren.

Im Vordergrund der Analyse stehen die sog. elektronischen Medien. Dazu zählen Telefon, Rundfunk, Fernsehen und Computer in ihren vielfäl-

---

79 MIKE SANDBOTHE, Interaktivität – Hypertextualität – Transversalität. Eine medienphilosophische Analyse des Internet, in: STEFAN MÜNKER/ALEXANDER ROESLER (Hg.), Mythos Internet, Frankfurt 1997, 56–82, 56.
80 S. zu den Definitionsfragen im Einzelnen GÜNTER RAGER/PETRA WERNER/INKEN OESTMANN, Medien: Technische Apparate, Institutionen, Symbolsysteme, in: NORBERT GROEBEN (Hg.), Lesesozialisation in der Mediengesellschaft. Zentrale Begriffsexplikationen, Köln 1999, 57–70.

tigen Spielarten. Sie werden tertiäre Medien genannt. Im Gegensatz zu den primären Medien (Menschmedien), die ohne technische Apparatur Kommunikation initiieren, und den sekundären (Schreib- und Druckmedien), in denen nur der Produzent ein Gerät benötigt, setzen tertiäre Medien bei den Produzenten und den Empfängern technische Instrumente voraus.[81]

Es ist eine wichtige praktisch-theologische Aufgabe, die Kommunikation mit diesen tertiären Medien in ein Verhältnis zur Kommunikation mit den primären und sekundären Medien zu setzen, etwa dem Prediger/der Predigerin oder dem Buch Bibel. Denn diese bestimmten lange Zeit die Kommunikation des Evangeliums.

Ich behandle zum Zweiten die Medienthematik in einem eigenen Paragraphen, weil sie in der (Praktischen) Theologie noch nicht die Aufmerksamkeit erhält, die ihrer lebensweltlichen Bedeutung entspricht. *Bisher methodische Fragen, wie die nach dem freien Vortrag der Predigt, der Organisation der Konfirmandenzeit oder der Gestaltung der Seelsorge, werden unter der medientheoretischen Perspektive zu Fragen der Kontextualisierung der Kommunikation des Evangeliums* (s. GRETHLEIN 110) und so in ihrer Bedeutung aufgewertet. Dass dies bisher kaum wahrgenommen wird, hängt wohl nicht zuletzt mit der Tradition der praktisch-theologischen Disziplinen zusammen, die ihre Fragestellungen in der Zeit vor dem Internet entwickelten.

Schließlich hat die Medienthematik dadurch eine Besonderheit, dass auf Grund der Geschwindigkeit in der technologischen Entwicklung und der teilweise ähnlich rasanten Veränderung in der Nutzung auf *Prognosen* zurückgegriffen werden muss. Letzteres ist nicht ungefährlich. Die Mediengeschichte ist voll von Beispielen unerwarteter Entwicklungen bzw. vom Ausbleiben des Vorhergesagten. Doch legt die Durchdringung der Alltagswelt durch Computer und Internet einen solchen Versuch nahe, sollen die Reflexionen nicht von vornherein nur rückwärtsgewandt erscheinen.

Im Einzelnen gehe ich folgendermaßen vor:

Eingangs wird kurz an die anthropologischen Grundlagen erinnert. Sie lassen die große Attraktivität medialer Kommunikation verstehen.

In einem zweiten Abschnitt skizziere ich einige zentrale Transformationen von Kommunikation auf Grund medialer Veränderungen, konkret der Einführung der Schrift, des Buchdrucks sowie der Photographie und des Films.

Bei der Gegenwartsanalyse ziehen ebenfalls Innovationen die Aufmerksamkeit auf sich: Am Beginn stehen einige interessante Einsichten aus Sta-

---

81 Diese Unterscheidung findet sich bereits bei HARRY PROSS, Medienforschung, Darmstadt 1972. Seit Ende der neunziger Jahre werden noch sog. quartäre Medien (digitalisierte Medien) hinzugefügt (s. z. B. MANFRED FASSLER, Was ist Kommunikation?, München ²1997, 147). Da diese am technischen Equipment interessierte weitere Differenzierung in praktisch-theologischem Kontext nichts austrägt, nehme ich sie nicht auf.

tistiken zur Medienentwicklung. Es folgt eine grundsätzliche Besinnung auf die Veränderungen der Wirklichkeitswahrnehmung, vor allem das veränderte Zeitverständnis. In einem dritten Schritt wird die massenmediale Kommunikation fokussiert. Abschließend kommen die sich teilweise erst anbahnenden Folgen der neuen Social Media, wie z. B. Facebook oder WhatsApp Messenger, in den Blick. Hier ist in der generationenspezifischen Spannung zwischen den „digital natives" und den „digital immigrants" die prognostische Ausrichtung am stärksten.

Den Abschluss bilden Überlegungen zu den Konsequenzen für die Kommunikation des Evangeliums. Dabei ist der Hinweis Nassehis (s. § 10 3.4) auf die mit dem Fernsehen – und so kann man ergänzen: den elektronischen Medien – gegebene Tendenz zur Inkonsistenz der Daseins- und Wertorientierung in systematischer Hinsicht aufzunehmen.

1. Anthropologische Grundlagen

Der beispiellose Siegeszug von Medien, zuletzt der tertiären, ist nur zu verstehen, wenn man sich deutlich macht, dass sie elementare Wunschträume des Menschen befriedigen (s. GRETHLEIN 43–49):

- Sie helfen den Menschen die *Grenzen von Zeit und Raum zu überschreiten*. Das begann mit der Schrift und reicht bis zu den neuen interaktiven Kommunikationsformen, vom Telefonieren über die Video-Konferenz bis hin zum Chatten und Skypen. Mittlerweile ist durch die neuen Medien prinzipiell jeder Mensch von jedem anderen ständig erreichbar.
- Die Medien dienen von Anfang an der *Verbesserung der Wahrnehmung*. Durch die Schrift erhalten Menschen Kenntnis von Dingen und Sachverhalten, die ihnen nicht räumlich und zeitlich präsent sind. Das Internet steigert diese Erweiterung des Horizonts um eine noch vor wenigen Jahrzehnten unvorstellbare Gleichzeitigkeit und Anschaulichkeit.
- Schließlich dienen die Medien einem Grundbedürfnis jedes Menschen, der *Unterhaltung*. In kommunikationstheoretischer Perspektive fasst hierzu Matthias Bernstorf die Ergebnisse wichtiger Analysen zusammen:

    Es „ist festzustellen, dass Unterhaltung sprachgeschichtlich nicht nur als publizistisches Genre zu verstehen ist, sondern als rezeptionsästhetisches Phänomen, das mit vielschichtigen Gratifikationszielen in Verbindung gebracht wird, zum Beispiel mit dem Aspekt des Angenehmen, Nützlichen und Lehrreichen (Jacob und Wilhelm Grimm), mit der Funktion des seelischen und materiellen Unterhalts sowie des Amüsements (Schroeter-Wittke), mit der ins Nachdenken führenden Kommunikation über die existentiellen Fragen des Menschseins (Josuttis), mit Ablenkung und Zeitvertreib, Interaktion, Förderung der persönlichen Identität, Bildung und Information (Reinhardt und Engelhardt) und dem Aspekt des schöpferischen Spiels, das auf angenehme und vergnügliche Weise den Sinn des früheren, gegenwärtigen und zukünftigen menschlichen Daseins im Licht des Reiches Gottes reflektiert (Auer)." (BERNSTORF 48).

Dazu wurden Medien stets zur *Sicherung der materiellen Bedürfnisse* genutzt – angefangen von einer Liste mit Ölkrügen bis hin zur modernen Datenbank einer Fabrik – und so zum selbstverständlichen Bestandteil des Wirtschaftens. Der heutige Wohlstand in den reichen Ländern der Erde setzt die Computer-Technologie voraus.

Schließlich ist mediale Kommunikation grundlegend für die *Gestaltung von Transzendenzbezügen*: „Ursprünglich hatten die Medien ausnahmslos und primär kultische Funktion".[82] Denn im Kult war Nicht-sinnlich-Wahrnehmbares zur Darstellung zu bringen. Funktional gesehen ging es um die Integration der verschiedenen Lebensbereiche.

2. Historische Entwicklung

Jede Medieninnovation eröffnet neue Möglichkeiten der Kommunikation und enthält Gefährdungen. Dabei geht es nicht lediglich um technische Probleme. Vielmehr *tangieren Veränderungen in der Kommunikation zugleich das Grundgefüge von Kultur und Gesellschaft, und damit auch von Kirche.*

Dirk Baecker formuliert im Gefolge von Luhmanns Kommunikationstheorie die „Annahme, dass die Einführung jedes neuen Kommunikationsmediums in die Gesellschaft – so sie gelingt – eine Katastrophe im mathematischen Sinne, einen Attraktorzustandswechsel, auslöst, die darin besteht, dass die mit diesem Kommunikationsmedium einhergehenden kommunikativen Möglichkeiten die bisherigen Strukturen der Gesellschaft, die Muster ihrer Suche nach Anschlussereignissen, überfordern." (BAECKER 153)

Jede – rezipierte – Medieninnovation fordert Kultur und Gesellschaft heraus, die neue Fülle möglicher Kommunikationen mit den bisherigen Lebensformen kompatibel zu machen. Dies führt in der Regel zu deren Veränderung. Der gegenwärtig sich im Zuge der computergestützten Kommunikation vollziehende Wandel ist erst teilweise und dann meist nur prognostisch zu erfassen. Ein Rückblick auf zurückliegende Medien-Innovationen schärft das Sensorium für die Herausforderungen, innerhalb derer wir uns befinden und die für die Kommunikation des Evangeliums erst noch erfasst werden müssen. Frühere mediale Veränderungen wirken untergründig über nachfolgende Medienwechsel hinweg weiter. Die Herausforderungen durch Schrift, Buchdruck und Photographie sowie Film bestehen auch im Computer-Zeitalter. Schon deshalb lohnt sich ein kurzer Rückblick.

2.1 Schrift: Der kulturelle und religiöse Hintergrund, vor dem Jesus auf die anbrechende Gottesherrschaft aufmerksam machte, war durch einen *Übergang vom oral-kultischen zum skriptural-hermeneutischen Verständnis der Kommunikation mit Gott* geprägt. Noch war der Tempelkult in Betrieb, doch

---

[82] WERNER FAULSTICH, Das Medium als Kult. Von den Anfängen bis zur Spätantike (8. Jahrhundert) (Die Geschichte der Medien Bd. 1), Göttingen 1997, 295.

nicht zuletzt Jesu Kritik hieran macht auf dessen grundsätzliche Probleme aufmerksam (Mk 11,15–19 parr.). Das ökonomische Interesse hatte den ursprünglichen, auf das Gebet gerichteten Impuls des Tempels überformt. Zugleich bestand im Judentum schon länger eine auf die Schrift gerichtete Tradition. Wilhelm Gräb macht auf den Wandel des Umgangs hiermit im alten Israel aufmerksam (GRÄB 160 f.). In den Memoiren des Nehemia wird folgende Szene berichtet:

> „Und Esra tat das Buch auf vor aller Augen ...; und als er's auftat, stand alles Volk auf. Und Esra lobte den HERRN, den großen Gott. Und alles Volk antwortete: ‚Amen! Amen!' und sie hoben ihre Hände empor und neigten sich und beteten den HERRN an mit dem Antlitz zur Erde. Und die Leviten ... unterwiesen das Volk im Gesetz, und das Volk stand auf seinem Platz. Und sie legten das Buch des Gesetzes Gottes klar und verständlich aus, so daß man verstand, was gelesen worden war." (Neh 8,5–8)

Am Anfang der Szene wird das Buch noch als Kultgegenstand benutzt – und damit die besondere Möglichkeit der Schrift noch nicht kommuniziert. Dann kommt es aber zu Auslegungen. Sie zeigen die hermeneutischen Möglichkeiten der Schrift. Medientheoretisch formuliert: „Lesen und schreiben lernen heißt: von der Orientierung an Sinnen auf die Orientierung am Sinn umschalten lernen." (HÖRISCH 84) Die kulturelle Umstellung durch solchen Schriftgebrauch ist wohl nicht zu überschätzen. Schriftkulturen verfügen über Potenziale der Erinnerung, die oralen Kulturen verschlossen sind, und damit über vorher ungeahnte Differenzierungs- und Entwicklungsmöglichkeiten. So überstand das Judentum – medientheoretisch gesehen – die Zerstörung des Zweiten Tempels durch den Bezug auf die Hebräische Bibel.

Allerdings äußerte sich Jesus offenkundig nur mündlich, obgleich er in der durch die Tora skriptural geprägten jüdischen Kultur lebte. Die Kommunikation des Evangeliums war für Jesus an die konkrete Interaktion gebunden und nicht schriftlich feststellbar. Umgekehrt ist nicht zu leugnen, dass schriftliche Texte Jesu Weiterwirken ermöglich(t)en. Die Spannung zwischen Übertragungs- und Speichermedium ist demnach der Kommunikation des Evangeliums inhärent.

> „Speichermedien konterkarieren bevorzugt Zeitprobleme, Übertragungsmedien sind hingegen auf die Überwindung von Distanzproblemen geeicht. ... Der Inbegriff von Speichermedien ist das Testament. ... Übertragungsmedien wollen hingegen der Mißlichkeit abhelfen, daß es weite Räume gibt, die schwer zu überwinden sind." (s. a. a. O. 71 f.)

Allerdings hebt Jesu Verzicht auf schriftliche Kommunikation *die besondere Bedeutung mündlicher face-to-face-Kommunikation* hervor, um Gottes Wirken und Liebe zu entdecken.

2.2 *Buchdruck:* Medientheoretisch zog die Reformation im Zusammenhang mit dem Aufkommen und der Verbreitung des – bereits im 15. Jahrhundert für den Druck von Ablassbriefen kirchlich eingesetzten – Buchdrucks stets die Aufmerksamkeit auf sich. Bei näherem Hinsehen ergibt sich jedoch ein differenzierteres Bild als gewohnt. Werner Faulstich nennt sieben Medien, die für den Erfolg der Reformation zu beachten sind: „der Prediger, der Brief, das Flugblatt, die Flugschrift, das Buch, der Sänger und das Theater".[83]

Die – kommunikationstheoretisch gesehen – Besonderheit der Reformation war *die Verbindung der traditionellen Menschmedien, wie Prediger, Sänger und auch Theater, mit den Medien, die der Buchdruck ermöglichte.*

Dabei steht am Anfang des Buchdrucks eine Funktionsänderung. Denn ursprünglich orientierte sich Johannes Gutenberg (um 1400–1468) – anschaulich in der sog. Gutenberg-Bibel von 1454 – am Ideal der Kalligraphie (s. HÖRISCH 134). Allerdings setzte sich die gegenüber den früheren Kopisten preiswertere Form der Produktion schnell durch, so dass es zur Steigerung der Menge des Gedruckten kam. Es entstanden gedruckte Bücher. Der Einsatz der Druckerpressen ermöglichte vor allem durch die Flugschriften, aber auch Liederzettel eine vorher noch nicht gekannte schnelle Verbreitung reformatorischen Gedankenguts. Luther selbst war sich dessen wohl bewusst:

> So äußerte er in einer Tischrede: „Calcographia est summum et postremum donum (die Druckerkunst ist das höchste und letzte Geschenk, C. G.), durch welche Gott die sache (sc. des Evangeliums, C. G.) treibet. Es ist die letzte Flamme vor dem ausleschen der welt …" (WA TR2 650)

Zugleich stand die neue Technik in Spannung zur Hervorhebung der Predigt in der reformatorischen Theologie. Zeitgenössische Bilder[84] zeigen den Prediger Luther auf der Kanzel, auf deren Brüstung die aufgeschlagene Bibel liegt. Der Prediger ist an das aufgeschriebene Wort gebunden und ihm bei aller Hochschätzung untergeordnet. So kann medientheoretisch die Reformation als eine Revolution gegen eine exklusiv an Menschmedien – Papst und Priester – orientierte Kirche verstanden werden. Ihr wird das moderne Druckmedium Bibel entgegengesetzt. Dabei wurde zugleich unbeabsichtigt die Bedeutung der Predigt geschwächt. Denn die vorher durch den Prediger geprägte Öffentlichkeit wanderte aus den Kirchenräumen in den Bereich des Gedruckten aus.

> „Entsprechend dieser Entwicklung traten dann – nach nicht mehr zu übersehenden Schwierigkeiten bei den Predigten im 17. Jahrhundert – im 18. Jahrhundert zunehmend die Moralischen Wochenschriften das Erbe der Kanzelrede hinsichtlich der Öffentlichkeit an, ohne dass diese Veränderung jedoch homiletisch … berücksichtigt worden wäre." (GRETHLEIN 31)

---

83 WERNER FAULSTICH, Medien zwischen Herrschaft und Revolte. Die Medienkultur der frühen Neuzeit (1400–1700) (Die Geschichte der Medien Bd. 3), Göttingen 1998, 143.
84 Ein Beispiel hierfür ist abgedruckt a. a. O. 147.

Die bis heute gebräuchliche, im kirchlichen Sprachgebrauch auf die Kanzelrede bezogene Wendung von der „öffentlichen Wortverkündigung" spiegelt also den Stand des frühen 16. Jahrhunderts wider. Sie blendet das seitdem durch die Medienentwicklung veränderte Verständnis von Öffentlichkeit aus und behindert damit eine sachgemäße Wahrnehmung der tatsächlichen Kommunikationsverhältnisse. Dass sich durch den Buchdruck zugleich der *kommunikative Charakter der Bibel* veränderte, wurde ebenfalls nicht bemerkt. Bis dahin bekamen die Menschen sie nur in Form von Lesungen im Gottesdienst zu Gehör, sie war dadurch ein an personale Kommunikation gebundenes Medium. Ihre massenhafte Verbreitung machte sie zu einem apersonalen Medium, das der Einzelne im berühmten stillen Kämmerlein lesen sollte. Die Historisierung und damit Musealisierung, die heute den Bibelgebrauch prägen, ist aus dieser Veränderung zu verstehen und weist auf dessen Problematik hin – bei aller Bedeutung der durch den Buchdruck ermöglichten Verbreitung von Bibeln.

2.3 Photographie/Film: Die nächste umstürzende mediale Entwicklung, die Photographie und dann der Film, hat in der Christentumsgeschichte einen langen Vorlauf: den Streit um die Bilder. Dabei ist aber grundsätzlich zu beachten, dass diese Auseinandersetzungen sich auf eine seit der Photographie zurückgetretene Form von Bildern bezogen, nämlich die von Menschen per Hand gefertigten. Dementsprechend war zu den Zeiten der Bilderstreitigkeiten die Zahl der Bilder viel kleiner als heute, ihr Eindruck aber, da seltener, wohl intensiver.

Seit dem 3. Jahrhundert begegnen fromme Darstellungen biblischer Gestalten und heiliger Männer, zuerst auf Sarkophagen. Konkret gingen die Auseinandersetzungen um die Möglichkeit von Christusbildern. Nicht zuletzt wegen des biblischen Bilderverbots[85] bestritten die meisten Theologen ihr Recht, während sich solche Bilder in der Volksfrömmigkeit großer Beliebtheit erfreuten. Offensichtlich befriedigten sie elementare Bedürfnisse der Anschaulichkeit. Die Nachricht von Wundern durch die Bilder (Ikonen) steigerte die Nachfrage.

Die Diskussion darüber kann hier nicht näher ausgeführt werden.[86] Doch weist die Tatsache, dass sich gegen vielfachen theologischen Einspruch

---

85   S. Jürgen van Oorschot, Die Macht der Bilder und die Ohnmacht des Wortes? Bilder und Bilderverbot im alten Israel, in: ZThK 96 (1999), 299–319.
86   S. zum Überblick Wolf-Dieter Hauschild, Lehrbuch der Kirchen- und Dogmengeschichte Bd. 1, Gütersloh ²2000, 208–212; zum Verhältnis von Wort und Bild s. Günter Lange, Bild und Wort. Die katechetischen Funktionen des Bildes in der griechischen Theologie des sechsten bis neunten Jahrhunderts, Paderborn ²1999; zur Bedeutung von Ikonen in der Orthodoxie s. Peter Poscharsky, Ikonen sind nicht einfach Bilder (1982), in: Ders., Gestalteter Glaube. Gesammelte Aufsätze aus der Christlichen Archäologie und Kunstgeschichte, hg. v. Klaus Raschzok, Leipzig 2014, 70-79.

schließlich (weithin) die Möglichkeit von Bildern im kultischen Bereich durchsetzte, auf deren große Bedeutung für die Religionspraxis breiter Schichten hin. Nicht zuletzt aus katechetischen Gründen schienen Bilder unverzichtbar. Damit war aber nicht die theologische Grundschwierigkeit gelöst, die in der Vorstellung eines in seiner Präsenz zugleich verborgenen Gottes gründet. Bewegungen wie die sog. Bilderstürmer in der Reformationszeit erinnerten immer wieder hieran.

Von daher besteht bis heute in (evangelisch-)theologischen Diskursen eine gewisse Distanz gegenüber Bildern. Das in manchen Kirchengemeinden übliche Verbot, liturgische Vollzüge zu photographieren, ist ein Relikt hiervon.[87]

Tatsächlich hat die Photographie, und dann der Film, den Zugang zur Wirklichkeit verändert. *Es entsteht eine technisch-chemisch konstruierte Wirklichkeit jenseits der sinnlich wahrnehmbaren Welt.* Belichtungszeiten von anfangs acht (!) Stunden schrumpften schnell auf Zeitausschnitte wie eine 1/1000 Sekunde, die sich menschlicher Wahrnehmung entziehen (GROSSKLAUS 16). Es erfolgte eine gegenüber den vorhergehenden Medien wie dem Buch neue Kodierung von Raum und Zeit. Das, was gewesen ist, wird in unmittelbarer Präsenz gezeigt.[88] *Vergangenheit und Gegenwart werden gleichzeitig.*

Konkret verdankt sich das *Photo* einem chemischen Prozess, der die Lichtempfindlichkeit bestimmter Stoffe (Silberjodide, -chromide, -bromide) ausnutzt, aber Wirklichkeit nicht – wie bisher bei Bildern – nachahmt (GROSSKLAUS 116). Inkludierte das mimetische Prinzip stets eine Grenze, nämlich die zwischen Vorbild und Nachahmung, entfällt diese bei der Simulation der Photographie (a.a.O. 125). Durch ihre Verbreitung bekommen die Einzelnen neue Bedeutung. Die Biographie wird durch Photos belegbar und zugleich neu konstituiert. Umgekehrt verliert das, was nicht photographiert ist, an Bedeutung und wird vergessen.

In gesteigerter Form begegnet diese Entwicklung beim *Film.* Mehrfache Verbesserungen, vor allem durch Ton und Farbe, fördern seine Attraktivität. Mit ihm „ist die Gutenberg-Galaxis endgültig ans Ende ihrer Monopolstellung gekommen: der Film kann sie ... gescheit und großzügig integrieren und hinter sich lassen." (HÖRISCH 301) Dabei zeigt ein Vergleich mit anderen technischen Innovationen, dass hier in verdichteter Form der technologische Fortschritt zum Ausdruck kommt.

Wie bei Dampfschiff, Eisenbahn und Telegraf begegnet ein veränderter Zugang zur Wirklichkeit, den folgende Prinzipien bestimmen:
– „das Prinzip der Geschwindigkeit, der beschleunigten Bewegung, des beschleunigten Zugriffs;

---

87 S. JAN PETER GREVEL/GERALD KRETZSCHMAR, Die Kasualfotografie. Praktisch-theologische Erkundungen eines konfliktreichen Phänomens, in: PTh 93 (2004), 280–298.
88 ROLAND BARTHES, Die helle Kammer. Bemerkung zur Photographie, Frankfurt 1985, 93.

– das Prinzip der Verbindung, Vernetzung: des Zusammenhangs;
– das Prinzip des Zergliederns, Fragmentierens und Zusammensetzens: der Montage;
– das Prinzip der Nähe;
– das Prinzip der Visualisierung." (GROSSKLAUS 79 f., ohne Kursivsetzung im Original)

Dabei überschreitet die Kommunikation endgültig die naturalen Grenzen. Besonders die seit Erfindung des Tonfilms verbreiteten Studioaufnahmen machen dies augenfällig. Nicht von ungefähr bewegt sich die weitere filmische Entwicklung vom narrativen Konzept weg zu einer Komposition von Bildern, die aus sich heraus sprechen:

„Der Übergang vom alten Raum-Aktions- und Bewegungskino zum neuen nichtnarrativen Zeitkino läßt sich beschreiben als der Übergang von Zeit-Wahrnehmung, die sich an der Außenbewegung von Körpern im Raum orientiert, zur Zeit-Wahrnehmung, die sich an der Innenbewegung von Reizen, Erregungen, Assoziationen, Erinnerungen in unserem Kopf, in unserem Gehirn orientiert." (a. a. O. 25)

Praktisch-theologische Forschung hat vor diesem Hintergrund versucht, das Kino als „Sinnmaschine" und damit in religiöser Funktion zu interpretieren.[89] Dabei wird zu Recht beobachtet, dass bei Filmen mit den Themen Liebe, Natur und Erhabenheit die „intensivsten Primärerfahrungen" im Zentrum stehen, „die zugleich zunehmend aus dem lebensweltlichen Erfahrungsraum verschwinden".[90] Ob und inwieweit dann von „Medienreligion" gesprochen werden kann, hängt vom jeweiligen Religionskonzept und vor allem der Bedeutung ab, die den Rezipienten zugesprochen wird.[91] Auf jeden Fall haben aber Filme für Praktische Theologie eine kulturhermeneutische Funktion.

2.4 *Ergebnis:* Zwar beschränkte sich Jesus bei seiner Kommunikation des Evangeliums auf die face-to-face-Kommunikation und verzichtete auf die damals weit verbreitete Form schriftlicher Kommunikation. Doch bedienten sich die ihm Nachfolgenden regelmäßig der neuesten Medien, um seinen Impuls zu kommunizieren. Damit waren und sind *erhebliche Veränderungen* auch im inhaltlichen Bereich verbunden. Denn die Medienentwicklung abstrahiert die Kommunikation von den naturalen Gegebenheiten. Dadurch verändert sich u. a. der *Zugang zur Zeit,* insofern Vergangenheit und Gegenwart gleichzeitig werden.

---

[89] Grundlegend: JÖRG HERRMANN, Sinnmaschine Kino. Sinndeutung und Religion im populären Film (PThK 4), Gütersloh 2001.
[90] A. a. O. 237.
[91] S. MARTIN LAUBE, Himmel – Hölle – Hollywood, in: DERS. (Hg.), Himmel – Hölle – Hollywood. Religiöse Valenzen im Film der Gegenwart, Münster 2002, 1–18.

3. Gegenwart

Die eben skizzierte Entwicklung bei Photographie und Film ist eine wichtige Vorstufe zu dem die Gegenwart prägenden Wandel durch computergestützte Medien. Dabei werden die bisherigen Medien, wie die kurz behandelten (Schrift, Buch, Photographie und Film), aber auch andere, wie die diversen Tonträger, rezipiert und in neuer digitalisierter Form gleichsam nochmals erfunden und mit größerer Leistungsstärke ausgestattet.

Ein kurzer statistischer Überblick zur Mediennutzung unterstreicht die lebensweltliche Bedeutung dieser Veränderungen.

Von da aus gilt es, den Veränderungen im Wirklichkeitsverständnis auf die Spur zu kommen, die mit dieser Mediennutzung verbunden sind – ohne dass dies den meisten Menschen (und Verantwortlichen in den Kirchen) bewusst ist.

Hierfür fokussiere ich exemplarisch auf zwei konkrete Themenbereiche: die massenmediale Kommunikation und die Herausbildung neuer Sozialformen. Beide sind für die Kommunikation des Evangeliums von hoher Bedeutung, insofern sie grundsätzliche Rahmenbedingungen jeder gegenwärtigen Kommunikation markieren.

3.1 *Mediennutzung:* Bereits ein kurzer Blick auf die durchschnittliche Mediennutzungszeit und deren Entwicklung in den letzten dreißig Jahren macht auf die mit den technischen Medieninnovationen gegebenen Herausforderungen aufmerksam:

Durchschnittliche Mediennutzung von Personen ab 14 Jahren in Minuten[92]

	1980	1985	1990	1995	2000	2005	2010
Gesamt	346	351	380	404	502	600	583
Fernsehen	125	121	135	158	185	220	220
Hörfunk	135	154	170	162	206	221	187
Tageszeitung	38	33	28	29	30	28	23
Zeitschriften	11	10	11	11	10	12	6
Bücher	22	17	18	15	18	25	22
CDs u. ä.	15	14	14	13	36	45	35
Video/DVD	—	2	4	3	4	5	5
Internet	—	—	—	—	13	44	83

Zuerst beeindruckt die *hohe Mediennutzungszeit,* zur Zeit knapp zehn Stunden pro Tag. Sie stieg in den letzten dreißig Jahren fast kontinuierlich an, scheint aber mittlerweile einen – unmittelbar einleuchtenden – Sättigungspunkt erreicht zu haben. Dabei zeigt sich: Medien lösen sich nicht gegenseitig ab, sondern ergänzen bzw. überlagern sich (*„Komplementarität der*

---

[92] Entnommen Media Perspektiven Basisdaten 2002, 64, und Media Perspektiven Basisdaten 2010, 68; bis 1990 wurden nur die alten Bundesländer berücksichtigt.

Medien"[93]). Es verändert sich freilich die zeitliche Dauer der jeweiligen Nutzung.

Grundsätzlich gilt seit Jahrzehnten: *Fernsehen und Hörfunk sind die Leitmedien in der deutschen Gesellschaft.* Ihre Tagesreichweite beträgt insgesamt 86% bzw. 79% (ENGEL/MAI 559). In der konkreten Nutzung des Fernsehens bestehen allerdings erhebliche Unterschiede hinsichtlich des Alters und ein Ost-West-Gefälle:

Sehdauer pro Tag in Minuten 2014 (Januar bis Oktober)[94]

Alter	West	Ost
3–13	83	107
14–19	91	118
20–29	126	185
30–39	191	203
40–49	222	263
50–64	263	322
Ab 65	286	336

Demnach nimmt die Dauer des Fernsehens mit steigendem Alter zu, im Osten bei den 65-Jährigen und Älteren bis über 5,5 Stunden pro Tag.

Die den referierten Zahlen zu Grunde liegende Befragung, die „ARD/ZDF-Langzeitstudie Massenkommunikation", wird seit 2005 hinsichtlich der sog. SINUS-Milieus differenziert (ENGEL/MAI). Dadurch und durch weitere Studien lassen sich die Daten genauer interpretieren:

Nur in den Milieus der „Expeditiven"[95] und der „Performer"[96] erreicht das Internet mit 72% bzw. 74% Tagesreichweite die Größenordnung von Hörfunk und Fernsehen.

Motive für die Fernsehnutzung sind „Information, Spaß und Entspannung" (a.a.O. 561), beim Radio etwa ähnlich, wobei der Spaß nach vorne tritt (a.a.O. 562). Das Internet wird – wie die Tageszeitung – zuerst wegen des Informationsgehaltes genutzt, wobei die den beiden genannten internetaffinen Milieus zugerechneten Nutzer/innen den Spaßfaktor betonen. Hier zeichnet sich eine Verschmelzung der Medien ab, indem – in noch quantitativ geringem, aber stetig steigendem Maß – die klassischen Medien Fernsehen und Hörfunk über das Internet oder das Smartphone genutzt werden

---

93 CHRISTA-MARIA RIDDER/BERNHARD ENGEL, Massenkommunikation 2010: Mediennutzung im Intermediavergleich. Ergebnisse der 10. Welle der ARD/ZDF-Langzeitstudie zur Mediennutzung und -bewertung, in: Media Perspektiven 2010, 523–536, 523.
94 Media Perspektiven Basisdaten 2014, 73.
95 Das „expeditive Milieu" wird definiert: „Die ambitionierte kreative Avantgarde, mental und geografisch mobil, online und offline vernetzt, auf der Suche nach neuen Grenzen und neuen Lösungen." (ENGEL/MAI 559) Es umfasst etwa 6% der Bevölkerung (a.a.O. 560).
96 Das „Milieu der Performer" wird definiert: „Die multi-optionale, effizienz-orientierte Leistungselite, Global-ökonomisches Denken, Konsum- und Stil-Avantgarde, Hohe IT- und Multimedia-Kompetenz." (ENGEL/MAI 559) Es umfasst etwa 7% der Bevölkerung (a.a.O. 560).

(a. a. O. 560). So verschwimmen die traditionellen Grenzen zwischen Massen- und Individualkommunikation.[97]

Dass mit einem weiteren Ansteigen des Internet-Anteils an der Gesamtmediennutzungsdauer zu rechnen ist, zeigt ein Blick auf *jüngere Nutzer/innen*. In der Gruppe der 14- bis 29-Jährigen nutzen (2014) 74% Onlinecommunities, in der Gesamtbevölkerung (ab 14 Jahren) nur 39%.[98] Die jüngste erfasste Gruppe nutzt das Internet nicht nur – wie sonst die Mehrheit der Bevölkerung – primär zum Aufrufen von Websites bzw. den Austausch von E-Mails, sondern als interaktives soziales Medium.

3.2 *Veränderungen des Wirklichkeitsverständnisses:* Schon auf der Ebene direkter Beobachtungen sind Veränderungen im Verhalten durch die elektronischen Medien unübersehbar:

Zuerst hat die *hohe Nutzungsdauer* Auswirkungen auf die praktische Lebensgestaltung. Ein Beispiel: Bis Ende der siebziger Jahre des 20. Jahrhunderts gaben die Forscher vom Allensbacher Demoskopie-Institut für Hobbys als eine Vorgabe an: „Aus dem Fenster sehen".[99] Seitdem ist dieses Item aus den Fragekatalogen verschwunden. Es bezieht sich auf eine Form nachbarschaftlicher Zugehörigkeit, die früher häufig genannt wurde, aber durch das Fernsehen verschwand.

Aufschlussreich ist ebenfalls folgende Begebenheit aus dem Bereich der Schule (s. GRETHLEIN 56 f.). Eine Klasse sollte eine Sonnenfinsternis beobachten. Es waren geschwärzte Gläser vorbereitet, man versammelte sich auf dem Pausenhof. Je näher die Uhrzeit kam, zu der das Naturereignis erwartet wurde, desto unruhiger wurden die Schüler/innen. Sie wollten in den Fernseh-Raum, um dort die Life-Übertragung zur Sonnenfinsternis zu sehen. Offenkundig war für diese Heranwachsenden *das im Fernsehen Gesehene „wirklicher"* als das direkt Wahrgenommene.

Das Fernsehen prägt auch *Verhaltensweisen*. So beobachtete Eberhard Hauschildt bei seiner Untersuchung von pastoralen Geburtstagsbesuchen eine gewisse Uniformierung privater Gespräche durch Talkshows. Die dort gepflegte „gesprächige Geselligkeit" färbt auf den privaten Bereich der Geburtstagsfeier ab.[100]

---

97 CHRISTA-MARIA RIDDER/BERNHARD ENGEL, Massenkommunikation 2010: Mediennutzung im Intermediavergleich. Ergebnisse der 10. Welle der ARD/ZDF-Langzeitstudie zur Mediennutzung und -bewertung, in: Media Perspektiven 2010, 523–536, 531.
98 BIRGIT VAN EIMEREN/BEATE FREES, 79 Prozent der Deutschen online – Zuwachs bei mobiler Internetnutzung und Bewegtbild. Ergebnisse der ARD/ZDF-Onlinestudie 2014, in: Media Perspektiven 2014, 378-396, 387.
99 ELISABETH NOELLE-NEUMANN/EDGAR PIEL, Allensbacher Jahrbuch der Demoskopie 1978–1983, München 1983, 112.
100 EBERHARD HAUSCHILDT, Alltagsseelsorge. Eine sozio-linguistische Analyse des pastoralen Geburtstagsbesuches, Göttingen 1996, 45.

Eindrücklich ist die „Visual History", die Gerhard Paul mit zahlreichen Kolleg/innen für das 20. Jahrhundert zusammengestellt hat.[101] Hier tritt die *Bedeutung von Bildern* in ihren verschiedenen technologischen Stufen deutlich zu Tage: Photographien, Filme und digital erstellte Bilder beherrschen unser Bewusstsein. Diese Bilder und Bildsequenzen beruhen nur in seltensten Fällen auf unmittelbarer Erfahrung. Sie prägen aber unsere Sicht der Wirklichkeit und damit unser Selbstverständnis nachhaltig:

> „Das 20. Jahrhundert ist in unseren Köpfen als eine assoziative Montage von Einzelbildern, Bildsequenzen und Bildclustern unterschiedlichster Gattungen präsent, deren ,Sprache' wir in aller Regel nicht kennen. In unserem Gedächtnis vermischen sich die stillen Bilder der Fotografie, mitunter auch der Kunst, zunehmend auch die digitalen Bilder des Internets, mit den laufenden Bildern aus Film und Fernsehen, mit Bildern auf Plakaten und Werbeanzeigen, mit Gemälden und Lithografien zu einem diffusen Bilderkonglomerat. Es sind fiktionale wie non-fiktionale Bilder, spontane Schnappschüsse wie mediale oder künstlerische Inszenierungen, Bilder, die Augenblicke des Realen festhalten, wie Bilder, die aus kommerziellen, politischen und künstlerischen Interessen inszeniert sind. Dieses Konglomerat besitzt – wie es auf den ersten Blick scheint – anders als die lineare Rekonstruktion der Geschichte durch die Chronisten keine fest gefügte grammatikalische Struktur."[102]

Dass mittlerweile (fast) jedes in der Öffentlichkeit kommunizierte Bild digital bearbeitet ist, bedarf kaum mehr der Erwähnung. Die traditionelle Unterscheidung von Realität und Fiktionalität wird überholt, ohne dass dies aber den meisten Menschen bewusst ist. Sie halten nach wie vor etwa Bilder in der Zeitung für „real".

Eine weitere mit der Medienentwicklung verbundene Veränderung – sie deutet sich im Kontrast zu dem erwähnten „aus dem Fenster sehen" an – ist die *Beschleunigung*. Bei Einführung der Eisenbahn, deren visuelle Konsequenz in gewissem Sinn der Film ist (GROSSKLAUS 122), nahmen Menschen das Tempo als bedrohlich wahr. Hier löste sich die Fortbewegung des Menschen erstmalig von dem natürlich Möglichen (durch eigene Kraft, Pferde oder Wasserkraft). Eine bis dahin durch die Natur gegebene Grenze wurde überschritten.

In ganz andere Dimensionen führt der im Nanosekunden-Bereich liegende, also für Menschen in keiner Weise sinnlich erlebbare Zeittakt der elektronischen Medien. Dass dies – in Verbindung mit schnellen Mobilitätsformen – die Alltagswelt prägt, zeigen z. B. die raschen Schnitte in Filmen oder Video-Clips. Auch die Ungeduld des am PC Sitzenden, wenn bestimmte Programme beim Hochladen einige Sekunden benötigen, gehört hierzu.

---

101 GERHARD PAUL (Hg.), Das Jahrhundert der Bilder 1900–1949, Göttingen 2009, und DERS., Das Jahrhundert der Bilder 1949 bis heute, Göttingen 2008; sehr instruktiv die (jeweils gleiche) Einführung in die Bände durch GERHARD PAUL, Das Jahrhundert der Bilder. Die visuelle Geschichte und der Bildkanon des kulturellen Gedächtnisses, in: a. a. O. 14–39.
102 A. a. O. 27.

Noch vor einigen Jahren hätte er wahrscheinlich mehrere Stunden oder länger benötigt, um die erwünschte Information zu erhalten, im Internet dauert es nur einige Sekunden – dies erscheint mittlerweile als „langsam". Nachdenklich macht in diesem Zusammenhang die Beobachtung von Karl Ernst Nipkow (1928-2014):

> „Wir präsentieren den Kindern eine Welt, die schnell und laut, technifiziert und geschichtslos, anscheinend selbstsicher und doch unterschwellig angstbesetzt ist. Wir tauchen die Kinder von früh an so in diese Umgebung ein, daß sie von den herrschenden oberflächlichen Überzeugungen ganz ‚durchtränkt' werden, denen zufolge prinzipiell fast alles relativierbar und im Fluß ist sowie aufklärbar und machbar. In dieser Umgebung fällt es den Kindern schwer, zu innerer Ruhe zu kommen und Stille zu finden, Ehrfurcht zu lernen und das Staunen einzuüben, die Symbole der Religion zu verstehen und aufzuhorchen, wenn von Gott die Rede ist."[103]

Der Religionspädagoge weist eindrücklich auf die erhebliche Spannung zwischen der Beschleunigungstendenz und den Voraussetzungen traditioneller religiöser Kommunikation hin.

Hiermit hängt zusammen, *dass sich in der elektronisch medialen Kommunikation Vergangenheit und Zukunft zur Gegenwart verdichten:* „Alles tendiert dazu, Gegenwart zu sein, hier zu sein, jetzt zu geschehen." (GROSSKLAUS 21) Diese mit der Photographie einsetzende Entwicklung hat sich inzwischen verstärkt. Nicht zuletzt der ständige Bilder- und Nachrichtenfluss lässt kaum mehr Rückbesinnungen oder ruhige Vorausschau zu:

> „Gegenwart wird zur Schnittfläche unterschiedlichster Temporalitäten. Zeit-Flächen und Zeit-Netze der Medien-Zeit lassen sich nach dem Konzept geschichtlich-sukzessiver Zeit nicht mehr adäquat wahrnehmen und verstehen. Medien-Zeit verweist auf die nicht-linearen Bewußtseinsvorgänge unseres Inneren; Medien-Zeit verweist auf neuronale Innen-Zeit." (a. a. O. 9)

Der Zeitforscher Karlheinz Geißler nennt Menschen, die gleichzeitig mit Verschiedenem beschäftigt sind, *„Simultanten"*.

> – „- Simultanten bemühen sich immerzu und überall, mehrere Aufgaben gleichzeitig zu erledigen. Ihre Maxime heißt: ‚Fixer, dichter, mehr!' Ihr Motto: ‚Alles, gleichzeitig und sofort'.
> – Erreichbar sind sie – in den allermeisten Fällen elektronisch – jederzeit und an jedem Ort. Sie bevorzugen für sich und ihre Geräte den Zeitmodus des Stand-by und den des On-demand.
> – Zu Hause sind Simultanten im Unterwegs des ort- und zeitlosen Netzes. Dort kennen sie sich besser aus als in ihrem Stadtteil.
> – Sie vermeiden verbindliche und langfristige Festlegungen, wo immer es möglich ist. Sie kennen weder feste noch regelmäßige Arbeitszeiten. Flexibilität ist ihr ein und alles."[104]

---

103 KARL ERNST NIPKOW, Bildung als Lebensbegleitung und Erneuerung. Kirchliche Bildungsverantwortung in Gemeinde, Schule und Gesellschaft, Gütersloh 1990, 305.
104 KARLHEINZ GEISSLER, Alles hat seine Zeit, nur ich hab keine. Wege in eine neue Zeitkultur, München 2014, 189.

Auch andere, früher geläufige Unterscheidungen fehlen in der Internet-Kommunikation. „Außen" und „innen", „privat" und „öffentlich", „eigen" und „fremd" gehen ineinander über (a. a. O. 8). Traditionelle Distinktionen kommen an ihre Grenzen. Das bei ihnen implizierte Zeit- und Raumverständnis reicht nicht aus, um die digitalisierte Kommunikation zu erfassen.

Rainer Preul vermutet, dass diese der tertiären Kommunikation inhärente *Tendenz zu Integration* Verschiebungen in den religiösen Vorstellungen der Menschen erklärt:

> „Die derzeitige Hochkonjunktur von Reinkarnationsvorstellungen sowie die mit der Popularphilosophie des Pluralismus verbundenen relativistischen Annahmen über Toleranz und Wahrheit lassen vermuten, daß gradualistische und approximatorische Vorstellungen gegenüber einem Denken in entscheidungsdualistischen Kategorien allgemein an Raum gewonnen haben."[105]

Das wäre eine große Herausforderung für die Kommunikation des Evangeliums. Denn hier spielen bisher Alternativen, zwischen Sünde und Gnade, Werken des Gesetzes und Rechtfertigung, Tod und Leben usw., eine wichtige Rolle.

3.3 *Massenmediale Kommunikation:* Mit den Massenmedien („mass media") ist ein wichtiger gesellschaftlicher Faktor benannt, der bis in die privaten Kommunikationen reicht. Die Globalisierung ist ohne die Massenmedien, Printmedien, Fernsehen (und Hörfunk) sowie Internet, nicht vorstellbar. Durch Bilder gestützte Informationen rasen in Sekunden um die Welt. Dass es dabei zur Erfahrung großer *Ungleichzeitigkeit des Gleichzeitigen* kommt, liegt auf der Hand. Die von Armin Nassehi in der Auswertung einer im Rahmen des Religionsmonitors 2008 durchgeführten qualitativen Studie herausgearbeitete Inkonsistenz der Vorstellungen der Befragten (s. § 10 3.4) ist eine logische Konsequenz. Wie sollen die Nachrichten, die in der Tagesschau innerhalb von fünfzehn Minuten gesendet werden, kohärent verarbeitet werden? Pointiert formuliert Dirk Baecker: „Wir agieren in einer Welt, in der alle anderen in derselben Welt agieren, die für sie, aus ihrem Blickwinkel, eine andere Welt ist."[106]

Damit stellen sich erhebliche Herausforderungen für die *Selektion von Nachrichten*. Die Agenturen bzw. Redaktionen folgen gewissen Kriterien, die die Entscheidung leiten, ob eine Information massenmedial verbreitet wird (sog. Nachrichtenwert-Theorie). Wichtige Faktoren dabei sind:
- Frequenz
- Schwellenfaktor (absolute Intensität, Intensitätszunahme)
- Eindeutigkeit

---

105 REINER PREUL, Kommunikation des Evangeliums unter den Bedingungen der Mediengesellschaft, in: DERS./REINHARD SCHMIDT-ROST (Hg.), Kirche und Medien (VWGTh 16), 9–50, 30.
106 DIRK BAECKER, Studien zur nächsten Gesellschaft, Frankfurt 2007, 48.

- Bedeutsamkeit (kulturelle Nähe, Betroffenheit, Relevanz)
- Konsonanz (Erwartung, Wünschbarkeit)
- Überraschung (Unvorhersehbarkeit, Seltenheit)
- Kontinuität
- Variation
- Bezug auf Elite-Nation
- Bezug auf Elite-Personen
- Personalisierung
- Negativismus (s. ausführlicher GRETHLEIN 61 f., unter Bezug auf eine Graphik von Michael Jäckel).

Solche im Einzelnen etwas variierenden Kataloge geben den Rahmen für die Kommunikation des Evangeliums in der Öffentlichkeit ab. Zumindest die vier letztgenannten Faktoren stehen in *Spannung zu biblischen Perspektiven*: Diese haben nämlich im Schöpfungsglauben und in der Einladung aller Menschen zur Taufe einen egalitären Grundzug. Er widerspricht einem Elite-Konzept. Die Zentrierung der Kommunikation des Evangeliums auf Christus steht einem Personen-Kult entgegen. Demgegenüber ist die Personalisierung des Politischen – und wohl analog dazu des Religiösen – durch das Fernsehen empirisch erwiesen. So äußern sich etwa Befragte nach dem Sehen von Ausschnitten einer Politikerrede im Fernsehen primär zu dessen Person und nicht zum Inhalt der Rede.[107] Schließlich ist die anbrechende Gottesherrschaft Ausdruck positiver Lebensbejahung und gerade nicht auf das Negative fixiert.

Ansonsten markieren die Faktoren formale Voraussetzungen für massenmedial wirksame Kommunikation. Allerdings hat die Agenda-Setting-Theorie die Bedeutung der Massenmedien im Lauf der Zeit etwas relativiert. Mittlerweile wurde die Komplexität der seit 1968 vorgelegten Modelle gesteigert, so dass etwa zwischen einer Medien-, einer Publikums- und einer Politikeragenda unterschieden wird.[108] Auf jeden Fall üben die verschiedenen Medien nicht nur eine wichtige Funktion für die Meinungsbildung der Gesellschaft aus, sondern bestimmen mit, was überhaupt kommuniziert wird.

3.4 *Neue Sozialformen:* Zogen noch bis vor kurzem die Massenmedien die Aufmerksamkeit der öffentlichen Diskussion auf sich, so verschiebt sich dieses Interesse. Internetgestützte Kommunikationsformen lassen – wie erwähnt – die klassischen Unterscheidungen zwischen privat und öffentlich hinter sich und eröffnen Räume für neue Sozialformen.

---

[107] JOSHUA MEYROWITZ, No Sense of Place. The Impact of Electronic Media on Social Behavior, New York 1985, 276-283.
[108] S. z. B. KLAUS BECK, Kommunikationswissenschaft, Konstanz 2007, 198 (mit einem instruktiven Schaubild aus der Literatur).

Bevor dies an Beispielen näher erläutert wird, ist grundsätzlich der *besondere Charakter technisch vermittelter interpersonaler Kommunikation im Gegenüber zur face-to-face-Kommunikation* zu bestimmen.[109] Die weit verbreitete einseitige Defizitzuschreibung für technisch vermittelte Kommunikation ist kommunikationstheoretisch nicht aufrechtzuerhalten. Zwar ist technisch vermittelte Kommunikation hinsichtlich ihrer Kanäle reduziert. Meist wird sie durch schriftliche Zeichen bzw. am Telefon phonetisch vollzogen. Sonst die Kommunikation begleitende nonverbale Zeichen wie Gestik, Mimik, Proxemik, Geruch usw. entfallen. Doch kann dies in bestimmten Kommunikationsvollzügen, z. B. in der Seelsorge (s. § 20 5.1), vorteilhaft sein. Denn diese Ausblendung verhindert, dass äußere Merkmale die Kommunikation behindern. Die Kommunikation im Internet ist also niedrigschwelliger als im face-to-face-Kontakt:

> „Der partielle Wegfall von sozialen Kontextzeichen wirkt, wie empirische Forschungen belegen, enthemmend. Es kann zur Nivellierung von Hierarchie- und Machtstrukturen kommen, was eine authentischere oder sachbezogenere Kommunikation zur Folge haben kann. ... Die Entkontextualisierung führt in der Online-Kommunikation mitunter zu einer größeren Intimität sogar zwischen einander unbekannten Kommunikanten."[110]

Das entspricht dem grundsätzlich symmetrischen und nichthierarchischen Charakter der Kommunikation des Evangeliums (s. § 8 2.4).

Dazu besteht oft keine Wahl zwischen face-to-face- und technisch vermittelter Kommunikation, weil z. B. die räumliche Distanz zu groß ist. So zeigen Untersuchungen zu Fernbeziehungen, dass hier verschiedene distanzüberbrückende Medien Verwendung finden und alternative Formen von Intimität entstehen.[111]

Besondere Aufmerksamkeit ziehen gegenwärtig *Internet-Plattformen* auf sich, auf denen sich die Nutzer/innen direkt begegnen können („community"). Die heute am weitesten verbreitete soziale Internet-Plattform ist Facebook, 2004 gegründet und weltweit (nach Angaben vom März 2015) von 1,44 Milliarden Nutzer/innen in Anspruch genommen. Jeder User verfügt über eine eigene Profilseite, auf der er/sie sich vorstellt und die andere Mitglieder der Community besuchen können. Entscheidend für den großen Erfolg der Plattform ist wohl die vielfache Vernetzung mit anderen Anwendungsmöglichkeiten. Enge soziale Kontakte über die eingetragenen „Freunde", die Zugang zu besonderen Informationen haben, können ebenso

---

109 S. ausführlich KLAUS BECK, Computervermittelte Kommunikation im Internet, München 2006.
110 KLAUS BECK, Kommunikationswissenschaft, Konstanz 2007, 65 f.
111 JENNIFER HIRTE, In weiter Ferne – so nah. Wie Kommunikationsmedien in Fernbeziehungen genutzt werden und diese strukturieren, in: STEFAN BECK (Hg.), Technogene Nähe. Ethnographische Studien zur Mediennutzung im Alltag, Münster 2000, 117–129.

wie Verbindungen ins weltweite Netz gepflegt und miteinander verknüpft werden. Dazu werden die Social Communities zunehmend mit anderen Medien wie Rundfunk oder Fernsehen verbunden und wirken so durch diese vermittelt.[112]

Zugleich treten deutliche Grenzen der Internet-Kommunikation zu Tage. Es ist unbekannt, wie viele der Nutzer/innen tatsächlich mit ihrer eigenen Identität oder mit alias-Namen und/oder fingierten Persönlichkeitsmerkmalen angemeldet sind. Mit der Frage der ungeklärten Identität sind vielfältige Gefährdungen und Missbrauchsmöglichkeiten gegeben. Viel und kritisch diskutiert wird unter dem Gesichtspunkt des Datenschutzes die Verwendung von Daten zu Werbezwecken, in der sich eine „überbordende Kommerzialisierung des Internets und die Enteignung der Daten der Bürger für kommerzielle Zwecke"[113] zeigt. Dazu steht das Interesse an öffentlicher Sicherheit („security"), das sich im Sammeln und Auswerten großer Datenmengen zeigt, in Spannung zum Anspruch der Menschen auf Privatheit („privacy").[114]

3.5 *Ergebnis:* Schon von der Nutzungszeit her ist der Einfluss der tertiären Medien kaum zu überschätzen. Sie prägen die Wirklichkeitssicht nicht nur jüngerer Menschen, verändern die Einstellung zu Zeit und Raum und bilden einen selbstverständlichen Kontext für Kommunikation. Frühere naturale Begrenzungen treten zurück. Unübersehbar bestehen bei den Massenmedien Spannungen und Widersprüche zu biblischen Einsichten. Nicht zuletzt der stete Strom von Bildern und Reizen verhindert Ruhe und Besinnung, wichtige Voraussetzungen der Kommunikation des Evangeliums. Zugleich eröffnen die Social Media durch ihren niedrigschwelligen Zugang und die Eröffnung neuer Partizipationsformen interessante Möglichkeiten für die Kommunikation des Evangeliums.

4. Konsequenzen für die Kommunikation des Evangeliums

Die medientechnischen Innovationen und ihre Rezeption fordern – wie gezeigt – eine Theorie der Kommunikation des Evangeliums heraus.

Zuerst werden heute unhintergehbare mediale Rahmenbedingungen für die Kommunikation des Evangeliums zusammengestellt.

Es folgen – das hermeneutische Kriterium der Kulturkritik aufnehmend – Hinweise auf Spannungen und Widersprüche, die zwischen der

---

112 S. z. B. REBECCA KNAUTH, Social-Media-Aktivitäten am Beispiel SWR. Strategien – Projekte – Erfahrungen, in: Media Perspektiven 2015, 66-74.
113 WINFRIED SCHULZ, Folgen „neuer Medien" für demokratische Prozesse, in: Media Perspektiven 2015, 210-213, 211; s. auch grundsätzlich kritisch ELI PARISER, The Filter Bubble. How the New Personalized Web Is Changing What We Read and How We Think, New York 2011.
114 S. z. B. ERIC SCHMIDT/JARED COHEN, The New Digital Age. Reshaping the Future of People, Nations and Business, New York 2013, 65, 173, 175 f. u. ö.

gegenwärtigen Medienentwicklung (einschließlich Rezeption) und Grundlagen der Kommunikation des Evangeliums auftreten. Abschließend frage ich – im Sinne der „kulturellen Wechselwirkung" – nach den Chancen, die die neuen Medien der Kommunikation des Evangeliums bieten.

4.1 *Kontextuelle Rahmenbedingungen:* Wir leben in einer Mediengesellschaft. Einen erheblichen Teil des Tages verbringen Menschen im Kontakt mit tertiären Medien, allen voran das Fernsehen, dann der Hörfunk und in wachsendem Maß das Internet. Das hier Kommunizierte findet – verbunden mit Produkten aus dem Printbereich und sonstigen kulturellen Einflüssen – vielfältig Eingang in die face-to-face-Kommunikation. Auch die Kommunikation des Evangeliums ist hiermit unlösbar verbunden. Teilweise wird sie explizit im Bereich der tertiären Medien betrieben, etwa in Fernsehgottesdiensten, Morgenandachten im Hörfunk, Gebet-Chats, online-Gottesdiensten usw. (s. § 20 4.3 und 4.4); teilweise bezieht sich die massenmediale Kommunikation auf die Kommunikation des Evangeliums, etwa bei Berichterstattungen zu kirchlichen Ereignissen oder in Filmen durch die Aufnahme christlicher Symbolik usw. Es besteht also kein Hiatus zwischen der massenmedialen Kommunikation und der Kommunikation des Evangeliums.

Kennzeichen der tertiärmedialen Kommunikation des Evangeliums ist eine grundsätzliche Offenheit im Zugang. Und diese ist nicht nur eine behauptete wie bei manchen milieuverengten kirchlichen Veranstaltungen, sondern leicht realisierbar durch das Einschalten des Fernsehers oder des PCs. Das entspricht in hohem Maß dem christlichen Grundimpuls. Die so ermöglichte Kommunikation steht in Spannung zur Kirchenspaltung. Schon seit langem zeigt sich z. B. bei Analysen des ZDF-Gottesdienstes, dass konfessionelle Distinktionen für die große Mehrzahl der am Bildschirm mitfeiernden Menschen keine Rolle spielen.[115] Offenkundig findet hier – jenseits der kirchenamtlichen Gremien und Dialog-Kommissionen – eine ökumenische Kommunikation des Evangeliums statt.

Insgesamt ist jedoch nicht zu leugnen, dass die Kommunikation des Evangeliums am Rande gegenwärtiger massenmedialer Kommunikation steht. Die riesige Flut von Bildern, Worten und sonstigen Reizen nivelliert die einzelne Sendung, den besonderen Beitrag. Existentiell Bedeutsames steht neben Trivialem und wird wiederum von Banalem verdeckt. Vieles kirchlich und theologisch Initiierte findet nicht den Weg in die massenmediale Öffentlichkeit. Daran ist die lange und teilweise noch heute begegnende Distanz in Theologie und Kirche gegenüber den Massenmedien nicht

---

115 S. zum diesbezüglichen ökumenischen Konzept CHARLOTTE MAGIN/HELMUT SCHWIER, Kanzel, Kreuz und Kamera. Impulse für Gottesdienst und Predigt (Beiträge zu Liturgie und Spiritualität 12), Leipzig 2005, 85–88.

unschuldig. Die kontroversen Diskussionen um die Zulässigkeit von Fernsehgottesdiensten sind dafür ein Beispiel.[116]

4.2 *Kulturkritische Spannungen:* Inhaltlich bestehen Spannungen zwischen der gegenwärtigen Medienkultur und dem christlichen Grundimpuls, auf den sich die Kommunikation des Evangeliums bezieht:

Die Kommunikation mit tertiären Medien ist ein weiterer Schritt in der – von Charles Taylor kulturgeschichtlich nachgezeichneten – Entwicklung der *„excarnation"* (s. § 10 2.2 und 4.2). Die natürlichen Lebensgrundlagen, die im christlichen Bekenntnis als Schöpfung identifiziert werden, geraten aus dem Blick. Die Leiblichkeit des Menschen ist auf seinen Gesichtssinn, eventuell sein Gehör und seinen Tastsinn (zum Bedienen von Tastatur oder Touch-Screen) beschränkt.

Auch die mit der medialen Entwicklung verbundene, ständig vorangetriebene *Beschleunigung* steht in Widerspruch zum Schöpfungsglauben, der die Ruhe als Gabe Gottes umfasst (Dtn 5, 12–15). Freie Zeit, in der unkontrolliert wahrgenommen und nachgedacht werden kann, ist eine wichtige Voraussetzung für die Kommunikation des Evangeliums. Ihr stehen die hohe Geschwindigkeit der Internet-Kommunikation, aber auch das schnelle Tempo von aneinandergereihten Filmen und Sendungen als Wirklichkeits-Konstruktionen sowie allgegenwärtiges Multi-Tasking entgegen. Vielfach von Christen erprobte Formen der Kommunikation mit Gott, sei es das Beten, das Singen oder das Lesen der Bibel, benötigen Ruhe, Zeit und Konzentration. Allerdings wird dieses Problem mittlerweile auch von Usern reflektiert. So empfiehlt z. B. William Powers einen „Interneth Sabbat".[117] In diesem Zusammenhang ist interessant, dass aus kulturwissenschaftlicher Perspektive ein Einspruch erhoben wird, der u. a. auf das Problem der Gegenwartsfixierung hinweist.

So fordert Götz Großklaus: „Die imaginären Museen der Natur und der Geschichte schaffen beruhigte Gegenzonen und ermöglichen einen psychosozialen Aufschub inmitten der unaufhaltsamen Grundbewegung einer gänzlichen De-naturierung und Ent-historisierung der Welt." (GROSSKLAUS 101)

Die durch die Reiz- und Informationsflut unvermeidliche *Inkonsistenz* von Einstellungen steht ebenfalls wichtigen biblischen Impulsen entgegen. Die Kommunikation des Evangeliums bezieht sich auf den ganzen Menschen – und nicht nur auf einen „religiösen" Bereich. Kein Lebensbereich ist ausge-

---

116 S. WILM SANDERS, Gottesdienstübertragungen im Rundfunk – Hörfunk und Fernsehen, in: HANS-CHRISTOPH SCHMIDT-LAUBER/MICHAEL MEYER-BLANCK/KARL-HEINRICH BIERITZ (Hg.), Handbuch der Liturgik. Liturgiewissenschaft in Theologie und Praxis der Kirche, Göttingen ³2003, 929–939, 933 f.
117 WILLIAM POWERS, Hamlet's BlackBerry. A Practical Philosophy for Building a Good Life in the Digital Age, New York 2010, 227.

schlossen. Die grundlose Liebe Gottes übersteigt partikulare Zugriffe. Sie richtet sich auf den ganzen Menschen. Allerdings heißt Konsistenz hier nicht dogmatische Richtigkeit. Vielmehr geht es darum, dass Menschen sich in ehrlicher Einschätzung ihrer Begabungen und Mängel, ihrer Fähigkeiten und Defizite orientieren und Lebensmut schöpfen, kurz: ein „Leben aus Glauben" (Engemann, s. § 5 2.6) führen.

Schließlich zeigt die Analyse der *Kriterien zur Nachrichtenselektion* theologisch bedenkliche Tendenzen. Das Interesse an sog. Elite-Personen steht der im Schöpfungsglauben bezeugten und in der Einladung aller Menschen zur Taufe zum Ausdruck gebrachten Gleichheit der Menschen entgegen. Die massenmedial gesuchte und geförderte Herausstellung einzelner Bischöfinnen bzw. Bischöfe – vom Papst ganz zu schweigen – widerspricht der theologischen Einsicht in das Priestertum aller Getauften. Die Konzentration auf Elite-Nationen unterläuft die positiven Implikationen der Globalisierung. Auch verdüstert die massenmedial verfolgte Tendenz zum Negativen die Lebenseinstellung von Menschen bzw. fördert einen menschenverachtenden Voyeurismus.

4.3 Chancen: Über diesen eben genannten kritischen Punkten massenmedialer Kommunikation sind die durch die Social Media eröffneten Chancen nicht zu übersehen. Sie tragen zum Abbau von Hierarchien und damit zu *symmetrischer Kommunikation* bei. Dies steht zwar in Spannung zu der Amts- und Verwaltungsstruktur, die sich in den Kirchen, allen voran der römisch-katholischen, herausgebildet hat. Doch kann diese Hierarchisierung bestenfalls als früher erforderliche Kontextualisierung innerhalb von Standesgesellschaften interpretiert werden. Heute behindert sie die Kommunikation des Evangeliums.

Dazu bieten die Social Media eine weitere Möglichkeit. Mit ihrer Hilfe kann die genannte problematische Selektion der massenmedialen Nachrichten zumindest partiell korrigiert werden. Entsprechende Communities im ökologischen und politischen Bereich geben dazu Anregungen.

Schließlich ist die *Marginalisierung der konfessionellen Distinktionen* ein positiver Impuls für die Kommunikation des Evangeliums. Der in den Social Media kommunizierte Biographiebezug löst die frühere Orientierung an überkommenen und durch Abgrenzung gewonnenen Lehrtraditionen ab. Damit ist eine größere Pluriformität in Einstellung und Verhalten gegeben, zugleich aber auch die Möglichkeit zu flexibler und ergebnisoffener Kommunikation.

5. Kapitel Kommunikation des Evangeliums – theologische Grundbestimmungen

Wie die Begriffsanalyse von „Evangelium" ergab (s. § 8 2.), vollzieht sich dessen Kommunikation auf drei verschiedene Weisen: durch Lehren und Lernen, im gemeinschaftlichen Feiern und beim Helfen zum Leben. Diese sind im Wirken Jesu untrennbar miteinander verbunden.

Im Folgenden soll die Binnenstruktur dieser Kommunikationsmodi in primär theologischer Perspektive analysiert werden. Dabei stellt sich die Frage der Reihenfolge. Gute Gründe sprechen dafür, mit dem gemeinschaftlichen Feiern zu beginnen. Die gottesdienstliche Feier bringt die für die Kommunikation des Evangeliums unverzichtbare Sozialität in thematischer Weise zur Darstellung. So wird mitunter der Gottesdienst (in der Fülle seiner verschiedenen Formen) als Mitte der Gemeinde bezeichnet. Auch das Helfen zum Leben könnte an erster Stelle stehen. Hier tritt die Perspektivveränderung durch die Kommunikation des Evangeliums in konkreter, den ganzen Menschen betreffender Weise hervor. Zudem erfreut sich die Diakonie – über den Kreis der Kirchenmitglieder hinaus – großer Wertschätzung und Zustimmung.

Trotzdem beginne ich mit Überlegungen zu Lehren und Lernen. Nicht von ungefähr setzt die Darstellung der „Vermittlung der Nähe der Gottesherrschaft" in Jürgen Beckers Jesus-Buch mit einem Abschnitt zu den Gleichnisreden ein.[1] Denn hier begegnet in didaktischer Perspektive *die neue Wirklichkeitssicht* am klarsten, nämlich in verbaler Form beschrieben. Von den in Lehr- und Lernprozessen gewonnenen Einsichten aus kann die Besonderheit des gemeinschaftlichen Feierns und des Helfens zum Leben als Modi der Kommunikation des Evangeliums bestimmt werden. Ich setze also im inhaltlichen Zentrum der Kommunikation des Evangeliums ein. Es folgt ein Blick auf dessen soziale Gestalt sowie auf dessen Verwirklichung im Alltag. Dass es dabei jeweils nur um verschiedene Perspektiven, aber keinesfalls voneinander getrennte Sachverhalte geht, zeigt die konkrete Analyse. In ihr treten u. a. die liturgische und die diakonische Dimension von Bildung, der Alltagsbezug des Gottesdienstes und seine pädagogische Dimension sowie der Zusammenhang von Liturgie und Diakonie und die sich beim Helfen zum Leben ergebende neue Sicht der Wirklichkeit hervor.

Die Darstellung der einzelnen Kommunikationsmodi beginnt jeweils mit knappen Hinweisen zu deren anthropologischem Hintergrund. Theologisch kommt hier das Fundament der Kommunikation des Evangeliums in der Schöpfung zum Ausdruck.

---

1   Jürgen Becker, Jesus von Nazaret, Berlin 1996, 176–233.

Es folgt die Erinnerung an die biblischen Grundlagen.

Dann werden in problemgeschichtlichem Interesse exemplarisch wichtige Stationen in der historischen Entwicklung bis zur Gegenwart aufgerufen: Konstellationen in der Alten Kirche, im Mittelalter, in der Reformation, in der Aufklärung sowie im 19. und 20. Jahrhundert. Sie veranschaulichen die Kontextualisierung der Kommunikation des Evangeliums. Denn Kommunikation unterliegt entsprechend den Veränderungen im Kontext ständigen Transformationsprozessen („contextual"; s. § 9 3.3). Doch begegnen kulturübergreifend („transcultural") einige Kommunikationsformen, die sich in unterschiedlichen Kontexten bewährt haben. Weiter macht die elenchthische Komparation auf neue Handlungsoptionen aufmerksam („counter-cultural"). Schließlich begegnen kulturelle Austauschprozesse, insofern sich das Christentum in verschiedenen Kulturen ausbreitete („cross-cultural").

Entsprechend dem inklusiven Grundimpuls der Kommunikation des Evangeliums weise ich dann auf die jeweiligen Verbindungen – tatsächlich, aber auch potenziell – zu den beiden anderen Kommunikationsmodi hin.

Abschließend notiere ich einige Fragen, die sich im Laufe der Christentumsgeschichte im jeweiligen Kommunikationsmodus als grundlegend erwiesen haben.

§ 13 Evangelium: im Modus des Lehrens und Lernens

Literatur: DIETRICH BENNER, Allgemeine Pädagogik. Eine systematisch-problemgeschichtliche Einführung in die Grundstruktur pädagogischen Denkens und Handelns, Weinheim ⁶2010 – CHRISTOPH GRAMZOW, Diakonie in der Schule. Theoretische Einordnung und praktische Konsequenzen auf der Grundlage einer Evaluationsstudie (APrTh 42), Leipzig 2010 – CHRISTIAN GRETHLEIN, Religionspädagogik, Berlin 1998, 307–541 – RAINER LACHMANN, Vom Westfälischen Frieden bis zur Napoleonischen Ära, in: RAINER LACHMANN/BERND SCHRÖDER (Hg.), Geschichte des evangelischen Religionsunterrichts in Deutschland. Ein Studienbuch, Neukirchen-Vluyn 2007, 78–127 – HANS BERNHARD MEYER, Eucharistie. Geschichte, Theologie, Pastoral (GDK 4), Regensburg 1989 – KARL ERNST NIPKOW, Grundfragen der Religionspädagogik Bd. 1. Gesellschaftliche Herausforderungen und theoretische Ausgangspunkte, Gütersloh ²1978, 107–127 – EUGEN PAUL, Geschichte der christlichen Erziehung Bd. 1. Antike und Mittelalter, Freiburg 1993 – BERND SCHRÖDER, Von der Reformation bis zum Dreißigjährigen Krieg, in: RAINER LACHMANN/BERND SCHRÖDER (Hg.), Geschichte des evangelischen Religionsunterrichts in Deutschland. Ein Studienbuch, Neukirchen-Vluyn 2007, 35–77 – BERND SCHRÖDER, RELIGIONSPÄDAGOGIK, TÜBINGEN 2012 – CHRISTOPH WULF, Anthropologie. Geschichte – Kultur – Philosophie, Köln 2009, 221–239

Die Gleichnisse Jesu sowie andere von ihm überlieferte Logien und Berichte initiieren bis heute Lehr- und Lernprozesse. Jesus stand dabei in der jüdischen Tradition von Propheten, Weisheitslehrern und Rabbis.

Im Laufe der Christentumsgeschichte entwickelten sich unterschiedliche, teilweise nebeneinander praktizierte und sich gegenseitig beeinflussende Formen und inhaltliche Akzentuierungen in der Kommunikation des Evangeliums zwischen den Generationen.

Dabei kam es wiederholt zu einem Austausch mit den beiden anderen genannten Kommunikationsmodi.

Im Durchgang durch verschiedene Modelle der Kommunikation des Evangeliums im Modus des Lehrens und Lernens begegnen schließlich zwei grundlegende Probleme: die Fragen nach der Lehrbarkeit des Evangeliums und nach der Bedeutung der Bibel für den Unterricht.

Vorab erinnere ich an einige anthropologische Einsichten zum Lernen.

1. Anthropologischer Hintergrund

Grundvoraussetzung für das Lehren und Lernen sind die bereits genannte Weltoffenheit (s. § 10 1.) und Sozialität (s. § 11 1.) von Menschen. Sie begründen die Notwendigkeit von Lehr- und Lernprozessen und bestimmen diese. Daraus ergibt sich zugleich deren Pluriformität.

Die lange und immer wieder umstrittene Frage nach der Bedeutung der genetischen Prägung erweist sich von hier aus als abstrakt und nicht sinnvoll (s. ausführlich BENNER 70–77). Denn es gibt keinen Menschen, der allein aus seiner genetischen Prägung lebt. Vielmehr ist der Mensch von Geburt an kulturell in vielfältige Kommunikationen und Sozialformen eingebunden. Im Einzelnen erfordern persönlichkeitsfördernde Lernprozesse (s. ausführlich NIPKOW):

– eine *verlässliche Umwelt*. Nur sie erlaubt eine zunehmende und für erwachsenes Leben (in der Regel) notwendige Selbstständigkeit.

„Der einzelne wächst in seine Selbständigkeit, auch damit in sein Vermögen, sich zu distanzieren, zu lösen, zu emanzipieren und freizuwerden, nicht ohne das vorausgehende Angebot ein, das ihn die Umwelt als grundsätzlich verläßlich erfahren läßt (möge es faktisch immer wieder auch anders sein) …" (a. a. O. 114)

– *Vertrauen*, und zwar in doppelter Hinsicht:

„Die Relation des Vertrauen-müssens – im Sinne des Ausgeliefertseins – und des Vertrauen-könnens – im Sinne aktiver Zuwendung – dürfte … die fundamentalste Beziehung des sich zeitigenden, vergegenwärtigenden Subjekts zu seiner spezifischen Umwelt sein."[2]

– *sprachliche Kommunikation*. Dadurch gewinnt der Mensch einen Eindruck von sich selbst:

„Man kann das dialektische Zustandekommen der Identität so kennzeichnen, daß das Individuum das wird, als das andere es ansprechen. Dazu gehört, daß es sich

---

2 DIETER WYSS, Strukturen der Moral. Untersuchungen zur Anthropologie und Genealogie moralischer Verhaltensweisen, Göttingen ²1970 (1968), 39.

die Welt im Gespräch mit anderen zu eigen macht und daß ihm Identität und Welt nur so lange wirklich bleiben, wie das Gespräch mit anderen aufrechterhalten wird."[3]

Kulturgeschichtlich und heute durch neurowissenschaftliche Erkenntnisse bestätigt (s. WULF 222 f.) vollziehen sich von Anfang an menschliche *Lernprozesse in mimetischer Form.*[4] Evolutionsbiologisch zeichnen sich Menschen durch die Fähigkeiten aus, „sich mit anderen Personen zu identifizieren, sie als intentional Handelnde zu begreifen und mit ihnen Aufmerksamkeit auf etwas zu richten" (a. a. O. 222). Dabei kommt es aber nicht zu einer bloßen Nachahmung. Vielmehr führen mimetische Prozesse gleichzeitig zu Ähnlichkeit und Differenz (s. a. a. O. 236), was kommunikationstheoretisch angesichts der Ergebnisoffenheit von Verständigungsprozessen naheliegt. Mimetische Lernprozesse umfassen den ganzen Menschen, also auch die leibliche Dimension, und zeichnen sich durch Intensität und Nachhaltigkeit aus.

2. Biblische Grundlagen

Lehr- und Lernprozesse vollziehen sich selbstverständlich im Alltag. Deshalb finden sie großenteils keine besondere Aufmerksamkeit. Allerdings erfordert in schriftgestützten Kulturen die Sozialisation eigene erzieherische Bemühungen, insofern Schreiben und Lesen erlernt werden müssen. So stoßen wir bereits im Alten Testament auf Texte, die vielleicht aus schulmäßigen Lehr- und Lernprozessen stammen.

2.1 *Altes Testament:* Durchmustert man das Alte Testament nach Lehr- und Lernprozessen fällt zuerst die *große Bedeutung der sinnlichen Wahrnehmung des Hörens* – und dementsprechend des Sprechens – auf. So heißt es in Jes 50,4 f.:

„Der Herr Jahwe hat mir eine Schülerzunge gegeben.

Damit ich verstünde, dem Mündigen zu ‚antworten', erweckt er ein Wort.

Morgen für Morgen weckt er mir das Ohr, zu hören wie ein Schüler."[5]

Zwar gehört zum Wahrnehmen der Taten Jahwes auch das Auge; doch die „Prävalenz des Ohrs und der Sprache für wahrhaft menschliches Verstehen" tritt deutlich hervor.[6] Dies ist neben dem Kontext einer vorwiegend oral kommunizierenden Kultur theologisch in der heilsgeschichtlichen Prägung alttestamentlichen Glaubens begründet. Denn Vergangenes kann nicht mehr

---

3   PETER L. BERGER, Zur Dialektik von Religion und Gesellschaft. Elemente einer soziologischen Theorie, Frankfurt 1988 (amer. 1967), 17.
4   Bereits im 3. Buch der Politeia Platons findet sich der Hinweise auf die Mimesis als „Synonym für Erziehung" (WULF 213).
5   Übersetzung von HANS WALTER WOLFF, Anthropologie des Alten Testaments, München ³1977, 117.
6   A. a. O. 118.

gesehen, sondern nur noch – eventuell vermittelt durch Schrift – zur Sprache gebracht werden.

Auch ein Zentralbegriff jüdischen Glaubens, die „Weisung" (Tora), impliziert Lehr- und Lernprozesse. Das sie begründende Wort Gottes ist lebensnotwendig (s. Dtn 8,3). So wird der Psalter als „Tora Davids" bezeichnet[7] und ist in seinen jüngsten Entstehungsstufen als weisheitliches „(Vor-)Lesebuch" konzipiert.[8] Eine erzieherisch ausgeformte Gestalt, obgleich keine Theorie des Lernens, erhält dieser Ansatz in der Weisheitsliteratur.[9] Hier finden sich auch methodische Hinweise, etwa für die Züchtigung Unwilliger (s. z. B. Spr 29,15).[10]

2.2 Neues Testament: Grundlegend gehören Lehr- und Lernprozesse zu Jesu Kommunikation des Evangeliums. Das kommt darin zum Ausdruck, dass er als Rabbi (z. B. Mt 26,25; Joh 1,38) und die ihm Nachfolgenden als Schüler (griech.: mathetes; bei Luther: Jünger) bezeichnet wurden.[11] Von daher verwundert es nicht, dass die Ausbreitung der frühen Gemeinden eng mit Bildungsprozessen zusammenhing.[12]

Konkret bezog sich die in § 8 2.3 skizzierte Ankündigung der Gottesherrschaft auf die „Wiederherstellung des ursprünglichen Schöpferwillens".[13] Dies führte Jesus inhaltlich an Beispielen aus: Der Hinweis auf die Unauflöslichkeit der Ehe (Mk 10,2–9), die Aufhebung der Unterscheidung von rein und unrein (Mk 7,15), die Neubestimmung des Sabbats (Mk 3,4), die Heilungen (s. § 8 2.3) und nicht zuletzt die Anrede Gottes als „Vater" (Mt 6,9) waren Ausdruck dieser schöpfungstheologischen Perspektive. Thematisch bewegten sich diese Beispiele im Bereich der primären Religionserfahrung (s. § 9 2.2), wurden aber durch den Bezug auf Gottes Handeln in einen eschatologischen Horizont gerückt. Hinsichtlich der Adressaten ist

---

7 So Reinhard Kratz, Die Tora Davids. Psalm 1 und die doxologische Fünfteilung des Psalters, in: ZThK 93 (1996), 1–34.
8 Erich Zenger, JHWH als Lehrer des Volkes und der Einzelnen im Psalter, in: Beate Ego/ Helmut Merkel (Hg.), Religiöses Lernen in der biblischen, frühjüdischen und frühchristlichen Überlieferung (WUNT 180), Tübingen 2005, 47–67, 47.
9 Ludger Schwienhorst-Schönberger, Den Ruf der Weisheit hören. Lernkonzepte in der alttestamentlichen Weisheitsliteratur, in: Beate Ego/Helmut Merkel (Hg.), Religiöses Lernen in der biblischen, frühjüdischen und frühchristlichen Überlieferung (WUNT 180), Tübingen 2005, 69–82.
10 S. die Zusammenstellung einzelner Weisungen bei Hans Walter Wolff, Anthropologie des Alten Testaments, München ³1977, 298–308.
11 S. monographisch Rainer Riesner, Jesus als Lehrer. Eine Untersuchung zum Ursprung der Evangelien-Überlieferung (WUNT II 7), Tübingen ³1988 (1981).
12 S. Udo Schnelle, Das frühe Christentum und die Bildung, in: NTS 61 (2015), 113-143.
13 Udo Schnelle, Neutestamentliche Anthropologie. Jesus – Paulus – Johannes, Neukirchen-Vluyn 1991, 15; die folgenden Beispiele werden a. a. O. 14–22 ausgeführt.

auffällig, dass sich Jesus mit seiner Lehre nicht an Menschen wandte, die „gemeinhin ... an religiösen Lehr-Lernprozessen teilhatten":

> „Als Adressaten seiner Lehre rücken die Evangelien vor allem ‚das Volk' ... (exemplarisch Mt 5,1), ‚Unmündige, Mühselige und Beladene' (exemplarisch die Jüngerberufungen und Mt 11,25–30), Frauen (exemplarisch Lk 10,38–42), Zöllner und Sünder (exemplarisch Mt 9,9–13) und schließlich auch Kinder (exemplarisch Mk 10,13–16) in den Blick. Insofern damit eine breit dokumentierte Kritik an Schriftgelehrten und Tora-Kundigen einhergeht, drückt sich in Jesu Zuwendung zu bildungsfernen Gruppen jedenfalls Kritik an einem elitären Verständnis religiösen Lehrens und Lernens aus, womöglich auch Kritik an einem Verständnis von ‚Verstehen der Weisung Gottes', das eher traditions- und bildungsbasiert ist als kairologisch."[14]

Das Verhältnis zwischen Jesus und seinen Schüler/innen war dialogisch ausgerichtet. Dies zeigen Rückfragen nach Jesu Ausführungen und die Bitte um Belehrung, wie sie das Vaterunser einleitet (Lk 11,1). Den Grund dafür gibt der Hinweis auf den gemeinsamen himmlischen Vater, der Jesus und seine Jünger in die Gemeinschaft der Kinder Gottes führt (Röm 8,14–17). Zwar bestand ein Gefälle zwischen Jesus und seinen Schülern. So ließ Matthäus Jesus strikt den Rabbi-Titel und die Meister-Anrede für die Jünger zurückweisen (Mt 23,8–12). *Doch zeigen das Leiden und Sterben Jesu, dass es sich im Verhältnis zu seinen Jüngern um keine Hierarchie im üblichen Sinn von unten und oben handelt.* Vielmehr werden die gewöhnlichen Maßstäbe umgedreht, was auch als Orientierung für den Umgang der zu Christus Gehörenden dient (Mk 10,43–45). Die Großen bzw. Ersten dienen.

Schließlich ist eindrücklich, wie Jesu Lehre sich direkt auf konkrete Lebenssituationen bezog, also keine selbstreferentielle gelehrte Schriftexegese darstellte. Sie mündete in praktische Vollzüge, wie beim Vaterunser. Dabei legte er „im Umgang mit seinen Hörerinnen und Hörern größten Wert auf aufmerksames Hören und intuitives Verstehen im Moment der Begegnung",[15] was der Ergebnisoffenheit von Kommunikation im Bereich der Daseins- und Wertorientierung entspricht.

Insgesamt ist der Inhalt des Lernens durch die Person Jesu bestimmt. Er gab die wesentlichen Impulse und seine Geschichte steht – entsprechend der Mimesis als Grundmodell des Lernens – im Zentrum der Evangelien.[16] Sie öffnet den Blick für das gegenwärtige Wirken Gottes und die Hoffnung auf sein zukünftiges Handeln.

---

14 Bernd Schröder, Lehren und Lernen im Spiegel des Neuen Testaments. Eine Sichtung der Befunde in religionspädagogischem Interesse, in: Wolfgang Kraus (Hg.), Beiträge zur urchristlichen Theologiegeschichte (BZNW 163), Berlin 2009, 497–524, 509 f.
15 A. a. O. 510 (ohne Kursivsetzung im Original).
16 Ausgeführt ist dies bei Samuel Byrskog, Das Lernen der Jesusgeschichte nach den synoptischen Evangelien, in: Beate Ego/Helmut Merkel (Hg.), Religiöses Lernen in der biblischen, frühjüdischen und frühchristlichen Überlieferung (WUNT 180), Tübingen 2005, 191–209.

3. Historische Formen

Im Folgenden skizziere ich aus der Christentumsgeschichte einige Formen der Kommunikation des Evangeliums im Modus von Lehr- und Lernprozessen. Gemäß dem mehrperspektivischen Grundansatz der vorliegenden Praktischen Theologie kommen dabei sowohl konkrete Praxisvollzüge als auch Reflexionen auf Lehr- und Lernprozesse in den Blick. Geordnet in ihrer historischen Abfolge werden sie in semiotischer Perspektive (s. § 8 1.3) rekonstruiert, also nach den handelnden Personen, verwendeten Zeichen, konkreten Situationen und den verfolgten Zielen. So lassen sich Modelle recht unterschiedlicher Art erheben. Der reformatorische Impuls wird am Beispiel Martin Luthers dargestellt. Denn dieser beschäftigte sich nicht nur intensiv theologisch und pragmatisch mit Fragen des Lehrens und Lernens, sondern erzielte damit auch große Wirkung.[17]

3.1 *Christliche Lehrer:* Weil das Wirken Jesu als das eines Lehrers verstanden wurde, verwundert es angesichts der vielfältigen antiken Schulformen nicht, dass im 2. und 3. Jahrhundert christliche Lehrer auftraten.[18] Dabei begegnen im 2. Jahrhundert *drei Formen von Lehrern: Wanderlehrer, Katecheten, also Lehrer im Auftrag und als Amtsträger der Gemeinden, und sog. freie Lehrer.*

Letztere stellten eine besondere, bis zur Mitte des 3. Jahrhunderts nachweisbare Form der Kontextualisierung dar. Am Beispiel des in Rom wirkenden *Justins (gest. um 165)* ist zu sehen, wie in urbanem Kontext die damals übliche Institution des philosophischen Lehrers für die Kommunikation des Evangeliums fruchtbar gemacht wurde. Justin präsentierte das Christentum Erwachsenen in Schriften, Streitgesprächen und mündlichem Unterricht als wahre Lehre und Lebenspraxis.

„Im Zentrum dieser Lehrvorträge standen die alttestamentlichen Schriften, die Justin als Christ exegetisierte, sowie die Weisungen Christi und der Apostel. Ausgehend von diesen beurteilte und behandelte Justin auch die griechisch-römische Philosophie, Mythologie und Religion. Auch die Fragen der christlichen Lebenspraxis wird Justin in seinem Unterricht behandelt haben."[19]

Dabei stand Justin in Kontakt, aber nicht in Abhängigkeit zur christlichen Gemeinde, ohne dass dies hinsichtlich einer (eventuellen) Beteiligung am Taufunterricht oder seines Lebensunterhaltes genauer zu bestimmen ist.

---

17 Zu Johannes Calvin s. BERND SCHRÖDER, Johannes Calvin – religionspädagogisch gelesen. Oder: Historische Religionspädagogik als Erforschung der Wirkungsgeschichte des Unterrichts in christlicher Religion, in: ZThK 107 (2010), 348–371, der auf die geringe Bedeutung explizit katechetischer Reflexion bei Calvin (a. a. O. 349), zugleich aber dessen erhebliche Wirkung im Bereich der Institutionalisierung christlicher Erziehung hinweist (a. a. O. 358–365).
18 S. monographisch ULRICH NEYMEYR, Die christlichen Lehrer im zweiten Jahrhundert. Ihre Lehrtätigkeit, ihr Selbstverständnis und ihre Geschichte (SVigChr 4), Leiden 1989.
19 A. a. O. 28.

Am Beispiel des Origenes (gest. ca. 253/54) kann man den Übergang eines christlichen Lehrers in ein kirchliches Amt (als Presbyter) – und damit verbundene Probleme – studieren.[20]

Interessant an den christlichen Lehrern des 2. und 3. Jahrhunderts ist das Bemühen, den Wahrheitsanspruch des christlichen Glaubens mit den damals üblichen philosophischen Umgangsformen durchzusetzen. Dabei sind erhebliche inhaltliche und methodische Differenzen zu beobachten, die auf große Pluriformität schließen lassen.

Schließlich zeigt sich in der besonderen Organisationsform der christlichen „Schule" bereits in der Frühzeit des Christentums die Tendenz, *jenseits der Gemeindestrukturen Orte der Kommunikation des Evangeliums* auszubilden.

3.2 *Taufkatechumenat:* Ebenfalls an Erwachsene richtete sich das seit dem 2. Jahrhundert an verschiedenen Orten nachweisbare Taufkatechumenat (s. zum Einzelnen PAUL 45–57). Besonders ausführlich wird es in der lange Zeit dem Hippolyt zugeschriebenen Traditio Apostolica aus dem 3. (bzw. 4.) Jahrhundert dargestellt.[21] Es vollzog sich folgendermaßen:[22]

„(XVII) Dauer des Katechumenats: 3 Jahre
Lehrplan: christliches Leben; Unterweisungen
Gottesdienstteilnahme (ohne Teilnahme an der Eucharistie)

(XX) Zulassungsprüfung zur Taufe
Einzelexorzismus
Donnerstag: Selbstreinigung der Taufkandidaten
Freitag und Samstag: Fasten
Samstag: Versammlung der Taufkandidaten mit Gebet, Niederknien, Handauflegung und Exorzismus durch Bischof, anschließendes Ins-Gesicht-Blasen und Versiegeln der Stirn, der Ohren und der Nase
Nachtwache unter Lesungen und Belehrungen

(XXI) Taufmorgen (Hahnenschrei)
Gebet über dem (möglichst reinen und fließenden) Wasser
Entkleidung der Täuflinge
Taufe in der Reihenfolge Kinder, Männer, Frauen (ohne Schmuck)
Ölweihen
Aufstellen der Diakone
Absage an Teufel
Salbung, Taufakt, Salbung

---

20 S. CHRISTOPH MARKSCHIES, Origenes, in: ⁴RGG Bd. 6 (2003), 657–662.
21 Zu den schwierigen Fragen der genauen Abfassungszeit und der Autorschaft s. die recht radikalen Anfragen von CHRISTOPH MARKSCHIES, Wer schrieb die sogenannte Traditio Apostolica?, in: WOLFGANG KINZIG/CHRISTOPH MARKSCHIES/MARKUS VINCENT, Tauffragen und Bekenntnis (AKG 74), Berlin 1999, 1–79.
22 Die römischen Zahlen in Klammern nennen die jeweiligen Kapitel der Traditio Apostolica. Deren ausführliche Darstellung und semiotische Interpretation findet sich bei RUDOLF ROOSEN, Taufe lebendig. Taufsymbolik neu verstehen, Hannover 1990.

(XXII) In der Kirche:
Handauflegung, Salbung, Siegelung, Kuss
Vaterunser
Friedenskuss
Taufeucharistie mit drei Kelchen (Wein, mit Honig vermischte Milch, Wasser)
Selbstverpflichtung der Neugetauften"[23]

Zuerst fällt die Sorgfalt auf, mit der Lehr- und Lernprozesse inszeniert wurden. Schon die Dauer des Katechumenats von in der Regel drei Jahren weist darauf hin. In abwechslungsreicher Weise erfolgte die Vorbereitung auf den Zugang zur Gemeinde: an unterschiedlichen Orten (Kirche, Taufstelle im Freien) und durch verschiedene Personen (Bischof, Diakone, mitfeiernde Gemeinde). Inhaltlich beeindruckt die Vielfalt der verwendeten Zeichen. Deren genauere ritualtheoretische Analyse zeigt, dass sie wichtige Inhalte der Taufe mit allen Sinnen erfahrbar werden ließen:

> „Das Motiv ‚Tod und Sterben' ist symbolisiert durch die Separationsphase des Passagerituals, aber auch durch ein semantisches Merkmal des Taufwassers. Das Motiv ‚Wiedergeburt und neues Leben' wurde durch die Aggregationsphase des Rituals eingespielt, aber auch durch die Symbolik der Taufzeit, den Wasserritus und den mit Milch und Honig gefüllten Kelch während der Taufeucharistie. Das Reinigungsmotiv findet man im Wasserritus, bei den Salbwirkungen und im Wasserkelch der Taufeucharistie. Die ‚Eingliederung in die Gemeinde Jesu Christi' wurde durch das Passageritual als Ganzes vollzogen, aber auch durch die Absage an den Teufel, durch das bekräftigte Glaubensbekenntnis während der Taufe und durch das Einigungsritual in der Kirche (Kuß – gemeinsames Gebet – Taufeucharistie). Das Motiv ‚Anteilgeben an Christus' realisierte sich in der Osternachterfahrung, im Glaubensbekenntnis, im Siegel und in der Taufeucharistie."[24]

Dadurch entstand – verstärkt durch den Kontrast zur paganen Umgebung[25] – ein das weitere Leben nachhaltig prägender Eindruck. Die Endphase von Donnerstag bis Sonntag nimmt mimetisch Ereignisse aus den letzten Tagen Jesu auf. Weiter ist die *enge Verbindung des Katechumenats mit Elementen der Feier* hervorzuheben, sowohl an den Sonntagen als auch in den letzten drei Tagen.

Allerdings deutet sich bereits im Text der Traditio Apostolica ein Problem an. Es wird berichtet, dass auch Kinder getauft wurden. Von deren Vor- oder wohl besser: Nachbereitung lesen wir nichts. Wahrscheinlich wurden sie durch ihre getauften Eltern selbstverständlich in christliche Lebensvollzüge hineingenommen und in der Familie zu Christen erzogen. Als jedoch die Kindertaufe, konkret die Taufe von Säuglingen, im 5. Jahrhundert zur Regel wurde, hatte die exklusive Ausrichtung des Taufkatechumenats auf

---

23 Zusammenfassung nach CHRISTIAN GRETHLEIN, Taufe, in: DERS./GÜNTER RUDDAT (Hg.), Liturgisches Kompendium, Göttingen 2003, 305–328, 307f.
24 RUDOLF ROOSEN, Taufe lebendig. Taufsymbolik neu verstehen, Hannover 1990, 36.
25 S. REINHARD MESSNER, Einführung in die Liturgiewissenschaft, Paderborn 2001, 96.

§ 13 Evangelium: im Modus des Lehrens und Lernens   265

Erwachsene und das Fehlen von Lehr- und Lernprozessen für Kinder schwierige Konsequenzen. Die Säuglinge wurden kurz nach der Geburt getauft, aber die ursprünglich mit der Taufe verbundenen Lernprozesse fielen weg. Dieses Defizit konnte die gelegentliche Teilnahme der Kinder am Gottesdienst (s. hierzu PAUL 68–71) nicht ausgleichen.

3.3 *Klosterschulen:* In der Antike hatten die – an Bildung interessierten[26] – Christen ihre Kinder den damals üblichen Institutionen übergeben. Dass dabei heidnische Inhalte gelernt wurden – etwa durch das mit der Homer-Lektüre verbundene antike Pantheon –, nahmen sie in Kauf (s. PAUL 18–27). Erst bei Zusammenbruch des weströmischen Reichs und damit der antikheidnischen Bildungsinstitutionen kam es zum – langsamen – Aufbau christlicher Einrichtungen. In der jetzt vor allem ruralen Kultur bildeten die Klöster Inseln der Gelehrsamkeit inmitten einer sonst weithin illiteraten Umgebung. Hier entstand *eine eigene Institution für die christliche Erziehung von Kindern*, die Klosterschule.[27]

Ursprünglich bezog sich die klösterliche Lebensform nur auf Erwachsene mit asketischen Neigungen. Dabei stand die geistliche Ausrichtung im Vordergrund, (formale) Bildung war damit nur mittelbar verbunden. Allerdings wird bereits vom Beginn des 6. Jahrhunderts an von Kindern berichtet, die in Klöstern aufwuchsen. Ihre Übergabe vollzog sich in einem eigenen Ritus, der sog. Oblation (lat.: Oblatio pueri = Übergabe des Knaben), wie sie etwa die Benediktus-Regel vorsieht.[28] Neben Kindern, die von ihren Familien ins Kloster gebracht wurden, fanden Findelkinder Aufnahme. Auf jeden Fall stellte sich die Notwendigkeit, im Kloster Kinder zu erziehen. Dabei wurden zum einen die Kinder – Mädchen kamen in Nonnenklöster – ins klösterliche Leben, etwa beim Stundengebet, integriert, zum anderen wurde eine eigene Unterweisung konzipiert, die ein beauftragter Mönch durchführte. Hier wird also das Evangelium in der gemeinsamen Feier und im Unterricht kommuniziert. Die Teilnahme am klösterlichen Leben war zugleich Lebensform und Bildungsziel, die Kinder wurden zum Kleriker bzw. zur Nonne ausge-

---

26 Generell galt in der Antike, dass nur Kinder von freien und voll rechtsfähigen Bürgern Zugang zur am Ideal der humanitas (mit den stoischen Tugenden Mäßigung, Selbstbeherrschung, Besonnenheit, Mut, Gerechtigkeit) orientierten Bildung hatten (PIERRE RICHÉ, Bildung IV. Alte Kirche und Mittelalter, in: TRE 6 [1980], 595–611, 595).
27 S. hierzu genauer HORST RUPP, Religiöse Bildung und Erziehung im Mittelalter, in: RAINER LACHMANN/BERND SCHRÖDER (Hg.), Geschichte des evangelischen Religionsunterrichts in Deutschland, Neukirchen-Vluyn 2007, 17–34, 19–22.
28 S. die entsprechenden Belege und eine diskurstheoretische Analyse bei MARCELL SASS, Schulanfang und Gottesdienst. Religionspädagogische Studien zur Feierpraxis im Kontext der Einschulung (APrTh 45), Leipzig 2010, 236–271. Zur pädagogischen Struktur der Regula Benedicti s. RALF KOERRENZ, Evangelium und Schule. Studien zur strukturellen Religionspädagogik, Leipzig 2003, 42–67.

bildet. Das Kloster als Ganzes firmierte als „schola" (Schule), es war eine „Lebensschule" (PAUL 123). Dieser Charakter bezog sich gleichermaßen auf Kinder und erwachsene Mönche, wie beispielsweise die Regula Magistri aus der ersten Hälfte des 6. Jahrhunderts zeigt (s. ebd.).

Die Tatsache, dass von Anfang an manche Kinder nur auf Zeit dem Kloster übergeben wurden – obgleich dies etwa die Regula Benedicti ablehnte –, führte zu einer Stärkung eigener Bildungsbemühungen in den Klöstern. Denn bei diesen Kindern war das Mönchsein nicht selbstverständliches Ziel. Institutionell kam es zur Unterscheidung zwischen der „schola interna" und der „schola externa".

Bei den Inhalten dominierten die *Psalmen* als Gebete. In den einzelnen Ordnungen taucht die Forderung, die Psalmen zu memorieren, „fast überall stereotyp" auf (a. a. O. 129 Anm. 1). Hier knüpfte die klösterliche Erziehung an Einsichten der Kirchenväter an (a. a. O. 130 f.). Unterrichtsstunden und klösterliches Leben koinzidierten in hohem Maß. Denn die Psalmen prägten die monastische Frömmigkeit in den Stundengebeten, aber auch in den anderen Liturgien. Dabei wurden sie als Gebete Christi, Gebete der Kirche an Christus und als Aussagen über Christus verstanden (a. a. O. 132). Diese Hochschätzung des Psalters begegnet Jahrhunderte später bei den Reformatoren. Heute gewinnen die Psalmen wieder an Bedeutung für den Religionsunterricht.[29]

Die in den Klosterschulen selbstverständliche kirchliche Imprägnierung schulischer Bildung und Erziehung setzte sich in den nachfolgenden Schultypen der Dom- und Kathedralschulen fort. Allerdings fehlte dort der prägende klösterliche Lebensraum. So trat bei wachsenden wirtschaftlichen Anforderungen die exklusive Ausrichtung auf religiöse Inhalte zurück. Ab dem 12. Jahrhundert breiteten sich die Deutschen Lese-, Schreib- und Rechenschulen aus.

3.4 Reformatorischer Impuls: Bildungs- und schulgeschichtlich stellt die Reformation einen tiefen Einschnitt dar. Seitdem ist das Christentum für die Menschen erfahrbar[30] gespalten. Der Wegfall der selbstverständlich erscheinenden gemeinsamen Glaubensüberzeugung erforderte verstärkte Bildungsbemühungen, um die Differenzen zu kennen und die eigene Zugehörigkeit zu verstehen (s. SCHRÖDER, Reformation 37 f.).

Ausgangspunkt der reformatorischen Impulse für die Kommunikation des Evangeliums im Modus von Lehr- und Lernprozessen war eine tiefe, teils

---

29 S. z. B. INGO BALDERMANN, Psalmen, in: MIRJAM ZIMMERMANN/RUBEN ZIMMERMANN (Hg.), Handbuch Bibeldidaktik, Tübingen 2013, 138-144.
30 Das Schisma gegenüber der Ostkirche (1054) berührte den direkten Lebensvollzug der Menschen im deutschen Sprachraum nicht.

§ 13 Evangelium: im Modus des Lehrens und Lernens 267

bestehende, teils durch die Reformation selbst hervorgerufene Krise des Schulwesens (s. a. a. O. 39 f.):

Zum einen war das Bildungsniveau des Großteils der Bevölkerung erschreckend gering. Die Visitatoren berichteten von Unkenntnis grundlegender christlicher Glaubensinhalte:

> „Ich hab (sc. berichtet ein Visitator im Nürnberger Raum, C. G.) unlängsten einem alten Mann bei 80 Jahren das Abendmahl reichen sollen. Als ich gefragt, wie viel Götter wären, hat er geantwortet: sechs. Darüber ich ihn erinnere, wo er hingedächte, wäre so alt worden und hätte nit soviel gelernet, daß in einiger Gott und drei Personen in dreieinig Gottheit wären. Darauf er gesagt: ‚Ei, sollte das nur einer sein, hab ich je gemeint, es sein sechs'. Eben das ist mir diese Wochen bei einer alten Frau, die noch krank ist, begegnet; die hat mir auch die Antwort gegeben, es sein drei Götter."[31]

Zum anderen bedrohte die theologische Kritik am monastischen Lebensstil das höhere Schulwesen, insofern zahlreiche Klöster und damit Klosterschulen aufgelöst wurden.

Theologisch erkannten die Reformatoren die große Bedeutung von Bildung. Denn nach ihrer Überzeugung steht jeder Mensch in einer direkten, nur durch Christus vermittelten Beziehung zu Gott, in der er – auch durch Kleriker – nicht vertreten werden kann. Deshalb bedarf jeder Mensch der Bildung hinsichtlich seines Verhältnisses zu Gott. Von daher hatte für *Martin Luther (1483–1546)* die Frage nach der rechten Erziehung und Bildung *soteriologische Qualität* – bei ihm ausgedrückt im Kampf zwischen Christus und dem Teufel, der Schulen und Bildung verhindern will (s. WA 15,29 f.). Zugleich sah Luther durch seine Unterscheidung zwischen den beiden Regimenten ein Eigenrecht des Erzieherischen, das nicht theologisch überhöht werden darf.[32] So wandte er sich zum einen an die staatliche Obrigkeit mit dem Anliegen, Schulen einzurichten, und zwar in drei wichtigen Schriften:

„An den christlichen Adel deutscher Nation von des christlichen Standes Besserung" (1520; WA 6, 404–465);

„An die Ratsherrn aller Städte deutschen Lands, dass sie christliche Schulen aufrichten und halten sollen" (1524; WA 15, 27–53);

„Eine Predigt, dass man Kinder zur Schulen halten solle" (1530; WA 30,2, 517–588).

Zum anderen waren die Häuser, unter den damaligen patriarchalischen Verhältnissen konkret die Hausväter, seine Ansprechpartner. Bei ihnen sah er

---

31 Zitiert nach KLAUS LEDER, Kirche und Jugend in Nürnberg und seinem Landgebiet 1400 bis 1800, Neustadt 1973, 159.
32 S. MARKUS WRIEDT, Erneuerung der Frömmigkeit durch Ausbildung: Zur theologischen Begründung der evangelischen Bildungsreform bei Luther und Melanchthon, in: MATTHIEU ARNOLD/ROLF DECOT (Hg.), Frömmigkeit und Spiritualität. Auswirkungen der Reformation im 16. und 17. Jahrhundert, Göttingen 2009, 59–71.

die primäre Verpflichtung zur Erziehung der Kinder. Deshalb adressierte er an sie die Stücke des Kleinen Katechismus, die zu Luthers Lebzeiten verbreitetste seiner Schriften.[33] Zugleich wusste er aber, dass viele Familien dieser Aufgabe aus unterschiedlichen Gründen (Bosheit, Nichtvermögen, Zeitmangel; so WA 15,32) nicht entsprachen, und engagierte sich für die Einrichtung von Schulen. Dabei bemühte sich Luther besonders um den Bereich der Elementarschulen, sein Mitstreiter Philipp Melanchthon leistete wichtige Beiträge zur Weiterentwicklung der Lateinschulen (s. genauer SCHRÖDER, Reformation 42–45).

Der *Kleine Katechismus* stellt eine didaktisch herausragende Leistung dar. In elementarer Weise präsentiert er die wesentlichen „Hauptstücke" christlichen Glaubens:

- „Der Kleine Katechismus beginnt mit dem Dekalog (Zehn Gebote). Hier erfolgt eine – theologisch begründete (1. Gebot!) – ethische Grundorientierung. …
- Es folgt das Glaubensbekenntnis, konkret das Apostolicum. Hier erhält der Mensch Kenntnis von seiner Beziehung zu Gott als seinem Lebensgrund, seinem Erlöser und Erneuerer.
- Im Vaterunser wird in die persönliche Beziehung zu Gott eingeübt. Dabei kommen die Bedürfnisse und Nöte des Menschen zur Sprache.
- Es folgen Ausführungen zu Taufe und Abendmahl (und später zur Beichte) als den für christliches Leben grundlegenden Vollzügen.
- Dann leiten Morgen- und Abendsegen (sowie später ein Tischgebet) zu christlicher Zeiteinteilung an. Dabei ist – aus pädagogischer Perspektive – interessant, dass sogar Anweisungen zum leibhaften Vollzug – Bekreuzigen und eventuell Niederknien – gegeben werden.
- Abgeschlossen wird der Kleine Katechismus durch eine Haustafel, also auf die jeweilige soziale Situation bezogene Verhaltensregeln".[34]

Die Vermittlung kognitiver Kenntnisse und die Vollzüge christlicher Praxis gehen also ineinander über. Dies war nicht auf den Bereich des Hauses beschränkt. Auch in den Schulen der damaligen Zeit gehörten liturgische Formen wie Morgengebet und sonstige Gottesdienste ebenso dazu wie die Unterrichtsstunden. Eine Brückenfunktion nahm dabei das *Singen kirchlicher Lieder* ein: „Gesang war Teil des Unterrichts und zugleich ein wichtiges Bindeglied zwischen Schule und Gottesdienst!" (SCHRÖDER, Reformation 56; s. § 26 2.)

Der wirkungsgeschichtliche Erfolg des Kleinen Katechismus *relativierte die Bedeutung der Bibel* für den schulischen Unterricht, galt doch der Katechismus als eine „Laienbibel" (a. a. O. 57). Auch Melanchthon orientierte sich für die Lateinschule am Kriterium der Verständlichkeit und riet so von

---

33 JOHANNES SCHILLING, Katechismen, in: ALBRECHT BEUTEL (Hg.), Luther Handbuch, Tübingen 2005, 305–312, 308.
34 CHRISTIAN GRETHLEIN, Fachdidaktik Religion, Göttingen 2005, 34 (ohne Kursivsetzungen im Original).

der Verwendung des Propheten Jesaja, des Römerbriefs und des Johannesevangeliums im Unterricht ausdrücklich ab.[35] Biblische Zentralschriften für reformatorische Theologie wurden also aus Gründen der Verständlichkeit nicht in der Schule gelesen.

3.5 *Aufgeklärter Religionsunterricht:* Weitere wichtige Einsichten zur Kommunikation des Evangeliums im Modus von Lehr- und Lernprozessen sowie daraus resultierende Impulse für die Praxis finden sich bei Schulmännern der Aufklärung. Gegenüber der Reformationszeit hatte sich der kulturelle und politische Kontext verändert:

> „Das ist einmal die durch die Aufklärung bewirkte Infragestellung bisher relativ unangefochtener Traditionen und Lehrinhalte, die den herkömmlichen Religionsunterricht orthodoxer und … pietistischer Prägung mit seinem unverrückbar vorgegebenen theologischen Lehrbestand an entscheidender Stelle traf und veränderte. …
> Als zweiter Faktor … muss die Herausbildung der Pädagogik zur eigenständigen Wissenschaft und deren Integration in die religionspädagogische Reflexion genannt werden. …
> Die in der Aufklärungszeit einsetzende Verstaatlichung des Schulwesens ist schließlich ein drittes Moment, das den aufklärerischen Religionsunterricht wirkkräftig veränderte." (LACHMANN 109 f., ohne Kursivsetzung im Original)

Dementsprechend entwickelte sich jetzt erstmals im Bereich der Elementarschulen ein Religionsunterricht, der vom übrigen Unterricht unterschieden war.

Pädagogisch, wenn auch lange nicht in der Schulpraxis, war die *Sicht vom Kind her,* und nicht mehr von vorgegebenen Stoffen, entscheidend.

Christian Gotthilf Salzmann (1744–1811)[36] legte mit seinen Religionsbüchern[37], die als Kinderromane verfasst waren, ein durchgängiges Konzept für einen aufgeklärten Religionsunterricht vor. Dabei war der konkrete Kontext eine Familie mit Hauslehrer.

Im ersten Buch, an Kinder zwischen acht und zehn Jahren gerichtet, blieb der Inhalt auf Moralunterricht beschränkt. Erst im zweiten, an ältere Kinder adressierten Roman wurde das Wort „Gott" eingeführt, und zwar in doppelter Weise. Zuerst

---

35 Nach DIETER STOODT (Hg.), Arbeitsbuch zur Geschichte des evangelischen Religionsunterrichts in Deutschland, Münster 1985, 162.
36 S. monographisch RAINER LACHMANN, Die Religions-Pädagogik Christian Gotthilf Salzmanns. Ein Beitrag zur Religionspädagogik der Aufklärung und Gegenwart (AHRp 2), Jena 2005.
37 Jetzt im Nachdruck gut greifbar: CHRISTIAN GOTTHILF SALZMANN, Religionsbücher. Erster Unterricht in der Sittenlehre für Kinder von acht bis zehn Jahren, 1805 (1803); Heinrich Gottschalk in seiner Familie, oder erster Religionsunterricht für Kinder von 10 bis 12 Jahren, 1807 (1804); Unterricht in der christlichen Religion, 1808 (Schulbücher vom 18. bis 20. Jahrhundert 6), hg. v. RAINER LACHMANN, Köln 1994.

näherte sich der Hauslehrer „Gott" durch Naturbetrachtungen an, die der Frage nach dem Urheber von Allem nachgehen.[38] In einem zweiten Schritt erzählte der Großvater der Kinder in existentieller Weise angesichts seines näher rückenden Todes von Gott.[39]

Auch im Philanthropinum in Dessau, der aufklärerischen Musterschule, 1771 gegründet und als Internat geführt, begegnet eine solche Zweigleisigkeit. Neben dem Religionsunterricht, der bewusst in Distanz zur Kirche und ihren Lehren erteilt wurde, fanden *liturgische Feiern zur „Gottesverehrung"* statt. Offenkundig konnten die Philanthropen in ihrer Kinderorientierung auf diese Kommunikationsform nicht verzichten.

Die Distanz der verfassten Kirche zur aufklärerischen Pädagogik zeigte sich z. B. darin, dass Salzmann, obgleich examinierter Theologe, keinen Konfirmandenunterricht erteilen durfte. Zunehmend verlagerte sich der Katechismusunterricht in den gemeindlichen Bereich, während aufgeklärte Lehrer einen moralischen Sittenunterricht bevorzugten. Allerdings überwogen in der Praxis des schulischen Religionsunterrichts die inhaltliche Bindung an den Katechismus und die methodische Präferenz für das Memorieren von Katechismusstücken, Bibelversen und Kirchenliedern. Dafür sorgte schon die regional bis zum Anfang des 20. Jahrhundertes bestehende geistliche Schulaufsicht.[40]

3.6 *Kritik schulischen Religionsunterrichts:* Weitere wichtige Gesichtspunkte zur Kommunikation des Evangeliums im Modus von Lehr- und Lernprozessen steuerte *Friedrich Schleiermacher (1768–1834)* bei. Bereits in den berühmten „Reden", die er im Alter von 31 Jahren verfasste, distanzierte er sich klar vom schulischen Religionsunterricht. Dies ergab sich aus seinem Religionsverständnis. Gegenüber der Metaphysik und der Moral wies er der Religion – oder wie er später sagte: der „Frömmigkeit" – in der zweiten Rede emphatisch einen eigenen Ort zu:

> „Anschauen des Universums, ich bitte, befreundet Euch mit diesem Begriff, er ist der Angel meiner ganzen Rede, er ist die allgemeinste und höchste Formel der Religion, woraus Ihr jeden Ort in derselben finden könnt, woraus sich ihr Wesen und ihre Grenzen aufs genaueste bestimmen lassen."[41]

Schon in der Kindheit ist „Religion" im Gemüt angelegt – als „geheime, unverstandene Neigung" (97) – und muss vor Irritationen wie durch die

---

38 Salzmann, Heinrich Gottschalk 29–35.
39 A.a.O. 42f.
40 S. Rainer Lachmann, Geistliche Schulaufsicht, in: LexRP 1 (2001), 668f.
41 Friedrich Schleiermacher, Über die Religion, Reden an die Gebildeten unter ihren Verächtern, Stuttgart 1969, 38 (OP 55). Die in Klammern gesetzten Seitenzahlen in diesem Abschnitt beziehen sich auf dieses Buch (in der Reclam-Ausgabe).

„Wut des Verstehens" (96) bewahrt werden. Deshalb erschien Schleiermacher ein diesbezüglicher Unterricht unangemessen:

> „Alles, was, wie sie (sc. die Religion, C. G.), ein Kontinuum sein soll im menschlichen Gemüt, liegt weit außer dem Gebiet des Lehrens und Anbildens. Darum ist jedem, der die Religion so ansieht, Unterricht in ihr ein abgeschmacktes und sinnleeres Wort. ... Anschauen können wir sie nicht lehren, wir können nicht aus uns in sie übertragen die Kraft und Fertigkeit, vor welchen Gegenständen wir uns auch befinden, dennoch überall das ursprüngliche Licht des Universums aus ihnen einzusaugen in unser Organ; das mimische Talent ihrer Phantasie können wir vielleicht so weit aufregen, daß es ihnen leicht wird, wenn Anschauungen der Religion ihnen mit starken Farben vorgemalt werden, einige Regungen in sich hervorzubringen ..." (93 f.)

Auch in seiner späteren Pädagogik-Vorlesung (1826) kritisierte Schleiermacher den Religionsunterricht. In ihm konnte er lediglich ein Relikt der früheren Unterordnung der Schule unter die Kirche erkennen.[42] Dagegen sah er in der *Familie*, vorzüglich bei der Mutter, den legitimen Ort der Religion und ihrer Weitergabe, wobei auch hier jede Mechanik zu vermeiden sei:

> „... wenn die Mutter ihr Kind zur Ruhe niederlegt, wird sie selbst nicht leicht ohne religiöse Erregung sein ... es kann nicht ausbleiben, daß diese Erregung dem Kinde sich mitteilt, aber dies hat doch nichts zu schaffen mit jener Weise, die, ohne auf innere Erregung zu sehen, die bestimmte Zeit nur festhalten will, um an diese den religiösen Entwicklungsprozeß zu binden."[43]

Religion ist nur in einem „dynamischen Lebenszusammenhang" weiterzugeben, eben in ergebnisoffenen Kommunikationsprozessen.[44] Sehr anschaulich tritt dies in der berühmten „Weihnachtsfeier"[45] hervor (s. § 14 3.6).[46]

3.7 *Verschulung religiöser Erziehung:* Entgegen dem bei Schleiermacher begegnenden Bemühen, „Religion" einem funktionalen Zugriff zu entziehen, wies die Schulgeschichte im 19. Jahrhundert in eine andere Richtung. Denn der Staat nahm jetzt den Ausbau des Schulwesens in die eigene Hand:

> „Wohl zu Recht erkannte der Staat in der Herrschaft über die Schule ein wichtiges Instrument der sozialen Kontrolle seiner Staatsbürger, wobei gerade auch die Funktion des Religionsunterrichts hier nicht übersehen werden darf. Das Schlag- und

---

42 S. FRIEDRICH SCHLEIERMACHER, Pädagogische Schriften I. Die Vorlesungen aus dem Jahre 1826, hg. v. ERICH WENIGER, Frankfurt 1983, 339.
43 A. a. O. 227.
44 MARTINA KUMLEHN, Symbolisierendes Handeln. Schleiermachers Theorie religiöser Kommunikation und ihre Bedeutung für die gegenwärtige Religionspädagogik, Gütersloh 1999, 281.
45 FRIEDRICH SCHLEIERMACHER, Die Weihnachtsfeier. Ein Gespräch (KGA I,5), Berlin 1995, 39–100.
46 S. MARTINA KUMLEHN, Symbolisierendes Handeln. Schleiermachers Theorie religiöser Kommunikation und ihre Bedeutung für die gegenwärtige Religionspädagogik, Gütersloh 1999, 322 f.

Kampfwort ‚Wer die Schule hat, der hat die Zukunft' hatte gerade im 19. Jahrhundert Konjunktur."[47]

Die von Schleiermacher geforderte Besonderheit des Religiösen wurde funktional eingezogen. Dem entsprach die im 19. Jahrhundert zu beobachtende Herausbildung eigener, nur auf den Religionsunterricht bezogener didaktischer Bemühungen.[48] Zwar unterschieden sich hier die Positionen beträchtlich. Wie auch sonst in der damaligen Theologie standen sich „Positive" und „Liberale" gegenüber.[49] Doch war ihnen die Konzentration auf den Religionsunterricht als schulisches Fach gemeinsam. Die dabei verfolgten Ziele, Charakterbildung bzw. Bekehrung, standen in deutlicher Spannung zu den Möglichkeiten eines nur wenige Wochenstunden umfassenden Fachs. Dazu trat das gemeinsame staatliche und kirchenamtliche Interesse an gehorsamen Untertanen. Es verbannte – wie die Stiehlschen Regulative zur Ausbildung an den Lehrerseminaren zeigen[50] – jede Form ergebnisoffener Kommunikation aus der Schule. Stattdessen wurden feste und umfangreiche Memorierstoffe im Religionsunterricht etabliert (s. § 17 2.2).

Auch in der weiteren Entwicklung des Fachs und der sich seit dem Ende des 19. Jahrhunderts institutionalisierenden Religionspädagogik blieb dieser Grundzug bestehen: *Im Zentrum stand ein schulisches Unterrichtsfach.* Der bis dahin bei der Kommunikation des Evangeliums in Form von Lehr- und Lernprozessen selbstverständlich integrierte lebensweltliche Kontext rückte in den Hintergrund.

Es ist zu fragen, inwieweit ein solch exklusiv betriebenes Unterrichtsfach Raum für die Kommunikation des Evangeliums eröffnet. Sowohl die psychologischen Ansätze in der von Johann Herbart herkommenden Religionslehrerschaft[51] als auch die Orientierung an Katechismus und Bibel bei den „positiven" Religionslehrern hatten hier gemeinsam eine Grenze.

---

47 Horst Rupp, Vom Reichsdeputationshauptschluss bis zur Reichsgründung, in: Rainer Lachmann/Bernd Schröder (Hg.), Geschichte des evangelischen Religionsunterrichts in Deutschland. Ein Studienbuch, Neukirchen-Vluyn 2007, 128–166, 129 f.
48 S. Johannes Wischmeyer, Protestantische Katechetik – Institutionelle Kontexte und wissenschaftliche Profile im langen 19. Jahrhundert, in: Bernd Schröder (Hg.), Institutionalisierung und Profilierung der Religionspädagogik. Historisch-systematische Studien zu ihrer Genese als Wissenschaft (PThGG 8), Tübingen 2009, 53–88.
49 S. Antje Roggenkamp-Kaufmann, Religionspädagogik als „Praktische Theologie". Zur Entstehung der Religionspädagogik in Kaiserreich und Weimarer Republik (APrTh 20), Leipzig 2001, 365–513, die am Beispiel des Umgangs mit Altem und Neuem Testament, mit der Kirchengeschichte und der „Katechetik" die unterschiedlichen theologischen Prägungen der Religionslehrer rekonstruiert.
50 Die religionsdidaktisch wichtigen Passagen sind abgedruckt in: Karl Ernst Nipkow/Friedrich Schweitzer (Hg.), Religionspädagogik. Texte zur evangelischen Erziehungs- und Bildungsverantwortung seit der Reformation Bd. 2/1: 19. und 20. Jahrhundert (TB 88), Gütersloh 1994, 98–106.
51 S. grundlegend Friedhelm Jacobs, Die religionspädagogische Wende zum Herbartianismus (PF 44), Heidelberg ²1994 sowie Gerhard Pfister, Vergessene Väter der modernen Religi-

Zwar finden sich in den religionspädagogischen Publikationen immer wieder Hinweise auf die Bedeutung der Familie, doch führte dies nicht zu einer didaktischen Reflexion auf daraus resultierende Konsequenzen für die Bestimmung der Möglichkeiten und Grenzen des schulischen Religionsunterrichts. Auch der unter dem Vorzeichen der Wort-Gottes-Theologie betriebene programmatische Anschluss des Religionsunterrichts an die Kirche führte letztlich zum Programm der „Kirche in der Schule",[52] zweifellos eine Überforderung des Schulfachs.

Die Konzentration auf das schulische Unterrichtsfach ist ein Unikum in der Entwicklung der Kommunikation des Evangeliums im Modus von Lehr- und Lernprozessen. Sie ist kontextuell nur von der staatlichen Schulpolitik und der engen Verbindung von Staat und Kirche her zu verstehen. In der Logik dieser Entwicklung traten die an den meisten Schulen begangenen liturgischen Feiern zurück. Vielerorts wurden sie aufgegeben.

Eine konzeptionelle Konsequenz daraus war, die Zielsetzung dieses Fachs radikal auf eine Religionskunde, eventuell sogar im religionskritischen Sinn, umzustellen.[53] Allerdings fehlte dazu in den meisten Bundesländern der rechtliche Rahmen; zudem war dieses Programm wenig kindgemäß.

Erst eine lernorttheoretisch begründete Erweiterung der Religionspädagogik über den schulischen Religionsunterricht hinaus eröffnet einen neuen Horizont, um eine sowohl theologisch als auch empirisch begründete Theorie der religiösen, christlichen und kirchlichen Bildung, Erziehung und Sozialisation zu entwerfen (s. § 18 4.2).

3.8 *Zusammenfassung:* Bei den skizzierten Modellen begegnen folgende wichtige Zusammenhänge und Probleme:

- Die Kommunikation des Evangeliums im Modus von Lehr- und Lernprozessen steht unter dem *Vorzeichen des Lehrerseins Jesu.* Er gab dazu die grundlegenden Impulse, die im Speichermedium der Evangelien überliefert sind und der steten Transformation in Übertragungsmedien bedürfen.
- Die *Lehr- und Lernprozesse finden an unterschiedlichen Orten, vor allem im Haus, in der Kirche und in der Schule, aber auch im Freien,* statt. Dabei galt das Haus bzw. die Familie für Luther und Schleiermacher – und indirekt für die Traditio Apostolica – als primärer Ort der Kommunikation des Evangeliums im Modus von Lehr- und Lernprozessen. Klöster hatten familienähnliche Züge.
- Die *Psalmen als Gebete und Gesang* bilden wichtige Brücken zwischen Schule, Kirche und Haus.

---

onspädagogik. E. Thrändorf, A. Reukauf, R. Staude (Arbeiten zur Religionspädagogik 5), Göttingen 1989.
52 So explizit MARTIN RANG, Handbuch für den biblischen Unterricht Bd. 1, Tübingen ²1947, 106.
53 So z. B. GERT OTTO, Religionsunterricht, in: DERS. (Hg.), Praktisch Theologisches Handbuch, Hamburg ²1975, 506–525, 521.

– Durchgehend bestand bis in die zweite Hälfte des 20. Jahrhunderts bei Einrichtungen zur Einführung in den christlichen Glauben ein selbstverständlicher *Zusammenhang zwischen Unterrichts- und Feierformen.*
– Die Kommunikation des Evangeliums im Modus von Lehr- und Lernprozessen umfasst *rezeptive und partizipierende Lernformen.*
– *Inhaltlich* bezieht sich die Kommunikation des Evangeliums – wie Luthers Kleiner Katechismus zeigt – auf das Verhältnis des Menschen zu Gott, und zwar in seinem Handeln, in seinem Wissen um Gottes Handeln und in seiner direkten Anrede.
– Es besteht eine *Spannung zwischen der* – im schulischen Katechismusunterricht stark hervortretenden – *inhaltlichen Bestimmtheit und der Orientierung an den Lernenden.* Sie begegnet schon in der Reformation und wird in der Aufklärung pädagogisch bearbeitet.

4. Zusammenhang mit anderen Modi der Kommunikation des Evangeliums

Es war ein Charakteristikum der Kommunikation des Evangeliums durch Jesus, dass dort die Kommunikationsmodi des Lehrens und Lernens, des gemeinschaftlichen Feierns und des Helfens zum Leben integriert waren. Dem soll jetzt hinsichtlich des Lehrens und Lernens nachgegangen werden. Dabei verdienen neuere Entwicklungen zur liturgischen und diakonischen Bildung besondere Aufmerksamkeit:

4.1 *Liturgische Bildung:* In den (in 3.) skizzierten Modellen sind die Lehr- und Lernprozesse eng und großenteils untrennbar mit gemeinschaftlichem Feiern, konkret: liturgischen Vollzügen, verbunden. In der ersten Form christlicher Bildung, dem Taufkatechumenat, stellte sogar die gemeinschaftliche Feier der Taufe den Ziel- und Höhepunkt dar, an den sich die sog. *mystagogischen Katechesen* anschlossen. Hier wurde der liturgische Vollzug selbst zur Grundlage der Bildung – wie die dem Cyrill von Jerusalem (um 315–386) zugeschriebenen, vielleicht aber erst von seinem Nachfolger Johannes (386–417) verfassten Katechesen zeigen.[54] Dabei lag – kulturanthropologisch einleuchtend (s. 1.) – das Modell der „Mimesis" zugrunde. Dies gab u. a. einen wichtigen Impuls für die Ausgestaltung des Tagesrhythmus und des Festkalenders (s. § 24 1.3).[55]

Die Tatsache, dass der Kleine Katechismus in einen Morgen- und Abendsegen sowie Tischgebete mündet, weist bei den Reformatoren eben-

---

54 CYRILL VON JERUSALEM, Mystagogicae Catecheses. Mystagogische Katechesen, hg. v. NORBERT BROX u. a. (FChr 7), Freiburg 1992.
55 S. RAINER VOLP, Liturgik. Die Kunst, Gott zu feiern Bd. 1. Einführung und Geschichte, Gütersloh 1992, 279 f.

falls auf einen selbstverständlichen Zusammenhang zwischen Lernen und Liturgie hin.

Noch im 19. Jahrhundert begegnen schulpädagogische Reflexionen, die den besonderen Bildungswert liturgischer Feiern eindrücklich hervorheben. So charakterisierte der Schuldirektor Carl Gottfried Scheibert in einem schulpädagogisch grundlegenden Werk den Schulgottesdienst folgendermaßen:

„sie (sc. die Lehrer, die die Andacht halten, C. G.) erheben sich und ihre Schüler hier aus dem Schulstaube auf die reine Tenne, wo man mit jeder Handlung einen Gottesdienst thut; ermuthigen sich und ermuntern die Laschen und Ermüdeten mit der Ueberzeugung, daß es mehr als Lernen giebt, und daß es ein höheres Ziel giebt, als eine Versetzung und ein gutes Zeugniß zu erstreben. Sie decken auf, wie der Fleiß und gutes Betragen und alle die gerühmten Schultugenden nur dann den rechten Werth haben, wenn sie in der rechten Gesinnung wurzeln."[56]

Dabei hob der Schulmann die *hierarchiekritische Implikation jeder liturgischen Feier* hervor. Denn die Menschen stehen hier gemeinsam und gleich vor Gott. So transformierte Scheibert einen wichtigen Impuls jesuanischen Lehrens in die Schulpädagogik.

Im Zuge der Durchsetzung eines allgemeinen staatlichen Schulwesens lockerte sich diese Verbindung, obgleich noch bis in die sechziger Jahre des 20. Jahrhunderts liturgische Feiern in Schulen üblich waren. Der schulische Religionsunterricht führte aber zunehmend ein Eigenleben. Erst in den neunziger Jahren des 20. Jahrhunderts wurden sowohl Religionslehrer/innen als auch Religionspädagogen wieder auf die religionspädagogische Bedeutung von „Ritualen"[57] und dann liturgischer Vollzüge für die Schüler/innen und den schulischen Religionsunterricht aufmerksam.[58] Dabei unterstützten Entwicklungen in unterschiedlichen Disziplinen diese Einsicht:

– *Gesellschaftlich* konfrontierte der Fall der Mauer nicht nur mit einem bisher in der Bundesrepublik unbekannten Atheismus, sondern mit einer teilweise in die dritte Generation gehenden Ahnungslosigkeit gegenüber dem Christentum und seinen elementaren Kommunikationsformen.[59]

---

56 CARL SCHEIBERT, Das Wesen und die Stellung der höheren Bürgerschule, Berlin 1848, 319 (s. ausführlicher hierzu CHRISTIAN GRETHLEIN, Schulleben und Religionsunterricht. Vorwiegend allgemein-religionspädagogische Überlegungen zu einem schulpädagogischen Thema, in: BThZ 6 [1989], 193–206).
57 S. die Textsammlung von MICHAEL WERMKE (Hg.), Rituale und Inszenierungen in Schule und Unterricht (Grundlegungen. Veröffentlichungen des Religionspädagogischen Instituts Loccum 2), Münster 1997.
58 CHRISTIAN GRETHLEIN, Liturgische Bildung als grundlegende religionsdidaktische Aufgabe. Erste Annäherungen, in: MARKUS AMBROSY/CHRISTIAN GRETHLEIN/JOHANNES LÄHNEMANN (Hg.), Divinum et Humanum. Religions-Pädagogische Herausforderungen in Vergangenheit und Gegenwart, Frankfurt 1996, 217–231.
59 S. CHRISTIAN GRETHLEIN, Liturgische Elementarbildung als notwendige religionspädagogische Aufgabe im modernen Deutschland, in: IJPT 1 (1997), 83–96, 90–93.

– *Pädagogisch* bot die *Gestaltpädagogik* mit ihrer Hinwendung zum Ästhetischen einen guten Rahmen, um die Bedeutung ritueller Vollzüge pädagogisch zu erfassen.[60]
– *Liturgisch* ermöglichte die *erfahrungswissenschaftliche Weitung des Horizonts*, sich von der lange bestehenden Fixierung auf historische Traditionslinien und der Normativität des Sonntagsgottesdienstes zu befreien.[61]
– *Religionspädagogisch* wurde – vermittelt über die Theaterwissenschaften – die *Bedeutung des Performativen* entdeckt.[62]

So wird mittlerweile „liturgische Bildung" als didaktisches und methodisches Thema bedacht.[63] Für christliche Liturgie grundlegende Kommunikationsvollzüge wie Beten und Gesegnet-Werden finden in bildungstheoretischem Zusammenhang kriteriologische Beachtung.[64]

4.2 *Diakonische Bildung:* Beim bisherigen Durchgang durch die Modi des Lehrens und Lernens in der Kommunikation des Evangeliums begegnete das Helfen zum Leben noch nicht explizit. Allerdings zeigt ein genauerer Blick durchaus solche Verbindungen:

In der Traditio Apostolica wird in Kap. XX eine Prüfung des Lebenswandels der Taufbewerber/innen vor der endgültigen Zulassung geschildert. Konkret werden die Ehrung von Witwen, der Besuch von Kranken und das „Ausgefülltsein" von guten Werken (XX,1) genannt. Damit wird deutlich, dass „die Aufgaben, die die Katechumenen zu übernehmen hatten, nicht nur ein sozialdiakonisches Beiwerk darstellten, sondern gewichtige Formen der christlichen Religionsausübung waren".[65]

Ähnliches gilt für das klösterliche Leben und damit die Klosterschulen. In der Benediktregel ist der christliche Liebesdienst verankert. Artikel IV

---

60 Grundlegend Christoph Bizer, Kirchgänge im Unterricht und anderswo. Zur Gestaltwerdung von Religion, Göttingen 1995; die Bedeutung dieses Ansatzes gegenüber anderen religionspädagogischen Konzeptionen zeigt Stephan Weyer-Menkhoff, Wozu wird christliche Religion unterrichtet? Ein Diskurs zur Notwendigkeit ästhetischer Vermittlung (Ästhetik – Theologie – Liturgik 9), Münster 1999.
61 Einen wichtigen Impuls gab Werner Jetter, Symbol und Ritual. Anthropologische Elemente im Gottesdienst, Göttingen 1978.
62 Grundlegend Silke Leonhard/Thomas Klie (Hg.), Schauplatz Religion. Grundzüge einer Performativen Religionspädagogik, Leipzig 2003.
63 S. Christian Grethlein, Liturgische Bildung. Anthropologische Voraussetzungen und Zielperspektiven, in: Thomas Schlag/Henrik Simojoki (Hg.), Mensch – Religion – Bildung. Religionspädagogik in anthropologischen Spannungsfeldern, Gütersloh 2014, 571-580. Innerhalb der Liturgik hat sich unter dem Titel „Liturgische Bildung" ein anderer, wesentlich von Romano Guardini angestoßener Diskurs entwickelt, bei dem es nicht zuletzt um die pastorale Ausbildung geht (s. hierzu kritisch konstruktiv Peter Cornehl, Liturgische Bildung [1989], in: Ders., „Die Welt ist voll von Liturgie". Studien zu einer integrativen Gottesdienstpraxis [PThe 71], hg. v. Ulrike Wagner-Rau, Stuttgart 2005, 413–434).
64 Christian Grethlein, Fachdidaktik Religion, Göttingen 2005, 271–280.
65 Rudi Fleischer (später: Rudolf Roosen), Verständnisbedingungen religiöser Symbole am Beispiel von Taufritualen – ein semiotischer Versuch, Diss. theol. Mainz 1984, 61.

("Quae sunt instrumenta bonorum operum") zählt unter den 78 angegebenen Tätigkeiten etliche der Hilfe Anderen gegenüber auf.

Die Gemeinsamkeit zwischen dem altkirchlichen Taufkatechumenat und der Klosterschule besteht darin, dass *Christsein als umfassende Lebensform* gepflegt wurde und so die Kommunikation des Evangeliums selbstverständlich das Hilfehandeln umfasste. Auch in den stärker auf Unterricht bzw. Schule bezogenen Modellen sind Verbindungen zu entdecken. Denn hier werden traditionell entsprechende biblische Texte bearbeitet, etwa das Gebot der Nächstenliebe oder jesuanische Erzählungen wie die vom barmherzigen Samariter (Lk 10, 25–37). Allerdings ermöglicht der unterrichtliche Rahmen eher eine Reflexion hierüber als tatsächliches Handeln.

Fast zeitgleich mit den eben skizzierten Bemühungen um eine Verbindung von Religionsdidaktik und Liturgik setzten Versuche ein, soziale und diakonische Erfahrungen in schulische Lernprozesse zu integrieren.[66] Hier stand ebenfalls Unzufriedenheit mit dem erfahrungsfernen zweistündigen Unterrichtsfach im Hintergrund, das den behandelten Inhalten nicht entsprach.

Anderweitige gesellschaftliche, theologische und pädagogische Strömungen begünstigten die Versuche, die diakonische Dimension zu berücksichtigen:

- *Gesellschaftlich* zeigte sich in Umfragen eine hohe Akzeptanz der Diakonie, etwa im Vergleich zur Kirche.[67]
- *Theologisch* wurde versucht, diakonisches Handeln wieder stärker in den kirchlichen Kontext zu integrieren.[68]
- *Schulpädagogisch* eröffnete das Konzept handlungsorientierten Unterrichts einen konzeptionellen Rahmen.[69]
- *Lerntheoretisch* wurden Einsichten aus der Theorie des „Situated Learning" aufgenommen (GRAMZOW 62–75).

Mittlerweile gehören in kirchlichen Schulen sog. Diakonie-Praktika häufig zum Schulprofil. Dazu gibt es Schulen, wie die Melanchthon-Schule Steinatal, in denen diakonisch-soziales Lernen sich in verschiedenen Organisationsformen durch die ganzen Schulstufen als roter Faden zieht (s. a. a. O.

---

66 Zum (evangelischen) Projekt „Soziales Lernen" s. WOLFRAM KEPPLER/GERDA LEITMANN/JÜRGEN RIPPLINGER, Das Soziale Lernen. Ergebnisse eines landesweiten Modellprojekts, Stuttgart 1999, und zum (katholischen) Compassion-Projekt s. LOTHAR KULD/STEFAN GÖNNHEIMER, Compassion – Sozialverpflichtetes Lernen und Handeln, Stuttgart 2000.

67 S. z. B. diesbezügliche Ergebnisse in: HELMUT HILD (Hg.), Wie stabil ist die Kirche? Bestand und Erneuerung. Ergebnis einer Umfrage, Gelnhausen 1974, 357 f.; aktuell werden sie bestätigt durch Evangelische Kirche in Deutschland (EKD), Hg., Engagement und Indifferenz. Kirchenmitgliedschaft als soziale Praxis. V. EKD-Erhebung über Kirchenmitgliedschaft, Hannover, März 2014, 12 f., 82, 92 f., 95.

68 S. programmatisch KIRCHENAMT DER EVANGELISCHEN KIRCHE IN DEUTSCHLAND (Hg.), Herz und Mund und Tat und Leben. Grundlagen, Aufgaben und Zukunftsperspektiven der Diakonie. Eine evangelische Denkschrift, Gütersloh ²1998 (1998), 9.

69 S. WOLFGANG KONUKIEWITZ/HILBERT MEYER, Handlungsorientiertes Lernen und Projektunterricht, in: NHRPG (2002), 511–514.

116–119). Aber auch in staatlichen Schulen bieten Projekttage bzw. -wochen gute Möglichkeiten, den Religionsunterricht für diakonische Lernprozesse zu öffnen. Konzeptionell ist es dabei wichtig, diese Lernprozesse bildungstheoretisch zu fundieren. Einen solchen theoretischen Rahmen gibt das Konzept der *„diakonischen Bildung"* ab:

> „Diakonische Bildung besteht demnach in einer sinn- und wertorientierten reflexiven Durchdringung diakonisch-sozialer Handlungsfelder und Herausforderungen unter Beachtung ihrer Vermittelbarkeit in gesellschaftlichen Diskursen."[70]

In einer umfangreichen Studie zur Evaluation eines konkreten Projektes, nämlich des Diakonieunterrichts am Evangelischen Schulzentrum Michelbach/Bilz, beobachtete Christoph Gramzow besondere Lernergebnisse (s. ausführlich in 12 Punkten a.a.O. 539–542). Neben der größeren Sensibilität für behinderte, alte und kranke Menschen und einem Abbau sozialer Scheu ihnen gegenüber stieg bei den Schüler/innen u.a. die Bereitschaft, über den Sinn des Lebens nachzudenken. Die Erfahrung des Helfens kommt also unmittelbar den Lernprozessen im Religionsunterricht zugute. Zugleich ergab die Studie den interessanten Befund, dass Mädchen häufiger den Diakonie-Unterricht wählen als Jungen. Bei den Mädchen besteht demnach eine größere Offenheit für Hilfehandeln. Hier zeigt sich, dass ein bestimmter Modus der Kommunikation des Evangeliums in Spannung zu männlichen Rollenvorstellungen und zugleich in deutlicher Nähe zu weiblichen Verhaltensmustern liegt. Die kulturkritische Dimension des Evangeliums zeigt sich genderbezogen. In eine neue Dimension stößt das Konzept diakonischer Bildung vor, wenn das heil- und sonderpädagogische Prinzip der Inklusion in die Praxis Einzug findet (s. § 17 5.2).

5. Grundfragen

Vor allem zwei religionspädagogische Grundfragen sind in einer Theorie der Kommunikation des Evangeliums im Modus von Lehr- und Lernprozessen neu zu bearbeiten: Ist die Kommunikation des Evangeliums lehrbar? Und: Welche Bedeutung hat das Buch der Bibel in solchen Lehr- und Lernprozessen?

5.1 *Evangelium als Lehr- und Lerngegenstand:* Religionslehrer/innen beschäftigen sich seit langem mit der Frage nach der Lehrbarkeit der „Religion", worunter (selbstverständlich) der christliche Glaube verstanden wurde.[71]

---

70 HEINZ SCHMIDT/RENATE ZITT, Fürs Leben lernen: Diakonisches Lernen – diakonische Bildung, in: HELMUT HANISCH/HEINZ SCHMIDT (Hg.), Diakonische Bildung. Theorie und Empirie (VDWI 21), Heidelberg 2004, 56–75, 68 (ohne Kursivsetzung im Original).

71 Klassischer Text hierfür ist RICHARD KABISCH, Wie lehren wir Religion? Versuch einer Methodik des evangelischen Religionsunterrichts für alle Schulen auf psychologischer Grundlage, Göttingen 1910 (s. hierzu MICHAEL MEYER-BLANCK, Richard Kabisch [1868–1914] und das Erlebnis, in: DERS., Kleine Geschichte der evangelischen Religionspädagogik. Dargestellt anhand ihrer Klassiker, Gütersloh 2003, 83–107, v.a. 88f.).

Davon hängt nicht weniger ab als die Legitimität des Religionsunterrichts an der Schule. Denn die Gegenstände und Themen in der Schule müssen allgemein lehrbar sein. Nur so sind Bewertungen von Schülerleistungen und ein geregelter Unterrichtsbetrieb möglich.

Die erwähnte Einstellung Schleiermachers zum schulischen Religionsunterricht (s. 3.6) war demgegenüber skeptisch und machte auf die Konsequenzen solcher Zweifel aufmerksam.

Das Konzept der Kommunikation des Evangeliums führt hier weiter, indem dadurch Spannungen genauer benannt und so Balancen gefunden werden können. Denn in kommunikationstheoretischer Perspektive bezeichnet „Evangelium" zum einen ein *Speichermedium*, eben konkret die Bücher der Evangelien im Neuen Testament. Diese sowie ihre Voraussetzungen, etwa im Alten Testament und in der antiken Kultur, sowie ihre Konsequenzen in der Christentumsgeschichte lassen sich in operationalen bzw. kompetenzbezogenen Lernprozessen erfassen. Angesichts der allgemein kulturellen Bedeutung des Christentums erscheint ein entsprechender Unterricht sogar schulpädagogisch geboten. Zugleich kann Evangelium als ein *Übertragungsmedium* verstanden werden. Dessen Kommunikation öffnet die Aufmerksamkeit für die anbrechende Gottesherrschaft bzw. das liebende Wirken Gottes. Neue Lebensperspektiven entstehen. Die hierzu führende Kommunikation ist auf Verständigung angelegt und deshalb ergebnisoffen. Noten-Bewertungen in dieser Hinsicht sind verfehlt.

Schulrechtlich versucht man dieser Spannung dadurch Rechnung zu tragen, dass der Religionsunterricht zwar ein ordentliches Lehrfach ist, Eltern aber ihre Kinder bzw. ältere Schüler/innen sich hiervon abmelden können. Religionsdidaktisch ist die Balance zu halten zwischen den schulischen Rahmenbedingungen und den besonderen Herausforderungen des Religionsunterrichts auf Grund seiner Inhalte.

5.2 Bibel als Unterrichtsgegenstand: Auch hier kann eine kurze medientheoretische Reflexion eine neue Perspektive für die strittige Frage nach der Bedeutung der Bibel für den schulischen Religionsunterricht[72] eröffnen. Kommunikationstheoretisch fungierte die Bibel die längste Zeit als ein personales Medium. Denn bis ins 18. Jahrhundert hatten nur wenige Menschen ein Bibel-Buch in ihrem Besitz. Sie hörten nur im Gottesdienst die biblischen Lesungen oder sahen in der Kirche entsprechende Bilder. Erst die Verbreitung von Bibeln eröffnete die Möglichkeit, sie zu lesen und damit als apersonales Medium zu nutzen. Diese Erinnerung mahnt zur Vorsicht,

---

72 Klassisch formuliert durch HANS-BERNHARD KAUFMANN, Muß die Bibel im Mittelpunkt des Religionsunterrichts stehen? (1966), in: DERS. (Hg.), Streit um den problemorientierten Unterricht, Frankfurt 1973, 23–27.

die Kommunikation des Evangeliums unmittelbar mit der Bibel-Lektüre zu verbinden. Dazu standen die Katechismen – wie erwähnt – in der Reformationszeit im Zentrum pädagogischen Bemühens. Erst in Pietismus und Aufklärung kamen Erzählungen biblischer Geschichten auf.[73] Tatsächlich liest heute nur eine kleine Minderheit der Menschen in ihr,[74] wie überhaupt nur eine Minderheit der Bevölkerung Bücher liest.[75] Das Lesen von Büchern, noch dazu von so umfangreichen wie der Bibel, ist schicht- bzw. milieuabhängig.

Doch ist die Kommunikation des Evangeliums auf biblische Impulse angewiesen, soll sie nicht ihr Fundament verlieren. So ist zu überlegen, wie dies geschehen kann, ohne dass jede/r Einzelne in der Bibel liest – was praktisch illusorisch erscheint. Hier setzt die *Bibeldidaktik* ein.[76] Sie hat zum einen inhaltlich zu klären, welche Texte für wen bedeutungsvoll sind; zum anderen umfasst sie die methodische Reflexion der angemessenen Zugänge.[77] Dabei kann es eine Erleichterung sein, wenn die biblischen Texte als offene Kommunikationsvollzüge präsentiert werden, die zur Beteiligung einladen. Methoden wie das Bibliodrama[78] oder der Bibliolog[79] setzen dies mimetisch bzw. akustisch um. Sie ermöglichen eine direkte Begegnung mit den Personen des biblischen Textes über die Lektüre des Geschriebenen hinaus und jenseits von ihm. Hier kommen menschheitsgeschichtlich alte Lernformen (s. 1.) und christentumsgeschichtlich ursprüngliche Rezeptionsweisen (s. 2.2) zum Tragen. Sie transformieren die Kenntnis bestimmter Texte und Inhalte zu einer neue Lebensperspektiven eröffnenden Kommunikation. Dazu bietet die vielfältige Rezeption biblischer Texte, Traditionen und Motive in Literatur, Musik, Kunst und Film gute Möglichkeiten zu einer Kommunikation des Evangeliums, nicht selten in Form „produktiver

---

73 S. BERND SCHRÖDER, Biblische Geschichten erzählen – Impulse aus der Geschichte der Religionspädagogik, in: MONIKA FUCHS/DIRK SCHLIEPHAKE (Hg.), Bibel erzählen, Neukirchen-Vluyn 2014, 69-82.
74 S. zu Umfragebefunden CHRISTIAN GRETHLEIN, Modernes Leben mit der Bibel. Einige Überlegungen zu einem kybernetischen Grundlagenproblem, in: BThZ 14 (1997), 155–169, 156.
75 Seit 1970 liest ziemlich gleichbleibend etwa jeder 5. über 14-Jährige in Deutschland täglich in einem Buch (BIRGIT VAN EIMEREN/CHRISTA-MARIA RIDDER, Trends in der Nutzung und Bewertung der Medien 1970 bis 2010. Ergebnisse der ARD/ZDF-Langzeitstudie Massenkommunikation, in: Media Perspektiven 2011, 2–15, 8).
76 S. hierzu als Einführung in den gegenwärtigen Stand MIRJAM ZIMMERMANN/RUBEN ZIMMERMANN (Hg.), Handbuch Bibeldidaktik, Tübingen 2013.
77 Grundlegend MIRJAM SCHAMBECK, Bibeltheologische Didaktik. Biblisches Lernen im Religionsunterricht, Göttingen 2009.
78 S. HEINER ALDEBERT, Spielend Gott kennenlernen. Bibliodrama in religionspädagogischer Perspektive, Berlin 2001; GERHARD MARCEL MARTIN, Sachbuch Bibliodrama, Berlin ³2011.
79 S. UTA POHL-PATALONG, Bibliolog. Impulse für Gottesdienst, Gemeinde und Schule 2 Bde., Stuttgart 2009.

Irritation".⁸⁰ Denn die historische Distanz biblischer Texte ist hier bereits ästhetisch verarbeitet.⁸¹

§ 14 Evangelium: im Modus des gemeinschaftlichen Feierns

Literatur: PETER CORNEHL, Gottesdienst VIII. Evangelischer Gottesdienst von der Reformation bis zur Gegenwart, in: TRE 14 (1985), 54–85 – GREGOR ETZELMÜLLER, ... zu schauen die schönen Gottesdienste des Herrn. Eine biblische Theologie der christlichen Liturgiefamilien, Frankfurt 2010 – CHRISTIAN GRETHLEIN, Gottesdienst und Diakonie. Evangelische Annäherung an ein schwieriges Thema, in: BENEDIKT KRANEMANN/THOMAS STERNBERG/WALTER ZAHNER (Hg.), Die diakonale Dimension der Liturgie (QD 218), Freiburg 2006, 41–57 – CHRISTIAN GRETHLEIN, Grundfragen der Liturgik. Ein Studienbuch zur zeitgemäßen Gottesdienstgestaltung, Gütersloh 2001 – HANS BERNHARD MEYER, Eucharistie. Geschichte, Theologie, Pastoral (GDK 4), Regensburg 1989 – MICHAEL MEYER-BLANCK, Gottesdienstlehre, Tübingen 2011 – PETER WICK, Die urchristlichen Gottesdienste. Entstehung und Entwicklung im Rahmen der frühjüdischen Tempel-, Synagogen- und Hausfrömmigkeit (BWANT 150), Stuttgart ²2003 (2002) – CHRISTOPH WULF, Anthropologie. Geschichte – Kultur – Philosophie, Köln 2009

Wie häufig bei Gegenständen der Praktischen Theologie bestehen Differenzen zwischen heutigem und in der Christentumsgeschichte üblichem Sprachgebrauch. So ist „Gottesdienst" ein vor allem von Martin Luther aus theologischen Gründen verwendeter Begriff,⁸² der weder in der Bibel noch in der Alten Kirche eine eindeutige Entsprechung hat (s. GRETHLEIN, Grundfragen 55–65). Das allgemeinere „gemeinschaftliche Feiern" als Bezeichnung für diesen besonderen Modus der Kommunikation des Evangeliums erinnert hieran und eröffnet einen anthropologischen Horizont, der einer unbiblischen kultischen Reduktion entgegensteht.

Jesus lebte in der Zeit seines in den Evangelien überlieferten öffentlichen Auftretens und Wirkens mit seinen Jüngern zusammen, hatte aber auch Gemeinschaft mit anderen Menschen. Selbstverständlich feierte er als Jude die Feste seines Volkes, den Sabbat, das Passafest u. a. m. Er besuchte Synagogen und den Tempel, betete und fastete zu den üblichen Zeiten. Damit stand er in der Tradition der Hebräischen Bibel. Nach seinem Tod wurden die jüdischen Feierformen in der christlichen Gemeinde aufgenommen und

---

80 S. exemplarisch LUTZ FRIEDRICHS, Produktive Irritationen. Eric-Emmanuel Schmitts Bestseller „Oskar und die Dame in Rosa" religionspädagogisch und homiletisch gelesen, in: PTh 100 (2011), 490–502.
81 S. die einschlägigen Artikel in: KRISTIAN FECHTNER u. a. (Hg.), Handbuch Religion und Populäre Kultur, Stuttgart 2005.
82 Programmatisch ausgeführt in MARTIN LUTHERS Vorrede zur Deutschen Messe (1526; WA 19,72–113); vgl. ALFRED NIEBERGALL, Die Auffassung vom Gottesdienst in den lutherischen Bekenntnisschriften, in: JLH 22 (1978), 15–78.

transformiert.[83] Daraus entwickelte sich je nach kontextuellen Herausforderungen ein *pluriformes Ensemble von Riten*, was anhand ausgewählter Beispiele gezeigt wird. Beim reformatorischen Impuls konzentriere ich mich wieder auf Martin Luthers Werk. Denn dieser äußerte sich ausführlich und durchweg praxisbezogen zu Fragen des „Gottesdienstes". Dazu wurden seine Überlegungen in der Folgezeit immer wieder aufgegriffen.[84]

> Methodisch steht diese Argumentation im Gegensatz zum organologischen Ansatz, wie ihn Anton Baumstark (1872–1948) in seiner Vergleichenden Liturgiewissenschaft verfolgte und Joseph Ratzinger in seinen liturgiebezogenen Veröffentlichungen stark macht:
> Baumstark ging davon aus, dass Liturgie „wächst" – wie ein Baum – und nicht „mit bewusster Eigenwilligkeit" gemacht wird.[85] Diese Theorie lud die gefeierte Liturgie normativ auf. Brüche, wie etwa im Zuge der Reformation, oder kontextuell bedingte Veränderungen kamen nicht in den Blick.
> Bei Ratzinger dient dieses organologische Modell einer harschen Absage an „Reform"-Modelle – und an die diesbezügliche evangelische Liturgik.[86] Historisch ist jedoch die Fiktion der organischen Entwicklung nicht zu halten[87] und behindert die Bemühungen einer ökumenischen Liturgiewissenschaft.

Weiter führen die in § 9 3.3 genannten liturgiehermeneutischen Unterscheidungen, die den kulturellen Kontext in differenzierter Weise erfassen.

Von daher ergeben sich Einblicke in die – mögliche – Korrespondenz mit den beiden anderen Modi der Kommunikation des Evangeliums.

Als Grundfrage durchzieht die ganze christliche Gottesdienstgeschichte die Frage nach der *Unterscheidung von wahrem und falschem Gottesdienst*. Dabei steht die inhaltliche Ausrichtung zur Diskussion. Konkret die Gestaltung wird in der Frage nach einem eventuellen „Hauptgottesdienst" diskutiert, der dann für die „Nebengottesdienste" normativen Charakter hätte.

---

83 ALBERT GERHARDS, Kraft aus der Wurzel. Zum Verhältnis christlicher Liturgie gegenüber dem Jüdischen. Fortschreibung oder struktureller Neubeginn?, in: KuI 16 (2001), 25–44, weist auf die Wechselseitigkeit des Austauschprozesses hin.

84 Zum alternativen pneumatologischen Gottesdienstverständnis von Huldrych Zwingli s. RALPH KUNZ, Gottesdienst evangelisch reformiert. Liturgik und Liturgie in der Kirche Zwinglis (THEOPHIL 10), Zürich 2001, 33–194, der u. a. den – im Vergleich zu Luther noch stärkeren – Alltagsbezug hervortreten lässt (z. B. a. a. O. 68 f.), aber eine deutliche Schwäche Zwinglis hinsichtlich des konstruktiven Umgangs mit den für Gottesdienst unerlässlichen Zeichen konstatiert (z. B. a. a. O. 114).

85 ANTON BAUMSTARK, Vom geschichtlichen Werden der Liturgie, Freiburg 1923, 71.

86 S. JOSEPH KARDINAL RATZINGER, Liturgie zwischen Tradition und organischem Wachsen, in: Una Voce-Korrespondenz 35 (2005), 85–89, wo explizit die Charakteristik des Gottesdienstes als „Reformprojekt" (CHRISTIAN GRETHLEIN/GÜNTER RUDDAT, Gottesdienst als Reformprojekt, in: DIES. [Hg.], Liturgisches Kompendium, Göttingen 2003, 13–41) zurückgewiesen wird.

87 S. ARNOLD ANGENENDT, Liturgik und Historik. Gab es eine organische Liturgie-Entwicklung? (QD 189), Freiburg 2001.

1. Anthropologischer Hintergrund

Hier und im Folgenden leitet mich der kulturwissenschaftlich übliche Sprachgebrauch, nach dem Fest und Feiern zusammengehören. *Feste transzendieren den Alltag.* Das auf sie bezogene gemeinschaftliche Feiern ist kulturgeschichtlich eine alte Kommunikationsform (s. zum Folgenden GRETHLEIN, Grundfragen 130–132; 147 f.).

> „Wie schon die Etymologie des Wortes ‚Fest' erweist (von lateinisch Wort fēstum ‚Fest, Feier'), handelt es sich bei einem Fest um einen für das Feiern vorgesehenen Zeitabschnitt. Verwandt ist die ‚Feier' (von lateinisch fēriae, altlateinisch fēsiae ‚Ruhetag, Feiertag'). Beide Begriffe wurzeln in fānum bzw. ursprünglich fāsnum ‚Heiligtum, Tempel'. Mit ‚Zeitabschnitt der Feier', ‚Ruhe' und ‚Heiligtum' sind bereits die wesentlichen Schlüsselworte gefallen. Ein Fest wie eine Feier gelten als abgesonderte Zeit, die durch die Arbeitsruhe der Menschen und ihre Orientierung auf die Götter hin die Zeit des Alltags und der Arbeit durchbricht."[88]

Oft sind Feste mit gemeinsamem Essen und Trinken verbunden. Dadurch kommen die für ein Fest konstitutive Lebensbejahung und die Ausrichtung auf die Zukunft zum Ausdruck. Kommuniziert wird dementsprechend mit *allen Sinnen*:

> „1. Das Gehör befähigt durch die Rezeption von Schallwellen zur sprachlichen, musikalischen und allgemein klanglichen Kommunikation. Diese prägt den Menschen entscheidend. Ihr Mangel ist jedoch die Vergänglichkeit akustischer Wahrnehmung ...
>
> 2. Visuelle Eindrücke, ermöglicht durch die Rezeption von (elektromagnetischen) Schwingungen, können dagegen länger andauern, was sich z. B. die Schrift zu Nutzen macht. Insgesamt gilt der optische Bereich als besonders objektiv, also vom körperlichen Eigenempfinden nur wenig geprägt. ...
>
> 3. Die Umgangssprache macht mit dem Begriff des ‚Begreifens' auf die Fundamentalität des Tast- bzw. Hautsinns für menschliche Wirklichkeitsrezeption aufmerksam. Erst mittels seiner Haut, seines größten Organs, kann der Mensch in Kontakt zu seiner Mit- und Umwelt treten. ...
>
> 4. Beim Riechen inhaliert der Mensch Duftmoleküle, die ursprünglich außerhalb seiner selbst sind und nimmt so wahr. ...
>
> 5. Schließlich ist – als zweiter chemischer Sinn – der Geschmackssinn zu nennen. Bei ihm kommt es – ähnlich dem Geruchssinn, mit dem er auch anatomisch eng zusammenhängt – zur Verschmelzung zwischen dem Schmeckenden und dem Objekt des Geschmacks. Dieser Sinn ist ebenfalls subjektiv sehr unterschiedlich ausgeprägt. Auf Grund seines Zusammenhangs mit der Nahrungsaufnahme ist er von großer Bedeutung für menschliches Leben.
>
> Grundsätzlich gilt aber zu beachten, dass die eben vorgenommene Differenzierung der Einzelsinne nur theoretisch möglich ist. Zentrale Bedeutung auch für die einzelne Sinneswahrnehmung hat die Integration aller Sinne." (GRETHLEIN, Grund-

---

88 ANGELIKA BERLEJUNG, Heilige Zeiten. Ein Forschungsbericht, in: JBTh 18 (2004), 3–61, 3.

fragen 160 f. in Rekurs auf verschiedene Veröffentlichungen von Hermann Reifenberg; ohne die Kursivsetzungen im Original)

Die Semiotik bietet mit der Unterscheidung von Codes (s. § 8 1.3) ein differenziertes Instrumentarium zur empirischen Analyse von Feiern und deren Komplexität.

Sozial ermöglichen Feste Orientierung in Zeit und Raum:
Sie implizieren einen bestimmten Umgang mit *Zeit* (s. § 24 1.). Den Menschen sind im eigenen Körper vielfältige Zeitrhythmen inhärent, etwa in Form der Wach- und Schlafzyklen, hormoneller Sekretionen u. ä. Sie hängen mit verschiedenen kosmischen Dynamiken zusammen: der Rotation der Erde um ihre Achse (Tageszeiten), der Rotation des Mondes um die Erde (Gezeiten, Monate) und der Rotation der Erde um die Sonne (Jahreszeiten).[89] Bis auf den – erst durch die Elektrifizierung in der zweiten Hälfte des 19. Jahrhunderts disponibler werdenden – Tag- und Nachtrhythmus sind die Einteilungen des Kalenders kulturell variabel, meist mit deutlichem Transzendenzbezug:

„Der Begriff Zeit ist ein an sich religiöser: das lateinische tempus kommt von demselben Stammwort wie templum und temenos (von temnein, schneiden). Die heilige Zeit ist die ‚Stelle, wo der Einschnitt erfolgt', die Kerbe, der außerordentliche, der entscheidende, gefährliche Augenblick. Dieser Augenblick hebt sich aus der Monotonie des Alltags heraus."[90]

Ihren kommunikativen Kulminationspunkt haben Feste in Feiern. Sie finden in der Regel an besonderen *Orten* statt. Denn Kommunikation ist eng mit dem jeweiligen Raum verbunden, in dem sie sich ereignet (s. § 24 2.1).

Feiern sind in sich strukturiert durch feststehende und freie Kommunikationsphasen. Die Ritualforschung macht multiperspektivisch hierauf aufmerksam, ohne aber zu einer geschlossenen Ritualtheorie vorzustoßen (s. § 8 2.5).

Kulturanthropologisch gesehen sind Feiern für menschliche Sozialität unerlässlich:

„Mit ihrer Hilfe werden Differenz und Alterität bearbeitet, Gemeinschaft und soziale Beziehungen erzeugt und die menschlichen Verhältnisse gedeutet und geordnet. Rituale verbinden Geschichte, Gegenwart und Zukunft. Sie ermöglichen Kontinuität und Veränderung sowie Erfahrungen des Übergangs und der Transzendenz." (WULF 261)

Feiern tradieren in ritualisierter Form wesentliche Einsichten zwischen den Generationen (a. a. O. 215). Dabei spielen neben sprachlicher Vermittlung und Mimesis Imaginationen eine hervorragende Rolle.

---

89 KARLHEINZ GEISSLER, Alles hat seine Zeit, nur ich hab keine. Wege in eine neue Zeitkultur, München 2014, 40 f.
90 FRIEDRICH HEILER, Erscheinungsformen und Wesen der Religion (RM 1), Stuttgart ²1979, 150 (im Original sind die griechischen Worte in Originalbuchstaben geschrieben; ohne Kursivsetzung im Original).

2. Biblische Grundlagen

Entsprechend der Partizipation Jesu am jüdischen Leben sind zuerst die alttestamentlichen Grundlagen zu skizzieren, bevor das Verständnis des gemeinschaftlichen Feierns im Neuen Testament rekonstruiert werden kann.

2.1 *Altes Testament:* Peter Wick interpretiert die neutestamentlichen Aussagen zum „Gottesdienst" in ihrem jüdischen Kontext.[91] Drei Kommunikationsformen waren für den Verkehr des Volkes Israels bzw. seiner Angehörigen mit Gott grundlegend: *„Opferkult, Gebet und Schriftfrömmigkeit"* (WICK 50).

Bibelkundlich zeigt Wick die fundamentale Bedeutung des Opfers im Alten Testament als „Garant des Schaloms" mit Gott (a. a. O. 37–47).[92] Vor allem in Krisensituationen und kritischen Auseinandersetzungen tritt daneben das Gebet (a. a. O. 47 f.).[93] Schließlich begegnen „Schriftfrömmigkeit und Toraobservanz" als wichtige Formen der Kommunikation mit Gott, wobei ethische Weisungen eine wichtige Rolle spielen.

Durch die Kultzentralisation (Dtn 12), einen im altorientalischen Kontext einzigartigen Vorgang, veränderte sich der Zugang zum Opfer für die meisten Juden. Er blieb auf die dreimalige jährliche Wallfahrt beschränkt. Von daher bekamen die beiden anderen Kommunikationsformen für den Alltag besondere Bedeutung.

Schließlich ist noch als Besonderheit gegenüber der Kultpraxis der umliegenden Völker die „Vorordnung des Gehorsams vor den Gottesdienst" (a. a. O. 43) zu nennen. Demnach galt rechtes ethisches Verhalten als unabdingbares Vorzeichen für jedes Gott angenehme kultische Handeln (s. auch § 15 2.1).

Die drei genannten Kommunikationsformen sind frühjüdisch – in der Regel – an unterschiedlichen Orten angesiedelt: das Opfer am Tempel, das Gebet im Haus und die Schriftfrömmigkeit in der Synagoge. Dabei ist der häusliche Bereich lebenspraktisch am wichtigsten: Dreimaliges Beten am Tag (morgens, mittags und abends) sowie das durch ein Gebet eingeleitete gemeinsame Mahl prägen den Tagesablauf.[94]

Mit einem anderen methodischen Ansatz, nämlich von der christlichen Wirkungsgeschichte der kirchlichen Liturgien her, nähert sich Gregor Etzel-

---

91 Er grenzt sich damit kritisch ab von FERDINAND HAHN, Der urchristliche Gottesdienst, Stuttgart 1970.
92 Der deutsche Begriff „Opfer" mit seiner Konnotation des Verzichts ist missverständlich, denn es geht hier um „etwas, was man Gott/Göttern heiligt" (HORST SEEBASS, Opfer II. Altes Testament, in: TRE 25 [1995], 258–267, 259).
93 Auch hier besteht die begriffliche Schwierigkeit, dass es im Alten Testament keinen unserem „Gebet" entsprechenden Begriff gibt (s. RAINER ALBERTZ, Gebet II. Altes Testament, in: TRE 12 [1984], 34–42, 34).
94 ALBERT GERHARDS/BENEDIKT KRANEMANN, Einführung in die Liturgiewissenschaft, Darmstadt 2006, 62.

müller dem Alten Testament. Dabei fokussiert er aber – im Gegensatz zum eben Skizzierten – nur den außerhäuslichen Bereich. Durch die Rekonstruktion verschiedener christlicher Liturgiefamilien stößt er auf zwei unterschiedliche Kultkonzepte im Alten Testament, die sich dann jeweils in den christlichen Liturgien auswirken: *Die deuteronomische und die priesterschriftliche Auffassung.* Deren Differenz fällt besonders beim jeweiligen Festkalender auf:

> „Zielt der dtn Festkalender vor allem auf die Versammlung ganz Israels, steht bei den priesterschriftlichen Festkalendern der Opfervollzug im Vordergrund. Der Kult kann nach P nicht hinreichend von der Festfreude des Volkes her verstanden werden, sein Zentrum besteht vielmehr im regelmäßigen Opfer, das der Nahrungsaufnahme Gottes und seiner Beruhigung angesichts der Sünden seines Volkes dient und so die Stetigkeit der Kommunikation mit Gott garantiert." (ETZELMÜLLER 497)

Beide Konzepte haben jeweils da ihre Stärke, wo die Schwäche des anderen liegt. Bei der deuteronomischen Betonung der Festversammlung und -freude tritt der Bezug auf Gott zurück; umgekehrt vernachlässigt die priesterschriftliche Auffassung den Bezug auf die Gemeinschaft. Nachdrücklich weist Etzelmüllers Analyse darauf hin, dass bereits im Alten Testament kein einheitliches Konzept der gemeinschaftlichen Kommunikation mit Gott vorliegt. Vielmehr begegnen theologisch und kommunikativ unterschiedliche Typen des gemeinschaftlichen Feierns, das explizit vor dem Angesicht Gottes begangen wurde.

2.2 Neues Testament: Sprachlich fällt im Neuen Testament *das weitgehende Fehlen kultischer Terminologie* auf. Dies kommt z. B. bei den Beschreibungen bzw. Bezügen zum Abendmahl zum Ausdruck:

> „Neben verbale Wendungen, die das Zusammensein von Menschen umschreiben (synerchesthai: 1.Kor. 11,17f.20.33f.; 14,23.26; synagesthai: Apg. 4,31; 20,7f.; Did. 14,1; einai epi to auto: Apg. 2,44; 1.Kor. 11,20; 14,23) oder die gemeinsame Mahlhandlung schildern (das Brot brechen: Apg. 2,42.46; 20,7.11; 1.Kor. 10,16; Did. 14,1), tritt um die Wende zum 2. Jahrhundert der Begriff ‚Gemeinschaft' (synaxis: 1.Clem. 34,7; Just. Apol. I,65).
>
> Man wird daraus folgern dürfen, daß das Zusammenkommen zum gemeinsamen Vollzug des Mahles die primäre Motivation für die Entwicklung einer genuin christlichen Gemeinschaftsform gewesen ist."[95]

Auch die in antiken Kulten sonst wichtige Funktion des Priesters findet sich im Neuen Testament nicht. Die für Funktionsträger im Neuen Testament grundlegenden Begriffe „apostolos", „episkopos" und „diakonos" sind „nicht

---

[95] JÜRGEN ROLOFF, Heil als Gemeinschaft. Kommunikative Faktoren im urchristlichen Herrenmahl, in: DERS., Exegetische Verantwortung in der Kirche, hg. v. MARTIN KARRER, Göttingen 1990, 171–200, 176 (im Original sind die griechischen Worte in Originalbuchstaben geschrieben; ohne Kursivsetzung im Original).

aus der zeitgenössischen administrativen und kultischen Sprache entnommen, sondern aus terminologisch weitgehend offenen Wortstämmen entwickelt worden".[96] Dies hat sachlich in ihrem Christus-Bezug seinen Grund. Von daher ist *„diakonia"* (griech.: Dienst) die grundlegende Kategorie (Mk 10,43 ff., Mt 20,26 ff.), weil Jesus selbst sein Wirken so verstand (Lk 22,27). Er nahm selbstverständlich am Tempel- und Synagogengottesdienst teil. Doch sprengte er an mehreren Stellen die dabei vorausgesetzte kultische Vorstellungswelt (s. GRETHLEIN, Grundfragen 60 f.):
– Er wies die Unterscheidung von rein und unrein zurück (Mk 7,1–23);
– er kritisierte die ökonomische Basis des Tempelkultes (Mk 11,15–17);
– er beanspruchte die Vollmacht, Sünden zu vergeben (Mk 2,5–7).

Dies stellte jeweils grundlegende Funktionen des Tempels in Frage. Dahinter stand das Anliegen, die Zuwendung Gottes zu den Menschen im ganzen Leben hervorzuheben. So zitierte Jesus zustimmend Hos 6,6 (Mt 9,13; 12,7; s. 5.1).

Von daher besteht – wie im Alten Testament – *eine große Nähe des gemeinschaftlichen Feierns zum Kommunikationsmodus des Helfens zum Leben.* Denn das Eintreten für die Unterdrückten und Armen ist Grundvoraussetzung für das gemeinschaftliche Feiern.

Das hierin implizierte Verständnis von „Gottesdienst" fasste Paulus präzise im Begriff der „logike latreia" (griech.; Luther: „vernünfftiger Gottesdienst"[97]; Käsemann: „geistlicher Gottesdienst"[98]). Er bringt den das ganze Leben umfassenden, in der Taufe formulierten Bezug[99] des Gottesdienstes zum Ausdruck. Demnach war *Verständlichkeit* ein wichtiges Kriterium für das in der Gemeindeversammlung Gesprochene (1 Kor 14,23–33).

Schließlich bildeten sich nach dem Tod Jesu zwei rituelle Vollzüge aus, in denen die Präsenz des Auferstandenen begangen wurde: *das Abendmahl und die Taufe.* Sie eröffnen einen eschatologischen Horizont, indem sie die Gemeinschaft der Versammelten mit dem Auferstandenen bzw. das Hinzukommen eines/einer Einzelnen feiern. Beide Riten (s. § 26 3. und § 27 3.) haben sowohl religionsgeschichtliche Vorläufer, in Form von Mahlzeiten und Lustrationsritualen, als auch mimetisch Anhalt am Wirken Jesu, seinen Mahlzeiten und seiner Taufe durch Johannes. Der Zugang zu ihnen steht grundsätzliche allen Menschen offen und impliziert damit deren Gleichheit. Sie ist in ihrer Geschöpflichkeit und in ihrem Schüler/in-Sein von Jesus begründet. Kommunikationstheoretisch fällt in beiden Riten die *Integration aller Sinne* auf.

---

96 JÜRGEN ROLOFF, Amt/Ämter/Amtsverständnis IV. Im Neuen Testament, in: TRE 2 (1978), 509–533, 510.
97 So in der Bibel-Übersetzung von 1545.
98 ERNST KÄSEMANN, An die Römer (HNT 8a), Tübingen 1973, 310.
99 Zu entsprechenden Anspielungen im Text s. a. a. O. 311–314.

3. Historische Formen

In der Christentumsgeschichte setzte sich die bereits biblisch begegnende Pluriformität der Feierformen nicht nur fort, sondern differenzierte sich regional und später konfessionell[100] aus. Im Folgenden wähle ich aus dieser großen Vielfalt einige Beispiele aus, in denen die biblischen Impulse, in einen neuen Kontext transformiert, aufgenommen bzw. in problematischer Weise verkürzt wurden. Dabei werden die grundlegenden Formen der gemeinschaftlichen Feier wenigstens kurz bedacht: Taufe und Abendmahl, Benediktionshandlungen, Predigt(gottesdienst) und Festgottesdienst, wobei der liturgische Umgang mit Zeit thematisiert wird (Stundengebete).

3.1 *Mahlfeier:* Über die ersten zwei Jahrhunderte der christlichen Feierpraxis ist nur wenig bekannt. Eine hervorragende Rolle spielte in paganem Kontext wohl die Taufe. Denn in ihrem Vollzug kam die Identität christlicher Existenz eindrucksvoll zur Darstellung. Hier waren – wie in § 13 3.2 und 4.2 geschildert – die drei Modi der Kommunikation des Evangeliums eng verbunden. Das galt aber auch für die anderen Zusammenkünfte, in denen Mahl, Schriftlesung und -auslegung sowie Kollekte stattfanden.[101]

Die Zeitrhythmen der jüdischen Gemeinden wurden strukturell beibehalten, aber inhaltlich neu bestimmt. Hier zeigte sich eine Tendenz, die sich im Lauf der Jahrhunderte verstärkte und schließlich zum Vollzug der verschiedenen Liturgien nach rechtlich klar geordneten Vorschriften führte. Religionsgeschichtlich gesprochen wurde *das gemeinschaftliche Feiern, in dessen Zentrum ein Mahl stand, in ein komplexes kultisches Gefüge transformiert.* Dies wird exemplarisch an der Veränderung der Mahlfeier sichtbar (s. Meyer 73–115). Schon im Neuen Testament brach in Korinth ein Konflikt um ihre Feiergestalt aus. Die für das Mahl konstitutive „solidarische Gemeinschaft"[102] drohte zwischen Armen und Reichen zu zerbrechen (1Kor 11,34). Im Weiteren kam es zu einer Abtrennung der Mahlfeier von der Sättigungsmahlzeit. Dies leitete einen grundlegenden Wandel ein, der die Kommunikation vollständig veränderte und sich im Laufe der Zeit allgemein durchsetzte: *Aus dem Abendmahl, bei dem die Christen gemeinsam aßen und tranken, wurde die Eucharistiefeier als kultischer Ritus, separiert von der Sättigung* (a. a. O. 87). Damit war eine Ritualisierung verbunden, also der Vollzug einer sich wie-

---

100 In vorliegendem Zusammenhang konzentriere ich mich nur auf die Entwicklung im westlichen Christentum; zur Entwicklung in der Orthodoxie s. einführend Hans-Dieter Döpmann, Gottesdienst im orthodoxen Kontext, in: Hans-Christoph Schmidt-Lauber/Michael Meyer-Blanck/Karl-Heinrich Bieritz (Hg.), Handbuch der Liturgik, Göttingen ³2003, 129–139; Karl-Heinrich Bieritz, Liturgik, Berlin 2004, 336–370.
101 S. z. B. die Schilderung der gemeinschaftlichen Feier in Iust. 1 apol. 65–67.
102 Christoph Böttrich, Kinder bei Tische ... Abendmahl mit Kindern aus neutestamentlicher Sicht, in: Christenlehre, Religionsunterricht, Praxis 56 (2003), 9-12, 9.

derholenden Handlungsabfolge symbolischer Kommunikation. Der Dank an Gott, der Essen und Getränk schafft, verlor an Bedeutung (s. a. a. O. 93).

Die Sakralisierung in diesem Zusammenhang wurde deutlich in der Unterscheidung zwischen dem Brot, das als Herrenleib verehrt wurde, und anderem Brot, das „nur" der Sättigung diente. Die Ablösung der Eucharistie von einer Sättigungsmahlzeit ermöglichte zudem die Verlegung des Zeitpunktes der Eucharistiefeier vom Abend auf den Morgen.[103]

Bereits ab dem 2. Jahrhundert ist inhaltlich eine zunehmende Betonung der Christusanamnese zu beobachten. Dies trug dem wachsenden Abstand zu Jesu irdischem Auftreten und Wirken Rechnung.

3.2 *Ämter:* Mit der kultischen Prägung der gemeinschaftlichen Feiern ging die Herausbildung von Ämtern, vor allem des *Bischofsamts* einher. Hatte in den frühchristlichen Hausgemeinden wohl der Hausvater bzw. die Hausmutter den Vorsitz inne, dann auch teilweise Charismatiker, kam diese Aufgabe jetzt exklusiv dem Bischof als Gemeindeleiter zu.

Erstmals findet sich – wahrscheinlich[104] – zu Beginn des 2. Jahrhunderts in den Briefen des Ignatius von Antiochien die dreigliedrige Ämterstruktur Bischof – Presbyter (= Priester) – Diakon. Ihnen kamen jeweils unterschiedliche Funktionen zu. Dabei lag das Schwergewicht auf dem Bischofsamt.[105] Ohne den Bischof durfte weder getauft noch das Liebesmahl (griech.: agape) gehalten werden, was wahrscheinlich die Eucharistie bezeichnete (IgnSm 8,1 f.). Die hervorragende Stellung des Bischofs ist vor allem von dem Anliegen der Einheit her zu verstehen, das die ignatianische Theologie bestimmte.[106] Diese im Weiteren regional unterschiedlich verlaufende, sich insgesamt aber verstärkende Entwicklung zur Institutionalisierung von Ämtern und deren liturgischen Funktionen schlug sich in der konkreten Gestaltung der gemeinschaftlichen Feiern nieder. Exemplarisch kann dies an den Grundzügen der römisch-lateinischen Messe als wichtigem Endprodukt der Entwicklung im Westen studiert werden:

„1. Betonung der hierarchischen Ordnung durch Insignien, rituelle Abläufe (Prozessionen) und Ehrenbezeigungen;

---

103 Der konkrete Anlass dafür ist historisch nicht eindeutig festzustellen. WILLY RORDORF, Der Sonntag. Geschichte des Ruhe- und Gottesdiensttages im ältesten Christentum, Zürich 1962, 247–257, sieht im Hintergrund Trajans Hetärenverbot, MEYER 513 vermutet einen Zusammenhang mit der Einteilung des Arbeitstages und weist auf die Auferstehung Jesu am Morgen hin.
104 Zur „ignatianischen Frage", zu der auch die der Datierung gehört, s. differenziert HERMUT LÖHR, Die Briefe des Ignatius von Antiochien, in: WILHELM PRATSCHER (Hg.), Die Apostolischen Väter. Eine Einleitung, Göttingen 2009, 104–129, 105–109.
105 S. a. a. O. 119–121 die Zusammenstellung der einschlägigen Textstellen sowie deren knappe Kommentierung.
106 A. a. O. 117.

2. Profilierung der priesterlichen Amtsgebete (die drei Kollektengebete, eucharistisches Hochgebet);
3. juridischer Sprachstil der Gebete sowie weitgehender Verzicht auf poetische Elemente;
4. Zurücktreten der Verkündigungsdimension (Reduktion der Lesungen, Ritualisierung des Lesungsvollzugs, Verzicht auf Homilie);
5. schrittweiser Abbau der Rolle der Gläubigen (Schola Cantorum als Raum im Raum, Verzicht auf das Gläubigengebet, Verzicht auf die Gabenprozession der Gläubigen, Rückgang der Gläubigenkommunion und Verbot der Kelchkommunion für die Gläubigen)."[107]

Diese Liturgie ist Ausdruck der Kontextualisierung innerhalb einer hierarchisch geordneten Gesellschaft, aber auch der Herausforderung, die Einheit der Kirche zu erhalten. Die in der Frühzeit des gemeinschaftlichen Feierns inhärenten kulturkritischen Aspekte fielen demgegenüber aus. Auch die anfangs mit der Gemeindezusammenkunft verbundenen Lehr- und Lernprozesse wichen dem klerikalen Zeremoniell.

3.3 Benediktionelle Volksfrömmigkeit: Die Fokussierung auf die Eucharistie führte in den innerkirchlichen Bereich. Demgegenüber gilt der folgende Blick auf die Benediktionen Formen der Kommunikation, in denen die Menschen im Alltag ihre Bedürftigkeit hoffnungsvoll vor Gott brachten. Sie betrafen vor allem den häuslichen Bereich (s. § 27 1.). *Dabei ist im Mittelalter zum einen die Entwicklung zu beobachten, dass die Kirche herkömmlich innerfamiliäre Segnungen adaptierte. Zum anderen wuchs die Zahl der am Rande des kirchlichen Gottesdienstes praktizierten Benediktionen stetig an.* Vor allem für wichtige Übergänge im Leben, die innerhalb der Familien begangen wurden, entwickelte die Kirche benediktionelle Formen: die Eheschließung und die Bestattung.

Erst ab der Spätantike und dann im Frühmittelalter setzte die Verkirchlichung der *Eheschließung* ein. Bevor diese die Monogamie bereits voraussetzende Entwicklung skizziert wird, ist noch an andere Eheformen zu erinnern, wie sie im Alten Testament selbstverständlich mitgeteilt werden: Polygamie bei den Erzvätern und den Königen Israels und die Leviratsehe im Falle des verstorbenen Ehemanns. Im Neuen Testament traten dazu ehekritische Töne (s. z. B. 1Kor 7,1–9). Lange war die Vermählung Aufgabe des jeweiligen Hausvaters bzw. seines Vertreters (s. Tob 7,13 f.). So blieb es in den ersten Jahrhunderten der christlichen Gemeinden. Zuerst erwähnt wohl Tertullian am Übergang vom 2. zum 3. Jahrhundert die Eucharistie im Zusammenhang mit der Heirat von Christen. Ab dem 4. Jahrhundert begegnet die Segnung der Braut (benedictio nuptialis), verbunden mit deren Verhüllung (velatio

---
107 ALBERT GERHARDS/BENEDIKT KRANEMANN, Einführung in die Liturgiewissenschaft, Darmstadt 2006, 75.

nuptialis). Diese Riten vollzog – und das war neu – der Priester.[108] Der Übergang von der Trauung, die „in facie ecclesiae" geschlossen wurde, zum kirchlichen Akt reichte – regional unterschiedlich – weit ins zweite Jahrtausend hinein. Sie kam erst durch die auf dem Tridentinum beschlossene Formpflicht zum Abschluss (DH Nr. 1814).

Ähnliches gilt für die *Bestattung*. Bis ins 5. bzw. 6. Jahrhundert scheinen die Familien – wie es im römischen Reich Usus war – auch bei den Christen die Toten bestattet zu haben. Erst langsam traten Begräbnissitten, die in Spannung zum Auferstehungsglauben standen, zurück; kirchliche Amtsträger übernahmen die Leitung. Vor allem im klösterlichen Bereich bildeten sich umfangreiche Vollzüge heraus (s. § 11 2.3).

Religionshermeneutisch gesehen bezogen sich diese neuen kirchlichen Handlungen – jenseits des Neuen Testaments und der Alten Kirche – auf den Bereich der primären Religionserfahrung (s. § 9 2.2). Dies gilt ebenfalls für die starke Ausbreitung von *Benediktionen*.[109]

Dabei sind zwei Kontexte zu beachten: Zum einen war das damalige Leben in hohem Maß ungesichert. Magische Praktiken, verbunden mit Benediktionen, verhießen Schutz. Zum anderen begünstigte der Übergang des Christentums in den fränkisch-germanischen Bereich eine Verdinglichung transzendenter Vorstellungen. Der Großteil der dortigen Bevölkerung war illiterat und darauf bedacht, möglichst direkt zu Lebensverbesserungen zu kommen.

In frühchristlicher Zeit hatte – entsprechend den jüdischen Berakot – der Dank an Gott die Segnungen bestimmt. Jetzt dominierten Bitten, Exorzismen und ein magisches Verständnis, das vortheologisch am korrekten Vollzug von Formeln und Handlungen interessiert war.[110] Dabei bedienten sich die Menschen gerne der in kirchlichen Handlungen verwendeten Materialien, allen voran des Taufwassers.[111]

3.4 *Reformatorischer Impuls:* Nicht zuletzt gegenüber dem überbordenden Benediktionswesen erhob Martin Luther Protest. Scharf markierte er in seiner Schrift „Von ordenung gottis diensts ynn der gemeine" (1523) diesen und andere Problempunkte:

---

108 S. Bruno Kleinheyer, Riten um Ehe und Familie, in: Ders./Emmanuel von Severus/ Reiner Kaczynski, Sakramentliche Feiern II (GDK 8), Regensburg 1984, 67–156, 90.
109 Eine Fundgrube hierfür ist Adolf Franz, Die kirchlichen Benediktionen im Mittelalter 2 Bde., Graz 1909.
110 Christian Grethlein, Benediktionen und Krankensalbung, in: Hans-Christoph Schmidt-Lauber/Michael Meyer-Blanck/Karl-Heinrich Bieritz (Hg.), Handbuch der Liturgik, Göttingen ³2003, 551–574, 557.
111 S. eindrücklich Adolf Franz, Die kirchlichen Benediktionen im Mittelalter Bd. 1, Graz 1909, 43–220.

"Drey grosse mißbreuch sind ynn den gottis dienst gefallen. Der erst, das man gottis wort geschwygen hat, und alleyne geleßen und gesungen ynn den kirchen, das ist der ergiste missbrauch. Der ander, da Gottis wort geschwygen gewesen ist, sind neben eyn komen so viel unchristlicher fabeln und lugen, beyde ynn legenden, gesange und predigen, das greulich ist tzu sehen. Der dritte, das man solchen gottis dienst als eyn werck than hatt, da mit gottis gnade und selickeyt zur werben, da ist der glaub untergangen, und hatt yderman zu kirchen geben, stifften, pfaff, munch und nonnen werden wollen" (WA 12,35).

Der erste Vorwurf zielte auf die Tagzeitengebete. In ihnen wurde zwar aus der Schrift gelesen, es fehlte aber deren Auslegung.[112] Diese erschien Luther dafür notwendig, „das das wort ym schwang gehe und nicht widderumb eyn loren und dohnen draus werde" (WA 12,37). Dass es hierbei auch um inhaltliche Bestimmungen ging, zeigt die zweite Kritik. Predigten über Heiligenlegenden – diese hatte Luther wohl im Blick – genügten nicht den christologischen Anforderungen. Schließlich überschattete die in klerikalem und monastischem Leben gipfelnde Werkgerechtigkeit die Botschaft von Gottes Gnade. Konkret kritisierte Luther u. a. die Praxis, für Geld Messen lesen zu lassen, an denen keine Gemeinde teilnahm.

Demgegenüber *rückte Luther programmatisch den Christusbezug ins Zentrum des „Gottesdienstes".* Alles Übrige erschien ihm disponibel – wie seine konservative Grundhaltung gegenüber bestehenden Sitten zeigt. Was aber das Evangelium verdunkelte, wie das vom Opfergedanken bestimmte Kanongebet in der Messe, musste radikal getilgt werden.[113] Von daher durchzieht die katechetische Perspektive alle liturgischen Vorschläge Luthers, wie es am deutlichsten in der „Deutschen Messe" (1526) zum Ausdruck kommt. Hier sah er z. B. sogar eine Paraphrase des Vaterunsers vor (WA 19,95).

Der Christusbezug bestimmte nicht nur die Predigt und den Gottesdienst. Er führte ebenfalls – gegenüber den vielen Heiligenfesten der römischen Kirche – zur Konzentration des Gottesdienstes auf die Sonn- und Christusfeiertage.[114] Tatsächlich führte diese Reform zu einer *starken Verbalisierung* der Kommunikation des Evangeliums. Dies zeigen exemplarisch Luthers Beiträge zur Taufe, die er als Anordnung Christi hoch schätzte. Offenkundig gelang es dem Reformator von seinen nominalistisch geprägten

---

112 S. Karl-Heinrich Bieritz, Daß das Wort im Schwang gehe. Lutherischer Gottesdienst als Überlieferungs- und Zeichenprozeß, in: Ders., Zeichen setzen. Beiträge zu Gottesdienst und Predigt (PTHe 22), Stuttgart 1995, 82–106, 82–85.
113 S. Frieder Schulz, Luthers liturgische Reformen. Kontinuität und Innovation (1983), in: Ders., Syntaxis. Beiträge zur Liturgik, hg. v. Gerhard Schwinge, Göttingen 1997, 37–69.
114 S. Frieder Schulz, Die Ordnung der liturgischen Zeit in den Kirchen der Reformation (1981), in: Ders., Synaxis, Beiträge zur Liturgik, hg. v. Gerhard Schwinge, Göttingen 1997, 359–383.

§ 14 Evangelium: im Modus des gemeinschaftlichen Feierns   293

Denkvoraussetzungen her nicht, jenseits des diskursiv Formulierbaren dem Sinngehalt der Zeichen im Ritus auf die Spur zu kommen.[115]

Manfred Josuttis vermutet als kulturellen Kontext hierzu den von Norbert Elias eindrücklich beschriebenen Prozess der Zivilisation, der eine „zunehmende Domestikation der körperlichen und emotionalen Bedürfnisse" mit sich brachte. Dabei verlagerte sich „das Lebenszentrum des Menschen aus dem Verhaltens- in den Einstellungsbereich":

> „Das Wort ist zum Gnadenmittel geworden, nachdem heilige Orte und Gegenstände ihre Plausibilität als Medien des Heils verloren haben und der Mensch in der Neuzeit sich anschickt, in der Personalität, in der Sprache und im Verstehen seine Selbstvergewisserung zu finden."[116]

In einer Hinsicht gab Luther jedoch der emotionalen Ausgestaltung der gemeinschaftlichen Feier einen wichtigen Impuls, und zwar durch die Betonung des Gemeindegesangs (s. § 26 2.3).[117]

3.5 Unterricht in der Religion: Udo Sträter konstatiert überzeugend für die lutherischen Kirchen im 17. Jahrhundert „eine Krise der Kirchlichkeit, die sich in einer Krise der kirchlichen Verkündigung manifestierte".[118] Vor allem die Predigten lösten nicht den reformatorischen Anspruch ein, in der Gemeinde Glauben zu wecken und zu stärken.

> „So unsystematisch die Anklage- und Reformschriften des 17. Jahrhunderts auch zumeist ihre Beschwerden und guten Ratschläge vorbrachten, die Wirkungslosigkeit der Predigt, ja schlimmer: die allgemeine Unaufmerksamkeit, Gleichgültigkeit und Verachtung gegenüber der öffentlichen Gemeindepredigt, die doch Gottes Wort verkündigte, wurde zum dominierenden Thema. ‚Unser Volk wird nicht bekehrt durch die Predigt', klagte das Briegische Bedenken, eine im 17. Jahrhundert vielfach verbreitete und diskutierte Kritik- und Reformschrift, und sie gelangte zu einem rigorosen Schluß: Würde die Predigt wirken, müßten sich zumindest einige Bekehrte finden lassen, ‚aber da ist keiner'."[119]

Auch die darauf reagierenden vielfältigen Vorschläge zur Meditation[120] – teilweise sogar als Predigtersatz – zeigten keine allgemein durchschlagende Wirkung. Dazu kamen im 18. Jahrhundert kirchenkritische Anfragen und die Konkurrenz für den Gottesdienst durch das Aufkommen von Periodika wie

---

115 S. die kritische semiotische Rekonstruktion von Luthers Anschauungen bei RUDOLF ROOSEN, Taufe lebendig. Taufsymbolik neu verstehen, Hannover 1990, 62–73.
116 MANFRED JOSUTTIS, Der Pfarrer ist anders. Aspekte einer zeitgenössischen Pastoraltheologie, München 1982, 90.
117 S. JOHANNES SCHILLING, Musik, in: ALBRECHT BEUTEL (Hg.), Luther Handbuch, Tübingen 2005, 236–244.
118 UDO STRÄTER, Meditation und Kirchenreform in der lutherischen Kirche des 17. Jahrhunderts (BHTh 91), Tübingen 1995, 30 (ohne Kursivsetzung im Original).
119 A.a.O. 76 (ohne Kursivsetzung im Original).
120 A.a.O. 100–118.

die Moralischen Wochenschriften,[121] die gleichermaßen belehren und unterhalten wollten, nicht zuletzt Frauen.

In dieser Situation verwundert es nicht, dass im letzten Drittel des 18. Jahrhunderts zahlreiche theoretische und praktische Impulse zur Reform des Gottesdienstes begegnen.[122] Neben Reformvorschlägen zum liturgischen Ablauf und zu Gesangbüchern stand dabei die *Predigt im Mittelpunkt der Überlegungen*, und zwar sowohl hinsichtlich ihrer Aufgabe als auch ihrer Gestaltung.

Große Wirksamkeit entfaltete hier die zwischen 1772 und 1791 dreimal aufgelegte Schrift *Johann Spaldings (1714–1804)* „Ueber die Nutzbarkeit des Predigtamtes und deren Beförderung". Der erste Teil ventiliert den bereits im Titel verwendeten Begriff der „Nutzbarkeit", also des Nutzens, der Predigt in doppelter Weise. Zum einen geht es wesentlich um „Unterricht in der Religion", wobei sogleich auf die Bedeutung der Eltern in einer Familie hingewiesen wird:

> „Welch ein angenehmer, rührender Anblick, den verständigern Vater, die empfindungsvollere Mutter ihre Kinder lehren, ermahnen, aufmuntern zu sehen, wie sie den Allmächtigen zum Freunde haben, sich eines ewigen Glücks versichern, und dabey auch schon dieses Lebens mit einer so viel ruhigern Freude geniessen können!"[123]

Zum anderen bemühte sich Spalding darum, den Wert der Predigt für die Gesellschaft aufzuweisen. Dabei stand die Sittenlehre im Vordergrund.

Für die konkrete Gestaltung war die im Zuge der Aufklärung allgemein werdende *Differenzierung zwischen Theologie und Religion* grundlegend.[124] Denn die Predigt sollte nur dasjenige aussprechen, was „wirklich auf das Gemüth und Leben einen Einfluß" hat.[125] Dogmatische Lehren wie die von der Rechtfertigung oder der Erbsünde blieben ausgeschlossen.[126] Auch traten die konfessionellen Differenzen zurück. Positiv galt es, die vernünftige Sittenlehre des Christentums verständlich und damit fruchtbringend zur Dar-

---

121 S. WERNER FAULSTICH, Die bürgerliche Mediengesellschaft (1700–1830). Die Geschichte der Medien Bd. 4, Göttingen 2002, 236–242.
122 S. zum Überblick ALBRECHT BEUTEL, Aufklärung in Deutschland (KIG 4,02), Göttingen 2006, O 361–366; ausführlicher ALFRED EHRENSPERGER, Die Theorie des Gottesdienstes in der späten deutschen Aufklärung (1770–1815) (SDGSTh 30), Zürich 1971.
123 JOHANN SPALDING, Ueber die Nutzbarkeit des Predigtamtes und deren Beförderung (^{1}1772; ^{2}1773; ^{3}1791), hg. v. TOBIAS JERSAK (SpKA I/3), Tübingen 2002, 52f.
124 S. hierzu ALBRECHT BEUTEL, „Gebessert und zum Himmel tüchtig gemacht". Die Theologie der Predigt nach Johann Joachim Spalding, in: DERS., Reflektierte Religion. Beiträge zur Geschichte des Protestantismus, Tübingen 2007, 210–236, 222–225.
125 JOHANN SPALDING, Ueber die Nutzbarkeit des Predigtamtes und deren Beförderung (^{1}1772; ^{2}1773; ^{3}1791), hg. v. TOBIAS JERSAK (SpKA I/3), Tübingen 2002, 134f.
126 S. genauer ALBRECHT BEUTEL, „Gebessert und zum Himmel tüchtig gemacht". Die Theologie der Predigt nach Johann Joachim Spalding, in: DERS., Reflektierte Religion. Beiträge zur Geschichte des Protestantismus, Tübingen 2007, 210–236, 225–227.

stellung zu bringen. Dabei sollte sich der Prediger, der kein Priester, sondern ein „vertrauter Freund"[127] seiner Gemeinde sein sollte, entschlossen an der Alltagswelt der Zuhörer/innen orientieren.

Deutlich wird bei diesem Programm, dass der Gesichtspunkt des „Unterrichts" bzw. der „Lehre" den Gottesdienst prägt. Von daher ist verständlich, dass aufklärerische Theologen mit Nachdruck die Einführung und Verbreitung der Konfirmation betrieben.

3.6 *Festreligion:* Jede Kultur hat ihre Feste. Man könnte gut eine Christentumsgeschichte anhand des Aufkommens, der Veränderungen und auch des Niedergangs von Festen schreiben. Dabei sind offizieller Kult und tatsächliche Praxis der Menschen oft vielfach miteinander verwoben. Ein hervorragendes Beispiel hierfür stellt das *Weihnachtsfest* dar. Seine christlichen Wurzeln gehen ins 4. Jahrhundert nach Rom zurück, wo der 25. Dezember als Natalis Solis Invicti gefeiert wurde;[128] daneben finden sich weitere heidnische Traditionen, die in dieses Fest einflossen. So verbanden sich unterschiedliche Motive, die die Festliturgie prägten:
- „vom wahrscheinlichen religionsgeschichtlichen Ursprung her die Bedeutung von Sonne und Licht;
- vom biblischen Inhalt her der Bezug zum Geburtstag, teilweise verbunden mit dem Taufmotiv;
- vom Termin her die Verortung im Dunkeln." (GRETHLEIN, Grundfragen 251)

Im Lauf der Zeit dehnte sich der Festkreis um Weihnachten aus. Es entstanden unterschiedliche liturgische Bräuche und ein reichhaltiges liturgisches Leben.[129] Besonderes Interesse verdient in Deutschland die *Profilierung des Weihnachtsfestes im 19. Jahrhundert.*[130] Denn hier entwickelte sich, bis heute reichend, eine spezifisch bürgerliche Festkultur. *Kirchliche Tradition, öffentliche Feierkultur und familiäre Sitte verbanden sich in einmaliger Weise.* Das ist gut an der gegenseitigen Adaption von Festinsignien zu erkennen. So wanderte der Weihnachtsbaum – erstmals ikonographisch auf einem Kupferstich Lukas Cranachs (1505) nachgewiesen – von öffentlichen Räumen wie Zunftzimmern im Laufe des 19. Jahrhunderts in die Wohnzimmer der Familien. Dabei gab der Kriegswinter 1870/71, in dem Bäume die Unterstände der deutschen Soldaten zierten, einen besonderen nationalen Impuls. Auch die Krippen, lange nur in Kirchen und anderen öffentlichen Räumen aufgestellt, kamen in die Wohnstuben. Kristian Fechtner resümiert: „Weih-

---

127 JOHANN SPALDING, Ueber die Nutzbarkeit des Predigtamtes und deren Beförderung (¹1772; ²1773; ³1791), hg. v. TOBIAS JERSAK (SpKA I/3), Tübingen 2002, 64.
128 HANSJÖRG AUF DER MAUR, Feiern im Rhythmus der Zeit Bd. 1. Herrenfeste in Woche und Jahr (GDK 5), Regensburg 1983, 166.
129 S. a. a. O. 157–175.
130 S. grundlegend INGEBORG WEBER-KELLERMANN, Das Weihnachtsfest. Eine Kultur- und Sozialgeschichte der Weihnachtszeit, Luzern 1978.

nachten wird lebensweltlich privatisiert, verkleinert, gleichsam intimisiert."[131] Teile des kirchlichen Gottesdienstes, der als Festgottesdienst bis ins 20. Jahrhundert hinein in den frühen Morgenstunden des 25. Dezember stattfand, wurden in das familiäre Zusammensein am Abend transformiert. Dieses wiederum veränderte die Feierzeit in der Kirche hin zum Heiligabendgottesdienst. Liturgisch bediente man sich der alten Tradition der Stundengebete und feierte die Christvesper und/oder -mette.[132] Es entstand ein Fest, in dem sich primäre und sekundäre Religionserfahrung in wohl einmaliger Weise verknüpften. Dadurch stellen sich – neben der hohen Attraktivität – bis heute Probleme der Balance.

> Ein berühmtes literarisches Beispiel für die in diesem Prozess leitenden Motive gibt Friedrich Schleiermachers „Die Weihnachtsfeier" (1806).[133] Hier wird die häusliche Festgemeinschaft als „ideale Gemeinde moderner Christlichkeit" dargestellt. Die Geburt Christi erscheint als „Symbol für alle göttliche Wohlthaten und Fügungen".[134]

Im Zuge des bürgerlichen Weihnachtsfestes etablierte sich also in den bürgerlichen Familien des 19. Jahrhunderts die Kommunikation des Evangeliums im Modus gemeinschaftlichen Feierns als religiöse Feier. *Die häusliche Weihnachtsfeier war auf das kirchliche Fest und damit auch die biblische Festlegende bezogen; die Feiernden standen nicht selten zu bestimmten kirchlichen Inhalten wie der Jungfrauengeburt oder dem Inkarnationsdogma in Distanz.* Sie waren also religiös im Sinne von Religion als eines innerprotestantischen Unterscheidungsbegriffs (s. § 8 3.3).

> Dass diese Festkultur in jüdischen Familien auf die Feier des Chanukka-Festes einwirkte, ist angesichts des übergreifenden kulturellen Rahmens durch das Bürgertum gut verständlich und wurde durch die gemeinsame Lichtsymbolik erleichtert. So zog der Weihnachtsbaum in die Stuben jüdischer Familien ein.[135]

Eine Brücke zwischen familiärem Feiern und kirchlichem Festgottesdienst schlugen *Lieder*. Dabei zeigt die Rezeptionsgeschichte des wohl bekanntesten Weihnachtsliedes „Stille Nacht", dass dies keineswegs ein spannungsloser Vorgang war.[136] Zuerst fehlte es in vielen evangelischen Gesangbüchern,

---

131 Kristian Fechtner, Im Rhythmus des Kirchenjahres. Vom Sinn der Feste und Zeiten, Gütersloh 2007, 68.
132 Im 20. Jahrhundert kam es auch beim anderen hohen Christusfest, Ostern, zu einem Rekurs auf die sonst weithin in den Klöstern und einzelnen Kommunitäten verschwundenen Stundengebete (s. § 26 1.4), nämlich bei der Ostervigil.
133 Friedrich Schleiermacher, Die Weihnachtsfeier. Ein Gespräch (KGA I,5), Berlin 1995, 39–100.
134 Zitiert nach Matthias Morgenroth, Weihnachts-Christentum. Moderner Religiosität auf der Spur, Gütersloh 2002, 16.
135 Thomas Nipperdey, Deutsche Geschichte 1866–1918 Bd. 1. Arbeitswelt und Bürgergeist, München ²1991, 405.
136 S. Wolfgang Herbst, Stille Nacht, heilige Nacht. Die Erfolgsgeschichte eines Weihnachtsliedes, Zürich 2002.

rückte dann in Anhänge auf, um sich erst auf Grund des großen Erfolgs bei den Menschen und in den Familien allgemein durchzusetzen. Katechetisch kam den Liedern große Bedeutung zu. Denn hier berührten sich familiäres und kirchliches Feiern sowie der Religionsunterricht.

3.7 *Agendarische Verfestigung:* Wie am Beispiel Weihnachten gezeigt, bildete sich im Laufe des 19. Jahrhunderts eine im Kontext des Bürgertums als Leitmodell der Lebensführung stehende familiäre Form der Kommunikation des Evangeliums heraus. Ihre starke Ausrichtung an der primären Religionserfahrung verankerte sie tief im Leben der Menschen. Doch trat demgegenüber die kritische sekundäre Religionserfahrung, konkret der jede menschliche Sozialform relativierende Christusbezug, zurück. Genau entgegengesetzt reagierten die kirchlichen Amtsträger in ihren Bemühungen um die Gottesdienstreform. Vor allem im Luthertum kam es – etwa in der Agende von Wilhelm Löhe[137] – zu einer anschaulich und erlebnismäßig ansprechenden Form der Gottesdienstgestaltung, aber mit antimoderner, kirchliche Objektivität betonender Prägung (CORNEHL 67).

Diese Tendenz verstärkte sich – gestützt durch den offenbarungstheologischen Ansatz der Dogmatik[138], liturgiehistorische Forschungen[139] und die Erfahrungen im Kirchenkampf[140] – in der Agendenreform nach dem Zweiten Weltkrieg. Dabei wurden die impliziten psychologischen Elemente der lutherischen Agenden des 19. Jahrhunderts schroff zurückgewiesen und die sog. „Sachgemäßheit" gegenüber einem Eingehen auf die Gemeinde („Gemeindegemäßheit") durchgesetzt (CORNEHL 73). Das bis heute in vielen deutschen Kirchengemeinden wirkende Resultat war die sog. Agende 1,[141] „die umfassendste liturgische Restauration, die es in der Geschichte des evangelischen Gottesdienstes je gegeben hat" (CORNEHL 77). Klar grenzte sich die Agende gegen die „Welt" ab (s. § 4 1.3).

„Die Kommunikationsstruktur des agendarischen Gottesdienstes entsprach dem Weltverständnis. ... die Dominanz des geistlichen Amtes blieb erhalten. Die Gebetssprache erstarrte in altertümlichen Wendungen, jede Spontaneität wurde ausgeschaltet. Wichtig war die Veränderung der Melodien. Die generelle Einführung

---

137 S. HANS KRESSEL, Wilhelm Löhe als Liturg und Liturgiker, Berlin 1951, v.a. 99–131 zum sog. Hauptgottesdienst mit Abendmahlsfeier (Communio).
138 Dogmatisch grundlegend war PETER BRUNNER, Zur Lehre vom Gottesdienst der im Namen Jesu versammelten Gemeinde, in: Leiturgia 1, Kassel 1954, 83–364.
139 Zusammenfassend dargestellt in den fünf zwischen 1954 und 1970 erschienenen Bänden der Leiturgia (Kassel).
140 S. PETER CORNEHL, Evangelische Abendmahlspraxis im Spannungsfeld von Lehre, Erfahrung und Gestaltung. Ein Beitrag zum Gespräch zwischen den Generationen, in: DERS., „Die Welt ist voll von Liturgie". Studien zu einer integrativen Gottesdienstpraxis (PTHe 71), hg. v. ULRIKE WAGNER-RAU, Stuttgart 2005, 165-191, 167-181.
141 S. zu Aufbau und den einzelnen liturgischen Elementen CHRISTIAN GRETHLEIN, Abriß der Liturgik. Ein Studienbuch zur Gottesdienstgestaltung, Gütersloh ²1991 (1989), 114-147.

der Gregorianik führte zu einer musikalischen Entemotionalisierung. Die neue Einheitsliturgie klang ebenso affektfrei wie steril. Alles wurde auf die gehorsame Übernahme vorgegebener Autorität abgestellt." (a. a. O. 78; ohne Kursivsetzung im Original)

Spätestens ab dem Ende der siebziger Jahre des 20. Jahrhunderts machte eine Vielzahl liturgischer Experimente deutlich, dass der einheitlich geordnete agendarische Gottesdienst keinen hinreichenden Raum für das gemeinschaftliche Feiern bot.[142] Darauf deutet auch die abnehmende Zahl derer hin, die am Sonntagvormittag am sog. Gemeindegottesdienst (bzw. auf katholischer Seite: an der Messe) teilnehmen.

3.8 *Zusammenfassung:* Bei den skizzierten Modellen begegnen folgende wichtige Zusammenhänge und Probleme:
- Die Kommunikation des Evangeliums im Modus gemeinschaftlichen Feierns steht seit dem 2. Jahrhundert vor der *Aufgabe, die Christusanamnese präsent zu halten.* Im Zuge dessen entfernte sich die Zusammenkunft zunehmend vom alltäglichen Leben.
- Funktionale Erfordernisse, das Problem der Einheit christlicher Gemeinden sowie der politische und kulturelle Kontext führten zu einer *Herausbildung von Ämtern*, die das gemeinschaftliche Feiern hierarchisch prägten.
- Parallel zu diesen geordneten kirchlichen Vollzügen entwickelten sich *volksfromme Bräuche*, die mehr oder weniger lose mit der kirchlichen Praxis verbunden waren (z. B. Benediktionen im Mittelalter, religiöse Feiern im 19. Jahrhundert). Ihnen kam große Alltagsnähe zu, doch drohte der Christusbezug zurückzutreten bzw. zu verschwinden.
- So durchzieht die ganze Christentumsgeschichte die Spannung zwischen Formen gemeinschaftlichen Feierns, die sich sekundärreligiös an der Bibel bzw. kirchlicher Tradition orientieren, und anderen, die primärreligiös wichtige Bedürfnisse der Menschen aufnehmen. *Ästhetische Ausdrucksformen* wie vor allem Gesang und Musik (s. § 26 2.) überbrückten immer wieder diesen Hiatus. Auch dramatische Darstellungen wie Passions- und Krippenspiele sind hier zu nennen.

4. Zusammenhang mit anderen Modi der Kommunikation des Evangeliums

Die Formen des gemeinschaftlichen Feierns haben sich grundlegend und vielfältig auf allen Ebenen verändert. Aus dem Abendmahl, bei dem man satt wurde, wurde ein symbolisch reich ausgestalteter Ritus mit dünner Oblate

---

142 Zur Reform der Agende 1 s. HELMUT SCHWIER, Die Erneuerung der Agende. Zur Entstehung und Konzeption des „Evangelischen Gottesdienstbuches" (Leit.NF 3), Hannover 2000.

und – jedenfalls in den reformatorischen Kirchen – einem Schluck Wein. Aus dem Treffen am Abend entwickelte sich ein komplexes Kirchenjahr, das in seinen Grundzügen bis heute den Rhythmus unserer Gesellschaft prägt. Das Zimmer in einem Wohnhaus wurde zum Kirchengebäude. Die Gemeinschaft der gleichberechtigten Jünger/innen differenzierte sich in eine priesterliche Hierarchie auf der einen und das Kirchenvolk auf der anderen Seite. Dies hatte Konsequenzen für den Zusammenhang mit den beiden anderen Modi der Kommunikation des Evangeliums.

4.1 *Von der Mimesis zur Volksbildung:* Wie bereits für die Taufe anhand des Berichts in der Traditio Apostolica gezeigt (s. § 13 3.2), dominierte in der ersten Zeit des Christentums der den ganzen Menschen umfassende *Modus der Mimesis*. Auch die Mahlfeiern können so verstanden werden. Die Teilnehmenden reihten sich in die im Auftreten und Wirken des irdischen Jesus beginnende Tischgemeinschaft ein. Daneben bestanden von Anfang an verbale Formen des Lehrens bei der Zusammenkunft: die *Schriftlesung und deren Auslegung*. Dabei nahmen die Christen die damals zur Verfügung stehenden Vermittlungsformen auf. Das führte – wie die Nachrichten von christlichen Lehrern und deren Schulen zeigen (s. § 13 3.1) – zu Lehr- und Lernprozessen außerhalb der wöchentlichen Gemeindezusammenkunft.

Einen *Abbruch* des Zusammenhangs zwischen Kommunikation des Evangeliums im Modus gemeinschaftlichen Feierns und im Modus des Lehrens und Lernens stellt die mittelalterliche Liturgieentwicklung dar. Die durch geweihte Priester zelebrierte Messe in einer den meisten Menschen unverständlichen Sprache bot dem ungebildeten Kirchenvolk bestenfalls die Möglichkeit zum Staunen über die Pracht des Geschehens – zumindest in den Domen und Kathedralen mit gut geschultem Personal. Es ist interessant, dass in dieser Epoche nicht nur der Zusammenhang mit dem Lehren und Lernen verloren ging, sondern auch der gemeinschaftliche Charakter des Feierns gefährdet war. Der verbreitete Usus der sog. Augenkommunion, also des bloßen Zusehens der seit dem 12. Jahrhundert aufkommenden Elevation ohne tatsächlichen Empfang des Brotes (s. MEYER 233), trieb die Trennung von Sättigungsmahl und liturgischem Vollzug in der Eucharistie auf die Spitze. Dass dann noch der Kelch ebenfalls etwa seit dieser Zeit den Priestern vorbehalten blieb (s. a. a. O. 498), erschwerte die Kommunikation des Evangeliums weiter.

Folgerichtig setzte der reformatorische Protest hier ein. Allerdings wurde die frühere Form der Mimesis beim gemeinschaftlichen Feiern kognitiv in das Hören der Predigt transformiert. Die Theologen der Aufklärungszeit nahmen diesen Ansatz in verändertem kulturellem Kontext auf und bemühten sich um ein lebensnahes Predigen im Sinne der Volksbildung. Damit trat aber die kulturkritische Perspektive der Kommunikation des Evangeliums zurück bzw. fiel aus.

Diese Adaption der Kommunikation des Evangeliums erlebte im Kontext des Bürgertums als normativem Rahmen im Weihnachtsfest des 19. Jahrhunderts einen Höhepunkt (s. 3.6). Hier überwanden die kindertümliche Form der Festgestaltung[143] und die damit verbundene Sentimentalität die kognitive Engführung verbaler Predigt. Zugleich drohte aber der christusbezogene Grundimpuls hinter neuem Brauchtum wie Tannenbaum und Weihnachtsmann zu verschwinden.

4.2 Helfen zum Leben und Feiern: Nach dem bisher Ausgeführten mag das Diktum Ulrike Suhrs in einem einschlägigen Handbuch-Artikel erstaunen: „Im Abendmahl ist liturgiegeschichtlich die größte Nähe zwischen Gottesdienst und Diakonie zu konstatieren."[144] Dabei ist – von Suhr nicht genannt – zuerst an das ursprüngliche Sättigungsmahl zu denken. In einer Gesellschaft, in der zahlreiche Menschen hungerten, war ein gemeinsames Mahl direkter Ausdruck gegenseitiger Fürsorge. So schildert Justin den Fortgang der Gemeindeversammlung (in der Mitte des 2. Jahrhunderts) nach der *„Eucharistie":*

> „Wer wohlhabend ist, gibt freiwillig, nach eigenem Ermessen, das Seine. Und was dabei zusammenkommt, wird bei dem Vorsteher hinterlegt, der damit Witwen und Waisen versorgt und solche, die krankheitshalber oder aus anderen Gründen bedürftig sind, ferner die Gefangenen und in der Gemeinde anwesenden Fremdlinge, kurz, er ist allen Notleidenden ein Fürsorger." (Iust. 1 apol. 67,6 f.)[145]

Zwar geht aus dem Text nicht eindeutig hervor, ob und gegebenenfalls wie diese Gaben mit dem bei der Eucharistie Kommunizierten zusammenhingen. Doch bestand auf jeden Fall ein unmittelbarer Zusammenhang zwischen Helfen und Feiern.

Auch an anderer Stelle, nämlich bei den *Fürbitten*, war dies zu beobachten (s. zur Aktualität GRETHLEIN, Gottesdienst 41 f.).[146] Dazu traten in den *Predigten* ethische Ermahnungen; nicht wenige *Lektionen* wiesen direkt auf die Bedeutung der Nächstenliebe für die Nachfolge Christi hin.

Allerdings verblasste im Zuge der kultischen Ritualisierung und Klerikalisierung des gemeinschaftlichen Feierns die hiermit verbundene Dimension

---

143 S. KRISTIAN FECHTNER, Im Rhythmus des Kirchenjahres. Vom Sinn der Feste und Zeiten, Gütersloh 2007, 68.
144 ULRIKE SUHR, Gottesdienst und Diakonie, in: HANS-CHRISTOPH SCHMIDT-LAUBER/MICHAEL MEYER-BLANCK/KARL-HEINRICH BIERITZ (Hg.), Handbuch der Liturgik. Liturgiewissenschaft in Theologie und Praxis der Kirche, Göttingen ³2003, 673–684, 682.
145 Zitiert nach MICHAEL MEYER-BLANCK, Liturgie und Liturgik. Der Evangelische Gottesdienst aus Quellentexten erklärt (TB 97), Gütersloh 2001, 82; a. a. O. 82–88 findet sich ein liturgischer Kommentar zur justinschen Gottesdienst-Schilderung.
146 Im sog. Diakonischen Fürbittengebet, einer Gebetsform, in der Liturg und Diakon sich abwechseln, findet diese Verbindung ihren gestalterischen Ausdruck.

des Performativen.¹⁴⁷ Das Hereintragen der eucharistischen Gaben sowie die Verteilung der Gaben an die Armen wurden ritualisiert¹⁴⁸ und damit aus dem Lebenskontext der Menschen entfernt. Dies ging mit einer tiefgreifenden Veränderung in der Einstellung gegenüber Bedürftigen einher, die an einer grundsätzlichen Verbesserung von deren Zustand nicht interessiert war (s. § 15 3.2).

Auch in der Reformation gelang es nicht, den Zusammenhang der Kommunikation des Evangeliums in den Modi des gemeinschaftlichen Feierns und des Helfens zum Leben wieder herzustellen. Nicht zuletzt die rechtfertigungstheologisch begründete Kritik an der Verquickung von finanziellen klerikalen Interessen und liturgischer Feier stand dem entgegen. Dazu wirkte sich die mit der Dominanz des verbal Lehrhaften verbundene Zurückhaltung gegenüber der performativen Dimension des gemeinschaftlichen Feierns negativ aus. So bleibt die Wiedergewinnung dieses Zusammenhangs bis heute ein Desiderat. Durch ökumenische Erfahrungen im Bereich von *Heilungsgottesdiensten („healing rites")*¹⁴⁹ erhält allerdings die sinnlich wahrnehmbare Darstellung des befreienden Charakters der Kommunikation des Evangeliums neue Aufmerksamkeit.

5. Grundfragen

Schon im Alten Testament begegnet die Frage nach dem wahren bzw. falschen Gottesdienst. Ihre Bearbeitung ist seitdem grundlegend für jede biblisch orientierte Theorie des gemeinschaftlichen Feierns als Modus der Kommunikation des Evangeliums. Denn es geht dabei um Sinn bzw. Unsinn des liturgischen Handelns. Hinsichtlich der konkreten Feiergestalt stellt sich das Problem, wie die im Laufe der Christentumsgeschichte entstandenen verschiedenen liturgischen Formen einander zuzuordnen sind. Gibt es einen Hauptgottesdienst – was das Vorhandensein von Nebengottesdiensten implizieren würde?

5.1 *Wahrer – falscher Gottesdienst:* Bei der Diskussion um den wahren und falschen Gottesdienst in der Bibel fällt philologisch auf, dass dabei keine begrifflichen Unterscheidungen gemacht werden. In der LXX wie im Neuen Testament kann „latreuein" bzw. „latreia" (griech.) den falschen Gottesdienst

---

147 S. hierzu HELMUT SCHWIER, Liturgie und Diakonie – einige Überlegungen im Licht des „performative turn", in: JOHANNES EURICH/CHRISTIAN OELSCHLÄGEL (Hg.), Diakonie und Bildung, Stuttgart 2008, 265–277.
148 S. KARL-HEINRICH BIERITZ, Liturgik, Berlin 2004, 319–321.
149 Vgl. den Versuch, die Krankensalbung als Kasualie zu profilieren, bei CHRISTIAN GRETHLEIN, Grundinformation Kasualien. Kommunikation des Evangeliums an Übergängen des Lebens, Göttingen 2007, 358–389.

bezeichnen (z. B. Ex 20,5; Röm 1,25), aber in denselben Schriften auch die angemessene Kommunikation mit Gott (z. B. Ex 3,12; Röm 12,1). Tatsächlich bedienen sich beide Formen der gleichen Instrumente, etwa mit Opfer und Gebet. Die Unterscheidung erfolgt ausschließlich auf der *Inhaltsebene.* Jesus übernahm die dazu von den Propheten explizit vorgenommene Bestimmung direkt, indem er Hosea 6,6 zitiert: „Ich habe Wohlgefallen an Barmherzigkeit und nicht am Opfer." (Mt 9,13; 12,7) Das ethische Verhalten im Alltag erhält grundlegende Bedeutung für das gemeinschaftliche Feiern. Zugespitzt formuliert Jak 1,26 f. diese Tradition.

Entschieden wird die Trennung zwischen Alltag und Kult zurückgewiesen. Genau dies ergibt sich aus der kommunikationstheoretischen Rekonstruktion des Wirkens Jesu. Kommunikation des Evangeliums vollzieht sich demnach in drei Modi (§ 8 2.3). Wird ihr Zusammenhang aufgelöst, geht die frühchristlich und performativ in Taufe und Herrenmahl ausgedrückte Gemeinschaft mit Christus verloren.

In dieser Perspektive wirkt die liturgische Entwicklung theologisch dramatisch. Kulturell begründete Differenzierungsprozesse sind von daher noch einmal kritisch neu zu überdenken. Offenkundig besteht eine *Spannung zwischen dem den ganzen Menschen betreffenden christlichen Grundimpuls und der Rollendiversifizierung modernen Lebens.* Die Separierung des Kultischen vom Alltag kann als eine Kontextualisierung in dieser Situation verstanden werden; die kulturkritische Perspektive der Kommunikation des Evangeliums wird dabei aber ausgeblendet. Das Bemühen um die Verbindung der drei Modi der Kommunikation des Evangeliums bringt diesen Impuls zum Tragen und fordert eine tiefgreifende Reform von Unterricht, Gottesdienst und Diakonie.

5.2 *Pluriformität:* Unter der Hand hat sich mit dem Begriff „*Hauptgottesdienst"* – ausgehend von der ersten spezifischen Nennung in der Preußischen Agende von 1822 – in den evangelischen Kirchen eine problematische (bis in staatliche Gesetze reichende) Normsetzung eingebürgert: der sonntägliche Vormittagsgottesdienst, möglichst mit Abendmahl, als Vollform der Gemeindefeier.[150]

> Eine ähnliche Tendenz ist in der römisch-katholischen Liturgiewissenschaft zu beobachten, die im allerdings theologisch ausgearbeiteten Konzept einer eucharistischen Ekklesiologie versucht, die ganze Kirche als eucharistische Versammlung zu verstehen.[151]

---

150 Zur Begriffsgeschichte und ihren Problemen s. FRIEDER SCHULZ, Was ist ein Hauptgottesdienst? (1981), in: DERS., Synaxis. Beiträge zur Liturgik, hg. v. GERHARD SCHWINGE, Göttingen 1997, 123–133.
151 S. hierzu knapp und zu Recht die orthodoxen Wurzeln dieses Konzepts hervorhebend REINHARD MESSNER, Einführung in die Liturgiewissenschaft, Paderborn 2001, 150–153.

Eine solche Präferierung bestimmter konkreter Vollzüge steht zum Ersten in Spannung zum konstitutiven Christusbezug, wie ihn Mt 18,20 formuliert. Demnach ist bei der Zusammenkunft (von zwei oder drei) der Bezug auf den Namen Christi das Entscheidende, nicht ein ritueller Vollzug.

Zum Zweiten setzt die Norm des „Hauptgottesdienstes" (bzw. liturgiewissenschaftlich formuliert: der Messe) eine Form des Herrenmahls voraus, die den jahrhundertelangen Prozessen der kultischen Spezialisierung und Abtrennung vom Alltag vorausliegt und heute nur noch historisch rekonstruiert werden kann: das sättigende Gemeinschaftsmahl, das gleichermaßen gemeinsames Feiern, Mimesis und Helfen zum Leben umfasst. Von daher ist das Konzept der eucharistischen Ekklesiologie ein theologisch ambitioniertes Zukunftsprojekt, aber keine Gegenwartsbeschreibung.

Schließlich – und dies ist in der Perspektive der Kommunikation des Evangeliums besonders problematisch – hebt die Bezeichnung „Hauptgottesdienst" einen exklusiv in der Organisation Kirche begangenen Vollzug heraus. Damit wertet sie andere Orte der Kommunikation des Evangeliums wie die (multilokale Mehrgenerationen-)Familie, die Schule, die Diakonie oder die Medien ab.

Demgegenüber stellt die – auch örtliche – Pluriformität der Kommunikation des Evangeliums im Modus gemeinschaftlichen Feierns einen Reichtum dar. Die biblischen Kriterien der Verständlichkeit und damit zusammenhängend die Anschlussfähigkeit an andere Modi der Kommunikation des Evangeliums gelten für sie gleichermaßen. Je stärker die Kommunikation des Evangeliums im Modus des gemeinschaftlichen Feierns auf den Alltag der Menschen bezogen ist, desto eher entspricht sie dem christlichen Grundimpuls. Von daher ist die exklusive Konzentration der Liturgik auf das gottesdienstliche Handeln organisierter Kirche eine Fehlentwicklung, die der Korrektur bedarf.

§ 15 Evangelium: im Modus des Helfens zum Leben

Literatur: ANIKA ALBERT, Helfen als Gabe und Gegenseitigkeit. Perspektiven einer Theologie des Helfens im interdisziplinären Diskurs (VDWI 42), Heidelberg 2010 – ERICH BEYREUTHER, Geschichte der Diakonie und Inneren Mission in der Neuzeit (Lehrbücher für die diakonische Arbeit 1), Berlin 1962 – CHRISTIAN GRETHLEIN, Benediktionen und Krankensalbung, in: HANS-CHRISTOPH SCHMIDT-LAUBER/MICHAEL MEYER-BLANCK/KARL-HEINRICH BIERITZ (Hg.), Handbuch der Liturgik. Liturgiewissenschaft in Theologie und Praxis der Kirche, Göttingen ³2003, 551–574, 565–574 – GOTTFRIED HAMMANN, Die Geschichte der christlichen Diakonie. Praktizierte Nächstenliebe von der Antike bis zur Reformation, Göttingen 2003 – ULRICH LUZ, Biblische Grundlagen der Diakonie, in: GÜNTER RUDDAT/GERHARD SCHÄFER (Hg.), Diakonisches Kompendium, Göttingen 2005, 17–35 – GERHARD SCHÄFER/VOLKER HERRMANN, Geschichtliche Entwicklungen der Diakonie, in: GÜNTER RUDDAT/GERHARD SCHÄFER (Hg.), Diakonisches Kompendium, Göttingen 2005, 36–67 – PETER ZIMMERLING, Studienbuch Beichte, Göttingen 2009, 13–41

Jesus verband bei der Kommunikation des Evangeliums im Modus des Helfens zum Leben das *soziale bzw. heilende Tun mit der Zusage der Sündenvergebung* (s. § 8 2.3). In der Christentumsgeschichte entwickelte sich beides auseinander.

So sind zum einen die mit den Stichworten Diakonat und Diakonie bzw. zum anderen die mit Beichte und Buße (sowie später Seelsorge) verbundenen Entwicklungen zu skizzieren. Damit weist der beide Formen des Hilfehandelns integrierende Begriff des Helfens zum Leben auf ein offenes Problem hin (s. § 19 1.). Heute ist – trotz der Hochschätzung diakonischen Handelns – der Begriff Hilfe bzw. Helfen ambivalent konnotiert. Psychologisch ist u. a. auf eine mögliche „psychische Selbstausbeutung, die den Helfer notorisch überfordere",[152] zu achten, soziologisch sind Herrschaftsverhältnisse zu reflektieren.[153] Pastoral erfahren warnte bereits Gerhard Uhlhorn[154] vor folgenden Gefährdungen christlicher Liebestätigkeit (zusammengefasst bei ALBERT 51–53):

– Helfen, um selbst Ehre und Ansehen zu gewinnen;
– wegen des eigenen Vorteils;
– um sich religiöse Verdienste zu erwerben;
– um sich von eigenen Problemen abzulenken.

Gegenüber solchen Fehl- und Missverständnissen ist an den theoretischen Rahmen zu erinnern, innerhalb dessen in vorliegendem Zusammenhang der Begriff „Helfen" verwendet wird: als ein Modus der Kommunikation des Evangeliums, wie sie im Auftreten und Wirken Jesu begegnet und begründet ist.

Vorab skizziere ich einige grundlegende anthropologische Einsichten zu dem für diesen Kommunikationsmodus wichtigen Umgang mit Alterität.

1. Anthropologischer Hintergrund

Einem anderen Menschen zu helfen ist eine besondere Form des *Umgangs mit Alterität*, insofern jeder Mensch anders ist.

Unter dem Eindruck von Charles Darwins evolutionsbiologischer Theorie, in der „war of nature" und „struggle for life" die wesentlichen Antriebskräfte der natürlichen Auslese bezeichnen,[155] erschien soziales Handeln eher als Selektionshindernis. Demgegenüber stellen heute neurowissenschaftliche

---

152 GERD THEISSEN, Die Bibel diakonisch lesen: Die Legitimationskrise des Helfens und der Barmherzige Samariter, in: GERHARD SCHÄFER/THEODOR STROHM (Hg.), Diakonie – biblische Grundlagen und Orientierungen. Ein Arbeitsbuch (VDWI 2), Heidelberg ³1998, 376–401, 377.
153 A. a. O. 378.
154 GERHARD UHLHORN, Die christliche Liebesthätigkeit, Darmstadt 1959 (²1895).
155 S. – auch zum Folgenden – ALBERT 189–191.

§ 15 Evangelium: im Modus des Helfens zum Leben 305

Einsichten die *grundlegende Bedeutung sozialen Verhaltens für die Entwicklung der Menschheit und des Menschen* heraus:

„Alle Ziele, die wir im Rahmen unseres normalen Alltags verfolgen, die Ausbildung oder den Beruf betreffend, finanzielle Ziele, Anschaffungen etc., haben aus der Sicht unseres Gehirns ihren tiefen, uns meist unbewussten ‚Sinn' dadurch, dass wir damit letztlich auf zwischenmenschliche Beziehungen zielen, das heißt, diese erwerben oder erhalten wollen. Das Bemühen des Menschen, als Person gesehen zu werden, steht noch über dem, was landläufig als Selbsterhaltungstrieb bezeichnet wird."[156]

Entsprechend der in § 11 1. genannten Angewiesenheit des Menschen auf Gemeinschaft mit Anderen verwundert es nicht, dass evolutionsbiologisch eine starke, in der Regel positiv emotionale Beziehung zwischen den Mitgliedern einer Sippe herrscht. Dabei ist zu beachten, dass die konkrete Gestaltung dieser Zusammengehörigkeit kulturell geformt ist, wie die verschiedenen Verwandtschaftssysteme in der Menschheitsgeschichte bestätigen.[157] Ein Vergleich mit anderen Großsäugern lässt vermuten, dass die prähistorischen Menschengruppen „höchstens ein paar Dutzend Individuen umfaßten".[158] Bis in die Gegenwart ist die besondere Bedeutung der familiären Verbindung empirisch belegbar.

So beschreibt Frank Schirrmacher eine 1973 stattgefundene Brandkatastrophe in dem Hotelkomplex „Summerland" auf der Isle of Man. Dabei waren Menschen anwesend, die als Familien, und andere, die als Freunde angereist waren. Beide Gruppen reagierten in der durch den Brand ausgelösten Panik unterschiedlich:

„Die Familien, die zum Zeitpunkt der Katastrophe aus irgendwelchen Gründen getrennt gewesen waren, hatten offenbar alles darangesetzt, alle Mitglieder trotz des unbeschreiblichen Chaos wieder zu finden – um jeden Preis, denn manche waren sogar in andere Teile des Gebäudes gerannt. Auch die Hälfte der dreißig Familien, die im Augenblick des Unglücks über die große Liegehalle verstreut gewesen waren, hatte sich gesucht und gefunden. Die Familien hatten es geschafft, als vollständige Gruppen bis zum Ausgang zu gelangen.

Und was war mit den Freunden? Von den neunzehn Freundesgruppen, die zum Zeitpunkt des Feuerausbruchs getrennt waren, hatte sich keine einzige Gruppe vor der Flucht zusammengesucht. Die Katastrophe hatte Bindungen, die vorher fester schienen als manches Familienverhältnis, in Sekunden gekappt. Aus Freunden

---

156 JOACHIM BAUER, Prinzip Menschlichkeit. Warum wir von Natur aus kooperieren, Hamburg ³2007, 37 (ohne Kursivsetzung im Original).
157 S. FRANÇOIS ZONABEND, Über die Familie. Verwandtschaft und Familie aus anthropologischer Sicht, in: ANDRÉ BURGUIÈRE/CHRISTIANE KLAPISCH-ZUBER/MARTINE SENGALEN/FRANÇOIS ZONABEND (Hg.), Geschichte der Familie Bd. 1. Altertum, Darmstadt 1996 (franz. 1994), 17–90, 25–37.
158 CLAUDE MASSET, Die Vorgeschichte der Familie, in: ANDRÉ BURGUIÈRE/CHRISTIANE KLAPISCH-ZUBER/MARTINE SENGALEN/FRANÇOIS ZONABEND (Hg.), Geschichte der Familie Bd. 1. Altertum, Darmstadt 1996 (franz. 1994), 91–115, 96.

waren Einzelkämpfer geworden, die sich in alle Himmelsrichtungen verstreuten, aus Familien sich blitzschnell ordnende Rettungskonvois."[159]

Demgegenüber ist das Verhalten zu Menschen außerhalb des eigenen Sozialverbands ambivalent:

Zum einen weist das kulturgeschichtlich allgemein nachweisbare Inzestverbot auf die grundsätzliche Notwendigkeit hin, die eigene Sippe bzw. Familie für Andere zu öffnen. Es ist „der erste Schritt der Menschheit zur sozialen Organisation".[160]

Zum anderen[161] begegnet beim Menschen bereits im Babyalter, meist etwa sechs bis acht Monate nach der Geburt, die Phase des sog. Fremdelns. Das Kind unterscheidet zwischen Vertrauten, bei denen es sich geborgen fühlt, und Fremden, die es als gefährlich zurückweist. Beim Zusammenleben von unterschiedlichen Sippen oder Stämmen ist Ähnliches zu beobachten, nämlich eine sorgfältige Unterscheidung zwischen dem Eigenen und dem Fremden, und zwar im abgrenzenden Sinn. Im Zuge der Sesshaftwerdung kam es so vermehrt zu gewaltsamen Auseinandersetzungen zwischen Sippen. Die Institution des Gastrechts ist ein Versuch, die Differenz zwischen Eigenem und Fremdem zu überbrücken.

Im Einzelnen ist es nicht möglich, beim spannungsvollen Umgang mit Fremden zwischen biologisch angeborenem und kulturell vermitteltem Verhalten zu unterscheiden. Allerdings scheinen die bis heute begegnenden „Schlüsselreize wie die Demutsgebärde und das Imponiergehabe (Reize zur Regulierung der Hierarchie)"[162] angeboren zu sein. Dadurch wird Gewaltpotenzial domestiziert, das offenkundig die Begegnung mit Fremden beim Menschen hervorrufen kann.

Vor diesem Hintergrund gewinnt die an familiäre Beziehungen erinnernde *Rede von den „Kindern Gottes"* (z. B. Joh 1,12) evolutionsbiologische und kulturanthropologische Plausibilität. Die den Menschen allgemeine Verbundenheit mit der Herkunftsfamilie, eine wesentliche Quelle primärreligiöser Erfahrung (s. § 9 2.2), wird sekundärreligiös durch die im Hellenismus begegnende Vorstellung der Zeugung durch Gott[163] erweitert. Das Hel-

---

159 FRANK SCHIRRMACHER, Minimum. Vom Vergehen und Neuentstehen unserer Gemeinschaft, München ²2006, 43 f.
160 FRANÇOIS ZONABEND, Über die Familie. Verwandtschaft und Familie aus anthropologischer Sicht, in: ANDRÉ BURGUIÈRE/CHRISTIANE KLAPISCH-ZUBER/MARTINE SENGALEN/FRANÇOIS ZONABEND (Hg.), Geschichte der Familie Bd. 1. Altertum, Darmstadt 1996 (franz. 1994), 17–90, 37.
161 S. zum Folgenden KARL ERNST NIPKOW, Bildung in einer pluralen Welt Bd. 1. Moralpädagogik im Pluralismus, Gütersloh 1998, 222.
162 A.a.O. 223.
163 S. zu entsprechenden Belegen UDO SCHNELLE, Das Evangelium nach Johannes (ThHK 4), Leipzig 1998, 39 Anm. 85.

fen zum Leben bei nicht familiär verbundenen Personen ist eine Konsequenz hieraus. Es wird durch die ebenfalls evolutionsbiologisch begründbare Fähigkeit zur Empathie unterstützt: „Fremdes Leid erzeugt bei uns selbst Unlust, die wir vermeiden können, wenn wir es lindern."[164]

2. Biblische Grundlagen

Helfen zum Leben ist ein Kommunikationsmodus, der sich als roter Faden durch die gesamte Bibel zieht. Zentrale Texte hierzu, wie die Beispielgeschichte des Barmherzigen Samariters (Lk 10,30–35) oder die Rede zum Weltgericht (Mt 25,31–46), sind tief im Gedächtnis unserer Kultur verankert.

An manchen Stellen des Alten Testaments schimmert die eben evolutionsbiologisch beschriebene Beschränkung auf die eigene Sippe bzw. den Stamm durch. Doch mit dem Königtum wird das Volk Israel die bestimmende Größe. Den Übergang markiert das – historisch unzutreffende – Bekenntnis der Stämme in Hebron vor David: „Siehe, wir sind von deinem Gebein und deinem Fleisch." (2 Sam 5,1). Karl Ernst Nipkow kommentiert zu Recht: „Die fiktive genetische Verwandtschaft aller diente der Vergewisserung der Zusammengehörigkeit."[165]

Im Neuen Testament kommt es, in exilischen und nachexilischen Schriften der Hebräischen Bibel vorbereitet, zu einer Weitung dieses Horizontes, potenziell auf die ganze Menschheit hin.

2.1 *Altes Testament:* Grundlegend für das Verständnis der Kommunikationsform des Helfens zum Leben ist das Gebot der Nächstenliebe (Lev 19,18). Ihm gehen Schutzbestimmungen für Arme, Fremde und Behinderte (Taube, Blinde) voraus (Lev 19,9 f.,13,14), die zur Heiligung alltäglichen Lebens gehörten. Zunehmend wurden solche ethischen Weisungen als *Entsprechungen zum Handeln Gottes* verstanden.

> „Der barmherzige und gnädige Gott (Ex 34,6; Ps 103,8 etc.) selbst verschafft den Waisen und Witwen ihr Recht, liebt die Fremden und gibt ihnen Nahrung und Kleidung (Dtn 10,18). Er ist Vater der Waisen und Anwalt der Witwen (Ps 68,6). Sein Verhalten gilt es nachzuahmen." (Luz 20)

Aufgenommen ist diese Tradition in Lk 6,36: „Seid barmherzig, wie auch euer Vater barmherzig ist." Von daher ist die in § 14 2.1 genannte Vorordnung rechten ethischen Verhaltens vor kultischen Vollzügen in der prophetischen Botschaft theologisch begründet. Da Gott selbst sich für Arme und

---

164 ALFRED GIERER, Im Spiegel der Natur erkennen wir uns selbst. Wissenschaft und Menschenbild, Reinbek 1998, 199.
165 KARL ERNST NIPKOW, Der schwere Weg zum Frieden. Geschichte und Theorie der Friedenspädagogik von Erasmus bis zur Gegenwart, Gütersloh 2007, 380.

Entrechtete einsetzt, haben ihn Anbetende ihm – mimetisch – zu folgen und dürfen keinesfalls Andere in Armut stürzen bzw. ungerecht handeln. Diese Einsichten führten zur u. a. an Mi 6,8 anknüpfenden frühjüdischen Tradition der „Liebeswerke", an die die ersten Christen unmittelbar anschlossen (s. Mt 25,31–46).

„Unter ‚Liebeswerken' verstanden die Rabbinen ‚gute Werke', welche über die von der Torah geforderten ‚Gebotserfüllungen' … hinausgingen. Im Unterschied zum ‚Almosen' …, welches eine bloße Geldzahlung ist, erfordert ein ‚Liebeswerk' … das Engagement der ganzen Person. Zu den Liebeswerken gehören darum insbesondere Gastfreundschaft, Kleidung von Nackten, Erziehung von Waisenkindern, Gefängnisbesuche und Auslösung von Gefangenen; Krankenbesuche, Ausstattung von mittellosen Bräuten; Bestattung, Geleit von Toten und das Trösten von Trauernden." (a. a. O. 18)

Zugleich wird von der Möglichkeit des *Sündenbekenntnisses* und der göttlichen Vergebung berichtet. Festlichen Ausdruck fand sie im Großen Versöhnungstag (hebräisch: Jom Kippur; s. Lev 16). Daneben begegnen Zeugnisse von Schuldbekenntnissen Einzelner, in erzählerischer (s. 2 Sam 12,13) und poetischer (s. Ps 32) Form (ZIMMERLING 17).

2.2 *Neues Testament:* Auch hier besteht die methodische Schwierigkeit, dass unterschiedliche Begriffe im Neuen Testament das bezeichnen, was in § 8 2.3 unter Rekurs auf Jesu Wirken „Helfen zum Leben" genannt wird. Vor allem der Zusammenhang mit dem Anbruch der Gottesherrschaft sowie der Wortstamm „diakon-" (griech.: dienen) geben diesem Kommunikationsmodus einen besonderen Akzent (s. a. a. O. 17 f.; s. genauer § 19 1.). Doch lohnt es sich beim *„Helfen"* selbst einzusetzen (griech.: boethein), um diesen Modus der Kommunikation des Evangeliums genauer zu erfassen. In den Evangelien kommt dieser Begriff in zwei Wundergeschichten vor: der Heilung des (wohl) an Epilepsie erkrankten Sohns (Mk 9,14–29) und der Genesung der kranken Tochter (Mt 15,21–28). In beiden Erzählungen begegnet ein weitgehend gleicher Kommunikationsverlauf:

„1. Es geht zunächst um den Hilfsbedürftigen, der sich selbst nicht mehr helfen kann und auch nicht angemessen gegenüber Dritten um Hilfe bitten kann …

2. In Bezug auf das Hilfegeschehen sind deshalb zunächst die Angehörigen wichtig, die sich um den Hilfebedürftigen kümmern, bei Mt die Mutter und bei Mk der Vater.

3. An einem bestimmten Punkt reicht deren Hilfsbereitschaft nicht mehr aus. …

4. Es folgt darum ein Hilfeappell des nahestehenden Angehörigen an den gewissermaßen professionellen Helfer Jesus. …

5. In den beiden Bibeltexten findet sich fast schon in der Art eines festen Formulars das vorläufige Hinhalten der Bittenden …

6. Es folgt das Insistieren des dem Hilfebedürftigen nahestehenden Helfers gegenüber dem ‚professionellen Helfer' Jesus. …

7. Nach dem inständigen Appell des angehörigen Helfers findet schließlich die Gewährung der Hilfe durch ... Jesus statt."[166]

Deutlich tritt die Dramatik des Geschehens hervor: *Das Helfen zum Leben ist kein einfaches magisches Hantieren, sondern eine ergebnisoffene Kommunikation, in der die Kommunizierenden miteinander ringen.* Jesus korrigierte im Verlauf der Kommunikation eigene Einstellungen, besonders deutlich bei der Heilung des kranken Mädchens. Er hielt die anfangs vorgetragene ethnische Exklusion – „Ich bin nur gesandt zu den verlorenen Schafen des Hauses Israels" (Mt 15,24) –, die seinem überlieferten Wirken auf begrenztem Raum entsprach, nicht durch. Die Not der Mutter stimmte ihn um, er heilte ihre Tochter. Interessant ist bei beiden Geschichten, dass es sich um Notsituationen handelt, in der die familiäre Hilfe nicht mehr ausreichte. Doch ist diese die Voraussetzung für die Begegnung mit Jesus und damit die Heilung. Der Glaube bzw. das Flehen um Glauben von Familienangehörigen der Kranken ermöglichen Jesu heilendes Handeln. Ebenfalls der Glaube steht im Zentrum der Heilungen Jesu, in denen Menschen „gerettet" (griech.: sozein; z. B. Mt 9,22) werden.

Einen neuen Akzent erhält das Helfen zum Leben in den Texten, die vom *„Dienen"* (griech.: diakonein) als dem grundsätzlichen Vorzeichen des Wirkens Jesu berichten (z. B. Mk 10,45a und 10,43 f., wo sogar „Diener" [griech.: diakonos] und „Sklave" [griech.: doulos] parallelisiert sind; s. zu weiteren Texten LUZ 20). Hier steht die Vermittlung von Aufgetragenem im Zentrum (s. § 19 1.). Anschaulich, nicht zuletzt in ihrem Leibbezug, wird diese Haltung im Bericht von der Fußwaschung (Joh 13,4 f.), obgleich hier „diakonein" nicht explizit vorkommt.

Eine ähnliche Kritik des allgemein Plausiblen enthält Jesu Erzählung von der Witwe, die im Tempel zwei Scherflein in den Opferstock einlegt (Mk 12,41–43). Als Frau, Witwe und Arme war sie in dreifacher Hinsicht marginalisiert (s. ALBERT 97) – und fungiert doch als Vorbild. Die Apg (2,42–47; 4,32–35) berichtet als praktische Konsequenz für das christliche Leben von der Gütergemeinschaft der ersten Christen. Ulrich Luz weist – entgegen Zweifeln früherer Forschung – auf die Realistik dieser Schilderung hin:

„Dass die Anhänger und Anhängerinnen Jesu von Anfang an gemeinsame Mahlzeiten feierten, ist evident ... Gemeinsame Mahlzeiten sind aber im Land Israel, wo die armen Leute ständig von Hungersnöten bedroht waren, eine Form der sozialen Sicherstellung. Eine solche war umso nötiger, als manche der Jüngerinnen und Jünger Jesu in Jerusalem Fremde waren: Jesus hatte ja sein Hauptwirkungsgebiet und die meisten seiner Anhänger/innen in Galiläa." (LUZ 25 f.)

---

166 DIERK STARNITZKE, Hilfebedürftigkeit und Hilfsbereitschaft, in: GÜNTER RUDDAT/GERHARD SCHÄFER (Hg.), Diakonisches Kompendium, Göttingen 2005, 353–365, 356 f.

Hier begegnet die *finanzielle Seite des Helfens* sowie deren Zusammenhang mit den gemeinsamen Mahlzeiten. Auch die Tatsache, dass das Helfen grundsätzlich alle Christen angeht, wird deutlich (a. a. O. 28). Allerdings traten schon bald organisatorische Schwierigkeiten bei den Hilfeleistungen auf. Sie führten zur Einrichtung einer eigenen Funktion, den Diakonen und Diakoninnen (so parallel für beide Geschlechter 1 Tim 3,8–12; s. a. a. O. 32).

Schließlich erfuhr die heilende Tätigkeit Jesu eine Fortsetzung in den ersten Gemeinden (Mk 6,7–13). Jak 5,14 f. gewährt Einblick in die frühchristliche Praxis des *Umgangs mit Kranken*:

> „Der Betroffene ist schwer erkrankt – er muss die Presbyter rufen lassen –, aber noch besteht Hoffnung auf Heilung. Über ihm wird gebetet, wobei die Erhörung der Bitten allein Gott vorbehalten ist. Die Heilung geschieht im Namen, das heißt in der Kraft Christi und bezieht sich nicht nur auf die physische Krankheit, auch die Sündenvergebung kann eingeschlossen sein." (GRETHLEIN 566)

Physische Zuwendung – Ölsalbung als wichtige Arznei der Antike (s. a. a. O. 565 f.) – und geistliche Begleitung – Gebet und Sündenvergebung – sind in der Gemeinde gleichermaßen Bestandteil der Fürsorge für die Kranken. Die drei Modi der Kommunikation des Evangeliums begegnen in diesem Ritus gemeinsam, wobei das Helfen zum Leben die beiden anderen, gemeinschaftliches Feiern und Gebet als Form christlicher Sprachschule, integriert. Mt 25,40 entfaltet den Grund dafür: In dem/der bedürftigen Nächsten begegnet den Helfenden der „König" selbst.

3. Historische Formen

Entsprechend der breiten biblischen Basis bildet das Helfen zum Leben einen die ganze Christentumsgeschichte durchziehenden Kommunikationsmodus, allerdings in unterschiedlichen Formen. Bald entstanden mit dem Diakonat und mit dem Buß-Institut zwei Einrichtungen, die in je eigener Weise den Grundimpuls der Kommunikation des Evangeliums aufnahmen und transformiert weiterführten. Zugleich stellt diese Trennung zwischen – in heutiger Begrifflichkeit formuliert – diakonischem und seelsorgerlichem Handeln ein bis heute bestehendes Problem dar. Denn sie unterläuft die Einheit der Kommunikation des Evangeliums, wie sie für das Wirken Jesu charakteristisch war. In seinem Wirken, das leibliche Hilfe und Sündenvergebung umfasste, wurde die umfassende Liebe Gottes deutlich.

> Schon begriffsgeschichtlich deutet sich diese Spannung an, wenn man die Herkunft der beiden in diesem Zusammenhang in der Evangelischen Theologie heute hauptsächlich verwendeten Worte „Diakonie" und „Seelsorge" betrachtet. „Seelsorge"[167] wurde von Platon eingeführt (apol. 29e2) und im christlichen Kontext erstmals von Basilius von Caesarea verwendet. Dieser Sprachgebrauch konnte sich aber gegen-

---

167 S. zum Folgenden JÜRGEN ZIEMER, Seelsorge I. Zum Begriff, in: ⁴RGG Bd. 7 (2004), 1110 f.

über der Hirtenmetaphorik (Pastoral-) nicht durchsetzen. Erst Martin Luther griff ihn entschieden auf.[168] „Diakonie" geht dagegen wesentlich auf Jesu Selbstverständnis zurück.

3.1 *Altkirchlicher Diakonat:* In der ersten außerneutestamentlichen Schrift der Alten Kirche, wohl kurz vor 100 n. Chr. verfasst,[169] begegnet das Diakonat in einer Zweiheit mit dem Amt der Bischöfe (Episkopen) (1 Clem 42,1–5). Vor der Herausbildung des monarchischen Episkopats genossen beide Ämter hohe Wertschätzung. Auch in den nur kurz danach verfassten Briefen des Ignatius von Antiochien werden neben Bischöfen und Presbytern bzw. Presbyterium Diakone erwähnt.[170]

> „Denn wenn ihr euch dem Bischof unterordnet wie Jesus Christus, scheint ihr mir nicht nach Art der Menschen zu leben, sondern nach Jesus Christus, der um unseretwillen gestorben ist, damit ihr im Glauben an seinen Tod dem Sterben entrinnt. ... Ordnet euch vielmehr auch dem Presbyterium unter, wie den Aposteln unseres Herrn Jesu Christi, der unsere Hoffnung und unser Leben ist. Es müssen aber auch die, welche die Diakone der Geheimnisse Jesu Christi sind, auf alle Weise allen gefallen. Denn nicht für Speisen und Getränke sind sie Diakone, sondern der Kirche Gottes Diener." (IgnTrall 2,1–3)

Deutlich tritt hier zum einen die von Apg 6,1–3 her gegebene *Bedeutung der Diakone für die materielle Versorgung von Gemeindegliedern* hervor. Die Diakone hatten eine wichtige Funktion bei der gemeinschaftlichen Feier am Sonntag. Sie sammelten die mitgebrachten Gaben ein und verteilten das nach dem Mahl Übriggebliebene an Bedürftige:

> „Man brachte nicht nur Brot und Wein mit, sondern auch Öl, Käse, Oliven, die ersten Früchte und Gemüse, ja sogar Blumen. Das Darbringen dieser Gaben war liturgisch in die Feier eingebunden. Es oblag den Diakonen, sie zu sammeln, aufzulisten, für die eigentliche Abendmahlsfeier auszuwählen, dann die übriggebliebenen Gaben wieder an sich zu nehmen und deren Verteilung an diejenigen zu überwachen, die sie im Lauf der Woche am nötigsten brauchten. So brachten die Diakone den Kranken, Alten und Gefangenen nicht nur die ‚Abendmahlsgaben', sondern auch die ‚eucharisierte' materielle Unterstützung in Fortsetzung und als konkretes Zeichen für die bei der eigentlichen Feier vorgenommene Güterteilung." (HAMMANN 41).

Mit der Trennung von Sättigungsmahlzeit und Eucharistiefeier verlor diese liturgische Aufgabe an Bedeutung. Die für die Kommunikation des Evangeliums grundlegende Verbindung von gemeinschaftlichem Feiern und Helfen zum Leben verblasste und schrumpfte auf symbolische Formeln zusammen.

---

168 S. GERHARD EBELING, Luthers Gebrauch der Wortfamilie „Seelsorge", in: LJ 61 (1994), 7–44.
169 S. die entsprechenden Forschungsergebnisse zusammenfassend ANDREAS LINDEMANN, Der Erste Clemensbrief, in: WILHELM PRATSCHER (Hg.), Die Apostolischen Väter. Eine Einleitung, Göttingen 2009, 59–82, 77 f.
170 S. HERMUT LÖHR, Die Briefe des Ignatius von Antiochien, in: WILHELM PRATSCHER (Hg.), Die Apostolischen Väter. Eine Einleitung, Göttingen 2009, 104–129, 120.

Das Herrenmahl wandelte sich – wie gezeigt – vom Gemeinschaftsmahl zum Kultakt. Der Bezug des gemeinschaftlichen Feierns zum Alltag mit seinen vielfältigen Nöten wurde nur noch dogmatisch behauptet.

Zum anderen ist eine klare Hierarchisierung bei den Ämtern zu erkennen, die in der Folgezeit weiter voranschritt. Die Diakone wurden zu Gehilfen des Bischofs. Ihre ursprüngliche Eigenständigkeit ging verloren, und zwar in der recht kurzen Zeitspanne von kaum mehr als fünfzig Jahren (a. a. O. 44). Zugleich festigte die *Einordnung des Diakonats in das durch Bischof und Presbyter (Priester) angeführte Ämtergefüge* dieses Amt. Doch handelte der Diakon jetzt nur noch weisungsgebunden im Auftrag des Bischofs. Gottfried Hammann resümiert kritisch, „daß das Sakrale zur Verdrängung des Sozialen, der Kultus zur Verdrängung der karitativen Dienste neigte" (a. a. O. 66). Den Endpunkt dieser Entwicklung stellte das Pontificale Romanum vom 9./10. Jahrhundert dar, in dem die Ordinationsurkunde die Diakone zu folgenden drei Aufgaben verpflichtete: „1. zum liturgischen Altardienst, 2. zur Taufe und 3. zur Predigt" (a. a. O. 109). Das praktische Helfen zum Leben war nur noch mittelbar in den Konsequenzen aus der Predigt impliziert.

3.2 *Buße:* Als Grunddatum christlicher Existenz galt von Anfang an die Taufe. Sie eröffnete den Zugang zum neuen Leben mit Christus und war dementsprechend mit der Vergebung der Sünden verbunden, die der Täufling in seinem nichtchristlichen Leben begangen hatte. Schon bald stellte sich aber in der Praxis die Frage, wie mit Verfehlungen nach der Taufe umzugehen sei. Vor allem ging es um die Umkehr von Irrlehren (IgnSm 5,3), die Vergebung von sexuellen Verfehlungen (Eus. h.e. IV 23,6) und die Wiederaufnahme der in Verfolgungen Abgefallenen (Eus. h.e. V 1,45f.).[171] Einzelne Gruppen wie die Montanisten oder die Novatianer behaupteten das strikte Verbot einer *zweiten Buße* (Heb 6,4–6)[172] und begründeten dies mit elitären Reinheitsvorstellungen. Doch konnten sie sich insgesamt nicht durchsetzen.[173] Es stand der Ansatz Jesu dagegen, nach dem Sündenvergebung und Heilung gleichermaßen Hilfen zum Leben sind. Dagegen eröffnete die Großkirche die Möglichkeit zu einer zweiten Buße (Herm vis II, 2,1–8). Sie wurde mit einem öffentlichen Bekenntnis, Bußwerken und anschließender Wiederaufnahme in die kirchliche Gemeinschaft verbunden. Doch auch dieses Verfahren ließ sich bei größer werdenden Gemeinden und einer zunehmenden Selbstverständlichkeit des Christseins nicht durchhalten.

Gleichsam ein Kompromiss war – in Parallele zu einer Entwicklung in der Taufpraxis (Stichwort: Taufe auf dem Totenbett) – das Verschieben der

---

171 Martin Ohst, Buße 2. Kirchengeschichtlich, in: ⁴RGG Bd. 1 (1998), 1910–1918, 1910.
172 Zum rabbinischen Hintergrund s. Otto Michel, Der Brief an die Hebräer (KEK 13), Göttingen ¹³1975, 245 f.
173 Die Großkirche versuchte die Problematik von Heb 6,4–6 dadurch zu lösen, dass sie aus dem Text das Verbot einer zweiten Taufe herauslas (s. a. a. O. 247).

zweiten Buße auf das Lebensende: „Die Buße wird mehr und mehr Vorbereitung zum Sterben und Therapeutikum in Krankheit."[174] Dadurch wurde sie privatisiert und auf die Dauer zur Einzelbeichte transformiert. Es entstand eine eigene, zunehmend kirchenrechtlich und rituell reglementierte Kommunikationsform: die *kirchliche Beichte*.

Diese Entwicklung förderten die iroschottischen Mönche, deren Kirche nie eine einmalige und öffentliche Buße gekannt hatte (s. ZIMMERLING 21–23). Vielmehr wurde in der monastisch geprägten irischen Kirche die Buße so oft gewährt, wie ein Mensch gesündigt hatte. Dazu gab es Bußtarife (libri poenitentiales), die bestimmten Verfehlungen genaue Bußleistungen zuordneten. Diese Form der Einzelbeichte, die bald den Bereich des Klosters verließ und von den fränkischen Bischöfen allgemein aufgenommen wurde, kann als *Beginn christlicher Seelsorge* gelten. Der Beichtvater fungierte als Seelsorger, allerdings ohne Interesse an der Individualität der Beichtenden, sondern mit dem Ziel der Durchsetzung allgemeiner Normen.[175]

Insgesamt vollzog sich – in einem im Einzelnen recht komplexen Prozess – eine Transformation, die der Kontextualisierung des Christentums und seiner neuen Selbstverständlichkeit Rechnung zu tragen versuchte. *Der ursprünglich zur Lebenswende ermunternde Umkehrruf Jesu, in dem leibliche Zuwendung und Sündenvergebung integriert waren, wurde zu einem kirchlichen Instrument moralischer Erziehung.* Folgerichtig verband sich seit dem 9. Jahrhundert die Beichtpflicht mit bestimmten Jahreszeiten und gewann eine das alltägliche Leben strukturierende Regelmäßigkeit.

3.3 *Klösterliche Caritas:* Nach dem Zusammenbruch des (west)römischen Reichs und im Zuge der Christianisierung der germanischen Stämme stellte sich für das kirchliche Helfen zum Leben ein strukturelles Problem. Bisher war die Kirche städtisch geprägt gewesen, jetzt aber standen ländliche Strukturen im Vordergrund. Das erforderte eine neue Organisation: „in einer Gesellschaft mit isolierten Zentren, kaum vorhandenen Verkehrswegen, in Landstrichen" (HAMMANN 96). Dabei entstand vielerorts ein Vakuum, das die Bischöfe nicht füllen konnten. Zwar wurde langsam der Zehnte als verpflichtende Abgabe durchgesetzt. Der Bischof sollte diese Einnahmen in vier Teile zerlegen: „je einen für sich selbst, für den Klerus, für den Unterhalt der Kirchen und für die Armen" (a. a. O. 105). Doch fiel die tatsächliche Aufteilung je nach Bischof recht unterschiedlich aus. Die Auseinandersetzung, ob diese Abgabe der Kirche oder der staatlichen Obrigkeit zustehe, zog sich über Jahrhunderte (ebd.).

---

174 HERMANN LINS, Buße und Beichte, in: HANS-CHRISTOPH SCHMIDT-LAUBER/MICHAEL MEYER-BLANCK/KARL-HEINRICH BIERITZ (Hg.), Handbuch der Liturgik. Liturgiewissenschaft in Theologie und Praxis der Kirche, Göttingen ³2003, 319–334, 322.
175 S. DIETRICH RÖSSLER, Grundriß der Praktischen Theologie, Berlin 1986, 157.

In dieser Situation gab eine andere Institution der Caritas wichtige Impulse: *das Kloster*. Bereits in der wirkmächtigen benediktinischen Ordensregel war das Hilfehandeln klar verankert:

> „[Kap. 36] Von den kranken Brüdern: Um die Kranken soll man vor allem und über alles besorgt sein. Man diene ihnen wirklich wie Christus, denn er hat gesagt: ‚Ich war krank und ihr habt mich besucht' und ‚Was ihr einem dieser Geringsten getan, habt ihr mir getan'. Doch sollen auch die Kranken bedenken, daß man ihnen Gott zu Ehren dient …
>
> [Kap. 53] Von der Aufnahme der Gäste: Alle ankommenden Gäste sollen wie Christus aufgenommen werden; er wird ja einmal sprechen: ‚Ich war Fremdling, und ihr habt mich aufgenommen' […] Der Aufnahme der Armen und Pilger widme man ganz besondere, gewissenhafte Sorge, denn in ihrer Person wird noch mehr Christus aufgenommen." (zitiert a. a. O. 107)

Deutlich erkennbar sind die Bezüge auf *Mt 25,31–46*. Die Mönche verstanden ihr Engagement für Notleidende im Sinne der Christusnachfolge. Leibliche Pflege und geistliche Begleitung sollten beide den in einem Kloster Aufgenommenen zuteil werden. Bei Aufnahme eines Kranken in das Klosterhospital wurde – gleichsam als Anamnese – die Beichte abgenommen.

Die am Anfang des 10. Jahrhunderts beginnende Mönchsreform, die von Cluny ausging, nahm diese Impulse auf. Hier entstand eine Gemeinschaftsform, die sich um die Kommunikation des Evangeliums im Modus des Helfens zum Leben bemühte, und zwar sowohl hinsichtlich der körperlichen Gebrechen als auch der Beziehung zu Gott. Die ursprünglich dem Diakon anvertraute Caritas war jetzt in die monastische Lebensform integriert. Das „Ora et labora" des benediktinischen Mönchtums fand in der Hilfe zum Leben ein hervorragendes Betätigungsfeld, insofern hier Kontemplation und Aktion ineinander übergingen (s. a. a. O. 125).

Im Weiteren übernahmen außerhalb der Klöster *Bruderschaften und Frauengemeinschaften* wie die Beginen diese Impulse.

> „Religionssoziologisch lassen sie sich zwischen den religiösen Orden und den Kirchengemeinden ansiedeln. Sie vereinigten Laienchristen (Männer wie Frauen), die sich bewußt einer regulären Zucht des Gebetslebens und einer anspruchsvollen Praxis verpflichtet hatten. Zwischen den Gelübden des Regularklerus (besonders der Klostergemeinschaften) und der großen Masse der Gläubigen suchten sie nach einem kirchlich vorteilhaften ‚Ort' für die Verwirklichung neuer Formen christlichen Lebens." (a. a. O. 154 f.)[176]

Vielerorts entstanden Hospitale, in denen Arme, Alte und Kranke Pflege fanden. Bei diesen nichtklerikalen bzw. -amtskirchlichen Initiativen bestand

---

176 S. genauer MARCO SCHÄFER, Diakonie in mittelalterlichen Beginengemeinschaften. Über eine frühe Form christlich motivierter Sozialer Arbeit und deren Wiederentdeckung in der Gegenwart, in: JOHANNES EURICH (Hg.), Diakonisches Handeln im Horizont gegenwärtiger Herausforderungen (DWI-Info 38), Heidelberg 2006, 115–139.

ein *enger Zusammenhang zwischen einer gemeinschaftlichen Sozialform und dem Helfen zum Leben.*

3.4 Reformatorische Impulse: Das diakonische Engagement der Reformatoren ist nur auf dem Hintergrund folgender Entwicklungen, Probleme und Einsichten zu verstehen:

Zum Ersten hatte bereits Karl d. Gr. (742–814) die Sorge für die Armen in Fortschreibung germanischer Herrschervorstellungen und zugleich christlich motiviert für sich in Anspruch genommen (BEYREUTHER 20). Von daher war das *Hilfehandeln grundsätzlich als Aufgabe der Obrigkeit* bewusst, ohne dass dies aber durchgehend praktiziert worden wäre.

Zweitens veränderte sich seit dem 14. Jahrhundert die Siedlungsstruktur auf eine stärkere Verstädterung hin. In den Städten übernahmen die Magistrate die Armenfürsorge. Die eben genannten Bruderschaften und Beginenhäuser boten eine diakonische Infrastruktur, an die sie anknüpften. Auch errichteten fromme Stadtbürger Stiftungen zur Armenpflege.[177]

Zum Dritten hatten die Städte mit einem „unkontrollierte(n) Anwachsen des Bettelwesens" (HAMMANN 158) zu kämpfen. Im Zuge der Rückbesinnung auf die Armut Jesu (Armutsbewegung) waren im 13. Jahrhundert verschiedene sog. Bettelorden entstanden (zuerst Dominikaner- und Franziskanerorden; dann Karmeliten und Augustiner-Eremiten). Deren Mitglieder bestritten ihren Lebensunterhalt durch einfache Arbeiten, das Entgegennehmen von Schenkungen und Betteln.[178] Da wirtschaftliche Schwankungen im Zuge der Verbreitung der Geldwirtschaft vielen Menschen vom Land die materielle Basis entzogen, kamen vermehrt „echte" Bettler hinzu und stellten die Magistrate vor erhebliche Herausforderungen. „Gelöst" wurde dieses Problem durch die strikte Konzentration auf die stadteigenen Bettler und die konsequente, mit Gewalt durchgesetzte Fernhaltung der von außen kommenden Armen.

Viertens bestimmte die rechtfertigungstheologisch begründete Ablehnung der Werkgerechtigkeit die reformatorischen Überlegungen zum Hilfehandeln. Der Blick richtete sich jetzt nicht mehr auf den Almosengeber und dessen gutes Werk, sondern auf den Nächsten (SCHÄFER/HERRMANN 47).

Eindeutig standen für *Martin Luther* die rechte Predigt und das durch sie ermöglichte Verstehen des Evangeliums im Mittelpunkt seiner Reformbemühungen. Dazu trat – wie gezeigt (s. § 13 3.4) – die Erziehung. Neben ihr kam das Hilfehandeln als Gebot Christi in seinen Blick. Allerdings sah

---

[177] Eine bis heute bestehende Stiftung ist die 1521 gegründete Sozialsiedlung „Fuggerei". Ihre Aufnahmekriterien sind beispielhaft für solche Stiftungen: Es werden nur bedürftige Augsburger katholischen Glaubens mit gutem Leumund aufgenommen.
[178] ULRICH KÖPF, Bettelorden, in: ^{4}RGG Bd. 1 (1998), 1387f.

Luther hier – durchaus in Übereinstimmung mit den Magistraten – erhebliche Missbräuche durch Müßiggang und empfahl demgegenüber Arbeit (WA 6,450 f.). Das Helfen ist also zugleich von einem erzieherischen Impetus für das weitere Leben bestimmt. Dabei leitete Luther ein positives Berufsverständnis, das den *Beruf als Gottes Berufung* identifizierte (s. HAMMANN 201). Wie in Bildungsfragen (s. § 13 3.4) richtete er sich mit seinen konkreten Forderungen für das Hilfehandeln an die Obrigkeit und unterstützte so die Durchsetzung des Systems städtischer Armenfürsorge. Eine Auswertung der entsprechenden Armen-, Almosen- und Kastenordnungen ergibt folgende Grundtendenzen:

- „Es erfolgt eine Rationalisierung der Armenfürsorge. Bedürftigkeit wird definiert. Die Unterstützung richtet sich an objektiven Kriterien aus: Arbeitsfähigkeit, Arbeitsertrag, Familiensituation.
- Besondere Beachtung sollen die verschämten Armen finden sowie die Kinder und Jugendlichen aus armen Familien. …
- Eine Sozialadministration bildet sich heraus: Der städtische Rat bestellt aus seiner Mitte ehrenamtliche Armenpfleger, die für die Umsetzung der Armenordnung zuständig sind. Ihnen zur Seite stehen bezahlte Kräfte, Helfer, Knechte oder Diakone genannt, deren Aufgaben darin bestehen, Bedürftigkeit durch Hausbesuche festzustellen und die Verteilung der Mittel durchzuführen. …
- Mit der Armenfürsorge sind pädagogische und disziplinierende Zielsetzungen verbunden. Unterstützt wird nur, wer ein Leben in Fleiß, Ehrbarkeit und Frömmigkeit führt." (SCHÄFER/HERRMANN 49, ohne Kursivsetzung im Original)

Dabei nahm Luther wegen der bestehenden kirchlichen Notlage die Ratsherren als Christen in die Pflicht (s. HAMMANN 204) und setzte so de facto – trotz grundsätzlicher Unterscheidung der beiden Reiche – Stadt und Kirche beim Hilfehandeln in eins.

Noch radikaler, nämlich ohne jeden Vorbehalt proklamierte Huldrych Zwingli diesen Ansatz in Zürich.

„Er übertrug dem Magistrat nicht eine vorübergehende Kontrollfunktion, bis durch den geistlichen Fortschritt den Laien als Gemeinschaft der Getauften die Diakonie anvertraut werden konnte. Vielmehr billigte er dem Magistrat dauerhafte Vollmacht und die Funktion einer göttlichen Ordnung zu." (a. a. O. 221)

Für die Kommunikation des Evangeliums zeigen sich hier zwei *Probleme:*
- Im Modus des Helfens zum Leben besteht seitdem eine dichte Verknüpfung mit staatlichen Einrichtungen, die einer verwaltungsmäßigen Logik folgen. Der ganzheitliche Ansatz des Helfens zum Leben, der auch das Verhältnis zu Gott umfasst, tritt dabei zurück bzw. geht verloren.
- Theologisch ist die reformatorische Kritik an der Werkgerechtigkeit grundlegend. Die damit – historisch (nicht systematisch!) – zusammenhängende Hintanstellung des Helfens zum Leben, wie sie z. B. in der Kirchendefinition der Confessio Augustana (Art. 7) begegnet, ist problematisch. Sie verkürzt die Kommunikation des Evangeliums um eine Dimension, die für den christlichen Grundimpuls konstitutiv ist.

§ 15 Evangelium: im Modus des Helfens zum Leben 317

3.5 *Hilfe durch Erziehung:* Die Katastrophe des 30-jährigen Kriegs hatte die bestehenden Strukturen der Armenhilfe zerstört. Neue inhaltliche und vor allem organisatorische Impulse gab die Frömmigkeitsbewegung des *Pietismus*. Schon Philipp Jakob Spener (1635–1705) wies in seiner Reformschrift „Pia desideria" (1675) auf die soziale Notlage hin. Das praktische Anliegen seiner Theologie bildete die Grundlage für diakonisches Handeln. Konkret knüpfte Spener an die in Apg 6 berichtete Jerusalemer Gütergemeinschaft und die alttestamentliche Pflicht des Zehnten an.[179] Die Not der Menschen geißelte er als „ein schandfleck unsers Christenthums".[180]

Diese Anstöße nahm besonders der mit Spener befreundete *August Hermann Francke (1663–1727)* auf. Gefördert durch den preußischen König baute er vor Halle die Glauchaschen Anstalten, später: Franckeschen Stiftungen auf. Von Anfang an zeigte sich dabei ein enger *Zusammenhang von christlicher Motivation, Zuwendung zu den Armen, erzieherischem Impetus und ökonomischer Ausrichtung.* So beschrieb Francke den Anfang seines Werkes auf Grund der Spende von vier Talern und 16 Groschen um Ostern 1695:

> „Als ich dieses in die Hände nahm / sagte ich mit Glaubens-Freudigkeit: Das ist ein ehrlich Capital / davon muß man etwas rechtes stifften / ich will eine Armen-Schule damit anfangen. Ich … machte noch desselbigen Tages Anstalt / daß für zwey Thaler Bücher gekaufft wurden / und bestellete einen armen Studiosum, die armen Kinder täglich zwey Stunden zu informiren / dem ich wöchentlich sechs Groschen dafür zu geben versprach / der Hoffnung / Gott werde indessen / da ein paar Thaler auff diese Weise in acht Wochen ausgegeben wären / mehr bescheren."[181]

Tatsächlich gelang es Francke und seinen Mitarbeitern – trotz fortwährender dogmatischer Auseinandersetzungen mit der (lutherisch-)orthodoxen Hallenser Geistlichkeit – eine diakonisch orientierte Schulstadt zu errichten:

> „1727 unterrichteten an den deutschen Schulen 106 Lehrer 1725 Kinder, an den lateinischen Schulen 32 Lehrer und 3 Inspektoren 400 Schüler und am Pädagogium regium 27 Lehrer und 1 Inspektor 82 Zöglinge. Im Waisenhaus waren 100 Jungen und 34 Mädchen mit 10 Erziehern untergebracht. An den Freitischen wurden täglich 255 Studenten und 150 arme Schüler verpflegt. Zusammen mit den Mitarbeitern in den Wirtschaftseinrichtungen boten die Stiftungen Raum für über 3000 Personen, für die teilweise die volle Versorgung zu tragen war."[182]

Francke wollte die Not der Kinder durch deren Eingliederung in eine christliche Gemeinschaft lindern. Dabei gingen Caritas und Unternehmertum – die Stiftungen unterhielten eine eigene Apotheke mit Medikamentenvertrieb und Druckerei mit Verlag – sowie Schule und Glaubensgemeinschaft inein-

---

179 Philipp Spener, Pia Desideria (1675). Deutsch-lateinische Studienausgabe, hg. v. Beate Köster, Gießen 2005, 60.
180 A.a.O. 62.
181 Zitiert nach Helmut Obst, A.H. Francke und die Franckeschen Stiftungen in Halle, Göttingen 2002, 55.
182 Friedrich de Boor, Francke, August Hermann (1663–1727), in: TRE 11 (1983), 312–320, 318.

ander über. Das diakonische Tun war in die Gemeinschaft der erzieherischen Anstalt integriert. Die Erzieher fungierten auch als seelsorgerliche Berater. Besondere Erwähnung verdient in der damaligen Zeit der Einsatz Franckes für die Mädchenbildung. Dazu trat in seinem Werk ein *ökumenischer Impetus* zu Tage, wie er damaliger, an die jeweiligen Territorien gebundener Kirche fremd war. Schon 1695 knüpfte er erste Beziehungen nach Russland. Über Holland und England ergaben sich Verbindungen nach Nordamerika und Südafrika, über Skandinavien nach Ostindien, im Osten reichten seine Kontakte bis Konstantinopel usw. (BEYREUTHER 38)

Methodisch richteten bereits Zeitgenossen kritische Anfragen an Franckes Erziehungskonzept.[183] Die stete Beobachtung der Kinder diente – mit einer problematischen Erbsünden- und Bekehrungstheologie kurz geschlossen – dem Anliegen, den Willen der Kinder zu brechen.[184] Doch führte Francke mit seiner *Verbindung von Armenfürsorge und erzieherischem Handeln* eine wichtige Form des Helfens zum Leben ein, die im Jahrhundert der Pädagogik eine attraktive Kontextualisierung der Kommunikation des Evangeliums darstellte.[185]

3.6 *Diakonissen:* Frauen waren nach neutestamentlichem Zeugnis von Beginn an wesentlich an der Kommunikation des Evangeliums beteiligt. Die ersten Zeugen von Jesu Auferstehung waren Frauen (Mk 16,1–8). Paulus kannte – nach heutiger textkritischer Einsicht – eine „Apostolin" Junia (Röm 16,7)[186] und eine „Diakonin" Phöbe (Röm 16,1).[187] Doch begegnen schon im Neuen Testament Frauen exkludierende Stimmen (1 Kor 14,34 f.; 1 Tim 2,11 f.). Nur auf dem Gebiet des praktischen Helfens war ihr Platz in der Alten Kirche unbestritten. Das zeigen die Ämter der Witwen (Viduat) und weiblichen Diakonissen[188], mit liturgischen Aufgaben vor allem bei der Taufe von Frauen (Nacktheit der Täuflinge!). Im Kontext alttestamentlicher

---

183 S. PETER MENCK, Die Erziehung der Jugend zur Ehre Gottes und zum Nutzen des Nächsten. Die Pädagogik August Hermanns Franckes (Hallesche Forschungen 75), Tübingen 2001; s. auch RAINER LACHMANN, Vom Westfälischen Frieden bis zur Napoleonischen Ära, in: DERS./BERND SCHRÖDER (Hg.), Geschichte des evangelischen Religionsunterrichts in Deutschland. Ein Studienbuch, Neukirchen-Vluyn 2007, 78–128, 102–105.

184 Dieses Vorhaben stellt in den damaligen erzieherischen Kontext JULIANE JACOBI, Das Bild vom Kind in der Pädagogik August Hermann Franckes. Kinderbilder und Kindheit, in: Schulen machen Geschichte. 300 Jahre Erziehung in den Franckeschen Stiftungen zu Halle (Kataloge der Franckeschen Stiftungen 4), Halle 1997, 29–40, 34–37.

185 S. zur „Realien-Schule" Franckes STEFANIE PFISTER, Religion an Realschulen. Eine historisch-religionspädagogische Studie zum mittleren Schulwesen (APrTh 58), Leipzig 2015, 107-152.

186 Zum textkritischen Befund s. den Apparat zur Stelle in Nestle-Aland 439 (27. Auflage).

187 S. ANNI HENTSCHEL, Diakonia im Neuen Testament. Studien zur Semantik unter besonderer Berücksichtigung der Rolle von Frauen (WUNT II 226), Tübingen 2007, 181, 184.

188 Erstmalig begegnet das feminine Nomen „Diakonissa" in den Texten des Konzils von Nicäa (s. ANNI HENTSCHEL, Frauendienst – Frauenamt. Zur Frage nach einem Diakonissenamt im Neuen Testament, in: JOCHEN-CHRISTOPH KAISER/RAJAH SCHEEPERS [Hg.], Dienerinnen des

§ 15 Evangelium: im Modus des Helfens zum Leben 319

und antiker – aber gerade nicht jesuanischer – Reinheitsvorstellungen[189] galt für Frauen die Virginität (der Maria) als vorbildlich, weil so die der Eva zugeschriebene Schuld (z. B. Tertullian, De cultu feminarum I,1) vermieden wurde. Zwar gab es immer wieder allgemeiner hervortretende Frauen (wie Hildegard von Bingen, Katharina von Siena), doch blieben Frauen – abgesehen von Funktionen in Nonnenklöstern – kirchliche Ämter verwehrt.

Auch die Reformatoren schufen hier keine Abhilfe. Luther sah zwar keinen prinzipiellen Hinderungsgrund gegenüber weiblichen Pfarrern – er sprach im Sinne des allgemeinen Priestertums von „Pfäffinnen" –, doch stand einer praktischen Umsetzung seine Verhaftung an der überkommenen Standesordnung entgegen.[190] Und Calvin forderte zwar unter Berufung auf die neutestamentliche Erwähnung der karitativen Tätigkeit von Witwen die Einrichtung eines weiblichen Diakonats, doch konnte er sich damit beim Rat von Genf nicht durchsetzen (s. HAMMANN 276 f., 289).

Erstmals im Zusammenhang mit dem diakonischen Aufbruch am Beginn des 19. Jahrhunderts kam es zu einem erfolgreichen Vorstoß in dieser Richtung. *Theodor Fliedner (1800–1864)* versuchte als junger Pfarrer, seiner verarmten Kirchengemeinde in Kaiserswerth (bei Düsseldorf) durch Kollektenreisen aufzuhelfen. Dabei lernte er in England die Arbeit mit weiblichen Sträflingen von Elisabeth Fry sowie bei Mennoniten in Holland das Amt der Diakonissen kennen.[191] Wieder nach Deutschland zurückgekehrt begann er – maßgeblich durch seine Frau Friederike unterstützt (und nach deren Tod 1842 durch seine zweite Frau Karoline) – den Aufbau verschiedener diakonischer Aktivitäten: Aufnahme strafentlassener Frauen und Mädchen, Gründung einer Strick- und Kinderschule, Seminargründungen für Erzieherinnen und dann Volksschullehrerinnen, Gründung eines Krankenhauses usw. (s. zum Einzelnen BEYREUTHER 62–71). Dabei kamen stets Frauen zum diakonischen Einsatz. Ein besonderes Gewicht erhielt die 1836 gegründete Bildungsanstalt für evangelische Pflegerinnen. Deren Absolventinnen bezeichnete Fliedner als „Diakonissen" und profilierte sie als besonderen Stand:

> „Die Diakonisse empfing durch Fliedner die Tracht der verheirateten Bürgersfrau zum Zeichen der Würde ihres Berufes. Damit waren auch die Diakonissen, die aus

---

Herrn. Beiträge zur weiblichen Diakonie im 19. und 20. Jahrhundert [Historisch-theologische Genderforschung 5], Leipzig 2010, 38–56, 41).

189 S. FRANZ KOHLSCHEIN, Die Vorstellung von der kultischen Unreinheit der Frau. Das weiterwirkende Motiv für eine zwiespältige Situation?, in: TERESA BERGER/ALBERT GERHARDS (Hg.), Liturgie und Frauenfrage. Ein Beitrag zur Frauenforschung aus liturgiewissenschaftlicher Sicht (PiLi 7), St. Ottilien 1990, 269–288.

190 S. genauer mit einzelnen Belegen aus Luthers Schriften KARL-HEINRICH BIERITZ, Die weyber nach den mennern. Der reformatorische Gottesdienst und die Rolle der Frau, in: TERESA BERGER/ALBERT GERHARDS (Hg.), Liturgie und Frauenfrage. Ein Beitrag zur Frauenforschung aus liturgiewissenschaftlicher Sicht (PiLi 7), St. Ottilien 1990, 229–252.

191 S. auch zum Folgenden JUTTA SCHMIDT, Beruf: Schwester. Mutterhausdiakonie im 19. Jahrhundert (Geschichte und Geschlechter 24), Frankfurt 1998, 84–216.

dem ‚Magdstand' kamen, aus ihm herausgehoben. Diese Dienstkleidung wurde vom Morgen bis zur Nachtruhe angelegt und der übliche Morgenrock, der zum Berufsbild der oft schlampigen Wärterin gehörte, verpönt." (a. a. O. 66)

Den gesellschaftlichen Kontext bildete die sich in Deutschland langsamer als in England vollziehende Industrialisierung mit ihren sozialen Begleiterscheinungen, nicht zuletzt für die Frauen. Vor diesem Hintergrund gelang Fliedner mit dem Diakonissenmutterhaus zum einen die anstehende Professionalisierung der Krankenpflege; zum anderen eröffnete er unverheirateten Frauen die Möglichkeit zur Berufsarbeit und zur Integration in eine evangelische Gemeinschaft (SCHÄFER/HERRMANN 57f.). Erst am Ende des 19. Jahrhunderts bereitete die dabei von Fliedner eingeführte Ordnung „nach dem straffen System der preußischen Subordination" (BEYREUTHER 67) Probleme. Sie war nämlich für die ursprünglich intendierte Gruppe der Frauen aus höheren Schichten nicht attraktiv; vielmehr wurde der Schwesternberuf zu einem „Aufstiegs- und Versorgungsberuf".[192] Bald fehlte der Nachwuchs für die Mutterhäuser. Neben die Mutterhaus-Diakonisse trat die Gemeindeschwester. Wie bereits bei Francke dehnte sich Fliedners Projekt international aus. Pädagogische und diakonische Aktivitäten gingen ebenfalls ineinander über. Es entstand eine große, vielfach verzweigte Anstalt.

3.7 Innere Mission: In der ersten Hälfte des 19. Jahrhunderts hatten sich – vor dem Hintergrund der kirchlichen Erstarrung und Schwäche – im Zuge von Pietismus und Erweckungsbewegung eine Reihe weiterer Initiativen gebildet, in denen diakonische Tätigkeit und erzieherisch missionarischer Impuls verbunden waren.

So gründete der Pfarrer Johann Friedrich Oberlin (1740–1826) im verarmten Steintal (bei Straßburg) 1770 die erste Kleinkinderschule und ein Genossenschaftswesen.[193] Friedrich Spittler (1782–1867) initiierte u. a. 1815 die Basler Mission, 1820 die Kinderrettungs- und Lehreranstalt in Beuggen (in Baden) sowie 1840 die Pilgermissionsanstalt St. Chrischona.[194] Johannes Daniel Falk (1768–1826) gründete – vor dem Hintergrund der Not verwaister Kinder in Folge der Völkerschlacht zu Leipzig – 1813 in Weimar die „Gesellschaft der Freunde in Not" für verwaiste Kinder und zehn Jahre später das erste Rettungshaus (Lutherhof).[195] Gustav Albert Werner (1809–1887) etablierte u. a. in Waldorf (bei Tübingen) 1837 eine Kleinkinder- und Industrieschule und übernahm ab 1850 eine Papierfabrik in Reutlingen, um sie christlich genossenschaftlich zu führen.[196]

---

[192] A. a. O. 244.
[193] S. JOHN KURTZ, Johann Friedrich Oberlin. Sein Leben und Wirken, Metzingen ²1988 (1982).
[194] S. KARL RENNSTICH, „… nicht jammern, Hand anlegen!" Christian Friedrich Spittler – Sein Werk und Leben, Metzingen 1987.
[195] S. JOHANNES DEMANDT, Johannes Daniel Falk. Sein Weg von Danzig über Halle nach Weimar (1768–1799) (AGP 36), Göttingen 1999.
[196] S. HARTMUT ZWEIGLE, Herrschen mög' in unserm Kreise Liebe und Gerechtigkeit. Gustav Werner – Leben und Werk, Stuttgart 2009.

Solche Bemühungen fasste *Johann Hinrich Wichern (1808–1881)* konzeptionell und organisatorisch zusammen.[197] Schon in seiner Person bündelten sich wichtige Probleme und Einflüsse damaliger Zeit:

> Durch den frühen Tod seines Vaters (1823) konnte er – als Mitglied einer achtköpfigen Familie – seine gymnasiale Ausbildung nicht mehr regulär abschließen. Verbindungen mit Familien, die sich der Erweckungsfrömmigkeit öffneten (s. BEYREUTHER 89), das Theologiestudium in Göttingen (v. a. Friedrich Lücke) und Berlin (Friedrich Schleiermacher) sowie ein Besuch in den Franckeschen Stiftungen prägen den jungen Kandidaten der Theologie – der er zeitlebens blieb.

Einen ersten Einblick in die tiefe Not vieler Kinder und Familien erhielt er als Oberlehrer der Altonaer Sonntagsschule, zu dessen Tätigkeiten Hausbesuche gehörten. Seinen auf Grund dieser Erfahrungen entstandenen Wunsch, ein Rettungshaus zu gründen, setzte er 1833 mit dem Rauhen Haus in Hamburg um. Dabei gingen pietistische Frömmigkeit und neuere erzieherische Einsichten u. a. von Johann Heinrich Pestalozzi Hand in Hand. Jedes Kind, das eintrat, wurde von Wichern mit den Worten begrüßt: „Mein Kind, ich weiß alles, aber es ist dir alles vergeben." (zitiert a. a. O. 93). Sodann achtete er auf Freiräume für die Kinder:

> „Alle Einrichtungen müssen derart sein und bleiben, daß sie Vertrauen ausdrücken und darum gibt es in einem Rettungshause keine Mauer, keine Zäune, keine Schlösser und Riegel, keine Spionage." (zitiert a. a. O. 94)

Bald kam ein „Bruderhaus" (1839) hinzu, in dem die Erzieher des sich schnell ausweitenden Kindersozialwerks ausgebildet wurden, später „Diakone" genannt. Wichern sandte sie als Stadtmissionare, Krankenpfleger, Herbergsväter und Leiter von Hospizen aus und verbreitete so seine Ideen. Konzeptionell ging es Wichern bei der „inneren Mission" um die „Hinordnung aller Lebensäußerungen des Volkes, des Staates, der Familie, der Gesellschaft, der Wissenschaft und Kunst und eben auch des Sozial- und Wirtschaftslebens auf das Reich Gottes":[198]

> „Durch die heutige christliche Gemeinde hindurch ist auch die Kunde von dieser Not gegangen und der Geist der erbarmenden Liebe ist in ihr wieder erwacht; derselbe hat sich aufgemacht, das Reich Gottes auf Erden als ein Reich der rettenden Liebe in Christo zu betätigen, und zwar in den schwerlich noch zu zählenden freien Veranstaltungen, die bereits ganz Deutschland ... wie mit einem immer dichter gespannten Netz umschlingen. Hier ist das Gebiet der Inneren Mission. Sie bezweckt den Wiederaufbau des Reiches Gottes in den von den Ämtern des christlichen Staates und der christlichen Kirche unerreichbaren inneren und äußeren Lebensgebieten" (Wichern, zitiert nach BEYREUTHER 100, ohne dortige Kursivsetzung).

---

197 S. als systematisch komprimierter Überblick TRAUGOTT JÄHNICHEN, Johann Hinrich Wichern. Eine Erinnerung anlässlich seines 200. Geburtstages, in: ThLZ 133 (2008), 355–370.
198 KURT NOWAK, Geschichte des Christentums in Deutschland. Religion, Politik und Gesellschaft vom Ende der Aufklärung bis zur Mitte des 20. Jahrhunderts, München 1995, 127 f.

Tatsächlich entwickelte sich die Innere Mission zu einem eigenen Großverband (s. § 19 2.1). Nach einigen organisatorischen Veränderungen agiert in ihrer Nachfolge seit 1991 das Diakonische Werk der EKD und steht im Zuge des Europäisierungsprozesses vor neuen Herausforderungen.[199]

3.8 *Zusammenfassung:* Bei den skizzierten Modellen begegnen folgende wichtige Zusammenhänge und Probleme:
- In der Kirchengeschichte ist die Tendenz unübersehbar, den Modus des Helfens zum Leben gegenüber den beiden anderen Modi der Kommunikation des Evangeliums als *sekundär* hintanzustellen und zu vernachlässigen. Die Entwicklung des Diakonats als eines untergeordneten Amts in der Alten Kirche weist ebenso in diese Richtung wie die Betonung der Predigt und die Kritik an der Werkgerechtigkeit in der Reformation.
- Demgegenüber fand christentumsgeschichtlich das Helfen zum Leben immer wieder *Organisationsformen außerhalb der kirchlichen Strukturen.* Klöster, fromme Bruderschaften, Frauengemeinschaften und schließlich freie Verbände nahmen sich der kirchlich gering geschätzten Aufgabe an. Sie reagierten jeweils konkret auf aktuelle Nöte und Missstände ihrer Zeit.
- Dabei fällt der enge *Zusammenhang zwischen christlicher Gemeinschaft und Helfen zum Leben* auf. Angesichts der grundlegenden Herausforderung jedes Helfens, nämlich des Umgangs mit Alterität, verwundert dies nicht. Der Rückhalt in einer Gemeinschaft und deren Lebensform macht frei, um sich auf Andere einzulassen. Dementsprechend prägt der jeweilige Lebens- und Frömmigkeitsstil die soziale bzw. karitative Arbeit. Dadurch gewinnt die für diesen Kommunikationsmodus im christlichen Grundimpuls konstitutive Integration von leiblicher Zuwendung und geistlicher Begleitung jeweils neue Gestalt.
- Seit der staatlichen Akzeptanz und dann weithin Privilegierung der christlichen Kirche(n) stellt sich die *Frage nach dem Verhältnis des diakonischen Handelns zum Staat.* Bereits Karl d. Gr. reklamierte die Armenfürsorge als Aufgabe des Kaisers, Luther und vor allem Zwingli sahen ebenfalls eine staatliche Verantwortung und appellierten an sie. Und auch die diakonischen Aufbrüche des 18. und 19. Jahrhunderts hätten ohne die besondere Unterstützung von staatlicher Seite zumindest nicht ihren großen Umfang erreicht. Im Zuge der neuen sozialpolitischen Ausrichtung im Kontext des Europäisierungsprozesses dürfte sich dies jedenfalls teilweise ändern.

---

[199] S. Christian Grethlein, Kommunikation des Evangeliums in „Europa". Eine praktisch-theologische Bestandsaufnahme, in: ZThK 110 (2013), 234-262, 254-259.

4. Zusammenhang mit anderen Modi der Kommunikation des Evangeliums

Der in den Heilungswundern Jesu liegende Grundimpuls für die Kommunikation des Evangeliums unterlag vielen Wandlungen und Transformationen. Die unterschiedlichen Nöte verschiedener Zeiten erforderten je andere Formen des Helfens zum Leben. Bei deren Rekonstruktion begegneten immer wieder Verbindungen zu den beiden anderen Modi der Kommunikation des Evangeliums:

Der Bezug zum gemeinschaftlichen Feiern fand sich bereits im Abendmahl angelegt (s. § 14 4.2). Ebenfalls ergaben sich in der altkirchlichen Taufe direkte Zusammenhänge mit Lehr- und Lernprozessen (s. § 13 3.2). Sie werden mittlerweile didaktisch unter dem Begriff „diakonische Bildung" (s. § 13 4.2) religionspädagogisch ausgearbeitet.

Im Folgenden vertiefe ich diese Einsichten anhand von zwei Konkretionen. Sie machen exemplarisch auf das Potenzial der Kommunikation des Evangeliums im Modus des Helfens zum Leben aufmerksam, das über die konkrete Hilfe hinausreicht.

4.1 *Berufsbildung:* Schon die frühzeitige Herausbildung des Diakonats als einer eigenen Funktion christlicher Gemeinde weist auf die implizite *Tendenz zur Ausbildung von Berufen* bei dieser Kommunikationsform hin. Zwar kann Ähnliches anfangs ebenfalls für die beiden anderen Modi der Kommunikation des Evangeliums bei den Lehrern und den Leitern der gemeinschaftlichen Feier, also den Liturgen, beobachtet werden. Doch spätestens im diakonischen Aufbruch seit der Mitte des 18. Jahrhunderts kam es auf dem Gebiet des Hilfehandelns zu einer ungleich stärkeren und differenzierteren Berufsbildung. Es fällt auf, dass die zahlreichen Initiativen zu Rettungshäusern, Kleinkinder- und Industrieschulen, Krankenhäusern und Pflegeheimen häufig zu Gründungen von Seminaren, Schulen o. Ä. führten, die entsprechendes Personal ausbildeten. Die diakonischen Initiativen strahlten dadurch erheblich über ihre primären Ziele hinaus. Es entstanden neue Berufe wie – in heutiger Terminologie – die Krankenschwestern und -pfleger, Erzieher/innen, Altenpfleger/innen und Sozialpädagogen und -pädagoginnen. Entsprechende Ausbildungseinrichtungen in diakonischer Trägerschaft erinnern bis heute an diese Ursprünge.[200]

---

[200] S. exemplarisch zu den damit verbundenen Entwicklungen Claudia Bendick, Von der diakonischen Ausbildung zum Frauenbildungszentrum – Lehrdiakonie am Beispiel des Diakonissenmutterhauses in Münster. Die Evangelische Sozialpädagogische Ausbildungsstätte – Eine Einführung, in: Jochen-Christoph Kaiser/Rajah Scheepers (Hg.), Dienerinnen des Herrn. Beiträge zur weiblichen Diakonie im 19. und 20. Jahrhundert (Historisch-theologische Genderforschung 5), Leipzig 2010, 247–268.

Adäquates Helfen zum Leben setzt in der modernen Gesellschaft besondere Fachkenntnisse voraus. Demgegenüber trat der ursprüngliche, in der Erweckungsbewegung begründete christliche Impetus zurück. Allerdings bemühen sich die Einrichtungen in diakonischer und kirchlicher Trägerschaft um religionspädagogische Ergänzungen der fachlichen Ausbildung (s. § 23 1.3).

Das in § 13 4.2 skizzierte Konzept der diakonischen Bildung kann als reziproke Entsprechung dieses Professionalisierungsprozesses verstanden werden. Denn hier erhalten Heranwachsende einen ersten Zugang zu professionell bearbeiteten diakonischen Tätigkeitsfeldern. Damit wird an das die Persönlichkeit prägende Potenzial des Helfens im Kontext der Kommunikation des Evangeliums erinnert. Junge Menschen sollen nicht zu diakonischen Professionals ausgebildet werden. Vielmehr erhalten sie Impulse für eine Lebensführung, die wohl am besten mit Christsein umschrieben wird und das Bildungsziel des Religionsunterrichts bezeichnet.[201] Weil damit zivilgesellschaftlich wichtige Impulse verbunden sind, sind solche Angebote pädagogisch auch an öffentlichen Schulen gerechtfertigt und wünschenswert.

4.2 *Gemeinschaftliches Feiern:* Für Menschen in prekären Lebensverhältnissen haben Feste und Feiern als *Unterbrechungen* des – oft notvoll erlebten – Alltags große Bedeutung. Ebenso eröffnen Feiern Menschen am Rand der Gesellschaft eine Möglichkeit der *Integration,* die im Alltag nur schwer möglich ist. Auf jeden Fall ergeben sich interessante Austauschprozesse, die einseitige Asymmetrien in der Kommunikation überwinden und gegenseitige Bereicherungen im Feiern ermöglichen. Von daher verwundert es nicht, dass die Diakoniegeschichte des 19. Jahrhunderts in vielfältiger Weise eng mit der Entstehung der Sonntagsschule bzw. dann dem Kindergottesdienst verbunden ist. Nicht nur Wichern gewann seine ersten, das spätere diakonische Wirken motivierenden Erfahrungen im Kontext der Sonntagsschule. Diese selbst entwickelte sich in Deutschland zu einer liturgischen Feier, ohne jedoch wichtige pädagogische Methoden wie die Gruppenarbeit aufzugeben. Allerdings gelang es nicht, die hier gemachten Einsichten für andere liturgische Feiern (der Erwachsenen) fruchtbar zu machen.

Heute ergeben sich vor allem aus dem heil- bzw. sonderpädagogischen Konzept der *Inklusion* (s. § 17 5.2) wichtige Anregungen für die Praxis gemeinschaftlichen Feierns. Ein Beispiel hierzu findet sich unter den Antworten auf einen Schreibaufruf, den Katharina Stork-Denker im Zusammenhang ihrer liturgiewissenschaftlichen Untersuchungen zum Konzept der Beteiligung verfasst hatte.[202] Eine etwa fünfzigjährige Frau schreibt auf die Frage nach ihren Erfahrungen als unregelmäßige Gottesdienstteilnehmerin:

---
201 S. Christian Grethlein, „Religiöse Kompetenzen" oder „Befähigung zum Christsein" als Bildungsziel des Religionsunterrichts? Thesen zur Diskussion um das Bildungsziel des Evangelischen Religionsunterrichts, in: ZPT 59 (2007), 64–76.
202 S. weiterführend Julia Koll, Gott interaktiv: Gottesdienstliche Beteiligung zwischen Anspruch und Wirklichkeit, in: ZThK 108 (2011), 88-118.

„Ein Gottesdienst, der mich in letzter Zeit sehr beeindruckt hat, war ein Pfingstgottesdienst, der im Rahmen eines mehrtägigen Treffens Behinderter und Nichtbehinderter stattfand. ...

Bei den Vortreffen, an denen Behinderte und Nichtbehinderte beteiligt waren, beschäftigten wir uns zunächst mit dem Text, der Pfingstgeschichte, und überlegten dann, wie wir die Geschichte so umsetzen konnten, dass sie, den unterschiedlichen intellektuellen Möglichkeiten der Teilnehmer entsprechend, möglichst für alle erfassbar wurde. Das bedeutete, möglichst viele Sinne anzusprechen und die Gemeinde auch durch Bewegungen zu aktivieren. So führten wir beispielsweise in ‚das Rauschen, das durch das ganze Haus ging' mit Atemübungen ein. Oder es bekam zum Ende des Gottesdienstes jeder ein Windrad, um die Kraft des Windes und des Heiligen Geistes deutlich zu machen. ...

Beeindruckend für mich waren bei diesem Gottesdienst die Fröhlichkeit und Direktheit, aber auch Ernsthaftigkeit, mit der alle sich aktiv beteiligten.

Jeder war durch Musik, Bewegung, Gespräche usw. miteinbezogen, jeder so gut er konnte. Beeindruckend fand ich auch, wie unorthodox Oekumene umgesetzt wurde."[203]

Dieser Pfingstgottesdienst macht auf das Potenzial des Helfens zum Leben für das gemeinschaftliche Feiern aufmerksam. Nicht von ungefähr fand er außerhalb des am Sonntagvormittag Üblichen statt. Denn die agendarisch reduzierten Kommunikationsmöglichkeiten schließen von vornherein bestimmte Menschen aus. In dem berichteten Pfingstgottesdienst wurde dagegen Feiern als gemeinschaftlicher Vollzug nicht nur dogmatisch postuliert, sondern tatsächlich realisiert. Die alle Sinne umfassende Form der Kommunikation ist bei Menschen mit geistiger Behinderung unerlässlich; sie kommt jedoch auch den kognitiv Begabteren zugute. Die ökumenische Ausrichtung einer solchen inklusiven liturgischen Feier ist selbstverständlich. Denn die – angeblich – kirchentrennenden Distinktionen sind exklusiv auf der kognitiven Ebene angesiedelt.

5. Grundfragen

Das Helfen zum Leben gehört von Jesu Wirken an selbstverständlich zur Kommunikation des Evangeliums und damit zum christlichen Leben. Trotzdem gelang seine dauerhafte Integration in die verfasste Kirche nicht. Von daher stellt sich die Frage nach der Organisationsform des Helfens. Sie erfordert in einem zweiten Schritt Überlegungen zur Verhältnisbestimmung zwischen der Berufs- und der Lebensförmigkeit des Helfens.

5.1 *Organisationsform:* Das Gebot der Nächstenliebe richtet sich zunächst an jeden einzelnen Christen. Doch tauchten schon im ersten Jahrhundert innerhalb der Gemeinde Probleme auf, die zur Etablierung einer eigenen diako-

---

203 Zitiert in: KATHARINA STORK-DENKER, Beteiligung der Gemeinde am Gottesdienst (APrTh 35), Leipzig 2008, 225 f.

nischen Funktion führten. Dieses *Nebeneinander von individuellem und organisiertem Helfen* durchzieht die gesamte Christentumsgeschichte. Dabei zogen vor allem Probleme die Aufmerksamkeit auf sich, die durch den Einsatz im persönlichen Bereich nicht mehr zu lösen waren: z. B. Verelendung infolge von Kriegen oder ökonomischen Umbrüchen.

Bei der Durchsicht der Reaktionen auf solche Herausforderungen fällt auf, dass die jeweils übliche kirchliche Organisation, seit Karl d. Gr. wesentlich in parochialer Form, zu unflexibel war. Dagegen bewährten sich Sozialformen, die am Rand oder teilweise außerhalb der kirchlichen Strukturen lagen: Klöster, Bruderschaften, Frauengemeinschaften, Diakonissen- und Diakonengemeinschaften. Nicht zuletzt ihr Ausgreifen über enge räumliche, und damit landeskirchliche bzw. diözesane Grenzen hinaus ermöglichte Hilfe angesichts umfassender Nöte.

Umgekehrt ergab sich eine diakonische Schwäche in der Kommunikation des Evangeliums, wenn es nicht gelang, solche alternativen Strukturen zu entwickeln. Dies zeigt ein Blick auf die Reformation. Hier kam es erst im Zuge der pietistischen Reform zu einem Aufbruch, argwöhnisch von der amtskirchlichen Hierarchie beobachtet und teilweise behindert.

Unter der Voraussetzung eines Verständnisses der Kommunikation des Evangeliums, das das Helfen zum Leben umfasst, erweist sich demnach die ortsbezogene Organisationsform von Kirche als ergänzungsbedürftig.[204]

Wenn dies anerkannt wird, zeigt sich ein weiter Bereich, in dem diakonische Aktivitäten von (Einzelnen und) Organisationen mehr dem christlichen Grundimpuls entsprechen als die verfassten Kirchen. Schon in der Alten Kirche weitete sich der Radius des Helfens über den Kreis der Gemeindeglieder hinaus. Helfen zum Leben ist letztlich nur in einem Horizont möglich, der *ökumenisch* im wörtlichen Sinne ist, also den ganzen Erdkreis und die auf ihm Lebenden umfasst. So führten die diakonischen Aufbrüche seit dem 18. Jahrhundert schnell über die konfessionellen Differenzen innerhalb des Christentums hinaus zur Begegnung mit Menschen anderer Daseins- und Wertorientierung. Allerdings verstellte die nicht selten dogmatisch begründete Vorstellung von der Überlegenheit der eigenen Kultur den Zugang zu einem Dialog und verzerrte das Verständnis von Mission imperial.

5.2 Berufs- und Lebensform: Die eben skizzierte doppelte Struktur des Helfens zum Leben als Praxis Einzelner und von Organisationen stellt für die professionell Helfenden eine besondere Herausforderung dar. Die berufsmäßige Hilfe unterliegt nämlich nicht nur fachlichen Standards, sondern auch

---

204 Vielfältige Beispiele aus der Problemregion des Ruhrgebiets (abgedruckt in: GERHARD SCHÄFER/JOACHIM DETERDING/BARBARA MONTAG/CHRISTIAN ZWINGMANN, Nah dran. Werkstattbuch für Gemeindediakonie, Neukirchen-Vluyn 2015, 79-183) weisen auf das Potenzial von Gemeindediakonie hin.

ökonomischen und technischen Rahmenbedingungen. Sie stehen in Spannung zum freiwilligen Helfen, das zum Christsein gehört.[205]

Die Gründungsväter (und -mütter) der Diakonie im 19. Jahrhundert versuchten dieses Problem durch das Anknüpfen an das altkirchliche Diakonat zu lösen, wobei sie historisch gesehen weitreichende Transformationen vornahmen. Doch erwies sich dieser Versuch nur eingeschränkt als erfolgreich. Mittlerweile gehört lediglich ein sehr kleiner Teil der in pflegerischen, erzieherischen und sozialpädagogischen Berufen Tätigen einer Diakonen- bzw. Diakonissenschaft (bzw. einem Orden) an. Am Beispiel der Kaiserswerther Schwesternschaft (s. 3.6) wurde auf die mit autoritären Organisationsmustern gegebenen Probleme hingewiesen, die u. a. zum Ausbleiben von Aspirantinnen führten.

Zugleich ergab aber die problemgeschichtliche Durchsicht die Bedeutung der *Verbindung von Zugehörigkeit zu einer christlich motivierten Gemeinschaft und erfolgreichem Helfen zum Leben*. In dieser Spannung gilt es, die organisierte Form von Diakonie zu reflektieren. Dabei eröffnet das geschichtliche Wissen um die *unterschiedlichen Formen der konkreten Organisation solcher Gemeinschaften* einen großen Freiraum für kreative Lösungen. In der Geschichte reichen sie von dem durch lebenslanges Gelübde verpflichteten Klosterkonvent über die offenere Sozialität von Beginenhäusern bis hin zu kleinen, durch ein konkretes diakonisches Projekt verbundenen Gemeinschaften.

---

205 S. anhand konkreter Beispiele CORINNA DAHLGRÜN, Christliche Spiritualität. Formen und Traditionen der Suche nach Gott, Berlin 2009, 310–326.

Zusammenfassung des 2. Teils

Auf dem Hintergrund der problemgeschichtlich rekonstruierten Entwicklung der Disziplin bestimme ich den Gegenstand der Praktischen Theologie als *Kommunikation des Evangeliums in der Gegenwart*. Der Gegenwartsbezug ist dabei von Anfang an unstritten für die Praktische Theologie. Folgende Begriffe sind zu klären:
– „*Kommunikation*" ermöglicht wissenschaftstheoretisch den Anschluss an außertheologische Wissenschaften. Inhaltlich eröffnet die multiperspektische Bestimmung dieses Konzepts einen breiten und flexiblen Zugang zur Lebenswelt. Die grundsätzliche Offenheit von Verständigungsprozessen im Bereich der Daseins- und Wertorientierung wird anhand ihrer doppelten Bestimmung durch Redundanz und Selektion konturiert. Sie ist kein Ausdruck von Beliebigkeit, sondern die Voraussetzung für Innovation.
– „*Evangelium*" schließt die praktisch-theologische Forschung an die theologische Theoriebildung in ihren verschiedenen Disziplinen an. Inhaltlich ergibt die kommunikationstheoretische Rekonstruktion des Auftretens, Wirkens und Geschicks Jesu als Grundimpuls des Christentums drei grundlegende Modi der Kommunikation des Evangeliums: das Lehren und Lernen, das gemeinschaftliche Feiern und das Helfen zum Leben. Sie nehmen allgemein menschliche Kommunikationsformen auf und stellen sie in den Horizont der umfassenden Liebe Gottes.

„*Kommunikation des Evangeliums*" bezeichnet so einen erfahrungswissenschaftlich und theologisch zu bearbeitenden Gegenstandsbereich. Sie zielt darauf, die Gegenwart auf Gott hin durchsichtig zu machen, und zwar:
– *in Lehr- und Lernprozessen hinsichtlich der Wahrnehmung seines gegenwärtigen Wirkens und der Hoffnung auf sein zukünftiges Handeln,*
– *im gemeinschaftlichen Feiern auf die Gleichheit der Menschen hin, die in deren Geschöpflichkeit und ihrem gemeinsamen Schüler-Verhältnis zu Jesus zum Ausdruck kommt,*
– *im Helfen zum Leben durch die Entdeckung, dass in dem/der hilfsbedürftigen Nächsten Jesus Christus selbst begegnet.*
– Der Begriff „*Religion*" verdankt sich dem Auseinandertreten von Kirchenlehre und christlicher Praxis, ist aber als Unterscheidungsbegriff zugleich an deren Zusammenhang orientiert. Seine – heute übliche – Ausdehnung auf dezidiert nichtchristliche Formen der Daseins- und Wertorientierung steht in Gefahr, diesen Bezug implizit zu transportieren und so diese christlich bzw. protestantisch zu überformen.
– Neuerdings tritt „*Spiritualität*" in der Religionssoziologie und der Praktischen Theologie an die Seite von „Religion" bzw. ersetzt diesen Begriff.

Diagnostisch steht im Hintergrund die Einsicht in die zurückgehende Bedeutung von Institutionen und Organisationen für die persönliche Suche vieler Menschen nach Daseins- und Wertorientierung.

Beide Begriffe markieren wichtige lebensweltliche Veränderungen und ermöglichen diesbezügliche Unterscheidungen. Sie sind aber weder empirisch noch theologisch dazu geeignet, den Gegenstandsbereich der Praktischen Theologie zu bestimmen.

Die Theorie der Kommunikation des Evangeliums in der Gegenwart bedarf *hermeneutischer Kriterien* für ihre Analysen. Zwei hermeneutische Modelle werden vorgeschlagen, um die seit Beginn des Christentums beobachtbare Pluriformität der Kommunikation des Evangeliums zu erfassen:

- Die medientheoretisch modellierte *Differenzierung zwischen primärer und sekundärer Religionserfahrung,* bei gleichzeitigem Wahren ihres Zusammenhangs, verhindert praxisfremde Entgegensetzungen. Sie öffnet den Blick für Spannungen bei der Kommunikation des Evangeliums und die Aufgabe, diese konstruktiv zu gestalten. Die durch den Rückbezug auf die primäre Religionserfahrung gegebene Redundanz ist kommunikationstheoretisch unverzichtbare Grundlage und Ausgangsbasis für sekundärreligiöse Selektionsprozesse. Diese wiederum korrigieren notwendig die Verhaftung primärer Religionserfahrung im Bereich des Kreatürlichen.
- Die *liturgiehermeneutische Unterscheidung von kulturübergreifender, kontextueller, kulturkritischer und kulturell wechselwirksamer Dimension der Kommunikation des Evangeliums* ermöglicht eine differenzierte Sicht auf deren Transformationen. Sie ist auch auf andere Formen der Kommunikation des Evangeliums übertragbar. Inhaltlich ist sie im christlichen Grundimpuls begründet.

Den *empirischen Rahmen,* innerhalb dessen gegenwärtig das Evangelium kommuniziert wird, bestimme ich in drei Schritten:

- *Die Konzepte der Säkularität (Taylor) und der populären Religion (Knoblauch)* umreißen in ihrer Komplementarität kulturgeschichtlich und wissenssoziologisch grundlegende Rahmenbedingungen heutiger Kommunikation (des Evangeliums). Langwierige Reformprozesse der westlichen Christenheit, Erkenntnisse naturwissenschaftlicher Forschung und darauf aufbauende technische Errungenschaften führten zur Optionalität des Gottesglaubens. Sie wird von einer Sehnsucht nach Sinn und Ganzheit begleitet, die heutige Menschen in transformierter Weise Praktiken früheren magischen Weltumgangs aufnehmen lässt. Inhaltlich markieren u. a. das Streben nach Sicherheit sowie der Biographiebezug grundlegende Faktoren von Kommunikation im Bereich der Daseins- und Wertorientierung.
- Eine Durchsicht einschlägiger Statistiken zeigt einen *tiefgreifenden Wandel der Lebensbedingungen.* Besondere Bedeutung für die Kommunika-

tion des Evangeliums haben das Ansteigen der Lebenserwartung, Veränderungen in der Sozialform Familie und der Erwerbsarbeit sowie die weltweite Migration. Denn sie betreffen Rahmenbedingungen alltäglichen Lebens, die bis zur Mitte des 19. Jahrhunderts unumstößlich erschienen.
- Schließlich bahnen sich im Zuge der Rezeption *medientechnischer Innovationen* neue Sozialformen an. Deren Auswirkungen auf die Kommunikation zeigen sich bereits bei jüngeren Menschen und werden vermutlich langfristig an Bedeutung gewinnen. Die problematische Tendenz zur „excarnation" (Taylor) findet sich hier ebenso wie große Chancen zu symmetrischer Kommunikation.

Kommunikation des Evangeliums vollzieht sich im Kontext dieser Prozesse. Dabei ist sorgfältig zu unterscheiden, wo sich neue Möglichkeiten ergeben und wo Entwicklungen stattfinden, die dem christlichen Grundimpuls widersprechen.

Theologisch ergibt die – exemplarische – christentumsgeschichtliche Rekonstruktion der drei genannten *Modi der Kommunikation des Evangeliums* Formen der Kontextualisierung, aber auch der Verfehlung der kulturkritischen Dimension der Kommunikation des Evangeliums.
- Bei den Modellen des *Lehrens und Lernens* begegnet eine Vielfalt von Lernorten und didaktischen Ansätzen. Die heute übliche Fokussierung auf Unterricht ist christentumsgeschichtlich eine Besonderheit. Sie wirft erhebliche kommunikationstheoretische Probleme auf.
- Beim Modus des *gemeinschaftlichen Feierns* fällt das – weitgehende – Nebeneinander von offiziellen kirchlichen Feierformen und der tatsächlichen Praxis der meisten Menschen auf. Die Spannung zwischen primärer und sekundärer Religionserfahrung tritt hier besonders deutlich zu Tage. Sie findet nicht zuletzt in der Pluriformität der liturgischen Formen einen Ausdruck.
- Im Laufe der Kirchengeschichte trat der Modus des *Helfens zum Leben,* obgleich für die konkrete Lebenspraxis grundlegend, hinter die beiden anderen Kommunikationsmodi zurück. Bei ihm besteht eine besonders enge Verbindung zwischen Handeln und Gemeinschaft. Konkret kontextualisierten Gemeinschaften diese Dimension der Kommunikation des Evangeliums nicht selten im Gegenüber zu den organisierten Kirchen. Heute verdient der heil- bzw. sonderpädagogische Impuls der Inklusion besondere Beachtung.

3. Teil

**Kommunikation des Evangeliums
in der Gegenwart:
praktische Perspektiven**

Literatur: INGOLF DALFERTH, Evangelische Theologie als Interpretationspraxis. Eine systematische Orientierung (ThLZ.F 11/12), Leipzig 2004 – CHRISTIAN GRETHLEIN, Theologie und Didaktik. Einige grundsätzliche Verhältnisbestimmungen, in: ZThK 104 (2007), 503–525 – ARMIN NASSEHI, Die Organisation des Unorganisierbaren. Warum sich Kirche so leicht, religiöse Praxis aber so schwer verändern lässt, in: ISOLDE KARLE (Hg.), Kirchenreform. Interdisziplinäre Perspektiven (APrTh 41), Leipzig 2009, 199–218

Der Durchgang durch die Forschungsgeschichte im 1. Teil zeigt, dass für die Praktische Theologie der Gegenwartsbezug grundlegend ist. Als theologische Disziplin entstand sie, um das Auseinandertreten von kirchlicher Lehre und tatsächlicher Daseins- und Wertorientierung der Menschen sowie das Bewusstsein davon[1] theologisch zu bearbeiten. Die sich aus dieser Differenz ergebende Spannung stellte die pastorale Praxis vor neue Herausforderungen. Mittlerweile hat diese Problemstellung die Theologie als ganze eingeholt, wenn sie die reformatorische Einsicht in die konstitutive Bedeutung der Vermittlungsaufgabe für Theologie ernst nimmt (s. GRETHLEIN).

Seit dem Übergang vom 19. zum 20. Jahrhundert wenden sich Praktische Theologen der empirischen Forschung zu. Dadurch wollten sie Einsichten in den kulturellen und gesellschaftlichen Kontext von Theologie und Kirche gewinnen.

Bei der Bestimmung der praktisch-theologischen Aufgabe gab es im Lauf der Zeit Veränderungen. Die ersten Praktischen Theologen wie Carl Immanuel Nitzsch (s. § 2 2.2) öffneten die traditionelle Pastoraltheologie durch eine entschlossene Zuwendung zur Kirche. Spätestens seit den sechziger Jahren des 20. Jahrhunderts erscheint dies wiederum zu eng (s. § 4 2.2 und 2.3). Die Marginalisierung von Kirche als Institution bzw. Organisation sowie allgemeine Pluralisierungsprozesse machten ein weiteres Ausgreifen erforderlich. Die neue Ausrichtung auf „Religion" führte aber nur teilweise weiter. Denn sie ging – christentumstheoretisch begründet – weiter von der Selbstverständlichkeit des (protestantischen) Christentums als der Normalform von „Religion" aus. Demgegenüber weist die religionswissenschaftliche Kritik an diesem Begriff auf Probleme hin (s. § 8 3.2).

In dieser Situation empfiehlt sich der Begriff *Kommunikation des Evangeliums* als Bezeichnung des Gegenstandsbereichs der Theologie (s. 2. Teil). Auf die Gegenwart bezogen weitet und präzisiert er das Forschungsfeld Praktischer Theologie.

Ingolf Dalferth formuliert aus systematisch-theologischer Perspektive: „In den Disziplinen der praktischen Theologie geht es in differenzierter Weise um die grundlegenden Gestaltungsaufgaben, wie und als was das Evangelium heute wem auf welche Weise zu kommunizieren ist und kommuniziert werden kann, in welchen

---

[1] Vermutlich ist das offene Kommunizieren dieser Differenz das kultur- und christentumsgeschichtlich Neue. Tatsächlich unterschieden sich kirchliche Lehre und Volksfrömmigkeit wohl stets.

> Situationen und kulturellen Umgebungen das geschieht, und welche Gegebenheiten zu beachten sind, wenn man das Ziel der Kommunikation des Evangeliums: den Glauben an das Evangelium, erreichen und befördern will. Die zentrale Fragerichtung der praktischen Theologie zielt auf die spezifischen Herausforderungen der – lebensgeschichtlichen, gesellschaftlichen, kulturellen, kirchlichen, schulischen, ökumenischen, religiösen usf. – Gegenwartssituation, in der das Evangelium hier und heute kommuniziert wird und zu kommunizieren ist." (DALFERTH 184 f.; ohne Kursivsetzung im Original)

Darüber hinaus ergibt eine genauere Profilierung von „Kommunikation des Evangeliums" durch Rückgriff auf die biblischen Berichte vom Auftreten, Wirken und Geschick Jesu: Das Evangelium als die Botschaft von der anbrechenden Gottesherrschaft bzw. der wirksamen Liebe Gottes ereignet sich in kommunikativen Vollzügen. Drei grundlegende, inhaltlich auf Jesu Auftreten, Wirken und Geschick bezogene und darin ihre Einheit findende Kommunikationsmodi lassen sich benennen: Lehren und Lernen, gemeinschaftliches Feiern und Helfen zum Leben.

Sie sind innerhalb des jeweiligen Kontextes inklusiv zu gestalten, so dass alle Menschen einen Zugang dazu finden können. Das gilt nicht nur für die Kirchengemeinden, Landeskirchen und sonstigen kirchlichen Einrichtungen. Die Familie, in einem noch näher zu bestimmenden Sinn, die Schule, mit Unterricht und Schulleben, sowie die Diakonie und die Medien in ihren verschiedenen Formen gehören ebenfalls in diesen Zusammenhang. Beim Verfolgen dieser Spur begegnen in Schule, Diakonie und Medien Resultate der *Modernisierungsprozesse im 19. Jahrhundert:* die Durchsetzung der allgemeinen Schulpflicht, die großflächige Organisation diakonischer Tätigkeiten sowie der Aufschwung des Pressewesens und der digitalisierten Kommunikation.

Insofern Kirche (griech. „kyriake": zum Herrn gehörig) den Bereich der Kommunikation des Evangeliums bezeichnet, ereignet sich – in theologischer Perspektive – auch in diesen Sozialformen Kirche. Sie sind aber kein Bestandteil der Kirche als eines verwaltungsmäßig geordneten Gefüges mit rechtlichem Rahmen und bestimmten Befugnissen einzelner Positionen.

> Das hier allgemein mit Sozialformen Bezeichnete figurierte häufig, auch in der Praktischen Theologie, als Institution.[2] Damit wurden die Dauerhaftigkeit und das dem individuellen Handeln Vorgegebensein dieser Sozialformen betont. Allerdings impliziert „Institution" Annahmen und Probleme, die im vorliegenden Zusammenhang nicht weiterführen.[3] Vor allem die Selbstverständlichkeit des mit

---

[2] So z. B. REINER PREUL, Kirchentheorie. Wesen, Gestalt und Funktionen der Evangelischen Kirche, Berlin 1997, 128–152.

[3] S. die ausführliche geschichtliche und systematische Rekonstruktion des Begriffs bei HOLGER LUDWIG, Von der Institution zur Organisation. Eine grundbegriffliche Untersuchung zur Beschreibung der Sozialgestalt der Kirche in der neueren evangelischen Ekklesiologie (Öffentliche Theologie 26), Leipzig 2010, 21–134.

Institution Bezeichneten steht in Spannung zum zahlenmäßigen Rückgang der großen Kirchen und zur heutigen Optionalität früher verbindlicher Sozialformen. Seit den sechziger Jahren des 20. Jahrhunderts bürgert sich in der Soziologie stattdessen bzw. ergänzend der Begriff „Organisation" ein, und wird ebenfalls in der praktisch-theologischen Theoriebildung übernommen.[4] Dieser Begriff trägt der Tatsache Rechnung, dass Kirchenaustritt möglich ist und praktiziert wird. Von daher fehlt hier die Selbstverständlichkeit der Institution. Demgegenüber definieren sich Organisationen durch drei Merkmale: Die Ausrichtung auf Ziele („Programm"), die arbeitsteilig und hierarchisch geregelte, grundsätzlich veränderbare Kommunikation („Struktur") sowie die Mitgliedschaft, die widerrufbar bzw. kündbar ist („Mitgliedschaftsregel").[5] Damit ist aber nicht die bei vielen Menschen anzutreffende Einstellung zu erfassen, die in der durch die Kindertaufe zugeschriebenen und nicht selbst erworbenen bzw. gewählten Kirchenmitgliedschaft zum Ausdruck kommt.

In den genannten Sozialformen begegnen Menschen, die die Kommunikation des Evangeliums in besonderer Weise fördern. Sie engagieren sich in verschiedener Weise in ihrem Alltag und als ehren-, neben- und hauptamtlich Mitarbeitende. Zwar sind die Übergänge zwischen diesen Gruppen fließend, doch lassen sich unterschiedliche Funktionen beschreiben. Die Erstgenannten bürgen für die enge Verbindung der Kommunikation des Evangeliums zum Alltag. Die Hauptberuflichen bringen wichtige fachliche Qualifikationen ein und kontextualisieren so die Kommunikation des Evangeliums in professionstheoretischer Hinsicht. Es ist eine wichtige Aufgabe, die verschiedenen, vom verantwortlichen Erziehungshandeln der Eltern bis zur Amtsführung einer Bischöfin reichenden Formen der Kommunikation des Evangeliums in der Balance zu halten. Theologisch ist sie im *Priestertum aller Getauften* (1 Petr 2,5,9) als gemeinsamem Fundament begründet,[6] wobei der Prozesscharakter der Taufe auch die einschließt, die sich zur Taufe einladen lassen bzw. auf dem Weg zu ihr sind. Sie alle sind – theologisch gesprochen – zu Priestern berufen, aber in unterschiedlichen Tätigkeitsfeldern und Funktionen. Diese theologische Einsicht bekommt durch die veränderten

---

4 Z. B. bei HERBERT LINDNER, Kirche am Ort. Eine Gemeindetheorie, Stuttgart 1994 (vollständig überarbeitete Neuauflage: Kirche am Ort. Ein Entwicklungsprogramm für Ortsgemeinden, Stuttgart 2000).
5 Nach der Zusammenfassung der entsprechenden Theoriebildung bei HOLGER LUDWIG, Von der Institution zur Organisation. Eine grundbegriffliche Untersuchung zur Beschreibung der Sozialgestalt der Kirche in der neueren evangelischen Ekklesiologie (Öffentliche Theologie 26), Leipzig 2010, 174.
6 Diese Argumentation verdanke ich der berechtigten Kritik Bernd Schröders gegenüber der in der ersten Auflage des vorliegenden Buchs vorherrschenden Beschränkung auf haupt-, neben- und ehrenamtlich Tätige (BERND SCHRÖDER, Das Priestertum aller Getauften und die Assistenz der Kirche. Überlegungen zur Neuformatierung der Praktischen Theologie im Anschluss an Christian Grethleins Praktische Theologie, in: MICHAEL DOMSGEN/BERND SCHRÖDER [Hg.], Kommunikation des Evangeliums. Leitbegriff der Praktischen Theologie (APrTh 57), Leipzig 2014, 141-160, 148-153).

Kommunikationsbedingungen in der digitalisierten Gesellschaft besondere Bedeutung und Aktualität.[7]

Eine exklusive Konzentration auf die erwerbsmäßig bzw. neben- und ehrenamtlich das Evangelium Kommunizierenden würde dessen inklusiven Charakter verzerren. Denn die Kommunikation des Evangeliums beansprucht, allen Menschen eine lebensverändernde Perspektive zu eröffnen. Unter den Bedingungen einer demokratischen Gesellschaft sowie eines am Bildungsziel der Mündigkeit ausgerichteten Erziehungswesens kommt diesem Impuls neue Aktualität zu.

Deshalb rekonstruiere ich nach dem Durchgang durch die sozialen und tätigkeitsbezogenen Voraussetzungen und Rahmenbedingungen die gegenwärtige Praxis der Kommunikation des Evangeliums anhand konkreter Methoden.

Dabei bietet sich von den im 5. Kapitel dargestellten Modi der Kommunikation des Evangeliums her die Unterscheidung zwischen der Kommunikation über Gott, mit Gott und von Gott her an.

Ein Vergleich mit bisheriger praktisch-theologischer Arbeit lässt die Weitung und zugleich theologische Präzisierung des Horizontes zu Tage treten, den die Neubestimmung des Gegenstandsbereichs von Praktischer Theologie ermöglicht und der in diesem 3. Teil abgeschritten wird:

– *Kapitel 6 transformiert die bisherige Kirchentheorie in eine Theorie der Sozialformen, in denen das Evangelium kommuniziert wird.* Das entspricht zum einen der lebensweltlichen Realität, zum anderen dem Verständnis von Ekklesia im Neuen Testament, das die umgangssprachliche Semantik von Kirche nur ungenügend abbildet.

– *Die bisherige Pastoraltheologie wird in Kapitel 7 zu einer Theorie der Handlungen und Tätigkeiten, deren Aufgabe die Förderung der Kommunikation des Evangeliums ist.* Das entspricht wiederum einerseits den tatsächlichen Verhältnissen mit den entsprechenden Ausdifferenzierungen, andererseits wird der hierarchiekritische Grundzug der biblischen Tradition aufgenommen.

– *Kapitel 8 nimmt mit dem Begriff „Methoden" in kommunikationstheoretischer Perspektive das in den herkömmlichen Disziplinen der Praktischen Theologie Bearbeitete auf.* Dabei bilden anthropologische und kulturgeschichtliche Erkenntnisse den Ausgangspunkt, bevor biblische und christentumsgeschichtliche Perspektiven eingebracht werden. Mit diesem multiperspektivischen Vorgehen soll bei den anschließenden praxisbezogenen Überlegungen die Balance zwischen primärer und sekundärer Religionserfahrung gehalten werden.

---

7 S. Christian Grethlein, Kommunikation des Evangeliums in der digitalisierten Gesellschaft. Kirchentheoretische Überlegungen, in: ThLZ 140 (2015), 598-611.

Ein Ziel der in den Kapiteln 6 bis 8 erfolgenden Praxisrekonstruktionen ist es, auf zukünftige Aufgaben und Herausforderungen aufmerksam zu machen. Denn die Kommunikation des Evangeliums enthält den Impuls, die Botschaft von der Liebe Gottes auch zukünftig zu kommunizieren. Von daher ist die gegenwärtige Kommunikation des Evangeliums als offen für die Zukunft zu erweisen und zu gestalten. Im Verfolgen dieser Spur kommen gegenwärtig diskutierte Reformvorschläge in den Blick.

6. Kapitel Kommunikation des Evangeliums – in verschiedenen Sozialformen

In der praktisch-theologischen Kirchentheorie wird gegenwärtig verbreitet die Luhmann'sche Systemtheorie rezipiert. Sie öffnet zum einen den Blick für die Bedeutung von Kommunikation. Zum anderen verengt sie diesen aber durch den an der Distinktion Transzendenz – Immanenz orientierten Religionsbegriff. So beschränken sich die Überlegungen auf den Bereich der Organisation Kirche.[1] Damit bleibt die Praktische Theologie einer nicht nur lebensweltlich, sondern auch theologisch problematischen Verkirchlichung ihres Gegenstandes verhaftet. Demgegenüber weitet das Konzept der Kommunikation des Evangeliums den Horizont – theologisch begründet im Auftreten, Wirken und Geschick Jesu, empirisch in Form der drei Modi von Kommunikation anschlussfähig. Denn die Kommunikation des Evangeliums umfasst von Anfang an die zentralen Bereiche menschlichen Lebens und lässt sich nicht auf einen systemtheoretisch separierten Lebensbereich wie die (organisierte) Kirche oder gar die Kirchengemeinden reduzieren.

Dass dieser Ansatz neutestamentlich begründet ist, bestätigt ein Blick auf die Verwendung von „Ekklesia" als den entscheidenden Begriff für die Versammlung von Christen. Es begegnen im Neuen Testament vier soziale Formationen von „Ekklesia":

- Ekklesia bezeichnet die Christen im ökumenischen, also den ganzen bewohnten Erdkreis umspannenden Sinn (1Kor 4,17; Mt 16,18).
- „Ekklesiai" (Plural) begegnen in Städten, etwa in Korinth (1Kor 1,2),
- oder in Landschaften, z. B. in Syrien und Zilizien (Apg 15,41).
- Auch die Institution des Hauses, also die soziale Vorform der Familie, wird mehrfach „ekklesia" genannt (Röm 16,5; 1Kor 16,19; Phlm 2; Kol 4,13).[2]

„Ekklesia" im Neuen Testament umfasst demnach vier Sozialformen: die Hausgemeinde, die Ortsgemeinde, die Kirche auf Provinzialebene und die weltweite Ökumene. Sachlich integriert werden sie durch den Bezug auf ihren gemeinsamen Grund, Jesus Christus. Konkreten Anteil an diesem Grund erhalten die Angehörigen der Ekklesia durch die Taufe. Es finden sich im Neuen Testament keine Hinweise auf Prioritäten oder Posterioritäten dieser verschiedenen Formen von Ekklesia. Eine Rangfolge widerspräche dem Gewicht des Christusbezugs.

---

1   Deutlich tritt diese Ambivalenz durch die Luhmann-Rezeption im praktisch-theologischen Werk von Isolde Karle zu Tage (s. z. B. Isolde Karle, Kirche im Reformstress, Gütersloh 2010, 24–35).
2   S. zu den einzelnen Textbefunden Karl Ludwig Schmidt, Ekklesia, in: ThWNT Bd. 3 (1938/1957), 502–535; s. zum paulinischen Kirchenverständnis Hans-Joachim Eckstein, Gottesdienst im Neuen Testament, in: Ders./Ulrich Heckel/Birgit Weyel (Hg.), Kompendium Gottesdienst, Tübingen 2011, 22–41, 40.

Analysiert man in solcher biblischer Perspektive die Lebenspraxis heutiger Menschen (in Deutschland) hinsichtlich der verschiedenen Modi der Kommunikation des Evangeliums, ergibt sich entgegen dem gewohnten kirchenzentrierten Bild: Der Familie kommt für die meisten Menschen größere Bedeutung für die Kommunikation des Evangeliums zu als der Kirchengemeinde bzw. der Landeskirche oder ihren diversen Einrichtungen. Hier muss begrifflich genau formuliert werden, weil theologisch – gemäß Mt 18,20 – dort, wo das Evangelium kommuniziert wird, ein Ort der Christuszugehörigkeit ist. So treten nicht nur die Diakonie, sondern auch die Schule und die Medien als wichtige kulturelle Formationen ins Blickfeld.

Bei der konkreten Durchführung im Folgenden zeigt sich eine teilweise dichte Verflochtenheit dieser Sozialformen miteinander. Der Kindergottesdienst findet z. B. in Räumen der Kirchengemeinde statt, ist aber wesentlich mit der Familie verbunden. In ihm findet Kommunikation des Evangeliums im Modus des Lehrens und Lernens und des gemeinschaftlichen Feierns, bisweilen auch des Helfens zum Leben statt. Ähnliches gilt für die Kasualien und Feste des Kirchenjahres. Die Zuordnung in der folgenden Darstellung orientiert sich an der vorherrschenden Perspektive der an der konkreten Kommunikation beteiligten Menschen.

Mit einer solchen Horizonterweiterung der herkömmlichen Kirchentheorie ist aber keine Geringschätzung von Kirchengemeinde, Landeskirche und kirchlichen Einrichtungen verbunden. Vielmehr enthält die Einsicht, dass das Evangelium an verschiedenen Orten kommuniziert wird, wichtige Herausforderungen für (organisiert) kirchliche und kirchengemeindliche Arbeit. Sie hat die Kommunikation des Evangeliums in anderen Sozialformen zu unterstützen und damit eine wichtige *Assistenzfunktion*. Systemtheoretisch formuliert bilden die Kirchen so etwas wie „Zonen dichter gekoppelter Kommunikation":

> „Zwar fällt religiöses Handeln nicht mit kirchlichem Handeln zusammen, aber es sind letztlich jene kirchlichen ‚Zonen dichter gekoppelter Kommunikation', die überhaupt dafür sorgen, dass religiöse Inhalte, Traditionen und Sinngehalte in einer systematischen, wiederholbaren, ritualisierbaren, auch domestizierbaren Form möglich sind."[3]

Religionshermeneutisch betrachtet bringen die in den verfassten Kirchen tätigen Theolog/innen vor allem die skriptural tradierte sekundäre Religionserfahrung (s. § 9 2.2) in die Kommunikation des Evangeliums ein. Sie sind dabei aber auf die Verknüpfung mit der primären Religionserfahrung angewiesen, die im Bereich von Familie und sonstigen alltäglichen Beziehungen verankert ist.

---

3   Armin Nassehi, Die Organisation des Unorganisierbaren. Warum sich Kirche so leicht, religiöse Praxis aber so schwer verändern lässt, in: Isolde Karle (Hg.), Kirchenreform. Interdisziplinäre Perspektiven (APrTh 41), Leipzig 2009, 199–218, 205.

Die Weitung des kirchentheoretischen Horizontes entlastet das (organisiert) kirchliche Handeln.[4] Denn es ist nicht mehr exklusiv für die Kommunikation des Evangeliums verantwortlich, sondern hat eine *Assistenzfunktion* zu deren Förderung. Grundlegend ist jeweils der Bezug auf Jesus Christus. Dabei geht es freilich nicht um die Repetition von Glaubensformeln, und zwar schon aus inklusionstheoretischen Gründen (s. § 17 5.2). Eine solche Reduktion schlösse die Menschen von der Kommunikation des Evangeliums aus, die kognitiv noch nicht oder nicht mehr oder nie in der Lage sind, sprachlich distinkt zu kommunizieren; also kleine Kinder, demente Alte und Menschen mit besonderem kognitiven Förderbedarf, in Deutschland etliche Millionen. Vielmehr geht es darum, dass der christliche Grundimpuls den Menschen neue Lebensperspektiven eröffnet, so wie das Jesus durch seinen Hinweis auf die anbrechende Gottesherrschaft tat.

> Martin Ebner formuliert – nach eigenen Worten „überscharf" – den entsprechenden neutestamentlichen Befund: „Christentum entscheidet sich nicht (allein) am Bekenntnis zu dem einen Gott oder zu Christus, sondern durch die (ganz andere) soziale Praxis vor Ort. An der Liegeordnung im Triklinium und bei der Speiseverteilung während des Essens entscheidet sich nach Paulus, ob vom ‚Mahl des Herrn' die Rede sein kann oder nicht. Kriterium ist, ob auf der untersten sozialen Ebene die vorgegebene gesellschaftliche Stratifikation durchkreuzt wird oder nicht."[5]

§ 16 Familie als grundlegender Kommunikationsraum

> Literatur: MICHAEL DOMSGEN, Familie und Religion. Grundlagen einer religionspädagogischen Theorie der Familie (APrTh 26), Leipzig 2004 – FRANZ-XAVER KAUFMANN, Zukunft der Familie im vereinten Deutschland. Gesellschaftliche und politische Bedingungen (Schriftenreihe des Bundeskanzleramtes 16), München 1995 – WOLFGANG LAUTERBACH, Die multilokale Mehrgenerationenfamilie. Zum Wandel der Familienstruktur in der zweiten Lebenshälfte (Familie und Gesellschaft 13), Würzburg 2004 – HARTMANN TYRELL, Familie und Religion im Prozess der gesellschaftlichen Differenzierung, in: VOLKER EID/LASZLO VASCOVICS (Hg.), Wandel der Familie – Zukunft der Familie, Mainz 1982, 19–74 – CLARE WATSON, Communicating Faith in the Home: The Pedagogical Vocation of the Christian Household in Late Modern Society, in: JOHN SULLIVAN (Hg.), Communicating Faith, Washington 2011, 35–49 – INGEBORG WEBER-KELLERMANN, Die Familie. Eine Kulturgeschichte der Familie, Leipzig 1996 (1976)

---

4   S. ebenso aus anderer Perspektive MARTIN LAUBE, Die Kirche als „Institution der Freiheit", in: CHRISTIAN ALBRECHT (Hg.), Kirche, Tübingen 2011, 131–170, 134.

5   MARTIN EBNER, „Allgemeine Zugehörigkeit" oder: Christentum entscheidet sich in der Bindung an eine konkrete Gemeinde! Eine Stellungnahme zum Impulspapier „Kirche der Freiheit" auf der Grundlage der paulinischen Schriften, in: ISOLDE KARLE (Hg.), Kirchenreform. Interdisziplinäre Perspektiven (APrTh 41), Leipzig 2009, 253–268, 268.

§ 16 Familie als grundlegender Kommunikationsraum

Es liegt sozialisationstheoretisch auf der Hand und wird durch Befragungen bestätigt:[6] *Die Eltern und dann die Großeltern haben den positivsten Einfluss „auf die Entwicklung des Verhältnisses zu Religion, Glauben und Kirche".*[7]

Genauer ergibt die repräsentative 4. EKD-Mitgliedschaftsbefragung zur diesbezüglichen Einschätzung des Einflusses bei den Evangelischen:[8]

	Eher positiv	eher negativ	gar nicht
Eltern	81 %	4 %	15 %
Großeltern	70 %	2 %	27 %
Geschwister	30 %	5 %	63 %
Ehepartner(in) …	36 %	8 %	56 %
Freunde/Freundinnen	28 %	12 %	59 %
Pfarrer(in)	60 %	4 %	35 %
Lehrer(in)	33 %	10 %	57 %
Radio/Fernsehen	7 %	8 %	84 %

In diese Richtung weist ebenfalls der Befund, dass Familienangehörige am häufigsten die Gesprächspartner zu „religiösen Themen" sind:

Bei westdeutschen Evangelischen nennen 79 %, bei ostdeutschen 80 % die Familienangehörigen; Freunde/Freundinnen werden von 57 % bzw. 58 % genannt; Pfarrer/in oder andere kirchliche Beschäftigte von 21 % bzw. 31 %.[9]

Von daher entspricht die Behandlung von „Familie" an erster Stelle im Kapitel zu den Sozialformen heutiger Kommunikation des Evangeliums dem empirischen Befund (ebenso aus römisch-katholischer Perspektive WATSON

---

6 S. ausführlicher MICHAEL DOMSGEN, Kirchliche Sozialisation: Familie, Kindergarten, Gemeinde, in: JAN HERMELINK/THORSTEN LATZEL (Hg.), Kirche empirisch. Ein Werkbuch zur vierten EKD-Erhebung über Kirchenmitgliedschaft und zu anderen empirischen Studien, Gütersloh 2008, 73–94.

7 So die Formulierung des entsprechenden Items (s. mit den diesbezüglichen Ergebnissen abgedruckt a. a. O. 76); vgl. auch die damit übereinstimmende Tendenz in der 5. Kirchenmitgliedschaftsuntersuchung bei der Frage nach Personen, mit denen man sich über den „Sinn des Lebens" bzw. „religiöse Themen" austauscht (EVANGELISCHE KIRCHE IN DEUTSCHLAND [EKD], [Hg.], Engagement und Indifferenz. Kirchenmitgliedschaft als soziale Praxis. V. EKD-Erhebung über Kirchenmitgliedschaft, Hannover März 2014, 27-29).

8 Auszug aus einer Tabelle bei RÜDIGER SCHLOZ, Kontinuität und Krise – stabile Strukturen und gravierende Einschnitte nach 30 Jahren, in: WOLFGANG HUBER/JOHANNES FRIEDRICH/ PETER STEINACKER (Hg.), Kirche in der Vielfalt der Lebensbezüge. Die vierte EKD-Erhebung über Kirchenmitgliedschaft, Gütersloh 2006, 51–88, 67; vgl. hierzu die ähnlichen, noch zwischen ost- und westdeutschen Evangelischen und Konfessionslosen differenzierenden, zugleich aber hinsichtlich der erfragten Einflussgrößen reduzierten Befunde zehn Jahre später in: EVANGELISCHE KIRCHE IN DEUTSCHLAND (EKD) (Hg.), Engagement und Indifferenz. Kirchenmitgliedschaft als soziale Praxis. V. EKD-Erhebung über Kirchenmitgliedschaft, Hannover März 2014, 71.

9 WOLFGANG HUBER/JOHANNES FRIEDRICH/PETER STEINACKER (Hg.), Kirche in der Vielfalt der Lebensbezüge. Die vierte EKD-Erhebung über Kirchenmitgliedschaft, Gütersloh 2006, 462; vgl. hierzu die zehn Jahre später ähnlichen Befunde in: EVANGELISCHE KIRCHE IN DEUTSCHLAND (EKD) (Hg.), Engagement und Indifferenz. Kirchenmitgliedschaft als soziale Praxis. V. EKD-Erhebung über Kirchenmitgliedschaft, Hannover März 2014, 26 f.

35–37). Dieses Vorgehen steht zugleich – wie später gezeigt wird – in der Tradition des reformatorischen Ansatzes.

Allerdings gestaltete sich das Verhältnis von familiärer und (organisiert) kirchlicher Kommunikation des Evangeliums oft spannungsvoll. Dies wird anhand einiger Beispiele aus der Christentumsgeschichte kurz beleuchtet. Von daher ist zu verstehen, dass die Praktischen Theologen bisher der Familie trotz ihrer großen Bedeutung nur wenig Beachtung schenkten.

Familie ist zugleich eine Sozialform, an der der Staat interessiert ist. Deshalb bestimmt er deren rechtlichen Rahmen.

1. Begriffsklärung

Die soziobiologische Notwendigkeit des Zusammenlebens von Erwachsenen mit Kindern wurde und wird kulturell unterschiedlich gestaltet:[10] Zum einen gilt die Blutsverwandtschaft als konstitutiv. Sie umfasst Sozialformen von der sog. Kernfamilie, die Eltern und Kinder bilden, bis zur Sippe, bei der keine Ortsgebundenheit oder eindeutige Organisationsstruktur notwendig ist. Zum anderen steht der soziale Gesichtspunkt im Vordergrund. Dann reicht die Spanne von den konkret zusammenlebenden Menschen, vielleicht nur ein Erwachsener und ein Kind, bis zum (großen) Haushalt, zu dem neben Verwandten (wie Onkel, Tante oder Großeltern) weiteres Dienstpersonal o. ä. gehört und der eine wichtige ökonomische Größe darstellt.

Historisch gesehen dominierte bis zum Ende des 18. Jahrhunderts die Rede vom *„Haus"*, also einer nicht nur Eltern und Kinder, sondern weitere Verwandte und auch andere, wie Knechte und Mägde, umfassenden Sozialform mit ökonomischer Ausrichtung. Erst dann gewinnt *„Familie"* als eine Blutsverwandte umfassende Größe Bedeutung.

> „Das Allgemeine Preußische Landrecht (1794) unterschied unter dem Einfluß der Aufklärung und mit deutlicher Tendenz zur Schwächung der Hausherrschaft erstmals zwischen dem Zusammenhang des ‚Hauses' und demjenigen der ‚Familie' im Sinne des modernen, von Ehe und Elternschaft geprägten Familienbegriffs." (KAUFMANN 15)

Deshalb stehen beim Rückblick anfangs das „Haus" und ab dem 19. Jahrhundert die Familie im Vordergrund. Allerdings zeigen neuere familiensoziologische Studien, dass die exklusive Konzentration auf die in einem Haushalt zusammenlebende Familie deren tatsächliche kommunikative und soziale Vernetzung ausblendet. Eine Weitung des Familienverständnisses auf die *multilokale Mehrgenerationenfamilie* hin (LAUTERBACH) korrigiert diese

---

10 Einen imposanten Eindruck davon vermittelt das vierbändige Werk von ANDRÉ BURGUIÈRE/CHRISTIANE KLAPISCH-ZUBER/MARTINE SEGALEN/FRANÇOISE ZONABEND (Hg.), Geschichte der Familie, Darmstadt 1996–1997 (franz. 1986/1994).

Engführung und bietet zudem Anschluss an das frühere „Haus",[11] jetzt aber unter den Bedingungen größerer Mobilität.

Für die Theorie der Kommunikation des Evangeliums ist eine Gemeinsamkeit der verschiedenen Formen von Familie wichtig: die *besondere Form der Vertrautheit*. Sie resultiert aus dem gemeinsamen Leben mit Kindern über einen längeren Zeitraum. Offenkundig führen die große Offenheit und das geringe Vermögen zur Distanzierung bei Kindern zu einer sonst nicht erreichten Intensität von Kommunikation. Sie bildet die Voraussetzung für andere Sozialisationsformen wie Schule:

> „Die Partikularität der Familie, genauer: ihre spezifische, diffuse Struktur, die Gleichzeitigkeit von Nähe und Distanz, von Zuwendung und Kontrolle, von Symmetrie und Asymmetrie, eine Form der Kommunikation zwischen Kindern und Eltern, die sich zwar an Rollen und Hierarchien orientiert, aber dennoch die Beteiligten nicht auf ihre Rollen reduziert (usw.), diese eigentümliche Struktur macht überhaupt erst möglich, was man vom Prozeß der Sozialisation erwartet: basale Handlungsfähigkeit zu vermitteln und den Erwerb grundlegender Kompetenzen zu ermöglichen."[12]

Pädagogisch äußert sich die dadurch gegebene Besonderheit in der Dominanz des Mimetischen als der grundlegenden Form des sozialen und kulturellen Lernens (s. § 13 1.).

2. Historische Entwicklungen

2.1 *Bibel:* Die Beziehungen zwischen den familiär verbundenen Generationen bilden bereits im Alten Testament den selbstverständlichen Hintergrund für die Kommunikation über und mit Gott. Michael Domsgen arbeitet heraus, dass *die Beziehung zu Gott vornehmlich in der Sprache familialer Beziehungen formuliert wird*:

> „Von Gott wird als Vater und Hausherr, als Mutter oder Ehemann gesprochen. Israel wird als Sohn, Tochter und Ehefrau bezeichnet. Damit dienen die alltäglich vorfindbaren Beziehungen innerhalb des Hauses als Anknüpfungspunkte für die Beschreibung des Glaubens an Gott. Der Einzelne war ganz auf die familiale Einbindung und Unterstützung angewiesen. Indem die Gottesbeziehung mit den Termini der Familienbeziehung beschrieben wurde, konnte dieses Aufeinander-Verwiesensein eindrücklich ausgedrückt werden." (DOMSGEN 267 f.)

Allerdings finden sich im Alten Testament zugleich Hinweise auf eine Konkurrenz zwischen dem Glauben an Gott und der Familie. So wird davor

---

11 S. den überzeugenden Hinweis von HANS BERTRAM, Soziologie der Familie, in: Soziologische Revue 22 (1999) H. 4, 15–24 auf die Bedeutung der historischen Perspektive, die manche angebliche Veränderung in Familie relativiert.
12 HEINZ-ELMAR TENORTH, „Alle Alles zu lehren". Möglichkeiten und Perspektiven allgemeiner Bildung, Darmstadt 1994, 61.

gewarnt, sich durch Verwandte zur Verehrung fremder Götter verführen zu lassen (Dtn 13,7–12). Auch stand die nachexilische Kultzentralisation in Spannung zum früheren „Familienkult":

> „Der Vater ist noch Priester (Gen 13,18; 35,7), der Kult ist noch weitgehend Familienkult, und die religiösen Erfahrungen und Vorstellungen sind primär vom Horizont und den Bedürfnissen familiären Lebens bestimmt."[13] Und: „Soweit erkennbar ist, war in den frühisraelitischen Familien die Verehrung ihres Familiengottes mehr oder minder monolatrisch, aber dieser praktischen Ein-Gott-Verehrung fehlten noch völlig die Ausschließlichkeit und Unduldsamkeit, die für die Jahwereligion später so charakteristisch werden sollte."[14]

Im Neuen Testament begegnet ebenfalls – wie in § 9 1. skizziert – eine solche *Ambivalenz*. Dem damals ungewöhnlichen Verbot der Ehescheidung durch Jesus (Mt 5,27–32), einer Stabilisierung von Familie, steht seine Aufforderung entgegen, um seinetwillen mit der eigenen Familie zu brechen (Mt 10,37), sich sogar traditionellen Verpflichtungen familiärer Pietät zu entziehen (Mt 8,21 f.). Diese Ambivalenz kann hermeneutisch als die Spannung zwischen primärer und sekundärer Religionserfahrung (s. § 9 2.2) beschrieben werden. Zum einen war offenkundig der Rückgriff auf familiäre Bindungen unerlässlich, um die anbrechende Gottesherrschaft zu beschreiben (s. z. B. Lk 15,11–32 bzw. die Anrede des Vaterunsers), zum anderen wurde die Absolutsetzung von Familie kritisiert. In gewissem Sinn eine Synthese bildete die Vorstellung von der „Familie Jesu" in Mk 3,31–35; 3,21.[15] Das Tun des Willens Gottes kennzeichnete die Zugehörigkeit zu dieser neuen Familie. Die eben skizzierte Spannung durchzieht die weitere Christentumsgeschichte.

2.2 Taufe: Nach den ersten expliziten Nachrichten von Kindertaufen (s. § 13 3.2) wurden kleine Kinder mit ihren Eltern getauft. Doch schon bald zerbrach dieser selbstverständliche Zusammenhang. Eine sexualitätskritische *Erbsündenlehre,* wie sie wirkmächtig Augustin entfaltete, identifizierte den durch Begierde (lat.: concupiscentia) geprägten Zeugungsakt als den Ort, an dem die Sünde an die nächste Generation weitergegeben wird. Deshalb traten die Eltern in der Taufe als dem Ritus zurück, der dem Kind die Gotteskindschaft vermitteln und es damit von der Erbsünde befreien sollte. Die Paten wurden zu den neuen geistlichen Eltern.

So stand am Beginn des christlichen Lebens eine Spannung: Zum einen begehren die Eltern für ihr Kind die Taufe; zum anderen relativiert das Auftreten der neuen geistlichen Verwandten, der Paten, ihre Bedeutung. Nicht

---

13 RAINER ALBERTZ, Religionsgeschichte Israels in alttestamentlicher Zeit Bd. 1 (ATD Ergänzungsreihe 8/1), Göttingen 1992, 53.
14 A.a.O. 57.
15 S. JENS SCHRÖTER, Jesus von Nazaret. Jude aus Galiläa – Retter der Welt (Biblische Gestalten 15), Leipzig ²2009, 226–233.

die biologischen Eltern, die durch die Zeugung das Kind in den Strudel der Erbsünde gerissen haben, sondern die Paten als geistliche Eltern bekennen in dem Reinigungsritus der Taufe stellvertretend den Glauben.

Von daher erklärt sich, dass die Familie in der Alten Kirche kaum Aufmerksamkeit fand (TYRELL 24). Sie lieferte nur metaphorisch die Begrifflichkeit, um die in der Taufe vollzogene Gotteskindschaft zu benennen. Tatsächlich stand sie in Distanz zu diesem Akt.

> Wie ernsthaft diese Unterscheidung praktiziert wurde, zeigt sich daran, dass im Lauf der Zeit die geistliche Verwandtschaft durch das Patenamt sogar zum Ehehindernis wurde (wogegen Luther aus seelsorgerlichen Gründen heftig protestierte).

2.3 *Zölibat:* Eine Zuspitzung erhielt die eben genannte sexual- und damit familienfeindliche Tendenz im Zwangszölibat für Kleriker – eine Maßnahme, die sich in der konkreten Praxis erst im Laufe von Jahrhunderten durchsetzen ließ.[16] Entsprechend der hierarchischen Stufung zwischen den Klerikern und den Laien implizierte der Klerikerzölibat eine *Geringschätzung von Ehe und Familie.* Ein wichtiger politischer Kontext dafür, dass das monastisch geprägte Reformpapsttum im 11. Jahrhundert den Zölibat durchzusetzen versuchte, waren die damaligen Auseinandersetzungen zwischen Sacerdotium und Imperium, die im Investiturstreit gipfelten.

> „Dabei geht es aber nicht allein um die stärkere institutionelle Differenzierung von Religion und Politik; es geht auch um die Abschirmung der religiösen Sphäre und ihrer Amtshierarchie gegenüber den Solidaritätsimperativen und der genealogischen Erbmechanik, die dem Verwandtschaftssystem strukturell inhärent sind" (TYRELL 28; ohne Kursivsetzung im Original).

Mit dieser sexualfeindlichen Ausrichtung war durchgehend eine Geringschätzung der Frauen verbunden. Sie galten als Versucherinnen und waren von den priesterlichen Ämtern ausgeschlossen. Diese Entwicklung löste die biblisch angelegte Spannung zwischen Hochschätzung und Relativierung der Familie einseitig auf. Eine problematische Konsequenz daraus war, dass die kirchliche, vor allem in Riten vollzogene Kommunikation des Evangeliums und das häusliche Leben auseinandertraten. Das Christliche wurde zu einer mit dem Alltag unverbundenen Sonderwelt in der Kirche. Zwar waren benediktionelle Praktiken, allerdings mit Tendenz zum Magischen (s. § 27 1.1), in den Häusern allgemein verbreitet. Doch ansonsten herrschte dort im Mittelalter eine „kultische Funktionsarmut" (a. a. O. 32; ohne Kursivsetzung im Original).

2.4 *Reformation:* Die Reformatoren brachen mit dieser familienfeindlichen Tradition. Vor allem Martin Luther betonte aus theologischen und biogra-

---

16 S. zum Einzelnen RICHARD PRICE, Zölibat II. Kirchengeschichtlich, in: TRE 36 (2004), 722–739, 723–729.

phischen Gründen[17] die große Bedeutung des Hauses und der familiären Beziehungen für das christliche Leben. Zwar finden sich bei ihm – in augustinischer Tradition – bisweilen sexualfeindliche Bemerkungen. Doch überwiegt sein *erzieherisches und katechetisches Interesse an Haus und Familie*. Er wies die Unterscheidung von Klerikern und Laien als unbiblisch zurück und hob umgekehrt die Bedeutung der Eltern hervor, z. B. in der Auslegung des vierten Gebots im Großen Katechismus (1529):

> Zum ersten sind die Eltern „nach Gott fur die Öbersten" anzusehen (BSLK 587), weil sie „an Gottes Statt" (ebd.) fungieren.
>
> Dazu gilt die Liebe und Ehre ihnen gegenüber als „Gottes Wort und Gepot" (BSLK 590) und „das hohest Werk …, so man tuen kann nach dem hohen Gottesdienst, in den vorigen Gepoten gefasset, also daß Almosengeben und alle andere Werk gegen dem Nähisten diesem noch nicht gleich sind." (BSLK 592)
>
> Drittens wird das Gebot auf die ganze Obrigkeit ausgeweitet: „Also daß alle, die man Herrn heißet, an der Eltern Statt sind und von ihn Kraft und Macht zu regieren nehmen müssen." (BSLK 596) „Also haben wir dreierlei Väter in diesem Gepot furgestellet: des Gebluts, im Hause und im Lande." (BSLK 601).
>
> Schließlich bedeutet dieses Gebot eine Verpflichtung für die Eltern. Denn Gott „will nicht Buben noch Tyrannen zu diesem Ampt und Regierung (sc. des Vaters und der Mutter, C. G.) haben, gibt ihn auch nicht darümb die Ehre, das ist Macht und Recht zu regieren, daß sie sich anbeten lassen, sondern denken, daß sie unter Gottes Gehorsam sind, und für allen Dingen sich ihres Ampts herzlich und treulich annehmen, ihre Kinder, Gesind, Untertanen etc. nicht allein zu nähren und leiblich zu versorgen, sondern allermeist zu Gottes Lob und Ehre aufzuziehen." (BSLK 603)

Bei dieser Auslegung waren damals die patriarchalische Grundauffassung und die Annahme einer gottgesetzten Obrigkeit selbstverständlich. Neu ist die theologische Qualifikation von Familie und Haus. Vater und (!) Mutter galten Luther sogar als „der kinder Apostel, Bischoff, Pfarrer, ynn dem sie das Euangelion yhn kundt machen" (WA 10 II,301; 1522). *Damit wurde das Haus ekklesiologisch zur Gemeinde aufgewertet,* was – wie erwähnt – einer Bedeutungsebene von Ekklesia im Neuen Testament entspricht.[18] Dementsprechend gab Luther u. a. mit dem Morgen- und Abendsegen seinem Kleinen Katechismus für den Hausvater liturgische Formulare bei (BSLK 521–523). Doch enthält die theologische Qualifikation von Haus und Familie als durch Gottes Gebot angeordnet und geregelt noch zwei weitere, nicht vom Reformator intendierte Implikationen:

Zum Ersten unterstützte seine Familienauffassung deren *Intimisierung*. Sie entwickelte sich in Verbindung mit kleiner werdenden Haushalten zu

---

17 S. zu Luthers eigener Familie den Essay von VOLKER LEPPIN, Luther privat. Sohn, Vater, Ehemann, Darmstadt 2006 sowie MARTIN LUTHER, Den Menschen nahe. Briefe an Freunde und an die Familie, hg. v. ALBRECHT BEUTEL, Leipzig 2011 (1987).

18 In anders akzentuierender Weise bezeichnet auch das II. Vaticanum die Familie als „eine Art Hauskirche" (Lumen Gentium 11).

einer Art Familienreligion,[19] wie sie sich dann z. B. im Weihnachtsfest des bürgerlichen Wohnzimmers manifestierte (s. § 14 3.6).

Zum Zweiten betonte Luther die Erziehungsfunktion von Familie. Der von Taylor (s. § 10 2.1) beobachtete Strang von Säkularisierung durch Pädagogisierung, die schließlich ohne Gott auskommt, wird hiermit gestärkt. Die Luther so wichtige Ausrichtung der Erziehung auf „Gottes Lob und Ehre" trat hinter die Erziehung zu anständigen, lebenstüchtigen Menschen zurück.

2.5 Separation von Familie: Tatsächlich konnte sich Luthers Familienideal mit seinen katechetischen Absichten wohl nirgends durchsetzen. Er selbst war bereits skeptisch, was sich positiv in seinem Engagement für die Einrichtung von Schulen – als Ersatz für das familiäre Erziehungsdefizit – äußerte (s. § 13 3.4). Dagegen entwickelte sich – nach der Katastrophe des Dreißigjährigen Krieges und den langwierigen Aufbauarbeiten – im 18. Jahrhundert im Bürgertum ein Familienbild, das kulturell sehr wirksam war, aber ohne religiöse Legitimation auskam:

„Im bürgerlichen Kontext gewinnen die Familienbeziehungen im Laufe des 18. Jahrhunderts ein so artikuliertes thematisches Eigengewicht, einen so nachhaltigen Eigenwert, daß darüber die religiösen Vorgaben und Sinnschichten des Familienlebens an Erlebnisrelevanz mehr und mehr verlieren und verblassen." (TYRELL 49; ohne Kursivsetzung im Original)

Die für das reformatorische Verständnis vom Haus grundlegende katechetische Aufgabe ging zunehmend auf *Unterricht* über. Im 18. Jahrhundert etablierte sich flächendeckend der Konfirmandenunterricht. Die Zahl der Schulen nahm zu. In ihnen waren Grundkenntnisse christlichen Glaubens selbstverständlicher Lehrgegenstand. Dazu traten Medien wie die Moralischen Wochenschriften, die in unterhaltsamer Form ethisch-moralische Fragen behandelten und die Ethisierung des Christlichen vorantrieben.

Die bereits genannte Verkirchlichung des Christentums seit dem 19. Jahrhundert verstärkte und beschleunigte diesen Prozess. Das Engagement der Pastoren richtete sich auf die Kirchengemeinden, deren Umfang in den Städten wuchs. Pointiert bezeichnet Ernst Lange die „vereinskirchliche Gemeinde" seit dem ausgehenden 19. Jahrhundert als „familienfeindlich":

„Sie hat von jeher Männer, Frauen, Kinder und Jugendliche auseinandergenommen. Sie hat immer in sogenannten ‚Naturständen' gedacht und organisiert, obwohl es sich dabei immer um eine reine Fiktion gehandelt hat (in der biblischen Ständepredigt wird immer auf das Verhältnis zwischen den Ständen reflektiert, also auf ihre Zusammengehörigkeit)."[20]

---

19 S. grundlegend ULRICH SCHWAB, Familienreligiosität. Religiöse Traditionen im Prozeß der Generationen (PThe 23), Stuttgart 1995.
20 ERNST LANGE, Aus der „Bilanz 65", in: DERS., Kirche für die Welt. Aufsätze zur Theorie kirchlichen Handelns, hg. v. RÜDIGER SCHLOZ, München 1981, 63–160, 127 (ohne Kursivsetzung im Original).

Diese Entwicklung begegnet ebenfalls in der römisch-katholischen Kirche[21] und wurde erst im II. Vaticanum vor allem in „Lumen Gentium" und durch Ansprachen von Papst Paul Johannes II. korrigiert (s. hierzu WATSON 39 f., 47).

2.6 *Ergebnis:* Die bereits biblisch konstatierte *Ambivalenz in der Beurteilung von Familie* zieht sich durch die ganze Christentumsgeschichte. Einer durch die sexualfeindliche Erbsündenlehre bestimmten Abwertung der Elternschaft steht eine ekklesiologisch-katechetische Profilierung des Hauses entgegen. Im Zuge des bürgerlichen Familienbildes und der Verkirchlichung des Christentums kam es zu einer Isolierung von Familie. Die unterrichtliche Vermittlung christlicher Glaubensinhalte sowie das sog. Gemeindeleben lösten ihre Bedeutung für die Kommunikation des Evangeliums ab.

3. Rechtlicher Rahmen

Die bürgerliche Hochschätzung der Familie fand einen Niederschlag im Recht und wirkt bis heute weiter.[22]

So ist bereits in den Grundrechtsartikeln, im Artikel 6 des Grundgesetzes, festgelegt:

„(1) Ehe und Familie stehen unter dem besonderen Schutz der staatlichen Ordnung.

(2) Pflege und Erziehung der Kinder sind das natürliche Recht der Eltern und die zuvörderst ihnen obliegende Pflicht. Über ihre Betätigung wacht die staatliche Gemeinschaft.

(3) Gegen den Willen der Erziehungsberechtigten dürfen Kinder nur auf Grund eines Gesetzes von der Familie getrennt werden, wenn die Erziehungsberechtigten versagen oder wenn Kinder aus anderen Gründen zu verwahrlosen drohen.

(4) Jede Mutter hat Anspruch auf den Schutz und die Fürsorge der Gemeinschaft.

(5) Den unehelichen Kindern sind durch die Gesetzgebung die gleichen Bedingungen für ihre leibliche und seelische Entwicklung und ihre Stellung in der Gesellschaft zu schaffen wie den ehelichen Kindern."

Demnach kommt der Familie hohe Bedeutung zu. Nur in Notfällen darf der Staat die Erziehungsberechtigten, in der Regel die Eltern, korrigieren. Deren Bestimmungsrecht erstreckt sich auch auf den religiösen Bereich. So entscheiden sie z. B. darüber, ob ein Kind am Religionsunterricht teilnimmt (GG 7,2). Allerdings tritt nach dem Gesetz über die religiöse Kindererzie-

---

21 Bezeichnenderweise beschäftigte sich die Kanonistik bis zum II. Vaticanum nur mit dem Eherecht und bildete kein systematisches (kirchliches) Familienrecht heraus (ILONA RIEDEL-SPANGENBERGER, Familie, in: LKStKR Bd. 1 [2000], 681-683).

22 S. die historischen, immer wieder auf Ehe- und Familienrecht Bezug nehmenden Ausführungen bei JOACHIM RÜCKERT, Christliche Imprägnierung des BGB?, in: HORST DREIER/ERIC HILGENDORF (Hg.), Kulturelle Identität als Grund und Grenze des Rechts (Archiv für Rechts- und Sozialphilosophie Beiheft Nr. 113), Stuttgart 2008, 263–294.

hung (1921) die Religionsmündigkeit bereits mit 14 Jahren ein. Inhaltlich orientiert das Bundesverfassungsgericht in seiner Auslegung entsprechender Rechtsvorschriften den Familienbegriff an der Funktion einer *„Beistandsgemeinschaft":*

> Diese bezeichnet „ein Verhältnis, in dem sich die Sorge um das körperliche, seelische und geistige Wohl der F.mitglieder in entsprechenden Sorge- und Versorgungsleistungen äußert. Diese prinzipiell bedingungslos übernommenen, unbedingten und unbefristeten Leistungen der (immateriellen) Sorge und (materiellen) Versorgung sind es, die den Wert der F. für die Gemeinschaft und mit ihm den verfassungsrechtlichen Förderauftrag begründen."[23]

Das grundsätzliche Angelegtsein auf Lebensdauer und die Gegenseitigkeit der Beziehungen zeichnen die Familie gegenüber anderen Lebensformen aus. Dahinter tritt die Bedeutung der Ehe – entsprechend den lebensweltlichen Veränderungen (Zunahme von Scheidungen, nichtehelichen Lebensgemeinschaften und Geburten) – zunehmend zurück. So wird die besondere kommunikative Bedeutung von Familie festgehalten und in die Rechtsform überführt. Damit ist ein wesentlicher Modus der Kommunikation des Evangeliums, das Helfen zum Leben, im Familienrecht verankert.

4. Gegenwärtige Situation

Im Folgenden analysiere ich Familie in der Perspektive der Kommunikation des Evangeliums, genauer: in ihrer Bedeutung für die Modi der Kommunikation des Evangeliums. Zuerst ist aber die gegenwärtige Verfassung von Familie zu skizzieren (s. auch § 11 3.2).

4.1 *Familie heute:* Auf den ersten Blick fallen recht unterschiedliche Sozialformen auf, die unter dem Namen Familie figurieren.[24] Zugleich gibt es aber auch Gemeinsamkeiten:

Rechtlich wird – wie erwähnt – Familie als „Beistandsgemeinschaft" bezeichnet. Ein Kind hat dies in einem Interview anschaulich formuliert: *„Familie ist, wo man nicht rausgeworfen wird."*[25] Dahinter stehen gesamtgesellschaftliche Entwicklungen, die der Soziologe Franz-Xaver Kaufmann überzeugend beschreibt. Demnach führt die gesellschaftliche Differenzierung dazu, dass der Bereich der Emotionen einseitig in die Familie verlegt wurde:

> „In modernen Gesellschaften ist die Familie zum einzigen institutionalisierten Lebensbereich geworden, in dem das Äußern von Gefühlen – und zwar nicht nur

---

23 ROLF GRÖSCHNER, Familie (J), in: EStL (2006), 543–547, 546.
24 ROSEMARIE NAVE-HERZ, Familie heute. Wandel der Familienstrukturen und Folgen für die Erziehung heute, Darmstadt ⁶2015, 16, zählt 18 Familientypen.
25 Dieses Zitat ist aufgenommen und konzeptionell entfaltet bei MICHAEL DOMSGEN, „Familie ist, wo man nicht rausgeworfen wird". Zur Bedeutung der Familie für die Theologie – Überlegungen aus religionspädagogischer Perspektive, in: ThLZ 131 (2006), 467–486.

der Liebe, sondern auch der Angst, ja eventuell des Hasses – als erlaubt, ja als wünschenswert gilt, und in dem Gefühlsäußerungen als Ausdruck der Personhaftigkeit (und nicht z. B. als psychische Labilität) gelten." (KAUFMANN 36)

Darüber hinaus konstatiert Kaufmann: „Die moderne Familie ist das einzige soziale System, in dem der Mensch als Person, d. h. grundsätzlich in all seinen Lebensbezügen angesprochen wird." (a. a. O. 38) Hieraus ergeben sich erhebliche Herausforderungen für die Familie. Zum einen kommt ihr eine grundlegende Funktion bei der Erziehung der Kinder zu. Dabei liegt ihre Aufgabe „weniger in der Vermittlung von Einzelkompetenzen, sondern in der emotionalen Unterstützung und Stärkung des Selbstbildes" (a. a. O. 53). Zum anderen werden in der Familie wichtige Pflegedienste für alte und hinfällige Menschen geleistet.

In beiden Bereichen fällt auf, dass Familie jeweils die Grenzen des Haushaltes überschreitet, aber zugleich verschiedene Kommunikationsformen auf die beiden genannten Aufgaben hin bündelt. So sind an der *Kindererziehung*, zunehmend bereits in den ersten Lebensjahren, andere Personen beteiligt: Erzieherinnen in Kindertagesstätten oder Tagesmütter usw. Auch Nachbarschaft und Freundeskreis spielen eine wichtige Rolle. Besonders hervorzuheben sind die Großeltern, vor allem die Großmütter. Die Steigerung der Lebenserwartung führt dazu, dass heute fast jedes Kind etliche Jahre Großeltern hat.[26] Diese Beziehungen zwischen den Generationen werden in der Regel auch gepflegt. So haben fast die Hälfte der Großeltern einmal in der Woche oder häufiger Kontakte zu ihrem Enkelkind/ihren Enkelkindern.[27] Neuere Forschungen ergeben,[28] dass die meisten Alten ein gutes Verhältnis zu ihren erwachsenen Kindern haben und diese materiell und immateriell unterstützen. Eine Fokussierung von Familie auf den Haushalt übersieht dieses wichtige Netzwerk. Das Konzept der multilokalen Mehrgenerationenfamilie führt hier weiter:

Praktisch-theologisch bedeutsam ist, dass dieser neue familiensoziologische Blick einen Anschluss an die biblischen und reformatorischen Aussagen zum Haus erlaubt. *Unter den Bedingungen größerer Mobilität und sich angleichender Geschlechterrollen substituiert die multilokale Mehrgenerationenfamilie wesentliche Elemente des vorneuzeitlichen „Hauses".* Sie öffnet die konkrete Haushaltsfamilie zu Beziehungen, die wie bei den Großeltern verwandtschaftlich sind, bei Tagesmüttern und sonstigen Kindertageseinrichtungen aber darüber hinaus reichen.

---

26 Zur recht späten Entstehung dieser Rollen s. ERHARD CHVOJKA, Geschichte der Großelternrollen vom 16. bis zum 20. Jahrhundert (Kulturstudien 33), Wien 2003.
27 S. STATISTISCHES BUNDESAMT (Hg.), Ältere Menschen in Deutschland und der EU, Wiesbaden 2011, 39.
28 S. zusammenfassend BUNDESMINISTERIUM FÜR FAMILIE, SENIOREN, FRAUEN UND JUGEND (Hg.), Altern im Wandel. Zentrale Ergebnisse des Deutschen Alterssurveys (DEAS), Berlin 2010, 43–50.

Auch für die Alten lässt sich Ähnliches beobachten. Die *Pflege alter und kranker Familienmitglieder* findet nur teilweise im Haushalt statt. Oft ist sie eine vor allem emotionale Unterstützung bei einen eigenen Haushalt führenden oder in Pflegeheimen untergebrachten Verwandten. Von den 40- bis 65-Jährigen sorgen 14 % für einen hilfe- und pflegebedürftigen Menschen:

> „Von diesen 14 Prozent, die Hilfe oder Pflege leisten, sorgen 33 Prozent für einen nahen und im Sinne der Pflegeversicherung pflegebedürftigen Angehörigen, 46 Prozent für einen hilfe-, aber nicht pflegebedürftigen nahen Angehörigen und immerhin 21 Prozent für Hilfe- und Pflegebedürftige außerhalb des engsten Familienkreises, wie Tanten, Onkel, Cousinen, Cousins, Freundinnen oder Freunde. Die meisten Pflegepersonen zwischen 40 und 65 Jahren sind erwerbstätig: Im Jahr 2008 sind 50 Prozent in Vollzeit und 20 Prozent in Teilzeit beschäftigt und nur 30 Prozent geringfügig oder gar nicht erwerbstätig. Auch wenn mit 60 Prozent die Mehrheit der Pflegepersonen Frauen sind, sollte nicht übersehen werden, dass diese Aufgaben auch zu 40 Prozent von Männern übernommen werden."[29]

Eine besondere, durch die demografische Entwicklung zukünftig noch dringlicher werdende Herausforderung stellen die an Demenz leidenden alten Menschen dar.

> „Von den rund 1,3 Millionen Menschen mit Demenz in Deutschland werden etwa drei Viertel zu Hause versorgt. Dabei bilden Töchter mit über 40 Prozent die überwiegende Mehrheit unter den pflegenden Angehörigen ... Ehefrauen folgen mit knapp 26 Prozent, Ehemänner mit fast 16 Prozent und Schwiegertöchter mit etwas über acht Prozent."[30]

Insgesamt besteht in der heutigen Gesellschaft eine *„strukturelle Rücksichtslosigkeit"* (KAUFMANN 174) gegenüber Familie. Zwar gibt es staatliche Unterstützungen wie einen Rechtsanspruch auf einen Kindergartenplatz, Elternzeitregelungen oder Vergütungen für Pflegeleistungen. Doch ist damit nicht einmal die finanzielle Seite des innerfamiliären Aufwands abgegolten. Zudem erschweren wichtige Bereiche gegenwärtiger Gesellschaft, wie das Erwerbsleben und das Konsumsystem, die Wahrnehmung der erzieherischen und pflegerischen Aufgaben. Dass es sich dabei nicht nur um ein kleineres, schnell zu lösendes Problem, sondern um die Gesamtlogik heutiger Ökonomie handelt, hebt Ursula Peukert hervor:

> „Aus der Perspektive eines ökonomischen Handelns, das allein an Effizienzsteigerung durch Beschleunigung und damit an verkürzten Investitionszyklen orientiert ist, muss gerade die Erziehungsarbeit mit kleinen Kindern als unproduktiv, ja systemfremd erscheinen. Diese Arbeit braucht gemeinsam geteilte, soziale Zeit und die geduldige Aufmerksamkeit auf Vorgänge, die sich weder beliebig beschleunigen noch zeitlich aufschieben lassen, und kollidiert deswegen am stärksten mit

---

29 A.a.O. 31.
30 BERLIN-INSTITUT FÜR BEVÖLKERUNG UND ENTWICKLUNG, Demenz-Report. Wie sich die Regionen in Deutschland, Österreich und der Schweiz auf die Alterung der Gesellschaft vorbereiten können, Berlin 2011, 38.

den Anforderungen an Beschleunigung und Effizienz, die den Erwerbsbereich bestimmen."[31] Diese Einschätzung lässt sich direkt auf die Pflege alter und kranker Menschen übertragen.

4.2 *Lehren und Lernen:* Die für Familie konstitutive Generationendifferenz impliziert deren pädagogische Bedeutung. Das Konzept der multilokalen Mehrgenerationenfamilie hilft, diese umfassender in den Blick zu bekommen. Um den Kommunikationsmodus Lehren und Lernen im Bereich von Familie genauer zu bestimmen, ist die religionspädagogische *Unterscheidung von impliziter und expliziter religiöser Erziehung* hilfreich (s. DOMSGEN 279–283). Sie nimmt ernst, dass es bei der Kommunikation des Evangeliums um mehr als den Austausch kognitiver Wissensbestände geht. Besonders im Kleinkindalter steht das nonverbale Vermitteln von Vertrauen im Vordergrund. Wie sich durch diese Differenzierung biblische Texte erschließen lassen, zeigt der Religionspsychologe Hans-Jürgen Fraas anhand des aaronitischen Segens:

„Wenn die Mutter sich lächelnd über das Bett des Kindes beugt, geht für das Kind die Sonne auf: Seine Existenzgrundlage wendet sich ihm zu. Im Bereich religiöser Sprache wird dieses Bild vom aaronitischen Segen (Num 6) aufgenommen: ‚Der Herr lasse sein Angesicht leuchten über dir, der Herr erhebe sein Angesicht auf dich'. Auf der frühkindlichen Erlebnisbasis können diese Worte auch vom Erwachsenen unmittelbar nachempfunden werden. Das Angesicht der Mutter geht über dem Kind auf und verkörpert ihm Geborgenheit."[32]

Dieses Beispiel kann auch umgekehrt werden. Das freundliche Lächeln eines zufriedenen Säuglings, frisch gestillt und gewickelt, weckt bei den meisten Erwachsenen ähnlich positive Gefühle.[33]

Hinsichtlich der impliziten religiösen Erziehung konstatiert Domsgen in vielen heutigen Familien eine positive Entwicklung: „Der größtenteils anzutreffende kindorientierte Erziehungsstil ist dafür durchaus förderlich."[34] Doch sind darüber hinaus noch gesellschaftspolitische Faktoren zu beachten.[35] Denn das Aufwachsen eines Kindes wird durch die Wohnsituation,

---

31 URSULA PEUKERT, Der demokratische Gesellschaftsvertrag und das Verhältnis zur nächsten Generation, in: Neue Sammlung 37 (1997), 277–293, 285.
32 HANS-JÜRGEN FRAAS, Die Religiosität des Menschen. Ein Grundriß der Religionspsychologie, Göttingen 1990, 169.
33 S. TILMANN MOSER, Von der Gottesvergiftung zu einem erträglichen Gott. Psychoanalytische Überlegungen zur Religion, Stuttgart 2003, 27, 29 (aufgenommen und religionspädagogisch kommentiert bei NORBERT METTE, Religiöse Erziehung in der Familie, in: GOTTFRIED ADAM/ RAINER LACHMANN [Hg.], Neues Gemeindepädagogisches Kompendium [Arbeiten zur Religionspädagogik 40], Göttingen 2008, 151–170, 158–160).
34 MICHAEL DOMSGEN, „Familie ist, wo man nicht rausgeworfen wird". Zur Bedeutung der Familie für die Theologie – Überlegungen aus religionspädagogischer Perspektive, in: ThLZ 131 (2006), 467–486, 479.
35 S. NORBERT METTE, Voraussetzungen christlicher Elementarerziehung. Vorbereitende Studien zu einer Religionspädagogik des Kleinkindalters, Düsseldorf 1983, 286.

die materielle Ausstattung seiner Familie u. ä. geprägt. Die implizite religiöse Erziehung ist offen für die verbale Kommunikation des Evangeliums. Ein Gebet oder das Erzählen biblischer Geschichten stellen z. B. das individuelle Erleben in einen breiteren Kontext. Welt und eigene Existenz werden so umfassender erfahren.

Das auf die Partizipation an kirchlich organisierten Veranstaltungen fixierte Verständnis von „Verkündigung" oder „Religion" suggerierte lange Zeit einseitig Defizite in den Familien. Inzwischen nötigen empirische Untersuchungen zu Korrekturen gegenüber diesem Vorurteil. Zum einen ist vor allem bei Familien mit kleineren Kindern *eine ritualisierte Form des Zu-Bett-Bringens* weit verbreitet, in der auch explizit Gott nennende Kommunikationsformen ihren Platz haben.[36] Bei genauerem Zusehen ereignen sich hier mimetische Lernprozesse:

> So deutet Christoph Morgenthaler das Abendritual eines fünfjährigen Mädchens: „Sara ist in diesem Abendritual nicht nur Sara. Sara wird im Singen des Liedes zum Kind, das im Bett betet und dann einschläft, während Gott bei ihm bleibt. Sie wird zum Kind, das müde wird und zur Ruh' geht und seine Augen zuschließt, während Gottes Auge wacht. Dadurch, dass der Vater mitbetet, erhält auch er eine korrespondierende metaphorische Identität, die ihn in diesem Moment vor Gott auf dieselbe Ebene wie sein Kind stellt."[37]

Zum anderen begegnen schon kleine Kinder in Kindertagesstätten oder in sog. Krabbelgottesdiensten Kommunikationsformen, die sich dem christlichen Grundimpuls verdanken und diesen explizit benennen. Dazu treten Gebete etwa mit der Großmutter,[38] erzählte biblische Geschichten durch die Tagesmutter oder die Erzieherin in der Kindertageseinrichtung o. ä. Leider fehlen repräsentative Forschungen, die ein genaueres Bild davon geben, in welchem Umfang so das Evangelium im Kontext von Familie explizit kommuniziert wird.[39]

4.3 Gemeinschaftliches Feiern: Die christusbezogenen Hochfeste, Weihnachten und Ostern, begehen zentrale Inhalte des christlichen Grundimpulses.

---

36 S. zu einem diesbezüglichen Forschungsprojekt in der (deutschsprachigen) Schweiz CHRISTOPH MORGENTHALER, Abendrituale. Tradition und Innovation in jungen Familien (PTHe 116), Stuttgart 2011.
37 CHRISTOPH MORGENTHALER, Abendrituale. Umrisse einer ethnographischen Liturgik, in: PTh 97 (2008), 168–185, 176.
38 S. FRIEDRICH SCHWEITZER, Großeltern als religiöse Erzieher. Romantische Reminiszenz oder vergessene Realität?, in: GUNTHER KLOSINSKI (Hg.), Großeltern heute – Hilfe oder Hemmnis. Analysen und Perspektiven für die pädagogisch-psychologische Praxis, Tübingen 2008, 81-89.
39 S. ALBERT BIESINGER/SIMONE HILLER/ANDREAS STEHLE, Forschungsstand zur christlichen Erziehung in der Familie, in: ALBERT BIESINGER/ANKE EDELBROCK/FRIEDRICH SCHWEITZER (Hg.), Auf die Eltern kommt es an! Interreligiöse und Interkulturelle Bildung in der Kita (Interreligiöse und Interkulturelle Bildung im Kindesalter Bd. 2), Münster 2011, 17–28.

Sie sind als besondere Zeiten in den Familien präsent. Ihr Brauchtum kann einen Anstoß zu einer Gefühl und Verstand umfassenden Kommunikation des Evangeliums geben. Nicht nur der *Weihnachtsgottesdienst* im Kirchengebäude ermöglicht einen Zugang zur gemeinschaftlichen Feier. In Kindergärten, Kindergruppen und vor allem in den Wohnzimmern wird Weihnachten gefeiert. Es fördert die Kommunikation des Evangeliums, wenn ein Raum eröffnet wird, um dem Sinnpotenzial dieses Festes nachzugehen. Schleiermachers Weihnachtsfeier[40] wies bereits Anfang des 19. Jahrhunderts auf die Vielfalt möglicher Deutungen hin. Während bei den Frauen Erlebtes wie der Blick einer Mutter auf ihr Kind im Gottesdienst einen Zugang eröffnete, waren es bei den Männern eher theoretische Konzepte, die vorgetragen wurden.[41] Heute führt das Weihnachtsfest in besonderer Weise die Generationen zusammen:

„Die familiären Weihnachtsfeste ermöglichen eine intergenerationelle Zusammenkunft, die sonst kaum zustande gekommen wäre. Sie verbinden Alltagswelten, die sonst auseinandergehen. In diesem Sinne bildet das Weihnachtsritual eine Form eines Institutionsrituals, das vor allem die Wichtigkeit der Rollen der Kinder und der Grosseltern für das ganze familiäre System rekonstruiert und auch bestätigt. Weihnachten bewirkt eine erneute Bewusstwerdung der Bedeutung jeder Generation für das familiäre System, die in der tagtäglichen Routine zu verschwinden droht. Das Ritual bewirkt und lässt das Eindringen einer alternativen Welt zu, die die gebräuchlichen und anonymen Gewohnheiten sublimiert."[42]

Betrachtet man familiäre Weihnachtsfeiern – auch ohne Bezug zum eventuellen Kirchgang – genauer,[43] begegnen etliche Dinge und Handlungen, die an den christlichen Grundimpuls anschlussfähig sind: bestimmtes Dekor (wie Stern, Krippe und Kerzen), der Austausch von Geschenken sowie festliches Essen und Trinken.

Neben den Festen des Kirchenjahres sind die *Kasualien*, also Benediktionshandlungen an Übergängen im Leben, eine seit Langem bewährte Form, das Evangelium in konkreter Fokussierung auf Familie zu kommunizieren. Die bei Wort-Gottes-Theologen verbreitete Kritik an einer unevangelischen Zeremonien-Kultur spiegelt u. a. das Wahrnehmungsdefizit, das aus einer Gleichsetzung von Christentum und organisierter Kirche folgt. Neuere empirische Forschungen ergeben eine große Ernsthaftigkeit bei vielen Men-

---

40 FRIEDRICH SCHLEIERMACHER, Die Weihnachtsfeier. Ein Gespräch (KGA I,5), Berlin 1995, 39–100.
41 S. zum Einzelnen DIETRICH KORSCH, Weihnachten – Menschwerdung Gottes und Fest der Familie. Systematisch-theologische Gedanken zu gelebter Religion, in: IJPT 3 (1999), 213–228, 222–225.
42 MAURICE BAUMANN, Ritualisierung und Religiosität der erzählten Familiengeschichte, in: DERS./ROLAND HAURI (Hg.), Weihnachten – Familienritual zwischen Tradition und Kreativität (PTHe 95), Stuttgart 2008, 23–63, 27.
43 S. ebd.

§ 16 Familie als grundlegender Kommunikationsraum   355

schen, die eine Kasualie feiern. Nicht nur bei Taufe[44] und Bestattung,[45] sondern auch bei Trauung,[46] Konfirmation[47] und Einschulung[48] eröffnet sich ein Raum, in dem das gemeinschaftliche Feiern den Menschen bei der Deutung eines wichtigen Übergangs im Leben hilft. Das mittlerweile vorliegende Interview-Material von Menschen, die zum Erleben einer Kasualie befragt wurden, zeigt vielfache Verbindungen zum christlichen Grundimpuls.

Die Ambivalenz der in den Kasualien verwendeten Zeichen ermöglicht eine offenere Perspektive auf Leben als dies sonst in einer auf Funktionalität ausgerichteten Gesellschaft möglich ist. Voraussetzung ist allerdings, dass es tatsächlich zu einem biographiebezogenen Kommunikationsprozess kommt und nicht eine einseitig statuierende „Verkündigung" von Satzwahrheiten Raum greift.

Entsprechend der Auflösung konfessioneller Milieus und damit Verwandtschaften stehen die meisten der genannten gemeinschaftlichen Feiern unter einem ökumenischen Vorzeichen. Konfessionelle Differenzen werden familiär integriert. Vereinzelt bahnt sich dieser Prozess bereits interreligiös an. Vor allem in den Unterstützungssystemen für Familien wie Kindertagesstätten leben Menschen unterschiedlicher Daseins- und Wertorientierung zusammen.[49] In „Feiern mit Anderen" suchen dort Menschen gemeinsam „Gottes Nähe" (s. § 26 1.3).[50]

Schließlich begegnen in Familien situationsbezogene Transformationen herkömmlicher kirchlicher Rituale. In den intimen Bereich einer Ehe führt

---

44 S. z. B. die Dokumentation und Auswertung von Interviews mit Taufeltern bei REGINA SOMMER, Kindertaufe – Elternverständnis und theologische Deutung (PTHe 102), Stuttgart 2009.
45 S. perspektivenreich THOMAS KLIE/MARTINA KUMLEHN/RALPH KUNZ/THOMAS SCHLAG (Hg.), Praktische Theologie der Bestattung (PTHW 17), Berlin 2015.
46 S. Interviews auswertend KONRAD MERZIN, Die Rezeption der kirchlichen Trauung. Eine empirisch-theologische Untersuchung (APrTh 46), Leipzig 2010.
47 S. aus der breit angelegten, in fünf Bänden dokumentierten Studie „Konfirmandenarbeit erforschen und gestalten" vor allem WOLFGANG ILG/FRIEDRICH SCHWEITZER/VOLKER ELSENBAST (Hg.), Konfirmandenarbeit in Deutschland. Empirische Einblicke – Herausforderungen – Perspektiven (Konfirmandenarbeit erforschen und gestalten 3), Gütersloh 2009 und FRIEDRICH SCHWEITZER/CHRISTOPH MAASS/KATJA LISSMANN/GEORG HARDECKER/WOLFGANG ILG, Konfirmandenarbeit im Wandel – Neue Herausforderungen und Chancen. Perspektiven aus der zweiten bundesweiten Studie (Konfirmandenarbeit erforschen und gestalten 6), Gütersloh 2015.
48 S. mit kommentierten Interviews MARCELL SASS, Schulanfang und Gottesdienst. Religionspädagogische Studien zur Feierpraxis im Kontext der Einschulung (APrTh 45), Leipzig 2010.
49 S. FRIEDRICH SCHWEITZER/ANKE EDELBROCK/ALBERT BIESINGER (Hg.), Interreligiöse und Interkulturelle Bildung in der Kita. Eine Repräsentativbefragung von Erzieherinnen in Deutschland – interdisziplinäre, interreligiöse und internationale Perspektiven (Interreligiöse und Interkulturelle Bildung im Kindesalter Bd. 3), Münster 2011.
50 S. zu den hiermit gegebenen Problemen, aber auch Chancen LITURGISCHE KONFERENZ (Hg.), Mit Anderen Feiern – gemeinsam Gottes Nähe suchen. Eine Orientierungshilfe der Liturgischen Konferenz für christliche Gemeinden zur Gestaltung von religiösen Feiern mit Menschen, die keiner christlichen Kirche angehören, Gütersloh 2006.

z. B. der anlässlich eines Schreibaufrufs zum Ökumenischen Kirchentag in Berlin (2003) eingesandte Bericht einer 50-jährigen Katholikin:

> „... Mein vor knapp zwei jahren an Krebs verstorbener Mann wurde während seiner letzten vier Lebensmonate intravenös ernährt. Bei der Umstellung ermutigte ihn die Ärztin jedoch, deshalb nicht auf jegliches Essen und Trinken zu verzichten, sondern sich zu gönnen, was ihm noch Freude machte und den Körper nicht belaste. Gegen ein Glas am Abend sei z. B. nichts einzuwenden. Wir machten es uns von da an zur täglichen Gewohnheit, abends noch gemeinsam ein Gläschen Wein zu trinken, manchmal auch noch eine Praline o. Ä. zu genießen. Bei diesen Gelegenheiten konnten wir uns ganz offen zeigen und mitteilen, über unsere Ängste, Sorgen, Wünsche sprechen, aber auch unsere Beziehung (inkl. aller Schwierigkeiten und Verletzungen in über 25 Jahren Ehe) in einem guten Licht betrachten und unsere Liebe als ‚end-gültig' erkennen. (‚Das kann uns in Ewigkeit keiner mehr kaputtmachen.') Im Rückblick erscheint mir dieses ‚Abendritual' als unsere persönliche ‚Abendmahlsgeschichte', die sowohl meinem Mann als auch mir Kraft gegeben hat bzw. gibt für den je eigenen weiteren Weg ..."[51]

Diese abendliche Gemeinschaft war zwar nach kirchenrechtlichen Maßstäben keine Eucharistie, aber für die beiden daran Beteiligten war sie in einer schwierigen Zeit nicht nur in metaphorischer Hinsicht eine „Abendmahlsgeschichte".

4.4 *Helfen zum Leben:* Bereits in 4.2 wurde angedeutet, welche großen Leistungen für Erziehung und Pflege innerfamiliär erbracht werden – völlig unspektakulär und deshalb öffentlich (und praktisch-theologisch) nicht beachtet. Man könnte vor diesem Hintergrund die sog. *Werke der Barmherzigkeit,* wie sie Mt 25,31 ff. überliefert (s. § 15 2.1), als eine Beschreibung dessen lesen, was sich vorzüglich in Familien ereignet. Dieses Helfen ist nur wenig dokumentiert. Welche Rolle hier (explizite oder implizite) christliche Motivation spielt, ist nicht bekannt. Auf jeden Fall wird dabei zum Leben geholfen.

Die hohe Inanspruchnahme benediktioneller Begleitung am Beginn und am Ende des Lebens durch Taufe und Bestattung lässt vermuten, dass im Umfeld dieser Übergänge besonderer Bedarf an Begleitung von Familien besteht. Doch auch sonst sind die multilokalen Mehrgenerationenfamilien bei ihrem Helfen zum Leben auf Unterstützung angewiesen. Denn die auf schnelle Profitmaximierung zielende Konsumgesellschaft, massenmedial ständig präsent, weist in eine andere Richtung. Die massenmediale Propagierung leidfreien Genusses steht dem oft mit persönlichen Opfern verbundenen Helfen zum Leben entgegen.

---

51 Zitiert in: DOROTHEA SATTLER/FRIEDERIKE NÜSSEL, Menschenstimmen zu Abendmahl und Eucharistie. Erinnerungen – Anfragen – Erwartungen, Frankfurt 2004, 125.

4.5 *Zusammenfassung:* Die drei Modi der Kommunikation des Evangeliums, wie sie in Jesu Auftreten, Wirken und Geschick begründet sind, finden sich im Leben vieler Familien. Eltern vermitteln ihren Kindern erstes Zutrauen zur Welt und damit die Grundlage für das Vertrauen zu Gott. Familien, im Sinn der multilokalen Mehrgenerationenfamilie, kommunizieren das Evangelium in gemeinsamen Feiern, angestoßen durch das Kirchenjahr und Übergänge im Leben. Schließlich gilt Familie juristisch nicht von ungefähr als Beistandsgemeinschaft. Die Kleinen und die Alten sowie die Kranken finden hier Betreuung und Pflege. Damit steht Familie in Widerspruch zu den massenmedial kommunizierten Bildern der schönen, erfolgreichen Menschen mit Karriere und materiellem Wohlstand (in philosophischer Fassung: zum autonomen Subjekt). Nicht nur von da aus ist Familie „struktureller Rücksichtslosigkeit" ausgesetzt. Um zu bestehen, benötigen Familien Hilfe. Kirchentheoretisch formuliert: *Viele Familien sind eine „Ekklesia", die der Unterstützung bedarf. Organisierte Kirche hat hier eine wichtige Aufgabe der Assistenz. Dabei geht es nicht darum, Familien in das Gemeindeleben zu integrieren. Vielmehr sind Familien in ihrem Kirche-Sein zu unterstützen.*

5. Weiterführende Impulse

Die drei folgenden Beispiele zeigen, wie Familien heute im theologischen Sinn Ekklesia sind und durch organisierte Kirche dabei unterstützt werden:
Zuerst kommt die Tauferinnerung in den Blick.
Es folgen Hinweise auf eine Form des Kindergottesdienstes, die sich nicht primär an der Binnenlogik der organisierten Kirche(ngemeinde), sondern am Rhythmus der Familien orientiert.
Den Abschluss bildet eine besondere Herausforderung im Bereich von Bestattung und Seelsorge.
Damit will ich exemplarisch die praktische Relevanz einer Praktischen Theologie zeigen, die sich am Begriff der Kommunikation des Evangeliums orientiert. Ob es in den skizzierten Modellen tatsächlich zu einem Verstehen des Evangeliums kommt, das in das Vertrauen zu Gott und so in ein „Leben aus Glauben" (Engemann, s. § 5 2.6) mündet, ist entsprechend dem kommunikativen Charakter des Evangeliums offen. Sie bieten aber einen Kommunikationsraum, innerhalb dessen der christliche Grundimpuls entdeckt, biographiebezogen transformiert und angeeignet werden kann.

5.1 *Tauferinnerung:* Biblisch-theologisch ist klar: Taufe ist ein das ganze Leben umfassender Prozess.[52] Tatsächlich ist aber die Taufe in vielen Kirchengemein-

---

52 Dies entfaltet eindringlich MARTIN LUTHER, Ein Sermon von dem heiligen hochwürdigen Sakrament der Taufe (1519; WA 2,727–737). Biblisch ergibt sich dies aus dem Futur in Röm 6,5.

den ein zehnminütiger Einschub in den sog. Gemeindegottesdienst. Im Folgenden sei am Beispiel der Taufpraxis kurz auf einige Konsequenzen hingewiesen, die sich aus einem Ernstnehmen des Ekklesia-Charakters von Familie ergeben (s. genauer zum Taufen als Kommunikationsform § 27 3.).

Die Taufe bringt als Fest zum Ausdruck, dass sich die Ekklesia vermehrt hat. Wenn Mt 18,20 gilt, gibt es keine Notwendigkeit, die Taufe in der „Gemeinde" (= Parochie) stattfinden zu lassen, also im Gottesdienst am Sonntagmorgen. Abgesehen von den dramaturgischen Problemen wie Unruhe, gegenseitigem Stören von Tauffamilien und sonntäglicher Gottesdienstgemeinde u. ä., legt sich vor allem bei der Taufe von kleinen Kindern ein *besonderer Taufgottesdienst* nahe. Nur so können deren spezielle Kommunikationsmöglichkeiten – die Gegensätze von hell und dunkel, laut und leise, warm und kalt – in der liturgischen Gestaltung berücksichtigt werden.

Angesichts des prozessualen Charakters der Taufe ist es wichtig, bereits im Vollzug des Ritus Möglichkeiten der *Tauferinnerung* zu schaffen:

Dafür sind in der gegenwärtigen bildorientierten Erinnerungskultur *Photographieren bzw. Filmen* unerlässlich.[53] Ein entsprechendes Arrangement ist eine wichtige liturgische Aufgabe. Zum einen soll das Photographieren bzw. Filmen den Gottesdienst nicht stören; auf der anderen Seite bietet es eine wichtige Voraussetzung für spätere Tauferinnerung im Familienkreis. Am besten schlagen die beteiligten Familien Einen bzw. Eine aus ihrer Mitte vor, der/die exklusiv für die Anderen photographiert bzw. filmt. Mit ihm/ihr sucht der Liturg/die Liturgin bei der Vorbereitung die dafür geeigneten Stellen im Gottesdienst und die Orte in der Kirche aus. Photographieren bzw. Filmen wird so zu einer liturgischen Handlung im Dienst der Tauferinnerung.

Eine wesentliche Voraussetzung für die Tauferinnerung ist ferner ein Datum, das innerhalb der Familie präsent bleiben kann, also ein sozial abgesicherter *Tauftermin*.[54] Beliebige kalendarische Daten sind nur mit großem Aufwand zu erinnern und werden meist vergessen. Von daher sollten Taufen möglichst an Tagen stattfinden, die unschwer zu merken sind. Dies trifft in unserem christlich geprägten Kulturkreis vor allem auf die großen Christusfeste zu. Die zweiten Feiertage an Ostern, Weihnachten und Pfingsten sind gute Gelegenheit für Taufgottesdienste. Vielleicht bietet auch ein besonderes Datum in einer Familie einen beständigen Haftpunkt zu einer jährlichen Tauferinnerung.

---

53 Vgl. Jan Peter Grevel/Gerald Kretzschmar, Die Kasualfotografie. Praktisch-theologische Erkundungen eines konfliktreichen Phänomens, in: PTh 93 (2004), 280–298.
54 S. Christian Grethlein, Grundinformation Kasualien. Kommunikation des Evangeliums an Übergängen des Lebens, Göttingen 2007, 147.

Für eine kontinuierliche Tauferinnerung hat sich die *Taufkerze* bewährt.[55] Erstmals im Taufgottesdienst entzündet, kann sie die Getauften jeden Abend beim Zu-Bett-Gehen begleiten. Die mit der Taufe verheißene Gemeinschaft mit Gott und den anderen Getauften wird dabei sinnenfällig. Auch der Taufspruch, eingerahmt im Kinderzimmer aufgehängt, ist hier zu nennen.

5.2 *Kindergottesdienst:* Während die englische Sonntagsschule von einem sozialpädagogischen Impuls ausging, wurde der daraus transformierte Kindergottesdienst in Deutschland schnell zu einer kirchlichen Hinführung der Kinder zum agendarischen (Erwachsenen-)Gottesdienst.[56] Er war deshalb in Ablauf und Zeitpunkt eng auf diesen bezogen. In seiner Organisationsform blieb er aber selbstständig, bis die Politik der Nationalsozialisten eine Eingliederung in die Kirche erzwang.

Verschiedene Gründe führten seit den siebziger Jahren des 20. Jahrhunderts zu einer Krise dieser Gottesdienstform. Ein Blick auf die Zahlen der am Kindergottesdienst Teilnehmenden ist ernüchternd. 1963 feierten am Sonntag durchschnittlich 780.000 Kinder ihren Gottesdienst, 1989 waren es 199.000.[57] Dies liegt nicht nur am Geburtenrückgang. 1963 kamen 32 % der 5- bis 10-jährigen Evangelischen in die Kinderkirche, 1988 18 % und 2003 nur noch 10 %. Für diese Entwicklung können verschiedene Gründe angeführt werden:

- „Wochenendmobilität der Familien in der modernen Freizeitgesellschaft;
- Alternativen in Medien, Vereinen u. ä.;
- wachsende Distanz zur Kirche in der Altersstufe junger Eltern, die sich z. T. in Kirchenaustritt und/bzw. Nichttaufe ihrer Kinder ausdrückt;
- liberalerer Erziehungsstil in Familien, der einem Zum-Kindergottesdienst-Schicken entgegensteht;
- mancherorts größere Distanz zu religiösen Inhalten bei den Erzieherinnen im Kindergarten;
- abnehmende Attraktivität der Kindergottesdienste auf Grund der geringeren Zahlen bei gleichzeitiger Zunahmen von Familiengottesdiensten, die statistisch nicht als Kindergottesdienste gerechnet werden."[58]

Der Perspektivwechsel weg von der Kirchengemeinde hin zur Familie ergibt neue weiterführende Impulse. So sind interessante Veränderungen in der Praxis zu entdecken:

Zum einen verändert sich die Mitarbeiterschaft im Kindergottesdienst. An die Stelle von Jugendlichen, oft direkt nach der Konfirmation gewonnen,

---

55 S. zu den weiteren Taufsymbolen a. a. O. 142–144.
56 S. Carsten Berg, Gottesdienst mit Kindern. Von der Sonntagsschule zum Kindergottesdienst, Gütersloh 1987.
57 S. Christian Grethlein, Gemeindepädagogik, Berlin 1994, 117.
58 A. a. O. 118 (mit jeweiligen Belegen aus der Literatur).

treten junge Mütter (kaum Väter). Sie feiern mit ihren Kindern gemeinsam Gottesdienst – der Kindergottesdienst wird zum *Gottesdienst mit Kindern.*

Zum anderen verändert sich vielerorts die Zeit dieses Gottesdienstes. Der Sonntag ist heute Bestandteil der größeren Zeiteinheit Wochenende.[59] Für viele Familien eröffnet es einen Freiraum für gemeinsame Unternehmungen, ohne berufliche und sonstige Obligationen. Damit kollidiert die herkömmliche sonntägliche Gottesdienstzeit – viele Kinder bleiben weg.

Eine zeitliche Verlagerung des Kindergottesdienstes auf den Samstagvormittag (oder Freitagnachmittag) umgeht dieses Problem und folgt dem Rhythmus des familiären Lebens. Sie unterstützt die Eltern und bietet den Kindern einen Ort, um gemeinschaftlich in Ruhe im Medium biblischer Geschichten, christlicher Lieder und Symbole sowie Gebete das Evangelium zu kommunizieren. Ein Beharren auf binnenkirchlicher Logik, also Kindergottesdienst im Wochenrhythmus am Sonntagvormittag, führte dagegen mancherorts zum Ende dieser liturgischen Gemeinschaft bzw. zu wenig attraktiven Formen in Kleinstgruppen.

Mit der Abkehr vom Wochen-Rhythmus und vom Sonntagvormittag verändert sich das Feiern. Der Kindergottesdienst-Beauftragte der Evangelischen Kirche im Rheinland, Rüdiger Maschwitz, beobachtet:

> „Der monatlich stattfindende Kindergottesdienst hat seinen eigenen Charakter und dauert oft zwei bis zweieinhalb Stunden. Die längere Zeit ermöglicht eine intensive Eingangsphase durch ein gemeinsames Frühstück und liturgische Besonderheiten. Hinzu kommt eine wesentlich längere Gruppenphase, in der sowohl religionspädagogisch als auch im Feiern ein biblischer Text entwickelt werden kann. So ist ein Bezug des Textes und seiner Inhalte auf die Erfahrungswelt der Kinder leichter darzustellen."[60]

Solcher Kindergottesdienst wird als Gottesdienst mit Kindern – kommunikationstheoretisch gesehen – zu einem *Teil der multilokalen Mehrgenerationenfamilie.* Wie die Tagesmutter oder Erzieherinnen übernimmt er eine Aufgabe im Kontext von Familie und wird vor Ort entsprechend der Vielfalt familiärer Bedürfnisse unterschiedlich gestaltet.[61] Dabei kommt es zu einer besonders intensiven Verbindung, wenn eine Mutter (bzw. ein Vater) im Kindergottesdienst mitarbeitet. Auch tritt durch den Konnex mit den Familien und ihren Bedürfnisse die diakonische Dimension ins Blickfeld. Kinder aus armen Familien oder Kinder aus Familien, deren Eltern sich trennen, bedürfen der besonderen Unterstützung. Verlässliche Mitarbeiter/

---

59 S. CHRISTIAN GRETHLEIN, Grundfragen der Liturgik. Ein Studienbuch zur zeitgemäßen Gottesdienstgestaltung, Gütersloh 2001, 143f., 270–275.
60 RÜDIGER MASCHWITZ, Niemals nebenher. Kindergottesdienst im Wandel: Wo Hauptamtliche fehlen, fehlen bald auch Ehrenamtliche, in: Zeitzeichen 2006 H. 5, 47–49, 47.
61 S. CHRISTIAN GRETHLEIN, Kindergottesdienst, in: GOTTFRIED ADAM/RAINER LACHMANN (Hg.), Neues Gemeindepädagogisches Kompendium (ARP 40), Göttingen 2008, 215-236, 225-235.

innen im Kindergottesdienst, selbst vielleicht Mütter, können trösten und manchmal helfen.

5.3 *Trauerhilfe:* Wie in § 14 3.3 erwähnt, gehörte der Abschied von einem Toten lange Zeit nur in den Bereich der Familie. Erst im Lauf der Jahrhunderte wurde die Trauerfeier verkirchlicht. Auch heute noch ist die Bestattung ein Kasus, in dem Bedürfnisse und Wünsche der Familie, kirchliches Handeln und seit einigen Jahrzehnten verstärkt Dienstleistungsangebote des Bestattungswesens aufeinander treffen und miteinander zu vermitteln sind.[62] Zwar regelten lange Zeit die Pfarrer die Abläufe bei der Bestattung, doch hielten sich daneben familiär tradierte Gebräuche. Die Tatsache, dass viele Menschen in Krankenhäusern oder auf Pflegestationen sterben, schwächt diese Traditionen. Zugleich entstehen neue Herausforderungen für Familien bei besonderen Todesfällen. Exemplarisch sei dies am Beispiel des Umgangs mit *Fehl- und Totgeburten* gezeigt.

Die allgemeine Verlängerung der Lebenserwartung (s. § 11 3.1) sensibilisiert die Menschen für die Schrecken des frühen Todes. Besonders Tot- und Fehlgeburten belasten junge Familien.

„Eine Fehlgeburt geht in der Regel mit Schmerzen und heftigen Blutungen einher. Kommt es spontan zu einer Geburt, so wird meistens anschließend eine Ausschabung durchgeführt. Diese hat den Sinn, eine ... Blutung aus der Gebärmutter zu verhindern. Ist das Kind im Mutterleib abgestorben oder muss aus Gründen einer schweren Fehlbildung die Schwangerschaft abgebrochen werden, so wird heute durch künstlich erzeugte Wehen eine Spontangeburt angestrebt. Die Geburtseinleitung ist psychisch außerordentlich belastend und zudem phasenweise sehr schmerzhaft."[63]

Hier ergibt sich eine wichtige seelsorgerliche Aufgabe, die ein Zusammenspiel der drei Modi der Kommunikation des Evangeliums erfordert. Grundlegend ist die persönliche Begleitung der Trauernden, am Anfang wohl meist Präsenz, die das Schweigen in seinem Oszillieren zwischen Ratlosigkeit, Wut und Schmerz aushält. Sodann ist es wichtig, den Trauernden einen Prozess zu eröffnen, in dem sie sich mit dem Unfassbaren auseinandersetzen können.

Als ein Problem erweist sich hier die Namenlosigkeit der abgegangenen Kinder. Zwar können die Totgeburten nicht – wie von manchen Eltern gewünscht – getauft werden. Es bleibt aber die Möglichkeit einer *Feier zur*

---

62 S. hierzu wichtige Veränderungen markierend und zugleich theologisch klar orientierend Kirchenamt der EKD (Hg.), Herausforderungen evangelischer Bestattungskultur. Ein Diskussionspapier, Hannover 2004 (in wesentlichen Aussagen zusammengefasst bei Christian Grethlein, Grundinformation Kasualien. Kommunikation des Evangeliums an Übergängen im Leben, Göttingen 2007, 308–310).

63 Michael Mädler/Traugott Roser (Hg.), Ein Engel an einer leeren Wiege. Handreichung der Evangelisch-Lutherischen Kirche in Bayern zur seelsorgerlichen Begleitung bei Fehlgeburt, Totgeburt und plötzlichem Säuglingstod, Schweinfurt o.J., 19.

Namensgebung. Eine Selbsthilfe-Initiative regte dazu die Bereitstellung sog. Mosekörbchen an (Ex 2,1–10).[64] Das tote Neugeborene wird in ein Weidenkörbchen (Durchmesser etwa 55–60 Zentimeter, Höhe etwa 15 cm) gelegt, damit sich die Eltern von ihm verabschieden können. Ein Tuch verhüllt eventuelle Missbildungen. In einem liturgischen Akt wird das Kind ausgesegnet. Dabei kann ihm ein Name gegeben werden.

Als Ritus wird vorgeschlagen:
„P: Gott, du hast das kleine Kind von N. N. und N. N. (Name der Eltern oder der Mutter) bei seinem Namen gerufen.
(Frage an die Eltern) Wie soll er/sie heißen?
E:
P: Im Namen des Vaters, der alles Leben geschaffen hat,
Im Namen des Sohnes, der uns hilft, Gott zu verstehen,
Im Namen des Heiligen Geistes, der uns hält und tröstet in unserem Leid.
(Kreuzzeichen auf die Stirn des Kindes)
P: Wenn wir N. N. mit dem Kreuz zeichnen, dann bedeutet dies:
Er/sie gehört zu Gott und seinem himmlischen Reich.
(auch die Eltern und Umstehenden können das Kind mit dem Kreuz bezeichnen)".[65]

Eine solche Namensgebung ermöglicht den Trauernden, ihren Schmerz zu artikulieren sowie die Erinnerung an das Kind zu formulieren und zu bewahren. Selbsthilfegruppen bilden einen guten Rahmen zur weiteren Verarbeitung der Trauer. Die am Beispiel des Mosekörbchens und des Ritus der Namensgebung skizzierten Formen des Helfens zum Leben in solchen schwierigen Situationen zeigen die Bedeutung der pastoralen Assistenz für die Familie angesichts besonderer Herausforderungen.

5.4 *Offene Fragen:* Die kirchentheoretische Bestimmung von Familie, wie sie aus dem praktisch-theologischen Konzept der Kommunikation des Evangeliums folgt, eröffnet nicht nur neue, weitere Horizonte. Sie stellt auch vor Probleme. Zwei davon seien kurz genannt:

Entgegen der konfessionellen Bestimmtheit der organisierten Kirchen und Kirchengemeinden sind die meisten Verwandtschaften und Freundeskreise konfessionell bzw. religiös nicht homogen. In den *mehrkonfessionellen multilokalen Mehrgenerationenfamilien* wird deshalb das Evangelium oft ohne Rücksicht auf konfessionelle Differenzen, pointiert formuliert: elementar christlich kommuniziert. Doch ergeben sich aus der unterschiedlichen konfessionellen Herkunft und Prägung von Familienmitgliedern und sie Unterstützenden nicht selten Probleme. Spannungen durch unterschiedliche Konfessionszugehörigkeit werden wohl häufig durch einen Rückzug von organisierter Kirche und ihren Veranstaltungen „gelöst". Dabei geht

---

64 S. a. a. O. 24 f.
65 A. a. O. 47 (der ganze Ablauf findet sich a. a. O. 46 f.).

Familien wichtiges Unterstützungspotenzial bei der Kommunikation des Evangeliums verloren.

Theologisch ist vor allem der Ausschluss der evangelischen Christen von Eucharistiefeiern in der römisch-katholischen Kirche ein Skandal. Auch gelingt es den organisierten Kirchen nicht, die aktuelle Bedeutung der historisch entstandenen konfessionellen Diastase allgemein verständlich zu machen. Der Ansatz bei der Kommunikation des Evangeliums bietet die Möglichkeit, die vorfindlichen Trennungen in ihrer Entstehungszeit kontextuell zu verorten und als Ausdruck des von Anfang an gegebenen Pluralismus der Kommunikation des Evangeliums (s. § 9 1.) zu verstehen, nicht aber einer rechtlich zu sanktionierenden Trennung. Dementsprechend handeln viele Menschen (auch katholische Priester und Diakone) – und verstoßen dabei gegen eine evangeliumswidrige Rechtssetzung.

Dazu ist noch auf ein zweites, bisher ausgeklammertes Problem aufmerksam zu machen. *Nicht alle Menschen leben in familiären Zusammenhängen.* Die wachsende Mobilität und allgemeine Individualisierungsprozesse erschweren familiäre Kommunikation. Durch Kinderlosigkeit bricht für viele Menschen die familiäre Bindung in die Zukunft ab. Bei den 40- bis 54-Jährigen beträgt der Anteil der Kinderlosen heute etwa ein Fünftel (s. § 11 3.1).[66] Zwar lässt sich beobachten, dass kinderlose Alte sich stärker für Freunde und Freundinnen sowie die Nachbarschaft öffnen.[67] Doch kann noch nicht gesagt werden, ob solche Kontakte in kritischen Lebenssituationen familiäre Beziehungen ersetzen.

Neben der diakonischen Herausforderung stellt sich die spezifisch theologisch zu bearbeitende Frage nach der Bewertung von Lebensformen. Konkret: Welche Bedeutung haben Kinder für menschliches Leben?

Bei beiden Fragen kommt die kulturkritische Seite des christlichen Grundimpulses in den Blick: Die Kommunikation des Evangeliums steht dem starren Festhalten an der Kirchenspaltung ebenso entgegen wie dem Ausklammern von Kindern und damit der Zukunft aus der Lebenspraxis.

§ 17 Schule als Lebensraum für Heranwachsende

Literatur: HELMUT FEND, Geschichte des Bildungswesens. Der Sonderweg im europäischen Kulturraum, Wiesbaden 2006 – CHRISTIAN GRETHLEIN, Religionspädagogik, Berlin 1998, 385–468 – CHRISTIAN GRETHLEIN, Fachdidaktik Religion, Göttingen 2005 – KARL ERNST NIPKOW, Bildung als Lebensbegleitung und Erneuerung. Kirchliche Bildungsverantwortung in Gemeinde, Schule und Gesellschaft, Gütersloh 1990 – HORST RUPP, Schule/Schulwesen, in: TRE 30 (1999), 591–

---

66 BUNDESMINISTERIUM FÜR FAMILIE, SENIOREN, FRAUEN UND JUGEND (Hg.), Altern im Wandel. Zentrale Ergebnisse des Deutschen Alterssurveys (DEAS), Berlin 2010, 38.
67 A.a.O. 39.

627 – Bernd Schröder, Religionspädagogik, Tübingen 2012, 522-681 – Heinz-Elmar Tenorth, „Alle Alles zu lehren". Möglichkeiten und Perspektiven allgemeiner Bildung, Darmstadt 1994

Heranwachsende gehen heute meist mindestens zehn Jahre zur Schule. In Vielem komplementär zur Familie[68] bildet sie auf Grund der Schulpflicht die einzige für alle verpflichtende Institution in Deutschland. Ihre weit über Fachkenntnisse hinausgehenden Wirkungen fasst der Pädagoge Heinz-Elmar Tenorth zusammen:

> „In Schulen (wenn auch nicht nur dort) erwerben die Heranwachsenden die Kulturfertigkeiten, mit denen sie am Alltag moderner Gesellschaften teilnehmen können; in Schulen erwerben sie aber auch Kompetenzen, ihr Leben selbst als einen Lernprozeß zu verstehen und zu gestalten, und zwar mit Hilfe von Fähigkeiten, Lernstrategien, Motiven und Interessen, die sie organisiertem Unterricht verdanken. Schulen tragen deshalb (wenn auch nicht allein) zur Konstruktion von Persönlichkeiten bei; sie vermitteln den Heranwachsenden ein Bild ihrer Möglichkeiten und Grenzen, bestätigen und überformen Selbstbilder, Motive und Interessen, die in Familien basal ausgebildet wurden, und sie vermitteln, manifestiert in Zertifikaten, lebenslaufbegleitende und z. T. entscheidende Symbole eigener Fähigkeiten: Zeugnisse haben diese Funktion manifest, in Selbstbildern der eigenen Fähigkeiten verarbeitete Schulerfahrungen latent (und um so folgenreicher)." (Tenorth 155)

Schule ist auch – aus historischen und sachlichen Gründen – eine wichtige Institution für die Kommunikation des Evangeliums.[69] Dabei spielen sowohl der von den meisten Schüler/innen besuchte Religionsunterricht als auch das Schulleben eine wichtige Rolle.

In modifizierter Weise gilt dies ebenfalls für den Ethikunterricht" (bzw. „Werte und Normen" bzw. „Praktische Philosophie" bzw. – noch einmal different – „Lebensgestaltung – Ethik – Religionen").[70] Die – auch – christliche Prägung der staatlich verbindlichen Grund- und Menschenrechte[71] erfordert in diesem weltanschaulich neutralen Unterrichtsfach eine Beschäftigung mit dem Christentum. Insofern enthält der Ethikunterricht eine Form von Religionsunterricht, allerdings nicht im Sinn von Art. 7,3 GG.[72]

---

68 S. die übersichtliche Gegenüberstellung in Tabellenform bei Helmut Fend, Neue Theorie der Schule. Einführung in das Verstehen von Bildungssystemen, Wiesbaden 2006, 77.
69 Das II. Vaticanum betont dies nachdrücklich in Abschnitt 5 der Erklärung über die christliche Erziehung „Gravissimum Educationis" (in: Karl Rahner/Herbert Vorgrimler [Hg.], Kleines Konzilskompendium. Alle Konstitutionen, Dekrete und Erklärungen des Zweiten Vaticanums in der bischöflich beauftragten Übersetzung, Freiburg ²1967, 335-348, 340 f.), der in CIC/1983 c. 796 § 1 einen rechtlichen Niederschlag fand.
70 S. Alfred Seiferlein, Ethikunterricht. Religionspädagogische Studien zum außerordentlichen Schulfach (Arbeiten zur Religionspädagogik 18), Göttingen 2000.
71 S. aus verfassungsrechtlicher Perspektive Heinrich de Wall, Ethikunterricht und ethische Erziehung in der Schule – rechtliche Grundlagen und Probleme, in: EvErz 47 (1995), 230–239, 235 f.
72 S. aus katholisch-religionsphilosophischer Perspektive Michael Reuter, Didaktik des Religiösen im Ethikunterricht. Religionsphilosophische Grundlegung und fachdidaktische Perspektiven (Religionspädagogik im Kontext 7), Berlin 2014.

Durch die mit der Durchsetzung der allgemeinen Schulpflicht verbundene Verstaatlichung von Schule begegnet in dieser Institution das *Problem der Kontextualisierung der Kommunikation des Evangeliums* in besonderer Weise. Grundsätzlich ist darauf zu achten, dass es nicht zu einem institutionellen Übergriff von Kirche auf die staatliche Schule kommt. Vielmehr nehme ich auf der inhaltlichen Ebene das Potenzial von Schule für die Kommunikation des Evangeliums in den Blick und bedenke es in seiner pädagogischen Bedeutung.

1. Begriffsklärung

Ähnlich wie Familie sind Schulen pluriform:

- „Sie umfassen Kinder unterschiedlichen Alters, von sechsjährigen Schülerinnen und Schülern bis zu jungen Erwachsenen;
- sie sind verschieden groß, reichen von der vierklassigen Grundschule bis zur weit über tausend Schülerinnen und Schüler umfassenden Gesamtschule;
- sie sind je nach Schulart ausgerichtet, von der Sonderschule für Geistigbehinderte mit ihrer starken Orientierung an lebenspraktischen Elementaria bis zur gymnasialen Oberstufe mit ihrer kognitiven Wissenschaftsorientierung;
- sie werden durch sehr unterschiedliche Umgebungen geprägt, von der Schule in einer ostdeutschen Mittelstadt, die fast nur Deutsche besuchen, bis zu Schulen in westdeutschen Großstädten, in denen Kinder mit deutscher Muttersprache in der Minderheit sind bzw. – für den Religionsunterricht ebenso bedeutungsvoll – von Schulen in noch eindeutig konfessionell geprägten Gegenden etwa Bayerns bis zu Schulen in ostdeutschen Großstädten mit fast nur atheistisch erzogenen Kindern und Jugendlichen sowie Lehrerinnen und Lehrern;
- sie sind meist in staatlicher oder städtischer Trägerschaft, doch nehmen die Schulen in privater Trägerschaft zu." (GRETHLEIN, Religionspädagogik 386)

Zugleich haben Schulen (in Deutschland) Gemeinsamkeiten, u. a. (s. zum Folgenden GRETHLEIN, Fachdidaktik 79 f.):
- *In Schulen sind Lehr- und Lernprozesse raumzeitlich verselbstständigt.* Sie finden also in eigenen Räumen und zu besonderen Zeiten statt und sind dadurch vom sonstigen Leben separiert. Hierauf weist bereits der griechische Ursprungsbegriff „schole" hin (deutsch: Muße; also die vom Alltag separierte Zeit für wissenschaftliche Beschäftigung; RUPP 591).
- Daraus ergibt sich die Notwendigkeit symbolisch vermittelten Lernens. Denn der „normale" Alltag ist nicht direkt zur Hand. An ihn schließt Schule durch aufgeschriebene Texte oder Operationen mit Zahlen an. Hieraus resultieren didaktische und methodische Aufgaben.
- Die Lehr- und Lernprozesse finden in einem besonderen sozialen Setting statt. Die grundlegenden Rollen sind der/die besonders ausgebildete Lehrer/in auf der einen und die Schüler/innen auf der anderen Seite, die in Gemeinschaften (Klassen) zusammengefasst sind.
- Schule organisiert das Lernen formal. Sie hängt also nicht von konkreten Personen ab, sondern von den eben genannten Rollenträgern.

Diese hoch formalisierte und zugleich aus direkter Interaktion zwischen Menschen bestehende Institution hat sich in einem langwierigen, in unserem Kulturraum wesentlich durch die Kirche(n) geprägten Prozess entwickelt.

2. Historische Entwicklungen

Wie in § 13 ausgeführt, gehören Lehr- und Lernprozesse konstitutiv zur Kommunikation des Evangeliums. Daraus resultierende Impulse förderten die Entwicklung des heutigen Schulwesens und prägen sie. Besonders sind hier die Klosterschulen und die theologisch begründete reformatorische Forderung zur Einrichtung von Schulen für alle Kinder zu nennen. *Kulturvergleichend war die besondere Institutionalisierung der christlichen Daseins- und Wertorientierung in Form der Kirche entscheidend für den „okzidentalen Sonderweg" der allgemeinen öffentlichen Schule* (FEND 61). Dies zeigt z. B. ein Blick auf die andere Entwicklung im islamischen Bereich mit seinen informellen, an einzelnen Personen orientierten Lehr- und Lernformen (s. a. a. O. 90–94).[73]

Von Schule im heutigen Sinn kann man erst ab der sukzessiven Durchsetzung der allgemeinen Schulpflicht in der zweiten Hälfte des 19. Jahrhunderts sprechen (s. RUPP 601–606). Die damit gegebene Allgemeinheit dieser Institution verstärkt deren Bedeutung, auch für die Kommunikation des Evangeliums.

Ein Verbindungsglied zwischen der bis weit ins 19. Jahrhundert reichenden „öffentlichen Schule der staatlich verwalteten Kirche"[74] und der dann staatlichen Schule stellt das Schulleben dar. Deshalb setze ich hier ein, bevor wichtige Stationen der Entwicklung des schulischen Religionsunterrichts folgen.

2.1 *Schulleben:* Soweit ich sehen kann, taucht der Begriff „Schulleben" das erste Mal 1826 bei *Friedrich Fröbel (1782–1852)* auf. Er fragte in einer Reflexion zum Zusammenhang von Schule und Familie im Erziehungsprozess:

> „Wollen wir denn nie aufhören, unsere Kinder, Knaben und Schüler gleich Münzen zu prägen und sie mit fremder Aufschrift und fremdem Bildnisse prangen zu sehen, statt sie als ein Gebilde aus dem von Gott, dem Vater, in sie gepflanzten Gesetz und Leben, mit dem Ausdruck des Göttlichen und als Bild Gottes unter uns wandeln zu sehen?"[75]

---

73 S. AMJAD HUSSAIN, A Social History of Education in the Muslim World. From the Prophetic Era to Ottoman Times, London 2013.

74 So DIETER STOODT, Arbeitsbuch zur Geschichte des evangelischen Religionsunterrichts in Deutschland, Münster 1985, 10.

75 FRIEDRICH FRÖBEL, Menschenerziehung, die Erziehungs-, Unterrichts- und Lehrkunst, angestrebt in der allgemeinen deutschen Erziehungsanstalt zu Keilhau (1), Keilhau 1826, 148.

Dagegen forderte der Pädagoge, der später als Begründer des Kindergartens berühmt wurde, das „Schulleben" als Vereinigung von Schule und Leben. Es hat für ihn folgende Aufgabe:

„Beleben, Nähren, Stärken und Ausbilden des religiösen – das Menschengemüt mit Gott in Einigung erhaltenden und immer lebendiger mit Gott einenden – Sinnes, welcher die lebendige, notwendige Einheit aller Dinge bei aller Verschiedenheit der Erscheinung ahnet und festhält, und welcher durch seine Lebendigkeit und Kräftigkeit den Knaben dieser Einheit gemäß lebend und handelnd macht."[76]

Von daher verwundert es nicht, dass die *Schulandacht (bzw. der Schulgottesdienst) als ein wichtiger Bestandteil des Schullebens* galt (s. § 13 4.1). Eine solche Kommunikation des Evangeliums im Modus des gemeinschaftlichen Feierns ist für Schule wichtig. Denn sie relativiert die sonst für diese Institution selbstverständliche Hierarchie – vom Direktor über die Lehrer/innen und ältere Schüler/innen bis zum jüngsten Schüler. Vor Gott treten diese Differenzen zurück und wird sonst die Schule Bestimmendes wie Zeugnisse zweitrangig. Allerdings war dies die Intention frommer Schulmänner, die durch den Glauben an Gott um die Vorläufigkeit irdischer Verhältnisse wussten. De facto dürfte sich häufig in religiösen Schulfeiern die hierarchische Abstufung abgebildet haben, und sei es durch die Tatsache Aufsicht führender Lehrkräfte. Dazu wurden Lied und Gebet auch außerhalb des Religionsunterrichts praktiziert, nicht selten in disziplinierender Funktion.[77] Bis heute sind gemeinschaftliche Feiern in Schulen mit christlichen Andachten bzw. Gottesdiensten verbunden. Dazu bieten sich mannigfaltige Anlässe: spezifische Übergänge im Schuljahr, dessen Anfang und Schluss sowie Einschulung und Entlassung eines Jahrgangs; die großen christlichen Feste, Weihnachten und Ostern; besondere Ereignisse, etwa der Tod eines Schülers oder einer Lehrerin.

2.2 *Kindgemäßer Religionsunterricht:* Im 19. Jahrhundert griff der Staat – zunächst in enger Verbindung mit der Kirche – auf die Schule zu. Die damit einhergehende Funktionalisierung des Religionsunterrichts trat extrem in den sog. Stiehlschen Regulativen (von 1854) hervor.[78] Nach Ansicht dieses Ministerialen sollte der Religionsunterricht die ordnungsgemäße Erziehung von obrigkeitstreuen Untertanen gewährleisten. Dazu diente nicht zuletzt der große Umfang des Fachs in der Stundentafel der Volksschule.[79]

---

76 A.a.O. 150.
77 S. die Hinweise von Horst Rupp, Vom Reichsdeputationshauptschluss bis zur Reichsgründung, in: Rainer Lachmann/Bernd Schröder (Hg.), Geschichte des evangelischen Religionsunterrichts in Deutschland. Ein Studienbuch, Neukirchen-Vluyn 2007, 128–166, 139 f.
78 Ausschnittsweise abgedruckt in: a.a.O. 86–112, 99–102 und 107–112.
79 S. für Württemberg, wo 1865 in etwa einem Drittel der Schulstunden Religionsunterricht erteilt wurde, Helmut Fend, Schule gestalten. Systemsteuerung, Schulentwicklung und Unterrichtsqualität, Wiesbaden 2008, 91.

Gegen diese problematische Verbindung von Staat und Kirche protestierten Lehrer. Sie standen theologisch meist der liberalen Theologie nahe. Ihre *positive, auf die Förderung der Kinder gerichtete und damit zugleich gegenüber kirchlich-dogmatischem Zugriff kritische Ausrichtung* kam z. B. im sog. Zwickauer Manifest (von 1907) zum Ausdruck. Hier formulierten sächsische Lehrer ihre Position für einen schulischen Religionsunterricht:

„1. Religion ist ein wesentlicher Unterrichtsgegenstand und der Religionsunterricht eine selbständige Veranstaltung der Volksschule.

2. Er hat die Aufgabe, die Gesinnung Jesu im Kinde lebendig zu machen.

3. Lehrplan und Unterrichtsform müssen dem Wesen der Kindesseele entsprechen, und Festsetzungen darüber sind ausschließlich Sache der Schule. Die kirchliche Aufsicht über den Religionsunterricht ist aufzuheben.

4. Nur solche Bildungsstoffe kommen in Betracht, in denen dem Kinde religiöses und sittliches Leben anschaulich entgegentritt. Der Religionsunterricht ist im wesentlichen Geschichtsunterricht. Im Mittelpunkt hat die Person Jesu zu stehen …

5. Die Volksschule hat systematischen und dogmatischen Unterricht abzulehnen. Für die Oberstufe können als geeignete Grundlage für eine Zusammenfassung der in der christlichen Religion enthaltenen sittlichen Gedanken die Zehn Gebote, die Bergpredigt und das Vaterunser bezeichnet werden. Der Katechismus Luthers kann nicht Grundlage und Ausgangspunkt der religiösen Jugendunterweisung sein. Er ist als religionsgeschichtliche Urkunde und evangelisch-lutherische Bekenntnisschrift zu würdigen.

6. Der religiöse Lernstoff ist nach psychologisch-pädagogischen Grundsätzen neu zu gestalten und wesentlich zu kürzen, der Lernzwang zu mildern …" (zitiert nach GRETHLEIN, Religionspädagogik 414)

Angesichts des großenteils aus Memorierstoff bestehenden Katechismusunterrichts ist dieser Vorstoß gut verständlich. Das Ziel, „die Gesinnung Jesu im Kinde lebendig zu machen", verrät ein über kognitive Wissensvermittlung hinausgehendes Interesse, mit den Kindern das Evangelium zu kommunizieren. Die sächsische Landessynode wies 1909 die Lehrer zurück und beharrte u. a. auf kirchlicher Aufsicht und Katechismusunterricht. Aus heutiger Sicht fällt bei den Forderungen der Lehrer eine gewisse Naivität gegenüber den eigenen Normen auf, die hinter der Konzentration auf die „Geschichte" stehen.

2.3 Orientierung am Wort Gottes: Nach dem Zusammenbruch des Kaiserreiches und der tiefen, durch die Kriegsniederlage ausgelösten Krise durchzogen Auseinandersetzungen um die Schule die ganze Weimarer Republik (a. a. O. 414–419). Die Kirchen machten sich im Bereich der Volksschule für die (staatliche) Bekenntnisschule stark. Trotz der in der Weimarer Reichsverfassung (von 1919) beschlossenen Tendenz zur Gemeinschaftsschule (WRV Art. 146), die Bekenntnisschulen nur noch auf besonderen Antrag durch die Erziehungsberechtigen vorsah, blieb das Volksschulwesen de facto konfessi-

§ 17 Schule als Lebensraum für Heranwachsende

onell geprägt. Denn die in Art. 174 vorgesehene Umsetzung in ein Reichsgesetz unterblieb.

Eine neue Situation ergab sich aus der nationalsozialistischen Machtergreifung (a. a. O. 419–423). Schon vorher wurde im Zuge der aufkommenden Wort-Gottes-Theologie der Religionsunterricht neu bestimmt. Neben und entgegen einer bis zum Kriegsende andauernden „deutsch-christlichen" Verfälschung[80] bemühten sich junge Religionspädagogen um einen an Bibel und kirchlichem Bekenntnis ausgerichteten Unterricht. So formulierte Gerhard Bohne (1895–1977) in seinem aufsehenerregenden Buch „Das Wort Gottes und der Unterricht":

> „Das Ziel eines evangelischen RUs, der mit Bewußtsein in der lebendigen Spannung zwischen der menschlichen und der göttlichen Wirklichkeit stehen will, kann es nur sein, daß er das ihm aufgetragene Wort Gottes dem jungen, werdenden Menschen in menschlicher Lebendigkeit und steter psychologischer Anknüpfung an seine Entwicklung sagt und ihn dadurch in die Entscheidung vor Gott stellt oder doch ruft."[81]

Bald drängten die Nazis den Religionsunterricht an den Rand der Schule. Er wurde in Eckstunden verbannt; in den höheren Klassen entfiel er ganz; die Zahl der Religionslehrer wurde ausgedünnt. Dadurch gewann der kirchliche Unterricht neue Bedeutung.

So ist es zu erklären, dass sich nach dem Zusammenbruch 1945 an den deutschen Schulen ein Religionsunterricht als „Kirche in der Schule"[82] etablierte. Die bei Bohne noch bestimmende Spannung – zwischen „Religion und Kultur" sowie „Religionsunterricht und Gesamtbildung" (s. GRETHLEIN, Fachdidaktik 238) – war einseitig aufgelöst: *„Evangelische Unterweisung"* trat an die Stelle von „Religionsunterricht".[83] Ihr Inhalt war durch die autoritär gefasste „Verkündigung" geprägt. Schulgottesdienste bildeten einen wichtigen Bestandteil dieser Konzeption. Allerdings wurden sie einseitig homiletisch bestimmt. So lehnte Helmuth Kittel den Begriff der „religiösen Feier" als psychologisierend ab.

Auf die Dauer gefährdete dieser Ansatz den Religionsunterricht an der öffentlichen Schule in mehrfacher Weise:
- Er isolierte ihn schultheoretisch. Die Verschiedenheit der Lernorte wurde übergangen.
- Die exklusive Orientierung an Bibel, Gesangbuch, Katechismus und Kirchengeschichte – verbunden mit einer methodischen Präferenz für

---

80 S. RAINER LACHMANN, Religionsunterricht in der Weimarer Republik. Zwischen liberaler und deutscher Religionspädagogik (Studien zur Theologie 12), Würzburg 1996.
81 GERHARD BOHNE, Das Wort Gottes und der Unterricht, Berlin ³1964 (= Berlin ²1931), 107 (ohne Sperrdruck des Originals).
82 HELMUTH KITTEL, Vom Religionsunterricht zur Evangelischen Unterweisung, Wolfenbüttel 1947 (³1957), 41.
83 A. a. O. 5–8.

das Memorieren – ergab ein die Schüler/innen nicht motivierendes Sonderfach.
– Durch die Entwicklung der hermeneutischen Pädagogik[84] mit den daraus resultierenden Konsequenzen für die Didaktik geriet die Evangelische Unterweisung vollends ins Abseits.

Aus der Perspektive der Kommunikation des Evangeliums war das Bemühen um eine kontextfreie Orientierung am „Wort Gottes" im Zuge der Auseinandersetzung mit dem Nationalsozialismus und den Deutschen Christen verständlich. In einer demokratischen und zunehmend pluralistisch ausgerichteten Gesellschaft verfehlte dieser Ansatz aber den kommunikativen Grundcharakter des Evangeliums. Autoritäre Lehre trat an die Stelle von offener Kommunikation.

2.4 *Schülerorientierung:* Vorbereitet durch einen hermeneutisch reflektierten Zugang zur christlichen „Überlieferung"[85] setzte sich seit der zweiten Hälfte der sechziger Jahre des 20. Jahrhunderts die Schülerorientierung als religionsdidaktisches Grundprinzip durch.[86] Die teilweise hohen Abmeldequoten von Schüler/innen der gymnasialen Oberstufe und der Berufsschulen zwangen zum Umdenken. So forderte Hans-Bernhard Kaufmann (geb. 1926) nachdrücklich die *Orientierung an den Problemen der Schüler/innen.*[87] Nur zu deren Bearbeitung sei der Rückgriff auf Bibel und kirchliche Tradition notwendig. Er begründete dieses Konzept gleichermaßen pädagogisch und theologisch:

– Die damals aktuelle Curriculardidaktik mit ihrer Ausrichtung auf die Lernenden eröffnete einen schulpädagogisch tragfähigen Bezugsrahmen.
– Theologisch orientierte Martin Luther mit seiner existentiellen Ausrichtung.[88]

Allerdings führte die Präferenz der Didaktik zu einer Konzentration auf den Unterricht und vernachlässigte das Schulleben. Im Unterricht überwand die neue thematische Ausrichtung schnell die bisherige Langeweile. Doch stellte sich die Frage nach der Fachlichkeit eines von der Diskussion tagesaktueller Fragen dominierten Unterrichts. Hier setzte der Rückgriff auf die *Symbole*

---

84 S. z. B. ERICH WENIGER, Didaktik als Bildungslehre 2 Bde., Weinheim 1950/1960 ([6]1965).
85 So der zentrale, sowohl pädagogisch als auch theologisch anschlussfähige Grundbegriff bei MARTIN STALLMANN, Christentum und Schule, Stuttgart 1958.
86 S. zu den verschiedenen, in der Folgezeit erarbeiteten religionsdidaktischen Perspektiven THOMAS HELLER/DAVID KÄBISCH/MICHAEL WERMKE, Repetitorium Religionspädagogik, Tübingen 2012, 120-192; etwas anders akzentuierend STEFANIE PFISTER/MATTHIAS ROSER, Fachdidaktisches Orientierungswissen für den Religionsunterricht, Göttingen 2015, 26-123.
87 Programmatisch formuliert in: HANS-BERNHARD KAUFMANN, Muß die Bibel im Mittelpunkt des Religionsunterrichts stehen? Thesen zur Diskussion um eine zeitgemäße Didaktik des Religionsunterrichts, in: DERS., Streit um den problemorientierten Unterricht, Frankfurt 1973, 23–27.
88 S. HANS-BERNHARD KAUFMANN, Von Martin Luther lernen, was christliche Erziehung ist, in: PTh 72 (1983), 382–386.

als „Sprache der Religion" einen neuen Akzent. So versuchten – meist katholische[89] – Religionspädagogen den Schüler/innen Zugänge zu ihrer eigenen Spiritualität zu eröffnen. Dabei drohte dieser Religionsunterricht zu einer allgemeinen Religionskunde zu mutieren – und sowohl das grundgesetzliche Fundament als auch seinen theologischen Bezug zu verlieren.

Wieder einen deutlicheren Bezug auf kirchliche Praxis nehmen religionsdidaktische Konzepte, die sich um die *performative Dimension von Religion* bemühen.[90] Durch die Einbeziehung der leiblichen Dimension für Schüler/innen attraktiv, werden hier Probehandlungen inszeniert. Sie sollen den Schüler/innen Gelegenheit geben, das ihnen fremde Territorium der (evangelischen) Religion praktisch zu begehen.[91] Teilweise werden sogar liturgische Elemente in die Unterrichtsstunden verlegt.[92]

Gemeinsam ist diesen Vorstößen das Bemühen um Schülerorientierung. Probleme bereitet ihnen die genaue Gegenstandsbestimmung, also die didaktische Grundaufgabe. Weder die breite Öffnung für Probleme (von denen Erwachsene annahmen, dass sie Heranwachsende beschäftigen) noch die Ausweitung auf eine allgemeine Religionskunde oder die theaterwissenschaftlich animierte Inszenierung von Performanzen geben hierzu eine befriedigende Auskunft.

Eine mögliche Verbindung zwischen Schülerorientierung und theologischer Ausrichtung stellt der Vorschlag des *Bildungszieles „Befähigung zum Christsein"* (GRETHLEIN, Fachdidaktik 271–275) dar. Bei dieser theologisch und pädagogisch begründbaren Ausrichtung werden Unterricht und Schulleben gleichermaßen berücksichtigt. Didaktisch ermöglicht „Christsein" einen motivierenden Anschluss an Lebenspraxis; „Befähigung" markiert die dabei notwendige Distanz, die theologisch der Offenheit der Kommunikation des Evangeliums und pädagogisch dem Überwältigungsverbot entspricht. Die konkrete didaktische Auslegung dieses Bildungsziels hängt vom jeweiligen Kontext ab. Vor allem in Ostdeutschland, geprägt durch die jahrzehntelange atheistische Staatspropaganda, stellen sich besondere Herausforderungen an dessen Elementarisierung. Welche Bedeutung dieses Bildungs-

---

89 Große Wirkung erzielte HUBERTUS HALBFAS, Der Sprung in den Brunnen, Düsseldorf 1981; DERS., Das dritte Auge, Düsseldorf 1982; DERS., Was heißt „Symboldidaktik"?, in: JRP 1 (1985), 86–94 sowie die zehnbändige, von ihm erstellte Reihe von Religionsbüchern. Die römisch-katholische Kirche entzog ihm 1968 und 1983 die kirchliche Lehrerlaubnis.
90 Grundlegend SILKE LEONHARD/THOMAS KLIE (Hg.), Schauplatz Religion. Grundzüge einer Performativen Religionspädagogik, Leipzig 2003 (s. dazu die kritischen Anfragen von MICHAEL DOMSGEN, Der performative Religionsunterricht – eine neue religionsdidaktische Konzeption?, in: RPäB 54 [2005], 31–49).
91 S. CHRISTOPH BIZER, Begehung als eine religionspädagogische Kategorie für den schulischen Religionsunterricht, in: DERS., Kirchgänge im Unterricht und anderswo. Zur Gestaltwerdung von Religion, Göttingen 1995, 167–184.
92 S. BÄRBEL HUSMANN/THOMAS KLIE, Gestalteter Glaube. Liturgisches Lernen in Schule und Gemeinde, Göttingen 2005.

ziel eventuell für den Ethikunterricht haben könnte, bedarf der sorgfältigen Überprüfung im Rahmen einer „ostdeutschen Religionspädagogik".[93]

2.5 Ergebnis: Die Institution Schule stellt für die Kommunikation des Evangeliums eine besondere Chance, aber ebenso eine Gefährdung dar. Die traditionelle Verankerung des Religionsunterrichts sowie von Schulgottesdiensten in der deutschen öffentlichen Schule ermöglicht strukturell fast allen Heranwachsenden in Deutschland bis heute eine langjährige, regelmäßige Kommunikation des Evangeliums im Modus des Lehrens und Lernens und des gemeinschaftlichen Feierns. Zumindest auf der kognitiven Ebene wird auch das Helfen zum Leben thematisiert (zu den darüber hinausgehenden Bemühungen um diakonische Bildung s. § 13 4.2). Didaktisch gelang es jedoch bisher nur selten, den Zusammenhang der einzelnen Kommunikationsmodi herzustellen. Die meisten religionsdidaktischen Konzeptionen, Ansätze bzw. Perspektiven konzentrieren sich bis heute exklusiv auf den Unterricht. Dabei geriet oft die Balance zwischen Kontextualisierung und Kulturkritik des Evangeliums aus dem Blick. Sowohl die Funktionalisierung des Religionsunterrichts für staatliche Zwecke als auch seine kirchliche Domestizierung erwiesen sich als Irrwege.

3. Rechtlicher Rahmen

Die Schulen in Deutschland sind nicht nur in historischer Hinsicht christlich geprägt. In den Verfassungsartikeln und Schulgesetzen der Länder sowie in den Konkordaten und Staatskirchenverträgen finden sich ebenfalls klare Formulierungen zum christlichen Profil der Schulen in Deutschland. Mitunter wird der Terminus „christliche Gemeinschaftsschule" verwendet,[94] was sich allerdings nicht auf einen konkreten Glauben oder ein solches Bekenntnis, sondern auf davon abgeleitete Werte bezieht. Dazu ist zu beachten, dass sich – wie Urteile des Bundesverfassungsgerichts zeigen – die Abwägung zwischen positiver und negativer Religionsfreiheit zu verändern beginnt.

Anlass des sog. Kruzifix-Urteils von 1995 war die Beschwerde von Schülereltern gegen ein Kruzifix im Klassenzimmer einer staatlichen Schule in Bayern. Mit knapper Mehrheit entschieden die Richter, dass es sich bei dem Kruzifix um ein „spezifisches Glaubenssymbol des Christentums" handele, ein Zeichen für „die im Opfertod Christi vollzogene Erlösung des Menschen

---

93 S. MICHAEL DOMSGEN/HELMUT HANISCH, Den Herausforderungen begegnen: Grundzüge einer ostdeutschen Religionspädagogik, in: MICHAEL DOMSGEN (Hg.), Konfessionslos – eine religionspädagogische Herausforderung. Studien am Beispiel Ostdeutschlands, Leipzig 2005, 389–407, 399 f.
94 S. die Zusammenstellung entsprechender Passagen aus Verfassungen und Schulgesetzen bei HANS-BERNHARD KAUFMANN, Die Christen und die Schule in staatlicher und in freier Trägerschaft, Neukirchen-Vluyn 1989, 54–56.

von der Erbschuld".⁹⁵ Deshalb sei es geboten, das Kreuz bei Beschwerde abzunehmen, um die Religionsfreiheit der Kläger zu schützen.

Umgekehrt richtete sich die Klage muslimischer Lehrerinnen in Nordrhein-Westfalen gegen das dort schulgesetzlich vorgesehene sog. Kopftuchverbot. Dies wurde vom obersten deutschen Gericht 2015 als verfassungswidriger Eingriff in die positive Religionsfreiheit der muslimischen Frauen bewertet, der allenfalls in konkreten Situationen möglich erscheint. Dabei wies das Gericht auch die bisherige Privilegierung christlicher und jüdischer Religionsangehöriger zurück (1 BvR 471/10 III,1.).

Tatsächlich stellt die in manchen Schulen große Zahl islamischer Schüler/innen die lange selbstverständliche christliche Prägung deutscher Schulen in Frage.

Der heutige rechtliche Status des *Religionsunterrichts* geht auf Artikel 149 der Weimarer Reichsverfassung zurück. Dieser Artikel löste den in 2.2 beschriebenen Konflikt zwischen Kirchen und Lehrerschaft und gab einen verlässlichen Rahmen, den aber die Nationalsozialisten auf dem Verwaltungsweg zerstörten. Das *Grundgesetz* übernahm die Weimarer Bestimmungen fast wörtlich in *Artikel 7,3:*⁹⁶

„Der Religionsunterricht ist in den öffentlichen Schulen mit Ausnahme der bekenntnisfreien Schulen ordentliches Lehrfach. Unbeschadet des staatlichen Aufsichtsrechtes wird der Religionsunterricht in Übereinstimmung mit den Grundsätzen der Religionsgemeinschaften erteilt. Kein Lehrer darf gegen seinen Willen verpflichtet werden, Religionsunterricht zu erteilen."

Damit ist der schulische Religionsunterricht in fast allen Bundesländern ein garantiertes Schulfach,⁹⁷ wobei das individuelle Recht auf Abmeldung die negative Religionsfreiheit wahrt. Die Spannung zwischen Staat und Kirche ist rechtlich dadurch gelöst, dass die jeweilige Religionsgemeinschaft für die Inhalte des Religionsunterrichts und der Staat für dessen Organisation zuständig ist. Dass sich daraus ein beträchtlicher didaktischer Spielraum ergibt, zeigen die (in 2.3 und 2.4) skizzierten religionspädagogischen Konzeptionen, Ansätz bzw. Perspektiven der letzten sechzig Jahre.

Rechtlich liegt also die inhaltliche Verantwortung für den Religionsunterricht bei den Kirchen. In kommunikationstheoretischer Perspektive stellt sich das aber anders dar. Denn die wesentliche Kommunikationsform ist die des Unterrichts und durch staatliche Vorgaben bestimmt: angefangen von der Zusammensetzung der Unterrichtsgruppe (Altersgleichheit; Gruppen-

---

95 Zitiert nach Martin Heckel, Das Kreuz im öffentlichen Raum. Zum „Kruzifix-Beschluß" des Bundesverfassungsgerichts, in: Ders., Gesammelte Schriften Bd. 4 (IusEcc 58), hg. v. Klaus Schlaich, Tübingen 1997, 1069–1136, 1046, der dieses Urteil ausführlich und kritisch aus staatskirchenrechtlicher Perspektive diskutiert.
96 S. aus juristischer Sicht Uta Hildebrandt, Das Grundrecht auf Religionsunterricht. Eine Untersuchung zum subjektiven Rechtsgehalt des Art. 7 Abs. 3 GG (IusEcc 63), Tübingen 1999.
97 Ausnahmen bestehen entsprechend der sog. Bremer Klausel (nach Art. 141 GG) in Bremen, Berlin und Brandenburg (s. Grethlein, Religionspädagogik 415 f., 450–454).

größe) über den Zeittakt (Schulstunde) bis zum Bewertungsmodus (Ziffernoten). Es ist praktisch-theologisch zu prüfen, inwieweit bzw. unter welchen Bedingungen ein solcher Unterricht einen Raum für die Kommunikation des Evangeliums eröffnet.

Hinsichtlich des *Schullebens* gelten jeweils länderspezifische Bedingungen. Dabei sind in den einschlägigen Verordnungen neben Schulgottesdiensten vor allem sog. religiöse Klassentagungen bzw. Einkehrtage vorgesehen. Sie geben Schüler/innen (meist höherer Klassen) neben Gesprächen u. ä. die Möglichkeit, begleitet von Pfarrer/innen oder Religionslehrer/innen, außerhalb des Schulraums gemeinsam Formen des Christseins zu praktizieren. Die Teilnahme an diesen Veranstaltungen ist freiwillig.

Insgesamt ist stets der *personale Charakter von Kommunikation*, eben auch der Kommunikation des Evangeliums, zu beachten. Rechtliche Bestimmungen eröffnen nur Räume hierfür. Konkrete Menschen und deren Interaktionen müssen sie füllen (oder eben nicht). In den ostdeutschen Schulen sind häufig die christlichen Lehrer/innen in der Minderheit. Sie bedürfen in besonderem Maß der kirchlichen Unterstützung.

4. Gegenwärtige Situation

Eingangs stehen zwei grundlegende Herausforderungen für heutige Schule. Sie markieren Spannungen zur Kommunikation des Evangeliums und machen damit zugleich auf dessen schulpädagogisch interessantes Potenzial aufmerksam.

Sodann werden die drei Modi der Kommunikation des Evangeliums am Lernort Schule analysiert.

4.1 *Schule heute:* Ein Vergleich mit Bildungssystemen in anderen (kulturell ähnlichen) Ländern – wie etwa der Schweiz – zeigt für die Schulen in Deutschland eine auffallende „Konfiguration der rechtlich-administrativen Steuerung":

„1. Überwiegend staatliche Trägerschaft …

2. Programmsteuerung durch kanonisierte Inhaltsvorgaben, Zielvorgaben und Prüfungsanforderungen.

3. Terminale Systeme: Interne Leistungskontrolle als Grundlage für Berechtigungen zum Besuch weiterführender Schulen mit partieller schulübergreifender Unterstützung.

4. Entwicklung eines flächendeckenden, gleichwertigen Bildungsangebotes, über Ressourcensteuerung (Lehrerzuweisung, Sachausstattung) und Prüfungsanforderungen.

5. Interne Regulierung von Aufsicht und Qualitätskontrolle."[98]

---

98 HELMUT FEND, Schule gestalten. Systemsteuerung, Schulentwicklung und Unterrichtsqualität, Wiesbaden 2008, 101 f.

Neuere Vorstöße unter dem Stichwort „Selbstständige Schule" lockern zwar etwas diese Struktur. Doch insgesamt ist die *„hochgradige Verrechtlichung aller Vorgänge"* in deutschen Schulen unübersehbar.[99] Sie gewährt Berechenbarkeit, blendet aber die jeweilige Besonderheit der pädagogischen Situation aus. Das ist vor allem deshalb gravierend, weil Lehr- und Lernvorgänge Kommunikationsprozesse sind. Ihnen wohnt eine eigene Dynamik inne, die nicht im Einzelnen vorhersehbar und damit planbar ist. Die Übernahme des ausschließlich am sog. „Outcome" interessierten kompetenzdidaktischen Konzepts, wie es den öffentlich viel beachteten PISA-Studien u. ä. zu Grunde liegt,[100] verschärft diese Problematik. Der Religionsunterricht steht mit seinem grundsätzlich ergebnisoffen zu kommunizierenden Inhalt dazu in Spannung. Pädagogisch erinnert er an die im Konzept der Mündigkeit benannte Bedeutung subjektbezogener Bildung gegenüber technokratischen Erziehungsprogrammen.[101]

In der Schulpraxis stellt sich die Herausforderung, die Schüler/innen zum Lernen zu motivieren. Gesellschaftliche Umstände machen es Kindern und Jugendlichen schwer, einen *„Sinn" im Lernen* zu entdecken.[102] Die formal funktionalen Strukturen unseres Wirtschaftssystems,[103] drohende technologische Risiken (s. § 10 3.2) sowie die Unübersichtlichkeit und Hektik elektronisch vermittelter Kommunikationen erschweren die Ausbildung einer solchen intrinsischen Motivation. In Haupt- und Förderschulen sowie manchen Klassen in berufsbildenden Schulen (Stichwort: Berufsgrundschuljahr) verdüstern schlechte Aussichten auf dem Arbeitsmarkt den Blick der Schüler/innen in die Zukunft.

Hier bietet die Kommunikation des Evangeliums in Unterricht und Schulleben eine Möglichkeit, um die auch für Lernen grundlegende Frage des Lebenssinns zu bearbeiten. Denn das Evangelium relativiert zum einen das gegenwärtig dominante, stark an Erfolg, Vitalität bzw. Schönheit und ökonomischer Prosperität orientierte Menschenbild. Zum anderen weitet es den Horizont auf eine dem eigenen Leben zu Grund liegende Beziehung zu

---

99 A. a. O. 102.
100 S. grundlegend zum leitenden Kompetenz-Begriff DEUTSCHES PISA-KONSORTIUM (Hg.), PISA 2000. Basiskompetenzen von Schülerinnen und Schülern im internationalen Vergleich, Opladen 2001, 19–33 (s. abwägend aus religionspädagogischer Perspektive GABRIELE OBST, Kompetenzorientiertes Lehren und Lernen im Religionsunterricht, Göttingen 2008).
101 S. zu den fachdidaktischen Problemen CHRISTIAN GRETHLEIN, „Religiöse Kompetenzen" oder „Befähigung zum Christsein" als Bildungsziel des Religionsunterrichts? Thesen zur Diskussion um das Bildungsziel des Evangelischen Religionsunterrichts, in: ZPT 59 (2007), 64–76.
102 Die folgende Argumentation ist ausgeführt in: CHRISTIAN GRETHLEIN, Vom Sinn des Lernens und dem Lernen von Sinn. Religionspädagogische Hinweise zu einem schulpädagogischen Problem, in: LUDWIG DUNCKER/HELMUT HANISCH (Hg.), Sinnverlust und Sinnorientierung in der Erziehung. Rekonstruktionen aus pädagogischer und theologischer Sicht, Bad Heilbrunn 2000, 197–221.
103 S. RICHARD SENNET, Der flexible Mensch. Die Kultur des neuen Kapitalismus, Berlin 1998, 201.

Gott und zu den anderen Menschen. Ob sich junge Menschen für diese Perspektiven öffnen und so in die Lage versetzt werden, sich mit gegenwärtig vorherrschenden Normen kritisch auseinanderzusetzen, hängt wesentlich von den Menschen ab, die mit ihnen in der Schule kommunizieren. Von daher gewinnt die Lehreraus- und -fortbildung große Bedeutung.[104]

4.2 *Lehren und Lernen:* Im Zentrum der religionspädagogischen Forschung steht nach wie vor der schulische Religionsunterricht. Aus der Perspektive der Kommunikation des Evangeliums als Gegenstand der Praktischen Theologie relativiert sich dessen Bedeutung bzw. wird in Zusammenhänge gestellt, die bisher meist nicht berücksichtigt werden.

Ein grundsätzliches Problem der vorherrschenden Unterrichtsorganisation ist deren *industriemäßiger* Zeittakt. Zum einen steht diese formale Struktur ungeplanten Lernprozessen entgegen, wie sie angesichts der Ergebnisoffenheit konstitutiv für die Kommunikation des Evangeliums sind. Zum anderen suggeriert sie, dass alles Lernbare in solchen kleinen Zeitfenstern erarbeitet werden kann. Führt man sich den Schulalltag vor Augen, haben die Schüler/innen täglich mindestens fünfmal ihre thematische Aufmerksamkeit umzustellen. Dass bei vielen Schüler/innen eine gewisse Gleichgültigkeit gegenüber dem jeweils Verhandelten die Konsequenz ist, liegt auf der Hand. Zwar gibt es zunehmend Versuche, diese problematische Struktur zu durch- bzw. zu unterbrechen: Wochenplan, Doppelstunden, 60-Minuten-Stunden und Projektunterricht sind entsprechende Stichworte. Doch ist die Regel in den meisten Schulen nach wie vor die 45-minütige Unterrichtsstunde. *Schon von daher legt es sich nahe, die Thematisierung der Kommunikation des Evangeliums im Raum der Schule nicht exklusiv auf den Unterricht zu beschränken.*

Dazu kommt, dass Unterricht in der Schule mit ihrer Allokationsfunktion eine kompetitive Dimension hat. Zwar spielt die Notengebung im Religionsunterricht in der Regel keine hervorragende Rolle, obgleich die Bewertung versetzungserheblich ist. Doch erschwert die mit ihr gegebene vielfältige Problematik die Kommunikation des Evangeliums.[105] Die genannten Bemühungen um einen Performativen Religionsunterricht markieren ein weiteres grundsätzliches Problem der Kommunikationsform Unterricht (im 45-Minuten-Takt). Evangelium erschließt sich wesentlich kommunikativ. Dazu gehört – auch – Lehre, aber nicht nur. Die Kommunikationsmodi des

---

104 S. Wissenschaftliche Arbeitsstelle Evangelische Schule, Lehrerinnen und Lehrer an Evangelischen Schulen. Kompetenzprofil und Kriterien für Fortbildung. Ergebnisse des Runden Tisches für Fortbildung, Hannover 2010.
105 Zur Benotung im Religionsunterricht sind nach wie vor grundlegend die mehrperspektivischen Überlegungen von Karl Ernst Nipkow, Leistungsproblematik und Religionsunterricht. Zur versetzungserheblichen Benotung im Fach Evangelische Religionslehre, in: Ders., Religionsunterricht in der Leistungsschule, Gütersloh 1979, 23–105.

gemeinschaftlichen Feierns und des Helfens zum Leben sind nicht nur sachlich von Bedeutung, sondern umfassen für Heranwachsende attraktive Interaktionen. In normalen Unterrichtsstunden haben sie kaum Raum.

Von daher ist es zu begrüßen, dass seit einiger Zeit das *Schulleben* neue religionspädagogische Aufmerksamkeit findet. Hier erweist sich die „Nachbarschaft von Schule und Gemeinde"[106] als chancenreich. Bernd Schröder typisiert entsprechende Praxisbeispiele in fünffacher Weise:

– Unterrichtsbezogene Projekte,
– Schulgottesdienst,
– Schulseelsorge,
– Schulsozialarbeit,
– schulnahe Jugendarbeit.[107]

Dabei liegt die Trägerschaft manchmal bei der Schule, manchmal bei der (organisierten) Kirche. Solche außerunterrichtlichen Formen geben nicht zuletzt dem Religionsunterricht selbst oft wichtige Impulse. Sie sind auch in schulpädagogischer Perspektive im Zusammenhang der Ausdehnung des Schultags in Richtung Gesamtschule ein wichtiger Beitrag zur Schulentwicklung.

4.3 *Gemeinschaftliches Feiern:* Schule ist – wie erwähnt – raumzeitlich vom sonstigen Leben separiert. Dies hat Auswirkungen auf die schulischen Feierformen. Dabei stellen sich u. a. folgende Herausforderungen, die *den Zusammenhang mit dem Kirchenjahr* und *den Umgang mit dem Pluralismus im Bereich der Daseins- und Wertorientierung* betreffen:

Zum einen enthält das Schuljahr durch Anfang und Ende selbst Anlässe zur gemeinschaftlichen Feier. Zum anderen beziehen sich die Ferienzeiten auf die *christlichen Hochfeste*. Weihnachten und Ostern müssen also im Vorgriff gefeiert werden, wenn diese Feste Bedeutung für die Schule haben sollen. Dass das Probleme aufwirft, wird besonders bei Ostern deutlich. Denn die Passionszeit und Ostern stehen thematisch in größerer Spannung zueinander als Advent und Weihnachten. Wenn die Osterferien eine Woche vor dem Fest beginnen, müsste Ostern in der Schule kurz vor dem Höhepunkt der kirchenjahreszeitlichen Passionszeit begangen werden. Eine Alternative

---

106 So der Titel eines vom Comenius-Institut initiierten Projekts: HANS BERNHARD KAUFMANN, Nachbarschaft von Schule und Gemeinde, Gütersloh 1990. Auf katholischer Seite werden ähnliche Anliegen unter dem Begriff „Schulpastoral" (bzw. Schulseelsorge) bearbeitet (s. hierzu den kommentierten Literaturüberblick von STEFAN SCHMITZ, Schulpastoral kontrovers. Ein kritischer Blick auf ungeklärte Verhältnisse zwischen Religionsunterricht, Schulseelsorge und Gemeindepastoral, Münster 2006).
107 S. die entsprechende, konkrete Projekte nennende Übersichtsgraphik in: BERND SCHRÖDER, Warum ‚Religion im Schulleben'? in: DERS., Religion im Schulleben. Christliche Präsenz nicht allein im Religionsunterricht, Neukirchen-Vluyn 2006, 11–26, 24 f.; zur speziellen Situation in Ostdeutschland s. MICHAEL DOMSGEN/MATTHIAS HAHN (Hg.), Kooperation von Kirche und Schule. Perspektiven aus Mitteldeutschland, Münster 2010.

ist, einen entsprechenden Gottesdienst gemeinsam mit Schüler/innen vorzubereiten und dann außerhalb der Unterrichtszeit am Festtag mit Interessierten zu feiern. Die Karwoche und Ostern enthalten Inhalte, die sich gut für Inszenierungen eignen, die den Rahmen herkömmlicher Gottesdienste zeitlich und dramaturgisch übersteigen.[108] Allerdings wird damit das Integrationspotenzial des Festes für die ganze Schule aufgegeben. Hier wird je nach Situation vor Ort abgewogen und entschieden werden müssen.

Eine besondere Herausforderung, aber auch ökumenische Chance stellt die Tatsache dar, dass Schüler/innen und Lehrer/innen verschiedenen Konfessionen und Religionen angehören. *Gemeinschaftliche Feiern sind deshalb ökumenisch bzw. multi- oder interreligiös zu begehen.*

Diese beiden letzten Begriffe werden teilweise nebeneinander verwendet. Als Unterscheidung bietet sich an,[109] dass bei multireligiösen Feiern Vertreter/innen verschiedener Religionen nebeneinander zu Wort kommen, ohne dass gemeinsam gebetet wird. Interreligiöse Feiern folgen dagegen einem Ablauf, auf den sich die Vertreter/innen der verschiedenen Religionsgemeinschaften geeinigt haben. Dabei werden auch Gebete und Lieder gemeinsam gesprochen bzw. gesungen. Allerdings ist diese Unterscheidung nur intentional von den Veranstaltern her möglich, rezeptionsästhetisch gesehen verschwimmen diese Grenzen.

Ein Beharren auf konfessioneller oder wenigstens religiöser Eindeutigkeit bedeutet vielerorts, dass eine explizite Kommunikation des Evangeliums aus dem Schulleben verschwindet. Das hätte – wie gezeigt – nicht zuletzt für den Religionsunterricht schwierige Konsequenzen.

Die systematischen Positionen eines Exklusivismus bzw. Inklusivismus oder einer pluralistischen Religionstheorie machen auf die jeweiligen theologischen Probleme aufmerksam.[110] Eine biblisch-theologische Reflexion entschärft aber etwaige Frontstellungen. Denn biblische Texte mit einem christologischen Exklusivismus (z. B. Joh 14,6) stehen neben solchen mit einem soteriologischen Inklusivismus (z. B. Röm 1,18) oder einer pluralistischen Öffnung (z. B. Apg 17,27).[111] Es handelt sich also um komplementäre, nicht alternative Positionen.

---

108 S. als Beispiel die Schilderung von einem die ganze Nacht umfassenden Gründonnerstagsgottesdienst mit Jugendlichen durch BETTINA NAUMANN, „Bleibet hier und wachet mit mir": Eine Gebetsnacht für Jugendliche u. a. am Gründonnerstag, in: DIES. (Hg.), Die Nacht. Wiederentdeckung von Raum und Metapher (Beiträge zu Liturgie und Spiritualität 8), Leipzig 2002, 147–155.
109 S. LITURGISCHE KONFERENZ (Hg.), Mit Anderen Feiern – gemeinsam Gottes Nähe Suchen. Eine Orientierungshilfe der Liturgischen Konferenz für christliche Gemeinden zur Gestaltung von religiösen Feiern mit Menschen, die keiner christlichen Kirche angehören, Gütersloh 2006, 31.
110 S. die sorgfältige Analyse und Diskussion der einzelnen Positionen bei MICHAEL HÜTTENHOFF, Der religiöse Pluralismus als Orientierungsproblem. Religionstheologische Studien, Leipzig 2001.
111 S. ausführlicher JOCHEN ARNOLD, Multireligiöse und interreligiöse Feiern. Eine phänomenologische und theologische Betrachtung, in: Loccumer Pelikan 2006/2, 53–60, 56f.

Kommunikationstheoretisch gesehen kommt es in solchen gemeinschaftlichen Feiern darauf an, einen Raum für die Kommunikation des Evangeliums zu eröffnen. Homiletisch eignen sich hierzu weisheitlich geprägte und damit allgemein anthropologisch anschlussfähige Texte wie die Gleichnisse Jesu, oder naturale Symbole, auf die sich unterschiedliche Daseins- und Wertorientierungen beziehen lassen. Bei den Gebeten ist in kommunikationstheoretischer Perspektive zu differenzieren (s. § 26 1.3).

4.4 *Helfen zum Leben:* Auch dieser Modus der Kommunikation des Evangeliums weist über die Unterrichtsstunden hinaus. Das Modell der diakonischen Bildung entwirft neue Lernformen (s. § 13 4.2). Der Unterricht eröffnet hier die Möglichkeit, praktisch Erlebtes nicht nur kritisch zu reflektieren, sondern in eine biblische Perspektive zu rücken.

Dazu treten *schulinterne Lernmöglichkeiten.* In der Mediation bzw. beim Streitschlichten übernehmen Schüler/innen verantwortliche Aufgaben gegenseitiger Hilfeleistung. Dafür werden sie in der Regel durch sozialpädagogische Trainings vorbereitet. Das Modell des Klassenrates[112] bietet ebenfalls Möglichkeiten, Schüler/innen für ihre Mitmenschen zu sensibilisieren. Sie erfahren im Besprechen konkreter Konflikte ebenso Hilfe wie sie selbst zum Helfen befähigt werden. Bei der konkreten Konfliktbearbeitung spielen ritualtheoretische Perspektiven und der Übergang zur Familie eine wichtige Rolle. Damit sind Parallelen zur Kommunikation des Evangeliums im Modus des gemeinschaftlichen Feierns unübersehbar.[113]

Bei diesen und ähnlichen Interaktionen sind neben Klärungen Misserfolge nicht zu vermeiden. Solche Erfahrungen können in gemeinschaftlichen Feiern benannt und in biblischer Perspektive verarbeitet werden.

4.5 *Zusammenfassung:* Schule bietet in Deutschland für die Kommunikation des Evangeliums große Chancen. Alle Heranwachsenden partizipieren an dieser Institution viele Jahre. Die rechtlichen Bestimmungen ermöglichen den Kirchen die inhaltliche Gestaltung eines Unterrichtsfachs, des Religionsunterrichts, und eröffnen einen Raum für gemeinschaftliche Feiern und andere Unternehmungen. Vom Konzept der Kommunikation des Evangeliums her ist eine enge *Verbindung von unterrichtlichen und außerunterrichtlichen Lehr- und Lernprozessen* anzustreben.

Bei Schulfeiern legen sich vor allem ökumenische und zunehmend multi- und interreligiöse Formen nahe. Auch beim Religionsunterricht sind – teilweise entgegen der Rechtslage, aber schulorganisatorisch nachvoll-

---

112 S. als exemplarische Studie BIRTE FRIEDRICHS, Kinder lösen Konflikte. Klassenrat als pädagogisches Ritual. Eine ethnographische Studie, Baltmannsweiler 2004.
113 S. a. a. O. 195–214.

ziehbar – solche Tendenzen unübersehbar.[114] Hier besteht eine Ähnlichkeit zur Kommunikation des Evangeliums im Raum der Familie. Allerdings reicht in der Schule der Pluralismus der Daseins- und Wertorientierungen meist in den nichtchristlichen, vor allem den muslimischen Bereich hinein.

Schließlich war und ist die Kommunikation des Evangeliums in der Schule durch Zugriffe des Staates, aber auch der Kirche gefährdet, wenn diese ihrer Eigenlogik folgen und nicht pädagogischen Gesichtspunkten.

5. Weiterführende Impulse

Schule ist in Deutschland nicht nur historisch mit der christlichen Kirche (bzw. den christlichen Kirchen) verbunden. Bis heute gibt es Schulen in kirchlicher Trägerschaft; ihre Zahl wächst in den letzten Jahren. Ihnen soll zuerst das Augenmerk gelten.

In einem zweiten Schritt slizziere ich die religionspädagogischen Herausforderungen durch das schulpädagogische Konzept der Inklusion.

Abschließend steht ein Beispiel aus einer berufsbildenden Schule, in der das Bemühen um Seelsorge – im wörtlichen Sinn – Raum für die Kommunikation des Evangeliums an der Schule schafft.

5.1 *Kirchliche Schulen:* Bei einem an unterrichtlicher und außerunterrichtlicher Kommunikation gleichermaßen interessierten Zugang zu Schule verdienen die Kirchlichen Schulen, hier die Evangelischen Schulen bzw. die Schulen in evangelischer Trägerschaft, besondere Aufmerksamkeit.[115] Denn in ihnen ist das durch die „Nachbarschaft von Schule und Gemeinde" gegebene Potenzial besonders gut zu greifen. 2012 bestanden 375 Evangelische Schulen und 1099 Schulen in evangelischer Trägerschaft.[116] Entsprechend der Kontextualität der Kommunikation des Evangeliums haben Evangelische Schulen „durchweg besonders geprägte Individualitäten":

> „Sie sind jeweils in einer besonderen geschichtlichen Situation entstanden; wie Neugründungen zeigen, ist dieser Vorgang bis heute nicht abgeschlossen. Unterschiedliche evangelische Traditionsströme haben die Gründungen bestimmt: reformatorisch-humanistisches Erbe des 16. Jahrhunderts in manchen Gymnasien, pietistisches Erbe aus dem 17. und 18. Jahrhundert, diakonisches unter dem Ein-

---

114 S. z. B. das Ergebnis der empirischen Untersuchung von CHRISTHARD LÜCK, Religionsunterricht an der Grundschule. Studien zur organisatorischen und didaktischen Gestalt eines umstrittenen Schulfaches (APrTh 22), Leipzig 2002. In einzelnen Ländern werden entsprechende rechtlichen Rahmenbedingungen entworfen (s. zu Niedersachsen GRETHLEIN, Fachdidaktik 61–63). Zur entsprechenden religionsdidaktischen Theoriebildung s. BERND SCHRÖDER (Hg.), Religionsunterricht – wohin? Modelle seiner Organisation und didaktischen Struktur, Neukirchen-Vluyn 2014.
115 S. MARTINA KUMLEHN/THOMAS KLIE (Hg.), Protestantische Schulkulturen. Profilbildung an evangelischen Schulen, Stuttgart 2011.
116 Die Zahlen entstammen der EKD-Homepage evangelische-schulen-in-deutschland (Abruf 22.05.2015).

fluß Johann Hinrich Wicherns oder Wilhelm Löhes, reformpädagogische Impulse aus der Landerziehungsheimbewegung aus dem ersten Drittel dieses (sc. des 20., C. G.) Jahrhunderts, Gründungen nach dem letzten Weltkrieg unter dem Eindruck geschichtlicher Herausforderungen, besonders unter den Nachwirkungen der Erfahrungen der Bekennenden Kirche, des Kirchenkampfes und der Judenverfolgung." (NIPKOW 512)

Von daher sind Evangelische Schulen bzw. Schulen in evangelischer Trägerschaft nicht nur im rechtlichen Sinn „freie Schulen",[117] was sich auch in unterschiedlichen Trägerschaften äußert. Sie reichen von Landeskirchen über Kirchengemeinden bis zu von Eltern gegründeten Trägervereinen. Das für diese Schulen (und keineswegs nur den Religionsunterricht) konstitutive Bemühen um die Kommunikation des Evangeliums[118] rückt Lernformen ins Zentrum, die an staatlichen Schulen günstigstenfalls am Rande stehen. Besonders deutlich ist dies bei der diakonischen Bildung. Die gemeinschaftlichen Feiern bilden traditionell ein weiteres Zentrum Evangelischer Schulen.

Dazu tritt als besondere Herausforderung, im Unterricht – über den Religionsunterricht hinaus – immer wieder die evangelische Perspektive explizit zu machen. Vorbildlich gelang dies in der Rezeption der *Didaktik des Johann Amos Comenius (1592–1670; Stichwort: „Unterrichten mit spirituellem Spürsinn")* und der *Didaktik von Martin Wagenschein (1896–1988; Stichwort: „Bildungsdidaktik als Lehrkunst")*.[119] Die Rückbesinnung auf Comenius motiviert dabei u. a. einen elementarisierenden[120] Umgang mit dem Inhalt des Lernens. Drei Fragen sind nach ihm im Unterricht zu behandeln: „Was ist (quod oder quid?); durch was ist es? (per quid?), und wozu ist es gedacht, bestimmt, soll es gebraucht werden? (ad quid adhibendum?)." (NIPKOW 547) Dadurch werden in der Didaktik erkenntnistheoretische, funktionale und ethische Ebene miteinander verbunden. Daran schließt der genetische Ansatz des Mathematik- und Physik-Didaktikers Martin Wagenschein gut an. Bei ihm werden das Gewordensein der Dinge zum Unterrichtsprinzip und die Achtsamkeit zu einer den Unterricht durchziehenden Grundhaltung.[121] Der

---

117 S. vor allem aus historischer Perspektive MARTIN SCHREINER, Im Spielraum der Freiheit (Arbeiten zur Religionspädagogik 13), Göttingen 1996.
118 Die pädagogische Positionierung innerhalb des öffentlichen Schulwesens ist zu entnehmen: KIRCHENAMT DER EKD (Hg.), Schulen in evangelischer Trägerschaft. Selbstverständnis, Leistungsfähigkeit und Perspektiven. Eine Handreichung, Gütersloh 2008.
119 HANS CHRISTOPH BERG, Religion auch in Physik und Deutsch? Überall wo sachgemäß, in: DERS./GÜNTHER GERTH/KARL HEINZ POTTHAST (Hg.), Unterrichtserneuerung mit Wagenschein und Comenius. Versuche Evangelischer Schulen 1985–1989, Münster 1990, 15–28, 16f.
120 S. FRIEDRICH SCHWEITZER, Elementarisierung – ein religionsdidaktischer Ansatz: Einführende Darstellung, in: DERS. (Hg.), Elementarisierung im Religionsunterricht. Erfahrungen Perspektiven Beispiele, Neukirchen-Vluyn 2003, 9–30.
121 Kurz zusammengefasst finden sich die didaktischen Prinzipien in: MARTIN WAGENSCHEIN, Verstehen lehren. Genetisch – Sokratisch – Exemplarisch, Weinheim ^{8}1989, 114–123.

Glaube an den Schöpfer wird so didaktisch aufgenommen und gegen die Überfülle schulischer „Stoffe" und das Nebeneinander von Unverbundenem zur Geltung gebracht.

5.2 *Inklusion:* Schulen spiegeln die jeweilige gesellschaftliche und kulturelle Realität wider. Von daher verwundert es nicht, dass Integration und neuerdings Inklusion wichtige Stichworte der schulpädagogischen Diskussion darstellen. Politische Unterstützung findet dieses pädagogische Anliegen durch die UN-Konvention über die Rechte von Menschen mit Behinderung, die seit März 2009 in Deutschland gilt. Hier verpflichten sich die Vertragsstaaten u. a. dazu, „dass Menschen mit Behinderung nicht aufgrund von Behinderung vom allgemeinen Bildungssystem ausgeschlossen werden" (Art. 24,2).[122]

Während „Integration" den Besuch allgemeiner Schulen durch Schüler/innen mit besonderem Förderbedarf bezeichnete, reicht Inklusion weiter. Alfred Sander unterscheidet drei Formen:
– Inklusion I ist deckungsgleich mit dem eben genannten Begriff „Integration";
– Inklusion II bezeichnet demgegenüber „die von allen Fehlformen bereinigte Integration behinderter Kinder";[123]
– weiter führt die *„Inklusion III" als pädagogisches Prinzip individueller Unterstützung:*

„Inklusion als optimierte Integration verändert nach und nach den Unterricht und das gesamte Klassenleben, weil die Unterschiedlichkeit der Kinder nicht mehr als Störfaktor betrachtet wird, sondern als Ausgangslage und auch als Zielvorstellung der pädagogischen Arbeit. Die Akzeptanz der Unterschiede steht im Zentrum. Daher treten in einer inklusiven Klasse neben den behinderten Kindern auch andere Kinder mit ihren besonderen pädagogischen Bedürfnissen verstärkt in den Blick der Lehrpersonen, einschließlich der Kinder mit besonderen Stärken. Inklusive Pädagogik kann sich nicht auf die Einbeziehung der behinderten Kinder beschränken. Individuelle Unterstützung, wie sie behinderten Kindern in Regelschulklassen zukommt, steht auch Kindern mit anderen Bedürfnissen zu."[124]

Dieses Konzept kann praktisch-theologisch als eine pädagogische Transformation biblischen Schöpfungsglaubens, aber auch als eine konsequente und umfassende Weiterentwicklung des Konzeptes der diakonischen Bildung (s. § 13 4.2) gelesen werden. Auf jeden Fall stellt es eine religions-

---

122 S. MARIANNE SCHULZE, Menschenrechte für alle: Die Konvention über die Rechte von Menschen mit Behinderungen, in: PETRA FLIEDER/VOLKER SCHÖNWIESE (Hg.), Menschenrechte – Integration – Inklusion. Aktuelle Perspektiven aus der Forschung, Bad Heilbrunn 2011, 11–25 (zur diesbezüglichen internationalen Diskussion s. ALOIS BÜRLI/URS STRASSER/ANNE-DORE STEIN [Hg.], Integration / Inklusion aus internationaler Sicht, Bad Heilbrunn 2009).
123 ALFRED SANDER, Konzepte einer Inklusiven Pädagogik, in: Zeitschrift für Heilpädagogik 2005, 240–244, 241.
124 A. a. O. 242.

pädagogische Herausforderung dar, und zwar sowohl in Hinblick auf den Religionsunterricht als auch auf die Gestaltung des Schullebens. Im Konzept der Kommunikation des Evangeliums ist durch die drei unterschiedlichen Kommunikationsmodi eine gute Grundlage gegeben, um diesen Impuls aufzunehmen.

Methodisch initiiert die mit der Inklusionspädagogik verbundene Abkehr von der homogenen Lerngruppe und der Hinwendung zur differenzierten Organisation von Lernprozessen für den Religionsunterricht einen interessanten Perspektivwechsel. Denn diesen Unterricht besuchen Kinder mit unterschiedlicher familiärer und kirchlicher Vorprägung. Allerdings steht die Inklusionspädagogik in Spannung bzw. Widerspruch zu der rechtlich vorgesehenen und vielerorts noch praktizierten *konfessionellen Differenzierung des Religionsunterrichts*. Wenn unterschiedliche kognitive Begabung, verschiedene körperliche Ausstattung (einschließlich Behinderungen) sowie differente Herkunft (einschließlich der Muttersprache) keine Separation mehr verlangen, warum die konfessionelle Differenz? Wenn es im Schulleben gelingt – wie vorgeschlagen und vielerorts praktiziert –, gemeinschaftlich zu feiern, warum kann nicht auch gemeinsam im Unterricht dem Grund und den Konsequenzen des gemeinschaftlich Gefeierten nachgegangen werden?

Hier stellt sich für den Religionsunterricht die Herausforderung, Inklusion zu gestalten, ohne die bestehende Pluralität der Bekenntnisse und Daseins- und Wertorientierungen einzuebnen. Tatsächlich wird Entsprechendes bereits praktiziert, wenn etwa muslimische oder bekenntnislose Schüler/innen am Evangelischen Religionsunterricht teilnehmen. Die Erfahrungen hiermit sind auszuwerten, um zu einer inklusions- und zugleich pluralitätsfähigen Religionsdidaktik vorzustoßen.[125]

5.3 *Seelsorge-Raum:* Schüler/innen sind zwar unterschiedlichen Alters. Gemeinsam ist ihnen aber die Aufgabe, in die bestehende Gesellschaft und Kultur nicht nur hineinzuwachsen, sondern auch dabei den ihnen gemäßen Weg zu finden. Angesichts der gegenwärtigen Entwicklungsdynamik ist dies risikovoll und störungsanfällig. Von daher ist es wichtig, in der Schule *einen Raum für die Kommunikation des Evangeliums in Form von Beratung zu schaffen*. Dabei ist „Raum" durchaus wörtlich zu verstehen. Anderweitig funktional genutzte Orte wie Klassen- oder Sitzungszimmer sind meist wenig geeignet. Denn Beratung setzt eine besondere Umgebung voraus, die es erlaubt, vom sonst Üblichen Abstand zu gewinnen und nach neuer Orientierung zu suchen. Solch ein Raum bietet sich ebenfalls für besondere Lehr-

---

[125] S. die Sammlung von Vorarbeiten hierzu in ANNEBELLE PITHAN/WOLFHARD SCHWEIKER (Hg.), Evangelische Bildungsverantwortung: Inklusion. Ein Lesebuch, Münster 2011; BERND SCHRÖDER/MICHAEL WERMKE (Hg.), Religionsdidaktik zwischen Schulformspezifik und Inklusion. Bestandsaufnahmen und Herausforderungen, Leipzig 2013.

und Lernprozesse und für gemeinschaftliche Feiern im kleinen Kreis an. Entsprechende Gebrauchsspuren wie eine herabgebrannte Kerze bereichern die Atmosphäre.

Unter den Bedingungen bestehender Bestimmungen wurde an einem Berufsbildungszentrum in Saarbrücken ein entsprechendes Konzept entwickelt. Die dortige Berufsschulpastorin stellt fünf Verwendungsmöglichkeiten für einen solchen Raum fest:

> „Erstens bietet dieser Raum die Möglichkeit zum beratenden, seelsorglichen Gespräch mit Schülerinnen und Schülern, aber auch mit anderen Angehörigen der Schule. ...
>
> Zweitens kann der Raum der Begegnung von Einzelnen in den Pausen, vor und nach dem Unterricht genutzt werden; er kann der Entspannung, dem Abschalten und Auftanken dienen.
>
> Drittens kann der Raum von Lerngruppen des evangelischen und katholischen Religionsunterrichts genutzt werden. ... Besinnungen, persönliche Gesprächsrunden und Meditationen lassen sich hier verwirklichen.
>
> Viertens können in der Advents- und Passionszeit in einem solchen Raum Kurzandachten o. ä. (z. B. ,5-Minuten-Tankstelle' vor Schulbeginn) angeboten werden.
>
> Fünftens bietet ein solcher Raum die Möglichkeit, die Auseinandersetzung mit Fragen der Lebensführung und -deutung, Sinnfragen, ethischen Fragen und christlich-religiösen Gedanken, gerade in einem einerseits multireligiösen, andererseits nichtkirchlichen Kontext zu fördern."[126]

Eindrucksvoll verbindet dieses Raumkonzept die drei Modi der Kommunikation des Evangeliums miteinander: Helfen zum Leben in Form der Beratung, gemeinschaftliches Feiern durch Kurzandachten und besondere Lehr- und Lernprozesse. Von daher ist es ein erfreuliches Zeichen, dass die (organisierten) Kirchen die Kosten für die notwendige Renovierung sowie die Ausstattung des Raums an der Schule übernehmen. Sie kommen dadurch ihrer Aufgabe, die Kommunikation des Evangeliums in anderen Sozialformen zu unterstützen, in vorbildlicher Weise nach. Konzeptionell gehört dieses Projekt in die sich seit etwa zwei Jahrzehnten auch im Bereich evangelischer Religionspädagogik entwickelnde Schulseelsorge.[127]

---

126 ADELHEID RUCK-SCHRÖDER, Raum der Begegnung und Beratung – Schulseelsorge an einer Berufsbildenden Schule, in: BERND SCHRÖDER (Hg.), Religion im Schulleben. Christliche Präsenz nicht allein im Religionsunterricht, Neukirchen-Vluyn 2006, 161–166, 162 f. (ohne Kursivsetzung im Original).
127 S. mit pädagogischem Schwerpunkt RALF KOERRENZ/MICHAEL WERMKE (Hg.), Schulseelsorge – ein Handbuch, Göttingen 2008; mit systemisch-seelsorgerlichem Schwerpunkt HANS-MARTIN GUTMANN/BIRGIT KUHLMANN/KATRIN MEUCHE, Praxisbuch Schulseelsorge, Göttingen 2014. Aus katholischer Perspektive s. ANGELA KAUPP/GABRIELE BUSSMANN/BRIGITTE LOB/BEATE THALHEIMER (Hg.), Handbuch Schulpastoral für Studium und Praxis, Freiburg 2015.

5.4 *Offene Fragen:* Der schulische Religionsunterricht in Deutschland mit seinem durch die Kirchen verantworteten Inhalt stellt eine Chance dar, viele Menschen in Kindheit und Jugend über etliche Jahre zu erreichen. Allerdings schränkt die *Kommunikationsform des Unterrichts* die Möglichkeiten zur Kommunikation des Evangeliums ein. Positiv ermöglicht der Ort des Religionsunterrichts in den öffentlichen Schulen den Kontakt mit den wichtigen Wissensgebieten gegenwärtiger Kultur. Einer Verdrängung der Kommunikation des Evangeliums in den privaten Bereich ist gewehrt. Doch wird im Unterricht leicht alles zum Unterrichts-Stoff. Der enge Zeittakt der Unterrichtsstunden legt eine Funktionalisierung von Lernprozessen nahe, der sich die Kommunikation des Evangeliums mit ihrer grundsätzlichen Offenheit entzieht. Der – von nicht wenigen Schüler/innen empfundene – Leistungsdruck in der Schule steht in Spannung bzw. im Gegensatz zur menschliche Leistung relativierenden Kommunikation des Evangeliums. Auch unter diesem Gesichtspunkt verdient das *Schulleben* erhöhte Aufmerksamkeit. Hier können Räume zu einer alle drei Modi umfassenden Kommunikation des Evangeliums entstehen. Ökumenische bzw. multireligiöse Schulfeiern sowie Angebote zur Schulseelsorge bieten dazu gute Möglichkeiten.

§ 18 Kirche zwischen Institution und Organisation

Literatur: GOTTFRIED ADAM/RAINER LACHMANN (Hg.), Neues Gemeindepädagogisches Kompendium (Arbeiten zur Religionspädagogik 40), Göttingen 2008 – KRISTIAN FECHTNER, Späte Zeit der Volkskirche, in: CHRISTIAN ALBRECHT (Hg.), Kirche, Tübingen 2011, 197–227 – CHRISTIAN GRETHLEIN, Grundinformation Kasualien. Kommunikation des Evangeliums an Übergängen im Leben, Göttingen 2007 – CHRISTIAN GRETHLEIN, Evangelisches Kirchenrecht. Eine Einführung, Leipzig 2015 – EBERHARD HAUSCHILDT/UTA POHL-PATALONG, Kirche (Lehrbuch Praktische Theologie 4), Gütersloh 2013 – JAN HERMELINK, Kirchliche Organisation und das Jenseits des Glaubens. Eine praktisch-theologische Theorie der evangelischen Kirche, Gütersloh 2011 – HOLGER LUDWIG, Von der Institution zur Organisation. Eine grundbegriffliche Untersuchung zur Beschreibung der Sozialgestalt der Kirche in der neueren evangelischen Ekklesiologie (Öffentliche Theologie 26), Leipzig 2010 – UTA POHL-PATALONG, Ortsgemeinde und übergemeindliche Arbeit im Konflikt. Eine Analyse der Argumentationen und ein alternatives Modell, Göttingen 2003 – RÜDIGER SCHLOZ, Kontinuität und Krise – stabile Strukturen und gravierende Einschnitte nach 30 Jahren, in: WOLFGANG HUBER/JOHANNES FRIEDRICH/PETER STEINACKER (Hg.), Kirche in der Vielfalt der Lebensbezüge. Die vierte EKD-Erhebung über Kirchenmitgliedschaft, Gütersloh 2006, 51–88

Die (evangelischen) Kirchen in Deutschland stehen unter Druck. *Seit 1969, dem ersten Jahr mit mehr als 100.000 Austritten, haben über sieben Millionen Evangelische ihre Kirche verlassen.* Dazu nimmt generell der Anteil der Kirchenmitglieder an der Gesamtbevölkerung in Deutschland ab (s. § 11 3.4). Die Ansiedelung vieler Menschen aus nichtchristlich geprägten Herkunftsländern sowie die Vereinigung mit der mehrheitlich nicht kirchlich gebundenen Bevölkerung in Ostdeutschland beschleunigten diesen Prozess. Während zu Beginn des 20. Jahrhunderts im Deutschen Reich noch über die Hälfte der Bevölkerung zu einer evangelischen Kirche gehörte, bewegt sich dieser Prozentsatz hundert Jahre später auf ein Viertel zu (s. § 11 3.4). Das im Vergleich zur Gesamtbevölkerung höhere Lebensalter der evangelischen Kirchenmitglieder lässt aus demographischen Gründen eine Fortsetzung dieses Schrumpfungsprozesses erwarten. Dazu verharrt die Zahl der Kirchenaustritte weiter auf hohem Niveau. Für die römisch-katholische Kirche gilt Ähnliches, allerdings bisher in abgeschwächter Weise. 2010 übertraf jedoch die Zahl der Austritte aus dieser Kirche mit etwa 180.000 erstmals die aus der evangelischen Kirche. Offenkundig lockert sich auch hier die Kirchenbindung.

Insgesamt leben heute wohl etwa acht bis neun Millionen Menschen in Deutschland, die getauft, aber nicht mehr Mitglieder einer Kirche sind (s. § 1 2.2). In theologischer Perspektive gehören sie nach wie vor zum „Leib Christi", folgen aber nicht der im 19. Jahrhundert festgesetzten Kirchenmitgliedschaftsregel.[128] Daraus ergibt sich die Notwendigkeit einer begrifflichen Klärung von „Kirche".

Bei einem problemgeschichtlichen Durchgang begegnen grundlegende Transformationen der Sozialformen christlichen Lebens. Mit ihnen antworteten die Christen jeweils auf kontextuelle Herausforderungen, wobei affirmative Tendenzen die vom Grundimpuls her ebenfalls mögliche Kulturkritik überwiegen. Auch heute vollziehen sich vielfältige Veränderungen, die es notwendig machen, über die adäquate Förderung der Kommunikation des Evangeliums in Form von organisierter Kirche nachzudenken.

1. Begriffsklärung

„Kirche" hat umgangssprachlich *drei Bedeutungsebenen:* Sie bezeichnet den Gottesdienst, das Gebäude, innerhalb dessen Gottesdienste gefeiert werden, und eine Institution bzw. Organisation. Etymologisch verweist der Begriff auf den glaubensmäßigen Grund, den „Herrn" (s. Einleitung zum 3. Teil). Im Neuen Testament nimmt „Ekklesia" das hebräische „qāhāl" (Versammlung) auf.[129] „Ekklesia" steht für die Zusammenkunft der an Christus Glaubenden, und zwar auf den Ebenen des Hauses, des Ortes, der Provinz und weltweit (s. Einleitung zu Kapitel 6). Martin Luther übersetzte „Ekklesia" durchgehend mit *„Gemeinde".* Er begründet dies im Großen Katechismus:

---

128 S. Jan Hermelink, Praktische Theologie der Kirchenmitgliedschaft. Interdisziplinäre Untersuchungen zur Gestaltung kirchlicher Beteiligung (APTh 38), Göttingen 2000, 126–135.
129 S. zum jüdischen Fundament der Sozialform Kirche Christoph Levin, Das Gottesvolk im Alten Testament, in: Christian Albrecht (Hg.), Kirche, Tübingen 2011, 7–35.

„Denn das Wort ‚Ecclesia' heißet eigentlich auf Deutsch ein ‚Versammlunge'. Wir sind aber gewohnet des Wörtleins ‚Kirche', welchs die Einfältigen nicht von einem versammleten Haufen, sondern von dem geweiheten Haus oder Gebäu verstehen, wiewohl das Haus nicht sollt' eine Kirche heißen ohn allein darümb, daß der Haufe darin zusammenkömmpt. Denn wir, die zusammenkommen, machen und nehmen uns ein sonderlichen Raum und geben dem Haus nach dem Haufen ein Namen. ... Darümb sollt's auf recht Deutsch und unser Muttersprach heißen ‚ein christliche Gemeine oder Sammlung' oder aufs allerbeste und klärste ‚ein heilige Christenheit'." (BSLK 656)

„Gemeinde" (bzw. „Gemeine") bezeichnet ursprünglich das gemeinsame Gebiet bzw. den Grund sowie das daran geknüpfte Leben.[130] Theologisch gesehen ist dieser Grund Jesus Christus.

Im Folgenden benennt „Kirche" die entsprechend bezeichneten Institutionen bzw. Organisationen (s. Einleitung zum 3. Teil). Dabei sind rechtlich verschiedene Ebenen zu unterscheiden: die Kirchengemeinde, deren Zusammenschlüsse auf mittlerer Ebene (Dekanate bzw. Kirchenkreise) und die Landeskirchen (sowie deren Kirchenbünde).[131] In der Öffentlichkeit spielt die Evangelische Kirche in Deutschland (EKD) eine große Rolle. Organisationssoziologisch finden sich neben-, mit- und gegeneinander „eine parochiale, eine landeskirchliche, eine vereinskirchliche, eine konvents- und eine funktionskirchliche Grundstruktur" (HERMELINK 169).

2. Historische Entwicklungen

Die Geschichte der Kirche enthält vielfältige Prozesse der Kontextualisierung und entsprechende Transformationen. Dementsprechend bildeten sich unterschiedliche Organisationsformen heraus, die teilweise mit bestimmten Bekenntnissen und Lebensformen verbunden sind. Die präsentierten Beispiele folgen dem in diesem Buch verfolgten problemgeschichtlichen Ansatz, der an einem vertieften Verstehen der Gegenwart interessiert ist. So richtet sich der Fokus auf die westliche und hier speziell die protestantische Entwicklung in Deutschland sowie auf bis heute wirkende Problemkonstellationen.

2.1 *Spannungen:* In den ersten christlichen Gemeinden, von denen das Neue Testament berichtet,[132] fällt in kommunikationstheoretischer Perspektive die *mimetische Ausrichtung* auf: Die ersten Christen traten in die Tischgemeinschaft Jesu ein (s. § 14 3.1) und in seine Taufe (s. § 13 3.2). Sie knüpften

---

130 Unter Bezug auf das Grimmsche Wörterbuch CHRISTIAN MÖLLER, Lehre vom Gemeindeaufbau Bd. 1. Konzepte – Programme – Wege, Göttingen ²1987, 14f.
131 S. hierzu die systemtheoretischen Analysen in RUDOLF ROOSEN, Die Kirchengemeinde – Sozialsystem im Wandel (APrTh 9), Berlin 1997.
132 Zu den hier nicht behandelten einzelnen ekklesiologischen Konzepten der neutestamentlichen Schriften s. differenziert JENS SCHRÖTER, Die Anfänge christlicher Kirche nach dem Neuen Testament, in: CHRISTIAN ALBRECHT (Hg.), Kirche, Tübingen 2011, 37-80, 51-69.

auch anderweitig an sein Auftreten und Wirken an, vor allem in ihrer Zuwendung zu anderen. Zugleich begegnen bereits früh erste Spannungen. In Korinth musste Paulus einen Konflikt um das Abendmahl schlichten (1 Kor 11,17–34). Mit herkömmlichen Distinktionen, nämlich zwischen reich und arm, verbundene Lebensstile gefährdeten die neue Gemeinschaft in Christus. Dazu berichtet die Apostelgeschichte von einem Konflikt bei der Versorgung der Witwen (Apg 6,1–7). Offenkundig bedrohten sprachliche und kulturelle Unterschiede die Einheit der Gemeinde.

Beide Male führte die Lösung zu tiefgreifenden Veränderungen. In Korinth kam es zur Abtrennung des Gedächtnismahles von der Sättigungsmahlzeit. In Jerusalem wurden neue Funktionen eingeführt. Der „Dienst" (griech.: diakonia) an den Tischen bzw. bei den Mahlzeiten trat neben den „Dienst" am Wort. Dabei bahnte sich eine Über- und Unterordnung an. Denn die mit Gebet und dem Wort betrauten Apostel legten den zur Armenpflege Berufenen die Hände auf. Kommunikationstheoretisch gesehen sind dies erste *Ausdifferenzierungen*. Neben dem gemeinsamen Essen und Trinken etablierte sich ein eigenes Gedächtnismahl, in dem lediglich auf der symbolischen Ebene gemeinsam gegessen und getrunken wurde. Dazu ergänzten die Armenpfleger die Apostel. Beide Male machten praktische Probleme ein Handeln notwendig; beide Lösungen erwiesen sich im Weiteren als ambivalent. Denn die Abtrennung vom Sättigungsmahl verdunkelte den diakonischen Charakter des gemeinschaftlichen Mahls (s. § 14 4.2), die besonderen Funktionen entwickelten sich zu einem eigenen Klerikerstand (s. § 22 1.1) und marginalisierten so die Bedeutung der Taufe und des Helfens zum Leben.

2.2 *Sakralisierung:* Nur indirekt und in Einzelbeispielen greifbar ist die rasche Entwicklung der christlichen Sozialformen im 2. und 3. Jahrhundert. Es bildeten sich aus: eine hierarchische Amtsstruktur, eine verbindliche Lehre, als heilig geltende liturgische Formen und ein eigener sakraler Bereich.

Doch fällt auf, dass die ersten Christen die Funktionen in ihrer Gemeinschaft mit Begriffen benannten, die weder aus dem kultischen noch dem staatlichen Bereich stammten. Die von ihnen verwendeten Begriffe des Apostels, des Aufsehers (Episkopos, Bischof), des Lehrers, des Propheten, des Ältesten (Presbyter) und des Dieners (Diakon) bezeichneten damals „verschiedene Funktionen in Vereinen, Verbänden, Riten und politischen Institutionen".[133] Und auch die Versammlungen in „Häusern" lassen einen wenig sakralen Stil vermuten. Dies änderte sich jedoch rasch. Die Aufgabe, die Erinnerung an den Gekreuzigten und Gestorbenen aufrecht zu erhalten,

---

133 THOMAS SÖDING, Geist und Amt. Übergänge von der apostolischen zur nachapostolischen Zeit, in: THEODOR SCHNEIDER/GUNTHER WENZ (Hg.), Das kirchliche Amt in apostolischer Nachfolge Bd. 1. Grundlagen und Grundfragen (DiKi 2), Freiburg 2004, 189–293, 191.

§ 18 Kirche zwischen Institution und Organisation

begünstigte die Herausbildung neuer Formen, die an antike pagane Vorstellungen wie die Unterscheidung von Heilig und Profan anschlussfähig waren.

Zum Ersten bildete sich im Verlauf des 2. Jahrhunderts eine *Amtsstruktur* heraus mit u. a. folgenden Merkmalen:
- „die dauerhafte Bindung an eine Person",
- „die Einsetzung durch Weihe",
- „die Trias Bischof – Presbyter – Diakon",
- „die Unterscheidung von Klerus und Laien".[134]

Allerdings wurde das Amt im Einzelnen unterschiedlich begründet.[135] Auch fanden sich anfangs Frauen als Apostolin (Röm 16,7) und noch länger, vor allem im Osten, als Diakoninnen[136] – eine bald verlorene Weite.

Zum Zweiten[137] entstand – in enger Verbindung mit dem Bischofsamt – eine *orthodoxe Lehre*, die später unter den Bedingungen der Staatsreligion politische Ordnungsfunktionen bekam. Die Pluriformität der Glaubensanschauungen im Neuen Testament wurde reduziert. Der Erhalt der Einheit war vorrangiges Ziel. Kirche wurde dabei soteriologisch aufgewertet: „salus extra ecclesiam non est" (Cyp.ep. 73,21). In der Auseinandersetzung mit Donatus wurde – von Optatus von Mileve – die Heiligkeit der Kirche mit den Sakramenten, nicht mit der besonderen Dignität von Personen begründet. In kommunikationstheoretischer Hinsicht war diese Entscheidung ambivalent. Auf der einen Seite stärkte sie die Glaubensgewissheit durch die Betonung der Gültigkeit von Gottes Handeln in den Sakramenten. Auf der anderen Seite bahnte sie jedoch den Weg zu einem objektiven Glaubensverständnis, das den Bezug zur konkreten Kommunikation ausblendete und verlor.

Drittens nahmen die Zusammenkünfte *rituellen Charakter* an. Die Entwicklungen von Taufe (s. § 13 3.2) und Abendmahl zeigen dies deutlich. Zentrale Positionen wie der Vorsitz in der Eucharistiefeier wurden dem Bischof vorbehalten. Die „Ämter" waren hierarchisch gestuft und differenzierten sich aus.

Schließlich wurden ab dem 3. Jahrhundert eigene *Gebäude* für die gemeinschaftlichen Feiern errichtet (s. § 24 2.3). Zwar prägte der Versammlungscharakter die Innenausstattung,[138] doch bahnte sich dadurch die Entwicklung „heiliger Orte" auch im Christentum an.

---

134 A.a.O. 192.
135 S. zum Einzelnen CHRISTOPH MARKSCHIES, Apostolizität und andere Amtsbegründungen in der Antike, in: THEODOR SCHNEIDER/GUNTHER WENZ (Hg.), Das kirchliche Amt in apostolischer Nachfolge Bd. 1. Grundlagen und Grundfragen (DiKi 2), Freiburg 2004, 296–334.
136 S. DOROTHEA REININGER, Diakonat der Frau in der einen Kirche. Diskussionen, Entscheidungen und pastoral-praktische Erfahrungen in der christlichen Ökumene und ihr Beitrag zur römisch-katholischen Diskussion, Ostfildern 1999, 56–123.
137 S. zum Folgenden ausführlich und detailliert GERHARD MAY, Kirche III. Alte Kirche, in: TRE 18 (1989), 218–227.
138 S. RAINER VOLP, Liturgik. Die Kunst, Gott zu feiern Bd. 1, Gütersloh 1992, 184–201 (mit zahlreichen Grundrissen).

Diese Veränderungen hatten als Resultat: *Aus der Botschaft von der anbrechenden Gottesherrschaft wurde im 4. Jahrhundert ein System der öffentlichen Daseins- und Wertorientierung, das die Funktion der das Reich integrierenden „Religio" übernahm.*

2.3 *Verstaatlichung:* Mit dieser Entwicklung und der zahlenmäßigen Zunahme der Christen stellte sich die Aufgabe, das Verhältnis zum Staat zu bestimmen. Unter Kaiser Konstantin begann eine Förderung des Christentums, die unter Theodosius I. 481 in die Proklamation des (rechtgläubigen) Christentums als Staatsreligion mündete. Jetzt ging es darum, den christlichen Grundimpuls für das ganze Gemeinwesen fruchtbar zu machen. Das sich seit der Spätantike anbahnende Eigenkirchenwesen[139] und die Belehnung von Äbten und Bischöfen förderten eine vollständige Integration von Kirche in die damalige Sozialordnung. Mentalitätsmäßig unterstützte die in der germanischen Kultur selbstverständliche Personalunion von politischer Herrschaft und spiritueller Führung diese Entwicklung. Sie mündete in die das ganze Mittelalter durchziehende Auseinandersetzung zwischen Imperium und Sacerdotium um den Vorrang.

Nachhaltig prägend für Kommunikation des Evangeliums war die *Ausbildung einer hierarchischen Kirchenstruktur*. Nicht nur die Dimension des Lehrens und Lernens entfiel für den Großteil der Bevölkerung fast vollständig. Die (scholastische) Lehre der Kirche und die tatsächliche Glaubenspraxis der Menschen klafften auseinander. Auch das Helfen zum Leben trat zurück. Reiche und Arme lebten weit voneinander geschieden. Hohe kirchliche Ämter waren mit Reichtum und Macht verbunden. Dazu reduzierte sich die gemeinschaftliche Feier in dramatischer Weise. So entstand beim Abendmahl ab dem 12. Jahrhundert – im Zusammenhang mit dem Brauch der Elevation – eine Schaufrömmigkeit, die auf die Kommunion verzichtete (sog. Augenkommunion).[140]

Insgesamt ist aus heutiger Perspektive zu konstatieren, dass es der Kirche nicht gelang, ihren Einfluss und ihre Macht im Sinne des christlichen Grundimpulses einzusetzen. Vielmehr hatten die kirchliche Struktur, Teile der scholastischen Theologie und die tatsächliche Glaubenspraxis der Mehrheit keinen erkennbaren Zusammenhang mit der Kommunikation des Evangeliums.

2.4 *Reformbemühungen:* Allerdings begleiteten kritische Reformprozesse die eben skizzierten Entwicklungen. Dabei gelang es teilweise kirchenimmanent Reformen anzuregen. Vor allem von den Klöstern, allen voran Cluny, gingen

---

139 S. Peter Landau, Eigenkirchenwesen, in: TRE 9 (1982), 399–404.
140 S. Hans Bernhard Meyer, Eucharistie. Geschichte, Theologie, Pastoral (GDK 4), Regensburg 1989, 233, 499.

§ 18 Kirche zwischen Institution und Organisation

Impulse aus. Daneben kam es zu grundsätzlichen Auseinandersetzungen, die – entgegen dem christlichen Grundimpuls – mit Gewalt entschieden wurden. Die Namen Hus und Wyclif sowie die Bewegung der Katarer stehen als Exempla hierfür. Den wirksamsten Reformanstoß gab *Martin Luther*.[141] Er setzte der Papstkirche ein neues Kirchenverständnis entgegen. So erklärte er in den Schmalkaldischen Artikeln:

„Wir gestehen ihn nicht, daß sie die Kirche sein, und sind's auch nicht, und wollen [sie]'s auch nicht horen, was sie unter dem Namen der Kirchen gebieten ader verbieten; denn es weiß gottlob ein Kind von 7 Jahren, was die Kirche sei, nämlich die heiligen Gläubigen und ‚die Schäflin, die ihres Hirten Stimme hören' ... Diese Heiligkeit stehet nicht in Chorhembden, Platten, langen Rocken und andern ihren Zeremonien, durch sie uber die heilige Schrift erichtet, sondern im Wort Gottes und rechtem Glauben." (BSLK 459 f.)

„Heilig" war hier kein Attribut für Dinge, sondern Bezeichnung für alle Getauften.

Dem entsprach, dass kommunikative Vollzüge – und nicht hierarchische Gefüge – ins Zentrum von Kirche rückten: Predigen (s. § 25 3.3) sowie Taufen (s. § 26 3.3) und Abendmahl Feiern (s. § 27 3.3). Sie brachten den für Kirche grundlegenden Christusbezug zum Ausdruck. Die Heiligkeit der Menschen blieb dabei nicht nur theologische Formel, sondern zeigte sich im kommunikativen Vollzug des gemeinschaftlichen Feierns. Die Menschen wurden – entgegen mittelalterlicher Schaufrömmigkeit – an ihm beteiligt. Die Einführung der Landessprache, das Singen von Liedern, die Annahme von Vorgetragenem durch das Amen sowie der Laienkelch zeigten dies eindrücklich.

Die Betonung der Heiligkeit jedes Christen implizierte die Abwehr eines besonders herausgehobenen Priesteramts. Kirche konstituierte sich für die Reformatoren nicht durch besondere Ämter. Vielmehr erforderte die Versammlung der Getauften bestimmte leitende Funktionen. Dabei muss der konkrete Kontext der Reformation bedacht werden. Die meisten Menschen waren Analphabeten und bedurften der Belehrung selbst in elementaren Fragen des Glaubens. Doch sollte diese missliche Situation überwunden werden. Denn die Einsicht in die Unmittelbarkeit jedes Menschen zu Gott – jenseits aller klerikaler Vermittlungsinstanzen – machte Bildungsanstrengungen für jedes Kind (auch die Mädchen) erforderlich (s. § 13 3.4).

Am schwächsten ausgeprägt war der reformatorische Impuls hinsichtlich des Helfens zum Leben (s. § 15 3.4). Zum einen konnten sich hier die Vorschläge der Reformatoren – wie z. B. Luthers Kastenordnung[142] – nicht durchsetzen (s. § 15 3.4). Zum anderen führte die enge Verbindung mit der staatlichen Obrigkeit zur Stabilisierung der an äußerer Ordnung interessier-

---

141 Zu Calvins Ansatz und dem der reformierten Kirche s. HERMELINK 43–49.
142 Ordnung eines gemeinen Kasten (1523), in: WA 12,11–30.

ten Verwaltung. Rechtfertigungstheologisch begünstigte die Kritik an einem soteriologischen Verständnis der „Werke" (s. CA 6) die Zurückhaltung evangelischer Kirchen auf diesem Gebiet. Nicht von ungefähr fehlt in der berühmten Kirchendefinition von CA 7 ein Hinweis auf das Helfen zum Leben – eine nur im damaligen Kontext verständliche, problematische Verkürzung des von Jesu Auftreten, Wirken und Geschick ausgehenden Impulses.

2.5 *Konfessionalisierung:* Zwar war es bereits im 11. Jahrhundert zum Schisma zwischen Ost- und Westkirche gekommen. Aber für die meisten Menschen erlebbar zerstörte die *Kirchenspaltung* im Gefolge der Reformation die Einheit der Kirche. Wegen des Prinzips „cuius regio eius religio" wurde diese Trennung vielerorts erst im Lauf der Zeit bewusst, endgültig bei der staatlichen Neuordnung durch den Reichsdeputationshauptschluss (1803). Doch bildeten sich schon nach der Reformation Konfessionskirchen als eigenständige Gestalten des Christentums mit unterschiedlichen Kommunikationsformen heraus. Sie können bis in die Gegenwart als Versuche verstanden werden, den christlichen Grundimpuls im jeweiligen Kontext zum Ausdruck zu bringen. Auf dem Tridentinischen Konzil bemühte sich auch die römische Kirche um die Korrektur eingerissener Missstände.

Schon die Grundlegung von Kirche erfolgte unterschiedlich: Während katholisch das Amt und damit eine bestimmte, zunehmend juridisch ausformulierte Verwaltungsstruktur vorherrschten, kam evangelisch der Theologie an den Universitäten große Bedeutung zu. Damit dominierte aber, wenngleich unterschiedlich begründet und ausgearbeitet, die Lehre in beiden Kirchen. In der frommen Praxis standen lange Zeit die (sieben) Sakramente sowie diverse Sakramentalien und Benediktionen im Zentrum katholischen Lebens. Dagegen lag das Schwergewicht im Protestantismus auf Predigt und Unterricht. Fatal wurden diese Unterschiede durch die lehrmäßig behauptete Unvereinbarkeit beider Interpretationsformen des Christentums. Bis heute beharrt die katholische Kirche auf der Exklusion Evangelischer vom Abendmahl. Damit werden mögliche Differenzierungsgewinne durch die Konfessionalisierung verspielt. Die Kirchenspaltung behindert – wie ein Blick auf Familie (§ 16 5.4) und Schule (§ 17 5.2) zeigt – die Kommunikation des Evangeliums.

2.6 *Volkskirche:* Johann Wichern (s. § 15 3.7) hatte mit „Volkskirche" 1848 das Programm für eine „religiöse Revitalisierung des gesamten Volkslebens"[143] formuliert. Doch schon vorher verwendete Friedrich Schleiermacher den Begriff,[144] um die veränderte Situation der Kirche in der Moderne zu erfassen:

---

143 Karl Fritz Daiber, Predigt als religiöse Rede, München 1991, 79.
144 S. Wolfgang Huber, Volkskirche I. Systematisch-theologisch, in: TRE 35 (2003), 249–254, 249.

"Im Gegenzug zu obrigkeitlichen oder autoritativen Kirchenkonzepten etwa verbindet sich mit einer volkskirchlichen Ausrichtung das Anliegen, Kirche von ihren Mitgliedern her zu strukturieren und in ihr der Pluralität gelebter Kirchlichkeit Raum zu geben. Gegenüber freikirchlichen Optionen hingegen wird ... der öffentliche Auftrag der Kirche betont, den es kooperativ mit anderen gesellschaftlichen Einrichtungen *wahrzunehmen* gilt, und ebenso die institutionellen Vollzüge der Kirche, die der je individuellen Teilhabe der Einzelnen vorausliegen." (FECHTNER 202 f.)

Über solche Anliegen und Abgrenzungen hinaus nennt Kristian Fechtner drei Dimensionen, auf die das Konzept Volkskirche – bis heute – aufmerksam macht (a. a. O. 203–207):
- Strukturell wird das besondere Verhältnis der Kirchen zum Staat erfasst, wie es z. B. im Status einer Körperschaft des öffentlichen Rechts zum Ausdruck kommt (s. genauer 3.1).
- Praktisch wird eine bestimmte Partizipation vieler Menschen an Kirche benannt, die auf „partieller Identifikation" (a. a. O. 205) beruht.[145] Zwischen der kirchlichen Lehre und der tatsächlichen Einstellung der meisten Kirchenmitglieder besteht eine erhebliche Spannung. Vor allem anlässlich bestimmter Übergänge im Leben (Stichwort: Kasualien) und im Jahr (Stichwort: Kirchenjahr) kommt es gelegentlich zur Partizipation (s. 4.3).
- Schließlich wird ein grundsätzlicher Anspruch auf öffentliche Teilhabe von Kirche reklamiert. Er tritt aktuell nicht zuletzt im Medienbereich hervor (s. § 20).

Dabei ist zweierlei unübersehbar: Diese Besonderheiten von Volkskirche prägen bis heute die evangelischen Kirchen in Deutschland; zugleich befinden sie sich in einem Übergang. Entgegen vorschnellen Verabschiedungen dieses Konzeptes zeigt ein Blick in andere Länder dessen Stabilität. Aber die – erwähnten – Daten zur Kirchenmitgliedschaft machen auf eine Abschwächung dieser besonderen Sozialform aufmerksam. In den ostdeutschen Bundesländern, aber auch in den Großstädten ist dieser Prozess besonders weit vorangeschritten.

2.7 *Ergebnis:* (Organisierte) Kirche ist ein wichtiger Ort der Kommunikation des Evangeliums. Sie eröffnet Räume für Lehr- und Lernprozesse, gemeinschaftliches Feiern und Helfen zum Leben. Doch zeigt ein Blick in die Christentumsgeschichte die große *Gefahr, dass sich Kirche bzw. kirchliche Amtsträger an die Stelle der Kommunikation des Evangeliums setzen.* Schließlich erfordern

---

145 Vor allem Ernst Troeltsch arbeitete diesen Gesichtspunkt der Differenzierung mit seiner berühmten Unterscheidung von Kirche, Sekte und Mystik aus (s. KRISTIAN FECHTNER, „Subjektivierung des Kirchentums". Eine praktisch-theologische Vergewisserung im Anschluss an Ernst Troeltsch, in: DERS., Späte Zeit der Volkskirche. Praktisch-theologische Erkundungen [PThe 101], Stuttgart 2010, 48–61, 53–56).

die Veränderungen in Gesellschaft und Kultur jeweils Transformationen der Kommunikation des Evangeliums – und dies hat Konsequenzen für die Gestaltung und Organisation von Kirche.

3. Rechtlicher Rahmen

Kirche ist in doppelter Hinsicht ein rechtliches Thema. Zum einen benötigt sie in ihrem Inneren Recht. Schon ein flüchtiger Blick in die Christentumsgeschichte, aber auch in jede Kirchengemeinde zeigt die Notwendigkeit rechtlicher Regelungen. Die Struktur der Aktivitäten ist zu ordnen und in Konfliktfällen bedarf es verbindlicher Bestimmungen, um zu einem gerechten Ausgleich zu kommen. Zum anderen ist Kirche Gegenstand staatlichen Rechts, insofern sie ein Teil des Gemeinwesens ist.

In den evangelischen Kirchen vermischten sich lange Zeit beide Ebenen. Dies hängt mit dem spezifischen Verlauf der Reformation zusammen, in dem die Landesherren – als Glieder der Kirche (lat.: membra ecclesiae) – episkopale Funktionen übernahmen (zum Konzept der „Landeskirche" s. HERMELINK 134–143). Dadurch waren die kirchlichen Verwaltungen lange Zeit in die staatliche Organisationsstruktur eingegliedert. Erst die Trennung von Staat und Kirche in der Weimarer Reichsverfassung (Art. 137 WRV) änderte dies, wenngleich in einer die Kooperation zwischen Staat und Kirche begünstigenden Weise. Noch heute ist im Aufbau der Landeskirchenämter, vor allem aber im kirchlichen Dienstrecht die staatliche Prägung erkennbar.

3.1 *Staatskirchenrecht:* Grundlegend für das Staatskirchenrecht[146] sind die vom Grundgesetz (Artikel 140) aus der Weimarer Reichsverfassung übernommenen Artikel (136–139 und 141). Sie beinhalten zum einen die Trennung von Staat und Kirche und zum anderen Regelungen zu ihrer Kooperation. In der Praxis besondere Bedeutung hat der Rechtstitel einer *Körperschaft des öffentlichen Rechts* (Artikel 137 Abs. 5 WRV). Er ermöglicht es den Kirchen, staatsanalog zu agieren, indem sie öffentlich-rechtliche Untergliederungen mit Rechtsfähigkeit bilden, Beamtenverhältnisse begründen und Steuern erheben.

> „Die Rechtsstellung von Religionsgemeinschaften als Körperschaften des öffentlichen Rechts geht zurück auf Ursprünge im Staatskirchenrecht des 17. Jahrhunderts. Sie wurde im Preußischen Allgemeinen Landrecht von 1794 gesetzlich geregelt und ... im 19. Jahrhundert in den deutschen Ländern im Einzelnen unterschiedlich ausgeformt."[147] Die Weimarer Nationalversammlung nahm diese Entwicklung auf (Art. 137 Abs. 5 WRV), woran sich wiederum das Grundgesetz anschloss (Art. 140 GG).

---

146 Grundlegend: AXEL V. CAMPENHAUSEN/HEINRICH DE WALL, Staatskirchenrecht. Eine systematische Darstellung des Religionsverfassungsrechts in Deutschland und Europa. Ein Studienbuch, München [4]2006.
147 HEINRICH DE WALL/STEFAN MUCKEL, Kirchenrecht. Ein Studienbuch, München [4]2014, 87.

Dazu ist der Körperschaftsstatus mit etlichen Vorteilen verbunden:

„Zu ihnen gehören Vergünstigungen und Befreiungen im Steuerrecht sowie im Kosten- und Gebührenrecht, Rücksichtnahmepflichten bei der Bauleitplanung ... und im Bereich der Sozialhilfe ... sowie die pauschale Anerkennung der korporierten Religionsgemeinschaften als Träger der freien Jugendhilfe".[148]

Juristisch wird dies damit begründet, dass der Körperschaftsstatus zum einen die Eigenständigkeit der Religionsgemeinschaften sicher stellt und zum anderen Ausdruck der grundgesetzlich (Art. 4 GG) gebotenen Religionsfreiheit ist.[149]

Bildet so die Verfassung einen die Kirchen fördernden Rahmen, enthalten die *Staatskirchenverträge* zwischen einzelnen Landeskirchen und den jeweiligen Bundesländern teilweise bis ins Detail gehende Bestimmungen.[150] Neben als Ablösung säkularisierten Kirchengutes geltenden staatlichen Dotationen (s. Art. 138 WRV) finden sich Garantien für Theologische Fakultäten, Bestimmungen zum Religionsunterricht, zur Krankenhausseelsorge, zu Baulasten usw. So begünstigen staatskirchenrechtliche Regelungen kirchliches Handeln. Dass damit ambivalente Verknüpfungen verbunden sind, zeigt sich am Beispiel der kirchlichen Finanzierung. Die Hauptquelle hierfür ist gegenwärtig der Ertrag der Kirchensteuer.[151] Sie ist unmittelbar mit der staatlichen Einkommensteuer verbunden. Angesichts der gegenwärtigen Steuerpolitik ergeben sich vor allem durch die Verlagerung von direkten auf indirekte Steuern wie die Mehrwertsteuer Probleme für die Kirchen, weil sie an letzteren nicht partizipieren. Außerdem erreicht die Kirchensteuer nur eine Minderheit der Kirchenmitglieder, nämlich die Steuerpflichtigen. Schließlich ist zu fragen, ob der Automatismus und Zwang von Steuer einer Sozialform entspricht, die die Kommunikation des Evangeliums zu fördern hat.

3.2 *Kirchenrecht:* Erst seit dem 19. Jahrhundert stellt sich die Frage nach einem eigenständigen evangelischen Kirchenrecht. Bis dahin regelte der Staat die entsprechenden Angelegenheiten. Einen wichtigen Impuls gab Rudolf Sohm mit seiner These: „Das Kirchenrecht steht mit dem Wesen der Kirche in Widerspruch." und „Das Wesen der Kirche ist geistlich, das Wesen

---

148 A.a.O. 86.
149 S. ausführlich STEFAN MAGEN, Körperschaftsstatus und Religionsfreiheit. Zur Bedeutung des Art. 137 Abs. 5 WRV im Kontext des Grundgesetzes (IusEcc 75), Tübingen 2004.
150 S. grundsätzlich AXEL V. CAMPENHAUSEN, Staatskirchenvertrag, in: LKStKR Bd. 3 (2004), 590–593; aktuelle Bedeutung erhielt die Thematik im Zuge der Vereinigung Deutschlands, s. hierzu HANS ULRICH ANKE, Die Neubestimmung des Staat-Kirche-Verhältnisses in den neuen Ländern durch Staatskirchenverträge. Zu den Möglichkeiten und Grenzen des staatskirchenvertraglichen Gestaltungsinstruments (IusEcc 62), Tübingen 2000.
151 S. zu den verschiedenen historischen, ökonomischen und vor allem finanz- und verfassungsrechtlichen Fragen FELIX HAMMER, Rechtsfragen der Kirchensteuer (IusEcc 66), Tübingen 2002.

des Rechts ist weltlich."[152] Zwar liegen dem ein einseitiges, rein geistliches Kirchenverständnis sowie ein ebenfalls einseitiges, mit Zwang durchzusetzendes staatliches Rechtsverständnis zu Grunde. Doch markierte Sohm zutreffend eine Spannung für die evangelische Kirche. Schon Luther hatte das kanonische Recht verworfen. Tatsächlich zeigt ein Seitenblick auf die römisch-katholische Kirche mit ihrem Codex Iuris Canonici (auch in seiner überarbeiteten Fassung von 1983) die Gefahr, menschliche Bestimmungen theologisch durch die Inanspruchnahme eines *„Ius divinum"* aufzuladen.[153] Wird so versucht, kirchliche Rechtsordnungen auf Dauer zu stellen, ist für Evangelisches Kirchenrecht das Wissen um dessen Vorläufigkeit als „Ius humanum" grundlegend. Vor allem Fragen der Lehre können nicht rechtlich geregelt werden, sondern bedürfen des theologischen Diskurses. Dies tritt in den vorsichtigen Bestimmungen zu Tage, die für ein Lehrverfahren gelten. Es wird von Verfahren wegen dienstlicher Verfehlungen unterschieden und ist vom Bemühen bestimmt, den Dissens im Gespräch beizulegen (s. § 22 2.2).[154]

Positiv setzt Evangelisches Kirchenrecht beim Priestertum aller Getauften, also bei den Rechten der Einzelnen an:

> „Dabei geht es um den Zugang zum Glauben, um die Achtung der Würde und Integrität der Person, um die freie Entfaltung der Persönlichkeit, um die Teilhabe und Partizipation an kirchlichen Entscheidungen, um die Wahrung der Gewissens- und Meinungsfreiheit in der Kirche, um das Recht der Gleichheit und um die innerkirchliche Vereinigungs- und Versammlungsfreiheit."[155]

Die rechtlichen Bestimmungen haben sich demnach daran auszuweisen, ob sie Raum für eine selbstbestimmte Partizipation der Getauften an Kirche eröffnen (s. ausführlicher GRETHLEIN, Kirchenrecht 62-65).

4. Gegenwärtige Situation

Die Evangelische Kirche ist wohl gegenwärtig in Deutschland die am besten empirisch erforschte Organisation. Seit dem Beginn der siebziger Jahre analysiert sie sich selbst im Zehn-Jahres-Abstand durch aufwändige repräsentative Mitgliederbefragungen, die einem organisationssoziologischen Ansatz folgen. Deren Titel markieren zugleich kirchenamtliche Fragestellungen und Selbsteinschätzungen (s. § 4 1.4):

---

152 RUDOLF SOHM, Kirchenrecht Bd. 1 (Systematisches Handbuch der Deutschen Rechtswissenschaften VIII/1), Leipzig 1892, 1 und 700 (s. GRETHLEIN, Kirchenrecht 39-42).
153 S. zu dieser wesentlichen Differenz zwischen katholischem und evangelischem Kirchenrecht MARTIN HONECKER, Evangelisches Kirchenrecht, in: DERS., Recht in der Kirche des Evangeliums (IusEcc 85), Tübingen 2008, 133–156, 145–147.
154 S. genauer WOLFGANG HUBER, Lehrbeanstandung in der Kirche der Lehrfreiheit, in: GERHARD RAU/HANS-RICHARD REUTER/KLAUS SCHLAICH (Hg.), Das Recht der Kirche Bd. 3. Zur Praxis des Kirchenrechts (FBESG 51), Gütersloh 1994, 118–137.
155 MARTIN HONECKER, Evangelisches Kirchenrecht, in: DERS., Recht in der Kirche des Evangeliums (IusEcc 85), Tübingen 2008, 133–156, 154.

„Wie stabil ist die Kirche? Bestand und Erneuerung" (1974)
„Was wird aus der Kirche?" (1984)
„Fremde Heimat Kirche" (1997)
„Kirche in der Vielfalt der Lebensbezüge" (2006)
„Engagement und Indifferenz. Kirchenmitgliedschaft als soziale Praxis" (2014) bzw. „Vernetzte Vielfalt. Kirche angesichts von Individualisierung und Säkularisierung" (2015)[156]

Die Daten dieser Mitgliederbefragungen geben interessante Einblicke in die Lage heutiger evangelischer Kirchen in Deutschland.

Von da aus wird nach den drei grundlegenden Modi der Kommunikation des Evangeliums gefragt. Dabei steht am Anfang jeweils eine Skizze der historischen Genese; es folgen kontextuelle Veränderungen und ein Blick auf die Reaktionen im Handlungsfeld.

4.1 *Kirche heute:*[157] Der langjährige Leiter der Planungsgruppe der EKD, Rüdiger Schloz, wertet im Zusammenhang der 4. EKD-Mitgliedschaftsstudie die Ergebnisse der vorhergehenden drei Befragungen aus und macht auf einige interessante Befunde aufmerksam:

Insgesamt charakterisiert Schloz die Situation der evangelischen Kirchen als „*relative Stabilität*" (SCHLOZ 53). Die Verbundenheit („commitment") der Kirchenmitglieder hat sich nur wenig verändert. Je ein gutes Drittel bezeichnet sich als sehr oder ziemlich bzw. etwas verbunden, ein Viertel kaum oder gar nicht (a. a. O. 54). Dazu kommen – wie am Anfang dieses Paragraphen erwähnt – dauerhaft hohe Austrittszahlen, die aber an dem eben genannten Spektrum der Verbundenheit nichts verändern. Ihnen stehen in den letzten Jahren quantitativ erheblich geringere, aber ansteigende Zahlen von Wieder-

---

156 Zu diesem Titelwechsel, hinter dem eine manifeste Auseinandersetzung zwischen Vertretern der Säkularisierungs- und der Individualisierungsthese steht, s. KRISTIAN FECHTNER, Kommentar: Teilhabe ermöglichen – in Reichweite bleiben, in: HEINRICH BEDFORD-STROHM/ VOLKER JUNG (Hg.), Vernetzte Vielfalt. Kirche angesichts von Individualisierung und Säkularisierung, Gütersloh 2015, 112–118, 113 f.

157 Die Ergebnisse der 5. EKD-Mitgliedschaftsumfrage wurden sowohl methodisch als auch konzeptionell erheblich kritisiert (s. hierzu die kritischen Anfragen von GERALD KRETZSCHMAR, Im Schatten des Indifferenztheorems. Die Wahrnehmung distanzierter Kirchlichkeit durch die fünfte EKD-Erhebung über Kirchenmitgliedschaft, MICHAEL DOMSGEN, Haltungen und Prägungen im Verhältnis zu Kirche und Religion. Zu Chancen und Grenzen hergebrachter Begrifflichkeiten und Kategorien vor dem Hintergrund der V. Kirchenmitgliedschaftsumfrage, GEORG RAATZ, Selbst- und Fremdzuschreibung – religiöse und religionssoziologische Ambiguitäten der 5. Kirchenmitgliedschaftsuntersuchung der EKD, jeweils in: EvTh 75 [2015], 179-194 bzw. 195-201 bzw. 202-214 und ganz grundsätzlich STEFAN HUBER, Kommentar: Gott ist tot! Tatsächlich? – Transzendenzerfahrungen und Transzendenzglaube im ALLBUS 2012, in: HEINRICH BEDFORD-STROHM/VOLKER JUNG [Hg.], Vernetzte Vielfalt. Kirche angesichts von Individualisierung und Säkularisierung, Gütersloh 2015, 267–276). Deshalb greife ich im Folgenden auf Ergebnisse der 4. EKD-Mitgliedschaftsumfrage zurück, deren Daten methodisch durchsichtiger sind, und füge nur gelegentlich Ergebnisse der 5. Erhebung hinzu.

eintritten gegenüber.[158] Insgesamt lässt sich im Vergleich der Entwicklung in den verschiedenen Altersgruppen „eine allmähliche Abschwächung von Bindungskräften" (a. a. O. 56) feststellen.

Konkret haben die Kirchenmitglieder vor allem *Erwartungen an Kirche* im liturgisch-homiletischen sowie im diakonischen Bereich (s. zum Folgenden die Tabelle a. a. O. 59):

> 2002 sprachen sich 78 % der westdeutschen und 87 % der ostdeutschen Kirchenmitglieder dafür aus, die Kirche solle „Menschen durch Taufe, Konfirmation, Hochzeit und Beerdigung an den Wendepunkten des Lebens begleiten"; fast ebenso viele (72 % bzw. 85 %; 2012: 74 %) plädierten für „die christliche Botschaft verkündigen". Noch höher lag die Zustimmung zu „Alte, Kranke und Behinderte betreuen" (82 % bzw. 87 %; 2012: 83 %) und „sich um Probleme von Menschen in sozialen Notlagen kümmern" (77 % bzw. 86 %; 2012: 83 %).

Dem entsprechen in etwa die Gründe für die eigene Mitgliedschaft (s. die Tabelle a. a. O. 61).

> Dabei fällt die geringe Zustimmung zur Vorgabe „Ich bin in der Kirche, weil ich Gemeinschaft brauche" auf (20 % westdeutsche und 28 % ostdeutsche Evangelische). Etwa ein Viertel kann sich „Evangelischsein" ohne Kirchenmitgliedschaft vorstellen. Ansonsten rangiert bei den „Merkmalen des Evangelischseins" die Taufe ganz vorne (93 % bzw. 88 %; 2012: 85 %). Das Abendmahl erscheint demgegenüber für die meisten weniger wichtig (34 % bzw. 39 %; 2012: 39 %) (s. die Tabelle a. a. O. 63). Blieb bei diesen Fragen in den letzten dreißig Jahren die Einstellung in etwa gleich, so veränderte sie sich gegenüber der Kirchensteuer erheblich. Bei der 1992 durchgeführten Umfrage fanden noch 75 % der westdeutschen und 83 % der ostdeutschen Evangelischen die Kirchensteuer „eigentlich gerecht", zehn Jahre später waren es nur noch 48 % (a. a. O. 77). Diese Frage fehlte 2012.

So erscheint die evangelische Kirche in der Einstellung vieler ihrer Mitglieder immer noch als *eine staatsanaloge Institution*, die selbstverständlich dazugehört. Die Kirchenmitgliedschaft wird ihnen im Ritus der Kindertaufe zugeschrieben, ist also nicht durch eigene Entscheidung erworben. Doch wissen die Menschen um die Möglichkeit des Kirchenaustritts bzw. -eintritts und machen davon gegebenenfalls Gebrauch, etwa beim ersten Verdienst, von dem Kirchensteuer abgezogen wird.[159] Dieser *Wandel in der Mitgliedschaft von der Selbstverständlichkeit zur Optionalität* zeichnet sich auch darin ab, dass sich in den letzten dreißig Jahren die Zustimmung weg von konventionellen hin zu inhaltlich geprägten Mitgliedschaftsmotiven bewegt (a. a. O.

---

158 S. zu einer Spezialstudie NORBERT AMMERMANN, Wiedereintritt in Münster – einige ausgewählte Ergebnisse einer Befragung, in: PTh 102 (2013), 2-13 und DERS./CHRISTIAN GRETHLEIN, Kirche der Wiedereingetretenen – eine kirchentheoretische Reflexion zur Münsteraner Befragung, in: PTh 102 (2013), 14-19 sowie EBERHARDT HAUSCHILDT, Wiedereintritt in welche Gemeinschaft der Kirche? Was sich von den Wiedereintretenden für eine Praktische Theologie der Kirche lernen lässt, in: PTh 102 (2013), 27-39.

159 S. für die Personengruppe der 18- bis 25-Jährigen MICHAEL EBERTZ/MONIKA EBERHARDT/ANNA LANG, Kirchenaustritt als Prozess: Gehen oder bleiben? Eine empirisch gewonnene Typologie (KirchenZukunft konkret 7), Berlin 2012.

88). Hier bahnt sich eine Einstellung an, die eher zur *Sozialform Organisation* mit ihren Zielen und Mitgliedschaftsregeln als zu einer Institution mit ihrer Selbstverständlichkeit passt (s. Einleitung zum 3. Teil). Dabei ist ein gewisser Unterschied zwischen west- und ostdeutschen Kirchenmitgliedern zu beobachten. Zwar besteht bei beiden Gruppen eine ähnliche Differenzierung hinsichtlich der Verbundenheit. Der erhebliche Schrumpfungsprozess in der DDR führte nicht zu einer Kirche der Entschiedenen. Allein bei den Altersgruppen, die – ab den sechziger Jahren des 20. Jahrhunderts – den Minderheitenstatus von Kirche erfahren haben, zeichnet sich eine solche Tendenz ab (a. a. O. 86 f.).[160]

Insgesamt erscheint *„Relevanz"* als ein geeigneter Begriff, um die skizzierten Veränderungen genauer zu bestimmen.

> „In der spätmodernen Gesellschaft gilt etwas nicht an sich als wichtig und bedeutungsvoll, sondern die Subjekte urteilen über die Relevanz, die etwas für sie persönlich hat." (HAUSCHILDT/POHL-PATALONG 110)

Demnach hängt heute das Verhältnis der meisten Menschen zu Kirche und zum christlichen Glauben zunehmend davon ab, ob sie diese bzw. diesen als relevant erfahren, also als bedeutungsvoll für die Bewältigung und Gestaltung ihres Lebens (s. a. a. O. 111).

Die skizzierte Situation stellt gegenwärtig Kirchenleitungen vor schwere Probleme, nicht zuletzt in finanzieller Hinsicht. Die Transformation zur Organisation erfordert klare Ziele und steht so in Spannung zur traditionellen Kirchenmitgliedschaft mit ihrer Unbestimmtheit. Die Reformbemühungen treffen auf die Milieu- bzw. Lebensstildifferenzierung unserer Gesellschaft.[161] Sie wirft im für die Kommunikation des Evangeliums wichtigen ästhetischen Bereich erhebliche Probleme auf. Dazu ist es bis heute noch nicht gelungen, in den evangelischen Kirchen eine überzeugende Leitungs- und Entscheidungskultur zu entwickeln (zu den mannigfachen Problemen s. HERMELINK 219–301).

4.2 *Lehren und Lernen:* Der reformatorische Impuls war wesentlich auf Lehr- und Lernprozesse ausgerichtet (s. § 13 3.4). Bis heute kann evangelische Kirche als eine „Bildungsinstitution" verstanden werden.[162] Damit nimmt

---

160 S. ausführlicher hierzu MATTHIAS REIN, Ost-/Westdifferenzen in kirchlicher und nichtkirchlicher Sicht, in: JAN HERMELINK/THORSTEN LATZEL (Hg.), Kirche empirisch. Ein Werkbuch zur vierten EKD-Erhebung über Kirchenmitgliedschaft und zu anderen empirischen Studien, Gütersloh 2008, 35–50.
161 S. hierzu praxisbezogen die Beiträge in CLAUDIA SCHULZ/EBERHARD HAUSCHILDT/EIKE KOHLER (Hg.), Milieus praktisch Bd. 1. Analyse- und Planungshilfen für Kirche und Gemeinde, Göttingen ²2009 (2008); DIES. (Hg.), Milieus praktisch Bd. 2. Konkretionen für helfendes Handeln in Kirche und Diakonie, Göttingen 2010.
162 S. REINER PREUL, Kirchentheorie. Wesen, Gestalt und Funktionen der Evangelischen Kirche, Berlin 1997, 140–152.

sie einen wichtigen Impuls des Wirkens Jesu auf. Lange Zeit wurden die explizit erzieherischen, vor allem auf die kognitive Vermittlung der christlichen Lehre gerichteten Bemühungen in der „Katechetik" reflektiert (s. § 4 3.2). Seit Einführung der allgemeinen Schulpflicht lag deren Schwerpunkt auf dem schulischen Religionsunterricht. Erst Anfang der siebziger Jahre des 20. Jahrhunderts erfuhr die Spezifik des Lernortes „Gemeinde", also der Kirchengemeinde, besondere Aufmerksamkeit. Die – in West- und Ostdeutschland etwa gleichzeitig entstehende[163] – Gemeindepädagogik stellt das Forum der entsprechenden praktisch-theologischen Reflexionen dar.[164] Dabei sind die Grenzen zu anderen Lernorten fließend. Inhaltlich werden Religionsunterricht und Schulgottesdienste kirchlich verantwortet, die Evangelischen Schulen sogar in kirchlicher Trägerschaft geführt. Da jedoch hier die Institution Schule den kommunikativen Rahmen abgibt, wurden sie bereits in § 17 vorgestellt. Auch der Kindergottesdienst bewegt sich zwischen Familie und Kirchengemeinde (s. § 16 5.2).

Im Folgenden präsentiere ich einige institutionalisierte Lehr- und Lernprozesse im Rahmen organisierter Kirche. Die öffentliche Hand unterstützt sie zwar teilweise, doch werden sie durch kirchliche Räume und in der Kirche tätige Menschen geprägt. Dabei fällt auf, dass Lehr- und Lernprozesse in der Kirche an den jeweiligen Altersstufen orientiert sind. Die früher bedeutendere Geschlechterspezifik tritt demgegenüber zurück. Dementsprechend folgt die Darstellung wichtiger gemeindepädagogischer Veranstaltungen dem Lebenslauf.[165]

Die Veränderungen im Bereich der Familie (s. § 11 3.3; § 16 4.1) führen zum Ausbau von *Kindergärten bzw. -tagesstätten*. Der Begriff „Kindergarten" wurde von Friedrich Fröbel eingeführt.

> Der programmatische Titel der entsprechenden Schrift heißt, im Stil damaliger Zeit ausführlich formuliert: „Kommt, laßt uns unseren Kindern leben!' Entwurf eines Planes zur Begründung und Ausführung eines Kinder-Gartens, einer allgemeinen Anstalt zur Verbreitung allseitiger Beachtung des Lebens der Kinder, besonders durch Pflege ihres Tätigkeitstriebes. Den Deutschen Frauen und Jungfrauen als ein Werk zu würdiger Mitfeier des vierhundertjährigen Jubelfestes der Erfindung der Buchdruckerkunst zur Prüfung und Mitwirkung vorgeleget".[166]

---

163 S. KARL FOITZIK, Gemeindepädagogik. Problemgeschichte eines umstrittenen Begriffs, Gütersloh 1992.
164 Die bisherigen Bemühungen präsentiert ADAM/LACHMANN.
165 Zur auf die östlichen Landeskirchen beschränkten Christenlehre s. zur historischen Genese DIETER REIHER (Hg.), Kirchlicher Unterricht in der DDR 1949–1990. Dokumentation eines Weges, Göttingen 1992 und zur aktuellen Situation MARTIN STEINHÄUSER, Christenlehre in gemeindepädagogischer Perspektive, in: ADAM/ LACHMANN 237–254.
166 Zitiert nach GERHARD SCHNITZSPAHN, Der evangelische Kindergarten. Ein religionspädagogischer Beitrag zur Neubestimmung des evangelischen Profils, Stuttgart 1999, 47 Anm. 74; a.a.O. 25–149 findet sich eine Geschichte der konzeptionellen Bemühungen um den Kindergarten.

Der Pädagoge hob das Spiel als wesentliches Movens kindlicher Entwicklung hervor. Bis in die sechziger Jahre des 20. Jahrhunderts galt der Kindergarten vorwiegend als diakonische Einrichtung für Kinder, die in ihren Familien nicht hinreichend betreut werden konnten. Inzwischen sind die Kindergärten jedoch in ihrer eigenständigen Betreuungs-, Erziehungs- und Bildungsaufgabe entdeckt. Die neue Bezeichnung „Kindertagesstätte" macht den umfassenderen Anspruch deutlich. Solche Einrichtungen werden auch von Kindern unter drei Jahren und von Schulkindern (Hort) besucht. Gegenwärtig sind etwa 50 % aller Kindertagesstätten in Trägerschaft der Evangelischen oder Katholischen Kirche. In 8.606 evangelischen Kindertagesstätten und Horten stehen 560.540 Plätze zur Verfügung. Insgesamt 99.319 Beschäftige betreuen diese Kinder.[167]

Evangelium wird hier im alltäglichen Umgang mit Zeit und Raum, Beziehungen, Körper und sinnlichen Wahrnehmungen kommuniziert.[168] Bei Erzählungen, dem Morgenkreis, gemeinschaftlichen Feiern und gegenseitigem Helfen eröffnen biblische Perspektiven Deutungsmöglichkeiten für das Erfahrene: „Traditionelle religionspädagogische Aktivitäten werden so in umfassendere Erziehungs- und Bildungsaufgaben eingebunden".[169] Das stellt erhebliche Anforderungen an die religionspädagogische Qualifikation der Erzieherinnen.[170] Sie müssen konkrete Situationen in ihrer religionspädagogischen Relevanz erschließen und mit den Kindern kommunizieren können. Eine enge Kooperation der elementarpädagogisch ausgebildeten Erzieher/innen mit dem/r theologisch versierten Pfarrer/in ist hierzu wichtig. Dazu begünstigt ein guter Kontakt mit den Eltern die Nachhaltigkeit des in der Kindestagesstätte Angebahnten und Gelernten. Auch bieten sich Kontakte zum Kindergottesdienst an (s. § 16 5.2), etwa in Form gemeinsamer Feiern.

Wohl die wichtigste gemeindepädagogische Einrichtung für die evangelischen Christen ist traditionell der *Konfirmandenunterricht*. Auch hier ist durch den Zielpunkt, den Konfirmationsgottesdienst, eine Zuordnung zum Kommunikationsmodus des gemeinschaftlichen Feierns möglich. Doch liegt der zeitliche und praktisch-theologische Schwerpunkt auf der pädagogischen Arbeit.

---

167 Unter Bezug auf Daten des Statistischen Bundesamtes (vom 01.03.2014) EVANGELISCHE KIRCHE IN DEUTSCHLAND (EKD) (Hg.), Zahlen und Fakten zum kirchlichen Leben 2015, Hannover 2015, 22.
168 Konzeptionell ausgearbeitet ist dies im „dimensionalen Ansatz" in: CHRISTOPH SCHEILKE/ FRIEDRICH SCHWEITZER (Hg.), Kinder brauchen Hoffnung. Religion im Alltag des Kindergartens, Münster 2006.
169 FRIEDER HARZ, Evangelische Kindertagesstätten, in: ADAM/LACHMANN 191–212, 197.
170 S. hierzu praxisorientiert MATTHIAS HUGOTH/MONIKA BENEDIX (Hg.), Religion im Kindergarten. Begleitung und Unterstützung für Erzieherinnen, München 2008.

Zwar war die Konfirmation in den evangelischen Kirchen lange wegen ihrer Nähe zur katholischen Firmung umstritten.[171] Doch spätestens am Beginn des 19. Jahrhunderts hatte sie sich – gefördert durch Pietismus und Aufklärung – überall als selbstverständlich eingebürgert. Grundlegend war stets ihr Bezug zur Taufe. Daneben umfasste sie von Anfang an – z. B. in der durch Martin Bucer vorbereiteten Ziegenhainer Zuchtordnung greifbar – verschiedene Elemente:[172] Katechismusunterricht, Prüfung mit Bekenntnis bzw. Gelübde, Fürbittgebet (um den Heiligen Geist), Handauflegung und (erste) Teilnahme am Abendmahl.

Für ihre Attraktivität und Stabilität war sozialpsychologisch gesehen die Platzierung der Konfirmation am Übergang von der Schulzeit zur Erwerbstätigkeit wichtig. Der am Katechismus orientierte Unterricht sollte den jungen Menschen das für ihr erwachsenes Leben notwendige Glaubenswissen vermitteln. Dabei spielte die konfessionelle Abgrenzung eine wichtige Rolle.

Im Zuge des Ausbaus der weiterführenden Schulen seit den sechziger Jahren des 20. Jahrhunderts veränderte sich der soziale Ort des Konfirmandenunterrichts. Die meisten Heranwachsenden besuchen heute nach der Konfirmation noch etliche Jahre die Schule. Daran schließen sich häufig schulförmige Ausbildungen an. So markiert die Konfirmation keinen sozialen Übergang mehr. Ziel ist nicht mehr die Vorbereitung auf das Berufs- und Erwachsenenleben, sondern die „Begleitung" in einer schwierigen Lebensphase.[173] Auch der Name änderte sich in konzeptionellen Arbeiten: an die Stelle von „Konfirmandenunterricht" trat *„Konfirmandenarbeit"*. Die traditionelle Unterrichtsform war für die schulmüden Heranwachsenden wenig attraktiv. Demgegenüber gab die Jugendarbeit methodische Anregungen.[174] Freizeitpädagogische Impulse verstärkten diese Entwicklung; der neue Begriff hierfür heißt *„Konfirmandenzeit"*. Dafür bieten Erfahrungen aus anderen Ländern, wie die KonfiCamps in Finnland, wichtige Anregungen.[175] Diese Innovationen führen zu vielgestaltigen Organisationsformen heutiger Konfirmandenzeit:

---

171 Zur geschichtlichen Entwicklung der Konfirmation und ihres Verständnisses s. immer noch grundlegend KURT FRÖR (Hg.), Confirmatio. Forschungen zur Geschichte und Praxis der Konfirmation, München 1959.
172 So WOLF-DIETER HAUSCHILD, Reformatorische Anliegen bei einer Neuordnung der confirmatio in Deutschland während des 16. Jahrhunderts, in: DOROTHEA SATTLER/GUNTER WENZ (Hg.), Sakramente ökumenisch feiern. Vorüberlegungen für die Erfüllung einer Hoffnung, Mainz 2005, 479–512, 499.
173 S. GOTTFRIED ADAM, Konfirmandenarbeit: Profil und Perspektiven, in: ADAM/LACHMANN 255–281, 267.
174 Dieser religionspädagogisch begründete Aufbruch ist gut dokumentiert in: COMENIUS-INSTITUT IN VERBINDUNG MIT DEM VEREIN KU-PRAXIS (Hg.), Handbuch für die Konfirmandenarbeit, Gütersloh 1984 (²1985); programmatisch hier der Beitrag von WEERT FLEMMIG, Zur Aufgabe des Konfirmandenunterrichts – Ziele und Inhalte (a. a. O. 270–286).
175 S. MARCELL SASS, Frei-Zeiten mit Konfirmandinnen und Konfirmanden. Praktisch-theologische Perspektiven (APrTh 27), Leipzig 2005.

- „Einzelstunden (45–60 Min.), in der Regel wöchentlich durchgeführt,
- Blockstunden (90–120 Min.), 14-tägig am Sonnabend z. B. 10–14 Uhr,
- Konfirmandennachmittage, z. B. Freitag 17–21 Uhr,
- Konfirmandentage, z. B. Sonnabend 9–14 oder 9–18 Uhr,
- Wochenendseminare,
- Seminarwoche, z. B. in den Herbstferien,
- Konfirmandenpraktikum in Gemeindeeinrichtungen oder -gruppen,
- Exkursionen, z. B. in diakonischen Einrichtungen,
- Kurssystem (Pflicht- und Wahlkurse),
- Ferienseminare von 7–10 Tagen Dauer, z. B. in den Sommerferien,
- Tagung in einer kirchlichen Einrichtung (Haus der Stille, Ökumenische Werkstatt),
- Übergemeindliche Konfirmandentage."[176]

Mit der Abkehr vom Unterricht als alleiniger Kommunikationsform verändert sich die Mitarbeiterschaft. Vielerorts begleiten heute Jugendliche im Nachkonfirmandenalter als „Teamer" einen Kurs. Das ermöglicht informelle Lehr- und Lernprozesse, die der symmetrisch orientierten Struktur der Kommunikation des Evangeliums entsprechen (s. § 8 2.4).

Eine bundesweite Befragung zur Konfirmandenarbeit ergab grundsätzlich eine *hohe Zufriedenheit* mit dieser Veranstaltung:

„67 % der Jugendlichen loben ihre Konfi-Zeit insgesamt, und bei einzelnen Aspekten wie Gemeinschaft, Verhältnis zu den Pfarrern und Hauptverantwortlichen oder bei Freizeiten liegen die entsprechenden Zufriedenheitswerte sogar bei mehr als 70 %. Unter den befragten Eltern liegt der Anteil derer, die mit der Konfirmandenarbeit zufrieden sind, bei 77 %. Zugleich ist es ihnen persönlich sehr wichtig, dass sich ihr Kind konfirmieren lässt (87 %). ... Nicht anders schließlich fällt die Einschätzung bei den Mitarbeitenden aus: 81 % sind mit der Konfirmandenarbeit zufrieden, und 91 % machen diese Arbeit gerne."[177]

Doch ergibt der empirische Befund auch *Schwachstellen*:
- Der Gottesdienst stellt einen „neuralgischen Punkt" dar. Gut die Hälfte der Jugendlichen findet ihn am Ende der Konfirmandenzeit langweilig.[178] Vor allem die aktive Beteiligung ist hier zu fördern.[179]
- Dazu dominiert vielerorts die Unterrichtsstruktur mit ihrem engen Zeittakt. Der konzeptionelle Perspektivwechsel vom Konfirmandenunterricht zur Konfirmandenarbeit erreicht nur zögerlich die Praxis.

---

176 Gottfried Adam, Konfirmandenarbeit: Profil und Perspektiven, in: Adam/Lachmann 255–281, 270.
177 Wolfgang Ilg/Friedrich Schweitzer/Volker Elsenbast, Konfirmandenarbeit in Deutschland. Empirische Einblicke – Herausforderungen – Perspektiven. Mit Beiträgen aus den Landeskirchen (Konfirmandenarbeit erforschen und gestalten 3), Gütersloh 2009, 221.
178 A. a. O. 225.
179 S. die immer noch aktuelle, praxisnahe Typologie von Beteiligungsformen bei Helmut Siegel, Gottesdienst und Konfirmanden, in: Comenius-Institut in Verbindung mit dem Verein KU-Praxis (Hg.), Handbuch für die Konfirmandenarbeit, Gütersloh ²1985 (1984), 143–159.

– Dem korrespondiert die Dominanz von Methoden wie dem Unterrichtsgespräch. Die spezifischen Potenziale des Lernorts Kirchengemeinde, wie sie sich bei Exkursionen oder in Praktika ergeben, werden noch selten genutzt.[180]

Eine besondere Chance bietet die Tatsache, dass EKD-weit etwa 7% der Jugendlichen während ihrer Konfirmandenzeit getauft werden. Projektbezogene Methoden verbinden hier den Kommunikationsmodus des Lehrens und Lernens in personbezogener Weise mit dem des gemeinschaftlichen Feierns. Dazu kommt die hohe Attraktivität des Tauf-Themas für die Heranwachsenden.[181]

Ein jüngeres und nur wenig praktisch-theologisch erschlossenes gemeindepädagogisches Feld ist die *Erwachsenenbildung*. Zwar gab es von der Alten Kirche an Lehr- und Lernprozesse für Erwachsene, angefangen vom Taufkatechumenat (s. § 13 3.1) über christliche Lehrer (s. § 13 3.2) bis hin zum Hören der in der Landessprache gehaltenen Predigt.[182] Doch erst im August 1961 wurde die Deutsche Evangelische Arbeitsgemeinschaft für Erwachsenenbildung (DEAE) gegründet. Dabei schlossen sich verschiedene Einrichtungen wie Akademien[183] und Heimvolkshochschulen zusammen. In der Folge entstanden – gefördert durch staatliche Zuschüsse – Evangelische Bildungswerke, oft auf Dekanats- bzw. Kirchenkreisebene, Stadtakademien usw. Auch in Kirchengemeinden begannen entsprechende Aktivitäten, wobei auf Geselligkeit zielende Erwachsenenarbeit und pädagogisch ambitionierte Erwachsenenbildung häufig ineinander übergingen.[184] Konzeptionell stehen verschiedene Ansätze nebeneinander. Die unterschiedlichen in der Diskussion verwendeten Begriffe deuten das an: Religiöse, kirchliche, evangelische, theologische oder katechetische Erwachsenenbildung.[185] Inhaltlich besteht eine Spannung zwischen einer zeitdiagnostischen und gesellschaftskritischen Orientierung in der Tradition der „Sprachschule der Freiheit" von Ernst Lange (s. Einleitung zum 2. Teil)[186] und mehr individu-

---

180 S. WOLFGANG ILG/FRIEDRICH SCHWEITZER/VOLKER ELSENBAST, Konfirmandenarbeit in Deutschland. Empirische Einblicke – Herausforderungen – Perspektiven. Mit Beiträgen aus den Landeskirchen (Konfirmandenarbeit erforschen und gestalten 3), Gütersloh 2009, 230.
181 A.a.O. 367 (Cl01).
182 S. CHRISTIAN GRETHLEIN, Gemeindepädagogik, Berlin 1994, 267–275.
183 S. zu deren Programm die Denkschrift des RATES DER EKD, Der Dienst der Evangelischen Akademien im Rahmen der kirchlichen Gesamtaufgabe, in: ZEE 7 (1963), 375–384.
184 S. die entsprechende kritische Anfrage von GOTTFRIED ADAM, Kirchliche Erwachsenenbildung, in: JRP 6 (1989), 133–151, 135.
185 S. zum Einzelnen mit entsprechenden Literaturhinweisen JÜRGEN WOLFF, Evangelische Erwachsenenbildung zwischen Profil und Zeitgeist, in: ADAM/LACHMANN 381–411, 390–392.
186 Z.B. GOTTFRIED ORTH, Erwachsenenbildung zwischen Parteilichkeit und Verständigung. Zur Theorie theologischer Erwachsenenbildung, Göttingen 1990.

ell ausgerichteten Entwürfen, in denen das Ziel spiritueller Bildung die Arbeit orientiert.[187]

Neue Akzente begegnen in doppelter Hinsicht: Zum einen beinhalten die demographischen Veränderungen Herausforderungen für die Erwachsenenbildung. *„Alten-"* bzw. *„Seniorenbildung"* macht sowohl methodisch als auch thematisch einen neuen Ansatz erforderlich (s. § 53.1).[188] Zum anderen wenden sich Autoren, die sonst vor allem Themen des missionarischen Gemeindeaufbaus bearbeiten, pädagogischen Fragen zu. Entgegen der die bisherige Evangelische Erwachsenenbildung bestimmenden Konzentration auf das mündige Subjekt rücken hier – in katechetischer Tradition, wenn auch methodisch vielfältiger – Glaubenskurse in den Mittelpunkt des Interesses.[189]

Nur am Rande Thema der Erwachsenenbildung, obgleich von bisher erheblicher Breitenwirkung, ist der im Rahmen des Militärseelsorgevertrags erteilte *Lebenskundliche Unterricht* (sowie die Arbeitsgemeinschaften auf Unter- und Offiziersebene).[190] Dadurch, dass die Teilnahme an ihm dienstlich ist, unterscheidet er sich grundsätzlich von den anderen Veranstaltungen der Evangelischen Erwachsenenbildung. Meist stehen ethische Fragen im Vordergrund des gemeinsamen Nachdenkens.

In der Nummer 107 der heute für den lebenskundlichen Unterricht geltenden Zentralrichtlinie A2-2530 ist festgelegt: „Der Lebenskundliche Unterricht ist ein Ort freier und vertrauensvoller Aussprache und lebt von der engagierten Mitarbeit der Soldatinnen und Soldaten. Er ist kein Religionsunterricht und auch keine Form der Religionsausübung im Sinne von § 36 des Soldatengesetzes, sondern eine berufsethische Qualifizierungsmaßnahme und damit verpflichtend. Er wird in der Regel von Militärseelsorgerinnen und Militärseelsorgern und im Bedarfsfall auch von anderen berufsethisch besonders qualifizierten Lehrkräften erteilt."[191]

In diesem letzten Beispiel treten durch den Staat vorgegebene, friedensethisch kontrovers diskutierte Rahmenbedingungen hervor. Doch auch sonst sind die erwachsenenbildnerischen Veranstaltungen oft von staatlichen Förderricht-

---

187 Z. B. HANS-JOACHIM PETSCH, Reflexion und Spiritualität. Evangelische Erwachsenenbildung als Ort der Moderne in der Kirche (Studien zur Theologie 7), Würzburg 1993.
188 S. einschließlich ausgewählter Praxisbeispiele CHRISTIAN MULIA, Kirchliche Altenbildung. Herausforderungen – Perspektiven – Konsequenzen (PTHe 110), Stuttgart 2011; vgl. THOMAS KLIE/MARTINA KUMLEHN/RALPH KUNZ (Hg.), Praktische Theologie des Alterns (PTHW 4), Berlin 2008.
189 S. zur Übersicht die Arbeitsmappe von ARBEITSGEMEINSCHAFT MISSIONARISCHE DIENSTE (AMD) PROJEKTBÜRO „ERWACHSEN GLAUBEN" (Hg.), Erwachsen glauben. Missionarische Bildungsangebote. Grundlagen – Kontexte – Praxis, Gütersloh 2011; s. empirisch BEATE HOFMANN, Sich im Glauben bilden. Der Beitrag von Glaubenskursen zur religiösen Bildung und Sprachfähigkeit Erwachsener, Leipzig 2013.
190 S. hierzu CHRISTIAN GRETHLEIN, Gemeindepädagogik, Berlin 1994, 283–286.
191 Zitiert nach www.eka.militaerseelsorge.bundeswehr.de (Abruf 22.05.2015). Zur inhaltlichen Ausrichtung s. genauer: EVANGELISCHES KIRCHENAMT (Hg.), Friedensethik im Einsatz. Ein Handbuch der Evangelischen Seelsorge in der Bundeswehr, Gütersloh 2009.

linien und Bestimmungen abhängig. Kürzungen der staatlichen Zuschüsse oder thematische Vorgaben haben direkte Auswirkungen auf diese Seite kirchlichen Wirkens.

4.3 *Gemeinschaftliches Feiern:* Gottesdienste (im umgangssprachlichen Sinn) sind ein besonderes Kennzeichen von Kirche. Sie finden in Kirchen(gebäuden) statt. In der Perspektive der Kommunikation des Evangeliums weitet sich allerdings das Gottesdienstverständnis. Der Kommunikationsmodus des gemeinschaftlichen Feierns begegnet auch an anderen Orten, wenn sich Menschen auf den christlichen Grundimpuls beziehen, wie er von Jesu Auftreten, Wirken und Geschick ausgeht. Trotzdem kommt der (organisierten) Kirche besondere Bedeutung für diesen Kommunikationsmodus zu. Die Beschränkung auf den sog. Gemeindegottesdienst, konkret die Zusammenkunft im Kirchengebäude am Sonntagmorgen, verstellt aber ein realistisches Bild auf die gegenwärtige Situation. Die Rede von den „leeren Kirchen" bezieht sich nur hierauf. Zu anderen Gelegenheiten werden die Kirchen voller, etwa zu Weihnachten oder bei der Einschulung. Dahinter stehen Veränderungen in der liturgischen Partizipation – vom sich wandelnden Kontext her gut verständlich. Dem kommt man auf die Spur, wenn man sich die grundsätzliche *Pluriformität von Gottesdiensten* in Erinnerung ruft.[192] Folgende Hauptformen haben sich in der Christentumsgeschichte herausgebildet:

- Abendmahlsgottesdienst (sog. Messe),
- Predigtgottesdienst,
- Taufgottesdienst,
- Stundengebete,
- Benediktionsgottesdienste an Übergängen im Leben (Kasualgottesdienste, Ordinations- und sonstige Einführungs- sowie Einweihungsgottesdienste).

Diese Gottesdienstformen richten sich grundsätzlich an alle Menschen. Dazu kommen auf besondere Adressatengruppen ausgerichtete Gottesdienste:

- Kindergottesdienste,
- Familiengottesdienste,
- Jugendgottesdienste,
- Gottesdienste, die sich an mit kirchlicher Praxis weniger Vertraute wenden (z. B. Thomas-Messe, GoSpecial usw.),
- Gottesdienste in bestimmten Bereichen wie Krankenhaus, Altenheim, Justizvollzuganstalt, Schulen o. ä. (Anstaltsgottesdienste).

---

[192] Grundlegende, vor allem historische und agendenbezogene Informationen zu den meisten der folgenden Gottesdienstformen finden sich in den entsprechenden Artikeln in HANS-CHRISTOPH SCHMIDT-LAUBER/MICHAEL MEYER-BLANCK/KARL-HEINRICH BIERITZ (Hg.), Handbuch der Liturgik. Liturgiewissenschaft in Theologie und Praxis der Kirche, Göttingen ³2003; s. mehr zur gegenwärtigen Situation die Beiträge in CHRISTIAN GRETHLEIN/GÜNTER RUDDAT (Hg.), Liturgisches Kompendium, Göttingen 2003.

Schließlich entstanden im Kontext des Kirchenjahrs Gottesdienste, die sich über ihre traditionelle Zuordnung hinausentwickelten. Besonders sind hier zu nennen:

– Weihnachtsgottesdienste (Christvesper bzw. -mette),
– Jahresabschlussgottesdienste,
– Passionsandachten,
– Osternachtfeiern (Ostervigil),
– Erntedankgottesdienste,
– Buß- und Bettagsgottesdienste.

Alle genannten liturgischen Formen haben gemeinsam, dass Menschen an einem Ort und zu einer Zeit miteinander face-to-face kommunizieren.

Mittlerweile kommen dazu massenmedial kommunizierte Feiern:

– Fernsehgottesdienste,
– Rundfunkgottesdienste und -andachten,
– Internetgottesdienste, die zwar nicht face-to-face stattfinden, meist aber durch die Zuschaltung in Echtzeit und back-channel-Funktionen direkte Kommunikation zwischen den Feiernden ermöglichen,
– Streaming von Gemeindegottesdiensten.

Schon diese knappe Aufzählung zeigt, dass selbst im Rahmen organisierter Kirche die Fixierung auf den Gottesdienst am Sonntagsvormittag die Praxis gemeinschaftlichen Feierns grob verzerrt.

Gemeinsam ist diesen verschiedenen liturgischen Formen *das symbolbezogene Kommunikationsgeschehen, in dem mehrere Menschen untereinander und mit Gott im Medium der biblischen Tradition kommunizieren.* Es besteht eine grundsätzliche Verbindung zur Kommunikation des Evangeliums in anderen Sozialformen. Sie zeigt sich in der Struktur liturgischer Feiern, deren Sequenz sozialpsychologisch gut nachvollziehbar ist und die sich analog in anderen Veranstaltungen findet.

> Angeregt vom sog. Strukturpapier der Lutherischen Liturgischen Konferenz von 1974[193] folgen die meisten neueren evangelischen Agenden dem Vier- bzw. Dreischritt: Eröffnung und Anrufung, Verkündigung und Bekenntnis, Abendmahl, Sendung.

Die *Teilnahme* an diesen verschiedenen Gottesdienstformen ist sehr unterschiedlich. Meist im Fokus ist die Zahl der am *Sonntagmorgen* zur Kirche Gehenden. Sie ist in den evangelischen Kirchen seit Langem gering und gegenwärtig noch weiter rückläufig. Mittlerweile nehmen an „normalen" Sonntagen EKD-weit unter 4% der Kirchenmitglieder an einem in einem Kirchengebäude stattfindenden evangelischen Gottesdienst teil – mit erheblichen regionalen Unterschieden.

---

193 Denkschrift „Versammelte Gemeinde" (Strukturpapier), abgedruckt in: HERWARTH V. SCHADE/FRIEDER SCHULZ (Hg.), Gottesdienst als Gestaltungsaufgabe (reihe gottesdienst 10), Hamburg 1979, 9–17; dabei wurde allerdings historisch argumentiert.

Trotz der seit 1917 kirchenrechtlich bestehenden sog. Sonntagspflicht bahnt sich in der römisch-katholischen Kirche eine ähnliche Entwicklung an. Der Messbesuch ist von gut 50 % der Kirchenmitglieder in den fünfziger Jahren des 20. Jahrhunderts auf etwa 10 % abgesunken, mit weiter fallender Tendenz.

Allerdings bedarf diese statistische Angabe der Interpretation. Denn die Frequenz der liturgischen Partizipation am Sonntagsgottesdienst verändert sich. Die Menschen kommen unregelmäßiger. So erreicht der Sonntagsgottesdienst auf das Jahr gesehen erheblich mehr Menschen als die Durchschnittszahlen vermuten lassen. Gerhard Rau hat die Logik der skizzierten liturgischen Partizipation überzeugend durch das Konzept des *„Festtagskirchgängers"* erklärt. Dieser wird als Kirchenmitglied vorgestellt, „das auf der Zeitebene des Jahres einen Kontakt zum Kultursystem Kirche findet unter Umgehung aller Ansprüche des Sozialsystems Kirche auf direkte Sozialkontakte".[194] Peter Cornehl nahm diesen Ansatz auf und führte ihn durch den Hinweis auf die Bedeutung des Biographiebezugs für die Teilnahme an Gottesdiensten weiter.[195] Dies entspricht der bereits erwähnten Zurückhaltung der Evangelischen gegenüber *„Gemeinschaft"* als Mitgliedschaftsgrund (s. 4.1). Damit tragen sie der gegenwärtigen Organisationsstruktur evangelischer Kirchen Rechnung. Denn die zumindest im städtischen Bereich meist mehrere tausend Menschen umfassenden Kirchengemeinden bzw. Pfarrsprengel haben eine Größe, die direkte soziale Kontakte aller Gemeindeglieder untereinander ausschließt.

Theologisch besteht damit hinsichtlich der Partizipation am *Abendmahl* ein Problem. Denn dieses erfordert – jedenfalls bisher – direkten Kontakt. Die hohe Zahl der Kommunikanten (2013: 9.258.515)[196] beruht wohl darauf, dass manche Gemeindeglieder häufiger kommunizieren, während – wie Befragungen zur Bedeutung des Abendmahls vermuten lassen (s. 4.1) – das Gros oft jahrelang, teilweise das ganze Leben nach der Konfirmation fernbleibt. Die extreme Relation zwischen Haus-und Krankenabendmahlen[197] zu sog. Abendmahlsgottesdiensten (2013: 21.922 zu 238.067)[198] weist auf eine problematische exklusive parochiale Anbindung des Abendmahls hin.

---

194 GERHARD RAU, Rehabilitation des Festtagskirchgängers, in: MANFRED SEITZ/LUTZ MOHAUPT (Hg.), Gottesdienst und öffentliche Meinung. Kommentare und Untersuchungen zur Gottesdienstumfrage der VELKD, Stuttgart 1977, 83–99, 98.
195 PETER CORNEHL, Teilnahme am Gottesdienst. Zur Logik des Kirchgangs – Befund und Konsequenzen, in: JOACHIM MATTHES (Hg.), Kirchenmitgliedschaft im Wandel. Untersuchungen zur Realität der Volkskirche. Beiträge zur zweiten EKD-Umfrage „Was wird aus der Kirche?", Gütersloh 1990, 15–53, 27–35.
196 Diese und die folgenden statistischen Angaben sind entnommen EVANGELISCHE KIRCHE IN DEUTSCHLAND (EKD) (Hg.), Zahlen und Fakten zum kirchlichen Leben 2015, Hannover 2015, 15.
197 Regionale Statistiken lassen vermuten, dass die Mehrzahl dieser Feiern in Krankenhäusern und Pflegeheimen stattfindet, das traditionelle Hausabendmahl aber kaum mehr gefeiert wird.
198 S. auch die Tabelle in CHRISTIAN GRETHLEIN, Abendmahl feiern in Geschichte, Gegenwart und Zukunft, Leipzig 2015, 126 und 128.

Es ist zu überlegen, wie diese erst seit dem Ende der sechziger Jahres des 20. Jahrhunderts zu beobachtende Tendenz zur Verkirchlichung des Abendmahls überwunden werden kann.

Teilweise übertrifft im Winterhalbjahr die Zahl derer, die an einem Fernsehgottesdienst teilnehmen, die der den Sonntagsgottesdienst in einer evangelischen Kirche Feiernden. Anders stellt sich die liturgische Partizipation bei *Festtagsgottesdiensten* dar. Vor allem am Heiligabend steigt die Zahl aufs Ganze gesehen seit einigen Jahrzehnten,[199] gegenwärtig mehr als ein Drittel der Kirchenmitglieder (2013: 36,6 %). Auch andere Festtage werden in gut gefüllten Kirchen gefeiert, wobei es regionale Unterschiede gibt. Erntedankfest-Gottesdienste sind hier ebenso wie Osternachtfeiern oder Reformationsfestgottesdienste zu nennen. Ähnlich attraktiv sind *Gottesdienste an Übergängen im Lebenslauf.* Fast alle Kinder evangelischer Eltern werden getauft (s. GRETHLEIN, Kasualien 121–125) und die meisten konfirmiert (s. a. a. O. 173–184): ebenso werden etwa vier von fünf Evangelischen kirchlich bestattet.[200] Lediglich bei der kirchlichen Trauung ist ein deutlicher Rückgang festzustellen (s. a. a. O. 232–235).

Offenkundig können evangelische Pfarrer/innen bei biographie- und gemeinwesenbezogenen Gottesdiensten kirchliche Einsichten an familienbezogene Bedürfnisse anschließen.[201] Die „liturgische Arbeit mit Beteiligten"[202] scheint zu gelingen. Ein Verständnis der Kasualien als Stationen auf dem Taufweg (s. a. a. O. 390-407) erschließt praxisnah deren theologische Bedeutung. Die Taufe bezieht die göttliche Zusage, die einen lebenslangen Prozess in Gang setzt (s. § 27 3.4), und den konkreten Lebenslauf der Einzelnen aufeinander. Dazu entwickelt sich eine weitere Gottesdienstform, die zu den Kasualien gezählt werden kann.[203] Die Einschulungsgottesdienste erfreuen sich seit einiger Zeit allgemeiner Beliebtheit. Sie markieren einen wichtigen Statusübergang moderner Leistungsgesellschaft.[204]

---

199 S. JAN HERMELINK, Weihnachtsgottesdienst, in: CHRISTIAN GRETHLEIN/GÜNTER RUDDAT (Hg.), Liturgisches Kompendium, Göttingen 2003, 282–304, 297 f.

200 Zu neueren Entwicklungen und Herausforderungen bei der Bestattung s. CHRISTIAN GRETHLEIN, Das kirchliche Bestattungshandeln im kybernetischen Kontext, in: THOMAS KLIE/MARTINA KUMLEHN/RALPH KUNZ/THOMAS SCHLAG (Hg.), Praktische Theologie der Bestattung (PThW 17), Berlin 2015, 187-203.

201 S. hierzu aus kirchensoziologischer Perspektive MICHAEL EBERTZ, Einseitige und zweiseitige liturgische Handlungen. Gottes-Dienst in der entfalteten Moderne, in: BENEDIKT KRANEMANN/EDUARD NAGEL/ELMAR NÜBOLD (Hg.), Heute Gott feiern. Liturgiefähigkeit des Menschen und Menschenfähigkeit der Liturgie, Freiburg 1999, 14–38.

202 So für die Trauung KRISTIAN FECHTNER, Kirche von Fall zu Fall. Kasualien wahrnehmen und gestalten, Gütersloh ²2011, 171 (ohne Kursivsetzung im Original).

203 S. CHRISTIAN GRETHLEIN, Einschulung als neue Kasualie. Erste kasualtheoretische Beobachtungen und Überlegungen, in: Arbeitsstelle Gottesdienst 20/1 (2006), 5–15.

204 Historisch und empirisch dargestellt bei MARCELL SASS, Schulanfang und Gottesdienst. Religionspädagogische Studien zur Feierpraxis im Kontext der Einschulung (APrTh 45), Leipzig

Schließlich haben sich seit den sechziger Jahren sog. *„alternative Gottesdienste"* entwickelt. Sie zeichnen sich durch veränderte Kommunikationsbedingungen und -formen aus. Theologisch sind sie teilweise dem Konzept der „Spiritualität" verpflichtet (s. § 8 4.), versuchen also Räume für Suchende zu eröffnen:

> „Alternative Gottesdienste sind nicht auf Gemeinde, Bekenntnis und Konfession ausgerichtet, sondern auf Sinnsuche, Orientierung und offenere Formen der Gemeinschaft. Sie lassen sich als liturgisches Orientierungsangebot im Zeitalter von Pluralisierung und Individualisierung verstehen."[205]

Dazu setzen sich die alternativen Gottesdienste bewusst vom üblichen Gottesdienst am Sonntagmorgen ab:[206]

- Sie finden meist am Abend statt.
- Der Raum wird anders gestaltet, oft durch mediale Projektionen o. ä.
- Bewusst werden bestimmte Zielgruppen, meist Menschen zwischen 30 und 50 Jahren angesprochen.
- Wichtig ist die sich deutlich von herkömmlicher Kirchenmusik unterscheidende musikalische Gestaltung.
- Liturgische Rollen werden neu bestimmt. Nichttheologen treten nach vorn. Manchmal spielen charismatisch wirkende Personen eine wichtige Rolle.
- Alternative Gottesdienste werden als „Veranstaltungen" beworben. Es wird von keiner selbstverständlichen Teilnahme ausgegangen.
- Ein Team bereitet die Gottesdienste aufwändig vor.

Es ist statistisch nicht erfasst, welche Wirkungen solche Gottesdienste entfalten. Beachtlich ist auf jeden Fall das Bemühen, in der gemeinschaftlichen Feier die veränderten Kommunikationsformen der Menschen aufzunehmen. Dazu gehört nicht zuletzt das Verlassen des Wochen-Zyklus. Auch wird in der Regel räumlich der parochiale Bezugsraum überschritten, also moderner Mobilität Rechnung getragen. Darüber hinaus nehmen Gottesdienste an „anderen Orten" zu, die also außerhalb der Kirchengebäude stattfinden.[207] In gewisser Hinsicht könnten Fernseh- und Internetgottesdienste diesen alternativen Gottesdiensten zugerechnet werden. Da hier jedoch der Kontext der elektronischen Medien dominiert, werden sie bei deren Thematisierung (in § 20 4.3) vorgestellt.

2010; zu praxisbezogenen Enpfehlungen s. BERNHARD DRESSLER (Hg.), Schulgottesdienst feiern. Eine Orientierungshilfe der Liturgischen Konferenz, Gütersloh 2012.
205 LUTZ FRIEDRICHS, Praktisch-theologische Einleitung, in: DERS. (Hg.), Alternative Gottesdienste (gemeinsam gottesdienst gestalten 7), Hannover 2007, 9–32, 9.
206 S. zum Folgenden a. a. O. 10–13. In diesem Band werden unterschiedliche Gottesdienstprojekte vorgestellt; s. hierzu auch IRENE MILDENBERGER/WOLFGANG RATZMANN (Hg.), Jenseits der Agende. Reflexion und Dokumentation alternativer Gottesdienste (Beiträge zu Liturgie und Spiritualität 10), Leipzig 2003.
207 S. – unter Bezug auf Luther – LUTZ FRIEDRICHS, „Auf dem Felde, inn der Kirchen, oder auff dem meer". Gottesdienst an anderen Orten feiern, in: DtPfrBl 111 (2011), 357–361.

4.4 *Helfen zum Leben:* Grundsätzlich sind bereits im Alten Testament gemeinschaftliches Feiern und Helfen zum Leben untrennbar miteinander verbunden. Das ethische Handeln galt den Propheten als Erkennungszeichen rechten Gottesdienstes (z. B. Hos 6,6).[208] Jesus (Mt 9,13;12) und seine Jünger nahmen diesen Ansatz auf (s. § 14 5.1). Vorzüglicher Ort hierfür war das *gemeinschaftliche Mahl*. Justin berichtete in seiner Schilderung der sonntäglichen Zusammenkunft (Iust.1 apol. 65–67) eindrücklich hiervon. Zweimal hob er hervor, dass die Diakone Abwesenden, wohl kranken und gefangenen Gemeindegliedern, von der Eucharistiespeise brachten (s. § 14 4.2).[209]

Dieser Zusammenhang ist in den meisten heutigen Gottesdiensten nur für historisch gebildete Liturgiker erkennbar. Die Gabenbereitung, die Geldkollekte und das Fürbittengebet sind die drei liturgischen Handlungen, in denen die diakonische Dimension christlichen Gottesdienstes aufblitzt. Daneben dürfte manchmal in der Predigt das Helfen zum Leben Thema werden. Allerdings bewegt man sich dabei – wie meist bei den genannten liturgischen Elementen – auf der Sinn-, nicht der Präsenzebene.[210] Helmut Schwier betont zu Recht: „Es reicht nicht, wenn Diakonie bloß als Thema in der Liturgie vorhanden ist, sondern es braucht eine körperliche Präsenz bzw. Repräsentanz."[211] An dieser Stelle stößt man auf die problematischen Konsequenzen der Trennung des gemeinschaftlichen Feierns, zum kultischen Vollzug erstarrt, vom Alltag (s. 2.2). Die geringe Strahlkraft des Abendmahls für die Mehrheit der evangelischen Christen dürfte auch hierin begründet sein.[212]

Daneben hat sich – angeregt durch Psychoanalyse und Psychologie – mit *Seelsorge und Pastoralpsychologie* eine eigene Form des Helfens zum Leben im kirchlichen Raum entwickelt.

„Seelsorge bezeichnet ein niedrigschwelliges Angebot der Kirche zur zwischenmenschlichen Begleitung, Begegnung und Lebensdeutung im Horizont des christlichen Glaubens mit dem Ziel, Lebens- und Glaubensgewissheit von Menschen in verschiedensten Lebenslagen zu stärken." „Pastoralpsychologie stellt den Versuch

---

208 S. ERICH ZENGER, „Ich finde Wohlgefallen an Liebe, nicht an Opfer" (Hos 6,6). Ersttestamentliche Stellungnahmen zum Verhältnis von Kult und Ethos, in: BENEDIKT KRANEMANN/THOMAS STERNBERG/WALTER ZAHNER (Hg.), Die diakonale Dimension der Liturgie (QD 218), Freiburg 2006, 16–30.
209 HELMUT SCHWIER, Liturgie und Diakonie – einige Überlegungen im Licht des „performative turn", in: JOHANNES EURICH/CHRISTIAN OELSCHLÄGEL (Hg.), Diakonie und Bildung, Stuttgart 2008, 265–277, 266f.
210 S. hierzu HANS ULRICH GUMBRECHT, Diesseits der Hermeneutik. Die Produktion von Präsenz, Frankfurt 2004, 70–110.
211 HELMUT SCHWIER, Liturgie und Diakonie – einige Überlegungen im Licht des „performative turn", in: JOHANNES EURICH/CHRISTIAN OELSCHLÄGEL (Hg.), Diakonie und Bildung, Stuttgart 2008, 265–277, 275.
212 S. CHRISTIAN GRETHLEIN, Abendmahl feiern in Geschichte, Gegenwart und Zukunft, Leipzig 2015, 124-146.

dar, kirchliches Handeln aus psychologischer Sicht kritisch zu analysieren und weitergehende Perspektiven zu entwickeln."[213]

Hier gab es ebenfalls ursprünglich eine enge Verknüpfung zum gemeinschaftlichen Feiern, nämlich im Bußritus (s. § 27 2.5), der anfangs öffentlich stattfand.[214] Inhaltlich blieb aber auch nach der Individualisierung der Buße die Fokussierung auf die Sünde erhalten. Erst seit der *Rezeption psychologischer Theoriebildungen*, Tiefenpsychologie bzw. Psychoanalyse, personzentrierter Psychotherapie, Gestaltpsychologie, Gruppendynamik und Systemischer Psychologie,[215] tritt diese Thematik fast vollständig zurück. Vor allem die US-amerikanische Entwicklung von „Pastoral Counseling" (s. § 4 3.1 sowie § 7 2.2 und 2.3) beeinflusste die deutsche Entwicklung der Seelsorge-Theorie.

Dabei rückte die Krankenhausseelsorge, nicht zuletzt wegen der hier gegebenen günstigen Ausbildungsbedingungen, ins Zentrum der Aufmerksamkeit. Zwar sind die Krankenhausseelsorger/innen in der Regel durch die Kirche beschäftigte Pfarrer/innen. Doch ist die Distanz dieses hoch spezialisierten Arbeitsfeldes zu den Ortsgemeinden unübersehbar. Die allgemein gesellschaftliche Ausgliederung von Krankheit, greifbar in der Institution des Krankenhauses, findet hier einen Niederschlag. Insofern handelt es sich bei der *Krankenhausseelsorge* (und ebenso anderer Anstaltsseelsorge) zum einen um ein gelungenes Bespiel der Kontextualisierung der Kommunikation des Evangeliums. Kirche assistiert Menschen bei der Bewältigung ihres Lebens in bestimmten Situationen. Zum anderen geht sie dabei einen gefährlichen Weg. Denn die Ausgliederung von Krankheit resultiert aus einem an technisch-naturwissenschaftlich herstellbarer Funktionalität orientierten Menschenbild, das zu problematischen Exklusionen führt.

Einen Gegenakzent zu dieser Entwicklung setzt die Wiederentdeckung der „*Alltagsseelsorge*".[216] Ohne therapeutisches Setting ereignet sich hier – oft zwischen Tür und Angel – wirkungsvolles Helfen zum Leben. Eine Fortführung findet diese Linie durch den Anschluss der Seelsorge an praktisch-phi-

---

213 MICHAEL KLESSMANN, Seelsorge als Kommunikationsprozess – Pastoralpsychologische Perspektiven, in: DESMOND BELL/GOTTHARD FERMOR (Hg.), Seelsorge heute. Aktuelle Perspektiven aus Theorie und Praxis, Neukirchen-Vluyn 2009, 11–33, 11.
214 Zur Geschichte der Seelsorge s. CHRISTOPH MORGENTHALER, Seelsorge (Lehrbuch Praktische Theologie Bd. 3), Gütersloh 2009, 32–51; vgl. auch § 22 1.3.
215 Die einzelnen Zugänge sind dargestellt in WILFRIED ENGEMANN (Hg.), Handbuch der Seelsorge. Grundlagen und Profile, Leipzig 2007: HERIBERT WAHL, Tiefenpsychologische Aspekte des seelsorglichen Gesprächs (227–251); HELGA LEMKE/WILHELM THÜRNAU, Personzentrierte Psychotherapie und Seelsorge (252–267); KARL-HEINZ LADENHAUF, Gestaltseelsorge und Integrative Pastoralarbeit (268–277); HERMANN STEINKAMP, Seelsorge im gruppendynamischen Prozess (278–291); CHRISTOPH MORGENTHALER, Systeme als Bezugsrahmen der Seelsorge (292–307).
216 Grundlegend EBERHARD HAUSCHILDT, Alltagsseelsorge. Eine sozio-linguistische Analyse des modernen Geburtstagsbesuchs (APTh 29), Göttingen 1996.

losophische Ansätze zur Lebenskunst.[217] Etwa gleichzeitig entwickelt sich die Notfallseelsorge zu einem wichtigen kirchlichen Handlungsfeld.[218] Hier werden die flächendeckende kirchliche Grundstruktur und moderne Kommunikationsmöglichkeiten verknüpft, um Menschen in besonderen Ausnahmezuständen schnell und qualifiziert beistehen zu können.

Schließlich beginnt sich eine besondere Form der seelsorgerlichen Begleitung im Bereich der *Palliativmedizin* herauszubilden. Sie nimmt die vor allem in der angelsächsischen Medizin zu beobachtende Öffnung für das Konzept der „spirituality" auf.[219]

Gemeinsam ist diesen unterschiedlichen Formen von Seelsorge *ein zwischen „Begleitung" und „Begegnung" oszillierender Kommunikationsmodus*, innerhalb dessen Leben gedeutet wird.[220] Die Spannung jeder Kommunikation des Evangeliums zwischen Personbezug und Ausgreifen auf den christlichen Grundimpuls wird konzeptionell zutreffend erfasst. Dabei erfordert die Verständigung eine herrschaftsfreie, personzentrierte, dialogische und vertrauensvolle Gesprächsatmosphäre.[221] Allerdings birgt die Separierung mancher kirchlicher Seelsorgetätigkeiten, etwa in den Beratungsstellen, – ähnlich der Konzentration von Lehr- und Lernprozessen auf Unterricht – ein Problem. Denn dadurch verliert die Kommunikation des Evangeliums ihren verschiedene Kommunikationsmodi umfassenden Charakter. Die sich angesichts von ähnlichen Einrichtungen in anderer Trägerschaft stellende kritische Frage nach dem kirchlichen Profil hat hier ihren sachlichen Grund.

4.5 *Zusammenfassung:* (Organisierte) Kirche ist ein wichtiger – aber keineswegs der einzige – Ort der Kommunikation des Evangeliums in seinen verschiedenen Modi. Das Ineinander von Lehr- und Lernprozessen und gemeinschaftlichem Feiern, wie es vor allem beim Kindergottesdienst und in der Konfirmandenzeit begegnet, spiegelt gut deren sachlichen Zusammenhang wider. Leider lässt sich Ähnliches in nur geringerem Maß für den Modus des Helfens zum Leben zeigen. Sowohl die Kommunikationsform des Unterrichts, die seit einiger Zeit die kirchlichen Lehr- und Lernprozesse dominiert,

---

217 S. WILFRIED ENGEMANN, Die praktisch-philosophische Dimension der Seelsorge, in: DERS. (Hg.), Handbuch der Seelsorge. Grundlagen und Profile, Leipzig 2007, 308–322.
218 Einen Überblick gibt JOACHIM MÜLLER-LANGE (Hg.), Handbuch Notfallseelsorge, Edewecht ²2006.
219 S. im deutschen Sprachraum grundlegend TRAUGOTT ROSER, Spiritual Care. Ethische, organisationale und spirituelle Aspekte der Krankenhausseelsorge. Ein praktisch-theologischer Zugang, Stuttgart 2007; s. auch STEPHEN B. ROBERTS (Hg.), Professional Spiritual & Pastoral Care. A Practical Clergy and Chaplain's Handbook, Woodstock ³2013.
220 MICHAEL KLESSMANN, Seelsorge als Kommunikationsprozess – Pastoralpsychologische Perspektiven, in: DESMOND BELL/GOTTHARD FERMOR (Hg.), Seelsorge heute. Aktuelle Perspektiven aus Theorie und Praxis, Neukirchen-Vluyn 2009, 11–33, 20.
221 A.a.O. 18f.

als auch die kultische Fixierung des gemeinschaftlichen Feierns stehen dem entgegen.

Es sind aber Gegenbewegungen zu beobachten. Der Kindergottesdienst gewinnt neue Gestalt, wenn er seinen Bezug auf Familie und deren Lebensgestaltung ernst nimmt. Gesellschaftliche Herausforderungen wie die Armut vieler Kinder begegnen dann in der Kirche und machen die diakonische Dimension des gemeinschaftlichen Feierns bewusst. Alternative Gottesdienste öffnen sich für heute übliche Kommunikationsformen. Bei den Kasualien sind oft die drei Modi der Kommunikation des Evangeliums miteinander verbunden. Nach solchen *Kontextualisierungen und Verknüpfungen der Modi der Kommunikation des Evangeliums* ist Ausschau zu halten.

5. Weiterführende Impulse

In der Spannung von Kirche zwischen Institution und Organisation werden gegenwärtig in der Praktischen Theologie und auf der Ebene der Kirchenleitungen Zukunftsmodelle diskutiert. Sie sollen die Grundlage für zukünftig notwendige Prioritäten- und Posterioritätensetzungen bieten. Entsprechende Entscheidungen betreffen unmittelbar die Modi der Kommunikation des Evangeliums.

Im Weiteren werden Innovationen aus der Konfirmandenarbeit sowie der Abendmahlspraxis vorgestellt, die im Sinne des allgemeinen Priestertums aller Getauften innovativ erscheinen.

5.1 *Kirchenreform:* Evangelische Kirchen sind grundsätzlich zur Reform verpflichtet.[222] Dies impliziert der ihnen zu Grunde liegende reformatorische Impuls. Sie haben die Aufgabe, die Kommunikation des Evangeliums zu fördern. Damit ist ihr Wirken an den jeweiligen kulturellen und gesellschaftlichen Kontext gebunden und entsprechenden Veränderungen unterworfen. Die eingangs zu diesem Paragraphen skizzierte Situation ergibt gegenwärtig die Notwendigkeit zu strukturellen Veränderungen. Aus unterschiedlichen Gründen (Demographie, Kirchenaustritte, Steueränderungen) nehmen die den organisierten Kirchen zur Verfügung stehenden finanziellen Mittel strukturell ab, während die Anforderungen und Aufgaben eher zuzunehmen scheinen. Dementsprechend besteht in einer Optionsgesellschaft die Notwendigkeit zu organisatorischer Klarheit. Momentane, durch die konjunkturelle Lage begünstigte hohe Kirchensteuereinnahmen verschaffen in dieser Situation ein komfortables, allerdings wohl nur wenige Jahre währendes Moratorium. Doch kommt es immer wieder zu Auseinandersetzungen: Die Einen fordern eine Stärkung der parochialen Struktur auf Kosten der über-

---

[222] Auf die aktuell damit verbundenen Probleme weist hin: ISOLDE KARLE, Kirche im Reformstress, Gütersloh 2010.

parochialen Dienste, die Anderen melden für letztere Erweiterungsbedarf an. Praktische Theologen versuchen, diesen Konflikt zu versachlichen. Für das kirchenleitende Handeln erhebliche Bedeutung hat schließlich das sog. Impulspapier „Kirche der Freiheit", das sich der Rat der EKD zueigen machte (s. FECHTNER 197–202).

Herbert Lindner bündelt seine Erfahrungen in der Gemeindeberatung in einem organisationssoziologisch begründeten und zugleich theologisch reflektierten „Entwicklungsprogramm für Ortsgemeinden".[223] Er will die Ortsgemeinden als Organisationen neu ausrichten und legt Empfehlungen für eine „leitbildorientierte Planung" vor (15). Analytisch geht er in den evangelischen Kirchen von einem „dramatischen Wandel in langsamem Tempo" aus (59). Dieser lässt die „gelebte Religion der Mitglieder" und die „Religion der Kirche" auseinandertreten (65).

Dagegen empfiehlt Lindner – unter Bezug auf empirische Daten –, „die Begleitung der Übergänge des Lebens zum Fokus der gemeindlichen Angebote zu machen" (121). Dementsprechend liegt das Schwergewicht kirchlicher Arbeit auf dem Nahraum (der allerdings nicht mit der Parochie gleichgesetzt wird). Das Kirchenjahr enthält die „existentiellen Grundthemen des menschlichen Lebens" (188) und begleitet deren Bearbeitung. Die zentrale Kommunikationsaufgabe fällt dabei den Pfarrer/innen zu, die Lindner eher als „Filialisten", denn als „Künstler" sieht (179). In einem konziliaren Prozess sollen auch andere ihre Gaben einbringen. Organisatorisch gilt es, diese Entscheidungen jeweils vor Ort konkret zu formulieren, und zwar als:

– „Vision für das umfassende Hoffnungsbild am Horizont, das alles Tun ausrichtet und letztlich motiviert.
– Leitbild für die zukünftige (Gesamt-)Gestalt der Organisation.
– Konzept für die mittelfristige Orientierung.
– Durchführung, verstanden als die konkreten Schritte im Hier und Jetzt, für die es Handlungsanweisungen geben kann." (53; ohne Fettdruck im Original)

Hiermit liegt ein praxisnahes Modell der Gemeindeentwicklung vor, das die gegenwärtige Partizipation der meisten Evangelischen an ihrer Kirche positiv aufnimmt. Das kommunikative Verständnis von Evangelium (35) ermöglicht eine große Weite. Mit den *Kasualien* und dem *Kirchenjahr* sind zwei Bereiche angesprochen, in denen (organisierte) Kirche vor allem Familien wichtige Hilfe für ihre Kommunikation des Evangeliums geben kann.

---

223 Diese ursprünglich als praktisch-theologische Habilitationsschrift verfasste und 1994 publizierte Untersuchung erschien in zweiter vollständig überarbeiteter und stärker auf die Praxis bezogener Auflage: HERBERT LINDNER, Kirche am Ort. Ein Entwicklungsprogramm für Ortsgemeinden, Stuttgart 2000. Die folgenden Zahlen in Klammern weisen auf entsprechende Seiten dieses Buchs hin. Zu dessen weiterer Konkretisierung und Anwendung auf die Region hin s. DERS./ROLAND HERPICH, Kirche am Ort und in der Region. Grundlagen, Instrumente und Beispiele einer Kirchenkreisentwicklung, Stuttgart 2010.

Steht bei Lindner die Ortsgemeinde im Zentrum bestimmt *Uta Pohl-Patalong* in einem konflikttheoretisch argumentierenden Zugang die Chancen und Grenzen von parochialer und überparochialer Arbeit. Akribisch listet sie dazu die einzelnen Pro- und Contra-Argumente auf (POHL-PATALONG 186–193). Dann stößt sie zu einem interessanten Lösungsansatz vor. Sie führt den verschiedene kirchliche Handlungsfelder umspannenden Begriff der *„kirchlichen Orte"* ein:

> „Gemeint sind damit ebenso bisherige Parochien, die in der Regel baulich durch eine Kirche und ein Gemeindehaus repräsentiert werden, wie Tagungshäuser, kirchlich genutzte Räume in Krankenhäusern, Schulen und Gefängnissen und jegliche Gebäude, in denen bisher kirchliche Arbeit geleistet wird, teils mit gleichen Aufgabengebieten – vor allem in den Parochien –, teils mit unterschiedlichen Schwerpunkten – sowohl in den Parochien als auch in den Nichtparochien." (a. a. O. 228)

Diese kirchlichen Orte umfassen „ein vereinsähnliches kirchliches Leben" und „inhaltlich qualifizierte Arbeitsbereiche" (a. a. O. 230). Beides soll entflochten werden. Das vereinsähnliche Leben steht in Verantwortung der Gemeindeglieder, für die inhaltliche Arbeit sind Hauptamtliche, etwa Pfarrer/innen, verantwortlich, die von Ehrenamtlichen unterstützt werden können. Die genaue Verteilung entsprechender Schwerpunkte ist vor Ort auszuhandeln. Gemeinsam ist allen kirchlichen Orten, dass an ihnen „gottesdienstliches Leben" stattfindet. Dabei prägen die jeweiligen Arbeitsschwerpunkte die Gottesdienste:

> „Im Rahmen des Arbeitsbereiches Jugendarbeit werden Jugendgottesdienste durchgeführt, im Kontext des Arbeitsbereiches Spiritualität meditative Gottesdienste, beim Arbeitsbereich Kirchenmusik musikalisch orientierte, für die Arbeit mit jungen Familien Familiengottesdienste, im Zusammenhang des Arbeitsbereiches Biografie oder Kasualien Gottesdienste, die in besonderer Weise biografische Themen aufgreifen etc. Auch für den gottesdienstlichen Bereich wird damit eine Konzentration favorisiert, die sich positiv auf die Gestaltung und die Ausstrahlung der Gottesdienste auswirken dürfte. Die gottesdienstliche Feier wird zugleich verstärkt organisch in das sonstige Handeln eingebunden und stellt keinen sonntäglichen Sonderbereich dar." (a. a. O. 246 f.)

So liegt für den städtischen Bereich ein interessantes Organisationsmodell vor. Pohl-Patalongs Vorschlag macht durch die *Unterscheidung von vereinsähnlichem Leben und fachlich profilierten Arbeitsbereichen* den Konfliktbereich bei strukturellen Entscheidungen durchsichtiger. Zudem verbindet sie die Professionalisierung kirchlicher Arbeit mit liturgischer Ausrichtung und stärkt so das kirchliche Profil.

Bemühten sich die beiden skizzierten Reformvorschläge um praktisch-theologische Begründungen, so ist das *EKD-Papier „Kirche der Freiheit"*[224]

---

[224] KIRCHENAMT DER EVANGELISCHEN KIRCHE IN DEUTSCHLAND (Hg.), Kirche der Freiheit. Perspektiven für die Evangelische Kirche im 21. Jahrhundert. Ein Impulspapier des Rates der

kirchenpolitisch ausgerichtet. Ziel ist es, „gegen den Trend wachsen zu wollen".

Dabei leiten vier Prinzipien:

„a. Geistliche Profilierung statt undeutlicher Aktivität. ...

b. Schwerpunktsetzung statt Vollständigkeit. ...

c. Beweglichkeit in den Formen statt Klammern an Strukturen. ...

d. Außenorientierung statt Selbstgenügsamkeit." (8; ohne Kursivsetzung des Originals)

Sie sollen die bereits in den Gliedkirchen der EKD geleisteten Reformüberlegungen bündeln und konzentrieren. Konkret werden dazu vier sog. Kernbereiche identifiziert, in denen ein Aufbruch notwendig erscheint: „in den kirchlichen Kernangeboten, bei allen kirchlichen Mitarbeitenden, beim kirchlichen Handeln in der Welt und bei der kirchlichen Selbstorganisation." (8) Auch nennt das Papier konkrete Ziele: Der sog. durchschnittliche Gottesdienstbesuch soll am Sonntag auf 10 % gesteigert werden; der bestehende Anteil der evangelischen Kirchenmitglieder an der Bevölkerung soll bis 2030 gehalten werden; eine signifikante Erhöhung der sog. Taufquote wird angestrebt, bei den Eheschließungen evangelischer Paare eine Trauquote von 100 % usw. (52) Dazu finden sich Vorschläge für die Größen von Landeskirchen u. a. Tatsächlich wurden zahlreiche Schritte unternommen. Ohne Anspruch auf Vollständigkeit seien genannt:

- Einrichtung eines Projektbüros,
- Einrichtung einer Steuergruppe,
- Einrichtung einer Internetplattform „Kirche im Aufbruch",
- Organisation einer Reformdekade mit dem Zielpunkt Reformationsjubiläum 2017 und bis dahin jährlich einem besonderen thematischen Schwerpunkt,
- Einrichtung von Kompetenzzentren für „Mission in der Region" (Dortmund, Stuttgart, Greifswald), für „Qualitätsentwicklung im Gottesdienst" (Hildesheim), für „Evangelische Predigtkultur" (Wittenberg) und für „Führen und Leiten" (Berlin).[225]

Inzwischen fanden bereits ein „Zukunftskongress" 2007 in Wittenberg, eine „Zukunftswerkstatt" 2009 in Kassel und ein „Zukunftsforum" 2014 in Wuppertal und im Ruhrgebiet statt. Und natürlich tagten etliche Synoden, Kirchenleitungen usw. zur Thematik.

Die Instrumente für diese Reform stammen – das zeigt die im Freiheitspapier gepflegte Sprache – aus der Betriebswirtschaft.[226] Theologisch orientiert die Ende der sechziger Jahre des 20. Jahrhunderts, also vor über fünfzig Jahren,

---

EKD, Hannover 2006. Die folgenden Zahlen in Klammern weisen auf entsprechende Seiten dieses Dokuments hin.

225 Im Impulspapier werden „exemplarisch" zehn zu errichtende Kompetenzzentren genannt.

226 S. Christoph Meyns, Management als Mittel der Kirchenreform, in: Isolde Karle (Hg.), Kirchenreform. Interdisziplinäre Perspektiven (APrTh 41), Leipzig 2009, 161–175, 164–169.

von Dietrich Rössler praktisch-theologisch adaptierte Christentumstheorie (s. § 4 2.2).[227] Von daher ist die pastoraltheologische Ausrichtung zu erklären. Das neu eingespielte Missionsthema zerstört aber die bei Rössler sorgfältig austarierte Balance zwischen den verschiedenen Partizipationsformen am Christentum.

Auffällig ist bei dem Papier der weitgehende Verzicht auf theologische Reflexion (s. HERMELINK 14 f.). Ein undeutlicher Religionsbegriff leistet keine inhaltliche Klärung. So ist der Text Ausdruck kirchenamtlicher Orientierungslosigkeit angesichts der nicht zu leugnenden Herausforderungen. Soziologisch formuliert: Es wird versucht, Unorganisierbares zu organisieren, ohne dieses Dilemma zu reflektieren.[228] Dadurch kommt es zu einer Überforderung der kirchlichen Organisation, konkret der kirchlichen Mitarbeiter/innen. Der Hauptgrund dafür ist ein auf die kirchliche Organisation verengtes Kirchenverständnis, das die biblische und reformatorische Weite von „Ekklesia" vergessen hat. Auf jeden Fall muss zehn Jahre nach Erscheinen des Impuls-Papiers konstatiert werden: Die teilweise sogar in Prozentzahlen angegebenen Ziele wurden vollständig verfehlt.

5.2 *Konfirmandenarbeit:* Die starke Konzentration der Lehr- und Lernprozesse auf unterrichtliche Kommunikationsformen vernachlässigt deren Anschluss an andere Modi der Kommunikation des Evangeliums und wirft Probleme mit dem Alltagsbezug auf (s § 13 3.7). Von daher verdienen gemeindepädagogische Modelle Interesse, die die unterrichtliche Engführung überwinden. Exemplarisch sei hier auf die guten Praxiserfahrungen mit einem Vorkonfirmandenunterricht unter Beteiligung der Eltern und mit Konfi-Camps hingewiesen.

Motiviert durch den Ausfall des Religionsunterrichts in der Grundschule initiierte Mitte der siebziger Jahre des 20. Jahrhunderts Hans-Wilhelm Hastedt in Hoya ein neues Modell der Konfirmandenarbeit: das sog. *Hoyaer Modell bzw. KU 4.*

Der traditionelle Konfirmandenunterricht mit zwei aufeinander folgenden Jahren (7. und 8. Klasse) wurde auf das 4. und 8. Schuljahr verteilt, wobei das zweite Jahr unverändert unter Leitung des Pfarrers stattfand. Dagegen erteilten im ersten Jahr Eltern im Wohnzimmer oder in Gemeinderäumen kleinen Gruppen von Vorkonfirmand/innen den Unterricht. Dafür wurden sie in Abenden durch den Pfarrer vorbereitet. Jeden Monat traf sich einmal die Gesamtgruppe.

---

227 S. CHRISTIAN GRETHLEIN, Das EKD-Impulspapier „Kirche der Freiheit" als Initialzündung für eine neue Selbstverständigung der Praktischen Theologie, in: THOMAS SCHLAG/THOMAS KLIE/RALPH KUNZ (Hg.), Ästhetik und Ethik. Die öffentliche Bedeutung der Praktischen Theologie, Zürich 2007, 165–180.

228 S. ARMIN NASSEHI, Die Organisation des Unorganisierbaren. Warum sich Kirche so leicht, religiöse Praxis aber so schwer verändern lässt, in: ISOLDE KARLE (Hg.), Kirchenreform. Interdisziplinäre Perspektiven (APrTh 41), Leipzig 2009, 199–218.

§ 18 Kirche zwischen Institution und Organisation

Mittlerweile hat sich dieses Modell in etlichen Gemeinden verbreitet, wobei es regional zu Anpassungen kam. So wurde etwa inhaltlich im vorgezogenen Unterrichtsjahr die starke Konzentration auf biblische Geschichten – der entfallene Religionsunterricht sollte kompensiert werden – durch eine stärkere Orientierung auf Taufe und Abendmahl ersetzt. Mancherorts erwies sich die 3. Klasse als besserer Zeitraum usw.[229]

Gemeindepädagogisch innovativ[230] sind die Verbindung von Konfirmandenarbeit und Erwachsenenbildung sowie der Modus des generationenübergreifenden Lernens in einem interessanten Miteinander von Familie und Nachbarschaft. Für eines der Kinder ist die Leiterin der Gruppe die Mutter – Väter stellen sich nur selten zur Verfügung –, für die Anderen eine Frau aus der Nachbarschaft. Die übliche Unterrichtsform wird durch die kleine Gruppe und die nichtprofessionelle Leiterin verlassen. Eine besondere Chance bietet in diesem Modell der Zeitraum zwischen erstem und zweitem Jahr. Hier können Angebote für eine Altersgruppe platziert werden, die sonst in den Kirchengemeinden keine Beachtung findet.

Ins zweite Jahr der Konfirmandenzeit gehören die *KonfiCamps*. Dabei handelt es sich um – erstmals 1993 in Württemberg durchgeführte – überregionale Treffen von Konfirmand/innen in mehrtägigen Zeltlagern. Für ein KonfiCamp in Augsburg wurden folgende Ziele formuliert:

- „Miteinander leben. Wir wollen Pfarrer, Pfarrerinnen und Ehrenamtliche in eine enge Beziehung zu den Konfirmanden bringen.
- Kundenfreundlichkeit anstreben. Es soll kein Konfirmand seinen Unterricht nur ‚absitzen'. Spaß und Erlebnis gehören notwendig dazu – für die Konfirmanden, aber auch für uns Mitarbeiter.
- Evangelische Jugendkultur schaffen. Wir wollen Traditionen, Lieder und Umgangsformen entwickeln, die sich zu einer spezifischen KonfiCamp-Kultur verdichten sollen.
- Nachhaltige Lernprozesse anstoßen. Wir wollen den Verantwortlichen in den Gemeinden die Zeit geben, christliche Glaubensinhalte und Werte nicht nur anzureißen, sondern auch gemeinsam auszuprobieren und einzuüben.
- Den Doppeleffekt nutzen. Den Konfirmandenunterricht wollen wir zugleich als Mitarbeiterbildung und zur Gewinnung neuer Jugendmitarbeiter nutzen.
- Größe spüren. Wir wollen zeigen, dass es viele evangelische Christen in Augsburg gibt und wir wollen die begeisternde Stimmung von Massenveranstaltungen einbeziehen.
- Lebendige Gemeinde bauen. Wir wollen bewusst den Ehrenamtlichen aus den Gemeinden eine zentrale Rolle in der Konfirmandenarbeit geben.

---

229 S. zu Konzept und Beispielen für die konkrete Gestaltung MICHAEL MEYER-BLANCK/LENA KUHL (Hg.), Konfirmandenunterricht mit 9/10jährigen. Planung und praktische Gestaltung, Göttingen 1994.
230 S. die ausführliche Auswertung in MICHAEL MEYER-BLANCK (Hg.), Zwischenbilanz Hoyaer Modell. Erfahrungen – Impulse – Perspektiven (Arbeiten zum Konfirmandenunterricht 4), Hannover 1993.

– Gemeinden vernetzen. Wir wollen Pfarrer, Pfarrerinnen, Mitarbeiter, Mitarbeiterinnen und Jugendliche aus verschiedenen Gemeinden zusammenbringen und so an einer neuen Kultur der Zusammenarbeit in unserer Kirche mitwirken.
– Profil zeigen. Wir wollen für die Jugendlichen als evangelische Kirche erkennbar sein. Die christliche Ausrichtung darf nicht nur in den Inhalten präsent sein, sie muss darüber hinaus Leben und Rhythmus unseres Projekts prägen."[231]

Deutlich ist das Bemühen, das Evangelium in einem für die Jugendlichen attraktiven Freizeitkontext, also abgesetzt von Schule und Unterricht, zu kommunizieren. Besondere Höhepunkte sind dabei liturgische Veranstaltungen, wie etwa die Taufe von Konfirmand/innen im Meer. Praktisch-theologisch ist die Integration der verschiedenen Modi der Kommunikation des Evangeliums hervorzuheben.

5.3 *Abendmahl mit Kindern:* Aus theologischer Sicht leidet die gegenwärtige Gottesdienstpraxis in vielen evangelischen Kirchen darunter, dass die Mehrzahl der Kirchenmitglieder kaum das Abendmahl feiert.[232] Viele gehen wohl nur im Rahmen ihrer Konfirmation zum Tisch des Herrn. Angesichts der theologischen Bedeutung des Abendmahls verdienen Bemühungen Aufmerksamkeit, die versuchen, dies zu verändern.

Entwicklungspsychologisch gesehen ist die – theologisch nicht notwendige – Verbindung von Abendmahlszulassung und Konfirmation problematisch.[233] In einem Alter, in dem sich Jugendliche von den überkommenen Vorstellungen lösen, sollen sie in eine Praxis der Erwachsenen eingeführt werden. Pädagogisch gesprochen geht es beim Abendmahl wesentlich um einen mimetischen Vollzug. Dies ist ein intensiver und nachhaltiger Kommunikationsvorgang, mit dem sich vor allem kleine Kinder die Welt erschließen. Von daher kann erwartet werden, dass Kinder, die von früh auf kommunizieren, einen intensiveren und selbstverständlicheren Zugang zum Abendmahl gewinnen als die erst im Konfirmandenalter Zugelassenen.

Dazu tritt *theologisch* das Problem, dass bei der bisherigen Verbindung von Abendmahlszulassung und Konfirmation Getaufte vom Mahl des Herrn ausgeschlossen sind.[234] Bis zum 13. Jahrhundert war es selbstverständlich,

---

231 Zitiert in MARCELL SASS, Frei-Zeiten mit Konfirmandinnen und Konfirmanden. Praktisch-theologische Perspektiven (APrTh 27), Leipzig 2005, 127.
232 Die diesbezüglichen empirischen Befunde und Einsichten sind zusammengestellt bei CHRISTIAN GRETHLEIN, Abendmahl feiern in Geschichte, Gegenwart und Zukunft, Leipzig 2015, 124-146; s. auch HANNS KERNER, Auch Agenden wandeln sich. Voraussetzungen und Grundentscheidungen bei der neuen Agendenbearbeitung in Bayern (2012), in: DERS., Gottesdienst im Wandel, hg. v. KONRAD MÜLLER/THOMAS MELZL, Leipzig 2015, 41-51, 48.
233 Zu diesem und anderen psychologischen und pädagogischen Gründen s. CHRISTIAN GRETHLEIN, Abendmahl – mit Kindern?! Praktisch-theologische Überlegungen, in: ZThK 106 (2009), 345–370, 362–366.
234 S. zum Folgenden BRUNO KLEINHEYER, Sakramentliche Feiern Bd. 1. Die Feiern der Eingliederung in die Kirche (GDK 7/1), Regensburg 1989, 238–243.

dass in der Taufe nach der Wasserhandlung der Täufling, in der Regel ein Säugling, kommunizierte – eine Tradition, die die orthodoxen Kirchen bis heute kontinuierlich beibehalten. Erst unter dem Eindruck eines kognitiv verengten Glaubensverständnisses wurden die Kinder ausgeschlossen.

Mittlerweile haben die meisten Landeskirchen in Deutschland ihren Gemeinden zumindest frei gestellt, (getaufte) Kinder zum Abendmahl zuzulassen.[235]

Aktuelle Brisanz erhält das immer noch verbreitete Fernhalten der Kinder durch die Bewegung der Inklusion (s. § 17 5.2). Denn bei der Verbindung von Abendmahlszulassung und Konfirmation liegt eindeutig eine Exklusion vor, die den auch gesellschaftlich anderweitig praktizierten Ausschluss von Kindern wiederholt. Das weist darauf hin, dass die Zulassung von Kindern zum Abendmahl nicht nur eine die Kinder betreffende Angelegenheit ist. *Tatsächlich verändert die Mitfeier von Kindern die Mahlpraxis in den Gemeinden.*[236] Kinder stellen die vielerorts bestehende Diskrepanz zwischen Sinn- und Feiergestalt beim Abendmahl unbeschwert in Frage: Warum bekommt man nur so wenig Brot und einen kleinen Schluck? Alte Fragen nach dem Zusammenhang von Sättigungs- und Gedächtnismahl werden zum Thema. Auch sind Kinder für Atmosphären sehr empfänglich. Sie spüren, ob eine Gemeinschaft zwischen den Menschen entsteht oder ob davon nur gesprochen wird. So eröffnet das Abendmahl nicht nur für Kinder einen neuen Horizont. Die Erwachsenen lernen, das Vertraute zu hinterfragen und das Abendmahl neu zu entdecken.

5.4 *Offene Fragen:* Kirche hat in evangelischem Verständnis die Aufgabe, die Kommunikation des Evangeliums zu fördern. In Zeiten, in denen der Großteil der Bevölkerung zu mündigem Leben kaum in der Lage war, organisierte die Kirche die entsprechenden Kommunikationsvollzüge. Dabei drohte aber die Gefahr, dass die Kommunikation des Evangeliums auf innerkirchliche Kommunikation begrenzt wurde. Vorstöße wie der von Luther, die Familie in ihrer Bedeutung für die Kommunikation des Evangeliums zu stärken und die kirchliche Hierarchie grundlegend zu kritisieren, setzten sich auf die Dauer nicht durch. Allerdings bahnte sich spätestens seit der Aufklärung die Entwicklung einer religiösen Kommunikationskultur an, die zwar auf Kirche bezogen ist, teilweise aber in kritischer und abgrenzender Weise.

---

235 S. grundlegend EBERHARD KENNTNER, Abendmahl mit Kindern. Versuch einer Grundlegung unter Berücksichtigung der geschichtlichen Wurzeln der gegenwärtigen Diskussion in Deutschland, Gütersloh 1980 (u. ö.), 173–180.

236 S. anschaulich EBERHARD KENNTNER, Einführung von Abendmahlsfeiern mit Kindern in der Ev. Kirchengemeinde Rheinbach 1982–1990, in: Thema: Gottesdienst (hg. von der BERATUNGS- UND STUDIENSTELLE FÜR DEN GOTTESDIENST DER EVANGELISCHEN KIRCHE IM RHEINLAND), 12/1998, 23–32.

Demgegenüber verstärkten Entwicklungen im Gefolge der Katastrophe des Ersten Weltkriegs und des Zusammenbruchs der nationalsozialistischen Gewaltherrschaft die Tendenz zur Verkirchlichung. Aktuelle kirchenamtliche Durchhalteparolen wie „Wachsen gegen den Trend" verlängern diese problematische Entwicklung. Die Erhaltung der Kirche als Institution bzw. Organisation wird zu deren oberstem Ziel. Angesichts der statistischen Befunde liegen überfordernde Appelle bzw. Resignation nahe.

Einen ganz anderen Horizont eröffnet die Konzentration auf die tatsächliche Kommunikation des Evangeliums. Sie findet vielerorts, in Kinderzimmern, Schulen, Beratungsstellen, im Fernsehen und Internet usw., statt. Damit geht eine *Relativierung von (organisierter) Kirche im wörtlichen Sinn* einher. Sie wird in Beziehung zu anderen Sozialräumen gesetzt und hat ihre Funktion darin, die Kommunikation an diesen Orten zu unterstützen. *Kirche agiert als Assistenzsystem für Menschen bei der Bewältigung ihres Lebens in unterschiedlichen Sozialformen.*

Es ist offen, ob die evangelischen Landeskirchen diesen entlastenden und zugleich kirchliche Arbeit neu orientierenden Perspektivwechsel vollziehen. Ihre theologischen Grundlagen, vor allem die Einsicht in das grundlegende Handeln Gottes und das allgemeine Priestertum aller Getauften, legen dies nahe. Die bestehenden Verwaltungsformen, einschließlich der Kirchenmitgliedschaftsregel, und Entscheidungsstrukturen stehen dem entgegen.

§ 19 Diakonie als Organisation am Markt

Literatur: ANIKA ALBERT, Helfen als Gabe und Gegenseitigkeit. Perspektiven einer Theologie des Helfens im interdisziplinären Diskurs (VDWI 42), Heidelberg 2010 – CHRISTIAN ALBRECHT (Hg.), Wieviel Pluralität verträgt die Diakonie?, Tübingen 2013 – ANNI HENTSCHEL, Diakonia im Neuen Testament. Studien zur Semantik unter besonderer Berücksichtigung der Rolle von Frauen (WUNT II/226), Tübingen 2007 – VOLKER HERRMANN, „Innere Mission" und „Diakonie" bei Johann Hinrich Wichern. Eine Entwicklungsskizze seines Denkens, in: DWI-Info 35 (2003), 60–102 – MARTIN HORSTMANN, Diakonische Kompetenz, in: DWI-Jahrbuch 40 (2009), 245–261 – CHRISTIAN OELSCHLÄGEL, Diakonie: Aktivitäten, Image, Finanzierung, in: JAN HERMELINK/THORSTEN LATZEL (Hg.), Kirche empirisch. Ein Werkbuch zur vierten EKD-Erhebung über Kirchenmitgliedschaft und zu anderen empirischen Studien, Gütersloh 2008, 239–260 – GÜNTER RUDDAT/GERHARD SCHÄFER (Hg.), Diakonisches Kompendium, Göttingen 2005 – GERHARD SCHÄFER/JOACHIM DETERDING/BARBARA MONTAG/CHRISTIAN ZWINGMANN (Hg.), Nah dran. Werkstattbuch für Gemeindediakonie, Neukirchen-Vluyn 2015

Aktuelle Umfragen ergeben, „dass die Diakonie nicht nur theologisch, sondern auch empirisch zum Kernbereich kirchlichen Handelns zu zählen ist" (OELSCHLÄGEL 239). Gut 80 % der Deutschen kennen die Marke „Diakonie" (a.a.O. 249). Allerdings zeigt ein Seitenblick auf andere Wohlfahrtsorganisationen wie das Deutsche Rote Kreuz oder UNICEF, dass diese noch bekannter sind. Die Handlungsfelder der Diakonie werden von einer großen Mehrheit der Bevölkerung als wichtig angesehen (s. zum Einzelnen die Tabelle a. a. O. 251). Dabei zeigt sich zugleich die Vielfalt der hierunter subsumierten Tätigkeitsfelder, u. a.:

> Telefonseelsorge, Bahnhofsmission, Brot für die Welt, Behinderteneinrichtung, Altenheim, Kindergarten, Krankenhaus, Beratungsstelle, Diakonie-Sozialstation, Jugend(arbeit)hilfe/-einrichtung, Einrichtung der Sozialarbeit, Katastrophenhilfe, Ausländerarbeit, Hoffnung für Osteuropa, Ausbildungsstätten, Obdach-/Wohnungslosenhilfe.[237]

Doch verbirgt sich hinter diesem Befund eine theologische Herausforderung. In der Bevölkerung nimmt der explizite Wunsch nach einem christlichen Hintergrund diakonischen Handelns ab: „Nur noch 46% gaben 2005 an, diesen zu wünschen (gegenüber 52% im Jahr 2001), 36% war der christliche Hintergrund egal (gegenüber 29% im Jahr 2001)." (a. a. O. 254)

Auch sonst verweist eine Analyse einschlägiger Statistiken auf sachliche Probleme. Demnach gehen die öffentlichen sozialen Einrichtungen zurück. Freie Anbieter, darunter gemeinnützige wie die Diakonie, mehr aber noch ökonomisch orientierte Unternehmen treten an deren Stelle (s. am Beispiel der Krankenhäuser die in Tabellenform präsentierten Zahlen a. a. O. 242). Es bildet sich gegenwärtig in Deutschland ein *Markt für soziales Handeln* – mit den dazugehörenden Implikationen der Konkurrenz. Das wirft Fragen nach dem Zusammenhang mit staatlichen Unterstützungsleistungen sowie nach der unternehmerischen Dimension diakonischen Handelns auf.

Angesichts der Vielfalt und der zahlenmäßigen Größe von „Diakonie" (s. 3.1) kann es im Folgenden nur um eine grobe Umriss-Skizze gehen. Dabei empfiehlt es sich wegen der unterschiedlichen Probleme, zwischen *„Gemeindediakonie", „verbandlicher Diakonie" und „unternehmerischer Diakonie"* zu unterscheiden (OEHLSCHLÄGEL 240).

Ein Blick in die Geschichte der Diakonie im engeren Sinn (zu den vorausgehenden Entwicklungen s. § 15 3.) führt in den politischen und gesellschaftlichen Kontext des 19. Jahrhunderts. Daraus erklärt sich das kaum mehr entwirrbare Geflecht von Organisationsformen und der spannungsvolle Bezug diakonischen Handelns zur (organisierten) Kirche.

Auch die Rekonstruktion des heutigen rechtlichen Rahmens von Diakonie ergibt große Pluriformität. Ebenso bleibt die Frage nach dem Zusammenhang von Diakonie und Kirche aktuell.

---

237 Die Aufzählung folgt der Liste, die einer Umfrage nach Bekanntheit und Wichtigkeit von Einrichtungen der Diakonie zu Grunde lag (DIAKONISCHES WERK DER EKD [Hg.], Bekanntheit und Image der Diakonie. Ergebnis der Telefonumfragen in den Jahren 2001 und 2005, Stuttgart 2006, 8).

Diese Problemkreise stehen im Hintergrund der abschließend präsentierten weiterführenden Impulse. Vor allem die *Spannung zwischen Kontextualisierung und kulturkritischer Dimension (s. § 9 3.3) des Helfens zum Leben in einer primär ökonomisch ausgerichteten Gesellschaft* bedarf der Bearbeitung.

1. Begriffsklärung

In § 15 2. wurden die verschiedenen biblischen Perspektiven skizziert, die das Helfen zum Leben als Form der Kommunikation des Evangeliums prägen. Sie umfasst und profiliert der neutestamentliche Begriff des „diakonein" (griech.: dienen). Dessen Wortanalyse ergibt einen differenzierten Befund.[238] Im Griechischen kommt „diakonein" in drei Kontexten vor: hinsichtlich des Ausrichtens einer Botschaft, allgemein bei Tätigkeiten und im Haushalt. Dabei wird jeweils eine Vermittlung bezeichnet: zwischen dem Verfasser der Botschaft und denen, denen sie durch den „diakonos" ausgerichtet wird; zwischen dem, der eine Tätigkeit initiiert, und denen, die sie ausüben; zwischen der Küche und den Speisenden. Das Gemeinsame in diesen unterschiedlichen Kontexten ist die *vermittelnde Tätigkeit*. Es geht also bei „diakonein" um einen kommunikativen Vollzug.[239] Dabei wurde dieser Begriff auch in religiösen Zusammenhängen verwendet:

> „Die frühchristliche Bewegung fand somit in der griechischen Sprache einen Terminus vor, der üblicherweise auch im religiösen Bereich zur Ausführung von Aufträgen im Namen einer Gottheit, insbesondere zur Übermittlung von Botschaften verwendet werden konnte. Dabei wurde ein Diakonos nur durch die bleibende Rückbindung an den Auftraggeber legitimiert, so dass dessen Autorität, unabhängig von seinem eigenen sozialen Status, stets eine abgeleitete, niemals eine dem Beauftragten selbst zukommende war." (HENTSCHEL 434)

Im Neuen Testament bezeichnet „diakonein" meist das Helfen im umfassenden Sinn. An einigen Stellen, vor allem bei Lukas, begegnet die Verbindung zum Essen (Lk 10,40; 12,37; 17,8; Apg 6,2; wohl auch Mk 1,13; Mt 4,11) – bei Paulus dagegen nicht. Sachlich bedeutungsvoll ist, dass Jesus „diakonein" als Charakteristikum seiner Aufgabe bezeichnete (Lk 22,27; Mk 10,45). Er drehte die konventionelle Unterordnung des Dienenden um. Deshalb konnte sich die grundsätzlich hierarchiekritische Vorstellung vom Christos Diakonos bilden, die im Laufe der Christentumsgeschichte in unterschiedlicher Weise – etwa bei der Auslegung von Mt 25,31–46 – zum Tragen kam (s. § 15 3.3). Die spätere Gleichsetzung von „Diakonie" und Liebestätigkeit hat hier ein

---

[238] S. ausführlich JOHN COLLINS, Diakonia. Reinterpreting the Ancient Sources, Oxford 1990, 73–191 (eine interessante Auswertung der gesamten Studie in diakoniewissenschaftlicher Hinsicht gibt HANS-JÜRGEN BENEDICT, Beruht der Anspruch der evangelischen Diakonie auf einer Missinterpretation der antiken Quellen? John N. Collins Untersuchung „Diakonia", in: PTh 89 [2000], 349–364).

[239] S. BENEDICT, a. a. O. 356, der von „Diakonien der Kommunikation" spricht.

gewisses Recht, stellt aber eine erhebliche Transformation des weiteren neutestamentlichen Sprachgebrauchs dar. Denn die tätige Nächstenliebe ist nur eine Form des im Neuen Testament „diakonein" Genannten, und nicht einmal die häufigste. Erst in der jeweiligen Situation erschließt sich – auch im Neuen Testament – die konkrete Bedeutung von „diakonos". Den Rahmen gibt dabei jeweils eine Beauftragung ab, die von der Gemeinde ausgesprochen wird (s. a. a. O. 435, 442).

So ist die heute übliche Bezeichnung des Diakonischen als Hilfehandeln kein neutestamentlich zwingender Sprachgebrauch. Die katholische Entsprechung, die „Caritas", erscheint sogar adäquater. Historisch lässt sich zeigen, dass der neutestamentliche Begriff „diakonein" beim diakonischen Aufbruch im 19. Jahrhundert keine Rolle spielte und erst später aus legitimatorischen Gründen bemüht wurde.[240] Sachlich hält „diakonisch" den kommunikativen Charakter des Helfens zum Leben fest: Es geht um die *Vermittlung von Gottes Zuwendung zu den Menschen*. Damit ist „Diakonie" konstitutiv für christliche Kirche.

2. Historische Entwicklungen

Wie in § 13 3. gezeigt, durchzieht der Impuls des Helfens zum Leben die ganze Christentumsgeschichte. Teilweise äußert(e) er sich in dem besonderen Amt des Diakon (bzw. der Diakonin) (s. § 15 3.1).[241] „Diakonie" im modern organisierten Sinn begegnet jedoch erst seit dem 19. Jahrhundert und kann definiert werden:

> „als eine überindividuell organisierte oder institutionalisierte Form des Helfens, als eine Praxis, die sich im Namen des Christentums oder im Auftrag von Kirche und D. (sc. Diakonie, C. G.) einem einzelnen Menschen oder Personengruppen zuwendet, die sich in einer Notlage oder in bes. Bedürftigkeit befinden."[242]

Sie entstand aus einem doppelten Impuls: der unübersehbaren *Notlage vieler Menschen* im Zuge der Industrialisierung und der damit verbundenen sozialen Verwerfungen sowie der *Herausbildung einer bürgerlichen Gesellschaft* mit zivilgesellschaftlichem Engagement.[243] Im Folgenden skizziere ich exemplarisch die Grundlegung moderner Diakonie als einer eigenständigen Sozial-

---

240 S. hierzu genauer Eberhard Hauschildt, Was bedeuten exegetische Erkenntnisse über den Begriff der Diakonie für die Diakonie heute? Eine historische und hermeneutische Skizze, in: PTh 97 (2008), 307–314.
241 S. Annette Noller, Der Diakonat – historische Entwicklungen und gegenwärtige Herausforderungen, in: Dies./Ellen Eidt/Heinz Schmidt (Hg.), Diakonat – theologische und sozialwissenschaftliche Perspektiven auf ein kirchliches Amt (Diakonat – Theoriekonzepte und Praxisentwicklung 3), Stuttgart 2013, 42-84.
242 Michael Schibilsky, Diakonie VI. Praktisch-theologisch, in: ⁴RGG Bd. 2 (1999), 798–801, 798.
243 Jochen-Christoph Kaiser, Diakonie I. Kirchengeschichtlich, in: ⁴RGG Bd. 2 (1999), 792–794, 792.

form durch Johann Wichern (1808–1881). Denn hier finden sich bereits die bis heute zu bearbeitenden Problemkonstellationen. Die weitere Entwicklung wird nur angedeutet.[244]

2.1 *Innere Mission und Diakonie:* Angeregt durch die Missionsbemühungen im Zuge der Erweckungsbewegung und vielfältige regionale Initiativen (s. § 15 3.7) entwickelte Johann Wichern das Konzept der *„inneren Mission"* (zuerst: „inländische Mission"). In ihm waren soziale Hilfe und Glaubensverkündigung untrennbar verbunden.

> Daraus resultierte im Gegenüber zur damaligen, mit der staatlichen Obrigkeit liierten und wenig beweglichen Kirche ein Kirchenreformprogramm.
> So erklärte Wichern 1844: „Wir verstehen unter der inneren Mission eine geordnete Arbeit der gläubigen Gemeinde in freien Vereinen, und zwar diejenige Arbeit, mit welcher der Aufbau des Reiches Gottes an den von den Ämtern des christlichen Staates und der christlichen Kirche unerreichbaren, innern und äußern Lebensgebieten innerhalb der Christenheit, diesseits und jenseits der Meere, bezweckt wird. Die innere Mission schließt ebenso wesentlich in sich das Bekenntnis des Glaubens durch die Tat der rettenden Liebe, als sie den allgemein priesterlichen Charakter der in ihr durch keine politischen Grenzen des Kirchspiels und des Landes geschiedenen und zu scheidenden Gemeinde in eigentümlicher Weise bekundet. [...] Der Organismus der Werke freier, rettender Liebe ist die innere Mission." (zitiert – ohne Kursivsetzungen – nach HERRMANN 77)

Wesentlicher Bestandteil dieser – jenseits von Staat und Kirche – als Laien-Initiative durchgeführten Werke war die „Diakonie", verstanden als Armenpflege (s. zum Folgenden a.a.O. 86). Wichern untergliederte sie in drei Formen: *die freie, die bürgerliche und die kirchliche Diakonie.*

Die freie Diakonie verdankte sich der Initiative Einzelner, wobei er zwischen „allgemeiner Richtung" (a.a.O. 90) und institutioneller Pflege unterschied. Erstere richtete sich auf das Familienleben; letztere umfasste Einrichtungen für materielle Hilfe wie Spar- und Krankenkassen und Hilfen, die christlich erzieherisch wirkten wie Kinderbewahranstalten.

Daneben kannte Wichern die bürgerliche bzw. obrigkeitliche Diakonie. Hier kümmerte sich der Staat in dreifacher Weise um die Armen: reglementierend durch entsprechende Gesetzgebung; strafend durch Armen- und Sittenpolizei; Not lindernd durch Erhebung der Armensteuer.

Schließlich ist noch die kirchliche Diakonie zu nennen. Hier ging es um die Predigt an die Armen und die Pflege der „Hausarmen" (a.a.O. 95).

Organisationssoziologisch gesehen liegt damit ein differenziertes Modell von Diakonie vor, das in mehrfacher Hinsicht *spannungsvolle Balancen* enthält: *zwischen materieller Hilfe und missionarisch-erzieherischem Impetus; zwi-*

---

244 Zur manche interessante Parallelen aufweisenden Geschichte der katholischen Caritas s. JOCHEN-CHRISTOPH KAISER, Caritas, in: ⁴RGG Bd. 2 (1999), 66–69.

schen Handeln auf der intimen sozialen Ebene der Familie und anstaltsförmigen Einrichtungen; zwischen privater Initiative und institutionellem Handeln in Staat und Kirche. Dabei traten die kirchliches Leben bestimmenden (und begrenzenden) konfessionellen und territorialen innerprotestantischen Distinktionen zurück. Positiv verband Wichern – wie Fliedner (s. § 15 3.6) – die vormoderne Vorstellung des paternalistischen Hauses in Form des Mutterhauses und moderne Konzepte hinsichtlich der Frauenarbeit und Professionalisierung der Pflegetätigkeit miteinander.

Bis heute bestehen die im Werk Wicherns begegnenden Spannungen der Diakonie, aber auch deren kirchliche Organisation überschreitender Charakter. Von daher verwundert es nicht, dass immer wieder versucht wird, an Wichern anzuknüpfen. Dem steht aber das seiner Zeit verhaftete Gesamtkonzept entgegen. Theologisch durch eine Reich-Gottes-Hoffnung bestimmt, zielte Wichern auf eine Rechristianisierung der Gesellschaft.

2.2 *Weitere Entwicklung:* Sie reagierte auf staatliche bzw. gesellschaftliche Veränderungen und ist damit ein Musterbeispiel für die Kontextualisierung der Kommunikation des Evangeliums (und die damit verbundenen Ambivalenzen):[245]

- Der *Beginn staatlicher Sozialpolitik* – nicht zuletzt durch Wicherns Impulse vorbereitet – erforderte eine Zusammenarbeit der diakonischen Einrichtungen mit den staatlichen Stellen. Die Gründung von Wohlfahrtsverbänden ist eine Konsequenz hieraus:

  Centralausschuss für die Innere Mission (1848), Deutscher Caritasverband (1893), Deutscher Paritätischer Wohlfahrtsverband (1912), Zentralwohlfahrtsstelle der Juden in Deutschland (1917), Arbeiterwohlfahrt (1920), Deutsches Rotes Kreuz (1921).[246]

- Die *Gleichschaltungspolitik der Nationalsozialisten* erzwang eine Verkirchlichung, die sich nach dem Zusammenbruch 1945 im Hilfswerk der Evangelischen Kirchen fortsetzte. Doch kam es 1957 zur Vereinigung von Hilfswerk und Innerer Mission, zur „Inneren Mission und Hilfswerk der EKD", die 1975 in „Diakonisches Werk der EKD" umbenannt wurden.
- Der *Ausbau des Sozialstaates* in der Bundesrepublik der sechziger und siebziger Jahre des 20. Jahrhunderts mit gleichzeitig „bedingtem Vorrang" der freien Träger führte zu Erweiterung und Professionalisierung diakonischer Arbeit.

---

245 S. zum Folgenden PETER BARTMANN, Diakonie, in: EStL (2006), 368–374, 369–371; s. auch die verschiedenen Spezialstudien zu konkreten Transformationen diakonischer Institutionen in: JOCHEN-CHRISTOPH KAISER/RAJAH SCHEEPERS (Hg.), Dienerinnen des Herrn. Beiträge zur weiblichen Diakonie im 19. und 20. Jahrhundert (Historisch-theologische Genderforschung 5), Leipzig 2010, 212–324.
246 JOHANNES DEGEN, Diakonie als Unternehmen, in: RUDDAT/SCHÄFER 228–240, 231.

- Seit den neunziger Jahren setzt der Staat auf den *Wettbewerb* zwischen den frei-gemeinnützigen und neuen, am ökonomischen Gewinn orientierten privaten Trägern. Diakonische Einrichtungen müssen sich auf diesem neuen Markt bewähren und nehmen Formen von Unternehmen an.
- Diesen Prozess treiben Initiativen der Europäischen Union (EU) voran. Als Reaktion hierauf verabschiedete 1994 die Konferenz Europäischer Kirchen in Bratislava eine Erklärung, in deren Folge 1996 die „Eurodiaconia" mit Sitz in Brüssel entstand.[247]

Eine besondere Entwicklung vollzog sich im Bereich *Ökumenischer Diakonie*. Nachdem die deutschen Kirchen in der Nachkriegszeit viele Spenden aus dem Ausland erhalten hatten – und durch das Hilfswerk an die Bevölkerung weiterleiteten –, begannen sie sich ab den fünfziger Jahren umgekehrt um die Not in der Welt zu kümmern. Bis heute wirksamer Ausdruck dieser Bemühungen ist die Aktion „Brot für die Welt", 1959 von Landeskirchen und Freikirchen begründet.[248]

3. Rechtlicher Rahmen

Der rechtliche Status der Diakonie ist in doppelter Hinsicht zu bestimmen: in ihrem Verhältnis zum Staat und zur Kirche.

3.1 *Diakonie und Staat:* Die diakonischen Einrichtungen haben unterschiedliche Rechtsformen: EKD-weit sind etwa 47 % von ihnen als e. V., ca. 30 % als Körperschaft des öffentlichen Rechts, 12 % als GmbH und gut 8 % als Stiftungen organisiert.[249] Sie stehen in doppelter Weise in Beziehung zum Staat: zum einen durch ihre *sozialrechtliche Stellung als ein Träger der freien Wohlfahrtspflege*, zum anderen durch ihre *Zugehörigkeit zur Kirche*. Als Teil der freien Wohlfahrtspflege unterliegt die Diakonie den entsprechenden allgemeinen sozialrechtlichen Bestimmungen. Dies äußert sich besonders hinsichtlich der Refinanzierung von Leistungen und in der damit implizierten Konkurrenz zu anderen Trägern. Angesichts der Finanzprobleme des Sozialstaates drohen ökonomische Gesichtspunkte diakonisches Handeln zu dominieren. Dazu steht in Spannung das kirchliche Selbstbestimmungsrecht (nach Art. 2 Abs. 1 und 4 Abs. 2 GG) und das kirchliche Selbstordnungs- und Selbstverwaltungsrecht (nach Art. 140 GG in Verbindung mit Art. 137 Abs. 3 WRV), an dem die diakonischen Organisationen Anteil haben.[250]

---

247 S. Jürgen Gohde, Kirchliche Föderationen am Beispiel Eurodiaconia, in: Ruddat/Schäfer 260–267.
248 S. Konstanze Kemnitzer, Der ferne Nächste. Zum Selbstverständnis der Aktion „Brot für die Welt", Stuttgart 2008.
249 Jörg Winter, Diakonie im Spannungsfeld von kirchlichem und staatlichem Recht, in: Ruddat/Schäfer 287–299, 293.
250 Peter Müller, Diakonie, in: LKStKR 1 (2000), 416–419, 418.

So entschied das Bundesverfassungsgericht, „dass nicht nur die verfassten Kirchen selbst, sondern alle den Kirchen bzw. Religionsgesellschaften in irgendeiner Weise zugeordneten Einrichtungen ohne Rücksicht auf ihre Rechtsform am Selbstbestimmungsrecht der Religionsgesellschaften teilhaben und daher in ihrer Ordnung und Verwaltung grundsätzlich frei sind, wenn sie nach kirchlichem Selbstverständnis ihrem Zweck oder ihrer Aufgabe entsprechend berufen sind, ein Stück des Auftrages der Kirche wahrzunehmen und zu erfüllen."[251]

3.2 *Diakonie und Kirche:* Die kirchenrechtliche Grundlage für die eben genannte Inanspruchnahme kirchlicher Rechte trotz organisatorischer Eigenständigkeit sind regelmäßig am Anfang kirchlicher Verfassungen stehende Passagen. Sie deklarieren die Diakonie („die diakonisch-missionarischen Werke") zu einer *„Wesens- und Lebensäußerung"* der Kirche – so die 1948 verabschiedete Grundordnung der EKD (Art. 15 Abs. 1).

Historisch geht diese Formulierung auf den Erlass des Leiters der Deutschen Evangelischen Kirchenkanzlei vom 12. Juli 1940 zurück, mit dem die Kirche auf die drohende Integration diakonischer Einrichtungen in die staatliche Organisationsstruktur reagierte.[252]

Die einzelnen Träger gehören in der Regel einem Diakonischen Werk als Dachverband an (s. 4.1). Ein solches ist zwar selbstständig, aber eng mit der verfassten Kirche verbunden. So ist die erwähnte Partizipation am kirchlichen Selbstbestimmungsrecht – mit ihren erheblichen arbeitsrechtlichen Konsequenzen – davon abhängig, dass die Kirche dieses überträgt. Konkret ist die Kirche durch Aufsichtsgremien u. Ä. institutionell vielfältig mit diakonischen Einrichtungen verknüpft. Nach wie vor besetzen Pfarrer/innen die Spitzenpositionen in der Diakonie.

In der Praxis ergeben sich durch diese Verflechtung zunehmend *Probleme*, und zwar vor allem in arbeitsrechtlicher Hinsicht. Zum einen erscheint durch die Geltung kirchlicher Tarife teilweise die Wettbewerbsfähigkeit zu privaten Konkurrenten gefährdet; manche diakonischen Träger versuchen mittlerweile die entsprechenden Bestimmungen durch Ausgründungen zu umgehen. Zum anderen drängen die Gewerkschaften in tarifrechtlicher Hinsicht auf die Aufhebung dieser Bindung vor allem hinsichtlich des Streikrechts, das im sog. Dritten Weg als der Form der Mitbestimmung im Raum der Kirchen[253] ausgeschlossen ist. Bei dem hier in Anspruch genommenen Konzept der „Dienstgemeinschaft" stellt sich – wie auch bei Kirche – die

---

251 Heinrich de Wall/Stefan Muckel, Kirchenrecht. Ein Studienbuch, München ⁴2014, 370 unter Nennung der einschlägigen Entscheidungen des Bundesverfassungsgerichts; s. genauer Joachim Christoph, Der gemeinsame Rechtsrahmen von Kirche und Diakonie. Bestandsaufnahme und Entwicklungsperspektiven im Blick auf Europa, in: ZevKR 49 (2004), 465–495.
252 S. Volker Herrmann, Diakonische Kirche – Gemeinden und Einrichtungen gemeinsam unterwegs, in: DWI-Info 37 (2005), 59–68, 63.
253 S. Gerhard Grethlein, Dritter Weg II. Ev., in: LKStKR 1 (2000), 480–484.

Aufgabe, idealen und empirischen Gehalt aufeinander zu beziehen.[254] Vor allem sind die Besonderheiten diakonischer Tätigkeiten allgemein verständlich zu machen.

4. Gegenwärtige Situation

Wenn im Folgenden von „Diakonie" die Rede ist, wird damit – analog den Ausführungen zu Kirche im vorhergehenden Paragraphen – nur ein Teil dessen erfasst, was im theologischen Sinn als diesbezügliche Form der Kommunikation des Evangeliums identifiziert werden kann. Die vielfältige Anteilnahme und gegenseitige Hilfe im Alltag, in den Familien, Nachbarschaften, Arbeitsgruppen, Schulen, Communities o. Ä., bleiben unbehandelt. Doch bilden sie einen wichtigen Hintergrund für die Kommunikation des Evangeliums im Rahmen diakonischer Träger. Zum einen entlastet ihre wenigstens grundsätzliche Berücksichtigung von Allmachtsphantasien, als ob die Kommunikation des Evangeliums von organisierten Praxisformen abhinge. Zum anderen macht sie auf mögliche Innovationen aufmerksam, die sich in der zwischenmenschlichen Kommunikation ohne besonderen organisatorischen Rahmen ergeben. Dazu halten die Ehrenamtlichen in diakonischen Einrichtungen den Zusammenhang von organisierter und alltäglicher Diakonie präsent.

4.1 *Diakonie heute:* Organisationssoziologisch gesehen ist die Diakonie in Deutschland einer der größten Arbeitgeber. Im Bereich der *unternehmerischen Diakonie* waren 2014 464.828 Menschen beschäftigt, 184.233 mit Vollzeit-, 280.595 mit Teilzeitvertrag.[255] Sie arbeiten in 6.437 stationären, 11.606 teilstationären sowie ambulanten Diensten. Die vielleicht weltweit größte diakonische Einrichtung sind die v. Bodelschwinghschen Stiftungen Bethel. Ihr Jahresumsatz (Gesamterträge) überstieg 2013 erstmals die 1 Milliarde Euro-Grenze. – und übertrifft damit den Haushalt jeder evangelischen Landeskirche beträchtlich.

Gleichsam auf der anderen Seite, nämlich in der *Gemeindediakonie,* sind viel weniger Menschen erwerbsmäßig beschäftigt. So arbeiten (2012) z. B. in über 3.334 Selbsthilfegruppen „nur" knapp 1.000 hauptamtliche Kräfte (in Voll- oder Teilzeit).

Insgesamt wird die Zahl der voll- und teilzeitlich Beschäftigten durch die der etwa 700.000 ehrenamtlich für die Diakonie Tätigen weit übertroffen, zu denen auch die in den ca. 16.000 Kirchengemeinden diakonisch Engagierten gehören.

---

254 S. hierzu CHRISTIAN ALBRECHT, „Dienstgemeinschaft". Zur Pluralitätsfähigkeit einer diakonischen Pathosformel, in: ALBRECHT 93-107, 117-119.
255 Die Zahlen entstammen der amtlichen EKD-Statistik von 2015.

Schließlich ist die Organisation der Diakonie von Bedeutung, also die *Verbandsdiakonie*. Mitglieder des Diakonischen Werkes der EKD sind die Diakonischen Werke der Landeskirchen, der Verband freikirchlicher Diakoniewerke sowie das Bistum der Altkatholiken in Deutschland.[256] Die Spezialisierung diakonischen Handelns drückt sich in den ca. 70 Fachverbänden des Diakonischen Werks aus, in denen die Arbeit mit unterschiedlichen Zielgruppen unterstützt wird. Diese Struktur begegnet vielfach noch einmal auf der Ebene der Landesverbände. Schließlich gibt es örtliche diakonische Werke, etwa als Träger von offener Sozialarbeit mit Beratungsstellen.

Schon diese oberflächliche Skizze der drei Ebenen von Bund, Landeskirchen bzw. Freikirchen und örtlichen Trägern sowie der fachlichen Zusammenschlüsse lässt die Komplexität dieser Organisation erahnen. Sie ermöglicht zum einen flexibles Handeln, was angesichts der enormen Veränderungen auf dem Gebiet sozialen Handelns unerlässlich ist. Zum anderen ist darauf zu achten, dass das Helfen zum Leben, das sich letztlich stets in konkreter Kommunikation zwischen Menschen vollzieht, nicht hinter innerorganisatorischer Kommunikation zurücktritt. Umgekehrt ist diese notwendig, wenn der politische und gesellschaftliche Charakter dieses Modus der Kommunikation des Evangeliums in der Gegenwart ernst genommen wird. Auch hier ist ein sorgfältiges Ausbalancieren notwendig.

4.2 *Lehren und Lernen:* Bereits der geschichtliche Durchgang zum Kommunikationsmodus Helfen zum Leben (§ 15 3.6 und 7) ergab die Tendenz zu beruflicher Spezialisierung. Sozialpädagogische und pflegerische Ausbildungen und Berufe erhielten durch diakonische Aktivitäten wichtige Impulse.

Doch gilt dies nicht nur im professionellen Sinn. Auch im Ehrenamt Tätige nehmen vielerorts an Fort- und Weiterbildungen teil. Ein recht ausdifferenziertes Konzept hierfür liegt z. B. für die *Telefonseelsorge* vor.[257] An diesem Praxisfeld wird exemplarisch deutlich, wie *diakonische Tätigkeit, Persönlichkeitsbildung und Bezug zum Alltag* zusammenhängen. Grundlegend ist in der Ausbildung die Schulung zur Achtsamkeit auf die Anliegen eines anderen Menschen. Dazu ist es erforderlich, angemessen mit der durch das Medium Telefon begründeten Distanz umzugehen, insofern direkte Intervention (in der Regel) ausgeschlossen ist. Zugleich kommt der Achtsamkeit auf sich selbst und damit der Supervision große Bedeutung zu. Ähnliches lässt sich – jedenfalls prinzipiell – für fast alle diakonischen Tätigkeiten zeigen, obgleich nicht immer die Fortbildung so klar strukturiert ist. Ein anderes Beispiel, nämlich im Bereich Schule, wurde anhand der diakonischen

---

256 S. auch zum Folgenden REINHARD WITSCHKE, Diakonische Handlungsebenen zwischen Kirchenkreis und EKD, in: RUDDAT/SCHÄFER 241–259, 250–254, 257f.
257 S. hierzu grundsätzlich TRAUGOTT WEBER (Hg.), Handbuch Telefonseelsorge, Göttingen ²2006.

Bildung bereits in § 13 4.2 referiert. Dort zeigten sich die Bedeutung des Zusammenhangs von Kommunikation im diakonischen Raum sowie deren begriffliche und konzeptionelle Bearbeitung, eben im Unterricht.

4.3 *Gemeinschaftliches Feiern:* In der Tätigkeit von Diakonen in der Alten Kirche tritt deutlich der Zusammenhang von Helfen zum Leben und gemeinschaftlichem Feiern zu Tage (s. § 18 4.4). Das Überbringen der Gaben vom gemeinsamen Abendmahl zu Kranken und Gefangenen vereinte beide Modi der Kommunikation des Evangeliums. Durch die Reduktion des Sättigungsmahls auf ein Gedächtnismahl ging dies verloren. Doch bestehen bis heute interessante Verknüpfungsmöglichkeiten, zum einen in den liturgischen Formularen, zum anderen durch die Öffnung der Gottesdienste für Menschen aus diakonischen Einrichtungen. Beides sei an je einem Beispiel skizziert:

Im Zusammenhang eines Pastoralkollegs wurden Konfirmand/innen eingeladen, über den sonntäglichen Gottesdienst zu sprechen. Zuerst übten die Jugendlichen – wenig überraschend – Kritik an den langweiligen Predigten, der antiquierten Musik usw. Auf die Frage, ob es etwas Interessantes bzw. Wichtiges im Gottesdienst gäbe, antwortete eine Konfirmandin spontan: „Die Fürbitten". Sie begründete diese Wertschätzung des *Fürbittengebets*, von anderen Jugendlichen unterstützt: „Da beten wir doch für Menschen, damit ihnen geholfen wird."[258] Den Jugendlichen erscheint also die diakonische Dimension als die Attraktion am Sonntagsgottesdienst. Denn das Bitten Gottes für andere ist zweifellos eine diakonisch orientierte Kommunikation.

In einem Konfirmationsgottesdienst, an dem geistig behinderte Schüler/innen teilnahmen, passierte Folgendes:

> „Als letzte in ihrer Gruppe wird Birgit eingesegnet, eine auch sprachlich schwer behinderte junge Frau. Gerade habe ich Birgit gesegnet und will zurück treten, um die Konfirmationsurkunden zu verteilen, da zieht sich Birgit an mir hoch, legt mir behutsam die Hände auf den Kopf und stammelt leise: ‚Du auch!' Sie spürt meine Überraschung, und sie sagt noch einmal mit Nachdruck: ‚Du auch!' In der Gemeinde ist es ganz still. Ich bin bewegt und verwirrt. Und diese spürbare Bewegung breitet sich aus. Auf einmal klatscht jemand, und da löst sich die Spannung, die ganze Gemeinde klatscht mit. Birgit dreht sich um und lacht."[259]

Deutlich tritt hier die *Gegenseitigkeit jeder Kommunikation des Evangeliums* zu Tage. Die Initiative der jungen Frau transformiert das Gefälle Helfender, hier der Pfarrer, und Hilfsbedürftige, dort die geistig Behinderte, in eine symmetrische Kommunikation. Zwei Menschen segnen sich gegenseitig. Die gottesdienstlichen Rollen, Liturg – „Laie", werden verflüssigt zu gemein-

---

258 Zitiert nach Christian Grethlein, Gottesdienst und Diakonie. Evangelische Annäherungen an ein schwieriges Thema, in: Benedikt Kranemann/Thomas Sternberg/Walter Zahner (Hg.), Die diakonale Dimension der Liturgie (QD 218), Freiburg 2006, 41–57, 42.
259 Günter Ruddat, Diakonische Spiritualität, in: Ders./Schäfer 407–420, 407.

schaftlichem Feiern. Gerade in seiner Funktionsfreiheit als darstellendes Handeln eröffnet der Gottesdienst einen Raum, um bestehende Asymmetrien in der Kommunikation zu überwinden.

Beide Beispiele machen darauf aufmerksam, welches Potenzial liturgische Praxis enthält, wenn die diakonische Dimension von Gottesdienst ernst genommen wird.

4.4 *Helfen zum Leben:* Diakonie ist wesentlich durch helfende Kommunikation bestimmt. Aus unterschiedlicher Perspektive wird auf den möglichen Missbrauch solcher Verhältnisse hingewiesen (s. Einleitung zu § 15). Demgegenüber schlägt Anika Albert vor, den Begriff des Helfens durch *„Gabe und Gegenseitigkeit"* zu profilieren (ALBERT). Das relativiert nicht nur das Gefälle zwischen helfendem und hilfsbedürftigem Menschen. Vielmehr wird es möglich, Helfen als einen ergebnisoffenen Kommunikationsprozess zu verstehen. Alle Beteiligten tragen zu dessen Gelingen bei und profitieren davon. Voraussetzung dafür ist, dass dem Prozess etwas vorausgegangen ist, was ihn motiviert und aus dem Zwang punktueller Effizienz befreit. Paul Ricoeur formuliert hierzu:

> „Im Zeichen der Agape muss man statt von einer Verpflichtung zur Gegengabe von der Antwort auf einen Appell sprechen, der von der Großherzigkeit der anfänglichen Gabe ausgeht. Wenn wir in dieser Richtung weitergehen, muss man dann nicht einen besonderen Akzent auf das zweite Glied der Trias geben – empfangen – erwidern legen? Das Empfangen wird zur Schlüsselkategorie, weil die Art, wie die Gabe angenommen wird, darüber entscheidet, wie der Empfänger sich zur Gegengabe verpflichtet fühlt." (zitiert a. a. O. 239)

Ein solches Verständnis von Helfen schließt sowohl an die Beobachtungen zum Wortverständnis von „diakonein" als auch an zentrale Einsichten reformatorischer Theologie an. Das Mitteilen (diakonein), also die Kommunikation zwischen Auftraggeber und Adressat, lässt sich anthropologisch als empfangene Gabe und Gegenseitigkeit formulieren. Theologisch begegnet hier die Einsicht der paulinischen Rechtfertigungslehre. Dem Handeln geht eine Gabe Gottes voraus, die sich in zwischenmenschlicher Kommunikation äußert.

Diese besondere Prägung diakonischen Handelns hebt nicht dessen innere Widersprüche auf. So zeigt sich am Beispiel der *Tafeln*, wie individual- und sozialethische Perspektive in Spannung zueinander stehen. Ist auf der individuellen Ebene die Grundidee „Verteilen statt Vernichten"[260] sehr sinnvoll, so droht sozialethisch durch die Tafeln u. a. eine Entlastung des Staates von seinen Gewährleistungspflichten. Dementsprechend erscheinen Tafeln als „Teil einer ungerechten Gesellschaft, einer Gesellschaft, in der letztlich

---

260 ALEXANDER DIETZ, Tafeln als Herausforderung für theologische Ethik und diakonische Praxis, in: PTh 102 (2013), 60-76, 62.

jeder sowohl Opfer als auch Täter ist."[261] Diese Spannung kann nicht aufgehoben werden. Allerdings ermöglicht die Orientierung an Gottes vorausgehender Gabe ein Handeln in Solidarität. Dabei sind je nach den konkreten Verhältnissen das konkrete Hilfehandeln und das sozialpolitische Engagement gegeneinander abzuwägen.[262]

4.5 Zusammenfassung: Diakonie bezeichnet eine christlich motivierte, organisierte Sozialform. In ihr tritt die *Kontextualität der Kommunikation des Evangeliums* hervor. Ihre Entstehung im 19. Jahrhundert verdankt sich bestimmten sozialen und gesellschaftlichen Konstellationen. Deren Wandel führt zu einer ständigen Veränderung der Gestalt von Diakonie. Damit stellt sich die Frage nach der *kulturkritischen Dimension des Evangeliums*. Sowohl die Abhängigkeit vom Staat als auch eine nur ökonomische Ausrichtung sind zweifellos Gefährdungen eines Helfens, das durch Gabe und Gegenseitigkeit genauer bestimmt ist und damit Asymmetrien relativiert. Schließlich erscheint Diakonie als ein Ort, an dem es immer wieder zum Durchbrechen von Erstarrtem und Gewohntem kommt. Die Hilfsbedürftigkeit von Menschen ist nicht selten auch Ausdruck sozialer und kultureller Machtverhältnisse (s. § 8 1.8). Sie sind vom Grundimpuls des Christentums her kritisch zu analysieren und in der Praxis zu verändern. Zugleich gilt es aber auch konkret jetzt zu helfen. Der Gottesdienst mit seiner besonderen kommunikativen Struktur Handelns bietet einen besonderen Raum für die Darstellung dieses Ineinanders von personalem und sozialem Engagement.

5. Weiterführende Impulse

Diakonie ist mit Herausforderungen der jeweiligen Zeit konfrontiert. Konkret finden sie u. a. in folgenden drei Diskursen ihren Niederschlag:

Hinsichtlich der Aus-, Fort- und Weiterbildung diakonischer Mitarbeiter/innen stellt sich die Frage nach der „diakonischen Kompetenz". Hier ist der Kontext die Entwicklung der auf Gesundheit, Pflege und Sozialarbeit bezogenen Wissenschaften.

Eine besondere Zuspitzung erfahren die Anforderungen an kompetentes Hilfehandeln durch Problem- und Konfliktfälle, an denen Menschen mit unterschiedlicher kultureller Herkunft beteiligt sind. Die Interkulturelle Seelsorge bearbeitet diese Thematik.

Schließlich erfordert die Marktförmigkeit sozialen Handelns eine Positionierung diakonischer Einrichtungen in unternehmerischer Hinsicht. Dabei ist das Verhältnis zu Ökonomie und Betriebswirtschaft zu klären.

---

261 A.a.O. 65.
262 S. a.a.O. 72-75.

5.1 *Diakonische Kompetenz:* Im Zuge der allgemeinen Bildungsreform in Deutschland hat sich aus Effizienzgesichtspunkten die Orientierung an Kompetenzen als weiterführend herauskristallisiert.[263] Für die diakonische Kompetenz ist die Differenzierung nach „Fach-, Personal-, Sozial- und Umsetzungskompetenz" (HORSTMANN 252) üblich. Deren jeweilige Bestimmung eröffnet zugleich einen Blick auf die Besonderheit diakonischer Tätigkeit, die sich in der Spannung zwischen den praktischen Anforderungen und der theologischen Perspektive bewegt.

Exemplarisch sei dies für die besonders praxisnahe Umsetzungskompetenz gezeigt. Entgegen Konzepten, die sich exklusiv auf abzurechnende Leistungen in Form von Interventionen konzentrieren, eröffnet eine an der Kommunikation des Evangeliums orientierte Diakonie einen weiteren Horizont. Sie reklamiert *Präsenz als grundlegende diakonische Praxis:*

> „Diakonische Arbeit kann nicht nur aus Interventionen bestehen, sondern auch durch Präsenz. Das Verständnis, dass sich diakonisches Handeln bereits durch die Präsenz des handelnden Menschen und nicht erst durch die ‚eigentliche' Intervention vollziehen kann, erscheint geradezu der Gegenentwurf zu gängigen Hilfeansätzen zu sein. ... Eine Präsenzorientierung ist nicht konzeptlos, ist aber mit herkömmlichen Hilfekonzepten schwer zu beschreiben, da Präsenz aus der Perspektive einer Interventionsorientierung nur als Nicht-Intervention verstanden werden kann, dies aber gerade nicht den Kern erfasst." (HORSTMANN 259)

Demnach äußert sich die in „diakonein" begründete, auf Gegenseitigkeit angelegte Form des Helfens zum Leben in einem besonderen Profil sozialer Praxis. Es liegt auf der Hand, dass eine Interventionen und Präsenz umfassende Beschreibung diakonischer Kompetenz sich auf die Ausbildung der Mitarbeitenden auswirken wird. Vor allem gehört dazu eine Achtsamkeit auf beide an der Kommunikation Beteiligten im Sinne von Nächsten- und Selbstliebe (a. a. O. 260).

5.2 *Interkulturelle Seelsorge:* Menschen, die aus anderen Kulturen stammen, sind in höherem Maß erwerbslos und damit (in der Regel) ärmer als aus Deutschland Stammende.[264] Dazu treten häufig Sprachschwierigkeiten und die Konfrontation mit ungewohnten Verhaltensweisen und Einstellungen. Von daher verwundert es nicht, dass diakonische Einrichtungen in besonderem Maß mit den Herausforderungen konfrontiert sind, die die „Interkul-

---

263 S. grundlegend für die deutsche Diskussion: ECKHARD KLIEME u. a., Zur Entwicklung nationaler Bildungsstandards. Eine Expertise, hg. v. BUNDESMINISTERIUM FÜR BILDUNG UND FORSCHUNG, Bonn 2003.
264 S. CHRISTOPH SCHNEIDER-HARPPRECHT, Was ist Interkulturelle Seelsorge? Eine praktisch-theologische Annäherung, in: KARL FEDERSCHMIDT u. a. (Hg.), Handbuch Interkulturelle Seelsorge, Neukirchen-Vluyn 2002, 38–62, 41.

turelle Seelsorge" bearbeitet.²⁶⁵ Auf Grund der nicht nur individuellen, sondern durch die jeweilige Herkunftskultur gegebenen Besonderheit von Kommunikation kann nur der konzeptionelle Rahmen für die konkrete Praxis skizziert werden.

Entsprechende Konfliktfälle legen radikal den *Konstruktionscharakter* von bisher als selbstverständlich Angenommenem offen. Die lange Zeit für hiesige Seelsorge grundlegende Konzentration auf den Einzelfall und die Methode des Gesprächs erweisen sich als zu begrenzt. Voraussetzungen für das Helfen zum Leben in interkulturellen Konstellationen sind nicht nur die Aufmerksamkeit für die Interagierenden, sondern auch Kenntnisse über deren Herkunftskultur und soziales Umfeld. Poimenisch bietet sich der Ansatz der Systemischen Seelsorge als Rahmentheorie an.²⁶⁶

Das Kommunikationsmodell von Friedemann Schulz von Thun (s. § 8 1.2) stellt ein gutes Instrumentarium bereit, um differenziert die verschiedenen Ebenen der Kommunikation zu bestimmen, die zu beachten sind.²⁶⁷ Dazu sind Kenntnisse notwendig über in anderen Kulturen übliche Formen des Helfens und daraus resultierende Anforderungen an Kooperationen.²⁶⁸

Hinsichtlich der Kommunikation des Evangeliums tritt in der Interkulturellen Seelsorge deren interaktiver Charakter unabweisbar zu Tage. Dies gilt sowohl für die Problemwahrnehmung als auch -bearbeitung. Beides ist nur in gemeinsamer Interaktion, die den Bereich des Gesprächs überschreitet, möglich. Eberhard Hauschildt fordert:

> „Das Modell der ‚Anwendung von (Gesprächs-)Technik', für die der Professionelle der Experte ist und die er überwacht, ist zu ergänzen durch andere weniger instrumentelle Metaphern von der Seelsorge. Ich denke an solche, die dialogische seelsorgerliche Kommunikation als Spiel, Unterhaltung, Kunst bezeichnen."²⁶⁹

Hier bietet Diakonie mit ihren vielfältigen Angeboten und Handlungsfeldern Möglichkeiten zu Verknüpfungen, die die traditionelle Beratungspraxis mit ihrer Beschränkung auf zeitlich fixierte Termine übersteigen. Auch eröffnet die christliche Prägung von Seelsorge im Rahmen der Diakonie einen

---

265 Grundlegend sind die Impulse aus der US-amerikanischen Diskussion, z. B. David Augsburger, Pastoral counseling across cultures, Philadelphia 1986; in Deutschland: Christoph Schneider-Harpprecht, Interkulturelle Seelsorge (APTh 40), Göttingen 2001.
266 S. hierzu einführend Christoph Morgenthaler, Systemische Seelsorge. Impulse der Familien- und Systemtherapie für die kirchliche Praxis, Stuttgart ⁴2005.
267 S. als eine interessante Konkretion Christian Hannig, Interkulturelle Kommunikation im Rettungsdienst. Grundlagen, Beispiele und Folgerungen, in: Dagmar Kumbier/Friedemann Schulz v. Thun (Hg.), Interkulturelle Kommunikation: Methoden, Modelle, Beispiele, Hamburg ⁴2010, 229–247.
268 S. z. B. die Andeutungen zu Judentum, Islam, Hinduismus und Buddhismus bei Heinrich Pompey, Diakonie im interreligiösen und interkulturellen Dialog, in: Ruddat/Schäfer 158–186.
269 Eberhard Hauschildt, Interkulturelle Herausforderungen an die Seelsorge, in: Desmond Bell/Gotthard Fermor (Hg.), Seelsorge heute. Aktuelle Perspektiven aus Theorie und Praxis, Neukirchen-Vluyn 2009, 80–100, 93.

Raum, um die die Daseins- und Wertorientierung betreffenden Implikationen der kulturellen Differenz wahrzunehmen. Sie werden in der herkömmlichen sozialpädagogischen Perspektive oft ausgeklammert bzw. übersehen.

5.3 *Diakonie als Unternehmen:* Bereits die beiden vorhergehenden Beispiele weisen auf eine Spannung hin, die gegenwärtig die gesamte diakonische Diskussion prägt: das Verhältnis zu den ökonomischen Herausforderungen. Dabei zeigt ein Blick in die Geschichte, dass die Finanzierung des Helfens zum Leben entsprechend dem jeweiligen gesellschaftlichen, kirchlichen und ökonomischen Kontext sehr unterschiedlich gestaltet wurde.[270] Heute rückt durch den entstehenden Markt das Modell des „Unternehmens" in den Blickpunkt diakoniewissenschaftlicher Theoriebildung.[271] Die genauere Analyse der dabei grundlegenden Begriffe *„Dienstleistung"* und *„Kunde"* ergibt eine Anschlussfähigkeit an die praktisch-theologisch entwickelten Einsichten zur kommunikativen Struktur des Helfens zum Leben. Dienstleistung, betriebswirtschaftlich knapp bestimmt als „Leistungen, die unmittelbar am Menschen erbracht werden"[272], steht einer Entmündigung der Hilfsbedürftigen entgegen. Damit wird der Gegenseitigkeit des Helfens Rechnung getragen. So kann auch der Begriff „Kunde" interpretiert werden. An die Stelle der Fürsorge tritt der wahlfähige Mensch.

In einem solchen Konzept wird die Aufgabe der Helfenden neu als „Assistenten" bestimmt:

- „Assistenz in diesem Sinne bedeutet: Abschied zu nehmen von der durchgängigen professionellen Vorherrschaft, Macht abzugeben an den Nutzer/Kunden und ihm in den Beziehungsprozessen sozialer Dienstleistungsarbeit Raum für seine Selbsttätigkeit zu öffnen.
- Assistenz lässt dem Anderen die Würde des Risikos, wodurch ihm Lernen und Wachsen möglich wird. Nur mit und nicht für oder an Stelle der Menschen, die die Dienste der Diakonie in Anspruch nehmen, können Risiken des geschenkten Lebens bewältigt und Schicksalsschläge gemildert werden."[273]

Allerdings muss dabei bewusst bleiben, dass solch ein kühl mit betriebswirtschaftlicher Terminologie beschriebener Rahmen diakonischer Praxis durch konkrete Kommunikation gefüllt werden muss.[274] Hier hat das in 5.1 unter

---

[270] S. die knappe, aber instruktive Skizze bei MARKUS RÜCKERT, Finanzen und Finanzierung, in: RUDDAT/SCHÄFER 300–316, 302–304.

[271] Grundlegend ALFRED JÄGER, Diakonie als christliches Unternehmen. Theologische Wirtschaftsethik im Kontext diakonischer Unternehmenspolitik, Gütersloh 1986; weiterführend HANNS-STEPHAN HAAS, Theologie und Ökonomie. Management-Modelle – theologisch-ökonomische Grundlegung – Diskurspartnerschaft (Diakonie 9), Stuttgart 2010.

[272] SÖNKE PETERS/ROLF BRÜHL/JOHANNES STELLING, Betriebswirtschaftslehre. Eine Einführung, München [11]2005, 120.

[273] JOHANNES DEGEN, Diakonie als Unternehmen, in: RUDDAT/SCHÄFER 228–240, 240.

[274] S. hierzu die teilweise noch tastenden, aber gerade dadurch anregenden Vorschläge von KATHARINA WIEFEL-JENNER, ‚Quo vadis, Mutterhausdiakonie?' Überlegungen zur Zukunft der weiblichen Diakonie, in: JOCHEN-CHRISTOPH KAISER/RAJAH SCHEEPERS (Hg.), Dienerin-

dem Stichwort „Präsenz" zur diakonischen Kompetenz Skizzierte seinen Ort. Das Ernstnehmen diakonischer Praxis als einer durch Gabe und Gegenseitigkeit geprägten Kommunikation stellt zum einen erhebliche Anforderungen an die Aus-, Fort- und Weiterbildung der Mitarbeitenden. Zum anderen wird je nach konkreter Situation eine fürsorgliche Komponente unverzichtbar sein, soll der christliche Grundimpuls zum Tragen kommen.

Eine besonders Herausforderung stellt im Zusammenhang diakonischer Unternehmenskultur[275] die Aufgabe des Führens bzw. Leitens dar. Der vielfach verwendete Begriff der „geistlichen Leitung"[276] scheint eher eine Problemanzeige als schon eine Lösung zu sein. Denn der hier verfolgten Konzentration auf die jeweiligen Personen müssen Überlegungen zu einer angemessenen Struktur an die Seite treten.[277]

5.4 *Offene Fragen:* Die Diakonie befindet sich – wieder einmal – in einem Umbruch. Zwar sind theologische Perspektiven an die neue Entwicklung zur Marktförmigkeit sozialen Handelns grundsätzlich anschlussfähig. Doch folgt jeder Markt konkreten Rahmenbedingungen. Die gegenwärtigen an eine Planwirtschaft erinnernden *Eingriffe des Staates* im Bereich sozialen Handelns sollen finanzielle Einsparungen erbringen, was aber von Fachleuten bezweifelt wird.[278] Mehrere Faktoren drohen sich in ungünstiger Weise zu verstärken. Nicht zuletzt das skizzierte Konzept der – interventionsfreien – diakonischen Präsenz ist gefährdet.

Tatsächlich melden die Wohlfahrtsverbände, darunter die Diakonie, hieran Kritik an. Es gilt, das sich ökonomischer Abrechnung entziehende, besondere diakonische Profil zu bewahren, auszubauen und in neue Situationen zu transferieren. Inwieweit diese Prozesse zu einer weiteren Abkoppelung von der (organisierten) Kirche führen, ist gegenwärtig offen. Dabei zeigt die Entwicklungsgeschichte der Diakonie, dass unter den Bedingungen der Moderne eine organisatorische Distanz zu Kirche förderlich sein kann. Diese darf aber nicht gegenseitige Unterstützung ausschließen. Wenn es zutrifft, dass soziales Handeln wesentlich Umgang mit gesellschaftlicher Exklusion ist,[279] dann

---

nen des Herrn. Beiträge zur weiblichen Diakonie im 19. und 20. Jahrhundert (Historisch-theologische Genderforschung 5), Leipzig 2010, 344–364.
275 S. BEATE HOFMANN, Diakonische Unternehmenskultur, Stuttgart ²2010.
276 S. ausführlich PETER BÖHLEMANN/MICHAEL HERBST, Geistlich leiten. Ein Handbuch, Göttingen 2011.
277 S. zu diesem Problembereich die verschiedenen Beiträge in: DIAKONIE RHEINLAND-WESTFALEN-LIPPE E. V./EVANGELISCHE KIRCHE IM RHEINLAND (Hg.), Dehnübungen – Geistliche Leitung in der Diakonie. Zwischen wirtschaftlichen Erfordernissen und geistlichem Anspruch, Wuppertal März 2015.
278 JOHANNES DEGEN, Diakonie als Unternehmen, in: RUDDAT/SCHÄFER 228–240, 233.
279 So die These von DIRK BAECKER, Soziale Hilfe als Funktionssystem der Gesellschaft, in: Zeitschrift für Soziologie 23 (1994), 93–110.

bietet die Kirche mit ihrer liturgischen Praxis ein *Potenzial für diakonische Inklusionsprozesse* (s. das Beispiel in § 15 4.2). Umgekehrt enthalten die interkulturellen Erfahrungen von Diakonie wichtige Impulse für die ökumenische Arbeit der Kirche.

Gelungene Kommunikation – wie im Beispiel in 4.3 – ermutigt, die notwendigen Anstrengungen zu unternehmen. Dass es dabei zukünftig zu Konfrontationen mit politischen Vorgaben, aber auch mit allgemein kulturellen Stimmungen kommen wird, ist nicht auszuschließen.

§ 20 Medien als offener Kommunikationsraum

Literatur: MATTHIAS BERNSTORF, Ernst und Leichtigkeit. Wege zu einer unterhaltsamen Kommunikation des Evangeliums (Studien zur Christlichen Publizistik 13), Erlangen 2007 – STEFAN BÖNTERT, Gottesdienste im Internet. Perspektiven eines Dialogs zwischen Internet und Liturgie, Stuttgart 2005 – ROLAND GERTZ, Echt aufgeschlossen. Eine Untersuchung über Mitgliederzeitschriften in der Evangelischen Kirche in Deutschland (Studien zur Christlichen Publizistik 6), Erlangen 2001 – CHRISTIAN GRETHLEIN, Kommunikation des Evangeliums in der digitalisierten Gesellschaft. Kirchentheoretische Überlegungen, in: ThLZ 140 (2015), 598-611 – UDO HAHN, Kirchliche Medienarbeit, in: JAN HERMELINK/THORSTEN LATZEL (Hg.), Kirche empirisch. Ein Werkbuch zur vierten EKD-Erhebung über Kirchenmitgliedschaft und zu anderen empirischen Studien, Gütersloh 2008, 279–293 – CHARLOTTE MAGIN/HELMUT SCHWIER, Kanzel, Kreuz und Kamera. Impulse für Gottesdienst und Predigt (Beiträge zu Liturgie und Spiritualität 12), Leipzig 2005 – ILONA NORD/SWANTJE LUTHE (Hg.), Social Media, christliche Religiosität und Kirche. Studien zur Praktischen Theologie mit religionspädagogischem Schwerpunkt (POPKULT 14), Jena 2014 – ROLAND ROSENSTOCK, Evangelische Presse im 20. Jahrhundert (Christliche Publizistik 2), Stuttgart 2002

Während § 12 die mediale Kommunikation als einen wichtigen Kontext heutiger Kommunikation des Evangeliums rekonstruiert, gilt jetzt die Aufmerksamkeit deren Organisation als Sozialform.

Knapp werden an ausgewählten Beispielen wichtige Schritte der Entwicklung dargestellt.

Sie ist in Deutschland geprägt durch rechtliche Rahmenbedingungen, die auf den in § 18 3.1 skizzierten staatskirchenrechtlichen Zuordnungen beruhen.

Dann kommt die gegenwärtige Situation in den Blick. Dabei wird durchgehend das in § 12 3. Ausgeführte vorausgesetzt. Konkret begegnen mehrere Themen, die zwar miteinander verknüpft sind, deren Unterscheidung aber aus medienethischer Perspektive gefordert ist: das Bemühen der (organisierten) Kirche um öffentliche Darstellung; Kirche als Thema der allgemeinen journalistischen Arbeit; die Kommunikation des Evangeliums unter den Bedingungen der digitalisierten Gesellschaft.

Die Formulierung offener Fragen greift, jetzt aber zugespitzt, auf die in § 12 4. genannten Problemstellungen zurück.

1. Begriffsklärung

Jede Kommunikation vollzieht sich medial, also vermittelt. Dabei können sowohl Personen als auch Geräte Medien sein.[280] Im Folgenden konzentriere ich mich unter dem Gesichtspunkt der Organisation von Kommunikation auf sekundäre und tertiäre Medien (s. Einführung zu § 12). Konkret geht es um Druckmedien, Zeitungen, Zeitschriften und Bücher, sowie elektronische Medien, Hörfunk, Fernsehen, Filme und Internet. Dabei ist zu beachten, dass die Unterscheidung eines Mediums von anderen Medien zunehmend zweifach in der Benutzer-Praxis unterlaufen wird. Doppelnutzungen wie das Surfen im Internet bei gleichzeitigem Hören von Radio sind ebenso üblich wie das Blättern in einer Zeitschrift, während der Fernseher läuft usw. Durch solchen *Medienverbund* wird die tatsächliche Rezeption des medial Kommunizierten komplizierter als es bei der herkömmlichen exklusiven Analyse eines Mediums erscheint. Dazu tritt die in den digitalisierten Medien verbreitete Aufnahme von anderen Medien (Remediation). Sie greift bestehendes Bild- und Tonmaterial auf und figuriert es neu.[281] Von daher stimmt die Intensität der Rezeption einzelner Medien nicht unbedingt mit ihrer empirisch erfassbaren Reichweite überein. Hinzu kommt der soziale Kontext der Mediennutzung. Das Gespräch über gemeinsam Gesehenes oder Gelesenes vertieft (und/bzw. korrigiert) in der Regel Eindrücke; ein Film motiviert zur Lektüre; eine Message auf dem Smartphone macht auf ein neues Bild aufmerksam usw.

Für die Kommunikation des Evangeliums ist schließlich von Bedeutung, dass sie in jedem Medium möglich ist. Ob es tatsächlich zu einer Beziehung des Gehörten bzw. Gesehenen auf den christlichen Grundimpuls kommt, ist eine rezeptionsästhetische Frage. So kann ein und derselbe Film für die eine Zuschauerin eine Ermutigung für ihren Glauben sein, während er für einen anderen lediglich spannend wirkt.

2. Historische Entwicklungen

In Vielem verlief die Entwicklung der medialen Kommunikation, die sich positiv auf die christliche Daseins- und Wertorientierung bezieht, ähnlich wie bei der Diakonie. Beide Male begegnet eine „für die Moderne charakte-

---

280 Zur Fülle der in der Geschichte begegnenden Medien s. die in sechs Bänden vorliegende Mediengeschichte von WERNER FAULSTICH, Das Medium als Kult. Von den Anfängen bis zur Spätantike (8. Jahrhundert); Medien und Öffentlichkeiten im Mittelalter 800–1400; Medien zwischen Herrschaft und Revolte. Die Medienkultur der frühen Neuzeit (1400–1700); Die bürgerliche Mediengesellschaft (1700–1830); Medienwandel im Industrie- und Massenzeitalter (1830–1900), jeweils Göttingen 1997 bzw. 1996 bzw. 1998 bzw. 2002 bzw. 2004; Die Mediengeschichte des 20. Jahrhunderts, Paderborn 2012.
281 JOAN KRISTIN BLEICHER, Ökonomie, Technik, Entwicklung und Angebotsschwerpunkte des Social Web als Herausforderung für die Medien- und Kommunikationswissenschaft, in: NORD/LUTHE 29-43, 40 f.

ristische Symbiose von Kultur und Religion".[282] In ihr stehen das Bemühen um Kontextualisierung und die notwendige Kulturkritik nebeneinander. Die Initiativen und Probleme sind deshalb nicht ohne einen Blick auf den konkreten gesellschaftlichen und kulturellen Kontext zu verstehen.

Im Folgenden skizziere ich in problemgeschichtlicher Perspektive einige wichtige Etappen der Entwicklung,[283] wobei zuerst der Blick dem Printbereich gilt und dann dem Hörfunk sowie dem Fernsehen. Eine Zusammenfassung findet die Skizze in wichtigen Erklärungen der EKD zur Publizistik. Das Internet und die durch es ermöglichten Kommunikationen kommen erst später in den Blick.

2.1 *Presse:* Eine wichtige Voraussetzung für christlich ausgerichtete Publizistik war die Gründung von *Verlagen.* Das zeigte sich bereits für die Verbreitung der Bibel z. B. durch die von Curt v. Canstein in Halle initiierte Bibelanstalt.[284] Den größten Erfolg hatte der 1835 von Carl Bertelsmann gegründete Verlag in Gütersloh.

> Die Minden-Ravensburger Erweckungsbewegung war der günstige Kontext für Verlagsgründung und Aufschwung (ROSENSTOCK 50 Anm. 120). Ursprünglich auf die Herstellung frommer Traktate spezialisiert, wurde das Verlagsprogramm im Lauf der Zeit thematisch verbreitert und Grundlage für den heutigen weltweit agierenden Medien-Konzern.

Bei den Publikationsorganen selbst kam es schon bald zu einer erheblichen Diversizierung.[285] Auf der einen Seite standen *theologisch positionelle Blätter* wie die rationalistisch ausgerichtete „Allgemeine Kirchenzeitung" (1822 begründet) oder die schroff dagegen stehende, lutherisch konfessionalistische „Evangelische Kirchenzeitung" (1827). Die „Christliche Welt" (1887) war die letzte dieser Zeitschriften, positionell kulturprotestantisch gestimmt.

Richteten sich diese Blätter mit geringer Auflage nur an ein theologisch interessiertes Publikum, erreichte auf der anderen Seite die sog. *Kirchengebietspresse* große Verbreitung. Wesentlich angestoßen durch einen Impuls von Johann Wichern (s. a. a. O. 36–39; s. auch § 19 2.1) kam es – auf erste Unter-

---

282 WOLFGANG STECK, Praktische Theologie. Horizonte der Religion – Konturen des neuzeitlichen Christentums – Strukturen der religiösen Lebenswelt Bd. 2 (ThW 15,2), Stuttgart 2011, 89.
283 Zur Genese des evangelischen Pressewesens s. ausführlich ROSENSTOCK; für die Entwicklung der Rundfunkarbeit s. ROLF SCHIEDER, Religion im Radio. Protestantische Rundfunkarbeit in der Weimarer Republik und im Dritten Reich, Stuttgart 1995; für die Entwicklung der Fernseharbeit s. anhand eines wichtigen Beispiels RUTH AYASS, Das Wort zum Sonntag. Fallstudie einer kirchlichen Sendereihe, Stuttgart 1997.
284 S. SIEGFRIED MEURER, Bibelgesellschaften I. Geschichte und Aufgaben, in: ⁴RGG Bd. 1 (1998), 1448–1454, 1448 f.
285 S. die imposante, 22 Publikationsarten in acht Rubriken präsentierende Übersicht bei GERHARD STOLL, Die evangelische Zeitschriftenpresse der Gegenwart, in: Publizistik 4 (1957), 223–241, 226.

nehmungen am Beginn des 19. Jahrhunderts aufbauend – zu vielen Gründungen. Dabei motivierte die Konkurrenz zu den publizistischen Aktivitäten der katholischen Kirche, die u. a. eigene Tageszeitungen unterhielt (GERTZ 43). So wurden um die Wende vom 19. zum 20. Jahrhundert 46 evangelische Sonntagsblätter mit einer Auflage von über einer Million Exemplaren gezählt.

Wichtig war auch ein anderes Resultat des Wichern'schen Vorstoßes im Rahmen des „Innere Mission"-Programms (s. § 19 2.1): die Gründung von Pressevereinen. 1892 entstand der „Evangelisch-Soziale Preßverband für die Provinz Sachsen", dem dann bis 1910 in den meisten Teilen Deutschlands entsprechende Vereine folgten (s. ROSENSTOCK 53). Nach dessen erster Satzung hatte der Verein die Aufgabe:

> „auf dem Gebiet der Presse erstens die durch alle Stände verbreitete Gottentfremdung und Unsittlichkeit zu bekämpfen, zweitens die durch die Sozialdemokratie verführten oder gefährdeten Volkskreise für evangelische Kirche, Vaterlandsliebe und soziale Ordnung wieder zu gewinnen und drittens das Interesse aller Stände für soziale Reformen zu erwecken" (zitiert a. a. O. 46).

Hier bestimmte eine aus heutiger Sicht problematische politisch und moralisch begründete Kulturkritik die Arbeit. Die Konkurrenz der (meist atheistisch ausgerichteten) Sozialdemokratie wird direkt angesprochen. Sie erwies sich als eine Triebfeder für das gesamte christlich missionarische Engagement. Die verfasste Kirche hielt sich – wie bei der Diakonie – lange zurück. Erst langsam überschritt das Pressewesen den Bereich der Inneren Mission und wurde als eine allgemein kirchliche Aufgabe verstanden.

Eine Zäsur stellte dabei die Gründung des *„Evangelischen Presseverbandes für Deutschland" (EPD) 1910* dar. Nach den Statuten der Gründungsversammlung hieß es in § 2 zu Zweck und Aufgabe der Vereinigung:

> „a) Bedienung der gesamten Presse, in erster Linie der politischen Tagespresse und der belletristischen Zeitschriften;
>
> b) Zentrale Berichterstattung, Bearbeitung zentraler Fragen;
>
> c) Herausgabe von Mitteilungen für Pressarbeiter und Beschaffung einer Übersicht über die gesamte evangelische Pressarbeit Deutschlands (Jahrbuch);
>
> d) Auskunftserteilung in Preßsachen (Inserate usw.);
>
> e) Ausbildung von Pressarbeitern;
>
> f) Zusammenarbeiten mit den Berufsorganisationen der Redakteure und Verleger." (zitiert a. a. O. 54 f.)

Jetzt überwog das pragmatische Interesse an der Kontextualisierung. Die Kooperation mit der allgemeinen Presse und die Unterstützung von deren Arbeit standen im Mittelpunkt.

Diesen neuen Ansatz führte Pfarrer *August Hermann Hinderer (1877–1945)* weiter, der ab 1914 Geschäftsführer des „Evangelischen Presseverbandes von Württemberg" war. Ihm ging es positiv darum, „die evangelische Weltanschauung in Presse und Öffentlichkeit zur Geltung zu bringen"

(a. a. O. 58). So gründete er 1918 den „Evangelischen Pressedienst" (Epd) und bot ab 1919 einen Bilder- und einen Feuilletondienst an. Auch technisch bemühte er sich um Innovation. 1921 nahm Epd einen Telegraphendienst nach Nordamerika auf (a. a. O. 62).

> Hinderer war der erste evangelische Theologe, der die Reflexion zu dieser Praxis, die Christliche Publizistik, universitär vertrat. 1927 wurde er in Berlin zum Honorarprofessor für Evangelisches Pressewesen ernannt und baute dort ein „Seminar für Publizistik" auf. Dabei überschritt er den Bereich des Pressewesens und beschäftigte sich auch mit Rundfunk und Film als neuen Medien.

Bis heute stellen evangelische Presse und Agenturwesen wichtige Formen kirchlicher Arbeit dar. 1947 wurde der „Evangelische Pressedienst" (epd) lizensiert – er besteht bis heute und erfreut sich wegen seiner journalistischen Standards verpflichteten Ausrichtung allgemeiner Anerkennung als Nachrichtendienst (s. a. a. O. 11 f.).[286] Allerdings gründeten 1970 evangelikale Kreise mit dem Informationsdienst „idea" eine Art Gegenagentur mit „missionarischer" Zielsetzung.

Bei regionalen Sonntagszeitungen und Gemeindeblättern, also der sog. Kirchengebietspresse, gab es mancherlei Veränderungen – durch technische Innovationen, aber auch finanzielle Zwänge. Nach wie vor stellen sie trotz zurückgehender Auflagen ein wichtiges Medium evangelischer Kirche dar (s. HAHN 287).

Kritischer ist die Lage bei den überregionalen Zeitungen. Die 1948 entstandene Wochenzeitung „Sonntagsblatt", später „Deutsches Allgemeines Sonntagsblatt" bzw. „Das Sonntagsblatt", sowie „Christ und Welt" konnten sich – trotz Fusion von letzterem Blatt mit dem katholischen „Rheinischen Merkur" – auf Dauer nicht behaupten.[287] Der Zuschussbedarf wurde zu hoch. Inzwischen hat die EKD durch das Magazin „Chrismon" als Beilage in großen überregionalen Blättern ein Nachfolgemodell etabliert, das einen breiten Zugang zum gebildeten Publikum in Deutschland ermöglicht (s. HAHN 285–287).

2.2 *Radio und Fernsehen:* Eine neue Herausforderung für die Kommunikation des Evangeliums entstand durch Film und Hörfunk. 1895 präsentierten die Gebrüder Lumière den ersten (einminütigen) Film.[288] Allerdings dauerte es noch Jahrzehnte, bis durch Tonspur und Farbe das Medium ausgereift war. Dabei war von Anfang an das Themenspektrum groß. Bibel-Filme standen

---

[286] Auf katholischer Seite besteht dazu parallel die „Katholische Nachrichten Agentur" (KNA).
[287] S. GERHARD MEIER-REUTTI, Publizistik/Presse III. Evangelische Publizistik und Presse, in: TRE 27 (1997), 704–718, 710.
[288] JOCHEN HÖRISCH, Der Sinn und die Sinne. Eine Geschichte der Medien, Frankfurt 2001, 285.

neben Filmen, die Morde und als unsittlich Empfundenes zeigten.[289] Auf kirchlicher Seite dominierte lange Zeit die Polemik gegen „Schmutz und Schund".

Bei dem in der Weimarer Republik entstehenden *Hörfunk* engagierte sich die Evangelische Kirche von Anfang an. Kurz nach Beginn des ersten Radio-Senders in Deutschland (1923) wurde bereits 1924 eine religiöse „Morgenfeier" ausgestrahlt, allerdings in Verantwortung des Intendanten. Hinsichtlich eines eventuellen kirchlichen Engagements kam es zu erbitterten Auseinandersetzungen. Auf jeden Fall sollte eine Konkurrenz zu den Gottesdiensten in Kirchengebäuden vermieden werden. Tatsächlich gelang es nicht, durch Morgenfeiern, theologische Vorträge o. Ä. medienadäquat zu agieren. Bei einer Analyse der Ansprachen von Pfarrern im Radio stellte der Intendant des Bayrischen Rundfunks, Kurt v. Boeckmann (1885–1950), folgende Probleme heraus:

> Bei den Morgenfeiern handele es sich „vielfach um religiös-dogmatische Ansprachen mit gelegentlicher Polemik gegen kirchenfeindliche Tendenzen oder bestimmte Eigenschaften der Gegenwart. Es fehlt das allgemein erhebende Moment, es fehlt der Appell an den Geist, es ist meist nur ein Appell an eine als vorhanden angenommene kirchliche Haltung der Hörerschaft."[290]

Weiter verwies der studierte Jurist auf zwei wichtige Charakteristika der Kommunikation durch das Medium Radio: Es sei *eine „private Rezeptionssituation" in einem „Unterhaltungsmedium"*.[291] Beides markierte wichtige Konfliktlinien zur Kirche: „Gemeinschaft" wurde dem Privaten, „Ernst" der Unterhaltung entgegengesetzt. Dazu war es für die Kirchenmänner ungewohnt, dass die Hörer/innen bei Langeweile oder Ärger jeder Zeit auf einen anderen Sender umschalten konnten. Kommunikation des Evangeliums befand sich auf einmal in einer Marktsituation und damit in Konkurrenz. Von daher wurde der Hörfunk als Chance für die Kommunikation des Evangeliums vor allem in Ländern aufgegriffen, in denen die christlichen Kirchen keine besonderen Privilegien besaßen.[292] Für diese Interpretation spricht auch, dass seit dem 19. Jahrhundert die katholische Weltkirche stets den neuen medialen Entwicklungen gegenüber aufgeschlossener war als die deutschen evangelischen Landeskirchen.

Schneidend war dagegen die Polemik von evangelischen Pfarrern, Professoren und Publizisten in Deutschland.

---

289 S. den Hinweis auf eine zeitgenössische Auswertung der ersten Filme unter dem Titel „Die Kirche und der Kinematograph" a. a. O. 290.

290 Zitiert nach ROLF SCHIEDER, Religiöse Rede im Radio, in: REINER PREUL/REINHARD SCHMIDT-ROST (Hg.), Kirche und Medien (VWGTh 16), Gütersloh 2000, 122–135, 124.

291 A. a. O. 125.

292 S. zum Überblick HANSJÖRG BIEMER, Christliche Rundfunksender weltweit. Rundfunkarbeit im Klima der Konkurrenz (CThM 22), Stuttgart 1994.

Grundsätzlich bestritt z. B. Karl Barth in einer Streitschrift die Berechtigung kirchlicher Öffentlichkeitsarbeit. Dabei wandte er sich gegen eine „Propaganda" von Kirche.[293]

Wenig später polemisierte aus einer ganz anderen kirchenpolitischen Ecke Wilhelm Stapel in dem einflussreichen Artikel „Das Rundfunkchristentum" (1931) gegen die „Baalspfaffen der Technik" und sprach von „Perlen vor die Säue". Der Gottesdienst würde auf eine Ebene mit der amerikanischen „Negermusik", dem Jazz, gestellt usw.[294] Rolf Schieder konstatiert: „Alle wesentlichen Argumente der heutigen Kritiker kirchlichen Engagements (sc. in den Massenmedien, C. G.) sind in diesem Essay vorweggenommen."[295]

Im Kontext einer sich formierenden Mediengesellschaft führten aber keine grobschlächtigen dogmatischen bzw. nationalpolitischen Argumente weiter. Der gebotenen Analyse der besonderen Kommunikationssituation im Medium Hörfunk stand der durch die Wort-Gottes-Theologie stark gemachte Verkündigungsbegriff bzw. die Volksnomos-Ideologie entgegen. Beide erlaubten keine kommunikationstheoretische Differenzierung. Erst als man begann, unter dem Paradigma der Unterhaltung über eine Kommunikation des Evangeliums in diesem Medium nachzudenken, kam es zu neuen Sendeformaten, die vom Publikum akzeptiert werden (s. BERNSTORF).

Die gleichen Diskussionen wurden hinsichtlich des *Fernsehens* geführt. Dazu kam noch das Misstrauen, dass das Bild das „Wort" verdrängen könnte. Während in den USA vor allem evangelikale Gruppen sich sehr pragmatisch des neuen Mediums bedien(t)en (Electronic Church),[296] überwog in Deutschland die Zurückhaltung. 1954 wurde das erste Mal das „Wort zum Sonntag" ausgestrahlt – heute nach der „Tagesschau" die zweitälteste Sendung des ARD (s. GERTZ 87–91). Schwerer tat man sich mit Gottesdiensten. 1952 wurde probeweise eine evangelische Adventsvesper in einen Nebenraum übertragen.[297] Seit 1955 (bis 1983) sendete die ARD jeweils am ersten Samstag im Monat – konfessionell alternierend – einen Vespergottesdienst. Das ZDF entwickelte die regelmäßige Übertragung von Sonntagsgottesdiensten ursprünglich als Angebot an Kranke und Gehbehinderte. Seit 1975 findet eine Ausstrahlung statt, seit 1986 jeden Sonntag – auch hier in ökumenischem Wechsel. Dazu treten in Hörfunk und Fernsehen sonstige Sen-

---

293 KARL BARTH, Quousque tandem …? in: DERS., „Der Götze wackelt". Zeitkritische Aufsätze, Reden und Briefe von 1930 bis 1960, hg. v. KARL KUBISCH, Berlin 1961, 27–32, 30.
294 ROLF SCHIEDER, Religiöse Rede im Radio, in: REINER PREUL/REINHARD SCHMIDT-ROST (Hg.), Kirche und Medien (VWGTh 16), Gütersloh 2000, 122–135, 125.
295 A. a. O. 125 Anm. 5.
296 S. WILLIAM FORE, Electronic Church, in: Religion Past & Present. Encyclopedia of Theology and Religion Bd. 4 (2008), 400 f.
297 S. auch zum Folgenden WILM SANDERS, Gottesdienstübertragungen im Rundfunk – Hörfunk und Fernsehen, in: HANS-CHRISTOPH SCHMIDT-LAUBER/MICHAEL MEYER-BLANCK/KARL-HEINRICH BIERITZ (Hg.), Handbuch der Liturgik. Liturgiewissenschaft in Theologie und Praxis der Kirche, Göttingen ³2003, 929–939, 934–937.

dungen, die Hörer/innen und Zuschauer/innen zur Kommunikation des Evangeliums einladen (s. GERTZ 94).

2.3 *Kirchliches Konzept:* Nach dem Zusammenbruch am Ende des Zweiten Weltkriegs war für die Publizistik im Rahmen evangelischer Kirche ein organisatorischer Gesamtrahmen für Deutschland erforderlich. So wurde 1951 das „Gemeinschaftswerk der Evangelischen Presse" gegründet, aus dem 1973 das „Gemeinschaftswerk der Evangelischen Publizistik" (GEP) in Frankfurt hervorging. Konzeptionell legte die EKD 1979 einen *„Publizistischen Gesamtplan"* vor. Argumentative Grundlage war der Öffentlichkeitsauftrag der Kirche[298] und eine darin implizierte diakonische Ausrichtung:

> „Das publizistische Handeln der Kirche versteht sich als Dienst der Kirche an Einzelnen, Gruppen und Völkern. Es wirkt über die Grenzen der Kirche hinaus und erschöpft sich nicht in der Wahrnehmung der ... eigenen Interessen."[299]

> Inhaltlich reklamierte die EKD eine Stellvertreter-Funktion ihres publizistischen Handelns für diejenigen, die selbst keinen Zugang zur Öffentlichkeit haben.[300]

Eine deutliche Unsicherheit begegnet bei der Verhältnisbestimmung zum sog. Verkündigungsauftrag der Kirche:

> „Die evangelische Publizistik kann zwar die Kanzel und den Bereich der personalen Kommunikation nicht ersetzen. Unter ihren besonderen Voraussetzungen und Bedingungen nimmt sie aber als Funktion der Kirche am Verkündigungsauftrag der Kirche teil."[301]

1997 führte die EKD angesichts des technischen Fortschritts und der zunehmenden Marktförmigkeit im Medienbereich ihre konzeptionellen Überlegungen weiter: *„Mandat und Markt"* hieß der programmatische Titel. Dabei profilierte sie zwei Formen evangelischer Publizistik:

> „Zwei Grundformen medialer Information und Kommunikation im Auftrag der Kirche sind voneinander zu unterscheiden: die journalistische Arbeit von unabhängigen Redaktionen und die kirchliche Öffentlichkeitsarbeit von Informations- und Pressestellen, wie auch in Arbeitseinrichtungen, in denen Kampagnen und Aktionen entwickelt werden. Beide Bereiche gehören zur evangelischen Publizistik, und in beiden arbeiten Journalistinnen und Journalisten."[302]

Zwar wurde eingeräumt, dass eine scharfe Trennung nicht immer möglich sei. Grundsätzlich bestätigt der Text aber eine wichtige Unterschei-

---

298 S. KIRCHENKANZLEI DER EVANGELISCHEN KIRCHE IN DEUTSCHLAND (Hg.), Publizistischer Gesamtplan der Evangelischen Kirche in Deutschland. Vorgelegt von der Kammer der EKD für publizistische Arbeit im Auftrag des Rates der EKD, Gütersloh 1979, 25.
299 A.a.O. 27.
300 S. a.a.O. 29f.
301 A.a.O. 29.
302 KIRCHENAMT DER EVANGELISCHEN KIRCHE IN DEUTSCHLAND (Hg.), Mandat und Markt. Perspektiven evangelischer Publizistik. Publizistisches Gesamtkonzept 1997, Frankfurt 1997, 21.

dung journalistischer Ethik, die eine gewisse Selbstdistanz für Kirche[303] impliziert.

3. Rechtlicher Rahmen

Grundlegend für die massenmediale Kommunikation in Deutschland ist Art. 5 Abs. 1 GG:

> „Jeder hat das Recht, seine Meinung in Wort, Schrift und Bild frei zu äußern und zu verbreiten und sich aus allgemein zugänglichen Quellen ungehindert zu unterrichten. Die Pressefreiheit und die Freiheit der Berichterstattung durch Rundfunk und Film werden gewährleistet. Eine Zensur findet nicht statt."

Die hier genannte Pressefreiheit erstreckt sich auf Druckmedien, Rundfunk und Film/Fernsehen, bezeichnet also eine *Medienfreiheit*. Das Gewicht dieser Bestimmung unterstreicht die Feststellung des Bundesverfassungsgerichts, dass die Medienfreiheit nicht aus der allgemeinen Meinungsfreiheit abgeleitet ist, sondern eine eigenständige Garantie darstellt.[304] Daran ist bemerkenswert, dass dieses Grundrecht nicht wie bei anderen Grundrechten üblich vom Träger der Freiheit her, sondern von den Rezipienten her begründet wird. Denn nur die Informationsfreiheit ermöglicht Persönlichkeitsentfaltung und Demokratie. So verfügen also die für die Medien Verantwortlichen nicht über die Medienfreiheit, sondern sind an deren Funktion für die Rezipienten gebunden. Der Staat hat die Verpflichtung, hierauf zu achten. Deshalb gibt es in Deutschland in Form des *öffentlich-rechtlichen Rundfunks und Fernsehens* ein publizistisches System, das dem Marktmechanismus weithin entnommen ist. Praktisch ermöglicht wird es durch die Gebührenfinanzierung.

Dazu tritt ein Zweites: Der Staat darf nicht direkt in die Pressefreiheit (im genannten weiten Sinn) eingreifen. Doch erfordert die zitierte grundgesetzliche Bestimmung eine öffentliche Kontrolle. Dafür wurden für Rundfunk und Fernsehen besondere aufsichtsrechtliche Instrumente geschaffen, die Rundfunkräte und Landesmedienanstalten. Sie haben vor allem darauf zu achten, dass das Programm die erforderliche Vielfalt enthält, um der grundgesetzlich vorgesehenen Funktion zu entsprechen („Grundstandard"[305]). Bei der Besetzung dieser Gremien erhalten traditionell u. a. die beiden großen Kirchen als gesellschaftlich wichtige Gruppen Sitz und Stimme.

Eine Veränderung der Situation ergab sich 1984 durch die Öffnung des bis dahin exklusiv öffentlich-rechtlichen Systems für private Anbieter. Diese

---

303 S. zum Problem des Primats von Kirche gegenüber dem Inhalt des Evangeliums die kritischen Hinweise von REINHARD SCHMIDT-ROST, Medium und Message. Zu ihrem Verhältnis in der christlichen Publizistik, in: REINER PREUL/REINHARD SCHMIDT-ROST (Hg.), Kirche und Medien (VWGTh 16), Gütersloh 2000, 84–121, 89–93.
304 S. DIETER GRIMM, Medien, in: EStL (2006), 1498–1506, 1501.
305 S. zu diesem Begriff aus der Rechtssprechung CHRISTOPH LINK, Soziale Kommunikationsmittel I. Ev., in: LKStKR Bd. 3 (2004), 568–570, 568 f.

unterliegen – vor dem Hintergrund der nach wie vor für die öffentlich-rechtlichen Anstalten bestehenden Verpflichtung – geringeren Anforderungen an die Vielfalt des Gesendeten.

Von Bedeutung für kirchliche Arbeit ist ihr in den Landesrundfunkgesetzen geregeltes sog. *Drittsenderecht*. Demnach haben die Sender den Kirchen (und den jüdischen Gemeinden) auf Wunsch Sendezeiten einzuräumen. Dies gilt – in reduziertem Maß – ebenfalls für den privaten Rundfunk. Durch diese Möglichkeit kann die Evangelische Kirche bis heute auf einen eigenen – kostspieligen – Sender verzichten. Sie hält lediglich an einigen Sendern wie dem Bibel.TV und dem 98.2 Radio Paradiso Anteile.

Neue Techniken ermöglichen mittlerweile eine Vervielfachung des Programmangebots in Hörfunk und Fernsehen. Die *Einführung des Internets* macht die Situation nicht nur pluraler, sondern stellt grundsätzlich die bisherige Differenzierung zwischen Individual- und Massenkommunikation in Frage (s. § 12 3.4). Inwieweit hierfür neue Rechtsformen erforderlich sind oder ob Selbstregulierungskräfte ausreichen, ist gegenwärtig umstritten. In diesen Veränderungen sind Parallelen zur Entwicklung in der Diakonie unübersehbar. Die staatliche Unterstützung der Kirchen nach dem Zweiten Weltkrieg weicht zunehmend marktförmigen Mechanismen. Es ist offen, inwieweit das öffentlich-rechtliche System und damit die Einflussrechte der Kirchen in die neue Medienvielfalt dauerhaft transformiert werden.

4. Gegenwärtige Situation

Ausgerichtet auf beständige Sozialformen der Kommunikation des Evangeliums konzentriert sich die folgende Darstellung eingangs auf kirchlich verantwortete Produkte. Dass auch nichtkirchlich verantwortete Zeitungen,[306] Zeitschriften,[307] Bücher,[308] Sendungen,[309] Filme,[310] Blogs[311] usw. wichtige

---

306 S. Daniel Meier, Kirche in der Tagespresse. Empirische Analyse der journalistischen Wahrnehmung von Kirche anhand ausgewählter Zeitungen (Studien zur Christlichen Publizistik 12), Erlangen 2006.
307 S. Lutz Friedrichs/Michael Vogt (Hg.), Sichtbares und Unsichtbares. Facetten von Religion in deutschen Zeitschriften (Religion in Gesellschaft 3), Würzburg 1996.
308 S. die Beiträge in: Lutz Friedrichs, Kasualpraxis in der Spätmoderne. Studien zu einer Praktischen Theologie der Übergänge (APrTh 37), Leipzig 2008, 79–121.
309 S. Lothar Mikos, „It's a Family Affair". Fernsehserien und ihre Bedeutung im Alltagsleben, in: Günter Thomas (Hg.), Religiöse Funktionen des Fernsehens. Medien-, kultur- und religionswissenschaftliche Perspektiven, Wiesbaden 2000, 231–245.
310 S. dazu die inhaltsanalytisch ausgerichteten Beiträge in Thomas Bohrmann/Werner Veith/Stephan Zöller (Hg.), Handbuch Theologie und populärer Film Bd. 1, Paderborn 2007; als instruktive Einzelstudie s. z. B. Anne Kramer, Das Kino: Ort der Engel. Die Funktion von Engelsgestalten im Film (Symbol – Mythos – Medien 13), Münster 2006.
311 S. Antje Schrupp, Inside – aus der Perspektive einer Bloggerin und evangelischen Publizistin. Erfahrungen, Analysen, Konzepte für die Zukunft, in: Nord/Luthe 431–440.

Anstöße zur Kommunikation des Evangeliums geben, entspricht dem zu Familie, Schule und Diakonie Ausgeführten. Kommunikation des Evangeliums geschieht auch hier vielfach außerhalb des (organisiert) kirchlichen Rahmens. Die gegenwärtige Kultur ist voll von Impulsen für die Kommunikation des Evangeliums. Nicht zuletzt verändert die mediale Entwicklung dahingehend grundlegend die Kommunikation, dass das Auftreten Einzelner an Bedeutung gewinnt. Das soll anschließend am Beispiel der Social Media skizziert werden. Es folgen Exempla zu den drei Modi der Kommunikation des Evangeliums im Raum der Medien.

4.1 *Evangelische Publizistik heute:* Roland Gertz konstatierte 2001: „Über den aktuellen Gesamtbestand der evangelischen Publizistik innerhalb der Evangelischen Kirche in Deutschland (EKD) existiert derzeit keine verläßliche und vollständige Übersicht." (GERTZ 54) Das trifft bis heute zu. Der zitierte Publizistische Gesamtplan der EKD nannte 1997 800 bis 850 evangelische Periodika mit einer Gesamtauflage von 160 bis 180 Millionen Exemplaren (zitiert a. a. O. 56). Solche wenig belastbaren Zahlen geben immerhin einen Hinweis auf die Größenordnung und zugleich die Diversifizierung allein im Bereich der Print-Medien.

Als Grundtendenz ist für die Kirchengebietspresse ein deutlicher Rückgang erkennbar (s. die Tabelle a. a. O. 73). Er führte in den letzten Jahren wiederholt zu Fusionen und redaktionellen Reduktionen. Umgekehrt scheinen die Gemeindebriefe ihre Reichweite ausgebaut zu haben (s. a. a. O. 67).

Bis etwa 2010 zeichnete sich im Fernsehen eine positive Tendenz ab. So war der sonntägliche ZDF-Gottesdienst eine Zeit lang die einzige Sendung im öffentlich-rechtlichen Fernsehen, deren Einschaltquote trotz zunehmender Konkurrenz anstieg – freilich auf einem vergleichsweise niedrigen Niveau. Allerdings sind mittlerweile auch hier die Zahlen rückläufig. Durchschnittlich etwa 750.000 Zuschauer/innen (2013) schalten sonntags die Gottesdienstübertragung ein. Der Rückgang dürfte wohl wesentlich in der verstärkten Konkurrenz durch andere gleichzeitige Sendungen, etwa Übertragungen von Sportveranstaltungen, begründet sein.

4.2 *Social Media:* Mittlerweile grundlegend für die Netzkommunikation sind die Social Media. Sie sind kommunikationstheoretisch „weniger als ein technisches Angebot, sondern vielmehr als erweiterter Lebensraum der Menschen zu verstehen."[312] Vielleicht steht hinter ihrer explosionsartigen Verbreitung „ein Transformationsprozess moderner Gesellschaften, insbesondere ihrer Strukturierung durch Individualisierungsprozesse":

---

312 STEFAN STUMPP/DANIEL MICHELIS, Social Media – Exemplarische Einblicke in Theorien, Methoden und Modelle, in: NORD/LUTHE 45-59, 45.

> „Nach Jahrzehnten der Enttraditionalisierung und damit der Auflösung sozialer Beziehungen sowie der sogenannten Freisetzung des Individuums aus traditionellen Bindungen eröffnen Social Media Gelegenheiten, den Bedürfnissen nach sozialen Kontakten in ‚neuerer', selbstbestimmterer Zeit und Raum überwindender, computergestützter Form nachzugehen."[313]

Auf jeden Fall verändern die Social Media die öffentliche Kommunikation fundamental. Hinsichtlich der für gegenwärtige Kommunikation grundlegenden Relevanzfrage (s. § 18 4.1) kehrt sich das Verhältnis von Sender/innen und Empfänger/innen geradezu um. Lag früher das Schwergewicht auf der etwa durch Institutionen ermöglichten Veröffentlichung, dominiert heute angesichts der unendlichen Informationsfülle im Netz die – eventuelle – Aufmerksamkeit der Empfänger/innen.[314] Dabei zeigt eine Analyse in den Social Media, dass das Auftreten von Institutionen eher kritisch gesehen wird:

> „Bevorzugt wird der persönliche Austausch, das einzelne Gespräch, das nie instrumentell sein darf, sondern auf wirklichem Interesse an dem, was die anderen zu sagen haben, gründen muss."[315]

Demgegenüber sind die in Social Communities Kommunizierenden an Personen und deren Erfahrungen interessiert. Beispielsweise suchen hier Menschen mit Verlusterfahrungen eher den Kontakt zu anderen Trauernden als zu professionellen Seelsorger/innen.[316] Schon mittelfristig könnte sich daraus ein weiteres Absinken des allgemeinen Ansehens von Pfarrer/innen ergeben (s. § 22 3.1). Die Kirche kann als Institution solchen Wandel in der Kommunikation in den vielfältigen Social Communities „weder verordnen noch verhindern, aber sie kann ihn immerhin bewusst begleiten und ihren Mitgliedern – zum Beispiel in Form von Fortbildungen und Gelegenheiten zum Austausch und zur Vernetzung – dabei hilfreich zur Seite stehen."[317]

4.3 *Lehren und Lernen:* Medienarbeit ist stets mit Information und damit potenziell mit Lehr- und Lernprozessen verbunden. Exemplarisch seien einige Beispiele genannt. Sie beziehen sich auf allgemein in Deutschland zugängliche Medien: ein Buch, einen Film und ein online-Portal. So spiegeln sie die Vielfalt kirchlichen Bildungsangebots wider. Gemeinsam ist ihnen, dass sie sich jeweils darum bemühen, den Einzelnen als Suchenden ernst zu nehmen und unterschiedliche Rezeptionsmöglichkeiten offenhalten.

---

313 Ilona Nord, Social Media als Gegenstand praktisch-theologischer Reflexion, in: Dies./Luthe 11-25, 11 f.
314 S. Antje Schrupp, Inside – aus der Perspektive einer Bloggerin und evangelischen Publizistin. Erfahrungen, Analysen, Konzepte für die Zukunft, in: Nord/Luthe 431-440, 433 f.
315 A.a.O. 436.
316 S. Carmen Berger-Zell, Trauerleibsorge in Social Media, in: Nord/Luthe 363-374, 370.
317 Antje Schrupp, Inside – aus der Perspektive einer Bloggerin und evangelischen Publizistin. Erfahrungen, Analysen, Konzepte für die Zukunft, in: Nord/Luthe 440.

1975 veröffentlichte die Vereinigte Evangelisch-Lutherische Kirche in Deutschland erstmals den *„Evangelischen Erwachsenenkatechismus";* Ende 2010 erschien er – nach dem Verkauf von 250.000 Exemplaren – in überarbeiteter achter Auflage.[318] Er soll – wie der (damalige) Leitende Bischof der VELKD, Johannes Friedrich, im Vorwort mitteilt – ein „Beitrag der lutherischen Kirchen zu einer Bildung in evangelischer Perspektive" sein. Der Umfang von über 1.000 Seiten zeigt, dass es sich hier eher um ein Produkt für besonders Interessierte als um eine breite missionarische Aktivität handelt. Schon seit Längerem wird der Erwachsenenkatechismus im Unterricht der gymnasialen Oberstufe bzw. als Handbuch im Bereich der Erwachsenenbildung verwendet. Der Umfang ist dem Bemühen um abwägende Erörterung und dem Bezug zu konkreter Lebenswirklichkeit geschuldet. Mündige Christen sollen hier eine Grundlage für „suchen – glauben – leben" – so der neue Untertitel – erhalten. Der Bezug zur Kirche scheint manchmal durch, ist aber nicht dominant. Brisante Fragen werden angesprochen, aber keiner einlinigen Lösung zugeführt.

Stark auf gemeinde- und religionspädagogische Arbeit zielt die 1960 aus dem Filmverleih „Matthias-Film" hervorgegangene Filmgesellschaft *„EIKON".* Nach einigen Turbulenzen konnte hier Evangelische Kirche im Verbund von EKD, Landeskirchen und kirchlichen Werken ein Geschäftsmodell entwickeln, das sich einen Platz im Bereich des Films als Form der Kommunikation des Evangeliums im Modus des Lehrens und Lernens eroberte. Eine Frucht davon war z. B. der 2003 von EIKON (mit)produzierte Film „Luther". Er wurde 2004 mit der Goldenen Leinwand ausgezeichnet. Zu dem Film erschienen fachdidaktische Materialien sowie eine DVD zur Bearbeitung im Unterricht. Kommunikationstheoretisch hervorzuheben ist das Bemühen des Films, im Modus der Unterhaltung Lernprozesse auf verschiedenen Ebenen zu initiieren. Das theologisch anspruchsvolle Thema der reformatorischen Erkenntnis wird anhand der Biographie Luthers spannend und zu Identifikation einladend präsentiert.

Weiter ist die vielfältige *online-Präsenz* der einzelnen Landeskirchen, der EKD und zunehmend von Kirchenkreisen und -gemeinden zu nennen. Hier werden in großem Umfang Materialien zur Verfügung gestellt, die Menschen eine eigenständige Information ermöglichen. So sind heute – in einer vor einigen Jahren unvorstellbaren Weise – wichtige kirchliche Texte, aktuelle Predigten und Grundinformationen, etwa zu den Kasualien, allgemein zugänglich. Tatsächlich werden entsprechende Seiten häufig frequentiert; bereits 2007 wählten z. B. über eine Million Besucher pro Monat www.ekd. de an (HAHN 285). Allerdings gelingt es durch diese Angebote nur selten, in

---

318 MARTIN ROTHGANGEL/MANFRED KIESSIG/ANDREAS BRUMMER (Hg.), Evangelischer Erwachsenenkatechismus. suchen – glauben – leben, Gütersloh [8]2010.

den Social Media eine breitere Aufmerksamkeit zu finden. Dem steht die grundsätzlich kritische Einstellung vieler User gegenüber Institutionen und deren Werbung/Propaganda entgegen.

4.4 *Gemeinschaftliches Feiern:* Auch hier können nur exemplarisch Impulse zur Kommunikation des Evangeliums im gemeinschaftlichen Feiern in unterschiedlicher medialer Form präsentiert werden. Eingangs skizziere ich ein Beispiel aus dem Bereich des Hörfunks, in dem die besondere Herausforderung durch den Unterhaltungscharakter dieses Mediums (s. § 12 1.) hervortritt. Beim ZDF-Fernsehgottesdienst fokussiere ich auf die Frage nach dessen theologischer Bedeutung. Sie stellt sich noch eindrücklicher beim letzten Beispiel, dem online-Gottesdienst.

Dem *Radio* kommt nach wie vor eine hohe Nutzungszeit zu (s. § 12 3.1). Es hat sich aber seit der Zulassung privater Sender (1984) und der damit verbundenen Vervielfachung der Anbieter und der Konkurrenz grundlegend verändert: Die Programme werden spezialisiert; vor allem die musikalische Gestaltung führt zur Zielgruppen-Prägnanz; die Wortbeiträge treten zurück, Musik nimmt den meisten Raum ein. Es bildet sich ein sog. Formatradio heraus: Inhaltliche Beiträge sind innerhalb eines Musikbetts platziert (BERNSTORF 149). Mit diesem Rahmen, der im *Jugendradio* besonders ausgeprägt begegnet, sind herkömmliche kirchliche Beiträge nicht kompatibel. Die Sendung „Like in heaven" ist ein Beispiel bei dem in Norddeutschland angesiedelten N-Joy-Radio des NDR, wie unter diesen Bedingungen Evangelium kommuniziert wird.

> Zielgruppe der Sendung sind die 14- bis 29-Jährigen. Je nach Sendezeit variiert die Hörer/innen-Zahl (von 30.000 bis 140.000; s. die Übersichtstabelle a.a.O. 166). Jedem Beitrag geht eine bestimmte Melodie voraus, in der die folgende Rubrik angekündigt wird: „Was'n das?"; „kreuz und quer gehört/gesehen/gelesen/gesurft", „Kreuz und quer – die Bibel"; „Mich fragt ja keiner"; „Aus der Szene" (a.a.O. 167).

Eine Rezeptionsanalyse ergibt als Anforderungsprofil: Die Beiträge müssen „kurz, in Glaubensfragen informativ, leicht verständlich und mit guter Musik kombiniert sein. Sie sollen ins Nachdenken führen und aktuelle Bezüge zur Lebenswirklichkeit junger Leute herstellen." (a.a.O. 219) Es zeigt sich, dass vor allem authentisch wirkende Beiträge bei den Jugendlichen Beachtung finden. Dabei ist der kirchliche Hintergrund der Sprecher/innen den Rezipienten oft nicht präsent.

Interessant ist der Hinweis auf die hohe Bedeutung personaler Kommunikation im Sinn einer face-to-face-Begegnung. Von daher wird empfohlen, mögliche *Anschlüsse der Hörfunk-Kommunikation an die personale Kommunikation* vor Ort zu initiieren (a.a.O. 241 f.). Diese erfährt wiederum durch die massenmediale Beachtung eine positive Unterstützung.

§ 20 Medien als offener Kommunikationsraum   453

Wie erwähnt erfreut sich der *ZDF-Gottesdienst* am Sonntagmorgen[319] einer gewissen Beliebtheit. Nicht zuletzt die demographische Veränderung lässt eine Stabilität bei den Zuhörerzahlen, vielleicht sogar eine Steigerung erwarten. Denn die Zahl der (alten) Menschen, die nicht oder nur schwer am Sonntagmorgen den Weg in die Kirche finden, nimmt ebenso zu wie die allgemeine Mobilität, die die parochiale Bindung schwächt. Bis in die neunziger Jahre des 20. Jahrhunderts war die Legitimität dieser Sendung innerkirchlich und -theologisch umstritten (s. 2.2). Genau besehen gleicht der Fernsehgottesdienst aber ekklesiologische Defizite der Gemeinde-Gottesdienste vor Ort aus, wobei er durch die Aufnahme-Situation mit einem solchen lokalen Gottesdienst direkt verbunden ist:

Zum Ersten ermöglicht der Fernsehgottesdienst *Öffentlichkeit* unter den Bedingungen der gegenwärtigen Mediengesellschaft. Das Fernsehen konstituiert heute eine „*mediale agora*" (MAGIN/SCHWIER 59), nimmt also den in Apg 17 von Paulus berichteten Impuls der Kommunikation des Evangeliums auf. Mittlerweile ergänzt ein Web-Portal das Angebot des ZDF-Gottesdienstes, durch das u. a. zur Vorbereitung von Gottesdiensten eingeladen wird.[320]

Zum Zweiten realisiert der Fernsehgottesdienst die bei der Analyse des Begriffs „Ekklesia" im Neuen Testament begegnende *ökumenische Dimension* in hervorragender Weise (s. Einleitung zu Kap. 6). Die vor dem Bildschirm den Gottesdienst Feiernden gehören unterschiedlichen Konfessionen und Daseins- und Wertorientierungen an. Dementsprechend alternieren die für die Liturgie Verantwortlichen. Auch die Freikirchen sowie die Orthodoxie finden Berücksichtigung und bisweilen wirken Gäste nichtchristlicher Religionszugehörigkeit mit.[321] Dazu werden manchmal Auslandsgottesdienste übertragen.

Schließlich kann der Hauptvorwurf gegen Fernsehgottesdienste entkräftet werden, der die fehlende *Gemeinschaft* moniert. Er setzt nämlich ein Gemeinschaftsverständnis voraus, das – wie empirische Befunde zeigen – nicht der Rezeption durch viele Zuschauer/innen entspricht.

„Aus den zahlreichen Rückmeldungen der Zuschauer via Telefon, Brief und E-Mail lässt sich schließen, dass viele Menschen sich persönlich angesprochen, auch aufgehoben und in das medial vermittelte gottesdienstliche Geschehen integriert fühlen. Dass die räumlich-physische Dimension der Gemeinschaftserfahrung fehlt, wird in den wenigsten Fällen als belastend wahrgenommen." (MAGIN/SCHWIER 27)

---

319 S. KARSTEN KOPJAR, Gott begegnen zwischen Couch und Kirche. Zielsetzung und Ertrag der ZDF-Fernsehgottesdienste für Gemeinde, Redaktion und Zuschauer, Saarbrücken 2007 (Neuauflage 2012).
320 S. GÜNTER THOMAS, Fernsehen, in: GOTTHARD FERMOR U. A. (Hg.), Gottesdienst-Orte. Handbuch Liturgische Topologie (Beiträge zu Liturgie und Spiritualität 17), Leipzig 2007, 98–102, 98.
321 S. als Beispiel das Drehbuch zu einem im Berliner Dom gefeierten Gottesdienst, in dem auch Juden, Aleviten und Buddhisten auftraten, in: MAGIN/SCHWIER 152–168.

Charlotte Magin und Helmut Schwier schließen von daher auf „eine communio medialis, eine vermittelte Teilhabe, die eine geistliche Beheimatung ermöglicht und von vielen Zuschauern als ausreichend empfunden wird" (ebd.; ohne Kursivsetzung im Original). In kirchentheoretischer Perspektive knüpfen die Fernsehgottesdienste an die Tradition der Hauskirche an (s. § 24 2.4). Dabei ist in Rechnung zu stellen, dass die einen Fernsehgottesdienst Sehenden in der Regel über langjährige Erfahrungen mit Gottesdiensten in Kirchengebäuden verfügen und unbewusst das früher Erlebte in die neue Situation transferieren. Berücksichtigt man die homiletische, liturgische und kirchenmusikalische Qualität der Fernsehgottesdienste verwundert es nicht, dass deren Zuschauerzahlen in den Wintermonaten bisweilen die Zahl der an Sonntagsgottesdiensten in evangelischen Ortsgemeinden Versammelten übertrifft.

Eine noch andere Akzentuierung enthält die Kommunikation des Evangeliums im Modus des gemeinschaftlichen Feierns bei *Gottesdiensten im Internet*. Stefan Böntert vertritt in einer an herkömmlichen Kriterien katholischer Liturgiewissenschaft orientierten Untersuchung die These, dass es sich hier um „Orte eines gelebten ekklesiologischen Miteinanders" (BÖNTERT 30) handelt, die „als Dialog zwischen Gott und Mensch" (ebd.) erwiesen werden können. Theologisch steht der Begriff der „Versammlung" im Zentrum seiner Argumentation. Mit knappen Hinweisen zeigt er, dass in der Bibel pluriforme Gestaltungen von Versammlung begegnen. Dabei kommt sachlich der „Relation" (a. a. O. 158), nicht der face-to-face-Struktur Priorität zu. So folgert er:

„Eine (liturgische) Versammlung auf der Ebene des Internet ist nicht als eine Verfälschung oder ein Verlust des theologischen Paradigmas der Liturgie zu brandmarken, sondern stellt innerhalb des theologischen und anthropologisch-philosophischen Koordinatensystems der Liturgie eine Fortschreibung und Ergänzung des heilsgeschichtlichen Dialoges zwischen Gott und Mensch im Modus der erweiterten Symbole dar. Diese Erweiterung ist deshalb legitim und notwendig, weil Gottes wirkmächtiges und gemeinschaftsstiftendes Handeln sich an die genuin symbolische Struktur der menschlichen Konstitution bindet, die ihrerseits in ihrer Konkretisierung Veränderungen stets mit einschließt." (a. a. O. 220; ohne Kursivsetzung des Originals)

Hier ist vorausgesetzt, dass die am Gottesdienst Teilnehmenden in Echtzeit miteinander kommunizieren. Dann ergeben sich Momente, in denen diese liturgische Form Defizite herkömmlicher Gottesdienste reduziert. Vor allem eröffnet die online-Kommunikation die Möglichkeit zu einer intensiveren Beteiligung der Mitfeiernden, z. B. beim Fürbittengebet und der Aneignung des Segens.

Eine vor allem in den USA und in England geführte Diskussion bezieht sich sogar auf die Möglichkeit einer online vermittelten Mahlgemeinschaft. Im Zusammenhang mit der englischen Kirchenreformbewegung „Fresh

Expressions" wird gegen eine vorschnelle Ablehnung einer solchen Kommunion zu bedenken gegeben:

> „Yet many Internet users find online relationships to be just as meaningful as those offline. Ordinary relationships often pass through technology, such as spectacles, and so mediating relationships through computers need not make them less real."[322]

Dazu ist darauf zu achten, dass auch hier offline- und online-Kommunikation nicht gegeneinander gesetzt werden.[323] Sie bedingen und durchdringen sich vielmehr. Frühere Abendmahlfeiern in einer Kirchengemeinde prägen also auch das Erleben einer etwaigen online-Kommunion.

Noch wenig in Deutschland verbreitet, dagegen in anderen Ländern (wie z. B. Südkorea) in vielen Gemeinden selbstverständlich ist das Streamen von Gemeindegottesdiensten. Dessen Rezeption bewegt sich gewissermaßen in der Mitte zwischen dem allgemeinen Fernsehgottesdienst und dem Gemeindegottesdienst vor Ort.

4.5 *Helfen zum Leben:* Im Bereich der Lebenshilfe ermöglichen die Medien ein vielfältiges, unüberschaubares Angebot. Es fängt bei Ratgeberseiten in Zeitungen und Illustrierten an und reicht über entsprechende Bücher, häufig im Bereich von Esoterik und neuer Spiritualität angesiedelt, Hörfunk- und Fernsehsendungen bis weit ins Internet. Die Telefonseelsorge ist ein gutes Exemplum für die Transformation von ursprünglich individuell wahrgenommener Hilfe zum Leben in den Bereich eines modernen Mediums. Im Folgenden weisen zwei Beispiele auf besondere Potenziale des Internets hin:

Anna-Katharina Lienau untersucht zwei Webauftritte, die einen Raum für Gebet eröffnen. Sie werden beide von (katholischen) Theologen betreut und ziehen wohl – wie eine Durchsicht der *Gebet-Chats* zeigt – vornehmlich, wenngleich nicht ausschließlich Katholiken an. Sachlich von Interesse ist dabei die Beobachtung, dass jeweils Fürbitten eine große Rolle spielen, und zwar in einem ganz spezifischen Sinn. So schreibt eine online interviewte Beterin (mit den medientypischen Verschreibungen):

> „Als wir plötzlich vor einem nie geglaubten Problem standen, bin ich zuerst in die Kirche und habe Gott angefleht, was können wir tun. Hilfe mir bitten und beten. Plötzlich kam es mir in den Kopf nach derartigen Internetseiten zu suchen. Ich habe einige amerikanische gefunden und meine Anliegen sofort dort vor Gott gebracht, wenn man so will. Ich war mir sicher, diese Menschen, wer auch immer, werden uns helfen; sie werden auch für uns beten und gleichzeitig brach für mich eine Tür offen, wo ich auch begann für die Anliegen anderer Menschen zu beten. Es war gerade so, als ob ich geleitet wurde, diese Schritte zu gehen. Die Anonymi-

---

[322] Michael Moynagh, Church for Every Context. An Introduction to Theology and Practice, London 2012, 376; s. zur Diskussion Christian Grethlein, Abendmahl feiern in Geschichte, Gegenwart und Zukunft, Leipzig 2015, 231-233.
[323] S. Kristin Merle, Religion im Internet: Von neuen Erfahrungsräumen und Hybrid-Identitäten, in: Nord/Luthe 115-142, 140.

tät ist eine Chance für so viele Menschen. ... ja, es gibt so viele Menschen in Not; viele trauen sich ncıht damit zu Bekannten oder zur Familie zu gehen und zu bitten, dass man für sie betet. Aber sie wissen, hier im Internet Gebet kümmern sich Menschen, die werden mein Gebet vor Gott tragen."[324]

Solche Gebetsräume oszillieren zwischen kirchlichem – z. B. durch das Eingangsportal symbolisierten[325] – Rahmen und der Form einer „Selbsthilfegruppe"[326]. Auf jeden Fall fördert die niedrige Schwelle des Internets die Kommunikation (s. § 12 3.4). Inhaltlich vermutet Lienau einen neuen Umgang mit dem Problem der Gebetserhörung:

„Indem der Beter sich beim Beten im Internet zugleich an Gott und andere Menschen wendet, kann von einer zeitlich verschobenen Gebetserhörung als Kategorie der Selbsthilfe oder Seelsorge gesprochen werden, in der die Anteilnahme der anderen Nutzer über die noch nicht erfolgte Gebetserhörung hinwegtrösten kann."[327]

Diese und andere Prozesse hat Christoph Morgenthaler im Blick, wenn er eine *„virtuelle Dekonstruktion von ‚Seelsorge'"*[328] konstatiert. Hier bahnt sich eine Seelsorge ohne direkte physische Präsenz, zeitliche Synchronizität und mit radikaler Reduktion der Kommunikationskanäle an. Dabei entstehen neue Formen der Organisation. Bei ihnen kristallisieren sich – neben der Fachlichkeit und Funktionalität des Settings – Schnelligkeit, Transparenz der Finanzierung und Unabhängigkeit von Eintrittsschwellen als grundlegend heraus.[329] Bisher wichtige rechtliche Organisationsformen treten dagegen zurück.

4.6 *Zusammenfassung:* Der langjährige Leiter des Referates Medien und Publizistik im Kirchenamt der EKD, Udo Hahn, resümiert die Bedeutung evangelischer Medienarbeit anhand von vier Thesen:

„1. Medienarbeit ist eine Lebens- und Wesensäußerung der Kirche.

2. Immer mehr Menschen nehmen Kirche nur noch medial vermittelt wahr.

3. Das kirchliche Medienangebot nutzt die ganze Palette der Printmedien wie der elektronischen Medien.

4. Die Kirchenmitglieder sind mit dem Medienangebot ihrer Kirche oft zu wenig vertraut." (HAHN 279)

Dazu fällt *der konfessions-, teilweise wohl sogar die christliche Daseins- und Wertorientierung übergreifende Charakter der Kommunikation des Evangeliums* in den besprochenen Medien auf.

---

324 Zitiert in ANNA-KATHARINA LIENAU, Gebete im Internet. Eine praktisch-theologische Untersuchung (Studien zur Christlichen Publizistik 17), Erlangen 2009, 335 (ohne Kursivsetzung im Original).
325 S. a. a. O. 219 f. die beiden Abbildungen von www.gebetsanliegen.de.
326 So eine Beterin im Interview (a. a. O. 333).
327 A. a. O. 311 (ohne Kursivsetzung im Original).
328 CHRISTOPH MORGENTHALER, Seelsorge (Lehrbuch Praktische Theologie Bd. 3), Gütersloh 2009, 359.
329 S. a. a. O. 360 f. das Zitat der Selbstrepräsentation eines solchen Dienstes in der Schweiz.

Weiter begegnen – ähnlich wie in der Diakonie – im Medienbereich deutlich andere Organisationsformen als bei Kirche oder Schule. Kirchen treten z. B. als Teilhaber in GmbHs auf oder unterstützen durch finanzielle Einlagen und/oder personelle Beteiligung organisatorisch selbstständige Einrichtungen. So beteiligen sie sich – für Außenstehende oft nicht erkennbar – an marktförmigen Prozessen und fördern dabei die Kommunikation des Evangeliums.

Schließlich kommt den einzelnen Christen im Bereich der Social Communities große Bedeutung zu. Die Aufmerksamkeit der User gilt nämlich mehr konkreten, glaubwürdig empfundenen Personen mit ihren besonderten Erfahrungen als Institutionen bzw. deren Vertreter/innen.

5. Weiterführende Impulse

Die sekundären und tertiären Medien eröffnen einen noch lange nicht ausgeloteten Kommunikationsraum. Er bietet vielfältige Möglichkeiten zur – bisher für viele kirchliche Veranstaltungen nur theologisch behaupteten – Beteiligung von Menschen an der Kommunikation des Evangeliums.

Zugleich ergeben sich neue Herausforderungen für deren Organisation.

Eine offene Frage stellt die Verhältnisbestimmung von personaler, also im face-to-face-Modus vollzogener und von apersonaler, durch materielle Medien ermöglichter Kommunikation dar.

5.1 *Beteiligung:* Es entspricht dem christlichen Grundimpuls, wie er in der Reformation neu formuliert wurde, dass „Beteiligung" im Evangelischen Gottesdienstbuch als erstes Kriterium für den evangelischen Gottesdienst genannt wird:

> „Der Gottesdienst wird unter der Verantwortung und Beteiligung der ganzen Gemeinde gefeiert.
>
> Die Reformation hat das Priestertum aller Getauften neu zur Geltung gebracht. Daher ist die ganze Gemeinde für den Gottesdienst verantwortlich. Die Gemeinde, die von Gott mit der Vielfalt von Geistesgaben beschenkt wird, soll sich mit all diesen Gaben, Fähigkeiten und Erkenntnissen am Gottesdienst beteiligen."[330]

Zugleich ist offenkundig, dass Norm und tatsächliche Praxis weit auseinanderklaffen. Die Pfarrerzentrierung evangelischer Kirche und ihrer Gottesdienste ist sprichwörtlich: „Der Pfarrer hält den Gottesdienst."

In dieser Situation verringern die neuen Medien den genannten Hiatus kommunikativ. Vor allem dem Internet sind *egalitäre Kommunikationsformen* immanent. Davon profitieren bereits Beratung und Seelsor-

---

[330] Evangelisches Gottesdienstbuch. Agende für die Evangelische Kirche der Union und für die Vereinigte Evangelisch-Lutherische Kirche Deutschlands, hg. v. der KIRCHENLEITUNG DER VEREINIGTEN EVANGELISCH-LUTHERISCHEN KIRCHE DEUTSCHLANDS und im Auftrag des RATES VON DER KIRCHENKANZLEI DER EVANGELISCHEN KIRCHE DER UNION, Berlin 1999, 15 (ohne Kursivsetzung im Original).

ge.³³¹ Die niedrige Zugangsschwelle zur hier realisierten Kommunikation entspricht der Botschaft von der anbrechenden Gottesherrschaft, in deren Zentrum Gottes bedingungslose Liebe steht. Dem widersprechen die im Laufe der Zeit entstandenen Barrieren in der Kirche durch Anpassung an gesellschaftlich übliche Hierarchien, rechtliche Regelungen, Milieu- bzw. Lebensstilprägungen u. ä. Hier bietet das Internet kommunikationstheoretisch gesehen vor allem für die „digital natives" eine große Chance. Dass damit Probleme gegeben sind, etwa hinsichtlich der Ökonomisierung und der oft verdeckten Machtförmigkeit des neuen Mediums, aber auch ethisch bedenklichen Verhaltens sei nicht verschwiegen.

Die inklusive Kommunikation des Evangeliums richtet sich kritisch nicht nur gegen kirchliche Hierarchien, sondern auch gegen überkommene Distinktionen, vor allem die Kirchenspaltung. Ähnlich wie in der Diakonie fehlen im Bereich der tertiär medialen Kommunikation des Evangeliums (weitestgehend) konfessionelle Unterscheidungen. Das gilt für die Teilnahme an Fernsehgottesdiensten ebenso wie für Gebets-Chats. Theologisch gesehen ist dies eine große Herausforderung. Auf die Dauer wird es schwierig sein, kirchliches Leben konfessionsbezogen zu organisieren und zugleich Bereiche, die ausdrücklich als Wesensäußerung von Kirche deklariert werden, überkonfessionell zu gestalten. Für die Mediengesellschaft sind – ebenso wie für soziales Handeln – die Marktbedingungen entscheidend, die auf Konfessionsdifferenzen keine Rücksicht nehmen.

5.2 *Netzwerke*:³³² Eine genauere Analyse heutiger familiärer Konstellationen ergibt netzwerkartige Strukturen, wie sie konzeptionell im Begriff der multilokalen Mehrgenerationenfamilie formuliert werden (s. § 16 4.1). In komplexer Weise begegnet diese Organisationsform ebenfalls in der medialen Kommunikation. Die Bewegung der Emergents in den USA versucht, dies für die Organisation von Kirche aufzunehmen (s. § 7 3.3). 2013 gründete die United Church of Christ eine Online-Gemeinde für die „geographically dispersed intentional community".³³³ Im Bereich der Publizistik – und der Diakonie – lassen sich im Kontext marktförmiger Konkurrenz ebenfalls Tendenzen in dieser Richtung erkennen.

Schließlich sind netzwerkartige Kommunikationen in den Social Media, wie z. B. der Internet-Plattform Facebook, für viele Menschen selbstverständliche Begleiter im Alltag (s. § 12 3.4). Spektakuläre Vorgänge im politischen Bereich – wie im Wahlkampf Barack Obamas oder im arabischen „Frühling"

---

331 S. Nicola Döring, Beratung und Medien, in: Christoph Steinebach (Hg.), Handbuch Psychologische Beratung, Stuttgart 2006, 96–116.
332 S. grundlegend zum gegenwärtigen Stand der Netzwerk-Theorie Christian Stegbauer/ Roger Häussling (Hg.), Handbuch Netzwerkforschung, Wiesbaden 2010.
333 S. Ralf Peter Reimann/Matthias Jung, Social Media aus der Perspektive des Berufsfelds Pfarramt, in: Nord/ Luthe 397-429, 400 f.

2011 – zeigen das Motivations- und Impulspotenzial der neuen Sozialform „Communities". Vor allem in der Jugendarbeit gewinnt solche Kommunikation an Bedeutung.

5.3 *Offene Fragen:* Die seit dem 19. Jahrhundert nicht versiegende Kritik daran, dass sich evangelische Kirche für die Einbeziehung sekundärer und dann tertiärer Medien in die Kommunikation des Evangeliums öffnet, lässt sich sachlich auf ein Grundproblem zurückführen: die *Verhältnisbestimmung von personaler zu apersonaler Kommunikation*. Rasch werden die grundlegende Überlegenheit der face-to-face-Kommunikation und die Unmöglichkeit behauptet, davon abweichend das Evangelium zu kommunizieren. Dahinter steht eine Auffassung vom Menschen, die von den realen kommunikativen Erfahrungen abstrahiert. Allein die Taufe ist eine Form der Kommunikation des Evangeliums, die physische Präsenz, Synchronizität und unmittelbare Berührung voraussetzt. Auch anthropologisch sind Geburt und Tod zwei Daten, die sich der Virtualität entziehen. Doch besteht Leben nicht nur aus solchen besonderen Ereignissen. Vielmehr ist es Menschen offenkundig möglich, Erfahrenes zu erinnern und zu aktualisieren – und zwar ohne face-to-face-Kontakt.

Vermutlich erfolgt die Verhältnisbestimmung von personaler und apersonaler Kommunikation heute großenteils generationenspezifisch. „Digital natives" (bzw. „digital residents") kommunizieren anders als „digital immigrants" (s. § 12 3.). Sie sind niederschwellig am leichtesten über Netzkontakte zu erreichen und dort in vielfältige Netzwerke integriert.[334] Von daher sollte die zweifellos bestehende Differenz zwischen personaler und apersonaler Kommunikation nicht normativ überhöht werden. Hans-Martin Gutmann gibt theologisch zu bedenken,

„dass die eigentlich wahrzunehmende Grenze nicht zwischen virtueller Kommunikation und Face-to-Face-Kommunikation zwischen leiblich im Raum Anwesenden verläuft, sondern zwischen gelingenden (authentischer, wertschätzender, nicht herrschaftlich verzerrter u. a. m.) und solch zerstörerischen Kommunikationsformen, die Lebensmut und -gewissheit fördernde Haltungen dementieren und untergraben."[335]

Ein Blick in die Mediengeschichte unterstützt diesen Hinweis.

Schließlich ist noch der ökonomische Aspekt zu bedenken. Kommunikation mit sekundären und tertiären Medien setzt technische Apparaturen voraus, die Geld kosten und arme Menschen ausschließen. Dies steht einer Überbetonung der tertiär medialen Kommunikation entgegen.

---

334 S. Andrea Mayer-Edoloeyi, Kommunikationsräume der Kirchen mit Digital Natives eröffnen, in: Christina Costanza/Christina Ernst (Hg.), Personen im Web 2.0. Kommunikationswissenschaftliche, ethische und anthropologische Zugänge zu einer Theologie der Social Media (Edition Ethik 11), Göttingen 2012, 166-187.
335 Hans-Martin Gutmann, Zur Wahrnehmung virtueller Welten im massenwirksamen Kinofilm, in: Nord/Luthe 163-175, 164.

7. Kapitel Kommunikation des Evangeliums – durch verschiedene Tätigkeiten

In der Logik des vorhergehenden 6. Kapitels böte sich jetzt eine analoge Gliederung hinsichtlich der Tätigkeiten an, die die Kommunikation des Evangeliums fördern: Tätigkeiten innerhalb der Familie, der Schule, der Kirche, der Diakonie und der Medien. Allerdings käme es dabei zum Ersten zu erheblichen Überschneidungen – und damit Redundanzen – zu dem im 6. Kapitel Ausgeführten. Zum Zweiten würde dadurch die gegenwärtig viel diskutierte Frage nach dem Verhältnis von ehrenamtlichen/freiwilligen und hauptamtlichen/berufsförmigen Tätigkeiten zur Förderung der Kommunikation des Evangeliums in den Hintergrund treten. Schließlich stände eine solche Gliederung in erheblicher Spannung zur historischen Genese des Fachs. Denn wissenschaftsgeschichtlich entwickelte sich die Praktische Theologie aus der Pastoraltheologie.[1] Zugleich blieb die Pastoraltheologie ein wichtiges Gebiet der Praktischen Theologie; die pastoraltheologische Perspektive dominiert teilweise bis heute (s. § 4 2.2).

Angesichts des im 2. Teil Entfalteten erscheint eine Weitung der Ausrichtung Praktischer Theologie auf die „Kommunikation des Evangeliums in der Gegenwart" dringend geboten: *die Theorie der Tätigkeiten, die die Kommunikation des Evangeliums fördern,* tritt an die Stelle der Pastoraltheologie und integriert diese in einen empirisch und theologisch begründeten größeren Zusammenhang. Neben den 1.127.427 sog. Ehrenamtlichen in der Kirche (Erhebung 2013) und ca. 465.000 in der Diakonie sowie mehr als 229.668 erwerbsmäßig in der verfassten Kirche Beschäftigten (Erhebung 2014) nimmt sich die Zahl der 21.488 Pfarrer/innen im aktiven Dienst (Erhebung 2009) gering aus.[2] Zählt man das Patenamt als eine der ältesten Funktionen christlicher Gemeinde hinzu, werden die Zahlenverhältnisse noch extremer.

Auch theologisch ist die allgemein übliche, u. a. vom Rat der EKD verwendete Formulierung vom Pfarrberuf als „Schlüsselberuf"[3] bedenklich. Ihr steht die biblisch begründete Einsicht in das Priestertum aller Getauften entgegen, das grundlegend für alle Tätigkeiten zur Förderung der Kommu-

---

1 S. UTA POHL-PATALONG, Pastoraltheologie, in: CHRISTIAN GRETHLEIN/HELMUT SCHWIER (Hg.), Praktische Theologie. Eine Theorie- und Problemgeschichte (APrTh 33), Leipzig 2007, 515–574, 525–574; zum anderen Sprachgebrauch in der katholischen Theologie s. REINHARD FEITER, Einführung in die Pastoraltheologie, in: CLAUSS PETER SAJAK (Hg.), Praktische Theologie, Paderborn 2012, 15-63, 15-31.
2 Die Zahlenangaben entstammen EVANGELISCHE KIRCHE IN DEUTSCHLAND (EKD) (Hg.), Zahlen und Fakten zum kirchlichen Leben, Hannover 2015, 21.
3 KIRCHENAMT DER EVANGELISCHEN KIRCHE IN DEUTSCHLAND (Hg.), Kirche der Freiheit. Perspektiven für die Evangelische Kirche im 21. Jahrhundert. Ein Impulspapier des Rates der EKD, Hannover 2006, 71.

nikation des Evangeliums ist, eben auch für den Pfarrberuf. Das allgemeine Priestertum bewährt sich im Alltag. Doch kommen den Pfarrer/innen zwei wichtige Funktionen für die Kommunikation des Evangeliums in der Gegenwart zu, die eine besondere Beschäftigung mit diesem kirchlichen Beruf nahe legen. Die theologische Ausbildung befähigt sie zum einen, die gegenwärtige Kommunikation des Evangeliums (als Übertragungsmedium) unter der Perspektive des Speichermediums Evangelium, also der Bibel und ihrer Auslegungsgeschichte, kritisch zu begleiten und zu fördern. Ein Blick auf fundamentalistische Glaubensgemeinschaften, in denen solche Personen fehlen, zeigt den Wert dieser Kompetenz. Zum anderen vertreten die Pfarrer/innen durch ihre Ausbildung und ihren gesellschaftlichen Status das Anliegen der Kommunikation des Evangeliums in der kommunalen Öffentlichkeit. Dadurch werden Bedingungen geschaffen, dass diese Kommunikation im Alltag besser gelingt. Allerdings sind die Pfarrer/innen auf die Kommunikation mit den anderen Getauften bzw. den auf die Taufe Zugehenden bzw. den zu ihr Eingeladenen angewiesen. An dieser Kommunikation nehmen sie als Getaufte teil, aber nicht in besonderer Funktion. Theologisch gesprochen ist der für das Verstehen des Evangeliums notwendige Heilige Geist allen Getauften verheißen, den akademisch ausgebildeten Theolog/innen aber nicht in besonderer Weise.

Hier wiederholt sich in der Argumentation das in der Einleitung zum 6. Kapitel Ausgeführte. Dort begründe ich die Vorordnung von Familie und Schule vor „Kirche" ähnlich. Zugleich betone ich, dass dies keine Geringschätzung von Kirche bedeutet, sondern dazu dient, deren Bedeutung und Potenzial für die Kommunikation des Evangeliums in der Gegenwart genauer zu bestimmen. Das gilt jetzt ebenso für die Pfarrer/innen. Der Ablehnung besonderer priesterlicher Funktionen entspricht positiv die Konzentration der pastoralen Tätigkeit auf die assistierende Unterstützung der Kommunikation des Evangeliums bei unterschiedlichen Menschen in verschiedenen Kontexten. Damit gewinnen die Pfarrer/innen Bedeutung für die alltägliche Kommunikation. Dies entspricht der vorgeschlagenen Profilierung organisierter Kirche als Assistenzsystem für Menschen bei der Bewältigung ihres Lebens in unterschiedlichen Sozialformen und Situationen (s. § 18 5.4). Der Kontext dieses Ansatzes ist eine gesellschaftliche Formation, in der Mündigkeit ein Ziel öffentlicher Bildung ist. Demgemäß nehmen die Menschen Selbstbestimmung nicht zuletzt im Bereich der Daseins- und Wertorientierung allgemein und selbstverständlich in Anspruch.

Deshalb setze ich in diesem Kapitel mit einer Darstellung und Reflexion zur Kommunikation des Evangeliums bei den Ehrenamtlichen bzw. freiwillig Tätigen ein. Sie stehen auch historisch am Beginn des Interpretationsprozesses, der Kirche bis heute konstituiert. Zahlenmäßig sind sie mit Abstand die größte Gruppe. Sie umfasst potenziell alle Getauften und die, die auf die Taufe zugehen.

Auf Grund der sachlichen Bedeutung des Rückbezugs auf das Speichermedium Evangelium wende ich mich den Pfarrer/innen in einem zweiten Schritt eigens zu. Darüber hinaus kommt ihnen, wenngleich in geringerem Maß als im 19. Jahrhundert, eine öffentliche Stellung zu.

Schließlich bilden sich im Lauf der Zeit weitere kirchliche und diakonische Berufe:
– sehr früh das Küster- und das Kantorenamt, die primär dem Modus des gemeinschaftlichen Feierns zuzuordnen sind, aber lange eng mit Schule verbunden waren;
– ab dem 19. Jahrhundert die Religionslehrer, also hauptberuflich mit dem Modus des Lehrens und Lernen Beschäftigte;
– sodann – wie in § 15 3.6 und 7 beschrieben – die Diakonissen und Diakone, vornehmlich pflegerisch und sozialpädagogisch tätig;
– im 20. Jahrhundert neue diakonische, publizistische und pädagogische Berufe.

Gewiss könnte – entsprechend dem Konzept der drei Modi der Kommunikation des Evangeliums – die Darstellung dieser Berufe einem pädagogischen und einem diakonischen Schwerpunkt zugeordnet werden. Doch träte dadurch das sachlich wichtige, auch historisch gegebene Ineinander der drei Modi in den konkreten Berufen zu sehr zurück. Deshalb stelle ich diese Berufe gemeinsam in einem Paragrafen vor. Dabei bin ich mir bewusst, dass die Kürze der Darstellung für die Angehörigen der verschiedenen Berufsgruppen unbefriedigend ist. Sie ist allein in dem das gesamte Gebiet der Praktischen Theologie umfassenden Lehrbuch-Charakter meiner Ausführungen begründet und enthält keine sachliche Abwertung.

§ 21 Ehrenamtliche/freiwillige Tätigkeiten

Literatur: Susanne Breit-Kessler/Martin Vorländer, Ehrenamtliche Mitarbeitende, in: Gottfried Adam/Rainer Lachmann (Hg.), Neues Gemeindepädagogisches Kompendium (Arbeiten zur Religionspädagogik 40), Göttingen 2008, 111–128 – Bundesministerium für Familie, Senioren, Frauen und Jugend, Hauptbericht des Freiwilligensurveys 2009. Zivilgesellschaft, soziales Kapital und freiwilliges Engagement 1999 – 2004 – 2009, München 2010 – Karl Foitzik, Mitarbeit in Kirche und Gemeinde. Grundlagen, Didaktik, Arbeitsfelder, Stuttgart 1998 – Eberhard Hauschildt, Auf dem Weg zu einer Praktischen Theologie der Ehrenamtlichen-Seelsorge, in: PTh 99 (2010), 116–127 – Michael Heymel, Der Dienst der ehrenamtlichen Verkündigung in der praktisch-theologischen Forschung, in: PTh 98 (2009), 72–86

„Ehrenamt" ist eine Bezeichnung für unentgeltliche Tätigkeiten im Sinne des Gemeinwohls.[4] Dabei impliziert der Begriff mit dem Verweis auf „Ehre"

---
4 Zur spezifischen Situation in der römisch-katholischen Kirche s. Dorothea Steinebach, Den Anderen begegnen. Zur Zukunft von Haupt- und Ehrenamt in der katholischen Kirche, Würzburg 2010.

zwar ein vergangenes kulturelles Konzept (s. BREIT-KESSLER/VORLÄNDER 115), doch hält er sich in der Selbsteinschätzung von Menschen. Im kirchlichen Bereich ist er nach wie vor allgemein üblich. Mittlerweile wird allerdings in der Politik „Freiwilligenarbeit" häufiger gebraucht und der Begriff „bürgerschaftliches Engagement" gewinnt an Bedeutung (BUNDESMINISTERIUM 15). Letzterer weist auf das Konzept der Zivilgesellschaft als Kontext der hier zu bedenkenden Fragen und Probleme hin.[5] Dieses hat den Vorteil, über das Handeln in Institutionen bzw. Organisationen hinauszureichen und sich – etwa in gemeinwesenorientierter Perspektive – auch auf den Alltag der Menschen zu beziehen. So nahe liegend sachlich vom allgemeinen Priestertum aller Getauften her diese Weitung ist, so würde damit die traditionelle Unterscheidung zwischen Praktischer Theologie und Ethik aufgegeben. Das hätte aber eine problematische Weitung des Gebiets der Praktischen Theologie zu Folge. Von daher bemühe ich mich, den Horizont des alltäglichen Handelns im Blick zu behalten, konzentriere die materialen Überlegungen aber auf Tätigkeiten in Institutionen bzw. Organisationen. Auch dies ist nur exemplarisch möglich.

Auf jeden Fall benötigen Kirche und Diakonie das Engagement von Menschen, die ohne Bezahlung und ohne Streben nach einer hauptberuflichen Anstellung ihre Zeit und Kraft zur Verfügung stellen. Das gilt gleichermaßen für alle drei Modi der Kommunikation des Evangeliums. Die Bedeutung freiwilligen Dienstes wird zunehmend, z. B. in liturgischen Akten zu Beginn bzw. am Ende einer ehrenamtlichen Tätigkeit gewürdigt. Dabei ergeben sich aus solcher Wertschätzung wichtige Impulse für die Reform von Kirche und Diakonie. Es dürfen aber nicht die grundsätzlichen Probleme ausgeblendet werden, die mit dem Helfen verbunden sind (s. Einleitung zu § 15).

1. Historische Entwicklungen

Ehrenamtliche Tätigkeit fand bisher in der (Praktischen) Theologie nur wenig Aufmerksamkeit. Doch ist das freiwillige Engagement empirisch und theologisch konstitutiv für Kirche.

1.1 *Alte Kirche und Mittelalter:* In den christlichen Gemeinden wurden von Anfang an wichtige Funktionen von dafür mit dem Geist Begabten ohne Vergütung ausgeübt.[6] So trafen sich die Hausgemeinden in Häusern von bessergestellten Christen. Diese stellten ihre Räumlichkeiten zur Verfügung und saßen in der Regel als Hausvater bzw. -mutter den Versammlungen vor. Bei Anwachsen der Gemeinden und im Zuge der Verbreitung des Glaubens an Jesus Christus ergab sich zwar das Erfordernis, einzelne Funktionsträger

---

5   Vgl. RALPH FISCHER, Kirche und Zivilgesellschaft. Probleme und Potentiale, Stuttgart 2008.
6   Vgl. HERMUT LÖHR, Vom apostolischen Lohn. Eine Fallskizze zum Verhältnis von Ökonomie und Theologie im entstehenden Christentum, in: JBTH 27 (2012), 187-206.

finanziell zu unterhalten. Viele Tätigkeiten in der Gemeinde, nicht zuletzt karitative, erfolgten jedoch ohne Entgelt. Auch das anfangs noch kollegial verstandene Presbyteramt[7] wurde wohl nicht von Anfang an stets vergütet. Gänzlich ohne finanzielle Gratifikation war das *Patenamt*. Dessen Bedeutung, ursprünglich das Bürgen für die Ernsthaftigkeit des Taufbegehrens (von Erwachsenen), änderte sich bei Aufkommen der Kindertaufe (s § 16 2.2). Paten übernahmen die – auch materiell erhebliche – Verpflichtung, beim Tod der Eltern den Unterhalt und die Erziehung des Patenkindes zu gewährleisten.

Doch zogen die Sakralisierung der Gemeinden und der Ausbau eines Priesterstandes die Tendenz zu hauptamtlichen Tätigkeiten nach sich. Beim Ineinander von geistlichen und weltlichen Befugnissen im Bereich der Herrscher war im Mittelalter schwer zu bestimmen, wer was für welche Tätigkeit erhielt. Die Reformatoren protestierten nicht von ungefähr gegen die Verwischung zwischen weltlichen und geistlichen Tätigkeiten (s. vor allem CA 28).

An zwei Stellen sind wichtige Impulse zur Kommunikation des Evangeliums außerhalb der priesterlichen Hierarchie zu verzeichnen:

Im Zuge von Reform- und Protestbewegungen traten immer wieder *Laienprediger* auf. Teils wurden sie in den römischen Ordo integriert, teils bekämpft. Die Dekretalen Gregors IX. fixierten 1234 das Verbot der Laienpredigt (s. CIC c. 1342 § 2).[8]

Durchgehend begegnen *Laien-Initiativen auf karitativem Gebiet*. So engagierten sich z. B. adelige Frauen für die Pflege von Armen und Kranken und setzten dazu eigene Mittel und Zeit ein (s. § 15 3.3).

1.2 *Reformatorische Impulse:* Die Reformatoren beschäftigten sich mit der konkreten Gemeindeorganisation in verschiedenen Kontexten. Hatte Luther vorwiegend den Flächenstaat Kursachsen im Blick, so waren dies bei Calvin und Zwingli Städte, Genf und Zürich. Theologisch begründete Luther die Gemeindestruktur vom allgemeinen Priestertum aller Getauften her; konkrete Notwendigkeiten führten zur Ausdifferenzierung einzelner Funktionen. Auch Calvin argumentierte funktional und entwickelte von daher seine Vier-Ämter-Lehre („Pasteurs", „Docteurs", „Anciens", „Diacres" [BSKORK 43]). Dadurch gewannen die Ehrenamtlichen in den reformierten Gemeinden von Anfang an großes Gewicht. Zugleich kam es zu einer Konzentration auf die jeweilige Kirchengemeinde.[9]

Luthers Großer Katechismus stellte als wichtigsten Stand in der Auslegung zum 4. Gebot die *Eltern* heraus (BSLK 592; s. genauer § 16 2.4). Als

---

7 S. MARTIN KARRER, Das urchristliche Ältestenamt, in: NT 32 (1990), 152–188.
8 S. KRISTLIEB ADLOFF, Lektor, in: TRE 20 (1990), 734–736, 735.
9 S. genauer GEORG PLASGER, Die Dienste in der Gemeinde. Impulse aus der Ämterlehre Calvins für die gegenwärtige Diskussion um Amt und Ordination, in: EvTh 69 (2009), 133–141.

§ 21 Ehrenamtliche/freiwillige Tätigkeiten

Vater von sechs Kindern kannte der Wittenberger die mit der Elternschaft verbundenen Aufgaben und Anforderungen. Interessanterweise erklärte er die Funktion der Eltern in doppelter Weise: von den Erwachsenen und von den Kindern aus. So kam die Familie als vorzüglicher Ort der Kommunikation des Evangeliums differenziert in den Blick. Dass die Eltern dringend Unterstützung benötigten, war Luther bewusst, wie der Kleine Katechismus als Hilfe für die Hausväter zeigt.

Als selbstverständlich führte Luther das Amt der Paten weiter – in manchen reformierten Gemeinden übernahm dagegen die Gemeinde diese Funktion. Sie sollen „die Sach mit Ernst und rechtem Glauben handlen" (BSLK 537). Doch verblasste in der Aufklärung das Patenamt, insofern sich das Taufverständnis hin zur allgemeinen Darstellung der Liebe Gottes zu dem Kind verschob.[10]

Daneben appellierte Luther an die *Obrigkeit*, ihre Aufgaben für die christliche Gemeinde wahrzunehmen. Dies galt sowohl für den pädagogischen (s. § 13 3.4) als auch den diakonischen Bereich (s. § 15 3.4). Dabei nahm er die Fürsten und Ratsherren als Glieder der Gemeinde in die Pflicht. Das landesherrliche Kirchenregiment blieb ein wichtiger Merkposten der Bedeutung von Nicht-Pfarrern für die evangelische Kirche; zugleich bestand die Gefahr der Funktionalisierung von Kirche für Zwecke politischer Herrschaft.

Schließlich implizierte die neue Institution des Pfarrhauses (s. § 22 1.2) eine für evangelische Gemeinden wichtige ehrenamtliche Tätigkeit, nämlich die der *Pfarrfrau*. Sie war aber Teil eines paternalistischen Familienkonzepts und wurde lange Zeit nicht als eigenständige ehrenamtliche Tätigkeit aufgefasst.

1.3 *Weitere Entwicklungen:* Im Zuge der organisatorischen, sozialen und erzieherischen Herausforderungen im 19. Jahrhundert entstand das im heutigen Sinn noch geläufige „Ehrenamt", und zwar in mehrfacher Hinsicht:

Seit den zwanziger Jahren des 19. Jahrhunderts setzte sich die *presbyterial-synodale Verfassung in evangelischen Kirchen* durch.[11] Damit war erheblicher Einfluss der Nichtpfarrer auf die Kirchenleitung verbunden, wobei anfangs die Geistlichen die Synoden dominierten.

In sozialer Hinsicht erforderte der *Aufbau diakonischer Tätigkeiten* die Mithilfe vieler Menschen. Teilweise führte dies zu anfangs sehr gering entlohnten Tätigkeiten (das „Taschengeld" der Schwestern bei freier Unterkunft und Logis), teilweise kam es zu ehrenamtlicher Mitarbeit.

Ein weiteres Beispiel – zugleich für damalige Konflikte mit der Amtskirche – sind die *Helferinnen in den Sonntagsschulen*. Hier prallten freikirchlich

---
10 S. CHRISTOPH BIZER, Paten II. Evangelisch, in: ⁴RGG Bd. 6 (2003), 1003.
11 S. WOLF-DIETER HAUSCHILD, Presbyterial-synodale Kirchenordnungen, in: ⁴RGG Bd. 6 (2003), 1614–1616.

orientiertes Engagement und klerikaler Machtanspruch sowie Paternalismus und weibliche Emanzipation aufeinander.

> So berichtete in den sechziger Jahren des 19. Jahrhunderts ein Giessener Zeitungsartikel Folgendes: „Gewisse hiesige Damen machen es sich in der neusten Zeit zum Geschäft, auf Straßen und Plätzen die spielenden Kinder einzuladen, daß sie Sonntag Nachmittags in der Hospitalkirche – womöglich mit Testamenten versehen – erscheinen sollen, um dort mit den Kleinen zu singen, zu beten, ihnen Geschichten – wohl nur biblische – zu erzählen u. s. w.
>
> Wir können nun nicht denken, daß um solches Treiben zum Unterricht unberufener und unberechtigter Personen die Kirchen- und Schulbehörden etwas wisse, indem diese sonst gewiß diesen Bestrebungen entschieden entgegentreten würde. ...
>
> Jenen superfrommen Leuten möchten wir den Rath geben, sich an der Sorge für ihr eignes Seelenheil genug sein zu lassen, für das unserer Kinder aber die sorgen zu lassen, die dazu berufen sind ..."[12]

Auf die Dauer setzte sich im Kindergottesdienst die ehrenamtliche Mitarbeit durch. Allerdings wurden die – in England ursprünglich bezahlten – Sonntagschullehrerinnen zu „Helferinnen" des Pfarrers degradiert.[13]

Das seit Ende des 19. Jahrhunderts durch die Gemeindereform-Bewegung initiierte Gemeindeleben (s. § 11 2.4) erforderte ebenfalls neue ehrenamtliche Mitarbeiter/innen. Es entstanden nach Alter und Geschlecht differenzierte Kreise, deren Leitung Ehrenamtliche wahrnahmen. Auch im diakonischen Bereich wirkten viele Menschen mit.

Dazu traten *Laienprediger*. In den Landeskirchen fanden sie als sog. Predigthelfer erst im Kirchenkampf Anerkennung. Nicht zuletzt der durch den Krieg bedingte Pfarrermangel machte ihren Dienst notwendig. Infolgedessen richteten die Kirchen nach dem Zusammenbruch Ausbildungen für Lektoren und Prädikanten, später auch Lektorinnen und Prädikantinnen, ein. Doch wurde die Frage nach ihrem Verhältnis zu den Pfarrer/innen weder kirchentheoretisch noch -rechtlich überzeugend gelöst (s. HEYMEL).

Im Zuge der *allgemeinen Professionalisierung sozialer und pflegerischer Berufe* und im Kontext beispielloser ökonomischer Prosperität stellten die Kirchen seit den siebziger Jahren des 20. Jahrhunderts viele – speziell ausgebildete – Menschen hauptberuflich für Tätigkeiten ein, die bisher ehrenamtlich versehen wurden. Die Zahl der in den Kirchen hauptberuflich Beschäftigten stieg in zwanzig Jahren um 50% (FOITZIK 18). Auf die Euphorie folgte – nicht nur angesichts knapperer Finanzen – eine Ernüchterung:

> „Die große Zahl hauptberuflich tätiger Spezialistinnen und Spezialisten hat offensichtlich dazu beigetragen, daß bei vielen Gemeindegliedern der lebensweltliche

---

12 Zitiert in: CARSTEN BERG, Gottesdienst mit Kindern. Von der Sonntagsschule zum Kindergottesdienst, Gütersloh 1987, 53.
13 Zur dahinter stehenden Transformation der Sonntagsschule als Laieninitiative zum pastoral bestimmten Kindergottesdienst – ein weltweit singulärer Prozess – s. a. a. O. 64–85.

Vollzug des Christseins in den Hintergrund trat, und die Sprachmöglichkeiten des Glaubens im Alltag mehr und mehr verkümmerten." (a.a.O. 20)

1.4 *Zusammenfassung:* Ehrenamtliche Arbeit hat bis zum Beginn der Christentumsgeschichte zurückreichende Anfänge. Sie ist in ihrer konkreten Ausgestaltung nur vom jeweiligen Kontext her verständlich. Der frühchristliche Hausvater, der sonntags sein Haus für die Gemeindezusammenkunft öffnete, die Paten im Mittelalter, die gegebenenfalls ihr Patenkind aufzogen, die adelige Dame, die Arme speiste bzw. speisen ließ, die Pfarrfrau, die als Mutter der Gemeinde fungierte, die Kindergottesdiensthelferin, die Kindern den Zugang in die Welt biblischer Geschichte eröffnet, der Synodale, der an der Leitung der Kirche teilhat, und die Prädikantin, die regelmäßig sonntags predigt, verkörpern exemplarisch unterschiedliche Formen des ehrenamtlichen Dienstes. Gemeinsam ist ihnen mit anderen an der Kommunikation des Evangeliums maßgeblich Beteiligten wie Eltern, die abends mit ihren Kindern ein Gebet sprechen, oder Menschen, die Pflegebedürftige füttern: Sie waren und sind unersetzlich, und zwar keineswegs nur aus ökonomischen Gründen. Vielmehr stehen sie für den *„Lebensweltbezug"* (a.a.O. 12) der Kommunikation des Evangeliums.

2. Rechtlicher Rahmen

Rechtlich in besonderer Weise sind die *leitenden Tätigkeiten Ehrenamtlicher* geregelt, also die Mitgliedschaften im Presbyterium (bzw. Kirchenvorstand), in einer Synode und in der Kirchenleitung.[14] Sie sind zeitlich begrenzte Wahlämter. Wählen dürfen in der Regel die über 14- bzw. 16-jährigen Gemeindeglieder. Kreissynoden werden durch die Presbyter/innen, Landessynoden durch die Kreissynodal/innen, Kirchenleitungen durch die Landessynodal/innen gewählt. Passives Wahlrecht ist meist den volljährigen Gemeindegliedern vorbehalten. Es gibt – als Eigenheit kirchlichen Rechts – die Möglichkeit, in die genannten Gremien über die Gewählten hinaus Einzelne zu berufen. Dadurch soll zum einen sichergestellt werden, dass die verschiedenen kirchlichen Gruppen tatsächlich in der Leitung repräsentiert sind.[15] Zum anderen gibt es dadurch die Möglichkeit, wichtige Entscheidungsträger/innen und/oder Vertreter/innen bestimmter gesellschaftlicher Gruppen wie Parteien, Gewerkschaften usw. in die kirchliche Arbeit zu integrieren.

Beim Vorsitz des Presbyteriums bestehen unterschiedliche Regelungen. In manchen Landeskirchen ist er einem Pfarrer/einer Pfarrerin vorbehalten,

---

14 S. Jan Hermelink, Kirchliche Organisation und das Jenseits des Glaubens. Eine praktisch-theologische Theorie der evangelischen Kirche, Gütersloh 2011, 240–251.
15 S. Heinrich de Wall/Stefan Muckel, Kirchenrecht. Ein Studienbuch, München ⁴2014, 295.

in manchen darf er nur durch einen Nichtpfarrer/eine Nichtpfarrerin besetzt werden, teils unterbleibt eine solche Regelung. Für die Synoden gilt Ähnliches. In episkopal-konsistorialen Kirchen ist deren Präsident/in regelmäßig ein/e Nichtordinierte/r; in synodal-presbyterial verfassten Kirchen bekleidet demgegenüber der/die Präses zugleich das leitende geistliche Amt.

Manche Ehrenämter sind an gewisse *Ausbildungen* gebunden, etwa die Prädikantenausbildung, die Fortbildung im Rahmen der Telefonseelsorge oder die Befähigung zum Richteramt bei ehrenamtlicher Tätigkeit in Kirchengerichten bzw. in manchen Kirchenleitungen. Andere Ehrenämter, etwa Mitarbeit im Besuchskreis, im Kindergottesdienst, in der Konfirmandenarbeit oder im Redaktionskreis des Gemeindebriefs bzw. des gemeindlichen Online-Auftritts, unterliegen keiner besonderen Regelung. Auf jeden Fall wächst das Bedürfnis, liturgisch der besonderen Bedeutung von Ehrenämtern Rechnung zu tragen. Dementsprechend sieht erstmals eine 2012 von UEK und VELKD eingeführte Agende Formulare für den ehrenamtlichen Dienst vor.[16]

3. Gegenwärtige Situation

Seit den neunziger Jahren des 20. Jahrhunderts rückt die Freiwilligenarbeit ins Blickfeld sozialempirischer Untersuchungen, aber auch konzeptioneller Überlegungen. Mit dem diesbezüglichen Survey des Bundesfamilienministeriums liegt eine zehn Jahre (1999–2009) umfassende Studie zu dieser Thematik vor.

Die Bedeutung von Ehrenamtlichen für die heutige Kommunikation des Evangeliums ist unbestritten, wird aber bisher von Praktischen Theologen kaum zur Kenntnis genommen.

Schließlich lassen sich grundlegende Rahmenbedingungen benennen, die für die Attraktivität freiwilligen Engagements wichtig sind.

3.1 *Freiwilligendienst:* Die genannte Untersuchung des Bundesfamilienministeriums beziffert die Zahl der Menschen, die eine freiwillige Tätigkeit in Deutschland übernommen haben, auf über 23 Millionen (BUNDESMINISTERIUM FÜR FAMILIE, SENIOREN, FRAUEN UND JUGEND Vorwort), mit steigender Tendenz.

> Der Bereich mit dem höchsten Freiwilligenengagement ist „Sport und Bewegung" (10,1 % der Ehrenamtlichen), gefolgt von „Schule/Kindergarten" (6,9 %), „Kirche/Religion" (6,9 %) und „Sozialer Bereich" (5,2 %) (a. a. O. 7).

Die Einzelauswertung ergibt eine positive Einschätzung der freiwilligen Mitarbeit bei den Kirchen. Hier stehen – im Gegensatz zu anderen Tätigkeiten –

---

16 VEREINIGTE EVANGELISCH-LUTHERISCHE KIRCHE (VELKD)/UNION EVANGELISCHER KIRCHEN (UEK) (Hg.), Berufung – Einführung – Verabschiedung, Hannover 2012.

genügend Ansprechpartner zur Verfügung (a. a. O. 30), auch sind die räumlichen Gegebenheiten günstig usw.

Interessant ist, dass die Bereitschaft der Bevölkerung zur ehrenamtlichen Tätigkeit in den letzten zehn Jahren stärker gewachsen ist als deren tatsächliche Ausübung. Während 1999 sich erst 27 % der Deutschen (ab 14 Jahren) zu einem freiwilligen Engagement bereit erklärten, sind dies 2009 37 % (a. a. O. 8). Das Potenzial zur freiwilligen Mitarbeit ist also – trotz erheblichen Einsatzes – nicht ausgeschöpft. Besonders hoch ist das freiwillige Engagement bei Familien (a. a. O. 9). Bei der Motivation zur ehrenamtlichen Tätigkeit zeigt sich eine Doppelpoligkeit: *Orientierung am Gemeinwohl und an eigenen Interessen* halten sich in etwa die Waage.

Eine altersdifferenzierte Analyse der Daten ergibt, dass in den letzten zehn Jahren bei den Jüngeren (30 – 40 Jahre) die Gemeinwohlorientierung zunahm. Bei den Älteren (66 Jahre und älter) verlief die Entwicklung umgekehrt; hier stieg die Orientierung an den eigenen Interessen an. Jedoch überwiegt insgesamt immer noch die Gemeinorientierung bei den Älteren etwas die bei den Jüngeren.

Schließlich ist für kirchliche Arbeit wichtig, dass allgemein die Übernahme von „Leitungs- und Vorstandsfunktionen" zurückgeht (a. a. O. 29). Die Probleme, die mancherorts bei der Aufstellung einer ausreichenden Zahl von Kandidat/innen für das Presbyterium bestehen, sind in diesem Kontext zu sehen und wohl nicht durch kurzfristige Maßnahmen zu lösen. Sie stellen – in Verbindung mit der meist äußerst niedrigen Wahlbeteiligung – grundsätzlich die Zeitgemäßheit der synodal-presbyterialen Kirchenordnungen in Frage.

3.2 *Kirchliche Ehrenämter:* In vielem fügen sich die kirchlichen Freiwilligen in das skizzierte Bild der allgemeinen Freiwilligenarbeit in Deutschland ein. An einem Punkt unterscheiden sie sich jedoch beträchtlich. Insgesamt engagieren sich Männer (40 %) häufiger ehrenamtlich als Frauen (32 %). Das ist in der Kirche anders. Nach der EKD-Statistik (von 2015) waren 2013 69,4 % der Ehrenamtlichen in der Kirche *Frauen*. Neben Traditionen dürfte dies damit zusammenhängen, dass sich Frauen stärker für freiwillige Tätigkeiten engagieren, in denen die Beziehung zwischen Menschen im Vordergrund steht. Männer präferieren dagegen den Einsatz für Sachthemen.

Inhaltlich gesehen sind *Ehrenamtliche in allen Modi der Kommunikation des Evangeliums* tätig. Einige Beispiele hierfür:
– Lehr- und Lernprozesse finden z. B. durch jugendliche Teamer im Rahmen der Konfirmandenarbeit wichtige Unterstützung.[17] In der Kinder-

---

17 S. auch zu anderen Formen ehrenamtlicher Mitarbeit in der Konfirmandenarbeit CHRISTIAN WITTIG, Ehrenamtliche Mitarbeiterinnen und Mitarbeiter in der Konfirmandenarbeit, in: COMENIUS-INSTITUT (Hg.), Handbuch für die Arbeit mit Konfirmandinnen und Konfirmanden, Gütersloh 1998, 99–126.

und Jugendarbeit sind vielfach etwas Ältere als Gruppenleiter/innen engagiert.
- Die Prädikant/innen leiten vielerorts das gemeinschaftliche Feiern im Gottesdienst. Zunehmend übernehmen Ehrenamtliche die Küsterdienste.
- Kindergottesdienste sind ohne Ehrenamtliche nicht vorstellbar. Dies gilt ebenfalls für Familiengottesdienste und andere liturgische Feiern, an deren Vorbereitung und Gestaltung sich Nichtpfarrer/innen beteiligen.
- Hospizkreise, Telefonseelsorge und viele Besuchsgruppen leisten wichtige Beiträge zum Helfen zum Leben.
- Mit der Koordinierung entsprechender Aktivitäten sind mehrheitlich Nichtordinierte, Presbyter/innen und Synodal/innen, befasst.

3.3 Attraktivität: Im Zuge zivilgesellschaftlicher Entwicklung und auf Grund knapper werdender Förderungen konkurrieren die verschiedenen Organisationen um Freiwillige. In dieser Situation ist es wichtig, sich die Faktoren zu vergegenwärtigen, die für die Unterstützung ehrenamtlicher Tätigkeit wichtig sind, die sog. fünf „B's":

„(1) *Beginnen:* Am Anfang des Engagements sollen für beide Seiten die Rahmenbedingungen geklärt werden: Was ist das Interesse, die Motivation und Begabung? Wenn die für Ehrenamtliche passende Aufgabe in der Gemeinde gefunden ist, wird der Rahmen für die Arbeit besprochen – von der Zeitdauer über die Ressourcen, die der- oder diejenige dafür braucht ...

(2) *Begleiten:* Dazu gehören regelmäßige Gespräche, Unterstützung in Konflikten, Informationen über Entwicklung und Ziele der Arbeit sowie das Angebot von Fortbildung. ... Zur Begleitung gehören Bedankung und Würdigung von Ehrenamtlichen. ...

(3) *Beteiligen:* Es gehört zu den Standards, dass Ehrenamtliche an Entscheidungsprozessen ihres Arbeitsfeldes beteiligt sind. ...

(4) *Bezahlen:* Ehrenamt ist unentgeltlich, aber nicht umsonst – und schon gar nicht der stillschweigende Aufruf zum Draufzahlen. Ehrenamtliche müssen wissen, wie sie ihre Auslagen erstattet bekommen, selbstverständlich und nicht als Bittsteller. ...

(5) *Beenden:* Zeitlich begrenztes Ehrenamt muss mit gutem Gewissen beendet werden können. ..." (BREIT-KESSLER/VORLÄNDER 126 f.)

Kommunikativ geht es um eine angemessene Gestaltung des Verhältnisses von Haupt- zu Ehrenamtlichen.

Aktuell werfen verschiedene Veränderungen neue Probleme auf: Die Verkürzung von Schul- und Studienzeiten, verbunden mit größerer zeitlicher Belastung, erschwert das freiwillige Engagement junger Menschen; Ähnliches gilt für Arbeitsbereiche, in denen sich Menschen wachsendem Leistungsdruck ausgesetzt sehen. Noch schlagen sich diese Entwicklungen aber nicht signifikant in den statistisch erfassbaren Einstellungen nieder.

4. Reformvorschläge

Freiwillige Tätigkeiten vollziehen sich – wie hauptberufliche – in einem konkreten Kontext und in Kooperation mit anderen Funktionsträgern. Von daher hängt ihre Profilierung mit dem jeweiligen Gemeindekonzept und dem Verständnis anderer Dienste zusammen.

4.1 *Ehrenamt und Gemeinde:* Grundsätzlich kommen auf Interaktionen bezogene Tätigkeiten nur angemessen in den Blick, wenn die mit ihnen verbundenen kommunikativen Vollzüge beachtet werden. Karl Foitzik (geb. 1937) hat dies für das Ehrenamt versucht. Dabei leitet ihn die Einsicht:

> „Mitarbeit sieht in einer Kirche, in der alle Tätigkeiten von einem vorgeordneten Amt abgeleitet und ihm zugeordnet werden, anders aus, als in einer Kirche, in der grundsätzlich alle die gleichen Aufgaben haben und sich nur durch die jeweils ausgeübte Funktion unterscheiden." (FOITZIK 26)

Als Metapher für ein Verständnis von Gemeinde, die Ehrenamtlichen einen ausreichenden Raum eröffnet, schlägt Foitzik „*Karawanserei*" (ebd.) vor. Sie bezeichnet einen offenen Ort vielfältiger Begegnung, an dem sich Menschen austauschen und neue Kraft schöpfen. Exemplarisch verdeutlicht der gemeindepädagogisch engagierte Theologe die dazu notwendigen Veränderungen am Beispiel des Gemeindehauses. Häufig sind sie „‚Vereinshäuser' für ein bestimmtes Milieu" (a. a. O. 30). Demgegenüber regt Foitzik an, sie als „soziale Räume mit vielfältigen Möglichkeiten zum Austausch, zum gemeinsamen Leben und Feiern" (ebd.) zu profilieren. Dabei sind nicht dauerhafte Bindungen anzustreben. Vielmehr sollen die Menschen gestärkt werden, ihr tägliches Leben möglichst gut zu führen. Die Offenheit bezieht sich ebenfalls auf den Raum. Foitzik plädiert für „regionale Gemeinden" (a. a. O. 31), die die bisherigen parochialen Grenzen überschreiten. Ehrenamtliche Tätigkeit in einem solchen Gemeindekonzept tendiert zur Übernahme von Verantwortung in einem weiteren Kontext (s. a. a. O. 30 Anm. 29). Konkret wenden Foitzik und seine Kolleg/innen dieses Konzept auf Handlungsfelder wie die Mitarbeit in der Kinderkirche, in der Erwachsenenbildung und in Besuchsdienst, Beratung und Seelsorge an.

4.2 *Ehren- und Hauptamt:* Vor kurzem machte Eberhard Hauschildt (geb. 1958) auf das Desiderat einer Seelsorge-Theorie aufmerksam, die die Tätigkeit von Ehrenamtlichen reflektiert. Dies ist weder theologisch vom Priestertum aller Getauften noch empirisch von der tatsächlichen Praxis her verständlich. Denn mit der Telefonseelsorge,[18] aber auch in der Krankenhausseelsorge wurde „eine großartige Ehrenamtlichenarbeit" aufgebaut (HAUSCHILDT 121).

---

18 S. zu Entstehung, Organisation und den wichtigsten statistischen Daten informativ FRANZ-JOSEF HÜCKER, Ehrenamt im Krisendienst – die Telefonseelsorge, in: WzM 63 (2011), 191–201.

Konzeptionell besteht aber Klärungsbedarf. Hauschildt schlägt die Unterscheidung von drei *Formen der ehrenamtlichen Seelsorge* vor. Dabei ist jeweils eine Verhältnisbestimmung zur professionellen Tätigkeit hauptamtlicher Seelsorger/innen inkludiert:
- die *„ehrenamtliche Alltagsseelsorge"* (a. a. O. 123 f.): Sie kann von allen Christen praktiziert werden und ist alltagsnah sowie niedrigschwellig. Praktiziert wird sie in der alltäglichen Kommunikation. Ihre Hauptfunktion ist die Vorbeugung. Trotz ihrer großen Bedeutung – zweifellos handelt es sich um die am meisten verbreitete Form der Seelsorge – wird sie gewöhnlich übersehen. Sie entzieht sich jeder statistischen Erfassung, taucht in keinem Fortbildungsprogramm auf und benötigt keine Zuschüsse. Hauptamtliche haben die Möglichkeit der Förderung, indem sie eine Atmosphäre für offene Gespräche schaffen und auf die Bedeutung solcher unauffälligen Begegnungen hinweisen.
- *„den Professionellen zuarbeitende Seelsorge"* (a. a. O. 124 f.): Hierzu gehören vor allem Besuchsdienste in der Gemeinde oder im Krankenhaus. Auch deren Tätigkeit ist als Form der Alltagsseelsorge zu charakterisieren. Zu dem vorhergehenden Typus tritt die Aufgabe der Vernetzung hinzu. Die Mitarbeitenden müssen erkennen, wo und wann professionelle Seelsorge notwendig ist. Das erfordert eine gewisse seelsorgerliche Schulung.
- *„die semiprofessionelle Seelsorge"* (a. a. O. 125): Hier geht es um eine Annäherung an die professionellen Standards. Dazu ist eine entsprechende Auswahl der Personen und deren Aus- und Fortbildung notwendig.

Beachtung verdienen bei dieser Typologie Hauschildts Hinweise auf die jeweiligen Bildungsvoraussetzungen. Je näher Seelsorge an die professionellen Standards rückt, desto höher sind die bildungsmäßigen Voraussetzungen an die Mitarbeitenden. Die „ehrenamtliche Alltagsseelsorge" ist dagegen offen für alle Menschen. Ihr Ernstnehmen kann davor bewahren, Gemeinde zu einer Veranstaltung nur für formal höher Gebildete zu machen und damit milieumäßig zu verengen. Dazu weist sie über den Raum der verfassten Kirche hinaus in den Alltag der Menschen.

5. Ausblick

Der Einsatz bei ehrenamtlichen Tätigkeiten in einem Kapitel zu Tätigkeiten, innerhalb derer das Evangelium kommuniziert wird, ist ungewohnt. Aber er liegt theologisch und empirisch nahe. Er bietet nicht zuletzt die Möglichkeit, genauer als sonst üblich, die Spezifik ehren- und hauptamtlicher Tätigkeit zu unterscheiden. Es gibt in der evangelischen Kirche von ihrem tauftheologischen Ansatz her keine Tätigkeit, von der grundsätzlich ein Getaufter ausgeschlossen werden kann. Vielmehr ist die Kommunikation des Evangeliums in ihren drei Modi Ausdruck und Aufgabe jedes christlichen Lebens, im Alltag und in den Kirchen(gemeinden).

In der gegenwärtigen Situation hat ein solcher allgemeiner Zugang zur Kommunikation des Evangeliums durch freiwillige Tätigkeiten den Vorteil, dass finanzielle Fragen in den Hintergrund rücken. Die häufig demotivierende Dominanz betriebswirtschaftlicher Fragen in kirchenleitenden Gremien und Versammlungen verdankt sich einer theologisch und empirisch problematischen Fixierung auf hauptamtliche Tätigkeiten.

Es darf aber nicht die Notwendigkeit überspielt werden, die Kommunikation des Evangeliums gleichermaßen auf den biblisch überlieferten, christlichen Grundimpuls und den konkreten Kontext mit seinen jeweiligen Qualitätsstandards zu beziehen. Hierzu ist *die Kooperation der Freiwilligen mit Pfarrer/innen und mit Menschen aus entsprechenden Professionen* wichtig. Dabei geht es um Kooperation, nicht um Unterordnung. Denn die Nähe ehrenamtlicher Tätigkeit zum Alltag ist professionellem Zugriff in der Regel verschlossen. Sie gewinnt unter den Bedingungen der Kommunikation in einer digitalisierten Gesellschaft, wie sie sich in den Social Media zeigen (s. § 20 4.2), weiter an Bedeutung. Vor diesem Hintergrund führen die gegenwärtig in den Kirchenbünden und Kirchen angestrengten Überlegungen zu Ordination und Beauftragung nicht weiter (s. HEYMEL 73). Denn sie richten sich primär auf die einzelnen Personen und deren Status, nicht auf die kommunikativen Beziehungen.

Schließlich hat die Einsicht in die (symmetrisch) kommunikativen Aufgaben jedes Dienstes Auswirkungen auf die *Fort- und Weiterbildung*. Bisher bilden Hauptamtliche freiwillig Tätige aus und fort. Eine Gegenseitigkeit kommt nicht in den Blick. Doch verfügen Ehrenamtliche durch ihren Alltagsbezug über Einsichten und Erfahrungen, die für Hauptamtliche und deren Kommunikation wichtig sind. Deshalb empfiehlt es sich, in Ergänzung zum Üblichen bei Fort- und Weiterbildungen von Hauptamtlichen Ehrenamtliche um einen Beitrag zu bitten.[19]

§ 22 Pfarrberuf

Literatur: DIETER BECKER, Pfarrberufe zwischen Praxis und Theorie. Personalplanung in theologisch-kirchlicher und organisationsstrategischer Sicht (Empirie und Kirchliche Praxis 3), Frankfurt 2007 – PAUL DREWS, Der evangelische Geistliche in der deutschen Vergangenheit (Monographien zur deutschen Kulturgeschichte 12), Jena 1905 – ALEXANDRA EIMTERBÄUMER, Pfarrer/innen: Außen- und Innensichten, in: JAN HERMELINK/THORSTEN LATZEL (Hg.), Kirche empirisch. Ein Werkbuch zur vierten EKD-Erhebung über Kirchenmitgliedschaft und zu anderen empirischen Studien, Gütersloh 2008, 375–394 – WILHELM GRÄB, Lebensgeschichten – Lebensentwürfe – Sinndeutungen. Eine praktische Theologie gelebter Religion, Gütersloh 1998, 304–333 – CHRISTIAN GRETHLEIN, Pfarrer – ein theologischer Beruf?, Frankfurt 2009 – CHRISTIAN GRETHLEIN, Evangelisches Kirchen-

---

19 Angeregt ist dieser Vorschlag durch das Projekt der Evangelischen Schule Berlin Zentrum, bei dem Schüler/innen als Dozent/innen bei der Lehrer/innen-Fortbildung mitwirken.

recht. Eine Einführung, Leipzig 2015, 153-169 – JAN HERMELINK, Pfarrberuf und Pfarramt, in: RALPH KUNZ/THOMAS SCHLAG (Hg.), Handbuch für Kirchen- und Gemeindeentwicklung, Neukirchen-Vluyn 2014, 132-139 – WOLFGANG MARHOLD, Die soziale Stellung des Pfarrers. Eine sozialgeschichtlich und empirisch orientierte Skizze, in: MARTIN GREIFFENHAGEN (Hg.), Das evangelische Pfarrhaus. Eine Kultur- und Sozialgeschichte, Stuttgart ²1991 (1984), 175–194

Der Beruf des evangelischen Pfarrers ist fast fünfhundert Jahre alt und hat sich mehrfach gewandelt. Deshalb sind im ersten Durchgang wichtige Stationen dieses Transformationsprozesses zu skizzieren. Entsprechend der funktionalen Bestimmung durch die Reformatoren bildet dabei das Verhältnis zur Gemeinde, also eine kommunikative Aufgabe, den inhaltlichen Fokus.

Danach werden die rechtlichen Rahmenbedingungen des Pfarrberufs rekonstruiert.

Gegenwärtig herrscht Unsicherheit hinsichtlich der inhaltlichen Profilierung der pastoralen Tätigkeit. Es sind grundlegende Veränderungen sowohl im gesellschaftlichen und kulturellen Kontext als auch in den kirchlichen Rahmenbedingungen zu verarbeiten. Verschiedene Konzepte zu einer Neubestimmung des sog. Pfarrbildes liegen vor.

Die Überlegungen münden in den Vorschlag, den Pfarrberuf als einen „theologischen Beruf" (GRETHLEIN, Pfarrer) zu profilieren. Dies ermöglicht zum einen Gemeinsamkeit und Unterschied von allgemeinem Priestertum und Pfarrberuf zu bestimmen; zum anderen ist es empirische Tatsache, dass ein (universitär-)theologischer Studienabschluss heute formale Voraussetzung für den Pfarrberuf ist.

1. Historische Entwicklungen

Der evangelische Pfarrberuf steht auf der einen Seite in der Tradition gemeindeleitender Funktionen, die bereits im Neuen Testament begegnen. Auf der anderen Seite stellt er einen Abbruch und Neubeginn gegenüber dem (Weihe-)Priesteramt dar, wie es sich im Zuge der Christentumsgeschichte ausbildete und bis heute im römischen Katholizismus und in den orthodoxen Kirchen besteht. *An die Stelle einer sakralen Begründung tritt die Funktion für die Gemeinde.*

1.1 *Klerikalisierung:* In den *Pastoralbriefen* des Neuen Testaments finden sich Nachrichten von der Einsetzung eines Gemeindeleiters (1Tim 4,14; 5,22; 2Tim 1,6). Durch Handauflegung wurde ihm der Heilige Geist übertragen. Dieser rituelle Vollzug findet sich bis heute in der Ordination genannten Einführungshandlung evangelischer Pfarrer/innen. Ansonsten fällt auf, dass die ersten Christen kaum auf sakrale Terminologie zurückgriffen. Der Hebräerbrief gibt den sachlichen Grund dafür an: Jesus Christus selbst ist der Hohepriester und damit der Mittler zu Gott (s. z.B. Hebr 2,17).

Doch entwickelte sich bald im Kontext antiker Kulte eine Sakralisierung hervorgehobener gemeindlicher Funktionen (s. § 18 2.2). Das *Bischofsamt* wurde mit priesterlich-kultischen Funktionen ausgestattet (s. § 14 3.2). Im Zuge des Wachstums der christlichen Gemeinde benötigte der Bischof Helfer (und Helferinnen). Ihnen übertrug er bestimmte Aufgaben vor Ort. Ursprünglich selbstständige Dienste wie der des Diakons wurden in die Hierarchie integriert und zu Weihestufen auf dem Weg zum Priester. Verwaltungsmäßig gliederten sich die (bischöflichen) Diözesen in Parochien, in denen Presbyter die priesterlichen Funktionen ausübten.[20] Vor allem standen sie den Eucharistiefeiern vor und hatten integrierende Aufgaben.[21] Auf Grund finanzieller Notwendigkeiten, nämlich des karolingischen Zehnten zur Bezahlung der Priester, kam es zu abgegrenzten Gemeindebezirken. Mit diesem Parochialsystem agierte die Kirche flächendeckend. Das ermöglichte die sog. Stolgebühren, also Zahlungen der zur Parochie Gehörenden anlässlich von Amtshandlungen zur Finanzierung der Kleriker. Der *Ausbau des Messwesens* führte im Mittelalter zu einem Anschwellen der Klerikerzahl und damit nicht zuletzt zu Qualitätsproblemen. Eine geregelte Ausbildung war nicht vorgesehen:

> Das Kirchenrecht „forderte nur, daß niemand Priester werden dürfe, der ‚illiteratus' sei, und die Entschiedenheit, mit der in kanonistischen Texten diese Forderung wiederholt wird, dürfte auf eine Realität antworten, die auch der Straßburger Dominikaner Ulrich Engelberti in einer um 1270 entstandenen Schrift sichtbar werden läßt. Hier wird zu den Mindestanforderungen an einen Priester gezählt, daß er soviel Grammatikkenntnisse haben müsse, um die Worte der Messe richtig aussprechen und betonen zu können. Er solle wenigstens den Sinn von dem verstehen, was er vorlese."[22]

Die Priester traten als *Vermittler göttlicher Heilsgaben* auf, die sie durch rituelle Vollzüge applizierten. Durch die lateinische Liturgiesprache waren ihre Hantierungen für die Menschen kognitiv unverständlich und wurden als Mirakel rezipiert. Das Ansehen der Priester selbst war am Vorabend der Reformation durch Verarmung und moralische Verfehlungen auf einem Tiefpunkt angelangt. Paul Drews resümierte drastisch unter Verweis auf zeitgenössische Äußerungen und entsprechendes Bildmaterial: „Unbildung und Roheit, Habgier und grobe Sinnlichkeit, Genußsucht und brutales Wesen charakterisierten den geistlichen Stand." (DREWS 13).

---

20 Zur historischen Entwicklung von Episkopat und Presbyterat s. PETER WALTER, Das Verhältnis von Episkopat und Presbyterat von der Alten Kirche bis zum Reformationsjahrhundert, in: DOROTHEA SATTLER/GUNTHER WENZ (Hg.), Das kirchliche Amt in apostolischer Nachfolge II. Ursprünge und Wandlungen (DiKi 13), Freiburg 2006, 39-96.
21 S. immer noch die elementare Darstellung dieser Entwicklung bei GOTTFRIED HOLTZ, Die Parochie. Geschichte und Problematik (Handbücherei für Gemeindearbeit 40), Gütersloh 1967, 4–14.
22 ERNST SCHUBERT, Spätmittelalter – die Rahmenbedingungen des Lebens kleiner Leute, in: GERT ALTHOFF/HANS-WERNER GOETZ/ERNST SCHUBERT (Hg.), Menschen im Schatten der Kathedrale. Neuigkeiten aus dem Mittelalter, Darmstadt 1998, 229–350, 270.

1.2 *Reformatorische Impulse:* Dem setzten die Reformatoren eine grundlegende Neubestimmung entgegen. Sie gingen von der theologischen Einsicht des allgemeinen Priestertums aller Getauften aus, wie sie Martin Luther in seiner Adelsschrift (1520) *tauftheologisch* begründete:

> „Dan alle Christen / sein warhafftig geystlichs stands / vnnd ist vnter yhn kein vnterscheyd / denn des ampts halben allein. wie Paulus I. Corint. XII sagt / das wir alle sampt eyn Corper seinn / doch ein yglich glid sein eygen werck hat / damit es den andern dienet / das macht allis / das wir eine tauff / ein Euangelium / eynen glauben haben / vnnd sein gleyche Christen / den die tauff / Euangelii vnd glauben / die machen allein geistlich vnd Christen volck. ... Dem nach ßo werden wir allesampt durch die tauff zu priestern geweyhet." (WA 6, 407)

Ein eigenes Amt erschien notwendig, um die Menschen in ihrer Priesterschaft zu unterstützen. Theologisch gesehen ist es *funktional* begründet.[23] Konkret bedurfte es im damaligen Kontext vor allem der bibelbezogenen Predigt. Dementsprechend formulierte Luther als Grundanforderung an die Pfarrer, dass sie „geschickt seien, die schrifft verstehen und auslegen, der sprachen kundig seien und reden können" (WA 22, 184).[24] Von daher ist sein Eintreten für eine gute Ausbildung der Pfarrer zu verstehen – ein Vorhaben, dessen Durchsetzung allerdings Jahrhunderte dauerte.[25] Erst die Betonung individueller Leistung im Bürgertum verhalf einem auf theologischer Bildung beruhenden Verständnis des Pfarrberufs (s. GRÄB 306–308) zum Durchbruch.

Dazu trat als Innovation die Aufhebung des Zölibates. Mit der Heirat Katharina v. Boras hatte Luther ein klares Zeichen seiner biblisch begründeten Zölibatskritik gesetzt. Es entstand das *evangelische Pfarrhaus*, dessen Bedeutung für die kulturelle Entwicklung in Deutschland bis zum Beginn des 20. Jahrhunderts kaum zu überschätzen ist.[26] Seitdem besteht ein Konnex zwischen Pfarrberuf und -familie, der sich erst in den letzten Jahrzehnten auflöst.

Allerdings findet sich in der reformatorischen Theologie eine gegenläufige Perspektive. Sie milderte wirkungsgeschichtlich die radikale Entsakralisierung des Pfarrberufs bzw. bewirkte sogar deren Zurücknahme. Luther

---

23 S. VOLKER LEPPIN, Zwischen Notfall und theologischem Prinzip. Apostolizität und Amtsfrage in der Wittenberger Reformation, in: THEODOR SCHNEIDER/GUNTHER WENZ (Hg.), Das kirchliche Amt in apostolischer Nachfolge Bd. 1 (DiKi 12), Freiburg 2004, 376–400.

24 Zur ähnlichen Position Calvins s. GEORG PLASGER, Die Dienste in der Gemeinde. Impulse aus der Ämterlehre Calvins für die gegenwärtige Diskussion um Amt und Ordination, in: EvTh 69 (2009), 133–141, 136 f.

25 S. die Zusammenstellung der Berufe, die im bis 1560 reichenden Wittenberger Ordiniertenbuch verzeichnet sind, bei FRIEDRICH WILHELM KANTZENBACH, Das reformatorische Verständnis des Pfarramtes, in: MARTIN GREIFFENHAGEN (Hg.), Das evangelische Pfarrhaus. Eine Kultur- und Sozialgeschichte, Stuttgart ²1991 (1984), 23–46, 36.

26 S. die verschiedenen Beiträge in DEUTSCHES HISTORISCHES MUSEUM (Hg.), Leben nach Luther. Eine Kulturgeschichte des evangelischen Pfarrhauses, Bönen 2013.

übernahm nämlich für seine Gegenwartsanalyse die mittelalterliche Drei-Stände-Lehre (s. GRÄB 305). Demnach ordnete Gott die Welt zu deren Erhalt in drei Ständen: „status oeconomicus", „status politicus" und *„status ecclesiasticus"*. Letzterer ermöglichte es, für den Pfarrberuf wieder eine eigene Dignität als Stand aufzubauen. Am extremsten betrieben dies im 19. Jahrhundert Theologen wie August Vilmar (1800–1868), der die Ordination als die Übertragung des vom allgemeinen Priestertum unabhängigen Gnadenmittelamtes interpretierte.[27] Diese – in soziologischer Perspektive gesehen – ständische Begründung des Pfarrberufs fand rituell eine Stützung im Ordinationsgottesdienst. Sie begegnet bis heute eindrücklich – und sachlich problematisch – etwa beim Einzug der mit Talar bekleideten Ordinierten.

1.3 *Entwicklung des Pfarrberufs:* Die funktionale Bestimmung des Pfarrberufs durch die Reformatoren und damit seine kommunikative Ausrichtung machen den jeweiligen Kontext der pastoralen Praxis zum konstitutiven Bestandteil des Berufsverständnisses.

Anfangs galt es in den sich neu bildenden evangelischen Gemeinden, den schlechten Ruf der Pfarrer zu verbessern. Die Visitatoren am Ende der zwanziger Jahre des 16. Jahrhunderts (s. BECKER 102–134) stießen u. a. auf ein gravierendes *finanzielles Problem.* Die Pfarrer mussten durch landwirtschaftliche Tätigkeiten ihre Existenz und die ihrer Familien sichern. Schon bis dahin war die Versorgung der niederen Kleriker unzureichend. Jetzt entfielen aber aus theologischen Gründen noch bisherige Einkommensmöglichkeiten wie die Gebühren für Seelenmessen, Vigilien u. ä. (MARHOLD 178), ohne dass neue Finanzquellen an deren Stelle getreten wären. Dazu waren meist vielköpfige Pfarrfamilien zu ernähren. Über Jahrhunderte zog sich der Kampf um eine zufriedenstellende Alimentierung. Erst in den dreißiger Jahren des 20. Jahrhunderts (!) entsprach das Gehalt eines Pfarrers ungefähr demjenigen staatlich Bediensteter mit vergleichbarer akademischer Ausbildung. Dass die mindere Ausstattung der Pfarrstellen vor allem auf dem Lande die Beziehung zwischen Pfarrer und Gemeinde belastete, liegt auf der Hand. Trotzdem sind bereits früh wichtige Impulse durch den neuen Pfarrerstand unübersehbar. Neben der Predigt engagierten sich Pfarrer vor allem in den Schulen und trugen so zur Hebung des Bildungsniveaus bei (s. § 13 3.4).

Schon bald nach dem reformatorischen Aufbruch kam es zu einem Prozess dogmatischer Vergewisserung. In der Phase der sog. *Orthodoxie* führte allerdings die Konzentration auf die dogmatisch korrekte Lehre mancherorts zu Trübungen im Verhältnis zur Gemeinde. Manche Pfarrer übten rigide Kirchenzucht, andere wurden bei Verfehlungen wie Trunksucht und Raufe-

---

27 S. UTA POHL-PATALONG, Pastoraltheologie in: CHRISTIAN GRETHLEIN/HELMUT SCHWIER (Hg.), Praktische Theologie. Eine Theorie- und Problemgeschichte (APrTh 33), Leipzig 2007, 515–574, 530–532.

reien beobachtet (a. a. O. 179 f.). Während der Katastrophe des *Dreißigjährigen Krieges* scheint das Pfarrhaus dagegen mancherorts zu einer wichtigen seelsorgerlichen und diakonischen Einrichtung geworden zu sein (a. a. O. 180). Die gemeinsame Not ließ Pfarrfamilien und Gemeinden zusammenrücken. So wurden jetzt in den Taufregistern häufig Pfarrer als Paten eingetragen (ebd.). Zugleich „verbauerte" aber auf dem Land der Pfarrerstand (a. a. O. 181). Die zum Überleben notwendige landwirtschaftliche Arbeit ließ die pastorale Tätigkeit zurücktreten. In der *Aufklärungszeit* wandten sich die Pfarrer in volkserzieherischer Absicht der ganzen Bevölkerung zu.[28] Das Bemühen um Praxisnähe hatte als Schattenseite eine Reduktion des Glaubens auf ethische Maximen. Dabei wurden die Pfarrer nicht selten durch die Obrigkeit funktionalisiert:

> „Viele Landesfürsten bedienten sich der Pfarrer als Staatsbeamter und Amtspersonen und ließen sie in den Gottesdiensten Verordnungen, Gesetze und sonstige staatliche Bekanntmachungen verlesen, womit der Pfarrer in den Augen seiner Gemeinde auf die Seite der Staats- und Polizeiobrigkeit rückte und als ‚Offizier der Moral' und Sittenprediger empfunden wurde." (MARHOLD 184)

Elitäre Züge kamen in *pietistischen* Pfarrhäusern auf. Der Pfarrer verstand sich als „der vollmächtige Seelsorger",[29] konzentrierte sich aber auf die kleine Zahl der „Erweckten" und scharte die „ecclesiola in ecclesia" um sich.

Der Aufschwung der Wissenschaften fand seinen Niederschlag auch im Selbstverständnis vieler Pfarrer (vor allem in den Städten). Etwa um die *Mitte des 19. Jahrhunderts* erreichte der gesellschaftliche Einfluss der evangelischen Pfarrer in Deutschland seinen Höhepunkt. Sie stellten damals die größte Gruppe der Gebildeten – etwa ein Drittel der Akademiker waren Pfarrer (MARHOLD 185). Allerdings führte der jetzt durchgesetzte Bildungsstandard vor allem im ländlichen Bereich zur Distanz gegenüber den ungebildeten Gemeindegliedern. Dazu kam die Differenz zwischen städtischer und ländlicher Lebensweise. Doch bald geriet der traditionelle Pfarrberuf durch die gesellschaftliche Modernisierung in der zweiten Hälfte des 19. Jahrhunderts unter Druck. Offenkundig wurde sein Funktionsverlust durch die Einführungen der Personenstandsgesetzgebung 1875, die die bisher vom Pfarrer versehene standesamtliche Aufgabe in staatliche Trägerschaft überführte. Hellsichtig beleuchtete 1878 der Pfarrer Gottlieb Schinkel diesen Vorgang:

---

28 Ein eindrückliches Dokument hierfür ist JOHANN SPALDING, Ueber die Nutzbarkeit des Predigtamtes und deren Beförderung (1772; ²1772; ³1791) (SpKA I/3), hg. v. TOBIAS JERSAK, Tübingen 2002; s. hierzu GRÄB 308–311.

29 Hier und im Folgenden nehme ich die geistreiche, karikierend zuspitzende Typologie auf von VOLKER DREHSEN, Vom Amt zur Person: Wandlungen in der Amtsstruktur der protestantischen Volkskirche. Eine Standortbestimmung des Pfarrberufs aus praktisch-theologischer Sicht, in: IJPT 2 (1998), 263–280, 264 f.

"Alles Ansehen geht bei uns vom Staate und vom Staatsdiener aus. So lange nun Staat und Kirche ungeschieden waren, bestrahlte dieser Glanz auch die Diener der Kirche. Wir waren königliche preußische Pastoren, und alles Königliche galt und gilt bei uns. [...] Diese staatlichen Pfauenfedern hat uns die neue Zeit geraubt".[30]
Diese Reduktion führte – unterstützt durch die Vorschläge zur Gemeindereform[31] – zu einer *Konzentration des Pfarrberufs auf die Kirchengemeinde und ihr „Leben"*. Der Pfarrer wurde – soziologisch gesehen – zum Vorsitzenden des Vereins „Gemeinde".

Eine neue Akzentuierung erhielt der Pfarrberuf durch den Zusammenbruch des Kaiserreichs und damit des landesherrlichen Summepiskopats. Es entstand die Notwendigkeit, die Verwaltung und Aufsicht der Kirchen neu zu regeln. Zuerst in den lutherischen, dann zunehmend auch in den unierten Kirchen bildete sich ein – in den Befugnissen im Einzelnen unterschiedlich bestimmtes – *Bischofsamt* heraus.[32] Es wurde zwar klar als humano iure bestimmt. Doch wuchs seine Bedeutung für die öffentliche Darstellung evangelischer Kirchen durch die begriffliche Übereinstimmung mit der römischen Bezeichnung und später die Ausrichtung auf Personen in der Mediengesellschaft.

1.4 *Konkurrierende Pfarrbilder:* Spätestens seit dem Ende des Ersten Weltkrieges wird um das Profil des Pfarrers gerungen. Die im Folgenden typisierend genannten Optionen überlagern sich bis heute.

Durch die Katastrophe von 1918 war für viele junge Pfarrer die Synthese zwischen Kultur und (evangelischer) Religion obsolet geworden. Die Wort-Gottes-Theologie nahm dieses Gefühl auf. Der Pfarrer galt als *„Zeuge"* einer Botschaft, die unabhängig von der konkreten Kommunikationssituation zu existieren schien.[33] Die pastorale Aufgabe wurde auf die Predigt konzentriert, die als „Verkündigung" firmierte. Politisch erwies sich in der Konfrontation mit der nationalsozialistischen Ideologie diese – kommunikationstheoretisch gesehen problematische – Reduktion als günstig. Sie verhinderte die Anpassung an die Verfälschung des Christentums durch die Deutschen Christen. Sachlich war im sog. Dritten Reich Ideologiekritik für die Kommunikation des Evangeliums geboten. Dass die besondere Notsituation

---

30 Zitiert in THOMAS STAHLBERG, Seelsorge im Übergang zur „modernen Welt". Heinrich Adolf Köstlin und Otto Baumgarten im Kontext der Praktischen Theologie um 1900 (APTh 32), Göttingen 1998, 57.
31 Konzeptionell grundlegend EMIL SULZE, Die evangelische Gemeinde, Gotha 1891 (²1912); s. monographisch hierzu WOLFGANG LORENZ, Kirchenreform als Gemeindereform dargestellt am Beispiel Emil Sulzes, Diss. theol. Berlin 1981.
32 S. GERHARD TRÖGER, Das Bischofsamt in der evangelisch-lutherischen Kirche (IusEcc 2), München 1966.
33 S. hierzu MICHAEL KLESSMANN, Pfarrbilder im Wandel. Ein Beruf im Umbruch, Neukirchen-Vluyn 2002, 37–39.

Chancen für Innovationen bot, zeigt sich an der stärkeren Anerkennung der nicht akademisch-theologisch ausgebildeten Predigthelfer (s. § 21 1.3).

Nach dem Zusammenbruch 1945 machte sich – neben dem wirtschaftlichen Aufbruch – eine *restaurative kulturelle Gesamtstimmung* breit. Pfarrer („restaurativer Frömmigkeitsintegrator"[34]) entsprachen dieser Tendenz durch Konzentration auf agendarische Gottesdienste, die merkwürdig zeitentrückt wirkten und deren Form nur historisch begründet wurde. Im Zentrum stand die sog. Kerngemeinde – die „Emigration der Kirche aus der Gesellschaft"[35] war die Konsequenz. Wort-Gottes-Theologie und kulturelle Rückwärtswendung gingen in nicht wenigen Pfarrhäusern eine problematische Verbindung ein. Vor allem litt durch die so entstehende Sonderwelt der Kontakt der Pfarrer zu ihren Gemeinden. Ernst Lange (s. Einführung zum 2. Teil) konstatierte eine Berufskrise:

> „Im Kern ist die Krise der kirchlichen Berufe ... ein Kommunikationsproblem. Man war ausgezogen in der Gewißheit der Eigenmacht, der Alleinwirksamkeit und Allgenügsamkeit des Wortes, dem die Verkündigung dient. Und nun macht man die verwirrende Erfahrung, daß man gerade hier, im Kern des Dienstes, merkwürdig isoliert bleibt, daß man nichts ausrichtet, nichts bewirkt, nichts verändert. ... Er (sc. der Pfarrer, C. G.) kann sich nicht verständlich machen."[36]

Entsprechend dem *gesellschaftlichen Aufbruch* seit der Mitte der sechziger Jahre des 20. Jahrhunderts bemühten sich die Pfarrer um eine Neuausrichtung ihres Berufs. Volker Drehsen beobachtet Rollen als „der demokratische Teamleiter" und „der engagierte Sprecher ethisch orientierter Bürgerinitiativen".[37]

Die wahrscheinlich stärkste und nachhaltigste Veränderung vollzog sich im Zuge der Frauenemanzipation. Zwischen 1958 (Evangelische Kirche in der Pfalz) und 1991 (Evangelische Kirche von Schaumburg-Lippe) öffneten alle evangelischen Landeskirchen durch die Einführung der *Frauenordination* den Pfarrberuf für Frauen.[38] Das über Jahrhunderte patriarchalisch geprägte Pfarrhaus wurde dadurch radikal in Frage gestellt. Nicht zuletzt stellten sich neue dienstrechtliche Herausforderungen (Stichwort: Teilzeittätigkeit). Zugleich öffneten sich die evangelischen Kirchen für die allgemein zunehmende

---

34 Volker Drehsen, Vom Amt zur Person: Wandlungen in der Amtsstruktur der protestantischen Volkskirche. Eine Standortbestimmung des Pfarrberufs aus praktisch-theologischer Sicht, in: IJPT 2 (1998), 263–280, 264.
35 So der Titel eines Buches von Joachim Matthes, der 1964 diese Tendenz soziologisch diagnostizierte.
36 Ernst Lange, Der Pfarrer in der Gemeinde heute, in: Ders., Predigen als Beruf. Aufsätze zu Homiletik, Liturgie und Pfarramt, München 1982, 96–141, 106f.
37 Volker Drehsen, Vom Amt zur Person: Wandlungen in der Amtsstruktur der protestantischen Volkskirche. Eine Standortbestimmung des Pfarrberufs aus praktisch-theologischer Sicht, in: IJPT 2 (1998), 263–280, 264f.
38 Michael Germann, Ordination VII. Rechtsgeschichtlich und rechtlich, in: ⁴RGG Bd. 6 (2003), 628–631, 629.

Erwerbsneigung (s. § 11 3.3) und steigende Qualifikation von Frauen und gewannen dadurch für den Pfarrberuf Alltagsnähe. Vor allem scheinen sich Pfarrerinnen „stärker als Begleiterinnen bei individuellen Suchprozessen und auf persönlichen Lebenswegen (zu) begreifen" (HERMELINK 134). Theologisch zeigte sich hier die Stärke des funktionalen, nicht einer Repräsentationsontologie verpflichteten Amtsverständnisses der Reformatoren.

1.5 *Zusammenfassung:* Die funktionale Ausrichtung des evangelischen Pfarrberufs auf die Kommunikation mit anderen Menschen ermöglicht und erfordert eine *sensible Adaption des jeweiligen Kontextes*. Dabei überlagern frühere Entwicklungen heutige Herausforderungen und lassen den Pfarrberuf als eine recht bunte Berufsformation erscheinen: Einzelne Gelehrte, die in Abendstunden historischen Fragen nachgehen, stehen neben dogmatisch aufgerüsteten Verkündigern, hochkirchlich gesinnte Kollar-Träger neben frauenbewegten Pfarrerinnen, geistliche Begleiter neben Managern usw. Gemeinsam ist ihnen seit der zweiten Hälfte des 19. Jahrhunderts die Tendenz, sich auf „die Gemeinde" zurückzuziehen.

2. Rechtlicher Rahmen

Erst 1939 erließ die Evangelisch-Lutherische Kirche in Bayern als erste deutsche Landeskirche ein eigenes evangelisches Pfarrdienstrecht. Bis dahin behalf man sich auf der einen Seite durch Übernahmen aus dem römischen Corpus Juris Canonici, etwa hinsichtlich der Parochialstruktur, des Pfarrzwangs und der gottesdienstlichen Aufgaben.[39] Auf der anderen Seite wurden anfallende Fragen im Zuge des Summepiskopats des Landesherrn durch staatliches Recht geregelt.

Von daher empfiehlt sich ein erster Zugang über die staatliche Rechtssetzung. Auf dieser Grundlage kommen heutige kirchenrechtliche Bestimmungen in den Blick.

2.1 *Staatliches Recht:* Grundlegend für kirchliche Rechtssetzung und damit auch das Pfarrdienstrecht ist Art. 137 Abs. 3 WRV (in Art. 140 GG übernommen):

> „Jede Religionsgemeinschaft ordnet und verwaltet ihre Angelegenheiten selbständig innerhalb der Schranken des für alle geltenden Gesetzes. Sie verleiht ihre Ämter ohne Mitwirkung des Staates oder der bürgerlichen Gemeinde."

Als Körperschaften des öffentlichen Rechts (s. § 18 3.1) können die Kirchen *öffentlich-rechtliche Dienstverhältnisse* begründen. Im Bereich des Pfarrdienstes ist dies die Regel – lediglich in Fällen, bei denen die Versorgungslast zu hoch erscheint (wegen fortgeschrittenen Alters oder gesundheitlicher Risiken), wer-

---

39 PETER V. TILING, Pfarrerrecht, in: LKStKR Bd. 3 (2004), 218–220, 218.

den Pfarrer/innen privatrechtlich im Angestelltenverhältnis beschäftigt. So ist das Pfarrdienstrecht stark an das staatliche Beamtenrecht angelehnt. Dessen Grundsätze, Bestenauslese, Hauptberuflichkeit und Alimentation, gelten auch hier, wenngleich mit gewissen Einschränkungen bzw. Modifikationen.[40]

Das geistliche Kriterium der Ordination stellt eine Besonderheit des Pfarrdienstrechtes gegenüber dem Beamtenrecht dar, das nur der Bestenauslese verpflichtet ist.

Der Grundsatz der Hauptberuflichkeit ist prinzipiell gegeben. Auch im staatlichen Bereich gibt es durch Teilzeitbeschäftigung Abweichungen. Strittig ist, ob die vom Bundesverwaltungsgericht festgestellte Freiwilligkeit einer Beschränkung der Arbeitszeit auch für die Kirchen verpflichtend ist. Das Verfassungs- und Verwaltungsgericht der VELKD lehnte jedenfalls 2009 den – bei Berufsanfänger/innen in verschiedenen Landeskirchen üblichen – Zwang zur Teilzeit ab. Damit entsprach es einem Urteil des Bundesverfassungsgerichts von 2007 hinsichtlich des Beamtentums.

Schließlich besteht eine potenzielle Differenz bei der Alimentation von Pfarrer/innen. Die für Beamte vorgesehene aufgaben- und funktionsbezogene Stufung der Beamtenbezüge kann aus theologischen Gründen hinsichtlich des Pfarrberufs kritisch gesehen werden.

Dazu ist ein wichtiger Bereich pastoraler Tätigkeit Gegenstand staatlichen Rechts: das *Beicht- und Seelsorgegeheimnis*.[41] Die staatlichen Prozessordnungen erlauben Pfarrer/innen eine Aussageverweigerung über das, was sie als Seelsorger erfahren haben. Sie unterliegen dementsprechend nicht der Verpflichtung zur Anzeige geplanter Straftaten (§ 139 II Strafgesetzbuch).

Kirchenrechtlich ist noch einmal zu differenzieren. Das Beichtgeheimnis ist unverbrüchlich. Bei der Seelsorge Erfahrenes darf nur dann an Dritte weitergeben werden, wenn der seelsorgerlich Begleitete ausdrücklich einwilligt und der Pfarrer/die Pfarrerin dies nach eingehender Prüfung für angezeigt hält.[42]

Demgegenüber bezieht sich das sog. Dienstgeheimnis auf innerkirchliche Vorgänge. Für Aussagen dazu vor Gericht oder Behörden bedürfen Pfarrer/innen der Aussagegenehmigung ihrer Kirche.

2.2 Kirchenrecht: Grundsätzlicher Bezugspunkt für das evangelische Pfarrdienstrecht (s. GRETHLEIN, Kirchenrecht 153-169) sind die öffentliche Lehre des Evangeliums und die Feier der Sakramente (s. z. B. CA 14). Das impliziert die für Kirche konstitutive Bedeutung des Pfarrberufs, insofern es sich hier um unverzichtbare Vollzüge für evangelische Kirche handelt. *Im Einzel-*

---

40 S. zu den folgenden Ausführungen HEINRICH DE WALL, „Typenzwang" und Teildienstverhältnisse, in: ZevKR 49 (2004), 369–384, 378–383.
41 S. HEINRICH DE WALL/STEFAN MUCKEL, Kirchenrecht. Ein Studienbuch, München ⁴2014, 304-306.
42 S. hierzu jetzt den angesichts neuer Herausforderungen in der Praxis entstandenen Vorschlag von MICHAEL COORS/DOROTHEE HAART/DIETGARD DEMETRIADES, Das Beicht- und Seelsorgegeheimnis im Kontext der Palliativversorgung. Ein Diskussionspapier der Deutschen Gesellschaft für Palliativmedizin (DGP), in: WzM 66 (2014), 91-98.

§ 22 Pfarrberuf
483

nen wird zwischen der Ordination als einer geistlichen Handlung und dem Pfarrdienstverhältnis als einem rechtlich geordneten Dienst- und Treueverhältnis unterschieden. Zwar ist die Ordination Voraussetzung für die Berufung in das Dienstverhältnis als Pfarrer/in. Doch muss ein solches Dienstverhältnis der Ordination nicht folgen. Die aus der Ordination folgende Verpflichtung kann auch im Ehrenamt ausgeübt werden.

Eine besondere Akzentuierung erfährt diese Differenz seit 2004 in der Evangelischen Kirche im Rheinland.[43] Hier wird die Ordination radikal mit der Funktion des Predigtamtes verbunden. Deshalb werden auch Prädikant/innen ordiniert, in der Regel ehren- und hauptamtlich Mitarbeitende ohne die für den Pfarrberuf übliche Ausbildung.[44]

Die *Ordination* steht in der Spannung zwischen reformatorischem Bezug auf die Aufgabe der Kommunikation mit Gemeinde und ständischem Status (s. 1.2), wobei letzterer die Entwicklung bestimmte. Regional unterschiedlich und teilweise durchaus zögernd entstand der heute übliche Brauch, unter Handauflegung Rechte und Pflichten pastoraler Praxis auf Lebenszeit zu vergeben. Die Tendenz zu einer einseitig ständischen Ausrichtung zeigt sich auch darin, dass zwar die Ordination zurückgegeben oder entzogen werden kann, aber bei deren Wiederbeilegung nur die bereits früher ausgestellte Urkunde übermittelt wird, also kein neuerlicher Akt stattfindet.

Die *Unabhängigkeit der Pfarrer/innen* auf Grund ihrer besonderen Aufgabe tritt in der strikten Trennung zwischen Disziplinarverfahren und Verfahren im Zuge einer Lehrbeanstandung zu Tage. Das Disziplinarrecht ähnelt stark den entsprechenden Vorschriften des Beamtenrechts, einschließlich bestimmter Zwangsmaßnahmen wie Gehaltsreduktion u.ä. Demgegenüber sind die Vorschriften des Lehrverfahrens – seit dem preußischen Irrlehregesetz von 1910 – bestrebt, keinesfalls die Glaubensfreiheit des Einzelnen zu tangieren (s. GRETHLEIN, Kirchenrecht 196-207). Zudem kennt die Evangelische Kirche kein Lehramt, das ex cathedra sprechen kann. Von daher besteht ein Lehrverfahren aus Gesprächen, in denen die lehrmäßigen Differenzen theologisch diskutiert und möglichst beigelegt werden sollen. Zudem dürfen dem Betroffenen aus einem Lehrverfahren keine die Existenz betreffenden Nachteile erwachsen. Tatsächlich wurden seit 1910 in ganz Deutschland nur vier Lehrverfahren mit der Entfernung aus dem Dienst abgeschlossen.[45]

---

43 Ordination. Dienst und Ämter nach evangelischem Verständnis. Beschluss der Landessynode der EKiR vom 14. Januar 2004.
44 S. NIKOLAUS SCHNEIDER/VOLKER LEHNERT, Berufen – wozu? Zur gegenwärtigen Diskussion um das Pfarrbild in der Evangelischen Kirche, Neukirchen-Vluyn 2009, 52 f.
45 S. dazu GERHARD ROBBERS, Lehrfreiheit und Lehrbeanstandung, in: GERHARD RAU/HANS-RICHARD REUTER/KLAUS SCHLAICH (Hg.), Das Recht der Kirche Bd. 3 (FBESG 51), Gütersloh 1994, 138–152, 139–141; s. in historischer Perspektive ALBRECHT BEUTEL, Zensur und Lehrzucht im Protestantismus. Ein Prospekt, in: DERS., Spurensicherung. Sicherung zur Identitätsgeschichte des Protestantismus, Tübingen 2013, 37-59.

Schließlich gerät die Arbeit am Pfarrdienstrecht seit einigen Jahren von neuem in Bewegung. Angestoßen u. a. durch die Fusion der lutherischen Kirche von Thüringen und der unierten Kirchenprovinz Sachsen zur Evangelischen Kirche in Mitteldeutschland erarbeitete die *EKD* ein (Rahmen-) Pfarrdienstrecht, um die Zersplitterung in gegenwärtig über zehn verschiedene Pfarrdienstrechte zu überwinden. Bis Ende 2012 wurde das Gesetz – nach positiver Beschlussfassung durch die EKD-Synode (2010)[46] – von fast allen der zwanzig evangelischen Landeskirchen übernommen. Nur die Synode der Bremischen Kirche verweigerte die Annahme. Interessant ist der Versuch des EKD-Gesetzes, einige seit Längerem umstrittene Fragen einheitlich zu regeln:[47] So wird die bisherige „Residenzpflicht" in eine Pflicht zur Erreichbarkeit überführt. Auch die Fragen zu Ehe und Familie werden gegenüber bisherigen Gesetzen weiterentwickelt. Vor allem die – mit einigen Kautelen versehene – in § 39 eröffnete Möglichkeit, dass ein verpartnertes (homosexuelles) Paar im Pfarrhaus wohnt, ist umstritten. Insgesamt dominiert – gut reformatorisch – das Bemühen, die Funktionsfähigkeit des pastoralen Dienstes sicherzustellen.

3. Gegenwärtige Situation

Die gegenwärtige Situation des Pfarrberufs ist pluriform.[48] Veränderungen bahnen sich in verschiedener Hinsicht an bzw. zeigen bereits ihre Folgen:

Statistische Daten zeigen einen erheblichen Wandel im 20. Jahrhundert.

Offenkundig bereitet der Umgang mit den vielfältigen Aufgaben in einer Zeit abnehmender Selbstverständlichkeit von Kirchenzugehörigkeit Probleme.

Die organisationsförmigen Reaktionen von Kirchenleitung auf gesellschaftliche Veränderungen betreffen nicht zuletzt die Pfarrer/innen und ihre Arbeitsbedingungen.

3.1 *Statistische Befunde:* Vorweg sei auf das allgemeine Ansehen der Pfarrer/ Geistlichen in der Bevölkerung hingewiesen. In der vom Allensbacher Institut für Demoskopie erstellten *Berufsprestige*-Skala rangierten (seit 1966) die „Pfarrer/Geistlichen" regelmäßig auf dem zweiten bzw. dritten Rang. 1966 gaben 49 % der Deutschen in der diesbezüglichen Repräsentativbefragung an, dass sie vor Vertretern dieses Berufs „besondere Achtung" hätten. 2008 waren es 39 %, wobei das zum Rang zwei hinter den Ärzten genügte. 2011

---

46 S. Heinrich de Wall, Das Pfarrdienstgesetz der EKD, in: ZevKR 57 (2012), 390-409.
47 S. – vor allem aus der Sicht des Pfarrervereins – Gerhard Tröger, Ein Meilenstein gesamtkirchlicher Rechtsetzung. Das neue Pfarrdienstgesetz der EKD, in: DtPfrBl 111 (2011), 135–138.
48 Eine sehr gute Übersicht über die einschlägigen empirischen Untersuchungen findet sich bei Hermelink.

kam es zu einem weiteren Rückgang: Nur noch 28 % bekundeten besondere Achtung, der Pfarrberuf rutschte auf Platz 7 der Skala von 18 Berufen ab. Dafür dürfte nicht zuletzt der Missbrauchsskandal bei katholischen Priestern verantwortlich sein. Denn die Umfrage differenziert nicht konfessionell. 2013 war der Befund nur etwas besser. Jetzt bekundeten 29 % besondere Achtung und die Pfarrer/Geistlichen rückten auf Rang 6 vor (nach Arzt, Krankenschwester, Polizist, Lehrer, Handwerker). Es liegt auf der Hand, dass das geringe Ansehen der Kirche[49] sich auf die Einschätzung der Pfarrer/innen auswirkt. Vielleicht schwingt beim Absinken des Berufsprestiges von „Pfarrern/Geistlichen" auch schon die tief greifende Umstellung in Kommunikationen Platz, die in den Social Media zu beobachten ist (s. § 20 4.2).

Die vor allem von Isolde Karle vehement behauptete nebensächliche Bedeutung der Internet-Kommunikation für „religiöse Kommunikation" geht noch davon aus, dass zwischen face-to-face-Kommunikation und Internet-Kommunikation genau unterschieden werden kann.[50] Zumindest bei jüngeren Menschen gehen im Bereich der Social Communities beide Kommunikationsformen aber ineinander über.

Auch in anderer Hinsicht unterlag der Pfarrberuf erheblichen Veränderungen, und zwar hinsichtlich der *Relation Pfarrer – Kirchenmitglieder*.[51] 1910 betreuten in Deutschland 16.000 Pfarrer 37 Millionen Evangelische; 2009 betrug die Relation 21.500 zu 24,2 Millionen. Das Verhältnis halbierte sich also, auch wenn in den letzten Jahren die Zahl der Pfarrstellen aus finanziellen Gründen wieder abgesenkt wird. Die langjährige Tendenz zeigt eine signifikante Veränderung, in der sich der Rückgang an Selbstverständlichkeit der Kirchenmitgliedschaft, aber auch ein größerer Umfang binnenkirchlicher Kommunikation widerspiegelt. Dazu führte die politische Vereinigung zu einer Veränderung des Verhältnisses, insofern in der DDR weniger Gemeindeglieder auf einen Pfarrer/eine Pfarrerin kamen.

Betrachtet man den Beruf näher, fällt bereits bei den statistischen Daten die *Diversifizierung* auf:

Die EKD-Statistik von 2015 (für 2009!) erfasst 21.488 Theolog/innen im aktiven Dienst (davon 33 % Frauen). Sie gibt 18.576 auf Planstellen tätige Pfarrer/innen an, von denen 32,1 % Frauen sind. 14.356 (77,2 %) arbeiten Vollzeit (davon 23,7 % Frauen), 4.220 Teilzeit (davon 60,8 % Frauen). 548 Pfarrer/innen sind ohne Planstelle (davon 59,3 % Frauen) und 2.364 beurlaubt, freigestellt oder im

---

49 Bereits seit Längerem ist vor allem bei jüngeren Menschen das Vertrauen zur Kirche im Vergleich zu anderen Institutionen bzw. Organisationen unterdurchschnittlich (s. z. B. SHELL DEUTSCHLAND HOLDING [Hg.], Jugend 2015. Eine pragmatische Generation im Aufbruch, Frankfurt 2015, 176–178).
50 S. z. B. ISOLDE KARLE, Der Pfarrer/die Pfarrerin als Schlüsselfigur: Kontinuitäten und Diskontinuitäten, in: EvTh 75 (2015), 227-238, 228.
51 Die folgenden Angaben entstammen KARL-WILHELM DAHM, Pfarrer/Pfarrerin VI. Statistisch, in: ^{4}RGG Bd. 6 (2003), 1204–1212, 1205 f.

Wartestand (davon 38,6 % Frauen). 14.040 (65,3 %) der Pfarrer/innen sind im Gemeindedienst ganz oder teilweise (davon 29,6 % Frauen), 5.554 im Funktionsdienst (davon 40,1 % Frauen) tätig.

Insgesamt ist ein deutliches *Anwachsen des Anteils von Frauen im Pfarrberuf* zu konstatieren. Die Statistik der gegenwärtig Theologie-Studierenden mit dem Berufsziel Pfarramt lässt eine Verstetigung dieses Trends vermuten. Die – gesamtgesellschaftlich gesehen – außergewöhnlich starke Partizipation von Frauen an der Freiwilligenarbeit in der Kirche (s. § 21 3.2) weist in dieselbe Richtung.

Hervorzuheben ist, dass die Mehrzahl der Pfarrer/innen in der Kirchengemeinde tätig ist; allerdings arbeitet mehr als ein Viertel von ihnen in anderen Bereichen, wobei diese Tendenz bei den Frauen besonders ausgeprägt ist. Nimmt man noch hinzu, dass es in vielen Kirchenkreisen bzw. Dekanatsbezirken mittlerweile üblich ist, dass Gemeindpfarrer/innen gemeindeübergreifende Beauftragungen übernehmen (für Mission, Öffentlichkeitsarbeit usw.), tritt die Relativierung des Kirchengemeindebezugs für den Pfarrberuf noch deutlicher hervor. Dieter Becker vertritt deshalb die These, dass es gegenwärtig nicht einen „Pfarrberuf" (Singular), sondern *„Pfarrberufe" (Plural)* gibt (BECKER 242–244).

3.2 *Einstellungen:* Die fünf bisher ausführlich dokumentierten EKD-Mitgliedschaftsstudien (s. § 18 4. und 4.1) präsentieren den Pfarrer/die Pfarrerin als „‚Schlüsselfigur' für den Zugang der Kirchenmitglieder zur Kirche" (EIMTERBÄUMER 377). Ihr Ansehen ist in der Bevölkerung höher als das der Kirche. Bei genauerem Durchsehen der Befunde ergeben sich jedoch gegenläufige Tendenzen: „Pfarrerinnen sprechen primär mit den hochverbundenen Kirchenmitgliedern und immer weniger mit anderen Kirchenmitgliedern." (a.a.O. 379). Vor allem Menschen mit bestimmten Lebensstilen werden de facto nicht durch Pfarrer/innen erreicht. Auch die Bedeutung von Pfarrer/innen für Gespräche zu religiösen Themen ist – wie gezeigt (s. Einführung zu § 16) – erheblich geringer als die von Familienangehörigen oder Freund/innen. *Die für Kirche festgestellte Marginalisierungstendenz erreicht demnach ebenfalls den Pfarrberuf.*[52] Vermutlich versuchen Gemeindpfarrer/innen dies durch vermehrten Arbeitseinsatz zu kompensieren. Untersuchungen zur *Arbeitszeit* zeigen, dass diese durchschnittlich über 50 bzw. sogar 60 Stunden in der Woche liegt.[53] Besonders in Teildienstverhältnissen er-

---

[52] Anders interpretiert die 5. EKD-Mitgliedschaftsstudie ihre Befunde (s. EVANGELISCHE KIRCHE IN DEUTSCHLAND [EKD] [Hg.], Engagement und Indifferenz. Kirchenmitgliedschaft als soziale Praxis. V. EKD-Erhebung über Kirchenmitgliedschaft, Hannover März 2014, 13).
[53] S. die Studie von DIETER BECKER/KARL-WILHELM DAHM/FRIEDERIKE ERICHSEN-WENDT (Hg.), Arbeitszeiten im heutigen Pfarrberuf. Empirische Ergebnisse und Analysen zur Gestaltung pastoraler Arbeit (Empirie und Kirchliche Praxis 5), Frankfurt 2009.

achten die Pfarrer/innen ihre Arbeitszeit als dauerhaft zu hoch (s. EIMTERBÄUMER 386).

Der Schwerpunkt der pastoralen Tätigkeit liegt mit je gut 20 % bei „Verwaltung/Management" und „Gottesdienst/Andachten". Dagegen macht die „Seelsorge" nur einen geringen Teil der Arbeitszeit aus (4–5 %). Rechnet man insgesamt die Angaben zum tatsächlichen Zeitbudget zusammen, so entfallen etwa 40 % davon auf verwaltende Tätigkeiten, wozu auch Gremienarbeit und Gespräche mit Mitarbeiter/innen zählen.

3.3 Veränderungen in der Arbeitsorganisation: Regional unterschiedlich, aber tendenziell überall voranschreitend sind Bemühungen zur sog. Personalführung. Anknüpfend an das traditionelle Instrument der Visitation versuchen Kirchenleitungen durch Einführung von neuen Formen wie dem jährlichen Mitarbeitergespräch, Kirche stärker organisationsförmig zu gestalten. Es ist gegenwärtig offen, mit welchem Erfolg. Allerdings kann bezweifelt werden, ob so die bisher die pastorale Praxis leitende intrinsische Motivation gesteigert bzw. ersetzt werden kann.[54]

Auffällig ist bei vielen Pfarrer/innen die geringe Kooperationsfähigkeit bzw. -bereitschaft. Dies geht nicht nur aus zahlreichen Konflikten in der Praxis – unter Pfarrer/innen oder mit anderen Mitarbeitenden – hervor. Vielmehr zeigen Einstellungsuntersuchungen, dass nur Berufsanfänger/innen „Teamwork" zum Kern des Berufs zählen (s. EIMTERBÄUMER 384 Schaubild). Mit diesem Befund sind in einer differenzierten gesellschaftlichen und kulturellen Situation erhebliche Probleme verbunden. Ein Zusammenhang der empirisch festgestellten Individualisierung von Pfarrer/innen mit der Milieuverengung der Kirchengemeinden (s. § 10 3.2) legt sich nahe.

Vor diesem Hintergrund verdienen die in verschiedenen Landeskirchen begegnende Bemühungen, für den Dienst der Pfarrer/innen Dienstordnungen zu erstellen, Aufmerksamkeit. So bestimmt z. B. eine diesbezügliche Handreichung in der bayrischen evangelisch-lutherischen Kirche:

„Sie (sc. die Dienstordnungen, C. G.) sollen:

1. den Inhalt und den Umfang des Dienstes der Pfarrerinnen und Pfarrer beschreiben und strukturieren,

2. die mit dem Pfarrdienst verbundene Arbeitsbelastung in einem angemessenen Maß halten,

3. die Zuständigkeit von gemeinsam in einem Dienstbereich tätigen Personen ordnen."[55]

---

54 S. sehr kritisch ISOLDE KARLE, Kirche im Reformstress, Gütersloh 2010, 191–225.
55 LANDESKIRCHENAMT DER EVANGELISCH-LUTHERISCHEN KIRCHE IN BAYERN (Hg.), Gut, gerne und wohlbehalten arbeiten. Handreichung für die Erstellung von Dienstordnungen für Pfarrerinnen und Pfarrer der Evangelisch-Lutherischen Kirche in Bayern, München 2015, 13.

In deutlicher Abgrenzung vom „tradierte(n) Ideal des sich im Dienst gleichsam verzehrenden Menschen"[56] werden hier durchschnittliche Stundenansätze für pastorale Tätigkeiten innerhalb und außerhalb der Kirchengemeinde (einschließlich Fortbildung) angegeben, die eine transparente und damit auch für Kooperation offene Arbeitsbelastung ergeben soll. Erste Erfahrungen aus der Pilotphase des eben zitierten Versuchs in der bayrischen Kirche lassen erhoffen, dass der mit der Einführung von Dienstordnungen gegebene Bewusstmachungsprozess die Pfarrer/innen entlastet. U. a. lässt er klarere Strukturierung der Arbeit sowie präzisere Schwerpunktbildungen und damit auch verlässlichere Kooperationen zu.[57]

4. Reformvorschläge

Die bereits in § 18 skizzierten, als Übergang von der Institution zur Organisation gedeuteten Transformationen in Kirche stellen den empirischen Rahmen für die eben genannten Veränderungen im Pfarrberuf dar. In unterschiedlicher Weise reagieren Praktische Theolog/innen darauf.[58]

4.1 *Andersartigkeit des Pfarrers:* Manfred Josuttis (s. § 5 2.1) ist der Praktische Theologe, der sich in den letzten Jahrzehnten in immer neuen Anläufen am intensivsten mit dem Pfarrberuf auseinandergesetzt hat. In einer 1982 vorgelegten Studie formulierte er griffig: „*Der Pfarrer ist anders.*" Dieser Satz enthält „Feststellung", „Absichtserklärung", „Forderung" und „Vorwurf" zugleich.[59] Konkret brachte der Pastoraltheologe damit in der Praxis empfundene Spannungen des Pfarrerseins auf eine griffige Formel und stellte zugleich die hohe Bedeutung des Pfarrberufs heraus.

In weiteren Veröffentlichungen entwickelte er diesen Ansatz fort. Doch löste er jetzt die im Ansatz der Andersartigkeit implizierten Spannungen einseitig auf. 1996 schrieb er:

> „Pfarrer und Pfarrerin führen in die Zone des Heiligen, die immer verborgen war, die aber in der modernen Gesellschaft verboten ist, weil diese Macht die einzig reale Alternative gegenüber den destruktiven Tendenzen des Mammonismus darstellt."[60]

---

56 A. a. O. 14.
57 Zu weiteren Gesichtspunkten s. das interessante Votum von Michael Stein, Dienstordnung III. „Dienst-Entlastungs-Ordnung", in: Korrespondenzblatt, hg. v. Pfarrer- und Pfarrerinnenverein der evangelisch-lutherischen Kirche in Bayern 130 Jg., April 2015, 53 f.
58 Eine knappe, aber instruktive Darstellung der diversen Reformpapiere einzelner Landeskirchen, des Verbandes der Pfarrvereine sowie der EKD findet sich in Nikolaus Schneider/ Volker Lehnert, Berufen – wozu? Zur gegenwärtigen Diskussion um das Pfarrbild in der Evangelischen Kirche, Neukirchen-Vluyn 2009, 30–39.
59 Manfred Josuttis, Der Pfarrer ist anders. Aspekte einer zeitgenössischen Pastoraltheologie, München 1982, 12 f.
60 Manfred Josuttis, Die Einführung in das Leben. Pastoraltheologie zwischen Phänomenologie und Spiritualität, Gütersloh 1996, 20.

Es gelingt Josuttis auch hier, die *Besonderheit des Pfarrberufs* hervorzuheben. Vor allem die zur Kommunikation des Evangeliums gehörende Kulturkritik kommt zum Ausdruck. Doch sind Probleme unübersehbar. Pfarrer/innen werden einer besonderen „Zone" zugeordnet, die anderen Menschen nur durch ihre Führung zugänglich wird. Theologisch scheint die reformatorische Erkenntnis des allgemeinen Priestertums aller Getauften vergessen.

4.2 *Pastorale Profession:* Im Gegensatz zu Josuttis versteht Isolde Karle (geb. 1963) den Pfarrberuf – unter Rückgriff auf die berufssoziologische Professionstheorie von Rudolf Stichweh – als *Profession:*

> „Mit dem Begriff der Profession sind in historischer Perspektive zunächst einmal bestimmte akademische Berufe gemeint, die mit der spätmittelalterlich-frühmodernen Gliederung der Universität identisch sind: Mediziner, Juristen und Theologen bilden die klassischen Professionen. Alle Professionen beziehen sich auf zentrale menschliche Fragen und Probleme wie Krankheit, Schuld und Seelenheil."[61]

Wegen dieser besonderen Prägung sind bei einer Profession berufliche Tätigkeit und Person der Tätigen untrennbar aufeinander bezogen. Denn ihr Handeln setzt Vertrauen bei denen voraus, die es in Anspruch nehmen. Mit dieser Deutung gelingt es Karle, den pastoraltheologischen Diskurs und damit den Pfarrberuf aus seiner Abseits-Stellung zu befreien. Viele Probleme der Pfarrer/innen erscheinen diesen nur deshalb als berufstypisch, weil sie andere Berufe zu wenig kennen.[62] Zugleich wertet die Professions-Folie den Pfarrberuf auf, indem sie dessen *Besonderheit im Sachthema* hervortreten lässt, und stärkt so dessen Inhaber/innen.

Allerdings berücksichtigt Karle zu wenig die Tendenzen zur Deprofessionalisierung bzw. die „Professionsbrüche"[63] im Pfarrberuf, die mit dem Marginalisierungsprozess von Kirche zusammenhängen. Die meisten Menschen setzen heute die Kirche nicht – mehr – mit den Institutionen Gericht oder Krankenhaus gleich. Während „Krankenhaus" und „Gericht" nach wie vor zum notwendigen „Muss" gehören, gilt für die Kirche ein optionales „Kann". Das wirkt sich auf die beruflich dort Tätigen und deren Ansehen aus. Dazu wirft bei Karle die inhaltliche Bestimmung der zu Recht hervorgehobenen „Sachthematik" pastoralen Handelns („die Verkündigung des Wortes Gottes"[64])

---

61 Isolde Karle, Der Pfarrberuf als Profession. Eine Berufstheorie der modernen Gesellschaft (PThK 3), Gütersloh 2001 (Stuttgart ³2011), 31.
62 S. z. B. Jan Hermelink, Pfarrer als Manager? Gewinn und Grenzen einer betriebswirtschaftlichen Perspektive auf das Pfarramt, in: ZThK 95 (1998), 536–564.
63 Peter Höhmann, Professionsbrüche im Pfarrberuf, in: Dieter Becker/Richard Dautermann (Hg.), Berufszufriedenheit im heutigen Pfarrberuf. Ergebnisse und Analysen der ersten Pfarrzufriedenheitsbefragung in Korrelation zu anderen berufssoziologischen Daten (Empirie und Kirchliche Praxis 1), Frankfurt 2005, 53–75.
64 Isolde Karle, Der Pfarrberuf als Profession. Eine Berufstheorie der modernen Gesellschaft (PThK 3), Gütersloh 2001 (Stuttgart ³2011), 169.

Probleme auf. Denn sie verdankt sich einem deduktiv dogmatischen Ansatz, der unter bewusster Absehung konkreter Kommunikationsprozesse entworfen wurde. Das löst den grundsätzlich symmetrisch kommunikativen Charakter des Pfarrberufs in ein asymmetrisch kommunizierendes Professionshandeln auf.

4.3 *Pastorale Person:* Noch einmal anders setzt Michael Klessmann an. Aus pastoralpsychologischer Perspektive hebt er die *Bedeutung der Persönlichkeit* für den Pfarrberuf hervor. Empirische Befunde bestätigen, dass ihr für die kirchliche Kommunikation mit Gemeindegliedern eine wichtige Rolle zukommt.

Allerdings korrigiert Klessmann die damit leicht einhergehende Überforderung der Amtsträger/innen in früheren Konzepten. So gilt ihm als Leitbild für den Pfarrer/die Pfarrerin der *„verwundete Heiler"*:

„Heilende Fähigkeiten entwickeln nicht diejenigen, die heil, bruchlos, immer stark und heiter, nie schwach und hilfsbedürftig durchs Leben gegangen sind, sondern umgekehrt gerade die, die Schmerzen und Wunden erlitten, Ohnmacht, Schwachheit und Hilfsbedürftigkeit erlebt haben."[65]

Damit versucht der Pastoralpsychologe, theologische und psychologische Einsichten in die Gebrochenheit des Menschen sowie die Erwartungen der Menschen an den Pfarrer/die Pfarrerin in konzeptioneller Balance zu halten. Kommunikationstheoretisch weiterführend ist sein Hinweis auf die *Spannung zwischen der theologisch gebotenen Symmetrie und der durch den Vorsprung an theologischem Sachwissen gegebenen Asymmetrie* in der Beziehung zwischen Pfarrer/in und Ratsuchenden.[66]

Insgesamt tritt in diesem Entwurf der Inhalt der pastoralen Kommunikation zurück. Die Überlegungen sind primär auf die seelsorgerliche Praxis konzentriert. Andere pastorale Aufgaben kommen nur am Rand in den Blick. Auch bleiben institutionelle bzw. organisatorische Gesichtspunkte (weitgehend) unberücksichtigt.

5. Ausblick

Der biblisch begründete Impuls der Reformatoren entdeckte die funktionale Bedeutung des kirchlichen Amtes bzw. theologisch angemessener: des pastoralen Dienstes von neuem. Die Tätigkeit der Pfarrer(innen) soll die Kommunikation des Evangeliums fördern, besitzt aber keinen priesterlichen Eigenwert. Von daher hat eine pastorale Berufstheorie den kommunikativen Zusammenhang des Pfarrberufs mit dem allgemeinen Priestertum aller Getauften herauszuarbeiten. *Kommunikationstheoretisch geht es darum* (s. § 8

---

65 MICHAEL KLESSMANN, Pfarrbilder im Wandel. Ein Beruf im Umbruch, Neukirchen-Vluyn 2001, 83.
66 A. a. O. 77 Anm. 17.

1.7 und 8), *die durch das theologische Expertenwissen gegebene funktionale Asymmetrie in der Beziehung zu den Gemeindegliedern und die grundsätzliche Symmetrie in der Beziehung zwischen den Getauften in eine Balance zu bringen, die die Kommunikation des Evangeliums fördert.* Diese Aufgabe eröffnet einen breiten Raum für die konkrete Gestaltung des Pfarrberufs. Dabei ist das differenzierte neutestamentliche Gemeindeverständnis aufzunehmen (s. Einführung zum 6. Kapitel). Die Tätigkeit der Pfarrer/innen ist demnach nicht nur auf die Ortsgemeinde, die Landeskirche oder bestimmte Funktionsbereiche, sondern ebenso auf die Hausgemeinden, also die multilokalen Mehrgenerationenfamilien, sowie die Ökumene bezogen.

Insgesamt ist die Situation des evangelischen Pfarrberufs stabil. Doch sind Probleme unübersehbar. Im Sinne repräsentativer Statistik, deren Anwendung auf konkrete Individuen allerdings stets problematisch ist, gilt für Pfarrer/innen:

– Ihr Ansehen geht zurück;
– ihr Kontakt zu den Menschen verengt sich;
– ihre Tätigkeit wird fast zur Hälfte durch innerkirchliche Verwaltung bestimmt;
– ihr Kooperationsinteresse ist gering.

In dieser Situation geben die drei exemplarisch skizzierten pastoraltheologischen Konzepte wichtige Impulse:

– Josuttis hebt die kulturkritische Dimension des Pfarrberufs hervor;
– Karle betont die Sachthematik der pastoralen Tätigkeit;
– Klessmann macht auf die Bedeutung der Persönlichkeit für das Pfarrersein aufmerksam.

Dies wird im Verständnis des Pfarrberufs als eines „theologischen Berufs" aufgenommen und inhaltlich präzisiert (GRETHLEIN, Pfarrer). Denn das absolvierte Theologiestudium an einer Universität stellt (in der Regel)[67] die Zugangsvoraussetzung zum Pfarrberuf dar. Dies ist in mehrfacher Hinsicht begründet:

Die christliche Gemeinde ist nach reformatorischer Einsicht eine „Interpretationsgemeinschaft",[68] deren Ziel die Förderung der Kommunikation des Evangeliums ist. Alle Getauften haben daran im Sinne des Übertragungsmediums „Evangelium" Anteil (s. § 9 1.). Doch erfordert diese Interpretation den Rückgriff auf das Speichermedium „Evangelium". Die Bearbeitung der damit gegebenen historischen und systematischen Aufgaben setzt unter den Bedingungen gegenwärtiger Wissenschaftskultur theologische Urteilsfähigkeit voraus. Deren Erwerb und Weiterentwicklung ist Aufgabe der Pfarrer/innen. Weil „Evangelium" aber kein feststehender Gegenstand ist, son-

---

67 Während in der besonderen Situation der DDR alternative Ausbildungsstätten zu den Universitäten größere Bedeutung hatten, war sonst und ist heute die Zahl derer sehr gering, die eine seminaristische Pfarr(verwalter)ausbildung absolvieren.

68 Ausgeführt von INGOLF DALFERTH, Evangelische Theologie als Interpretationspraxis (ThLZ.F 11/12), Leipzig 2004.

dern sich in Kommunikationsprozessen ereignet, müssen das Evangelium als Übertragungs- und als Speichermedium stets aufeinander bezogen werden. Die eben genannte Balance zwischen asymmetrischer und symmetrischer Kommunikation findet hier ihre medientheoretische Bestimmung. *Die Pfarrer/innen haben durch ihre Ausbildung besondere Kenntnisse zur Erschließung des Speichermediums Evangelium. Diese haben sie in den grundsätzlich symmetrischen Kommunikationsprozess der Interpretationsgemeinschaft der Getauften einzubringen.*

Solch ein Verständnis des Pfarrberufs ist strikt funktional ausgerichtet. Zugleich macht es darauf aufmerksam, dass die hohe zeitliche Belastung von Pfarrer/innen durch innerkirchliche Verwaltungstätigkeit problematisch ist. Denn angesichts der skizzierten Veränderungen erfordert die Kommunikation des Evangeliums in der Spannung zwischen biblisch Tradiertem und biographisch Bedeutsamem theologisch gebildete Pfarrer/innen. Und dazu ist Zeit zu Studium und Kommunikation sowie zu Gebet und Meditation unerlässlich. Einen wichtigen Impuls zur Weiterentwicklung eines solchen theologischen Berufsverständnisses gibt die Zulassung von Frauen zum Pfarrberuf.[69] Die immer noch bestehende größere Verantwortlichkeit von Frauen im familiären Bereich verhindert nämlich ein ungebrochenes Fortschreiben des Pfarrbildes im Sinne eines separat bestimmbaren Standes. Unterbrechungen in der Erwerbstätigkeit und Teilzeit-Tätigkeit lassen die Funktionsbestimmung und damit – im wörtlichen Sinn – Relativität des evangelischen Pfarrberufs hervortreten. Dass dies in einer Übergangszeit zur Über- bzw. Belastung der so Beschäftigten führt, ist wohl nicht ganz zu vermeiden, aber dringend zu korrigieren. Vielleicht gelingt erst dann der endgültige Abschied von der (männlichen) Priesterrolle, die in einer reflexiv modernen Gesellschaft ihre Träger überfordert und die anderen Menschen entmündigt.

§ 23 Weitere Berufe

Literatur: Arbeitspapier über die Konzeption für die Ausbildung kirchlicher Mitarbeiter im Gemeindedienst zur Vorbereitung der Synode des Bundes der Evangelischen Kirchen in der DDR im September 1975, in: DIETER ASCHENBRENNER/ KARL FOITZIK (Hg.), Plädoyer für theologisch-pädagogische Mitarbeiter in der Kirche. Ausbildung und Praxis in den Kirchen der Bundesrepublik und in der DDR, München 1981, 187–215 – GOTTFRIED BUTTLER, Kirchliche Berufe, in: TRE Bd. 19 (1990), 191–213 – KARL FERDINAND MÜLLER, Der Kantor. Sein Amt und seine Dienste, Gütersloh 1964 – KARL NICOL, Das Küsteramt in der evangelischen Kirche. Eine Handreichung, Erlangen ²1954 (1939), 1–20 – ANNETTE NOLLER/ELLEN EIDT/HEINZ SCHMIDT (Hg.), Diakonat – theologische und sozial-

---

[69] Grundsätzlich auf die dadurch veränderte Berufssituation und daraus folgenden Probleme und Chancen macht aufmerksam: BRIGITTE ENZNER-PROBST, Pfarrerin. Als Frau in einem Männerberuf, Stuttgart 1995.

wissenschaftliche Perspektiven auf ein kirchliches Amt (Diakonat – Theoriekonzepte und Praxisentwicklung 3), Stuttgart 2013 – BERND SCHRÖDER, Von Ursprung und Wandel des Religionslehrer(leit)bildes im Christentum, in: DERS./HARRY HARUN BEHR/DANIEL KROCHMALNIK (Hg.), Was ist ein guter Religionslehrer? Antworten von Juden, Christen und Muslimen (Religionspädagogische Gespräche zwischen Juden, Christen und Muslimen 1), Berlin 2009, 121-148 – WOLFGANG STECK, Praktische Theologie. Horizonte der Religion – Konturen des neuzeitlichen Christentums – Strukturen der religiösen Lebenswelt Bd. 1 (ThW 15,1), Stuttgart 2000, 414–434 – HEINRICH DE WALL/STEFAN MUCKEL, Kirchenrecht. Ein Studienbuch, München ⁴2014, 312-316

Die große Mehrheit der in Kirche und Diakonie Erwerbstätigen sind keine Pfarrer/innen. Sie stehen zum einen in der bereits altkirchlichen Tradition, Menschen für wichtige Funktionen in der Gemeinde von sonstiger Erwerbstätigkeit freizustellen. Zum anderen verdanken sie sich vor allem zwei Impulsen: dem diakonischen und pädagogischen Aufbruch im 19. Jahrhundert und der Professionalisierung pädagogischer und helfender Berufe seit den siebziger Jahren des 20. Jahrhunderts. Die Vielzahl dieser Berufe ist also ein Resultat neuerer Bemühungen um eine zeitgemäße Gestaltung der Kommunikation des Evangeliums. Im Zuge dessen wurden die Kirchen und diakonischen Werke zu großen Arbeitgebern und übernahmen Verpflichtungen für die Gestaltung von Arbeitsplätzen.

Inhaltlich stellt sich die Aufgabe, eine *Balance zwischen der Orientierung am christlichen Grundimpuls und den jeweiligen professionellen Standards* zu finden. Denn beide Perspektiven sind wichtig, um heute die Kommunikation des Evangeliums in ihren verschiedenen Modi zu fördern. Vor allem in den neuen Bundesländern zeigt sich, dass dazu die aus dem 19. Jahrhundert überkommene Mitgliedschaftsregel nicht mehr ausreicht.

1. Historische Entwicklung

Schnell bildeten sich neben den Gemeindeleitern in der Alten Kirche weitere Berufe heraus. Lange Zeit lag ihr Schwerpunkt auf liturgischen Funktionen. Seit dem 19. Jahrhundert treten dazu vermehrt diakonische und pädagogische Tätigkeiten. Im 20. Jahrhundert vergrößert sich das Spektrum noch einmal erheblich.

1.1 *Pluriformität:* Bereits im Neuen Testament begegnen verschiedene Bezeichnungen für kirchliche Funktionsträger, ohne dass jeweils trennscharf die Aufgaben bestimmt werden können: Apostel, Episkopos (Bischof), Evangelist, Diakon/in, Hirte, Lehrer, Presbyter, Prophet, Witwe. In der dritten Generation kristallisierte sich als leitende Funktion der Bischof heraus. Daneben werden andere Funktionsträger erwähnt, deren Lebensunterhalt in der Regel ebenfalls die Gemeinde trug, die aber keine Gemeinde leiteten. Vor allem sind hier die *Diakone* zu nennen – und eine Zeitlang die Diakoninnen.

Sie waren wohl vornehmlich mit verwaltungsmäßigen und liturgischen Aufgaben beschäftigt (s. § 15 3.1). Entsprechend der damit gegebenen Vielfalt differenzierte sich dieses Amt weiter aus:

> Im hierarchischen Gefüge nach oben stieg der Archidiakon auf. Er fungierte seit dem 4. bzw. 5. Jahrhundert als Vorsteher der Diakone und vertrat den Bischof. Allerdings verfiel im Zuge der Ausdifferenzierung des Priesteramtes dieses Amt und existiert heute – mit Ausnahme der Anglikanischen Kirche – nur noch als Ehrentitel. Umgekehrt kam es auch zu Ausgliederungen in der Rangleiter nach unten, zum Subdiakon.

Die Hilfsdienste des Türhüters (lat.: ostiarius), des Vorlesers (lector), des Dämonen-Austreibers (exorcista) und des Begleiters (acoluthus) wurden als niedere Weihestufen in die priesterliche Hierarchie eingegliedert (NICOL 3 f.). Im Mittelalter kamen weitere Dienste wie der Custos (Hüter) dazu, der sich zum *Küster* bzw. Mesner entwickelte. Ihm oblag die äußere Vorbereitung und Durchführung des Gottesdienstes sowie die Pflege der Kirche (a. a. O. 5).

Ein besonderer Weg ergab sich im 2. und 3. Jahrhundert teilweise für die Aufgabe der *Lehre* (s. § 13 3.1). Manche Christen betätigten sich – gleichsam in einer Vorform des Religionslehrers – im Rahmen der damals verbreiteten Form der Philosophenschule, wobei wohl meist nur eine lockere Verbindung zur christlichen Gemeinde vor Ort bestand. Hier begegnen erstmals Formen der Kommunikation des Evangeliums im Modus von Lehr- und Lernprozessen außerhalb der sonstigen gemeindlichen Organisation.

Seit dem 4. Jahrhundert werden *Sänger bzw. Vorsänger* erwähnt (Cantor). Mit zunehmender Bedeutung der musikalischen Ausgestaltung der Liturgie kam diesem Amt großes Gewicht zu, vor allem an Kathedralkirchen. Es stieg in der Hierarchie auf und verlor dabei – ähnlich dem Diakon – (teilweise) seine ursprüngliche Funktion.

Dazu erforderte das durch Seelenmessen, Vigilien und verschiedene Benediktionshandlungen anwachsende liturgische Leben im Mittelalter eine umfangreiche Klerikerschaft. Sie war dem Bischof untergeordnet (s. § 22 1.1). Insgesamt fällt auf, dass die kognitive Aneignung von und die Auseinandersetzung mit den Inhalten des Evangeliums auf eine sehr kleine Gruppe gelehrter Kleriker beschränkt blieb.

1.2 *Reformatorische Impulse:* Die radikale Kritik am klerikalen Priestertum und seiner angeblichen Heilsvermittlung hatte Auswirkungen auf das nichtpriesterliche kirchliche Personal (s. BUTTLER 196). Die liturgischen Handlungen reduzierten sich, doch kamen neue Herausforderungen hinzu, vor allem für die *Küster und Kantoren*. Die Einsicht in den unvermittelten Bezug jedes/r Einzelnen zu Gott erforderte entsprechende Bildung. Dazu waren Schulen und *Lehrkräfte* notwendig. So verknüpften sich die Tätigkeiten von Küster, Kantor und Elementarlehrer oft in einer Person (s. die diesbezügliche

§ 23 Weitere Berufe 495

Auswertung verschiedener Kirchenordnungen bei NICOL 8–12). Neben dem Unterrichten gab es vielfältige weitere Aufgaben:

„Zunächst waren ihm die Pflichten eines Kustos der Kirche aufgetragen. Hierunter fielen auch solche Aufgaben wie die Reinigung des Kirchengebäudes, das Öffnen und Schließen der Kirche, das Auswechseln der Altar- und Kanzelbehänge, die Zubereitung des Altars für den Abendmahlsgottesdienst, das Polieren der Leuchter, das Auslöschen der Kerzen während des Gottesdienstes, das Ausgießen des Wassers in das Taufbecken und das Halten der Tücher bei Taufen, die Eintragung der Namen in das Taufregister, die Aufsicht über den Friedhof – bisweilen selbst das Ausheben der Gräber – das Freischaufeln der Kirchwege im Winter und überhaupt die Sorge für das kirchliche Eigentum. Er half auch dem Pfarrer bei seiner Arbeit; so verlas er die Predigt des Pfarrers in den Filialpredigtstätten – hielt manchmal auch eine eigene – wenn der Pfarrer nicht zur Stelle sein konnte. ...

An zweiter Stelle wäre jener Pflichtenkreis zu nennen, welcher mit den Kirchenglocken und dem Glockenturm zusammenhing (Glöcknerdienst). ...

Wichtiger als die bisher genannten Aufgaben waren diejenigen, welche mit dem Kantoren- und Organistendienste zusammenhingen. Der Lehrer spielte Orgel ... und führte die Gemeinde mit seiner Stimme Vers für Vers durch die langen Kirchenlieder. ... Die Leitung des Kinderchores und – wenn vorhanden – auch des Männerchores und des gemischten Chores wurde erwartet. ...

Häufig fielen dem Lehrer noch viele andere Pflichten zu. Oft hatte er die Kirchenbücher zu führen und als Schreiber der Gemeinde, oft auch als Schreiber des örtlichen Gerichtes zu dienen."[70]

Deutlich treten Berührungspunkte zum Pfarrdienst hervor. Tatsächlich kam es in den ersten Jahrzehnten nach der Reformation häufig zum Wechsel vom Lehr- bzw. Küster- in den Pfarrberuf. Zum anderen reichte die Tätigkeit solcher Kantor-Küster-Lehrer weit in das öffentliche Leben hinein. Die Verselbstständigung des Lehrerberufs dauerte in einzelnen Regionen bis zum Ende des 19. Jahrhunderts.[71] Die Verbindung von Kantoren- und Lehrerberuf löste sich sogar erst durch die Einführung der Pädagogischen Akademien für die Volksschullehrerausbildung Ende der zwanziger Jahre des 20. Jahrhunderts (BUTTLER 200).

In modifizierter Form findet die Kooperation von Kirche und Schule bis heute in den Religionslehrer/innen an öffentlichen Schulen eine Fortsetzung. Sie sind durch die Vokation als Voraussetzung für ihre Unterrichtserlaubnis explizit an die Kirche und ihre Grundsätze gebunden, werden aber durch die öffentliche Hand alimentiert.

---

70 CHRISTIAN HELMREICH, Religionsunterricht in Deutschland. Von den Klosterschulen bis heute, Hamburg 1966 (engl. 1959), 39–41.
71 S. zu den mit der Abhängigkeit vom Pfarrer verbundenen Problemen ENNO FOOKEN, Die geistliche Schulaufsicht und ihre Kritiker im 18. Jahrhundert, Wiesbaden 1967.

1.3 Weitere Entwicklungen: In den evangelischen Kirchen blieb die berufliche Ausstattung lange recht stabil. So erwähnt die Rheinisch-Westfälische Kirchenordnung von 1835 neben den Pfarrern und den – ehrenamtlichen – Presbytern nur noch folgende „untere Kirchenbeamte": „Küster, Vorsänger, Organisten" (a. a. O. 192).

Doch warfen die ökonomischen und sozialen Umwälzungen im 19. Jahrhundert neue Probleme auf, die mit diesem Personal nicht angemessen zu bearbeiten waren. So bildeten sich außerhalb der Kirche christlich motivierte Formen sozialen Engagements:

In Verbindung mit dem Problem der Versorgung nichtverheirateter Frauen entstand der Dienst der *Diakonisse* (s. § 15 3.6), „Schwester" genannt. Ihre vorzüglichen Aufgaben waren das Pflegen von Kranken, Armen und anderen in Not Geratenen sowie das Betreuen und Unterrichten von Kleinkindern (s. a. a. O. 198). Letzteres führte bald zur Spezialisierung in Form der Kindergärtnerin (bzw. später Erzieherin). Auf männlicher Seite entstand der *„Diakon",* der „Bruder", allerdings im Tätigkeitsprofil weniger bestimmt. Diakone fanden mannigfaltige Beschäftigungen. Beiden Berufen war – bei aller Unterschiedlichkeit im Einzelnen – zweierlei gemeinsam: Sie entsprangen dem Vereinschristentum, das sich im 19. Jahrhundert neben der organisierten Kirche bildete; sie waren in eine Sozialgemeinschaft integriert, das Mutterhaus bzw. die Brüderschaft. Deutlich trat hier hervor, wie unzureichend die Beschränkung selbst der berufsmäßigen Förderung der Kommunikation des Evangeliums auf die organisierte Kirche war. Allerdings wirkten die neuen Mitarbeiter/innen kräftig als Gemeindeschwestern, Jugenddiakone o. ä. in die Kirchengemeinden hinein. Erst die Gleichschaltungspolitik des Dritten Reichs erzwang die organisatorische Integration dieser Berufe in die verfasste Kirche.

Im Zuge der langsamen Ablösung der evangelischen Kirchen vom Staat bildete sich in den Kirchen ein weiterer Berufsstand mit oft leitender Funktion heraus: der *Kirchenjurist*. Zwar hatte Luther vehement gegen das kanonische Recht und seine Vertreter polemisiert, insofern menschliche Satzungen zum „ius divinum" überhöht wurden. Doch bedurften die reformatorischen Kirchen von Anfang an rechtlicher Regelungen. Im Zuge des landesfürstlichen Summepiskopats wurden sie von dessen Juristen getroffen. Mit der Abkoppelung von der staatlichen Verwaltung im Laufe des 19. Jahrhunderts ergab sich die Notwendigkeit eigener juristischer Konsistorial- und Oberkonsistorialräte. Ihre Tätigkeit erfordert nicht nur eine abgeschlossene juristische Ausbildung, sondern auch die Bereitschaft, sich auf theologische Fragen und Problemstellungen einzulassen. So verkörpern die Kirchenjuristen, und die ihnen zugeordneten Verwaltungskräfte, innerhalb der Kirche deren weltliche Verfasstheit.

Ebenfalls der Trennung von Staat und Kirche, jetzt aber auf dem Hintergrund der bleibenden gemeinsamen Angelegenheiten zwischen beiden, verdankt sich der Berufsstand der schulischen *Religionslehrer/innen*. Bis zum Ende des Ersten Weltkriegs gehörte in den Volksschulen das Erteilen von Religionsunterricht zu den selbstverständlichen Pflichten eines Lehrers, der teilweise auch noch als Kantor in der Kirchengemeinde fungierte. Im Gymnasialbereich entstand entsprechend dem hier herrschenden Fächerprinzip bei der Ausbildung eine eigene Religionsoberlehrerschaft.[72] Je nach Schulart also in unterschiedlicher Weise ausgeprägt, repräsentieren Religion unterrichtende Lehrkräfte nicht nur rechtlich, sondern auch im Bewusstsein ihrer Schüler/innen und in ihrer eigenen Einstellung Kirche im Raum der Schule.[73] Vor allem im Bereich der Gymnasien verfügen diese Lehrkräfte traditionell über eine gute theologische Ausbildung, die mit der von Pfarrer/innen vergleichbar ist. Die Religionslehrer/innen weisen neben der Vokation dadurch einen klaren Bezug zur evangelischen Kirche auf, dass sie berufsmäßig die Kommunikation des Evangeliums besonders im Modus von Lehr- und Lernprozessen fördern. Sie sind stellenmäßig in der Regel jedoch beim Staat angesiedelt. Eine besonders enge Form des Zusammenwirkens stellen dabei die Pfarrer/innen dar, die haupt- bzw. nebenamtlich Religionsunterricht erteilen.[74]

Seit den zwanziger Jahren des 20. Jahrhunderts treten *Journalisten* als Berufsgruppe auch in der Kirche auf (s. § 20 2.1). In der Dualität von kirchlicher Öffentlichkeitsarbeit und der Berichterstattung über Kirche spiegelt sich die Spannung zwischen kirchlicher Verbundenheit und Professionstreue wider. Die Bedeutung dieses Berufs in seinen beiden Ausrichtungen dürfte wohl zunehmen. Offen ist dabei, wie er in die durch das Internet eröffnete neue Kommunikationswelt transformiert werden kann.

Einen letzten wichtigen Impuls für die Berufe zur Förderung der Kommunikation des Evangeliums stellten die Hochschul- und Ausbildungsreform und die damit verbundene Akademisierung vieler Berufe seit dem Ende der sechziger Jahre des 20. Jahrhunderts dar. Gab im 19. Jahrhundert die soziale Not den Anstoß, erschien angesichts gesellschaftlicher und kultureller Transformationen eine pädagogische Profilierung kirchlicher Arbeit notwen-

---

72 S. am Beispiel der preußischen Religionsoberlehrer ANTJE ROGGENKAMP-KAUFMANN, Religionspädagogik als „Praktische Theologie". Zur Entstehung der Religionspädagogik in Kaiserreich und Weimarer Republik (APrTh 20), Leipzig 2001, 66-93.
73 S. hierzu die differenzierte Zusammenfassung eines großen Forschungsprojektes zur Einstellung von Religionslehrer/innen bei ANDREAS FEIGE/BERNHARD DRESSLER, Zusammenfassung: ‚Bildungsreligion' zwischen dem Sakralraum Kirche und pluralisierter Lebenswelt. Die religionskulturelle Vermittlungssituation des Schulischen Religionsunterrichts im Spiegel der Selbstbeschreibungen der ev. ReligionslehrerInnenschaft, in: ANDREAS FEIGE u. a. (Hg.), ‚Religion' bei ReligionslehrerInnen. Religionspädagogische Zielvorstellungen und religiöses Selbstverständnis in empirisch-soziologischen Zugängen, Münster 2000, 443–469.
74 S. hierzu jetzt GÜNTER BECK-MATHIEU, Gemeindepfarrer als Religionslehrer. Empirische Studie zu Selbstverständnis, Handeln im System Schule und Nachbarschaft von Schule und Gemeinde (APrTh 61), Leipzig 2015.

dig.[75] Dabei entstand u. a. das Berufsbild der *Gemeindepädagog/innen*, ausgebildet in Fachhochschul-Studiengängen. Spätestens nach der politischen Vereinigung Deutschlands gewann dieser Impuls dadurch an Fahrt, aber auch Komplexität, dass die „Gemeindepädagogik" zeitgleich in der DDR, aber dort in einem anderen Kontext, entwickelt worden war.[76] Durch den Wegfall des schulischen Religionsunterrichts und die flächenmäßige Ausdünnung der pastoralen Versorgung hatten dort die Gemeindepädagog/innen eine stärkere Stellung erreicht als im bisherigen Bundesgebiet. Zudem hatte die Synode des Kirchenbundes in der DDR nicht zuletzt wegen der Mangelsituation ein Konzept der Neubestimmung kirchlicher Ämter erarbeiten lassen, das die Dominanz der Pfarrer/innen unter den kirchlichen Mitarbeiter/innen reduzierte (Arbeitspapier; s. 4.). Doch bremsten die finanziellen Engpässe ab den neunziger Jahren des 20. Jahrhunderts den Ausbau von Ausbildungskapazitäten an den Evangelischen Fachhochschulen[77] und führten zu Stellenkürzungen in den Kirchenkreisen und -gemeinden.

1.4 Zusammenfassung: Die Entwicklung von Berufen zur Förderung der Kommunikation des Evangeliums verdankte sich funktionalen Notwendigkeiten und vollzog sich im Kontext allgemein gesellschaftliche Differenzierungsprozesse. Sie steht, auch hinsichtlich der Stellenbeschreibung und der Entlohnung, in der Spannung zwischen dem christlichen Grundimpuls und dem konkreten professionstypischen Kontext.

2. Rechtlicher Rahmen

Sowohl die konkreten Anstellungsträger als auch die Beschäftigungsformen unterscheiden sich im Bereich der kirchlichen Mitarbeiter/innen, die keine Pfarrer/innen sind. Neben Kirchengemeinden und -kreisen sowie den Landeskirchen begegnen sog. kirchliche Werke und Dienste als Arbeitgeber. Im diakonischen Bereich ist die Vielfalt noch größer. Grundsätzlich ist zwischen öffentlich-rechtlichen Dienstverhältnissen und privatrechtlichen Beschäftigungsverhältnissen zu unterscheiden (s. auch zum Folgenden DE WALL/MUCKEL 312-314). Dazu treten – wie am Beispiel der Religionslehrer/innen gezeigt – theologisch Ausgebildete, die inhaltlich der Kirche verpflichtet sind, aber vom Staat besoldet werden und meist im Beamtenverhältnis stehen.

Das früher verbreitete Kirchenbeamtenverhältnis ist heute weithin Beschäftigten im sog. höheren bzw. gehobenen Dienst vorbehalten: Kirchen-

---

75 S. KARL FOITZIK, Gemeindepädagogik. Problemgeschichte eines umstrittenen Begriffs, Gütersloh 1992, 108 f. unter Bezug auf die EKD-Denkschrift „Zusammenhang von Leben, Glauben und Lernen – Empfehlungen der EKD zur Gemeindepädagogik" (1982).
76 S. a. a. O. 237–330.
77 S. hierzu ARND GÖTZELMANN, Bedeutung und Niedergang evangelischer Fachhochschulen, in: PTh 98 (2009), 233–253.

jurist/innen, Lehrer/innen an kirchlichen Schulen, manchen Diakonen und Beschäftigten in kirchlichen Verwaltungsstellen.

Das Gros der Arbeitnehmer/innen in verfasster Kirche und Diakonie ist privatrechtlich angestellt, angefangen von Gemeindesekretärinnen über Erzieherinnen, Kirchenmusiker/innen, Sachbearbeiter/innen bis zu Ärztinnen und Ärzten an kirchlichen oder diakonischen Krankenhäusern, teilweise auch Lehrer/innen an kirchlichen Schulen.

Dabei bedienen sich die Kirchen des staatlichen privaten Arbeitsrechts, allerdings mit einigen Modifikationen. Es gelten besondere Loyalitätsanforderungen an die Mitarbeiter/innen (s. genauer 3.2). Auf Grund des Konzeptes der *„kirchlichen Dienstgemeinschaft"*[78] werden in der Regel auch die Arbeitsbedingungen anders verhandelt (sog. Dritter Weg, s. § 19 3.2). Die Arbeitskampfmaßnahme des Streiks ist untersagt.

Nicht zuletzt wegen notwendig erscheinender Sparmaßnahmen wurde wiederholt die Abkopplung der Gehälter vom öffentlichen Dienst diskutiert. Ein Blick in die Christentumsgeschichte zeigt, dass dies sogar bis ins 20. Jahrhundert hinein die Regel war. Doch stehen dem die Praxis der letzten Jahrzehnte und in verschiedenen Tätigkeiten die Konkurrenz zu anderen Arbeitgebern entgegen. Auf die Dauer wird es darum gehen, kirchliche Berufe auf die Förderung der Kommunikation des Evangeliums hin zu profilieren und so inhaltlich attraktiv zu machen.

> Versuche durch Ausgliederung von Arbeitsbereichen eingegangene Tarifbindungen zu unterlaufen, sind nicht nur in gewerkschaftlicher Perspektive problematisch. Langfristig gefährden sie die kirchliche Selbstbestimmung und damit eine wesentliche Grundlage kirchlicher und diakonischer Arbeit.

3. Gegenwärtige Situation

Es ist auch nicht annähernd möglich, die gegenwärtige Situation der 229.668 bei den evangelischen Kirchen in Deutschland und der 464.828 bei der Diakonie Beschäftigten (Erhebung 2014) zu skizzieren. Im Folgenden werden lediglich einige Tendenzen genannt. Es folgt ein Blick auf das besondere kirchliche Profil ihrer Tätigkeit, wie es kirchenamtlich bestimmt wird.

3.1 *Statistische Befunde:* Die Tatsache, dass es abgesehen von den Pfarrer/innen kaum aussagekräftige Statistiken für die Beschäftigungen in der Kirche gibt, ist auch Ausdruck der organisatorischen Pluriformität in diesem Bereich. Auffällig ist in der EKD-amtlichen Statistik, dass der Frauenanteil der Beschäftigten mit 175.024 bei 76,2 % liegt. Dazu zeigen Einblicke in einzelne Statistiken von Kirchenkreisen und Gemeinden, dass das Gros der kirchlichen Beschäftigten Teilzeittätigkeiten nachgeht. In den letzten Jahren

---

78 S. Martin Honecker, Evangelisches Kirchenrecht. Eine Einführung in die theologischen Grundlagen, Göttingen 2009, 222–224.

kam es auf Grund finanzieller Engpässe im Verwaltungsbereich teilweise zu Reduktionen auf niedrigem Niveau, wenn etwa die Stelle eines Gemeindesekretariats von acht auf sechs Wochenstunden abgesenkt wurde. Ähnliches ist im kirchenmusikalischen Bereich und bei den Küstern zu beobachten. Da solche Kürzungen meist ohne Reduktion des tatsächlichen Arbeitsanfalls vorgenommen werden, entsteht eine *Grauzone zwischen haupt-, neben- und ehrenamtlicher Arbeit*. Im Bereich der Kirchenmusik kam es – neben Streichungen – zu Herabstufungen von Stellen, die traditionell nach den A-, B- oder C-Abschlüssen differenziert werden. Teilweise wurden feste Stellen durch Beschäftigungen mit Honorarvertrag ersetzt. Eine analoge Entwicklung vollzieht sich auf dem Gebiet der kirchlichen Presse – in Entsprechung mit Tendenzen im gesamten Journalismus.

Genauere Angaben liegen seit Mai 2011 zum *Mitarbeiter-Profil für die Diakonie* vor. In einer repräsentativen Stichprobe wurden dort zum Stichtag 1. September 2008 die Mitarbeiter/innen befragt.[79] Angesichts der bereits durch die Entstehung der Diakonie im 19. Jahrhundert begründeten Flexibilität in der Gestaltung von Beschäftigungsverhältnissen kann das hier erzielte Ergebnis vermutlich helfen, die künftige Entwicklung auch im Bereich der organisierten Kirche abzuschätzen.

Ähnlich wie in der Kirche überwiegen bei der Diakonie die weiblichen Mitarbeitenden mit 78,5 % (10). 72 % der Beschäftigten sind in Teilzeit tätig, 23 % vollbeschäftigt, 3 % in Ausbildung (41). In der Krankenhilfe ist der Anteil der Vollbeschäftigten mit 43,8 % am höchsten, in der Familienhilfe mit 3,9 % am niedrigsten (44). Von etwa 200 unterschiedlichen Berufsgruppen,[80] die bei diakonischen Einrichtungen arbeiten, stellen „Sozialarbeiter, Altenpfleger, Diakon (Sozialarbeit), Ehe- und Erziehungsberater, Familienpfleger" mit 21,8 % die größte Gruppe; es folgen „Sozialpädagogen, Heilpädagogen, Heilerziehungspfleger, Heimerzieher, Arbeitserzieher, Heimleiter" mit 18,1 %, „Krankenschwester/ -pfleger, Kinderkrankenschwester/ -pfleger" mit 15,0 % (45).

Interessant ist die *religiöse Zugehörigkeit:* 53 % der in der Diakonie Beschäftigten sind evangelisch, 28,5 % römisch-katholisch, 16,5 % „ohne Glaubensbekenntnis". Dazu kommen noch wenige, die „anderen christlichen Religionen" oder einer „anderen Religion" angehören.[81] Erhebliche Unter-

---

79 Es blieben bestimmte Bereiche ausgeschlossen: Kindergärten und Horte, Telefonseelsorge, Bahnhofsmission, Johanniter Unfallhilfe, Blaues Kreuz und die Arbeitsgemeinschaft der evangelischen Krankenhaushilfe (DIAKONISCHES WERK DER EVANGELISCHEN KIRCHE IN DEUTSCHLAND [Hg.], Mitarbeiterstatistik zum 1. September 2008, Mai 2011, 5). In diesem Abschnitt beziehen sich die Zahlen in Klammern auf Seiten dieser im Internet über die Homepage des Diakonischen Werkes zugänglichen Publikation.
80 187 dieser Berufsgruppen haben aber nur eine Häufigkeit von unter 1 % (45).
81 Allerdings verdanken sich diese Angaben wesentlich den Einträgen auf der Lohnsteuerkarte. Demnach kann die Zugehörigkeit zu einer Freikirche auch unter „ohne Glaubensbekenntnis" subsumiert sein (10).

schiede ergeben sich in den einzelnen Bundesländern. In Brandenburg sind 67,2 % der diakonischen Mitarbeiter/innen „ohne Glaubensbekenntnis", in Bayern dagegen 1,6 %; im Saarland sind 53,4 % der in diakonischen Einrichtungen Beschäftigten römisch-katholisch, in Brandenburg 4,4 %. Schlüsselt man die Religionszugehörigkeit nach Tätigkeitsfeldern auf, so ergibt sich, dass im Bereich Krankenhilfe nur 42,7 % der Mitarbeiter/innen evangelisch sind, bei „Sonstigen Hilfen" dagegen 79,1 %.

Nicht genau ist die Situation der *Religionslehrkräfte* zu erfassen. Die föderale Struktur des Schulwesens in Deutschland, die Verschiedenartigkeit der einzelnen Schultypen sowie die auch in den einzelnen Ländern teilweise unterschiedlichen Stundentafeln machen allgemeine Angaben unmöglich.[82] Dazu kommt, dass aus praktischen Erwägungen bzw. Notwendigkeiten nicht selten Religionsunterricht entfällt, nur gekürzt, in Kooperationen oder fachfremd erteilt wird.

Auf jeden Fall stellen die Religionslehrer/innen die breiteste Kontaktfläche von Kirche zu Heranwachsenden dar, wobei dies aber nur manchmal explizit werden dürfte. Die verbreitete Reduktion religionspädagogischer Arbeit auf den Unterricht übersieht das darüber hinausreichende Potenzial für die Förderung der Kommunikation des Evangeliums. Im Kontext einer schulpädagogischen Hinwendung zu Schulkultur bzw. -leben verdienen neue Aufbrüche wie die Schulseelsorge und das Angebot multireligiöser Feiern verstärkte Aufmerksamkeit. Früher ideologisch inszenierte Entgegensetzungen von Schule und Kirche verlieren in Ganztagsschulen ihre Bedeutung, deren Leitungen aus pädagogischen Gründen nach Kooperationspartnern für außerunterrichtliche Unternehmungen suchen. Dadurch entstehen neue Herausforderungen für die Bestimmung der Rolle der Religionslehrer/innen (s. SCHRÖDER).

3.2 *Evangelisches Profil:* Gemeinsam ist den vielfältigen diakonisch-sozialpädagogischen, kantoral-kirchenmusikalischen und katechetisch-pädagogischen Berufen eine doppelte soziale Verankerung:

„Der sowohl für die ästhetische Gestaltung der Gottesdienste als auch für das kirchenmusikalische Veranstaltungsangebot der Kirchengemeinde zuständige Kirchenmusiker ist gleichzeitig Mitglied des parochialen Arbeitsteams wie selbständiger Musikproduzent. Der Mitarbeiter in einer diakonischen Beratungsstelle hat die Position eines kirchlichen Angestellten und die Profession eines Sozialarbeiters oder Psychologen inne und ist daher gleichzeitig den ideellen Grundsätzen der religiösen Organisation wie den pragmatischen Eigengesetzlichkeiten professionellen Berufshandelns verpflichtet. Die in der Regel noch andere Fächer unterrichtende Religi-

---

82 Einen gewissen Einblick in die verwirrende Situation geben die länderspezifischen Beiträge in: MARTIN ROTHGANGEL/BERND SCHRÖDER (Hg.), Evangelischer Religionsunterricht in den Ländern der Bundesrepublik Deutschland. Empirische Daten – Kontexte – Entwicklungen, Leipzig 2009.

onslehrerin ist aufgrund ihrer Vokation ... von der Kirche berufen und aufgrund ihres Berufs Mitglied des schulischen Lehrkörpers." (STECK 427)

Die daraus resultierende Spannung verschärft sich durch die zurückgehende Selbstverständlichkeit der Kirchenmitgliedschaft und die sich gleichzeitig steigernde Professionalisierung der genannten Berufe. Die Situation spitzte sich nach der Wende zu. Diakonie und Kirche übernahmen staatliche Einrichtungen in Ostdeutschland. Bei der Überführung des Personals in den kirchlichen bzw. diakonischen Dienst stellte sich heraus, dass dieses mehrheitlich ohne Kirchenmitgliedschaft war. Der Rat der EKD hat auf diese Problematik mit einer *„Richtlinie über die Anforderungen der privatrechtlichen beruflichen Mitarbeit in der Evangelischen Kirche in Deutschland und des Diakonischen Werkes der EKD"* (1. Juli 2005) reagiert.[83] Dort heißt es u. a.:

§ 3: „(1) Die berufliche Mitarbeit in der evangelischen Kirche und ihrer Diakonie setzt grundsätzlich die Zugehörigkeit zu einer Gliedkirche der Evangelischen Kirche in Deutschland oder einer Kirche voraus, mit der die Evangelische Kirche in Deutschland in Kirchengemeinschaft verbunden ist.

(2) Für Aufgaben, die nicht der Verkündigung, Seelsorge, Unterweisung oder Leitung zuzuordnen sind, kann von Absatz 1 abgewichen werden, wenn andere geeignete Mitarbeiterinnen und Mitarbeiter nicht zu gewinnen sind. ...

(3) Für den Dienst in der evangelischen Kirche und ihrer Diakonie ist ungeeignet, wer aus der evangelischen Kirche ausgetreten ist, ohne in eine andere Mitgliedskirche der Arbeitsgemeinschaft Christlicher Kirchen oder der Vereinigung Evangelischer Freikirchen übergetreten zu sein."

Es folgt in § 5 ein Hinweis auf die Möglichkeit der außerordentlichen Kündigung aus wichtigem Grund.

Das Bemühen ist offenkundig, die bestehende Mitgliedschaftsregel und die vorfindlichen Verhältnisse miteinander auszugleichen. Dazu wird die Kommunikation des Evangeliums in einen Bereich differenziert, der auf jeden Fall Kirchenmitgliedschaft erfordert – „Verkündigung, Seelsorge, Unterweisung oder Leitung" –, und einen anderen, bei dem dies nicht notwendig erscheint.

Die Problematik dieser Unterscheidung wird schon deutlich, wenn man die Übernahme der Richtlinie in konkreten Kirchengesetzen einzelner Landeskirchen studiert. So enthält das „Kirchengesetz über die Anforderungen der privatrechtlichen beruflichen Mitarbeit und die Genehmigung von Arbeitsverträgen" der Evangelischen Kirche Berlin-Brandenburg-schlesische Oberlausitz (veröffentlicht in deren Kirchlichem Amtsblatt 2007, 41) eine Ergänzung zu der EKD-Richtlinie. In § 3 wird ein neuer dritter Absatz eingeschoben: „Für Aufgaben der Erziehung und Unterweisung kann das Konsistorium im Einzelfall Ausnahmen zulassen." Offenkundig ist es im Bereich dieser Landeskirche nicht mehr möglich, die Richtlinie im Bereich der „Unterweisung" durchzuhalten.

Deutlich treten die Schwierigkeiten hervor, die aus einer Gleichsetzung organisierter Kirche und der tatsächlichen Kommunikation des Evangeliums

---

[83] Veröffentlicht wurde sie im Amtsblatt der EKD H. 9 2005 am 15.09.2005, 413 f.

entstehen. Theologisch ist es vom christlichen Grundimpuls her bedenklich, wenn der diakonische Bereich der Pflege und Beratung bedeutungslos für das Profil einer kirchlichen oder diakonischen Einrichtung erscheint – zumindest gegenüber der „Verkündigung ...". Professionstheoretisch fällt das einseitige Interesse an der Kirchenmitgliedschaft auf. Demgegenüber tritt die Frage der Fachlichkeit fast vollständig zurück. Ganz anders liest sich die Einleitung zu der in 3.1 zitierten Diakonie-Umfrage:

> „Außerdem ist fachliche Qualität im Zweifel wichtiger als religiöses Bekenntnis: Wenn evangelische Fachkräfte nicht verfügbar sind, werden Menschen mit der erforderlichen Qualifikation ohne oder mit anderem religiösen Bekenntnis eingestellt." (4)

Hier dominiert also die Fachlichkeit.

Die aus kommunikationstheoretischer Sicht gebotene *Balance zwischen christlichem Profil und professioneller Qualität* wird beide Mal verfehlt. Weder Kirchenmitgliedschaft noch „religiöses Bekenntnis" sind Kategorien, die eine konstruktive Bearbeitung dieser Spannung zulassen.

4. Reformvorschläge

Spätestens in synodalen Krisensitzungen anläßlich der Notwendigkeit von Einsparungen im Personalbereich wurde deutlich: Die Zuordnung der verschiedenen Berufe im Bereich von Kirche und Diakonie ist eine noch zu bewältigende Aufgabe.

In diesem Zusammenhang lohnt sich der Rückgriff auf ein Papier, das der Synode des Bundes der Evangelischen Kirchen in der DDR 1975 vorgelegt wurde. Das dort Entwickelte und Vorgeschlagene ist heute für ganz Deutschland aktuell.

Die Aufgabe der Aus-, Fort- und Weiterbildung, in deren Kontext das Papier entstand, dürfte auch sonst ein Schlüssel für die Gestaltung und Profilierung kirchlicher und diakonischer Berufe sein.

4.1 *„Gemeinschaft verschiedener Dienstträger"*: Schon die Skizze der Ausgangssituation des Synodenpapiers von 1975 klingt aktuell:

> „Die Kirchen müssen aber auch theologisch und organisatorisch damit fertig werden, daß die Zahl der Christen in der DDR kleiner wird, die Kirchen ihren gesellschaftlichen Einfluß verloren haben und die Finanzmittel ständig spürbar geringer werden." (Arbeitspapier 188)

In dieser Situation wird eine Verunsicherung der Mitarbeiter/innen ohne Beamtenstatus registriert. Auch die sozialen Unterschiede zwischen den einzelnen Mitarbeitenden, hinsichtlich Dienstwohnung, Gehalt und Altersversorgung, werden als Problem angesprochen. Demgegenüber erinnert das Neue Testament an den „Reichtum der Gaben und Dienste" (a.a.O. 191). Deren Reduktion zu Weihestufen auf dem Weg zum Priestertum stellt eine Fehlentwicklung dar, die bis heute nachwirkt (a.a.O. 191). In der Reformation wurde sie korrigiert. Aber in deren Folge trat an die Stelle der Weihe das Studium (a. a. O. 192) und wurde durch den damit verbundenen Status zum Distinktionsmerkmal. Demgegenüber geht es dem Papier um die *„Gemeinschaft verschiedener Dienstträger"* (a. a. O. 195). Es werden „vier primäre Aufgabenbereiche" genannt: „Wortverkündigung, Seelsorge, Diakonie und Gemeinschaft" (a. a. O. 196). Dazu tritt in „dienender Funktion", doch sachlich von Gewicht, „Organisation und Leitung" (a. a. O. 197). Gemeinsam ist diesen Aufgaben, dass es darum geht, „andere zu ermuntern und zu befähigen, die ihren Gaben und Möglichkeiten gemäße Einzelaufgabe im Rahmen der Gesamtaufgabe der Gemeinde zu finden und wahrzunehmen" (a. a. O. 200). Darin kommen die verschiedenen kirchlichen Berufe zusammen und von hier nimmt das Konzept seinen Ausgang. Kirchliche Mitarbeiter/innen haben diese Aufgabe vor Ort zu erfüllen.

>Konkret haben sie als kirchliche „Bezugsperson" die „Aufgabenbereiche Seelsorge, Gemeinschaftsbildung und Leitung". Dazu treten folgende berufsförmige Spezialisierungen: für die „Verkündigung" der „Gemeindetheologe" und „Gemeindepädagoge", für die „Diakonie" der „Gemeindefürsorger" und für die „Gemeinschaftsbildung" der „Gemeindemusiker" (a. a. O. 204). Demnach sind also diese vier Berufsgruppen einander gleichgeordnet. Für sie ist eine „Beauftragung (Ordination)" vorgesehen.

Dieses Konzept schließt sich an die im Wirken Jesu begründete Kommunikation des Evangeliums in seinen drei Modi an. Durch die Figur der „Bezugsperson" werden sie integriert, durch die einzelnen, ausbildungsmäßig verschiedenen Berufe in fachlicher Hinsicht profiliert. Tatsächlich scheiterte die Umsetzung dieses Programms. Vor allem die unterschiedlichen Ausbildungsformen – Hochschule für die Gemeindetheologen, seminaristische Einrichtungen für die Anderen – standen ihm entgegen, weil sie mit Statusfragen verknüpft waren. Doch verdient die Intention bis heute Beachtung. Die verschiedenen Dienste sind so aufeinander zu beziehen, dass ihre Kooperation gefördert und nicht erschwert wird. Es wäre ein eindrückliches Zeichen der solidarischen Gemeinschaft unter Christen (s. § 26 3.1), wenn die Statusunterschiede zwischen den einzelnen in Kirche und Diakonie Beschäftigten überwunden werden könnten.

4.2 *Aus-, Fort- und Weiterbildung:* In der Spannung zwischen christlichem Profil und professioneller Fachlichkeit kommt der Aus-, Fort- und Weiterbildung zentrale Bedeutung zu. Die (grundständige) *Diakonen-Ausbildung* trägt dem durch eine aufwändige Doppelstruktur Rechnung. Zur mindestens dreijährigen Ausbildung in einem staatlich anerkannten Sozial- oder Pflegeberuf tritt eine zweijährige theologische Ausbildung.[84]

---

[84] S. zu deren Rezeption ANNETTE NOLLER/THOMAS FLIEGE, Diakonat und doppelte Qualifikation – drei Typen diakonischen Handelns. Ein Werkstattbericht, in: NOLLER/EIDT/SCHMIDT 179-195.

Das ist nicht für alle Berufe möglich. An kirchlichen Ausbildungsstätten begleiten theologische, religionspädagogische und diakonische Reflexionsphasen die Fachausbildung. Neue Akzente setzen Fachhochschulen mit einem theologischen Angebot, die teilweise von Freikirchen, teilweise von christlichen Gemeinschaften getragen werden.[85] Nicht zuletzt in ausgedehnten Praxisphasen werden hier auch in pädagogische, sozialpädagogische u. ä. Studiengänge theologische Perspektiven eingebracht. Für Absolvent/innen staatlicher Fachhochschulen o. ä. sind entsprechende Fortbildungsangebote vorzusehen, wenn sie in Kirche oder Diakonie tätig werden wollen. Dabei stellt sich die besondere Anforderung des berufsbegleitenden Lernens. Hier ist auf eine gute Passung zur sonstigen Tätigkeit zu achten. Neue Möglichkeiten bietet das E-Learning.

Traditionell ist hier die Evangelische Arbeitsstelle Fernstudium zu nennen. Sie bietet orts- und situationsunabhängige Lernmaterialien aus den Bereichen Theologie, Pädagogik, alte Sprachen und Lebensgestaltung an. Damit werden frühere Konzepte wie die Studienbriefe weitergeführt.

Medial innovativ ist die religionspädagogische Internet-Plattform *„rpi-virtuell"*. Sie wurde 2002 auf Beschluss der EKD-Synode gegründet und wird durch die Abteilung Online-Bildung/Fernstudien des Comenius-Instituts betreut. In ökumenischem Horizont stellt sie religionspädagogisch Interessierten nicht nur mannigfaltige Materialien zur Verfügung, sondern eröffnet vielfältige Begegnungsräume. Mittlerweile erfreut sich die Plattform reger Nutzung. Sie ermöglicht vielfältige kollegiale Interaktionen und lädt zu einer hierarchiefreien, sachbezogenen Kooperation ein. Ein solches Kommunikationsforum entspricht strukturell den Ansprüchen symmetrischer Kommunikation in hohem Maß. Die Nutzer/innen kommunizieren gleichberechtigt miteinander. Die Zukunft wird zeigen, ob es dabei gelingt, solide Qualitätsstandards zu etablieren.

5. Ausblick

Für die Weiterentwicklung der – exemplarisch besprochenen – kirchlichen Berufe gilt grundlegend das für den Pfarrberuf Ausgeführte. Zum einen ist die Verbindung zum Priestertum aller Getauften zu wahren und zum anderen die Fachlichkeit der Tätigkeit zu profilieren, die deren berufsmäßige Ausübung in Kirche bzw. Diakonie wünschenswert erscheinen lässt.

Das Erste erfordert, die berufliche Tätigkeit als eine Form der Förderung der Kommunikation des Evangeliums zu identifizieren. Meist wird das Schwergewicht auf einem der drei Kommunikationsmodi (s. § 8 2.3) liegen, doch sind zumindest potenzielle Anschlüsse an die anderen anzubahnen.

---

85 Zu einem ersten Überblick s. CHRISTIAN GRETHLEIN, Theologie als Studiengang an der Fachhochschule, in: ZThK 107 (2010), 215-238.

Das Zweite richtet sich auf die gegenwärtig allgemein übliche fachliche Qualität des entsprechenden Handelns. Da aber die Kommunikation des Evangeliums kontextuell geschieht und zugleich eine kulturkritische Dimension umfasst, geht es hier auch um eine kritische Auseinandersetzung mit dem jeweiligen beruflichen Standard.

Im pflegerischen Bereich bedeutet dies z. B., dass die Einsicht in die Endlichkeit menschlicher Existenz nicht hinter technischen Hantierungen verschwindet. Der Pflegebedürftige ist und bleibt ein Mitgeschöpf. Das erfordert in der Pflege, die durch physische oder psychische Einschränkung unvermeidliche Asymmetrie in der Kommunikation so zu gestalten, dass sich Räume symmetrischer Kommunikation ergeben. Ein gemeinsames Gebet kann dafür ebenso ein guter Ausdruck sein wie ein Spiel oder, falls möglich, ein Gespräch.

Ähnliches ließe sich für die anderen kirchlichen Berufe zeigen: etwa am Beispiel des gemeinsamen Arbeitens mit Schüler/innen, mit Mitgliedern eines Chors oder auch dem Umgang mit kirchlichen Räumen. Kontextualisierung der Kommunikation des Evangeliums umfasst jeweils dem gegenwärtig Üblichen gegenüber kritische Anfragen: an eine auf das beobachtbare Verhalten (sog. „Outcome") reduzierte Kompetenzdidaktik; an strikt auf das Endprodukt gerichtete kantorale Probenarbeit; an ausschließlich funktional bestimmte Raumkonzepte.

Der dabei konzeptionell zu Grunde liegende Bezug auf die Kommunikation des Evangeliums ist weiter und genauer als die von der EKD versuchte Anwendung der herkömmlichen Kirchenmitgliedschaftsregel. Ein Blick auf die Konfessionsverhältnisse in der Diakonie in den ostdeutschen Ländern – und nicht nur hier – zeigt, dass die auf Entscheidungen im 19. Jahrhundert zurückgehende Rechtsregel nicht mehr praxistauglich ist.[86] Konstellationen, die in über 50 % der Fälle auftreten, sind keine Ausnahmen mehr, deren Bearbeitung durch Einzelfalllösungen sinnvoll erscheint.

Doch ist das positive Argument wichtiger: In der Praxis selbst hat sich zu erweisen, dass und wie die Perspektive der Liebe Gottes Leben bereichert. Dies konkret zu zeigen, fordert Aus-, Fort- und Weiterbildung heraus.

Die Bereitschaft, sich auf diese Entdeckungsreise zu begeben, ist die einzige *Voraussetzung für kirchliche und diakonische Mitarbeiter/innen.* Auf sie kann nicht verzichtet werden. Denn eine Praxis, die für diesen Horizont nicht offen ist, gehört nicht in den Rahmen der Kommunikation des Evangeliums und damit nicht in Kirche oder Diakonie. Ein solches offenes Ein-

---

86 Schon die Kirchen des Kirchenbundes in der DDR konnten sich – im Gegensatz zu den westdeutschen Kirchen der EKD und ohne deren Privileg des staatlich erfolgenden Kirchensteuereinzugs – auf keine gemeinsame Mitgliedschaftsregel einigen (s. MARTIN RICHTER, Kirchenrecht im Sozialismus. Die Ordnung der evangelischen Landeskirchen in der DDR [Jus-Ecc 95], Tübingen 2011, 121–133).

treten in eine evangelische Kindertagesstätte oder eine andere kirchliche Einrichtung ist theologisch als eine Form des Katechumants zu qualifizieren und nicht durch die gegenwärtig in der EKD herrschende binäre Mitgliedschaftslogik ztu erfassen. Dabei muss allerdings – wie bei jedem Katechumenat – offen bleiben, ob es tatsächlich zu einer Taufe kommt oder nicht.

Die Geschichte der Diakonie ist ein Beispiel für die Bedeutung der *Gemeinschaft* von so Tätigen. Gewiss sind das Modell Mutterhaus mit seinen paternalistischen Implikationen vergangen und das Modell Bruderschaft nicht verallgemeinerbar. Es gilt nach neuen Gemeinschaftsformen zu suchen, die den einzelnen Menschen Stabilität verleihen. Vielleicht ist die genannte Online-Plattform ein Baustein zu einem zukünftig tragfähigen Modell.

8. Kapitel Kommunikation des Evangeliums – mit verschiedenen Methoden

In Kapitel 4 wurden die empirischen Grundbedingungen und in Kapitel 5 die theologischen Grundbestimmungen für die Kommunikation des Evangeliums in der Gegenwart entfaltet. Die praktische Konturierung dieses Gegenstandes erforderte in Kapitel 6 und 7 eine Rekonstruktion der Sozialformen und der Tätigkeiten, innerhalb derer und durch die das Evangelium kommuniziert wird. Jetzt geht es um die Darstellung der konkreten Formen der Kommunikation des Evangeliums. Pädagogisch gesprochen handelt es sich um *Methoden*. Denn zum einen ist Kommunikation ein konkreter Prozess von Mitteilungen und Verständigungsbemühungen, der methodisch rekonstruiert werden kann. Zum anderen wird die Kommunikation des Evangeliums in der Abfolge der Generationen unter den Bedingungen von Lernprozessen weitergeführt. Dass dies keine bloße Weitergabe oder Vermittlung von Feststehendem ist, zeigt der Kommunikationsbegriff, der sich im Bereich der Daseins- und Wertorientierung auf ergebnisoffene Mitteilungs- und Verständigungsprozesse bezieht (s. § 8 1.).

Zwar gilt grundsätzlich, dass Evangelium sich in jeder Form von Kommunikation ereignen kann, insofern diese auf Verständigung zielt und nicht durch Unterdrückung oder Ausbeutung deformiert ist. Doch kristallisierten sich im Laufe der Christentumsgeschichte einige Kommunikationsformen als besonders geeignet heraus, um die bedingungslose Liebe Gottes zu entdecken bzw. sich ihr zu vergewissern.

Bei einer christentumsgeschichtlichen Retrospektive fällt auf, dass die *Gestaltung von Zeit und Raum* wichtige Kommunikationsräume eröffnet. Das Kirchenjahr sowie die Kirchengebäude belegen dies eindrücklich.

Versucht man vor diesem Hintergrund konkrete Methoden der Kommunikation innerhalb der drei in den §§ 13–15 entfalteten Modi der Kommunikation des Evangeliums herauszuarbeiten, bietet sich eine Unterscheidung von drei Modi des Kontaktes zu Gott an: *Im Modus des Lehrens und Lernens steht die Kommunikation über Gott im Mittelpunkt, im gemeinschaftlichen Feiern die Kommunikation mit Gott, beim Helfen zum Leben die von Gott kommende Kraft.* Gott kommt dabei nicht abstrakt als „Gottesbegriff" oder „Gotteserfahrung", sondern konkret als Gegenstand, Ziel und Ausgangspunkt von Kommunikation in den Blick. In dogmatischer Perspektive wird dies in der Trinitätslehre ausgearbeitet.

Diesen Modi können jeweils verschiedene konkrete Kommunikationsformen zugeordnet werden. Bei der notwendigen exemplarischen Auswahl leiten mich folgende Gesichtspunkte:
– die Elementarität, die sich nicht zuletzt in anschließenden weiteren Kommunikationsformen zeigt;

§ 24 Grundbedingungen: Zeiten und Orte

– die Bedeutung innerhalb der Christentumsgeschichte, vor allem in den evangelischen Kirchen.

Die christentumsgeschichtliche Durchsicht ergibt trotz des medialen Wandels eine erstaunliche Kontinuität – allerdings verbunden mit Transformationen innerhalb der einzelnen Kommunikationsformen.

Dies verwundert nicht, wenn deren *anthropologische und kulturgeschichtliche Fundierung* beachtet wird. Diese Formen finden sich großenteils auch in anderen Daseins- und Wertorientierungen und eröffnen ein weites Feld für komparative Praktische Theologie (s. Einleitung zum 2. Kapitel), das hier nur nebenbei und exemplarisch betreten werden kann. Die religionshermeneutische Unterscheidung von primärer und sekundärer Religionserfahrung lässt ebenso Spannungen innerhalb der Methoden entdecken wie die kulturhermeneutische Distinktion zwischen kulturübergreifender, kontextueller, kulturkritischer und kulturell wechselwirksamer Dimension. Dies kann ebenfalls nur an wenigen Beispielen skizziert werden, ist aber grundsätzlich für alle Kommunikationsformen durchführbar.

Die konkrete Anordnung der Methoden bedeutet – wie schon in Kapitel 5 hinsichtlich der drei Modi der Kommunikation des Evangeliums ausgeführt – keine sachliche Reihenfolge. Allerdings eröffnen Erzählen, Beten und Segnen in besonders elementarer Weise einen Zugang zur Kommunikation des Evangeliums. Auf ihnen ruhen Miteinander Sprechen, Singen und Heilen auf. Sie finden eine theologisch elaborierte Fortsetzung in Predigt, Abendmahl und Taufe als den für evangelische Kirche charakteristischen Kommunikationsformen. Diese Zuordnung ist keine zwingende Systematik, sondern der Versuch, in dynamischen Lebensvollzügen begegnende und somit stets individuelle Kommunikationen geordnet zur Darstellung zu bringen. Schon die Tatsache, dass die einzelnen Kommunikationsformen ineinander übergehen, steht strenger Systematisierung entgegen.

Sachlich bedeutsam ist schließlich die der Kommunikation des Evangeliums inhärente *Inklusion*. Kommunikation des Evangeliums ist grundsätzlich und durchgehend für jeden Menschen offen. Die Taufe von Säuglingen und geistig behinderten Menschen ist dafür ein eindrückliches Zeichen. Von daher ergeben sich konkrete Anforderungen an die methodische Gestaltung, die hier nur allgemein benannt, aber nicht jeweils im Detail ausgeführt werden können.

§ 24 Grundbedingungen: Zeiten und Orte

Literatur: THOMAS ERNE/PETER SCHÜZ (Hg.), Die Religion des Raumes und die Räumlichkeit der Religion (APTLH 63), Göttingen 2010 – KRISTIAN FECHTNER, Im Rhythmus des Kirchenjahres. Vom Sinn der Feste und Zeiten, Gütersloh 2007 – GOTTHART FERMOR u. a. (Hg.), Gottesdienst-Orte. Handbuch Liturgische Topologie (Beiträge zu Liturgie und Spiritualität 17), Leipzig 2009 – CHRISTIAN GRETHLEIN, Die Zeiten ändern sich. Der Umgang mit der Zeit in der Postmoderne als Herausforderung für die pastorale Tätigkeit, in: PTh 101 (2012), 472-488 – Hansjörg auf der Maur, Feiern im Rhythmus der Zeit I. Herrenfeste in Woche und Jahr (GDK 5), Regensburg 1983 – Klaus Raschzok, Spuren im Kirchenraum. Anstöße einer Raumwahrnehmung, in: Ders., Traditionskontinuität und Erneuerung. Praktisch-theologische Einsichten zu Kirchenraum und Gottesdienst, hg. v. Hanns Kerner/Werner Müller, Leipzig 2014, 219-237 – Ursula Roth/ Heinz-Günther Schöttler/Gerhard Ulrich (Hg.), Sonntäglich. Zugänge zum Verständnis von Sonntag, Sonntagskultur und Sonntagspredigt (Ökumenische Studien zur Predigt 4), München 2003 – Rainer Volp, Liturgik. Die Kunst, Gott zu feiern Bd. 1, Gütersloh 1992, 181–225; 279–300; 347–406; 501–526

Kommunikation vollzieht sich in einem bestimmten Kontext, der perspektivisch differenziert analysiert werden kann. Im Allgemeinen sind Raum und Zeit, das Geschlecht der Kommunizierenden, ihr Alter und Milieu bzw. Lebensstil bedeutungsvoll für Verständigungsprozesse. Dazu tritt die jeweils konkrete Situation, etwa geprägt durch Krankheit oder Gesundheit, das herrschende Klima, allgemeine Plausibilitäten usw.

Im Folgenden konzentriere ich mich auf Zeit und Raum, konkret: Zeiten und Orte der Kommunikation des Evangeliums, und zwar aus folgenden Gründen:

Zum Ersten kommt ihnen – wie Kant zeigte[1] – erkenntnistheoretisch grundlegende Bedeutung zu.

Zum Zweiten sind diese beiden miteinander verbundenen[2] Anschauungsformen in der Christentumsgeschichte fortwährend und intensiv bearbeitet worden. *Entsprechend der Kontextualität von Kommunikation entstand bei ihrer Ausgestaltung große Pluriformität. Zugleich führte der christliche Grundimpuls zu Veränderungen im Zeit- und Raumkonzept.*

Dazu zeigt die wissenssoziologische Analyse gegenwärtiger Gesellschaft, dass das Streben nach Sicherheit ein wichtiges Anliegen vieler Menschen ist (s. § 10 4.1). Verlässliche Zeiten und Orte sind wichtige Voraussetzungen für Gewissheit.

Das Kirchenjahr und die Kirchengebäude entstanden in jahrhundertelangen Prozessen, in die kulturelle Adaptionen und Distanzierungen Eingang fanden. Beide dominierten lange Zeit unsere Kultur, stehen aber seit einiger Zeit in einem Wettbewerb mit anderen Zeitrhythmen und Orten. Angesichts solcher Entwicklungen müssen neue Balancen zwischen kulturellem Kontext und dem christlichen Grundimpuls gefunden werden. Dabei ist zu

---

1 Immanuel Kant, Kritik der reinen Vernunft, hg. v. Ingeborg Heidemann, Stuttgart 1973 (²1787), 80–118 (Die Transzendentale Ästhetik); s. hierzu und zu den beiden weiteren wirkmächtigen Konzeptionen zu Raum und Zeit von Albert Einstein und Martin Heidegger Jörg Lauster, Raum erfahren. Religionsphilosophische Anmerkungen zum Raumbegriff, in: Erne/Schüz 23–33, 24–26.
2 S. Elisabeth Jooss, kreuz und quer – Raum als Grundkategorie christlicher Weltdeutung, in: Erne/Schüz 67–83, 67.

beachten, dass unsere Kultur christlich imprägniert und unser Christentum kulturell geformt ist, also einfache Gegenüberstellungen unterkomplex sind.

1. Zeiten

Eingangs wird an die grundlegenden Gegebenheiten erinnert, denen sich jede Kultur in ihrem Zeitkonzept zu stellen hat.

Es folgt ein Blick auf die biblischen Perspektiven zur Zeit. Sie nehmen selbstverständlich die allgemeinen Zeitstrukturen auf, relativieren diese aber theologisch.

Dann deute ich *das Kirchenjahr als Versuch, die primäre Religionserfahrung (s. § 9 2.2) und den christlichen Grundimpuls aufeinander zu beziehen und in eine im Alltag praktikable Gestalt zu transformieren.*

Abschließend gilt die Aufmerksamkeit gegenwärtigen Herausforderungen.

1.1 *Kosmologisch-anthropologische Grundlagen:* Zeit ist ein kulturelles Konzept, das sich auf kosmologisch bzw. biologisch Vorgegebenes bezieht (s. zum Folgenden GRETHLEIN 473-475).³ Grundlegend für die menschliche Zeiteinteilung ist der *Wechsel von Tag und Nacht,* also zwischen Helligkeit und Dunkelheit. Er markiert den Übergang von der Tätigkeit zur Ruhe und wird nicht selten als prekär empfunden und rituell begleitet. Ebenfalls kosmologisch vorgegeben ist der *Wechsel der Mondphasen.* Kulturgeschichtlich ist er oft Anlass zu Festen. Kalendarisch geht die Monatsstruktur auf ihn zurück. Weiter ist in den meisten Gegenden der Erde ein *Wechsel der Jahreszeiten* zu beobachten. Er wirkt unmittelbar auf die Vegetation und die Tierwelt und damit die Ernährung der Menschen. Es geht dabei um nicht weniger als das physische Überleben der Menschen. Dementsprechend werden Feste häufig im Jahresrhythmus gefeiert (s. § 14 1.). Schließlich ist der *Wechsel der Lebensalter* zu nennen. Der menschlichen Physis ist eine Zeitstruktur eingeschrieben. Dabei stellen Geburt, Geschlechtsreife, Paarung und Tod die elementaren Stationen dar. Sie werden vielfach rituell begangen.

Diese Zeitrhythmen sind aus sozialen Gründen wichtig. Zur Integration einer Sozialität sind Verabredungen zur Zeitbestimmung notwendig. Entsprechend ihrer Bedeutung erfordern sie hohe Autorität:

> „Fast überall in der langen Entwicklung menschlicher Gesellschaften waren Priester die ersten Spezialisten des aktiven Zeitbestimmens. In einer späteren Phase, als größere und komplexere Staatsgesellschaften entstanden, teilten sich Priester gewöhnlich die gesellschaftliche Funktion, den Zeitpunkt wichtiger sozialer Tätig-

---

3 S. die Übersicht über „Circadian gesteuerte Körperfunktionen, Organe, Organsysteme" bei HARTMUT KASTEN, Wie die Zeit vergeht. Unser Zeitbewusstsein in Alltag und Lebenslauf, Darmstadt 2001, 31.

keiten festzusetzen, in einer oft spannungsreichen Partnerschaft mit weltlichen Staatsautoritäten."[4]

Die Fragen der Zeit und der grundlegenden Daseins- und Wertorientierung sind dadurch miteinander verbunden, dass sich beide auf die Endlichkeit menschlichen Lebens beziehen. Die Rhythmisierung der Zeit ist – wie ein Blick in die Kulturgeschichte zeigt – Ausdruck der jeweiligen Grundeinstellung zum Leben und prägt diese zugleich.

1.2 *Biblische Perspektiven:* Zum einen beziehen sich viele biblische Texte selbstverständlich auf bestimmte *Tageszeiten*, wenn sie von Kontakten zu Gott berichten. Vor allem der Morgen und der Abend galten als gute Zeiten für das Opfer (s. z. B. Ex 29,38–43; Num 28,1–8). Im Neuen Testament orientiert sich die Kommunikation mit Gott am Tagesrhythmus. Morgens (Mk 1,35), mittags (Apg 10,9) und abends (Apg 3,1) wurde gebetet.

Auch spielten die *Jahreszeiten* für den jüdischen Festkalender eine Rolle. Doch hier begegnet eine wichtige semantische Transformation. Denn nicht die verschiedenen Jahreszeiten wurden gefeiert, sondern im Jahresrhythmus erinnerte Ereignisse aus der Geschichte des Volkes mit Gott:

> „In Israel ... werden die Naturfeste des Jahreszyklus konsequent historisiert, also in Erinnerung an Ereignisse der Geschichte des Volkes gefeiert: Pessach erinnert an den Exodus, das Wochenfest an die Gabe der Tora, das Laubhüttenfest an die Zeit in der Wüste."[5]

Dazu tritt in einer allerdings nur noch historischer Rekonstruktion zugänglichen Weise ein besonderer Umgang mit den *Mondphasen*.[6] Denn religionsgeschichtlich gesehen stand wohl am Anfang des jüdischen Sabbats ein babylonisches Vollmondfest (Šab/pattu) (18). Zugleich waren in Babylon – nach der Kalenderreform im 7. Jahrhundert (v. Chr.) – die Mondphasen in Sieben-Tages-Abschnitte unterteilt (19). Diese beiden babylonischen Zeitrhythmen wurden in Israel aufgenommen und in einen – anderweitig im Alten Orient nachweisbaren – Kontext der Arbeitsruhe transformiert. So entstand in der priesterschriftlichen Tradition der *Wochensabbat* als Ausdruck des „Rhythmus der Schöpfung, den es zu entdecken und in den es – zur Teilnahme an einem göttlichen Privileg – einzuschwingen gilt" (27). Seine Einführung war – wie Neh 13 erkennen lässt – durchaus schwierig. So wan-

---

4 NORBERT ELIAS, Über die Zeit. Arbeiten zur Wissenssoziologie II, hg. v. MICHAEL SCHRÖTER, Frankfurt [4]1992 (1984), 20.
5 RAINER KESSLER, Das Sabbatgebot. Historische Entwicklung, kanonische Bedeutung und aktuelle Aspekte, in: DIETER GEORGI/HANS-GÜNTER HEIMBROCK/MICHAEL MOXTER (Hg.), Religion und Gestaltung der Zeit, Kampen 1994, 92–107, 92.
6 S. zum Folgenden KLAUS BIEBERSTEIN, Vom Sabbat und Siebten Tag zum Sabbat am Siebten Tag. Zur Vorgeschichte des christlichen Sonntags, in: ROTH/SCHÖTTLER/ULRICH 15–29. Die in Klammern gesetzten Zahlen in diesem Abschnitt beziehen sich auf die Seiten dieses Aufsatzes.

delte sich das schöpfungstheologisch begründete Geschenk Gottes zu einem strafbewehrten Gebot (28).

Die ersten Christen übernahmen selbstverständlich den Sabbat. Jesus lehrte an diesem Tag in der Synagoge (z. B. Mk 1,21), ebenso Paulus (z. B. Apg 13,14–47). Doch hob Jesus den – ursprünglichen – sozialen und menschenfreundlichen Charakter des Sabbats hervor (s. z. B. Mk 3,1–6). Nach seinem Tod begann sich an die Stelle des Sabbats der „erste Tag der Woche" (1Kor 16,2), der *Sonntag*, zu schieben. Erich Spier rekonstruiert den diesbezüglichen Transformationsprozess in vier Etappen:

> „I Der Sabbat ist einziger Feiertag auch der Christen.
>
> II Sabbat und Sonntag stehen als Feiertage nebeneinander.
>
> III Der Sonntag verdrängt den Sabbat ...
>
> IV Der Sonntag wird unter Aufnahme inhaltlicher und formaler Aspekte des Sabbat gestaltet."[7]

Neben der skizzierten Aufnahme der vorgegebenen Zeitrhythmen und der besonderen Profilierung des Sabbats bzw. dann des Sonntags findet sich in der Bibel eine grundlegende *Relativierung jeder Zeitstruktur*. Bereits im Alten Testament wird auf den „Tag des Herrn" hingewiesen, der die Zeit beenden wird (z. B. Ez 30,3). Die neutestamentlichen Autoren knüpften daran an und wussten, dass die Zeit „erfüllt" ist (Mk 1,15; Gal 4,4). In der Apk wird eingangs eingeschärft: „denn die Zeit ist knapp" (Apk 1,3). Diese Relativierung der kosmologischen und biologischen Zeitrhythmen bildet ein Vorzeichen vor christliche Überlegungen zur Zeit – manchmal fast vergessen, dann wieder erstaunlich präsent. Auf jeden Fall steht sie einer statischen Festschreibung bestimmter Zeitregeln entgegen und öffnet den Blick in einen nicht linearen Zeitstrukturen unterworfenen Bereich.

1.3 *Kirchenjahr:* Über viele Jahrhunderte entstand in einem komplizierten und regional unterschiedlich verlaufenden Prozess das, was seit dem 16. Jahrhundert als Kirchenjahr bezeichnet wird (s. ausführlich vor allem zu Ostern AUF DER MAUR).[8]

> „Der Begriff und die begriffliche Bestimmung des Kirchenjahres enthält drei grundlegende Differenzierungen: die Unterscheidung von kirchlichem und weltlichem Jahr, die Gegenüberstellung von Sonntag bzw. Festtag und Alltag sowie die Absetzung des gottesdienstlichen Geschehens vom volkskulturellen und -religiösen Leben." (FECHTNER 22; ohne Kursivsetzung im Original)

---

[7] ERICH SPIER, Der Sabbat (Das Judentum. Abhandlungen und Entwürfe für Studium und Unterricht 1), Berlin ²1992, 109; s. ebd. 109–118 und 129–135 detailliert zur Entwicklung der Sabbatpraxis in christlichen Kirchen.

[8] S. den knappen Überblick zu Weihnachts- und Osterfestkreis bei HARALD SCHROETER-WITTKE, Gottesdienst in der Zeit, in: CHRISTIAN GRETHLEIN/GÜNTER RUDDAT (Hg.), Liturgisches Kompendium, Göttingen 2003, 235–259, 243–251.

Seit dem 4. Jahrhundert bildeten sich ausgedehnte *Festkreise* zuerst um das jährlich gefeierte Ostern und wenig später um Weihnachten (s. § 14 3.6) herum. Dabei spielte die Taufe als eine Feier, die ursprünglich keinen Bezug zu einer bestimmten Jahreszeit hatte, eine erhebliche Rolle. Sie wurde nämlich meist an Ostern bzw. Epiphanias (Weihnachten) gefeiert. Hier entwickelten sich besondere Vorbereitungszeiten der Buße (mit Fasten), die Passions- und Adventszeit.

Die Kleinstruktur des Kirchenjahres bildeten die *Sonntage*. Anfangs wurden sie als wöchentliche Osterfeiern begangen (Wochenostern). Doch erfuhren sie durch die Eingliederung in die größeren Zeiteinheiten neue vielfältige Deutungen. Seit dem Frühmittelalter finden sich darüber hinaus noch zahlreiche weitere semantische Zuschreibungen:

„Schöpfung der Welt, Erschaffung des Lichtes, der Elemente wie auch der Engel, Durchgang durchs Rote Meer, Mannaspendung, Empfängnis wie Geburt und Taufe Jesu, Hochzeit zu Kana, Speisung der Fünftausend, Einzug in Jerusalem, Auferstehung Jesu, Apostelsendung, Pfingsten, Offenbarung an Johannes auf Patmos, Wiederkunft zum Gericht und die Erneuerung der Welt – das alles hatte sich an einem Sonntag vollzogen."[9]

Bis heute bestehen Unklarheiten hinsichtlich der Bedeutung des Sonntags. Liturgische Deutungen als Wochenostern stehen neben der ethischen Forderung der Arbeitsruhe oder der homiletischen Betonung der Wortverkündigung.[10] Gemeinsam ist ihnen das Problem der Vermittlung mit heutiger Kultur.

Dazu traten im Mittelalter zahlreiche *Heiligenfeste*.[11] Ihnen gegenüber waren die Reformatoren kritisch, weil sie eine biblische Grundlage vermissten. Auch wussten sie um die – erwähnte – Relativität der Feiertage. So erklärte Luther: „Denn wir on Ostern und Pfingsten, on Sontag und Freitag wissen selig zu werden, und umb der Ostern, Pfingsten, Sontag, Freitag willen nicht können verdampt werden" (WA 50, 559). Doch zugleich schätzte er vor allem den Sonntag als Versammlungstag der Gemeinde hoch und unterstrich seine soziale Bedeutung[12] – eine funktionale Sicht.

---

9 Arnold Angenendt, Geschichte der Religiosität im Mittelalter, Darmstadt 1997, 427 f.
10 S. z. B. die schwierige Argumentation im ökumenischen Votum der EKD und der Deutschen Bischofskonferenz von 1988 „Unsere Verantwortung für den Sonntag" und die berechtigten kritischen Anfragen hieran von Uwe becker/Jürgen Rinderspacher, Die Sonntagskirche, in: Roth/Schöttler/Ulrich 134–147; vgl. auch das Apostolische Schreiben Dies Domini von Papst Johannes Paul II. vom 31. Mai 1998 (Verlautbarungen des Apostolischen Stuhls 133).
11 S. Hansjörg Auf der Maur, Feste und Gedenktage der Heiligen, in: Feiern im Rhythmus der Zeit II/1 (GDK 6,1), Regensburg 1994, 65–357.
12 S. knapp zur Behandlung der Sonn- und Feiertagsfrage bei Zwingli, Calvin und Luther Thomas Bergholz, Der Sonntag: Tag der Heiligung oder Tag der Arbeitsruhe? Die Wendepunkte in der Kulturgeschichte des Sonntags im 16., 19. und an der Schwelle des 21. Jahrhunderts am Beispiel der badischen Kirchenzuchtordnung von 1564, in: Roth/Schöttler/Ulrich 77–90, 78–81.

1.4 *Neue Zeitrhythmen:* Es sind mehrere Veränderungen in den gesellschaftlichen Zeitrhythmen seit dem 19. Jahrhundert zu beobachten, die für die zeitliche Struktur der Kommunikation des Evangeliums von Bedeutung sind (s. GRETHLEIN 478-483):

Grundsätzlich setzte sich ein *ökonomisch geprägtes Zeitverständnis* in vielen Bereichen durch (Stichwort: „time is money").[13] Damit geht eine Beschleunigung einher, die sich u.a im Verkehrswesen niederschlägt. Dazu tritt in der Kommunikation eine Zeitverdichtung, indem etwa Gespräch, Nahrungsaufnahme und Bedienen des Smartphones gleichzeitig geschehen.[14] Für die Kommunikation des Evangeliums hat beides erhebliche Folgen, weil diese zumindest potenziell zusammenhängende Zeiten und ungeteilte Aufmerksamkeit erfordert.

Die *Elektrifizierung* der Städte seit der zweiten Hälfte des 19. Jahrhunderts weichte die Trennung von Tag und Nacht auf. Es entstanden neue Formen der Geselligkeit am Abend. Die Umstellung von morgens gefeierten Neujahrs-Gottesdiensten auf abendliche Silvester-Gottesdienste ist ein Beispiel für die daraus folgenden liturgischen Konsequenzen.[15]

Weiter ist die Einführung des *Urlaubs* am Ende des 19. Jahrhunderts zu nennen. Jetzt trat neben die allgemeinen Fest- und Feiertage ein eher individuell bestimmter Zeitraum der Arbeitsruhe, der heute auf den sog. Mindesturlaub von 24 Werktagen angewachsen ist.

Auch verschoben sich die Arbeitszeiten. Es bildete sich seit den sechziger Jahren des 20. Jahrhunderts das mitunter bereits am frühen Freitagnachmittag beginnende, bis zum Montagmorgen reichende *Wochenende.* Dadurch bekommt der Gottesdienst am Sonntagmorgen eine neue Stellung im Zeitgefüge. Der Zeitansatz mancher Kindergottesdienste (s. § 16 5.2) und sog. alternativer Gottesdienste (s. § 18 4.3) ist eine Reaktion hierauf.

Schließlich verändern sich die *Übergänge im Leben:* Im Laufe der Jahrhunderte hatten sich hier kirchliche Riten angelagert: bei der Geburt die Taufe; bei der Geschlechtsreife und dem damit bis vor fünfzig Jahren meist verbundenen Übertritt ins Erwerbsleben die Konfirmation; beim Eingehen einer Ehe die Trauung; beim Tod die kirchliche Bestattung. Seit einiger Zeit zerdehnen sich diese Übergänge. Umfangreiche medizinische Vor- und Nachsorgeprogramme umrahmen die Geburt. Der Übergang zum Erwachsenenleben hat sich durch die nicht selten fast zwanzig Jahre umfassende Jugendzeit am meisten geweitet. Paarbildungen verlaufen über etliche Jahre,

---

13 S. NORBERT NEUMANN, Lerngeschichte der Uhrenzeit. Pädagogische Interpretationen zu Quellen von 1500 bis 1930, Weinheim 1993, 121-131.
14 S. KARLHEINZ GEISSLER, Alles hat seine Zeit, nur ich habe keine. Wege in eine neue Zeitkultur, München 2014, 156.
15 S. KRISTIAN FECHTNER, Schwellenzeit. Erkundungen zur kulturellen und gottesdienstlichen Praxis des Jahreswechsels (PThK 5), Gütersloh 2001, 137 f.

in denen die früher entscheidende Geschlechtsgemeinschaft eher am Anfang steht. Intensivmedizinische Behandlungen verlängern den Sterbeprozess.

1.5 *Reformvorschläge:* Die Besonderheit des christlichen Zeitverständnisses gegenüber anderen Auffassungen zeigt sich in der grundlegenden Relativierung von Zeit. Sie äußert sich in einer Gesellschaft, die Zeit dem ökonomischen Kalkül unterwirft, in funktionslosen Aus-Zeiten. Von daher gewinnen die folgenden Reformvorschläge für die zeitliche Kontextualisierung der Kommunikation gesellschaftskritische Brisanz:

Hinsichtlich des Tag-Nacht-Gegensatzes fällt auf, dass sich seit Längerem *Gottesdienste am Abend bzw. in der Nacht* als attraktiv erweisen. Die Feiern am Heiligabend, aber auch die Osternachtfeiern nehmen die besondere Situation des Abends bzw. der Nacht (oder des Morgengrauens) auf. In einer Kultur, in der elektrisches Licht die Differenz von Tag und Nacht und damit auch zwischen Tätigkeit und Ruhe reduziert, ist eine bewusste Inszenierung des Dunklen für viele Menschen interessant.[16] Die grundlegende Chance für die Kommunikation des Evangeliums wird deutlich, wenn man sich daran erinnert, dass in biblischer Zeit der Tag am Abend begann, also mit der Ruhephase. Hier ist der Mensch besonders empfänglich, seine eigenen Aktivitäten stehen nicht bzw. weniger im Weg. Theologisch gesehen entspricht der Tagesbeginn am Abend der Einsicht der Rechtfertigungslehre in den Geschenkcharakter des Lebens.

Kirchliche Verlautbarungen machten in den letzten 25 Jahren wiederholt auf die Gefährdung des Sonntags aufmerksam. In diesem Zusammenhang weisen Uwe Becker und Jürgen Rinderspacher überzeugend darauf hin, dass die bloße Kritik gegenwärtiger Trends zur Freizeitgestaltung und das gleichzeitige Beharren auf der Bedeutung des einstündigen Gottesdienstes nicht weiterführen. Demgegenüber empfehlen sie die Gestaltung einer „*Sonntagskirche*". Konkret geht es dabei darum, dass Kirchengemeinden Modelle entwickeln, um den ganzen Sonntag angemessen zu gestalten:

> „Es geht hier also im Kern um die Errichtung einer komplexen und vernetzten öffentlichen sonntäglichen Infrastruktur, die mit vielfältigen Angeboten, von der Meditation und dem Gottesdienst, der Beratung für pflegende Angehörige oder für die Partnerschaft im Trennungskonflikt, sportlichen und kulturellen Aktivitäten bis hin zu einem – für die Verweilkultur nicht unerheblich – einladenden Sonntagsessen den unterschiedlichen sozialen Gruppen zugänglich ist."[17]

---

16 S. die grundsätzlichen Überlegungen und die Gottesdienstentwürfe in: BETTINA NAUMANN (Hg.), Die Nacht. Wiederentdeckung von Raum und Metapher (Beiträge zu Liturgie und Spiritualität 8), Leipzig 2002.
17 UWE BECKER/JÜRGEN RINDERSPACHER, Die Sonntagskirche, in: ROTH/SCHÖTTLER/ULRICH 134–147, 143 (ohne Kursivsetzung im Original).

Dies bringt den ursprünglichen Geschenkcharakter des Sabbats zum Ausdruck. Dass dabei Probleme für die kirchlichen Mitarbeiter/innen auftreten, die dann sonntags arbeiten müssen, verschweigen Becker/Rinderspacher nicht. Auf jeden Fall machen sie darauf aufmerksam, dass liturgische Praxis im Kontext der neuen Freizeitkultur stattfindet.

Für den Bereich des *Jahreszyklus* bietet die von Kristian Fechtner vorgeschlagene Unterscheidung von offiziellem und gelebtem Kirchenjahr einen kulturhermeneutisch interessanten Ansatzpunkt:

> „Das gelebte Kirchenjahr trägt in sich Motive des ‚offiziellen' Kirchenjahres und speist sich aus dem Reservoir gottesdienstlich vergegenwärtigter Bedeutungen. Es ist zugleich verschränkt mit anderen Momenten der Lebenswelt und gewinnt in ihr seine Bedeutsamkeit – also etwa in den durchaus ambivalenten Festgefühlen der Weihnachtszeit oder im Zusammenspiel mit einem bestimmten Lebensmittelbewusstsein oder auch verbunden mit neuer Körperlichkeit und Frühjahrsdiät." (FECHTNER 57)

Dementsprechend schlägt Fechtner vor, das Kirchenjahr in Gestalt eines „Vier-Felder-Schemas" zu strukturieren (a. a. O. 59). Dabei profiliert er die beiden bisherigen Festkreise anthropologisch und fügt ihnen zwei weitere Kristallisationspunkte hinzu:
- Im Weihnachtsfestkreis geht es um „Anfänglich leben" (a. a. O. 61);
- den Osterfestkreis charakterisiert Fechtner mit „Aus dem Tod heraus" (a. a. O. 91);
- die neu einzuführende „Pfingstliche Zeit" wird unter das Motto „Aufbruch ins Leben" gestellt und soll u. a. die Urlaubserfahrungen aufnehmen;
  die – ebenfalls neu zu profilierende – „Späte Zeit des Kirchenjahres" (a. a. O. 125) ist „Im Glauben reifen" überschrieben und umfasst die Feste Erntedank, Reformationsfest, Halloween, Buß- und Bettag sowie den Totensonntag.

2. Orte

Die Bedeutung der Kirchengebäude für Kirche geht bereits – abseits theologischer und liturgischer Überlegungen – aus der Statistik hervor. Gegenwärtig (2014) unterhalten die deutschen Evangelischen Kirchen 20.618 Kirchen und Kapellen.[18] Ihre nach wie vor viele Stadtbilder und Dörfer prägende Existenz ist – in Verbindung mit den katholischen Sakralbauten – ein starkes Argument gegen eindimensionale Säkularisierungstheorien.[19]

---

18 EVANGELISCHE KIRCHE IN DEUTSCHLAND (EKD) (Hg.), Zahlen und Fakten zum kirchlichen Leben, Hannover 2015, 35.
19 S. ARMIN NASSEHI, Die gebaute Präsenz der Kirchen und die soziale Präsenz des Religiösen, in: KuK 92 (2015) H. 1, 4-15, 4.

Im Folgenden erinnere ich zuerst an die grundlegende Bedeutung bestimmter Orte für die Kommunikation.

Es folgen Hinweise zur biblischen Tradition. Sie nehmen die anthropologisch-kulturgeschichtlichen Grundlagen auf, relativieren sie aber zugleich.

Beides, *menschheitsgeschichtliche Erfahrungen und kulturelle Errungenschaften sowie die Kritik hieran,* bestimmt die Entwicklung in der Christentumsgeschichte.

In neuerer Zeit führen Veränderungen in der sozialen Kommunikation zu neuen Gestaltungsformen von Raum. Dabei wird der engere Bereich der (organisierten) Kirche überschritten.

Schließlich treten durch Sparmaßnahmen erzwungen und durch den kulturwissenschaftlichen „spatial turn"[20] beflügelt Kirchengebäude neu ins Blickfeld.

2.1 *Anthropologisch-kulturgeschichtliche Grundlagen:* Es ist unübersehbar:

> „der Mensch sucht bestimmte Plätze, natürliche oder selbstgestaltete, für gewisse Zwecke bevorzugt auf: die Stille des Waldes, die Berghöhe, einen rauschenden Wasserfall, die Weite des Meeres. Das besagt, der Mensch verspricht sich Impulse bestimmter Art, wenn er an einem gewissen Platz ist, wenn ihn eine Atmosphäre eigener Prägung umgibt. Ein solcher Raum ‚spricht' etwa mehr zu ihm als ein anderer."[21]

Schon in der Antike fiel die Wechselwirkung von kultischen Vorstellungen und geographischem Raum auf.[22] Während in geographischer Sicht allerdings meist das Augenmerk den Folgen bestimmter Kultpraxis für die Umwelt gilt, begegnet in phänomenologischer Perspektive ebenso ein enger Zusammenhang zwischen geographischen Gegebenheiten und der Vorstellungswelt der Einwohner/innen.

In der Praktischen Theologie nahmen die „modernen" Praktischen Theologen zu Beginn des 20. Jahrhunderts (s. § 3 2.) diesen Gesichtspunkt auf[23] und verfolgten ihn praktisch im Rahmen des von Paul Drews initiierten Projektes zur Kirchenkunde.

Exemplarisch kann dies anhand der durch *Berge bzw. Wasser* geprägten Örtlichkeit deutlich gemacht werden:

Viele Schöpfungsmythen beginnen mit der Entstehung eines großen Weltenbergs. Oft wurden Berge als heilig[24] verehrt (z. B. Kailash, Fuji) und

---

20 S. Jörg Döring/Tristan Thielmann (Hg.), Spatial Turn. Das Raumparadigma in den Kultur- und Sozialwissenschaften, Bielefeld ²2009 (2008).
21 Hermann Reifenberg, Fundamentalliturgie Bd. 2, Klosterneuburg 1978, 315.
22 S. Karl Hoheisl, Religionsgeographie, in: HrwG Bd. 1 (1988) 108–120, 108 f.
23 S. z. B. Friedrich Niebergall, Praktische Theologie. Lehre von der kirchlichen Gemeindeerziehung auf religionswissenschaftlicher Grundlage Bd. 1, Tübingen 1918, 53 („Naturgrundlage") und Bd. 2, Tübingen 1919, 140 f. („Umwelt").
24 S. zu den verschiedenen Konzepten von „heilig" in der Religionsphänomenologie den kurzen Überblick bei Udo Tworuschka, Heiliger Raum und heilige Stätte aus der Sicht der Religionsphänomenologie, in: Ders. (Hg.), Heilige Stätten, Darmstadt 1994, 1–8.

als Wohnstätte der Götter (Olymp, Jotunheim) bezeichnet.[25] Dazu traten Orte, an denen sich Menschen der Gottheit nahe fühlten, diese vielleicht sogar sinnlich wahrnahmen. Häufig wurde daran mit Bauwerken unterschiedlichster Art erinnert.

In anderen Gegenden fing die Welt mit der Differenzierung zwischen Süß- und Meerwasser an (in sumerischen und babylonischen Epen).[26] Quellen und Flüsse galten mancherorts als von den Göttern bzw. Dämonen bevorzugte Orte usw.

Offenkundig regt die Beschaffenheit des konkreten Raums die sich auf die Transzendenz richtende Vorstellungskraft der Menschen an. Angesichts der Bedeutung von Raum für die Befindlichkeit von Menschen verwundert die Verehrung besonderer Orte als „heilig" nicht.

> Am Beispiel des antiken *Asylkonzeptes* ist zu sehen, dass dies nicht nur zum Bau entsprechender Tempel o. ä. führte, sondern auch weitreichende soziale und politische Konsequenzen hatte. Das Asyl bezeichnete ursprünglich „einen heiligen Ort, der es auf Grund seiner Unverletzlichkeit verbietet, Personen oder Sachen mit Gewalt von ihm zu entfernen".[27]

2.2 Biblische Perspektiven: Die biblischen Schriften *knüpfen zum einen direkt an die genannten primären Religionserfahrungen an.* Dies sei kurz an den beiden Orten Berge und Wasser gezeigt:

Jahwe wurde „der vom Sinai kommt" (Dtn 33,2) genannt.[28] Als seine Wohnung galt der Zion (Jes 8,18), auf dem deshalb der Tempel errichtet wurde. Im Neuen Testament begegnen ebenfalls Berge an prominenter Stelle: Jesus zog sich in die Berge zum Gebet zurück (Mt 14,23); er hielt auf einem Berg eine wichtige Rede (Mt 5,1 und 8,1); auf dem sog. Berg der Verklärung ereignete sich eine Theophanie (Mt 17,1–9). Ähnliches lässt sich für Wasser berichten: Gottes Geist schwebte am Anfang auf einem Urozean (Gen 1,2); die Wasser des Schilfmeers teilten sich und eröffneten Israel die Möglichkeit zum Exodus (Ex 14,21); Gott offenbarte sich Ezechiel am Fluss (Ez 1,1). Im Neuen Testament wirkte der Bußprediger am Jordan; die Taufe erfolgte am und mit Wasser (Apg 8,36); den Durstigen wurde Lebenswasser aus einer Quelle verheißen (Apk 21,6).

Zugleich *werden aber Orte in ihrer Bedeutung für die Kommunikation mit Gott grundlegend relativiert.* So hinterfragte Jesus den Tempel – analog zum Sabbat – kritisch aus ethischer Perspektive (Mt 21,12–17). Das Evangelium

---

25 S. IRENE MILDENBERGER, Berge, in: FERMOR 45–48, 45.
26 S. JÜRGEN EBACH, Anthropogonie/Kosmogonie, in: HrwG Bd. 1 (1988), 476–491, 484.
27 Zitat nach MARTIN AFFOLDERBACH, Asylorte, in: FERMOR 23–27, 23; zu den Folgen für eine Sozialität und deren Identität s. JONAS GRETHLEIN, Asyl und Athen. Die Konstruktion kollektiver Identität in der griechischen Tragödie (Beiträge zum antiken Drama und seiner Rezeption Bh. 21), Stuttgart 2003.
28 S. auch zum Folgenden IRENE MILDENBERGER, Berge, in: FERMOR 45–48, 46 f.

wurde auch auf heidnischem Territorium wie dem Areopag kommuniziert (Apg 17,16–34). Von daher erklärt sich die kultische Zurückhaltung der ersten Christen. Die Versammlung in Erinnerung an Jesus Christus war ihnen wichtig, nicht der Ort.

Beide Formen des Umgangs mit Raum, die Anknüpfung an bestehende Raumvorstellungen und deren Relativierung, durchziehen die weitere Christentumsgeschichte.

2.3 *Kirchengebäude:* Nachdem die Christen sich zuerst selbstverständlich weiter im Tempel (Apg 2,46; 5,12; vgl. Joh 10,23) und in den Synagogen versammelt hatten, kamen sie zunehmend in Wohnungen (Apg 1,13 f.; 12,12) und im Freien zusammen. Es entstanden Hausgemeinden.[29] Schon von Anfang an dürften die *Zentrierung auf die Versammlung und die exzentrische Ausrichtung*[30] *auf Gott und Christus hin* gleichermaßen die Zusammenkünfte geprägt haben.

Ein erster Anlass zu eigenen Bauten – 138 gab Kaiser Hadrian die Erlaubnis zum Bau kleiner Kirchen – waren die *Gräber von Märtyrern*. Sie waren Anziehungspunkte für Gottesdienste, besonders an deren Todestag. Im 4. Jahrhundert entstanden vermehrt Grabeskirchen.[31] Von hier aus führt eine direkte Linie zum Reliquienkult, insofern, etwa ab dem 6. Jahrhundert üblich,[32] einzelne Leichenteile in Altäre oder an sonstige Orte in den Kirchengebäuden eingebracht wurden.

In Dura Europos, einer Stadt am mittleren Euphrat, wurde eine um 230 zu datierende sog. *Hauskirche* ausgegraben. Deutlich tritt die funktionale Orientierung an den Grundvollzügen der Zusammenkünfte hervor. In dem Haus entstand durch Entfernen einer Zwischenwand ein größerer Versammlungsraum (s. mit Grundriss VOLP 185, 188). Auch gab es u. a. einen eigenen Taufraum mit Wanne. Ikonographisch interessant sind die in diesem Raum gefundenen Malereien zu biblischen Texten. Ansonsten geht die – in den folgenden Jahrhunderten heftig umstrittene – Ausschmückung des Kirchenraums mit Bildern vor allem auf die Ausgestaltung der Katakomben zurück (s. a. a. O. 205 f.)

Ab dem 4. Jahrhundert äußerte sich die neue – anerkannte – Stellung des Christentums in reger Bautätigkeit.[33] Man bediente sich vor allem der auch

---

29 S. HANS-JOACHIM KLAUCK, Hausgemeinde und Hauskirche im frühen Christentum, Stuttgart 1981.
30 S. zu diesen systematischen Bestimmungen ALBERT GERHARDS/BENEDIKT KRANEMANN, Einführung in die Liturgiewissenschaft, Darmstadt 2006, 202.
31 S. KONRAD STOCK, Katholizismus, in: UDO TWORUSCHKA (Hg.), Heilige Stätten, Darmstadt 1994, 9–19, 10.
32 S. a. a. O. 13.
33 Vor allem die wechselseitigen Zitate der Bauformen arbeitet heraus CHRISTIAN FREIGANG, Kirchenbau I. Allgemein II. Im Westen 1.-4., in: ⁴RGG Bd. 4 (2001), 1059–1143.

sonst bei öffentlichen Großbauten genutzten Form der *Basilika* (s. Beispiel VOLP 192–197), seltener der Zentralbauten. Damit gaben also „antik-imperiale Repräsentationsbauten"[34] das Modell für den Kirchenbau ab. Die Versammlung in Privathäusern verwandelte sich in eine öffentliche Darstellung des hierarchisch geordneten Staatskults. Dementsprechend wurden die Kirchen aufgeteilt: in nur dem Klerus zugängliche Teile und davon abgetrennt den Bereich, zu dem die sog. Laien (griech.: laos, Volk) zugelassen waren.

Der Rückgriff auf diese Bauformen durchzieht die ganze weitere Geschichte des Kirchenbaus. Dazu traten im Lauf der Zeit die Türme, ursprünglich wohl Treppen(türme) zur Ersteigung der Emporen, die Glocken und im Innenraum die Orgel – beide ursprünglich als heidnisch abgelehnt.[35] Impulse gaben *neue Bautechniken*, wobei sich der Wandel in der Bauweise und in den Frömmigkeitsformen und Glaubensvorstellungen wechselseitig durchdrangen. Nicht nur unter kommunikationstheoretischer, sondern auch in historischer Perspektive spricht vieles dafür, dass nicht selten die Baustile vorangingen.

So macht Harvey Cox darauf aufmerksam: „Wenn früher ein Autor ein schlagendes Beispiel für die kulturelle Einheit eines Zeitalters anführen wollte, redete er über Thomas von Aquin's ‚Summa Theologica' und die gotischen Kathedralen. Wer hat noch nicht gehört, daß jemand Notre-Dame als die ‚Summa in Stein' apostrophierte? Nun hatte aber ... Notre-Dame schon viele Jahre Grünspan angesetzt, als Thomas von Aquin als Student nach Paris zog. Vielleicht sollten wir die Summa Theologica als ‚Notre-Dame in Worten' bezeichnen."[36]

Bei der architektonischen Entwicklung spielten technische und handwerkliche Faktoren eine Rolle. So war die gotische Skelettbauweise nicht nur statisch günstiger als der romanische Baustil, sondern ließ auch eine bessere Belichtung des Kirchenraums zu und bot damit neue Möglichkeiten für die Glasmalerei.[37]

Die *Reformation* stellte einen gedanklichen Neuansatz dar, der sich aber nur teilweise in der Praxis auswirkte. Luther betonte 1545 in seiner berühmten Predigt zur Einweihung der Schlosskirche in Torgau den funktionalen Charakter der Kirche: „das nichts anders darin geschehe, dann das unser lieber Herr selbs mit uns rede durch sein heiliges Wort und wir widerumb mit jm reden durch Gebet und Lobgesang." (WA 49, 588). Die Kirche ist demnach kein Haus Gottes im Sinne eines Tempels, sondern ein *Kommunikationsraum für Menschen*.

---

34 A.a.O. 1068.
35 S. CHRISTIAN GRETHLEIN, Abriß der Liturgik. Ein Studienbuch zur Gottesdienstgestaltung, Gütersloh ²1991, 84 (mit entsprechenden Literaturhinweisen).
36 HARVEY COX, Verführung des Geistes, Stuttgart 1974, 264.
37 S. CHRISTIAN FREIGANG, Kirchenbau, I. Allgemein II. Im Westen 1.-4., in: ⁴RGG Bd. 4 (2001), 1059–1143, 1089.

„Luther gewinnt mit der Entscheidung gegen eine substantielle Sakralität des Raumes zweierlei: Zum einen findet er Anschluss an das biblische Zeugnis, das besagt, dass Gott keinen Wohnort in der Welt kennt außerhalb des Geistes der Gemeinde, deren Haupt Christus ist. Zum anderen erlaubt ihm die Option für die Sakralität der religiösen Kommunikation eine pragmatische Perspektive auf die Kirchengebäude. Da das Kirchengebäude nicht konstitutiv ist für die Kirche ... empfiehlt Luther da, wo keine religiöse Kommunikation mehr stattfindet, ,sollte man dieselbe Kirche abbrechen, wie man allen anderen Häusern tut, wenn sie nimmer nütz sind'."[38]

Konkret kam der Kirche die Funktion zu, das Hören des Wortes Gottes zu unterstützen. Deshalb rückte die Kanzel in den Mittelpunkt des Versammlungsraums. Die Einführung von Gestühl ermöglichte konzentriertes Zuhören. Es drückte zugleich die Würde des allgemeinen Priestertums aus, weil bisher nur die Kleriker im Gottesdienst saßen (s. Volp 368). Damit veränderte sich die bis dahin offene Raumsituation grundlegend. Vor allem wurden die Partizipationsformen drastisch reduziert. Während vorher die Menschen sich frei im Raum bewegten, knieten, beteten usw., mussten jetzt alle sitzen und zuhören. Dazu bot die Bestuhlung die Möglichkeit, die finanziellen Probleme der Gemeinden zu lösen. Für die Sitzplätze musste eine Gebühr gezahlt werden.[39] So spiegelte die Sitzordnung in der Kirche die soziale Schichtung der Ortsgemeinde wider – das problematische ständische Nebenprodukt einer ursprünglich anders motivierten Baumaßnahme.

Daneben empfahl Luther, den Altar wieder als Abendmahlstisch zu verwenden.[40] In den reformierten Kirchen wurde dies auf Grund der am Gedächtnismahl orientierten Abendmahlstheologie und der schroffen Abgrenzung gegenüber paganisierenden Tendenzen[41] konsequent durchgeführt.

Die Veränderung des Lebensgefühls im Barock schlug sich deutlich in neuen Kirchenbauten nieder:

„Der illusionistische Charakter des barocken Lebensgefühls bewirkte in beiden Konfessionen, die zunehmend um Repräsentation wetteiferten, daß das liturgische Zentrum zur Bühne eines hoheitsvollen Dramas avancierte: im römischen Bereich durch Lichteffekte und künstliche Mystifizierung der Messe, im Protestantismus durch Überhöhung der Kanzel als Kanzelaltar mit Orgelprospekt" (Volp 375).

---

38 Thomas Erne, Grundwissen Christentum Kirchenbau, in: Erne/Schüz 181–199, 188.
39 S. Peter Poscharsky, Die Kanzel. Erscheinungsform im Protestantismus bis zum Ende des Barock (SIKKG 1), Gütersloh 1963, 66.
40 Die Transformation des Tisches (aus den Hauskirchen) zum Altar spiegelt den Wandel des ursprünglichen Gemeinschaftsmahls in ein kultisches Ritual wider, in dessen örtlichem Zentrum der Altar als Platz des Opfers steht (s. Alfons Fürst, Die Liturgie der Alten Kirche. Geschichte und Theologie, Münster 2008, 66).
41 Hierin sieht Ralph Kunz, Gottesdienst evangelisch reformiert. Liturgik und Liturgie in der Kirche Zwinglis (THEOPHIL 10), Zürich 2001, 79, das zentrale Anliegen von Zwinglis Gottesdiensttheologie.

§ 24 Grundbedingungen: Zeiten und Orte

Der allgemeine technische und ökonomische Aufbruch des 19. Jahrhunderts, verbunden mit der Entwicklung neuer Bautechniken (Stahlskelett, Betonbau), führte in den evangelischen Kirchen zu Irritationen und Unsicherheiten.[42] Zuerst versuchte man 1861 in den sog. *Eisenacher Regulativen*[43], sich an Vergangenem zu orientieren, also am romanischen und gotischen Baustil. Drei Jahrzehnte später, 1891, distanzierte sich das sog. *Wiesbadener Programm* von solchen „katholisierenden" Tendenzen und bestimmte die Kirche als „Versammlungshaus der feiernden Gemeinde".[44]

Nach dem Zusammenbruch 1918 orientierten sich die Kirchenbauer neu. Bestimmend war damals der Architekt *Otto Bartning* (1883–1959). Er nahm in seinem Konzept der „Raumspannung"[45] die Spannungen der liturgischen Feier auf. Exemplarisch fand dies seinen Niederschlag in der – nicht realisierten – „Sternkirche" (1922), deren Kirchenraum in Predigt- und Feierkirche differenziert ist.[46] Allerdings bremste die Katastrophe des Zweiten Weltkriegs die weitere Entwicklung. Ab 1945 ging es um den Wiederaufbau bzw. Ersatz von zerstörten Kirchen. Bartning hatte im Auftrag des Hilfswerks zwischen 1947 und 1951 ein Konzept für Notkirchen mit vorgefertigtem Holztragwerk entwickelt, das 47mal zur Ausführung kam.[47] *Weiterführende Impulse* gaben neue Baustoffe und -weisen (s. mit zahlreichen Abbildungen Volp 384–400). Zugleich kam aber die Parole vom „Ende des Kirchenbaus" (a. a. O. 402) auf. Sie führte zur Diskussion um die Integration des gottesdienstlichen Kirchenraums in größere Gebäude (s. a. a. O. 403). Die Auflösung eines eigenen gottesdienstlichen Raums in einen Mehrzweckraum setzte sich in der Praxis auf die Dauer nicht durch. Sie verfehlte die Balance zwischen primärer und sekundärer Religionserfahrung.[48] Zur Zeit bestehen EKD-weit 3.320 „Gemeindezentren mit Gottesdienstraum".[49]

---

42 S. zum Überblick Peter Poscharsky, Modelle in der Geschichte des lutherischen Kirchenbaus, in: Andreas v. Heyl/Konstanze Evangelia Kemnitzer (Hg.), Modellhaftes Denken in der Praktischen Theologie, Leipzig 2014, 169-180.
43 Abgedruckt in: Wolfgang Herbst (Hg.), Quellen zur Geschichte des evangelischen Gottesdienstes von der Reformation bis zur Gegenwart, Göttingen 1968, 203–206.
44 Abgedruckt a. a. O. 207.
45 S. Julius Posener, Otto Bartning. Sein Begriff „Raumspannung", vornehmlich im Bereich der Kirche, in: Arbeitsstelle Gottesdienst 23 (2009/1), 37–40 und Jan Feustel, Umbauter Raum als sichtbare Form und Gestalt der Gemeinschaft. Ekklesiologie und Sakralität in Bartnings Kirchen, in: a. a. O. 10–19.
46 S. die Abbildung des Grundrisses in: Peter Poscharsky, Ende des Kirchenbaues?, Stuttgart 1969, 17.
47 S. Friedhelm Grundmann, Bartning, in: ⁴RGG Bd. 1 (1998), 1143.
48 Vgl. von Hans Asmussen herkommend Klaus Raschzok, Orte der „Begegnung der Gemeinde mit dem lebendigen Gott". Kirchenbau in der Evangelisch-lutherischen Kirche in Bayern seit 1945 aus theologischer Perspektive, in: Hans-Peter Hübner/Helmut Braun (Hg.), Evangelischer Kirchenbau in Bayern seit 1945, Berlin 2010, 49–66, 63–66.
49 Evangelische Kirche in Deutschland (EKD) (Hg.), Zahlen und Fakten zum kirchlichen Leben, Hannover 2015, 35.

Auch in der *katholischen Kirche* gab es Bemühungen um ein Raumkonzept, das den durch die liturgische Reformbewegung gewonnenen Einsichten entsprach. Dabei entstanden u. a. folgende Neuerungen, die die gemeinschaftliche Feier fördern sollten: die Konzentration auf einen freistehenden Altar – ohne Seiten- und Nebenaltäre –; die Zelebration „versus populum"; die Einführung der Kommunionsprozession und der dadurch ermöglichte Wegfall der Klerus und Laien trennenden Kommunionsbänke.[50]

2.4 Neue Raumformationen: Grundlegend für heutige Überlegungen zu Kirchenbauten ist die Einsicht in deren Bezug zur Stadt (bzw. zum Dorf). Kirchenbauten waren historisch „Keimzellen der Stadtteile" (Wolfgang Grünberg).[51] Durch die Trennung von Wohn- und Arbeitsbereich verloren sie wichtige Funktionen.

Auf diesem Hintergrund deute ich die Zunahme sog. *Spezialkirchen* als einen Versuch, auf die gesellschaftliche und auch städtebauliche Diversifizierung zu reagieren. Exemplarisch sind zu nennen: City-Kirchen[52] und Jugendkirchen[53]. Eine für die Kontextualisierung der Kommunikation des Evangeliums besonders interessante Form sind dabei die sog. *Autobahnkirchen und -kapellen.*

„Autobahnkirchen sind christliche Gotteshäuser, die am Rand der Autobahnen Reisenden eine Mitte bieten wollen. Neben dem Mindestabstand von 80 Kilometern müssen sie folgende formale Kriterien erfüllen: Sie sollten nicht mehr als einen Kilometer von der Autobahn entfernt sein, Toiletten haben, von 8–20 Uhr täglich geöffnet sein und Platz bieten für mindestens eine Busladung an Besuchern."[54]

Die gegenwärtig (2015) 29 Autobahnkirchen und -kapellen verdanken sich lokalen und regionalen Initiativen. In gewissem Sinn typisch ist hierfür die erste, 1958 an der A 8 in Adelsried gegründete Kirche „Maria, Schutz der Reisenden". Sie wurde von einem Augsburger Papierfabrikanten gestiftet, aus dessen Familie ein Mitglied bei einem Verkehrsunfall starb. Teilweise bieten Ortsgemeinden in den Autobahnkirchen Gottesdienste an, vor allem die Kapellen sind aber Räume der Stille. Meist hält sich kein eigenes Personal in den Kirchen auf. Thomas Erne interpretiert sie kulturhermeneutisch:

---

50 S. genauer Albert Gerhards, „… zu immer vollerer Einheit mit Gott und untereinander gelangen" (SC 48). Die Neuordnung der Kirchenräume durch die Liturgiereform, in: Klemens Richter/Thomas Sternberg (Hg.), Liturgiereform. Eine bleibende Aufgabe. 40 Jahre Konzilskonstitution über die heilige Liturgie, Münster 2004, 126–143, 135.
51 Zitiert nach Heinrich Fucks, Stadtteilkirche, in: Fermor 334–337, 335 (dort findet sich auch die Internet-Adresse der Grünberg'schen Publikation).
52 S. Annette Klinke, Citykirche, in: Fermor 67–71.
53 S. Hans Hobelsberger, Jugendkirche – eine Zwischenbilanz, in: Arbeitsstelle Gottesdienst 22 (2008/1), 32–40.
54 Thomas Erne, Autobahnkirche, in: Fermor 41–44, 41.

„Unter veränderten Bedingungen knüpfen die Autobahnkirchen an alte Motive der Pilgerfahrten an. Es sind Schutzräume für moderne Nomaden, die dort Ruhe suchen, nicht vor Räubern und anderer Gefahr, sondern vor der extrem beschleunigten Bewegung all ihrer Lebensverhältnisse ... Autobahnkirchen repräsentieren eine situative Ekklesiologie. Kirche, die an den Orten und zu den Zeiten präsent wird, wo das Bedürfnis nach religiöser Lebensdeutung und Gottesbegegnung in der modernen Gesellschaft entsteht."[55]

Mit dem Anwachsen des Fahrrad-Tourismus entstanden sog. *Radwegekirchen*.[56] Sie liegen an touristisch[57] erschlossenen Fahrradwegen, sind tagsüber geöffnet und laden zu Rast und eventueller Andacht ein.

Während hier die konkrete Lage von Kirchengebäuden an Verkehrswegen neue Horizonte über die organisierte Kirchlichkeit hinaus eröffnet, weitet sich beim folgenden Beispiel der Raumbegriff. *Fernsehgottesdienste* (s. § 20 4.3) zeigen sich bei genauerer Analyse als *multitopisch*:[58]

Erstens finden sie in einer konkreten Ortsgemeinde statt. Zweitens sind sie im Fernsehen verortet. Drittens werden sie von den – meist älteren – Zuschauern in ihrem Zimmer gefeiert. Das Fernsehgerät vermittelt dabei zwischen dem Ort der Kirchengemeinde, in der der Gottesdienst gefilmt und von den dort Anwesenden gefeiert wird, und dem jeweiligen Raum, in dem ein Empfangsgerät steht und Menschen das Gesendete verfolgen und an ihm partizipieren. Zugleich wird durch die Zahl der Zuschauer/innen in neuer Form Öffentlichkeit unter den Bedingungen einer Massengesellschaft hergestellt. Kommunikationstheoretisch ist daran u. a. hervorzuheben, dass hier der häusliche und familiäre Raum – wieder – liturgische Qualität erhält, nachdem lange Zeit Liturgie verkirchlicht wurde. Hier bahnt sich – potenziell – eine Kontextualisierung der Kommunikation des Evangeliums an, die gesellschaftlichen Veränderungen wie der Mobilität, aber auch dem demographischen Wandel Rechnung trägt.

2.5 *Reformvorschläge:* Rainer Volp resümiert am Ende detaillierter Analysen zum Kirchenbau:

„Der westliche Kirchenbau dokumentiert ein komplexes und sich ständig veränderndes Zeichensystem. Hier wird die gegenseitige Herausforderung von Tradition und Innovation im Rahmen der kulturellen Gegebenheiten besonders evident."
(VOLP 406; ohne Kursivsetzung des Originals)

---

55 A. a. O. 43.
56 Zu näheren Informationen s. www.radwegekirchen.de.; zur ersten praktisch-theologischen Reflexion s. CHRISTIAN GRETHLEIN, Gott fährt Rad. Praktisch-theologische Perspektiven des Radfahrens, erscheint in: PrTh 51(2016) H. 2.
57 S. DETLEF LIENAU, Tourismus. Urlaub / Arbeit und Freizeit / Reisen / Kirche und Tourismus, in: WILHELM GRÄB/BIRGIT WEYEL (Hg.), Handbuch Praktische Theologie, Gütersloh 2007, 419–430
58 S. GÜNTER THOMAS, Fernsehen. Der Fernsehgottesdienst als multitopisches Ereignis, in: FERMOR 98–102.

Die folgenden Themen spiegeln die in dieser Kontextualität liegende Problematik, aber auch Chance wider: die neue Nutzung von Kirchengebäuden, wozu auch deren Umwidmung gehört; die Kirchraumpädagogik.

Die Bedeutung eines Kirchengebäudes – jenseits seiner liturgischen Funktion – für die Identität eines Ortes tritt oft im ostdeutschen Bereich hervor. Angesichts der Entvölkerung ganzer Landstriche und der mehrheitlichen Konfessionslosigkeit der Bevölkerung stellt sich hier das Problem von Unterhalt und Nutzung der Kirchengebäude in besonderer Schärfe und aktiviert die Menschen weit über die Kirchenmitglieder hinaus.[59]

Die biblisch und christentumsgeschichtlich angelegte und von den Reformatoren aufgenommene funktionale Sicht auf Gebäude eröffnet Freiräume. *Kirchengebäude werden neu genutzt:*[60] Sie werden an andere christliche Gemeinschaften verkauft, Vereinen zu kultureller Nutzung übergeben, in Wohnungen, Restaurants, Büros, Ausstellungsräume, Urnengrabstätten o. ä. umgewandelt.

Eine Orientierung an der Kommunikation des Evangeliums in den vorgeschlagenen drei Modi (s. § 13–15) hilft, diese Entwicklung inhaltlich genauer zu bestimmen. Die gemeinschaftliche Feier ist eben nur ein Modus der Kommunikation des Evangeliums. Ein Projekt des sozialen Wohnungsbaus im Rahmen eines Kirchengebäudes kann dagegen Raum für das Helfen zum Leben eröffnen.[61] Zudem ist die Funktion von Kirchengebäuden, auch bei neuer Nutzung, für die Topographie eines Ortes nicht zu unterschätzen.[62] Auch erinnern entsprechende Verkäufe eine Kirche, die sich in hohem Maß gesellschaftlich integriert hat, an die kulturkritische Dimension der Kommunikation des Evangeliums, die Veränderungen erfordert. Das biblische Bild vom wandernden Gottesvolk[63] steht einem lokalen Verharren entgegen.

Schließlich enthalten Kirchengebäude großes Potenzial für die Kommunikation des Evangeliums im Modus des Lernens. Das nimmt die *Kirchraumpädagogik* (bzw. Kirchenpädagogik) auf und gestaltet es didaktisch. Kirchenräume werden als Texte vergangener Generationen entschlüsselt und zugleich in ihrer Aktualität entdeckt. In einer Situation, in der explizit gestaltete Kommunikation des Evangeliums vielen Heranwachsenden nicht mehr zugänglich ist, verlieren bisher übliche Lehrverfahren, etwa anhand schriftlicher Texte,

---

[59] S. am Beispiel von Mecklenburg-Vorpommern ULRIKE SCHÄFER-STRECKENBACH, Kulturkirchen. Wahrnehmung und Interpretation (PThK 19), Gütersloh 2007; s. auch THOMAS KLIE/ SIMONE SCHEPS, „Das kann doch nicht so bleiben ...". Kirchbauvereine in Mecklenburg-Vorpommern, in: ERNE/SCHÜZ 133–149.

[60] S. am Beispiel der rheinischen Landeskirche PETRA BOSSE-HUBER, Verkaufte Kirchen, in: FERMOR 204–207.

[61] S. PETRA BOSSE-HUBER, Verkaufte Kirchen, in: FERMOR 204–207, 206.

[62] S. ebd.

[63] ERICH GRÄSSER, Das wandernde Gottesvolk – Zum Basismotiv des Hebräerbriefs, in: ZNW 77 (1986), 160–179.

ihre Bedeutung. „Religion" als unterrichtliches Thema verkommt schnell zu einem historischen, mühsam zu entziffernden Relikt. Demgegenüber ermöglichen Kirchengebäude alle Sinne und die Motorik umfassende Lernprozesse, die je nach Lernort differenziert werden können.[64] Dabei eröffnet methodisch die religionswissenschaftliche Kategorie der Begehung[65] den Teilnehmenden individuelle Zugänge. Die Leiblichkeit als die Voraussetzung des Wahrnehmens regt symmetrische Kommunikationsprozesse an. Eine stärker spirituelle Akzentuierung verfolgt das Konzept der *„geistlichen Raumerschließung"*. Hier soll – in Aufnahme von Impulsen u. a. durch Wilhelm Löhe und Hans Asmussen (s. RASCHZOK 223-228) – das Wahrnehmen von Kirchengebäuden diese als „Erlebnisräume für die Gottesbegegnung" erschließen:

> „Geistliche Raumerschließung versteht sich als ein offener Interpretationsprozess im Sinne des Hinzufügens eines eigenen Erfahrungs- und Erlebnisbildes zum wahrgenommenen Raum. Die beiden Pole ,Vision' und ,Rekonstruktion' markieren die Achsen, auf denen sich die geistliche Raumerschließung bewegt." (a. a. O. 232 f.)

3. Zusammenfassung

Grundsätzlich kann das Evangelium immer und überall kommuniziert werden. Trotzdem gestalteten Christen besondere Zeiten und Räume. Interessanterweise werden sie sogar in der elektronischen Kommunikation zitiert. So begegnen auf den entsprechenden Websites „Kirchen" und „Altäre",[66] auf denen Kerzen (virtuell) entzündet werden können, ebenso wie Hinweise auf das Kirchenjahr. Dadurch wird anthropologischen Grundgegebenheiten von Kommunikation Rechnung getragen.

Christentumsgeschichtlich erhielten Kirchenjahr und -gebäude mitunter ein problematisches Eigengewicht. Die sog. Sonntagspflicht, 1517 von Papst Leo X. verfügt und 400 Jahre später im Codex Juris Canonici rechtlich verpflichtend gemacht,[67] ist mittlerweile auch in der Realität der römischen Kirche gescheitert.

Bestimmten Kirchengebäude und -jahr lange Zeit unsere Kultur, so schwindet dieser Einfluss. Neue Zeitrhythmen wie das Wochenende oder der Urlaub prägen das Leben der Menschen; Hochhäuser als Symbole ökonomischer Potenz überragen die Kirchen in vielen Städten.

---

64 S. z. B. CHRISTIAN GRETHLEIN, „Kirchenpädagogik" im Blickfeld der Praktischen Theologie, in: THOMAS KLIE (Hg.), Der Religion Raum geben. Kirchenpädagogik und religiöses Lernen (Grundlegungen 3), Münster 1998, 17–33.
65 S. CHRISTOPH BIZER, Begehung als eine religionswissenschaftliche Kategorie für den schulischen Religionsunterricht, in: DERS., Kirchgänge im Unterricht und anderswo. Zur Gestaltwerdung von Religion, Göttingen 1995, 167–184.
66 S. die Abbildungen in: ANNA-KATHARINA LIENAU, Gebet im Internet. Eine praktisch-theologische Untersuchung (Studien zur Christlichen Publizistik 17), Erlangen 2009, 219, 220, 227.
67 THOMAS BERGHOLZ, Sonntag, in: TRE 31 (2000), 449–472, 463.

In dieser Situation ist es wichtig, sich in reformatorischer Tradition auf die Funktionalität von kirchlichen Zeit- und Raumkonzepten zu besinnen. Die Vorschläge zur neuen Profilierung des Kirchenjahres oder neuen Terminierung mancher Gottesdienste sind ebenso Schritte in diese Richtung wie die Versuche zur Umnutzung von Kirchengebäuden oder deren didaktische Erschließung. Dabei geht es in evangelisch-theologischer Perspektive nicht um kulturelle Dominanz, sondern um die Förderung der Kommunikation des Evangeliums. Diese wiederum besteht nicht nur aus der gemeinschaftlichen Feier, sondern ebenso aus dem Helfen zum Leben und Lehr- und Lernprozessen. Funktionsveränderungen von Kirchen können so als neue Akzentsetzungen innerhalb der Kommunikation des Evangeliums verstanden werden, nicht als „Entweihungen" o. ä.

§ 25 Lehren und Lernen: Kommunikation über Gott

Literatur: WILFRIED ENGEMANN, Einführung in die Homiletik, Tübingen ²2011, 174–203 – MONIKA FUCHS/DIRK SCHLIEPHAKE (Hg.), Bibel erzählen, Neukirchen-Vluyn 2014 – RAINER LACHMANN, Vom Westfälischen Frieden bis zur Napoleonischen Ära, in: DERS./BERND SCHRÖDER (Hg.), Geschichte des evangelischen Religionsunterrichts in Deutschland. Ein Studienbuch, Neukirchen-Vluyn 2007, 78–127 – JOHANN BAPTIST METZ, KLEINE APOLOGIE DES ERZÄHLENS (1973), in: WILFRIED ENGEMANN/FRANK LÜTZE (Hg.), Grundfragen der Predigt. Ein Studienbuch, Leipzig 2006, 217–229 – CHRISTOPH MORGENTHALER, Seelsorge (Lehrbuch Praktische Theologie Bd. 3), Gütersloh 2009, 239–254 – HELMUT SCHWIER/SIEGHARD GALL, Predigt hören. Befunde und Ergebnisse der Heidelberger Umfrage zur Predigtrezeption (Heidelberger Studien zur Predigtforschung 1), Berlin 2008

Grundlegend für die Kommunikation des Evangeliums im Modus des Lehrens und Lernens ist das Erzählen. Dadurch erfahren Menschen von Gottes Wirken und lernen ihr Leben neu verstehen.

Weil Erzählungen stets Auffassungen von Welt und Menschsein implizieren, ist ein Gespräch hierüber wichtig, um sich das Gehörte anzueignen.

Die Predigt kann auf diesem Hintergrund als eine elaborierte Kommunikationsform verstanden werden, die Erzählung und Gespräch aufeinander bezieht. Sie soll Menschen auf den Anbruch der Gottesherrschaft bzw. das Wirken Gottes in Vergangenheit, Gegenwart und Zukunft aufmerksam machen.

Eine strukturell analoge Zuordnung der Predigt findet sich bereits in der scholastischen Theologie. So schlug Petrus Cantor (gest. 1197) drei Stufen für das Schriftstudium vor: „Die Auslegung der Heiligen Schrift besteht aus drei Teilen; nämlich Lesung, Disputation und Predigt ... Gleichsam Grund und Unterlage der folgenden ist die Lesung ... Die Disputation ist gleichsam die Mauer dieser Übung und dieses Baues ... Die Predigt aber, der die vorausgehenden Übungen dienen, ist gleichsam das Dach, das die Gläubigen vor Hitze und Verwirrung durch die Laster schützt".[68]

---

[68] Zitiert nach der Übersetzung bei ISNARD FRANK, Predigt VI. Mittelalter, in: TRE 27 (1997), 248–262, 257 Anm. 4.

Zwar steht in diesen drei Kommunikationsformen die Kommunikation über Gott im Vordergrund. Doch ist dies nicht mit einer dem Bezugspunkt gegenüber problematischen Distanz zu verwechseln. Vielmehr zeigt eine Analyse konkreter Kommunikationen, dass der *Authentizität der Kommunizierenden* große Bedeutung zukommt.[69] Denn in der Kommunikation über Gott geht es um mehr als irgendwelche Sachverhalte. Vielmehr kommt es zu Verständigungsprozessen, die die kommunizierenden Personen und ihre Lebensausrichtung unmittelbar betreffen. Sie entsprechen der Bedeutung des Biographiebezugs für die Daseins- und Wertorientierung in der Gegenwart (s. § 10 3.4).

Das vorzügliche Medium dieser Kommunikation ist die Bibel. Denn sie präsentiert die Entstehung und Gestaltung des christlichen Grundimpulses. Um seinem Anspruch gerecht zu werden, ist dieses Speichermedium so zu interpretieren, dass das Evangelium als Übertragungsmedium präsent bleibt. Dem dienen zunehmend auch elektronische Medien.

1. Erzählen

Erzählen ist eine kulturgeschichtlich bewährte Form, Vergangenes und Zukünftiges zu kommunizieren.

In der Bibel ist diese Kommunikationsform zentral.

Sie ist auch für die heutige Kommunikation des Evangeliums unverzichtbar.

Methodisch wird sie vor allem in der Religionspädagogik und Homiletik bedacht.[70]

1.1 *Anthropologisch-kulturgeschichtliche Grundlagen:* Erzählen ist eine Kommunikationsform, die bereits in vorschriftlichen Kulturen einen Austausch über Vergangenes und Zukünftiges erlaubt und dabei sozial integriert:

> „Versteht man unter Erzählen … in erster Linie das Herstellen von Geschichten, dann dient das Erzählen neben der Erinnerung und Planung von menschlichen Handlungen vor allem der Ordnung von raumzeitlichen Daten und damit der Erklärung und kognitiven Bewältigung von Geschehen. Inmitten der Kontingenz des Faktischen schafft das Erzählen Kohärenz und ermöglicht sowohl die Raum- und Zeiterfahrung des Menschen als auch die Ausdifferenzierung der Identität von Individuen und Kollektiven. Sieht man im Erzählen dagegen in erster Linie den kommunikativen Akt, dann dient das Erzählen vor allem dazu, soziale Beziehungen herzustellen und zu helfen, diese Beziehungen quantitativ zu vervielfältigen und qualitativ zu differenzieren. Zugespitzt formuliert: Qua Struktur nutzt das Erzählen

---

69 S. z. B. Helmut Barié, Kann der Zeuge hinter das Zeugnis zurücktreten? Ein erster Schritt zu einer experimentellen Homiletik, in: EvTh 32 (1972), 19–38.
70 S. Christian Grethlein, Erzählen als Kommunikationsform des Evangeliums in der neueren Theologie und Religionspädagogik, in: Fuchs/Schliephake 89-99.

der Orientierung in Zeit und Raum, qua Tätigkeit ermöglicht es die Stiftung und Erhaltung sozialer Gemeinschaften."[71]

Deshalb wurden Ansichten der Daseins- und Wertorientierung, wie die zum Beginn der Welt und des Lebens oder deren Ziel, aber auch für die Identität wichtige Ereignisse der Vergangenheit erzählt.[72] Solange dies mündlich geschah, vollzog sich dabei zugleich ein Interpretations- und Aktualisierungsprozess. Erzähler/in und Zuhörer/innen bildeten eine sich gegenseitig anregende Kommunikationsgemeinschaft.

Erzählungen fanden frühzeitig Niederschlag in Bildern, die wichtige Ereignisse von Erzähltem darstellten und so zugleich einen Beitrag zu deren Interpretation leisteten. Auch wurden Erzählungen im antiken Theater gespielt. Hier trat deren *mimetischer Charakter* anschaulich zu Tage, der die Nachhaltigkeit des Erzählten fördert.

1.2 *Biblische Perspektiven:* Nicht nur weite Teile, sondern auch die zentralen Texte der Bibel sind in erzählter Form überliefert. Vor allem die Evangelien als die Grundlage der Zusammenkunft der Christen bestehen aus Erzählungen.[73] Dies entspricht dem Wirken Jesu von Nazaret, der vor allem in medientheoretisch formuliert: virtuellen – Erzählungen wie den Gleichnissen die anbrechende Gottesherrschaft kommunizierte. Kommunikationstheoretisch gesehen sind Erzählungen auf Weitererzählen angelegt. Damit entsprechen sie dem ergebnisoffenen Grundcharakter der Kommunikation des Evangeliums:

> „Die Erzählungen werden in der Regel nicht (mit einer Deutung) abgeschlossen, sondern setzen sich nach Auflösung der Erzählrunde fort, indem sie von den Zuhörern weiter- und nacherzählt werden. Denn Erzählungen zielen nicht auf das Ja oder Nein der Wahrheit, sondern auf ein Mehr oder Weniger an Relevanz."[74]

Der *mimetische Charakter der biblischen Erzählungen* kommt am deutlichsten im Abschiedsmahl Jesu von seinen Jüngern zur Darstellung. Die Erzählung dieses Mahls wurde von Anfang an in verschiedenen, im Einzelnen wie der Datierung differierenden Fassungen überliefert.[75] Tatsächlich kam es zu einer bis heute andau-

---

71 MICHAEL SCHEFFEL, Erzählen als anthropologische Universalie. Funktionen des Erzählens im Alltag und in der Literatur, in: RÜDIGER ZYMER/MANFRED ENGEL (Hg.), Anthropologie der Literatur. Poetogene Strukturen und ästhetisch-soziale Handlungsfelder, Paderborn 2004, 121–138, 131.
72 S. für die klassische Antike mit vielfältigen Beispielen und methodologischen Anregungen JONAS GRETHLEIN/ANTONIOS RENGAKOS (Hg.), Narratology and Interpretation (Trends in Classics Suppl. Vol. 4), Berlin 2009.
73 S. zu den hermeneutischen Konsequenzen JENS SCHRÖTER, Nicht nur eine Erinnerung, sondern eine narrative Vergegenwärtigung. Erwägungen zur Hermeneutik der Evangelienschreibung, in: ZThK 108 (2011), 119–137.
74 HARALD WEINRICH, Narrative Theologie (1973), in: WILFRIED ENGEMANN/FRANK LÜTZE (Hg.), Grundfragen der Predigt. Ein Studienbuch, Leipzig 2006, 245.
75 S. zu den unterschiedlichen Traditionsschichten JENS SCHRÖTER, Jesus von Nazaret. Jude aus Galiläa – Retter der Welt (Biblische Gestalten 15), Leipzig ²2009, 287–294.

ernden mimetischen Wiederholung dieses Mahls. Peter Wick vermutet für Paulus: „Wahrscheinlich wird jedes Herrenmahl gar nicht als jeweils neues Mahl verstanden, sondern als Weiterführung und Verlängerung von dem Mahl, das Jesus mit seinen Jüngern gefeiert hat."[76]

Auch die Taufe ist Ausdruck einer solchen mimetischen Erinnerung. Der Mensch wird wie Jesus einer Wasserhandlung unterzogen, die die Gemeinschaft mit Gott ausdrückt. Von daher ist es nicht erstaunlich, dass in der Alten Kirche – wie die dem Hippolyt zugeschriebene Traditio Apostolica berichtet – die letzten Tage vor der Taufe analog zu den letzten Tagen Jesu begangen wurden. Die Täuflinge partizipierten mimetisch am Geschick Jesu Christi.[77]

1.3 *Systematische Bestimmungen:* Während in den USA bereits länger die Bedeutung des Narrativen („story") in der Theologie präsent war,[78] gab in Deutschland 1973 ein Literaturwissenschaftler, Harald Weinrich, einen wichtigen Anstoß.[79] Ausgehend von unbestreitbaren Beobachtungen zur narrativen Prägung der Bibel stellte er diese Einsicht aber in den schwierigen Kontext eines angeblichen Verfalls des Christentums durch seine Verwissenschaftlichung bzw. Historisierung. Theologisch differenzierter verfolgte der katholische Fundamentaltheologe Johann Baptist Metz diesen Impuls. Dabei stellte er heraus, dass vor allem das Problem und die Bedeutung des Leidens ohne Narration keinen angemessenen Ausdruck finden:

„Eine Theologie des Heils, die weder die Heilsgeschichte konditioniert oder suspendiert noch die Nicht-Identität der Leidensgeschichte ignoriert bzw. dialektisch überführt, kann nicht rein argumentativ, sie muß immer auch narrativ expliziert werden; sie ist in fundamentaler Weise memorativ-narrative Theologie." (METZ, 225)

Inhaltlich macht Metz auf den – potenziell – *subversiven Charakter* von Erzählungen aufmerksam. Indem sie von einer anderen Wirklichkeit berichten, kritisieren sie Vorfindliches und setzen Kräfte zu dessen Veränderung frei. Am radikalsten tritt dies in den Ostererzählungen zu Tage. Sie eröffnen einen neuen Horizont jenseits der sonst selbstverständlichen Grenzen biologischer Endlichkeit und stellen so grundsätzlich jede Absolutsetzung des Begrenzten in Frage. Dadurch gewinnen Erzählungen eine herrschaftskritische und politische Dimension.

---

76 PETER WICK, Die urchristlichen Gottesdienste. Entstehung und Entwicklung im Rahmen der frühjüdischen Tempel-, Synagogen- und Hausfrömmigkeit (BWANT 150), Stuttgart ²2003, 208.
77 S. RUDOLF ROOSEN, Taufe lebendig. Taufsymbolik neu verstehen, Hannover 1990, 21.
78 S. die knappe Übersicht bei DIETRICH RITSCHL, Zur Logik der Theologie. Kurze Darstellung der Zusammenhänge theologischer Grundgedanken, München ²1988 (1984), 47.
79 HARALD WEINRICH, Narrative Theologie (1973), in: WILFRIED ENGEMANN/FRANK LÜTZE (Hg.), Grundfragen der Predigt. Ein Studienbuch, Leipzig 2006, 243-251.

1.4 *Methodik:* Traditionell spielt das Erzählen in der *Religionspädagogik* und ihren Vorläufern eine große Rolle. Schon Christian Gotthilf Salzmann (1744–1811) erkannte seinen Wert. Er nannte das Erzählen das „wirksamste Mittel", um „Kindern Religion beyzubringen" (zitiert nach LACHMANN 120).

Im schulischen Religionsunterricht gingen die ersten didaktischen Vorstöße in dieser Richtung von Lehrern bzw. Pädagogen aus. In Spannung zum „Katechesieren" durch Pfarrer, das auf die Vermittlung von Lehrsätzen ausgerichtet war, bildete sich in der zweiten Hälfte des 19. Jahrhunderts ein durch Lehrer erteilter Unterricht in Biblischer Geschichte heraus.[80] Unter dem Eindruck der Religionspsychologie Wilhelm Wundts empfahlen Religionspädagogen wie Richard Kabisch[81] Erzählungen, um die *Phantasie* der Kinder anzuregen.[82] Im Kontext der Wort-Gottes-Theologie kam es katechetisch zu einer Konzentration auf biblische Geschichten.

Bei der methodischen Ausarbeitung des Erzählens biblischer Geschichten kristallisierten sich zwei Ansätze heraus: Walter Neidhart[83] hob die Bedeutung der Phantasiearbeit bei der Vorbereitung einer Erzählung hervor. Er nahm die historisch-kritischen Einsichten in einer konstruierten Rahmenerzählung auf und versuchte so, heutigen Schüler/innen einen lebenslangen Zugang zu den alten Texten zu eröffnen. Dabei besteht mitunter die Gefahr, dass die Produkte der Phantasie den Gehalt der biblischen Geschichte zurücktreten lassen. Demgegenüber betonte Dietrich Steinwede[84] das Eigengewicht des biblischen Textes. Die Erzählung sollte diesen lediglich entfalten. Fraglich erscheint hier mitunter, ob die hermeneutische Differenz zwischen den Zuhörergruppen – Erwachsene der Antike, Kinder der Gegenwart – hinreichend beachtet wird.

Konkret hat sich als im Einzelfall zu modifizierendes Schema folgender, unschwer in zahlreichen biblischen Geschichten auffindbarer und lernpsychologisch einleuchtender Aufbau von Erzählungen durchgesetzt:

„Erste Phase: Einführen in die Situation (räumlich, zeitlich), in der die Erzählung spielt.

Zweite Phase: Vorstellen des ‚Helden' und seines Problems.

Dritte Phase: Zuspitzen des Konflikts.

---

80 S. am Beispiel des Religionsunterrichts an bayrischen Volksschulen HEIDI SCHÖNFELD, Bücher für den evangelischen Religionsunterricht. Ein Beitrag aus den bayerischen Volksschulen im 19. Jahrhundert (Arbeiten zur Historischen Religionspädagogik 1), Jena 2003, 424–433.
81 S. das bis 1931 in sieben Auflagen erscheinende Grundlagenwerk von RICHARD KABISCH, Wie lehren wir Religion? Versuch einer Methodik des evangelischen Religionsunterrichts für alle Schulen auf psychologischer Grundlage, Göttingen 1910.
82 S. GERD BOCKWOLDT, Religionspädagogik. Eine Problemgeschichte, Stuttgart 1977, 44–47.
83 S. WALTER NEIDHART/HANS EGGENBERGER (Hg.), Erzählbuch zur Bibel, Zürich 1975 u. ö. (und zwei Nachfolgebände).
84 DIETRICH STEINWEDE, Zu erzählen deine Herrlichkeit, Göttingen 1965.

§ 25 Lehren und Lernen: Kommunikation über Gott   533

Vierte Phase: Retardieren der Handlung durch fehlgeschlagene Lösung oder Blick auf Nebenschauplatz o. ä. und damit Steigerung der Spannung.
Fünfte Phase: Lösung des Problems."[85]

In die konkrete Situation der Erzählung hinein führt die Methode des *Bibliologs*.[86] Hier geht es darum, in der Tradition des jüdischen Midrasch die Zwischenräume zwischen dem Erzählten („schwarzes Feuer" der Buchstaben) auszufüllen („weißes Feuer" als Raum zwischen den Worten) und so den Teilnehmenden einen vertieften Zugang zum Erzählten zu ermöglichen.

Eine den mimetischen Charakter von Erzählung aufnehmende Methode ist das *Bibliodrama*.[87] Angeregt durch Einsichten aus themenzentrierter Interaktion und Gestalttherapie wurde hier eine Methodik entwickelt, Erzählungen mit dem ganzen Körper und allen Sinnen zu agieren und zu erfahren. Vor allem in der Erwachsenenbildung findet sie Verwendung.

Das kommunikative Potenzial des Erzählens wurde auch für die *Predigt* entdeckt. Zum einen stellt dabei – vor allem am Beginn einer Predigt – ein erzählendes Element in verdichteter Form einen Bezug zur Lebenswirklichkeit her. Zum anderen kann die ganze Predigt eine erzählte Geschichte sein (s. ENGEMANN 185 f.). Dabei bewähren sich die in der Religionspädagogik ausgearbeiteten Vorschläge zu Aufbau und sprachlicher Gestaltung.

Insgesamt gewinnt in der heutigen Mediengesellschaft (s. § 12 3.) das Erzählen biblischer Geschichten als face-to-face-Kommunikation neue Attraktivität.

1.5 *Weitere Kommunikationsformen:* Narrative Strukturen begegnen auch in anderen Kommunikationsformen des Evangeliums:

Die großen *Bekenntnisse* christlichen Glaubens, wie das Apostolicum, enthalten narrative Passagen. Offenkundig kann über Gott in christlichem Sinn nicht gesprochen werden, ohne von dessen Wirken zu erzählen. Durch diese Erzählungen entsteht eine Gemeinschaft, die in die Interpretation des Erzählten eintritt. Kirchenjahr, -gebäude und -musik können ebenso wie ethische Maximen als indirekte Formen solchen Bekennens verstanden werden.[88]

Kaum zu überschätzen ist die Bedeutung von *Bildern* für die Kommunikation des Evangeliums. Bereits in der Spätantike tauchen erste Bibelillustra-

---

85 CHRISTIAN GRETHLEIN, Methodischer Grundkurs für den Religionsunterricht. Kurze Darstellung der 20 wichtigsten Methoden im Religionsunterricht der Sekundarstufe 1 und 2, Leipzig ²2007 (2000), 38–50, 39 (ohne Kursivsetzung im Original).
86 S. UTA POHL-PATALONG, Bibliolog. Impulse für Gottesdienst, Gemeinde und Schule Bd. 1, Stuttgart ³2013; DIES./MARIA AIGNER, Bibliolog. Impulse für Gottesdienst, Gemeinde und Schule Bd. 2, Stuttgart ²2012.
87 S. grundlegend SAMUEL LAEUCHLI, Das Spiel vor dem dunklen Gott. ‚Mimesis' – ein Beitrag zur Entwicklung des Bibliodramas, Neukirchen-Vluyn 1987; zum heutigen Stand s. GERHARD MARCEL MARTIN, Sachbuch Bibliodrama. Praxis und Theorie, Berlin ³2011.
88 S. WILFRIED HÄRLE, Dogmatik, Berlin 1995, 156 f.

tionen auf, die den Beginn einer bis heute reichenden Gattung darstellen.[89] Viele Menschen lernten im Mittelalter nur durch die Bilder in den Kirchen biblische Geschichten kennen. Bis heute kommt Bildern pädagogisch große Bedeutung zu, sei es im Bereich von Kinderbibeln,[90] Bibelcomics[91] oder von Einzelbildern. Sie dienen der Erstbegegnung mit biblischen Inhalten, deren Erinnerung und Veranschaulichung sowie der Transformation in aktuelle Situationen. Zwar schränken sie zum einen die phantasievolle Ausgestaltung von nur Gehörtem ein; doch eröffnen sie umgekehrt neue Interpretationsspielräume.[92]

In *Büchern*[93] und *Filmen*[94] finden sich ebenfalls zahllose Aufnahmen, Verfremdungen und Modifikationen biblischer Erzählungen. Damit werden biblische Themen und Einsichten weit über den Bereich der (organisierten) Kirche hinaus präsent gehalten. Basis dafür ist die Kommunikationsform des Erzählens.

2. Miteinander Sprechen

Grundlegend für Kommunikation sind das Gespräch und das damit verbundene Bemühen um Verständigung.

Auch die Bibel berichtet von zahlreichen Gesprächen.

In einer im Bereich der Daseins- und Wertorientierung pluralen Situation kommt dem „Dialog" hervorragende Bedeutung zu.

Dem entspricht das Bemühen in der Praktischen Theologie um adäquate Methoden für Gespräche.

2.1 Anthropologisch-kulturgeschichtliche Grundlagen: Heute ist die Fähigkeit zum Sprechen (fast) jedem Menschen angeboren. Sie hat sich in einem evolutionären Prozess entwickelt, bis sie vor etwa 35.000 Jahren ausgebildet war.

„Damit sich die Sprachfähigkeit entwickeln konnte, waren die Befreiung der Hand von den Aufgaben der Fortbewegung und des Sehens von der Prehension, die Vergrößerung des Gehirnvolumens, die Lateralisierung der Gehirnhälften, die Her-

---

89 S. zum Überblick REINER HAUSSHERR, Bibelillustration, in: ⁴RGG 1. Bd. (1998), 1465–1471.
90 S. zum Überblick MICHAEL LANDGRAF, Kinderbibel damals – heute – morgen. Zeitreise – Orientierungshilfe – Kreativimpulse, Neustadt/Wstr. 2009; zur didaktisch zentralen Frage nach der Text-Auswahl s. RAINER LACHMANN/REGINE SCHINDLER/GOTTFRIED ADAM (Hg.), Die Inhalte von Kinderbibeln. Kriterien ihrer Auswahl (Arbeiten zur Religionspädagogik 37), Göttingen 2008.
91 S. CHRISTINE REENTS, Kinder- und Schulbibeln 1 Evangelisch, in: LexRP Bd. 1 (2001), 1008–1014, 1011 f.
92 S. mit historischer Tiefenschärfe GÜNTER LANGE, Bild und Wort. Religionspädagogische Einsichten und Ausblicke, in: RPäB 41 (1999), 3–29.
93 S. HEINRICH SCHMIDINGER (Hg.), Die Bibel in der deutschsprachigen Literatur des 20. Jahrhunderts 2 Bde., Mainz ²2000 (1999).
94 S. THOMAS BOHRMANN/WERNER VEITH/STEPHAN ZÖLLER (Hg.), Handbuch Theologie und populärer Film 2 Bde., Paderborn 2007/2009.

ausbildung der Sprachzentren, die Senkung des Kehlkopfs und die Entwicklung des Stimmapparats und des Gehörs erforderlich."[95]

Das Sprechen dient wesentlich der sozialen Abstimmung und der Verständigung. Eine hervorragende Stellung nimmt in der abendländischen Kulturgeschichte die Form des *Dialogs* ein. Hier nähern sich die Dialogpartner in der Auseinandersetzung (griech.: dialegesthai) der Wahrheit. In den von Platon überlieferten Dialogen des Sokrates begegnet eine argumentative Gesprächskultur, die stilbildend für Rhetorik und Didaktik wirkte.

2.2 *Biblische Perspektiven:* Die Bibel ist voll von Gesprächen unterschiedlichster Art, nicht selten Kontroversen um Leben oder Tod, z. B.:[96]

Nathan stellt den Ehebrecher David zur Rede (2 Sam 12,1–14); Hiob setzt sich hart mit seinen „Freunden" auseinander. Es begegnen auch Gespräche zwischen Gott und Mensch. So stimmt Mose Gott um (Ex 32,7–14); dieser belehrt umgekehrt den unzufriedenen Jona (Jon 3,9–11) usw.

Jesus selbst entfaltete, in prophetischer Tradition, seine Botschaft auch in *Streitgesprächen*. In ihnen kommunizierte er das Evangelium angesichts von Ein- und Widersprüchen. Dabei fällt seine Fähigkeit auf, ohne Umschweife komplexe Probleme durch die Perspektive der anbrechenden Gottesherrschaft in ein neues Licht zu rücken.

Aber er wurde auch – wie in Mt 15,24 (s. § 15 2.2) berichtet – von einer Gesprächspartnerin überzeugt und korrigierte seine eigene Position. Interessant ist, dass es bei dieser Auseinandersetzung um eine Frage von Inklusion ging, nämlich ob das Wirken Jesu auf Israel beschränkt bleiben sollte. Die Not der Mutter überwand die von Jesus anfangs dogmatisch begründete Exklusion.

2.3 *Systematische Bestimmungen:* Christentumsgeschichtlich zeigt sich über weite Strecken eine nur geringe Fähigkeit zum Dialog im Sinne des ergebnisoffenen Bemühens um Verständigung. Christologische und trinitätstheologische Streitigkeiten gerieten zu erbitterten machtpolitisch ausgetragenen Auseinandersetzungen; Dissidenten im Glauben wurden hingerichtet usw. Demgegenüber finden sich in jüngerer Zeit Ansätze, das Evangelium dialogisch zu kommunizieren.

Im Zuge der *Ökumenischen Bewegung* bildeten sich vielfältige Dialoge zwischen verschiedenen Konfessionen mit dem Ziel der Einheit aus. Die Leuenberger Konkordie von 1973 mit ihrem Resultat der „Kirchengemeinschaft" zwischen lutherischen, reformierten, unierten sowie den vorreforma-

---

95 CHRISTOPH WULF, Anthropologie. Geschichte – Kultur – Philosophie, Köln 2009, 216.
96 Einen bibelkundlichen Einblick in die Vielfältigkeit der berichteten Auseinandersetzungen gibt SUSANNE KRAHE, Aug' um Auge, Zahn um Zahn? Beispiele biblischer Streitkultur, Würzburg 2005.

torischen Kirchen der Waldenser und Böhmischen Brüder ist ein Beleg für das Gelingen solchen Bemühens um Einheit (s. z. B. Gal 3,26 f.).

Auch werden *Dialoge mit Vertretern nichtchristlicher Glaubensgemeinschaften* geführt. Diese Bemühungen verdanken sich nicht zuletzt dem Interesse am Weltfrieden und an sozialer Integration. Dialog ist hier grundlegend vom Respekt vor der Andersartigkeit der Daseins- und Wertorientierung der Dialogpartner getragen.[97] Es wird gegenwärtig weltweit diskutiert, ob und inwieweit die Traditionen verschiedener Daseins- und Wertorientierungen einander entsprechen bzw. miteinander kompatibel sind.[98] Vor allem für das Verhältnis des Christentums zum Buddhismus liegen Studien vor, die aus christlicher Perspektive auf das die eigene Religion transformierende Potenzial des Buddhismus hinweisen.[99] Allerdings ist zu prüfen, ob dabei eine kleine interreligiös interessierte Elite ihren Lebensstil theoretisiert oder tatsächlich ein systematischer Rahmen entsteht, um lebensweltliche Veränderungen im Bereich der Daseins- und Wertorientierung zu erfassen.

2.4 *Methodik:* In Unterricht und Seelsorge ist mittlerweile eine offene Gesprächssituation als grundlegend für die Kommunikation des Evangeliums erkannt.

Dies wurde zuerst im Bereich der *Katechetik* in Form der sog. Sokratischen Methode konzeptualisiert. Schon 1735 empfahl Johann Lorenz von Mosheim (1694–1755) ein solches Vorgehen, das er folgendermaßen charakterisierte:

> „ein vernünftiges und ordentliches Gespräch eines Lehrers und Schülers, in welchem der Lehrer die Person des Schülers annimt (sic!) und durch vorsichtige und kluge Fragen, theils den wahren Begriff, den sich dieser von solchen Dingen machet, …, zu erforschen, theils die Fehler dieses Begrifs (sic!) zu verbessern trachtet." (Zitiert nach LACHMANN 98 f.)

In einem sokratischen Gespräch wird also die herkömmliche Zuordnung von Lehrer- und Schülerrolle überwunden. Allerdings begegneten in der Praxis erhebliche Probleme (s. LACHMANN 119 f.). Die dabei vorausgesetzte ideale Kommunikationssituation entsprach wohl nur selten der unterrichtlichen Wirklichkeit. Das sog. Unterrichtsgespräch wurde reglementiert und damit seiner besonderen Chancen für personbezogene Kommunikation beraubt.

---

97 S. THEO SUNDERMEIER, Mission und Dialog in der pluralistischen Gesellschaft, in: ANDREAS FELDTKELLER/THEO SUNDERMEIER (Hg.), Mission in pluralistischer Gesellschaft, Frankfurt 1999, 11–25, 22 f.
98 S. aus religionspluralistischer Perspektive PERRY SCHMIDT-LEUKEL, Transformation by Integration. How Inter-faith Encounter Changes Christianity, Norwich 2009.
99 S. z. B. PAUL KNITTER, Without Buddha I Could not be a Christian, Oxford 2009.

Erst durch Differenzierung der unterrichtlichen Gesprächsformen kam sein Potenzial in Form der „Diskussion" in den Blick.[100]

Während in der Religionspädagogik das Gespräch mit Gruppen im Vordergrund steht, konzentriert sich die *Seelsorge* auf das Gespräch zwischen zwei Personen – was die grundsätzliche Möglichkeit der Gruppenseelsorge nicht ausschließt. Auch hier wurde das Potenzial des Gesprächs erst im Kontext der bürgerlichen Gesprächskultur (wieder)entdeckt (MORGENTHALER 239). Im Zuge der Auseinandersetzung und großenteils Übernahme des methodischen Settings aus der Psychoanalyse und von neuem angestoßen durch die in den USA entstandene Seelsorge-Bewegung entwickelte sich in der Seelsorge ein differenziertes Instrumentarium zur Gesprächsführung (s. MORGENTHALER). Dabei werden vor allem die Teile der Kommunikation ausführlich analysiert und reflektiert, die sich auf die Haltung und die Gefühle der Beteiligten beziehen. Die Gesprächspsychologie von Carl Rogers (1902–1987)[101] gibt dazu wichtige Hinweise.[102] Grundlegend ist der von ihm konzipierte personzentrierte Ansatz mit folgenden Grundsätzen:

„*Wertschätzung:* Dem Gegenüber wird eine grundsätzliche und unbedingte Bejahung und Wertschätzung, also Achtung und Ehrfurcht vor seiner Gesamtperson, entgegengebracht. ...

Empathie und das Verbalisieren von emotionalen Gesprächsinhalten: Empathie bedeutet: sich in die Welt des Anderen einzufühlen, Probleme also von dessen ‚frame of reference' aus zu verstehen und auch die affektiven Anteile dieser Sichtweise des Anderen zu erspüren. ...

Echtheit und Kongruenz: Sich empathisch einem anderen Menschen zuzuwenden, bedeutet nun aber nicht, sich in dessen innerer Gefühlswelt zu verlieren. ... Echtheit bedeutet in dieser Sicht Übereinstimmung von Denken, Fühlen und Handeln in einer seelsorglichen Begegnung." (MORGENTHALER 246–248)

Demgegenüber tritt die Reflexion des Inhalts der seelsorgerlichen Kommunikation des Evangeliums zurück. Darauf lag das Schwergewicht früherer Seelsorgekonzeptionen. Doch verfehlen Begriffe wie „Verkündigung" und „Bruch"[103] die dialogische und damit symmetrische Struktur personbezogener Kommunikation, wie sie dem christlichen Grundimpuls entspricht.[104]

---

100 S. RAINER LACHMANN, Gesprächsmethoden im Religionsunterricht, in: GOTTFRIED ADAM/ RAINER LACHMANN (Hg.), Methodisches Kompendium für den Religionsunterricht Bd. 1, Göttingen ⁴2002, 113–136.
101 CARL ROGERS, Die klientenzentrierte Gesprächspsychotherapie, Frankfurt ¹⁷2005.
102 S. hierzu HELGA LEMKE/WILHELM THÜRNAU, Personzentrierte Psychotherapie und Seelsorge, in: WILFRIED ENGEMANN (Hg.), Handbuch der Seelsorge. Grundlagen und Profile, Leipzig 2007, 252–267.
103 S. EDUARD THURNEYSEN, Die Lehre von der Seelsorge, Zürich ⁴1976 (1946), 114–128; vgl. WOLFRAM KURZ, Der Bruch im seelsorgerlichen Gespräch, in: PTh 74 (1985), 436–451.
104 S. JÜRGEN ZIEMER, Seelsorgelehre, Göttingen 2000, 89.

2.5 *Weitere Kommunikationsformen:* Neue *Formen der elektronischen Kommunikation* reduzieren die in der face-to-face-Kommunikation gegebenen Schwellen. Sie eignen sich deshalb in hervorragender Weise dafür, das der Kommunikation des Evangeliums zu Grunde liegende „Gerücht"[105] vielfältig zu präsentieren. Zunehmend erkennen EKD, Landeskirchen und Kirchengemeinden die sich hier bietenden Chancen.

Eine besondere Form des Miteinander Sprechens ist das *gemeinsame Schweigen,* bisweilen Meditation genannt (s. § 26 1.5). Ein Bild, eine Kantate oder ein biblischer Text finden manchmal im gemeinsamen Schweigen einen adäquaten Ausdruck. Damit wird der Grund des Gesprächs erreicht, insofern dieses stets aus dem Schweigen kommt und dort endet.[106] Die Erfahrung zeigt: Besondere Orte wie Kirchen und bestimmte Zeiten wie der Abend fördern gemeinsames Schweigen als eine dichte Form der Kommunikation des Evangeliums. Dabei geht die Kommunikation über Gott in die zu Gott über.

3. Predigen

Predigen ist eine, für viele Menschen wohl die charakteristische Kommunikationsform evangelischer Kirche. Es steht in der Tradition allgemeiner Redekultur.

Die in der Bibel gesammelten Schriften waren und sind wichtiger Bezugspunkt der Predigt.

Deren Grundprobleme durchziehen die Christentumsgeschichte und geben Anlass zur homiletischen Reflexion.

Methodisch kommt heute der *Dialogizität* eine Schlüsselrolle für ein angemessenes Verständnis von Predigt zu. Hier eröffnet die rezeptionsästhetische Perspektive einen Zugang, der bis hin zu praktischen Konsequenzen für die Gestaltung der Predigt reicht. Dementsprechend zieht die Kasualpredigt zunehmend die homiletische Aufmerksamkeit auf sich, insofern hier der konkreten Situation besondere Bedeutung zukommt.

Insgesamt nehmen die Hinweise zum Predigen sowohl das in 1. zur Erzählung als auch das in 2. zum Miteinander Sprechen Ausgeführte auf und verdichten es im liturgischen Kontext. Damit wird die Kommunikation über Gott, die sich wesentlich in der Auslegung der Bibel vollzieht, zu einer Kommunikation mit Gott geöffnet.

---

[105] S. Manfred Josuttis, Praxis des Evangeliums zwischen Politik und Religion. Grundprobleme der Praktischen Theologie, München 1974, 57–69.
[106] S. Christoph Wulf, Anthropologie. Geschichte – Kultur – Philosophie, Köln 2009, 166–169.

§ 25 Lehren und Lernen: Kommunikation über Gott   539

3.1 *Anthropologisch-kulturgeschichtliche Grundlagen:* Öffentliche Reden sind in Gesellschaften wichtige *Instrumente der Integration* bzw. des Ringens hierum. Im Römischen Reich als dem kulturellen Kontext des jungen Christentums hatten sich an drei grundlegenden Orten des sozialen Lebens eigene Redeformen entwickelt: bei Gericht, in der Volksversammlung und bei öffentlichen Feiern:

> „Die Gerichtsrede will die Wahrheit aufdecken und den Hergang klären; sie wendet sich an den Intellekt; ihre Form ist das docere, die lehrhafte, verständige Darlegung. Die politische Rede will in der Volksversammlung ... eine Entscheidung herbeiführen; sie wendet sich an die Entschlußkraft; ihre Form ist das movere, die Bewegung des Willens. Die Feierrede schließlich will eine Gemütsbewegung (Trauer, Jubel, Begeisterung) erregen oder verstärken. Ihre Form ist das placere, die Erzeugung einer angemessenen Gemütslage, die mit ‚Wohlgefallen' nur unzulänglich wiedergegeben ist."[107]

Diese *drei Funktionen der Rede, das Belehren, das Bewegen und das Erfreuen,* bleiben bis heute ein wichtiges Erbe antiker Rhetorik.

Unmittelbar von Bedeutung für die Entwicklung christlicher Predigten war der Lehrvortrag in der Synagoge. Er bezog sich auf einen Text der Hebräischen Bibel und war praktisch-ethisch ausgerichtet.[108] Schließlich ist noch der damals übliche popularphilosophische Vortrag (griech.: Diatribe) zu nennen. Hier wurden volksnah Fragen der Lebensbewältigung traktiert.

Insgesamt entstand also das Christentum im Kontext einer hoch entwickelten Redekultur.

3.2 *Biblische Perspektiven:* In religionsgeschichtlicher Perspektive ist die Tatsache, dass im Christentum gepredigt wird, der *Bedeutung der Bibel* geschuldet. Auch in anderen Glaubensgemeinschaften, die sich auf heilige Schriften bzw. ein heiliges Buch beziehen, entwickelt(e) sich eine Predigtkultur. Die Texte bedürfen der öffentlichen Auslegung und Aktualisierung.[109]

Die Bibel enthält mannigfaltige Reden. Bekannt sind die Bergpredigt Jesu (Mt 5–7) und die Missionsreden des Paulus in der Apostelgeschichte, allen voran die Areopagrede (Apg 17,16–34), die Stilmittel der Diatribe enthält. Doch ist strittig, ob und inwieweit diese Reden nur redaktionsgeschichtlich zu rekonstruieren sind oder auch traditionsgeschichtlich Verwertbares enthalten. Auf jeden Fall war der räumliche Kontext anders als heute. Kirchengebäude und Kanzel bzw. Ambo fehlten. Auch gab es keine besonders beauftragte/n Prediger/innen.

---
107 Hans-Martin Müller, Homiletik. Eine evangelische Predigtlehre, Berlin 1996, 11 (ohne Kursivsetzung im Original).
108 S. a.a.O. 12.
109 S. zu einzelnen Traditionen Hans-Joachim Klimkeit, Predigt I. Religionsgeschichte, in: TRE Bd. 27 (1997), 225–231.

3.3 Systematische Bestimmungen: Eine Durchsicht durch die Predigtgeschichte in der Alten Kirche[110] ergibt eine *Pluriformität der Gestaltung* und Probleme, die bis heute die Homiletik beschäftigen:

> Gepredigt wurde zu unterschiedlichen Zeiten: sonn- und feiertags, aber auch wochentags, morgens und abends.
>
> Die Länge der Predigten schwankte zwischen wenigen Minuten und über einer Stunde. Sie lehnten sich eng an den biblischen Text an (Homilie) oder behandelten ein allgemein interessierendes Thema (Themapredigt).
>
> Mitunter wurde die Abwesenheit der Gemeindeglieder getadelt, manchmal der große Zustrom gelobt.
>
> Auch wurden Unruhe und Ablenkung – etwa durch schöne Frauen – gerügt.

Die Reformatoren hoben die Bedeutung der Hörer/innen hervor. Die Predigt sollte ihren Glauben stärken. Ursprünglich zielte die Metapher des „Wort Gottes" auf das dazu notwendige lebendige Kommunikationsgeschehen.[111] Doch tatsächlich erstarrten ihr Verständnis und die Predigt-Praxis bald im Bemühen um theologische Richtigkeiten. Die dadurch entstehende Krise der Predigt führte bereits im 17. Jahrhundert zur grundsätzlichen Diskussion über ihre Angemessenheit.[112] Auch das Aufkommen gedruckter Erbauungsliteratur minderte die Bedeutung der im Gemeindegottesdienst gehaltenen Predigt. Mittlerweile ist „anpredigen" zu einem umgangssprachlichen Schimpfwort geworden. Es impliziert eine autoritäre Form der Einweg-Kommunikation. Tatsächlich unterstützten theologische Anschauungen wie die Stilisierung des Amtes oder das Verständnis der Predigt als „Wort Gottes" solche Tendenzen und führten entgegen ihrer Intention zur Abwertung der Predigt bei vielen Menschen.

Einen neuen Ansatzpunkt eröffnete *Ernst Lange* mit seinem Konzept der Kommunikation des Evangeliums (s. Einführung zum 2. Teil). Sein Anliegen lässt sich dem von ihm entwickelten Schema der bis heute erscheinenden „Predigtstudien" zur Predigtvorbereitung entnehmen. Dabei leisten zwei Bearbeiter/innen in je drei Schritten die Vorarbeit:

> Bearbeiter/in A hat „Resonanzen" des Textes in einem „Einstieg" zu skizzieren, den der Predigt zu Grunde liegenden Text in „seiner historischen Situation und Vorstellungswelt" zu erschließen und abschließend das Predigtziel zu formulieren.
>
> Bearbeiter/in B setzt sich in einem ersten Schritt mit dem von A Vorgelegten auseinander, rekonstruiert dann die „homiletische Situation" durch „Wahrnehmung und theol. Interpretation gegenwärtig existenziell bedeutsamer Lebenserfahrung

---

110 S. zum Folgenden mit zahlreichen Quellenbelegen LAURENCE BROTTIER, Predigt V. Alte Kirche, in: TRE Bd. 27 (1997), 244–248, 245 f.
111 S. ALBRECHT BEUTEL, Predigt VIII. Evangelische Predigt vom 16. bis 18. Jahrhundert, in: TRE Bd. 27 (1997), 296–311, 296.
112 S. UDO STRÄTER, Meditation und Kirchenreform in der lutherischen Kirche des 17. Jahrhunderts (BHTh 91), Tübingen 1995, 97 f.

sowie politisch-gesellschaftlich relevanter Fragen" und formuliert das Predigtziel, dem „kommunikative Anschlüsse" beigegeben werden.[113]

Die Aufteilung der Predigtvorbereitung auf zwei Bearbeiter/innen macht die Spannung zwischen biblischem Text und gegenwärtiger Lebenswelt für die homiletische Arbeit fruchtbar. Eine Weiterführung dieses Ansatzes ist der Rekurs auf die – sich der Semiotik Umberto Ecos verdankende – *Theorie vom „offenen Kunstwerk"*.[114] Dadurch soll der Tatsache Rechnung getragen werden, dass Kommunikationsprozesse nicht eindimensional, sondern auf beiden Seiten produktiv verlaufen. Predigen wird so als grundsätzlich dialogisch bestimmt (s. ENGEMANN 186–188). In medientheoretischer Perspektive bietet es sich von hier an, die Predigt als eine Form der face-to-face-Kommunikation zu profilieren. Vor allem in den Kasualpredigten wird dies im Bezug auf die konkreten Biographien schon praktiziert.

3.4 *Methodik:* Wilfried Engemann (s. § 5 2.6) zieht aus diesem konzeptionellen Neuansatz mit dem Grundsatz der *„taktischen Ambiguität"* (a.a.O. 199) methodische Konsequenzen für die Predigt. Er setzt die rezeptionsästhetisch gegebene (faktische) Ambiguität, also die mehrfache Interpretationsmöglichkeit des Gehörten, bewusst ein, um sich mit den Hörer/innen zu verständigen:

„Es geht um eine Predigt, die dem Hörer bestimmte Verstehensmöglichkeiten verweigert und andere vorschlägt, um eine Predigt, die – gehalten zwischen Sinnverweigerung und Sinngenerierung – den Hörer zu je konkreter Sinnbildung anleitet. Die Predigt soll eine Rede sein, mit der Hörende operieren, also etwas anfangen können, durch die sie an eine Wirklichkeit herangeführt werden, die in ihr selbst so noch nicht ausgesprochen ist, eine Predigt, die die Einzelnen in verschiedenen Lebenskontexten erproben und in diesem Sinne selbst weiterschreiben können." (ebd.)

Solche Öffnung für den Dialog mit den Zuhörer/innen erfordert eine klar aufgebaute, gut verständliche Rede. Das setzt einen sorgfältigen Umgang mit den Erwartungen und Hörgewohnheiten der am Gottesdienst Teilnehmenden voraus. Versuche in sog. Alternativen Gottesdiensten zeigen die Bedeutung des „Zusammenhangs(s) von Predigt und Liturgie", die das Zuhören und dialogische Aneignen erleichtert.[115] Hier verdient die – noch auszubauende – *empirische Rezeptionsforschung* in der Homiletik Beachtung. Helmut Schwier führte mit Mitarbeitern eine Untersuchung der Predigtrezeption

---

113 Diese Zusammenfassung verdankt sich dem weiterentwickelten Schema in PSt(S) 2009/2010 Perikopenreihe II 2. Halbbd., Freiburg 2010, 4.
114 Grundlegend GERHARD MARCEL MARTIN, Predigt als „offenes Kunstwerk"? Zum Dialog zwischen Homiletik und Rezeptionsästhetik, in: EvTh 44 (1984), 46–58.
115 LUTZ FRIEDRICHS, Anders predigen. Beobachtungen zur Predigt in alternativen Gottesdiensten, in: KRISTIAN FECHTNER/LUTZ FRIEDRICHS (Hg.), Normalfall Sonntagsgottesdienst? Gottesdienst und Sonntagskultur im Umbruch (PTHe 87), Stuttgart 2008, 167–177, 167.

durch, die mittels eines Reaktionsgebers, den die Hörenden während der Predigt bedienten, und anschließender Gruppengespräche wichtige Einsichten in die Hörer/innen-Erwartung eröffnet. Die diesbezüglichen Ergebnisse fasst er – vor dem Hintergrund gegenwärtiger homiletischer Theoriebildung – in vier Hinweisen zusammen:

- Die Zuhörer/innen erwarten eine „enge Verbindung von Bibel- und Lebensbezug" (SCHWIER/GALL 242). Dabei sind sie aber nicht an Bevormundung interessiert, sondern erhoffen sich Stärkung oder Korrektur bisheriger Erfahrungen und Handlungen und „neue Wahrnehmungen und Sichtweisen" (a. a. O. 243).
- „Verständlichkeit und Lebendigkeit" (a. a. O. 244) gehören zu einer gelungenen Predigt. Dabei kommt der Person des Predigers/der Predigerin große Bedeutung zu.
- Entgegen der bisher üblichen Praxis plädieren die Zuhörer/innen für kurze Predigten. Als Optimum empfehlen sie eine Predigtlänge von elf bis zwölf Minuten (a. a. O. 246). Davon erhoffen sie sich eine größere Prägnanz des Gesagten.
- Insgesamt erwarten sich die Befragten eine „durch das Evangelium in Zuspruch und Einspruch ermöglichte Orientierung, Vergewisserung und Erneuerung, die wiederum ihrerseits lebenspraktische, geistige, theologische und spirituelle Aspekte besitzen und konkret freisetzen" (a. a. O. 247).

Methodisch verdienen schließlich die Anregungen aus der Bewegung des African American Preaching Beachtung, die Martin Nicol unter der Metapher des „*Preaching from Within*"[116] in die deutsche Diskussion einführte. Im Zentrum der Aufmerksamkeit steht hier der Predigtauftritt selbst. Seine kommunikative Gestaltung orientiert sich am Paradigma des Films.[117] Die Predigt wird im Modus von „Moves & Structure"[118] aufgebaut und soll so Spannung gewinnen. Dafür ist – im Unterschied zur „Gutenberg-Homiletik" des abgelesenen Manuskripts – der freie Vortrag eine wichtige Voraussetzung.

3.5 *Weitere Kommunikationsformen:* Schon seit Längerem werden Alternativen zur Predigt als Kanzelrede eines/einer Einzelnen diskutiert. Sie sollen die für die Kommunikation des Evangeliums grundlegende Dialogizität stärker zum Ausdruck bringen.

In den sechziger und siebziger Jahren des 20. Jahrhunderts wurden sog. *Gesprächsgottesdienste* erprobt. Pfarrer/in und Gemeinde sollten sich offen austauschen. Doch setzte sich dieses Modell auf die Dauer nicht durch.[119] Wahrscheinlich wurden die notwendige Konzentration und die Störanfälligkeit eines Gesprächs in größerer Runde unterschätzt. Mancherorts etablierten sich Predigtvor- oder -nachgespräche.

---

116 MARTIN NICOL, Einander ins Bild setzen. Dramaturgische Homiletik, Göttingen 2002, 55.
117 S. a. a. O. 25.
118 A. a. O. 109 f.
119 S. KONRAD MÜLLER, Der Gesprächsgottesdienst, in: HANS-CHRISTOPH SCHMIDT-LAUBER/ MICHAEL MEYER-BLANCK/KARL-HEINRICH BIERITZ (Hg.), Handbuch der Liturgik. Liturgiewissenschaft in Theologie und Praxis der Kirche, Göttingen ³2003, 882–886.

Weiterführend könnte die Form des „*Kreuzverhörs*" sein. Sie ergänzt in dem seit 1995 in Niederhöchstadt (bei Frankfurt) gefeierten Gottesdienstmodell „GoSpecial" die – von einem Bistrotisch aus gehaltene – Predigt.[120]

Während zweier Lieder nach der Predigt haben die Zuhörer/innen Gelegenheit, Fragen an den Prediger/die Predigerin schriftlich zu formulieren. Diese werden von einem Team gesichtet und geordnet und dann vorgetragen. Der Prediger/die Predigerin hat jeweils höchstens eine Minute Zeit, um darauf zu antworten. Bei Zeitüberschreitung ertönt ein Gong.

Predigt wird in doppelter Hinsicht kontextualisiert: Die Form „Kreuzverhör" lädt zu Auseinandersetzungen ein, entgegen pastoraler Bevormundung; die zeitliche Beschränkung der Antworten steht im Kontext der Beschleunigung heutiger Gesellschaft (s. § 12 3.2), entgegen pastoraler Langatmigkeit. Methodisch greifen die Akteure auf Stilmittel aus dem Fernsehen zurück.

4. Zusammenfassung

Wesentlicher Bezugspunkt der christlichen Kommunikation über Gott ist in evangelischen Kirchen die *Bibel*. Dabei erleichtert die Tatsache, dass deren Erzählungen sich auf primäre Religionserfahrungen beziehen, die Verständigung. Die Transformation dieser Erfahrungen in Konzepte sekundärer Religionserfahrung erweitert den Horizont der Kommunikation über Gott.

Durchweg fällt die *Pluriformität* der besprochenen Kommunikationsmodi auf. Sie ermöglicht eine ergebnisoffene Verständigung unter Bezug auf die konkreten biographischen und situativen Gegebenheiten.

Es ist offen, welche Bedeutung zukünftig der bisher für den Protestantismus grundlegenden Kommunikationsform des *Predigens* zukommen wird. Eine an überholten Vorstellungen von Kommunikation orientierte Predigt im Sinne einer autoritären Verkündigung erscheint ungeeignet, in einer pluralistischen Gesellschaft die Kommunikation des Evangeliums zu fördern. Umgekehrt ist die Predigt – neben dem Religionsunterricht – nach wie vor der allgemein bekannte Ort, an dem in expliziter Weise die Gegenwart in biblischer Perspektive bedacht wird. Neuere homiletische Ansätze versuchen dieses Anliegen in die Kommunikationssituation einer pluralistischen Gesellschaft zu transformieren. Sie betonen u.a. die in der Predigt zum Ausdruck kommende Authentizität und die durch taktische Ambiguität ermöglichten Interpretationsräume. Es wird sich zeigen, inwieweit diese rhetorische Kenntnisse und Fähigkeiten voraussetzenden Ansätze die tatsächliche Predigtpraxis reformieren und dem Predigen neue Relevanz verschaffen.

---

120 S. Fabian Vogt, GoSpecial, in: Lutz Friedrichs (Hg.), Alternative Gottesdienste (gemeinsam gottesdienst gestalten 7), Hannover 2007, 82–96, 93f.

§ 26 Gemeinschaftliches Feiern: Kommunikation mit Gott

Literatur: RAINER ALBERTZ, Gebet II. Altes Testament, in: TRE Bd. 12 (1984), 34–42 – KARL-ADOLF BAUER, „Da wurden ihre Augen geöffnet, und sie erkannten ihn" (Lukas 24,31a). Das Verhältnis von Sinngehalt und Feiergestalt im Heiligen Abendmahl, in: Thema: Gottesdienst (hg. von der BERATUNGS- UND STUDIENSTELLE FÜR DEN GOTTESDIENST DER EVANGELISCHEN KIRCHE IM RHEINLAND), 29 (2009), 3–57 – RAINER FLASCHE, Gebet, in: HrwG Bd. 2 (1990), 456–468 – LUTZ FRIEDRICHS, Beten, in: KLAUS EULENBERGER/LUTZ FRIEDRICHS/ULRIKE WAGNER-RAU (Hg.), Gott ins Spiel bringen. Handbuch zum Neuen Evangelischen Pastorale, Gütersloh 2007, 185–192 – ALFONS FÜRST, Die Liturgie der Alten Kirche. Geschichte und Theologie, Münster 2008, 21–98 – CHRISTIAN GRETHLEIN, Abendmahl feiern in Geschichte, Gegenwart und Zukunft, Leipzig 2015 – MANFRED JOSUTTIS, Der Weg in das Leben. Eine Einführung in den Gottesdienst auf verhaltenswissenschaftlicher Grundlage, München 1991, 173–204 – MANFRED JOSUTTIS/GERHARD MARCEL MARTIN (Hg.), Das heilige Essen. Kulturwissenschaftliche Beiträge zum Verständnis des Abendmahls, Stuttgart 1980 – BERNHARD LEUBE, Singen, in: GOTTHARD FERMOR/HARALD SCHROETER-WITTKE (Hg.), Kirchenmusik als religiöse Praxis. Praktisch-theologisches Handbuch zur Kirchenmusik, Leipzig ²2006 (2005), 14–19 – STEFAN REINKE, Singen im Gottesdienst – ein Relikt aus alter Zeit?, in: Liturgie und Kultur 1 (2010), 17-28

Zwar bahnt sich schon bei den Formen der Kommunikation über Gott ein Übergang zur Kommunikation mit Gott an, doch gibt es eigene Methoden im Christentum und anderen Glaubensgemeinschaften, deren Schwerpunkt hier liegt. Den kulturellen Kontext bildet gegenwärtig die Suche vieler Menschen nach neuen Gemeinschaftsformen in der Erlebnisgesellschaft (s. § 10 3.3).

Das Beten ist ein Kommunikationsvollzug, in dem Menschen in dichter Weise das sie Bewegende ausdrücken und Gott dialogisch begegnen.

Kommt es hier teilweise zu einem Ringen auch in kognitiver Hinsicht, überwiegt beim Singen das emotionale Einstimmen in die Gemeinschaft mit Gott, mitunter in ekstatischen Formen. Den Zusammenhang zwischen beiden Kommunikationsformen konstatierte Luther in der bereits (in § 24 2.3) zitierten Predigt zur Einweihung der Torgauer Schlosskapelle.

Das Feiern des Abendmahls nimmt beide Formen auf. Die Menschen treten in Jesu Mahlgemeinschaft und damit in die Gemeinschaft mit Gott ein. Das hat Konsequenzen für die Gemeinschaft zwischen den Teilnehmenden.

Insgesamt kommt bei diesen Methoden der Kommunikation des Evangeliums dem Leib große Bedeutung zu. Dies gilt nicht nur für das Singen und gemeinsame Essen und Trinken, sondern auch das Beten mit seiner besonderen Körperhaltung und Gebärde. Damit stehen sie in Spannung zur „excarnation", wie sie Charles Taylor kulturgeschichtlich für das westliche Christentum diagnostiziert (s. § 10 2.1).

1. Beten

Es empfiehlt sich, mit allgemein anthropologisch-kulturgeschichtlichen Hinweisen im Sinn primärer Religionserfahrung zu beginnen. Denn die hier begegnenden Antriebe bestimmten auch die Menschen, von deren Erfahrungen mit Gott die Bibel berichtet. Darüber hinaus bahnten sie neue Perspektiven an.

Theologisch gaben die Reformatoren wichtige, bis heute zu bedenkende Impulse. Die Globalisierung wirft in der Praxis neue Fragen auf.

Praktisch-theologisch findet die Gebetsthematik besonders in der Katechetik bzw. Religionspädagogik, neuerdings auch – wieder – in der Seelsorge Beachtung.

1.1 *Anthropologisch-kulturgeschichtliche Grundlagen:* Zwar verdankte sich die prominent von Friedrich Heiler geäußerte These vom Gebet als dem „zentrale(n) Phänomen der Religion"[121] einem christlich geprägten Religionsbegriff (s. kritisch FLASCHE 458–461). In manchen (sog.) Religionen wie bestimmten buddhistischen Traditionen fehlt diese Kommunikationsform.[122] Doch ist die weltweite Verbreitung des Gebets in unterschiedlichsten Glaubensgemeinschaften unstrittig.

Mit dem Gebet ist die Frage nach seiner Erhörung verbunden. Doch kommen in dieser Kommunikationsform Grundanliegen des Menschen zum Ausdruck, die nicht eindimensional utilitaristisch erklärt werden können:[123]

Zum einen beruht das Gebet – wie die Etymologie des deutschen Wortes nahe legt – auf der Bedürftigkeit jedes Menschen, die sich in *Wünschen und Bitten* äußert. Zum anderen drückt sich in ihm die *Gemeinschaft des Menschen mit einem Gegenüber* aus, *dem er sich selbst verdankt, von dem er sich Geleit erhofft und mit dem er in Kontakt zu treten versucht.* Beides, Bitte und Wunsch sowie dankbare Gemeinschaft mit einem hoffnungsvoll gesuchten Gegenüber, sind tief im Menschen verwurzelt. Deren Gestaltung als Gebet erfolgt in unterschiedlichen Formen.

Eine solche allgemeine Bestimmung des Betens erklärt, warum Enttäuschungen das Beten nicht zum Verschwinden bringen. Dazu weist sie auf die *Dialogizität* als grundlegend für diese Kommunikationsform hin. Davon können angrenzende Methoden wie Beschwörung oder Zauberei unterschieden werden. Sie sind nämlich nicht dialogisch.

---

121 FRIEDRICH HEILER, Das Gebet, eine religionsgeschichtliche und religionspsychologische Untersuchung, München 1918, 1.
122 S. GREGORY ALLES, Gebet I. Religionswissenschaftlich, in: ⁴RGG Bd. 3 (2000), 483–485, 483.
123 Vgl. in anderer Terminologie CARL HEINZ RATSCHOW, Gebet I. Religionsgeschichtlich, in: TRE Bd. 12 (1984), 31–34.

Die kommunikative Grundsituation des Betens kommt in verschiedenen Glaubensgemeinschaften durch Reinigungsriten und/oder Kleidungsbestimmungen zum Ausdruck. Wie auch sonst in Gesprächen will der/die Betende seinem/ihrem Kommunikationspartner in angemessener Weise gegenübertreten.

1.2 Biblische Perspektiven: Im *Alten Testament* fehlt ein einheitlicher Oberbegriff „Gebet" (ALBERTZ 34). Es begegnen vielfältige Formen. In ihnen spiegelt sich das eben skizzierte Verhalten aus dem Bereich der primären Religionserfahrung. Konkret vollzog sich das Beten nicht nur verbal, sondern mit *begleitenden Handlungen* (ebd.). Anlass waren stets unmittelbare Nöte oder Freuden, die zu Bitte oder Dank führten. Dazu wurde verschiedentlich – besonders in der Jeremiaüberlieferung – die Klage laut (a. a. O. 40 f.). Eine Zuspitzung erfuhr das Gebet dadurch, dass verschiedentlich Gott selbst über die Untreue Israels klagt (Jer 2,31 f. u. ö.; s. a. a. O. 41).

Die Beter des *Neuen Testaments* standen in der Tradition der Hebräischen Bibel.[124] Bei Jesus trat das Bittgebet in den Vordergrund, was seiner Botschaft von der anbrechenden Gottesherrschaft entsprach.[125] Die *Gebetsanrede „Abba"* verlieh ihm besondere Intimität. Dramatisch berichten die Passionserzählungen von einem Gebetsringen Jesu in Gethsemane. Es mündete in die Unterordnung der dringenden Bitte um Verschonung unter den Willen des Vaters (Mk 14,36). Die Frage der Gebetserhörung bekommt dadurch einen neuen Rahmen. Der Wille des/r Betenden wird im wörtlichen Sinn relativiert, also auf den Willen Gottes bezogen. Bei Paulus verschob sich das Schwergewicht des Betens, indem das Dankgebet an Bedeutung gewann und die Bitten mehrheitlich in Fürbitten transformiert wurden.

So zeichnen sich im Neuen Testament sowohl hinsichtlich der Grundsituation des Bittens als auch der Gemeinschaft mit Gott neue Akzente ab. Dank und Fürbitte gewinnen an Gewicht; das Gegenüber wird zum geliebten „Abba", in dessen Willen der/die Betende sich vertrauensvoll fügt. Dadurch wird die dialogische Situation des Gebets erweitert und zugleich inhaltlich zentriert. Denn wie in jeder Kommunikation bestimmt das Gegenüber das Gebet.

---

124 S. die Zusammenstellung und kurze Kommentierung der wesentlichen Textstellen bei HERMANN LICHTENBERGER, Von Gott reden, zu Gott reden. Aspekte im Neuen Testament, in: DERS./HARTMUT ZWEIGLE (Hg.), Als Theologen von Gott reden und das Reden zu Gott. Theologie in Gottesdienst und Gesellschaft, Neukirchen-Vluyn 2011, 38–49, 39–43. Zur jüdischen Gebetspraxis s. JULIE KIRCHBERG, Theologie in der Anrede. Die jüdische Gebetstradition und ihre theologische Bedeutung, in: ULRICH WILLERS (Hg.), BETEN: Sprache des Glaubens – Seele des Gottesdienstes. Fundamentaltheologische und liturgiewissenschaftliche Aspekte (PiLi 15), Tübingen 2000, 243–256.

125 S. ROLAND GEBAUER, Gebet III. Neues Testament, in: ⁴RGG Bd. 3 (2000), 488–491, 488.

1.3 *Systematische Bestimmungen:* Im Mittelalter führte die Abkoppelung des lateinischen liturgischen Gebets vom alltäglichen Gebet der Menschen zu einer schweren Gebetskrise. Wie exemplarisch bei den Benediktionshandlungen zu verfolgen ist, dominierten magische, also auf direkte Manipulation von sinnlich Wahrnehmbarem gerichtete Bemühungen das Beten vieler ungebildeter Menschen (s. § 14 3.3). Damit verkehrte sich die im Kommunikationsvollzug liegende befreiende Tendenz des Betens in ihr Gegenteil. Das möglichst korrekte Rezitieren von lateinischen Formeln trat an die Stelle der offenen Kommunikation mit Gott.

Demgegenüber betonten die *Reformatoren* den kommunikativen Charakter des Gebets. Vor allem die Fürbitten formulierten sie bald in Deutsch. Wie weit das Bemühen um Verständlichkeit ging, zeigt die Tatsache, dass Luther für das Vaterunser in der Deutschen Messe sogar eine paraphrasierte Form vorsah.[126] Denn für die Reformatoren war das Beten als kommunikativer Vollzug der Beziehung zu Gott als Vater grundlegend für christliches Leben. So gab Martin Luther seinem Kleinen Katechismus mit dem Morgen- und Abendsegen zwei Gebetsliturgien für den regelmäßigen häuslichen Gebrauch bei (BSLK 521 f.). Johannes Calvin widmete den längsten Abschnitt seiner Institutio Christianae religionis dem Gebet (Inst. III,20)[127] und entwarf hier einen am Gebet orientierten Tagesrhythmus:

„Das (sc. das Beten, C.G.) sollte geschehen, wenn wir morgens aufstehen, bevor wir an unser Tagewerk herangehen, dann, wenn wir uns zu Tisch setzen, ferner, wenn wir durch Gottes Segen unsere Speise haben genießen dürfen, und endlich, wenn wir uns zur Ruhe begeben." (Inst. III, 20,50)

Aus erzieherischer Sicht erschienen feste Gebetszeiten und memorierte Gebete wie vor allem das Vaterunser und bestimmte Psalmen wichtig.

Im Pietismus wurde das Beten stärker individualisiert. Dies setzte sich in der Aufklärung fort, wobei das Gebet mehr zur Andachtsübung wurde und sein kommunikativer Grundcharakter zurücktrat.[128] Auch gewann religionskritisch die Frage nach der Gebetserhörung an Gewicht.

Eine neue Herausforderung ergibt seit den siebziger Jahren des 20. Jahrhunderts unter dem Stichwort *„interreligiöses Gebet"* die Anwesenheit vor allem von Muslimen in Deutschland. Bei gemeinschaftlichen Feiern im öffentlichen Raum (s. z. B. § 17 4.3) stellt sich die Frage, ob und gegebenen-

---

126 S. auch zur Wirkung dieser Entscheidung FRIEDER SCHULZ, Gebet VII. Das Gebet im deutschsprachigen evangelischen Gottesdienst, in: TRE Bd. 12 (1984), 71–84, 72.
127 S. HERMANN SELDERHUIS, Johannes Calvin. Mensch zwischen Zuversicht und Zweifel. Eine Biografie, Gütersloh 2009, 193.
128 S. z. B. JOHANNES SPALDING, Von dem eigentlichen Werth äußerlicher Religionsgebräuche (1785), in: DERS., Kleinere Schriften I, hg. v. OLGA SÖNTGERATH (SpKA I/6–1), Tübingen 2006, 352–363, 358–360.

falls wie hier gemeinsam gebetet werden kann. Aus dem kommunikativen Charakter des Betens ergeben sich Differenzierungen, die über ein praxisfernes Entweder-Oder hinausführen. Die Liturgische Konferenz macht dazu folgenden differenzierten und praxisnahen Vorschlag für eine Typologie des Betens:

„1. Gemeinsame Stille bzw. Feierelemente, bei denen jeder den eigenen Gedanken nachgehen kann und zum inneren Hören (auf Gott) gelangt.

2. Die Annäherung an Gott im Modus des Fragens.

3. Die Klage vor Gott angesichts einer bedrängenden Situation.

4. Die gemeinsame Bitte in der aktuellen gemeinsamen Situation.

5. Die Fürbitte für Andere.

6. Das dankerfüllte Loben und Preisen Gottes aufgrund seiner Taten in Geschichte und Gegenwart.

7. Multireligiöses Bekennen, in dem das Gemeinsame wie das Trennende in der Perspektive der Hoffnung (und nicht nur der Abgrenzung) zur Sprache gebracht wird."[129]

Zweifellos sind die beiden ersten Formen offen für ein interreligiöses Beten, also für ein gemeinsames Gebet. In bestimmten Situationen bieten sich hierfür ebenfalls die Formen 3 bis 5 an. Bei den beiden zuletzt genannten ist dagegen nur ein multireligiöses Gebet möglich, also ein Gebet der Angehörigen einer Glaubensgemeinschaft, bei dem andere anwesend sind, aber nicht mitbeten. Allerdings handelt es sich hier um Bestimmungen aus evangelisch-theologischer Sicht, die in der konkreten Praxis mit den Partner/innen aus den anderen Konfessionen bzw. Glaubensgemeinschaften kommuniziert werden müssen.

Auf römisch-katholischer Seite stellte 1986 das (erste) Friedensgebet in Assisi einen viel beachteten Versuch zu multireligiösem Gebet dar.[130] Unter dem Pontifikat von Benedikt XVI. kam es – wie in anderen Bereichen – zu einer Kehrtwendung hin zur auch räumlichen Separation.[131] Neben einer solchen doktrinären Restriktion gibt es aber kontextuell aufgeschlossene katholische Theologen, die sich um Öffnung für die Traditionen und spirituelle Praxis Anderer bemühen.[132]

---

129 LITURGISCHE KONFERENZ (Hg.), Mit Anderen Feiern – gemeinsam Gottes Nähe suchen. Eine Orientierungshilfe der Liturgischen Konferenz für christliche Gemeinden zur Gestaltung von religiösen Feiern mit Menschen, die keiner christlichen Kirche angehören, Gütersloh 2006, 59.

130 Ausführlich in seinen Begründungszusammenhängen dargestellt und theologisch ausgewertet in: GERDA RIEDL, Modell Assisi. Christliches Gebet und interreligiöser Dialog in heilsgeschichtlichem Kontext (TBT 88), Berlin 1998.

131 S. kritisch ANDREAS FELDTKELLER, Assisi, auf die Melodie von „Dominus Iesus" zu singen, in: MdKI 53 (2002/1), 1 f.

132 S. exemplarisch für den (sog.) Hinduismus SEBASTIAN PAINADATH, Gebet und Meditation. Perspektiven eines indischen Theologen, in: ULRICH WILLERS (Hg.), BETEN: Sprache des Glaubens – Seele des Gottesdienstes. Fundamentaltheologische und liturgiewissenschaftliche Aspekte (PiLi 15), Tübingen 2000, 103–113.

Die Praxis zeigt, dass interreligiöse Gebete die Fähigkeit voraussetzen, elementare Glaubensvorstellungen zu formulieren. Elaborierte theologische Begriffe haben hier keinen Platz.

1.4 *Methodik:* Zwar nehmen Gebete allgemein menschliche Notwendigkeiten auf (s. 1.), doch muss das Beten selbst, wie jede Kommunikationsform, gelernt werden.[133]

In pädagogischer Perspektive erweist sich hier die *Mimesis als wichtigste Lernform*. Ein betender Mensch nimmt einen anderen, etwa sein Kind, in das eigene Beten hinein. Dabei ist dreierlei vorausgesetzt: die Fähigkeit zu adäquatem Sprechen, das Füreinander-Zeit-Haben und die dadurch gegebene Möglichkeit, sich gegenseitig zu öffnen.[134]

Bei *kleinen Kindern* ist wohl häufig der Übergang vom Tag zur Nacht beim Zubettgehen der Zeitpunkt für eine erste Begegnung mit dem Beten (s. § 16 4.2). In psychoanalytischer Perspektive kann ein solches Gebet als Übergangsobjekt interpretiert werden. Es substituiert in einer prekären Situation des Übergangs Vertrautes und befreit von Angst.[135]

> Eine elaborierte Form solcher Strukturierung von Zeit durch das Gebet bildete sich in monastischen Kreisen in Form der Stundengebete (Tagzeitengebete; Horen) heraus. Sie verleihen dem Bemühen Gestalt, das eigene Leben umfassend durch das Gebet prägen zu lassen und strukturieren – ähnlich dem muslimischen Pflichtengebet (salāt) – den Tagesablauf. Trotz Bemühungen u. a. in der Reformation gelang es bis heute nicht, diese Frömmigkeitsform außerhalb des kommunitären Kontextes zu etablieren.[136]

Ebenfalls in den Bereich mimetischen Lernens fällt, wenn Kinder gemeinsam mit ihren Eltern oder anderen ihnen vertrauten Personen an einem Gottesdienst teilnehmen. Schon die in evangelischen Kirchen üblichen Gesten wie das Senken des Kopfes, das Falten der Hände und – eventuell – das Schließen der Augen signalisieren eine besondere Kommunikationssituation. Deren Nachvollziehen lässt in den Kommunikationsraum des Gebets eintreten, ohne dass schon ein Wort gesprochen ist. Die Rahmung eines Gebets durch die Anrede Gottes und das bekräftigende Amen sind weitere Schritte in dessen Aneignung.[137]

---

133 S. Traugott Roser, Erziehung zum Gebet? Das Gebet als Thema einer pluralitätsfähigen Religionspädagogik, in: PTh 96 (2007), 221–240.
134 S. Hans-Jürgen Fraas, Die Religiosität des Menschen. Ein Grundriß der Religionspsychologie, Göttingen 1990, 196f.
135 S. Friedrich Grünewald, Das Gebet als spezifisches Übergangsobjekt, in: WzM 34 (1982), 221–234.
136 S. zum Einzelnen Karl-Heinrich Bieritz, Liturgik, Berlin 2004, 606–641.
137 Dies spiegelt treffend der Titel der empirisch und theologisch in die Gebetserziehung von Vorschulkindern einführenden Dissertation wider: Katharina Kammeyer, „Lieber Gott, Amen!" Theologische und empirische Studien zum Gebet im Horizont theologischer Gesprä-

Dabei wirft bereits die Anrede die wichtige Frage nach dem Inhalt auf. Um sie angemessen zu beantworten, bedarf es auch kognitiver Kenntnisse. So kann nicht sinnvoll für etwas gebetet werden, das dem Willen Gottes widerspricht. Hier hat die *schulische Religionsdidaktik* eine wichtige Aufgabe.

> Lange Zeit vernachlässigte sie die Thematik des Betens. In Reaktion auf das schulpädagogisch unterbestimmte Konzept der Evangelischen Unterweisung (s. § 17 2.3) standen eher distanziert reflexive Lernprozesse im Mittelpunkt des Interesses. Mittlerweile wurde die fachliche Problematik dieser einseitigen Ausrichtung deutlich. Die performative und damit auch liturgische Dimension christlicher Religion kommt verstärkt in den Blick.[138]

Sowohl eine pädagogisch auf die Situation der Schüler/innen als auch theologisch auf den Gegenstand „Christliche Religion" bezogene Fachdidaktik stößt auf das Gebet. Denn Beten erweitert die kommunikative Kompetenz der Heranwachsenden und eröffnet einen grundlegenden Zugang zur Besonderheit christlicher Religion. Eine entsprechende fachdidaktische Arbeit konzentriert sich primär auf tatsächliche kommunikative Vollzüge. Selbstverständlich müssen sie am Lernort Schule einer (sekundären) Reflexion unterzogen werden.[139] Konkret tritt z. B. an die Stelle der lange Zeit in der Religionsdidaktik zentralen „Frage nach Gott"[140] die Frage, wie Menschen in Kontakt zu Gott kommen können.[141]

Für *gemeindepädagogische Lernprozesse* eröffnet die Praxis einer Kirchengemeinde vielfältige Möglichkeiten der Partizipation am Beten. Vor allem die Kasualien sind Orte, an denen das Wünschen der Menschen und die Gemeinschaft mit Gott in Kontakt kommen. Sie bieten deshalb vorzügliche gemeindepädagogische Chancen.

Auch wächst in der *Seelsorge-Theorie* das Interesse am Gebet. Analog zur Religionsdidaktik hatte hier im Gegenzug zu einseitig dogmatisch begründeten Konzeptionen eine psychologische Profilierung um sich gegriffen, bei der das Beten kritisch im Sinne eventueller Verdrängung in den Blick kam.

---

che mit Vorschulkindern, Stuttgart 2009 (zum konkreten Zitat, das den Titel des Buchs abgibt, s. a. a. O. 200 f.).

138 S. z. B. BÄRBEL HUSMANN/THOMAS KLIE, Gestalteter Glaube. Liturgisches Lernen in Schule und Gemeinde, Göttingen 2005, 63-77; CHRISTIAN GRETHLEIN, Liturgische Bildung. Anthropologische Voraussetzungen und Zielperspektiven, in: THOMAS SCHLAG/HENRIK SIMOJOKI (Hg.), Mensch – Religion – Bildung. Religionspädagogik in anthropologischen Spannungsfeldern, Gütersloh 2014, 571-580.

139 CHRISTIAN GRETHLEIN, Fachdidaktik Religion. Evangelischer Religionsunterricht in Studium und Praxis, Göttingen 2005, 267-280.

140 S. z. B. im Anschluss an Karl Ernst Nipkow KIRCHENAMT DER EKD (Hg.), Identität und Verständigung. Standort und Perspektiven des Religionsunterrichts in der Pluralität. Eine Denkschrift, Gütersloh 1994, 17.

141 Praxisbezogen durchgeführt wurde dieser Ansatz für die Primarstufe mit der zehnbändigen Modellreihe „Religionsunterricht primar" (Göttingen 2006–2008).

Doch wies bereits Joachim Scharfenberg aus psychoanalytischer Perspektive auf die Bedeutung des Betens hin. Ihm galt das Gebet als „Erziehung des Wunsches".[142] Das Ziel dieser „Gebetsschule" ist narrativ in Jesu Ringen im Garten Gethsemane (s. 1.2) formuliert: die klare Formulierung des eigenen Wunsches und dessen vertrauensvolle Relativierung auf Gottes Willen hin. Konzeptionell erweiterte die Neuorientierung auf die sog. Alltagsseelsorge[143] den Horizont. Denn tatsächlich wurde und wird bei Seelsorgebesuchen oft gebetet. Dabei eröffnet das Beten neue Perspektiven:

> „Sprechakttheoretisch gesehen, kann Beten als symbolisch-performative Kommunikation verstanden werden, durch die Selbstdifferenz entsteht: Indem ich bete, sage ich, dass ich letztlich nicht über mich – und nicht über Gott – verfüge." (FRIEDRICHS 187)

Das Ich gewinnt im Gebet Distanz zu sich selbst – ein gerade bei narzisstisch strukturierten Persönlichkeiten wichtiger Schritt.

Dabei haben gebundene und freie Gebete jeweils ihre eigenen Chancen und Grenzen (s. a. a. O. 189). Freie Gebete setzen besondere Nähe voraus und bringen konkrete Nöte eines Menschen zum Ausdruck. Gebundene Gebete lassen den Mitbetenden größere Freiheit zur Interpretation, aber auch zur Distanzierung.[144]

Schließlich ergeben in Ostdeutschland durchgeführte religionspsychologische Forschungen, dass auch Jugendliche beten, die weder in der Herkunftsfamilie noch in Schule oder Kirchengemeinde in diese Kommunikationsform eingeführt wurden. Gebetsdarstellungen in Filmen wie den „Simpsons" animieren sie dazu, im „trial and error"-Verfahren sich selbst als Betende zu versuchen. Genauere Forschungen zu diesen in ersten explorativen Untersuchungen[145] gewonnenen Befunden stehen noch aus. Allerdings lassen die festgestellten Differenzen im Gebetsverständnis bei religiös-kirchlich sozialisierten und anders herangewachsenen Jugendlichen vermuten, dass die Unterscheidung zwischen primärer und sekundärer Religionserfahrung hier weiterführen könnte.

---

142 JOACHIM SCHARFENBERG, Einführung in die Pastoralpsychologie, Göttingen ²1990 (1985), 108–110; s. hierzu theologisch präzisierend MICHAEL KLESSMANN, Das Gebet als Erziehung des Wunsches. Eine religions- und pastoralpsychologische Perspektive, in: PTh 94 (2005), 73–82.
143 S. grundlegend EBERHARD HAUSCHILDT, Alltagsseelsorge. Eine sozio-linguistische Analyse des pastoralen Geburtstagsbesuches, Göttingen 1996.
144 Geschickt bringt der für die seelsorgerliche Praxis bestimmte Band beide Möglichkeiten ins Spiel: LITURGISCHE KONFERENZ (Hg.), Neues evangelisches Pastorale. Texte, Gebete und kleine liturgische Formen für die Seelsorge, Gütersloh 2005.
145 S. die interessanten Hinweise von SARAH DEMMRICH, Prayer in Religiously Affiliated and Non-affiliated Adolescents: An Exploratory Study on Socialization, Concept of Prayers and the God Image in East Germany, in: IJPT 19 (2015), 40-59.

1.5 *Weitere Kommunikationsformen:* Neben den (in 1.3) genannten gebetstheologischen Einsichten begegnet bei den Reformatoren an manchen Stellen eine *radikale Ausweitung des Gebetsverständnisses*. So konstatierte Luther in seiner Weihnachtspostille von 1522 zu Lk 2,33–40:

> „Und wirt durch gebet auch vorstanden nit alleyn das mundlich gepett, ßondern alles, was die seel schafft ynn gottis wort, tzu hören, zu reden, tzu dichten, tzu betrachten." (WA 10/I 1,435)

Ähnliches lässt sich bei Calvin lesen (Inst. III,20,50). Hier wird der Übergang u. a. zur Meditation, zum Singen oder zum Hören einer Erzählung fließend. Dahinter steht die Einsicht, dass die Gemeinschaft mit Gott das ganze Leben eines Menschen trägt. Dies kommt in unterschiedlichen Kommunikationsformen zum Ausdruck. Je mehr aber der Bezug zu Gott als wesentlicher Inhalt der Kommunikation zum Thema wird, desto fließender werden die Grenzen zwischen den einzelnen Methoden. Dies verhindert aus theologischer Perspektive das gesetzliche Insistieren auf einer bestimmten Frömmigkeitsform.

Wie beim Miteinander Sprechen das Schweigen (s. § 25 2.5), so besteht beim Beten in der *stummen Kontemplation* eine komplementäre Kommunikationsform. Sie kann gleichermaßen als Erfüllung und Grundlage des Betens gedeutet werden.

Eine heute besonders populäre Form ist die *Meditation*. Mit unterschiedlichen Wurzeln in der Schrift-Betrachtung, dem mehrfach transformierten Herzensgebet und der ebenfalls wiederholt modifizierten Zen-Meditation bietet ihr elementarer Erfahrungsbezug Interessierten einen Zugang zu Transzendentem. Sitzende Körperhaltung, intensives Wahrnehmen, äußere Passivität bei gesteigerter innerer Aufmerksamkeit und Wiederholung sind die kommunikativen Grundvollzüge in den unterschiedlichen Meditationsformen.[146]

2. Singen

Die Situation des Singens im Gottesdienst (s. REINKE) und in der heutigen Gesellschaft ist widersprüchlich. Auf der einen Seite konstatiert der Liturgik- und Hymnologie-Dozent Bernhard Leube für den Gemeindegesang: „Eine selbstverständliche Singtradition ist abgebrochen, das Singen muss neu gestiftet werden." (LEUBE 18) Auf der anderen Seite macht die Kantorin Christa Kirschbaum auf einen „Boom" des Gesangs aufmerksam:

- „In Karaoke-Shows kann man seinem Lieblingsstar nacheifern.
- Gospelprojekte ziehen viele Menschen an.

---

146 S. ausführlich die drei genannten Formen von Meditation vorstellend SABINE BAYREUTHER, Meditation. Konturen einer spirituellen Praxis in semiotischer Perspektive (APrTh 43), Leipzig 2010.

- In Fußballstadien, bei Rockkonzerten und auf Kirchentagen lassen Menschenmassen ihre Stimmen erschallen.
- Atem-, Oberton- und Stimmbildungsworkshops erfreuen sich großer Beliebtheit.
- Gesangsunterricht wird verstärkt nachgefragt."[147]

Das ist angesichts der anthropologischen Fundierung des Singens gut verständlich. Auch biblisch-theologisch ergibt sich dessen Bedeutung.

Wahrscheinlich hat das unüberhörbare Defizit im Gemeindegesang[148] vielfältige äußere Gründe: die Abkoppelung der Kirchenmusik von der allgemeinen Musikentwicklung; die mangelnde Stimm-Bildung in Kindergarten, Schule, aber auch bei den kirchlichen Mitarbeiter/innen usw. Dass der Abbruch der Singtradition ein erhebliches Problem ist, zeigt eine theologische Reflexion zum Singen. Eine Korrektur kann – wie bei jeder Kommunikationsform im Bereich der Daseins- und Wertorientierung – nur kommunikativ erfolgen. Es stellt sich also nachdrücklich die methodische Frage.

2.1 *Anthropologisch-kulturgeschichtliche Grundlagen:* Die Gehirnforschung weist nach, dass das *Singen eine eigene, nicht aus dem Sprechen entstandene Ausdrucksform* ist. Es hat seine organische Basis im evolutionsgeschichtlich älteren Stammhirn.[149] Von daher erklärt sich, dass z. B. bei bestimmten psychischen Erkrankungen die Fähigkeit zum Singen trotz des Verlustes der Sprache weiter besteht.

Die älteste Form der Lautgebung ist wohl der Schrei. Evolutionär gesehen ist das Singen ein „domestiziertes Schreien" (LEUBE 14). *Es war stets mit Bewegung verbunden,* was wohl mit den Schwingungen zusammenhängt, die Töne auslösen.[150] Ethnologische Studien weisen auf die Zusammengehörigkeit von Singen und Arbeit hin (s. JOSUTTIS 175 f.). Durch den Rhythmus werden Tätigkeiten koordiniert. Insgesamt lässt sich ein hohes integratives Potenzial des Singens beobachten, das bis zu mystischen Vereinigungserfahrungen führt:

---

147 CHRISTA KIRSCHBAUM, Singen in der Gemeinde als Bildungsarbeit, in: GOTTHARD FERMOR/ HARALD SCHROETER-WITTKE (Hg.), Kirchenmusik als religiöse Praxis. Praktisch-theologisches Handbuch zur Kirchenmusik, Leipzig ²2006 (2005), 199–205, 200.
148 Erste, leider methodisch unzureichende, vor allem durch die weitgehende Beschränkung auf regelmäßige Teilnehmer/innen am Sonntagsgottesdienst und die Adventszeit wenig aussagekräftige empirische Studien zum Gemeindegesang liegen vor: KLAUS DANZEGLOCKE u. a. (Hg.), Singen im Gottesdienst. Ergebnisse und Deutungen einer empirischen Untersuchung in evangelischen Gemeinden, Gütersloh 2011; HEINER GEMBRIS/ANDREAS HEYE, Bericht über eine Replikationsstudie zum Singverhalten in evangelischen Gemeinden, in: Liturgie und Kultur 5 (2014), 5-41.
149 S. PHILIPP HARNONCOURT, „So sie's nicht singen, so glauben sie's nicht". Singen im Gottesdienst: Ausdruck des Glaubens oder liturgische Zumutung?, in: HANSJAKOB BECKER/REINER KACZYNSKI (Hg.), Liturgie und Dichtung Bd. 2 (PiLi 2), St. Ottilien 1983, 139–172, 142.
150 S. PHILIPP HARNONCOURT, Singen und Musizieren. 241 Terminologie und grundsätzliche Fragen, in: RUPERT BERGER u. a. (Hg.), Gestalt des Gottesdienstes. Sprachliche und nichtsprachliche Ausdrucksformen (GDK 3), Regensburg 1987, 132–138, 135.

„… Singen ist archaische Praxis des Lebens. Auf präverbale Weise gestalten Körper, Seele und Geist in der Ordnung der Töne die Einsicht, daß die Welt letztlich in Ordnung ist. Im Akt des Singens findet Vereinigung statt, Integration innerhalb des singenden Menschen, Kommunikation mit anderen bei Arbeit und Spiel, Initiation in das symbolische Universum der jeweiligen Gesellschaft. … Singen ist ein Verhalten mit transzendenter Tendenz." (JOSUTTIS 178)

Von daher erklärt sich die enge Verbundenheit von Kult und Gesang sowie Musik.[151]

2.2 Biblische Perspektiven: Die tatsächliche Praxis des Singens und Musizierens ist aus der Bibel nur schwer zu erschließen. Es fehlen Überlieferungen zur Tonalität. Singen war wohl so selbstverständlich, dass darüber nicht eigens berichtet oder gar reflektiert wurde.

Eher nebenbei erfahren wir im *Alten Testament* von der großen Macht des Singens und des Musizierens. So spielte der junge David ein Saiteninstrument, um die Schwermut König Sauls zu lindern (1 Sam 16,14–23). An anderer Stelle wird von ekstatischen, durch Musik ausgelösten Auftritten berichtet (1 Sam 10,5; 2Kön 3,15). Theologisch gewichtig sind die *Psalmen,* die keineswegs nur im Psalter stehen. Hier lassen sich teilweise gewisse liturgische Abläufe rekonstruieren:

„Wie die Seraphen einander den Hymnus zusingen (Jes 6,3), so singen im Gottesdienst nacheinander verschiedene Gruppen dieselben Worte (vgl. Ps 118,1–4; 135,19f.). Die Gemeinde antwortet auf den Chorgesang mit einem Amen (1 Chr 16,36) oder mit Kehrversen, wie sie mehrere Pss durchziehen (46; 67; 80; 99; vgl. 42f., auch 8). Es gibt auch die Litanei mit dem Wechsel von Zeile zu Zeile (136; Gesang der drei Männer im Feuerofen)." (Rudolf Smend, zitiert bei JOSUTTIS 186)

Der Lobgesang umspannte den ganzen Kosmos. In der Doxologie wurden die Schöpfung und die Heilstaten Gottes bejaht. Sie drückte die Gemeinschaft der Singenden und des Besungenen aus (vgl. a.a.O. 187).

Nach ebenfalls spärlichem explizitem Zeugnis des *Neuen Testaments* trat die junge Gemeinschaft der Christen in diese Tradition ein. Das Singen von Hymnen gehörte selbstverständlich zum christlichen Leben dazu (Kol 3,14) und diente der Auferbauung der Gemeinde (Eph 5,19f.). Paulus unterschied – parallel zum Gebet – zwei Formen des Psalmengesangs, den mit „Geist" (griech.: pneuma) und den mit „Verstand" (griech.: nous) (1Kor 14,15). *Ekstatisches und Verständliches stehen nebeneinander. Hier ist eine Spannung formuliert, die die ganze Christentumsgeschichte durchzieht:*

„Die Gemeinde vereint sich im Gottesdienst mit dem himmlischen Lobgesang und distanziert sich dadurch von diesem vergehenden Äon. Oder sie entdeckt wie Pau-

---

151 S. Philipp Harnoncourt, Singen und Musizieren. 242 Die religiöse Bedeutung von Musik und Gesang, in: Rupert Berger u.a. (Hg.), Gestalt des Gottesdienstes. Sprachliche und nichtsprachliche Ausdrucksformen (GDK 3), Regensburg 1987, 138–143, 138f.

lus ihre Solidarität mit der Welt und muß dann auch im ekstatischen Jubel das Stöhnen der auf Erlösung harrenden Schöpfung vernehmen." (a. a. O. 188)

Die Gemeinschaft mit Gott, in der sich die singende Gemeinde mit Gottes Hofstaat der Engel vereinigt – wie die eucharistische Liturgie der Ostkirche und manche westlichen Liturgien bis heute festhalten –, steht in Spannung zu den tatsächlichen irdischen Verhältnissen (nicht zuletzt in der Gemeinde).

2.3 *Systematische Bestimmungen:* Der emotionale Zugang, den Singen und Musizieren eröffnen, wurde in der Christentumsgeschichte – in einer gewissen Entsprechung zu den Bildern (s. § 24 2.3) – immer wieder als Gefährdung erlebt. So kritisierten Asketen in der Alten Kirche den Gesang als Widerspruch zur gebotenen Gottesfurcht (s. a. a. O. 189). Auch war in weiten Teilen der Kirche Instrumentalmusik im Gottesdienst untersagt; zu sehr erinnerten die Instrumente an die Verfolgung der Christen im Zirkus, die durch die Töne der Trompete oder Orgel begleitet wurde. Seit dem Ende des 8. Jahrhunderts begann die Orgel als Attribut des Herrschers langsam in die Kirchengebäude vorzudringen.[152] Zugleich initiierten – vor allem im Bereich der Kathedralen – Kantoren große Chöre (s. § 23 1.1).

Der Gemeindegesang erlebte erst im Rahmen der lutherischen Reformation einen Durchbruch. Während Zwingli radikal Musik und Singen im Gottesdienst ablehnte,[153] erlaubte Calvin immerhin einen einstimmigen Gemeindegesang, wenn er biblischen Wortlaut hatte (in der Regel Psalmengesang).[154] Luther dagegen, selbst von Kindheit an musizierend, förderte die Musik in all ihren Spielarten.[155] Theologisch galt sie ihm als eine *Schöpfungsgabe Gottes*. Das gemeinsame Singen, auswendig unter Anleitung des Kantors praktiziert, bot den wenig sprachfähigen Menschen die *Möglichkeit zur aktiven liturgischen Partizipation*. Auch förderte der Gemeindegesang die Verbreitung von Luthers Lehre.

Am wichtigsten war aber: Jenseits der lehrhaften Kommunikation über Gott und des sprachlich vermittelten Betens kehrte für alle mit dem Singen der Gemeinde *eine primär den Affekt stimulierende Kommunikationsform* ins

---

152 S. CHRISTOPH ALBRECHT, Die gottesdienstliche Musik, in: HANS-CHRISTOPH SCHMIDT-LAUBER/ MICHAEL MEYER-BLANCK/KARL-HEINRICH BIERITZ (Hg.), Handbuch der Liturgik. Liturgiewissenschaft in Theologie und Praxis der Kirche, Göttingen ³2003, 413–435, 421f.
153 S. hierzu und zur daraus entstandenen musiktheologischen Kontroverse RALPH KUNZ, Gottesdienst evangelisch reformiert. Liturgik und Liturgie in der Kirche Zwinglis (THEOPHIL 10), Zürich 2001, 125–135.
154 S. den Vergleich der drei Reformatoren in ihrer Stellung zu Kirchenmusik und Gemeindegesang bei OSKAR SÖHNGEN, Theologische Grundlagen der Kirchenmusik, in: Leiturgia Bd. 4, Kassel 1961, 1–267, 18.
155 S. überzeugend gegenüber einer lange exklusiv auf die Bindung an das „Wort" insistierenden Musiktheologie (etwa bei Oskar Söhngen) CHRISTOPH KRUMMACHER, Musik als praxis pietatis. Zum Selbstverständnis evangelischer Kirchenmusik (VLH 27), Göttingen 1994, 14–33.

Christentum zurück. Von hier aus konnten jetzt Elemente des Gottesdienstes, früher höchstens zur frommen Betrachtung geeignet, als Erleben der Gemeinschaft mit Gott gestaltet werden:

> „Im Sanctus bzw. Dreimal-Heilig der Messe stimmt die Gemeinde in den himmlischen Chor der Engel nicht nur ein, sondern sie ist damit ein Teil des Engelchors. ... Katabatische und anabatische Dynamik des Gottesdienstes ereignen sich nicht zuletzt im Singen." (LEUBE 18)

Doch dämpfte eine erneute Domestizierung der frei gesetzten Affekte Luthers Impuls – etwa durch vielstrophige Lieder, verbunden mit der Einführung des Gesangbuchs. Die Traditionsbildung als Konsequenz aus dem Erfolg des Kirchenliedes führte auf die Dauer zu dessen Schwächung. Denn der bei Luther vitale Austausch mit den Gassenhauern, die überall gesungen wurden, wich kirchenmusikalischer Selbstreferenz. „Geistliches" und „weltliches" Lied traten auseinander. Die Einsicht in die schöpfungstheologische Fundierung von Musik ging verloren bzw. wurde im Konzept der Schöpfungsordnungen domestiziert.

> Deutlich kommt auf römisch-katholischer Seite eine solche Reduktion noch in der Liturgiekonstitution des II. Vaticanums zum Ausdruck, die den Gregorianischen Gesang als „den der römischen Liturgie eigenen Gesang" bezeichnet; „demgemäß soll er in ihren liturgischen Handlungen, wenn im übrigen die gleichen Voraussetzungen gegeben sind, den ersten Platz einnehmen." (SC 116)[156]

Dazu verkörpern die Liedertafeln in den Kirchen eine problematische Reglementierung des Singens. Josuttis kommentiert sarkastisch: „Partizipation vollzieht sich als Exekution des vorgeschriebenen Verhaltens." (JOSUTTIS 196) Dass dadurch der Affektbezug des Singens zumindest geschwächt wird, liegt auf der Hand.

Ein wichtiger Impuls für heutiges Singen kommt deshalb aus einem kulturellen Kontext, in dem jenseits solcher Domestizierung das Singen unmittelbar existentielle Befindlichkeit ausdrückte. In den *Negro Spirituals* verbindet sich das Gefühl von Heimatlosigkeit („Sometimes I feel like a motherless child ...") und Unfreiheit („O freedom ...") mit der christlichen Hoffnung auf Befreiung. Gesine Jost[157] zeigt, dass die leibliche Vermittlung des Aufbruchs durch das Singen der Sklaven in transformierter Weise dem Lebensgefühl vieler heutiger Menschen, vor allem Heranwachsender, entspricht. Das erklärt die seit etlichen Jahren zu beobachtende Begeisterung für das Singen von Spirituals und Gospels in vielen Chören und Kirchengemeinden.[158]

---

156 S. JOSEF RATZINGER, Ein neues Lied für den Herrn. Christusglaube und Liturgie in der Gegenwart, Freiburg 1995, 125–186.
157 GESINE JOST, Negro Spirituals im evangelischen Religionsunterricht. Versuch einer didaktischen Verschränkung zweier Erfahrungshorizonte (Theologie 48), Münster 2003.
158 Vgl. PETRA-ANGELA AHRENS, BeGeisterung durch Gospelsingen. Erste bundesweite Befragung von Gospelchören. Sozialwissenschaftliches Institut der Evangelischen Kirche in Deutschland, Hannover 2009.

Allerdings tritt hier (meist) die politische Sprengkraft der Entstehungssituation zurück.

2.4 *Methodik:* Zunehmend bemühen sich heutige Kirchenmusiker/innen um den Anschluss des Singens im Gottesdienst an die sonstige Kultur, also um dessen Kontextualisierung. So beobachten sie z. B. den Fangesang in den Fußballstadien:

> „Der Fan singt auswendig, meist im Stehen. Melodien kommen aus der Musik der Massenmedien und werden in Kontrafaktur mit neuem Text versehen, etwa nach ‚Yellow submarine': ‚Zieh den Bayern die Lederhosen aus ...' Dazu tritt ‚body-percussion' als entwicklungsgeschichtlich älteste Form von Instrumentalmusik, meist als Klatschen, differenziert und präzise, ohne Dirigent. Rufe und Gesänge sind kurz, sie werden zuweilen von Einzelnen angestimmt, viele Fan-Blocks haben einen ‚Kantor', den chant-leader, das Call and response-Prinzip bzw. Refrainlieder und Wiederholstrukturen spielen eine Rolle. ... Relevant für diese gesungene Kommunikation ist auch die geschlossene Ovalform des Stadions: die miteinander Kommunizierenden sehen sich." (LEUBE 15)

Dabei begegnen etliche Verhaltensweisen, die aus den lutherischen Gottesdiensten in der Reformationszeit bekannt sind, mittlerweile aber einer mehrfachen Reglementierung wichen: die Übernahme von Melodien aus der Popularkultur und das aufeinander Hören im Vor- und Nachsingen. Die alternatim-Praxis inszeniert den kommunikativen Charakter eines Lieds.

> „Beispiel: Aus den Gebetsstrophen der 1. Hälfte von ‚Wie soll ich dich empfangen' – EG 11 singen alle nach vorne – zu Jesus. Die Predigt-Strophen der zweiten Hälfte des Liedes singt abwechselnd jeweils ein Teil der Gemeinde zu den anderen. Von der Schlussstrophe singt eine Solostimme die 1. Hälfte, mit der 2. Hälfte ab ‚Ach komm ...' singen wieder alle gemeinsam den abschließenden Ruf an Jesus." (a. a. O. 17 f.)

Mit solchen Reformvorschlägen sind neue Aufgaben in der Ausbildung von Kirchenmusiker/innen verbunden.[159] Vor allem pädagogische Gesichtspunkte bedürfen einer stärkeren Berücksichtigung.[160]

2.5 *Weitere Kommunikationsformen:* In der Christentumsgeschichte begegnen verschiedentlich mit dem Singen verwandte Kommunikationsformen. Die genannte Unterscheidung Pauli zwischen Psalmsingen im „Geist" und „Verstand" (1Kor 14,15; s. 2.2) weist auf die gesungene *Glossolalie* hin. Sie ist als ekstatische Ausdrucksform bis heute in pfingstlerischen Kirchen, aber auch außerhalb des Christentums präsent. Hier tritt die Bindung an Sprache

---

159 S. die Beiträge in SIEGFRIED MACHT (Hg.), Kirche – Musik – Pädagogik. Vorträge und Praxisbausteine, Göttingen 2005.

160 S. zu praxisnahen Vorschlägen CHRISTA KIRSCHBAUM, Singen in der Gemeinde als Bildungsarbeit, in: GOTTHARD FERMOR/HARALD SCHROETER-WITTKE (Hg.), Kirchenmusik als religiöse Praxis. Praktisch-theologisches Handbuch zur Kirchenmusik, Leipzig ²2006 (2005), 199–205.

zur Unkenntlichkeit hinter die – psychologisch gesehen – regressive, dadurch aber entspannende Handlung zurück.[161]

Schon in der Spätantike kam *Instrumentalmusik* zum Gesang im Gottesdienst hinzu. Die Orgel ist – nach anderen Anfängen (s. 2.3) – mittlerweile zu dem kirchlichen Instrument schlechthin geworden. Das Werk Johann Sebastian Bachs (1685–1750) gilt als der Höhe- und Endpunkt des durch die Reformation motivierten, direkt auf den Gottesdienst gerichteten musikalischen Schaffens. Er komponierte z. B. seine Passionen zwar für den Gottesdienst; doch sprengten sie die herkömmlichen Dimensionen und stehen so am Anfang einer vom Gottesdienst unabhängigen Entwicklung.

„Mit den Abendmusiken Dietrich Buxtehudes († 1707) in der Lübecker Marienkirche wurde erstmals der Raum des Gottesdienstes verlassen und die Scheidung zwischen subjektiv betonter ‚geistlicher Musik' und liturgiegebundener Kirchenmusik zum musikgeschichtlichen Ereignis."[162]

Seitdem differenziert sich das Musizieren im Kontext der Kommunikation des Evangeliums aus. Unter rezeptionsästhetischer Perspektive macht es keinen Sinn, gleichsam objektiv zwischen Kirchenmusik, geistlicher und weltlicher Musik trennen zu wollen. Vielmehr besteht im Sinn der kulturhermeneutischen Bestimmung der Kommunikation des Evangeliums (s. § 9 3.) eine grundsätzliche Offenheit zu allen Musikarten und -stilen.[163] Die erwähnte Begeisterung für die Negro Spirituals zeigt das Potenzial kulturübergreifender Impulse. Ähnliches ist bei der Kasualmusik zu beobachten.[164]

Schließlich sind Singen und Bewegung kulturgeschichtlich miteinander verbunden (s. 2.1). Seit einiger Zeit tritt im Zuge kulturübergreifender Begegnungen der *Tanz* ins liturgiewissenschaftliche Blickfeld. Zwar lehnten die Kirchenväter den Tanz – wie teilweise die Musik – im Gottesdienst ab. Doch begegnet bereits im Alten Testament der Sakraltanz bei David (2 Sam 6,5), Mirjam (Ex 15,20) und im Psalter (Ps 149). Auch im Mittelalter finden sich im Spiegel obrigkeitlicher Verbote wiederholt Nachrichten von Tänzen bei kirchlichen Festen.[165] Erst die Überwindung leibfeindlicher

---

161 S. WERNER THIEDE, Glossolalie (Zungenrede) III. Religionspsychologisch, in: [4]RGG Bd. 3 (2000), 1014f.

162 OSKAR SÖHNGEN, Was heißt „evangelische Kirchenmusik"? Methodologische Überlegungen zur Kirchenmusik-Geschichtsschreibung (1967), in: DERS., Musica sacra zwischen gestern und morgen. Entwicklungsstadien und Perspektiven in der 2. Hälfte des 20. Jahrhunderts, Göttingen 1979, 47–58, 57.

163 S. KONRAD KLEK, Gibt es einen Kirchenstil? Theologische und musikalische Argumente, in: HANNS KERNER (Hg.), Musikkultur im Gottesdienst. Herausforderungen und Perspektiven, Leipzig 2005, 43–72.

164 S. STEFAN REINKE, Musik im Kasualgottesdienst. Funktion und Bedeutung am Beispiel von Trauung und Bestattung, Göttingen 2010.

165 S. GABRIELE KOCH, Tanz als Gebet, in: ULRICH WILLERS (Hg.), BETEN: Sprache des Glaubens – Seele des Gottesdienstes. Fundamentaltheologische und liturgiewissenschaftliche Aspekte (PiLi 15), Tübingen 2000, 161–193, 169.

Tendenzen ermöglichte der Kommunikation des Evangeliums die Integration des Tanzes. In Deutschland gab zum einen theologisch der in Bombay geborene, bei Karl Rahner promovierte[166] Ronald Sequeira der Diskussion wichtige Impulse.[167] Er machte, im Kontext hinduistischer Tanzpraxis aufgewachsen, vor allem auf die Bedeutung von Gebärden und Bewegungen in der Kommunikation mit Gott aufmerksam. Zum anderen kommen wichtige Anregungen von Frauengruppen aus den USA, die im Zuge von Körperarbeit das Potenzial des Tanzes für die Kommunikation des Evangeliums entdecken.[168]

3. Abendmahl feiern

Im Abendmahl wird „Kommunion" (lat.: Gemeinschaft) gefeiert. Dogmatisch gesehen scheint sein Charakter klar bestimmt zu sein: ein Sakrament, wenn auch in Bekenntnistexten[169] und lehramtlichen Verlautbarungen[170] unterschiedlich akzentuiert.[171] Kommunikationstheoretisch gesehen besteht mehr Klärungsbedarf. *Die tatsächliche Feier hatte unterschiedlichste Formen, die kaum Gemeinsamkeiten erkennen lassen:*

- Sie unterlag verschiedenen Zugangsbedingungen: anfangs einem riskanten Bekenntnis zum christlichen Glauben; später einem teilweise obrigkeitlich überwachten Zwang.[172]
- Sie fand an unterschiedlichsten Orten statt: zuerst in Privathäusern; später an Gräbern von Märtyrern; dann in repräsentativen Basiliken.
- Ihre Zeit und die Häufigkeit der Teilnahme variierten: zu Beginn die Feier in der Gemeindeversammlung; dann eine Steigerung der Häufigkeit bis zum täglichen Kommunizieren, aber nicht mehr aller Gemeindeglieder; später ein Nachlassen, das im IV. Laterankonzil (1215) zur Forderung der jährlichen Kommunion führte (s. Fürst 42 f.).
- Die Feiergestalt wandelte sich bis zur Unkenntlichkeit: zuerst das gemeinsame Sättigungsmahl; später ein kultisches Mahl in hoher symbolischer Verdichtung, in dem über viele Jahrhunderte die meisten Menschen, wenn überhaupt (s. zur

---

166 Ronald Sequeira, Klassische indische Tanzkunst und christliche Verkündigung. Eine vergleichende religionsgeschichtlich-religionsphilosophische Studie (FThSt 109), Freiburg 1978.
167 S. knapp zu erforderlichen Begriffsbestimmungen und auch zum Folgenden Christian Grethlein, Abriß der Liturgik. Ein Studienbuch zur Gottesdienstgestaltung, Gütersloh ²1991 (1989), 33 f.
168 S. Teresa Berger, Liturgie und Tanz. Anthropologische Aspekte, historische Daten, theologische Perspektiven, St. Ottilien 1985.
169 CA 10 und 13; Heidelberger Katechismus Frage 68.
170 S. die für die römisch-katholische Kirche bis heute grundlegende Klärung ihres Sakramentsverständnisses im Dekret an die Armenier des Konzils von Florenz (1439) (DH 1310–1327).
171 Im deutschsprachigen Protestantismus haben die Arnoldshainer Thesen von 1957 und die darauf aufbauende Leuenberger Konkordie von 1973 den theologischen Streit um das Abendmahlsverständnis beigelegt.
172 S. mit historischen Beispielen Christel Köhle-Hezinger, Abendmahl als Gesetz. Beiträge aus der Volkskunde, in: Josuttis/Martin 69–81.

sog. Augenkommunion § 18 2.3), nur eine Oblate, aber keinen Wein empfingen. Dies schlug sich im Interieur der Kirchen darin nieder, dass ein Altar an die Stelle des Tisches trat (s. a. a. O. 66).

Angesichts dieser extremen Veränderungen in der Feiergestalt ist es wichtig, sich auf die mit dem christlichen Grundimpuls verbundene Sinngestalt des Abendmahls zu besinnen. Offenkundig zogen die kulturellen Veränderungen und vor allem der Wandel in der Gestaltung des Christentums tiefgreifende Transformationen bei der Feier nach sich. Die dabei gegebenen Chancen der Kontextualisierung, aber auch die Gefahren einer problematischen Anpassung müssen bedacht werden. Dringlich werden solche Reflexionen durch ein praktisches Problem. Nur eine Minderheit der Evangelischen geht einigermaßen regelmäßig zum Tisch des Herrn. Viele Evangelische, vielleicht sogar die Mehrheit, feiern anlässlich ihrer Konfirmation das erste und letzte Mal das Abendmahl – trotz aller Aussagen in den Bekenntnissen. So konstatiert Hanns Kerner als Ergebnis einer 2005 durchgeführten empirischen Untersuchung zur Situation des Sonntagsgottesdienstes in der Evangelisch-Lutherischen Kirche in Bayern:

„Als neuralgischer Punkt hat sich das Abendmahl erwiesen. Nur eine verhältnismäßig geringe Zahl der Gottesdienstbesucher hat ein existentielles Verhältnis zum Abendmahl. Zudem erschweren oder verunmöglichen die unterschiedlichen Abendmahlsverständnisse und -praktiken der alten bayerischen und der VELKD-Agende für diejenigen das Mitfeiern, die in einer anderen Tradition heimisch sind und beispielsweise an einem neuen Wohnort etwas anderes vorfinden. Für sehr viele ist es ein Ausschlusskriterium, in den Gottesdienst zu gehen, wenn Abendmahl gefeiert wird."[173]

3.1 *Anthropologisch-kulturgeschichtliche Grundlagen:* Essen und Trinken sind *überlebensnotwendig*. Nur kurzzeitig können sich Menschen davon dispensieren. In Hunger und Durst erfahren sie die Bedürftigkeit ihrer Existenz unweigerlich und stets von neuem. Es geht beim Essen und Trinken im wörtlichen Sinn um Leben und Tod.

Gemeinsame Mahlzeiten gehören von Beginn an zur menschlichen Kultur. Sie verbinden – wie ethnologische Studien zeigen[174] – die daran Teilnehmenden in besonderer Weise und stiften *Gemeinschaft* über die Nahrungsaufnahme hinaus. Dabei kommt dem Miteinander-Sprechen bei der Mahlzeit erhebliche Bedeutung zu. Von daher erklärt sich die vielfach in der Kulturgeschichte zu beobachtende Verbindung von gemeinschaftlichem

---

173 HANNS KERNER, Auch Agenden wandeln sich. Voraussetzungen und Grundentscheidungen bei der neuen Agendenbearbeitung in Bayern, in: DERS., Gottesdienst im Wandel, hg. v. KONRAD MÜLLER/THOMAS MELZL, Leipzig 2015, 41-51, 48.
174 S. HANS-JÜRGEN GRESCHAT, Essen und Trinken: Religionsphänomenologisch, in: JOSUTTIS/MARTIN 29–39, 32 f.

§ 26 Gemeinschaftliches Feiern: Kommunikation mit Gott 561

Essen und *Erinnerung (Anamnese)*. Diese wendet sich aber nicht nur Vergangenem zu, sondern richtet die Teilnehmenden ebenso auf die Zukunft aus.[175]

In historisch-genetischer Perspektive bestehen keine oder nur indirekte Zusammenhänge zwischen den hier skizzierten kultur- und kultgeschichtlichen Beobachtungen und dem christlichen Abendmahl. Jedoch bilden Hunger und Durst, Gemeinschaft und Erinnerung wichtige Elemente auf der Ebene der primärreligiösen Erfahrung, ohne die sich der Sinngehalt des Abendmahls nicht erschließen lässt.[176]

3.2 *Biblische Perspektiven:* Das Abendmahl hat im Neuen Testament drei Wurzeln: *die Mahlzeiten des irdischen Jesus; das Abschiedsmahl von seinen Jüngern; Mahlfeiern mit dem Auferstandenen.*

Zuerst und grundlegend ist der Hinweis auf die anbrechende Gottesherrschaft im Auftreten, Wirken und Geschick Jesu untrennbar mit gemeinsamen Mahlzeiten verbunden, die grundsätzlich für jeden/jede offen waren (s. § 14 3.1). Damit stand Jesus in jüdischer Tradition, die für das Ende der Tage ein üppiges Festmahl erwartete (Jes 25,6; vgl. Lk 13,29). Wirkungsgeschichtlich besonderes Gewicht erhielt Jesu Abschiedsmahl von seinen Jüngern kurz vor seinem Tod. Ein exegetischer Vergleich der Evangelien ergibt, dass deren Berichte dieses Geschehen unterschiedlich interpretieren.[177] Jens Schröter fasst den sich daraus ergebenden historischen Befund folgendermaßen zusammen:

„Wahrscheinlich hat sich Jesus am Vorabend seines Todes mit seinen Jüngern zu einem letzten gemeinsamen Mahl versammelt. Die Bedeutung diese Mahles hat er offenbar darin gesehen, dass es das letzte Mahl im Kreis seiner engsten Nachfolger war, bevor sich sein irdisches Geschick vollenden und er in die Herrschaft Gottes eintreten würde."[178]

Es ist unsicher, ob Jesus eine Wiederholung dieses Mahls intendierte. Tatsächlich kam es aber dazu. Die über den Tod Jesu hinaus geglaubte Gemeinschaft mit Christus ließ sich nur mimetisch (s. § 25 1.2) begehen. Sie begann in der Mahlgemeinschaft mit dem Auferstandenen (Lk 24,29-31, Joh 21,13 f.; Apg 10,40 f.)

In konkreten Auseinandersetzungen arbeitete *Paulus* das inhaltliche Profil dieses Mahls heraus. Durch die Metaphorisierung des Brotes (1 Kor 10,16 f.) begründete er die besondere Gemeinschaft der am Mahl Teilnehmenden.

---

175 S. a. a. O. 35.
176 S. MANFRED JOSUTTIS, Abendmahl und Kulturwissenschaften, in: JOSUTTIS/MARTIN 11–27, 16–22.
177 S. JENS SCHRÖTER, Jesus von Nazaret. Jude aus Galiläa – Retter der Welt (Biblische Gestalten 15), Leipzig ²2009, 288–291.
178 A. a. O. 293 f.

„Wenn aber alle Mahlteilnehmenden durch das Essen des Brotes in eine Leibgemeinschaft mit Christus kommen, beziehungsweise in einer solchen gefördert werden, dann treten sie zugleich in eine Leibgemeinschaft miteinander."[179] Sonst übliche Unterschiede, hinsichtlich religiös-kultureller, sozialer oder sexueller Zugehörigkeit, traten demgegenüber als unwichtig zurück (s. z. B. Gal 3,28 unter Bezug auf die Taufe). Die am Mahl Teilnehmenden bildeten inklusiv[180] eine *„solidarische Gemeinschaft"*[181]. Theologisch begründete sich diese besondere Form der Gemeinschaft darin, dass sie den Feiernden als Gemeinschaft mit Christus und dadurch mit Gott galt.

3.3 Systematische Bestimmungen: Anknüpfend an die neutestamentlichen Texte und die urchristliche Feierpraxis sowie im Kontext der damaligen Kultur entwickelten sich in der Alten Kirche verschiedene Deutungen des Abendmahls (Sinngestalten), die dann wiederum die Feiergestalt beeinflussten (zur schwierigen Quellenlage s. FÜRST 10–12). Inhaltlich begegnen bei Bezügen auf das Mahlfeiern u. a. die Motive des (neuen) Bundes (z. B. 1Kor 11), der Sündenvergebung (Mt 26,28), der Gabe des Lebens (Joh 6) und der Gemeinschaft (z. B. 1Kor 10,16).[182]

Vor diesem Hintergrund stellt das seit dem siebten Jahrhundert das Mahlverständnis bestimmende Konzept des Messopfers eine westliche Fehlentwicklung dar, die die Reformatoren in Form der Kanongebete scharf kritisierten.[183] Hier schiebt sich nämlich das opfernde Handeln der Kirche – teilweise bis heute in der römischen Kirche – an die Stelle der Ausrichtung der Feiernden auf Jesu Auftreten, Wirken und Geschick.[184]

Historisch grundiert und inhaltlich am Evangelischen Gottesdienstbuch orientiert bearbeitet Karl-Adolf Bauer (geb. 1937) den im Einzelnen *spannungsvollen Zusammenhang von Sinn- und Feiergestalt*:
- Zuerst interpretiert er die Diskrepanz zwischen dem beanspruchten Mahlcharakter und der tatsächlichen Praxis mit dem Verzehr einer Oblate und eines Schluckes Wein (bzw. Traubensaft). Die Entscheidung gegen

---

179 PETER WICK, Die urchristlichen Gottesdienste. Entstehung und Entwicklung im Rahmen der frühjüdischen Tempel-, Synagogen- und Hausfrömmigkeit (BWANT 150), Stuttgart ²2003, 209.
180 S. HAL TAUSSIG, In the Beginning was the Meal. Social Experimentation & Early Christian Identity, Minneapolis 2009, 48.
181 CHRISTFRIED BÖTTRICH, Kinder bei Tische ... Abendmahl mit Kindern aus neutestamentlicher Sicht, in: Christenlehre, Religionsunterricht, Praxis 56 (2003), 9–12, 9.
182 S. zu diesen und weiteren Motiven sowie Belegen HERMUT LÖHR, Entstehung und Bedeutung des Abendmahls im frühesten Christentum, in: DERS. (Hg.), Abendmahl, Tübingen 2012, 86-89.
183 S. zum Einzelnen VOLKER LEPPIN, Das Ringen um die Gegenwart Christi in der Geschichte, in: HERMUT LÖHR (Hg.), Abendmahl, Tübingen 2012, 95-136, 102-129.
184 S. historisch detailliert HANS-CHRISTIAN SERAPHIM, Messopfer und Eucharistie. Wege und Irrwege der Überlieferung, in: CHRISTIAN SCHMIDT/THOMAS MELZL (Hg.), Gottesdienst leben. 60 Jahre Lutherische Liturgische Konferenz in Bayern, Nürnberg 2011, 283–324.

den ursprünglichen Modus des Sättigungsmahls deutet Bauer theologisch durch den *Hinweis auf die erst anbrechende Gottesherrschaft:*

„Es ist vielmehr die Vorspeise des großen Festmahles im Reich Gottes, dem wir entgegengehen – sozusagen das hors d'œuvre. Und ein hors d'œuvre macht bekanntlich noch nicht satt. Doch es bringt uns auf den Geschmack, weckt die Vorfreude und macht uns gespannt auf das, was kommt!" (BAUER 4; ohne Kursivsetzung im Original)

– Inhaltlich hebt Bauer auf den altkirchlichen Zusammenhang von *Abendmahl und Diakonie* ab (s. a. a. O. 27–31). Im Kirchenkampf gewann diese – lange vergessene – Dimension neue Bedeutung. Denn die während des Gemeindelieds bzw. Chorgesangs eingesammelte Kollekte war in den illegalen Gemeinden der Bekennenden Kirche „eine Gestalt des Bekenntnisses zur konkreten Gestalt der Kirche und ihrem Auftrag" (a. a. O. 29).

– Sodann vollzieht sich im Abendmahl eine „*liturgische Zeitaufhebung*" (a. a. O. 31). Sie kommt im an die Präfation anschließenden Sanctus zum Ausdruck: Denn hier stimmt die Gemeinde „in den Raum und Zeit umgreifenden Lobgesang ein" (ebd.; s. 2.3).

Dies hat erhebliche Konsequenzen für die Gemeinschaft der Feiernden. Sie umfasst nämlich mehr als die um den Tisch des Herrn Versammelten. Die orthodoxe Liturgie inszeniert anschaulich die mit der Erhöhung Jesu Christi verbundene kosmische, die lineare Zeitstruktur aufhebende Dimension. Auch die Verstorbenen sowie die nach uns Kommenden sind miteinander in Christus verbunden. Das hat über die Liturgie hinausführende Konsequenzen:

„Ich lasse es mir schon aus seelsorglichen Gründen angelegen sein, darauf zu achten, dass bei jeder Mahlfeier ein Gebetselement Menschen Gelegenheit gibt, in Christus die Toten ‚mit dabei zu haben', die zu ihrem Leben gehören." (a. a. O. 43; ohne Kursivsetzung im Original)

Schließlich ist noch der – in ökumenischen Dialogen – herausgearbeitete, bereits altkirchlich wichtige *Zusammenhang von Taufe und Abendmahl* zu nennen. Bereits zu Beginn des 2. Jahrhunderts galt die Taufe als – einzige – Voraussetzung für die Kommunion (Did 9,5). Beide Riten sind zentral auf Jesus Christus bezogen. In der Taufe wird die von Gott ausgehende Annahme des Einzelnen gefeiert (s. § 27 3.2), im Abendmahl die daraus resultierende Gemeinschaft mit ihm und den anderen durch Christus verbundenen Menschen. Deshalb kommuniziert bis heute auch ein Säugling in den orthodoxen Kirchen schon bei seiner Taufe.

3.4 *Methodik:* Erst langsam beginnt die Erforschung der Rezeption des Abendmahls durch die Feiernden. Sie ist erforderlich, um – auf dem Hintergrund des Grundkriteriums der solidarischen Gemeinschaft, die die Anwesenden, aber auch die Abwesenden und Christus umfasst – die Fragen der Gestaltung zu bearbeiten. Doch kristallisieren sich bei ersten Studien hierzu[185] bereits zwei wichtige Themenbereiche heraus:[186] die Atmosphäre der Feier, die offenkundig stärker wahrgenommen wird als das Gesagte, und das Gemeinschaftsverständnis, das Ausgrenzungen problematisch erscheinen lässt.

Bei der *Atmosphäre der Feier* geht es zentral um deren kulturelle Kontextualisierung. Denn die Feiernden bringen ihre sonstigen Erfahrungen mit gemeinsamen Mahlzeiten mit (s. GRETHLEIN 109-124) und interpretieren das Erlebte in diesem Kontext. Dies gilt besonders für Menschen, die nicht regelmäßig zum Tisch des Herrn gehen und deshalb das in der Kirche übliche Verhalten nicht kennen. Auf Grund der Abstinenz vieler Evangelischer vom Abendmahl ist eine ansprechende Einladung für sie besonders wichtig. Hier verdienen neue Formen Interesse:

„So wird in St. Petri Dortmund mit Tafelmusik zu Brot und Wein auf festlich gedeckten Tischen gebeten. Die Gaben können dann in den Bänken meditativ genossen oder im Gespräch miteinander bei den Tischen geteilt werden. Hier gestaltet jede und jeder Art und Ort des Mahls selbst, die Form ist nicht festgelegt. Ein Dank- und Fürbittengebet beschließt den Gottesdienst."[187]

Diese *Abendmahlsfeier in einer City-Kirche* (s. § 24 2.4) nimmt übliche Formen einer Party in einer individualisierten Gesellschaft auf. Nicht alle tun dasselbe. Die einen essen und trinken, die anderen sprechen miteinander usw. Die gedeckten Tische markieren im Raumcode den Kernpunkt des Geschehens, die Gebete vor und nachher definieren verbal-rituell den Rahmen. Beides weist auf die Gemeinschaft mit Christus und den Mitfeiernden hin. Die Teilnahme hieran ist Menschen, die mit dem kirchlichen Usus unvertraut sind, gut möglich.

Doch wie bei jeder Kontextualisierung besteht auch hier in kulturkritischer Perspektive ein Schatten. Um an dieser Form der Feier zu partizipieren, benötigen die Feiernden ein gewisses Selbstbewusstsein, um Phasen der expliziten Gemeinschaft mit Anderen, im Gespräch, und des Sich-Zurückziehens, zur Meditation, auszubalancieren. Was ist mit den Menschen, die diese Fähigkeiten nicht ausbilden konnten bzw. auf Grund irgendwelcher Umstände nicht auf sie zurückgreifen können?

---

185 S. – stark an dogmatischen Vorgaben orientiert – UTE GRÜMBEL, Abendmahl: „Für euch gegeben?" Erfahrungen und Ansichten von Frauen und Männern. Anfragen an Theologie und Kirche, Stuttgart 1997 und die Zusammenstellung der Antworten auf einen Schreibaufruf im Vorfeld des Ökumenischen Kirchentags in Berlin (2003) in: DOROTHEA SATTLER/FRIEDERIKE NÜSSEL, Menschenstimmen zu Abendmahl und Eucharistie. Erinnerungen – Anfragen – Erwartungen, Frankfurt 2004.
186 Ich folge PETRA ZIMMERMANN, „Das gebrochene Brot verwandelt mein Leben". Abendmahl aus der Perspektive der Feiernden, in: PTh 93 (2004), 361–370.
187 ANNETTE KLINKE, Citykirche, in: GOTTHARD FERMOR U.A. (Hg.), Gottesdienst-Orte. Handbuch Liturgische Topologie (Beiträge zu Liturgie und Spiritualität 17), Leipzig 2007, 67–71, 69.

Als zweiter Problembereich erscheint regelmäßig bei Befragungen das Thema der *Gemeinschaft*. Hier führt der wichtige Diskurs zur *Zulassung von Kindern (vor der Konfirmation) zum Abendmahl* weiter. Es ist mittlerweile sowohl aus liturgiehistorischen, systematischen und nicht zuletzt (elementar-)pädagogischen Gründen klar,[188] dass der bis in die sechziger Jahre des 20. Jahrhunderts übliche Ausschluss von Kindern zu überwinden ist. Kinder gehören zur „solidarischen Gemeinschaft" des Abendmahls.[189] In einer Kinder aus wichtigen Funktionssystemen ausgrenzenden Gesellschaft (s. § 16 4.1) stellt ihre Inklusion das sonst Übliche vom Evangelium her in Frage. Sie gibt der Feierpraxis wichtige Impulse, indem sie die Sinngestalt der solidarischen Gemeinschaft unterstreicht (s. § 18 5.3).

Auch sonst verändert ein Ernstnehmen der Sinngestalt des Abendmahls in konkreten Situationen die Feiergestalt. So berichtet Andrea Bieler von einer knappen, aber eindrücklichen Erweiterung der Abendmahlsliturgie in US-amerikanischen Kirchen *im Kontext der AIDS-Seuche*. In der Metropolitan Community Church in San Francisco nimmt der Pfarrer im Anschluss an die Einsetzungsworte das Brot, öffnet seine Arme und spricht: „Wir sind der Leib Christi – der Leib Christi hat AIDS".

> „Die binäre Unterscheidung von Gesunden und Kranken, von HIV-Infizierten und HIV-Negativen wurde in der Feier des Abendmahls aufgegeben. Vielmehr wurde ganz im Sinne der paulinischen Vorstellung vom Sōma Christi eine radikale Interdependenz in den Gesten und dem Sprechakt zum Ausdruck gebracht: wenn einer von uns an AIDS erkrankt ist, haben wir alle AIDS."[190]

In dieser Gemeinde, die zwischen 1982 und 1987 etwa 500 ihrer Mitglieder durch AIDS verlor, macht dieser kleine Zusatz in der Liturgie schlaglichtartig deutlich, was „solidarische Gemeinschaft" für in Christus Verbundene bedeutet. Sie transzendiert bestehende Distinktionen der Lebenswelt und eröffnet einen neuen Horizont der Gemeinschaft, eben einer Gemeinschaft mit Gott.

Schließlich beginnt im Kontext der Vesperkirchen ein *Wiederentdecken der diakonischen Dimension des Mahlfeierns* (s. GRETHLEIN 199f.). Hier laden im Winter Gemeinden Obdachlose in ihre Kirchen ein und bieten ihnen u. a. Speise und Getränk. Mancherorts finden sonntags agendarische Abendmahlsfeiern statt, an denen die übliche Sonntagmorgen-Gemeinde und die

---

188 S. EBERHARD KENNTNER, Abendmahl mit Kindern. Versuch einer Grundlegung unter Berücksichtigung der geschichtlichen Wurzeln der gegenwärtigen Diskussion in Deutschland, Gütersloh ³1989 (1980); s. auch CHRISTIAN GRETHLEIN, Abendmahl – mit Kindern?! Praktisch-theologische Überlegungen, in: ZThK 106 (2009), 345–370.

189 S. grundsätzlich hierzu CHRISTIAN GRETHLEIN, Kinder in der Kirche. Eine Orientierung für Mitarbeitende im Kindergottesdienst, Göttingen 2010.

190 ANDREA BIELER, „Und dann durchbricht jemand die absolute Quarantäne und segnet dich". Über die erzählte und die ritualisierte Leib-Gestalt von Krankheit, in: ZNT 14 (2011 H. 27), 57–66, 57.

Obdachlosen gemeinsam teilnehmen. Die Inklusivität der jesuanischen Mahlgemeinschaft wird hier von neuem erlebt. Auch bestimmte Formen von „Charity Dinners", bei denen nicht zwischen Spendern und Empfängern getrennt wird, stoßen in diese Richtung vor (s. a. a. O. 201 f.). Menschen essen und trinken gemeinsam und verbinden dies mit Informationen zu menschlicher Not und entsprechenden Spenden. Solche Dinners erinnern bereits in ihrem Vollzug an Jesu inklusive Mahlzeiten. Die drei Modi der Kommunikation des Evangeliums, Lehren und Lernen, gemeinschaftlich Feiern und Helfen zum Leben verbinden sich miteinander. Die Anamnese an Jesu Auftreten, Wirken und Geschicken ist bei solchen Mahlzeiten nicht einseitig vergangenheits-, sondern auch gegenwartsorientiert:

> „Man erinnert nicht nur das Handeln Gottes in der Vergangenheit, sondern entdeckt Analogien zwischen der Glaubensgeschichte etwa des Volkes Israel und dem eigenen Glaubensleben. Diese Analogien haben ihren Grund in der Identität Gottes, der in der Gegenwart ebenso handelt wie in der Vergangenheit."[191]

3.5 Weitere Kommunikationsformen: Wie beim Miteinander Sprechen im Schweigen und beim Beten in der Meditation, so stößt man auch beim Abendmahl als gemeinsamem Essen und Trinken auf eine komplementäre Kommunikationsform, die mit diesem zugleich eng verbunden ist: das *Fasten*. Dieses kulturgeschichtlich alte freiwillige Sich-Enthalten von Nahrung hat eine gemeinschaftsstiftende Kraft, wie noch heute im Ramadan in muslimischen Ländern zu beobachten ist.

Es diente in biblischer Zeit der Kommunikation mit Gott (s. zu entsprechenden Fastentagen im Alten Testament z. B. Lev 16,29–31; zum Bußfasten z. B. Jon 3,5–8), wie auch Berichte vom Wirken Jesu zeigen (s. z. B. Mt 4,2). Die Christen nahmen dies nicht nur in den Fastenzeiten zur Vorbereitung auf die großen Feste Ostern und Weihnachten auf. Seit dem 4. Jahrhundert finden sich Nachrichten von sog. *eucharistischer Nüchternheit.*[192] Dieser Brauch fand – in stark abgeschwächter Form – noch Eingang in den neuen Codex Iuris Canonici von 1983. Nach c. 919 müssen sich Kommunikanten eine Stunde vor der Kommunion des Essens und Trinkens enthalten – außer von Wasser und Medizin.

Im Zusammenhang mit sonstiger Körperarbeit entdecken Menschen die Bedeutung des Fastens für die Lebensführung in den letzten Jahren auch außerhalb der Kirchen neu. Nüchternheit erhöht die Sensibilität der Wahrnehmung.

---

191 S. KLEMENS RICHTER, Soziales Handeln und liturgisches Tun als der eine Gottesdienst des Lebens, in: Gemeinsame Arbeitsstelle für gottesdienstliche Fragen 27 (1996), 15-30, 21.
192 S. HANS BERNHARD MEYER, Eucharistie. Geschichte, Theologie, Pastoral (GDK 4), Regensburg 1989, 231 f.

4. Zusammenfassung

Menschen kommunizieren mit Gott, nicht nur im Christentum. Deshalb berühren sich die hier zu bedenkenden Kommunikationsformen großenteils mit der Praxis in anderen Glaubensgemeinschaften. Die dadurch gegebene komparative Aufgabe kommt erst langsam in den Blick (s. Einleitung zum 2. Kapitel). Sie bedarf für die konkrete Bearbeitung der interdisziplinären Kooperation mit Theolog/innen anderer Glaubensgemeinschaften.[193] Der geplante Ausbau islamischer Theologie an deutschen Universitäten verdient von daher praktisch-theologisches Interesse.

Inhaltlich zentral ist der die Einstellungen der Menschen – im wörtlichen Sinn – relativierende, also zu Gott in Beziehung setzende Charakter der Formen der Kommunikation mit Gott. Durch die „Erziehung des Wunsches" ergeben sich kognitive Einsichten; beim Singen findet die affektive Seite ihren Ausdruck.

Die vielfältigen Transformationen der Feiergestalt des Abendmahls und die unübersehbare Spannung zwischen heutiger Feier- und biblischer Sinngestalt markieren wichtige Herausforderungen praktisch-theologischer Arbeit. Die liturgiegeschichtlich, systematisch sowie pädagogisch gebotene Aufhebung des Ausschlusses der Kinder vom Tisch des Herrn könnte hier einen wichtigen Impuls geben, wenn die Kinder tatsächlich als gleichwertige Kommunikanten ernst genommen werden. In einer Kinder systematisch ausgrenzenden Gesellschaft käme dadurch auch die kulturkritische Dimension der Kommunikation des Evangeliums zum Tragen. Zudem würde die wichtige Verbindung zwischen Familie und Kirchengemeinde gestärkt. In anderer Weise ist es notwendig, die diakonische Dimension des Mahls wiederzuentdecken. Auch in Deutschland leben Menschen, die froh sind, wenn sie satt werden. Werden sie zu den Mahlfeiern in den Kirchen eingeladen?

§ 27 Helfen zum Leben: Kommunikation von Gott her

Literatur: DOROTHEA GREINER, Segen und Segnen. Eine systematisch-theologische Grundlegung, Stuttgart ³2003 (1998) – CHRISTIAN GRETHLEIN, Grundinformation Kasualien. Kommunikation des Evangeliums an Übergängen des Lebens, Göttingen 2007, 63–73; 101–152; 358–407 – DERS., Taufpraxis in Vergangenheit, Gegenwart und Zukunft, Leipzig 2014 – ULRICH HECKEL, Der Segen im Neuen Testament. Begriff, Formeln, Gesten (WUNT 150), Tübingen 2002 – REINHARD MESSNER, Einführung in die Liturgiewissenschaft, Paderborn 2001, 59–149 – ANITA STAUFFER (Hg.), Baptism, Rites of Passage, and Culture (Lutheran World Federation Studies 1/1999), Genf 1998

---

193 Die Religionswissenschaft ist dagegen in ihrer angeblichen Neutralität meist zu stark den Traditionen des christlichen Westens verhaftet, um den notwendigen Dialog zu ermöglichen.

Theologisch gesehen ist die Zuwendung Gottes zu Menschen die Grundlage jeder Kommunikation mit ihm. Sie bedarf der menschlichen Vermittlung. Darin liegt eine große kommunikative Herausforderung.

Eine menschheitsgeschichtlich alte Form, Kommunikation von Gott her zu gestalten, ist der Segen. Diese in der primären Religionserfahrung gegründete Methode findet sich selbstverständlich in den biblischen Texten, erfährt allerdings im Neuen Testament durch den Bezug auf Christus eine theologische Neuformatierung. Bis heute ist der Segen ein Höhepunkt christlichen Gottesdienstes und erreicht auch Menschen, die sonst wenig Kontakt zu kirchlicher Praxis haben.[194]

Vergleichbares gilt für das Heilen. Im Kontext der Verletzlichkeit menschlichen Lebens berichten biblische Texte vom Heilen im Auftrag Gottes. Es stellte einen wesentlichen Teil von Jesu Wirken dar. Doch: Ist in einer Kultur mit High-Tech-Medizin noch Raum für „Heilungen" in der Nachfolge des Christus medicus? Lebenspraktisch zeigt die Verbreitung „populärer Religion" (s. § 10 2.2), dass diese Frage nicht (allein) kognitiv zu beantworten ist. Sie betrifft nämlich Bereiche des Menschseins, die das technisch-naturwissenschaftliche Weltbild nicht erfasst.

Eine einmalige Profilierung erhalten die Formen der Kommunikation von Gott her, Segnen und Heilen, in der Taufe. Hier feiern die Christen für jeden einzelnen Menschen Gottes Zuwendung in der Hoffnung auf dessen Begleitung im Leben und über den Tod hinaus. Durch die grundlegende Wasserhandlung ist die Taufe mit der primären Religionserfahrung verbunden; zugleich ist sie – sekundärreligiös – eine Mimesis des Geschicks Jesu, dessen Wirksamkeit mit der Taufe durch Johannes begann.

Insgesamt bieten die im Folgenden bedachten Kommunikationsformen einen guten Anschluss an die Aufgabe der Biographiearbeit, die für jeden Menschen in einer Optionsgesellschaft besteht (s. § 10 4.3). Denn in ihnen kommt die Beziehung Gottes zu jedem einzelnen Menschen in besonderer Weise zur Darstellung.

1. Segnen

„Segen" scheint Hochkonjunktur zu haben.[195] Die diesbezügliche fachtheologische und populäre Literatur wuchs in den letzten zwanzig Jahren sprunghaft an. Dasselbe gilt für praktische Experimente, innerhalb und außerhalb der großen Kirchen. Ulrich Heckel konstatiert eine „paradoxe Entwicklung":

---

[194] S. das eindrückliche Beispiel in: JOACHIM SCHARFENBERG, Einführung in die Pastoralpsychologie, Göttingen ²1990 (1985), 61.
[195] S. MAGDALENE FRETTLÖH, Theologie des Segens. Biblische und dogmatische Wahrnehmungen, Gütersloh 1998 (⁵2005), 15 f.

§ 27 Helfen zum Leben: Kommunikation von Gott her

> „Einerseits lockert sich die kirchliche Bindung vieler Menschen. Andererseits wächst die Sehnsucht nach Kraftquellen angesichts der vielfältigen beruflichen und persönlichen Beanspruchung mit dem Gefühl der Überforderung. Außerdem macht sich mit dem Wunsch nach Segenshandlungen ein neues Verlangen nach intensiven persönlichen Erfahrungen bemerkbar, das etwas von der Nähe Gottes leibhaftig spüren, körperlich fühlen und sinnlich erleben möchte." (Heckel 3)

Dabei reicht der Segen menschheitsgeschichtlich weit zurück. Seine biblische Rezeption und Transformation eröffnet ein theologisch zu klärendes Feld. Aberglauben, verstanden als exklusiv primäre Religionserfahrung, und die Formen dogmatischer Reflexion, die sich ausschließlich auf sekundäre Religionserfahrung beziehen (wollen), stellen zwei die Kommunikation des Evangeliums behindernde Fehlentwicklungen dar. Die notwendige Balance erfordert methodische Genauigkeit.

1.1 *Anthropologisch-kulturgeschichtliche Grundlagen:* Segen bezieht sich auf die *Sehnsucht jedes Menschen nach Wohlergehen.* Sie steht im Kontrast zu den vielfältigen Gefährdungen durch Mangel und Krankheit, die menschliches Leben bedrohen. Von daher ist es kulturgeschichtlich verständlich, dass Segen lange Zeit direkt verbunden mit Fluch begegnet, also mit der Negierung des im Segen Erstrebten.

Vermutlich waren Gruß bzw. Verabschiedung die sozialen Orte, an denen sich der Segen (bzw. der Fluch) als Kommunikationsform entwickelte (s. a. a. O. 19). Noch heute werden beide mit bestimmten Formeln gestaltet, bei denen manche – wie das süddeutsche „Grüß Gott" oder das französische „Adieu" – sich direkt auf Gott beziehen. Von Anfang an ist bei Segen und Fluch die *Grenze zur Magie* fließend.

> „Erstens ist ihnen ... die Sinnenhaftigkeit gemeinsam, zweitens die Methode der Ästhetisierung, drittens der Charakter einer Symbolhandlung und viertens der Sitz im Leben (Situationen der Krise, der Schwelle, der Anforderung, der Überforderung bis hin zur Ohnmacht.)" (Greiner 132)

Erst die Theologisierung des Segens ermöglicht eine Grenzziehung. Magische Praxis ist keine ergebnisoffene Kommunikation wie der Segen im christlichen Sinn. Sie zielt auf direkten, meist materiellen Erfolg. Segnen ist dagegen vom Vertrauen auf Gottes Zuwendung getragen und verzichtet auf ausgeklügelte Methodik und kompliziertes Geheimwissen (s. a. a. O. 137). Er steht in der Erfahrung des Gebets als einer Kommunikationsform mit Gott, dessen Dialogizität in einer ergebnisoffenen Kommunikation seinen Ausdruck findet (s. § 26 1.2).

1.2 *Biblische Perspektiven:* Die alttestamentlichen Erzählungen wissen noch von der Segens- und Fluchkraft in einem vortheologischen Sinn (s. z. B. Num 22–24). Der ursprüngliche familiäre Kontext und die kreatürliche Seite finden sich anschaulich in der Spendung des Erstgeburtssegens durch Isaak (Gen 27):

> „Dieser Segen enthält die Lebenskraft, die der Vater an den Sohn weitergibt, und ist einzig, unwiderruflich und wirkt unbedingt. Seine Übertragung erfordert offensichtlich viel Kraft, denn der Spender muss vorher gut essen und trinken, und erfolgt wohl durch einen rituellen Vollzug, bei dem unmittelbar sinnliche Wahrnehmungen (Berührung, Geruch) eine große Rolle spielen. Allerdings findet sich ... im jetzigen biblischen Text eine – wenn auch nur schwach ausgeführte – theologische Prägung des Segens (Gen 27,7.28)."[196]

Mit der Sesshaftwerdung Israels kam Gottes bewahrendes Handeln in der Schöpfung in den Blick. Die priesterschriftliche Schöpfungserzählung berichtet vom göttlichen Segen, der auf Fischen, Vögeln und Menschen ruht (Gen 1,22.28). Später entdeckten die frommen Israeliten Gottes Segenskraft in seinem geschichtlichen Handeln (z. B. Ex 23,25–27). Wirkungsgeschichtlich besondere Bedeutung – vor allem auf Grund der liturgischen Rezeption durch Luther[197] – erhielt der sog. *aaronitische Segen* (Num 6,22–27; vgl. § 16 4.2):[198]

> „Gleichsam als ,Audienz' Gottes kommt in der jussivischen bzw. optativischen Formulierung die zwischen Transzendenz und Immanenz vermittelnde Form des Segens gut zum Ausdruck. Inhaltlich zeigt sich hier Gott im Segen als behütend, gnädig und Frieden stiftend." (GRETHLEIN, Grundinformation 65)

Wie schon in der alttestamentlichen Prophetie tritt im *Neuen Testament* das Segnen, wenngleich als Praxis vorausgesetzt, in den Hintergrund. Explizit werden von Jesus nur zwei Personalbenediktionen berichtet: das Segnen der Kinder (Mk 10,16) und der Jünger beim Abschied (Lk 24,50). Daneben begegnen für den frommen Juden selbstverständliche Sachbenediktionen: Jesus segnete Brot und Wein (z. B. Mk 6,41; 1Kor 10,16).

Theologisch weiter führte die bei Paulus und in seiner Schule entwickelte Verbindung des Segenskonzepts mit Christus. So schrieb Paulus vom „Segen Christi" (Röm 15,29). Schließlich wurde *Christus als „Segen"* verstanden (Eph 1,3–14), und zwar in Anknüpfung an die Segensverheißung für Abraham (s. HECKEL 238–241). Dies überschritt die dem Segen bis dahin immanente Beschränkung auf den Bereich des Irdischen.

1.3 *Systematische Bestimmungen:* Durch die Sehnsucht jedes Menschen nach Wohlergehen ist der Segen eine besonders attraktive und zugleich gefährdete Form der Kommunikation des Evangeliums. Ihre *katabatische Grundstruktur*, also das Empfangen von Gott her, drohte in der Christentumsgeschichte wiederholt in eine Manipulation Gottes überformt zu werden.

---

196 CHRISTIAN GRETHLEIN, Benediktionen und Krankensalbung, in: HANS-CHRISTOPH SCHMIDT-LAUBER/MICHAEL MEYER-BLANCK/KARL-HEINRICH BIERITZ (Hg.), Handbuch der Liturgik. Liturgiewissenschaft in Theologie und Praxis der Kirche, Göttingen ³2003, 551–574, 552 f.
197 S. hierzu FRIEDER SCHULZ, Segnende Kirche und christlicher Glaube, in: Gemeinsame Arbeitsstelle für gottesdienstliche Fragen Nr. 28 (1997), 42–65, 47 f.
198 S. MICHAEL MEYER-BLANCK, Gottesdienstlehre, Tübingen 2011, 515-517.

§ 27 Helfen zum Leben: Kommunikation von Gott her

Vor allem *zwei problematische Tendenzen* sind zu beobachten:[199] Der in der griechischen Grundbedeutung von „Segnen" (griech.: eulogein; wörtlich: gut sprechen) liegende Primat des Danks wich bereits in der Alten Kirche zunehmend der Bitte. Die Abwehr des Bösen, ritualisiert in Form des Exorzismus (s. 2.5), gewann die Oberhand. Dazu schwoll die Zahl der Benediktionen an; im Vollzug nahmen die Segnenden Versatzstücke anderer Handlungen auf, um die Wirkung des Segens eigenmächtig zu verstärken.

Die Reformatoren wiesen nachdrücklich auf diese Fehlentwicklungen hin, wie sie z. B. im ständigen Gebrauch des sog. Weihwassers hervortraten:[200]

> „Darumb hat nu Ecclesia, das heilige Christliche Volck, nicht schlecht eusserliche wort, Sacrament oder Empter, wie der Gottsaffe Satan auch und viel mehr hat, Sondern hat sie von Gott geboten, gestifft und geordent ... Ja solch stück feilet in des Teuffels Sacramenten und Kirchen, da kan niemand sagen: Gott hats geboten, befolhen, eingesetzt, gestifft ... Sondern so mus man sagen: Gott hats nicht geboten, sondern verboten, Menschen habens ertichtet oder viel mehr der Gottes Affe hats ertichtet und die Leute damit verfüret" (WA 50,647).

Allerdings fiel es bei dieser Argumentation schwer, die Besonderheit der Kommunikationsform des Segnens zu erfassen. So subsumierte Luther sie umstandslos unter die Predigt (s. kritisch hierzu GREINER 211–249).

Erst seit kurzem wird in der reformatorischen Tradition das *Potenzial des Segnens* (wieder)entdeckt. In feministischer Perspektive weisen Theologinnen auf die – der Magie komplementären – Gefahr des Doketismus für die Kommunikation des Evangeliums hin. Demgegenüber impliziert das Segnen *„Leiblichkeit und Sinnenhaftigkeit"* (a.a.O. 132). Segnen ist eine zärtliche, mütterliche Geste (s. a.a.O. 76), die bisher unterbelichteten Aspekten im christlichen Gottesverständnis Ausdruck verleiht. Dadurch, dass Gesegnet-Werden keine Aktivität erfordert, ist diese Kommunikationsform inklusiv. Alle Menschen können gesegnet werden, unabhängig von ihrem Alter, dem Bildungsgrad, aber auch ihrer Erfahrung und Verbundenheit mit verfasster Kirche.

1.4 *Methodik:* Traditionell – und biblisch begründet – vollzieht sich eine *Personalbenediktion unter Handauflegung*. Dieser Akt bringt gut das Angewiesensein des Menschen auf Gottes Zuwendung zum Ausdruck. Dabei können Wasser und eventuell Öl einen zusätzlichen angenehmen Reiz bewirken. Ein Kreuzzeichen macht den Bezug des Segens auf Christus sinnenfällig.

---

199 S. zum Folgenden ausführlich mit Beispielen CHRISTIAN GRETHLEIN, Benediktionen und Krankensalbung, in: HANS-CHRISTOPH SCHMIDT-LAUBER/MICHAEL MEYER-BLANCK/KARL-HEINRICH BIERITZ (Hg.), Handbuch der Liturgik. Liturgiewissenschaft in Theologie und Praxis der Kirche, Göttingen ³2003, 551–574, 555–559.
200 S. die entsprechenden Formeln und Handlungen bei ADOLF FRANZ, Die kirchlichen Benediktionen im Mittelalter Bd. 1, Freiburg 1909, 43–220; s. zur Geschichte des Weihwassers CHRISTIAN EYSELEIN, Segnet Gott, was Menschen schaffen? Kirchliche Einweihungshandlungen im Bereich des öffentlichen Lebens (CThM 29), Stuttgart 1993,129–134.

Zugleich ist darauf zu achten, dass die Segenshandlung als Ausdruck der Zuwendung Gottes und nicht als priesterlich vollzogener Akt inszeniert wird. Sie ist eine für den Menschen als sinnlich wahrnehmendes Wesen wichtige Handlung, doch hängt Gottes Zuwendung nicht von ihr ab. Das in der grammatischen Form des Jussivs bzw. Optativs („der Herr segne ...") ausgedrückte Vertrauen zu Gott und zur Anerkennung seiner Freiheit legt methodische Behutsamkeit nahe. Zwar gehören zum Segnen die Geste und bei Personalbenediktionen oft die Berührung hinzu. Doch sind dies Ausdrucksformen, um Gottes Kommunikation mit Menschen zur Darstellung zu bringen, und nicht um Gottes Handeln zu stimulieren. Die christologisch begründete, neutestamentliche Reserve gegenüber dem Priesteramt (s. § 22 1.1) gewinnt im Segnen Gestalt. Von daher führt eine Beschränkung von Segensgesten auf besondere Amtsträger in die Irre.[201]

Aus einem christologisch ausgerichteten Segensverständnis folgt, dass sog. *Sachbenediktionen*, also Segnungen von Gegenständen, theologisch nur sinnvoll sind, wenn deren Verwendung durch Menschen im Vordergrund steht. Allerdings zeigt bereits ein kurzer Blick in die Geschichte der Sachbenediktionen Probleme, etwa hinsichtlich der Segnung von Waffen, Einweihung von Kasernen u. a.[202] Offenkundig fällt hier die Balance zwischen der notwendigen Kontextualisierung und der gebotenen Kulturkritik der Kommunikation des Evangeliums (s. § 9 3.3) schwer. Sowohl der Rückzug aus der Öffentlichkeit als auch das unkritische „Absegnen" des von Menschen Produzierten sind zu vermeiden. Das wesentliche Kriterium zur Unterscheidung geht traditionell auf die Exegese von *1 Tim 4,4* zurück.[203] Es ist die Frage, ob das zu Segnende eine gute Schöpfungsgabe ist oder sonst in Dankbarkeit (griech.: eucharistia) empfangen werden kann.

1.5 *Weitere Kommunikationsformen:* Bereits kurz angesprochen wurde das *Salben* als eine Kommunikationsform, die in engem Zusammenhang mit dem Segnen steht. Historisch geht es darauf zurück, dass in der Antike Öl ein wichtiges Heilmittel war (s. GRETHLEIN, Grundinformation 361). Heute kommt ihm eine alltagsweltliche Bedeutung durch den verbreiteten Gebrauch von Parfum zu. So wird das Salben, also taktile Berührung mit Öl,

---

201 So auch aus katholischer (!) Perspektive JOHANNES METTE, Heilung durch Gottesdienst? Ein liturgietheologischer Beitrag (Studien zur Pastoralliturgie 24), Regensburg 2010, 255.
202 S. genauer CHRISTIAN EYSELEIN, Segnet Gott, was Menschen schaffen? Kirchliche Einweihungshandlungen im Bereich des öffentlichen Lebens (CThM 29), Stuttgart 1993, 137–139, 191–193.
203 Zur problematischen Verwendung dieses für die Sachbenediktionen entscheidenden neutestamentlichen Bezugs in den lutherischen Agenden s. CHRISTIAN GRETHLEIN, Benediktionen und Krankensalbung, in: HANS-CHRISTOPH SCHMIDT-LAUBER/MICHAEL MEYER-BLANCK/ KARL-HEINRICH BIERITZ (Hg.), Handbuch der Liturgik. Liturgiewissenschaft in Theologie und Praxis der Kirche, Göttingen ³2003, 551- 574, 560 f.

als wohltuende Zuwendung auf der leiblichen Ebene empfunden und unterstützt den Zuspruch durch das Segnen.[204]

Ebenfalls eng mit dem Segnen verbunden ist das *Stehen*. Es bringt „Achtung, Aufmerksamkeit, Ehrerbietung zum Ausdruck" und gilt seit alters als „Zeichen der österlichen Existenz der Erlösten".[205] Das – ebenfalls beim Gesegnet-Werden übliche – *Knien* ist dagegen ein Gestus des Empfangens.

Fast vollständig verdrängt ist theologisch die Frage nach der komplementären Kommunikationsform zum Segnen, dem *Fluchen*.[206] Umgangssprachlich hält sich aber das Bewusstsein von der dunklen Kehrseite des Segens. So wird bei Katastrophen von einem Fluch gesprochen, der auf Menschen oder Dingen laste. Diese dunkle Seite beschäftigt die Menschen nach wie vor, wie Fantasy-Literatur oder viele Filme zeigen. Das ist beim Formulieren des Segensspruchs zu beachten (s. zum Exorzismus 3.5).

2. Heilen

Heilen ist eine alte Kommunikationsform, die konstitutiv zur Kommunikation des Evangeliums gehört (s. § 8 2.3), heute aber in den deutschen Kirchengemeinden zu fehlen scheint. Dagegen geben in Deutschland Tausende von Menschen Heiler/in als Beruf an. Sie praktizieren außerhalb der Kirchen, nicht selten aber mit jedenfalls teilweise christlich geprägten Einstellungen.[207] Ein Blick ins Ausland zeigt, dass die Ausklammerung des Heilens aus der Kirche eine mitteleuropäische Besonderheit ist. Die Mehrheit der christlichen Kirchen, auch evangelischer Konfession, feiert „healing rites" (s. STAUFFER 93–150).

2.1 *Anthropologisch-kulturgeschichtliche Grundlagen:* Gesundheit und Krankheit gehören zum Menschsein. Deren Verständnis ist in hohem Maß kulturbestimmt. Differenzen kommen – für die jeweilige Heilungspraxis grundlegend – in den angenommenen *Ursachen für Krankheiten* zum Ausdruck:

„Dämonen gelten als Krankheitserreger; sie können sich z. B. in Tieren verkörpern. Dazu tritt die Krankheit als Folge des Zorns der Götter.

Damit hängt eng zusammen, dass Krankheit als Strafe gedeutet wird, wobei unterschiedlichste Vergehen bzw. Verstöße gegen die göttliche Ordnung die Ursache sein können.

---

204 Zur konkreten Durchführung einer Salbung im Gottesdienst s. WALDEMAR PISARSKI, Gott tut gut. Salbungsgottesdienste. Grundlagen und Modelle, München 2000, 68–71.
205 RONALD SEQUEIRA, Gottesdienst als menschliche Ausdruckshandlung, in: RUPERT BERGER U. A., Gestalt des Gottesdienstes. Sprachliche und nichtsprachliche Ausdrucksformen (GDK 3), Regensburg 1987, 7–39, 32.
206 S. zum Folgenden CHRISTIAN GRETHLEIN, Segen und Fluch VI. Praktisch-theologisch, in: ⁴RGG Bd. 7 (2004), 1137.
207 S. MICHAEL UTSCH, Geistheilung, in: MEZW 72 (2009), 430–434.

Schließlich wird Krankheit als Zeit der Erprobung und Bewährung interpretiert."
(GRETHLEIN, Grundinformation 360 f.)

Dem entsprechen Heilungsprozeduren: Es werden Dämonen ausgetrieben; Kranke lassen sich entsühnen und versuchen so, die Götter bzw. Gott gnädig zu stimmen; Andere nehmen ihr Los auf sich als Prüfung, die zu bestehen ist.

Auch die *modernen Vorstellungen von Gesundheit und Krankheit* sind hier einzuzeichnen. Das naturwissenschaftliche Paradigma bestimmt die Krankheitsdefinitionen: Eine Erkrankung erfolgt demnach in einem grundsätzlich messbaren Kausalzusammenhang, die Heilung vollzieht sich dementsprechend durch technische Prozeduren. Gegenüber früheren Deutungen fehlt die kosmologische Dimension, die der von Taylor beschriebenen „Entzauberung" zum Opfer fiel (s. § 10 2.1). Allerdings hat sich dieses technisch-naturwissenschaftliche Gesundheits- und Krankheitsverständnis – wie die „populäre Religion" verrät (s. § 10 2.2) – nicht generell durchgesetzt. Die im Erleben von Krankheit – und Gesundheit – implizierte Kontingenz menschlichen Lebens bleibt ausgeblendet. Dementsprechend praktizieren auch in modernen Gesellschaften Schamanen und Geistheiler.

2.2 Biblische Perspektiven: Im *Alten Testament* findet sich zwar keine eindeutige Begrifflichkeit für „krank" und „gesund". Doch begegnen Menschen in einem „Zustand der Schwäche, der Schlaffheit und Erschöpfung, also der irgendwie gebrochenen Lebenskraft".[208]

Dies wurde mit den eben skizzierten Deutungsmustern erklärt (s. auch zum Folgenden GRETHLEIN, Grundinformation 361 f.). Krankheit galt als Gottes Strafe (Ex 9,14 f.; Num 12,9–14 u. a.). Auf sie reagierten die Betroffenen mit Bußriten (z. B. Ps 38). Dazu hofften sie auf Gottes Hilfe (z. B. Ps 103,2–5). Spätere Texte, vor allem im Hiobbuch, problematisierten den dabei leitenden Tun-Ergehens-Zusammenhang. Daneben empfahlen Weisheitslehrer gesundheitsfördernde Lebensmaximen (z. B. Spr 3,7 f.). Im Vergleich mit den umliegenden Völkern fällt in Israel eine deutliche Reserve gegenüber sonst üblichen Praktiken wie Orakelbefragung, aber auch Ärzten auf. Denn es galt: „Ich bin der Herr (Jahwe), dein Arzt." (Ex 15,26) Dementsprechend steht die Bitte zu Jahwe an erster Stelle, vor dem Besuch beim Arzt (s. 2Chr 16,12).

Im *Neuen Testament* wird von vielen Heilungen durch Jesus berichtet:
„Er ist exorzistisch tätig, treibt also aus Besessenen Dämonen aus (s. z. B. summarisch Lk 11,20; sehr drastisch z. B. Mk 5,1–20), und heilt mancherlei Gebrechen (s. z. B. summarisch Mt 11,5): Blindheit (z. B. Mk 8,22–26), Stummheit (z. B. Lk 11,14), Taubstummheit (Mk 7,31–37), Lähmung (z. B. Mk 2,1–12), Auszehrung (z. B. Mk 3,1–6), Blutungen (z. B. Mk 5,25–34), Aussatz (z. B. Mk 1,40–45),

---

208 HANS WALTER WOLFF, Anthropologie des Alten Testaments, München ³1977, 211.

Fieber (z. B. Mk 1,29–31), Wassersucht (Lk 14,1–6) und Rückgratverkrümmung (Lk 13,10–17). Auch verwendet er mit Speichel (z. B. Mk 7,33) als intensivem Ausdruck des eigenen Atems ein damals volksmedizinisch übliches Mittel." (GRETHLEIN, Grundinformation 364)

Wie gezeigt interpretierte Jesus dieses Handeln als Anbruch der Gottesherrschaft (s. § 8 2.3). Dem entsprach das enge Verhältnis zwischen seinem Handeln und dem Glauben der Geheilten (s. z. B. Mk 5,34). Insgesamt trat das Therapeutische hinter seine Botschaft von der anbrechenden Gottesherrschaft zurück. Analysiert man Jesu Heilen genauer, zeigt sich *keine einheitliche Auffassung von Krankheit und Heilung*. So setzte er einmal den Zusammenhang von Sünde und Krankheit voraus (Mk 2,5), den er ein anderes Mal zurückwies (Joh 9,2 f.). Krankheit erscheint wie die Beziehung Gottes zu jedem Menschen als individuell zu deutendes Geschehen.

Jesu Jünger setzten seine Heilungstätigkeit fort (1Kor 12,9,28,30; Mk 6,12 f.). Dabei kam es zu weiteren Interpretationen von Krankheit. So deutete Paulus sein eigenes chronisches Leiden – nach vergeblichen Gebeten um Heilung – als Willen Gottes und als Zeichen seines Apostolats (2Kor 12,7 f.). Wirkungsgeschichtlich wichtig wurde der Bericht über eine *Krankensalbung* in Jak 5,13–16 (s. § 15 2.2). Im Zentrum dieses Ritus standen das Gebet der Ältesten am Krankenbett und die Salbung des Kranken mit Öl. Ein möglicher Zusammenhang von Krankheit mit Sünde und die daraus resultierende Notwendigkeit von Sündenvergebung werden angedeutet.

2.3 Systematische Bestimmungen: Zwar setzten die ersten Christen die Heilungstätigkeit Jesu fort. Doch spiritualisierten sie diese und verehrten Christus als „medicus" in einem soteriologischen Sinn.[209]

Auch die in Jak 5,13–16 berichtete Krankensalbung wurde modifiziert.[210] Entsprechend der allgemeinen Tendenz zur Klerikalisierung kirchlichen Handelns vollzog sich eine Beschränkung des rituellen Handelns auf den Priester. Dadurch veränderte sich der Ritus radikal: von der Krankensalbung zur Letzten Ölung, die – allgemein ab dem Ende des 8. Jahrhunderts üblich – der Priester am Totenbett spendete.

Martin Luther kritisierte diese Entwicklung als Fehldeutung von Jak 5,13–16 (WA 6,567–573). Auch wies er die Aufwertung der Handlung als Sakrament zurück. Dabei spielte er aber in problematischer Weise den Glauben gegen die Salbung aus. So führte die Kritik an dem Missbrauch der Handlung zu deren Wegfall in den evangelischen Kirchen.

---

209 S. zur Entwicklung dieses Motivs JOHANNES METTE, Heilung durch Gottesdienst? Ein liturgietheologischer Beitrag (Studien zur Pastoralliturgie 24), Regensburg 2010, 200–208.

210 S. zur historischen Entwicklung im Einzelnen REINER KACZYNSKI, Feier der Krankensalbung, in: REINHARD MESSNER/REINER KACZYNSKI, Sakramentliche Feiern I/2 (GDK 7,2), Regensburg 1992, 241–343, 258–304.

Das *II. Vaticanum* revidierte endlich die unbiblische Konzeption der Letzten Ölung. Die Konzilsväter rückten wieder die Krankensalbung in den Vordergrund.[211] 1972 bestimmte die Apostolische Konstitution „Sacram Unctionem infirmorum" folgenden konkreten Ablauf:

> „Das Sakrament der Krankensalbung wird jenen gespendet, deren Gesundheitszustand bedrohlich angegriffen ist, indem man sie auf der Stirn und auf den Händen mit ordnungsgemäß geweihtem Olivenöl oder, den Umständen entsprechend, mit einem anderen ordnungsgemäß geweihten Pflanzenöl salbt und dabei einmal folgende Worte spricht: … ‚Durch diese heilige Salbung helfe dir der Herr in seinem reichen Erbarmen, er stehe dir bei mit der Kraft des Heiligen Geistes: Der Herr, der dich von Sünden befreit, rette dich, in seiner Gnade richte er dich auf.'"[212]

In der anglikanischen Kirche und im nordamerikanischen Raum bemüht man sich seit Längerem um einen theologisch verantwortlichen rituellen Umgang mit Krankheit. Dabei bewährt sich die *Unterscheidung zwischen „cure"* („to restore to health") *und „healing"* („to make sound or whole").[213] Sie eröffnet die Möglichkeit einer sinnvollen *Kooperation mit den Ärzten*.[214] Zum einen wird die Erwartung an das heilende Handeln im Ritus präzisiert. Es geht um die Beziehung Gottes zum Menschen. „Healing" will Gottes Zuwendung zum Menschen in der schwierigen Situation der Krankheit erfahrbar machen. Zum anderen wird damit ein Überschätzen der modernen Medizin verhindert. Deren – im physikalischen Paradigma begründete[215] – Reduktion auf bestimmte Teile einer Person ermöglicht physische Erfolge, wird aber der Sehnsucht des Menschen nach ganzheitlicher Zuwendung nicht gerecht. Vor allem das Problem der Endlichkeit ist schulmedizinisch nicht zu lösen. So wird z. B. „Lebenssättigung" auf depressive Verstimmung reduziert und damit ein Erfassen des Lebens als ganzes ausgeblendet.[216]

Mittlerweile gibt es in den evangelischen Landeskirchen zaghafte Versuche zu Salbungsliturgien (s. GRETHLEIN, Grundinformation 371). Vor allem in der Krankenhausseelsorge werden sie – oft ökumenisch – praktiziert,

---

211 S. zu den genauen Beschlüssen und daraus folgenden kanonistischen Regelungen a.a.O. 298–302.
212 Zitiert a.a.O. 304.
213 PAUL NELSON, Healing Rites for Serious Chronic Illness in the North American Cultural Context, in: STAUFFER 93–104, 100.
214 S. zum Folgenden CHRISTIAN GRETHLEIN, Das segnende Handeln der Christen – Anfrage und Bereicherung heutiger medizinischer Praxis, in: ANNEMARIE FIEDERMUTZ-LAUN U.A. (Hg.), Zur Akzeptanz von Magie, Religion und Wissenschaft (Worte – Werke – Utopien 17), Münster 2002, 277–289.
215 S. A.M. KLAUS MÜLLER, Wende der Wahrnehmung. Erwägungen zur Grundlagenkrise in Physik, Medizin, Pädagogik und Theologie, München 1978, 61.
216 S. dagegen TRAUGOTT ROSER, Lebenssättigung als Programm. Praktisch-theologische Überlegungen zu Seelsorge und Liturgie an der Grenze, in: ZThK 109 (2012), 397–414.

manchmal mit einem Krankenabendmahl verbunden. Das allerdings noch nicht eindeutig ausgearbeitete Programm des „Spiritual Care"[217] könnte hierfür einen konzeptionellen Rahmen geben.

2.4 *Methodik:* Heilen als Hilfe zum Leben in einem das biologische Ende übersteigenden Sinn vollzieht sich in vielen Formen. Sie werden in der Krankenhausseelsorge und der Liturgik reflektiert.

Liturgisch bietet der in den meisten heutigen evangelischen Agenden übliche, *vierschrittige Aufbau* (s. § 18 4.3) auch den sinnvollen Rahmen für Salbungsgottesdienste:

„1. Sich einfinden, sich öffnen: Spüren, atmen, schweigen, singen, beten.

2. Hören, dass Gott gut tut: Ansprache.

3. Erleben, dass Gott gut tut: Salbung.

4. Geleit nach draußen."[218]

Besondere Sorgfalt erfordert die atmosphärische *Gestaltung*.[219] Der Abend eignet sich besonders gut. Im Kirchenraum erleichtert abgedunkeltes Licht die Sammlung. Auch hat sich das Singen von (fast allen) Taizé-Liedern und Abendliedern bewährt. Eine gelenkte Meditation hilft, den Alltag hinter sich zu lassen. Die Ansprache sollte kurz, etwa fünf Minuten sein (engl.: „sermonette"). Bei der Salbung ist es wichtig, den Feiernden frei zu stellen, ob und wie sie an der Salbung teilnehmen. Den Abschluss bildet ein Reisesegen. Er deutet an, dass sich jede/r Einzelne auf der Lebensreise befindet und die Feier eine Rast ist.

In Kirchen, die bereits länger „healing rites" feiern, stellt die Taufe häufig den zentralen Bezugspunkt dar. Die „baptismal community"[220] bildet den Sozialraum der Feier.

Schließlich ist die Begegnung in der *Seelsorge* ein wichtiger Ort für die Kommunikation des Evangeliums im Modus des Heilens. Handauflegung und Salbung etwa vor schweren Operationen leisten einen wichtigen Beitrag zur Pflege eines Menschen. Sie machen die Zuwendung Gottes zu dem konkreten Menschen sinnenfällig. Insgesamt gilt: „Es gibt keinen Anspruch auf körperliche Gesundheit. Heilung kann im evangelischen Sinn sehr unterschiedlich aussehen, bis hin zur Ermöglichung getrosten Sterbens." (GRETHLEIN, Grundinformation 387)

---

217 S. hierzu DORIS NAUER, Spiritual Care statt Seelsorge?, Stuttgart 2015.
218 WALDEMAR PISARSKI, Gott tut gut. Salbungsgottesdienste. Grundlagen und Modelle, München 2000, 72 (ohne Kursivsetzung des Originals).
219 S. zum Folgenden a. a. O. 72–80.
220 Chicago Statement on Worship and Culture: Baptism und Rites of Life Passage, in: STAUFFER 13–24, 20.

2.5 *Weitere Kommunikationsformen:* Im Laufe der Christentumsgeschichte haben sich verschiedene Kommunikationsformen herausgebildet, die in Zusammenhang mit dem Heilen stehen. Besonders wichtig waren bzw. sind: Büßen bzw. Beichten und Beraten.

Schuld kann Leben behindern oder gar zerstören. Deshalb sind die Bitte um Vergebung und die Hoffnung darauf ein die ganze Bibel durchziehendes Anliegen (s. z. B. Ps 32,5; Joh 20,23; Jak 5,16), das auf Heilung eines Menschen zielt.

Ein Blick in die Christentumsgeschichte und die vielfältigen und wechselhaften Entwicklungen von *Buße und dann Beichte* (s. § 15 3.2) verraten die erheblichen Schwierigkeiten bei deren konkreter Gestaltung.[221] Auf die öffentliche, einmal nach der Taufe mögliche Buße mit strengen Auflagen und anschließender Aufnahme in die Abendmahlsgemeinschaft folgten Phasen der Privatisierung und Spiritualisierung, dann der Verrechtlichung.

> Seit dem IV. Laterankonzil (1215) ist die jährliche Einzelbeichte verpflichtend. Sie besteht aus den Schritten der „contritio cordis" (lat.: Zerknirschung des Herzens), „confessio oris" (mündliches Sündenbekenntnis) und der „satisfactio operis" (sühnende Werke).

Die sich dabei ergebenden Probleme waren gravierend:

> „Legalismus und Kasuistik ... sowie die von übertriebener Sündenfülle bewirkte Ängstlichkeit, Furcht vor Gericht und Verdammnis, Heilsungewissheit und schließlich der immer häufigere Missbrauch von Strafbefreiungen."[222]

Hier setzte der reformatorische Protest an. Allerdings gelang es den Reformatoren nicht, der Buße eine überzeugende Gestalt zu geben. Die enge Ankoppelung der Beichte an das Abendmahl erwies sich für eine subjektiv geprägte Frömmigkeit als problematisch. So protestierten pietistische Theologen u. a. gegen die ungenügende Vorbereitung, den Verzicht auf ein Beichtgespräch und das Fehlen der Kirchenzucht. Im reformierten Bereich konnte sich die Einzelbeichte – trotz Calvins Hochschätzung – nicht durchsetzen.[223] Die Entwicklung ging zur Öffentlichen Beichte. Aber damit wurde das kommunikative Anliegen, sich den Brüchen und Problemen der eigenen individuellen Lebensführung zu stellen, nicht hinreichend aufgenommen.

Angesichts dieser Problematik verwundert es nicht, dass am Beginn des pastoralpsychologischen Aufbruchs Anfang der siebziger Jahre des 20. Jahr-

---

221 S. zum Folgenden detailliert HERMANN LINS, Buße und Beichte, in: HANS-CHRISTOPH SCHMIDT-LAUBER/MICHAEL MEYER-BLANCK/KARL-HEINRICH BIERITZ (Hg.), Handbuch der Liturgik. Liturgiewissenschaft in Theologie und Praxis der Kirche, Göttingen ³2003, 319–334, 320–331.
222 A. a. O. 326.
223 S. CORINNA DAHLGRÜN, Die Beichte als christliche Kultur der Auseinandersetzung mit sich selbst coram Deo, in: WILFRIED ENGEMANN (Hg.), Handbuch der Seelsorge. Grundlagen und Profile, Leipzig 2007, 493–507, 496 f.

hunderts eine kritische Auseinandersetzung mit dem Beichtritus stand. Vor dem Hintergrund der Begegnung mit einer Frau, die ihm mehrfach beichtete, ohne dadurch Erleichterung zu verspüren, diagnostizierte Joachim Scharfenberg, dass die autoritäre Struktur dieser überkommenen Institution nicht mehr „der völlig veränderten psychischen Situation des Menschen unserer Tage"[224] entspreche. Demgegenüber empfahl er programmatisch „Seelsorge als Gespräch":

> „Gespräch setzt die völlige Gleichberechtigung beider Partner voraus, die jedoch eine gewisse Rollenspezifizierung und Schwerpunktverschiebung zuläßt. Eine völlige Symmetrie der Rollenverteilung gibt es nur im freien Gespräch. Eine Rollenverschiebung nach der einen oder der anderen Seite ergibt sich im Lehrgespräch, dessen Grenze da in Sicht kommt, wo es suggestiv zu wirken versucht, oder im Explorationsgespräch, das nur so lange Gespräch ist, als seine Ergebnisse nicht zu einer Diagnose verobjektiviert werden. Eine Kombination dieser beiden Möglichkeiten versucht die helfende Beziehung, wie sie in der modernen Sozialarbeit praktiziert wird. Das Seelsorgegespräch stellt nicht eine zu den übrigen hinzutretende Sonderform des Gesprächs dar, sondern bedient sich aller vier genannten Formen, wird sich aber mit Vorrang an der helfenden Beziehung orientieren, die sie im Verstehenshorizont dessen, was den Menschen unbedingt angeht, zu deuten sucht."[225]

Inzwischen hat unter dem Paradigma des *„Beratens"* dieser Ansatz weite Verbreitung gefunden. Die skizzierte Balance zwischen freier Begegnung, Exploration, Information und helfender Beziehung gestaltet sich je nach Ort, Anlass und Beteiligten anders (s. z. B. § 17 5.3).

Es ist eine offene Frage, ob dies eine angemessene bzw. ausreichende Transformation des altkirchlichen Konzepts von Buße und Beichte in die gegenwärtige Kultur ist. Auf jeden Fall zeigt die wachsende Nachfrage in den Beratungsstellen von Kirche und Diakonie, dass Menschen sich hier Hilfe zum Leben erwarten. Dabei werden keineswegs nur Menschen der gebildeten Mittelschicht erreicht.[226] Dagegen bleiben die seit der Mitte des 19. Jahrhunderts wiederholt – z. B. durch Wilhelm Löhe oder Dietrich Bonhoeffer – vorgetragenen Versuche[227] einer liturgisch gestalteten Einzelbeichte bisher auf nur kleinere Gruppen beschränkt. Gleichwohl zeigt sich immer wieder – z. B. bei Kirchentagen –, dass Menschen an entsprechenden Angeboten interessiert sind.

---

224 Joachim Scharfenberg, Seelsorge als Gespräch. Zur Theorie und Praxis der seelsorgerlichen Gesprächsführung, Göttingen ²1974 (1972), 21.
225 A. a. O. 44.
226 S. Christoph Morgenthaler, Seelsorge (Lehrbuch Praktische Theologie Bd. 3), Gütersloh 2009, 330.
227 S. die Dokumentation einschlägiger Texte bei Peter Zimmerling (Hg.), Studienbuch Beichte, Göttingen 2009, 72–87; 93–102.

3. Taufen

Die Kommunikation von Gott her kommt in besonderer Weise im Taufakt zur Darstellung: Der Mensch wird getauft (Passiv); die elementare Wasserhandlung ist auf den dreieinigen Gott bezogen. Anfangs war die Taufe das Kennzeichen des Christseins und bildete einen Höhepunkt im Leben der Gemeinde und des Einzelnen. Ab dem 4. Jahrhundert begann jedoch ein Marginalisierungsprozess der Taufe, den auch theologische Neubestimmungen der Reformatoren nicht aufhielten.

Erst seit etwa dreißig Jahren findet die Taufe im Kontext der veränderten gesellschaftlichen Stellung des Christentums in Deutschland neue Beachtung. Die zurückgehende Selbstverständlichkeit von Kirchenmitgliedschaft und Christsein erfordert dessen deutlichere Profilierung. Dazu bietet sich die Taufe in hervorragender Weise an. Bereits in der Alten Kirche war sie die Kommunikationsform, aus der das „Wesen" des Christentums abgeleitet wurde.[228]

3.1 *Anthropologisch-kulturgeschichtliche Grundlagen:* Sinnenfällig steht *Wasser* im Zentrum der Taufe.[229] In vielfältiger Weise inspiriert dieses Element die primäre Religionserfahrung. Es dient der Reinigung und Erfrischung. Als Quelle ermöglicht es Leben; als Urflut bedroht und zerstört es dieses. Bis heute bedienen sich viele Glaubensgemeinschaften ritueller Vollzüge, die mit Wasser verbunden sind. In Mythen spielt Wasser eine zentrale Rolle, oft im Zusammenhang mit der Erschaffung der Welt (s. § 24 2.1).

Ritualtheoretisch kann die Taufe als *Initiation* verstanden werden (s. GRETHLEIN, Grundinformation 99 f.).

> „Im allgemeinen versteht man unter Initiation eine Gesamtheit von Riten und mündlichen Unterweisungen, die die grundlegende Änderung des religiösen und gesellschaftlichen Status des Einzuweihenden zum Ziel haben."[230]

Unter Bezug auf religionswissenschaftliche Studien unterscheidet Reinhard Meßner drei Typen von Initiationsritualen:

- „age group initiation (vor allem Pubertätsriten als Übergang in den Status des Erwachsenen);
- esoteric initiation (Übertritt in eine besondere Gesellschaft);
- vocational initiation (wie die Berufung eines Schamanen; dieser Typ unterscheidet sich vom eng verwandten zweiten vor allem durch die zentrale Bedeutung des ekstatischen Moments)." (MESSNER 60)

---

228 S. ALFONS FÜRST, Die Liturgie der Alten Kirche. Geschichte und Theologie, Münster 2008, 100.
229 S. zum Folgenden mit zahlreichen Beispielen aus der Religionsgeschichte ANDREAS GRÜNSCHLOSS, Wasser, religionsgeschichtlich, in: ⁴RGG Bd. 8 (2005), 1311–1313.
230 MIRCEA ELIADE, Das Mysterium der Wiedergeburt. Versuch über einige Initiationstypen, Frankfurt 1997, 11.

Die Taufe oszilliert zwischen dem zweiten und ersten Typ. Ursprünglich der riskante Übertritt in die Gemeinschaft der Christen wurde sie über viele Jahrhunderte zu einem Ritual kurz nach der Geburt. Erst im 20. Jahrhundert geht dies in Europa zurück. Der Wandel im Taufalter (s. GRETHLEIN, Taufpraxis 90-92) öffnet das Verständnis von Taufe wieder hin zu einer „esoteric initiation".

3.2 Biblische Perspektiven: Die christliche Taufe entstand im Kontext der zeitgenössischen jüdischen Täuferbewegung, zu der u. a. Johannes der Täufer gehörte. Die Taufe Jesu durch ihn ist eine wichtige Grundlage, ohne dass eine direkte historische Herleitung möglich ist. Denn der Sinngehalt der christlichen Taufe wurde durch den Bezug auf Jesus Christus und die Einführung in eine neue Gemeinschaft bestimmt, zwei Charakteristika, die in der Johannestaufe fehlten.[231]

Die ältesten Berichte von Taufen finden sich in der Apostelgeschichte:

„die summarischen Erzählungen über Taufen an Pfingsten in Jerusalem, bei der Mission in Samaria und in Ephesus, ferner Einzeltaufen eines äthiopischen Kämmerers durch Philippus, des Paulus in Damaskus, des römischen Hauptmanns Cornelius in Caesarea in Palästina, der Purpurhändlerin Lydia in Philippi zusammen mit den Mitgliedern ihres Hauses, eines Gefängniswärters in Philippi mit seinen Angehörigen, des Synagogenvorstehers Krispus mit seinem ganzen Haus und vieler weiterer Menschen in Korinth sowie der Johannesjünger in Ephesus."[232]

Dabei wurde *in unterschiedlichem Kontext* getauft. Es gingen eine überzeugende Predigt (Apg 8,2), Schriftstudium und Auslegung (Apg 8,30–35), allgemeines Hörensagen (Apg 16,14), Geistempfang mit Glossolalie (Apg 10,44–46) oder eine Audition mit anschließender Heilung (Apg 9,3–19) voran. Dieser vielfältigen Praxis entspricht die *pluriforme Deutung der Taufe* durch Verbindung mit unterschiedlichen theologischen Konzepten:

- in der Taufe werden die Sünden vergeben (s. z. B. Apg 2,38);
- in ihr wird der Heilige Geist empfangen (s. z. B. Apg 2,38);
- sie vereint den Getauften mit Christus (Röm 6,3–10);
- sie führt in eine neue Gemeinschaft (z. B. 1Kor 12,13);
- sie wird mit Rechtfertigung und Heiligung gleichgesetzt (1Kor 6,11);
- sie verleiht die Kindschaft Abrahams (Gal 3,27–29);
- sie ist eine Wiedergeburt (Tit 3,5);
- sie ist eine „Beschneidung" (Kol 2,11).

Als Ritus eröffnete die Taufe also schon im Neuen Testament einen breiten Raum für Deutungen, die biographie- und situationsbezogen konkretisiert wurden.

---

[231] S. ALFONS FÜRST, Die Liturgie der Alten Kirche. Geschichte und Theologie, Münster 2008, 104.
[232] A. a. O. 99 (zu den biblischen Belegstellen s. a. a. O. 279 Anm. 236).

Besondere Bedeutung bekam theologisch die Interpretation der Taufe in Röm 6. Nach ihr wird der Täufling mit Christus gekreuzigt und begraben, die Auferweckung mit ihm liegt aber in der Zukunft. So erschließt sich die *Taufe als ein lebenslanger, sogar über den Tod reichender Prozess.* Diese Dynamisierung des Taufverständnisses äußert sich in den paränetischen Erinnerungen an die Taufe (s. z. B. Röm 6,11–20).

3.3 *Systematische Bestimmungen:* Seit Beginn des Christentums wurde getauft. Doch veränderte sich die Durchführung und Bedeutung dieser Wasserhandlung in der Christentumsgeschichte. Die Traditio Apostolica berichtet von einem reich ausgestalteten Ritus (s. § 13 3.2).

Im Laufe der Jahrhunderte kam es zu drei problematischen Reduktionen (s. GRETHLEIN, Taufpraxis 18-84). Die Taufe verlor ihren Bezug auf das katechetische Handeln, die Ethik und das Abendmahl:

- Ein mehrjähriges Katechumenat bereitete in den ersten Jahrhunderten den Empfang der Taufe vor. Diese auf Erwachsene ausgerichtete Einrichtung entfiel, als im 4./5. Jahrhundert das Taufen von kleinen Kindern zum Normalfall wurde.[233] Damit verlor die Taufe ihren katechetischen (bzw. pädagogischen) Kontext. Sie wurde inhaltlich entleert.
- Im Zuge der größer werdenden Gemeinden konnte der Bischof die Kinder nicht mehr kurz nach der Geburt taufen. Dies verlangten aber – in einer Zeit hoher Säuglingssterblichkeit – die Eltern aus Angst um deren Seelenheil. So wurden die Priester vor Ort mit der Taufe beauftragt. Der Bischof behielt sich aber die Handauflegung, die die Geistverleihung symbolisierte, vor. Daraus entstand in einem langen Prozess ein eigener Ritus, die Firmung. Sie genoss bald höheres Ansehen als die – vom rangniedrigeren Priester gespendete – Taufe. Diese verlor inhaltlich den Zusammenhang mit Geistverleihung und Paränese.
- Schließlich mehrten sich ab dem Ende des 12. Jahrhunderts die Stimmen, die die bis dahin selbstverständliche Kommunion der Getauften für unnötig erklärten. Unter dem Eindruck eines kognitiv verengten Glaubensverständnisses erschien die Kommunion von Säuglingen als unstatthaft. So wurde sie im Westen verboten – der liturgisch konservativere Osten praktiziert sie bis heute. Dadurch ging im Westen der Zusammenhang von Taufe und Abendmahl verloren. Der Bezug der Taufe zur Gemeinde lockerte sich.

Die *Reformatoren* wussten um diese problematischen Entwicklungen nicht. Luther versuchte zwar die Taufe als von Christus gebotene Handlung in ihrer Bedeutung zu stärken und kritisierte z. B. die Sakramentalisierung der Firmung (s. z. B. WA 6,549 f.). Er entdeckte nicht zuletzt die seelsorgerliche Kraft der Taufe von neuem.[234] Dazu betonte er den das ganze Leben bestim-

---

233 Das Katechumenat wurde im rituellen Vollzug formelhaft auf die sog. Skrutinien, die katechumenalen Prüfungen vor der Zulassung reduziert (KARL-HEINRICH BIERITZ, Liturgik, Berlin 2004, 586).
234 S. CHRISTIAN GRETHLEIN, Seelsorge im Kontext der Taufe, in: WILFRIED ENGEMANN (Hg.), Handbuch der Seelsorge. Grundlagen und Profile, Leipzig 2007, 411–427, 421 f.

§ 27 Helfen zum Leben: Kommunikation von Gott her 583

menden Prozesscharakter der Taufe. So beantwortete er im Kleinen Katechismus die Frage nach der Bedeutung der Taufe:

„Es bedeut, daß der alte Adam in uns durch tägliche Reu und Buße soll ersäuft werden und sterben mit allen Sunden und bösen Lüsten, und wiederumb täglich erauskommen und auferstehen ein neuer Mensch, der in Gerechtigkeit und Reinigkeit für Gott ewiglich lebe." (BSLK 516)

Doch kam es zu keinem durchgreifenden gestalterischen Impuls für die Taufpraxis. Die nominalistische Prägung von Luthers Theologie verhinderte eine eigenständige Würdigung der Taufsymbole (s. GRETHLEIN, Taufpraxis 60 f.). Der Marginalisierungsprozess von Taufe schritt in *Pietismus und Aufklärung* voran. Die Betonung von Entschiedenheit und Bewusstheit des Glaubens standen einer Liturgie entgegen, die das Handeln Gottes betonte. Taufe degenerierte zu einem Familienfest im Umfeld der Geburt. Spätere Kritik an der Kindertaufe verfehlte[235] die konkrete Interaktion beim Taufen. Aus einem die Passivität des Menschen gegenüber Gott eindrücklich inszenierenden Ritus wollte (der späte) Karl Barth einen Akt der Entscheidung machen.[236]

Erst der Rückgang der Selbstverständlichkeit des Getauftseins seit dem Ende der sechziger Jahre des 20. Jahrhunderts rückte die Frage der angemessenen Taufpraxis ins Blickfeld praktisch-theologischer Reflexion[237] und kirchlicher Praxis.[238] Einen vorläufigen Höhepunkt stellte das von der EKD ausgerufene und in der Mehrheit der Landeskirchen gefeierte „Jahr der Taufe" 2011 dar.[239]

3.4 *Methodik:* Die grundsätzliche Aufgabe in der heutigen Situation (s. 4. Kapitel) ist es, den prozessualen, also das ganze Leben eines Christen orientierenden Charakter der Taufe wiederzugewinnen. Dazu finden sich verschiedene methodische Vorschläge:

Inhaltlich ermöglicht die Symboldidaktik einen neuen Zugang zum Taufen. Er nimmt dessen Besonderheit als Ritus und damit als Kommunikationsform ernst, in deren Zentrum Symbole stehen (s. GRETHLEIN, Grundin-

---

235 S. HANS HUBERT, Der Streit um die Kindertaufe. Eine Darstellung der von Karl Barth 1943 ausgelösten Diskussion um die Kindertaufe und ihre Bedeutung für die heutige Tauffrage (Europäische Hochschulschriften 23/10), Bern 1972.
236 S. KARL BARTH, Kirchliche Dogmatik Bd. 4/4, Zürich 1967, 81.
237 S. ROBERT LEUENBERGER, Taufe in der Krise, Stuttgart 1973; CHRISTIAN GRETHLEIN, Taufpraxis heute. Praktisch-theologische Überlegungen zu einer theologisch verantworteten Gestaltung der Taufpraxis im Raum der EKD, Gütersloh 1988.
238 S. exemplarisch CHRISTA GÄBLER/CHRISTOPH SCHMID/PETER SIBER (Hg.), Kinder christlich erziehen. Gruppengespräche mit Eltern zum Thema Taufe, Gelnhausen ²1979 (1976); REINER BLANK/CHRISTIAN GRETHLEIN (Hg.), Einladung zur Taufe – Einladung zum Leben. Ein Konzept für einen tauforientierten Gemeindeaufbau 2 Bde., Stuttgart 1993/1995.
239 S. z. B. ALBERT HENZ/KLAUS WINTERHOFF (Hg.), Vom Wasser des Lebens umsonst. Das Jahr der Taufe in der Evangelischen Kirche von Westfalen, Bielefeld 2012.

formation 141–144). Eine zeichentheoretische Analyse der Taufliturgie ergibt in ökumenischer Perspektive meist *fünf Grundsymbole*: Kreuz, Wasser, Namen, Handauflegung und Kerze.[240]

Sie eignen sich in doppelter Weise für die Kommunikation des Evangeliums in der Form des Taufens: Zum einen sind diese Symbole aus dem Alltag vertraut. Zum anderen eröffnen sie durch ihre jeweilige Ambivalenz einen Deutungsraum zur individuellen Aneignung der Taufe. Damit ermöglichen sie auch eine „milieusensible Taufpraxis".[241]

Im Christentum haben sich mit den *Kasualien* auf die primäre Religionserfahrung bezogene Feiern etabliert (s. § 16 4.3). Deren inhaltliche Bestimmung bereitet Probleme. Hier hilft ein entschiedener Bezug auf die Taufe, verstanden als lebenslanger Prozess, weiter. Einschulungsgottesdienst, Konfirmation, Trauung, Salbungsgottesdienst und Bestattung markieren dann Stationen auf dem Taufweg (a. a. O. 390–407).

Schließlich kommt der *Tauferinnerung* eine Schlüsselbedeutung für eine Aneignung der Taufe als eines prozessualen Geschehens zu (s. § 16 5.1).

Solche Vorschläge erfordern die sorgfältige Gestaltung der Taufliturgie. Seit einigen Jahrzehnten empfehlen Tauf-Agenden die *Einfügung der Taufen* in den sog. Gemeindegottesdienst. Schon aus dramaturgischen Gründen ist dies bei Taufen kleiner Kinder schwierig (s. § 16 5.1). Theologisch problematisch ist ebenfalls die Begründung: Die Taufe solle in der Gemeinde gefeiert werden. Denn dabei wird einseitig „Ekklesia" mit der Kirchengemeinde vor Ort identifiziert und der ekklesiologische Charakter der Familien übergangen (s. dagegen § 16 4.). Demgegenüber erfordert ein Ernstnehmen der inhaltlichen Bedeutung und der jeweiligen Biographien die Feier der Taufe als eigene Gottesdienstform. Sie kann so auch an einem Sonntagvormittag stattfinden – aber nicht als Einschub in den sog. Gemeindegottesdienst. Besonders das Taufen im Zusammenhang mit der Konfirmandenarbeit erfordert eigene Sozial- und Liturgieformen, um Jugendlichen einen eindrücklichen Zugang zur Kommunikation des Evangeliums zu ermöglichen.[242]

3.5 *Weitere Kommunikationsformen:* Bereits in der Traditio Apostolica tritt der enge Zusammenhang von Taufe und *Exorzismus* hervor. In der unmittelbaren Vorbereitung auf die Taufe schwören die Täuflinge dem Satan ab. Dabei ist ein dualistisches Weltbild vorausgesetzt, dessen biblisches Fundament zweifelhaft erscheint. Doch werden die zweifellos bestehende Gefährdung und Bedrohung jedes Menschen zum Ausdruck gebracht.

---

240 Auch die Reformierte Liturgie (Neukirchen-Vluyn 1999) eröffnet die Möglichkeit zur Verwendung u. a. von Taufkerzen (a. a. O. 304).
241 S. Heinzpeter Hempelmann/Benjamin Schliesser/Corinna Schubert/Markus Weimer, Handbuch Taufe. Impulse für eine milieusensible Taufpraxis, Neukirchen-Vluyn 2013.
242 S. z. B. das Themenheft 56 von KU Praxis: „… weil ich getauft bin." Das Thema „Taufe" in der Konfirmandenarbeit, Gütersloh 2011.

Genauer sind beim Exorzismus imprekatorische und deprekatorische Formen zu unterscheiden. Erstere richten sich direkt an die bösen Geister. Damit verfehlen sie die Grundrichtung der Taufe, in der die Kommunikation von Gott her inszeniert wird. Dagegen richtet sich der deprekatorische Modus an Gott mit der Bitte um Schutz vor dem Bösen.[243]

Bitten an Gott um Befreiung vom Bösen sind in der Taufe möglich und sinnvoll. Sie bringen die Erfahrungen der Ambivalenz menschlichen Lebens vertrauensvoll vor Gott (s. Mt 6,13). In neueren evangelischen Taufagenden begegnet folgerichtig – fakultativ – eine Absage an das Böse (abrenuntiatio diaboli).[244] Sie kann als eine sinnvolle Transformation der altkirchlichen Exorzismen in den heutigen Kontext verstanden werden.

Anhangsweise ist noch eine neue Derivatform der Kindertaufe, die sog. Kindersegnung, zu nennen. Sie ist eine Konsequenz aus der – problematischen – Infragestellung der Kindertaufe durch den späten Barth. Gott wird für ein Kind gedankt, dieses wird gesegnet und der Gemeinde vorgestellt. Die Taufe erfolgt erst später.

De facto wird ein Ritus vollzogen, der bis auf die Wasserhandlung einer in den Sonntagsgottesdienst eingeschobenen Kindertaufe gleicht und deshalb der Gefahr entsprechender Verwechslung unterliegt. Tatsächlich konnte sich dieser Ritus kaum über engere, mit Barth verbundene Kreise hinaus durchsetzen (s. genauer GRETHLEIN, Grundinformation 148–152).

4. Zusammenfassung

Die Formen der Kommunikation von Gott her stehen durch ihren Bezug auf den Leib und die Sinne in großer Nähe zur allgemein menschlichen Praxis der Magie. Sie lassen sich davon aber kommunikationstheoretisch unterscheiden. *Während magisches Handeln versucht, zum eigenen, meist materiellen Vorteil Gott bzw. göttliche Kräfte zu instrumentalisieren, zeichnet sich die Kommunikation des Evangeliums durch ihre Dialogizität und Ergebnisoffenheit aus.* Gottes Freiheit wird nicht angetastet.

Von hier aus ist nicht nur die Attraktivität des Segens für viele Menschen konstruktiv aufzunehmen, sondern auch das offenkundige Desiderat im Bereich des Heilens entschlossen anzugehen. Die *Differenzierung von „cure" und „healing"* beschreibt präzise die Herausforderung. Die der technisch-naturwissenschaftlichen Medizin eingeschriebene Reduktion auf „cure" bedarf im Interesse der Menschen dringend der Ergänzung durch „healing rites". Deutsche Kirchen können hier von der Erfahrung anderer Kirchen lernen.

---

243 S. die interessante Neuinterpretation des Exorzismus bei MANFRED PROBST/KLEMENS RICHTER, Exorzismus oder Liturgie zur Befreiung vom Bösen, Münster 2002, v. a. 14–17.
244 S. z. B. KIRCHENKANZLEI DER EVANGELISCHEN KIRCHE DER UNION (Hg.), Taufbuch. Agende für die Evangelische Kirche der Union Bd. 2, Berlin 2000, 23.

Schließlich wird in der Mimesis Jesu Gottes Zuwendung zu einem einzelnen Menschen in der *Taufe* gefeiert. Sie eröffnet durch ihre Symbole einen breiten Deutungsraum, der biographie- und situationsbezogen zu profilieren und rituell zu inszenieren ist. Die Kasualien als Stationen auf dem Taufweg und sonstige Formen der Tauferinnerung bringen den Prozesscharakter der Taufe zur Darstellung. Dabei zeigt sich von neuem die große Bedeutung der (multilokalen Mehrgenerationen-)Familie als Ekklesia.

Zusammenfassung des 3. Teils

Praktische Theologie, die die Kommunikation des Evangeliums in der Gegenwart erforscht, modifiziert frühere praktisch-theologische Ansätze, die pastoraltheologisch, kirchen- oder religionstheoretisch ausgerichtet waren, in doppelter Weise:
- Empirisch weitet und konkretisiert sie den Gegenstandsbereich. Familie, Schule, Diakonie und Medien sowie Ehrenamtliche und Berufe jenseits des Pfarramts werden wichtige Themen.
- Theologisch präzisiert sie den Gegenstand durch den Bezug auf das Evangelium in seinen drei Kommunikationsmodi, was vor allem die Bedeutung der lange vernachlässigten diakonischen Dimension entdecken lässt.

Daraus folgt eine empirisch und theologisch begründete Funktionsbestimmung für die bisher im Zentrum praktisch-theologischer Reflexion stehende (organisierte) Kirche und die Pfarrer/innen. Sie haben den Menschen in den anderen Sozialformen und in ihren Tätigkeiten bei der Kommunikation des Evangeliums zu *assistieren* (Stichwort: „humility", s. § 7 3.2 und 3.3). Demgegenüber führt die sakrale Aufwertung von (organisierter) Kirche und Pfarrer/innen zum Aufbau einer binnenkirchlichen Sonderwelt und in die Alltagsferne. Das gefährdet den Zielpunkt der Kommunikation des Evangeliums: ein neues Verständnis des alltäglichen Lebens.

Von einem solchen Ansatz Praktischer Theologie her treten wichtige Herausforderungen gegenwärtiger Kommunikation des Evangeliums zu Tage:
- Sie erfordert eine *Balance zwischen Kontextualisierung und Kulturkritik:*
Es gilt in der Praxis sorgfältig Notwendiges und Mögliches auszuloten. Zentralistische Lösungen verfehlen die dynamischen Differenzierungsprozesse in Kultur und Gesellschaft. Netzwerk-Strukturen erscheinen – aus empirischen (Medien-Entwicklung) und theologischen Gründen (Priestertum aller Getauften) – angemessener.[1]
- Es stellt sich die *Frage nach der medialen Form*:
Die in der Theologie und Kirche weit verbreitete Präferierung der face-to-face-Kommunikation verdankt sich eher generationsspezifischen Primärerfahrungen als theologischer oder empirischer Reflexion. Die neuen Formen elektronischer Kommunikation zeichnen sich durch symmetrische Struktur und niedrige Schwellen aus. So treten sie gleichberechtigt neben erprobte Formen der face-to-face-Kommunikation.

---

[1] S. erste Hinweise bei Kristin Merle/Birgit Weyel, Sozialer und subjektiver Sinn. Das Netzwerk als ‚Modell' zur Abbildung inter- und transsubjektiver Vorgänge der Bedeutungskonstitution in der Seelsorge, in: Andreas v. Heyl/Konstanze Kemnitzer (Hg.), Modellhaftes Denken in der Praktischen Theologie, Leipzig 2014, 137-146.

Dazu kommt als Problem die Dysfunktionalität der *konfessionellen Spaltung*. Grundsätzlich könnte konfessionelle Vielfalt im Sinn des Pluralismus bereichern, der von Anfang an für die Kommunikation des Evangeliums charakteristisch war. Doch verstellen korporationsbezogene, mit Exklusion operierende Strategien eine ergebnisoffene Kommunikation.

Tatsächlich wird in der alltäglichen Kommunikation des Evangeliums die Kirchenspaltung kaum bzw. nicht mehr beachtet. In der Schule, in der Diakonie und in den Medien sowie in den Familien gewinnt dagegen die Herausforderung eines Dialogs mit Menschen anderer Daseins- und Wertorientierungen an Bedeutung. Sie stellt die Frage nach dem „Christlichen" in neuer Dringlichkeit. Praktisch-theologisch erfordert ihre Bearbeitung die interdisziplinäre Kooperation mit Theolog/innen anderer Glaubensgemeinschaften.

Schließlich mündet eine auf die Kommunikation des Evangeliums bezogene Praktische Theologie in die *Analyse konkreter Methoden*. Dazu erarbeiteten die traditionellen praktisch-theologischen Disziplinen wichtige Einsichten. Sie sind in kommunikationstheoretischer und auf das Evangelium bezogener theologischer Präzision weiterzuführen.

– Es fällt auf, dass die drei elementaren Kommunikationsformen des Erzählens, des Betens und des Segnens große Kontinuität besitzen: Offenkundig sind sie in ihren Grundlagen kulturübergreifend. Sie bieten gleichermaßen das Fundament der Kommunikation des Evangeliums und für den Dialog mit anderen Daseins- und Wertorientierungen. Es ist eine wichtige Aufgabe von Pfarrer/innen und Kirche, Menschen in den verschiedenen Sozialformen beim Erzählen biblischer Geschichten, beim Beten und beim Segnen zu unterstützen.

– Demgegenüber beggnen in der Christentumsgeschichte bei den Kommunikationsformen des Predigens, des Abendmahl Feierns und des Taufens vielfältige Veränderungen und tiefgreifende Transformationen: Sinn- und Feiergestalt drohten immer wieder auseinanderzufallen. Heute überdecken Sakralisierungen und überhöhte Bedeutungszuweisungen den Zusammenhang dieser Handlungen mit dem Alltag. Hier stellt sich die Aufgabe, die jeweilige Sinngestalt in eine allgemein verständliche Feiergestalt zu transformieren. Dabei sind die kontextuellen und kulturkritischen Implikationen auszubalancieren.

– Gleichsam in der Mitte stehen Miteinander Sprechen, Singen und Heilen: Sie werden heute zum einen in besonderen Bereichen gepflegt: in der Schule und in erwachsenenpädagogischen Veranstaltungen; in der Kirchenmusik und in Chören; im Bereich von Pflege- und Gesundheitswesen. Dadurch sind sie methodisch hoch entwickelt, doch auf bestimmte Bereiche beschränkt. Zum anderen werden sie – allgemein unbeachtet, aber höchst wirkungsvoll – alltagsweltlich vor allem in den (multilokalen Mehrgenerationen-)Familien praktiziert. Hier besteht die wichtige Aufgabe, professionelles Wissen für das alltägliche Leben fruchtbar zu machen und umgekehrt die Bedürfnisse der Menschen in die theoriegeleitete Praxis aufzunehmen.

Insgesamt ist angesichts dieser Herausforderungen eine enge Kooperation zwischen den verschiedenen Menschen notwendig, die haupt-, nebenoder ehrenamtlich sowie alltäglich die Kommunikation des Evangeliums fördern.

Das hier skizzierte Verständnis von Praktischer Theologie hat Konsequenzen für die *theologische Ausbildung*. Eine einseitige Orientierung an traditionsorientierten Stoffplänen wird der Dynamik der Kommunikation des Evangeliums nicht gerecht. Hier verdienen die Anregungen US-amerikanischer Praktischer Theologen (s. § 7 2.3, 3.1 und 3.2) Beachtung, nicht zuletzt ihr Hinweis auf die „living human documents".

Vor allem – und damit nehme ich den hochschuldidaktischen Impuls auf, der bisher praktisch-theologische Reflexionen begleitet – sind junge Menschen durch das Theologie-Studium zu befähigen, die heutigen Kommunikationen des Evangeliums in ihren verschiedenen Sozial-, Tätigkeits- und Ausdrucksformen in der Balance zwischen Kontextualisierung und Kulturkritik wahrzunehmen – auch jenseits der kirchlichen Organisationsformen. Dazu benötigen sie einen Zugang zu biblisch-theologischen, christentumsgeschichtlichen und erfahrungswissenschaftlichen Forschungen. Sie ermöglichen nämlich mehrperspektivische Wahrnehmungen und damit die Reflexion der Kommunikationen des Evangeliums zwischen Kontextualisierung und Kontrakulturalität.

Personenregister

Dieses Register umfasst alle erwähnten Personen und Autoren außer Herausgeber/innen, biblischen Personen und Autoren sowie dem Verfasser.

Achelis, E. Ch. 16, 30, 33 f., 42, 191
Adam, G. 402 ff.
Adloff, K. 464
Adorno, Th. 65, 186
Affolderbach, M. 519
Ahn, G. 175
Ahrens, P.-A. 226, 556
Albert, A. 169, 303 f., 309, 422, 433
Albertz, R. 187 f., 285, 344, 544, 546
Albrecht, Christian 5, 58, 74, 80, 430
Albrecht, Christoph 555
Aldebert, H. 280
Alles, G. 545
Allwohn, A. 50
Ammermann, N. 398
Angenendt, A. 282, 514
Anke, H. U. 395
Anselm v. Canterbury 81
Arens, E. 153
Aristoteles 127 f.
Arnold, F. X. 107
Arnold, J. 378
Asmussen, H. 523, 527
Asnan, E. 78
Assmann, J. 187
Auer, S. 237
Auernheimer, G. 76
Auf der Maur, H. 295, 510, 513 f.
Augsburger, D. 436
Austin, J. 151 f.
Ayass, R. 441

Bach, J. S. 558
Baecker, D. 153 f., 234, 238, 249, 438
Bäumler, Ch. 142
Bahr, H.-E. 185 f.
Baldermann, I. 266
Balthasar, H. U. v. 178
Barié, H. 529
Barth, K. 46–49, 81, 97, 445, 583, 585
Barthes, R. 242
Bartmann, Th. 427

Bartning, O. 523
Bass, D. 117
Bassi, H. v. 40
Bastian, H. D. 49
Bauer, J. 305
Bauer, K.-A. 544, 562 f.
Bauer, Th. 170, 178
Bauernfeind, H. 190
Baumann, M. 354
Baumert, J. 75
Baumgarten, O. 40, 479
Baumstark, A. 282
Bayreuther, S. 552
Beavin, J. 149
Beck, K. 9 f., 150, 250 f.
Beck, U. 197, 205 f., 210, 213
Beck-Mathieu, G. 497
Becker, D. 473, 477, 486
Becker, J. 146, 161, 163–166, 168, 215, 256
Becker, U. 514, 516 f.
Beese, D. 95
Bellah, R. 118
Bendick, C. 323
Benedict, H.-J. 424
Benedikt XVI. s. Ratzinger, J.
Benjamin, W. 90
Benner, D. 257 f.
Benthaus-Apel, F. 207
Berg, C. 359, 466
Berg, H. Ch. 381
Berger, P. L. 196 ff., 204, 259
Berger, T. 559
Berger-Zell, C. 450
Bergholz, Th. 514, 527
Berlejung, A. 283
Bernstein, B. 151
Bernstein, R. 128
Bernstorf, M. 234, 237, 439, 445, 452
Bertelsmann, C. 441
Bertram, H. 343
Beuscher, B. 157

Beutel, A.   294, 483, 540
Beyreuther, E.   303, 315, 318–321
Bieberstein, K.   512
Bieler, A.   565
Biemer, H.   444
Bieri, P.   92
Bieritz, K.-H.   150, 288, 292, 301, 319, 549, 582
Biesinger, A.   353
Birnbaum, W.   16
Bismarck, K. v.   211
Bismarck, O. v.   36, 103
Bizer, Ch.   276, 371, 465, 527
Bleicher, J. K.   440
Bloth, P.   15 f.
Bockwoldt, G.   532
Boeckmann, K. v.   444
Böntert, St.   439, 454
Böttrich, Ch.   288, 562
Böhlemann, P.   438
Bohne, G.   369
Bohren, R.   81, 142
Boisen, A.   122 f., 129
Bommes, M.   223
Bonhoeffer, D.   142, 579
Boor, F. de   317
Borchert, U.   95
Bornemann, W.   34, 39 f.
Bosse-Huber, P.   526
Bourgeois, D.   101, 110 f., 115 f., 172
Brandt, W.   54
Braun, H.   65
Brehmer, W.   228
Breit-Kessler, S.   462 f., 470
Brocker, M.   119
Brosi, U.   104
Brottier, L.   540
Browning, D.   11, 18, 116 f., 125–131, 134 f.
Brück, M. v.   176
Brühl, R.   437
Brunner, P.   297
Bucer, M.   402
Bucher, R.   101, 113 ff., 156
Bühler, K.   148 f.
Bultmann, R.   56
Bundschuh-Schramm, Ch.   112
Bush, G. W.   73
Buttler, G.   492, 494 ff.
Buxtehude, D.   558

Byrskog, S.   261

Cahalan, K.   117, 131 f., 135
Calvin, J.   107, 115, 262, 319, 391, 464, 476, 514, 547, 552, 555, 578
Campbell, D.   116, 120
Campenhausen, A. v.   394 f.
Canisius, P.   41
Canstein, C. v.   441
Carlson, M.   95
Casanova, J.   202
Charbonnier, L.   94
Chopp, R.   117
Christians, I.   84
Christof, A.   80
Christoph, J.   429
Chvojka, E.   350
Cicero   173
Clinebell, H.   67
Cohen, J.   252
Collier, P.   54, 71
Collins, J.   424
Comenius, J. A.   381
Coors, M.   482
Cornehl, P.   119, 160, 276, 281, 297 f., 408
Cornille, C.   7
Cottin, J.   18, 101
Cox, H.   521
Cranach, L.   295
Cranz, A. F.   21
Cyrill v. Jerusalem   274

Dahlgrün, C.   179, 181, 327, 578
Dahm, K.-W.   58, 186, 485
Daiber, K.-F.   52, 59 ff., 70, 88, 392
Dalferth, I.   10, 141, 143, 165, 333 f., 491
Darwin, Ch.   304
Degen, J.   427, 437, 438
Demandt, J.   320
Demitriades, D.   482
Demmrich, A.   75
Demmrich, S.   551
Derrida, J.   132 f.
Dibelius, O.   46
Dietz, A.   433 f.
Dilthey, W.   122
Dinkel, Ch.   153
Döpmann, H.-D.   288
Döring, N.   458

Personenregister

Domsgen, M.   V, 79, 226, 340 f., 343, 349, 352, 371 f., 397
Drehsen, V.   15 f., 34, 42, 45, 478, 480
Dressler, B.   94 f., 497
Drews, P.   16, 34 f., 40–43, 45, 48, 53, 136, 190, 473, 475, 518
Drey, J. S.   107
Dykstra, C.   117

Ebach, J.   519
Ebeling, G.   311
Eberhardt, M.   398
Ebertz, M.   398, 409
Ebner, M.   340
Eckstein, H.-J.   338
Eco, U.   83, 91, 149, 541
Ehrenfeuchter, F.   191
Ehrensperger, A.   294
Eicken, J.   230
Eimeren, B. van   158, 246, 280
Eimterbäumer, A.   473, 486 f.
Einstein, A.   510
Eliade, M.   580
Elias, N.   512
Elsenbast, V.   403 f.
Engel, B.   234, 245 f.
Engelberti, U.   475
Engelhardt, M. v.   237
Engemann, W.   51 f., 68 f., 71, 82, 91 f., 96 ff., 141, 149 f., 162, 255, 357, 413, 528, 533, 541
Engstler, H.   225
Enomiya-Lassale, H.   179
Erne, Th.   522, 524 f.
Etzelmüller, G.   281, 286
Eulenberger, K.   180
Evers, D.   176
Eyselein, Ch.   571 f.

Failing, W.-E.   71, 80, 82, 86 ff.
Falk, J. D.   320
Faßler, M.   141, 146, 154, 157, 236
Faulstich, W.   238, 240, 294, 440
Fechtner, K.   158, 296, 300, 385, 393, 397, 409, 415, 509, 513, 515, 517
Feierabend, S.   158
Feige, A.   6, 497
Feil, E.   172
Feiter, R.   11, 20, 101, 109, 460

Feldtkeller, A.   183, 188, 548
Fend, H.   363 f., 366 f., 374 f.
Fendt, L.   16, 51
Feuerbach, L.   27
Feustel, J.   523
Firsching, H.   8, 19
Fischer, B.   164
Fischer, R.   463
Flasche, R.   544 f.
Fleischer, R.   276
Flemmig, W.   402
Fliedner, F.   319
Fliedner, K.   319
Fliedner, Th.   319, 427
Fliege, Th.   504
Foitzik, K.   400, 462, 466 f., 471, 498
Fooken, E.   495
Fore, W.   445
Foucault, M.   156
Fraas, H.-J.   352, 549
Francke, A. H.   317 f.
Frank, I.   528
Franz, A.   291, 571
Franz, G.   158
Frees, B.   158, 246
Freigang, Ch.   520 f.
Fresacher, B.   153
Frettlöh, M.   568
Freud, S.   51, 126, 148
Freytag, H.   42
Friedrich, G.   146, 161 f.
Friedrich, J.   451
Friedrichs, B.   379
Friedrichs, L.   180, 281, 410, 448, 541, 551
Fröbel, F.   366 f., 400 f.
Fröchtling, A.   95
Fry, E.   319
Fuchs, O.   112
Fucks, H.   524
Fürst, A.   522, 544, 559 f., 580 f.
Fürst, W.   101

Gabriel, K.   213, 230 f.
Gadamer, H.-G.   122, 127 ff., 134
Gall, S.   528, 542
Gebauer, R.   546
Geertz, C.   122
Geißler, K.   248 f., 284, 515
Gembris, H.   553

Gerhards, A.   282, 285, 289 f., 520, 524
Gerkin, Ch.   122, 128 f.
Germann, M.   480
Gertz, R.   439, 442, 445 f., 449
Gierer, A.   307
Glaser, H.   52, 54 f.
Glock, Ch.   175
Goethe, J. W. v.   26
Götzelmann, A.   498
Gönnheimer, St.   277
Gogarten, F.   142
Gohde, J.   428
Gräb. W.   22, 71, 81, 85 ff., 89, 92, 159, 177, 186 f., 234, 239, 473, 476 f.
Grässer, E.   526
Graf, A.   101, 107 f.
Graf, F. W.   26, 37, 205
Gramzow, Ch.   257, 277 f.
Gregor IX.   464
Gregorius Palamas   84
Greiner, D.   567, 569, 571
Greschat, H.-J.   560 f.
Grethlein, G.   429
Grethlein, J.   519
Grevel, J. P.   242, 358
Grimm, D.   447
Grimm, J.   237
Grimm, W.   237
Gröschner, R.   349
Grözinger, A.   52, 61, 65, 71, 80, 82, 90 f.
Gronemeyer, M.   214, 217 f.
Grosse, H.   205
Großklaus, G.   235, 242 f., 247, 254
Grümbel, U.   564
Grünberg, W.   524
Grünewald, F.   549
Grünschloß, A.   187, 580
Grundmann, F.   523
Gumbrecht, H. U.   411
Gutenberg, J.   240
Gutmann, H.-M.   459

Haart, D.   482
Haas, St.   437
Habermas, J.   65, 113 f., 128, 153–156
Hadrian   520
Haeckel, E.   37
Haendler, O.   1 ff., 9, 50, 66, 69
Härle, W.   93, 210, 533

Hahn, F.   146, 162, 216, 285
Hahn, U.   439, 443, 451, 456
Hahn, W.   58
Halbfas, H.   371
Hammann, G.   303, 312–316, 319
Hammann, K.   56
Hammer, F.   395
Hanisch, H.   372
Hannig, Ch.   436
Hardecker, G.   355
Harnack, A. v.   37, 49
Harnack, Th.   33
Harnoncourt, Ph.   553 f.
Harsch, H.   67
Hartmann, M.   77
Harz, F.   401
Haslinger, H.   112
Hastedt, H.-W.   418
Hauschild, W.-D.   241, 402, 465
Hauschildt, E.   19, 22, 31, 99, 183, 191, 207, 246, 385, 398 f., 412, 425, 436, 462, 471 f., 551
Haussherr, R.   534
Heckel, M.   78, 373
Heckel, U.   567, 569
Hegel, G. W. F.   33
Heidegger, M.   510
Heiler, F.   187, 284, 545
Heimbrock, H.-G.   71, 80, 82, 86 ff.
Heller, Th.   370
Helmreich, Ch.   495
Hempelmann, H.   584
Hentschel, A.   318, 422, 424 f.
Herbart, J.   272
Herbst, M.   438
Herbst, W.   296
Hermelink, J.   2, 34, 46, 71, 79, 385 ff., 391, 394, 399, 409, 418, 467, 473, 481, 484, 489
Herpich, R.   415
Herrmann, J.   86, 243
Herrmann, U.   38
Herrmann, V.   303, 315 f., 320, 422, 426, 429
Hervieu-Léger, D.   180
Heye, A.   553
Heymel, M.   462, 466, 473
Hildebrandt, U.   373
Hildegard v. Bingen   319
Hiller, S.   353

Personenregister

Hiltner, S. 116, 123 ff., 134
Hinderer, H. 442 f.
Hirsch, E. 26, 203
Hirte, J. 251
Hjelde, S. 78
Hippolyt 263, 531
Hobelsberger, H. 524
Hoeckendijk, J. 141
Höhmann, P. 489
Hörisch, J. 235, 239 f., 242, 443
Hofmann, B. 405, 438
Hoheisl, K. 518
Holtz, G. 475
Honecker, M. 396, 499
Horkheimer, M. 65, 186 f.
Horstmann, M. 422, 435
Hradil, St. 207
Huber, St. 80, 175, 397
Huber, W. 78, 392, 396
Hubert, H. 583
Hüttenhoff, M. 378
Humboldt, W. v. 24
Huntington, S. 73
Hus, J. 391
Husmann, B. 371, 550
Husserl, E. 87
Huxel, K. 67
Hyperius, A. 41

Ignatius v. Antiochien 289, 311
Ilg, W. 355, 403 f.

Jackson, D. 149
Jacobi, J. 318
Jacobs, F. 272
Jäckel, M. 250
Jäger, A. 437
Jähnichen, T. 321
Jaeschke, W. 199
James, W. 116, 121 f., 126, 128
Jatho, K. 46
Jetter, W. 69, 276
Johannes II. (Jerusalem) 274
Johannes XXIII. 105
Johannes Paul II. 105, 514
Jones, T. 116, 125, 131–134 f.
Joos, E. 510
Joseph II. 20, 106
Jost, G. 556

Josuttis, M. 71, 81, 83 ff., 87, 92, 159, 237, 293, 488 f., 538, 544, 553–556, 561
Jüngel, E. 53, 216
Jung, C. G. 50
Jung, M. 458
Justin 262, 300

Kabisch, R. 45, 278, 532
Kaczynski. R. 217, 575 f.
Käbisch, D. 370
Kähler, Ch. 152
Käsemann, E. 162, 287
Kaiser, G. Ph. Ch. 33
Kaiser, J.-Ch. 425 f.
Kalbheim, B. 200
Kammeyer, K. 93, 549
Kant, I. 128, 510
Kantzenbach, F. W. 476
Karl d. Gr. 315, 322, 326
Karle, I. 153, 160, 338, 414, 485, 487, 489
Karrer, L. 112
Karrer, M. 464
Kasten, H. 511
Katharina v. Siena 319
Kaufmann, F.-X. 204, 340, 342, 349 ff.
Kaufmann, H.-B. 279, 370, 372, 377
Keil, S. 88
Kemnitzer, K. 428
Kenntner, E. 421, 565
Keppler, W. 277
Kerner, H. 420, 560
Kerstein, U. 231
Kessler, R. 512
Kiessling, K. 94
Kim, S.-K. V
Kirchberg, J. 546
Kirschbaum, Ch. 552 f., 557
Kittel, H. 369
Klauck, H.-J. 520
Klein, St. 112
Kleinheyer, B. 291, 420
Klek, K. 558
Klessmann, M. 412 f., 479, 490, 551
Klie, Th. 152, 170, 371, 550
Klieme, E. 435
Klimkeit, H.-J. 539
Klingler, W. 158
Klinke, A. 524, 564
Knauth, R. 252

Knecht, A. 122
Knitter, P. 536
Knoblauch, H. 146, 174, 179 ff., 197, 199, 201 f., 329
Knobloch, St. 112
Koch, G. 558
Köhle.Hezinger, Ch. 559
Koenig, H. 181
Köpf, U. 178, 315
Koerrenz, R. 265
Köstlin, H.A. 479
Kohl, H. 55
Kohler. E. 207
Kohlschein, F. 319
Koll, J. 324
Konstantin 390
Konukiewitz, W. 277
Kopjar, K. 453
Korsch, D. 354
Korte, P. 147
Koselleck, R. 21
Kraemer, H. 141 f.
Kraft, F. 94
Krahe, S. 535
Kramer, A. 448
Kranemann, B. 285, 289, 520
Krause, G. 22
Krauss, A. 33
Kratz, R. 260
Kreck, W. 81
Krengel, L. 58, 75
Kressel, H. 297
Kretzschmar, G. 242, 358, 397
Krummacher, Ch. 555
Krusche, P. 142
Kuld, L. 277
Kumbier, D. 198
Kumlehn, M. 271
Kunz, R. 94, 282, 522, 555
Kurtz, J. 320

Lachmann, R. 64, 257, 269 f., 318, 369, 528, 532, 536 f.
Lactantius 173
Ladenhauf, K.-H. 412
Lämmermann, G. 33
Lämmlin, G. 52
Laeuchli, S. 533
Lakeland, P. 117

Landau, P. 390
Landgraf, M. 534
Lang, A. 398
Lange, E. 8, 141 f., 347, 404, 480, 540
Lange, G. 241, 534
Langenhorst, G. 180
Laube, M. 6, 22, 26, 174 f., 243, 340
Laumer, A. 112
Lauster, J. 510
Lauterbach, W. 225, 340, 342
Leder, K. 267
Lehnerer, Th. 74
Lehnert, V. 483, 488
Leitmann, G. 277
Lemke, H. 412, 537
Leo X. 527
Leppin, V. 346, 476, 562
Leube, B. 544, 552 f., 557
Leuenberger, R. 583
Levin, Ch. 386
Lewin, K. 124
Lichtenberger, H. 546
Lienau, A.-K. 455 f., 527
Lienau, D. 525
Lienhard, F. 141
Lindemann, A. 311
Lindner, H. 335, 415
Link, Ch. 447
Lins, H. 313, 578
Lipman, M. 93
Lissmann, K. 355
Löhe, W. 297, 381, 527, 579
Löhr, H. 289, 311, 463, 562
Lorenz, W. 219, 479
Lotz, Th. 87
Luckmann, Th. 89, 174, 179, 196–199
Lück, Ch. 380
Lücke, F. 321
Ludwig, H. 334 f., 385
Luhmann, N. 152 f., 186, 208, 238, 338
Luther, H. 45, 65, 80, 88 f.
Luther, M. 46, 210, 216, 234, 240, 262, 267 f., 281 f., 291 ff., 311, 315 f., 319, 345 ff., 357, 370, 386, 391, 410, 421, 464 f., 476 f., 514, 521 f., 544, 547, 552, 555, 571, 575, 582 f.
Luz, U. 303, 309 f.

Maas, Ch. 355
MacIntyre, A. 128
Mädler, I. 88
Magen, St. 395
Magin, Ch. 252, 439, 453 f.
Mai, L. 234, 245 f.
Maier, A. 180
Marheineke, Ph. K. 33
Marhold, W. 474, 477 f.
Maria Theresia 20, 106
Markschies, Ch. 263, 389
Martin, G. M. 280, 541
Maschwitz, R. 360
Masset, C. 215, 305
Mathews, S. 117
Matthes, J. 49, 89, 175 f., 203, 480
May, G. 389
Mayer-Edoloeyi, A. 459
McClintock Fulkerson, M. 131
Meadows, De. 55
Meadows, Do. 55
Meier, D. 448
Meier-Reutti, G. 443
Meireis, Th. 58, 68
Melanchthon, Ph. 58, 75, 268 f.
Menck, P. 318
Menning, S. 225
Merle, K. 455, 587
Merleau-Ponty, M. 87
Merzin, K. 355
Messner, R. 216, 264, 302, 567, 580
Mette, J. 572, 575
Mette, N. 101 f., 104, 106 f., 109–113, 115 f., 141, 155 f., 352
Metz, J. B. 528, 531
Meurer, S. 441
Meyer, H. 277
Meyer, H.-B. 257, 281, 288 f., 299, 390, 566
Meyer, J. 47
Meyer-Blanck, M. 2, 7, 48, 50, 96, 146, 172 f., 278, 281, 300, 570
Meyns, Ch. 417
Meyrowitz, J. 250
Michel, O. 312
Michelis, D. 449
Micklich, Th. 171
Mikos, L. 448
Mikoski, G. 131 f., 135
Mildenberger, I. 519

Miller-McLemore, B. 15, 130 f., 134 f., 172
Milling, P. 55
Möller, Ch. 81, 181, 219 f., 387
Morgenroth, M. 296
Morgenthaler, Ch. 97, 149, 353, 412, 436, 456, 528, 537, 579
Moser, T. 352
Mosheim, J. L. v. 536
Mostert, W. 168
Moynagh, M. 455
Muckel, St. 203, 394 f., 429, 467, 482, 493, 498
Müller, A. D. 66
Müller, A. M. K. 576
Müller, H.-M. 539
Müller, K. 542
Müller, K. F. 492
Müller, P. 428
Mulia, Ch. 94, 405

Napoleon 23
Nase, E. 51
Nassehi, A. 190, 196 f., 205, 207 ff., 212, 237, 249, 333, 339, 418, 517
Nathusius, M. v. 40 f.
Nauer, D. 577
Naumann, B. 378
Nave-Herz, R. 349
Neidhart, W. 532
Nelson, B. 156
Nelson, P. 576
Neumann, N. 515
Neymeyr, U. 262
Nicol, K. 492, 494 f.
Nicol, M. 96, 542
Niebergall, A. 281
Niebergall, F. 35, 40 f., 43 ff., 47 f., 191, 518
Nipkow, K. E. 248, 257, 306 f., 363, 376, 381, 550
Nipperdey, Th. 22–28, 35–39, 101, 103 ff., 218 f., 296
Nitzsch, C. I. 22, 28, 30–34, 41, 48, 108, 136, 333
Noelle-Neumann, E. 246
Noll, M. 116–119
Noller, A. 425, 504
Nord, I. 88, 450
Nowak, K. 6, 21, 35 f., 321
Nüssel, F. 356

Obama, B. 458
Oberlin, J. F. 320
Obst, G. 375
Obst, H. 317
Öffner, E. 151
Oelschlägel, Ch. 422 f.
Oestmann, I. 235
Ohst, M. 312
Oorschot, J. van 241
Oosterzee, J. J. 33, 123 f.
Optatus v. Mileve 389
Origenes 263
Orth, G. 404
Osmer, R. 107, 116 f., 128–131, 134 f., 141, 172
Otto, G. 52, 59 f., 64 ff., 69 ff., 80, 83, 90, 97, 143, 185–189, 273
Otto, W. 33

Pahud de Mortanges, R. 200
Painadath, S. 548
Palmer, Ch. D. 28, 32, 34, 65
Pannenberg, W. 198
Pariser, E. 252
Pattison, S. 121
Patton, J 121
Paul, E. 257, 265 f.
Paul, G. 247
Peng-Keller, S. 178 f.
Pestalozzi, J. H. 321
Peters, S. 437
Petrus Cantor 528
Petsch, H.-J. 405
Petzoldt, M. 231
Peukert, H. 114, 153, 155
Peukert, U. 352
Pfennigsdorf, E. 47
Pfister, G. 272
Pfister, O. 51, 66
Pfister, St. 318
Pickel, G. 80
Piel, E. 246
Pisarski, W. 573, 577
Pius X. 104
Plagentz, A. 35, 44
Plankenhorn, Th. 158
Plasger, G. 464, 476
Plate, Ch. 51
Platon 259

Plessner, H. 198
Pohl-Patalong, U. 20, 280, 385, 399, 416, 460, 477, 533
Pollack, D. 80
Pompey, H. 436
Portmann, A. 198
Poscharsky, P. 241, 522 f.
Posener, J. 523
Powers, W. 254
Prätorius, R. 119
Prensky, M. 157
Preul, R. 204, 249, 334, 399
Price, R. 345
Probst, M. 585
Pross, H. 236
Putnam, R. 116, 120

Queisser, C. 42

Raatz, G. 397
Rager, G. 235
Rahner, K. 53, 111 f., 559
Rang, M. 273
Rasch, U. VI
Raschzok, K. 49, 510, 527
Rathgeb, Th. 158
Ratschow, C. H. 545
Ratzinger, J. 282, 548, 556
Ratzmann, W. 191 f.
Rau, G. 408
Rautenstrauch, F. 20, 106, 115
Reents, Ch. 534
Reglitz, A. 146, 174, 179, 200
Reifenberg, H. 284, 518
Reimann, R. P. 458
Rein, M. 399
Reinhardt, U. 237
Reininger, D. 389
Reinke, St. 544, 552, 558
Rendtorff, T. 3, 6, 62, 174
Rennstich, K. 320
Reukauf, A. 273
Reuschke, D. 229
Reuter, M. 364
Reymond, B. 18, 101
Riché, P. 265
Richter, K. 566, 585
Richter, M. 505
Ridder, Ch.-M. 245 f., 280

Riedel-Spangenberger, I. 348
Riedl, G. 548
Riegel, U. 200
Riemann, F. 67
Riesner, R. 260
Riess, R. 67, 125
Rinderspacher, J. 514, 516 f.
Ripplinger, J. 277
Ritschl, A. 41
Ritschl, D. 531
Robbers, G. 483
Robertson, R. 19
Robinsohn, S. 68
Rössler, D. 1–4, 22, 32, 52, 59–64, 66, 70, 80, 97, 173 f., 177, 313, 418
Rogers, C. 126, 537
Roggenkamp-Kaufmann, A. 67, 272, 497
Roloff, J. 168, 286 f.
Roosen, R. 51, 263 f., 293, 387, 531
Root, A. 132
Rordorf, W. 289
Rorty, R. 128
Rosenstock, R. 439, 441 ff.
Roser, T. 413, 549, 576
Roth, Ph. 207
Roth, U. 96
Rothe, R. 16
Rothgangel, M. 96
Rousseau. J.-J. 93
Roy, L.-K. 94
Ruck-Schröder, A. 384
Ruddat, G. 282, 432
Rückert, J. 348
Rückert, M. 437
Rüsen, J. 4
Ruffing, J. 178
Rupp, H. 265, 272, 363, 365 ff.

Salzmann, C. G. 25, 269 f., 532
Sandbothe, M. 235
Sander, A. 382
Sanders, W. 254, 445
Saß, M. 94, 157, 265, 355, 402, 409, 420
Sattler, D. 356
Schäfer, G. 303, 315 f., 320
Schäfer, M. 314
Schäfer-Streckenbach, U. 526
Schäfers, B. 21
Schambeck, M. 280

Scharfenberg, J. 64, 66 f., 148, 551, 568, 579
Scheffel, M. 530
Scheibert, C. G. 275
Scheps, S. 526
Schian, M. 1 ff., 34 f., 40 f., 45 ff.
Schibilsky, M. 425
Schieder, R. 118, 441, 444 f
Schillebeeckx, E. 111
Schilling, J. 268, 293
Schinkel, G. 478
Schirrmacher, F. 221, 305 f.
Schlag, Th. 4, 94
Schlarb, V. 94
Schleiermacher, F. 11, 20, 22, 28 ff., 35, 40, 62, 81, 97, 101, 108, 122, 186 f., 270 ff., 296, 321, 354, 392
Schliesser, B. 584
Schloz, R. 57, 97, 341, 385, 397 ff.
Schmidt, E. 252
Schmidt, G. 75
Schmidt, H. 278
Schmidt, J. 319
Schmidt, K. L. 338
Schmidt-Leukel, P. 7, 536
Schmidt-Lux, Th. 231
Schmidt-Rost, R. 48, 447
Schmitz, H. 84
Schmitz, St. 377
Schmitz-Veltin, A. 230
Schneider, N. 483, 488
Schneider-Harpprecht, Ch. 435
Schnelle, U. 260, 306
Schnitzspahn, G. 400
Schönfeld, H. 532
Scholl, H. u. S. 38
Scholpp, S. 52
Scholtz, Ch. 88
Schreiner, M. 94, 381
Schrempf, Ch. 46
Schröder, B. V, 11, 71, 99 f., 257, 261 f., 266 ff., 280, 335, 363 f., 377, 493
Schröer, H. 15 f., 60, 63
Schröter, J. 146, 161, 163, 167, 169, 183 f., 215, 344, 387, 530, 561
Schroeter-Wittke, H. 237, 513
Schrooten, J.-B. 177
Schrupp, A. 448, 450
Schubert, C. 584

Schubert, E.   475
Schütte, H-W.   81
Schütz, R.   213
Schulz, C.   207
Schulz, F.   292, 302, 547, 570
Schulz, W.   252
Schulz v. Thun, F.   148 f., 151, 198, 436
Schulze, G.   197, 206 f., 210
Schulze, M.   382
Schwab, U.   35, 44, 71, 88 ff., 347
Schwägerl, Ch.   214, 220
Schweitzer, F.   17, 66, 93 f., 116, 121, 123, 125, 127, 353, 355, 381, 403 f.
Schwienhorst-Schönberger, L.260
Schwier, H.   253, 298, 301, 411, 439, 453 f., 528, 541 f.
Seebass, H.   285
Seiferlein, A.   364
Seifert, H.   228
Seiler, J. M.   104
Seitz, M.   53, 181
Selderhuis, H.   547
Semler, J. S.   26 f.
Sennet, R.   375
Sequeira, R.   559, 573
Seraphim, H.-Ch.   562
Shannon, C.   147 f., 153
Siegel, H.   403
Smend, R.   554
Smit, P.-B.   167
Söderblom, N.   187
Söding, Th.   388
Soeffner, H.-G.   190
Söhngen, O.   555, 558
Sohm, R.   395 f.
Sommer, R.   355
Spalding, J.   294 f., 478, 547
Spencer Brown, G.   153
Spener, Ph. J.   81, 317
Spier, E.   513
Spinoza, B.   82
Spittler, F.   320
Stählin, W.   50
Stahlberg, Th.   479
Stallmann, M.   370
Stanat, P.   75
Stapel, W.   445
Starbuck, E.   122
Starnitzker, D.   309

Staude, R.   273
Stauffer, A.   190
Steck, W.   7, 68, 80, 101, 107, 441, 493, 502
Stehle, A.   353
Stein, M.   488
Steinbeck, J.   47
Steinebach, D.   462
Steinhäuser, M.   400
Steinkamp, H.   412
Steinwede, D.   532
Stelling, J.   437
Stenglein-Hektor, U.   38, 40
Stichweh, R.   489
Stier, Ch.   77
Stock, K.   520
Stoll, G.   441
Stollberg, D.   66 f.
Stoltenberg, G.   112
Stoodt, D.   186, 366
Stork-Denker, K.   324 f.
Sträter, U.   293, 540
Stumpp, St.   449
Stutz, U.   17
Suhr, U.   300
Sullivan, J.   147
Sulze, E.   25, 43 f., 46, 219, 479
Sundermeier, Th.   172, 187, 192, 536

Taussig, H.   562
Taylor, Ch.   197, 199 ff., 209, 211, 254, 329 f., 347, 544
Tenorth, H.-E.   343, 364
Tertullian   290
Theißen, G.   304
Theodosius I.   390
Thiede, W.   558
Thilo, H.-J.   67
Thomas, G.   453, 525
Trändorf, E.   273
Thürnau, W.   412, 537
Thurneysen, E.   48 f., 537
Tiling, P. v.   481
Tillich, P.   124
Tracy, D.   126 f.
Trajan   289
Traub, G.   46
Treitschke, H. v.   36
Tröger, G.   479, 484

Personenregister

Troeltsch, E. 16, 393
Turecek, I. 158
Turner, V. 152
Tworuschka, U. 518
Tyrell, H. 146, 340, 345, 347

Uhlhorn, G. 304
Uhsadel, W. 66
Utsch, M. 573

Vattimo, G. 115
Ven, J. van der 114, 128
Viau, M. 18, 101
Vilmar, A. 477
Virchow, R. 27
Vogt, F. 543
Voigt, K. 50
Volp, R. 274, 389, 510, 520, 522, 525
Vorländer, M. 462 f., 470

Wagenschein, M. 381
Wagner, F. 172, 176
Wahl, H. 412
Waldenfels, B. 87
Wall, H. de 203, 364, 394 f., 429, 467, 482, 484, 493, 498
Walter, P. 475
Warneck, G. 191 f.
Warren, R. 120
Watson, C. 340, 348
Watzlawick, P. 149
Weaver, W. 147 f., 153
Weber-Kellermann, I. 295, 340
Wehler, H.-U. 22–25, 35 f., 39, 52, 54 f., 103, 223
Weimer, M. 584
Weinrich, H. 530 f.
Wendebourg, D. 217
Weniger, E. 370
Wermke, M. 370
Werner, G. A. 320

Werner, P. 235
Wernle, P. 7
Weyel, B. 37, 39, 587
Weyer-Menkhoff, St. 276
Wichern, J. H. 321, 324, 381, 392, 422, 426 f., 441 f.
Wick, P. 281, 285, 531, 562
Wiefel-Jenner, K. 437
Wilckens, U. 162
Wills, D. 100
Winkler, E. 81 f.
Winkler, K. 67
Winter, J. 428
Wintzer, F. 22
Wischmeyer, J. 272
Witschke, R. 431
Wittig, Ch. 469
Wobbermin, G. 45
Wohlrab-Sahr, M. 231
Wolf, J. 404
Wolff, H. W. 259 f., 574
Woodward, J. 121
Wriedt, M. 267
Wright, D. 116, 121
Wulf, Ch. 198, 257, 259, 281, 284, 535, 538
Wundt, W. 45, 532
Wyclif, J. 391
Wyss, D. 258

Zahn. E. 55
Zenger, E. 260, 411
Ziebertz, H.-G. 200
Ziemer, J. 66, 310, 537
Zillessen, D. 157
Zimmerling, P. 303, 308
Zimmermann, P. 564
Zitt, R. 278
Zonabend, F. 214 f., 305 f.
Zweigle, H. 320
Zwingli, H. 282, 316, 514, 522, 555

Sachregister

Das Sachregister soll zur Erschließung von Zusammenhängen und zum Auffinden vertiefter Darstellungen, bei denen die Seitenangaben im Fettdruck stehen, dienen. Deshalb ist es an Themen, nicht an Stichworten orientiert und strebt keine Vollständigkeit an.

Aaronitischer Segen 570
Abend 516, 577
Abendmahl 193, 287 ff., 298 ff., 302 f., 311 f., 323, 356, 387 f., 391, 408 f., 411, 419 ff., 432, 454 f., 509, 522, 544, **559–566**, 567, 578, 582, 588
Abendritual 274
Ästhetik 51 f., 65, 83, 85, 90, 276, 281, 298
Affekte 555 f., 567
Agenda-Setting-Theorie 250
Agendenreform 297, 480
AIDS 565
Akkreditierung 104
Allgemeines Priestertum 5, 11, 58, 255, 335, 396, 422, 464, 471, 476, 489 f., 522
Alltagsseelsorge 412 f., 472, 551
Altar 495, 520, 522, 524, 527, 560
Altenbildung 405
Alter 36, 43, 72, 78 f., 93 ff., 207, 221 ff., 230, 245, 359, 386, 398, 400, 466, 469, 511
Alterität 304, 322
Ambiguität 541
Amt 5, 146, 286, 289 f., 312, 345, 388 f., 480, 490, 498, 503 f.
Amtshandlungen s. Kasualien
Anamnese 289, 298, 314, 561, 566
Anwendungswissenschaft 1 f.
Arbeitsformen 228
Armut 55, 76, 116, 221, 308, 315, 390, 414
Assistenzfunktion 339 f., 422, 437, 587
Asyl 519
Atheismus 27, 63
Aufklärung 21, 26, 269 f., 274, 294 f., 478, 583
Augenkommunion 299, 390
Ausbildung 20, 36, 39, 56, 66, 96, 104, 117, 121, 123, 128, 130, 133, 135, 272, 323 f., 402, 412, 431, 435, 464, 466, 468, 475 f., 495, 497, 504 f., 557, 589
Authentizität 179, 209, 251, 543
Autobahnkirche 524 f.
Autorität 146 f., 370

Balance 136, 183, 190, 194, 279, 336, 490, 492, 503, 510, 564, 572, 589
Basisgemeinden 113, 116
Beamtenverhältnis 107, 394, 478, 482 f., 496, 498, 503
Befreiungstheologie 130, 142
Begehung 527
Beginen 314 f., 327
Beichte 304, 313 f., 482, 578 f.
Bekenntnis 133, 312, 340, 369, 503, 533, 559, 563
Bekenntnisschule 103, 368
Benediktionen s. Segen(shandlung)
Beratung 67, 70, 103, 383 f., 413, 422, 431, 436, 457, 471, 503, 579
Berg 518 f.
Berneuchener Bewegung 38, 50
Beruf(sbildung) 323 f., 505 f.
Beruf(sfelder) 227, 493, 496, 498, 500, 503 f.
Beruf(stheorien) 11, 60, 136, 316, 489 f., 505 f.
Berufsprestige 484 f.
Berufung 11, 112, 316
Beschleunigung 242, 248, 254, 375
Bestattung 217 f., 230, 290 f., 355 f., 409, 515, 584
Beteiligung 280, 324, 403, 418, 454, 457 f.,
Beten s. Gebet
Betriebswirtschaft 417, 434, 437, 473
Bettelwesen 315
Bevölkerungswachstum 23 f., 36
Bibel 160, 226 f., 236, 241, 268 f., 279 ff., 285, 298, 307, 360, 369, 407, 419, 530, 538 f., 543, 581
Bibelcomic 534
Bibeldidaktik 280
Bibliodrama /-log 280, 533
Bilder 241 f., 247, 253, 533 f.
Bildung 57 f., 75 f., 226 f., 260, 266, 274, 391, 399, 405, 477
Biographie 79, 135, 148, 182, 209, 212 f., 231 f., 242, 409, 529, 541, 568, 581, 584

Sachregister

Bischof(samt) 289, 311 f., 475, 479, 493 f., 582
Bologna-Prozess 75
Brief 216, 240
Buchdruck 236, 239 ff.
Buddhismus 7, 174 f., 188, 208
Bürgertum 24, 38, 209, 211, 220, 295 ff., 300, 347 f., 425, 476
Bürokratie 132, 203
Buße 201, 218, 304, 310, 312 f., 412, 574, 578

Caritas 313 f., 317, 425 ff.
Chanukka 296
Charity Dinner 566
Christenlehre 77
Christentumstheorie 3, 6, 62, 70, 174, 333, 418
Christliche/evangelische Publizistik 4, 63
Christologie 50, 107, 109, 172
Civil Religion 118 f.
Clinical Pastoral Training 66, 123
Codes 150 f., 158, 284
Codex Iuris Canonici 104, 396
Computerisierung 76 f.
Curriculardidaktik 68

DDR 52 ff., 72 f., 77, 98, 231, 399, 498
Demenz 94 f., 340
Demographie 78, 214 f., 218, **220–224**, 386, 414
Demut 129 f., 133, 306, 587
Denominationalismus 118
Deutung 85
Diakon(at) 304, 310 ff., 322, 327, 462, 493 f., 496, 499, 504
Diakonia 141, 287, 388
Diakonie 4, 62 f., 94 f., 223, 277, 300, 303 f., 310 f., 327, 334, 339, 363, 411, **422–439**, 440, 458, 465, 500, 507, 565, 567, 587 f.
Diakonik 98
Diakonische Bildung 276 ff., 323 f., 382, 431 f.
Diakonissen 318 ff., 462, 496
Dialog(izität) 73, 100, 126, 142, 187, 192, 534 ff., 538, 545, 585
Didaktik 64
Dienstgemeinschaft 499
Diskurs(theorie) 156 f., 159

Dogmatik 31 f., 34, 44, 48, 111., 136, 297
Doxologie 554
Drei-Ämter-Lehre 107, 115, 129, 172
Drei-Stände-Lehre 477
Drittes Reich s. Nationalsozialismus
Drittsenderecht 448

Eduktive Seelsorge 125
Ehe(schließung) 24, 56, 109, 151, 211, 218, 290, 345, 348 f., 355 f., 417, 484, 515
Ehrenamtliche 335 f., 430, 460, **462–473**, 589
Eigenkirchenwesen 390
Einschulung 355, 409, 584
Ekklesia 338, 346, 357 f., 386 f., 418, 453, 584, 586
Eltern 341, 344 f., 348, 419, 464, 467
Emergents 117, 132 f., 157
Emotionen 24, 158, 298, 349
Empirie 36, 40 ff., 47, 51, 57, 61, 63, 69 f., 81 f., 87 f., 97, 136, 329 f.
Empirische Theologie 87, 114
Entmythologisierung 56
Erbsünde 294, 318, 344 f.
Ergebnisoffenheit 147, 166, 171, 182, 185, 255, 259, 433, 585, 588
Erinnerung 95, 239, 358, 362, 388, 520, 531, 561
Erlebnisgesellschaft 206 f., 210, 212 f., 221, 544
Erwachsenenbildung 45, 404 ff., 419, 471
Erwachsenenkatechismus 451
Erzählen 166, 401, 528, **529–533**, 552, 588
Erzieher(innen) 350, 401, 499
Erziehung 44, 76, 228, 265–268, 271, 317 f., 347 f., 352, 359, 366, 375
Erziehungswissenschaften s. Pädagogik
Esoterik 202, 208, 231, 455
Ethik 28, 32, 34, 82, 205, 300, 582
Ethikunterricht 364, 372
Ethnologie 560
Eucharistie s. Abendmahl
Evangelische Unterweisung 369
Evangelium 10, 146, **159–172**, 181, 184, 210, 220, 328, 491
Evolutionsbiologie 259, 304 f.
Excarnation 200 f., 211, 254, 330, 544
Exorzismus 584 f.

Face-to-face-Kommunikation 154, 239, 243, 251, 153, 457, 459, 533, 541, 587
Familie 5, 24, 183, 188f., 215, 226, 233f., 271, 273, 303, 321, 330, 334, 339, **340–363**, 421, 465, 569, 587f.
Familiengottesdienst 233, 470
Familienreligion 295f., 344, 347
Fasten 566
Fehlgeburt 361f.
Feier(n) 168f., 171, 177, 182, 264, 270, 273, **281–303**, 310, 323ff., 328, 330, 334, 353–356, 369, 377ff., 401, 406–410, 432f., 452–455, 559f., 564
Fernsehen 235, 244f., 445ff., 543
Fernsehgottesdienst 253, 410, 445, 449, 452ff., 525
Fest 24f., 283f., 295f., 324, 339
Festtagskirchgänger 408
Fiktionalität 247
Film(en) 236, 241ff., 254, 280, 358, 443f., 451, 534, 542, 573
Firmung 402, 582
Fluch(en) 569, 573
Formatradio 452
Franckesche Stiftungen 317f., 321
Frankreich 113
Frauen 228, 318, 400, 469, 486, 499
Frauenordination 480
Freidenkerverband 36
Freiwillige s. Ehrenamtliche
Freizeit 79, 359, 402, 420, 516f.
Frömmigkeit 181, 270
Fürbitten 300, 411, 432, 454f., 546f.
Fürsorge 310, 322, 437
Funktionspfarrer/in 58
Fußball 174, 553, 557

Gastrecht 306, 314
Gebet 254, 276, 285, 290, 310, 353, 455f., 492, 544, **545–552**, 588
Gebetserhörung 456, 546f.
Geburtenrückgang 221f., 359
Gehör s. Hören
Gelebte Religion 86, 173f.
Gemeindeaufbau/-entwicklung 68, 405, 415
Gemeindediakonie 430
Gemeindehaus 25, 219f., 416, 471, 523
Gemeindeleben 25, 211, 220, 479
Gemeindepädagogik 400, 498, 550

Gemeindereform 43f., 466
Gemeinschaft 77, 134, 141, 146, 189, 214, 219, 235, 250f., 258, 302, 315, 327, 330, 359, 408, 459, 507, 544, 555f., 559–562, 565
Genderbezug 96, 278
Generationen 93f., 237, 284, 354
Gesang 211, 268, 273, 293, 296ff., 391, 544, **552–557**, 567, 588
Gesellschaft 19
Gespräch 528, **534–538**, 579, 588
Gesprächsgottesdienst 542
Gesprächspsychologie 537
Gestalt(pädagogik/therapie) 95, 276, 533
Gewissheit 154, 182, 209f., 213, 389, 411, 459, 510
Glaube 10, 21, 35, 37, 43, 62, 85, 92, 95, 97f., 106, 113f., 124, 141, 159, 173, 184, 199ff., 203, 211, 217, 255, 266ff., 309, 329, 343, 357, 367, 399, 421, 440, 478, 521, 549
Glaubenskurse 405
Gleichnisse 151f., 165f., 210, 257, 379, 530
Globalisierung 7, 78, 100, 177, 194, 198, 234, 255, 545
Glocalization 19
Glossolalie 557f., 581
Gottesdienst 2, 62, 83, 153, 193, 268, 275, 281f., 292, 301f., 367, **406–410**, 416f., 433f., 444
Gottesherrschaft **164–169**, 216, 279, 308, 563
Gregorianik 298
Großeltern(schaft) 225f., 341f., 350, 353

Handauflegung 263f., 402, 474, 483, 571, 577, 582, 584
Handlungstheorie 154f., 159
Handlungswissenschaft 56, 60f., 70, 114, 146
Hauptgottesdienst 302f.
Haus/Hausgemeinde 273, 285, 289, 342, 346, 348, 350, 454, 463, 467, 520
Heilen/Heilung 168f., 211, 308ff., 568, **573–577**, 588
Heiler 202, 490, 573f.
Heilungsgottesdienst 301
Helfen (zum Leben) 168f., 171, 177, 182, 276ff., 287, **303–327**, 328, 330, 334, 349, 356, 379, 388, 391f., 401, 411ff., 431, 433f., 455

Sachregister

Hermeneutik 64, 96, 122, 126, 128, **183–195**, 329
Hierarchie(kritik) 161, 203, 251, 255, 261, 275, 299, 340, 367, 390, 421, 424, 458
Hinduismus 436, 548
Historismus 23, 25, 34
Hören 259 f., 581
Hörfunk s. Radio
Homiletik 10, 43, 48, 60, 69, 81, 83, 86, 96, 127, 151, 529, 540 ff.
Homosexualität 120, 184, 484
Hoyaer Modell 418 f.

Ideologiekritik 64, 91
Impulspapier 78, 416 ff.
Individualisierung 24, 37, 62, 70, 80, 89, 157, 204 f., 207 ff., 363, 547
Industrialisierung 26, 36, 320
Initiation 216, 580 f.
Inklusion 76, 324 f., 330, 334, 336, 382 f., 421, 439, 458, 509, 565 f.
Inkonsistenz 208, 249, 254
Inkulturation 133, 194
Innere Mission 320 ff., 426 f., 442
Institution 334 f., 398, 450, 452
Interkulturalität 76, 78, 149, 191, 439
Interkulturelle Seelsorge 434 ff.
Interkulturelle Theologie 78, 190
Internet 76 f., 236, 244 ff., 251, 448
Internetgottesdienst 410, 454 f.
Interreligiöse/s Gebet/Feier 234, 378 f., 547 f.
Inzestverbot 215, 306
Islam 7, 63, 73, 76, 170, 174, 188, 224, 227, 231, 366, 373
Islamische Theologie 78 f., 567
Islamischer Religionsunterricht 78, 177

Jahreszeiten 284, 313, 511 f., 514
Journalisten 498
Judenpogrome 218
Judentum 188, 239, 448
Jugendarbeit 142, 377, 402, 416, 459, 470
Jugendbewegung 38
Jugendtheologie 94

Kanonistik s. Kirchenrecht
Kantor/in (s. auch Kirchenmusiker/in) 462, 494 f.
Kanzel 240, 495, 522, 539

Kasualien 62, 80, 189, 339, 354, 357, 393, 409, 415, 515 f., 558, 584
Katechetik 43 f., 106, 400, 536, 545
Katechismusunterricht 270, 274, 368, 402
Katholizismus 39, 102 f., 105, 184 f., 444, 474
Kenosis 114 f.
Kind(er) 93 f., 214, 220, 222, 228, 232, 261, 264, 269 f., 340, 357, 414, 420 f., 565, 567
Kinderbibel 534
Kindergarten s. Kindertagesstätte
Kindergottesdienst 25, 324, 339, **357–361**, 401, 413 f., 466 ff., 471, 515
Kindersegnung 585
Kindertagesstätte 228, 350, 353 f., 400 f., 423
Kindertaufe 264, 344, 398, 464, 583, 585
Kindertheologie 93 f.
Kirche 2 f., 6, 9, 23, 31 f., 34, 46, 53, 63, 65, 80, 108 ff., 116, 198, 202 ff., 208 f., 212, 218 ff., 229 ff., 234, 270, 273, 313, 326, 333, 338, 347, 357, **385–422**, 429, 502
Kirchenaustritt 26, 57, 77, 230, 335, 385 f., 397, 414
Kirchenbindung 79, 386
Kirchenfrage 46
Kirchengebäude 299, 508, 510, 517 f., **520–527**, 539
Kirchengemeinde s. Ortsgemeinde
Kirchenjahr 299, 354, 357, 377, 393, 415, 508, 510, 513 f., 517
Kirchenjurist/innen 496, 498 f.
Kirchenkampf 297, 563
Kirchenkonstitution (Lumen gentium) 110 f., 116, 348
Kirchenkunde 42 f., 46, 51, 68, 190. 518
Kirchenleitung 29 f., 108, 129, 399, 415, 467
Kirchenmitgliedschaft 6, 8, 57 f., 68, 80, 205, 208, 229 f., 232, 393, 397 ff., 502 f., 506 f.
Kirchenmusik 410, 416, 454, 500, 553, 556, 558, 588
Kirchenmusiker/innen (s. auch Kantor/in) 499 ff., 557
Kirchenrecht 106, 372, 395 f., 475
Kirchenreform 8, 46, 58, 414–418
Kirchensoziologie 205
Kirchensteuer 77 f., 229, 395, 414
Kirchentheorie 83, 157, 336, 339 f.
Kirchenwiedereintritt 230, 397 f.
Kirchenzucht 477, 578
Kirchliche Orte 416

Kirchliche Schulen 380 ff., 499
Kirchraumpädagogik 526 f.
Kleiner Katechismus 268, 274, 465, 547
Kloster 265, 267, 291, 313 f., 326, 390
Klosterschulen 265 ff., 276 f., 366
Knien 573
Körperschaftsstatus 229, 393 ff., 428, 481
Kommunikation 11, 64, 67, 91, 113, 141–145, 166, 196, 212, 235, 251, 328, 440, 459, 546
Kommunikation des Evangeliums 5, 8 f., 91 f., 97 f., 112 f., 137, 141 f., **146–159**, 160 f., 182, 184, 189, 194, 211 f., 216, 220, 233, 253, 263, 272 f., 280, 292, 303, 316, 328, 333 f., 338, 357, 372, 374, 379 f., 384, 393, 413, 436, 440, 444, 448 f., 456, 472, 502, 516, 559
Kommunikationsquadrat 149
Kommunikationswissenschaft 9 f., 97
Komparation 100 f.
Kompetenzdidaktik 375, 506
Konfessionsschule s. Bekenntnisschule
Konfessionsspaltung 362 f., 383, 392, 456, 588
KonfiCamps 419 f.
Konfirmandenarbeit 236, 402 f., 418 ff., 468 f., 584
Konfirmandenunterricht 63, 347, 401 ff.
Konfirmandenzeit 402 ff., 413, 419 f.
Konfirmation 295, 355, 359, 402, 409, 420, 515, 584
Kontemplation 552
Kontext(ualität) 133, 145, 151, 169, 185, 190, 194 f., 212, 236, 253, 302, 330, 365, 372, 386, 424, 434, 506, 557, 564, 587, 589
Konversion 120
Konvivenz 192
Kopftuchverbot 373
Korrelationstheorie 124, 126
Kosmos 198 f., 201, 204, 206, 554
Krabbelgottesdienst 353
Kranke/Krankheit 201, 215, 218, 313, 320, 356, 510, 573 ff.
Krankenabendmahl 408, 432, 577
Krankenhausseelsorge 395, 412, 471, 576 f.
Krankensalbung 310, 575 f.
Kreuzverhör 543
Krise 21 f., 30, 35 ff., 47, 53, 123, 267

Kritische Theorie 65, 186 f.
Kruzifixurteil 372 f.
Küster/in 462, 494 f., 500
Kult 285 ff., 300 ff., 414, 554
Kultur 86, 113 f., 124, 137, 175, 192 f., 197, 238, 306
Kulturhermeneutik 174, 243
Kulturkampf 39, 103
Kulturkritik 193, 210, 213, 252, 254, 278, 299, 330, 363, 372, 386, 424, 434, 442, 489, 506, 564, 587, 589
Kunst 74, 91, 280, 321
Kybernetik 68

Laienprediger(innen) 464, 466
Lebenserwartung 54 f., 201, 214, 220, 222, 232, 330
Lebensformen 224 f., 229, 265
Lebenskundlicher Unterricht 405
Lebenskunst 92, 413
Lebensstile 79, 196, 207, 211, 233, 322, 399, 510
Lebenswelt 7, 23, 26, 39, 41, 47, 49, 58, 62, 65, 78, 82, 86, 88 f., 92, 97 f., 115, 157, 172, 181, 189, 236, 244, 296, 328, 336, 349, 467, 541
Lehre 5, 10, 103 f., 111, 147, 173, 192, 212 f., 217, 261, 294 f., 333, 370, 376, 389 f., 477, 482, 494
Lehren und Lernen 165 ff., 169, 171, 182, **257–281**, 328, 330, 334, 352 f., 365, 376 f., 399–406, 431, 450 f., 494, **528–543**
Lehrer(innen) 68, 262 f., 404, 493 ff., 499
Lehrverfahren 483
Leib 50, 211 f., 254, 544, 556, 558 f., 571
Lektor(in) 466
LER 64, 364
Letzte Ölung 575
Lichtfreunde 26
Literatur 180, 280
Liturgiewissenschaft s. Liturgik
Liturgik 43, 69, 96, 106, 127, 277, 282, 303
Liturgische Bewegung(en) 50
Liturgische Bildung 274 ff.
Liturgische Konferenz 69, 407, 548
Macht 156, 159, 458
Magie 202, 204, 291, 569, 585
Mahlgemeinschaft 166 ff., 211

Mainline Churches 119, 130, 132
Markt s. Wettbewerb
Massenmedien 78, 234, 246, 249, 253, 255
Medien 8, 25, 85, 135, 146, 154, 177, 180, 188f., 197, 215, **234–255**, 303, 334, 339, 410, **439–459**, 587f.
Medienfreiheit s. Pressefreiheit
Mediennutzung 157f., 235, 244ff.
Medienreligion 180, 243
Meditation 293, 492, 538, 552
Medizin 179, 201, 568, 585
Mehrgenerationenfamilie 225, 342f., 350, 352, 356, 360, 362, 586, 588
Mesner s. Küster
Methodik 369f., 508, 588
Migration 7, 54, 72, 100, 177, 198, 214, 223f., 226f., 234, 330, 385f.
Milieus 151, 196, 207, 399, 510, 584
Milieuverengung 211, 253
Militärseelsorge 77, 405
Mimesis 242, 259, 261, 264, 274, 280, 299, 303, 308, 343, 531, 549, 561, 586
Missio Dei 192
Mission 191f., 194, 326, 426
Missionswissenschaft 106, 191f., 194
Mobilität 26, 56, 227, 229, 234, 343, 350, 363, 525
Moderne 21, 35f., 43, 88, 105, 117, 120, 152, 204, 334, 438, 440
Moralische Wochenschriften 240, 294, 347
Multikulturalität 76
Multiperspektivität s. Perspektivität
Multireligiöse Feier 378f., 548
Musik 211, 280, 298, 325, 554f., 558
Muslime s. Islam
Mystik 113, 393

Nachbarschaft 350, 363, 419, 430
Nachfolge 130, 171, 183f., 192, 300, 314, 468
Nachrichtentechnik 147f.
Nachrichtenwert-Theorie 249f., 255
Nächstenliebe 307
Namensgebung 362
Nationalismus 39, 103
Nationalsozialismus 49f., 359, 370, 373, 422, 427, 479, 496
Naturwissenschaft 27, 36f., 57, 201, 203f., 209, 212

Netzwerk 97, 458f., 587
Neurowissenschaften 304f.
Neuscholastik 106
Notfallseelsorge 413

Oblation 265
Öffentlichkeit 25, 46, 71, 78, 100, 240f., 250, 253, 387, 442, 445f., 453, 497, 525, 572
Offenbarung 26, 49, 90, 107, 297
Ökologie 55, 74, 255
Ökonomie 55, 73f., 113, 137, 150, 211, 375, 428, 434, 438, 459, 515
Ökumene 141, 179, 192, 318, 325, 338, 428, 453, 505, 535, 563, 586
Öl 571, 575
Opfer 285, 292
Option(en) 201, 204f., 207, 209, 398, 414, 568
Oralität 189, 238f.
Ordination 406, 473f., 477, 482f., 504
Organisation 212, 306, 325f., 334, 394, 399, 457
Organologie 282
Orgel 521
Ort s. Raum
Orthodoxie 101, 184, 241, 421, 474
Ortsgemeinde 56, 338, 412, 415f., 491, 522, 525
Ostdeutschland 6, 174, 228f, 231, 371, 386, 400, 502, 551
Ostern 353, 358, 377f., 514
Ostkirche s. Orthodoxie

Pädagogik 49, 59, 269f., 347
Palliativmedizin 413
Parochie s. Ortsgemeinde
Pastoral 100, 106, 109
Pastoral Counseling 66
Pastoralkonstitution (Gaudium et spes) 57, 105f., 108ff., 112, 114
Pastoralpsychologie 53, 66f., 69f., 411f., 578
Pastoralsoziologie 60
Pastoraltheologie 4, 20, 34, 63, 83f., 89, 128, 153, 336, 460
Pastoraltheologie (katholisch) 20, 106f., 110, 114f.
Pat(en)amt 344f., 467, 478
Performanz 95f., 276, 301, 371, 376

Perspektivität 60, 64, 70, 96 f., 130 f., 136, 143, 214, 589
Pfarrberuf/Pfarrer(innen) 2, 5, 58, 63, 67 f., 83, 142, 341, 460 f., 467, **473–492**
Pfarrdienstrecht 394, 481–484
Pfarrfrau 465, 467
Pfarrhaus 465, 476
Pfingsten 325, 358, 514
Pfingstkirchen 101, 185, 202, 557
Pflege 223, 234, 350 f., 427, 467, 503, 506, 588
Phänomenologie 87 f., 115
Phantasie 532
Philanthropinum 270
Philosophie 84, 93, 127 f., 150
Photographie(ren) 236, 241 ff., 358
Pietismus 317 f., 320, 326, 478, 547, 583
Pilgern 180
PISA-Studie 75
Pluralismus 62, 70 f., 98 f., 183, 204 f., 209, 224, 233
Pluriformität 56, 143, 255, 258, 263, 288, 303, 330, 484, 493 f., 510, 540, 543, 581
Poimenik s. Seelsorge
Politik 113, 137, 205, 250, 434
Popularreligion 179 f., 201 ff., 210–214, 329, 574
Poststrukturalismus 147, 156 f.
Prädikant(in) 466, 468
Präsenz 435, 438
Praktische Philosophie 83, 92, 364
Predigerseminar 40, 43
Predigt 48 f., 62, 141 f., 213, 236, 240 f., 292 ff., 312, 315, 391 f., 411, 477, 479, 509, 528, 533, **538–542**, 571, 581
Predigtvorbereitung 540 f.
Presbyterium 467 f., 470
Presse 441 ff., 446
Pressefreiheit 447
Priesteramt 20, 107, 113, 116, 129, 172, 198, 217, 240, 286, 289, 291, 299, 312, 345, 391, 461, 464, 474 f., 485, 492, 494, 503, 511, 572, 575, 582
Priestertum aller Getauften s. Allgemeines Priestertum
Primäre/sekundäre Religionserfahrung 145, 183, **185–190**, 194, 202, 204, 211, 260, 291, 296 f., 329 f., 336, 339, 344, 509, 511, 519, 523, 543, 545 f., 551, 568 f., 580, 584

Profession(alisierung) 466, 473, 489, 493, 502, 506
Prophet(ie) 88, 129, 172, 257, 302, 388, 411, 493, 535, 570
Psalmen 266, 273, 554, 557
Psychiatrie 124
Psychoanalyse (s. auch Tiefenpsychologie) 10, 66, 411 f. 537, 549, 551
Psychologie 37, 43, 49, 51, 59, 69, 121, 147 ff., 158, 411
Publizistik 4, 63, 441, 443, 446, 449, 458

Radio 235, 244 f., 443 ff., 447 f., 452
Radwegekirche 525
Raum 211, 235, 242, 284, 365, 389, 508, **517–527**, 563
Recht 64, 150, 374 f., 392, 428 f., 447 f., 467 f., 578
Rechtfertigung(slehre) 111, 181, 216, 294, 301, 315, 392, 433
Redundanz 154, 158, 166, 181, 190
Reform 200, 302, 390 ff., 399
Reformation 103, 170, 203, 239 f., 266 f., 274, 291 ff., 301, 326, 342, 345 f., 464 f., 476 f., 494 f., 521, 547, 571, 578, 582 f.
Regionalisierung 99
Reich Gottes s. Gottesherrschaft
Reinheit 169, 312, 319
Relevanz 250, 399, 450, 530
Religion 26, 56, 62 f., 65, 73, 78, 85 f., 88 ff., 97 f., 121 f., 136, 145, **172–178**, 182 f., 185–189, 194, 205, 208 f., 234, 271 f., 296, 328, 333, 344, 353, 390, 545
Religionsdidaktik 95 f., 277, 550
Religionsfreiheit 372 f., 395
Religionskunde 64, 273, 371
Religionslehrer/innen 272, 462, 494, 497, 501
Religionspädagogik 53, 60, 67 ff., 94, 106, 156 f., 273, 324, 372, 384, 532, 545
Religionsphänomenologie 84 f.
Religionsproduktivität 5, 85
Religionspsychologie 43, 45, 48, 50, 66, 82, 89, 551
Religionssoziologie 89, 146, 174 f., 179
Religionsstatistik 229–232
Religionstheorie 19, 121, 187, 378
Religionsunterricht 6, 63, 68, 77, 266, 269–275, 279, 297, 367 f., 400, 532, 543

Sachregister

Religionswissenschaft 78, 82, 84, 89, 175 f., 189, 567
Remediation 440
Rezeption(sästhetik) 10, 76, 96, 541
Rhetorik 64, 69, 535, 539
Risikogesellschaft 205 f., 210, 213, 375
Ritual(theorie) 147, 151 f., 159, 170, 282, 389
Ritus s. Ritual

Sabbat 260, 281, 512 f., 517
Sachbenediktion 199 ff., 204, 329
Säkularisierung 199, 202, 347, 397, 517
Säkularität 199 f., 203 f., 329
Sänger s. Kantor
Säuglingskommunion 420
Sakralisierung 289, 388 ff., 464, 475
Sakramententheologie 110 f., 392
Salbung(sgottesdienst) 572 f., 584
Schöpfung(sglauben) 164 f., 211, 213, 228, 232 f., 259, 254, 256, 260, 382, 556
Schrift 236–239
Schülerorientierung 370 f.
Schule 4, 25, 55 f., 95, 232, 263, 267 f., 271 ff., 303, 334, 339, **363–385**, 420, 477, 587 f.
Schulgottesdienst 63, 275, 367, 374
Schulleben 334, 366 f., 370, 374, 377, 383, 501
Schulseelsorge 377, 383 f., 501
Schweigen 538, 552
Seelsorge 2, 43, 48, 51, 53, 60, 62, 69, 83, 94, 96 f., 122, 149, 236, 251, 310 f., 411 f., 436, 456, 472, 482, 536 f., 550 f., 577, 579, 582
Seelsorgebewegung 66 f., 122, 537
Segen(shandlung) 166, 276, 290 f., 352, 354, 432, **568–572**, 577, 588
Selektion 154, 158, 166, 181, 190
Semiotik 83, 91, 96, 147, 149 f., 158, 262, 284
Sicherheit 206, 210, 213
Simultant 248
Singen s. Gesang
Sinne 283, 287
Sittenlehre s. Ethik
Skripturalität 189 f., 238 f.
Social Media 237, 251 f., 255, 449 f., 458 f., 473

609

Sokratische Methode 536
Sonderpfarrer/in s. Funktionspfarrer/in
Sonntag 408, 527
Sonntagspflicht 408, 527
Sonntagsschule 321, 324, 465
Sozialdemokratie 42
Sozialformen s. Gemeinschaft
Sozialisation 208, 228, 259, 273, 343
Sozialität s. Gemeinschaft
Sozialpädagogik 323, 327, 359, 379, 431, 437, 462, 500 f., 506
Sozialwissenschaften s. Soziologie
Soziolinguistik 147, 151, 158
Soziologie 21, 37, 49, 59 f., 66, 68, 89, 150, 205, 418
Speichermedium 184, 279, 491 f.
Spiritualität 85, 129, 145, **178–181**, 182, 328, 371, 405, 413, 416, 548
Sprechakttheorie 151 f.
Sprechen s. Gespräch
Staatskirchenrecht 78, 106, 373, 394 f., 439
Stehen 573
Stolgebühren 475
Streaming 455
Studienreform 20, 35 f., 39–42, 58, 68, 79, 130, 135
Stundengebet 265 f., 288, 296, 406, 549
Subjekt 31, 51, 87 ff., 108, 112, 147, 171, 180, 357, 375, 405
Sündenvergebung 168, 287, 304, 310, 312
Symbol(didaktik) 370 f., 379, 583 f., 586
Symmetrie (von Kommunikation) 169, 251, 255, 324, 432 ff., 473, 490 f., 506, 537
Synode 465, 467, 470
System 64
Systemtheorie 19, 147, 152 f., 159, 338

Tafeln 433 f.
Tagesmutter 350, 353, 360
Tanz 558 f.
Taufe 11, 193, 216 f., 230, 287, 289, 302, 312, 318, 335, 338, 344 f., 355 f., 387 f., 391, 404, 409, 417, 419, 421, 461, 476, 509, 515, 531, 563, 568, 578, **580–584**, 58
Tauferinnerung 357 ff., 584, 586
Taufkatechumenat 263 ff., 274, 277, 404, 507
Tauftermin 358
Technik 206, 209 f.

Teilzeit-Tätigkeit 485 ff., 492, 499
Telefonseelsorge 423, 431, 468, 471
Theaterwissenschaft 95, 276
Theologie 29, 38, 56, 69, 75, 79, 185, 333, 474, 589
Theologie (katholische) 104–106
Theorie – Praxis 60, 126, 129, 135
Tiefenpsychologie (s. auch Psychoanalyse) 3, 45, 50, 412
Tischgebet 233, 268, 274
Tod 217 f., 361 f.
Transaktionsanalyse 83
Trauerhilfe 361 f.
Trauung 230, 355, 409, 417, 515, 584

Übergänge im Leben 290, 354, 356 f., 393, 406, 409, 415, 515
Übertragungsmedium 279, 491 f.
Universität 53, 56, 75, 392
Unterhaltung 237, 444
Unterricht 213, 295, 347, 392, 420, 536
Urlaub 515, 527

Vaticanum I 39, 104
Vaticanum II 57, 102 f., 195, 112, 114 f., 190, 576
Verbandsdiakonie 431
Verbandskatholizismus 105
Verein 24 f., 105, 211, 219, 347, 416, 479
Vereinigung (politisch) 6 f., 71 f., 77, 230, 386, 485, 498

Verkirchlichung 290, 338, 347 f., 361, 409, 422, 427, 525
Verkündigung 142, 162, 235, 353, 355, 445, 479, 537
Viduat 318
Vokation 495, 497, 502
Volk Gottes 114 f.
Volkskirche 63, 392 f.
Volkskunde 37, 42, 48, 51

Wasser 291, 518 f., 571, 580, 584
Weihnachten 25, 295 f., 300, 353 f., 358, 377, 514
Wettbewerb 72, 75 f., 180, 205, 212, 423, 428 f., 434, 437 f., 444, 446 f., 457 f., 510
Wikichurch 133, 157
Wissenssoziologie 196
Wochenende 360, 515, 527
Wort-Gottes-Theologie 45, 48–51, 58, 67, 81, 95, 183, 273, 354, 368 ff., 445, 480

Zehnter 475
Zeit 188, 198, 211, 235, 237, 242 f., 247 f., 254, 284, 365, 376, 508, **511–517**, 563
Zeugnis 192
Zionstheologie 161, 164
Zivilgesellschaft 425, 463
Zölibat 211, 345, 476
Zwei-Reiche-Lehre 267, 316
Zwickauer Manifest 368

www.ingramcontent.com/pod-product-compliance
Lightning Source LLC
Chambersburg PA
CBHW052109010526
44111CB00036B/1575